한국의 범자 역사와 문화

일러두기

1. 범자에 대한 판독과 독음은 영어로 제시하였다.
2. 인용 자료 중에 별도의 출처 표기가 없는 것은 저자가 생산한 것이다.
3. 한국의 범자 관련 인용 자료는 시대별로 유형에 따라 분류 기술하였다.
4. 필자가 판단하기에 적절치 않거나 문제가 있는 유물은 인용하지 않았다.
5. 중국과 일본의 한자 지명이나 고유명사 등은 한자 독음에 따라 표기하였다.
6. 인용 논저와 페이지, 그것이 반복될 경우에는 미주나 참고문헌에 한번만 수록하였다.
7. 내용상 잘못된 부분은 메일 등으로 연락하시기 바라며, 미처 허가받지 못하였거나 불찰 등으로 출처를 표기하지 못한 도판은 추후라도 성심을 다하겠습니다.
(엄기표 pentieum@hanmail.net)

한국의 범자 역사와 문화

엄기표 지음

경인문화사

머리말

한국 불교는 삼국시대에 전래하였는데, 고구려 372년, 백제 384년, 신라는 이보다 늦은 527년을 전후한 시기에 공인한 것으로 전하고 있다. 그런데 당시의 여러 정황으로 보아 삼국시대 사람들은 이보다 먼저 불교를 알고 있었고, 많은 사람이 불교를 믿었던 것으로 추정된다. 고대 사회에서 불교는 선진문물을 전하는 매개 역할을 했으며, 기존의 토속적 믿음과는 차원이 다른 체계적 신앙이었으며, 입에서 입으로 전하는 내용이 아닌 성문화된 경전이 있었다. 무엇보다 그동안 막연했던 사후관을 명확하게 제시한 점은 불교가 널리 전파되는 결정적인 계기가 되었다고 할 수 있다. 그것은 살아생전에 좋은 일을 해야 죽은 이후에 더 좋은 세상에 태어날 수 있으며, 더 이상 윤회가 없는 극락세계에 왕생할 수 있다는 새로운 관념이었다. 이전에는 전혀 생각하지 못했던 것으로 불교를 믿으면 신분에 상관없이 누구나 극락에 태어날 수 있고, 다시는 현실에서의 고난을 경험하지 않게 된다는 것이다. 이러한 관념이 많은 사람에게 불교를 믿게 하는 원동력이 되었다.

삼국시대에도 여러 불경이 전래하였는데, 한역된 경전과 함께 처음 보는 생소한 문자인 산스크리트어로 된 것도 있었다. 백제 겸익을 비롯하여 삼국시대의 여러 승려가 직접 인도를 순례한 것으로 보아 인도에서 가져온 산스크리트어 경전도 유입되었을 것이다. 고대의 승려들은 석가모니의 말씀을 담고 있는 산스크리트어 경전을 이해하기 위하여 각고의 노력을 기울였을 것이다. 그래야만 수행하고, 그 가르침을 중생들에게 전할 수 있었기 때문이다. 그리고 불교가 발전하고, 민족이나 지역에 따라 새로운 불교 신앙이 나타나면서 다양한 유형의 신앙 활동과 수행법이 형성되었다. 불가에서 궁극적인 목표라 할 수 있는 극락왕생과 성불을 위한 여러 방편이 활용되었다. 그에 따라 새로운 유형의 염불과 수행의 방편 등이 나타나게 된다. 그러한 것 중에 하나로 소리, 기호, 문자 등에 관심을 갖고 그러한 요소들이 불교 신앙이나 의례에 적용되면서 다양한 방법들이 활용되기에 이른다. 특히, 대승불교와 밀교는 다양한 수행법을 발전시켜 나갔다. 그중에 범자로 구성된 진언다라니가 나타나게 되었고, 진언다라니는 경전이자 신앙의 대상이자 수행의 방편으로 자리 잡게 된다. 진언다라니는 소리로서 수행과 공덕 등 다양한 종교적 활동이 가능하며, 종교 활동의 실제적 경지나 진리를 전달하는 매개체로서의 기능을 가지기도 했다. 그것은 일반적인 언어가 아닌 신성한 의미와 능력을 갖춘 초월적인 의미의 언어나 기호를 지칭하기도 한다. 말로 설명할 수 없는 진리와 깨달음의 경지를 전달하기도 하고, 일상적인 말이나 행동 등으로 전달되지 않는 내용을 전달하는 방법이기도 했다. 그래서 진언다라니는 상징성이 높은 소리 언어이자 문자이며, 그 자체가 불보살을 상징하기도 했다.

이러한 진언다라니는 한국 불교사에서 밀교적인 특성을 가장 잘 보여주는 요소이기도 하다. 특히, 범자로 구성된 진언다라니는 한국 불교사에서 중요한 신앙의 대상으로 인식되어 각종 불교미술품에 새겨졌으며, 장식적 기교 등이 반영되기도 했다. 그런데 그동안 범자로 된 진언다라니는 그 의미나 상징적 측면보다는 장식이나 문양적인 요소로 접근되어 왔다. 물론 그러한 요소가 없는 것은 아니지만 기본적으로는 신앙적인 측면을 담고 있으며, 그 안에 깊은 의미나 상징 등이 있는 것은 분명하다.

이러한 점을 찾아보고자 우리나라뿐만 아니라 다른 나라의 범자 진언다라니에 대한 조사를 진행하였다. 이러한 조사를 통하여 한국 불교사에서 활용된 범자 진언다라니의 양상과 현황을 유형별로 나누어 파악해 보려고 하였다. 그리고 밀교와의 관련성을 비롯하여 한국 불교사에서 범자 진언다라니의 역사와 전개 과정을 살피고, 그 의미와 상징 등에 대해서도 되새겨보는 계기를 만들어보고자 하였다. 이러한 것이 한국 불교 문화사의 연구 대상과 범위를 넓히는 계기가 되었으면 한다.

범자로 구성된 진언다라니는 기본적으로 불교 교리와 신앙에 의한 교의적 표현이지만 그것에 대한 신앙과 표현 방법 등에는 예술적 기교가 반영되었기 때문에 미술사적으로도 중요한 연구 대상이라 할 수 있다. 그러나 범자 진언다라니는 신앙의 대상이자 깨달음의 세계에 있는 형이상학적인 측면이 강하여 사바세계에 있는 연구자로서는 여러 한계가 있었음을 솔직히 시인하지 않을 수 없다. 앞으로 여러 연구자의 관심과 연구가 진행되기를 간곡히 바라마지 않는다.

어쨌든, 필자에게 이러한 인식과 이해의 발판을 갖게 해준 일본 최고의 범자 연구회인 東アジア梵字文化研究會의 고정룡(高正龍), 마츠나미 히로타카(松波宏隆), 마츠나가 슈수케(松永修輔), 고바야시 요시타카(小林義孝), 요코다(橫田明), 고바야시 카즈미(小林和美) 선생님들께 진심으로 감사드리고 싶다. 그리고 몇 년 전 타계하신 미키 하루코(三木治子) 선생님의 극락왕생을 기원한다. 이분들의 도움이 없었다면 범자 진언다라니에 대한 연구는 불가능했을 것이다. 아마 시작하지도 못했을 것이다. 이외에도 한성욱 원장님을 비롯하여 범자 진언다라니 자료를 찾아 제공해 준 오호석 선생에게도 깊은 고마움을 표하고 싶다. 또한, 여러 자료와 함께 사진을 흔쾌히 제공해 주신 순천 송광사 고경 관장 스님, 고양 원각사 정각 스님, 동아대학교 정은우 교수님, 문화재청 손영문 선생님, 지헌병 원장님, 신용철 관장님, 이화여자대학교 김연미 교수님, 삼성미술관 리움 이승혜 선생님 등 여러 분께 지면을 빌어 깊이 감사드린다. 이러한 연구 성과는 2015년 교육부 한국연구재단의 저술출판지원사업으로 가능한 일이었다. 지원해준 한국연구재단에도 감사를 표하고 싶다. 그리고 출판을 흔쾌히 허락한 경인문화사 한정희 사장님과 편집 등 관계자께 깊이 감사드린다.

그리고 이 길로 인도해 주신 은사님, 지금은 하늘에 계시지만 평생 곁에 계시는 잊을 수 없는 정영호 관장님, 관장님의 사모님께도 감사와 함께 건강하시길 기원드린다. 또한 지금은 고령으로 몸이 불편하신 아버지와 어머니에게 감사와 사랑의 마음을 전하고 싶다. 마지막으로 아내이자 우리 집 기둥인 이은영, 큰딸 엄지, 작은딸 엄예지에게 진심 어린 고마움을 표하고 싶다. 남편과 아빠의 짜증을 모두 받아준 진심 어린 고마운 가족이다. 내가 세상에서 제일 사랑하고 아끼는 소중한 아내이자 딸들이라고 말하고 싶다.

2022년 7월
죽전골 단국대에서
능초 엄기표 씀

목차

Ⅰ. 범자의 기원과 유래 11

Ⅱ. 범자의 유형과 종류 25

Ⅲ. 한국 범자의 전개 45

I

범자의 기원과 유래

History & Culture of Sanskrit in Korea

범자(梵字)는 '범어(梵語)의 문자'라는 의미로 고대 인도에서 창제된 'Sanskrit'를 가리키며, 그것으로부터 파생된 문자를 통칭하여 일컫는다. 'Sanskrit'는 '결합하다.' '장식하다.' 등의 의미로 언어학적으로는 완성된 언어라는 뜻이다.

글자와 외뿔소가 새겨진 도장(Indus Seal With Inscription)[2] 인도 국립박물관(India National Museum), 인더스문명

범자는 고대 인도에서 신앙이나 종교와 결합하면서 표음문자로서 성스럽게 인식되었다.[1] 언어학적으로 인도유럽어족에 속하는데, 보통 왼쪽에서 오른쪽으로 한 행씩 쓰고 하단으로 내려쓰는 좌행 문자이다. 그리고 자형은 기본적으로 페니키아 문자와 유사하고, 음운은 로마자와도 공통점이 있는 것으로 알려져 있다. 범자는 중국으로 전래하여 한자의 세로쓰기 방식의 영향을 받아 가로쓰기와 함께 세로쓰기도 나타났다. 범자는 불교와 함께 여러 지역으로 전파하면서 그 지역의 문화나 특성 등과 융화되었으며, 새로운 문자 창제에 영향을 주기도 했다.[3]

고대 인도의 역사에서 최초의 문자는 인더스문명에서 보이는데, 토기와 점

1 F. 에저톤 외 지음/이태승 편역, 『불교혼성범어 입문』, 위덕대학교 출판부, 2000, p.38.

2 도장의 상부에 새겨진 글자는 해독은 불가능하지만 인더스문자로 드라비다어일 가능성이 높은 것으로 알려져 있다(마릴리아 알바베스 저 · 이명혜 역, 『고대 인도』, 생각의 나무, 2003, p.17).

3 한글의 자형이 범자로부터 영향을 받았다는 의견도 있다.

토판, 인장 등에 상형문자가 새겨졌다.[4] 그리고 문자에 대한 최초의 기록이 알렉산더 대왕 때의 보고서에 나와 있는데, 당시 대왕이 인도를 침공한 기원전 326년 무렵 서북쪽에 살았던 고대 인도인들은 자작나무 껍질인 화피(樺皮)에 문자를 적는 습관이 있었다고 한다. 고대 인도의 사제계급이었던 바라문은 베다(Veda) 성전 등에 신성한 문구를 서사하였다고 한다. 당시 사용한 문자는 'Brāhmī'에서 기원한 것으로 추정되고 있다. 'Brahman' 또는 'Brāhmī'는 처음에는 기도나 주문(呪文) 등을 의미하다가, 시간이 흐르면서 신격화되어 최고 신인 브라만, 범천으로 간주하였다고 한다. 이처럼 인도는 아주 오래전부터 문자가 있었음을 짐작할 수 있다.[5]

범천은 베다의 신 중에서 최고의 신으로 나중에 불교에 수용되어 부처를 수호하는 천신이 되었다. 범천은 불교에서 중요한 역할을 담당하게 되었고, 점차 그 중요성과 위상이 부각하였다. 그래서 중국에서 고대 인도의 문자가 범천이 제작했다는 전승이 생겨났으며, 범천의 언어라는 의미로 '범자' 또는 '범어'로 번역한 것으로 추정되고 있다.[6] 이외에도 범자로 한역한 배경은 여러 설이 있지만, 범천의 언어라는 의미를 담고 있다는 설이 가장 설득력 있게 받아들여지고 있다.[7] 인도나 중국 출신 승려들이 고대 인도어로 된 경전을 중국으로 가져가 음차하여 한역하였는데, 한역하기 전에 경전을 쓴 문자를 범자 또는 범어라고 하였으며, 그것이 아시아의 여러 지역으로 전파하면서 다양한 자형으로 발전하였다. 지금도 아시아의 여러 나라가 고대 중국의 번역을 따르

---

4 안성두, 「범어 문자의 성립과 사유방식의 변용」, 『인도철학』 제13집 제1호, 인도철학회, 2003, p.95.

5 종석(전동혁), 「진언다라니 실담의 형성과 전개에 관한 연구」, 『大學院 研究論集』 제8집, 중앙승가대학교, 2015, pp.69~70.

6 이태승·최성규, 『실담범자입문』, 정우서적, 2008, p.12.

7 이처럼 梵語가 梵天의 언어라는 전승은 智廣이 편찬한 『悉曇字記』에 '그 문자를 상술하자면, 梵天이 만든 것으로 … 약간의 변경은 있으나 대체로 본원은 다르지 않다. 중인도는 상세하고 정확하여 말의 음조도 온화하고 올바르며, 梵天의 언어처럼 음율이 맑고 분명하여 사람들의 모범이 된다..'라는 玄奘의 『大唐西域記』 내용을 인용한 것과 밀접한 관련이 있다. 당나라 현장은 오랫동안 인도를 순례하면서 범어를 수학하였다.

고 있다. 그리고 이러한 범어가 고대 인도에서 불교의 전파와 함께 여러 지역으로 전래하였기 때문에 불교와 관련된 문자를 의미하기도 한다.

범자가 고대 인도에서 처음 사용된 것은 아소카왕(Asoka, B.C. 272~232년) 때로 알려져 있다. 아소카왕은 마우리아(Maurya) 왕조의 3대 왕이었는데, 통일 왕조를 세우고 나서 하나의 나라로 통합하기 위한 통치이념을 석주나 암벽 등에 문자로 새기게 했다. 이때 새긴 문자가 성문화된 문자로서의 의미를 갖게 되었으며, 인도에 현존하는 최고의 문자로서 아소카 문자라고 불린다. 당시 아소카 대왕은 불교 신앙이 깊었고 자신의 통치이념을 백성들에게 전하기 위해 법칙문을 새긴 석주를 인도 각 지역에 건립하였다. 그 이전에는 암송이나 구전으로 전승되었는데, 아소카 대왕 때부터 문자로 새기기 시작한 것이다. 인도 고대 문화를 대표하는 우파니샤드(Uphanishad)의 문헌도 암송으로 전승되던 것을 이 때 문자로 기록한 것이다.

그리고 석가모니 부처 입멸 후 여러 차례의 결집으로 부처의 가르침을 정리하지만, 여전히 암송에 의존하였다. 아소카 대왕 때에 비로소 문자가 사용되면서 부처의 가르침이 석주 등에 기록된다. 그래서 인도의 여러 불교 유적지에 아소카왕 때의 석주와 암벽 등에 법칙문이 전하고 있다. 아소카 대왕은 유사한 기능과 목적으로 인도 전역에 걸쳐 30기 정도의 석주를 세운 것으로 전하는데, 그중에서 Lauriyā Nandangarh 석주, 보드가야의 Mahabodhi 사원, 룸비니의 Maya Devi 사원, Vaishali 등을 비롯하여 오늘날까지 15기 정도가 전하는 것으로 파악되고 있다. 이 중에 로리아 난단가르와 바이샬리에 있는 석주가 비교적 온전한 것으로 알려져 있다.

현재 사르나트(Sarnath, 녹야원) 유적에 아소카왕 석주가 파손된 상태로 남아 있는데, 그 표면에 불교를 파괴하거나 교단의 분열을 경계하는 내용을 고대 인도어인 브라흐미 문자와 굽타 문자 등을 활용하여 새겼다고 한다. 이 석주의 상단부에 올려졌던 4마리의 사자상이 조각된 주두는 사르나트 박물관에 전시되어 있다.

❶ 사르나트 유적지(India Sarnath Excavated Site)

❷ Lion Capital B.C.272~232, 인도 사르나트 고고학박물관(India Saranath Archaeological Museum)

인도 사르나트 아소카 석주(India Sarnath Ashoka Pillar)

→

브라흐미 문자

네팔 룸비니 아소카 석주(Nepal Lumbini Ashoka Pillar)[8]

브라흐미 문자

파키스탄 샤바즈가리 아소카왕 법칙비와 탁본　브라흐미 문자, 남석환 제공

파키스탄 아소카왕 법칙비 탁본　브라흐미 문자, 남석환 제공

8　룸비니에 세워진 석주는 아소카왕이 통치한 지 20년이 되는 해에 이곳을 순례하고, 이곳에서 석가모니가 출생한 것을 기념하여 세운 것으로 알려져 있다.

세부

❶ Edicts of Ashoka, Cast of Inscribed Rock, Girnar BC 3C, India National Museum

❷ Nagarjunakonda Pillar

❸ 아소카 석주(Ashoka Pillar) Remains of Ancient India Vaishali

산치 불교 유적지(Sanchi Buddhist Monuments) India Bhopal Sanchi Stupa Ⅰ

필리어(Pāli language)

아소카왕 석주의 팔리어(Pāli language of Ashoka Pillar)

❶ 브라흐미 문자(Brāhmī Characters) B.C.2, Inscribed Abaci Stone, 인도 사르나트 고고학 박물관(India Saranath Archaeological Museum)
❷ 팔리어(Pāli language)[9] 2~3세기, Inscribed Umbrella Stone, 인도 사르나트 고고학 박물관(India Saranath Archaeological Museum)

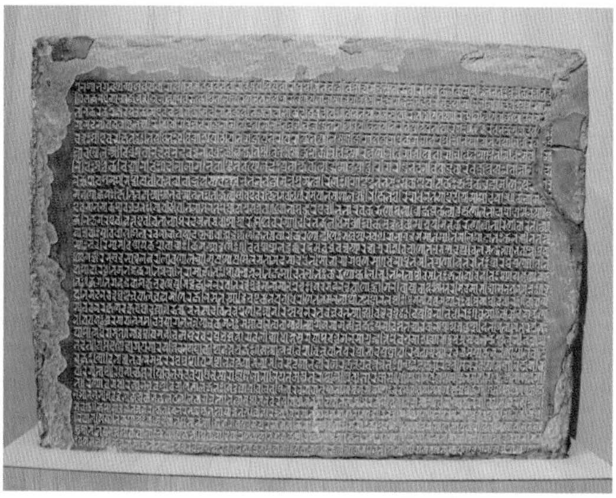

쿠마르데비 비문(Inscription of Kumardevi) 12C, 인도 사르나트 고고학 박물관(India Saranath Archaeological Museum)

❶

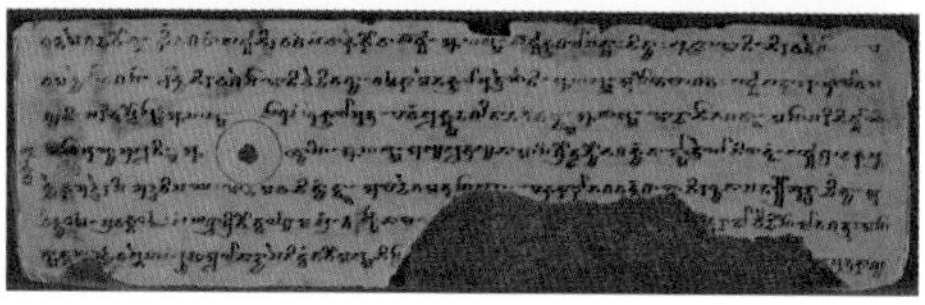
❷

브라흐미 문자
❶ Abhidharma 사본 1~4세기, 다라수잎, 쿠샨
❷ 『대열반경(大涅槃經)』 사본 5~6세기, 종이, 남투르키스탄[10]

아소카 대왕 때 사용한 브라흐미 문자는 마가다(Magadha) 지역의 석주와 사원지 등에서 발견된 자료에 의하면, 고대 인도의 북부 지역을 중심으로 서서히 변화한 것으로 추정되고 있다. 그리고 굽타(Gupta) 왕조가 성립한 이후 기존 문자가 크게 변화하여 새로운 형태의 굽타 문자가 만들어지면서 널리 보급되는 계기가 되었다고 한다. 이처럼 고대 인도의 문자는 마우리아 왕조 때 처음 만들어져 서서히 확산하였으며, 굽타 왕조 때에는 광범위한 지역까지 전파되었다. 특히, 범자는 불교의 전파와 함께 남방과 북방 등 여러 지역으로 확

9 석조물의 덮개 부분에는 '비구들이여 聖諦는 넷이다. 그 넷은 苦聖諦, 集聖諦, 滅聖諦, 道聖諦이다.'라고 새겨져 있는 것으로 파악되고 있다.
10 동양철학연구소 편, 『법화경전 가이드북 -평화와 공생의 메시지-』, 화광신문사, 2016, p.139.

산하였다. 이러한 범자는 고대 인도에서 불교도뿐만 아니라 일부 자이나교도들도 사용한 것으로 알려져 있다. 그래서 고대 인도에서 문자의 사용은 대략 2~4세기대를 거치면서 일반화되었으며, 6세기 이후에는 정착한 것으로 추정하고 있다. 그리고 북쪽 지역을 중심 한 아소카 문자는 사각형, 남쪽 지역의 아소카 문자는 원형 문자의 특징을 보이는데, 불교에서 사용한 범자는 북쪽 지역의 아소카 문자와 관련이 깊은 것으로 알려져 있다.[11] 아소카 문자는 시간이 지나면서 그것을 사용하는 민족이나 지역에 따라 여러 유형의 범자 자형이 만들어졌다.

이러한 고대 인도의 범자는 그 자형에 따라, 브라흐미 문자에 기원을 두고 아소카 대왕의 석주 등에 사용되었고 실담문자의 원형이 된 Maurya-type, 각문이나 화폐 등에 사용되었고 실담 자모의 원초적인 모습을 보이는 Mahārāṣṭra-type, 서기 320년 굽타 왕조가 성립하여 북인도를 중심으로 사용된 자모이자 실담 자모의 원형으로 오늘날 범자의 성립과 관련하여 가장 중요한 의미를 지닌 것으로 평가되고 있는 Gupta-type, 6세기 후반경에 성립된 대표적인 문자로 불교의 전파와 함께 중앙아시아와 동아시아로 전파되어 가장 폭넓게 사용된 Siddhamātṛkā-type, Gupta-type의 변형으로 현재 인도에서 사용하는 데바나가리형 문자의 원류로 11세기경부터 보급 13세기경에 성립되어 오늘날까지 사용하고 있는 Nāgarī-type, 7세기경 굽타 왕조의 나가리형 문자에서 파생한 Śārada-type, 11세기경 굽타형의 변형으로 나타난 Proto-Bengalī-type, 굽타형에서 발전하여 11세기경 네팔 지역에서 성행하여 Lañ-tsha 문자로도 불리는 Kuṭila-type 등으로 구분되고 있다.[12]

11 북방으로 전래된 아소카문자는 카로슈티(Kharoṣṭhī)문자와 브라흐미(Brāhmī)문자로 나뉜다. 카로슈디문지는 활발하게 사용되지 않아 아소카대왕 이후 얼마 지나지 않아 소멸되었으며, 브라흐미문자는 범자의 기원으로 간주되며, 오늘날 사용되는 인도 문자의 기원이 되었다.

12 宮坂宥勝,「梵字の成立と歴史」,『インド古典論』上, 筑摩書房, 1983.

굽타 문자(Gupta Inscription) Buddha in Bhumisparsha Mudra, Gupta, 5C, 인도 사르나트 고고학 박물관(India Saranath Archaeological Museum)

팔리어(Pali Inscription) Fragmentary Umbrella Stone, 10~11C, 인도 사르나트 고고학 박물관(India Saranath Archaeological Museum)

이처럼 고대 인도 문자는 브라흐미 문자에서 굽타형과 실담자모형 문자가 파생한 것으로 파악되고 있다. 굽타형 문자는 직선적이고 경직된 형태의 브라흐미 문자를 곡선적인 세련된 형태로 변형시킨 것이라 할 수 있다. 그리고 실담자모형 문자는 굽타형 문자를 더욱 곡선화시킨 형태로 기본 문자와 모음의 조합을 통하여 다양하게 표현할 수 있는 장점이 있다.

7세기경에는 글자의 윗부분에 횡선을 긋는 나가리형 문자가 파생되었고, 11세기경에는 데바나가리형 문자로 전개되면서 오늘날까지 사용되고 있다. 또한, 11세기경에는 굽타형 문자의 오른쪽에 수직으로 선을 긋는 란차

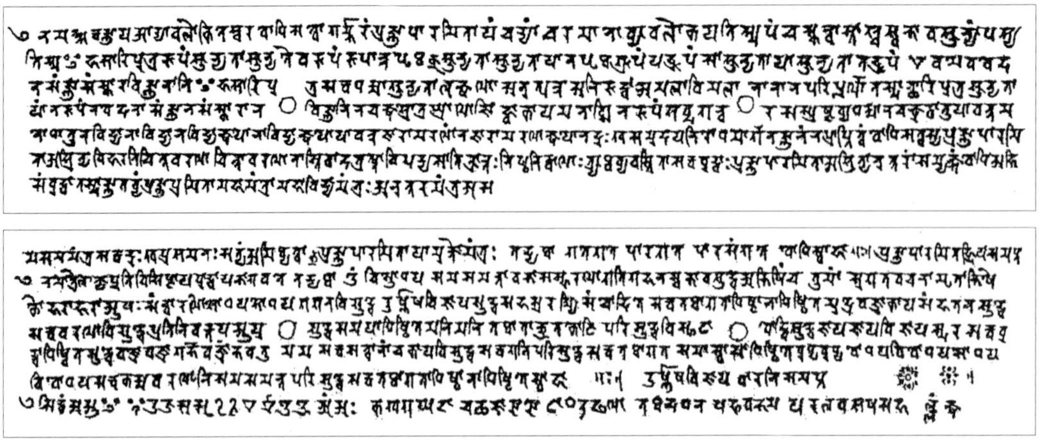

일본 법륭사의 『반야심경』과 「존승다라니」 중국 수, 7세기

문자가 제정되었다. 이처럼 굽타형 문자에서 나가리형, 데바나가리형, 랸차, kutakshar 문자 등이 발전한 것으로 파악되고 있다.[13] 굽타 계열의 이 문자들은 자형과 표현 형식 등이 약간씩 다를 뿐 거의 같은 문체를 하고 있다고 할 수 있다. 특히 나가리 문자와 랸차 문자는 외형상 구별이 되지 않을 정도로 유사하다. 랸차 문자는 네왈리문 자나 쿠타크샤라 문자와 더불어 장식 문자로도 널리 활용하였다. 이러한 범자는 많은 문학 작품에 활용된 고상한 말로도 인식되었으며,[14] 그 자체에 상징성이 부여된 문자로서 문양의 도안으로도 사용되었다.

동아시아에서 가장 많이 활용된 대표적인 범자의 유형이 실담자모형 문자라고도 불리는 실담(悉曇)이다. 실담문자는 브라흐미 문자에서 파생하였으며, 굽타형 문자를 바탕으로 새롭게 만들어진 범자라 할 수 있다. 실담문자는 굽타 시대에 불교의 전파와 함께 여러 지역으로 전래하여 동아시아의 한국, 중국, 일본 불교에서 가장 많이 활용한 대표적인 범자이다. 오늘날도 염송이나

13 허일범, 「범자진언의 지역별 전개유형에 관한 연구」, 『大學院 硏究論集』 제8집, 중앙승가대학교, 2015, pp.113~144.

14 대장경파라니연구회 편, 『고려대장경의 고전범어문법 연구』, 고려대장경 연구소, 2000, p.137.

법회, 수행 등 다양한 용도와 상징으로 사용하고 있다.

현재 한국은 Siddham 문자, Lañ-tsha 문자, Tibet 문자 등을 활용한 불경이나 진언다라니가[15] 전해지고 있는데, 이 중에서 실담 문자를 가장 많이 사용하였으며, 랸차 문자로 새겨진 것도 상당량이 전해지고 있다. 그리고 세로로 쓴 티베트 문자를 파스파 문자라고도 하는데, 파스파 문자로 된 진언다라니는 중국에서 많이 사용하였다.[16]

15 眞言과 陀羅尼는 명확하게 구분되지 않으며, 융복합적인 성격도 있기 때문에 眞言과 陀羅尼를 구분하는 것이 무의미한 것으로 생각되어, 眞言과 陀羅尼를 모두 통칭한다는 의미로 '眞言陀羅尼'를 사용하도록 하겠다.

16 범자는 突厥문자, 蒙古문자, 滿州문자 등에 영향을 준 것으로도 알려져 있다(種智院大學密教學會 編, 『梵字大鑑』, 名著普及會, 1985, p.9).

II

범자의 유형과 종류

고대 인도의 아리안족(Aryans)은[1] 다양한 문자를 사용한 것으로 전한다. 그러나 그 문자를 구체적으로 파악하는 것은 불가능하다. 다만 여러 연구에 의하면, 고대 남인도에서는 처음에는 Telugu 문자, Kannada 문자, Grantha 문자 등이 사용되었으며, 그러한 문자들이 발전하여 남인도 문자의 토대가 되었다고 한다. 그리고 고대 북인도에서도 Gupta 문자, Siddham 문자, Nāgarī 문자 등 여러 문자가 출현하였다고 한다. 이러한 문자들이 발전하여 아소카왕대 이후 여러 유형의 문자가 새롭게 만들어진 것으로 추정되고 있다. 그런데 고대 인도에서는 서사의 재료가 제한적이었고, 종이의 일반적인 사용은 12세기 후반경이어서 문자는 크게 발전하지 못했다고 한다.

고대 인도에서 만들어진 여러 문자 중에 브라흐미(Brāhmī) 문자에서 파생된 나가리와 실담문자가 고대 인도의 북방 지역을 중심으로 활용되다가 불교와 함께 확산하여 동아시아 범자의 기본 토대가 된 것으로 파악되고 있다. 이처럼 범자는 고대 인도에서 불교와 함께 여러 지역으로 전파하였으며, 지역과 민족에 따라 다양하게 영향을 미쳤다. 특히, 아시아의 여러 지역에서 특정한 문자에 의미나 상징성을 부여하여, 수행이나 의례 등에 활용한 대표적인 문자가 실담이었다. 그래서 이 문자를 실담체(悉曇體)라고도 한다.

이처럼 여러 지역으로 전파된 범자는 다양하게 발전하여 그 개념과 정의에 대하여 여러 의견이 있기도 하지만, 일반적으로는 불교가 전래한 지역에서 사

---

1 아리안족은 백색 계통의 인도 유럽 종족으로 산스크리트어로 고귀하다는 의미를 지니고 있다고 한다.

브라흐미 문자(Brahmi Inscription)

Stone Hariti Gupta, India Sarnath Museum

팔리 문자(Pali Inscription)

Stone Monument of Myanmar Bagan Dhammayan gyi Temple by king Narathu 1163~1165

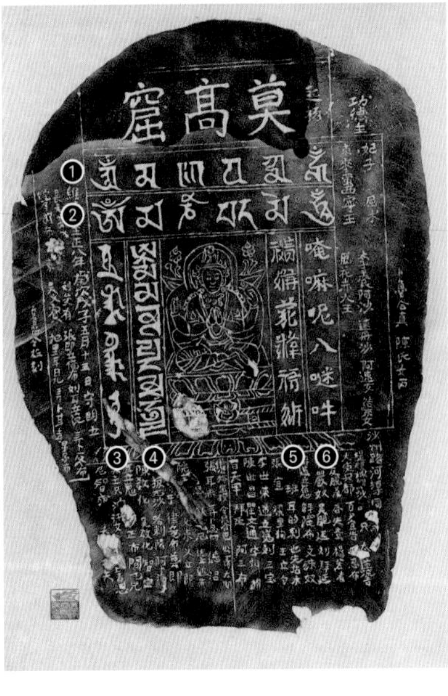

돈황 막고굴 육자진언 석비 탁본 원대, 1348, 허일범 제공

❶ 란차문자
❷ 티벳문자
❸ 위구르문자
❹ 파스파문자
❺ 서하문자
❻ 한자

북경 거용관 운대

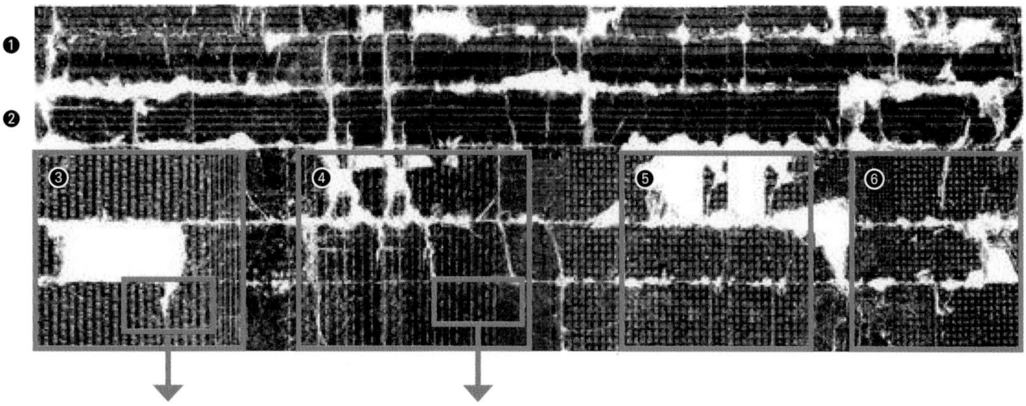

동벽에 새겨진 문자(6문자)[2]

❶ 란차문자
❷ 티벳문자
❸ 파스파문자
❹ 위구르문자
❺ 서하문자
❻ 한자

용한 인도계 문자로 나가리(Nāgarī), 데바나가리(Deva-Nāgarī), 실담(Siddham), 란차(Lañ-tsha), 쿠타크샤라(Kutakshara), 티벳(Tibet) 문자 등을 의미한다. 그리고 언어학적인 범주에서 파스파 문자(phags-pa script)와 몽골어(Mongolian script) 등도 범자로 분류하기도 한다. 또한 그 개념과 정의에 따라 더 넓게 범자의 범주를 설정하기도 하는데, 한국은 불교 전래 이후 밀교와 관련한 종교 신앙적

2 京都大學 工學部, 『居庸關』, 座石寶刊行會, 1958.

의미가 있는 모든 문자를 범자로 인식하였다고 할 수 있으며, 일반적으로는 실담과 란차를 의미한다.

그런데 한국의 역사와 문화에서 범자는 특정한 언어나 문자를 지칭하기도 하지만 그 이상의 다양한 의미를 함장하고 있다. 범자는 고대 인도에서 형성되어 불교의 전파와 함께 전래한 문자이지만 신앙적 의미가 있는 종교적인 언어로서 이해되었다. 그래서 한국의 역사와 문화에서는 범자가 불교적인, 밀교적인, 불교와 관련된, 불교의 사상을 담고 있는, 불교 신앙이나 수행의 대상이자 민속 신앙과 연계되어 상징적인 의미를 담고 있는 문자이자 상징으로 인식되었다. 그래서 우리 역사에서 범자는 그 범위와 대상이 상당히 넓다고 할 수 있다.

1. 나가리(Nāgarī)

인도의 고전들은 대부분 'Deva-nāgarī' 문자로 표기되었다.[3] 데바나가리는 'Deva'와 'Nāgarī'의 합성어로 'Deva'는 초인격적인 대상인 '신'을 의미하며, 'Nāgarī'는 'Nāgara'의 여성형으로 '마을 주민' 또는 '도시 사람'을 가리킨다. 그래서 'Nāgarī'는 마을이나 도시에 사는 여성들을 지칭하며, 'Nāgara'는 어원 분석을 통하여 볼 때 용이 사는 용궁을 의미한다고 한다. 따라서 'Deva-nāgarī는 '신성한 용궁의 문자'라는 의미를 함축하고 있다.

나가리 문자는 인도에서 6~7세기경 'Nāgarī'라는 이름으로 출현하여, 11세기 이후 인도 전역에 퍼졌으며, 13세기경에는 인도 고유의 문자로 정착한 것으로 추정되고 있다. 그리고 'Deva-nāgarī' 이전의 범자는 나가리형 문자로 분류되는데, 나가리형 문자는 6세기부터 동인도 지방에서 유행한 굽타형 문

3 소리를 바탕으로 형성된 데바나가리는 장음을 포함한 13개의 모음과 33개의 자음으로 구성되어 있다고 한다(엄혜용, 「범어의 음성학적 체계」, 『인도철학』 제13집 제1호, 인도철학회, 2003, p.185).

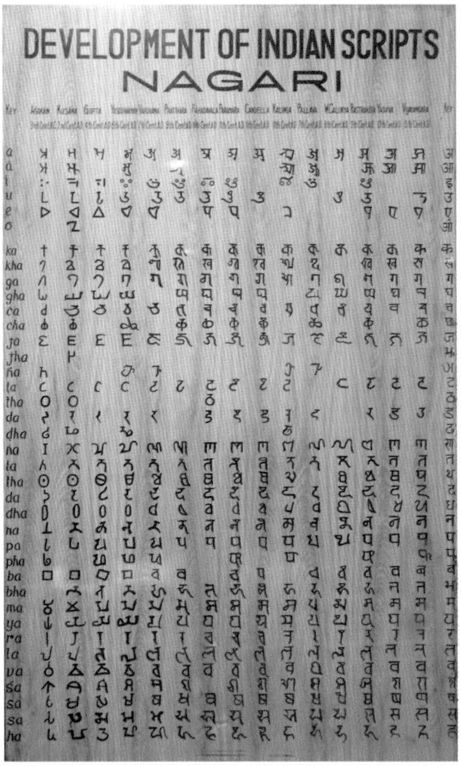

나가리(Nagari) 문자표 인도 사르나트 박물관(India Sarnath Museum)

나가리 문자(Nāgarī-type Inscription)

석불(Stone Buddha) 10C, India New Delhi National Museum

나가리 문자(Nāgarī-type Inscription)

석불(Stone Buddha) India Pala Period, 10C, National Museum of Korea[5]

자로부터 파생되었으며, 실담 자모와 유사한 것으로 알려져 있다.[4] 또한, 나가리 문자는 랸차 문자와도 외형상 구별하기 어려울 정도로 유사하다. 이처럼 나가리 문자는 인도 고유의 문자이자 범자라고 할 수 있으며, 오늘날까지 인도에서 널리 쓰이고 있어 현재 인도의 언어인 힌디어를 표기하는 데에도 사용하고 있다.

역사적으로 백제 땅에 불교를 전한 인도 출신 승려 마라난타(摩羅難陀)나 인도를 유학했던 백제 겸익(謙益)도 나가리 문자를 배웠을 것으로 보인다. 그

4 정승석, 「실담 범어의 음역과 원어」, 『印度哲學』 제25집, 인도철학회, 2008, p.144.
5 부처의 생애가 표현된 碑像으로 두광에는 연기법송이 새겨져 있는 것으로 파악되고 있다.

리고 중국에서 활동한 신라 승려 원측(圓測)도 범어로 된 불경을 번역한 것으로 보아 나가리 문자에 이해가 높았을 것이다. 신라 승려 혜초(慧超)도 720년경 중국을 떠나 인도 각 지역을 순례한 후 728년경 당나라로 돌아왔는데, 그의 스승이었던 불공삼장과 함께 범어로 된 『대승유가금강성해만수실리천비천발대교왕경』 등을 번역하였다. 이러한 것으로 보아 백제와 신라 출신 승려들은 일찍부터 상당한 수준의 범어 실력을 갖추었던 것으로 보인다.

2. 실담(Siddham)

굽타형(Gupta-type)에서 파생한 것으로 알려진 실담문자는 동아시아 불교 국가에서 가장 널리 쓰인 범자였다. 'Siddham'은[6] 원래 'Siddhamatrka'인데, '완성된 것' 또는 '성취된 것'이라는 의미가 있다.[7] 이러한 실담은 밀교의 발전과 맥을 같이 하였는데, 문자의 기능을 넘어 그 자체로 신앙이나 사상적 의미가 부여되었으며, 밀교의 존상(尊像)을 상징하는 종자이기도 했다. 실담은 5~6세기 이후에 인도에서 불교와 함께 중국으로 전래하여 대표적인 범자로 정착하였다.[8] 중국에서 실담문자를 체계적으로 정리하고 해설한 『실담자기(悉曇字記)』가 806년경 지광(智廣, 760?~830?)에 의하여 간행되면서 실담은 범자를 지칭하는 전용어가 되었다.[9] 그런데 이보다 먼저 의정(義淨, 635~713)이[10] 『범어천자문』을 간행하기도 했으며, 『범어잡명』, 『당범양어쌍대집(唐梵兩語雙對集)』, 『당범문자(唐梵文字)』 등이 편찬되어 일찍부터 범어에 대한 이해가 상당히 높

6 悉曇은 범어 'Siddham'을 漢音으로 音譯한 不飜語이며, 成就 또는 成就吉祥으로 意譯된다. 悉曇은 원래 범자 字母의 初章에 成就 吉祥을 기원하는 뜻으로 쓰였는데, 나중에 범자 자모의 명칭이 되었다. Siddham은 七曇, 悉談, 七旦, 肆曇, 悉壇 등 여러 가지로 표기되었지만 悉曇이 일반적으로 사용되었다(朴炳采, 「眞言集密曇章攷」, 『一山金俊榮先生華甲紀念論叢』 1979, p.72).

7 Siddham=sādh+ta+m.

8 李泰昇, 「智廣의 悉曇字記 研究」, 『密教學報』 제3집, 밀교문화연구원, 2001, pp.211~212.

9 정승석, 「실담 범어의 음역과 원어」, 『印度哲學』 제25집, 인도철학회, 2008, p.144.

10 義淨은 671년 인도로 가서 수학한 후 695년경 귀국한 것으로 전하고 있다.

중국 법문사탑 지궁 문비[11]

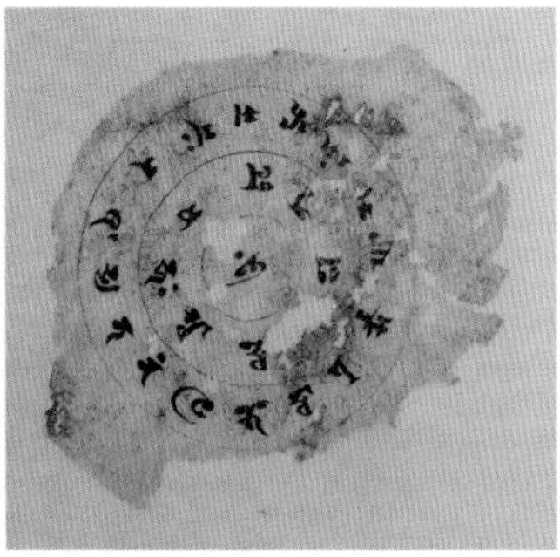

한국 갈항사지 서 3층석탑 출토 범자 진언다라니 묵서지

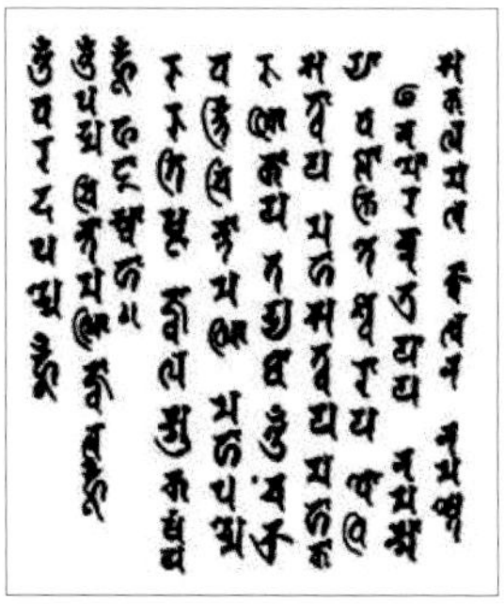

일본 공해(空海) 『삼십첩책자(三十帖冊子)』 실담[12]

았음을 알 수 있다. 특히, 불교가 크게 성행했던 당나라 때에는 인도의 많은 경전이 중국으로 전래하면서 승려들에게 범어에 대한 이해와 독해는 필수적이었다. 인도를 순례했던 현장(玄奘)과 그의 제자였던 원측과 규기(窺基)도 범어에 대한 이해가 상당히 높았음을 『대당서역기』 등을 통하여 알 수 있다.

신라의 승려들도 중국으로 유학하여 범어를 배웠거나, 직접 인도를 순례하면서 범어를 공부했을 것으로 보인다. 신라 출신 승려였던 원측을 비롯한 현초(玄超)와 오진(惡眞) 등이 범어에 능통했다고 전한다. 그리고 758년 건립된 김천 갈항사지 서 3층석탑에서 실담체로 묵서된 진언다라니가 출토 수습되었는데, 이 다라니는 동아시아에서 사례가 없어 묵서와 봉안된 시기가 명확하지 않았다. 그런데 석탑의 건립에 따른 사리장엄구의 봉안 절차와 발견 당시 묵서된 다라니의 납입 상태 등을 고려할 때 758년 석탑이 초건 될 때 봉안된 것으로 보는 것이 합리적인 것으로 사료된다. 따라서 신라 시대에 범자로 쓴 진언다라니가 보급되어 있었음을 짐작할 수 있다.

한편 당나라에 유학했던 일본 승려 공해(空海, 774~835)는 귀국하면서 많은 밀교 경전들을 가지고 갔다. 그는 일본으로 가지고 간 경전들을 토대로 실담

11 陝西省考古研究院 編, 『法門寺考古發掘報告』 上/下, 文物出版社, 2007.
12 F. 에저톤외, 이태승 편역, 『불교혼성범어 입문』, 위덕대학교 출판부, 2000, p.66.

의 의미와 자모, 체문(體文)과 합자(合字)를 설명한 『범자실담자모병석의(梵字悉曇字母并釋義)』를 찬술하였다. 그리고 실담 자모와 합성자 16,500자를 열거한 『대실담장(大悉曇章)』도 저술하였다. 이후 안연(安然, 841~901)은 당나라에 유학하지 않고도 실담문자를 집대성한 『진언종교시의(眞言宗教時義)』와 『실담장(悉曇藏)』(880)을 찬술하여 실담학의 기초를 마련하였다. 또한 현조(玄照, 844~915)의 『실담약기(悉曇略記)』, 요존(了尊)의 『실담륜약도초(悉曇輪略圖抄)』(1287), 유천(宥仟)의 『실담십팔장건입사(悉曇十八章建立事)』(1566), 징선(澄禪)의 『실담우초(悉曇愚鈔)』(1681), 정엄(淨嚴)의 『실담삼밀초(悉曇三密鈔)』(1684) 등이 계속 간행되면서 '실담학(悉曇學)'이 성립하였고, 오늘날까지 일본 범어 연구와 실담학의 토대가 되고 있다.[13] 오늘날도 일본은 밀교가 발전하면서 다양한 의례 및 의식 등에 실담이 사용되고 있다.

고대 북인도를 중심으로 제작된 불경 대부분이 실담으로 기록되었으며, 이러한 불경이 중국에 번역 보급되면서 실담이 동아시아의 범자를 대표하게 되었다. 이처럼 실담은 불경의 원어로 전래하여 동아시아의 다양한 문헌에도 사용되었다. 동아시아 불교계는 일찍부터 실담과 관련된 서적이 간행됨으로써 신앙의 대상으로서 실담에 대한 인식과 연구가 이루어졌다. 처음에는 실담의 서사 등에 초점을 맞추다가, 이후에는 서사 문화가 실담문자 각각에 대한 의미나 상징을 부여하는 밀교적 전통과 융합되면서 종자(種子)와 진언다라니 등의 필사 전통으로 계승되었다. 또한 실담문자로 구성된 진언다라니를 보다 예술적으로 표현하고자 다양한 서체와 서법이 생겨났다.[14] 그러면서 실담문자 그 자체가 수행의 대상이나 방편으로도 인식되면서 신앙적 의미를 갖기도 했다.

한국에 실담문자가 언제 유입되었고, 언제 사용되기 시작했는지는 명확하게 알 수 없지만 여러 정황으로 보아 밀교 전래 직후일 것으로 보인다. 현재

---

13 齋藤 彦松, 『悉曇要軌』, 攝河泉文庫, 2004, pp.93~95.
14 이태승·최성규 공저, 『실담범자입문』, 정우서적, 2008, p.53.

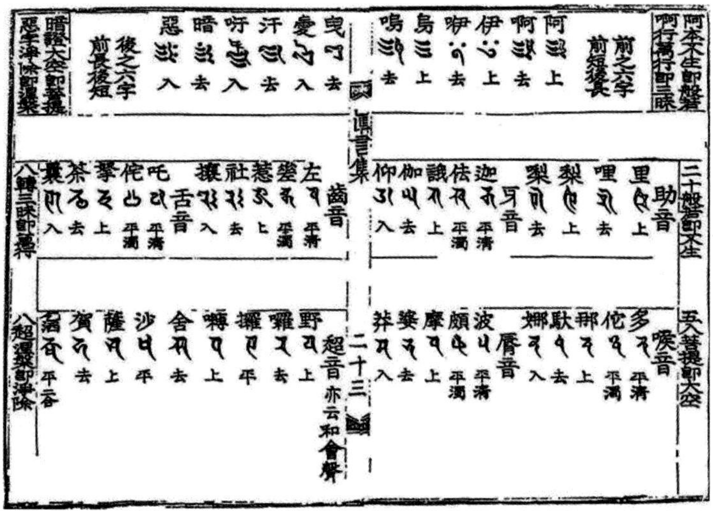

『진언집』(1800, 망월사본)의 실담 50자모표

| 표 범자 모음 부호

부호	명칭	발음
	발심점(發心點)	
	수행점(修行點)	ā
	앙월점(仰月點)	
	공점(空點) 보리점(菩提點)	ṃ
	열반점(涅槃點)	ḥ
	장엄점(莊嚴點)	

| 표 범자 부호에 따른 독음 사례

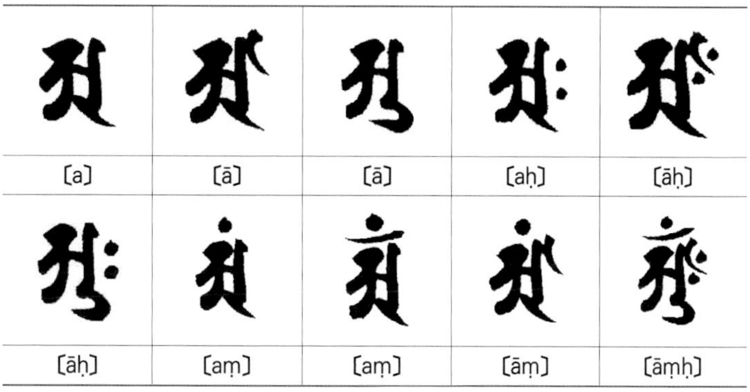

실담문자와 관련된 초창기의 문헌이나 유적 유물이 남아 있지 않지만, 신라 출신 안홍(安弘)이 중국에서 귀국하면서 서국 승려 비마라진체(毘摩羅眞諦), 농가타(農加陀), 불타승가(佛陀僧伽) 등과 함께 신라로 돌아와 황룡사에서 초기 밀교 경전에 해당하는 『전단향화성광묘녀경(栴檀香火星光妙女經)』을 번역하였으며, 밀본(密本)이 『약사경』을 독송해 선덕여왕과 김양도의 병을 치유했으며, 명랑(明朗)이 당나라 유학을 마치고 귀국하여 「문두루비법(文豆婁秘法)」을 행하였으며, 혜통(惠通)은 중국 당나라에 유학하여 진언종의 개조인 선무외(善無畏)로부터 인결을 받고 665년 귀국하였으며, 경흥(憬興)은 김사양(金思讓)이 당

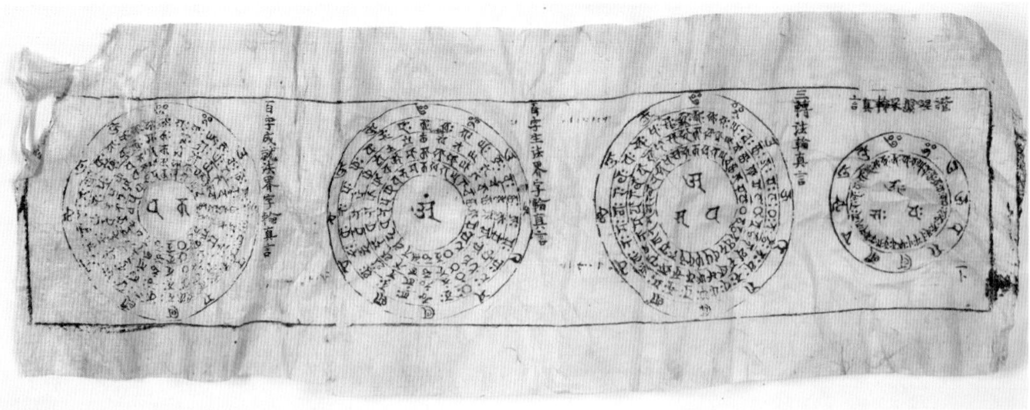

『범서총지집』 1150.06, 안동 보광사 목조관음보살좌상, 손영문 제공

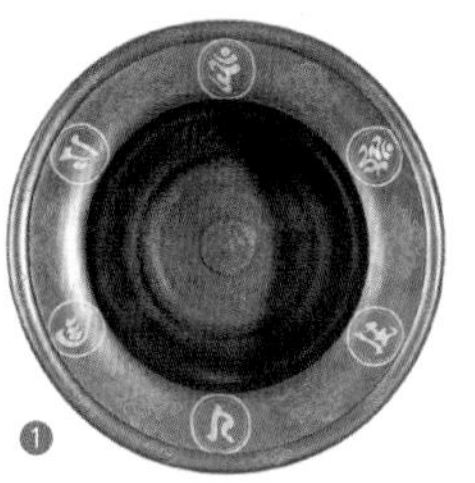

❶ 밀양 표충사 청동은입사향완(1177)[15] 표충사 성보박물관 ❷ 양주 회암사지 출토 암막새 1460, 회암사지 박물관
❸ 남양주 봉선사 대종 1469

나라에서 가지고 온 『금광명최승왕경(金光明最勝王經)』에 대한 주석서를 만들어 신라 불교계에 보급했던 것으로 보아 신라 승려들도 실담에 대한 인식과 이해가 상당하였음을 알 수 있다.

특히, 신라의 실담과 관련하여 김천 갈항사지 서 3층석탑(758)에서 출토된 준제진언다라니를 새긴 묵서지는 전형적인 실담문자로 다라니를 자륜형(字輪形)으로 배치하여, 당시 실담문자로 구성된 진언다라니에 대한 상당한 이해가 있었음을 알려준다. 또한, 고려시대 간행된 대장경을 비롯한 각종 경전이나 의궤 등에 실담문자가 폭넓게 활용되었다. 특히, 고려시대 실담으로 쓴 진언

15 국립중앙박물관, 『우리나라 금속 공예의 정화 입사 공예』, 1997.

다라니의 모음집이라 할 수 있는 『범서총지집(梵書摠持集)』과[16] 『밀교대장(密教大藏)』 등은 당시 실담문자가 널리 유통되고 있었음을 짐작하게 한다. 이외에도 동종, 기와, 금고 등에도 실담으로 진언다라니를 새겨 넣은 사례들이 상당량 발견되고 있다. 그리고 밀교가 유행했던 요나라와 원나라 등 북방의 유목국가들과의 밀접한 불교 교류를 통하여 범자로 구성된 진언다라니가 성행했으며, 오늘날 다양한 유물에서 실담으로 쓴 진언다라니가 확인되고 있다. 이러한 것으로 보아 고려시대에는 실담으로 쓴 진언다라니가 널리 전파되었으며, 실담에 대한 이해가 상당한 수준이었음을 알 수 있다. 이러한 경향은 조선시대까지 계속되었다.

3. 랸차(Laῆ-tsha)

랸차는 원래 산스크리트어의 채색이나 희열을 의미하는 'rañjā'가 티벳어인 'Laῆ-tsha'로 변화한 것으로 알려져 있다. 랸차 문자는 데바나가리(Deva-Nāgarī) 문자를 변형시킨 것으로 각문이나 서적 등의 표지 제목에 쓰던 장식문자의 일종이었으며, 오래전부터 패엽경이나 다라니경 등에도 사용되었다. 동아시아에서는 실담문자가 성행하였기 때문에 랸차 문자는 크게 유행하지

랸차 문자를 새긴 마니차　18~19세기, 통도사 성보박물관[17]

랸차 문자로 새긴 육자진언　원대, 항주 영은사 비래봉

랸차 문자로 새긴 진언　원대, 항주 영은사 비래봉

16　원명은 「大毗盧遮那成佛經等一代聖教中無上一乘諸經所說一切陀羅尼」.
17　통도사 성보박물관, 『하늘에 맞닿은 불교왕국 티벳』, 2001, p.107.

강화 선원사지 수막새　동국대학교 박물관

양주 회암사지 암막새　회암사지 박물관

파주 금릉리 정온 무덤 적삼　단국대학교 석주선기념박물관

문자 / 발음	Siddham	Lañ-tsha	Tibet
[a]			
[hrīḥ]			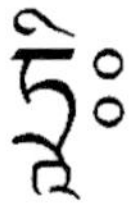

Lañ-tsha 문자

Tibet 문자

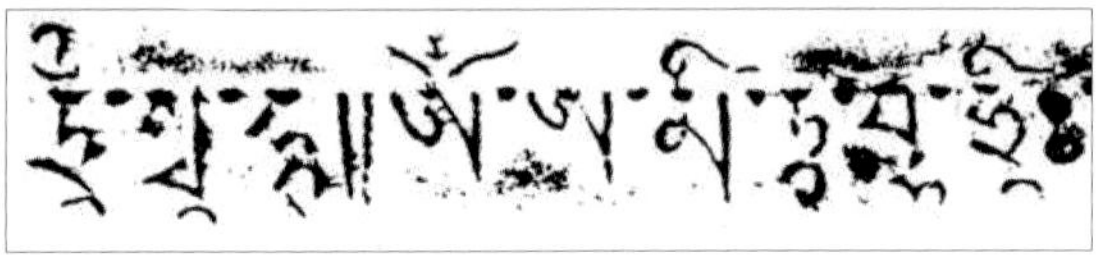

Tibet 문자 탁본

개성 연복사 범종　고려, 1346.봄, 松波宏隆 제공

| 표 랸차와 실담 육자진언과 범자체

범자체	육자진언						유 물 명
	oṃ	ma	ṇi	pa/pha	dme	hūṃ	
랸차 (Lañ-tsha)							요대 다보 천불 석당(1084)
랸차 (Lañ-tsha)	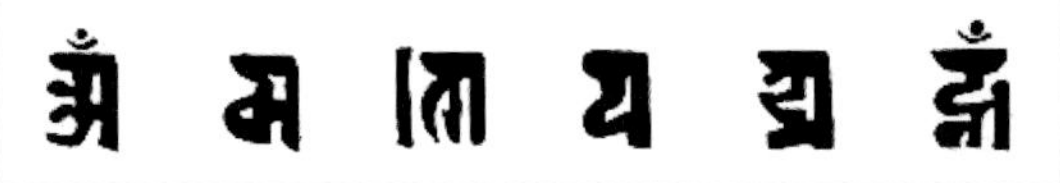						개성 연복사 동종(1346.봄)
랸차 (Lañ-tsha)	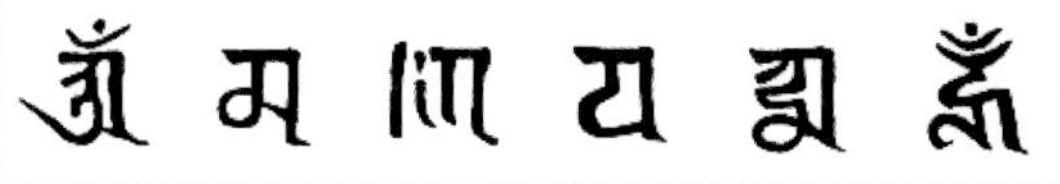						돈황 막고굴 육자진언 석비(1348.05)
랸차 (Lañ-tsha)							파주 보광사 동종(1634.07)
실담 (Siddham)							양양 낙산사 동종(1469.04)
실담 (Siddham)	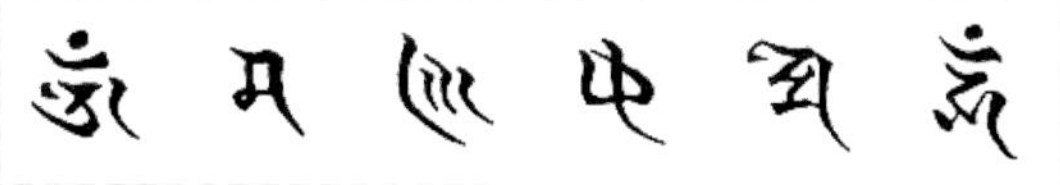						망월사본 『진언집』(1800.04)

못했다. 그런데 랸차 문자를 주로 활용했던 몽골의 영역이 확대하면서 랸차 문자의 사용 지역도 널리 확산하였다. 이에 따라 고려에서도 원나라와의 불교 교류가 확대되면서 랸차 문자를 사용하였다. 그래서 지금도 고려시대의 여러 유적과 유물에서 랸차 문자가 확인되고 있다.

4. 티벳(Tibet)

티벳 문자는 인도의 굽타 문자를 토대로 하여 6~7세기경에 만들어진 것으로 티벳의 초대 왕인 송찬간포(松贊幹布, Srong-brtsan-sgam-po)가 제정하였다. 이 문자는 왼쪽에서 오른쪽으로 쓰는데, 밀교 신앙의 전파와 함께 널리 확산하였다. 엄격한 의미에서 범자는 아니지만 넓은 의미에서 범자의 범주에 속한다고 할 수 있다. 한국은 고려시대에 원나라 불교와 교류가 밀접해지면서 티

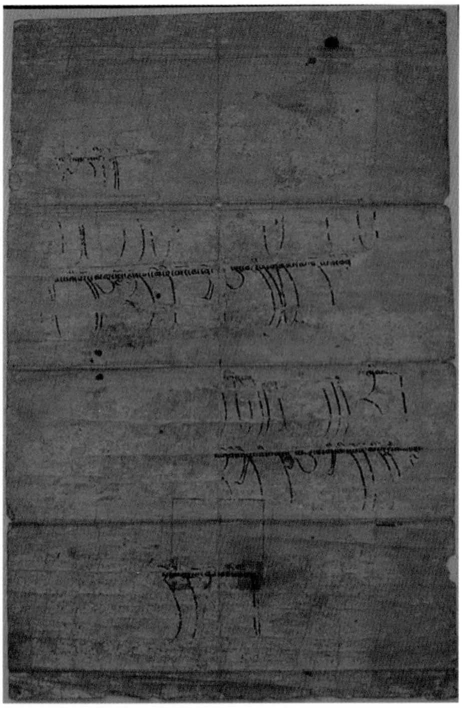

티벳 문자 법지 고려, 송광사 성보박물관

벳 밀교와 티벳 문자로 된 불경이 상당량 전래하였다. 당시 밀교 승려였던 티벳의 팔태사(八台思)와 절사팔(折思八) 등이 1271년과 1294년 고려 땅에 들어와 여러 사찰에서 활동하였는데, 이들은 티벳 문자로 된 불경과 범자 진언다라니에 대한 밀교 신앙과 의례 등을 전파하였을 것으로 짐작된다. 오늘날 보은 법주사 복천암 목조아미타여래좌상과 평창 상원사 목조문수보살상 등 여러 불상의 불복장물에서 티벳 문자로 된 문서와 진언다라니가 발견되었다.

특히, 고려시대 순천 송광사 출신으로 국사였던 원감국사(1226~1293년)는 1275년 직접 원나라에 들어갔다가 귀국할 때 불경과 함께 여러 문건을 가져온 것으로 전한다. 당시 원감국사가 원나라에서 가지고 온 것으로 추정되는 문건들이 지금도 송광사 성보박물관에 소장되어 있는데, 문건들이 당시 원나라에서 사용한 문자로 작성되었다. 이 중에 명령문 형태의 법지는 원나라 세조로부터 받은 것으로 알려져 있는데, 온전한 상태는 아니지만, 문서 소지자에 대한 신분, 신분보장과 협조 요청, 문서 발급자의 증명 부분 등으로 나누어져 표기한 것으로 파악되고 있다. 그리고 티벳 문자와 함께 란차로 진언다라니가 새겨진 연복사 동종(1346년)이 전하고 있다. 이외에도 고려시대 전래한 티벳 대장경이 여러 박물관과 사찰에 소장되어 전해지고 있는데,[18] 이러한 대장경들은 산스크리트어나 팔리어 등 초기 범자 연구에 귀중한 자료로 평가받고 있다.[19]

---

18 티벳 대장경 라싸판은 달라이 라마 13세의 발원으로 개판 되었는데, 인도 불교의 경론들을 충실하게 식역의 형태를 취하고 있어 팔리어나 산스크리트어 연구에 중요한 자료이다. 달라이 라마 14세가 1969년 동국대학교에 기증한 목판 인쇄본이며 접본 100함으로 구성되어 있다.

19 불교중앙박물관, 『천년의 지혜 천년의 그릇』, 조계종출판사, 2011, p.43.

티베트 대장경　고려, 호림박물관

티베트 대장경　고려, 해인사 성보박물관

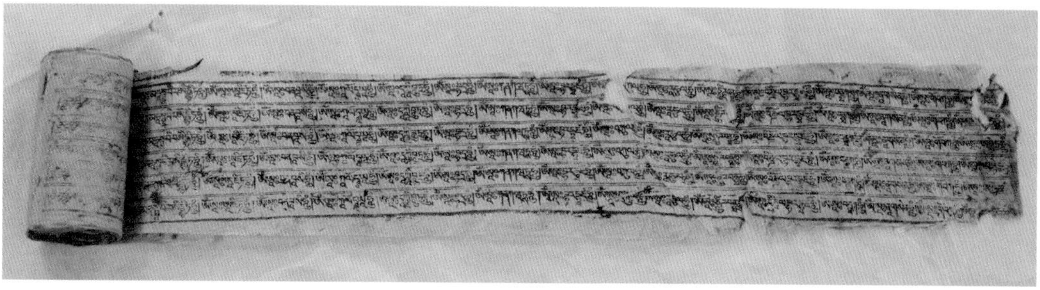

티베트 대장경　용인 동도사

티베트 대장경　천태중앙박물관

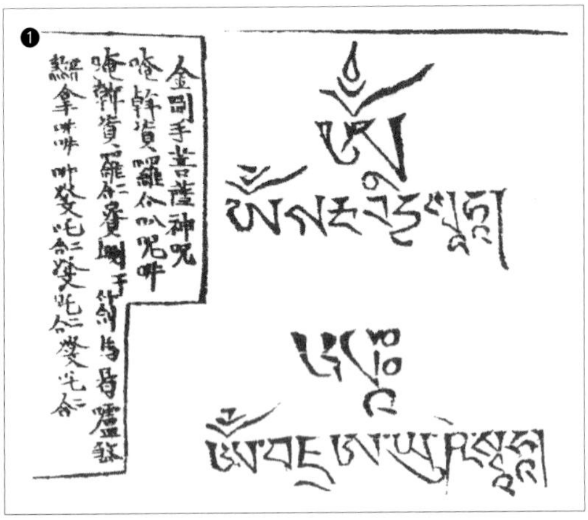

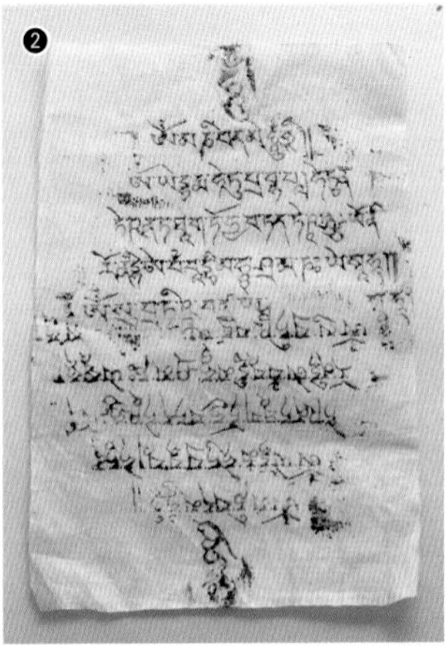

티벳 문자 다라니
❶ 보은 법주사 복천암 목조아미타여래좌상
❷ 평창 상원사 목조문수보살좌상

한편 원나라 세조 쿠빌라이 칸은 1265년 라마 승려였던 팔사파(八思巴, Phagspa)에게 새로운 문자를 만들도록 했다. 당시 팔사파는 티벳 문자에 기초하여 네모 형태로 문자를 만들었는데, 이를 파스파문자 또는 몽골신자라고 불렀다. 이 문자는 여러 민족의 언어를 표기하기 위한 공용문자로 1269년 반포되어 1352년까지 원나라의 공식 문자로 사용되었다. 또한 란차 문자에서 'Kutakshara' 문자가 파생하였는데, 란차 문자를 중첩시켜 만든 문자로 주로 장식이나 장엄에 활용되었다. 이 문자는 한국 복장물의 다라니 등에서 발견되고 있는데, 고려와 원나라의 교류가 본격화되면서 사용하기 시작한 것으로 추정되지만, 고려 불교계에서는 폭넓게 사용되지는 않았다.

이외에도 여러 문자가 고려와 조선시대의 불교 경전이나 의례 등에 사용된 것으로 전하지만, 밀교 신앙 자체가 기본적으로 종교적인 성격을 가지고 있어 구체적인 양상을 파악하기에는 한계가 있다.

불교 관련 다양한 문자와 글자체

[oṃ]을 표현한 다양한 문자•

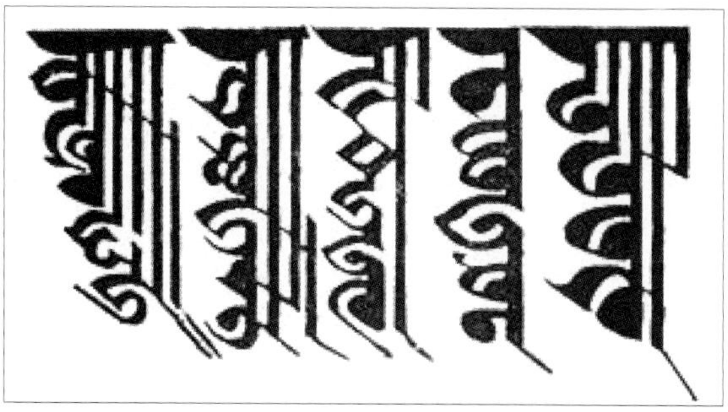

쿠타크샤라(kutakshar, 중첩문자)

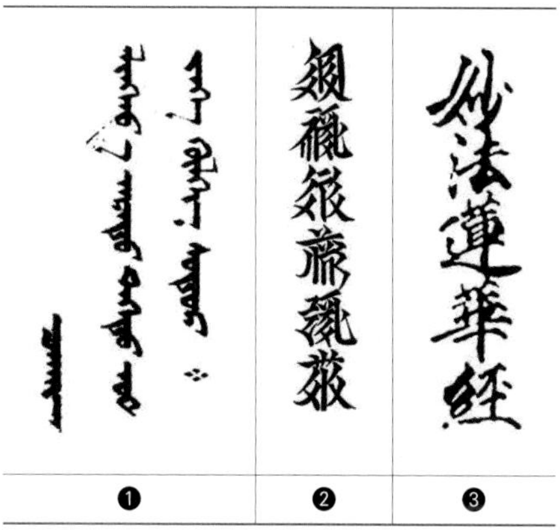

『묘법연화경』의 표현

❶ 몽골어 ❷ 서하어 ❸ 한자

'덕부사' 한자-몽골어-티벳어-만주어 현판 청대

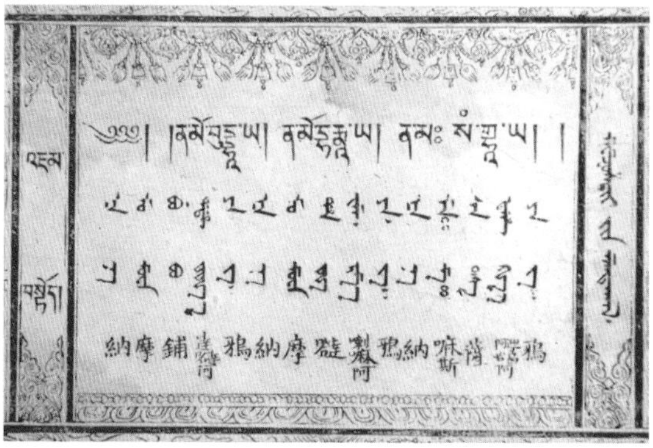

4개 언어 경전 표지 청대, 정각 스님 제공

• 엄기표, 대한불교 진각종 한국밀교문화총람사업단, 『韓國의 六字眞言』, 도서출판 해인행, 2018.

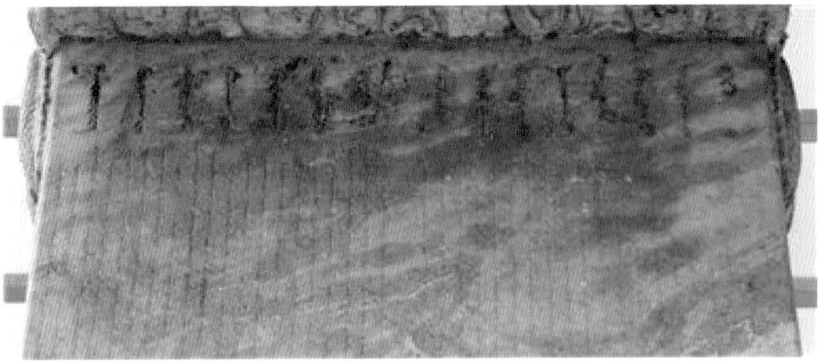

몽골어-만주어-한자가 새겨진 비문

서울 삼전도비(1639)

육자진언(Combined Script of Six Syllables)의 남추방덴(Rnam bcu dbang idan)

❶

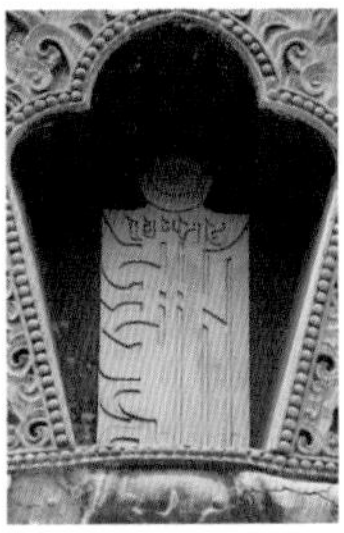

❷

❸

❹

중국 자등사(慈燈寺) 산문　청대

중국 심양 동서남북 백탑　청대
❶ 동탑 ❷ 서탑 ❸ 남탑 ❹ 북탑

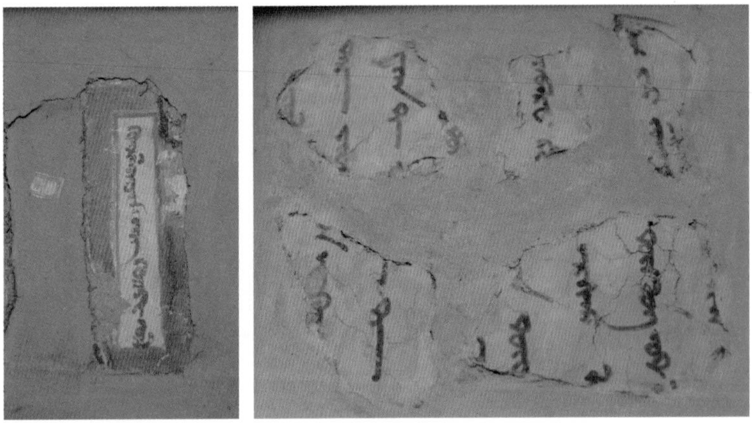

파스파 문자 석경당　원대, 중국 호화호특(呼和浩特) 내몽고박물원

위구르 문자　10~11세기, 투르판 베제클릭 석굴사원, 국립중앙박물관

III

한국 범자의 전개

History & Culture of Sanskrit in Korea

1. 전적

불교의 교주인 석가모니가 입적한 이후 그의 가르침을 정리하고자 제자들을 중심으로 결집이 이루어졌다. 그에 따라 고대 인도어인 산스크리트어로 경전이 만들어졌고, 이러한 경전은 불교 신앙의 전파와 함께 여러 지역으로 확산하였다. 불교는 중앙아시아를 거쳐 중국으로 전래하면서 크게 발전하였고, 그에 따라 한역 경전을 간행 보급하는 것은 중요한 일이었다. 고대 시대에 산스크리트어로 된 불교 경전을 한문으로 번역한 수많은 역경가들이 있었는데, 그중에서 인도 출신 승려였던 Kumārajīva(鳩摩羅什, 344~413)를 비롯하여 진체(眞諦, 499~569), 현장(玄奘, 602~664), 불공(不空, 705~774) 또는 의정(義淨, 635~713)을 4대 역경가라고 한다.

한국은 삼국시대 불교가 공인된 이후 상당량의 불경이 인도나 중국으로부터 전래하였다. 불교 신앙이 빠르게 확산하면서 산스크리트어로 된 원전이 보급되기도 했으며, 한역 된 불경이 전래하기도 했다. 그리고 인도나 중국을 직접 순례하면서 산스크리트어로 된 원전을 수학하거나, 번역하거나, 직접 가져와 보급하기도 했다.

이처럼 불교 신앙을 전파하기 위해서는 불경의 보급이 필수적이었으며, 불교 신앙과 의례를 전하는 승려들에게 더더욱 필요했다. 그리고 많은 사람이 불교를 신앙하면서 더욱 많은 불경이 필요했고, 여러 종파와 사상이 형성되면서 다양한 유형의 경전이 간행 유포되었을 것이다. 이에 따라 한국 고대의 승려들은 불교를 신앙하고 배우기 위하여 산스크리트어에 대한 지식이 필수적이었다.

(1) 삼국과 남북국

한국에 산스크리트어로 된 불경이 전래한 것은 삼국시대로 추정된다. 불교가 공인된 직후부터 중국으로부터 한역 된 많은 불경과 함께 인도로부터 범자 경전이 전래하였을 것이다. 당시는 범자로 된 불경이 패엽경이나 두루마리 형태로 제작되었다.

고구려는 『삼국유사』에 의하면 요동성에 3층으로 된 탑이 있었는데, 그 옆에 승려가 지팡이를 짚고 서 있었다고 한다. 그 승려는 가까이 가면 사라지고 멀리서 보면 나타났다고 한다. 그래서 승려가 서 있던 자리를 파보니 지팡이와 신발이 나왔고, 깊이 파보니 범서가 놓여 있었다고 한다.[1] 여기서 범서는 범어로 된 경전을 의미하는 것으로 보여, 고구려에 불교가 전래한 직후 범어로 된 불경이 전래하였음을 짐작할 수 있다. 아마도 나가리 문자로 쓴 범어 경전이었을 것으로 추정된다.

백제는 인도 출신 승려였던 마라난타가 배를 타고 들어와 불교를 전했다고 한다.[2] 당시 마라난타는 범어로 된 경전을 가지고 왔을 것이다. 그리고 백제 겸익은 불교를 배우기 위하여 인도로 직접 가서 5년 동안 구법과 순례를 하였으며, 성왕 5년인 527년에 귀국하였다고 한다. 당시 겸익은 중인도의 상가나사 배달다삼장(倍達多三藏) 등과 함께 백제로 와서 범본과 율문 등을 번역하였다고 한다. 범어로 된 경전을 가지고 와서 번역하였음을 알 수 있다. 그리고 담욱(曇旭)과 혜인(惠仁)이 율소 36권을

고구려 요동성도

1 『三國遺事』 卷3, 塔像4, 遼東城育王塔.
2 『三國遺事』 卷3, 興法3, 難陁闢濟.

국왕에게 올리자 성왕이 비담홍율서(毘曇弘律書)를 지었다고 한다.[3] 이러한 것으로 보아 백제 겸익이 활동했던 6세기 전반기에는 범어로 된 불경이 전래하였음을 알 수 있다. 당시 백제의 여러 승려가 범어에 대한 인식과 이해가 있었을 것으로 보인다.

영광 법성포구 전경

신라는 527년 뒤늦게 불교를 공인한 후 여러 승려가 불교를 배우려고 중국에 유학하였는데, 당시 중국 불교계에는 많은 인도 출신 승려들이 활동하고 있었다. 그들은 인도에서 불경을 가지고 와서 보급하거나 역경 사업에 전념하였다. 신라 출신 유학 승려들은 인도 출신 승려들로부터 직접 법인을 받았던 경우도 있어, 범어도 배웠을 것이다. 그리고 귀국 시에 한역 된 경전과 함께 범어로 된 경전도 함께 가지고 왔을 것이다. 『해동고승전』에 의하면, 신라 출신 승려였던 안홍이 중국 유학 후 귀국하면서 서국 승려 비마라진체, 농가타, 불타승가 등과 함께 돌아와 황룡사에서 초기 밀교 경전에 해당하는 『전단향화성광묘녀경(栴檀香火星光妙女經)』을 번역 간행하였다고 한다. 그리고 담화(曇和)라는 신라 승려가 필사하였다고 한다.[4]

이외에도 명랑은 중국에서 귀국한 직후 『관정경(灌頂經)』에 있는 「문두루비법(文豆婁秘法)」을 썼고, 혜통은 인도 출신 승려였던 선무외로부터 법인을 받고 귀국한 것으로 보아 범어도 수학했을 것이다. 그리고 경흥은 김사양이 가지고 온 의정의 신역본인 『금광명최승왕경』에 대한 주석서를 곧바로 만들어 신라 불교계에 보급했다. 명효(明曉)는 귀국하기에 앞서 이무첨(李無諂)에게 『불공견색다라니경』을[5] 번역해 달라고 요청하기도 했다.[6] 보천(寶川)은 「수구

3 「彌勒佛光寺事蹟記」(李能和, 『朝鮮佛教通史』, 新文館, 1918).
4 『海東高僧傳』 卷 第2, 流通 2, 安含.
5 智昇, 『開元釋教錄』 卷9(『大正新修大藏經』 卷55, p.566).
6 옥나영, 「『不空羂索陀羅尼經』의 신라 전래와 그 의미」, 『사학연구』 11, 2013.

경주 불국사 석가탑 출토 『무구정광대다라니경』 신라, 정영호 교수 사진

다라니경』 외우는 것을 하루의 일과로 삼았으며, 문수보살로부터 관정을 받았다고 한다. 불가사의는 선무외의 제자로 신라에 귀국하여 영묘사에 머물렀는데, 대표적인 밀교 경전인 『대일경』의 공양 의궤인 『공양차제법』에 대한 주석서를 찬술했던 것으로 보아, 범어 경전에 상당한 조예가 있었던 것으로 보인다. 혜일(慧日)도 중국의 대표적인 밀교 승려였던 혜과(惠果)로부터 삼부대교를 전수하였으며, 나중에 이를 통달한 후 신라로 돌아와 전교를 펼쳤다고 한 것으로 보아, 귀국 시에 『대일경』, 『금강정경』, 『소실지경』 등 여러 범어 경전을 가지고 귀국하였을 것이다. 그리고 많은 신라 승려들이 직접 인도에 유학하였는데, 귀국하지 않는 경우도 있었지만, 대부분은 귀국하였다. 이들 승려는 귀국 시에 범어로 된 여러 경전을 가지고 왔을 것으로 보인다.

이처럼 신라 시대에 전래하였거나 간행된 범어 관련 불교 경전으로는 『대일경』, 『금강정경』, 『관정경』, 『금광명경』, 『인왕경』, 『소실지경』, 『반야리취경』, 『수구다라니경』, 『무구정광대다라니경』, 『파지옥삼종실지진언의궤』, 『점찰경』, 『발보리심론』, 『약사경』, 『십일면관음경』, 『천수관음경』 등이 있었던 것으로 전하고 있다.[7]

(2) 고려

고려시대에는 국가적인 차원에서 불교를 국시로 채택하고, 중앙정부 차원

7 禹秦雄, 「朝鮮時代 密敎經典의 刊行에 대한 연구」, 『書誌學硏究』 제49집, 韓國書誌學會, 2011, p.240.

에서 사찰이나 승려들을 관리하는 행정 체제를 갖추면서 불교는 정부 조직 안에서 운영되었다. 그리고 인쇄술이 발달하면서 불경을 다량으로 보급할 수 있게 됨에 따라 불교 신앙이 크게 성행하였다. 나아가 고려는 중국의 요·송·금·원 등 여러 나라와 외교 관계를 형성하면서 다양한 경전들을 쉽고 빠르게 유입할 수 있었다. 이에 따라 범자로 구성된 여러 경전과 진언다라니 등이 폭넓게 보급될 수 있었다. 이처럼 범자로 된 경전 보급과 간행 등은 왕실이나 개인적인 차원에서 공양이나 공덕을 쌓기 위하여 후원하거나, 나라의 안녕 등을 기원하기 위하여 중앙정부 차원에서 전개하였다. 이러한 것은 고려 불교가 크게 발전할 수 있는 토대가 되었으며, 당시 동아시아에서 성행한 밀교 신앙이 적극적으로 유입될 수 있는 계기가 되었다.

특히, 고려시대에는 불교가 현실적인 기복 신앙과 연계되면서 재래의 민간 신앙적 요소와 결합하기도 했으며, 밀교 경전에 의한 밀교 의례나 진언다라니 등이 각종 불사나 법회에 활용되었다.[8] 당시 범어로 구성된 경전의 상당량이 중국에서 전래하기도 했지만, 외적의 침략을 물리치기 위하여 국가적인 차원에서 판각 및 간행 사업을 펼쳤는데, 대표적으로 초조대장경과 재조대장경 판각 사업이 있었다.

초조대장경은 중국 북송의 관판대장경(971~983)에 이어 두 번째로 간행된 한역대장경이었다. 당시 고려에는 송 태조가 간행한 대장경이 991년경 전래하여 있었다. 그런데 993년에 이어 1011년 거란의 침략으로 현종(재위 1009~1031)이 남쪽으로 피난을 떠나게 되었는데, 이때 거란군이 물러가지 않자 부처의 힘으로 나라를 지키고 외적을 물리치겠다는 불교 신앙으로 1011년부터 1029년까지[9] 새로운 대장경을 판각하였다. 당시 판각한 대장경판은 팔공산 부인사에 보관하였으며, 총 1,106종 5,048권이었다. 그런데 초조대장경판

8 徐閏吉, 『韓國密教思想史研究』, 불광출판부, 1994.

9 1087년까지 총 77년간 판각했다는 견해도 있다. 이외에도 판각 시기와 기간에 대해서는 여러 견해가 있다.

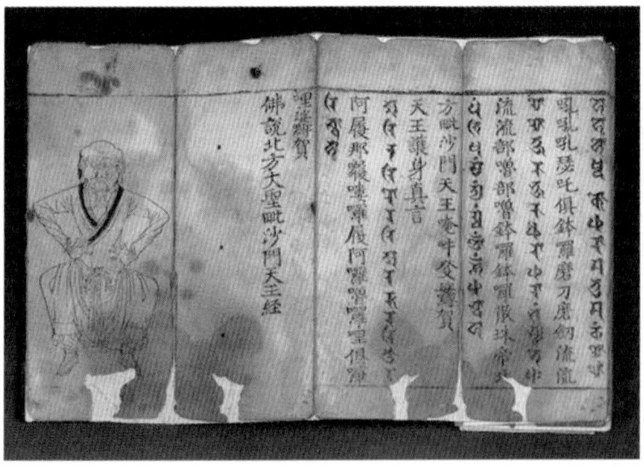
「불설북방대성비사문대왕경」 고려, 초조대장경 추정, 연세대학교 박물관

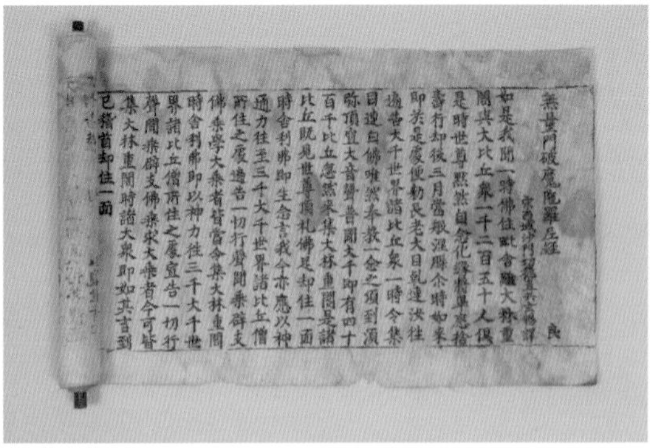
「무량문파마다라니경」 고려, 초조대장경, 국립민속박물관, 문화재청

은 고종 19년(1232) 몽골의 침략으로 불타 버렸다. 그래서 현재 국공립박물관을 비롯한 사립박물관과 개인 등이 불타기 전에 인쇄하여 보급된 경전의 일부가 소장되어 있는 것으로 파악되고 있다. 그리고 일본 경도의 남선사(南禪寺)와 대마도에도 초조대장경판으로 인쇄한 경전이 전해지고 있다. 당시 초조대장경이 중국 송나라와 요나라의 대장경 등을 토대로 하여 판각한 것으로 보아 밀교 관련 경전들도 상당수 포함되었을 것이다. 따라서 범어로만 구성되었거나, 범어와 한자가 함께 구성된 여러 유형의 경전이 있었을 것이다. 이러한 사실은 수기(守其)가 찬술한 재조대장경의 대장경 목록에 다수의 밀교 경전(191부 356권)들이 수록된 것으로도 짐작할 수 있다.

재조대장경은 초조대장경판이 1232년 몽골의 침략으로 불타자 당시 집권자였던 최우 등이 대장도감을 설치하여 1236년 판각 사업에 착수하여 1251년 9월에 완성한 경판이다. 이 경판은 강화도에 있었던 대장도감과 남해의 분사대장도감에서 일을 나누어 조직적으로 진행함으로써 많은 양이지만 비교적 짧은 기간에 완성하였다. 대장경은 당시 논산 개태사 주지였던 수기가 교정의 책임을 맡았는데, 고려의 초조대장경, 북송의 관판대장경, 거란의 거란대장경 등을 참고하였다. 이 경판을 일반적으로 고려대장경이라 부르는데, 총 1,501종 6,708권이며, 경판의 총 수량이 8만 1,258개이므로 팔만대장경이라고 한다.

처음에는 강화도 대장경 판당에 보관했다가 고려 충숙왕 5년(1318) 이후에 선원사로 옮겼으며, 조선 태조 7년(1398)에 합천 해인사로 이전하여 오늘날까지 전해지고 있다. 이처럼 팔만대장경은 중국과 고려에서 판각한 여러 대장경의 오자와 잘못을 정밀하게 교정하고, 다른 대장경에 없는 것도 수록하여 오늘날 전해지고 있는 대장경 중에서 가장 온전한 대장경이라 할 수 있다. 그래서 고려시대 판각된 재조대장경을 통하여 그 이전에 간행되었던 여러 대장경판의 내용과 구성 등을 유추할 수 있게 되었으며, 이후에 제작된 대장경판들은 대부분 고려의 재조대장경을 참고하여 판각하였다. 재조대장경판에도 범어로만 구성된 것과 범어와 한자를 함께 구성한 것 등 다양한 경전들이 수록되어 있으며, 밀교 관련 경전들도 상당수 포함된 것으로 파악되고 있다.

고려시대 간행된 초조대장경에는 천식재(天息災), 시호(施護), 법천(法天), 법현(法賢) 등의 166부 276권이 포함되어 있고, 재조대장경은 초조대장경에서 누락 된 법천과 시호의 역출경 68부 204권을 추가하였다.[10] 그리고 재조대장경에는 중국 당나라 때의 선무외 5부 17권, 금강지 8부 11권, 불공 109부 152권 등 밀교 경전에 속하는 122부 188권의 역출경도 포함하고 있다. 또한, 중국 송나라 밀교 승려들의 것으로 천식재 19부 58권, 시호 115부 258권, 법천 44부 73권, 법현 56부 91권 등이 수록되어 있으며, 요나라의 『석마가연론』도 포함되어 있다. 이처럼 재조대장경에는 밀교 관련 경전이 총 191종 356권에 달하는데, 이 중에 다라니 경전류가 168종 256권으로 가장 많은 양을 차지하고 있다. 이외에도 『대일경약섭염송수행법』 1권을 비롯하여 밀교 의례의 작법과 관련된 경전도 20종 21권이 수록되었다.[11] 이처럼 재조대장경에는 밀교 관련 경전과 함께 범어와 한자가 병기된 경전이 상당수 포함되었다.

그리고 재조대장경의 판각 이전에 대각국사 의천(1055~1101)이 1086년 송나

10 全宗釋, 「高麗時代의 密敎經典 傳來 및 雕造考」, 『佛敎思想論叢』, 경해법인 신정오 박사 화갑기념 논총, 하산출판사, 1991.

11 남권희, 「高麗時代 密敎大藏 卷9의 書誌的 硏究」, 『書誌學硏究』 58, 韓國書誌學會, 2014.

대장경판 모습

최고의 대장경판

합천 해인사 법보전 내부 모습

범자와 한자음 병기 대장경판

육자진언이 새겨진 경판

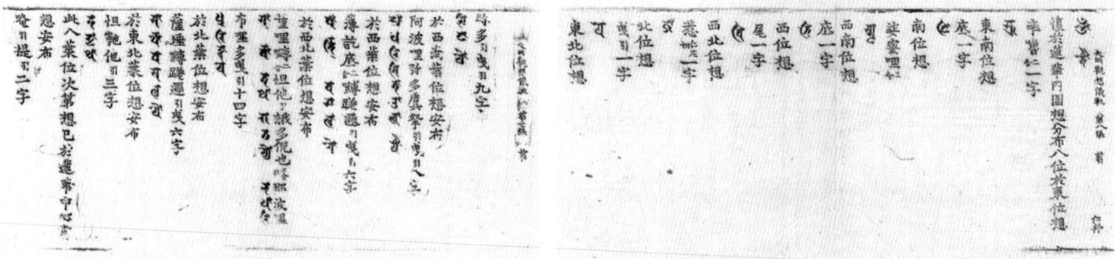

『대명관상의궤』 7장과 8장의 범자(1865년 인쇄본)

합천 해인사 재조대장경판　고려, 합천 해인사, 문화재청

라에서 불교 전적 3,000여 권을 가지고 귀국하였다. 그는 개성의 흥왕사에 주석하며 천태교학을 정리하고, 교장도감을 설치하여 『신편제종교장총록』[12] 3

12　제목을 諸宗이라고 한 것은 당시 여러 종파가 있었으며, 고려 불교가 종파불교였음을 시사한다.

권을 편찬하였는데, 삼장(三藏)의 정본 외에도 당시 동아시아 각국에 있는 모든 주석서인 장소(章疏) 등을 수집하여 목록으로 작성하였다. 이 교장총록은 대각국사 의천이 20여 년 이상 심혈을 기울여 수집한 것을 목록으로 작성한 것이다. 당시까지 동아시아에서 간행한 불경을 비롯한 불교 관계 저술을 총망라하여 엮은 목록집이라 할 수 있다. 이 목록은 1,085부 4,858권을 수록하였는데, 『석마하연론통현초』 등 밀교 관련 경전도 상당수 포함하고 있다.[13] 그리고 고려시대 간행된 『범서총지집』과 『밀교대장』은 밀교 신앙적인 측면이 강한 진언다라니에 대한 신앙, 범어로 구성된 진언다라니의 유형과 종류, 범자체 등을 알 수 있는 자료이자 밀교의 전개 양상을 살필 수 있는 대표적인 경전이라 할 수 있다.

개성 영통사 전경

『범서총지집』은 범자로 쓰인 '총지(摠持)'라는 의미로 진언다라니 모음집이라 할 수 있는데, 당시 전해지거나 알려진 총 495개의 진언다라니를 모아 목판을 제작하여 인쇄한 것이다. 그래서 고려시대 진언다라니 신앙의 결정체라고 할 수 있으며, 범어로 구성된 진언다라니 자료의 정리와 함께 그것의 실질적인 활용과 공덕에 초점을 맞춘 경전이라 할 수 있다. 이 경전의 원래 이름은 『대비로자나성불경등일대성교중무상일승제경소설일체다라니(大毗盧遮那成佛經等一代聖教中無上一乘諸經所說一切陀羅尼)』이며, 첫 장에 '대일경등일대성교제경중소설일체비밀다라니(大日經等一代聖教諸經中所說一切秘密陀羅尼)'라는 부제가 달려있다. 이러한 것으로 보아 대표적인 밀교 경전인 『대일경』[14]과 『금

13 박용진, 「고려시대 교장의 일본 교류와 유통」, 『불교학보』 제92집, 동국대학교 불교문화연구원, 2020.

14 이 경전은 인도 那爛陀寺의 善無畏(637~735)가 716년 중국 당나라에 올 때 가져온 胎藏界 密教

강정경』[15] 등 여러 밀교 관련 경전에서 진언다라니를 발췌하여 엮은 것임을 알 수 있다. 그리고 목판의 제작 시기와 후원자 등에 따라 첫머리에 '범자대장(梵字大藏)'이라고 새기기도 했으며, 『범자다라니집』이라 불리기도 했다. 서문의 내용이 요나라의 승려 각원(覺苑)이 찬술한 『연밀초(演密鈔)』와 도전(道殿)이 찬술한 『현밀원통성불심요집』과 거의 같으며, 전체적인 구성이나 내용도 유사한 것으로 보아 이들 경전으로부터 영향을 받은 것으로 보인다. 이 경전의 구성은 진언다라니의 표제를 한자로 표기한 다음, 범어로 진언다라니를 세로로 표기하였다.

이러한 『범서총지집』은 불상의 복장물에서 낱장 인쇄 형태로 확인되고 있으며, 대부분 책으로 묶기 이전의 인출된 상태 그대로 수습되고 있다. 여러 정황으로 보아 책의 형태로도 묶어서 간행하였을 것으로 보이는데, 현재 그러한 사례는 확인되지 않고 있다. 한편 조선시대의 복장물에서도 낱장 형태로 인쇄된 『범서총지집』이 발견되고 있는데, 이는 고려시대 인쇄된 경전 일부를 소장하고 있다가 봉안하였거나, 고려시대 판각된 목판을 활용하여 다시 인쇄하여 봉안하는 등 여러 유형이 있었을 것으로 생각된다. 현재까지 발견 수습된 『범서총지집』은 안동 보광사 목조관음보살좌상에서 선사였던 사원(思遠)이 교정하여 1150년(의종 4) 6월 평양 광제포에서 간행한 것이 가장 빠르다.[16] 1156년 법수사(法水寺) 인출본, 1166년 이세합(李世陜) 인출본, 1218년 금산사 혜근대사 발원 인출본, 1227년 최씨 발원 인출본, 1228년 화성 봉림사 복장물 봉안본 등 판각과 인쇄 시기가 다른 여러 종류의 인출본이 전하고 있다.

의 根本 經典으로 원래 書名은 『大毗盧遮那成佛神變加持經』이다. 玄宗이 善無畏에게 一行法師(682~727)와 함께 번역하도록 했다.

15 이 경전은 인도 密教의 高僧이었던 金剛智(669~741)가 719년 중국 당나라에 올 때 가져온 金剛界 密教의 根本 經典으로 원래 書名은『金剛頂瑜伽略出念誦經』이다. 玄宗이 勅令을 내려 金剛智와 一行法師가 함께 번역하도록 했다.

16 서병패, 「安東 普光寺 木造觀音菩薩坐像 腹藏典籍 硏究」, 『안동 보광사 목조관음보살좌상』, 문화재청, 2009.

이처럼 『범서총지집』은 고려시대의 대표적인 밀교 경전으로 12세기 중엽부터 본격적으로 간행되기 시작했는데, 특히, 무신 집권기에 집중적으로 인출되었다. 당시 고려 불교계에서 밀교 신앙이 널리 유포되고, 진언다라니 신앙이 성행하자 공양이나 공덕을 쌓기 위한 『범서총지집』의 인출이 유행하였던 것으로 추정된다. 한편 일본에서도 고려의 『범서총지집』과 유사한 경전 자료들이 확인되고 있어 당시 일본 열도로도 전래하였음을 짐작할 수 있다.[17]

안동 보광사 목조관음보살좌상 출토 『범서총지집』 47장 간기 부분

안동 보광사 목조관음보살좌상 복장물에서 낱장으로 인쇄되어 봉안된 상당량의 『범서총지집』이 발견되었다.[18] 이 경전은 마지막 장의 말미에 '時庚午歲六月卜日海東長安廣濟鋪開板印施無窮 奉祝 聖壽万年兼冀法界有識含靈共證菩提者 禪師思遠重校'라는 간기가 있어, 1150년 6월 선사 사원이[19] 교정하여 평양 광제포에서 인출하였음을 알 수 있어, 현존하는 가장 이른 시기의 것이다. 그리고 간기에 개판하였다고 한 것으로 보아 이 경전을 개판하기 이전에 먼저 간행된 다른 유형의 『범서총지집』이 있었음을 짐작할 수 있지만, 현재까지는 확인되지 않고 있다. 고려시대에 『범서총지집』이 복장물로 납입될 경우 대부분 낱장으로 인쇄 봉안되어, 낱장이 결락 된 경우가 많다. 한편 안동 보광사 목조관음보살좌상에서는 23~25장, 29장, 33장, 37장, 38장, 42장을 제외하고, 총 39장이 수습되어 비교적 많은 양이 출토되었다. 이 중에서 간행 시기와 간행처를 알 수 있도록 간기 등을 기록한 마지막 장이 47장인

17 대표적으로 日本 奈良의 西大寺에서 발견된 鎌倉時代의 1285年(弘安 8年) 간행된 「諸尊圖像 陀羅尼等」(높이 7cm, 길이 925cm)이 목판으로 작고 길게 印出되었으며, 한자로 된 진언의 제목과 범자로 된 진언이 쓰여 있어 형태와 진언의 내용과 방식 등이 고려의 것과 유사하다.

18 문화재청·불교문화재연구소, 『安東 普光寺 木造觀音菩薩坐像』, 2009.

19 思遠은 1111년 건립된 김제 금산사 혜덕왕사 진응탑비의 음기에 기록된 重大師 思遠과 동일 승려로 추정된다.

것으로 보아 당시 유포된 『범서총지집』이 총 47장으로 구성되었음을 알 수 있다. 그리고 이 『범서총지집』은 국왕이 오랫동안 수명을 누리고, 법계가 두루 깨달음을 얻고자 하는 발원으로 간행되었다. 또한, 전형적인 실담체로 구성된 것으로 보아 범자 진언다라니를 잘 알고 있었고, 실담을 능숙하게 쓸 줄 아는 서자가 썼음을 알 수 있다. 특히, 이 경전은 고려시대 범자 진언다라니의 유형, 공양과 공덕, 활용 방법 등을 알려주는 귀중한 자료이다.

「보협인다라니」(1007)

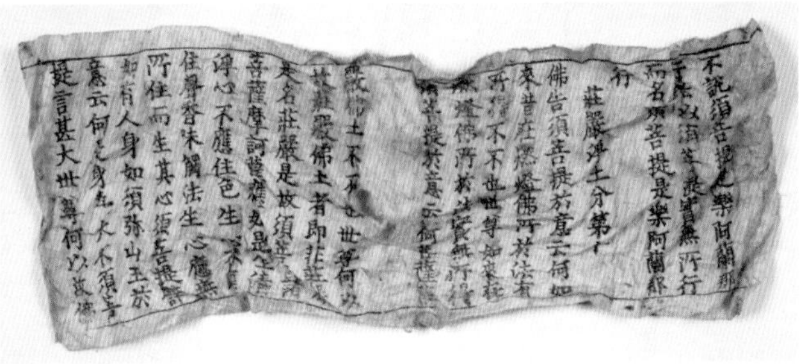

「금강반야바라밀경」

안동 보광사 목조관음보살좌상과 다라니　고려, 손영문 제공

안동 보광사 목조관음보살좌상 출토 『범서총지집』　1150.06, 손영문 제공

1 (1매)	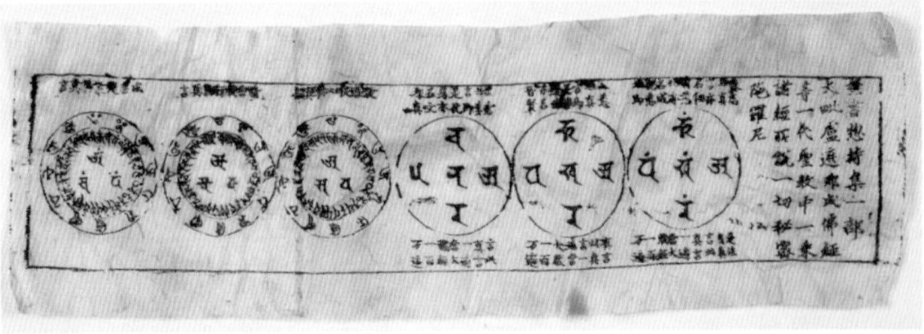 (10~10.6cm × 35.3~36.2cm)

2ㅏ (1매)	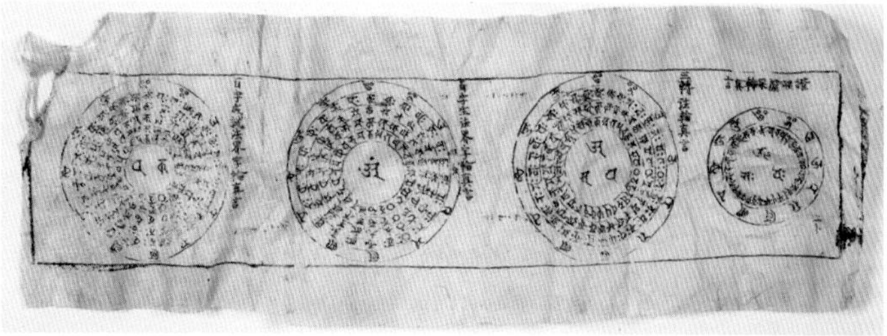
3 (1매)	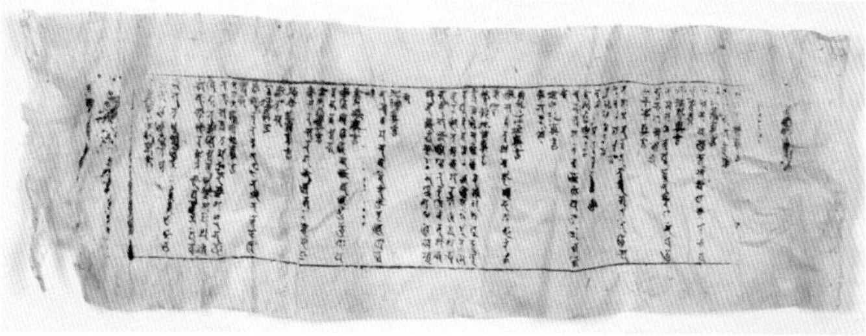
4 (1매)	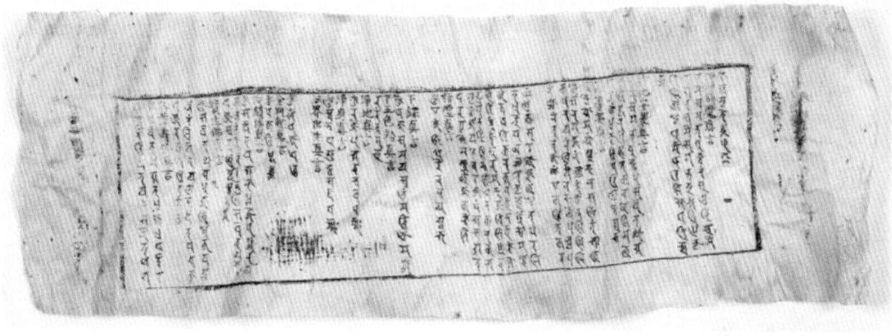
5ㅏ (1매)	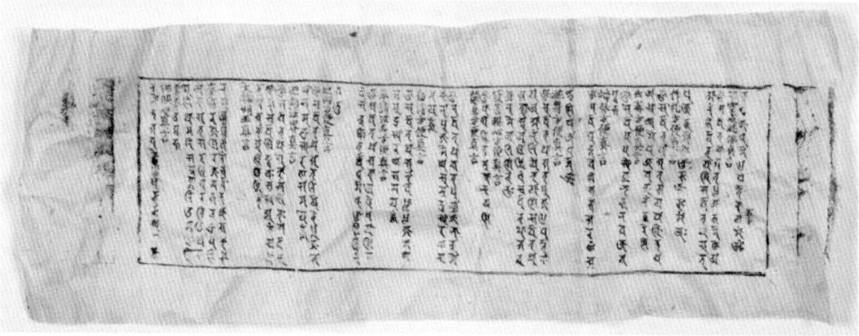
6ㅏ (1매)	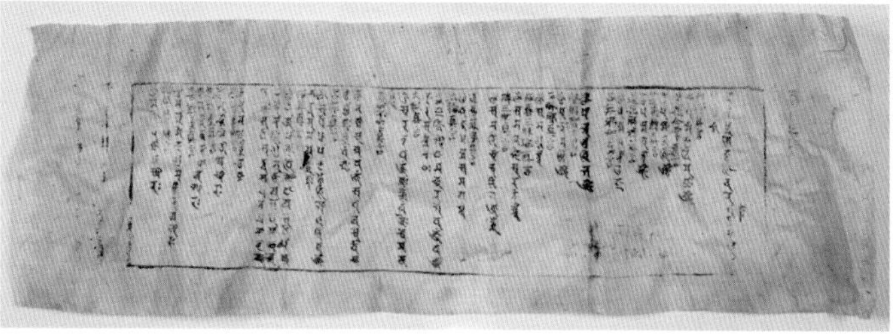

7ㅏ (1매)	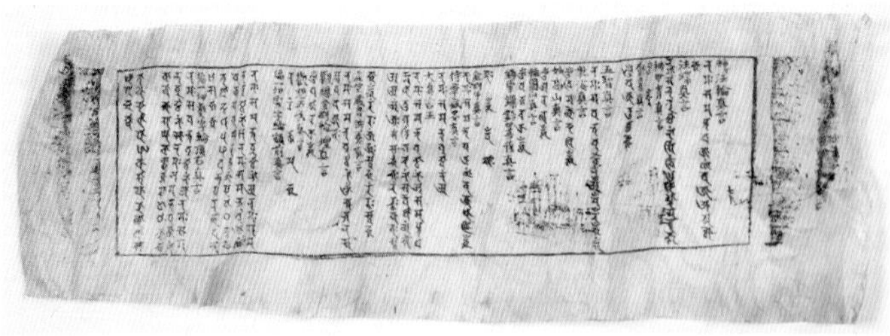
8ㅏ (1매)	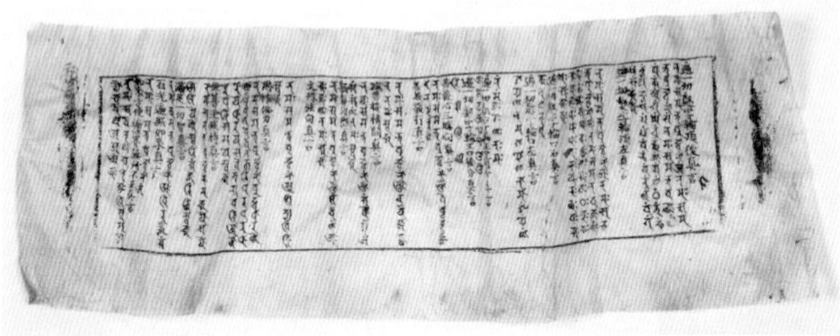
9ㅏ (1매)	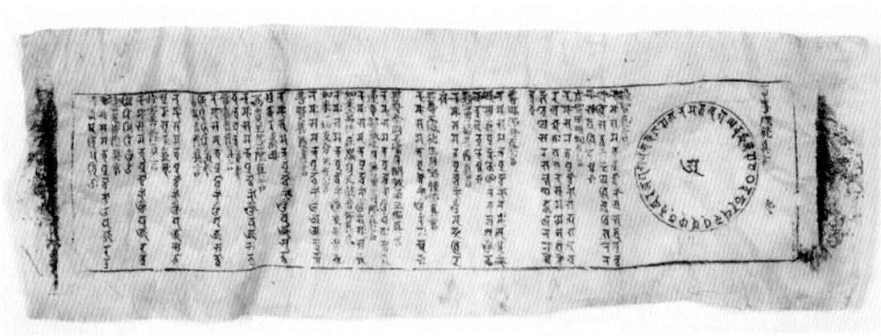
10 (1매)	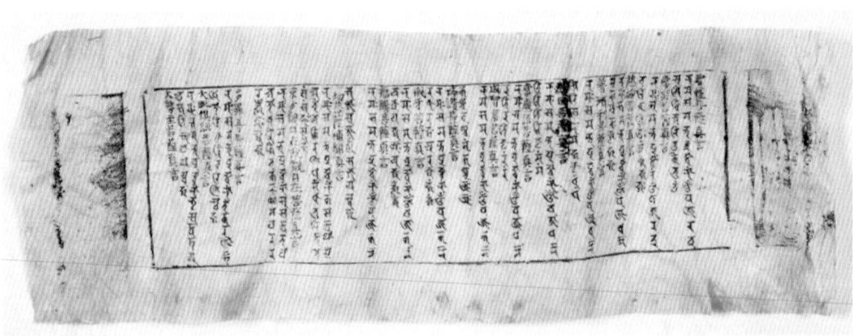
11ㅏ (1매)	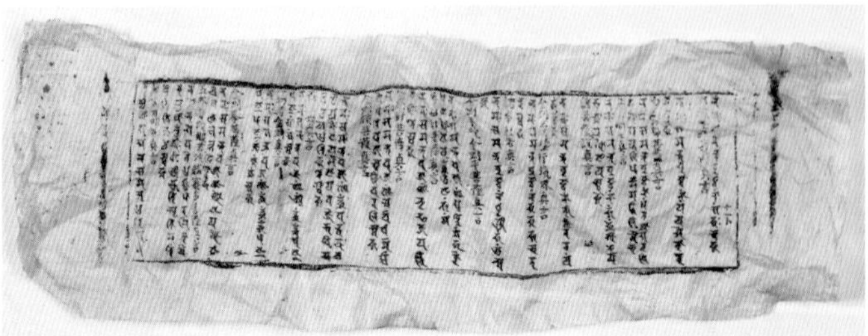

12ㅏ (1매)	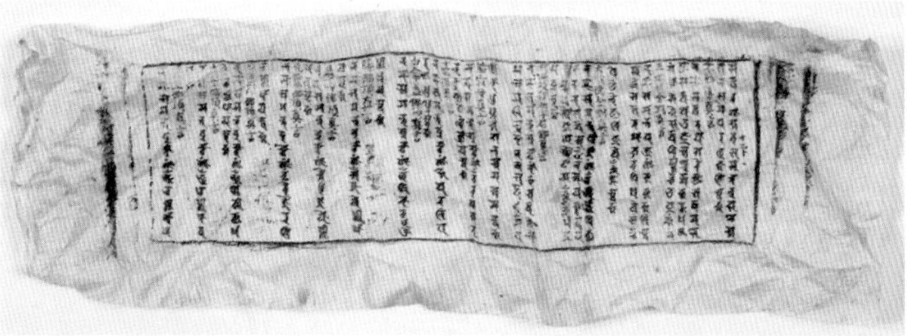
13ㅏ (1매)	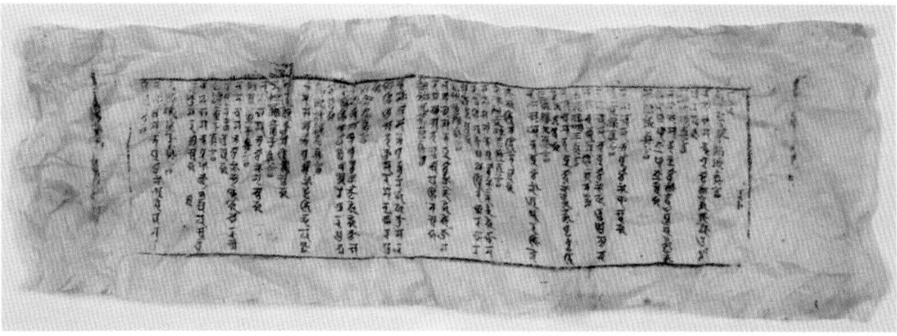
14 (1매)	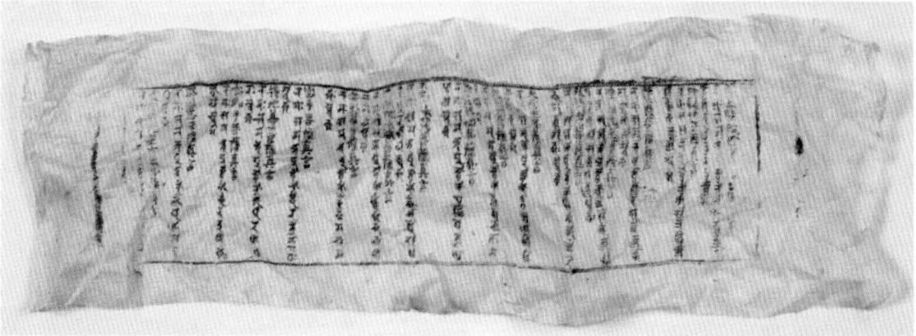
15ㅏ (1매)	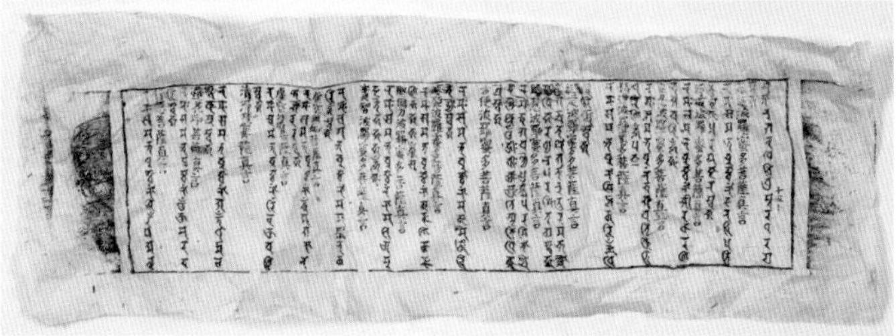
16ㅏ (1매)	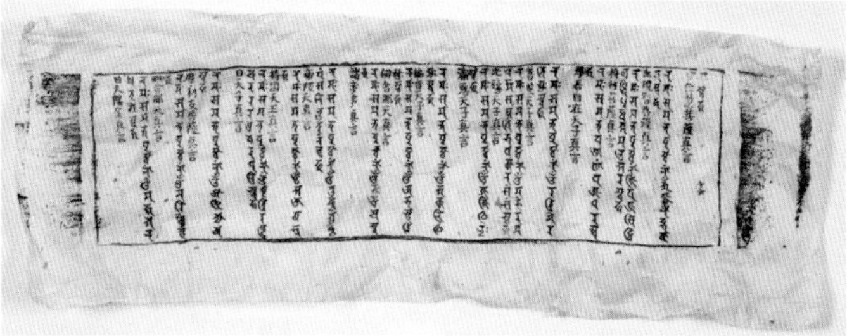

17ㅏ (1매)	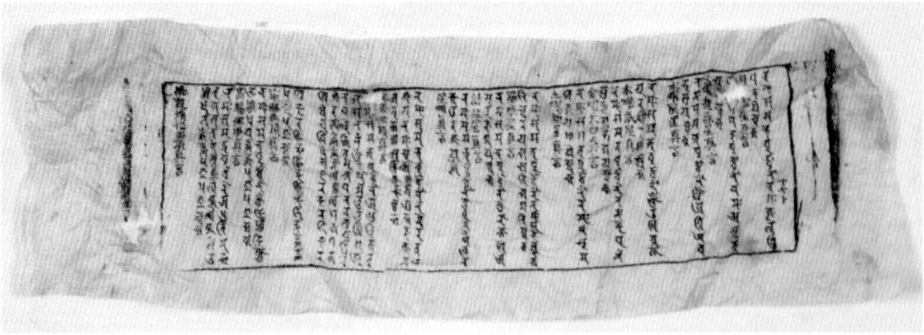
18ㅏ (1매)	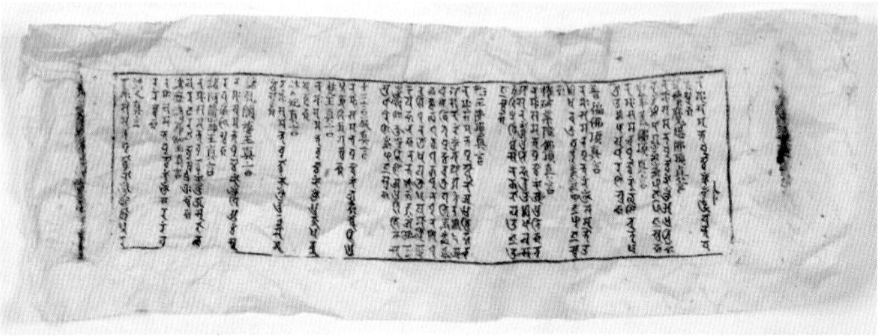
19ㅏ (1매)	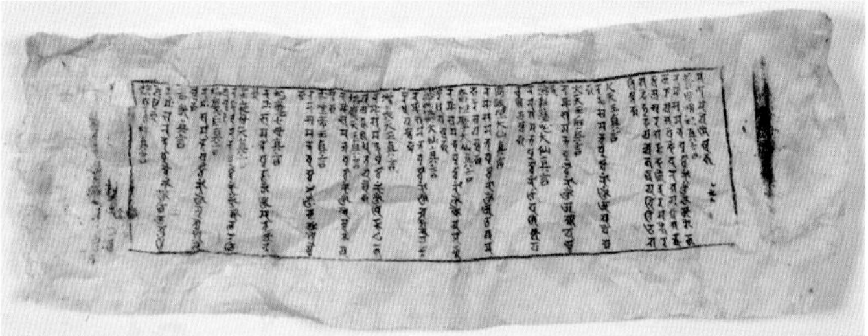
20ㅏ (1매)	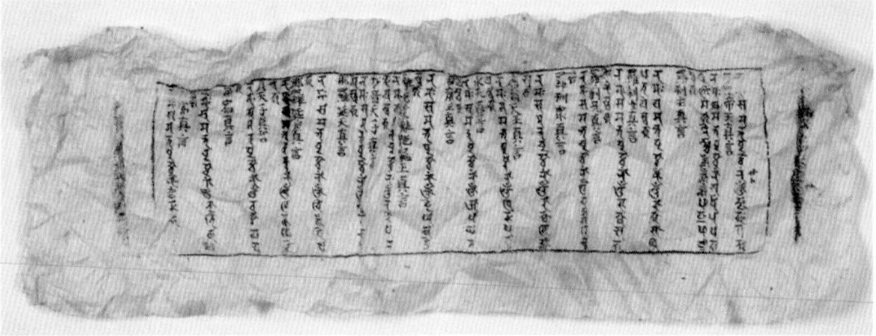
21ㅏ (1매)	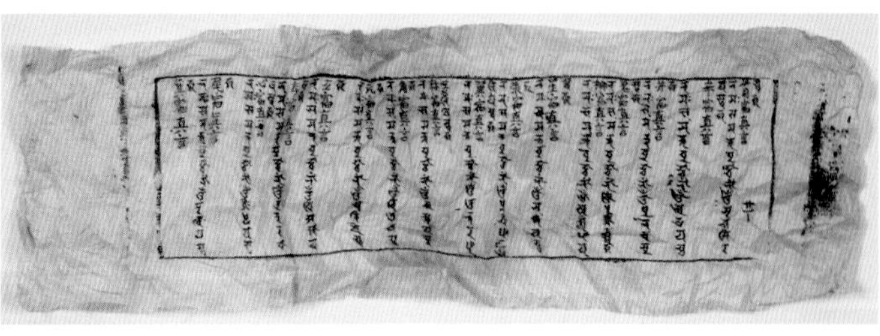

22ㅏ (1매)	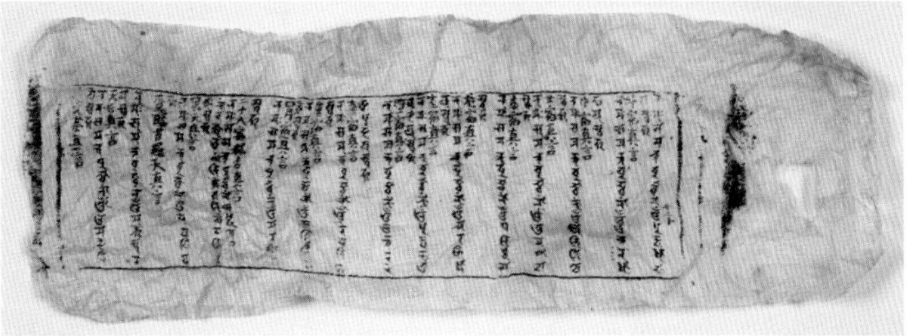
23ㅏ / 24ㅏ / 25ㅏ	결락
26 (8매)	
27 (1매)	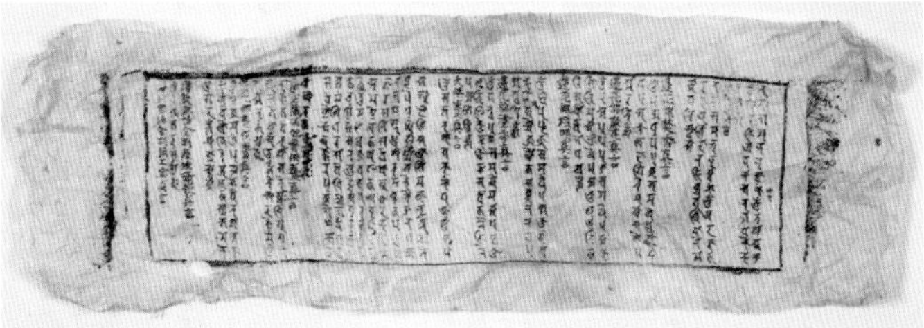
28ㅏ (1매)	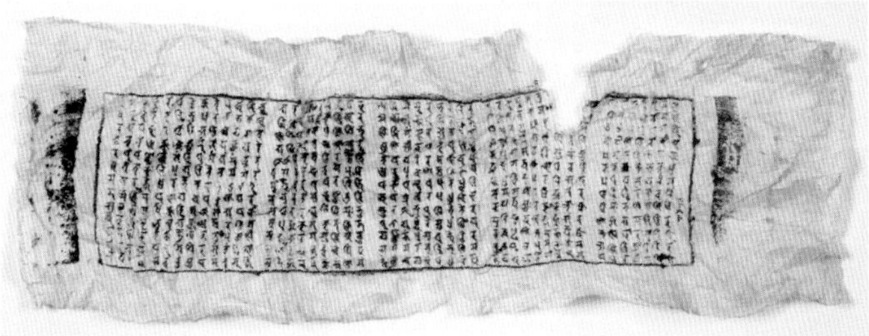

29ㅏ	결락
30 (1매)	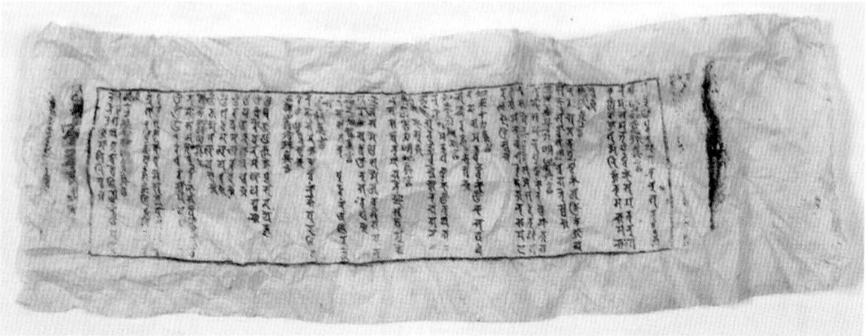
31ㅏ (3매)	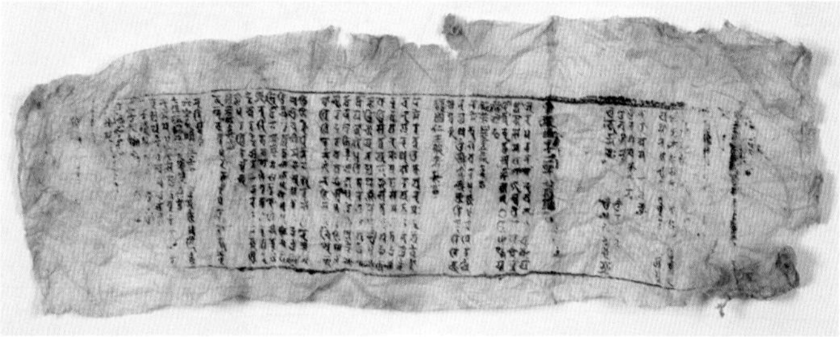
32ㅏ (7매)	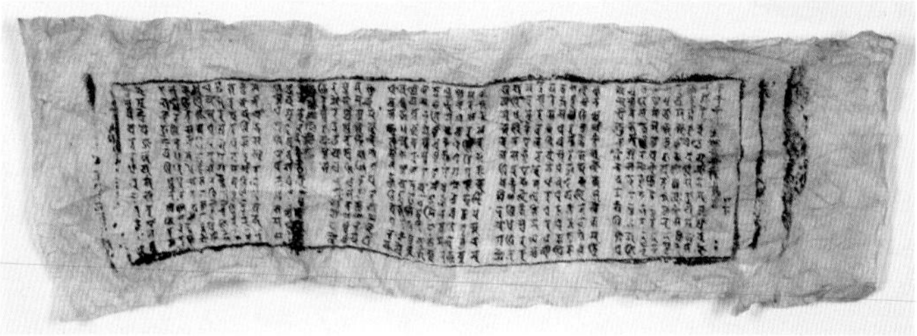
33ㅏ	결락

34 (1매)	
35 (18매)	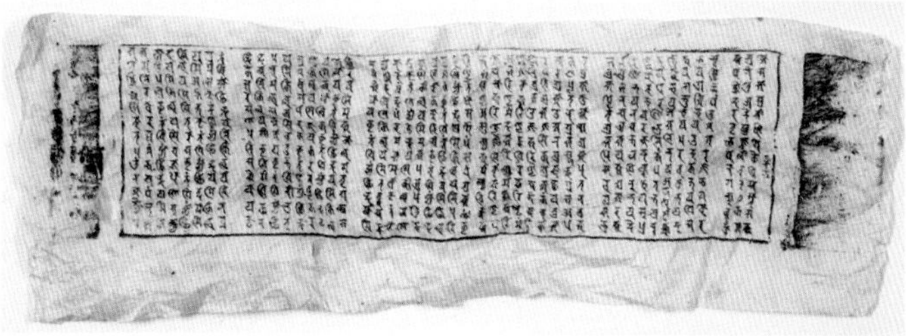
36 (18매)	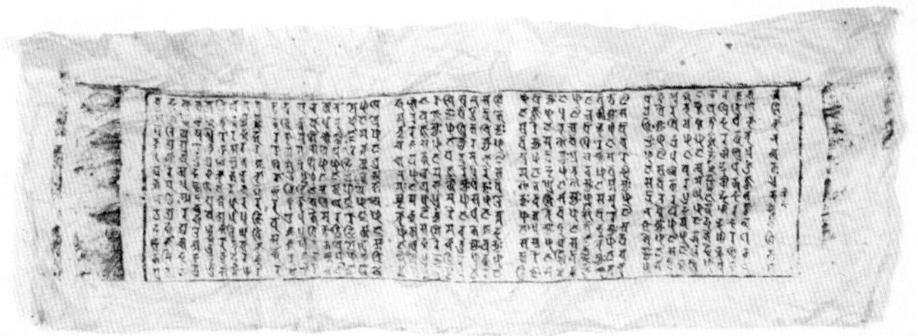
37ㅏ / 38ㅏ	결락
39ㅏ (1매)	

40ㅏ (1매)	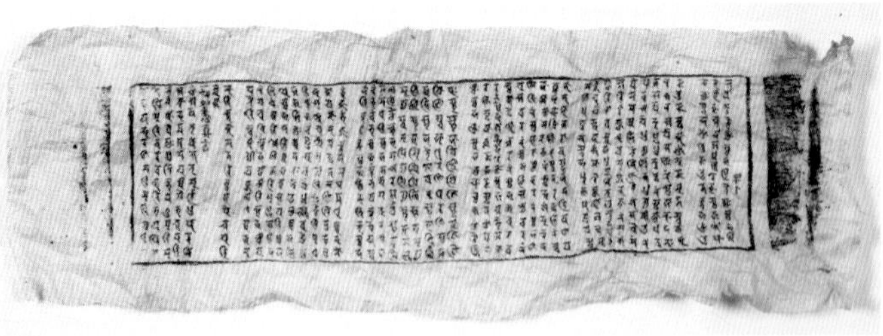
41ㅏ (1매)	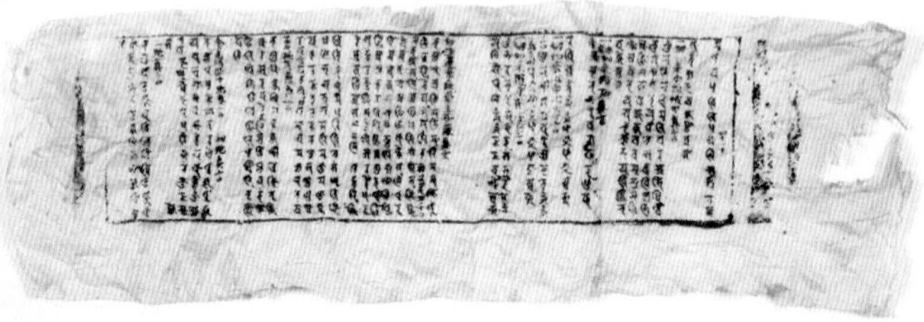
42ㅏ	결락
43ㅏ (15매)	
44ㅏ (1매)	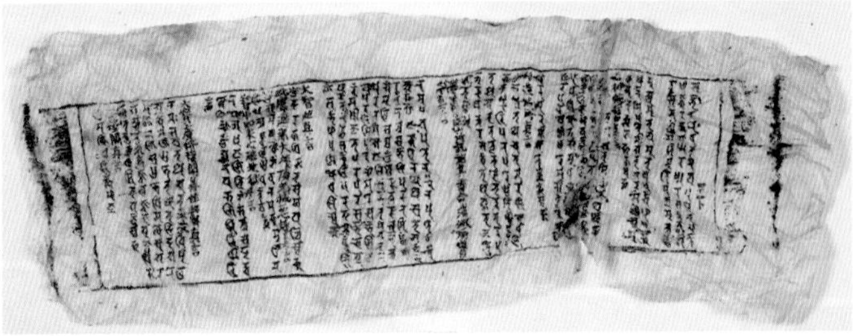

45ㅏ (24매)	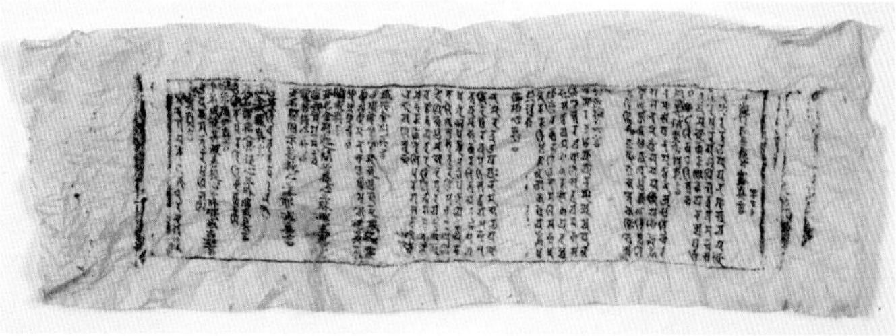
46ㅏ (18매)	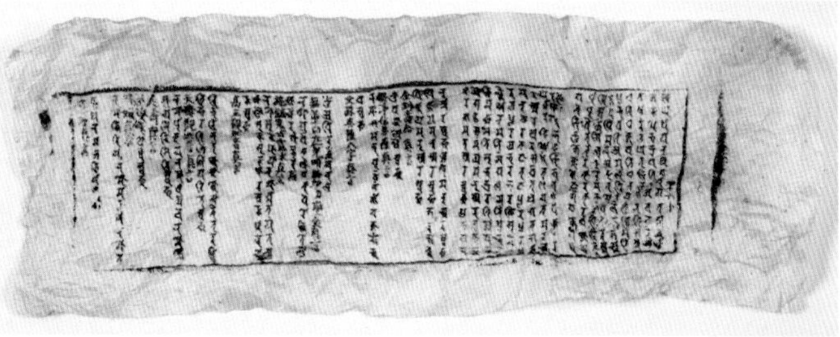
47ㅏ (1매)	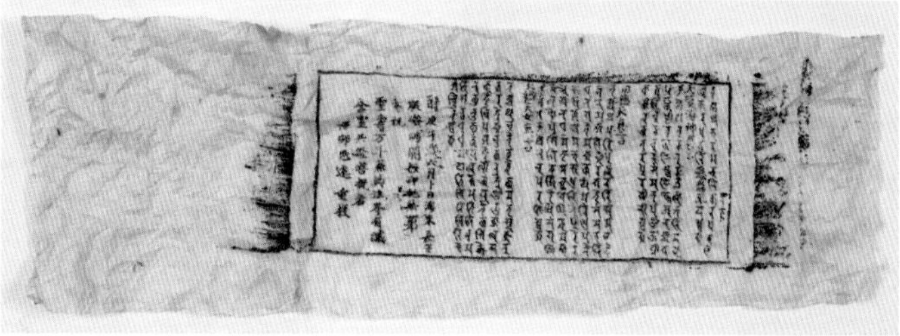

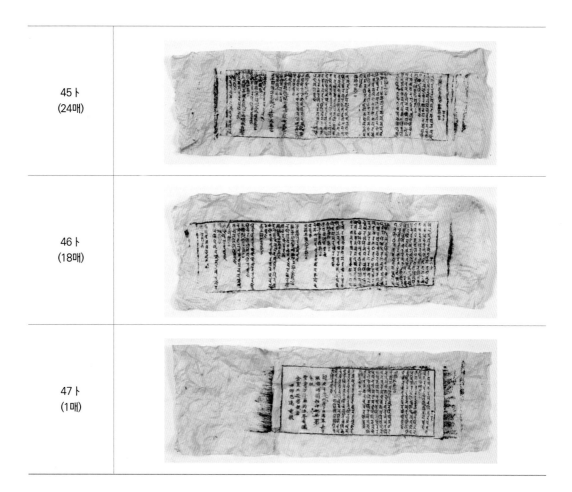

합천 해인사의 대적광전과 법보전에 봉안된 목조비로자나불좌상의 복장물에서도 여러 시기에 걸쳐 인출된 『범서총지집』이 출토되었다. 먼저 대적광전 목조비로자나불좌상은 신라말~고려초에 처음 조성된 이후, 1167년경에 이르러 이 지역의 유력 계층으로 보이는 사씨(史氏) 일가의 후원으로 중수되었으며, 14세기 후반경 명장 송부개(宋夫介)에 의하여 다시 중수되었고, 1490년에는 조선 왕실의 후원으로 중수가 이루어졌는데, 중수 시마다 복장물이 추가 봉안되었다. 그래서 고려와 조선시대의 발원문을 비롯하여 복장물의 시대별 품목과 변화 과정을 살피는데 중요한 자료를 제공해 주었다. 그리고 여러 유형의 『범서총지집』이 수습되었는데, 인출 시기가 1150년 6월, 1156년 7월,

1166년 7월, 시기 미상으로 총 4종류가 확인되었다. 이 중 1150년 6월 인출된 『범서총지집』은 총 69매(1장 2매, 7장 9매, 12장 8매, 18장 19매, 22장 10매, 27장 10매, 42장 11매)로 안동 보광사 목조관음보살좌상에서 출토된 『범서총지집』과 동일 판본으로 추정되었다. 또한, 1156년 7월 인출본은 총 25장 41매이며, 범자로 구성된 진언다라니는 총 259종을 수록하였다. 마지막 장의 첫머리에 크게 'oṃ hūṃ'과 '梵字大藏'를 새겼으며, 말미에 '正豊元年七月日法水寺重大師資行記'라는 간기가 있어, 1156년 7월 법수사에서 인출되었음을 알 수 있다. 1166년 7월 인출본은 총 27장 38매로 1156년 7월 인출된 판본과 유사한데, 별도로 각수 이름이 새겨져 있어 차이를 보인다. 간기에 '主上壽算增延國土太平……歲在丙戌七月日 記知陜州事使 文林郎 試殿中內給事 李世陜'이라고 하여 발원자와 인출 시기를 알 수 있도록 했다. 그리고 1장으로 구성된 낱장 다라니는 일부 만 남아 장수와 인출 시기를 알 수 없지만, 판각 상태와 범자로 구성된 진언다라니의 배치 등으로 보아 고려시대 인출된 다른 유형의 『범서총지집』의 일부로 추정된다.

그리고 해인사 법보전 목조비로자나불좌상은 복장공에서 확인된 묵서지

해인사 대적광전(향좌)과 법보전(향우)의 목조비로자나불좌상

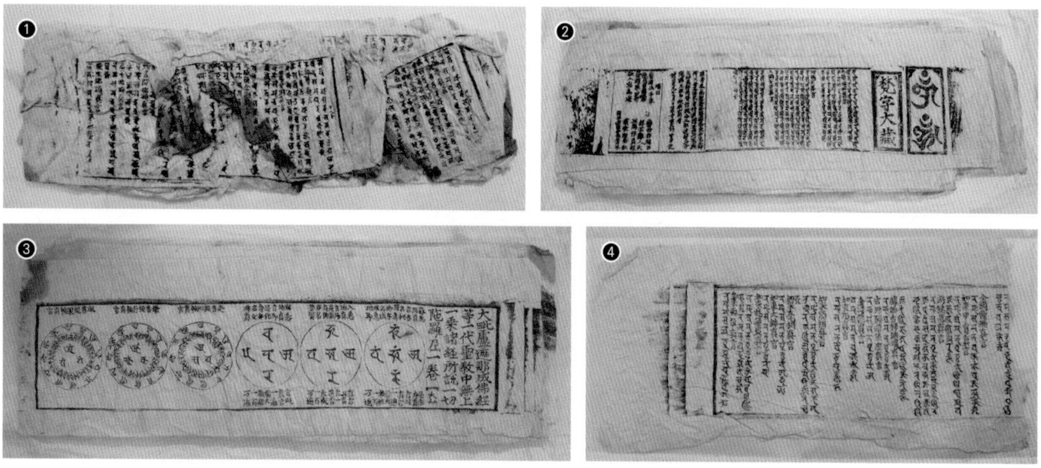

해인사 대적광전 목조비로자나불좌상 출토 『범서총지집』 해인사 성보박물관
❶ 1150.6 인출본(12장) ❷ 1156.7 인출본(47장) ❸ 1166.7 인출본(1장) ❹ 시기 미상 인출본

등으로 보아 신라말~고려초에 처음 조성된 불상으로 추정되었다. 복장물은 발원문, 전적, 후령통, 다라니 등 여러 종류가 수습되었는데, 대적광전 목조비로자나불좌상과 마찬가지로 중수될 때마다 새롭게 봉안된 것으로 밝혀졌다. 이 불상에서는 1150년 6월, 1156년 7월, 1166년 7월 인출된 3종류의 『범서총지집』이 출토되었다. 1150년 6월 인출본은 일부만 수습되었는데, 24장 10매, 30장 4매를 끈으로 묶은 상태였으며, 판각과 인쇄 상태 등으로 보아 안동 보광사 목조관음보살좌상과 동일 목판본으로 확인되었다.[20] 이러한 것으로 보아 당시 필요에 따라 동일 목판을 활용하여 『범서총지집』을 인쇄 유통하였음을 알 수 있다. 1156년 7월 인출본은 총 6장 36매(1장 6매, 3장 6매, 20장 6매, 35장 6매, 36장 6매, 43장 6매)가 수습되었는데, 낱장 형태로 묶거나 여러 장을 겹쳐 봉안하였다. 1166년 7월 인출본은 총 22장 27매가 수습되었는데, 장마다 1매씩 봉안한 경우가 많으며, 총 22장에 201종의 범자 진언다라니가 수록되었다. 장차의 단위는 '卜'으로 표기하였으며, 그 아래에 '존심(存深)'이라는 각수 이름을 새

20 해인사 성보박물관, 『해인사 비로자나불 복장 유물 특별전』, 2008.

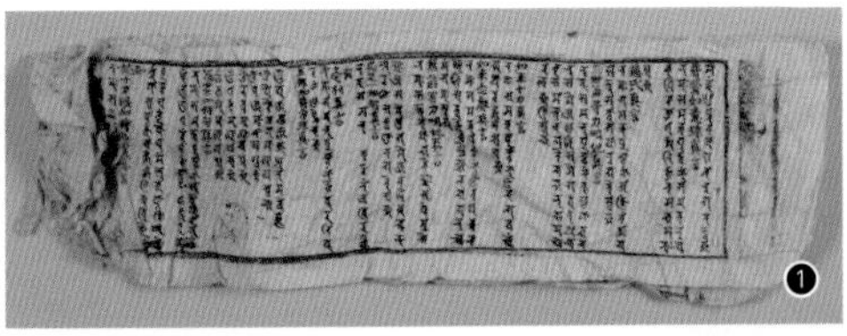

❶

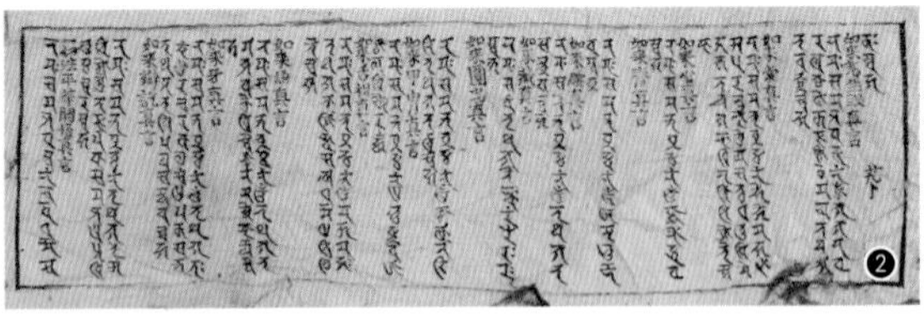

❷

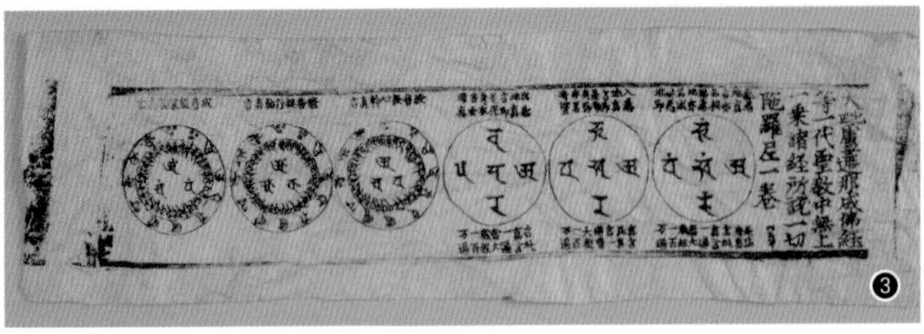

❸

해인사 법보전 목조비로자나불좌상 출토 『범서총지집』
해인사 성보박물관
❶ 1150.6 인출본(30장)
❷ 1166.7 인출본(29장)
❸ 1156.7 인출본(1장)

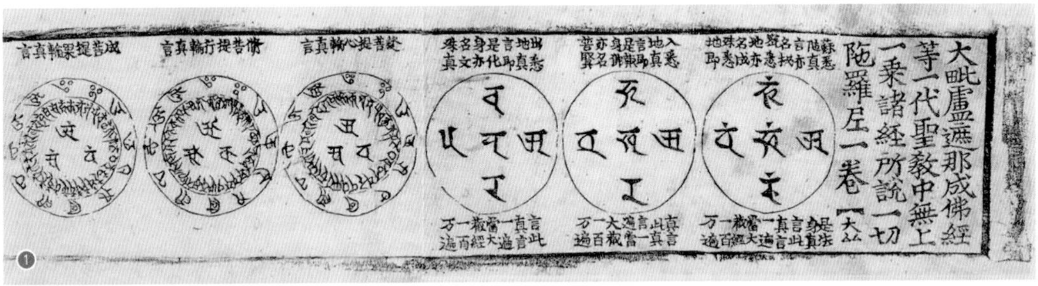

❶

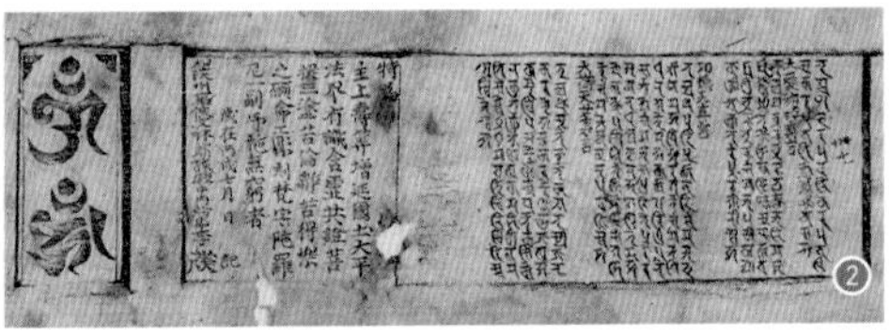

❷

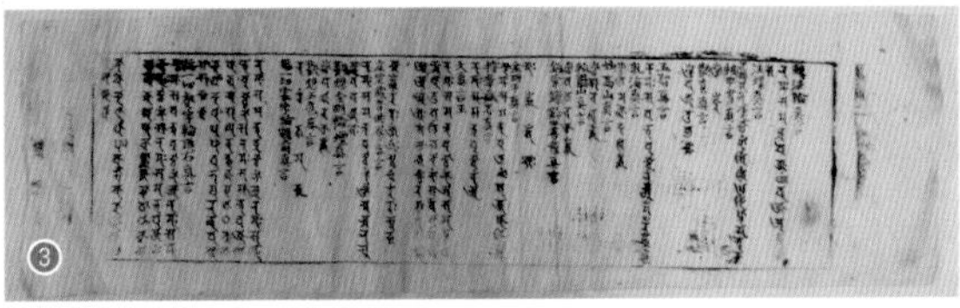

❸

❶ 1166.7 인출본(1장)[21] 위덕대학교 박물관 ❷ 1166.7 인출본(47장) 위덕대학교 박물관 ❸ 1166.7 인출본(17장) 통도사 성보박물관

겼다. 마지막 장 말미에 '主上壽算增延國土太平……歲在丙戌七月日 記 知陜州事使 文林郎 試殿中內給事 李世陜'이라고 새겨, 이세합이 국왕이 오랜 수명을 누리고, 나라가 태평하기를 바라며, 법계가 두루 깨달음을 얻고, 고통에서 벗어나 즐거움을 얻고자 하는 발원으로 1166년 7월 인출했음을 알 수 있도록 했다.

---

21 위덕대학교 회당학술정보원, 『韓國의 傳統陀羅尼』 東齋文庫 所藏資料 特別展, 2004.

또한 1166년 7월 간행된 『범서총지집』이 위덕대학교 박물관, 통도사 성보박물관 등에 소장되어 있다. 위덕대학교 박물관에는 2세트가 소장되어 있는데, 일부 장이 결락 되어 있지만 장차의 단위를 '卜'으로 표기하였으며, '존심'이라는 각수 이름을 새긴 점 등으로 보아 해인사 대적광전과 법보전에서 출토된 1166년 7월 인출본과 같아 동일 판본으로 추정되고 있다. 특히, 위덕대학교 박물관에 소장된 인출본 중 47장은 말미의 간기 부분 등이 잘 남아 있어 해인사 법보전 목조비로자나불좌상에서 출토된 1166년 7월 인출본을 보충해 주고 있다. 그리고 통도사 성보박물관에도 범서총지집 낱장 1매가 소장되어 있는데, 목판의 크기와 인쇄 상태, 범자 진언다라니의 배치 등으로 보아 1166년 7월에 인출된 17장임을 확인할 수 있다.

고양 원각사에는 총 2장 2매와 총 20장 20매로 구성된 서로 다른 2세트의 『범서총지집』이 소장되어 있다. 이 중 2매로 구성된 첫 번째 세트는 범자체와 범자 진언다라니의 배치 등이 해인사 대적광전과 법보전의 목조비로자나불좌상에서 출토된 『범서총지집』 중에서 1166년 7월 인출된 것과 유사성을 보인다. 그런데 범자 진언다라니의 배치는 같지만, 목판의 크기와 자경 등이 달라 다른 판본으로 인출되었음을 알 수 있다.[22] 또한, 20매로 구성된 2번째 세트도 간기가 없어 발원자와 간행 시기 등을 명확하게 알 수 없다. 다만 범자 진언다라니의 전체적인 구성과 내용 등으로 보아 12~13세기에 인출된 『범서총지집』으로 추정된다. 특히, 이 인출본은 1개의 목판에 종이 2장을 부착하여 인쇄한 점, 범자로 구성된 진언다라니를 굵은 실담체로 판각한 점, 장차의 단위로 '卜'을 사용한 점 등이 특징적이다.

이외에도 개인 소장본으로 낱장 총 7장 14매, 432종의 범자 진언다라니가

22 고양 원각사에 소장된 7장 1매와 19장 1매는 합천 해인사 대적광전 목조비로자나불좌상에서 출토된 1166년 7월 인출된 『범서총지집』과 범자 진언다라니의 배치는 같지만, 목판의 크기와 자경 등이 달라 서로 다른 판본임을 확인하였다. 이러한 조사를 가능하게 해 준 고양 원각사 정각스님과 합천 해인사 성보박물관장께 진심으로 감사드린다.

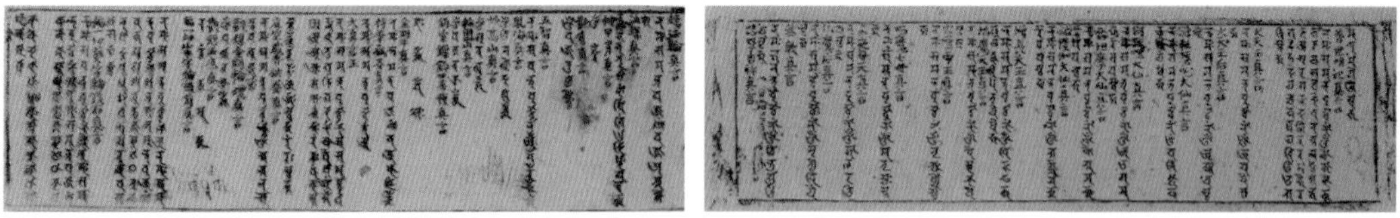

❶ ❷

고양 원각사 소장 『범서총지집』 1세트　고려, 정각 스님 제공
❶ 시기 미상 인출본(7장) ❷ 시기 미상 인출본(19장)

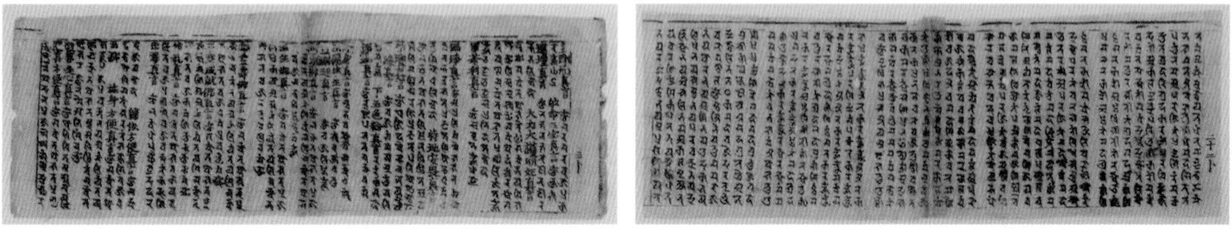

❶ ❷

고양 원각사 소장 『범서총지집』 2세트　고려, 정각 스님 제공
❶ 시기 미상 인출본(3장) ❷ 시기 미상 인출본(22장)

수록된 『범서총지집』이 전하고 있다. 이 경전은 작은 형태로 인출된 것으로 보아 휴대용이었던 것으로 보인다.[23] 그리고 이유는 알 수 없지만, 어느 시기에 불상의 복장물로 봉안되었던 것으로 추정된다. 서명은 『범서총지집일부(梵書摠持集一部)』이며, 행을 달리하여 '大毘盧遮那成不經等一代聖教中一乘諸經所說一切秘密陀羅尼'라는 부제를 달았다. 『대일경』을 비롯한 여러 경전에 언급된 진언다라니를 수록하고 있음을 알 수 있다. 그리고 해남 대흥사에도 14세기대에 인출된 『범서총지집』의 일부가 전해지고 있는 것으로 알려져 있다. 이러한 것으로 보아 고려시대에 범자 진언다라니에 대한 신앙이 널리 보급되면서 공양이나 공덕을 쌓기 위하여 『범서총지집』이 지속적으로 판각되고 간행되었음을 알 수 있다. 또한, 『범서총지집』은 고려시대 범자 진언다라니의 기본 경전으로서 조선시대 『조상경』이 간행되기 이전의 복장물과 관

23 南權熙, 「고려시대 간행의 수진본 小字 총지진언집 연구」, 『書誌學硏究』 제71집, 韓國書誌學會, 2017, pp.323~363.

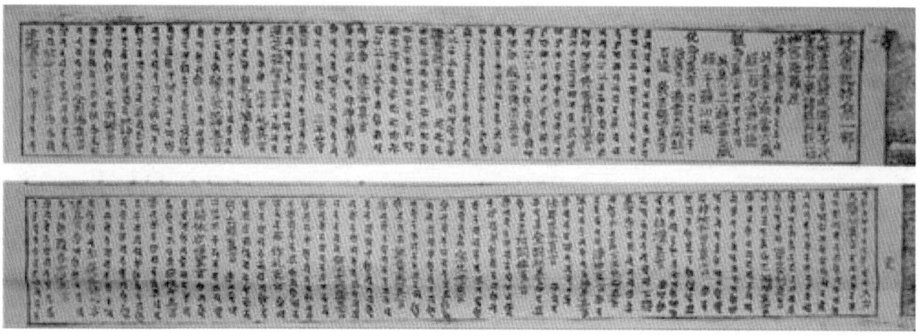

개인 소장 『범서총지집』
고려, 13~14세기[24]

련 의례 등을 전해주고 있다.

연세대학교 국학자료실에는 민영규 소장본으로 알려진 『범서총지집』이 소장되어 있다. 이 경전은 현재까지 알려진 『범서총지집』 중에서 유일하게 긴 서문이 있으며, '梵書摠持集一部'라는 서명과 함께 '大日經等一代聖教中無上一乘諸經所說一切陀羅尼'라고 쓰여 있어, 『대일경』을 중시하여 편찬한 것으로 보인다. 그리고 총 40장으로 구성하였는데, 범자 진언다라니는 법신진언-보신진언-화신진언을 수록하기 시작하여 금시조왕진언(金翅鳥王眞言)으로 끝을 맺었다. 현존하는 『범서총지집』 중에서 가장 많은 양의 범자 진언다라니를 수록하였는데, 총 599종이다. 또한, 선무외의 행장과 밀교 관계 저술을 포함하여 『연밀』과 『현밀원통』 등의 요나라 저술이 인용되고 있어, 당시 요나라 경전도 참고하여 편찬하였음을 짐작할 수 있다. 마지막 40장에는 '奉佛弟子高麗國金山寺大師僧惠謹發誠心奉祝我皇齡永固國土恒安隣兵永息百穀咸登法界生亡離苦得樂之願受請巧手彫板梵字大藏一部安于金山寺印施無窮者時貞祐六年七月日誌刻手開泰寺大師仁赫'이라는 발문이 있어, 1218년 7월에 금산사 혜근대사가 발원하여 범자로 구성된 진언다라니를 엮었으며, 각수는 개태사 인혁대사임을 알 수 있다. 이 경전은 소형이지만 범자 진언다라니의 전체적인 체제와 내용 등이 다른 『범서총지집』과 유

24 온양민속박물관, 『1302年 阿彌陀佛 腹藏物』, 1991, p.63.

1218년 7월 인출된 『범서총지집』을 각수한 인혁대사가 머문 논산 개태사지 전경

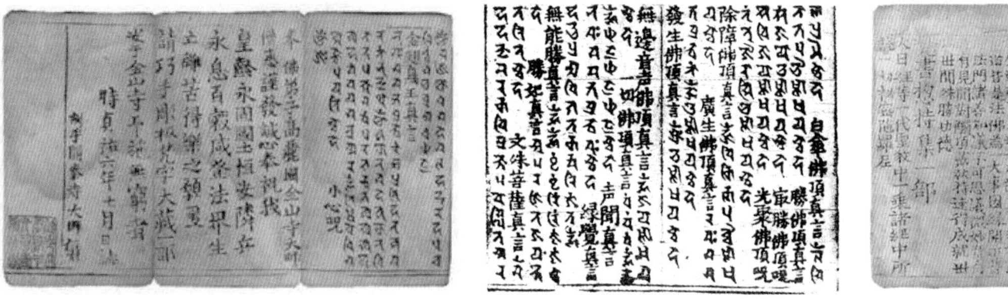

❶ ❷ ❸

1218년 7월 인출본 『범서총지집』 연세대학교 국학자료실, 민영규 소장본, 김수연 제공

❶ 권말[25] ❷ 중간 ❸ 서명 부분[26]

사하다. 그리고 휴대하기 편리하도록 작게 제작한 점과 각 진언다라니의 수승함과 공덕을 함께 제시한 점이 특징적이다.[27]

그리고 1227년 8월 인출된 개인 소장본 『범서총지집』이 전해지고 있다. 이 경전은 총 16장으로 구성되었는데, 파손된 부분이 많아 명확하지는 않지만, 앞부분에 10개의 부적형 도안이 배치되었고, 총 306개의 범자 진언다라니가

25 (재)불교문화재연구소, 『안동 보광사 목조관음보살좌상』, 문화재청, 2009, p.84.

26 南權熙, 「고려시대 간행의 수진본 小字 총지진언집 연구」, 『書誌學硏究』 제71집, 韓國書誌學會, 2017.

27 김수연, 「閔泳珪本 『梵書摠持集』의 구조와 특징」, 『한국사상사학』 54, 한국사상사학회, 2016.

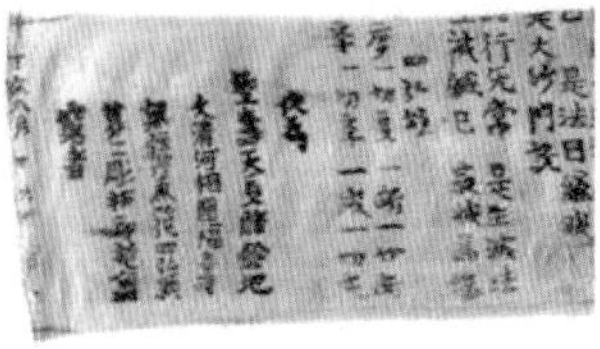

1227년 8월 인출본 『범서총지집』의 권말 부분(개인 소장)[28]

1~2장

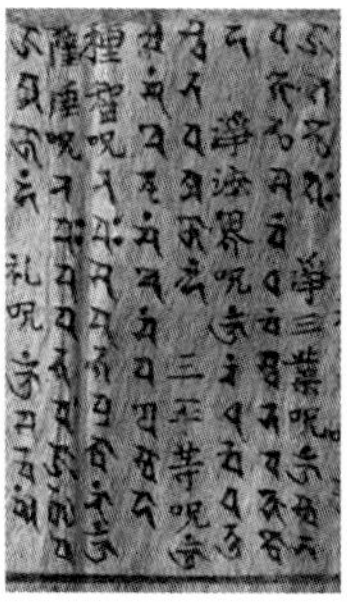

세부

1228년 인출된 『범서총지집』 화성 봉림사 목조아미타불좌상 출토, 용주사 효행박물관

수록되어 있다. 하나의 목판에 많은 양의 진언다라니가 수록되도록 판각하였다. 마지막 16장 말미에 '聖壽天長 儲齡地久 淸河相國 福壽無疆 兼發四弘願 募工彫板 印施無窮者 丁亥八月日 大門 書'라는 발원문과 간기가 있어, 당시 최고 권력자였던 최이(崔怡)가 최씨들의 수명과 복을 기원하기 위하여 1227년 8월에 인출하였음을 알 수 있다. 또한, 화성 봉림사 목조아미타불좌상에서도 『범서총지집』이 복장물의 일부로 수습되었다. 이 경전은 1매의 종이에 작은 2개의 목판을 인쇄하였으며, 1228년 인출되었음을 알 수 있다. 현재 1~2장, 5~6장, 7~8장, 9~10장, 11~12장으로 총 5매만 수습되었다. 1장에는 법신진언, 보신진언, 화신진언 등이 있고, 12장에는 법라주, 화엄주, 여래정주, 대발주, 시무외주 등이 수록되어 있다. 이 인출본은 다른 『범서총지집』과 비교해보면 시작 부분의 범자 진언다라니는 같지만, 그 이후부터는 순서와 명칭이 다르다. 그리고 서명에서 '서(書)'자가 빠진 『범서지집(梵摠持集)』이라는 제목을 가지고 있으며, 말미에 기록된 '청하상국(淸河相國)'은 고려시대 최이로 13세기 초에 간행한 것으로 보인다. 이 경전은 이전에 간행된 『범서총지집』과 전체적인 체제와 구성 등이 다소 다른 것으로 보아, 시간이 흐르면서 범

---

28 南權熙, 「고려시대 간행의 수진본 小字 총지진언집 연구」, 『書誌學硏究』 제71집, 韓國書誌學會, 2017, p.339.

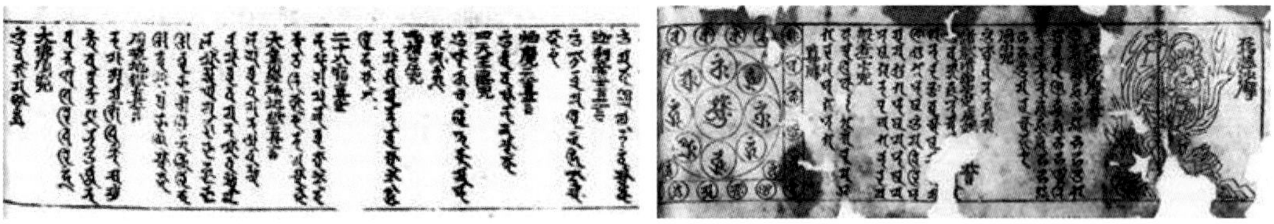

일본 나라 서대사 인출(1285) 범자 진언다라니 모음집[29]

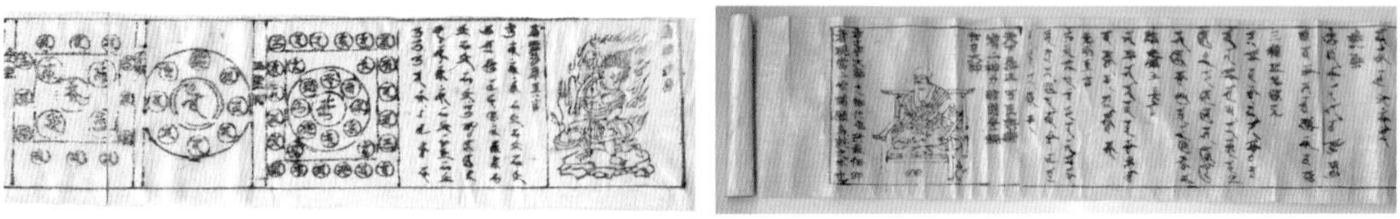

범자 진언다라니 모음집　시기 미상, 정각 스님 제공

자로 구성된 진언다라니가 부분적으로 추가되거나 변형되었음을 알 수 있다.

한편 일본 나라의 서대사(西大寺)에서는 고려시대의 『범서총지집』과 유사한 구성과 체제를 갖는 범자 진언다라니 모음집이 1285년경 인출되었다. 이 경전은 범자 진언다라니의 구성이나 내용 등으로 보아 고려의 밀교 경전이나 『범서총지집』 등이 전래한 이후, 그것을 모본으로 하여 판각 인출한 것으로 추정된다. 그리고 불도들의 소원 성취를 염원하면서 소형으로 인출된 범자 진언다라니 모음집도 있다. 이러한 것으로 보아 고려의 영향을 받아 일본도 여러 유형의 범자 진언다라니 모음집이 인출되었음을 알 수 있다.

다음으로 『밀교대장(密教大藏)』은 고려 13세기 중반경에 간행된 경전으로 『범서총지집』처럼 여러 경전에 나오는 진언다라니를 하나로 모은 밀교 관련 진언다라니 모음집이라 할 수 있다. 고려시대 이제현(1287~1367)은 1328년 발원되었던 『밀교대장』의 간행에 대하여 「금서밀교대장서(金書密教大藏序)」에서 '불교 경전으로 중국에서 들어와 번역된 것이 수없이 많지만, 다라니만큼

29　南權熙, 「고려시대 간행의 수진본 小字 총지진언집 연구」, 『書誌學研究』 제71집, 韓國書誌學會, 2017, p.335.

은 중국에서도 번역하지 못하였다. 또 중국뿐만 아니라 인도 사람들도 알아듣고 이해하는 것이 불가능하였고, 오직 부처나 부처와 더불어야만 알고 이해할 수 있다고 한다. 그 뜻이 오묘하고 신비롭기 때문에 이해할 수가 없고, 따라서 공경함이 더해지고 존숭함이 지극하게 되므로 사람들에게 감응함이 깊고 신령스러운 자취가 당연히 많았을 것이다. 옛사람들이 이와 같음을 알고, 모아서 편찬하여 90권을 만들었으니, 그 이름을 『밀교대장』이라 하고 간행하여 세상에 전하게 하였다. … 옛날 판본을 여러 경전과 대교하여 빠지거나 잘못된 곳을 고치고, 미처 수집하지 못한 40권을 추가로 구하여 옛것과 합하여 130권으로 엮어 글씨 잘 쓰는 사람에게 나누어 베끼게 하였다.'라고[30] 언급하였다. 이처럼 『밀교대장』이 처음에는 90권으로 편찬되었는데, 고려 충숙왕대(재위 1313.06~1330.02, 1332.02~1339.03)에 이르러 40권을 더하여 총 130권으로 사경하여 새롭게 편성하였다는 내용이다. 그리고 고려 충숙왕 때인 1328년 5월에 왕명으로 현세 기복적인 차원에서 공덕을 쌓고자 『밀교대장』을 금자 사경으로 조성하였음을 알 수 있다.

조선시대 들어와 권근(權近, 1352~1409)의 문집인 『양촌선생문집』 권13에 의하면, 1401년 태조가 광명사와 봉선사의 두 사찰을 짓고, 덕안전을 새로 지었는데, 권근이 「덕안전기」를 썼다고 한다. 이 기문에 따르면, 당시 정전에는 석가를 출산하는 영정을 걸고, 북미의 중앙에는 『밀교대장』 1부를 두었고, 동편에는 『대자능엄경』 판본을 두었고, 서편에는 『수륙의문』 판본을 두었다고 한다. 이처럼 조선 태조가 『밀교대장』 한 질을 덕안전에 봉안하였다고 한다.[31] 덕안전은 조선 태조가 태종이 보낸 무학대사의 간청으로 1402년 12월 서울로

30 李齊賢, 『益齋亂藁』 卷5, 序, 金書密教大藏序. '佛之書入中國, 譯而爲經數千萬卷, 所謂陁羅尼者, 中國之所不能譯也. 非惟中國爲然, 自竺域之人, 亦不得聞而解之, 以謂唯佛與佛, 乃能知之. 蓋其義娛, 其辭祕, 祕故不可聞, 娛故不可解, 不可解則人敬之篤, 不可聞則人尊之至. 尊之至敬之篤, 其感於人也必深矣, 靈異之跡, 亦宜乎多也.'

31 「德安殿記」(『陽村先生文集』 卷13, 記).

돌아와 새롭게 지어 정사로 삼은 곳이다.[32] 태조는 말년에 이곳에서 불도에 정진하면서 염불삼매의 조용한 나날을 보냈다고 한다.

한편 조선 초기인 1423년까지 『밀교대장』을 인쇄할 때 사용된 밀교대장경판이 황해남도 용연군의 금사사(金沙寺)에 전하고 있었다. 이 경판은 조선에도 하나밖에 없었다. 그런데 조선 세종 때 일본이 여러 경전과 경판을 지속하여 요구하였다. 이에 조선 세종은 유후사에 명하여 금사사의 진언대장경 목판, 영통사의 화엄경 목판, 운암사의 금자로 사경한 3본 『화엄경』 1부와 금자단본 『화엄경』 1부 등을 배에 실어 오도록 하였다. 그리고 1423년 12월 조선 세종은 규주(圭籌), 범령(梵齡) 등 135명이 포함된 일본 사신단을 접견하는 자리에서 일본 왕이 구하고자 하는 대장경판은 조선에도 하나밖에 없어 하사할 수가 없다고 하자, 일본 사신들은 경판을 하사해 주시면 일본 왕이 해마다 사신을 보내어 불경을 청하는 번거로움이 없을 것이라고 주장했다. 이에 세종은 일본 사신들의 요청을 물리칠 수가 없자 밀교대장경판과 주화엄경판, 한자대장경 전질을 보내 주겠다고 약속한다. 여기서 밀교대장경판이 금사사의 진언대장경과 같은 것으로 고려 때 90권으로 편찬된 『밀교대장』의 목판으로 비정된다. 이후 세종은 1424년 2월 일본에 회례사를 보낼 때 『인왕호국반야바라밀다밀경』을 비롯한 금자로 된 많은 경전과 함께 조선에도 유일했던 밀교대장경판을 선물로 전해주었다. 이 경판과 경전들은 1424년 5월 21일 경도에 도착하였고, 통신사들이 꼭 한번은 머물렀던 상국사(相國寺)에 보관케 하였다고 한다. 이러한 내용이 일본을 다녀온 회례사(回禮使)들이 돌아와 보고한 내용에 기록되어 있다. 따라서 밀교대장경판이 1424년 1월부터 5월 사이에 일본으로 운반되어 경도 상국사에 봉안되었음을 알 수 있다.

그런데 상국사는 밀교대장경판이 소장된 다음 해인 1425년 큰 화재가 있었다. 당시 일본에 있었던 큰 화재로 『세종실록』에도 수록되어 있다. 그리고

---

32 德安殿은 조선 태종 원년에 태조의 명에 따라 교종의 首刹인 興德寺로 개수하였다고 한다.

1426년 5월 21일 기록에도 '지난 봄에 일본 경도의 민가 1만호와 상국사와 도이사(道而寺)에 불이 났다.'라고[33] 하였다. 또한, 상국사는 1467년과 1551년에도 큰 화재를 겪게 된다. 그래서인지 오늘날 경도에 있는 상국사에는 경판이 남아 있지 않은 것으로 파악되고 있다. 당시 화재로 경판이 모두 불탔을 것으로 추정된다. 다만 일본으로 가기 전에 이 경판으로 인쇄되었을 것으로 추정되는 『밀교대장』이 전하고 있다.[34] 그러나 원래의 경판이 남아 있지 않아 비교 분석이 불가능하여 동일 경판 여부는 확인이 어려운 상태이다.

일본 경도 상국사 입구 전경

고려시대의 『밀교대장』은 서울 수국사 목조아미타여래좌상 복장물과 국립중앙박물관 금동아미타삼존불상(1333년) 복장물에서 수습되었으며, 호림박물관 등에도 일부가 소장되어 있다. 먼저 서울 수국사 목조아미타여래좌상 복장물에서는 『밀교대장』 권9가 수습되었다. 이 경전은 목판본으로 청지(靑紙)로 쌌으며, 장정은 호접장(蝴蝶裝) 형태로 전체 분량은 14장이다. 서명은 『밀교대장』이며, 권 수에 이어 진언이 수록된 경전명과 권차가 제시되어 있고, 역저자가 같이 기술되어 있다. 그리고 진언 제목이 한자로 제시되고, 수록된 진언은 실담으로 기술하고, 곧바로 다음 행에 한자음을 표기하였다. 권말에는 '卍'자 문양을 새기고, 본문에 있는 16자에 대한 의미를 서술하였으며, 외곽에 '教師

33 『世宗實錄』 32권, 8년 5월 21일 갑인 2번째 기사.

34 변동명, 「忠肅王의 密教大藏 金字寫經」, 『歷史學報』 184, 역사학회, 2004. / 남권희, 「高麗時代 『密教大藏』 卷9의 書誌的 硏究」, 『書誌學硏究』 58, 한국서지학회, 2014. / 박광헌, 「高麗本 『密教大藏』 卷61에 관한 書誌的 硏究」, 『書誌學硏究』 58, 한국서지학회, 2014.

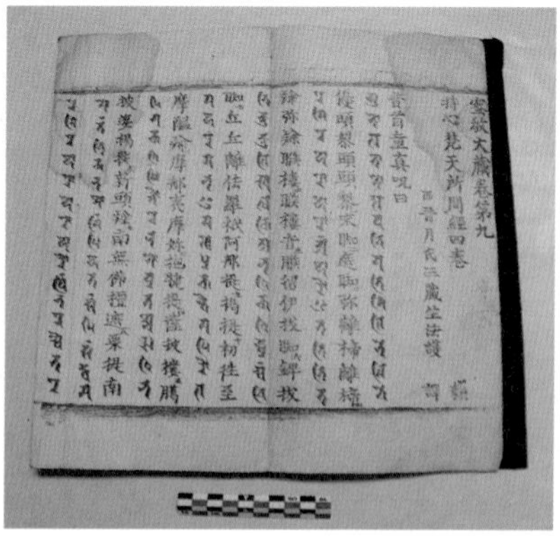

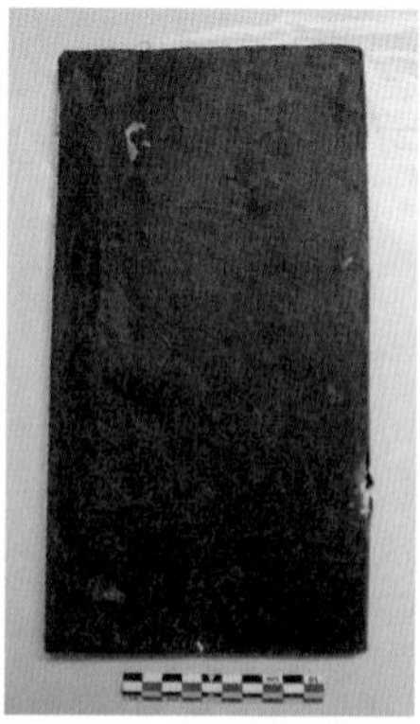

권말 권두 표지

『밀교대장』 권9 고려, 서울 수국사 목조아미타여래좌상, 동국대학교 박물관

福泉住持學林施納'이라고 하여 시납 사찰과 주지의 이름을 기록하였다. 이 경전에는 축법란 역의 「지심범천소문경」, 구마라집 역의 「사익범천소문경」, 보리유지 역의 「승사유범천소문경」, 『능가경』, 실차난타 역의 「대승입릉가경」, 나연제야사 역의 「대운륜청우경」, 「대운경청우품」, 「능가경주왈」 등이 수록되어 있다. 그런데 서울 수국사 목조아미타여래좌상 복장물에서 출토된 『밀교대장』 권9와 재조대장경에 수록된 경전과는 성운과 음절 표시, 본문의 수록 내용, 글자체 등이 차이를 보인다.[35] 이처럼 표제와 본문의 기술 등에서 차이를 보이는 것으로 보아 『밀교대장』은 재조대장경과는 다른 판본을 참고하였음을 짐작할 수 있다.

그리고 1333년 9월 조성된 국립중앙박물관의 금동아미타삼존불 복장물에서 『밀교대장』 권36이 수습되었다. 이 경전은 낙장 일부만 전해지지만, 권9와 동일 서체이며, 실담으로 진언다라니를 배치하고, 다음 행에 한자음을 표기하여, 그 구성과 배열도 같은 것으로 확인되었다.[36] 또한, 호림박물관 소장본은 『밀교대장』 권61로 전체 1~21장 중에서 15~18장은 유실되고, 17장만 남아

35 남권희, 「高麗時代『密敎大藏』 卷9의 書誌的 硏究」, 『書誌學硏究』 58, 한국서지학회, 2014, p.39.
36 南權熙, 「한국의 陀羅尼 간행과 유통에 대한 서지적 연구」, 『大學院 硏究論集』 제8집, 중앙승가대학교, 2015, pp.210~212.

있다. 현재 그 이유는 알 수 없지만, 인쇄 당시부터 누락 된 것으로 추정하고 있다. 이 경전은 『금강정경유가수습비로자나삼마지법』, 『대위력오추슬마명왕경』, 『부동사자다라니비밀법』, 『천수천안관세음보살대신주본』, 『천수천안관자재보살광대원만무애대비심다라니주본』, 『대승유가금강성해만수실리천비천발대교왕경』으로 구성되어 있다. 『밀교대장』 권61에는 결금강권진언, 예여래족진언 등을 비롯하여 총 15개의 진언다라니가 수록되어 있다.[37] 경전에 수록된 진언은 먼저 진언을 실담자로 기술하고, 곧바로 다음 행에 한자음을 표기하였다. 이처럼 『밀교대장』 권61은 간행 시기를 알 수 있는 간기는 없지만, 권말에 '散員金靖刻'이라고 하여 각수를 기록하였다. 김정은 1258년 유경, 박송비, 최온 등과 함께 삼별초를 앞세워 최의의 집을 급습하여 그를 살해하고 최씨 무인 정권의 막을 내리게 한 김준(?~1268)의 아들이었다. 이 일로 최씨 정권이 막을 내리고 원종(1259~1274)이 즉위하였고, 김준이 실권을 장악하게 된다. 따라서 당시 김준의 아들이었던 김정도 상당한 영향력을 행사했을 것으로 보인다. 한편 김정은 1265년 낭장이 되었다. 이러한 역사적 사실로 보아 『밀교대장』 권61은 원종이 즉위한 1259년에서 김정이 낭장이 되기 전인 1265년 사이에 판각되었을 것으로 보인다. 당시 김준 일가는 원나라 황제가 연경으로 입조하라는 명을 어겼다. 그래서 김준 일가는 원나라 황제의 문책을 두려워하여 불공을 드리고 기복적이고 주술적인 밀교 신앙에 많이 의지하였다고 한다. 이러한 과정에서 『밀교대장』을 간행하였을 것으로 보인다. 이처럼 『밀교대장』 권61은 고려 후기에 들어와 주술적이고 기복적인 진언다라니에 대한 신앙이 성행하면서 많이 간행되었다. 그리고 원종 대에 들어와 원나라의 많은 밀교 승려들이 고려에 들어와 활동하면서 라마교가 성행하였으며, 이에 따라 총지종이 크게 발전하였다.

---

37 『密教大藏』 권61은 권말에 나오는 刻手名 등을 통하여 볼 때 1259~1265년 사이에 간행된 것으로 추정되고 있다.

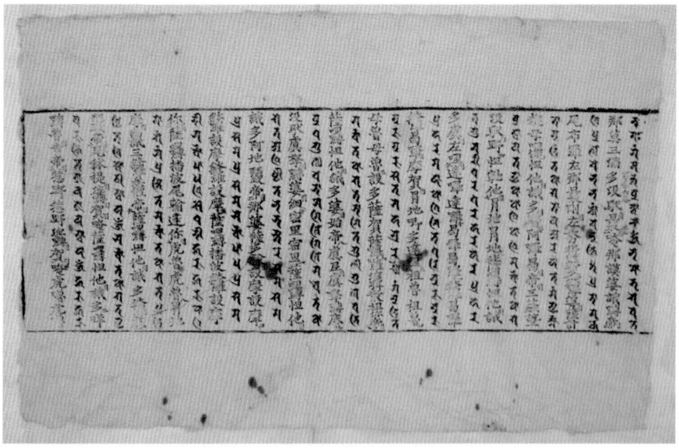

『밀교대장』 권36　고려, 국립중앙박물관, 김연미 제공

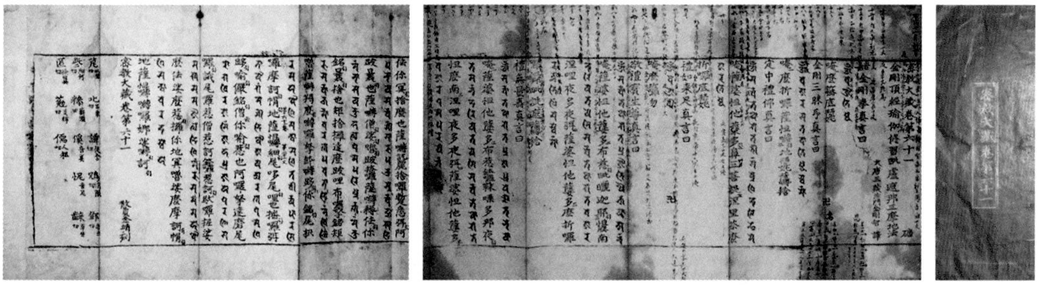

권말　권두　표제

『밀교대장』 권61　고려, 호림박물관[38]

이처럼 고려시대 들어와 범자 진언다라니의 모음집이라 할 수 있는 『범서총지집』과 『범자대장』은 내용은 유사하지만, 구성이나 체제는 차이점이 있었다. 이 중에 『범서총지집』은 1150년 6월 평양 광제포에서 개판한 이후, 고려 말기까지 지속하여 간행되었다. 그리고 『밀교대장』은 고려 충숙왕 대에 주술적이고 기복적인 밀교 신앙에 의한 국가적 차원에서 간행된 경전이었다. 이처럼 밀교의 범자 진언다라니 모음집이 고려시대 들어와 여러 차례 개인과 국가적 차원에서 간행된 것은 당시 밀교의 성행에 따른 범자 진언다라니 신앙이

38 박광헌, 「高麗本『密敎大藏』卷61의 書誌的 硏究」, 『書誌學硏究』 제58집, 韓國書誌學會, 2014, p.442.

| 표 고려시대 『범서총지집』과 『밀교대장』의 인출 시기와 사례[39]

경전	인출 시기	출토 및 소장처	판본	비고
범서총지집	1. 1150.06	① 안동 보광사 목조관음보살좌상 복장물[40] ② 합천 해인사 대적광전 목조비로자나불좌상 복장물 ③ 합천 해인사 법보전 목조비로자나불좌상 복장물	목판본 (동판)	총142매 총69매 총14매
	2. 1156.07	① 합천 해인사 대적광전 목조비로자나불좌상 복장물 ② 합천 해인사 법보전 목조비로자나불좌상 복장물[41]	목판본 (동판)	총41매 총6매
	3. 1166.07	① 합천 해인사 대적광전 목조비로자나불좌상 복장물 ② 합천 해인사 법보전 목조비로자나불좌상 복장물 ③ 경주 위덕대학교 박물관 소장본 1 ④ 경주 위덕대학교 박물관 소장본 2 ⑤ 양산 통도사 성보박물관 소장본	목판본	총38매 총27매 총46매 총3매 총1매
	4. 1218.07	① 연세대학교 국학자료실 소장본(민영규 소장본)	목판본	총40매
	5. 1227.08	① 개인 소장본[42]	목판본	총16매
범서총지집	6. 1228	① 화성 봉림사 목조아미타불좌상 복장물	목판본	총5매
	7. 연대 미상	① 합천 해인사 대적광전 목조비로자나불좌상 복장물 ② 고양 원각사 소장본 1 ③ 고양 원각사 소장본 2 ④ 개인 소장본 ⑤ 해남 대흥사 소장본	목판본	총1매 총2매 총20매 총14매 ?
밀교대장	고려 충숙왕대	① 서울 수국사 목조아미타여래좌상 복장물(호접장) ② 국립중앙박물관 금동아미타삼존불상 복장물(낱장) ③ 호림박물관 소장본(절첩장)	목판본	권9 권36 권61

넓게 확산하면서 나타난 현상으로 보인다. 당시 불도들은 공양이나 공덕을 쌓고, 복을 기원하기 위하여 범자 진언다라니를 모은 『범서총지집』이나 『범자대장』을 낱장 형식으로 인쇄하거나 호접장으로 장정하여 사찰에 기증하거나 불상에 봉안하였던 것으로 보인다. 그리고 『범서총지집』을 작게 인쇄하여 부적과 같이 개인적인 호신용으로 제작하여 휴대하기도 했던 것으로 보인다. 이러

39 현재까지 필자가 확인한 사례만 표로 작성하였다.
40 SIZE 匡郭 10~10.6×35.3~36.2cm.
41 SIZE 紙面 20.5×48.5cm, 上下邊欄 匡高 9.9cm.
42 SIZE 匡郭 4×37cm.

한 것은 범자 진언다라니 신앙의 현실 기복적인 측면을 보여주는 사례라 할 수 있다.[43]

그리고 고려시대에는 중국의 송·요·금·원과의 불교 교류를 통하여 대장경을 비롯한 각종 경전이 전래 유통되었다. 특히, 고려는 중국으로부터 입수한 대장경과 당시까지 고려에 전래하여 있었던 모든 불경을 대대적으로 정리하여 국가적인 차원에서 판각 사업을 진행하였고, 대규모로 불전 간행 사업을 펼치기도 했다. 대각국사 의천은 1073년 교장의 수집을 발원하여 다양한 경로를 통하여 중국과 일본 등지에 있는 많은 장소를 수집하였으며, 1090년 8월 경율론 총 3권으로 구성된『신편제종교장총록』을 완성하기도 했다. 그리고 초조대장경에는 초기에 번역된 밀교 경전뿐만 아니라 북송대의 밀교 경전도 상당량 포함되어 있다.[44] 또한 국가적인 차원에서 대규모로 판각 사업이 이루어진 재조대장경에도 355부의 밀교 경전이 포함된 것으로 파악되고 있다. 그런데 당시 고려 불교계에 실제로 유통되던 모든 경전을 아우르지는 못하고 있는 것으로 확인되고 있다. 예를 들면 대표적인 밀교 경전이라 할 수 있는『소재길상경』과『불정심다라니경』등은 빠져 있다. 이처럼 고려 불교계에서는 판각된 대장경에는 수록되지 않았지만, 더 많은 밀교 경전들이 유포되었을 것으로 짐작되고 있다. 그리고, 고려시대에는 목판과 금속활자 기술을 활용한 인쇄술이 발달하면서 대량으로 많은 경전을 간행할 수 있었다. 고려시대 사람들은 경전

43 全東赫,「梵書總持集から見た高麗密教の性格」,『大正大學綜合佛教研究所年報』1, 1989. / 全宗釋,「高麗時代의 密教經典 傳來 및 雕造考」,『鏡海法印申正午博士華甲紀念 佛教思想論叢』, 荷山出版社, 1991. / 남권희,「韓國 記錄文化에 나타난 眞言의 流通」,『密教學報』제7집, 밀교문화연구원, 2005. / 임기영,「고려시대 밀교 문헌의 간행과 특징」,『서지학연구』58, 한국서지학회, 2014. / 김수연,「고려시대 간행『梵書摠持集』을 통해 본 고려 밀교의 특징」,『한국중세사연구』제41호, 한국중세사학회, 2015. / 김수연,「민영규본『梵書摠持集』의 구조와 특징」,『한국사상사학』54, 한국사상사학회, 2016.

44 初雕大藏經에 포함된 대표적인 밀교 경전은『藥師琉璃光如來本願功德經』,『佛說陀羅尼集經』,『舍利弗陀羅尼經』,『妙臂印幢陀羅尼經』,『無量門破魔陀羅尼經』,『大法炬陀羅尼經』,『大威德陀羅尼經』,『大方等陀羅尼經』,『金剛頂瑜伽中略出念誦經』,『聖持世陀羅尼經』,『舍頭諫太子二十八宿經』,『佛說無能勝幡王如來莊嚴陀羅尼經』,『消除一切閻電障難隨求如意陀羅尼經』,『佛說大吉祥天女十二名號經』,『讀誦佛母大孔雀明王經』,『佛說一切如來眞實攝大乘現證三昧大教王經』등이다.

간행을 후원하는 것이 공양이나 공덕을 쌓는 방편이며, 국가적인 차원에서는 나라의 안녕과 태평 등을 위한 것으로 인식되었다.

한편 고려 불교계에는 건국 직후인 929년 Mahurta와 938년 Magadha의 Srivajra 등으로부터 고려 말기 지공선사까지 많은 인도 출신 승려들이 들어와 활동하기도 했다. 고려는 개경에 현성사(現聖寺)를 세워 밀교의 근본 도량으로 삼았다. 특히, 1271년과 1294년에는 티벳의 승려 팔태사와 절사팔 등이 들어와 고려 불교계에서 중요한 역할을 하기도 했다. 당시 이들에 의하여 범자로 된 경전과 진언다라니가 전래하거나 관련 경전이 번역되었을 것이다. 이러한 것으로 보아 고려시대에는 밀교 관련 경전의 간행과 보급이 폭넓게 이루어졌을 것으로 보인다. 나아가 범자 경전 간행과 함께 실담과 란차 등에 대한 이해도 높았을 것으로 보인다.[45]

안동 보광사 목조관음보살좌상과 합천 해인사 대적광전 목조비로자나불좌상에서 출토된 「일체여래심비밀전신사리보협인다라니경」(1007)과 「일체여래심비밀전신사리보협다라니」(1152.04)가 있다. 이 다라니는 인도 출신 승려 불공삼장이 772년 한역하여 대장경에 편입시킨 것으로, 모든 여래의 전신사리 공덕으로 다라니를 간행하여 불탑 속에 봉안하면 모든 여래의 신력이 죄를 소멸하며 공덕을 쌓아 결국 성불할 수 있다는 것이다. 그래서 이 다라니가 고려시대부터 상당량이 간행 보급되었는데, 여러 장으로 인출된 다라니를 엮으면 전적 형태가 되고, 인출된 다라니를 낱장 형태로 봉안하면 낱장 다라니가 된다. 이처럼 이 다라니는 여러 유형이 제작될 수 있고, 공양을 어떻게 하느냐에 따라 전적이 될 수도 있고, 낱장 다라니가 될 수도 있다. 이 중에 낱장 형태로 봉안된 「일체여래심비밀전신사리보협다라니」가 실담으로 다라니를 구성하였는데, 원형의 자륜식이나 卍자 형식으로 진언다라니를 배치하여 다라니의 상징성을 높였다.

45 朴炳采, 「眞言集密曇章攷」, 『一山金俊榮先生華甲紀念論叢』 1979, p.79.

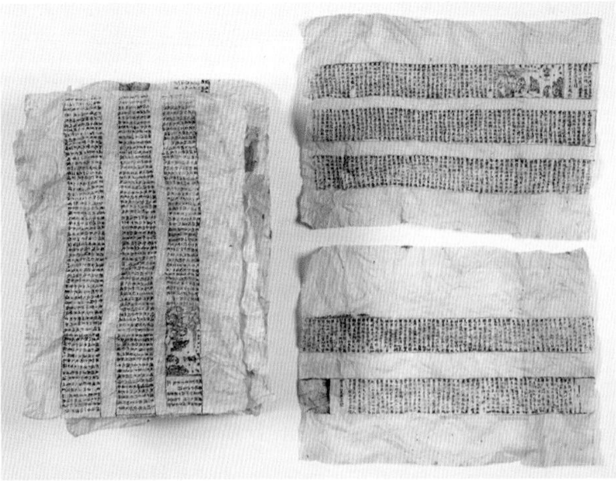

「일체여래심비밀전신사리보협인다라니」 고려, 1007, 안동 보광사 목조관음보살 좌상, 손영문 제공

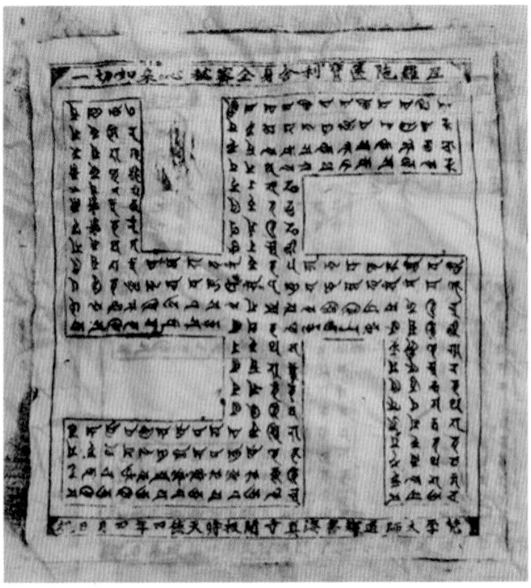

「일체여래심비밀전신사리보협인다라니」 고려, 1152.4, 합천 해인사 대적광전 목조비로자나불좌상

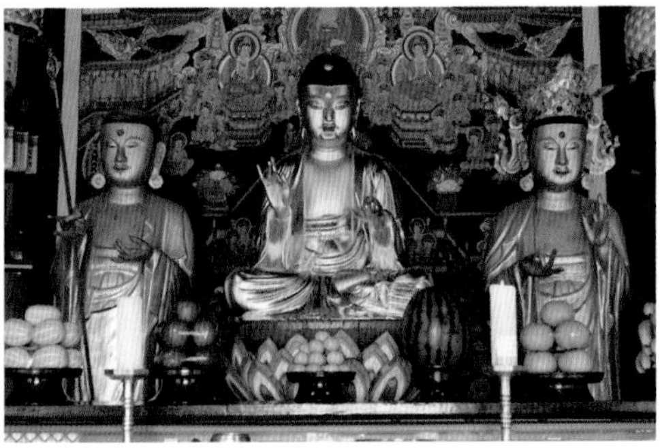

서산 개심사 목조아미타여래삼존불

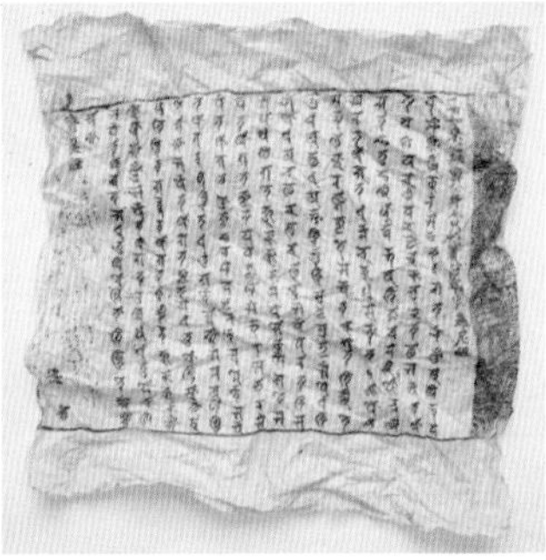

『일체여래심비밀전신사리보협인다라니경』

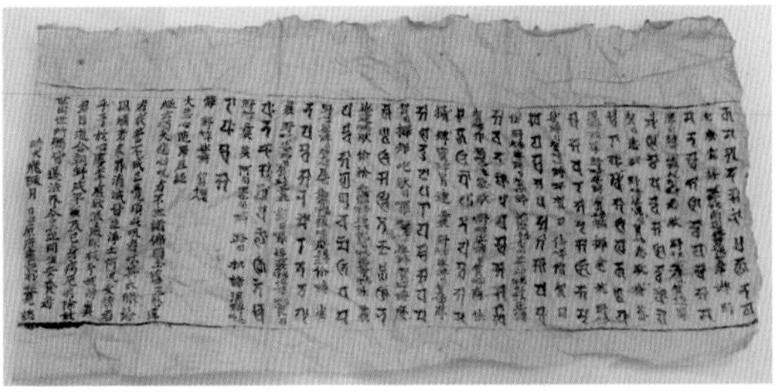

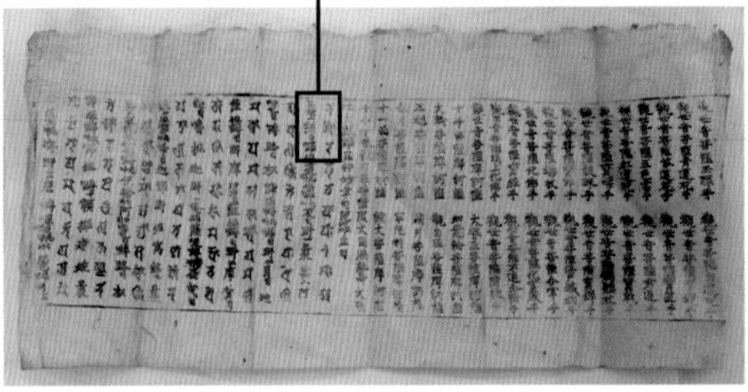

『천수천안관자재보살광대원만무애대비심대다라니신묘장구다라니경』

서산 개심사 목조아미타여래좌상과 다라니경 13~14세기, 손희진 제공

서산 개심사 목조아미타여래좌상은 1280년 11월 중수하면서 봉안한 복장물들이 수습되어 그 이전에 불상이 조성된 것이 확인되었다. 조선시대 들어와 1472년 3월에도 중수가 이루어졌는데, 새로운 복장물과 함께 그 이전의 복장물을 온전하게 봉안하였다. 이 불상에서는 여러 유형의 복장물이 출토되었는데, 그중에 책으로 만들기 이전에 낱장으로 인쇄한 『일체여래심비밀전신사리보협인다라니경』과 『천수천안관자재보살광대원만무애대비심대다라니신묘장구다라니경』이 수습되었다. 이 낱장은 불복장에 다라니 성격으로 납입했던 것으로 보인다. 이 중에 『신묘장구대다라니경』은 『오대진언집』을 만들기 위하여 인쇄한 일부일 것으로도 추정되는데, 범자와 한자음을 좌우로 함께 새겨 목판으로 인쇄하였다. 범자는 고려시대의 전형적인 실담체로 썼다.

경주 기림사 소조비로자나불좌상의 복장물에서는 사경 등을 합하여 총 54건 71책의 전적이 출토되었는데, 이 중 실담으로 표기된 밀교 관련 문헌이 수습되었다. 대표적으로 『정본일체여래대불정백솔개총지』 중에서 지공이[46] 중교한 과문 「불설대불정 …… 비밀대불정다라니」와 「과백산개다라니」, 지공이 번역한 「과정본관자재보살광대원만무애대비심대다라니」, 「과정본불정존승다라니」, 「과중인도범본심경」, 「관세음보살시식」 등은 본문이 범자와 한자로 병기되었다. 이들 문헌은 고려 충숙왕 17년(1330)에 천마산 보성사(寶城寺)에서 간행되었다가 우왕 11년(1375)에 지리산 무위암(無爲菴)에서 중간되었다. 이 문헌들은 지공이 1326년 3월 고려의 천화사(天和寺)에 머물고 있을 때 그의 제자였던 달정, 선숙, 달목 등이 「대백산개진언」 1부를 가져와 지공에게 범어의 정오를 묻자, 지공이 빠지거나 잘못된 부분을 고쳐주고, 다시 범자로 써서 전해주었다고 한다. 이를 바탕으로 달목이 다시 쓰고, 행진이 새기고, 공지가 간행하였다. 또한 해인사 대적광전 목조비로자나불좌상에서 감지 금니 『문수

46 지공선사(1300?~1363.11.29.)는 인도 출신으로 중국 원나라에서 활동했는데, 1326년 3월경 고려 개경의 감로사에 도착하여 1328년 9월까지 2년 7개월 동안 금강산 법기도량, 통도사, 회암사, 화장사 등을 순례한 것으로 전한다.

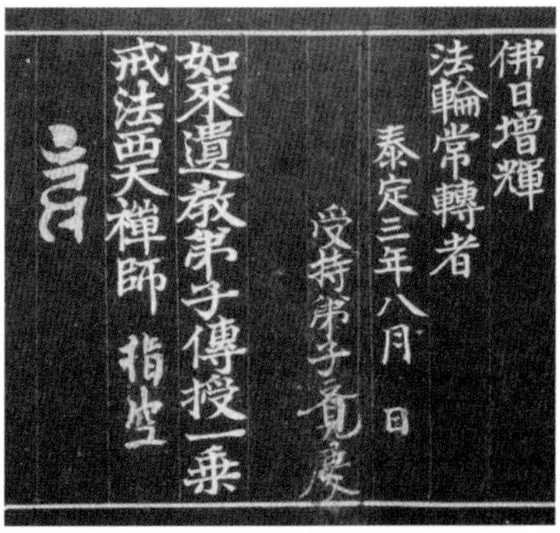

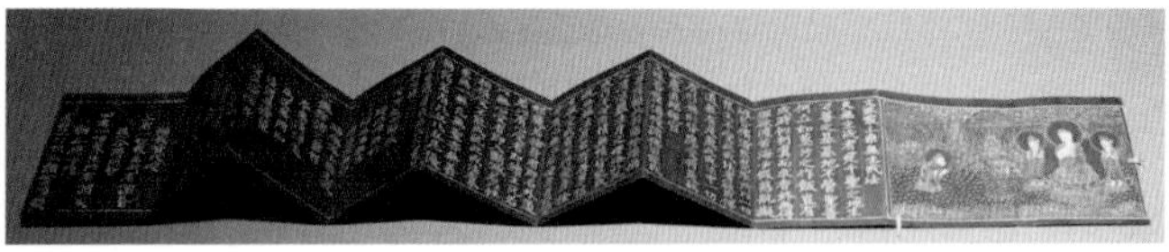
전체

〔hūṃ〕

감지 금니 『문수최상승무생계법』 고려, 1326.8, 합천 해인사 대적광전 목조비로자나불좌상, 국립중앙박물관[47]

최상승무생계법』(1326년)이 수습되었는데, 첫머리에 변상도를 그렸으며, 금자로 고급스럽게 내용을 썼다. 이 사경은 지공이 고려에 머무는 동안 설법한 무생계법을 필사한 것으로 수계자였던 각경(覺慶)에게 내려준 계첩으로 알려져 있다. 마지막 부분에 종결의 의미로 금니를 활용하여 란차로 〔hūṃ〕를 썼다.

또한 고려시대에는 범자와 한자로 구성된 여러 밀교 경전이 간행되었는데, 그중에 『능엄경』이 대표적이었다. 이 경전의 원래 이름은 『대불정여래밀인수증료의제보살만행수능엄경』으로 중국의 당나라 때 인도 출신 승려였던 반자밀제가 인도에서 가져와 705년 한역한 것이다. 이후 원나라의 유칙(惟則)이 여러 선사의 해설을 모아 새롭게 편찬하였다. 경전의 주요 내용은 부처의 말씀을 이해하는데 그치지 않고 자신이 직접 체득하도록 하고 있다. 이 경전은 고려시대의 대장경에도 수록되어 있으며, 사경과 간인본 등 다양한 방식으로 보급되었지만 고려시대 간행된 것은 전하는 것이 많지 않다. 현재 1309년, 1365년, 1372년 등 주로 14세기대에 죽은 사람의 명복을 빌기 위하여 간행했던 경전들이 전해지고 있다. 이 경전에는 많은 사람이 신앙했던 대표적인 진언다라니인 「대불정다라니」가 수록되어 있다. 이 다라니는 이미 8세기경 신라에 전

47 해인사 성보박물관, 『해인사 원당암 아미타불 복장유물 특별전』, 2017, p.113.

래한 것으로 추정되고 있으며, 고려시대 들어와 밀교가 유행하고 진언다라니에 대한 신앙이 확산하면서 널리 보급되었다. 합천 해인사 대적광전 목조비로자나불좌상에서는 한자로 쓴 「대불정다라니」가 수습되기도 했다. 그리고 고려시대에는 범자와 한자를 병용하여 「대불정다라니」를 전적의 형태로 제작하거나, 공덕을 쌓고자 다라니 전체를 범자로 새긴 청석탑, 석당, 석비 등이 조성되기도 했다.[48] 이처럼 전적의 형태로 제작된 「대불정다라니」가 복장물로 봉안되거나, 범자로 다라니를 새긴 여러 형태의 조형물이 조성되기도 했다.

서울 수국사 목조아미타불좌상에서는 고려 14세기대에 간행된 『불설마리지천보살다라니경』과 『불정심관세음보살대다라니경』(권상)이 발견되었는데, 모두 범자와 한자를 병기하여 내용을 구성하였고 절첩본 형식으로 제작하였다. 마리지(Marici)는 양염(陽炎) 또는 위관(威光)으로 일천(日天)의 권속으로 알려져 있다. 마리지천은 스스로의 형상을 숨기고, 항상 장애와 어려움을 없애주고, 이익을 베풀어준다는 보살이다. 이러한 마리지천은 널리 알려져 있지만, 사람들이 볼 수도 없고, 잡을 수도 없는 밀교 관련 보살이다.[49] 고려시대에 이러한 신앙을 담고 있는 『불설마리지천보살다라니경』과 「마리지천보살다라니」가 보급되었는데, 14세기대에 많이 간행된 것으로 추정되고 있다. 한편 『불정심관세음보살대다라니경』은 병을 없애고, 죄악을 멸하며, 지극한 일체의 마음으로 염원하면 이익과 안락을 얻을 수 있다는 관세음보살의 공덕을 설하고 그에 따른 다라니를 경전의 내용으로 구성하였다.

그리고 『오대진언』은 중국 당나라 때의 불공삼장이 한역한 「대비심다라니」, 「근본다라니」, 「수구다라니」, 「대불정다라니」에 불타파리가 번역한 「불정존승다라니」를 합친 것이다. 이 경전은 고려시대 간행되었는데, 조선시대 들

48 옥나영, 「고려시대 大佛頂陀羅尼 신앙과 石幢 조성의 의미」, 『한국사상사학』 60, 한국사상사학회, 2018, pp.99~125.

49 崔聖銀, 「高麗時代 護持佛 摩利支天像에 대한 考察」, 『佛教研究』 제29호, 한국불교연구원, 2008, pp.289~322.

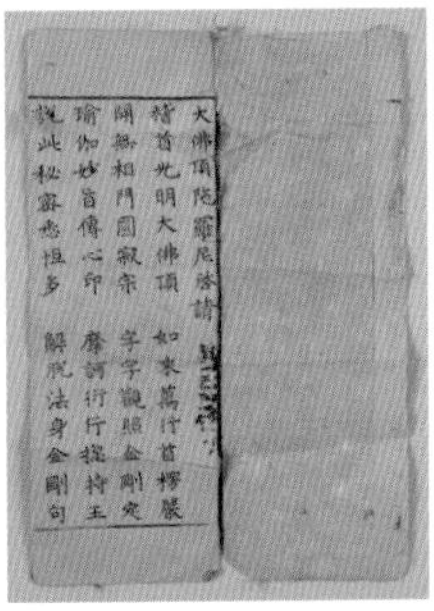

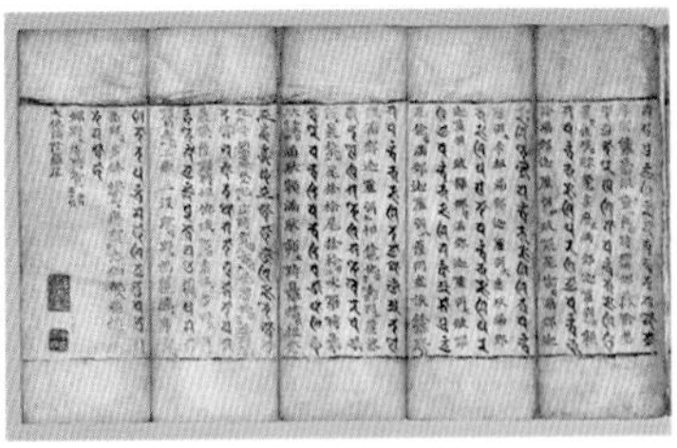

권말

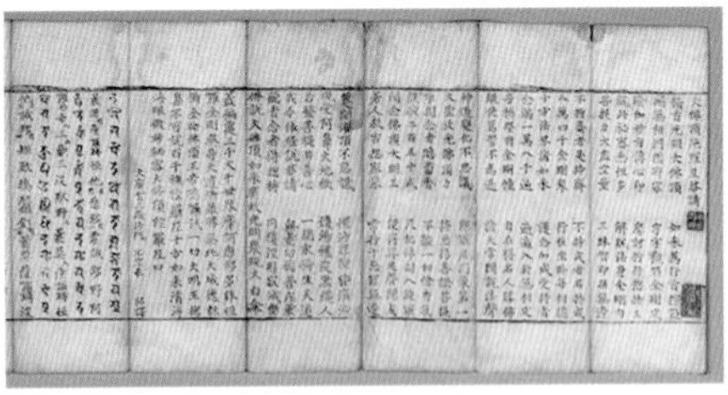

권두

「대불정다라니」 고려, 해인사 대적광전 목조비로자나불좌상, 정은우 제공

「대불정다라니」 고려, 14세기, 한국학중앙연구원 장서각

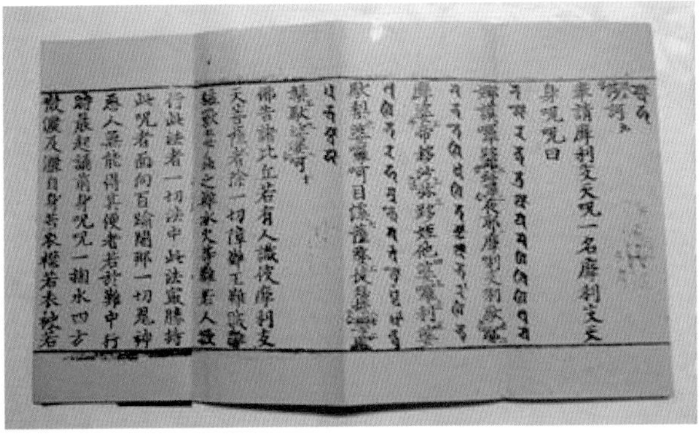

중간

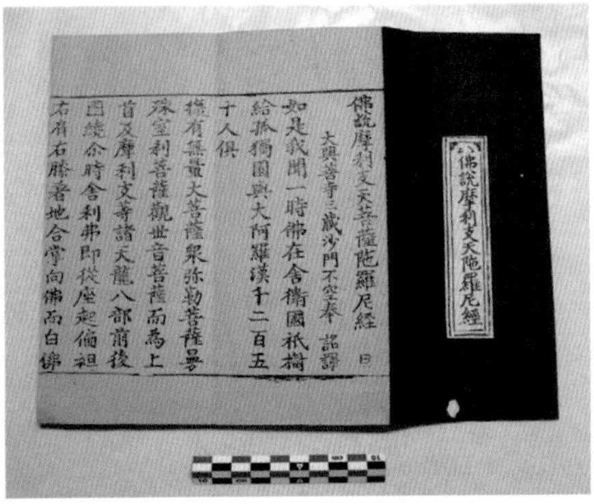

표지와 권두

『佛說摩利支天菩薩陀羅尼經』 고려, 14세기, 서울 수국사 목조아미타불좌상, 동국대학교 박물관

[svā hā]

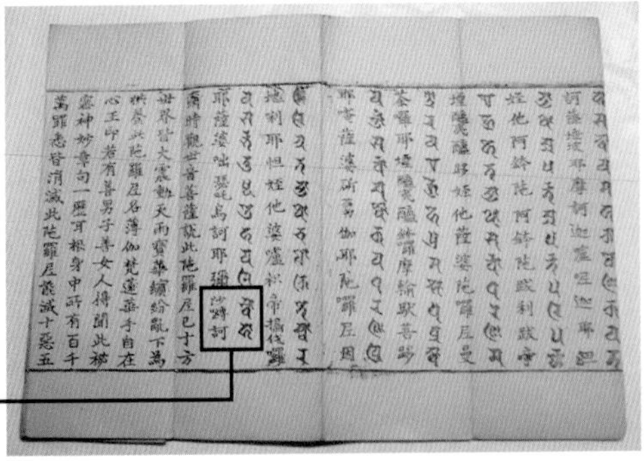

(중간)

표지와 권두

『불정심관세음보살대다라니경』 권상 고려, 14세기, 서울 수국사 목조아미타불좌상, 동국대학교 박물관

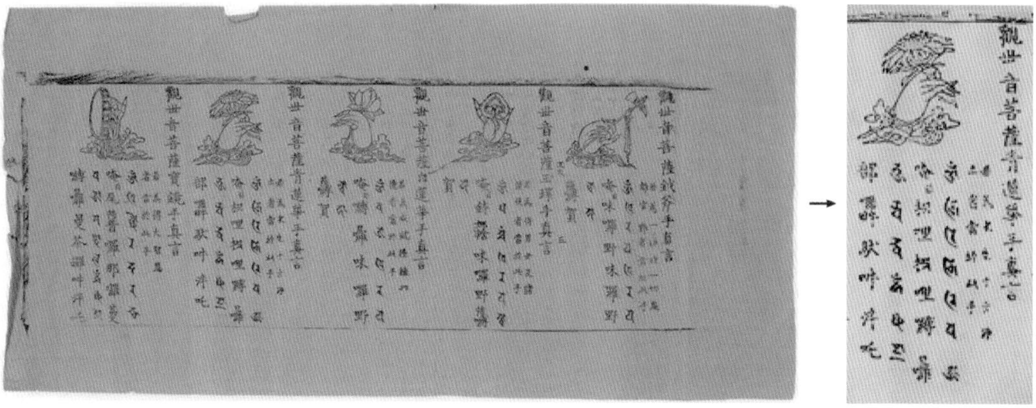

『오대진언』 고려, 1346, 서산 문수사 금동아미타여래좌상[50]

어와 왕실에서 체계적으로 정리하여 간행함으로써 널리 보급되었다. 고려시대 간행된 『오대진언』은 사례가 많지 않은데, 현재 개인과 한국학연구원 장서각이 소장하고 있으며, 서산 문수사 금동아미타여래좌상의 복장물에서도 수습된 것으로 알려져 있다. 개인이 소장하고 있는 『오대진언』은 절첩본으로 권수에 42수인도의 판화가 배치되어 있고, 한문의 계청(啓請)이 4~5면 있으며, 이후 제목-실담-한자음의 순서로 구성되었다. 한국학연구원 장서각에 소장되어 있는 『오대진언』은 대불정다라니만 별도로 분리되어 있고, 나머지는 개인이 소장하고 있는 것과 구성이나 체제가 동일한 것으로 파악되고 있다. 서산 문수사 금동아미타여래좌상에서 출토된 『오대진언』은 「사십이수진언」, 「신묘장구대다라니」, 「수구즉득다라니」, 「대불정다라니」, 「불정존승다라니」 등을 한 책으로 엮었다. 내용은 상부에 수인도의 판화가 배치되고, 판화 옆과 아래에 제목-실담-한자음의 순서로 구성되었다.

50 수덕사 근역성보관, 『지심귀명례』, 2004.

(3) 조선

조선은 건국 직후부터 왕실이나 중앙정부가 억불숭유 정책 기조를 유지하자 불교 신앙이 크게 위축되었고, 승려에 대한 인식과 예우도 상당히 낮아지게 된다. 특히, 왕실이나 중앙정부의 정책은 불교계의 활동을 크게 억제하였다. 그러나 오랫동안 신앙해 온 불교를 일순간에 인위적으로 막는 것은 어렵고 불가능한 일이었다. 그리고 조선 세종과 세조를 비롯한 특정 왕대와 왕실 출신들이 불교를 신앙하고 적극적으로 후원하면서 불교계는 일시적으로 부흥하기도 했으며, 불경 간행 사업은 지속하였다. 당시 불경 간행은 공양이나 공덕을 쌓기 위한 중요한 방편이었으며, 죽은 사람의 극락왕생 기원과 추복을 위한 것이기도 했다. 특히, 고려 후기부터 성행했던 밀교 신앙이나 의례는 조선시대 억불숭유 정책 기조 속에서도 계속되었다. 오히려 범자로 구성된 진언다라니를 중심 한 밀교 신앙은 조선시대 들어와 더욱 발전하는 양상을 보이게 된다.

조선 전기에 불교계가 전반적으로 위축되었지만 범자로 구성된 경전과 진언다라니의 간행 사업이 태종대(재위 1400~1418)와 세종대(재위 1418~1450)의 여러 문헌에 전해지고 있다. 예를 들면 1401년 가을에는 한성부 흥덕사(興德寺) 정전에 석가모니의 탄생도를 걸었고, 북쪽 문 위에 시렁을 만들어 가운데에 『밀교대장경』 1부를 봉안하였으며, 동쪽에는 새로 새긴 『능엄경』 판본을 두었고, 서쪽에는 새로 새긴 『수륙의문』 판본을 봉안하도록 하였다고 한다.[51] 그리고 1423년에는 일본 사신들의 요구로 금사사에 있는 진언 대장경 목판을 배에 실어오게 하여 경전을 인쇄하여 보냈다고 한다. 이러한 기록들로 보아 불교계가 위축되었던 조선 초기에도 밀교 관련 의례가 시행되고 경전이 간행되었음을 알 수 있다. 또한 조선 세종은 먼저 사망한 소헌왕후를 위하여 1446년 『석보상절』과 『월인천강지곡』을 간행하였으며, 1449년에는 『사리영응기』

51 『新增東國輿地勝覽』 卷3, 漢城府, 佛宇, 興德寺.

도 보급하였다.[52] 이후 불교를 적극적으로 후원한 조선 세조(재위 1455~1468)는 간경도감을 설치하여 한글과 한문으로 구성된 『월인석보』, 『수능엄경』, 『법화경』, 『아미타경』, 『금강경』, 『원각경』 등 다양한 불경을 간행하였다.[53] 또한, 조선 전기 세조의 비였던 정희왕후(1418~1483)를 비롯하여 인수대비(1437~1504), 안순왕후(1445~1499), 정현왕후(1462~1530), 문정왕후(1501~1565) 등이 불교를 깊이 신앙하면서 적극적으로 불사를 지원하거나 불경 간행 사업을 후원하였다. 특히, 진언다라니가 현실 기복 신앙으로 자리 잡고, 밀교 의례가 널리 보급되자, 선대 왕실을 추모하고, 공덕이나 공양을 쌓기 위한 불사와 경전 간행 사업이 왕실 주도로 전개되면서 밀교 관련 경전 간행 사업은 더욱 성행하게 된다. 이처럼 조선 전기에 왕실 발원이나 인쇄 기술의 발달 등은 불경 간행 사업이 활성화되는 계기가 되었다. 그리고 조선 전기 왕실의 주도와 지원으로 간행된 다양한 불경은 조선시대 내내 여러 불경 간행 사업의 토대가 되었다. 이처럼 조선 전기의 불경 간행 사업은 15세기대에는 주로 왕과 왕실의 발원으로 시행되었으며, 16세기대 이후에는 전국 각지의 사찰에서 왕실이나 유력한 계층의 후원으로 전개되었다고 할 수 있다.

한편 조선 전기에는 억불정책이 추진되면서 이미 간행되었거나 간행될 불경을 보호하기 위하여 범자로 구성된 진언다라니가 활용되기도 했다. 당시 불경을 보호하기 위한 여러 가지 방법이 전해지고 있었는데, 그중 3가지 방법이 가장 널리 활용되었다고 한다. 첫 번째는 책의 겉장 제목이나 제첨(題簽) 위에 개법장진언을 뜻하는 부호를 새겨넣거나 표시하는 것이다. 이것은 범자를 특수하게 정형화한 부호라 할 수 있다. 두 번째는 개권(開卷)의 본문 앞에 개법장진언의 법문을 새겨넣는 것이다. 세 번째는 개권의 변상도 앞에 호법신을 그리거나 새겨 넣는 것이다.[54] 이처럼 조선시대 들어와 범자 진언다라니에 대한

52 禹秦雄, 「朝鮮時代 密教經典의 刊行에 대한 연구」, 『書誌學研究』 제49집, 韓國書誌學會, 2011.
53 엄기표, 「朝鮮 世祖代의 佛教美術 研究」, 『한국학연구』 제26호, 인하대학교 한국학연구소, 2012.
54 千惠鳳, 「成達生書 大佛頂首楞嚴經 初刊本」, 『大佛頂首楞嚴經』, 서울역사박물관, 2006.

신앙이 널리 보급되면서 불경을 보호하기 위하여 특수한 범자나 진언다라니를 새겨 넣어 상징이나 수호의 의미를 부여하였다.

그리고 조선 후기에는 불교 신앙이 부흥하면서 왕실을 비롯하여 유력한 계층들의 후원으로 전국 사찰을 중심으로 많은 불사가 시행되면서 공덕이나 공양을 쌓기 위한 불경 간행 사업도 활기를 띠게 된다. 그러면서 조선 전기에 간행된 많은 불경을 재간행하거나 새롭게 번각본을 제작하여 인출하는 경우도 상당하였다. 이처럼 조선시대의 불교계는 전기와 후기가 다른 양상의 전개 속에서 다양한 불경이 간행되고 보급되었다.

조선시대의 불경은 주제별로 크게 경장, 율장, 논장으로 나누어지며, 주제에 따라 반야부, 정토부, 법화부, 화엄부, 경집부, 밀교부 등으로 구분된다. 밀교 관련 문헌들은 유형별로 진언집류,[55] 다라니경류,[56] 의식집류[57] 등으로 분류할 수 있다. 조선시대 간행된 진언집류와 다라니경류는 내용의 상당 부분이 범자로 구성되었으며, 그중에서도 진언집류를 많이 간행하였다. 진언집류는 오대진언류와 제진언집류가 주류를 이루면서 부분적으로 변형되거나 새로운 진언다라니가 첨가되기도 했다. 이러한 경전에 수록된 진언다라니는 승려와 같이 전문 수행자를 위하여 범자로만 구성한 것도 있었지만, 많은 경전이 범자-한자-한글을 동시에 병기하여 재가신자의 수행이나 염송을 상당히 배려하였음을 알 수 있다. 이것은 진언집류의 간행이 수행과 성불을 위한 불교 본

55 대표적인 진언집류는 『五大眞言』, 『眞言勸供』, 『秘密教集』, 『密教開刊集』, 『眞言集』, 『諸眞言集』, 『眞言要抄』, 『結手眞言集』, 『結手文』, 『大陀羅尼眞言集』, 『정구업딘언』, 『大陀經』, 『靈驗略抄』, 『觀世音菩薩靈驗略抄』, 『楞嚴經』, 『佛說天地八陽神呪經』, 『聖觀自在求修六字禪定』, 『七大萬法』, 『佛說天尊瘟瘇神呪經』 등이 있다.

56 대표적인 다라니경류는 『佛說千手千眼觀世音菩薩廣大圓滿無碍大悲心大陀羅尼經』, 『千手陀羅尼』, 『畵千手』, 『隨求成就陀羅尼經』, 『隨求陀羅尼』, 『佛說金剛頂瑜伽最勝秘密成佛隨求』, 『觀世音菩薩六字大明王陀羅尼神呪經』, 『觀世音六字大明王神呪經』, 『佛頂心陀羅尼經』, 『大悲心陀羅尼經』, 『長壽經』, 『佛頂心陀羅尼經』, 『不空羂索陀羅尼自在王呪經』, 『佛說地心陀羅尼』, 『佛說地心陀羅尼經』, 『光明王如來陀羅尼經』 등이 있다.

57 의식집류는 그 내용과 성격에 따라 日常儀式, 獻供儀式, 禮懺法, 說禪儀式, 放生儀式, 受戒儀式, 誦呪儀式, 水陸齋, 五修齋, 腹藏儀式, 梵唄儀式, 齋儀式, 茶毘禮, 喪禮 등으로 구분된다.

래의 목적도 있었지만, 재가신자에게는 현실 기복적인 성격으로 염송이 가능하게 하기 위한 것이었다.[58] 이처럼 조선시대에는 진언다라니에 대한 신앙이 널리 보급되어 있었으며, 범자에 대한 인식과 이해도 상당했던 것으로 보인다. 이러한 시대적 상황은 각종 미술품에 범자로 구성된 진언다라니가 표현되거나 새겨지는 배경이 되었고, 조선 후기 불교 신앙의 대중화에도 큰 역할을 했다고 할 수 있다.

이처럼 조선시대에는 진언다라니에 대한 신앙이 널리 보급되면서 당시 보급된 모든 범자 진언다라니를 한데 모아 필사하거나 책으로 엮어서 불교 의례나 염송할 때 사용하도록 한 진언집의 간행이 성행하였다. 먼저 책의 형태는 아니지만 필사하여 제작한 대표적인 진언다라니 모음집은 평창 상원사 문수동자상에서 출토된 「백지묵서제진언」이다. 이 모음집은 여러 낱장을 이어 붙여 두루마리 형태로 제작하였는데, 백지에 진언명을 한자로 쓰고, 이어서 실담으로 정성스럽게 진언다라니를 세로로 필사하였다. 백지에 66개의 대소 진언다라니를 필사하였는데, 『오대진언』의 내용이 전부 수록되어 있고, 존승대

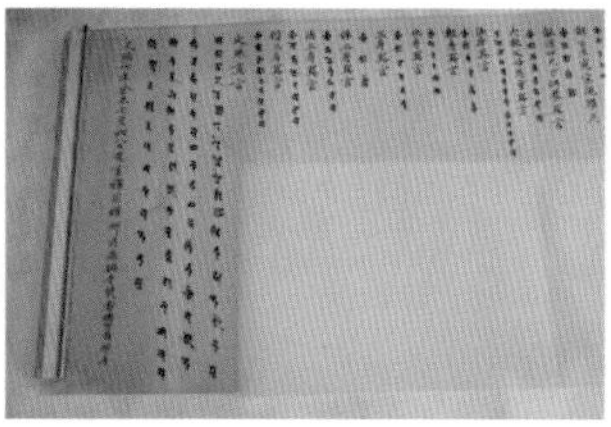

끝부분

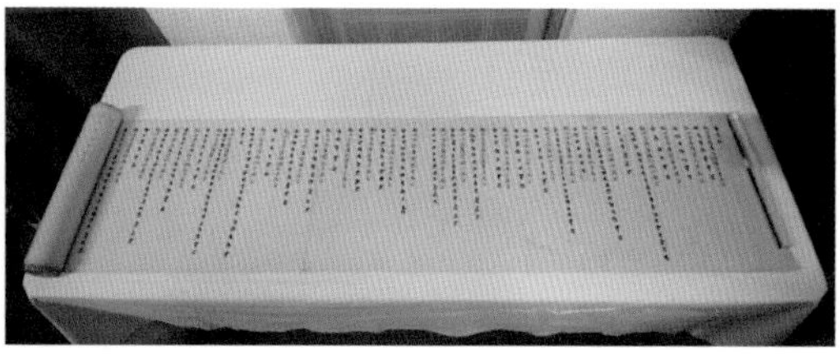

전체

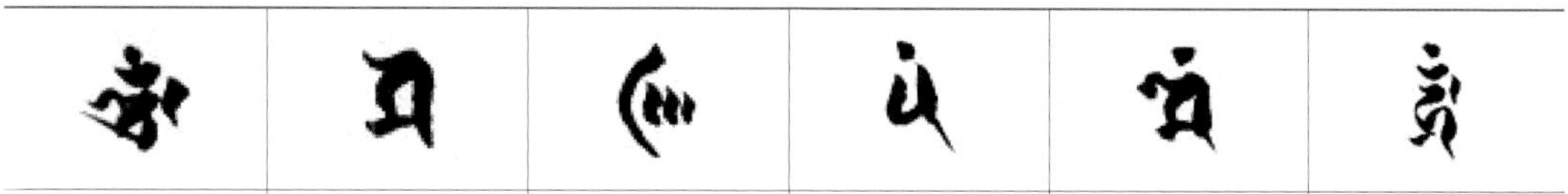

〔oṃ〕	〔ma〕	〔ṇi〕	〔pa〕	〔dme〕	〔hūṃ〕

육자진언

「백지묵서제진언」 조선, 1463.7.8, 평창 상원사 문수동자상, 월정사 성보박물관

58 南希叔, 「朝鮮後期 佛書刊行 硏究」, 서울대학교 대학원 국사학과 박사학위논문, 2004, p.31.

심주와 육자진언 등 19개의 짧은 진언과 함께 문수진언도 실려 있다. 실담체와 필법 등으로 보아 당시 진언다라니와 범자에 조예가 상당히 깊은 인물이 필사하였음을 알 수 있다.

그리고 조선시대 인수대비는 현실 기복적이고 주술적인 진언다라니에 대한 신앙이 널리 유포되자, 일반 불교 신자들도 범자로 구성된 진언다라니를 쉽게 접하도록 하기 위하여 진언집을 판각하도록 했다. 그중에 선왕들을 추모하기 위한 사업의 일환으로 1485년 『오대진언』을 간행하였다. 이 경전은 당나라 불공이 번역한 「대비심다라니(신묘장구다라니)」·「수구즉득다라니」·「대불정다라니」, 불타파리가 번역한 「불정존승다라니」, 「관세음보살사십이수진언」을 한 권으로 묶었는데, 고려시대 간행한 것을 체계적으로 다시 정리하여 재간행한 것이라 할 수 있다. 그리고 범자와 진언다라니에 대한 조예가 깊었던 학조화상이 발문을 썼다. 처음에는 범자-한자로만 구성하였다가, 한글 창제 이후에는 범자-한글-한자로 재구성하여 재간행하였다.[59] 경전에 수록된 오대진언이 어떤 영험을 지니고 있는가에 대해서는 별도로 구성한 「영험약초」에서 설명하고 있다. 이 경전에는 판화로 그려진 42수인도가 함께 제시되어 있어 중요한 자료로 평가받고 있다.

이러한 『오대진언』은 조선시대 들어와 여러 번 간행되었는데, 대표적으로 1484년 원통암판(圓通庵版), 1485년 왕실발원판, 1531년 철굴판(鐵窟版), 1550년 철암판(哲菴版), 1634년 쌍계사판(雙溪寺版) 등이 있다. 모든 판본에 42수진언의 도상이 있지만, 판본마다 조금씩 차이가 있다. 1550년 간행된 철암판은 팔상도, 설산수도상, 수하항마상 등의 판화가 수록되어 있다. 1485년 왕실에서 발원한 『오대진언』이 가장 널리 보급되었는데, 평창 상원사 문수동자상, 서울 수국사 목조아미타여래좌상 등 조선시대 조성된 여러 불상의 복장물에

---

59 安秉禧, 『國語史 資料 硏究』, 문학과 지성사, 1992, pp.238~256.

| 표 조선시대 『오대진언』 판본과 간행

서 명	판 종	시기	사찰	책수	간 기	비 고
오대진언	목판본	1484.3	원통암	1책	皇明成化二十年甲辰季春公山圓通庵開刊	
오대진언	목판본	1485.4	왕실발원	1책	成化二十一年乙巳孟夏山人臣學祖跋	평창 상원사, 서울 수국사, 단국대학교 도서관, 동국대학교 도서관 등
오대진언	목판본	1531	철굴	1책	嘉靖十年辛卯月 慶尙道智異山鐵窟開刊	국립중앙도서관 등
오대진언	목판본	1538.6	용천사	1책	嘉靖二十七年季夏日 全羅道潭陽地秋月山龍泉寺重刊	
오대진언	목판본	1550.4	철암	1책	嘉靖二十九年庚戌四月日 慶尙道豐基地小伯山哲菴開板	서울대학교 도서관, 일본 천리대학교 등
오대진언	목판본	1604.12	강당사	1책	萬曆三十二年甲辰十二月瑞山迦耶山講堂寺開行	예산 수덕사 근역성보관
오대집	목판본	1634.8	쌍계사	1책	崇禎七年甲戌八月日 公淸道恩津地佛名山雙溪寺重刊	고양 원각사, 단양 구인사, 서울대학교 규장각 등

서 발견되었다.[60] 이 경전은 전형적인 실담으로 진언다라니를 구성하였다.

그리고 조선시대 들어와 진언다라니 신앙과 관련된 대표적인 밀교 경전으로 『진언집』이 많이 간행되었는데, 이 경전은 모든 유형의 진언다라니뿐만 아니라 밀교 관련 의례 등도 함께 수록하고 있어 『제진언집』이라고도 한다. 한국에서 범자 진언다라니 관련하여 고려시대에는 『범서총지집』이 있었다면, 조선시대에는 『진언집』이 대표적이라 할 수 있다. 『진언집』 간행에 참여한 인물들은 왕실에서 일반 백성들에 이르기까지 다양한데, 발원 내용은 대부분 죽은 부모의 영가를 위한 것이 많다. 이것은 진언다라니가 죽은 사람의 천도에 영험이 있다는 믿음이 있었음을 시사해 준다. 이처럼 조선시대에는 병을 치료하거나 악업을 제거해주는 실용적인 목적의 신앙생활과 기복적 성격의 경전

60 동국대학교, 『동국대학교 소장 國寶 寶物 貴重本殿』, 1996.

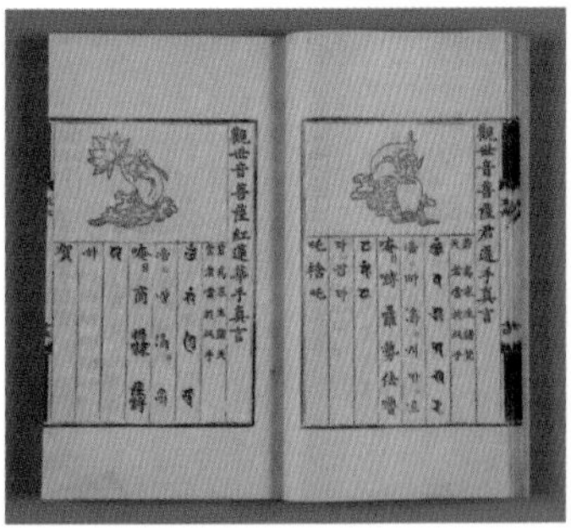

❶

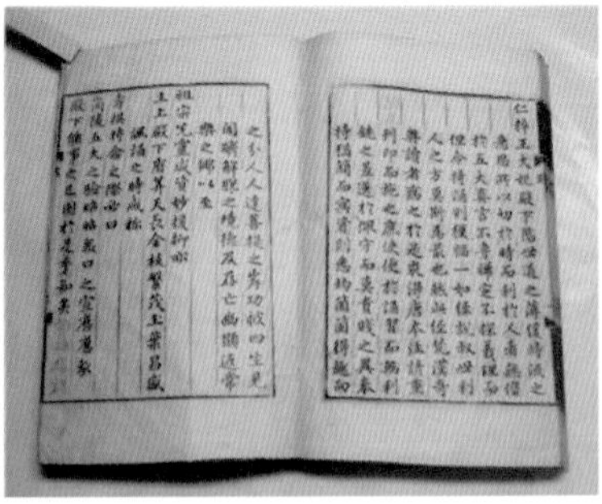

❷

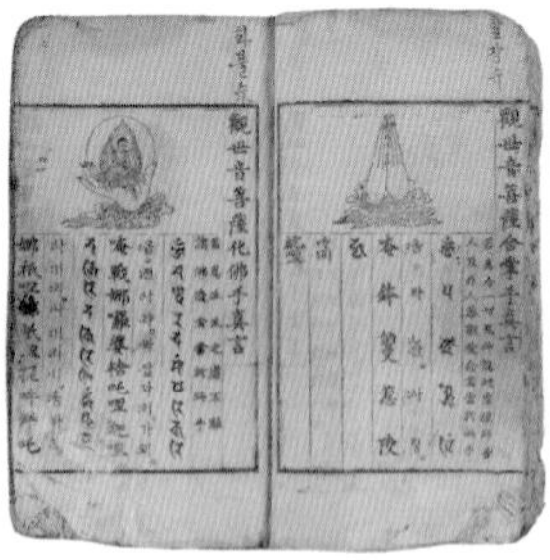

❸

『오대진언』(조선, 1485)

❶ 평창 상원사 문수동자상, 월정사 성보박물관
❷ 서울 수국사 목조아미타여래좌상, 동국대학교 박물관
❸ 동국대학교 도서관

중간

표지

『오대진언』 조선, 1634, 쌍계사판, 고양 원각사

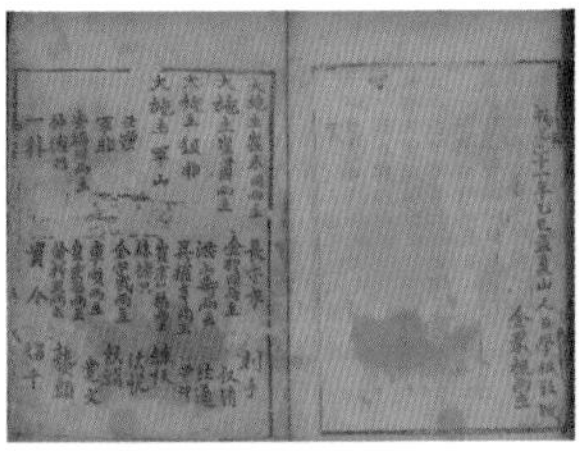

권말

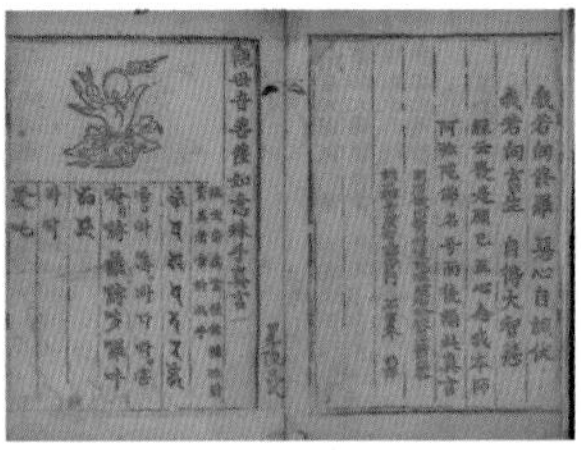

중간

『오대진언집』 조선, 번각본, 단국대학교 퇴계기념도서관

『오대진언』 목판 조선, 1604.12, 서산 가야산 강당사, 수덕사 근역성보관

탁본

들이 많이 간행되었는데, 그중에서도 『진언집』은 당시 불교 신앙이 의례적이고 기복 신앙적 성격으로 변화되어가는 일면을 보여주는 대표적인 경전이다. 『진언집』은 내용과 성격에 따라 일반 신도들이 염송을 통하여 공덕을 얻기 위한 독송용과 수행자들의 수행을 위한 목적인 수법용으로 편찬되었다.

『진언집』은 1569년의 안심사판, 1658년의 신흥사판, 1688년의 보현사판, 1694년의 금산사판, 1777년의 만연사판, 1800년의 망월사판 등이 있다.[61] 안심사판은 전라도 무등산 안심사에서 개판한 중간본으로 혜징과 인주 등의 청으로 설은(雪訔)이 「불정심다라니경」을 비롯한 여러 가지 진언다라니를 새롭게 써서 중간한 것이다. 발문에 의하면, 이전부터 내려온 『식부집(識裒集)』이란 진언집이 있었는데, 판각한 지 오래되어 글자 상태를 알아볼 수 없고, 책이 많이 남지 않은 이유로 혜증과 인주가 설은으로 하여금 교정하고 다시 써서 1569년에 전라도 안심사에서 중간하였다는 간기('隆慶三年己巳仲夏全羅道同卜地無等山安心寺重刊')가 있다. 경전의 주요 내용은 결수문, 지반문, 자기문, 점안문, 정본능엄주, 불정심관세음보살모다라니, 불정존승다라니, 약왕보살다라니, 용시보살다라니, 제경진언 등을 차례로 수록하였다. 현재 서울대학교 규장각, 동국대학교 도서관, 국립중앙도서관, 부산 범어사, 밀양 표충사, 치악산 고판화박물관 등에 소장되어 있다.[62] 안심사판에는 「실담장」을 비롯하여 훈민정음의 표기 원칙인 「언본」이 함께 실려 있다. 신흥사판은 설악산 신흥사에서 안심사판을 번각하여 중간한 것이다. 보현사판은 묘향산 보현사 불영대에서 개판한 것으로 안심사판과 비교해 볼 때 진언다라니의 종류와 수에 있어 약간의 차이를 보일 뿐 거의 비슷하다. 금산사판은 전라도 모악산 금산사에서 개간된 것으로 이전의 판본과 큰 차이가 없다. 만연사판은 이미 간행된 『진언집』, 『오대집』, 『조상경』 등에 잘못 수록된 부분들을 당시 범어 학승이었던 용암(龍巖) 화상이 『홍무정운』, 『삼운성휘』, 『언해』 등의 주석서를 참고하여 간행한 것이다. 하권의 부록에는 「실담장」, 「범례」, 「홍무정운자모지도」, 「언본십육자모」, 「범본오십자모실담장」 등이 함께 실려 있다. 만연사판은 조선 정조 1년인 1777년 본문이라 할 수 있는 『제진언집』을 완성하고, 화상천수를 추가하여

61 안주호, 「안심사본 〈진언집〉과 망월사본 〈진언집〉의 비교 연구」, 『배달말』 31, 배달말학회, 2002.
62 郭磊, 「韓國現存李朝時代(1392~1910)刊印密教典籍考」, 『中期密教主流與曼荼羅研究』, 2019, pp.615~680.

| 표 조선시대 『진언집』 판본과 간행

서 명	판종	시기	사찰	권수	간 기	비 고
제진언집	목판본	1569.5	전라도 안심사 (安心寺)	1책	隆慶三年己巳仲夏全羅道同卜地無等山安心寺重刊	서울대학교 규장각, 동국대학교 도서관, 국립중앙도서관, 부산 범어사, 밀양 표충사, 치악산 고판화박물관 등
제진언집	목판본	1658.6	강원도 신흥사 (神興寺)	1책	順治十五年戊戌六月下澣日江原道襄陽都護府地雪岳山神興寺重刊	동국대학교 도서관, 국립중앙도서관 등
진언집	목판본	1688.3	평안도 보현사 (普賢寺)	1책	康熙二十七平安道寧邊妙香山佛影臺改板移鎭于普賢寺	동국대학교 도서관, 일본 천리대학교, 고양 원각사 등
진언집	목판본	1694	전라도 금산사 (金山寺)	1책	康熙三十三年甲戌夾鐘金溝地母岳山金山寺開刊	서울대학교 규장각 등
중간진언집	목판본	1777.4	전라도 만연사 (萬淵寺)	2권1책	乾隆四十二年丁酉四月日全羅左道和順地羅漢山萬淵寺重刊	국립중앙도서관, 일본 천리대학교, 고려대학교 도서관, 치악산 고판화박물관 등
진언집	목판본	1800.4	양주 망월사 (望月寺)	2권2책	上之二十四年嘉慶庚申孟夏重刊楊州道峯山望月寺藏板	상당량이 전하고 있음

3년 후인 1780년에 간행하였다. 망월사판은 경기도 도봉산 망월사에서 개판한 것으로 이 판본은 1777년 판각된 만연사판이 불타버리자 영월(暎月)이 수정하여 새긴 것이다. 구성은 범자-한자-한글의 순으로 하였으며, 내용은 『불정심다라니경』, 『훈몽자회』의 사용 예에 따른 언문, 실담장, 수구다라니를 권두에 실었고, 이어서 결수문, 지반문, 자기문, 점안문, 정본능엄주, 불정심관세음보살모다라니, 불정존승다라니, 약왕보살다라니, 용시보살다라니, 제경진언 등을 차례로 수록하여 이전의 것을 따랐다.

이처럼 현존하는 『진언집』 판본 중에서는 1569년 안심사판이 가장 오래된 것으로 불정심인 도상, 그림 형태의 부적, 설법도, 위패 등의 판화가 수록되어 있다. 그리고 1569년 안심사판과 1658년 신흥사판은 동일 판본이다. 즉, 신흥

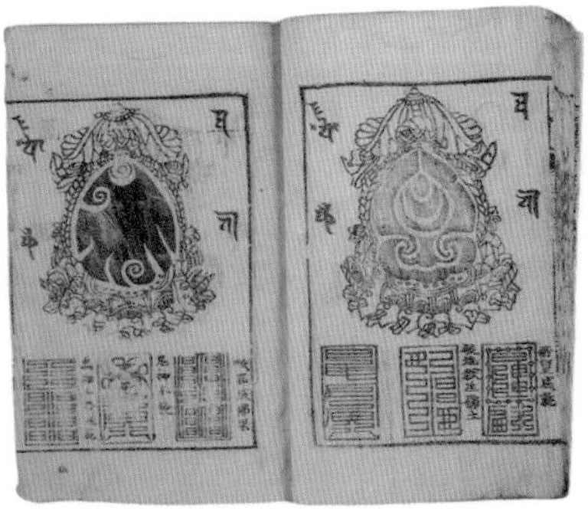

『진언집』 조선, 1569.5, 안심사판, 동국대학교 도서관

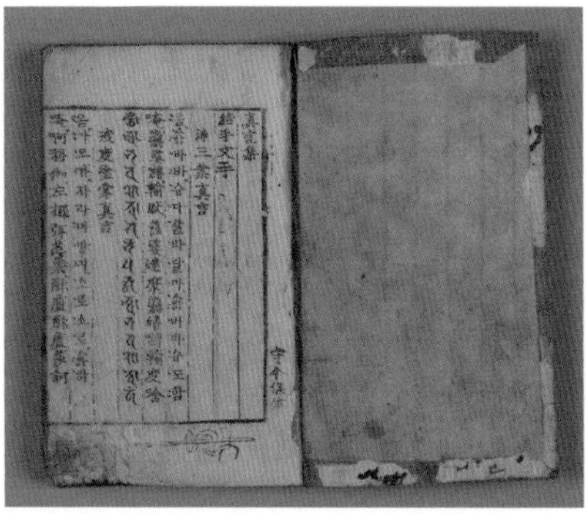

『진언집』 조선, 1569.5, 안심사판, 국립광주박물관

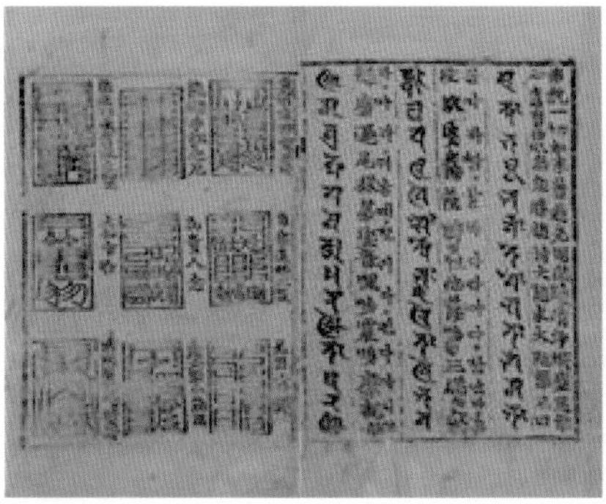

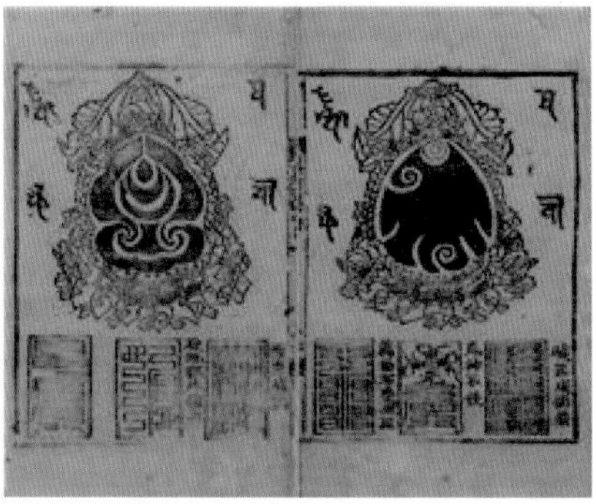

『진언집』 조선, 1658.6, 신흥사판, 국립중앙도서관

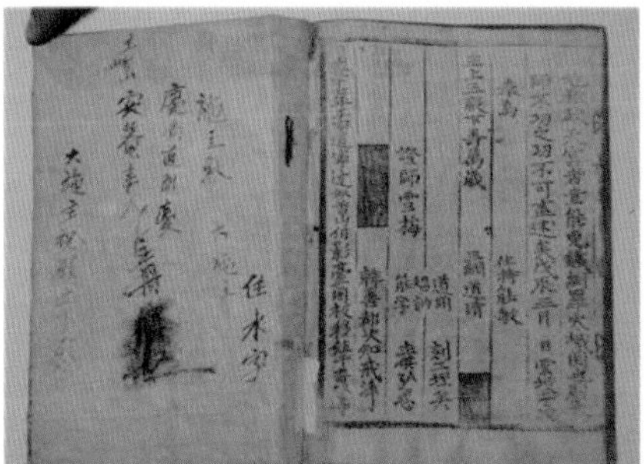

권말

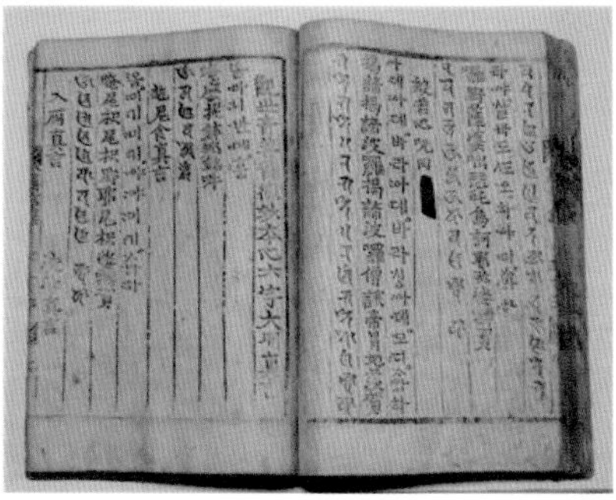

중간

『진언집』 조선, 1688.3, 보현사 중간, 고양 원각사

사판은 이전에 있던 안심사판을 번각하였다. 1777년 만연사판은 1569년 안심사판에서 변화된 그림 형태의 부적, 수월관음도, 화천수 등을 실었다. 1800년 망월사판 『진언집』은 영월 장노가 1777년 간행한 만연사본 『진언집』이 소실된 이후 당시까지 흩어져 있던 판본을 모아 새롭게 간행한 것으로 현존하는

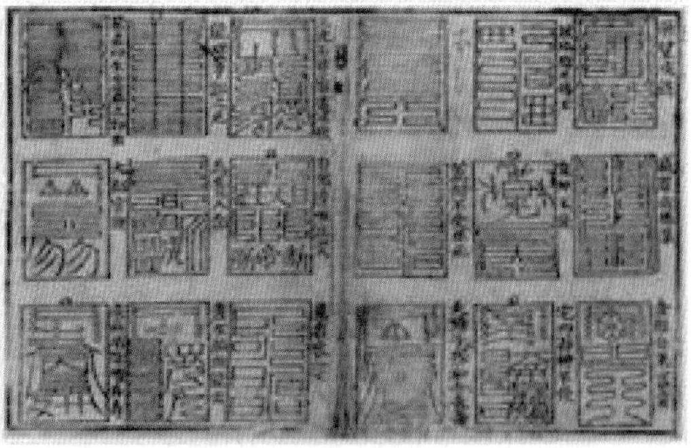

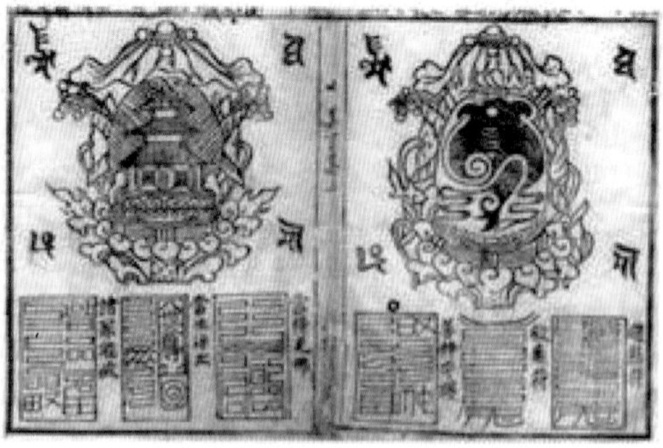

『진언집』 조선, 1777.4, 만연사판, 치악산 고판화박물관

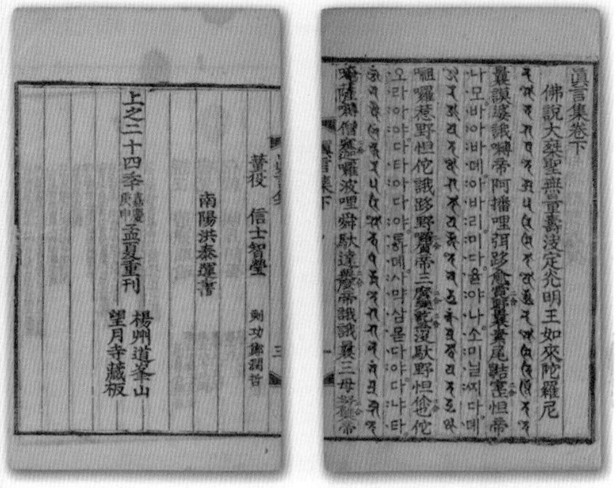

『진언집』 조선, 1800.4, 망월사판, 고양 원각사[63]

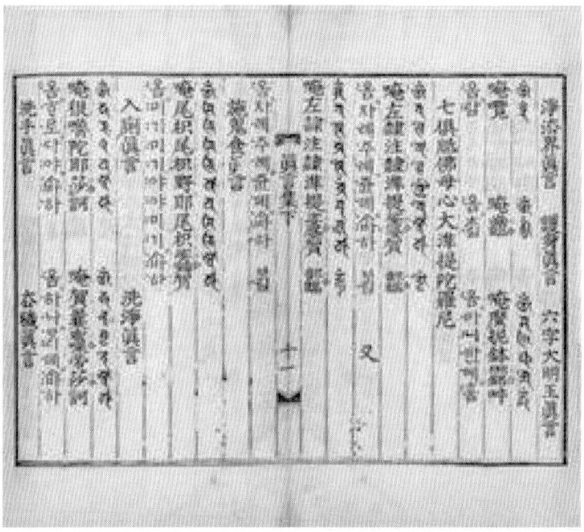

『진언집』 조선, 1800.4, 망월사판, 중앙승가대학교

진언집 중에서 범자 진언다라니에 대한 가장 총체적이고 체계적인 정리라 할 수 있다. 범자는 전형적인 실담으로 썼다.

그리고『대불정수능엄경』도 조선시대 들어와 고려 판본을 번각하여 간행하였다. 이 진언다라니를 외우거나 몸에 지니고 다니면 부처님과 같이 계를 청정하게 할 수 있다고 한다. 나아가 지극 정성으로 외우면 소원이 이루어지고, 온갖 재앙이 소멸한다고 한다. 그래서 불교를 믿었던 많은 신도들이 높이 신

63 동국대학교 불교학술원, 『원각사의 불교문헌』, 2017, p.333.

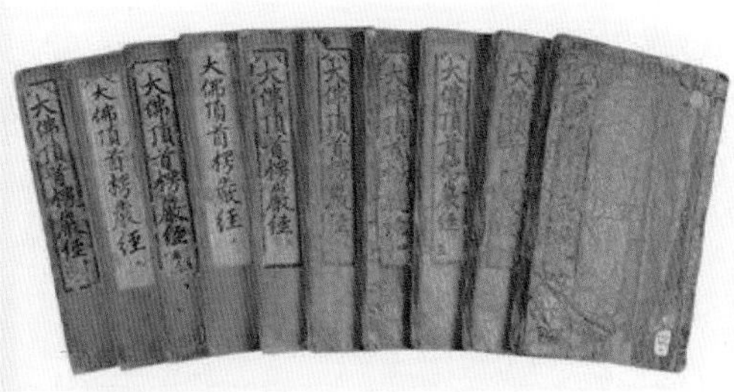

『대불정수능엄경』 조선, 1462, 동국대학교 도서관

「능엄신주」 조선, 선운사 성보박물관

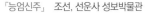

『대불정수능엄신주』 조선, 1460년경, 대구 보성선원 석가삼존불

앙했던 진언다라니로 전해지고 있다.[64] 현재 조선시대 간행된 대표적인 판본으로 1433년의 화암사판, 1489년의 자비령사판, 1547년의 석두사판, 1609년의 송광사판, 1672년의 운흥사판, 1682년의 보현사판, 1692년의 용흥사판 등이 전해지고 있다. 1462년에는 간경도감에서 계환(戒環) 스님이 해설하고, 한자와 한글을 병용하여 목판으로 간행하기도 하였다. 이 경전은 인출된 여러 장을 묶으면 책의 형태가 되고, 낱장으로 활용하거나 봉안하면 낱장 다라니가 된다.

조선시대에는 관음 신앙과 관련된 경전이 많이 보급되었는데, 그중에서 『성관자재구수육자선정』은 현실의 어려움이나 복을 기원하는 대상으로 관음보살을 널리 신앙하였음을 보여준다.[65] 이 경전은 줄여서 『육자신주』, 『육자

64 千惠鳳, 「成達生書『大佛頂首楞嚴經』初刊本」, 『大佛頂首楞嚴經』, 서울역사박물관, 2006.
65 남희숙, 「朝鮮時代 陀羅尼經眞言集의 간행과 그 역사적 의의 -서울대 규장각 소장본의 분석을 중심으로-」, 『회당학보』 제5집, 회당학회, 2000, pp.90~91.

권말 중간 권두

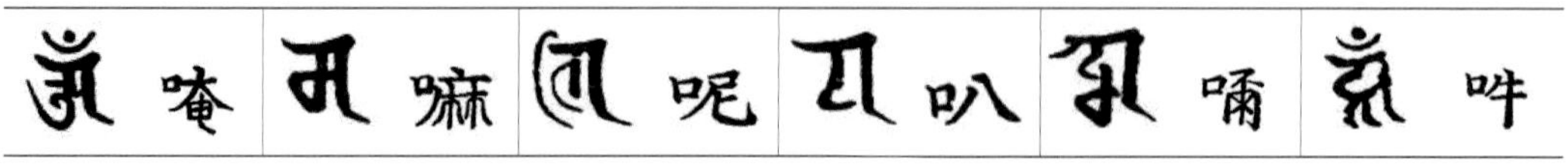

『성관자재구수육자선정』 조선, 1560.5, 숙천부판, 국립중앙도서관

육자진언 권두 표지

『성관자재구수육자선정』 조선, 1563.3, 감로사판, 경기도 박물관

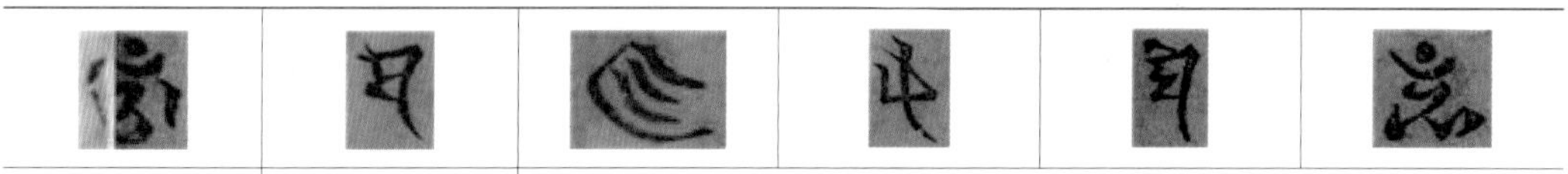

[oṃ]	[ma]	[ṇi]	[pha]	[dme]	[hūṃ]

주』라고도 부르는데, 관음보살의 '육자대명왕진언'을 염송하면 모든 죄악이 소멸하고, 모든 공덕이 생겨나며, 선정을 닦아 복덕을 얻고, 결국은 해탈을 얻을 수 있음을 강조하고 있다. 그래서 육자진언은 불도들이 신앙했던 대표적인 진언다라니였다. 현재 1560년 5월 평안도 숙천부에서 간행한 것이 가장 오래된 판본인데, 한자와 한글을 병기하여 해석을 달고 언해를 하였다. 이 판본은 간행 이후 봉안할 사찰을 정하지 못하여 사찰 이름을 생략한 것으로 보인다. 이외에도 1563년 충청도 옥천의 감로사판, 1567년 간행지 미상판, 1568년 순창 취암사판, 1621년 상왕산 가야사판, 1908년판 등이 전해지고 있다. 이 중

『성관자재구수육자선정』 목판과 인출　조선, 1621, 서산 개심사, 수덕사 근역성보관[66]

1568년 순창 취암사판과 1621년 상왕산 가야사판은 동일 판본이다.[67]

조선시대 불상 조성과 봉안에 따른 관련 절차와 의례를 엮은 『조상경』에도 신앙적 의미의 범자 사용 사례와 진언다라니를 소개하고 있다. 이 경전은 불상을 조성하고 나서 오랫동안 불단에 봉안하지 않으면 불길하게 되며, 불상은 모름지기 상호가 원만해야 모든 중생이 큰 복과 이익을 얻는다고 하였다. 그리고 여러 경전의 내용을 인용하여 복장단 의례와 절차를 제시하였는데, 의례에 따라 독송하거나 서사하는 진언다라니를 범자-한자-한글로 병기하였다. 또한, 각종 봉안문에 쓰는 종자(種子)도 체계적으로 정리하여 불상 조성에 따른 범자 진언다라니의 의미와 활용 방법 등을 비교적 상세하게 제시하였다. 이로써 체계적이고 통일된 불상 조성 의례와 절차가 형성되었다.조선시대 간행된 대표적인 『조상경』은 『대장일람경(大藏一覽經)』이라는 서명으로 간행된 전라도 용천사판(1575.02), 『관상의궤(觀像儀軌)』로 간행된 전라도 능가사판(1679.01), 『화엄조상(華嚴造像)』으로 간행된 평안도 화장사판(1720.05), 『조상경(造像經)』으로 간행된 경상우도 김룡사판(1746.04), 『중판조상경』으로 간행된 금강산 유점사판(1824.06) 등이 있다. 이외에도 천진암 필사본, 용화사 소장본, 해인사 소장본, 동국대학교 소장본 등이 전해지고 있다.[68] 이 중 1575년 용천

66 국립중앙박물관, 『새보물 납시었네』, 2020, p.245.
67 안병희, 「『聖觀自在求修六字禪定』 解題」, 『서지학보』 14, 한국서지학회, 1994.
68 남권희, 「造像經 板本의 서지적 연구」, 『선통 불복장의식 및 점안의식』, 불교문화재연구소, 2014, pp.142~194.

사판, 1697년 능가사판, 1746년 김룡사판은 구성과 체제, 수록 내용 등이 거의 같다. 그리고 1824년 유점사판은 조선시대의 모든 『조상경』을 정리하여 간행했다는 데에 의미가 크다고 할 수 있다. 이 경전은 용허스님이 발원하고, 화악지탁이 경문의 오류를 여러 사람에게 문의하여 바로 잡고, 고증한 뒤에 용허스님의 제자인 영해 여훈이 필사하여 간행하였다. 발문은 뇌암과 백석거사가 1824년 5월에 썼는데, 당시 전해지고 있던 『조상경』이 오래되어 낡아졌고, 주어(呪語)는 음이 맞지 않으며, 범자도 잘못된 곳이 많아, 화악 지탁이 여러 경전을 참고하여 내용을 추가하고 오류를 바로잡아 온전한 경전 1부를 편찬하였다고 한다. 판각이 완료되자 200질을 인쇄하여 유포하고, 책판은 금강산 유점사 해장전에 봉안하였다고 한다. 이 경전은 조상 연유와 공덕, 복장 의식과 절차, 의식에 필요한 각종 진언, 복장에 납입하는 물목들의 종류와 의미, 방법과 절차 등과 관련된 내용으로 구성되어 있다.[69]

| 표　조선시대 『조상경』 판본과 간행

서 명	판 종	시기	사찰	책수	간 기	비 고
대장일람경 (大藏一覽經)	목판본	1575.2	전라도 용천사 (龍泉寺)	1책	萬曆三年乙亥仲春上澣全羅道潭陽地秋月山龍泉寺開板	광주 향림사, 고려대학교 도서관, 부산 복천사 등
관상의궤 (觀像儀軌)	목판본	1679.1	전라도 능가사 (楞伽寺)	1책	康熙三十六年歲次丁丑正月日 全羅道興陽八影山楞伽寺開板	
화엄조상 (華嚴造像)	목판본	1720.5	평안도 화장사 (華藏寺)	1책	康熙五十九年庚子五月日 平安道龍岡縣鳳谷山華藏寺改刊	부산 내원정사 등
조상경 (造像經)	목판본	1746.4	경상우도 김룡사 (金龍寺)	1책	乾隆十一年丙寅四月日 慶尙右道尙州地雲達山金龍寺開板	
중판조상경 (重版造像經)	목판본	1824.6	금강산 유점사 (楡岾寺)	1책	道光四年甲申六月日 金剛山楡岾寺藏板	창원 대광사, 고양 원각사, 동국대학교 도서관 등

69　태경 역주, 『조상경』, 운주사, 2006.

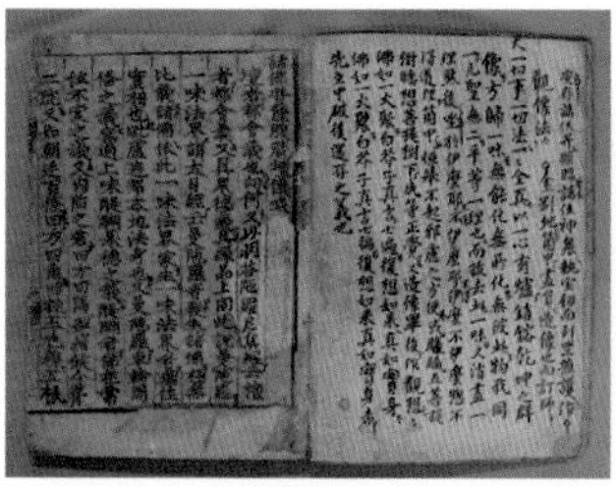

❶

❷

❸

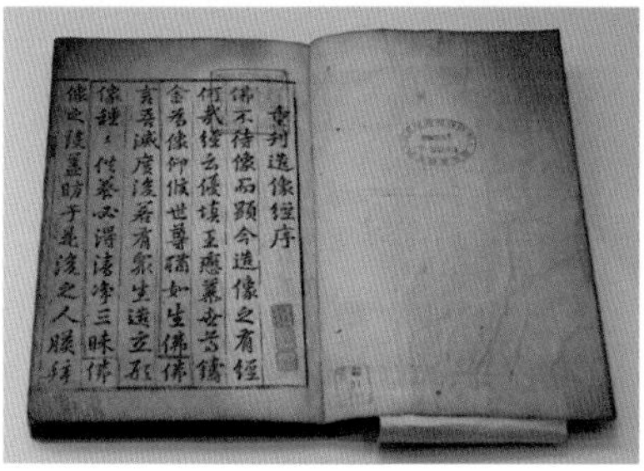

❹

❺

❶ 김룡사판 『조상경』 조선, 1572.2, 광주 향림사
❷ 화장사판 『조상경』 조선, 1720.5, 부산 내원정사
❸ 유점사판 『조상경』 조선, 1746.4, 김룡사
❹ 유점사판 『조상경』 서문 조선, 1824.6, 국립중앙박물관
❺ 유점사판 『조상경』 준제구자천원지원 조선, 1824.6, 천태중앙박물관

그리고 조선 후기 지리산 화엄사에서 복각한 『준제정업(准提淨業)』에는 여러 사람이 번역한 「준제다라니경」이 함께 수록되어 있다.[70] 이 경전의 주요 내용은 준제보살의 영험함, 준제진언의 포자법(布字法), 지송 의궤, 관행 의궤, 현밀쌍수관행설 등으로 구성되었다. 또한, 수행에 필요한 심월범자관문과 정법계관문을 비롯하여 정법계진언, 호신진언, 육자대명진언, 칠구지불모대준제다라니 등에 대하여 범자와 음역된 한자를 병기하여 제시하였으며, 그 영험함과 공덕 등에 대하여 구체적으로 설명하고 있다. 그래서 이 경전은 조선 후기 밀교 관련 경전의 구성과 내용 체계, 수행법과 의례, 다양한 범자체를 연구하는데 귀중한 자료이다.

70 당나라 때 地婆訶羅가 번역한 「佛說七俱胝佛母心大准提陀羅尼經」과 金剛智가 번역한 「佛說七俱胝佛母准提大明陀羅尼經」이 함께 수록되어 있다. 이를 줄여서 准提經, 大准提經, 准提陀羅尼經, 准提大明陀羅尼經, 准提軌라고도 한다.

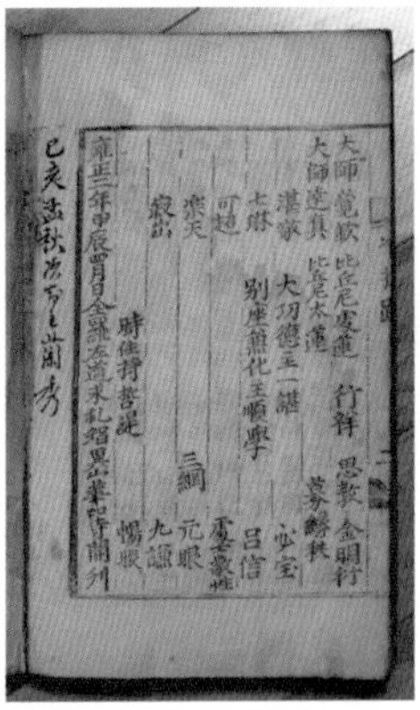

권말

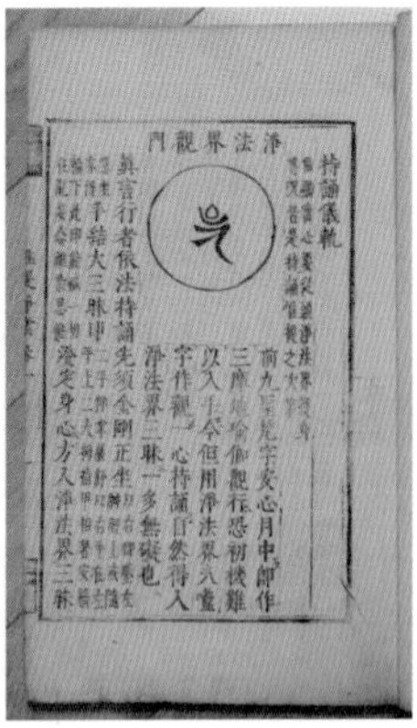

중간

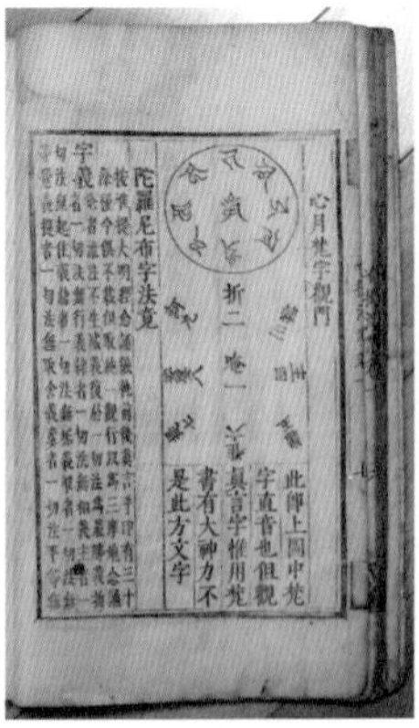

중간

표지

『준제정업』 조선, 1724.4, 지리산 화엄사 개간, 고양 원각사, 고정룡 제공

『밀교집(密敎集)』은 조선 중기의 승려 몽은(蒙隱) 등이 찬술한 밀교 작법 중심의 밀교 의식집으로 1784년에 경상도 쌍계사의 수도암에서 간행되었다.[71] 이 경전은 권두에 '祕密敎開刊序'와 '開刊祕密敎序'라는 두 개의 서문이 있어 『비밀교(祕密敎)』라는 서명으로도 알려져 있으나, 목록이 있는 권두에 '밀교개간집'이라고 하였으며, 권말의 '開刊密敎集終 山中宗師秩'이라는 서명에 따라 일반적으로 『밀교집』으로 불린다. 경전의 구성은 밀교, 행문, 관문 등 크게 세 부분으로 나누어져 있다. 밀교 부분에는 각종 의식과 수행에 활용되는 천수다라니, 42수진언, 소수구주, 존승다라니 등 밀교 경전의 핵심적인 진언다라니를 수록하였다. 그리고 다양한 의례의 유형과 각 의식을 행하는 날짜와 시간, 수행자가 지녀야 할 마음 자세 등이 항목별로 제시되어 있어 종합적인 밀교 의례서의 성격도 있다. 또한, 경전의 앞부분에 실담장을 비롯하여 후령통팔엽개지도와 준제구자구궤천원지도 등이 제시되어 있고, 한자 이름과 함께 한글과 범자로 구성된 다양한 진언다라니를 순서대로 수록하였다. 『밀교집』은 『진언집』과 유사한 구조와 내용을 가지고 있지만 책의 제목이 시

71 이 경전의 간기는 '乾隆四十九年甲辰七月日慶尙右道星州牧西佛靈山雙溪寺修道庵開刊'이다.

측면

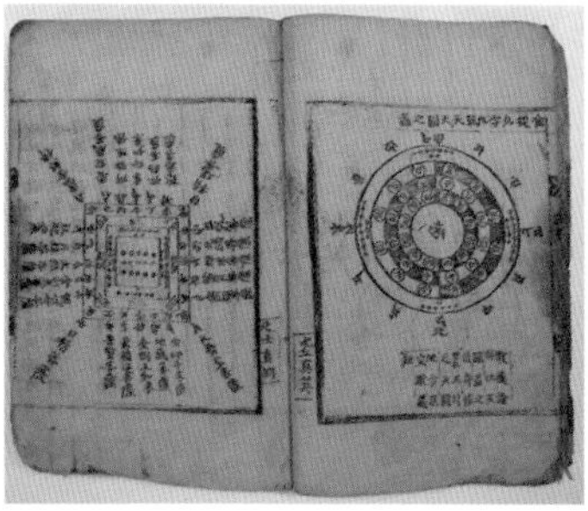

준제구자천원도

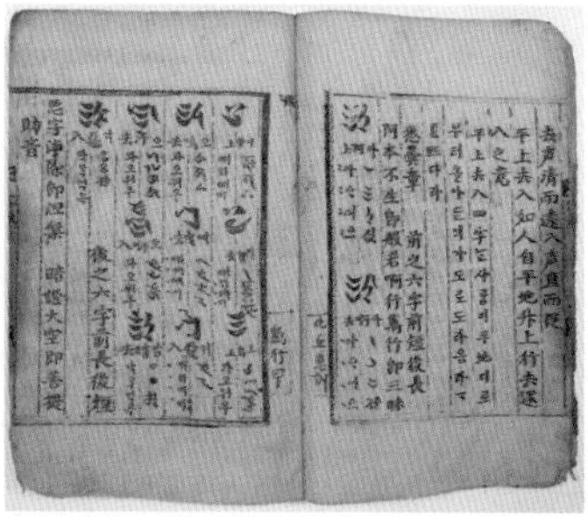

실담장

『밀교집』 조선, 1784.7, 쌍계사 수도암, 국립민속박물관

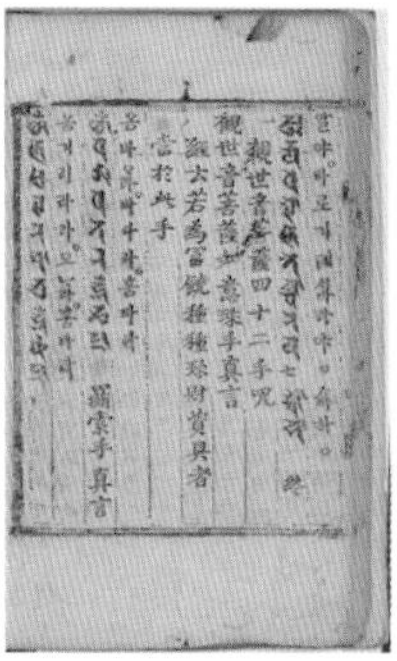

중간

준제구자천원도

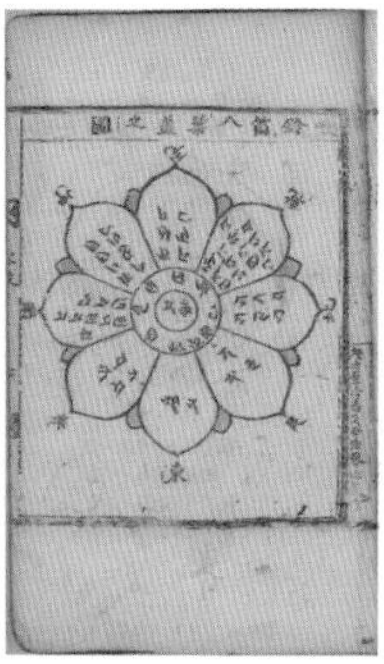

후령통팔엽개지도

표지

『밀교집』 조선, 1784.7, 쌍계사 수도암, 단국대학교 퇴계기념도서관

사하듯이, 『밀교집』은 불교 의례 중심으로 내용을 구성하여 밀교 종파의 전문 경전이라면, 『진언집』은 염송을 위한 각종 진언다라니를 수록한 경전이라 할 수 있다. 어쨌든 『밀교집』도 조선후기 밀교 의례와 함께 진언다라니의 유형과 범자체의 변화 과정을 엿볼 수 있는 자료이다.

이외에도 조선시대에는 여러 경전이 범자-한글-한자를 병기하여 간행하였는데, 예외적으로 범자는 쓰지 않고 한자와 한글만 병기한 경우도 많았다. 예를 들면, 조선 전기 인수대비와 정현대비는 성종이 승하하자 임금의 명복을 빌기 위하여 1496년 간행한 『진언권공』, 조선 후기에는 도봉산 회룡사에서 1636년 5월 개간한 『결수진언집』, 평창 상원사 문수전 목조문수보살상에서 출토된 1661년 7월 간행한 『육경합부』, 광주 무등산 증심사에서 1721년 5월 개간

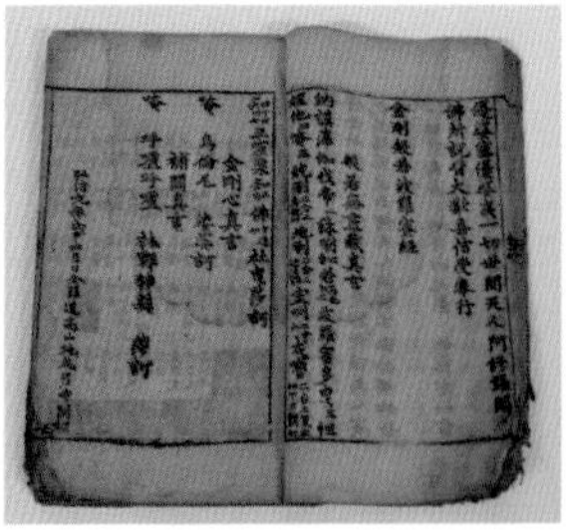

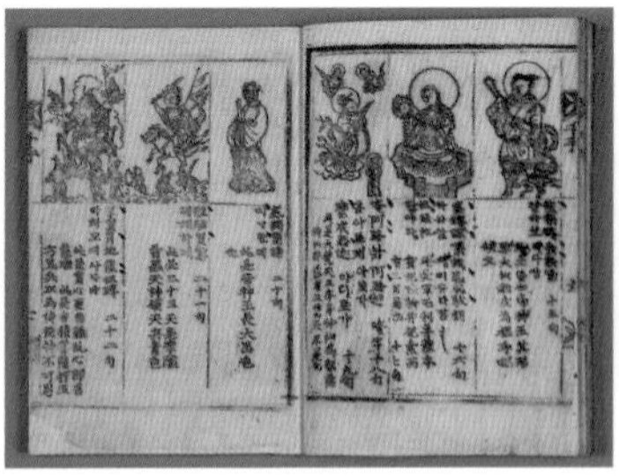

❶ ❷ ❸ ❹

❶『결수진언집』 조선, 1636.5, 도봉산 회룡사 개간, 서울대학교 규장각
❷『육경합부』 조선, 1661.7, 월정사 성보박물관
❸『화천수경』 조선, 1721.5, 국립광주박물관
❹『관세음보살영험약초』 조선, 1762, 동국대학교 도서관

한『화천수경』,[72] 가야사에서 1762년 간행한『관세음보살영험약초』,[73] 불암사에서 1795년 간행된『진언요초』 등이 있다. 이 경전들은 다양한 진언다라니를 수록하였는데, 범자는 쓰지 않고 범자를 음역한 한자와 한글만을 병기하였다.

그리고 밀교적 성격의 불교와 무속신앙이 혼합되어 제작된 경문에도 범자 또는 한자나 한글로 음역한 진언다라니가 활용되었는데, 대표적으로『안택경(安宅經)』이 있다. 이 경전은 우주 창조와 인간의 내력을 설명한 뒤 오행의 원리와 오복의 내용을 설명하면서 가신의 가호를 통하여 부모의 장수와 자손의 번창, 가내 태평을 기원하는 것이다. 또한, 고양 원각사에는 1800년 망월사에서 간행한『진언집』의 '실담장' 부분을 별책으로 묶은『실담장』이 소장되어 있는데, 실담 자모를 자세하게 설명하고 있을 뿐만 아니라 여러 진언다라니를 수록하여 범자와 진언다라니에 대한 기초 입문서라 할 수 있다. 그리고 실담 자모에 대한 음운 범례와 연성법, 실담자로 쓴 신묘장구대다라니 등을 수록하였다.

72 이 경전의 간기는 '康熙六十年辛丑五月日全羅左道光州無等山證心寺開刊'이다.
73 이 경전은 1716년 甘露寺版, 1721년 證心寺版, 1728년 釋王寺版과 普賢寺版, 1732년 新光寺版, 1762년 伽倻寺版 등 지속하여 간행되었으며, 1939년 발간된 활자본도 있다.

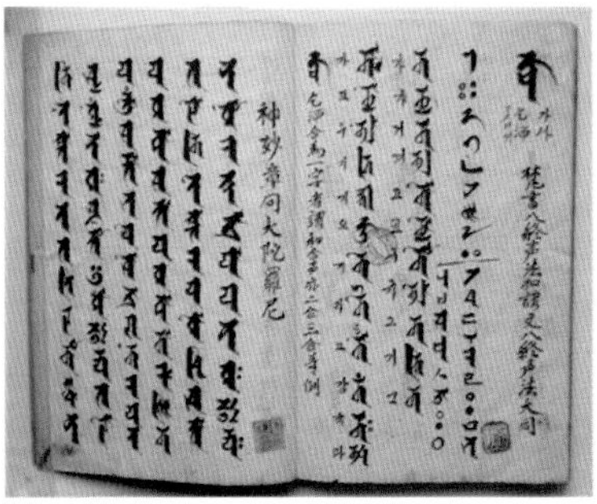

신묘장구대다라니

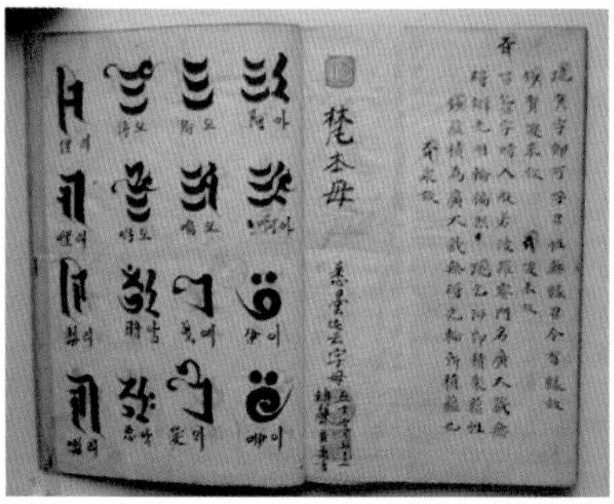

자모

표지

『실담장』 조선말~근대, 크기 17×24.5cm, 고양 원각사, 정각 스님 제공

| 표 고려와 조선시대 범자 진언다라니의 기본 경전

시 대	기본 경전
고 려	◦『梵書摠持集』(1150.6, 평양 廣濟鋪 인출본) ◦『梵書摠持集』(1156.7, 法水寺 인출본) ◦『梵書摠持集』(1166.7, 李世陝 인출본) ◦『梵書摠持集』(1218.7, 金山寺 惠謹大師 발원 인출본) ◦『梵書摠持集』(1227.8, 崔氏 발원 인출본) ◦『梵摠持集』(1228, 봉림사 목조아미타불좌상 복장물) ◦『密教大藏』(고려 충숙왕대, 서울 수국사, 국립중앙박물관, 호림박물관 소장본) ◦『五大眞言』(고려 말기, 서산 문수사 금동아미타불좌상(1346) 복장물)
조 선	◦『五大眞言集』(1485.4, 仁粹大妃 등 발원, 學祖 발문) ◦『聖觀自在求修六字禪定』(1560.5, 肅川府館北 개판) ◦『諸眞言集』(1569.5, 전라도 安心寺) ◦『大藏一覽經』(1575.2, 전라도 龍泉寺) ◦『結手眞言集』(1636.5, 도봉산 回龍寺) ◦『諸眞言集』(1658.6, 강원도 神興寺) ◦『觀像儀軌』(1679.1, 전라도 楞伽寺) ◦『眞言集』(1688.3, 평안도 普賢寺) ◦『眞言集』(1694, 전라도 金山寺) ◦『華嚴造像』(1720.5, 평안도 華藏寺) ◦『准提經』(1724, 지리산 華嚴寺) ◦『造像經』(1746.4, 경상우도 金龍寺) ◦『重刊眞言集』(1777.4, 전라도 萬淵寺) ◦『密教集』(1784.7, 雙溪寺 修道庵) ◦『眞言集』(1800.4, 楊州 望月寺) ◦『重版造像經』(1824.6, 금강산 楡岾寺)

2. 다라니

다라니(陀羅尼, Dhāraṇī)는 산스크리트어의 'dhāranā'에서 파생한 언어로 '기억을 잊어버리지 않고 유지한다.' 또는 '정신을 통일하여 마음을 한 가지에 집중한다.'라는 의미이다. 그리고 무언가를 듣고 잊어버리지 않는다는 '문지(聞持)', '수지(受持)', '억지(憶持)'라는 의미도 포함하고 있다.[1] 그래서 다라니를 '지(持)', '총지(總持)', '능지(能持)' 등으로 한역하였다. 또한, 다라니는 '신주(神呪)', '명주(明呪)', '진언(眞言)', '만다라(曼荼羅)' 등의 의미도 있다. 이처럼 다라니는 다양한 의미를 내포하고 있는데, 일반적으로 정신 통일과 그 지속, 경전의 내용에 대한 기억, 그 상태에서 생기는 부처의 지혜, 불지에 의하여 재앙을 물리치고 복을 부르는 주구(呪句), 나아가 성불을 위한 주구이다. 그래서 다라니는 현세 이익, 중생 교화, 정각 획득, 정법 수호 등을 위한 것이라 할 수 있다.[2]

다라니는 처음에는 부처님의 교설을 잊지 않고 기억한다는 의미였다. 그리고 초기에는 다라니와 주문이 별개로 존재했었는데, 대승불교가 확산하면서 양자의 구분이 모호해졌고, 다라니가 7~8세기대에는 진언으로 정립되었다. 그래서 다라니는 중기 밀교의 신구의(身口意) 중에서 가장 대표적인 구밀(口密)로 자리 잡았으며, 하나의 교설이자 수행 방편으로 인식되었다. 이러한 다라니의 공덕도 여러 경전에 나와 있는데, 『법화경』에는 다라니를 지송하면 마왕 등의 침해에서 보호받을 수 있으며, 자신을 수호하고 보현보살을 볼 수 있을 뿐만 아니라 죄업을 소멸시켜 삼매를 증득하게 된다고 설하고 있다. 그리고 『화엄경』에는 다라니를 지송하면 무량무수의 반야바라밀문에 들 수 있고, 천문 지리 등의 세간적 기예와 의방(醫方) 주술에도 능숙해지고, 업장을 소

1 南權熙, 「高麗時代 陀羅尼와 曼荼羅類에 대한 書誌的 分析」, 『高麗의 佛腹藏과 染織』, 계몽사, 1999, p.128.

2 장익, 「初期 大乘經典에서 陀羅尼 機能의 變化」, 『印度哲學』 제23집, 인도철학회, 2007.

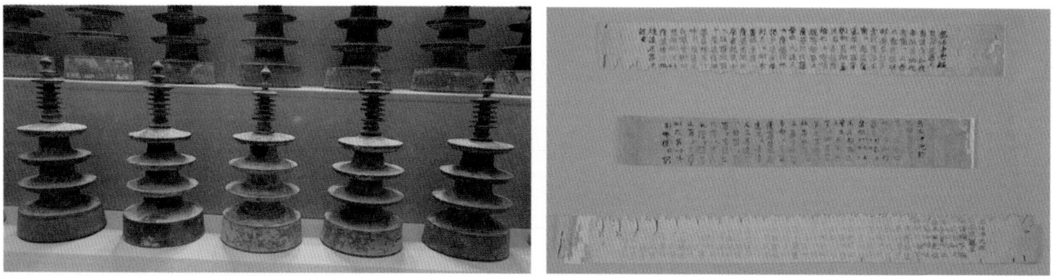

일본 법륭사 백만탑과 다라니 770, 법륭사

다라니 봉안 불정탑과 소탑 중앙아시아, 고양 원각사, 정각 스님 제공

멸시켜 출세간의 방편을 이룬다고 설하였다. 『열반경』에는 다라니를 수지하면 대승의 정법을 수호하고, 일체 업장으로부터 자유롭게 된다고 설하고 있다. 이처럼 다라니의 공덕은 여러 가지로 설명되고 있는데, 결국은 경전에 대한 기억과 이해를 통하여 신통력을 얻게 됨을 설한 것이라 할 수 있다. 이러한 다라니는 공양이나 공덕을 쌓기 위한 목적으로 불탑이나 불상 안에 안치되거나, 사리구나 공양물의 보호를 위하여 납장으로 봉안되었다. 또한, 밀교 의식서 태장계와 금강계 만다라, 각종 진언다라니가 법신 사리의 대용, 호법, 기복 등의 목적으로 봉안되기도 했다.

중국은 당나라 현종 대에 인도로부터 선무외(637~735)와 금강지(669~741) 등이 밀교 경전을 가지고 와서 번역하여 보급하면서 밀교가 본격적으로 전파하기 시작했다. 그러면서 현세 구복적인 성격의 다라니 신앙이 유행하고 여러 종류의 다라니경이 번역되거나 탑이나 무덤 등에 봉안되었다. 대표적으로 1978년 소주의 서광사탑(瑞光寺塔)에서 「대수구다라니주경」이 수습되었다. 그 이후에도 중국에서는 서사 또는 인쇄한 다라니경이나 다라니의 문구를 직접 새긴 경당 등이 요 송 원대를 거쳐 청대까지 꾸준하게 조성되었다. 한국은 통일신라시대에 「무구정광대다라니경」이나 필사한 진언다라니 등이 다른 사리장엄구와 함께 석탑에 봉안되었던 것으로 확인되고 있다. 그리고 점차 진언다라니에 대한 신앙이 높아지고, 밀교 의례가 확산하면서 진언다라니를 불탑과 불상 등 여러 불교적인 조형물에 봉안하였다. 고려시대에는 서사와 인쇄 등을 통하여 직접 몸에 착용하는 등 다라니 신앙은 다양한 방식으로 전개되었다. 이러한 경향은 조선시대까지 지속하였다. 한편 일본 법륭사(法隆寺)에는 770년경 인쇄되어 백만탑에 봉안한 4종의 다라니가 전해지고 있다.

한국의 다라니 신앙은 크게 서사(書寫), 염송(念誦), 소지(착용), 봉안, 부장 등 다양한 방식으로 전개되었다. 서사와 염송은 다라니를 직접 쓰거나 외우면서 신앙심을 높이는 것이고, 소지는 불도들이 옷의 주머니나 팔찌, 목걸이 등에 휴대하면서 공덕을 쌓는 것이고, 봉안은 건물, 불탑, 불상 등에 봉안하여 공양하거나 복을 기원하는 것이고, 부장은 무덤에 시신과 함께 다라니를 납입하여 추복하는 것이다. 그리고 범자로 쓴 다라니는 묵서나 주서(朱書)로 쓴 필사본, 목판이나 금속판으로 인쇄하여 찍어 낸 간인본 등으로 제작되었다. 또한, 수지독송(受持讀誦)을 위하여 판본이나 필사본 형태, 불탑이나 불상 등에 봉안된 형태, 다라니의 경문을 직접 새긴 경당(經幢) 형태 등 다양한 유형이 있었다. 한국 불교사에서 불교적인 의례와 수행, 공양이나 공덕 등에 활용된 만다라와 함께 범자로 쓴 진언다라니는 밀교 신앙적 특색을 보여주는 대표적인 사례라 할 수 있다.

(1) 삼국과 남북국

삼국시대 공인된 불교는 서서히 재래 신앙을 흡수하거나 대체하면서 중심적인 종교로 자리 잡아 갔다. 불교는 기존 재래 신앙과는 달리 성문화된 경전이 있었으며, 각종 의식과 절차가 체계적으로 마련되어 있었다. 고대 사회에서 불교는 빠르게 전파되었고, 이를 보급하는 승려들에게 불경과 의례에 대한 이해는 필수적이었다. 그리고 이른 시기부터 범자 경전이나 밀교 신앙이 전래함에 따라 범어 또는 한자로 구성된 다라니도 유입되었다. 그런데 그러한 사실을 보여주는 직접적인 유적 유물은 발견되지 않고 있다. 다만 당시 다라니가 전래하였으며, 그것에 대한 신앙이 있었음을 알 수 있는 간헐적인 기록과 간접적인 유적 유물이 확인되고 있다.

백제의 겸익, 신라의 묵호자, 안홍, 자장, 밀본, 명랑, 혜통, 경흥, 명효 등은 초기 밀교를 접했던 승려들로 파악되고 있다. 이들도 다라니경을 통하여 다양한 유형의 범자 또는 음역되어 한자로 구성된 다라니를 접했을 것으로 보인다. 이 중에 신라 혜통은 중국 당나라에 유학한 후 귀국하였는데, 속명이 존승각간(尊勝角干)이었던 것으로 보아 『불정존승다라니경』에 조예가 깊었던 승려로 추정된다.[3] 그리고 경흥은 김사양이 당나라에서 가지고 온 의정의 『금광명최승왕경』에 대한 주석서를 만들어 보급하였으며, 『관정경소(灌頂經疎)』 등을 지은 것으로 보아[4] 밀교 신앙과 다라니에 해박한 지식을 가졌던 승려로 보인다. 또한, 『삼국유사』에 의하면, 보천 스님은 밤낮으로 『수구다라니경』를 염송하였다고 한다.[5] 보천 스님이 염송한 「수구다라니」는 「佛說金剛頂瑜伽最勝秘密成佛隨求卽得神變加持成就陀羅尼」인데, 당나라에서 693년 한역되었다. 이 경전은 중생들이 소원을 구하면 성취된다는 의미에서 붙여진 다라니 이름이다. 이 다라니를 반복적으로 염송하면 모든 죄의 업장이 소멸하고, 몸에 지니고 있으면 적의 항복을 받을 수 있다고 믿었다. 어느 날 신이 나타나 보천 스님에게 부처의 진리를 들었다고 하며 보살계를 받고자 하였다. 이러한 것으로 보아 신라 불교계에 보천 스님이 염송한 「수구다라니」가 보급되었고, 영험하게 인식되었음을 짐작할 수 있다. 보천 스님은 문수보살로부터 관정(灌

---

3 『三國遺事』 卷 5, 神呪6, 惠通降龍.

4 『三國遺事』 卷5, 感通, 憬興遇聖.

5 『三國遺事』 卷 3, 塔像 4, 臺山五萬眞身.

❶

❷

❶ 경주 나원리 5층석탑과 사리함 내부에 부착된 필사 다라니　신라[6]
❷ 경주 황복사 3층석탑과 사리함　신라, 국립경주박물관

頂)을 받았다고 한다. 관정 의식은 대표적인 밀교 의식이기도 하다. 이처럼 이 다라니는 신라에 처음 전래하였는데, 널리 보급된 시기는 고려시대부터라고 할 수 있다. 현존하는 가장 오래된 「수구다라니」는 1485년 4월 왕실 발원으로 간행된 『오대진언』에 수록된 것이다. 그리고 조선시대 간행된 『진언집』이나 『밀교집』 등에 꾸준하게 수록되었다. 이처럼 「수구다라니」는 한국에서 오랫동안 신앙의 대상으로 서사되거나 염송한 대표적인 다라니였다.

또한 통일신라시대에는 이전보다 여러 유형의 다라니경이 전래하여 보급되었으며, 다라니 신앙과 함께 밀교 의례가 정착되면서 여러 석탑에 『무구정광대다라니경』 등을 봉안하였다. 현재 밀교 의례에 따랐거나, 다라니를 봉안한 석탑으로는 경주 나원리 5층석탑, 경주 황복사지 3층석탑, 경주 불국사 석가탑, 김천 갈항사지 쌍탑, 경주 창림사지 3층석탑, 포항 법광사 3층석탑, 합천 해인사 묘길상탑, 양양 선림원지 3층석탑, 대구 동화사 금당암 3층석탑, 봉화 서동리 3층석탑, 구례 화엄사 서 5층석탑 등이 확인되고 있다.

경주 나원리 5층석탑은 사리함 내부에 『무구정광대다라니경』의 필사본이 봉안되었는데, 오래되어 부식된 상태였다. 그리고 신라 효소왕은 692년 7월

6　국립문화재연구소, 『경주 나원리 오층석탑 사리장엄』, 1998, p.89.

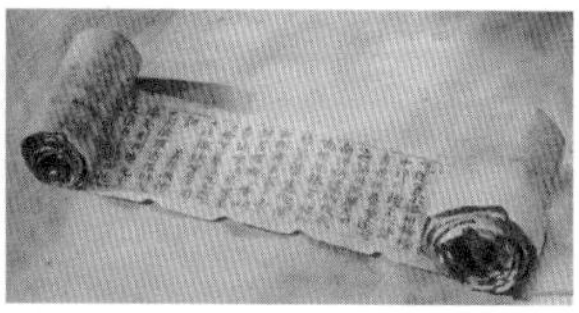

경주 불국사 3층석탑과 『無垢淨光大陀羅尼經』 신라, 정영호 교수 사진

경주 창림사 3층 석탑과 발원 금동판 신라, 불교중앙박물관

신문왕의 명복을 빌기 위하여 경주 황복사에 3층석탑을 세웠다. 그런데 얼마 지나지 않은 706년 5월에 성덕왕이 다시 신문왕, 신목태후, 효소왕 등을 추복하기 위하여 석탑을 해체한 다음 불사리 4매와 함께 『무구정광대다라니경』을 봉안하였다. 당시 봉안된 다라니경은 당나라의 미타산(彌陀山)과 법장(法藏)이 704년 한역하여 보급한 경전이었다. 이처럼 한역한 지 얼마 지나지 않은 706년 5월에 신라 땅에 건립된 석탑에 다라니를 봉안하였다는 것은 당시 신라와 당나라가 밀접하게 교류하였으며, 거의 동시적으로 불교문화가 향유되었음을 시사받을 수 있다.[7] 경주 불국사 석가탑에도 권자본 형태로 제작된 『무구정광대다라니경』이 봉안된 것으로 확인되었는데, 공양 목적으로 봉안하는 『조탑경(造塔經)』의 일종으로 본문과 다라니가 모두 음역된 한자로 표기되었다. 특히, 이 다라니경은 석탑의 건립 시기로 보아 751년 이전에 인쇄되었음이 밝혀졌다. 또한, 경주 창림사 3층석탑은 금동판으로 제작된 발원문이 있었는데, 서두에 '國王慶膺造無垢淨塔願記'로 시작하고 있어, 석탑이 『무구정광대다라니경』을 봉안하기 위한 의례에 따라 건립하였음이 밝혀졌다. 또한, 신라 말기 건립된 양양 선림원 3층석탑, 대구 동화사 금당암 3층석탑, 봉화 서동리 3층석탑 등에서도 다량의 소탑이 사리공에서 수습되었는데, 모두 밑바닥에 작

7 金英美, 『新羅佛教思想史研究』, 民族社, 1994, p.166.

양양 선림원지 삼층석탑과 소탑　신라, 동국대학교 박물관

대구 동화사 금당암 3층석탑과 소탑　신라, 국립대구박물관

봉화 서동리 동 삼층석탑과 소탑　신라, 국립대구박물관

합천 해인사 묘길상탑과 소탑　신라, 895, 정영호 교수 사진

은 원공이 시공되어 있다. 현재 원공 안에 있었던 내용물이 남아 있지는 않지만, 원래는 원공 안에 필사하여 돌돌 말아 접은 다라니를 납입하였을 것으로 보인다. 당시 불도들이 공양하고 공덕을 쌓기 위하여 무구정경의 다라니 작법에 의하여 필사하거나 인쇄된 다라니를 탑에 봉안하였을 것이다.

합천 해인사 묘길상탑은 탑지석에 의하면, 889년부터 895년까지 7년여 동안 해인사 인근에서 벌어졌던 치열한 싸움에서 전사한 승속들을 기리고 추모하려고 895년 건립한 것으로 밝혀졌다. 그런데 탑 안에서 음역한 한자로 적은 다라니와 함께 소탑이 다량으로 출토되었다. 소탑과 함께 출토된 탑지(「寧二旃蒙年百城山寺前臺吉祥塔中納法賝記」)에 의하면, 석탑 안에 『무구정대다라니경』 1권, 『법화경』 1부, 『정명경』 1부, 『수구즉득대자재다라니』, 『금강반야경』 1권,

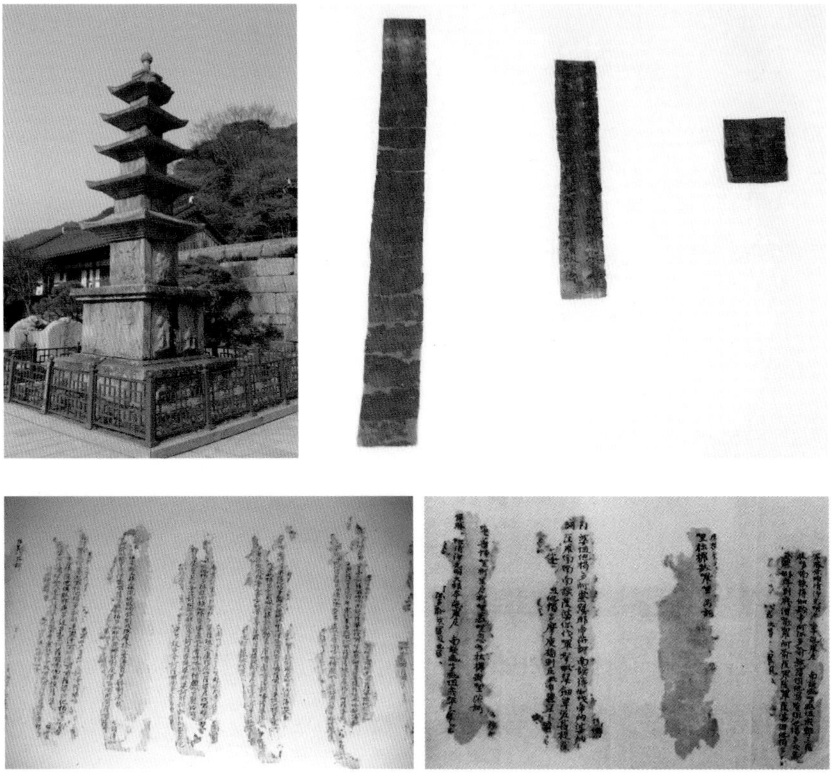

구례 화엄사 서 5층석탑과 묵서 다라니　화엄사 성보박물관

『진언집록』 2권을[8] 비롯하여 불사리, 동화상(銅畵像), 유리와 진흙으로 만든 소탑 99기와 77기에 진언을 넣었다고 한다. 이처럼 석탑 안에 봉안했던 물품들을 상세하게 기록했는데, 밀교 경전과 다라니를 비롯하여 밀교 신앙과 관련된 것이 상당수를 차지하고 있다. 이처럼 여러 유형의 다라니를 탑에 봉안하여 극락왕생과 나라의 안녕을 기원했음을 알 수 있다. 또한, 구례 화엄사 서 5층석탑은 초층 탑신의 상면에 원형과 사각형으로 두 개의 사리공이 마련되어 있었는데, 원형 사리공에서 진신사리를 봉안했던 동제합과 도자기병이 출토되

8　『眞言集錄』은 중국의 밀교 경전류에서도 확인되지 않는 서명이다. 서명으로 보아 9세기 전반경에 신라에서 유행했던 다라니를 모아 놓은 책으로 추정된다.

었고, 사각형 사리공에서는 종이 뭉치들이 수습되었다. 종이 뭉치들은 상태가 좋지 않았지만 범자를 음역하여 한자로 쓴 『무구정광대다라니경』의 백지 묵서 다라니 필사본 8매, 탑 모양을 찍은 백지 묵서 塔印 13매로 확인되었다. 여기서 탑인은 『무구정광대다라니경』의 의례에 따른 77기 또는 99기의 탑을 봉안한다는 의미로 파악된다.

그리고 통일신라 중기인 758년 건립된 김천 갈항사 쌍탑은 일제강점기인 1916년 원위치에서 반출되어 현재는 서울 국립중앙박물관에 세워져 있다. 그런데 반출 당시 서 3층석탑에서 여러 사리장엄구가 출토되었는데, 청동 사리병 안에서 범자로 진언다라니를 필사한 백지 묵서지가 발견되었다. 이 백지 묵서지는 납입 상태와 종이의 재질 등을 고려할 때 3층석탑이 처음 건립될 당시에 사리장엄구와 함께 봉안한 것으로 판단되었다.[9] 갈항사 서 3층석탑이 건립된 758년경에는 「무구정광대다라니」 신앙에 의하여 탑을 건립하는 경우가 많았으며, 대부분 권자본 형태의 다라니를 납입한 77기 또는 99기의 소탑을 불사리와 함께 봉안하는 것이 일반적이었다. 그런데 갈항사 서 3층석탑은 다라니를 납입한 소탑은 발견되지 않고, 불사리를 봉안한 여러 사리장엄구와 함께 준제진언다라니를 새긴 백지 묵서지가 수습되어 상당히 이례적인 사례라 할 수 있다. 백지 묵서지는 정교한 1조의 선을 활용하여 전체 공간을 3개의 원형 공간으로 구분한 다음 각각의 원안에 범자를 원형으로 새겨 자륜식 진언

---

9 필자는 김천 갈항사 서 3층석탑에서 출토된 백지 묵서지 관련하여 이전에 쓴 논문에서 갈항사 서 3층석탑에서 소탑이 발견되지 않았으며, 청동병과 그 안에 납입하였던 백지 묵서지의 보존 상태가 상당히 양호하고, 8세기 중반경에 제작된 다라니는 일반적으로 돌돌 말린 卷子本 형태인데, 갈항사 서 3층석탑에서 수습된 준제진언다라니가 새겨진 백지 묵서지는 넓은 종이에 범자로 진언다라니를 필사한 점 등을 들어 석탑의 초건 당시보다 고려시대 들어와 범자 진언다라니에 대한 신앙이 성행하면서 석탑에 대한 중수가 이루어졌을 때 봉안되었을 가능성이 높다고 제시하였다. 그런데 사리장엄구와 관련 유물들을 모두 실견하고, 백지 묵서지의 납입 상태와 종이의 재질 등을 직접 조사한 결과, 석탑 초건 시인 758년에 봉안했을 가능성이 높은 것으로 판단되었다. 따라서 갈항사 서 3층석탑에서 출토된 「백지 묵서 준제진언다라니」는 동아시아에 현존하는 가장 오래된 실담 필사 준제진언다라니라고 할 수 있어, 학술적으로 귀중한 자료이자 문화재적 가치가 상당한 것으로 평가된다.

김천 갈항사 쌍탑(국립중앙박물관)과 서 3층석탑 출토 청동 사리호와 사리병

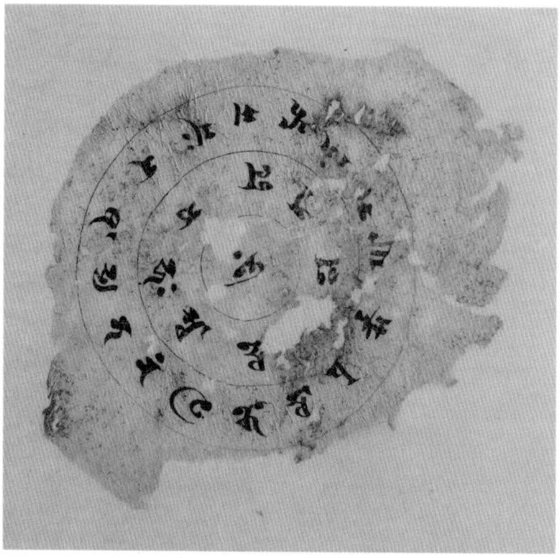

원지름 소:2.7~2.9cm, 중:6.1~6.3cm, 대:9.1~9.2cm

「백지묵서 준제진언다라니」 신라, 758, 국립대구박물관

| 표 김천 갈항사지 삼층석탑 출토 범자 진언다라니 묵서지 분석표

바깥원 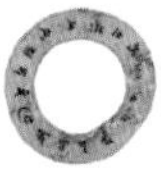 (16자)	갈항사 서탑 묵서지	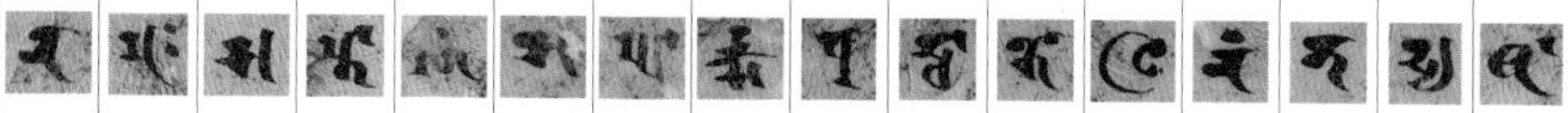															
	번 호	1	2	3	4	5	6	7	8	9	10	11	12	13	14	15	16
	선무외 한역본																
	영어표기	namaḥ		saptānāṃ			samyaksaṃbuddha					koṭināṃ			tadyathā		
		नमः सप्तानां सम्यक्सं बुद्ध कोटीनां तद्यथा [namaḥ saptānāṃ samyaksaṃbuddha koṭināṃ tadyathā]															
	한역표기	那麼		颯哆喃			三藐 三勃陀					俱胝喃			怛姪也他		
	의 미	歸命(歸依)		七			正遍知覺(佛, 無上覺者)					千萬			卽說呪曰		

안쪽원 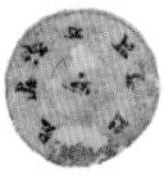 (1+8자)	갈항사 서탑 묵서지	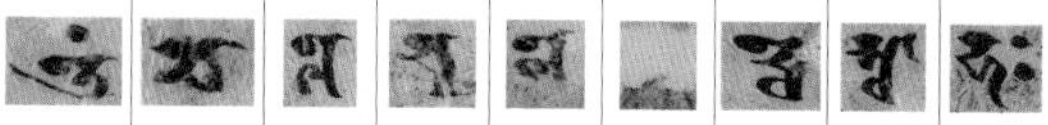								
	번 호	17	18	19	20	21	22	23	24	25
	선무외 한역본	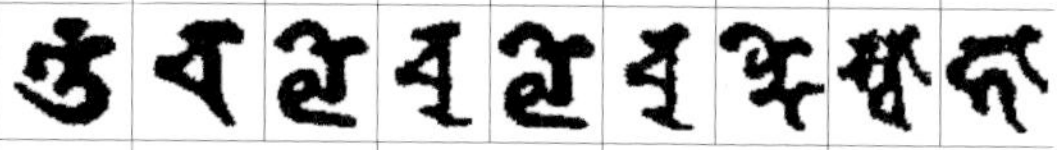								
	영어표기	oṃ	cale		cule		cunde		svāhā(haḥ)	
		ॐ चले चूले चुमृडि स्वाहा [oṃ cale cule cunde svāhā]								
	한역표기	唵	折戾		主戾		准提		娑婆訶	
	의 미	敬意	女行動者(準提佛母)		升起		淸淨		成就圓滿	

포항 법광사 3층석탑과 석제 원형 항아리 신라

경주 덕동사지 출토 범자 벽돌 신라 말기, 국립경주박물관, 위덕대학교 박물관

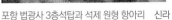

다라니처럼 정교하게 필사하였다. 범자의 자형과 유려한 필체 등으로 보아 서자는 범자와 진언다라니에 상당한 조예가 있었던 승려였을 것으로 추정된다. 백지에는 복을 얻고 수명을 연장하는 공덕을 지닌 준제진언다라니를 필사하였다. 이러한 것으로 보아 신라시대에도 공덕을 쌓기 위하여 필사한 범자 진언다라니를 직접 탑에 봉안하기도 했으며, 인쇄하거나 필사한 범자 진언다라니가 유통되었음을 알 수 있다. 그리고 포항 법광사 3층석탑은 탑지에 의하여 828년 7월 법광사에 탑이 건립되었는데, 846년 9월 석탑을 다른 곳으로 옮겨 수리한 것으로 확인되었다. 그런데 석탑 안에서 '불정존승다라니'라고 묵서된 석제 원형 항아리가 출토되었다. 따라서 항아리 안에 「불정존승다라니」를 봉안하였을 것으로 보인다.

또한, 경주 덕동사지에서는 범자가 새겨진 벽돌이 다량으로 수습되었는데, 벽돌의 측면에 전형적인 실담체로 진언다라니를 1열로 새겼다. 아직은 사지 일대에 대한 정밀 조사가 이루어지지 않아 사찰 이름이나 창건 시기, 연혁에 대한 구체적인 내용은 알 수 없는 상태지만 신라 시대 창건된 사찰로 보인다.

그리고 벽돌은 크기와 제작 기법 등을 고려할 때 신라 말기 건립된 전탑에 활용되었던 부재로 추정되며, 벽돌에는 종자와 함께 보루각진언 등을 새긴 것으로 파악되고 있다.[10] 이러한 것으로 보아 신라 불교계에 범자로 된 경전과 함께 밀교 신앙이 유입되면서 다양한 유형의 진언다라니가 유포되었음을 짐작할 수 있다.

이처럼 신라 불교계에는 7세기 중후반부터 진언다라니 신앙이 서서히 전파하기 시작했으며, 수행의 방편과 현실 기복적인 신앙의 대상으로 활용되었다. 그리고 8~9세기대에는 밀교 관련 경전과 의례 등이 널리 보급되면서 진언다라니에 대한 신앙도 일상화되었던 것으로 보인다. 그중 신라 불교계에 널리 보급되어 있었거나, 신라시대 사람들이 가장 많이 신앙한 대표적인 진언다라니는 「불정존승다라니」, 「수구다라니」, 「무구정대다라니」, 「수구즉득대자재다라니」를 비롯하여 준제진언과 보루각진언 등이 있었던 것으로 파악된다.

이 중에 『불정존승다라니경』은 대표적인 밀교 경전으로 인도 출신 승려 불타파리가 683년 범어로 된 경전을 당나라로 가져와 당시 두행의(杜行顗), 일조(日照, 地婆訶羅) 등과 함께 한역했다고 한다. 그런데 한역한 경전의 궁외 반출을 금지하자 불타파리는 범어로 된 경전을 돌려받아 서명사의 이정(利貞)과 함께 다시 한역하였으며, 이를 687년 정각사(定覺寺)의 주지였던 지정(志靜)이 교정했다고 한다. 현재까지 두 역본이 모두 남아 있으며, 이외에도 여러 역본이 전해지고 있다. 이 다라니의 주요 효능은 업장 소멸과 수명 연장으로 요약되는데, 다라니를 계속 염송하고 서사하고 새김으로써 지옥으로 떨어지는 죄업을 정화해 수명을 늘리고, 동시에 극락왕생할 수 있다는 것이다. 나아가 병을 치료하고, 망자에 대한 추복 등 다양한 효능이 있는 만능 다라니로도 인식되었다. 이러한 「불정존승다라니」에 대한 신앙은 중국 당나라 때 밀교 신앙이

10 東アジア梵字文化研究會, 「韓國梵字資料調査(2009 · 2010年)」, 『歷史考古學』 第65 · 66合併號, 歷史考古學研究會, 2012.

성행하면서 유행하였으며, 그에 따라 「불정존승다라니」를 새긴 석당이 많이 세워지기도 했다. 원인(圓仁)이 쓴 『입당구법순례행기』에는 당나라 무종의 회창법난 때에 전국의 존승다라니를 파괴하라는 조칙이 내려졌을 만큼, 이 다라니에 대한 신앙이 성행했음을 알 수 있는 내용이 수록되어 있다. 신라에도 많은 승려가 중국 당나라에 유학하여 밀교를 배워왔고, 『불정존승다라니경』을 비롯한 다양한 밀교 경전을 가지고 귀국하였을 것이다. 따라서 신라 불교계에도 『불정존승다라니경』이 전래하여 있었고, 그에 따른 다양한 신앙 활동이 이루어졌을 것으로 보이지만 아직까지 실물 자료가 확인되지는 않고 있다.

그리고 『무구정광대다라니경』은 704년 미타산의 법장이 처음 한역한 경전으로 알려져 있다. 이 다라니경이 706년 경주 황복사 3층석탑에 봉안되었던 것으로 보아 늦어도 그 이전에 신라 땅에 전래하였음을 알 수 있다. 이 경전의 주요 내용은 부처님께서 가비라성의 겁비라전다(刧比羅戰茶) 바라문에게 수명 연장과 함께 도솔천에 태어날 수 있는 공덕을 쌓기 위한 조탑 공덕을 강조하고, 그에 따른 작법을 설하고 있다. 경전에는 모두 6종의 다라니가 나오는데, 다라니의 작법과 의례가 조금씩 다르기는 하지만 기본적으로 다라니를 77번 또는 99번 필사하여 각각을 진흙으로 만든 소탑에 넣어 새로운 탑에 봉안하거나, 오래된 탑을 중수할 때 봉안하면 그것으로 높은 공덕을 쌓을 수 있다는 것이다.[11] 이처럼 『무구정광대다라니경』은 신라에 전래한 이후 빠르게 전파하였으며, 다라니를 필사하여 돌돌 말은 형태로 납입한 77기 또는 99기의 소탑을 봉안한 탑들이 많이 건립되는 배경이 되었다.[12] 그러나 실물이 남아 있는 경우는 상당히 드물다. 현재 실물이 부분적으로나마 전하는 경우는 경주 나원리 5층석탑, 경주 불국사 3층석탑, 구례 화엄사 서 5층석탑 정도이다.[13] 그

---

11 김성수, 「無垢淨光大陀羅尼經의 간행에 관한 연구」, 『書誌學研究』 제14집, 韓國書誌學會, 1997, pp.43~73.

12 周炅美, 「韓國 佛舍利莊嚴에 있어서 無垢淨光大陁羅尼經의 意義」, 『불교미술사학』 제2집, 통도사 성보박물관 불교미술사학회, 2004, p.177.

13 김성수, 「석가탑 無垢淨經의 陀羅尼에 관한」, 『書誌學研究』 제20집, 韓國書誌學會, 2000,

중화3년명 사리기[14]

전 경주 출토 다라니 국립중앙박물관, 한정호 제공

리고 경주 창림사 3층석탑에는 『무구정경』이 봉안된 것으로 확인되었으며, 포항 법광사 3층석탑에서는 '불정존승다라니'라고 새겨진 항아리가 출토되었다. 또한, 합천 해인사 묘길상탑에서는 한자음으로 적은 다라니가 출토되었는데, 함께 나온 「백성산사전대길상탑중납법탐기」에 의하면 당시 묘길상탑 안에 『진언집록』 2권과 진언을 봉안했다는 기록이 있어 주목된다. 한편 834년에 해운(海雲)이 편찬한 『양부대법상승사자부법기』에는 당시 중국 당나라로부터 상당량의 밀교 경전이 신라 땅에 유입되어 있었다고 기술하고 있다. 그리고 중화3년명 사리기(883)는 두루마리 경전을 넣었던 경통인데, 표면에 김유신(595~673) 장군이 죽은 직후에 그의 업적을 현창하고 추복하기 위하여 석탑을 건립하였는데, 200여 년이 지난 다음 보문사 현여(玄余) 대덕이 모든 사람의 성불을 기원하기 위하여 『무구정광경』에 따라 소탑 77기를 만들고, 진언 77벌을 써서 큰 탑에 봉안하였다는 명문이 새겨져 있다. 이외에도 종이에 필사된

pp.299~323.

14 國立中央博物館, 『佛舍利莊嚴』, 1991, p.56.

다라니가 경주 지역에서 출토되어 다양한 다라니가 유통되었음을 짐작할 수 있다.

이러한 것으로 통일신라 9세기에는 밀교 관련 경전과 함께 불탑이나 불상의 복장물로 봉안하기 위한 여러 유형의 다라니가 필사되어 유통되거나, 용도와 기능에 따라 다양한 다라니가 수행과 신앙의 대상으로 보급되었음을 알 수 있다.[15]

(2) 고려

고려는 불교를 국시(國是)로 채택하였다. 그에 따라 불교 신앙이 왕실에서 일반 백성들에 이르기까지 폭넓게 확산하였으며, 전국적으로 사찰의 창건 등 많은 불사가 시행되었고, 불경의 간행과 보급도 활발하게 이루어졌다. 그리고 고려 불교계는 경전의 수입과 보급에도 적극적이었으며, 국가적인 차원에서 불경의 간행과 보급을 위하여 대장경 판각 사업을 진행하기도 했다. 또한, 중국의 요·송·금·원 등과 불교를 통한 밀접한 교류가 이루어지면서 밀교 관련 경전과 여러 유형의 진언다라니가 전래하였다. 고려시대 판각된 대장경 안에는 『불정존승다라니경』, 『칠구지불모소설준제다라니경』, 『불설우보다라니경』 등을 포함하여 밀교 관련 경전이 191종 356권 수록되어 있을 정도로 여러 종류의 경전이 간행되었다. 이러한 과정에서 다양한 밀교 관련 경전들이 간행 보급되었으며, 자연스럽게 범자 진언다라니에 대한 신앙도 확산하였다.

고려를 건국한 태조 왕건은 후삼국을 병합하고 개경에 광흥사, 미륵사 등과 함께 밀교의 근본 도량으로 현성사를 창건하도록 했다. 고려 인종은 1130년 나라의 양재(禳災)와 기복(祈福)을 위한 법회를 현성사와 영통사에서 개최하도록 하였으며, 그 이후에도 여러 국왕이 현성사에 행차하여 나라의 안녕과

---

15 김수연, 「고려시대 간행 『梵書摠持集』을 통해 본 고려 밀교의 특성」, 『한국중세사연구』 제41호, 한국중세사학회, 2015, p.202.

복을 기원하는 밀교 의례를 개최하였다. 고려 명종은 현성사(現聖寺)를 현성사(賢聖寺)로 절 이름을 바꾸게 하였으며, 1173년 1월에는 내전에서 밀교 의례인 존승 법회가 행해지기도 했다.[16] 또한 고종은 현성사에 대표적인 밀교 의례인 문두루 도량을 개설하기도 했다. 고려 국왕들은 빈번하게 현성사에 행차하였는데, 이는 밀교 도량인 현성사가 국가적으로 중요한 사찰로 인식되었음을 알 수 있다. 이는 고려시대에 밀교가 성행하면서 다양한 종류의 다라니경이 보급되었고, 다라니 신앙이 널리 확산하였음을 시사해 준다.

한편 고려시대 밀교 신앙의 핵심을 이루고 있는 진언다라니 신앙은 당시 대표적인 밀교 종파였던 신인종(神印宗)과 지념업(持念業)의 발달을 가져왔다. 1106년에는 대표적인 밀교 의례인 자비참도량(慈悲懺道場)이 개최되었는데, 많은 불도가 모여 밀교 경전을 주송(呪誦)하면서 병이 낫기를 바라고 복을 기원하는 현세 기복적인 신앙 의례를 행했다고 한다. 최자(崔滋, 1186~1260)는 조유(祖猷)가 진언을 지송(持誦)한 총지법력(摠持法力)에 의하여 병자를 구하였다는 내용을 기록하였다. 이제현(李齊賢, 1287~1367)이 편찬한 『익재난고(益齋亂藁)』에 수록된 금서밀교대장서에 의하면, 당시 『밀교대장』이 90권으로 간행되었는데, 나중에 40권을 더하여 총 130권으로 사경하여 간행하였다는 내용이 전해지고 있다. 『밀교대장』은 전래하였거나 암송된 대부분의 범자 진언다라니를 정리하여 수록한 경전으로 진언다라니의 모음집이라 할 수 있다. 또한, 고려시대에는 밀교 의례나 진언다라니 등을 전문적으로 시행하거나 다루는 주사(呪師)를 선발하였는데, 대표적으로 대주금사(大呪噤師)나 총지주사(摠持呪師) 등이 불교계에서 공식적으로 활동했다.

그리고 『범서총지집』은 고려시대 진언다라니에 대한 신앙의 결정체로 대표적인 밀교 경전인 『대일경』과 『금강정경』 등에서 발췌한 진언다라니를 수록한 경전이다. 경전의 구성은 다라니의 제목을 한자로 표기한 다음 진언다라

---

16 『高麗史』19卷, 世家 19, 明宗 3年 1月. '乙巳設尊勝法會於內殿'

「대수구다라니」 송대, 중국 돈황 천불동

금판 다라니 요대, 1049, 중국 파림우기(巴林右旗) 경주 백탑(백탑사) 출토, 파림우기박물관

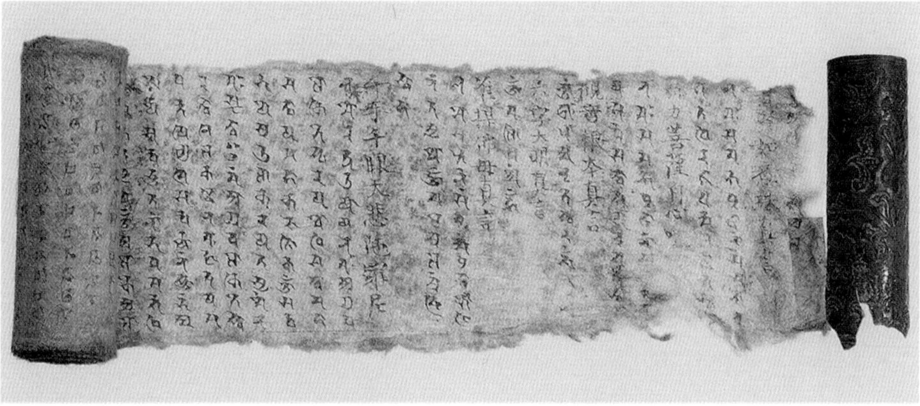

육자진언

「백지묵서 범자 진언다라니」 고려, 삼성미술관 Leeum

니를 범자로 적은 것이다. 이 경전은 진언다라니에 대한 신앙이 성행한 12세기 중엽경부터 본격적으로 간행되기 시작했는데, 여러 장을 인쇄하여 묶은 전적으로 제작되기도 하고, 각 장을 낱장으로 인쇄하여 불상 등에 봉안했다. 그래서 여러 장으로 구성된 『범서총지집』은 한 권의 책이 되기도 하고, 낱장 다라니가 되기도 했다. 고려시대에는 공양이나 공덕을 쌓기 위하여 신앙에 따라 여러 유형의 다라니가 간행되거나 봉안되었음을 알 수 있다. 그리고 범자 진언다라니가 목관이나 석관 등에 실담이나 란차로 직접 새겨지기도 하며, 불상 등의 복장물에서 수습되고 있다. 이처럼 고려시대 조성된 다라니는 한 권의

책처럼 묶음 형태로 제작된 전적과 낱장 형태로 인쇄된 2가지 유형으로 구분된다. 또한, 종이에 직접 범자 진언다라니를 쓴 필사본과 목판이나 금속활자로 인쇄하여 간행한 인출본 등으로 분류되기도 한다.

현재 고려시대에는 범자를 음역한 한자로만 구성한 다라니, 범자와 한자를 병기한 다양한 유형의 다라니가 전해지고 있다. 그중에 대표적인 것으로 1007년 홍철이 총지사에서 간행한 「일체여래심밀전신사리보협인다라니경」, 1038년 경주 불국사 석가탑 중수 시에 봉안한 「보협인다라니경」, 1045년경에 간행한 것으로 추정되는 「불설해백생원결다라니경」, 1150년 6월 평양의 광제포에서 사원이 교정하여 간행한 「대비로자나성불경등일대성교중무상일승제경소설일체다라니」(『범서총지집』), 1152년 4월 간행한 「일체여래심밀전신사리보협다라니」와 卍자형 「보협다라니」, 1156년 7월과 1166년 7월 간행한 「대비로자나성불경등일대성교중무상일승제경소설일체다라니」, 1184년 중원부에서 간행한 「여의보인대수구다라니범자군다라상」, 1218년 7월 개태사 인혁대사가 간행한 「대비로자나성불경등일대성교중무상일승제경소설일체다라니」, 1227년 8월과 1228년 간행한 『범서총지집』, 13세기경에 간행한 안동 보광사 목조관음보살좌상 출토 「대수구다라니」, 13세기 후반경에 간행한 태장계만다라 형태로 제작된 「전신사리보협인다라니」, 1301년 간행한 「불정심관세음보살모다라니」 등이 확인되고 있다. 이외에도 구체적인 인출 시기는 알 수 없지만 여러 유형의 범자 진언다라니가 전해지고 있다. 고려시대 간행한 다라니는 전대에 비하여 판각이 정교하고, 글자체도 균일하여 인쇄술이 상당한 수준으로 발전했음을 보여주고 있다.

이 중에 총지사의 홍철이 1007년 간행한 「일체여래심비밀전신사리보협인다라니경」은 줄여서 「보협인다라니경」이라고도 하는데, 범자를 음역한 한자로 구성되었으며, 안동 보광사 목조관음보살좌상,[17] 일본 동경국립박물관에

17 (재)불교문화재연구소, 『안동 보광사 목조관음보살좌상』, 문화재청, 2009.

소장된 소창(小倉)컬렉션, 개인 소장품 등이 알려져 있다.[18] 이 다라니경은 772년 인도 출신 승려 불공삼장이 한역한 것으로 불탑에 공양하면, 일체 여래의 공덕으로 죄를 소멸하며, 성불할 수 있다고 한다. 「보협인다라니경」을 간행하여 불탑에 봉안한 것은 중국 오월(吳越)의 국왕인 전홍숙(錢弘俶)이 인도 아육왕의 조탑 공덕을 본받아 금, 동, 철로 조그마한 탑을 8만 4천 개 주조하여 그 속에 봉안한 것에서 유래하였다.[19] 전홍숙은 956년과 975년 두 차례에 걸쳐 「보협인다라니경」을 개판하였는데, 이때 간행한 것 중에 10여 점이 전하고 있는 것으로 알려져 있다.[20] 고려 홍철 스님이 1007년 간행한 「보협인다라니경」은 오월의 것을 그대로 판각한 것은 아니고, 교감하여 새롭게 제작한 판각본으로 인출한 것이다. 고려에서 간행한 「보협인다라니경」은 오월의 것보다 자획이 뚜렷하고, 변상도의 폭이 넓어 차이를 보인다. 그리고 조선시대까지 여러 번 인출하여 불탑과 불상 조성 등 다양한 불사나 의례에 활용하였다. 이처럼 고려와 조선시대에 들어와 「보협인다라니경」을 인출하여 봉안한 것은 개인적인 기복과 함께 적의 침략 등으로부터 보호를 받기 위한 현실적인 측면이 강하게 반영된 결과라 할 수 있다. 또한, 평창 월정사 8각 9층석탑과 경주 불국사 석가탑에서도 「보협인다라니경」이 수습되었다. 불국사 석가탑이 1022년과 1038년 지진으로 파손되자 중수 불사가 시행되었는데, 이때 다라니경이 봉안된 것으로 보인다. 이 다라니는 범자를 음역한 한자로 묵서하였으며, 오랜 세월로 훼손된 부분이 많아 원래의 상태를 알기는 어렵지만, 다라니 신앙에 의하여 봉안되었음을 알려주는 자료이다.[21]

안동 보광사 목조관음보살좌상에서 2007년 「寶篋印陀羅尼」 23장, 『梵書摠持集』 142장, 『貞元新譯華嚴經疏』 2장, 『金剛般若波羅密經』 1장, 『白紙墨書仁王經』 1장, 『華嚴一乘教義分齊章』 2장, 『圓宗文類』 1장, 「大佛頂首楞嚴神呪」 2장, 「隨求陀羅尼」 19장 등이 수습되었다.

18 국립문화재연구소, 『오구라 컬렉션 한국문화재』, 2005, p.233. / 南權熙, 「고려시대 간행의 수진본 小字 총지진언집 연구」, 『書誌學硏究』 제71집, 韓國書誌學會, 2017, pp.326~329.

19 박상국, 「釋迦塔의 『無垢淨光大陀羅尼經』」, 『불국사 삼층석탑 묵서지편』, (재)불교문화재연구소, 2008, p.140.

20 천혜봉, 「고려 초기 간행의 寶篋印陀羅尼經」, 『한국서지학연구』, 삼성출판사, 1999.

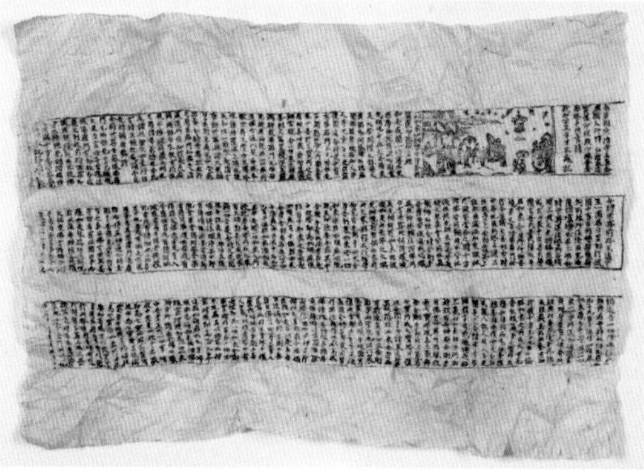

1~3장

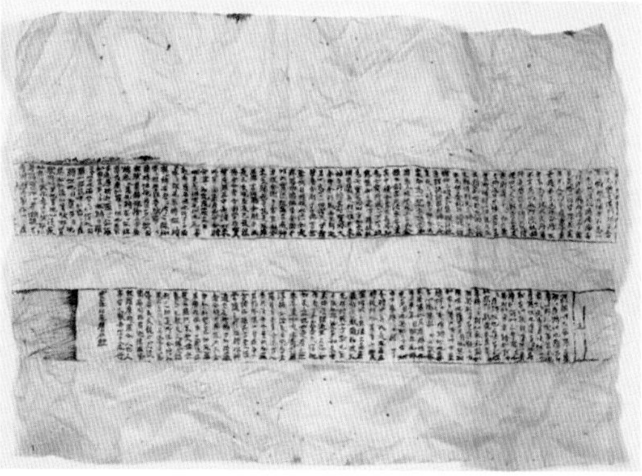

4~5장

안동 보광사 목조관음보살좌상 출토 「일체여래심비밀전신사리보협인다라니경」 고려, 1007, 손영문 제공[22]

그리고 고려시대 들어와 밀교 신앙이 널리 성행하면서 범자 진언다라니 신앙의 근본 경전이라 할 수 있는 『범서총지집』이 여러 번에 걸쳐 인출되었는데, 그중 일부가 낱장 다라니 형태로 보급되어 복장물로 봉안되거나 다양한 방식으로 활용되었다. 현재 안동 보광사 목조관음보살좌상에서는 1150년 6월 인출본, 합천 해인사 대적광전과 법보전의 목조비로자나불좌상에서는 1150년 6월~1156년 7월~1166년 7월 인출본, 화성 봉림사 목조아미타불좌상에서는 1228년 인출본 등이 복장물로 봉안되었음이 확인되었다. 이외에도 구체적인 용도와 인출 시기는 알 수 없지만, 상당량의 낱장 진언다라니가 전해지고 있다. 이처럼 낱장으로 인출된 진언다라니를 봉안한 것은 망자의 극락왕생을 기원하거나 개인적인 차원에서 공양이나 공덕을 쌓아 복을 기원하기 위한 것으로 보인다.

21 (재)불교문화재연구소, 『불국사 석가탑 묵서지편의 기초적 검토』, 2008. / 불교중앙박물관, 『불국사 석가탑 사리장엄구』, 2010.

22 안동 보광사 목조관음보살좌상 복장물에서 1~3장은 3매, 4~5장은 20매가 발견 수습되었다. 그리고 '高麗國摠持寺主眞念 廣濟大師釋弘哲敬造 寶篋印經板印施普安 佛塔中供養時 統和二十五年丁未歲記'라고 간기를 남겼다.

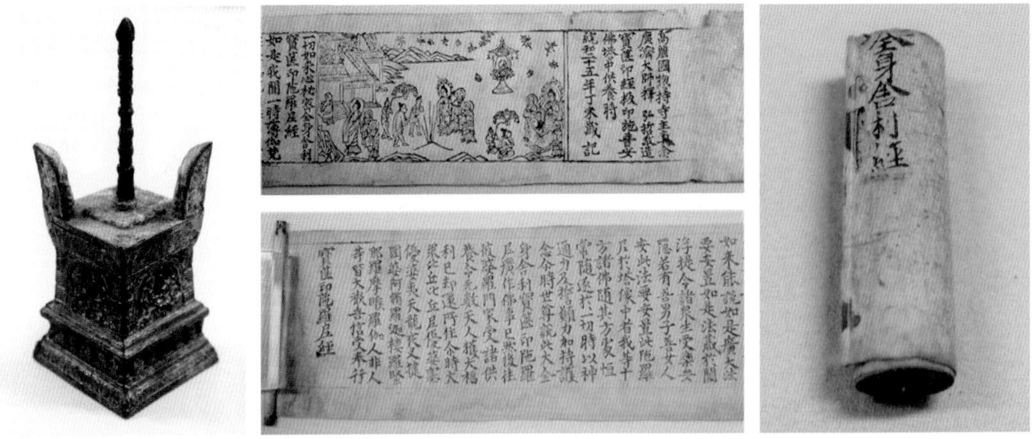

보협인탑과 「일체여래심비밀전신사리보협인다라니경」 고려, 1007, 일본 동경국립박물관, 소창컬렉션, 김연미 제공

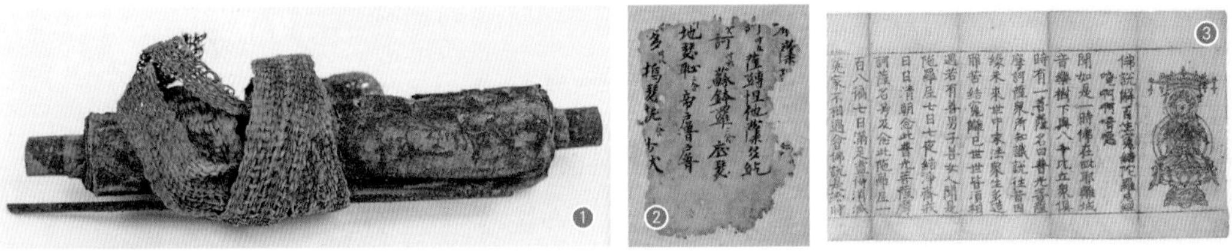

❶ 「보협인다라니」 고려, 월정사 팔각구층석탑, 월정사 성보박물관[23]
❷ 「보협인다라니경」 조각 고려, 1038, 불국사 석가탑[24]
❸ 「불설해백생원결다라니경」 고려, 1045[25]

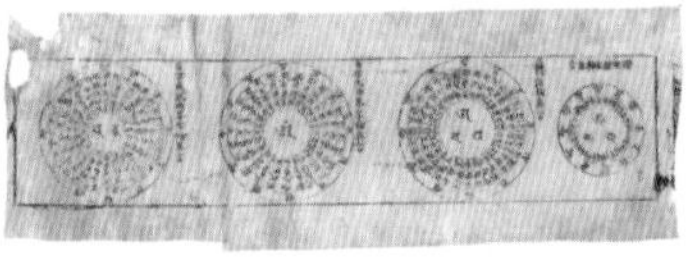

2장

9장

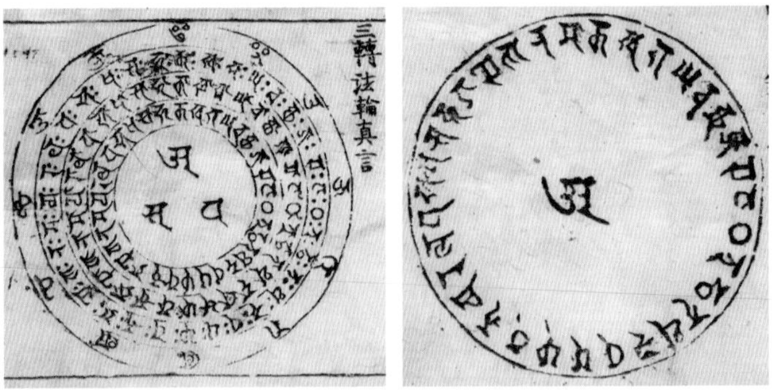

『범서총지집』의 낱장 다라니 고려, 1150.6, 안동 보광사 목조관음보살좌상, 손영문 제공

23 月精寺 聖寶博物館, 『월정사성보박물관 도록』, 2002.
24 불교중앙박물관, 『불국사 석가탑 사리장엄구』, 2010, p.94.
25 南權熙, 『高麗時代 記錄文化 硏究』, 淸州古印刷博物館, 2002. 불교중앙박물관, 『불국사 석가탑

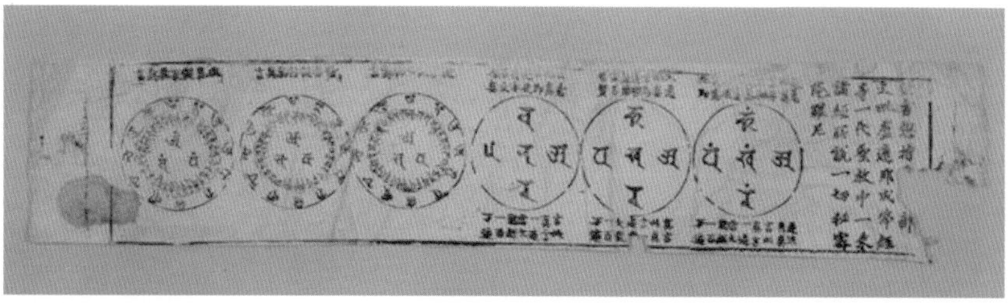

1150.6, 1장

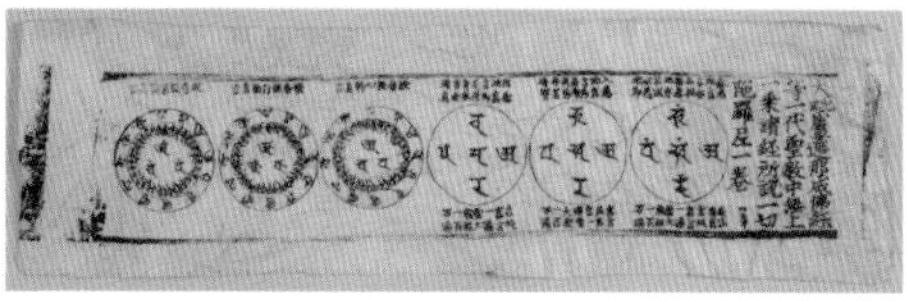

1156.7, 1장

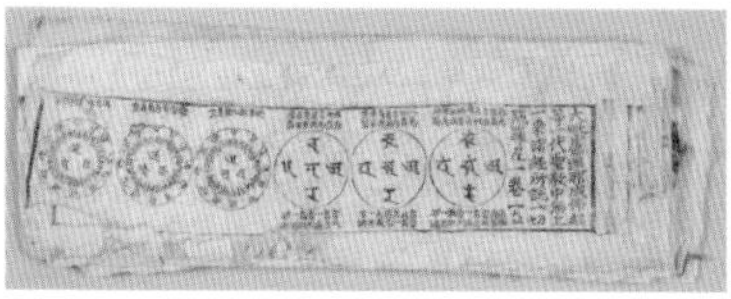

1166.7, 1장

『범서총지집』의 낱장 다라니　고려, 해인사 대적광전/법보전 비로자나불좌상, 해인사 성보박물관

한편, 「일체여래심비밀전신사리보협다라니」를 '卍'자 형태로 새긴 경우도 있다. 대부분의 다라니가 정사각형 틀로 제작한 목판을 활용하여 인쇄하였는데, 해인사 대적광전 비로자나불좌상을 비롯하여 일부 다라니는 만자형으로 하여 3줄로 배치하였다. 상부에는 좌에서 우로 '일체여래심비밀전신사리보협다라니'라고 다라니의 명칭을 새겼고, 하부에는 우에서 좌로 '梵學大師 道輝書 海眞寺開板 時天德四年四月日記'라고 하여, 당시 범학대사 도휘가 썼으며, 해진사에서 1152년 4월에 개판하였음을 알 수 있다. 현재까지 범자로 구성된 「일체여래심비밀전신사리보협다라니」 중에서 가장 빠른 시기에 인출된 것으로 파악되고 있다. 이 다라니는 여래의 신통력으로 죄를 소멸해 준다고 하여 널리 보급되었는데, 이러한 형태로 진언다라니를 배치한 것은 공양과 공덕을 높이 쌓고자 하는 의도가 반영된 것으로 보인다.

그리고 광주 자운사 목조아미타불좌상은[26] 1388년과 1611년 두 번에 걸쳐

사리장엄구』, 2010, p.94.

26 이 불상은 원래 1939년경 고창 선운사 부근의 사찰에서 옮겨 온 것으로 전하고 있다. 복장물은 2000년과 2004년 2차례에 걸쳐 수습되었다.

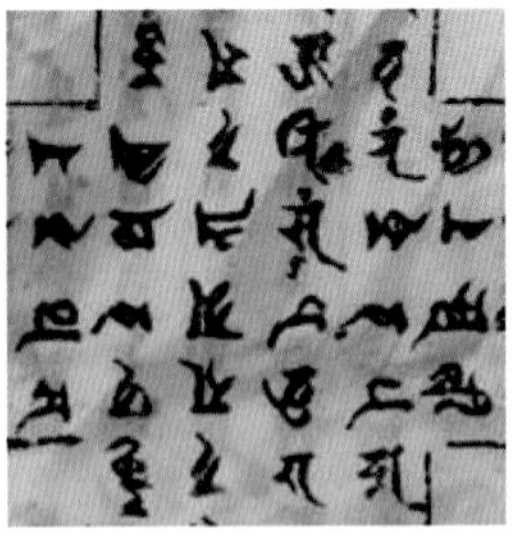

중앙

해인사 대적광전 목조비로자나불좌상, 20매 묶음, 해인사 성보박물관

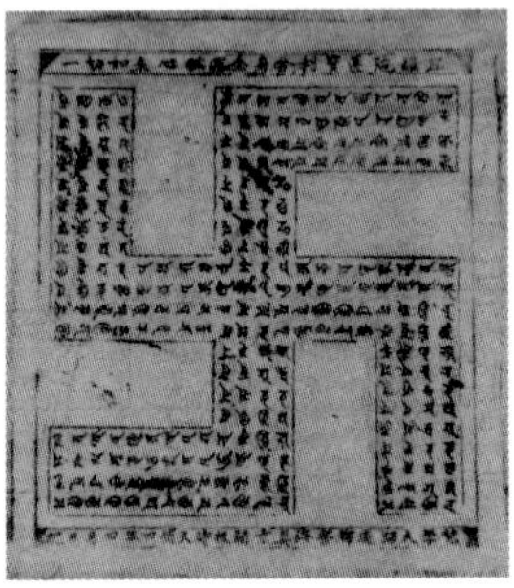

양산 통도사 성보박물관

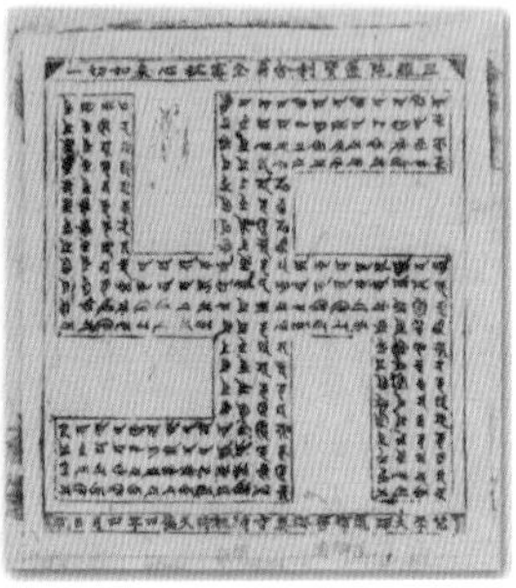

고양 원각사, 정각 스님 제공

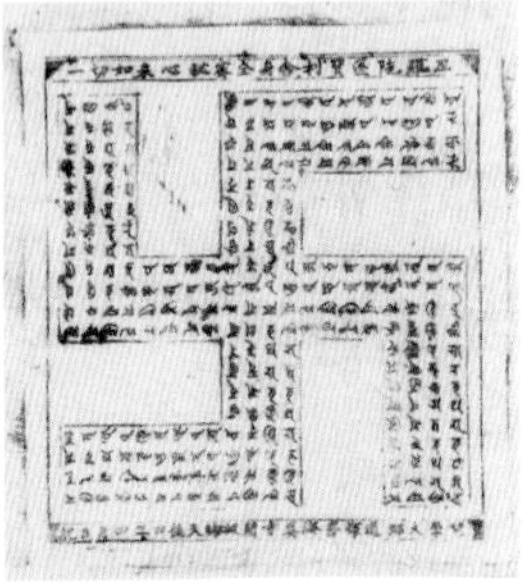

위덕대학교 박물관[27]

「일체여래심비밀전신사리보협다라니」 고려, 1152.4

중수가 이루어졌는데, 복장물은 최초 조성과 중수 시에 봉안된 것으로 확인되었다. 복장물 중에 범자로 구성한 「여의보인대수구다라니범자군다라상」 다라니가 수습되었는데, 목판으로 인출된 것으로 만다라 형태로 제작되었으며, 상단에 다라니 이름이 쓰여 있고, 아래의 간기에 의하여 1184년 2월 중원부에서 간행되었음을 알 수 있다.[28] 또한, 원형으로 범어를 묵서한 십이천만다라의 「삼신진언다라니」가 출토되었는데, 외곽에 12개의 범천을 의미하는 종자를 배치하여 12천을 상징하도록 했으며, 한가운데 종자 (a)를 중심으로 6중의 범자 진언다라니가 동심원을 이루고 있다. 이처럼 「삼신진언다라니」는 원형으

27 위덕대학교 회당학술정보원, 『韓國의 傳統陀羅尼』 東齋文庫 所藏資料 特別展, 2004, p.6.

28 간기는 '高麗國中原府內○○○○○○中尹劉○○法界 亡者往淨土之願 彫板印施無窮者 大定二十四年甲辰三月日記'

광주 자운사 목조아미타불좌상　최인선 제공

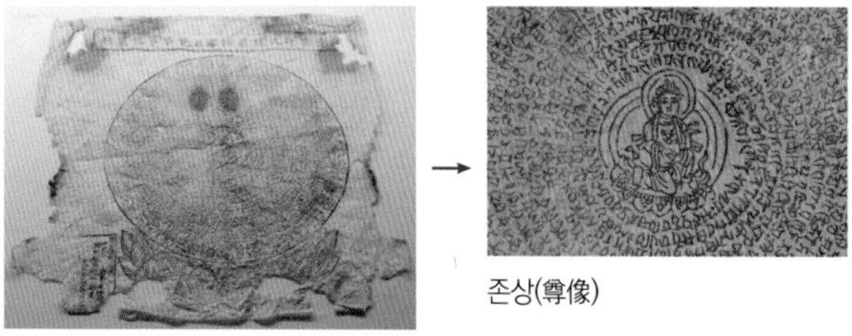

존상(尊像)

「여의보인대수구다라니범자군다라상」 고려, 1184.2, 국립광주박물관

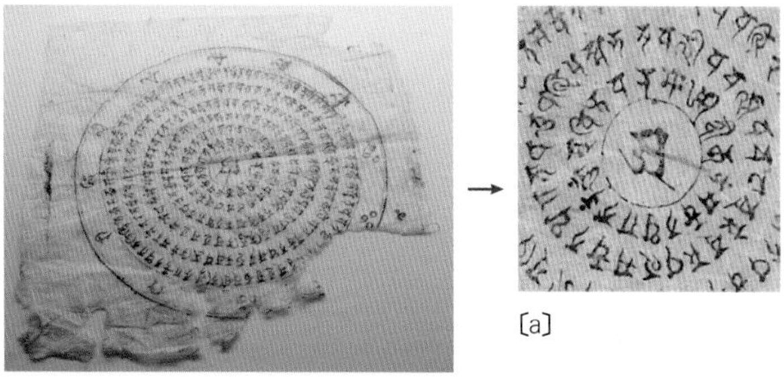

〔a〕

「삼신진언다라니」 고려, 국립광주박물관

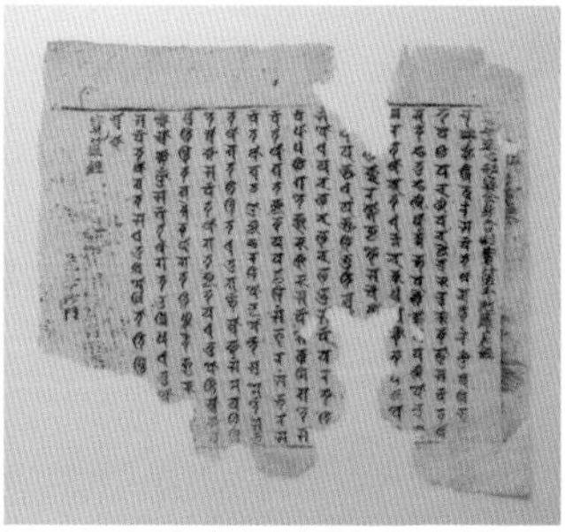

「일체여래비밀전신사리보협인다라니」

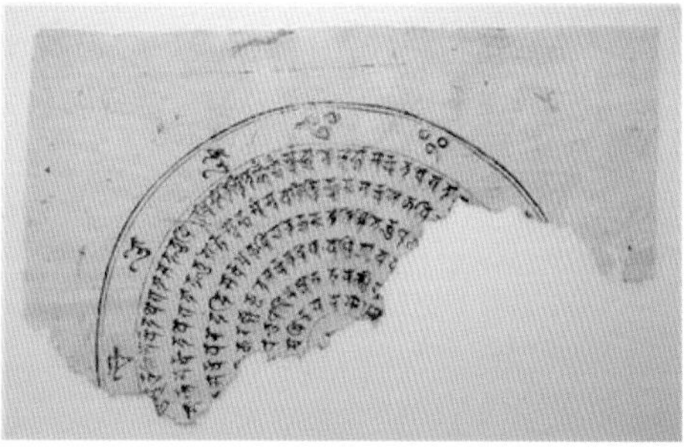

「삼신진언다라니」

화성 봉림사 목조아미타여래좌상과 출토 다라니　고려, 1362, 용주사 효행박물관

로 범자를 배치하여 고려시대에도 진언다라니를 만다라형으로 제작했음을 보여주고 있다. 이와 유사한 범자 진언다라니가 화성 봉림사 목조아미타여래좌상(1362)에서도 출토되었다. 그리고 「여의보인대수구다라니범자군다라상」 다라니는 간기에 망자의 극락왕생을 기원하기 위하여 조성했다는 기록이 있어, 당시 다라니 조성에 따른 공덕이 어디에 있었는지를 알려주고 있다.

고려시대에는 몸에 지니고 다닐 수 있도록 한 소형의 휴대용 진언다라니도 있었다. 진언다라니를 호신이나 기복을 위한 용도로 작은 형태의 경갑이나 팔찌 등에 넣을 수 있도록 인출하기도 했다. 고려 무인 정권의 최고 권력자였던 최충헌(1149~1219)은 두 아들 최우(崔瑀)와 최향(崔珦)을 위해 재난 방지와 호신을 위하여 소형 경갑을 제작하였는데,[29] 겉에 달린 고리에 끈을 묶어 몸에 고정하여 지니고 다닐 수 있도록 하였다. 경갑 안에는 합각본으로 인쇄한 「불정심관세음보살대다라니」가 납입되어 있는데, 상권에 「불정심관세음보살경」, 중권에 「불정심요병구산방」, 하권에 「불정심구난신험경」을 차례대로 실었으며, 뒤에는 「일자정륜왕다라니」, 「자재왕치온독다라니」, 「관세음보살보문품」 등을 배치하였다. 이 경갑은 최충헌이 권력을 잡았던 시기(1206~1219)에 제작한 것으로 추정되고 있다.[30] 그리고 개성에서 출토된 또 다른 경갑도 있는데, 소형으로 인쇄한 「불정심주」를 접어서 경갑 안에 납입하도록 하였다.[31] 다라니는 한 면당 4행으로 상하 6자를 배치하였는데, 한자와 범자를 병기하였다. 말미에 '兩親福壽無疆 兼及己身災厄頓消 常作佛事普及法界 生沒含靈仗次勝因 俱成正覺者 大德十年二月日 刻 施主 高敞郡夫人 吳氏誌'라고 하여, 부모님의 수명과 복을 빌고, 재앙이 사라지기를 바라면서 고창군 부인 오씨가 1306년 2월에 발원하여 인출한 것임을 알 수 있다. 마지막 부분에는 부적의 일종인 20여 종의 호부(護符)가 실려 있다.

화성 봉림사 목조아미타불좌상의 복장물에서도 몸에 지니고 다닐 수 있도록 제작한 휴대용 다라니가 출토되었다. 이 다라니는 「불정심다라니」 등 6개의 진언다라니와 10개의 호부로 구성되어 있다. 마지막 부분에 진성군 강금강(姜金剛)의 인출 기록이 있는데, '至元五年二月日 誌'라고 하여 1339년 2월

29 국립중앙박물관 소장, 1997년 구입, 신수 14147, 경갑에 봉안된 불경의 제작 시기를 14세기로 추정하는 견해도 있다.

30 南權熙, 「고려시대 간행의 수진본 小字 총지진언집 연구」, 『書誌學硏究』 제71집, 韓國書誌學會, 2017.

31 국립중앙박물관 소장, 경갑은 개성 출토 1910년 구입(덕수 2523), 「불정심주」는 1922년 구입(본관 8618).

에 여러 다라니를 묶어 인출했음을 알 수 있다. 해인사 원당암 보광전 목조아미타불좌상의 복장물 중에는 포갑에 쌓인 범자 진언다라니가 수습되었다. 이 다라니는 작고 길게 인쇄하였는데, 먼저 불회도와 간략한 주문을 배치한 후 「성불수구대다라니」, 「관자재보살대비심대다라니」, 「불정존승다라니」, 「대불정심능엄주」 등을 비롯한 다양한 범자 진언다라니와 함께 여러 유형의 호부가 실려 있다. 마지막 부분에는 다라니의 신통력, 부처의 보살핌을 믿고 지니면 밝음을 얻을 수 있다는 공덕, 태후와 왕이 늙지 않고 세상의 축복과 조정의 안녕 등 모든 것들이 불구덩이에서 빠져나올 수 있기를 기원하는 발원문이 있다.[32] 이 포갑은 작게 휴대용으로 제작하였으며, 당시 불도들이 신앙한 대부분의 범자 진언다라니가 란차체로 실려 있다.

그리고 삼성미술관 리움에는 만다라 형태로 인쇄한 진언다라니를 납입한 은제 경갑이 소장되어 있는데, 다라니는 한가운데에 불상을 배치하고 그 주변에 원형으로 진언다라니를 가득 썼다. 사방에는 사천왕상을 배치하였다. 이 다라니는 사방에 사천왕상을 상징하는 종자가 아닌 사천왕상을 직접 새겨 독특한 모습을 보여주고 있다. 이외에도 필사나 인쇄하여 소형으로 제작한 진언다라니를 납입한 팔찌도 여러 점이 전해지고 있다. 고려시대 들어와 한가운데 공간이 있는 팔찌는 그 안에 진언다라니를 납입하기 위한 것이라 할 수 있다. 이처럼 고려시대에는 호신이나 복을 기원하기 위한 소형으로 제작한 진언다라니도 많이 유통되었음을 알 수 있다. 당시 범자로 쓴 진언다라니가 재난 예방과 호신 등을 위한 부적과 같은 용도로 인식되었음을 시사해 준다.

또한 고려시대 인쇄된 여러 유형의 범자 진언다라니가 불상의 복장물에서 출토되었다. 봉화 청량사 건칠약사여래좌상은 신라말~고려초에 조성된 것으로 추정되고 있는데, 고려와 조선시대에 봉안된 많은 복장물이 발견되었다.

32 이 다라니는 洪武 乙卯年인 1375년 겨울에 金師幸, 覺因, 朴成亮, 朴元鏡 등이 시주하여 朴免이 간행하였다.

최충헌 발원 경갑과 「불정심관세음보살대다라니」
고려, 13C, 국립중앙박물관

호부 부분

앞부분

개성 출토 경갑과 「불정심주」 고려, 1306.2, 국립중앙박물관

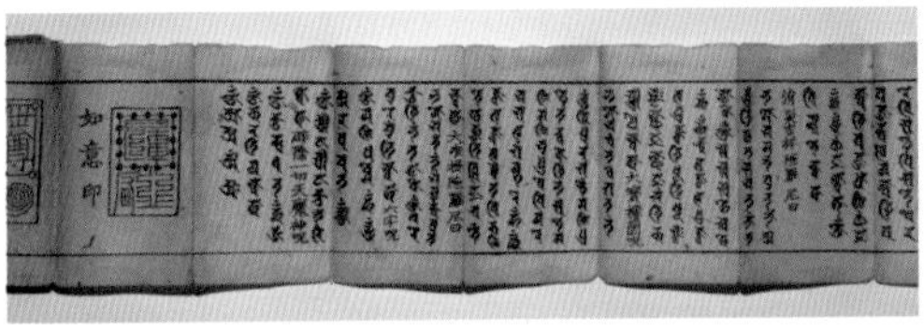

중간

문두

표지

「불정심다라니」 고려, 1339.2, 화성 봉림사 목조아미타불좌상, 용주사 효행박물관

고려시대 다라니로는 「일체여래전신사리보협인다라니」, 육자진언과 파지옥진언 등을 배치하고 사방에 사천왕 종자를 새긴 「불정심인다라니」, 10개의 진언다라니를 함께 수록한 「복합십진언다라니」 등이 수습되었다. 이 중에 「일체여래전신사리보협인다라니」는 한가운데에 〔khaṃ〕을 새기고, 그 범자를 중심하여 범자 진언다라니를 소라처럼 자륜식으로 배열하였으며, 사방에는 〔a〕-〔vaṃ〕-〔raṃ〕-〔haṃ〕을 차례로 새겼다. 사각형 안쪽의 모서리에는 사천왕 종자인 〔dhṛ〕(동방), 〔pha〕(서방), 〔vi〕(남방), 〔vai〕(북방)를 새겼으며, 바깥쪽 상부에 진언명을 좌서했다. 그리고 향 좌측에 '己亥十月日侍中崔 宗峻 印施'라고 새겼는데, 최종준이 고려 고종 연간(재위 1213~1259)에 시중을 역임했으므로 기해년은 1239년에 해당한다. 따라서 이 다라니가 최종준의 시주로 1239년 10

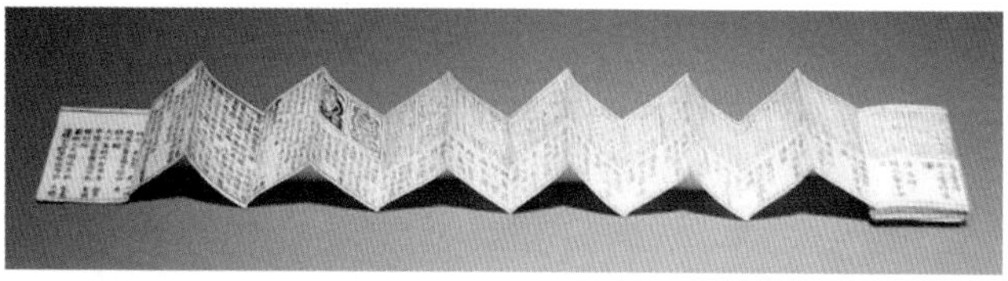

포갑과 절첩형 범자 진언다라니

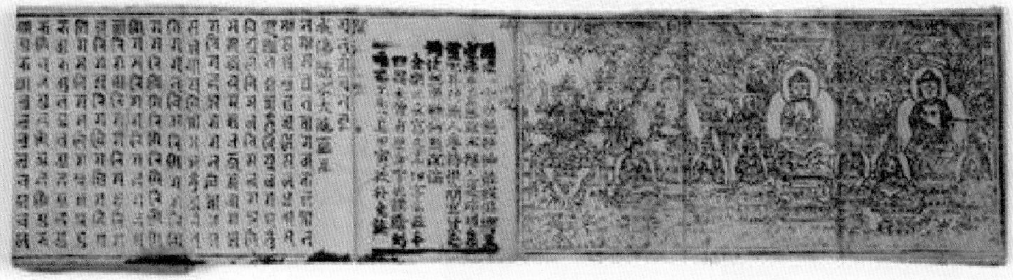

육자진언과 변상도

합천 해인사 원당암 목조아미타불좌상과 포갑 다라니 고려, 1375.겨울, 해인사 성보박물관

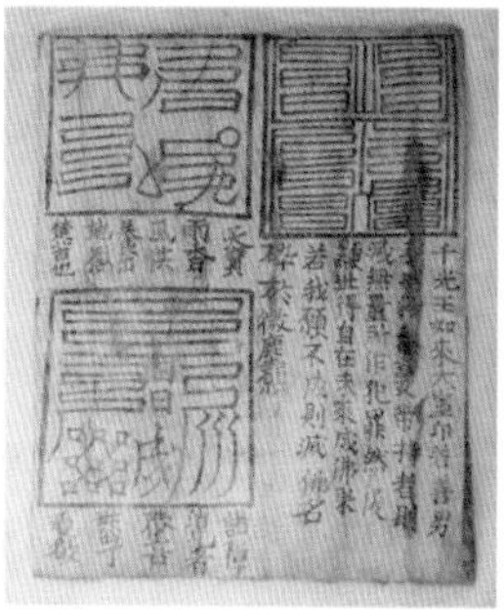

은제 팔찌와 「호부 다라니」 고려, 호암미술관

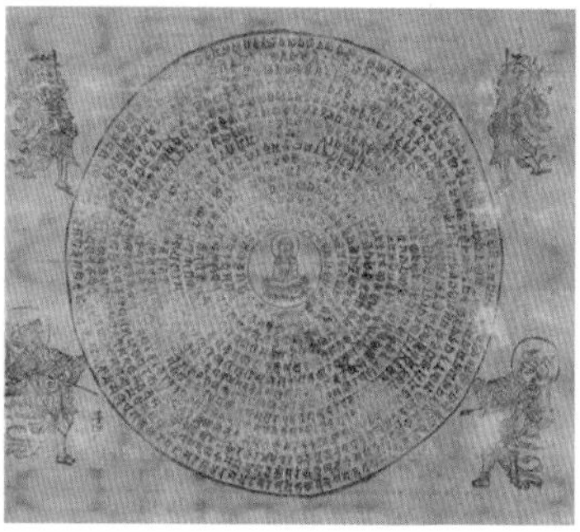

은제 경갑과 「수구다라니」 고려, 호암미술관, 이승혜 제공

금동 팔찌　고려, 아모레 태평양 박물관(Amore Pacific Museum)[33]

은제도금팔찌　고려, 일본 동경국립박물관[34]

월에 판각된 목판으로 인출되었음을 알 수 있다. 그리고 「복합십진언다라니」는 10가지 진언을 합하여 모든 불도가 서방정토에 왕생하기를 바라는 염원으로 만들어진 다라니이다. 또한 위덕대학교 박물관에 소장된 「복합이십이진언다라니」와 원오국사 천영의 부친이었던 양택춘(梁宅椿, 1172~1254) 묘지명도 여러 진언을 함께 새긴 복합 진언다라니이다. 이처럼 고려 후기에는 여러 진언을 모아 인쇄한 낱장 다라니가 확인되고 있다.

서산 개심사 목조아미타여래좌상은 1280년 11월과 1472년 3월에 중수하면서 새로운 복장물과 함께 그 이전의 복장물을 온전하게 봉안한 것으로 확인되었다. 그래서 이 불상에서는 여러 시기의 다양한 복장물이 출토되었는데, 다라니는 「범자수구다라니」, 「일체여래전신사리보협진언」, 「일체여래심비밀전신사리보협인다라니」 등이 수습되었다. 특히, 온전한 형태로 「범자수구다라니」가 출토되어, 고려시대에 인쇄 보급된 「수구다라니」의 전체적인 모습을 전하고 있으며, 중국 송나라의 것과 유사한 형태로 제작되었다는 점을 알 수 있다. 그리고 「일체여래전신사리보협진언」과 「양계만다라」는 한가운데 오륜종자를 만다라식으로 배치하고, 그 주변에 범자로 쓴 다라니를 원권으로 배열하였다. 이 중에서 「양계만다라」는 1곳에 37존 종자도를 배치하였다. 이처럼 범

33 경기도 박물관, 『900년 전 이방인의 코리아 방문기 고려도경』, 2018, p.149.
34 大和文華館, 『特別展 建國1100年 高麗 －金屬工藝の輝きと信仰-』, 2018, p.84.

자와 다라니 등을 배치한 방식이 서울 수국사 목조아미타여래좌상에서 수습된 것과 유사한 측면을 보이고 있다. 그리고 안동 보광사 목조관음보살좌상에서도 많은 복장물이 출토되었는데, 이 중에 만다라 형태로 고려시대 제작된 「대수구다라니」 19매가 수습되었다. 이 다라니는 한가운데의 보살좌상을 중심으로 범자로 구성된 진언다라니를 자륜식으로 배치하였으며, 외곽 테두리에 금강령과 금강저 등을 새기는 등 상당히 정교하게 판각되었다.

그리고 불상의 복장물에서 출토된 것으로 보이는 「전신사리보협인다라니」가 여러 곳에 소장되어 있다. 이 다라니는 13세기 후반경에 인쇄한 것으로 1개의 목판으로 여러 번에 걸쳐 인출하였다. 「전신사리보협인다라니」는 불탑이나 불상 등에 봉안하면 일체 여래의 영험으로 자연재해 등으로부터 피해를 막아주며, 적의 침입이 없어지는 효능을 가지고 있다고 믿었다. 합천 해인사 대적광전 목조비로자나불좌상에서도 18매를 하나의 묶음으로 한 「전신사리보협인다라니」가 수습되었다. 그리고 서울 개운사 목조아미타불좌상에서도 발원문을 비롯하여 모두 41종 58점의 복장물이 수습되었는데,[35] 고려시대 간행한 『영보경』 권4와 함께 「여의보인심무능승대수구대다라니」, 「불정심인다라니」, 「(oṃ)자원권다라니」 등 여러 유형의 다라니가 발견되었다. 이외에도 조선 후기에 간행한 『원돈성불론』(1612년), 『간화결의론』(1612년), 『선가귀감』(1612년), 『불설아미타경』(1871년), 『부적다라니』(1867년), 『대방광불화엄경소초』 등이 수습되었다. 이처럼 다양한 유형의 진언다라니는 공덕을 쌓아 복을 받고, 극락왕생하기 위하여 봉안한 것으로 보인다.

고려시대에는 공덕을 쌓기 위하여 여러 유형의 낱장 다라니가 인출되었는데, 그중에서 「불정심인다라니」가 문경 대승사 금동아미타여래좌상을 비롯하

35 현재 불상, 조성기 및 개금기 3건은 '서울 개운사 목조아미타여래좌상 및 발원문'으로 보물 제1649호, 『대방광불화엄경』 사경 7건과 『대방광불화엄경』 인본 15건 등 총 25건은 '서울 개운사 목조아미타여래좌상 복장 전적'으로 보물 제1650호로 지정되어 있다. 발원문에 의하면, 원래는 牙州 즉, 현재 충남 아산에 있던 한 사찰에서 1274년 중수되었으며, 1322년 개금한 것으로 밝혀졌다.

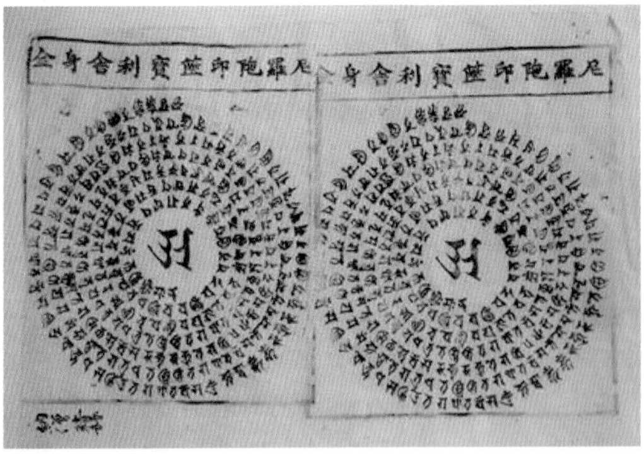

해인사 대적광전 목조비로자나불좌상

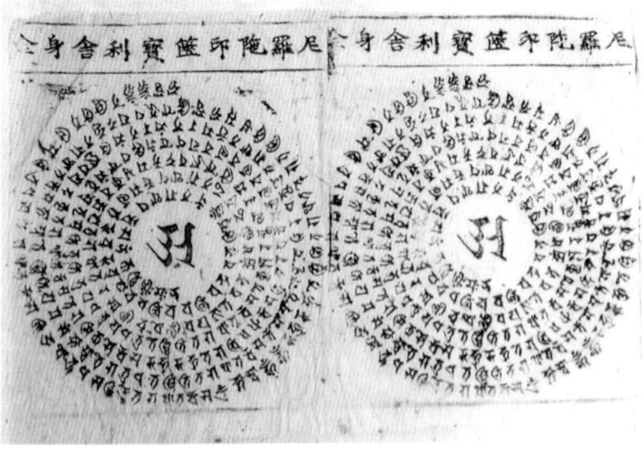

통도사 성보박물관

「전신사리보협인다라니」 고려

봉화 청량사 건칠약사여래좌상과 복장물 출토 상태 고려~조선, 손영문 제공

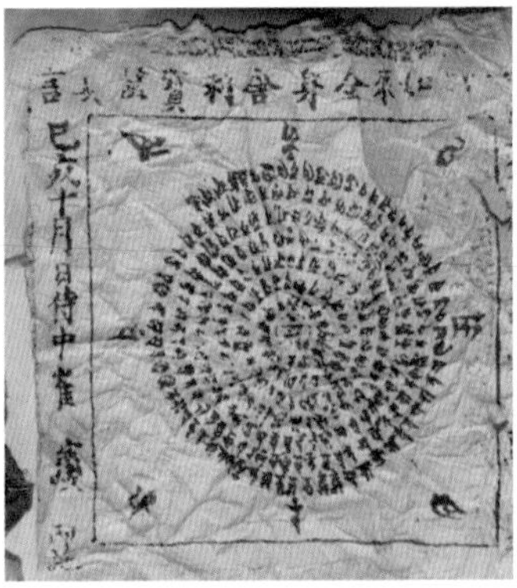

「일체여래전신사리보협진언」 고려, 1239

「불정심인다라니」

봉화 청량사 건칠약사여래좌상 출토 다라니 고려

「오대진언오소진언」과 진언명

「복합십진언다라니」

봉화 청량사 문수보살좌상 출토 다라니 고려

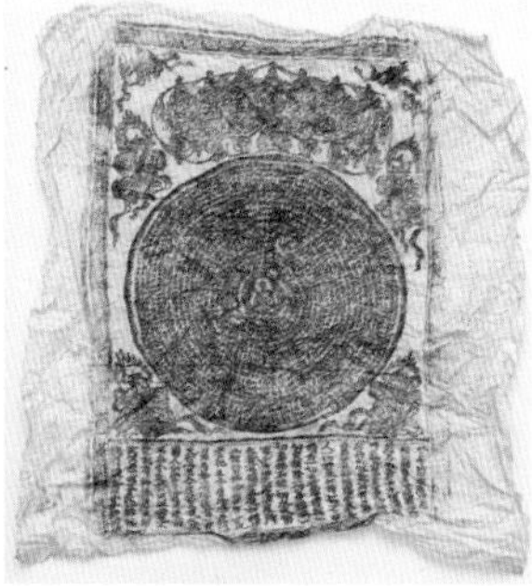

「범자수구다라니」

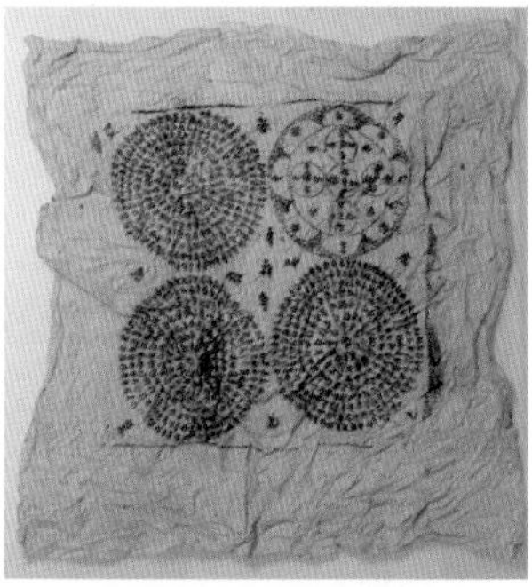

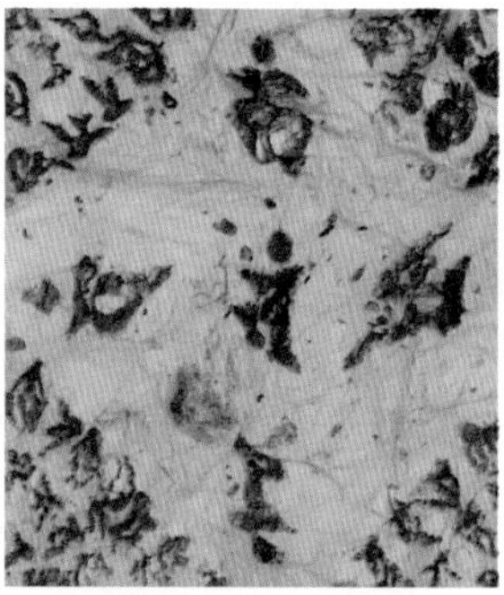

「양계만다라」

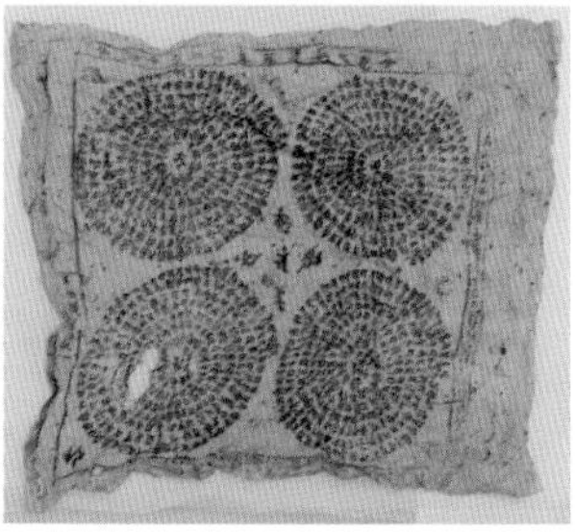

「일체여래전신사리보협진언」

서산 개심사 목조아미타여래좌상과 각종 다라니 고려, 13~14세기, 손희진 제공

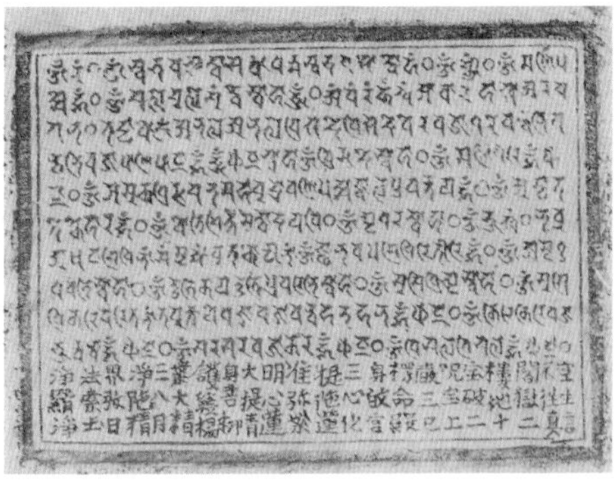

「복합이십이진언다라니」 고려, 위덕대학교 박물관[36]

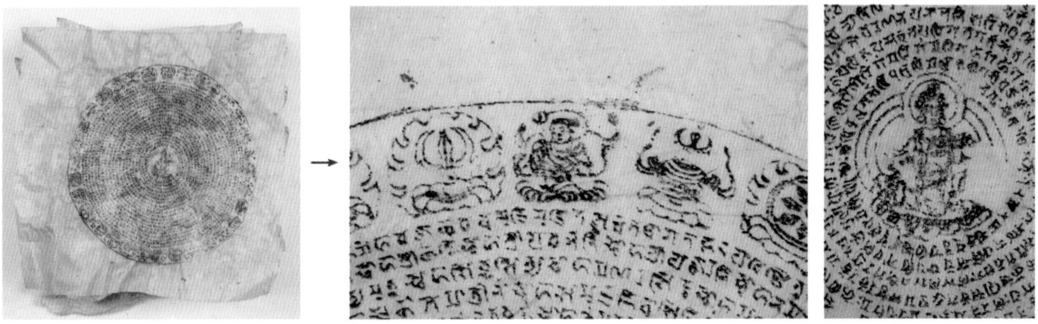

「대수구다라니」 고려, 안동 보광사 목조관음보살좌상

「여의보인심무능승대수구대다라니」

「불정심인다라니」

「[oṃ]자원권다라니」

서울 개운사 목조아미타여래좌상과 다라니 고려, 불교중앙박물관

여 불상이나 불화의 복장물로 봉안되는 등 가장 많이 확인되고 있는 다라니 유형 중 하나이다. 이 다라니는 일반적으로 사각형 구획을 마련하여 한가운데에 〔oṃ〕을 도상화한 보주형의 불정심인 도상을 크게 배치하고, 그 외곽에는 1~2조의 돋을대가 감싸도록 하였다. 불정심인 도상 주변에는 아미타불, 관세

36 위덕대학교 회당학술정보원, 『韓國의 傳統陀羅尼』 東齋文庫 所藏資料 特別展, 2004, p.8.

음보살, 대세지보살이라고 새기거나 종자를 배치하기도 했다. 불정심인 도상은 밀교에서 상징성이 높고 영험한 것으로 알려져 오래전부터 수행과 공덕의 주요 대상이었다. 이러한 도상을 새긴 「불정심인다라니」는 공덕을 높이고 극락왕생을 기원하며, 궁극적으로 성불에 이르고자 하는 염원이 담긴 다라니라 할 수 있다. 이외에도 여러 사찰에 낱장 다라니로 인출된 「불정심관세음보살모다라니」가 여러 점 전해지고 있는데, 범자와 음역한 한자를 병기하였으며, '大德五年五月五日 權惲書'라는 기록이 있어 1301년 5월 5일에 권운이라는 인물이 썼음을 알 수 있다.

그리고 온양민속박물관에 소장된 아미타여래좌상은 발원문에 의하여 오늘날 안동 지역에 소재한 사찰에서 1302년경 조성된 것으로 추정되었는데, 조사 과정에서 상당량의 복장물이 출토되었다.[37] 그중에 다양한 유형의 「범자원상다라니」가 수습되었다. 그런데 「범자원상다라니」는 크기가 작고 범자가 뭉개져 있어 분명한 판독은 어렵지만, 한가운데에 태장계 대일여래 종자인 〔aṃ〕을 배치한 것으로 보이며, 그 주변에 8자로 구성된 보루각진언〔oṃ ma ṇi dha ri hūṃ pha ṭ〕을 자륜식으로 구성한 원형 다라니인을 활용하여 다양한 색상의 직물에 도장을 찍듯이 하여 다라니를 제작하였다. 이처럼 온양민속박물관 소장 아미타여래좌상 출토 다라니는 독특하게 인쇄하였으며, 인출 시기 등을 비교적 구체적으로 알 수 있다는 점에서 중요한 기준 자료라 할 수 있다. 그리고 개인이 소장하고 있는 천수관음보살상은 1322년 조성된 이후 조선 후기인 1614년경에 중수된 것으로 확인되었다.[38] 이 불상에서는 후령통을 비롯한 여러 복장물이 수습되었는데, 이 중에 1301년 인출한 「불정심관세음보살모다라니」와 육자진언을 자륜식으로 배열한 「범자원상다라니」가 함께 수습되었다.

37 정은우·신은제, 『고려의 성물 복장물』, 경인문화사, 2017, pp.117~134.

38 허흥식, 「14세기 새로운 불복장 자료」, 『문화재』 19, 문화재관리국, 1986. 대구에서 정형외과를 운영한 白宗欽 원장이 소장한 불상으로 전해지고 있다.

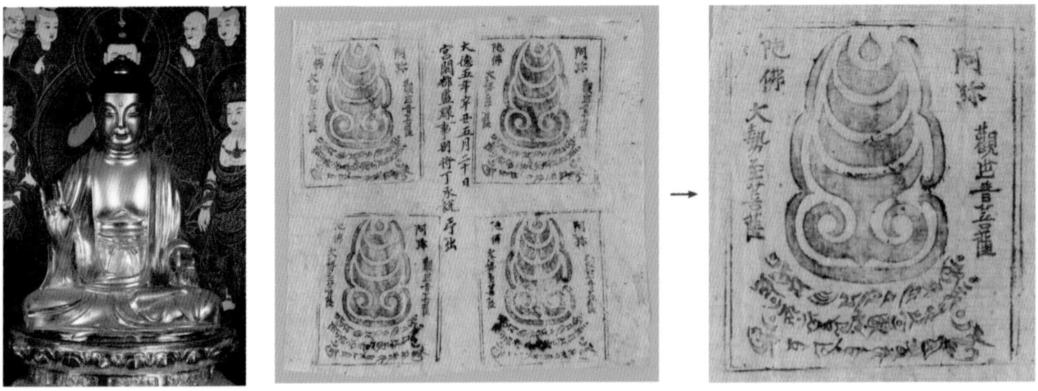

문경 대승사 금동아미타여래좌상과 「불정심인다라니」 고려, 1301[39]

「불정심인다라니」 고려, 1302[40]

「불정심인다라니」 고려, 천태중앙박물관

「불정심관세음보살모다라니」 고려, 1301, 통도사 성보박물관

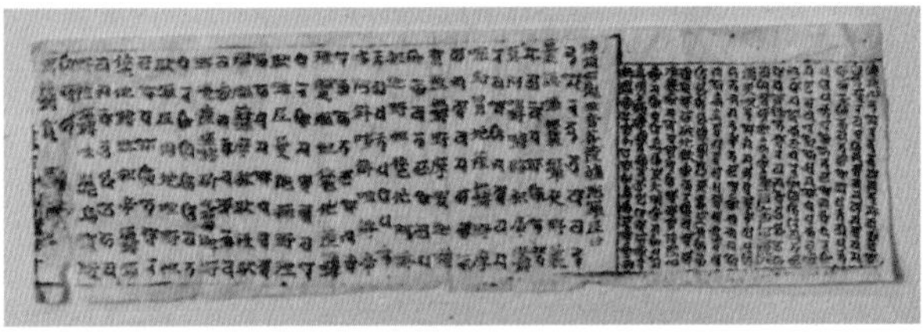

「불정심관세음보살모다라니」 고려, 개인 소장 천수관음보살상

39 불교문화재연구소, 『한국의 사찰문화재』 전국 1, 2014, p.277.

40 溫陽民俗博物館, 『1302年 阿彌陀佛腹藏物의 調査硏究』, 온양민속박물관, 1991.

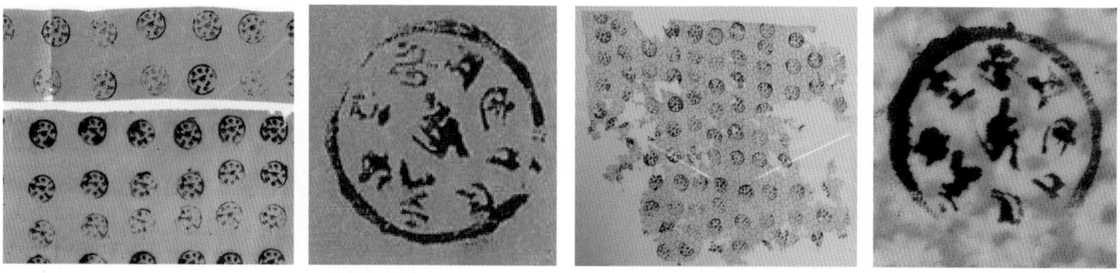

「범자원상다라니」 고려, 1302, 아미타여래좌상, 온양민속박물관

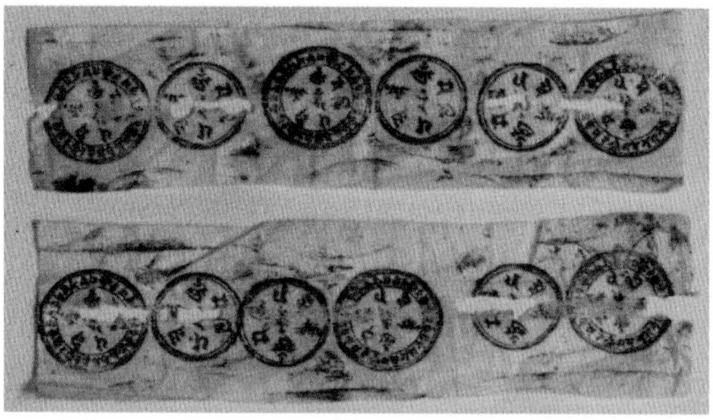

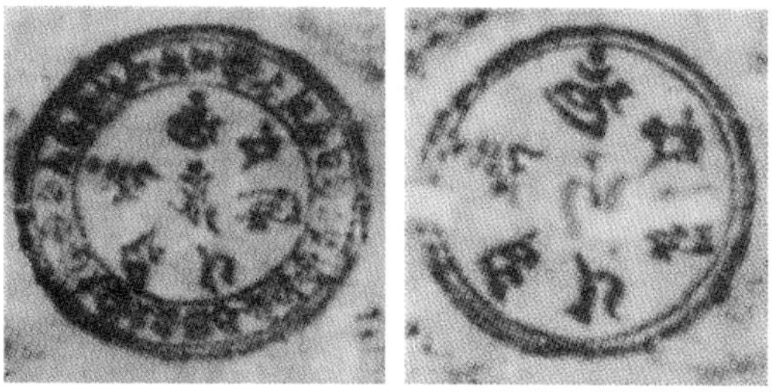

육자진언

「범자원상다라니」 고려, 1322, 개인 소장 천수관음보살상

국립중앙박물관 소장 금동관음보살좌상과 금동대세지보살입상은 바닥에 새겨진 묵서에 의하여 1333년 9월에 조성되었음을 알 수 있는데,[41] 최초 조성 당시 납입된 복장물을 비롯하여 후대에 중수되면서 새롭게 봉안한 복장물 등이 함께 수습되었다. 이 불상에서는 고려시대 인출된 「보협인다라니」와 「불정심인다라니」를 비롯한 여러 유형의 범자 진언다라니가 확인되었다.[42] 이 중에 「불정심인다라니」는 사각형 목판의 하부에 별도의 구획을 두어 명문을 새기고, 불정심인 도상 하부에는 연화좌를 마련하였으며, 외곽에는 별도의 보호막과 함께 원형문을 새기고 범자로 사천왕 종자를 사방에 배치하였다. 불정심인은 크고 굵게 배치하여 전형적인 고려 후기 불정심인 도상의 특징을 보여주고

---

41 불상 바닥의 나무판에 새겨진 墨書는 '至順四年癸酉九月二十二日 施主張鉉妻宣氏 棟梁行因永全戒桓'

42 동일한 목판으로 인쇄된 불정심인 다라니는 금동관음보살입상에서는 15매, 금동대세지보살입상에서는 1매가 수습되었다.

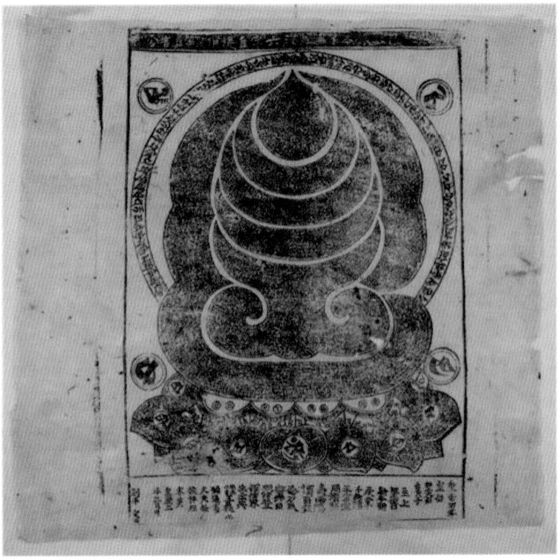

국립중앙박물관 소장 금동관음보살좌상과 「불정심인다라니」 고려, 1333.9, 덕수 3363, 국립중앙박물관, 김연미 제공[43]

있다. 이 다라니는 하부에 새겨진 발원문에 의하면, 1313년 3월 통헌대부 검교평리 송영(宋英)이 왕실을 위하여 발원하였으며, 판본을 새긴 각수는 정심(定心)임을 알 수 있다.[44] 그리고 연화좌에도 〔oṃ〕을 비롯하여 여러 범자를 공간마다 새겨 상징적인 의미를 부여하였다. 불정심인 도상 상부에는 '隨求根本千手尊勝六字准提消災等眞言合部'라고 하여 이 진언다라니가 다양한 상징과 의미가 있음을 밝히고 있다.

그리고 서산 문수사 금동아미타여래좌상은 발원문에 의하여 1346년 9월경 진경(眞冏) 스님이 불심을 가진 여러 사람과 함께 무진관음행(無盡觀音行)을 닦아 부처의 보리심을 얻고자 조성한 것으로 밝혀졌다. 수습된 복장물 중에 『오대진언』을 비롯하여 범자와 한자가 혼용된 각종 다라니, 진언문, 대화수경 등이 수습되었다.[45] 특히 범자로 구성된 여러 유형의 진언다라니가 상당량 확

43 국립중앙박물관, 『국립중앙박물관 소장 불교조각 조사보고 2』, 2016.
44 南權熙, 「한국의 陀羅尼 간행과 유통에 대한 서지적 연구」, 『大學院 硏究論集』 제8집, 중앙승가대학교, 2015, pp.219~220.
45 수덕사 근역성보관, 『至心歸命禮 -韓國의 佛腹藏 특별전』, 2004.

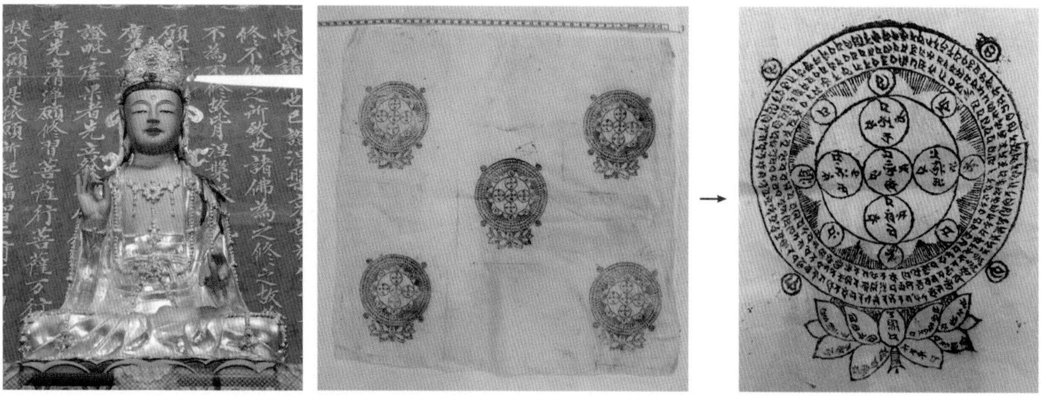

합천 해인사 금동관음보살좌상 출토 다라니 고려, 1351, 해인사 성보박물관

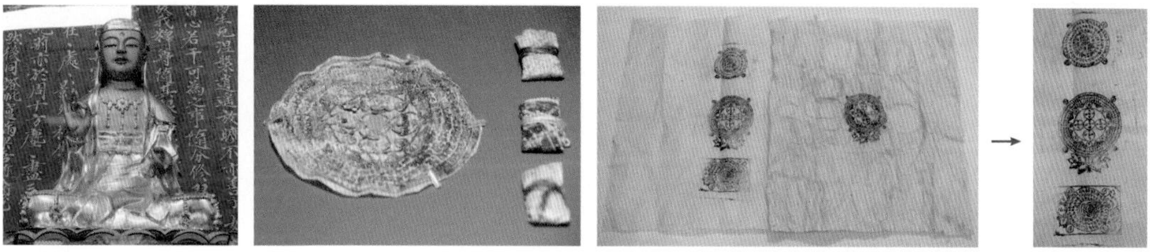

합천 해인사 금동지장보살좌상 출토 다라니 고려, 1351, 해인사 성보박물관

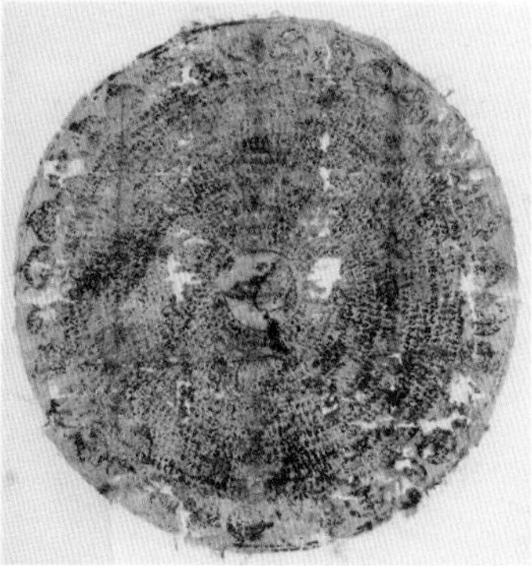

「대수구다라니」 고려, 국립중앙박물관[46]

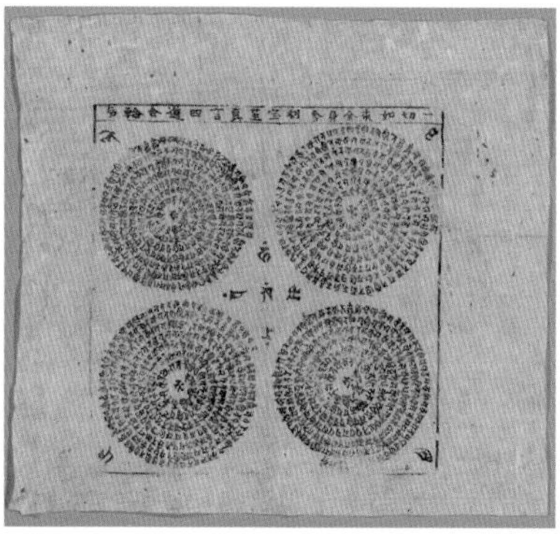

「일체여래전신사리보협진언」 고려, 국립중앙박물관

「불정존승다라니」 고려, 위덕대학교 박물관[47]

46 國立中央博物館,『佛舍利莊嚴』, 1991, p.101.
47 위덕대학교 회당학술정보원,『韓國의 傳統陀羅尼』東齋文庫 所藏資料 特別展, 2004, p.10.

가야산 문수사 금동아미타불좌상 복장물 출토 다라니

고려, 1346, 수덕사 근역성보관

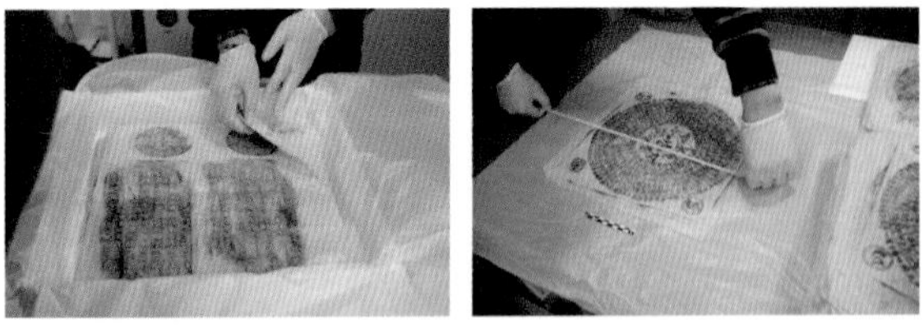

가야산 문수사 금동아미타불좌상 복장물 출토 다라니 조사 장면

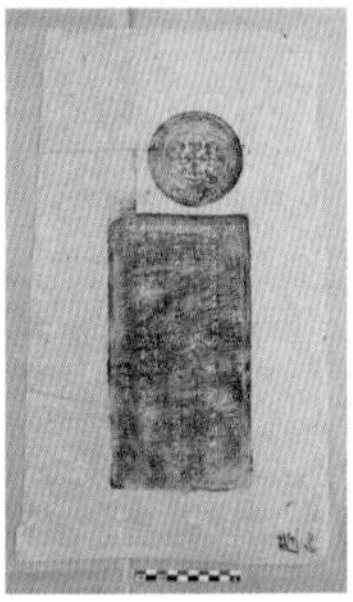

금강계종자만다라 배치

「불정방무구광명보문관찰일체여래심다라니」

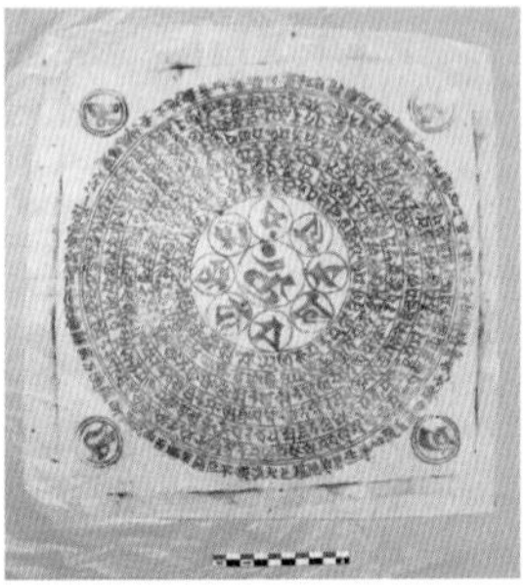

세부

「원권진언다라니」

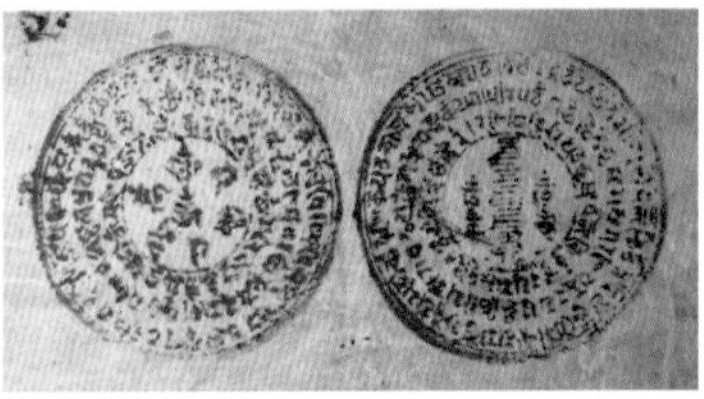

세부 세부

「단온진언다라니」

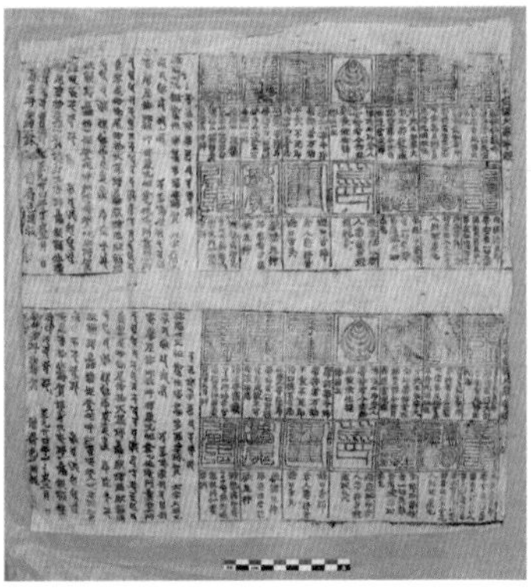

세부

「불공역대화수경다라니」 1287

「불정심인다라니」

	〔dhṛ〕 동방 持國天
	〔pha〕 서방 廣目天
	〔vi〕 남방 增長天
	〔vai〕 북방 多聞天

서울 수국사 목조아미타여래좌상 출토 다라니48

고려, 동국대학교 박물관

서울 수국사 목조아미타여래좌상

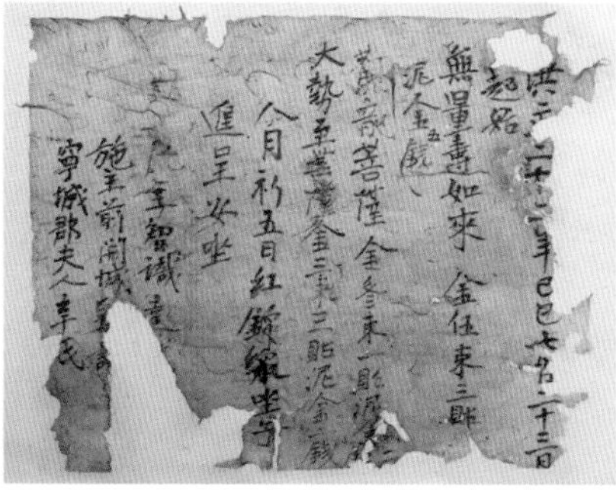

「개금기」(1389.7)

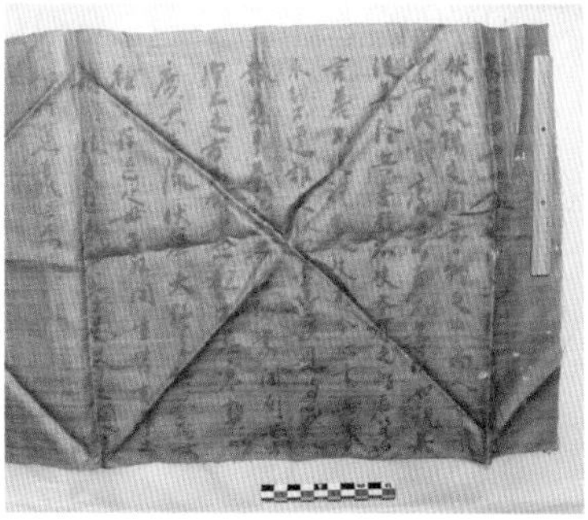

「발원문」(1562)

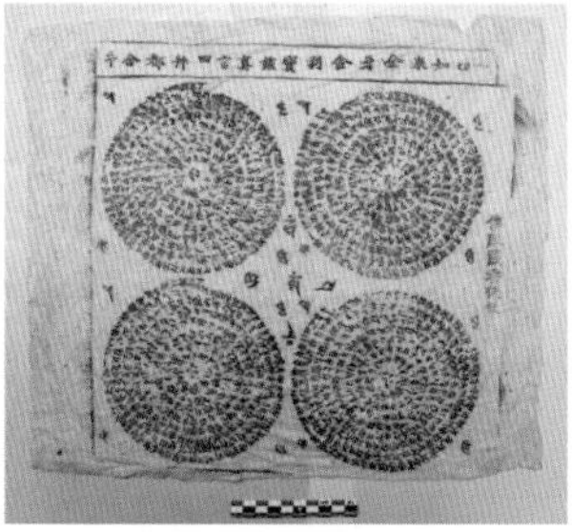

1239

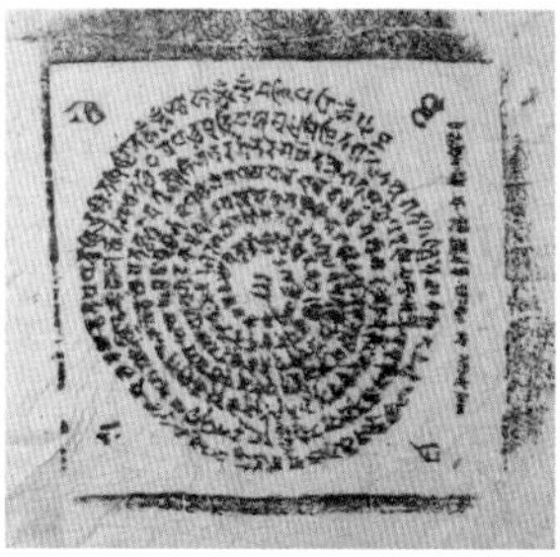

「일체여래전신사리보협진언」

「전신사리보협인다라니」

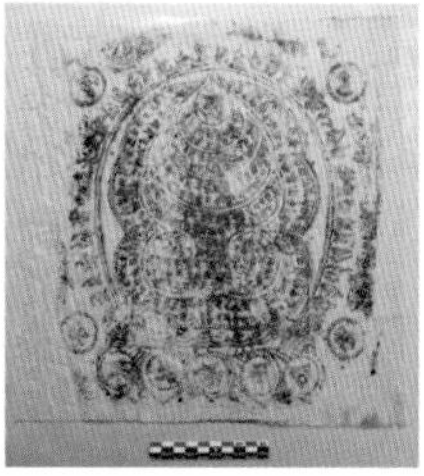

「불정심인다라니」

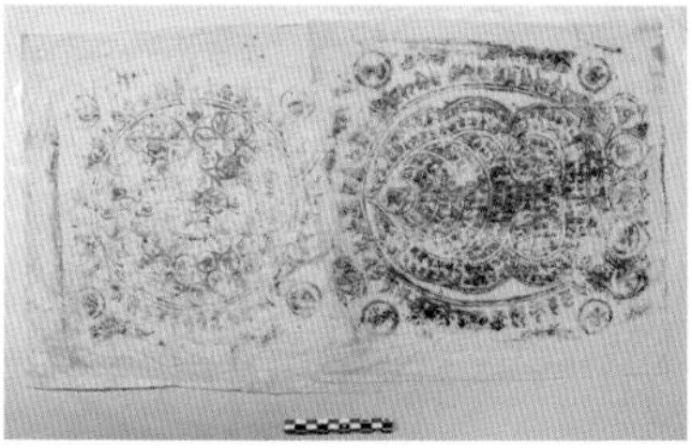

「금강계만다라」와 「불정심인다라니」

48 서울 수국사 목조아미타여래좌상 출토 복장물을 조사할 수 있도록 배려해 주신 최응천 관장께 진심으로 감사드린다.

인되었는데, 「불정심인다라니」, 「단온진언다라니」, 「불정방무구광명보문관찰일체여래심다라니」, 한가운데 준제구자천원도가 배치된 만다라 등이 출토되었다. 이 다라니들은 불상 조성 이전에 인출된 것으로 보인다.

해인사 대적광전에 봉안된 금동지장보살상과 금동관음보살상에서도 여러 복장물이 발견되었다. 금동지장보살상은 발원문에 의하면, 1336년 발원하여 1351년까지 16년간 시주받아 조성한 것으로 밝혀졌으며, 많은 후원자가 공양과 공덕을 쌓고자 참여하였다. 복장물 중에는 다양한 유형의 범자 관련 유물들이 납입되었는데, 그중에 다라니의 원상 부분을 오려서 오곡을 쌓은 오보병이 확인되었다. 다라니를 다양한 용도로 활용하였음을 알 수 있는 자료이다. 그리고 지장보살상은 동일 목판에 다른 형태로 제작된 3개의 다라니를 나란히 인쇄한 원권형 다라니를 접어서 봉안하였다. 특히, 지장보살상에 납입된 다라니는 다양한 유형의 다라니를 하나의 목판에 새긴 다음 인쇄하였다는 점에서 특징적이라 할 수 있다. 또한 해인사 금동관음보살상은 금강계 만다라 형태의 다라니를 같은 종이에 반복하여 인쇄한 원권형 다라니를 납입하였다.

서울 수국사는 김수온(1410~1481)이 지은 『정인사중창흘(正因寺重創訖)』에 의하면, 어린 나이로 의경세자가 죽자, 조선 세조가 그를 추복하기 위하여 지은 절로 당시 사명은 정인사였다고 한다. 그러다가 창건한 지 12년이 흐른 1471년 인수대비(1437~1504)의 명에 의하여 건물을 109칸으로 크게 늘려 중창하고, 여러 경전 간행 사업을 펼쳤다. 조선 숙종 때에는 인현왕후의 명복을 빌기 위하여 중수하였으며, 인근에 있었던 서오릉과도 관련이 깊은 사찰이었다. 그런데 퇴락하다가 19세기 말에 폐사되었다가 1900년 가을에 거연대사(1858~1934)가 왕실과 신도들의 후원을 받아 다시 중창하여 오늘에 이르고 있다. 이러한 연혁을 가진 서울 수국사 대웅전에 봉안된 목조아미타불좌상에서 복장물이 발견되었는데, 이 불상은 원래 보개산 심원사에서 처음 조성되었는데, 어느 시기에 수국사로 옮겨온 것으로 밝혀졌다. 수국사 목조아미타불좌상은 조성된 이후 1389년 7월에 관음보살상·대세지보살상과 함께 개금되었으며, 1562년 8월에 다시 개금되었다고 한다. 그래서인지 고려와 조선시대에 걸쳐 봉안된 복장물이 발견되었다. 이 중에 고려시대 간행된 여러 종류의 다라니가 확인되었는데, 특징적인 것은 진언다라니 이름을 「일체여래전신사리보협진언」이라고 하여 다라니가 아닌 진언이라고 하였으며, 한 종이에 2개의 목판을 겹쳐서 찍은 것도 있다. 그리고 여러 유형의 「일체여래전신사리보협진언」이 봉안되었는데, 이 중에 낱장으로 납입한 「일체여래전신사리보협진언」 중에는 외곽에 '己亥十月日侍中 崔宗峻 印施'(1239)라고 새겨, 봉화 청량사 건칠약사여래좌상에서 출토된 다라니와 동일 목판본으로 인출한 다라니도 있다. 당시 동일 목판으로 인출한 다라니가 여러 사찰에 공급되었음을 알 수 있다. 서울 수국사 목조아미타여래좌상은 가야산 문수사 금동아미타불좌상과 함께 다양한 유형의 다라니가 봉안된 대표적인 사례로 당시 극락왕생을 염원하고 전쟁이 일어나지 않길 바라는 등의 공덕을 쌓기 위하여 봉안되었음을 알려주고 있다. 그리고 고려후기 조성된 것으로 추정되는 고창 선운사 참당암 석조지장보살좌상의 복장물에서 범자 진언다라니가 출토되었다. 이 다라니는 파손이 심하여 어떤 진언다라니를 봉안했는지 알 수는 없지만, 공덕을 쌓는 등 특정한 의도로 납입되었을 것이다.

이외에도 개인 소장으로 1370년 개판된 『금강반야바라밀경』에는 권말에 「금강심진언」, 「보궐진언」 등을 비롯하여 모든 장애와 어려움을 제거해 준다는 「마리지천다라니」가 수록되어 있다.[49] 「마리지천다라니」는 『마리지천경』에 근거하고 있는데, 이 경전은 당나라 불공삼장이 한역하였다고 한다. 마리지천 보살은 일광의 권속인데, 자신의 형상을 숨기고, 항상 장애와 어려움을 없애 주며, 이익을 베풀어준다는 천부보살이다. 마리지천은 해와 달의 앞에 있어 사람들이 눈으로 볼 수도 없고, 잡을 수도 없다고 한다. 그런데 그 이름과

---

49 南權熙, 「고려시대 간행의 수진본 小字 총지진언집 연구」, 『書誌學硏究』 제71집, 韓國書誌學會, 2017, pp.342~343.

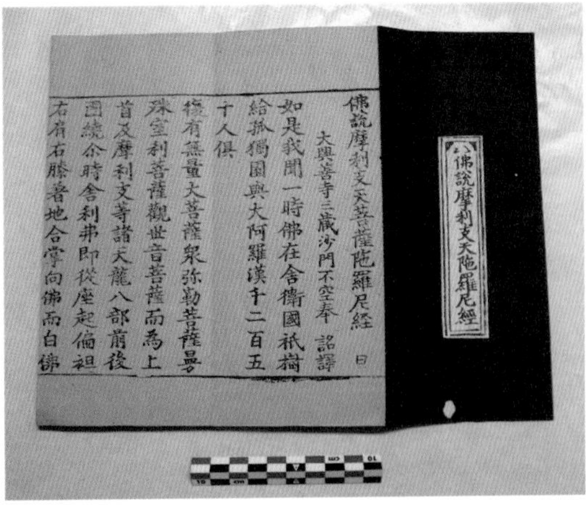

『불설마리지천보살다라니경』 고려, 14세기, 서울 수국사 목조아미타불좌상, 동국대학교 박물관

주문을 읽고 쓰고 외우고 간직하고 다니면 대신력에 의하여 일체의 모든 악을 없앨 수 있고, 모든 악이 들어올 수 없어, 모든 악인과 귀신을 물리칠 수 있다고 한다. 이처럼 마리지천 보살은 현세적인 밀교 관련 보살로서 고려시대에 이러한 신앙을 담고 있는 「마리지천보살다라니」가 간행되기도 했다.

고려시대 박면(朴免)이 1375년 쓴 「제진언다라니」의 발원문에는 진언다라니의 신통력과 부처의 보살핌을 믿고 지니면 밝음을 얻을 수 있으며, 태후와 왕이 늙지 않고, 세상의 축복과 조정의 안녕 등 무생에 이르는 모든 것이 불구덩이에서 빠져나오길 기원하며 간행하였다고 한다. 또한, 이 경전의 본문 내용에 「성불수구대다라니」는 일체중생의 모든 죄업과 장애를 없애고 고통을 깨뜨리는 주문으로 위급한 고난에 부딪히거나 생사의 바다에 빠진 중생들에게 해탈을 얻게 해준다고 설하고 있다. 이 진언다라니의 한 글자만 귓전에 스치거나 지니고 다녀도 고통을 받지 않고 업장이 소멸하여 부처의 세계에 태어날 수 있다고 하였다. 나아가 이 다라니를 지닌 사람을 가까이만 해도 수명이 늘어나고 쾌락을 얻을 수 있으며, 불가에 태어나 모든 부처님의 설법을 한자리에서 들을 수 있다고 하였다. 박면이 쓴 「제진언다라니」에는 진언다라니를 통하여 얻을 수 있는 여러 공덕을 구체적으로 설명해 주고 있다.

이처럼 고려시대 불교는 호국 불교적 성격과 함께 현실 기복적인 밀교 신앙이 결합하면서 국가적인 불교 행사에도 밀교적인 요소가 많이 반영되었고, 고려 후기에는 소의경전으로 진언다라니 관련 밀교 경전들이 널리 간행 보급되었다. 고려시대에는 밀교적인 색채가 강했던 요와 금나라 불교의 영향 등으로 엄격한 교리 체계나 선수행 보다는 주술적이고 신이적인 신앙에 의지하는 경우가 많았다. 특히, 고려 후기에는 원나라 밀교가 전래하면서 고려 불교계

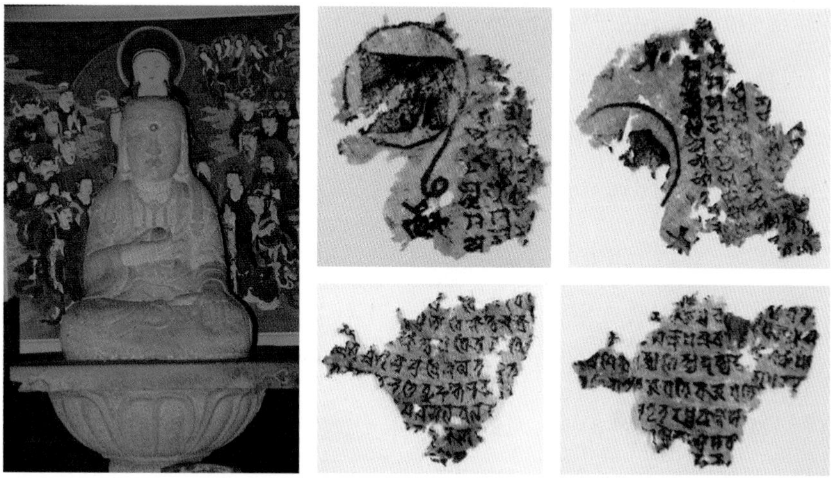

고창 선운사 참당암 석조지장보살좌상과 출토 다라니

에도 밀교적인 특성이 가미된 의례와 수행법 등이 확산하였고, 범자 진언다라니에 대한 신앙도 높아졌던 것으로 파악된다. 그러면서 범자 진언다라니에 대한 신앙이 널리 성행하였다.

(3) 조선

조선시대는 지배층을 중심으로 억불숭유 정책 기조가 유지되면서 전반적으로 불교계가 위축되었고 불사가 감소하였지만, 왕실 출신들을 중심으로 불교 신앙이 지속하였고, 특정 왕대는 적극적인 불교 진흥 정책을 펼치기도 했다. 조선 초기 불교를 깊이 신봉했던 조선 태조(재위 1392~1398) 때와 세종(재위 1418~1450)대의 집권 후반기에는 호불 정책이 이루어졌다. 특히, 세조(재위 1455~1468)는 불심이 깊어 승려를 높이 예우하였고, 사찰에 대한 적극적인 후원 등 다양한 불교 정책을 펼쳤는데, 그중에서도 정부 차원에서 간경도감을 설치하여 불전 간행 사업을 전개한 것이 주목된다.[50] 이에 따라 왕실과 밀접하

---

50 金鎔坤, 「世宗 世祖의 崇佛政策의 目的과 意味」, 『朝鮮의 政治와 社會』, 최승희교수정년기념논문집간행위원회, 2002.

게 관계되었거나 국가적으로 중요한 사찰을 중심으로 불사가 이루어졌으며, 그러한 사찰을 중심으로 여러 경전이 간행 보급되었다. 그런데 고려시대에는 범자 진언다라니 관련 전적이 낱장 다라니 형태로 많이 인출되었는데, 조선시대 들어와서는 『오대진언』이나 『진언집』 등 여러 유형의 범자 진언다라니를 한 권으로 책이 경전이 많이 간행되었다.

그리고 조선시대는 임진왜란을 전후하여 전기와 후기로 나누는데, 두 시기의 불교계 양상이 상당히 다른 측면으로 전개되었다. 전기에는 지배층에 의하여 억불숭유 정책 기조가 유지되었기 때문에 전대처럼 모든 계층이 후원하거나 참여하는 대규모적이고 전면적인 불교 신앙 활동이나 불사는 진행되지 못하였다.[51] 그렇지만 기복적인 진언다라니에 대한 신앙이 보급되면서 진언다라니와 관련된 경전 간행 사업이 활기를 띠었다. 후기에는 불교계가 부흥하고 왕실에서 일반 백성들에 이르기까지 폭넓은 계층들이 불교를 신앙하면서 전국적으로 많은 불사가 시행되고 경전 간행 사업이 크게 성행하게 된다. 이에 따라 공양이나 공덕을 쌓고자 밀교 경전이나 범자로 된 경전 간행이 널리 성행하게 된다. 이처럼 조선 전기에는 왕실 중심으로 후원이 이루어졌으며, 조선 후기에는 불교가 크게 성행하면서 왕실뿐만 아니라 사대부가나 개인이 직접 후원하여 밀교 관련 경전을 간행하거나 낱장으로 구성된 진언다라니를 인출하였다.

조선시대 간행된 범자 진언다라니 관련 경전은 일반인들이 독송을 통하여 공덕을 얻기 위한 독송용과 수행자들의 염불과 수행을 위한 수행용이 주로 간행되었다. 그리고 개인적인 차원에서 병을 치료하거나 악업을 제거해 준다는 현실 기복적인 성격의 범자 진언다라니가 낱장으로도 많이 간행 보급되었다. 조선시대는 개인적인 차원에서 불경 간행 사업을 후원하는 경우가 많았다. 책자 형태로 간행된 진언다라니 관련 경전은 불상이나 불화 등의 복장물로 봉

51 엄기표, 「朝鮮 世祖代의 佛敎美術 硏究」, 『한국학연구』 제26호, 인하대학교 한국학연구소, 2012.

안되거나 망자의 무덤에 많이 부장되었으며, 낱장 진언다라니도 접거나, 여러 매를 뭉치거나, 접어서 불상이나 무덤에 납입하는 경우가 많았다. 이처럼 조선시대에는 범자 진언다라니가 공덕을 쌓아 망자를 추복하고, 극락왕생을 염원하는 신이하고 영험한 신앙의 대상으로 활용되었다. 이것은 진언다라니가 신앙과 예불의 대상물임과 동시에 공양이나 공덕을 쌓아 현실에서 복을 얻을 수 있는 신이하고 영험한 신앙의 대상으로 인식되었음을 알 수 있다. 이러한 것은 불교 신앙의 양상이 공양이나 공덕을 쌓아 복을 받고 극락왕생을 염원하는 개인의 기복 신앙으로 변화되어가는 일면을 보여주는 측면이라 할 수 있다. 특히, 조선시대에는 현실 기복적인 성격이 강한 관음신앙과 관련된 경전이 널리 간행 보급되었다. 이것은 불교 신앙이 대중화되면서 수행을 통한 성불과 더불어 현실의 여러 어려움이나 복을 기원하는 신앙으로 변화되었음을 보여준다.[52] 어쨌든 그러한 과정에서 관세음보살의 진언인 육자진언을 크게 신앙하게 된 것으로 보인다.

조선시대에는 진언집이나 다라니경을 간행하는데 시주자로 참여한 인물들이 왕실과 사대부가를 비롯하여 일반 백성들에 이르기까지 폭넓게 확대하였는데, 발원한 내용을 보면 대부분 조상이나 부모 등 망자의 영가를 위한 것이 압도적이다. 즉, 망자에 대한 추복과 극락왕생을 염원하기 위한 것이 대부분이다. 이러한 것은 당시 범자 진언다라니가 조상의 천도와 추복, 극락왕생 등에 영험하다는 인식이 있었음을 시사 받을 수 있다. 조선시대는 각종 범자 진언다라니가 현생에서의 복과 사후 극락왕생을 염원하는 대표적인 신앙의 대상이자 공덕을 쌓을 수 있는 공양물로 인식되었다.

조선 전기 불상의 복장물에서 범자 진언다라니가 상당량 출토되어 전하고 있는데, 대표적으로 영주 흑석사 아미타여래좌상, 대구 파계사 관음보살좌상,

---

52 남희숙, 「朝鮮時代 陀羅尼經·眞言集의 간행과 그 역사적 의의 -서울대 규장각 소장본의 분석을 중심으로-」, 『회당학보』 제5집, 회당학회, 2000, pp.90~91.

영주 흑석사 아미타여래좌상과 「불정심인호부다라니」 조선[53]

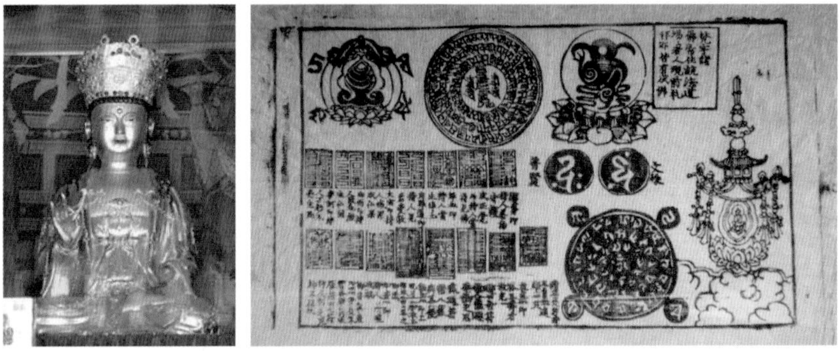

대구 파계사 관음보살좌상과 「불정심인호부다라니」 조선

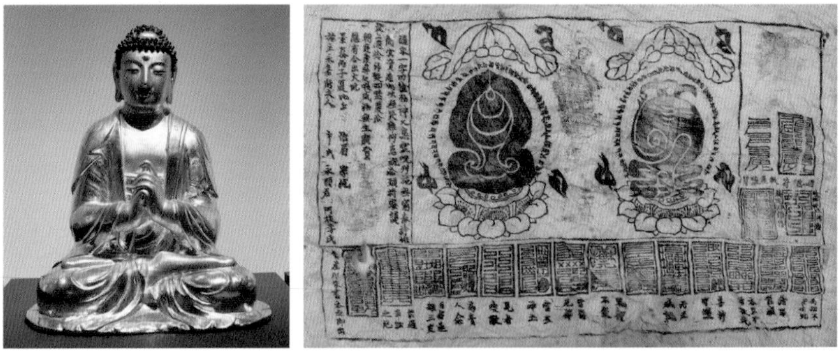

평창 월정사 사자암 비로자나불좌상과 「불정심인호부다라니」 조선, 1456

53 국립대구박물관, 『흑석사 목조아미타여래좌상 불복장』, 2013, p.44.

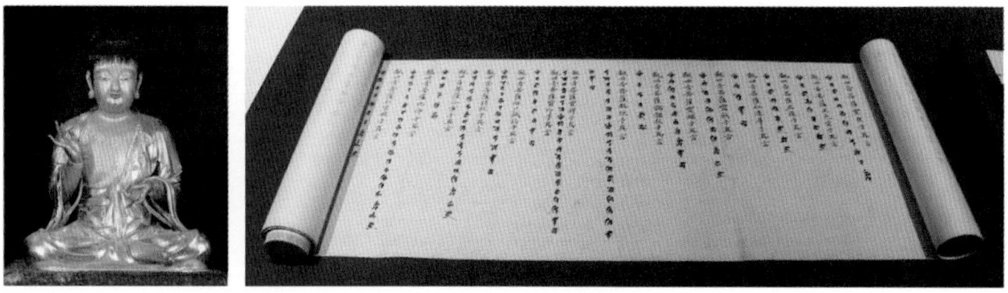

평창 상원사 문수동자상과 「백지묵서 제진언다라니」 조선, 1463.7.8., 월정사 성보박물관

제주 서산사 보살좌상, 평창 월정사 사자암 비로자나불좌상 등에서 한자와 범자로 구성된 낱장 진언다라니가 수습되었다. 이 중 영주 흑석사 아미타여래좌상, 대구 파계사 관음보살좌상, 평창 월정사 사자암 비로자나불좌상 등에서는 불정심인과 함께 다양한 형태의 호부가 새겨진 여러 유형의 다라니가 수습되었는데, 모두 같은 신앙과 목적을 가지고 제작하였던 것으로 보인다. 그리고 대구 파계사 관음보살좌상에서는 발원문과 함께 조선 세종대와 숙종대를 전후한 시기에 인쇄한 것으로 추정되는 범자 진언다라니가 발견되었다. 또한 제주 서산사 목조보살좌상에서는 독특한 유형의 「금강수보살신주」가 출토되었으며, 평창 상원사 문수동자상에서는 백지에 묵서로 제진언을 필사한 다라니가 확인되었다.

그리고 고양 원각사와 천태중앙박물관에 소장된 다라니는 불정심인, 호부, 성불수구다라니 등을 하나의 목판에 새겼는데, 불정심인 도상 사방에는 사천왕 종자를 배치하여 수호적 의미를 분명히 하였다. 이 다라니의 상부에는 불정심인과 함께 향로, 보탑, 소라형의 문양을 새기고 사방에 사천왕 종자를 배치하였다. 또한 하부에는 24개로 구성된 호부를 배치하고 그 공덕을 기록하였으며, 옆에는 사각형 구획을 마련하여 다라니와 관련된 기록을 남겼는데, '朝鮮國京城內外万人同發願文 …… 弘治七年孟春有日開刊'이라고 새겼다. 이러한 기록으로 보아 이 다라니가 1494년에 제작된 목판으로 인출되었음을 알 수 있다. 이처럼 큰 종이에 두 개의 다라니를 함께 인쇄한 것은 거의 유일하다고 할 수 있다. 조선시대에는 호부의 외곽에 공덕 내용을 새겨, 염원하

바닥

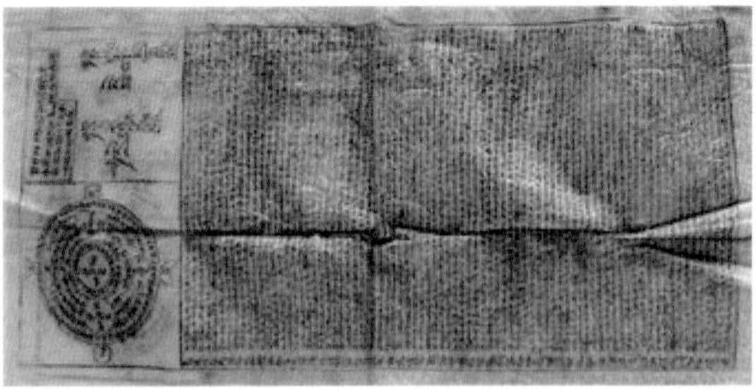

제주 서산사 보살좌상과 「금강수보살신주」 조선, 1534, 최인선 제공

「불정심인성불수구다라니」 조선, 1494.1, 고양 원각사

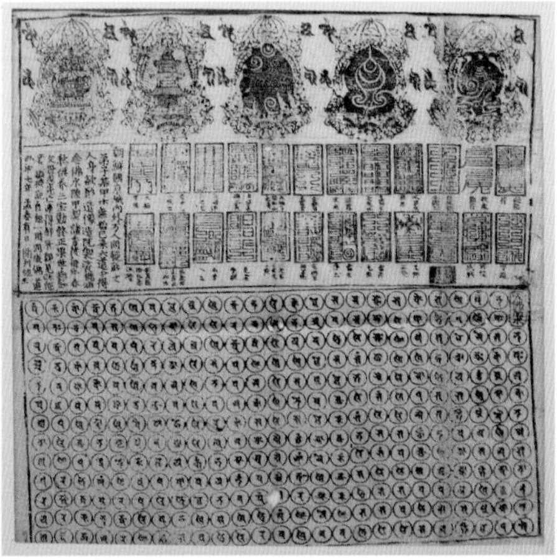

「성불수구다라니」 조선, 1494.1, 천태중앙박물관

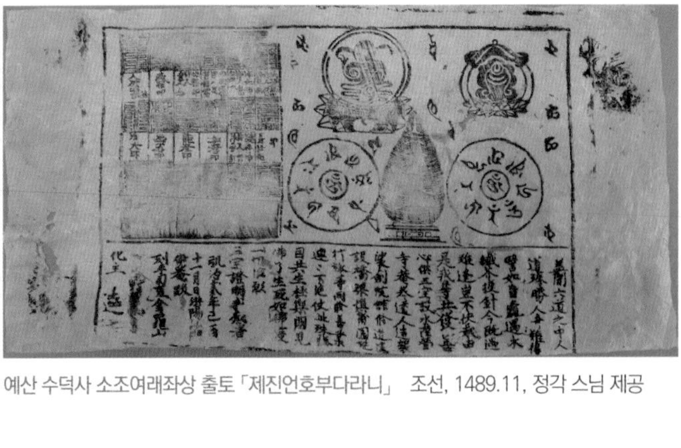

예산 수덕사 소조여래좌상 출토 「제진언호부다라니」 조선, 1489.11, 정각 스님 제공

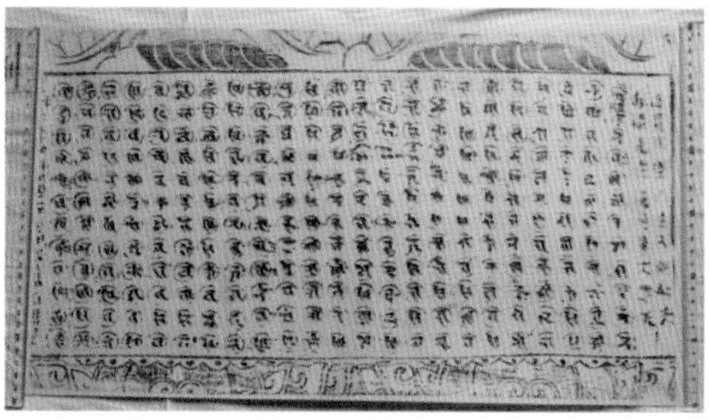

변성대왕 출토

오도전륜대왕 출토

목포 달성사 시왕상 출토 다라니 조선, 1565.10

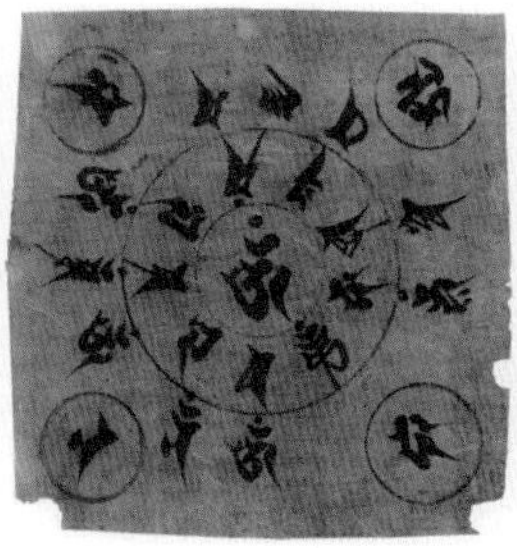

통영 안정사 가섭암 출토 다라니 조선

는 내용에 따라 호부의 모양이나 유형을 달리했음을 알 수 있다.

예산 수덕사 무위당 소조여래좌상에서는 인쇄 상태가 양호하지는 않지만 독특한 구조와 형상의 진언다라니가 수습되었다. 이 다라니는 상부에 불정심인을 비롯한 자륜식 진언다라니와 호부를 배치하였으며, 하부에는 발원문 등을 새겼다. 자륜식 진언다라니는 한가운데 〔oṃ〕을 중심으로 외곽에 정법계진언과 파지옥진언, 복합된 진언다라니를 원형으로 새겼으며, 호부와 함께 불정심인을 나란히 배치하였다. 발원문은 선심을 내어 삼보에 공양하고 수륙재를 베풀고 사암을 운영하고 도인을 양성하고 가사를 짓고 객사를 만들며 도로를 수리하며 교량을 설치하는 등 다양한 선업을 쌓아 수승한 공덕으로 극락왕생을 바라는 내용으로 구성되었다. 발원문 말미에 '弘治貳年己酉十一月日 洪陽沙門 伊菴 跋'이라고 하여, 이 다라니가 1489년 11월 제작된 목판으로 인쇄하였음을 알 수 있다.[54] 그리고 목포 달성사 명부전 시왕상에서도 여러 시기의 복장물이 확인되었는데, 1565년 10월에 시왕상을 최초 조성할 때에 봉안한 다라니도 출토되었다. 이 다라니는 목판 외곽에 문양을 장식하였으며, 사각형 판 안에 작게 원형문을 마련하여 그 안에 1자씩 범자를 새겨넣어 고려시대 수법을 계승하였다. 통영 안정사 가섭암에도 상량문과 함께 조선 초기에

54 정각, 「수덕사 소조여래좌상 腹藏 典籍類 고찰」, 『정토학연구』 30권, 한국정토학회, 2018, pp.161~198.

필사된 다라니가 출토되었다.

조선 후기에는 밀교 수행법과 의례 등이 널리 성행하면서 범자로 구성된 진언다라니 관련 경전들이 상당량 간행 보급되었다. 또한 밀교 의례가 유행하면서 공양이나 공덕을 쌓기 위한 방편으로 범자 진언다라니 봉안이 일반화되면서 낱장 진언다라니를 인쇄할 수 있는 목판의 제작이 성행하였다. 당시 불상이나 불화에 범자 진언다라니가 필수적으로 봉안되면서 사찰별로 여러 유형의 목판이 제작되었고, 다양한 형태의 진언다라니가 인쇄되어 보급되었다. 조선 후기에는 관음보살의 주요 진언인 육자진언을 새긴 목판, 불정심인을 비롯한 상징적인 도상들을 호부와 함께 하나의 목판에 새겨 인쇄한 낱장 다라니 등이 많이 보급되었다. 이러한 것은 불교 신앙의 성격이 현실 기복적인 경향으로 변화되었음을 짐작케 한다.

현재 조선 후기에 인쇄된 다양한 유형의 낱장 다라니가 사찰이나 박물관 등에 상당량이 전해지고 있다. 특히, 조선 후기에는 불상이나 불화의 복장물로 여러 유형의 범자 진언다라니가 봉안되었는데, 불상의 복장물에서 진언다라니가 출토된 사례로는 장성 백양사 목조아미타여래좌상, 완주 작양사 목조여래좌상, 영남대학교 박물관 소장 아미타여래좌상, 대구 보성선원 석가삼존불, 국립중앙박물관 소장 아미타불좌상과 관음보살좌상, 남양주 흥국사 영산전 석가여래좌상, 평창 상원사 문수보살좌상, 봉화 청량사 약사여래좌상과 문수보살좌상, 무안 목우암 여래좌상, 목포 달성사 관음보살좌상, 일본 고려미술관 소장 아미타삼존불감, 화순 쌍봉사 아미타여래좌상, 안동 보광사 관음보살좌상, 공주 마곡사 금강역사상, 서울 개운사 아미타여래좌상, 구미 자비사 여래좌상, 고흥 봉래사 관음보살좌상, 익산 혜봉원 여래좌상, 남원 실상사 철조여래좌상, 의성 모선암 여래좌상, 목포 달성사 명부전 시왕상, 무안 목우암 나한상, 완주 송광사 석가여래삼존불, 공주 갑사 석가여래좌상, 삼척 지장암 지장보살좌상, 산청 화림사 석조여래좌상, 화성 봉림사 아미타여래좌상 등이 있다. 이러한 불상에는 최초 조성 당시와 그 이후 중수 과정에서도 다양한 유형

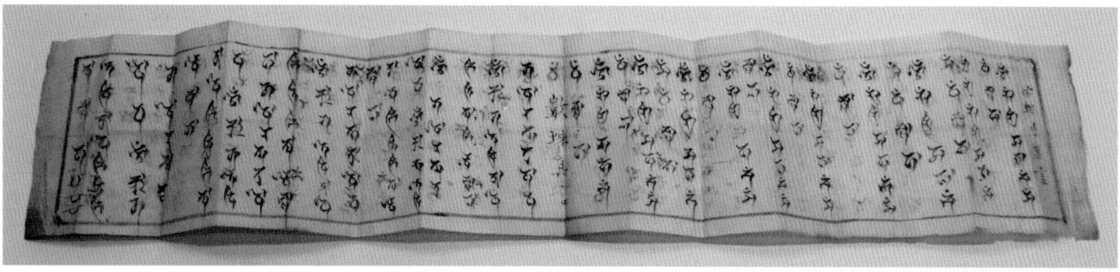

대구 보성선원 석가삼존불(1647) 출토 다라니　조선, 국립대구박물관

의 범자 진언다라니가 봉안되었음이 확인되고 있다. 이 중에서 장성 백양사 목조아미타여래좌상은 1607년 처음 조성되었는데, 그 이후 1741년과 1775년 두 번에 걸쳐 중수 불사가 이루어졌다. 이처럼 조성과 개금 과정에서 여러 복장물이 납입되었는데, 그중에 「대불정수능엄신주」와 「불정심관세음보살모다라니」 등 여러 유형의 다라니를 상당량 봉안하였다.

그리고 완주 작양사 목조여래좌상(1635)에서는 「대불정수능엄신주」를 비롯한 여러 유형의 범자 진언다라니가 함께 수습되었다. 영남대학교 박물관 소장 아미타여래좌상은 성주 비슬산 명적암에서 1637년 조성되었는데, 한 장의 종이에 「대불정수능엄신주」와 「보협진언」을 주서로 함께 인쇄한 다라니가 수습되었다. 대구 보성선원 석가삼존불에서도 주서로 인쇄한 「대불정수능엄신주」가 출토되었다. 국립중앙박물관에 소장된 아미타불좌상은 1333년 9월에 처음 조성되었는데, 조선 후기에 중수하면서 새롭게 봉안한 것으로 보이는 「제진언다라니」 35매, 「대불정능엄주」와 「보협진언」 33매 등 여러 유형의 다라니가 봉안되었다.[55] 또한, 국립중앙박물관에 소장된 관음보살좌상은 고려말 조선초에 조성된 것으로 추정되고 있는데, 조선 후기에 중수하면서 새롭게 진언다라니를 봉안하였다. 이 불상에서는 작은 낱장에 준제진언, 보협진언, 진심종자, 오륜종자 등을 직접 주서로 필사하였다. 이러한 다라니들은 당시 불상 조성에 따른 대표적인 의궤인 『조상경』에 의하여 품목별로 봉안하였음을 알 수 있다.

55　국립중앙박물관, 『국립중앙박물관 소장 불교조각 조사보고 2』, 2016, pp.136~146.

남양주 흥국사 영산전에 봉안된 석가여래좌상은 1650년 8월에 조성되었는데, 복장물로 후령통과 묘법연화경 등과 함께 여러 유형의 인쇄된 진언다라니가 수습되었다. 진언다라니는 조선 후기에 인쇄한 「대불정수능엄주」와 「일체여래전신사리보협진언」, 오륜종자와 진심종자로 시작하여 여러 진언다라니를 모은 제진언 다라니가 발견되었다. 특히, 제진언 다라니는 목포 달성사 시왕상, 고령 반룡사 목조비로자나삼존불상 등에서 출토된 것과 범자체와 범자의 배치 등이 동일한 것으로 보아 같은 판본으로 인쇄한 다라니가 여러 지역에 유통되었음을 알 수 있게 한다. 그리고 조선 후기에 들어와서도 불상의 복장물로 봉안된 대표적인 범자 진언다라니는 「대불정수능엄주」와 「보협진언」 등임을 알 수 있다.

평창 상원사 문수보살좌상은 1661년 조성되었는데, 묵서와 주서로 필사한 「대비심신묘장구대다라니」, 「대수구대명왕대다라니」, 「아미타본심미묘진언육자대신주」, 「불설아미본심미묘진언」, 「불설아미본심미묘진언」 등 여러 유형의 범자 진언다라니가 수습되었다. 봉화 청량사 약사여래좌상과 문수보살좌상에서도 필사한 진언다라니가 확인되었는데, 범자를 한글로 음역하여 묵서로 필사한 다라니도 함께 출토되어 주목된다. 무안 목우암 여래좌상은 1666년 조성되었으며, 여러 유형의 진언다라니가 출토되었는데, 「대불정수능엄신주」는 사각형 구획을 마련하여 진언다라니의 하부에 연화좌를 마련하고, 상부에 하엽형 문양을 새겨, 진언다라니의 존귀함과 영험함을 상징적으로 표현하였다. 목포 달성사 관음보살좌상에서도 큰 글자체로 다라니의 이름은 한자로 표기하고, 그 내용은 범자로 인쇄한 다라니가 확인되었다. 다른 다라니와 마찬가지로 「대불정수능엄신주」를 비롯하여 여러 진언다라니를 같은 목판에 새겨 낱장 다라니로 인쇄하였다.

한편 일본 고려미술관에 소장된 아미타삼존불감은 1689년 조성되었는데, 복장물에서 「불정심관세음보살대다라니」, 「관세음보살보협진언다라니」 등 여러 유형의 관음보살 관련 진언다라니가 수습되었다. 조선 후기에 관음보살 관련 진언다라니가 널리 신앙되고 보급되었음을 짐작할 수 있다. 화순 쌍봉사 아미타여래좌상에서도 주서로 인쇄한 여러 유형의 범자 진언다라니가 수습되었는데, 각각의 다라니를 꼬깃꼬깃 접어서 불상 복장공의 공간마다 가득 채운 것으로 확인되었다. 고려시대 조성된 안동 보광사 목조관음보살좌상도 조선 후기에 중수 불사가 이루어질 때 봉안된 여러 매의 진언다라니가 수습되었는데, 「대불정수능엄신주」를 비롯하여 당시 신앙한 진언다라니를 같은 목판에 새겼다. 그런데 이전과는 달리 목판 하부에 원형문을 마련하여 그 안에 卍자를 새겨 넣었는데, 이는 불교적인 성격의 다라니임을 강조한 것으로 보인다. 이와 유사한 형태로 제작된 진언다라니가 상당량 전해지고 있어, 당시 이러한 형태의 낱장 진언다라니가 널리 보급되었음을 알 수 있다. 그리고 이러한 형태를 조금 더 발전시켰거나 변형시킨 여러 유형의 진언다라니가 전해지고 있는 것으로 보아 기존의 다라니 목판을 개량하여 재활용했음도 알 수 있다. 구미 자비사 여래좌상에서는 간략하고 단순하게 제작한 목판으로 인쇄한 진언다라니가 수습되었으며, 1708년 조성된 고흥 봉래사 관음보살좌상에서는 인쇄한 다라니와 함께 필사한 다라니도 수습되었다. 익산 혜봉원 여래좌상에서는 주서로 인쇄된 「관세음보살보협진언」, 「대불정수능엄신주」, 「일체여래심비밀전신사리보협인다라니」 등이 묶음 형태로 발견되었다. 그리고 은해사 아미타불좌상(1531), 직지사 석가모니불좌상(1648), 홍국사 석가모니불좌상(1650), 일출암 약사불좌상(1651), 금산사 청룡암 관세음보살좌상(1655) 등에서도 「일체여래전신사리보협진언」이 출토되었다. 특히, 「일체여래심비밀전신사리보협인다라니」는 조선 후기 17~18세기대에 낱장 다라니 형태로 제작되어 불상이나 불화 등의 복장물을 비롯하여 무덤 안에 시신과 함께 많이 부장되었다. 이것은 망자의 극락왕생을 염원하기 위한 것으로 보인다. 순천 송광사 목조관음보살좌상에서는 개금 과정에서 발원문을 비롯한 여러 복장 유물이 출토되었는데, 인쇄한 종이 다라니와 함께 다라니 목판을 표면에 직접 찍은 저고리도 확인되었다. 그리고 불상의 복장공에도 인쇄한 다라니를 빈틈없이 부착하였다. 이처럼 저고리 안쪽에 발원문과 함께 다라니를 직접 찍어 인쇄함으로써 저고리 주인공에 대한 추모와 함께 공양과 공덕을 쌓고자 했음을 알 수 있다.

그리고 남원 실상사 철조여래좌상은 신라 말기에 처음 조성된 것으로 추정되고 있는데, 2013년 보존처리 과정에서 다양한 복장물이 수습되었다.[56] 대부분의 복장물은 조선시대 새롭게 봉안된 불경, 다라니경, 후령통 등을 비롯하여 현대 시기의 후령통도 확인되었다. 이러한 복장물의 현황으로 보아 여러 번에 걸쳐 중수가 이루어졌음을 알 수 있게 되었다. 그런데 이 중에 조선 후기 안왕사(安旺寺)에서 판각되어 인쇄된 『조상경』이 수습되었는데, 『조상경』을 낱장으로 인쇄하여 낱장 다라니처럼 후령통을 두르고 실로 묶어 다라니를 독특하게 활용하였다. 의성 모선암 여래좌상과 화순 쌍봉사 아미타여래좌상에서는 구겨진 상태의 진언다라니가 수습되어, 당시 다라니가 다양한 방식으로 납입되었음을 알 수 있다. 또한 무안 목우암 나한상과 완주 송광사 석가여래삼존불에서도 여러번 구겨진 「대불정수능엄신주」가 수습되었다. 목포 달성사 명부전 시왕상은 조선 전기에 조성된 것으로 확인되었는데, 조선 후기에 들어와 중수하면서 새롭게 봉안된 여러 유형의 진언다라니가 출토되었다. 특히, 보기 드물게 원형문을 마련하여 그 안에 범자를 새긴 목판으로 다라니를 인쇄하였다. 삼척 지장암 지장보살좌상에서는 주서로 필사한 다라니가 출토되었는데, 오륜종자와 진심종자 등을 한 장의 종이에 새겼다. 예산 삼길암 관음보살좌상은 1726년 3월에 조성되었는데, 주서로 인쇄한 「관음주다라니」를 비롯하여 「보협인다라니」와 「오륜종자다라니」 등이 함께 수습되었다. 산청 화림사 석조여래좌상은 조선 후기에 인쇄한 다라니와 종이를 작게 잘라 주서로 필사한 다라니를 함께 봉안하였다. 용인 동도사와 수원 용주사 등에도 범자로 구성한 여러 유형의 진언다라니가 전해지고 있다. 남양주 흥국사 시왕전의 시왕상들은 1792년경에 조성되었는데, 일부 시왕상에서 후령통과 범자 진언다라

56 1986년 불상 내부에서 파손된 두 손과 함께 다량의 복장물과 출토되었다.

관음보살도와 육자진언 조선, 1606, 순천 송광사[57]

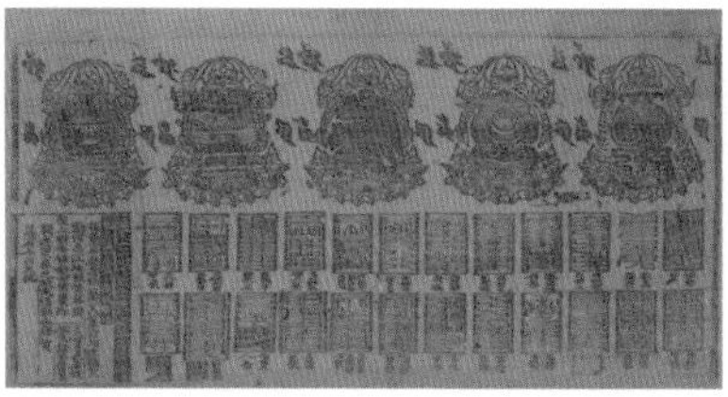

「불정심인호부다라니」 조선, 1617.4, 고양 원각사, 정각 스님 제공

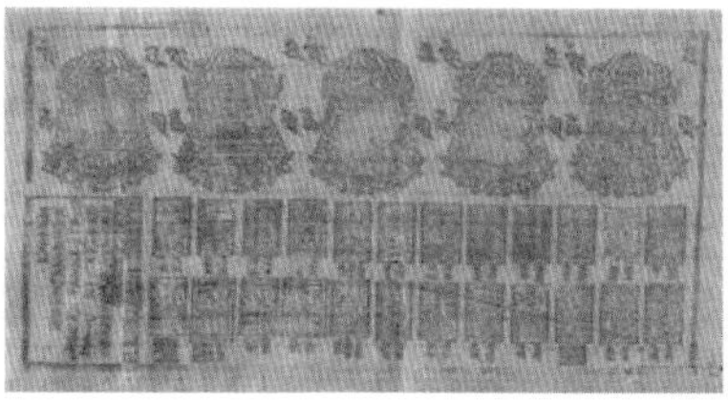

「불정심인호부다라니」 조선, 1617.4, 통도사 성보박물관

니 등 상당량의 복장물이 수습되었다. 그리고 다라니는 「제진언다라니」, 「일체여래비밀전신사리보협다라니」, 「호부다라니」 등이 발견되었는데,[58] 이 중에 「제진언다라니」는 주서로 인쇄하였으며, 삼신주와 오륜종자를 시작으로 총 21개의 진언다라니를 같은 목판에 함께 새겼다. 이처럼 남양주 흥국사 시왕상에서 출토된 다라니들은 구체적인 조성 시기와 함께 외곽에 발원자가 묵서된 경우가 많은 것으로 확인되어 다라니의 전개 과정을 살피는데 귀중한 자료이다. 나아가 발원자가 공양이나 공덕을 쌓고자 다양한 유형의 다라니를 봉안했음도 알려주고 있다.

57 정우택, 「조선전기 新圖像 선묘관음보살도」, 『동악미술사학』 제18호, 동악미술사학회, 2015, p.15.

58 「제진언다라니」는 말미에 '聖上卽位十六年壬子潤四月上浣 月菴門人暎月朗奎謹書'라고 하여 1792년 4월에 인출되었음을 알 수 있다. 「一切如來秘密全身舍利寶篋陀羅尼」는 '聖上卽位十六年壬子五月初吉月菴月菴門人暎月朗奎謹書 化主喚月快定募貲刻此留鎭于楊州水落山興國寺'라고 하여 1792년 5월에 인출되었음을 알 수 있다. 「護符陀羅尼」는 1행당 8개씩 총 24개의 다양한 호부가 배치되었는데, 호부 외곽에 '比丘自還施 比丘緣有盡 比丘處寬刻 道峯山普賢留板'이라고 하여 시주자와 각자 등을 알 수 있도록 했다.

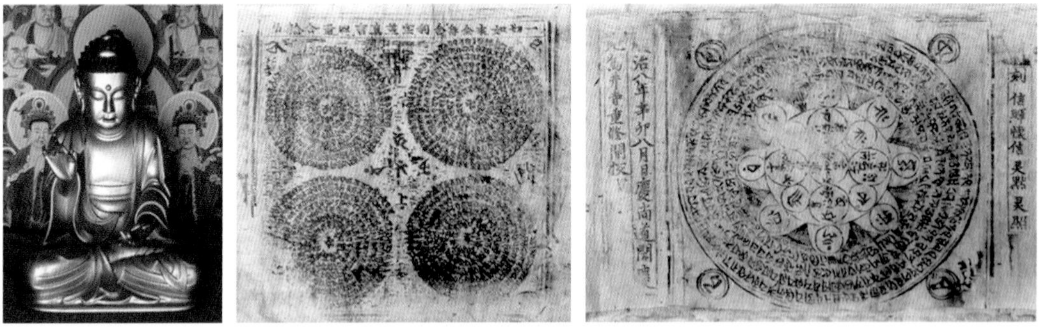

옥천 가산사 목조아미타여래좌상 1624.03, 1992년 소실

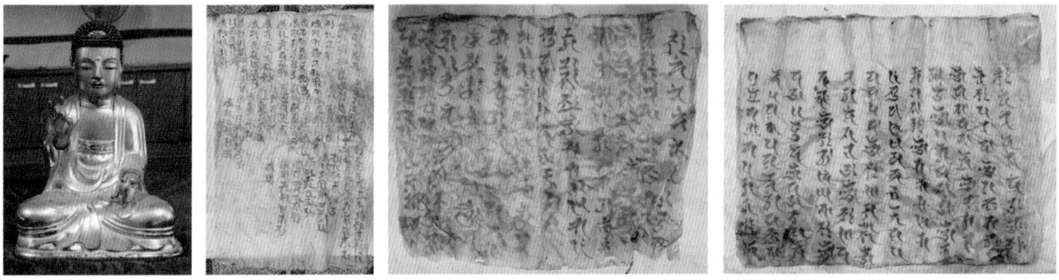

완주 작양사 목조여래좌상과 다라니 조선, 1635

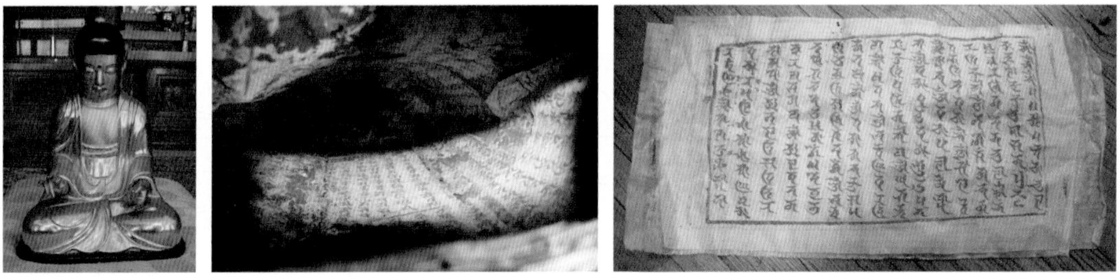

광양 백운사 목조아미타여래좌상(1643년) 불상 내부와 출토 다라니

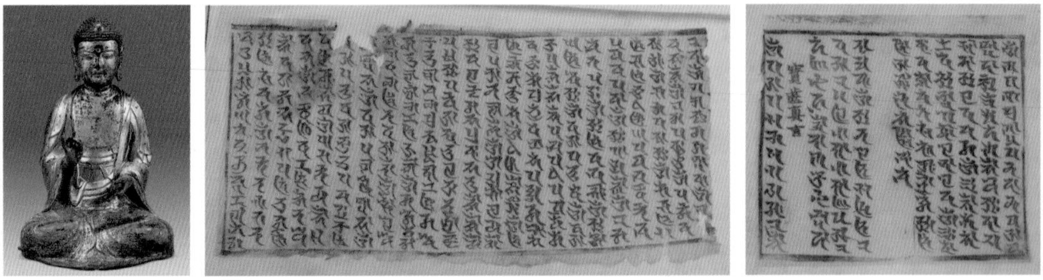

금동아미타불좌상(고려)과 다라니(조선) 국립중앙박물관

보협진언

준제진언

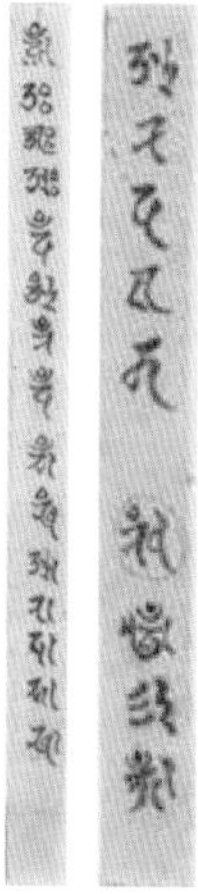

진심종자-오륜종자-보신주

금동관음보살좌상(덕수 801)과 다라니(조선) 국립중앙박물관[59]

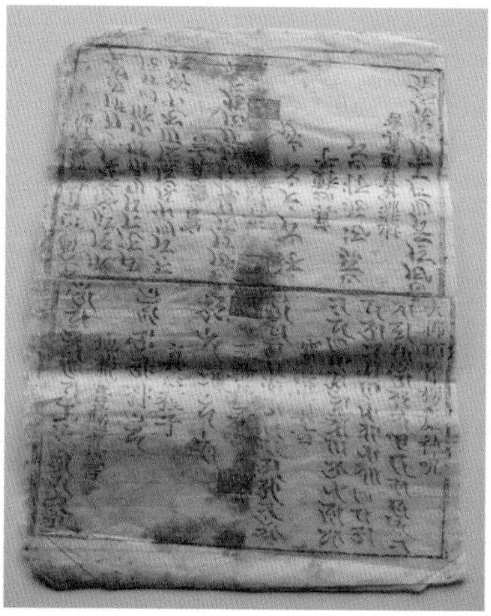

「대불정수능엄신주」

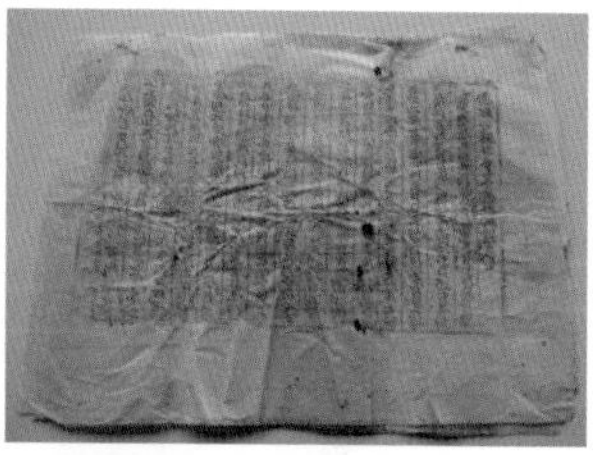

「불정심관세음보살모다라니」

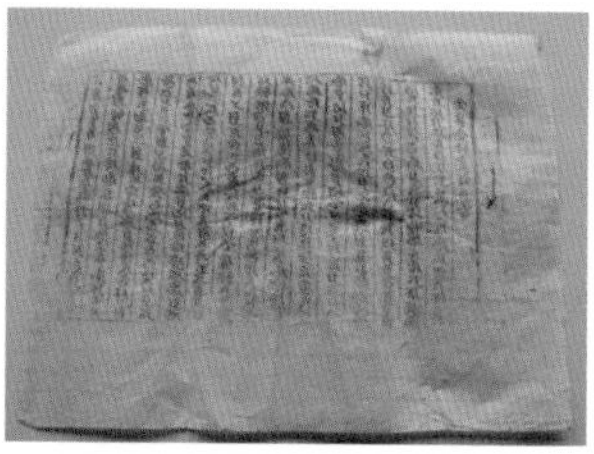

「전신사리보협진언」

장성 백양사 목조아미타여래좌상 조선, 1607년 조성, 1741년과 1775년 개금

---

59 순천 송광사 목조관음보살좌상의 복장물을 조사할 수 있도록 배려해 주신 고경 관장스님께 진심으로 감사드린다.

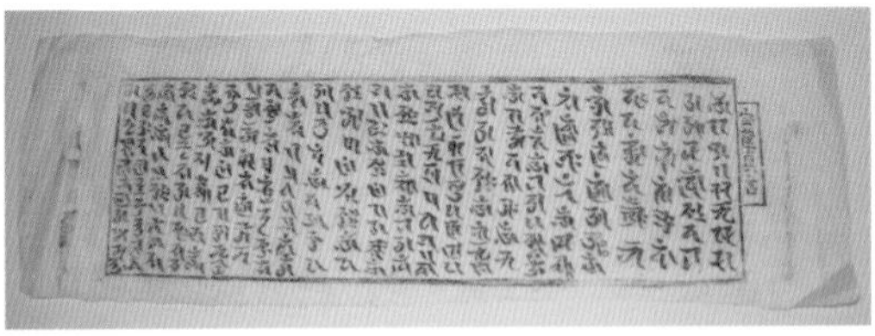

보협진언

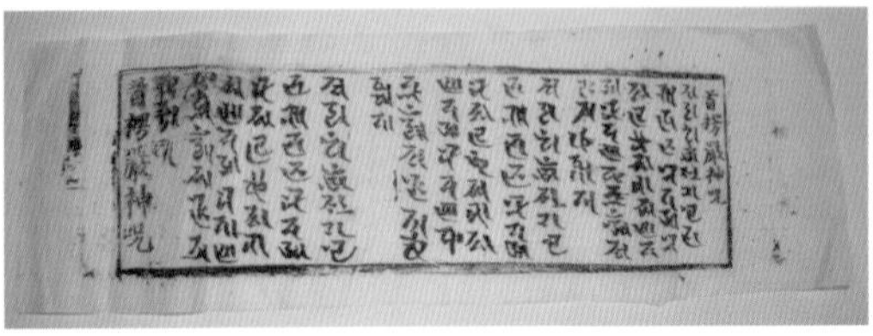

수능엄신주

해남 도장사 목조석가여래좌상과 다라니　조선, 1643.05

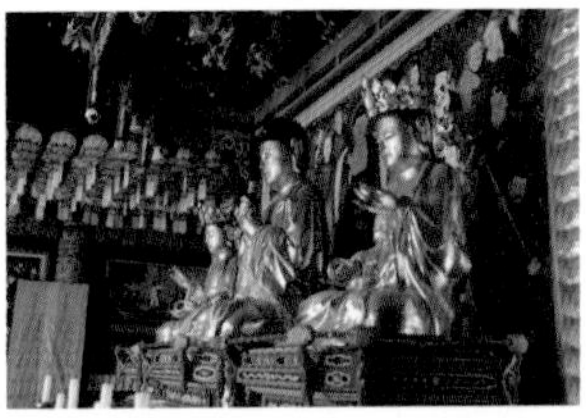

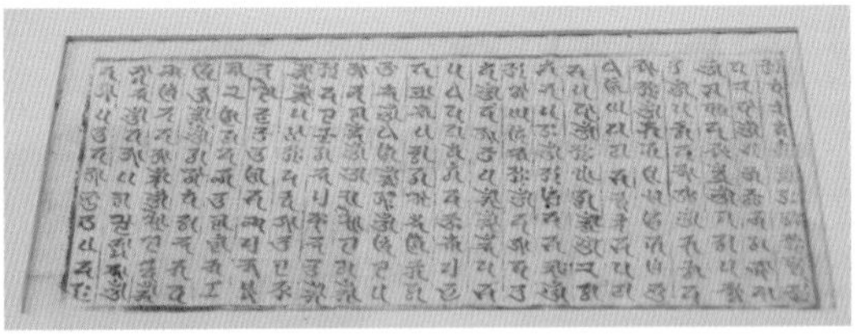

고령 반룡사 목조비로자나삼존불좌상과 제진언 다라니　조선, 1642, 대가야박물관

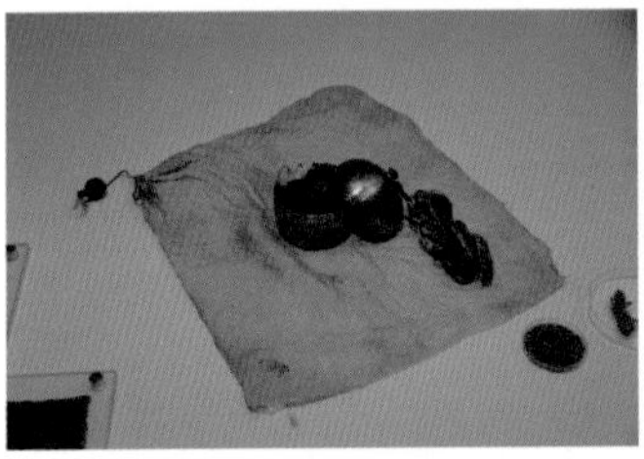

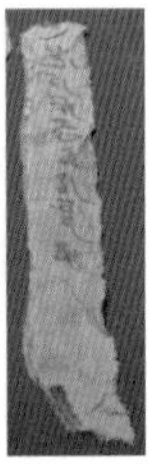

대구 보성선원 석가삼존불 복장물 및 종이와 직물에 새긴 다라니　조선, 1647, 국립대구박물관

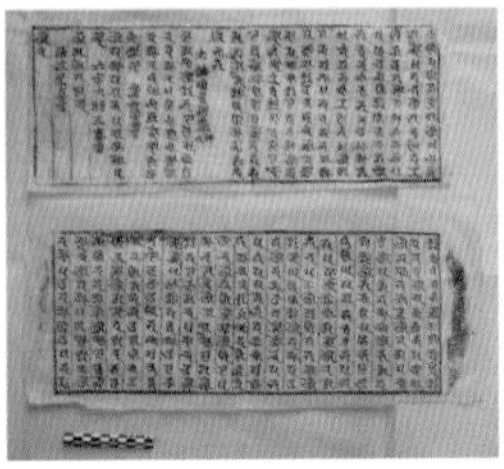

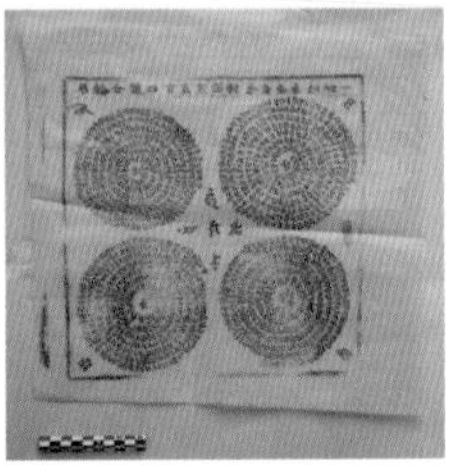

남양주 흥국사 영산전 석가여래좌상과 제진언 다라니　조선, 1650.8, 오호석 제공

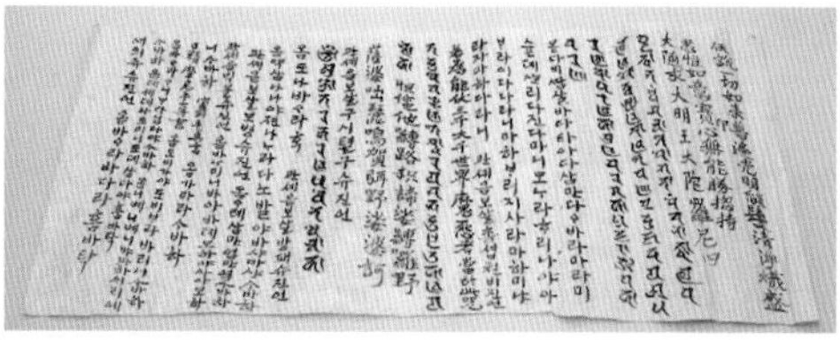

「대수구대명왕대다라니」

「불설아미본심미묘진언」(주서)

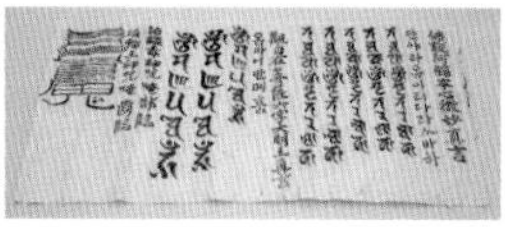

「불설아미본심미묘진언」(묵서)

평창 상원사 목조문수보살좌상과 다라니　조선, 1661, 월정사 성보박물관

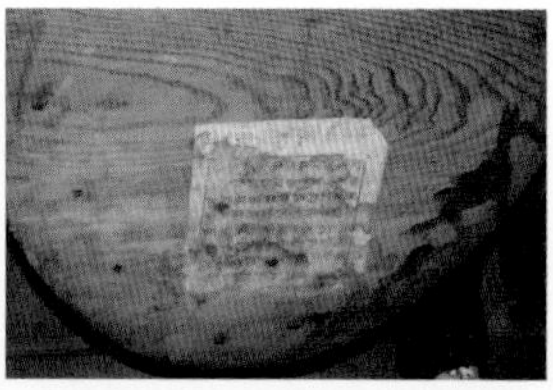

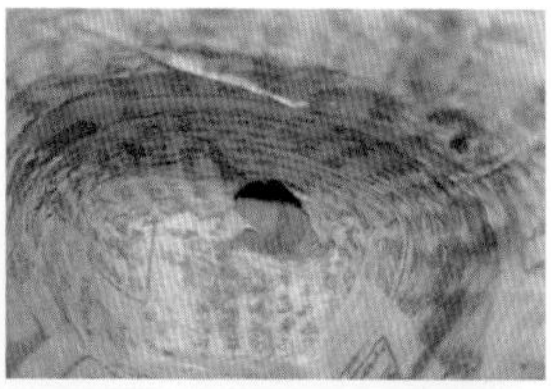

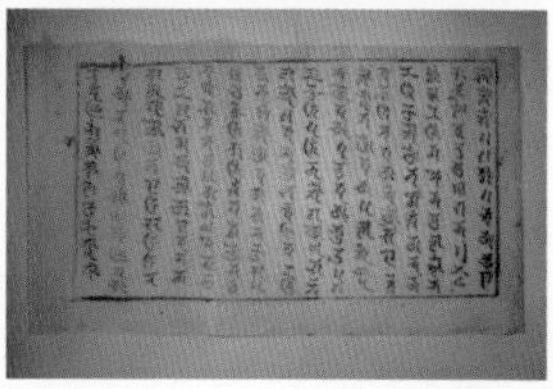

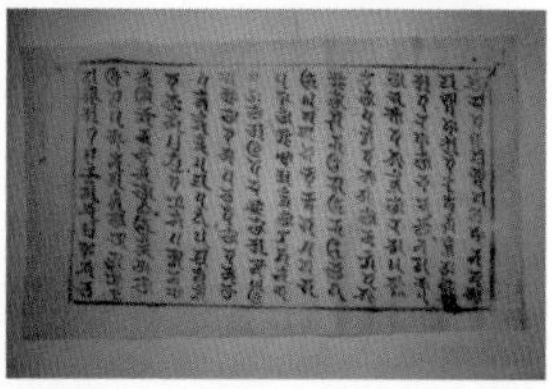

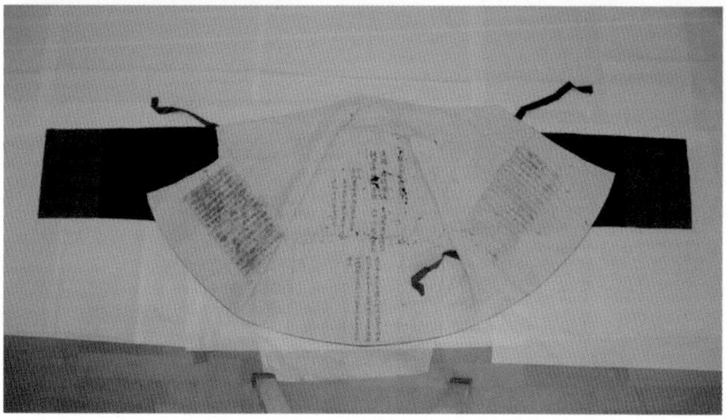

저고리

저고리에 찍은 다라니

배자에 찍은 다라니

순천 송광사 목조관음보살좌상　조선, 1662.1, 순천 송광사 성보박물관[60]

60　순천 송광사 목조관음보살좌상의 복장물을 조사할 수 있도록 배려해 주신 고경 관장스님께 진심으로 감사드린다.

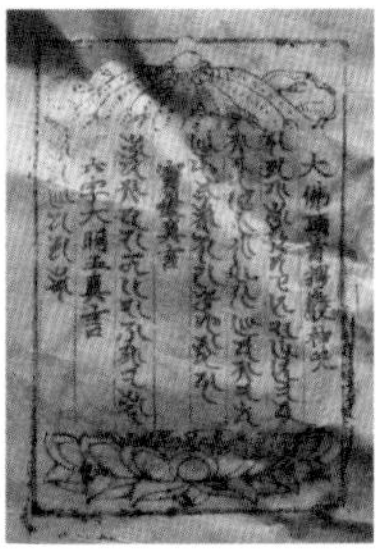

무안 목우암 목조여래좌상과 「대불정수능엄신주」 조선, 1666

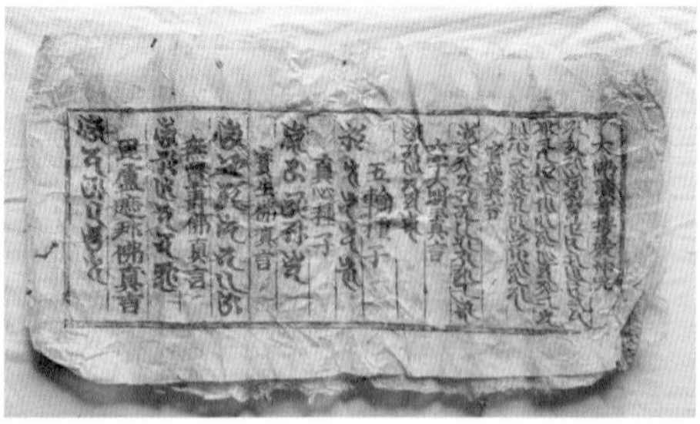

목포 달성사 목조관음보살좌상과 「대불정수능엄신주」 조선, 1678

아미타삼존불감과 다라니 조선, 1689.02, 일본 고려미술관

「불정심관세음보살다라니」

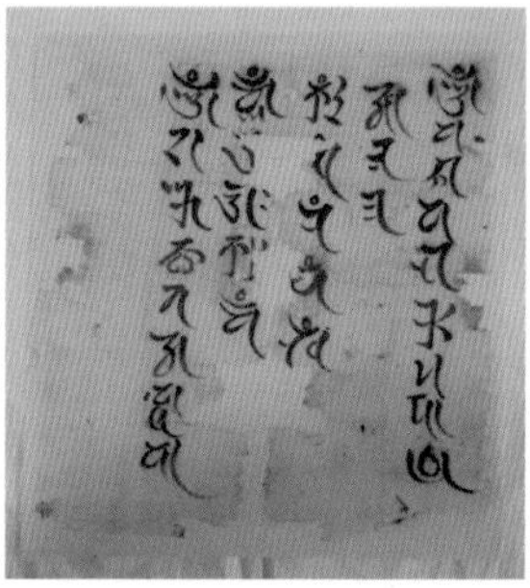

「관세음보살보협진언다라니」

화순 쌍봉사 목조아미타여래좌상과 다라니 조선, 1694

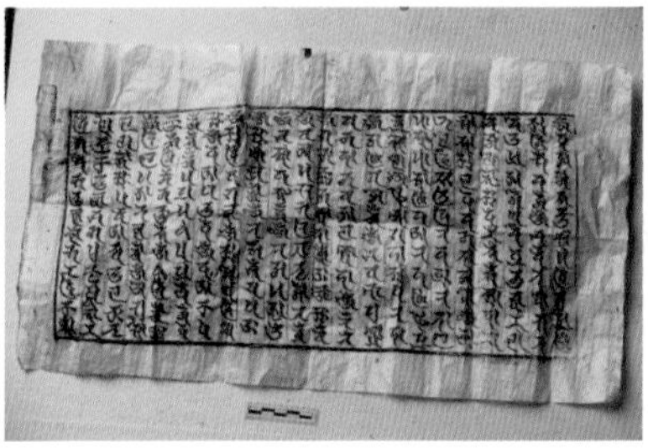

「제진언다라니」

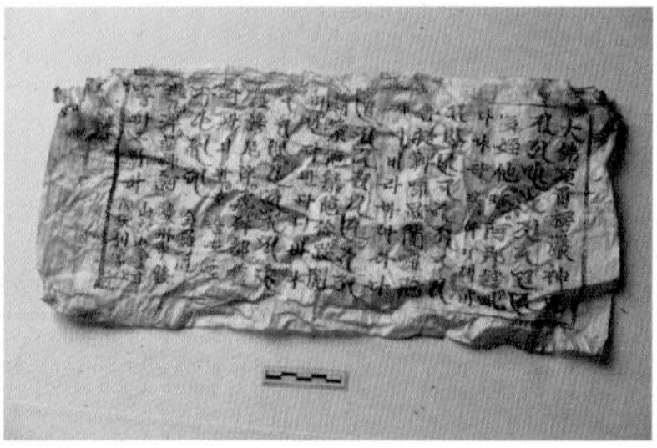

「대불정수능엄신주」

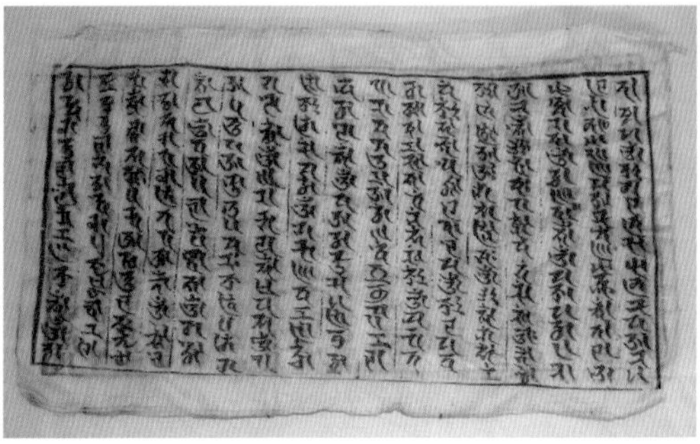

고흥 봉래사 목조관음보살좌상과 다라니 조선, 1708, 최인선 제공

보성 징광사 관음보살좌상 출토 대수구다라니 조선, 1708, 순천 송광사 성보박물관

예산 삼길암 목조관음보살좌상 출토 다라니 조선, 1726.03, 수덕사 성보박물관

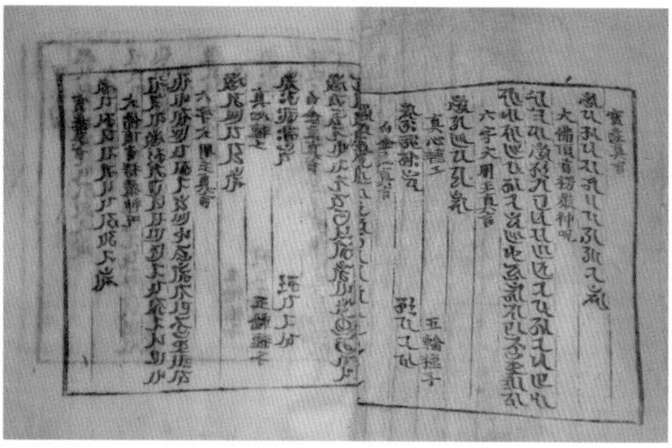

남원 실상사 철불에서 출토된 후령통을 감싼 다라니와 별도 봉안 다라니 조선

다라니 묶음

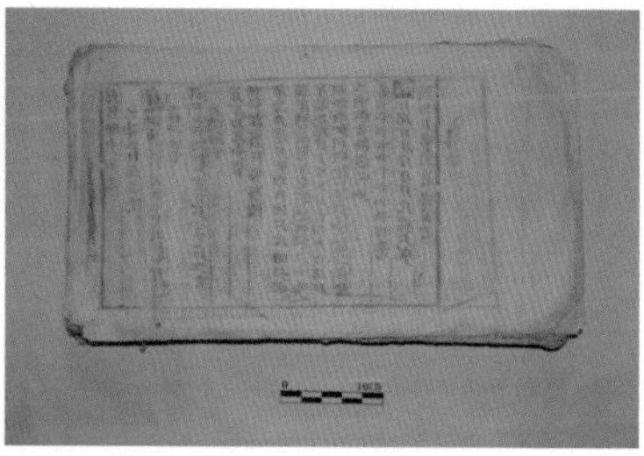

「관세음보살보협진언」

바닥

「대불정수능엄신주」

「일체여래심비밀전신사리보협인다라니」

익산 혜봉원 목조여래좌상과 다라니 조선, 1712

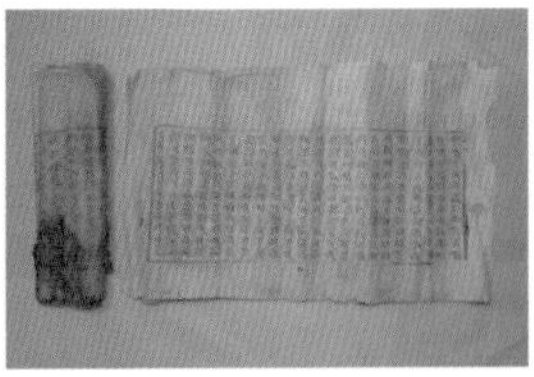

❷

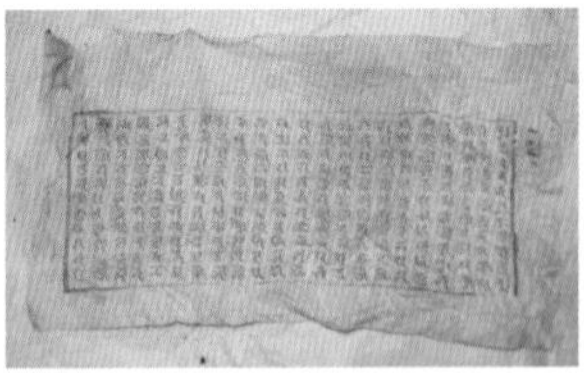

❸

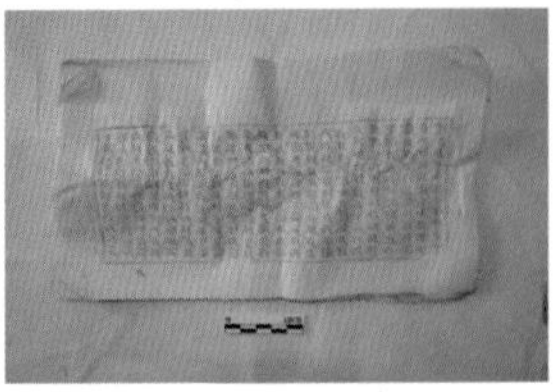

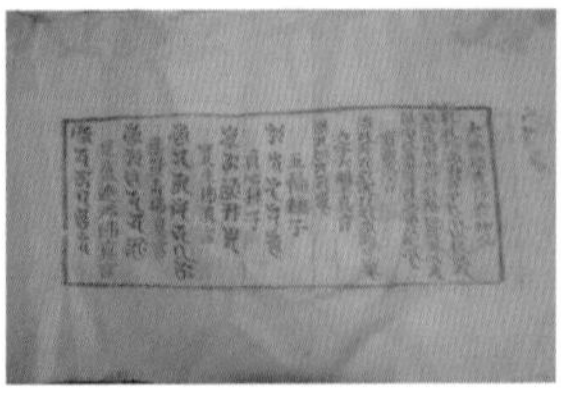

❶ ❹ ❺ ❻

❶ 제5시왕상(염라대왕) ❷ 제5시왕상(염라대왕) 출토 다라니 ❸ 제8시왕상(평등대왕) 출토 제진언 다라니
❹ 제9시왕상(도시대왕) 출토 다라니 ❺ 제10시왕상(오도전륜대왕) 출토 다라니 ❻ 제9시왕상(도시대왕)

목포 달성사 명부전 시왕상 출토 다라니 조선

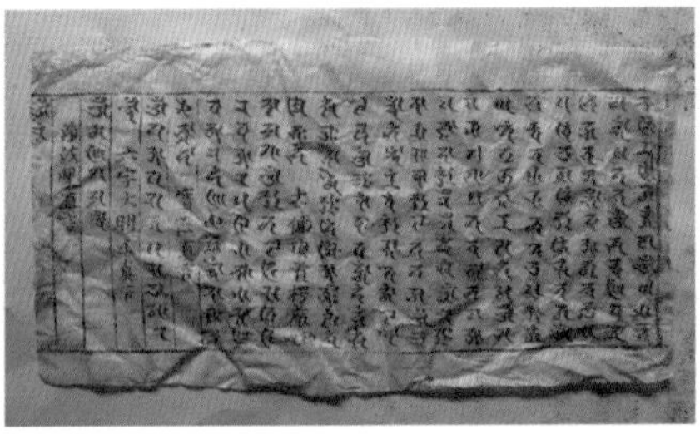

무안 목우암 목조 나한상과 「대불정수능엄신주」 조선

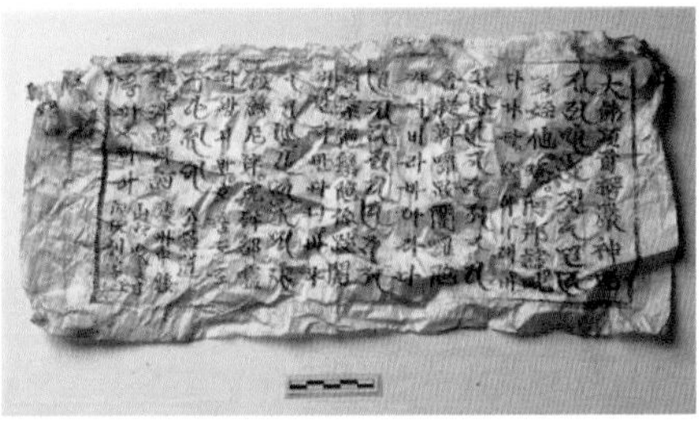

완주 송광사 석가여래삼존불 출토 「대불정능엄신주」 조선

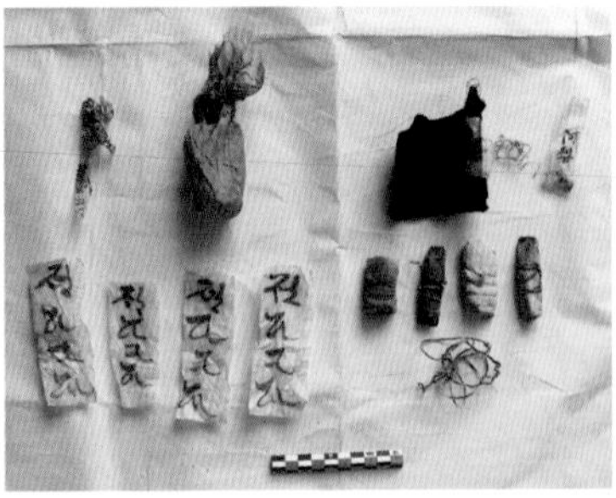

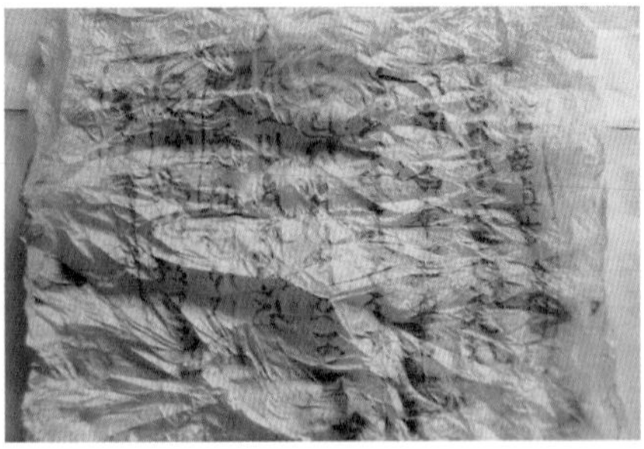

산청 화림사 석조여래좌상과 다라니 조선

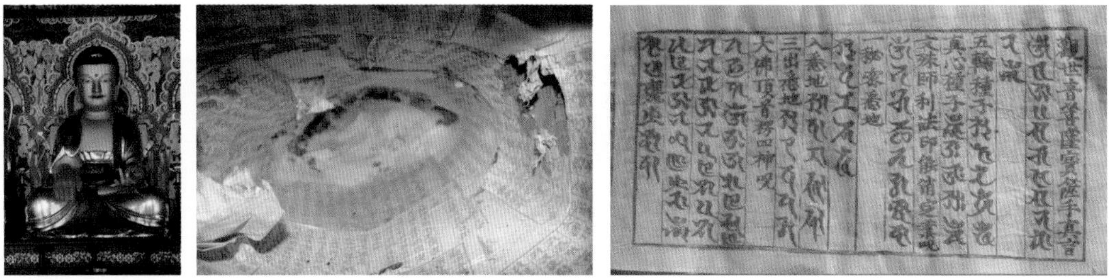

강진 고성사 삼불좌상(1751년 개금) 불상 내부와 출토 다라니

그리고 화성 봉림사 아미타여래좌상 복장물을 비롯하여 창녕 관룡사와 대구 파계사 등에는 독특한 형상으로 제작한 옥환경 다라니와 목판이 전해지고 있다. 이 다라니는 상부에 정법계진언을 새기고, 그 아래에 타원형으로 다라니를 배열하고, 외곽에 발원문 등을 새겼다. 또한 진언다라니나 경전의 내용을 원통형의 궁전처럼 그린 보탑형 다라니도 유통되었다. 이 다라니는 탁자형 받침대 위에 연화대좌를 마련한 후 그 위에 보탑형으로 전각을 그렸는데, 공간마다 불경의 내용이나 범자로 진언다라니를 새겼다. 이러한 보탑형 다라니는 조선 말기부터 일제강점기까지 많이 보급되었다. 이외에도 여러 유형의 낱장 진언다라니를 인쇄할 수 있는 다양한 형태의 목판이 전해지고 있다.

이처럼 조선시대 조성된 불상이나 불화의 복장물에는 여러 유형의 각종 진언다라니가 봉안되었는데, 이 중에 「보협인다라니」와 「대불정수능엄신주」가 가장 많이 확인되고 있다. 「보협인다라니」는 고대부터 탑에도 많이 봉안되었는데, 이 다라니를 탑에 봉안하면 여래가 수호해 주는 탑이 된다고 한다. 여래가 탑과 탑의 형상이 있는 곳을 보호해주며, 어떤 해도 입지 않고, 무서운 독벌레 뱀 맹수로부터 상하지 않으며, 물난리에도 걱정 없으며, 적의 침략이나 기근에도 피해를 입지 않는다고 한다. 이러한 공덕을 지닌 「보협인다라니」를 탑이나 불상에 봉안하면 일체 여래의 말씀과 법요가 들어있는 것과 마찬가지이며, 부처와 같은 신위력을 갖추고 있으며, 모든 죄와 업장을 소멸하고, 수명을 연장하는 공덕이 있다고 하였다. 또한 「대불정수능엄신주」도 같은 공덕이 있다

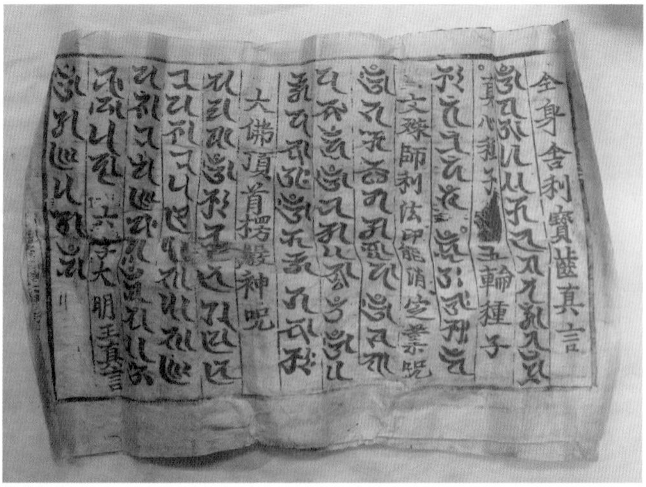

곡성 태안사 목조보살좌상 출토 다라니　조선

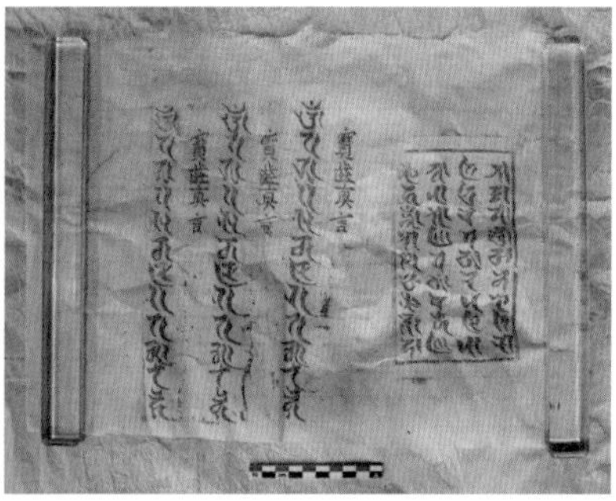

공주 마곡사 명부전 지장보살좌상 불상 내부와 출토 다라니　조선

고 믿었다. 이러한 공덕으로 두 진언다라니가 널리 보급되었던 것으로 보인다.

그리고 조선 후기에도 진언다라니 신앙이 성행하면서 부처님께 공양하고 공덕을 쌓고, 극락왕생하고자 다양한 유형의 목판이 제작되어 상당량의 진언다라니가 인쇄 보급되었음을 알 수 있다. 범자로 구성된 진언다라니를 복잡하게 배열한 것뿐만 아니라 간략하면서 단순하게 배열한 것도 확인되고 있어, 조선 후기에는 지역별, 사찰별, 장인별로 다양한 유형의 진언다라니 목판이 제작되었음을 짐작할 수 있다. 이러한 진언다라니는 오늘날까지 많은 신도의 중요한 신앙의 대상이 되고 있으며, 각종 의례와 법회, 공양이나 공덕을 쌓는 방편으로 폭넓게 활용되고 있다.

조선 후기 인출된 각종 범자 진언다라니와 목판

제진언다라니　조선, 고양 원각사, 정각 스님 제공

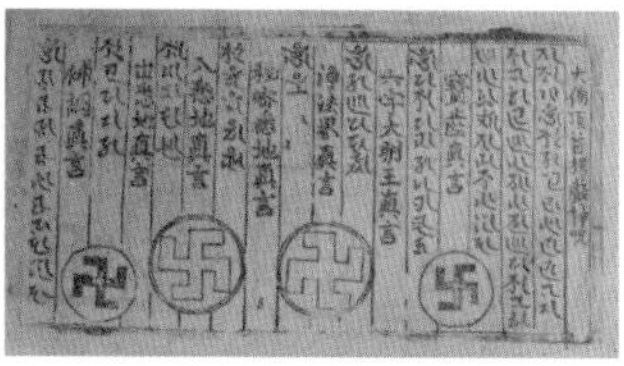

제진언다라니　조선, 가회민화박물관

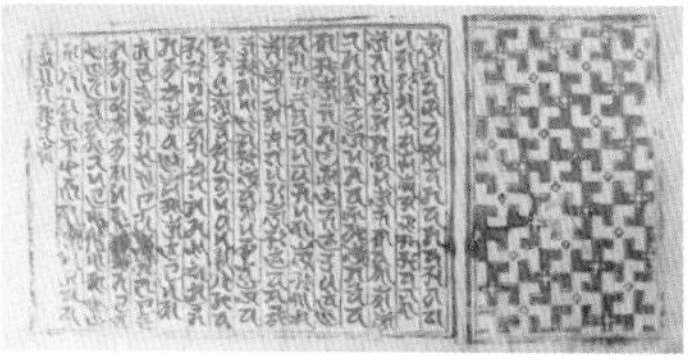

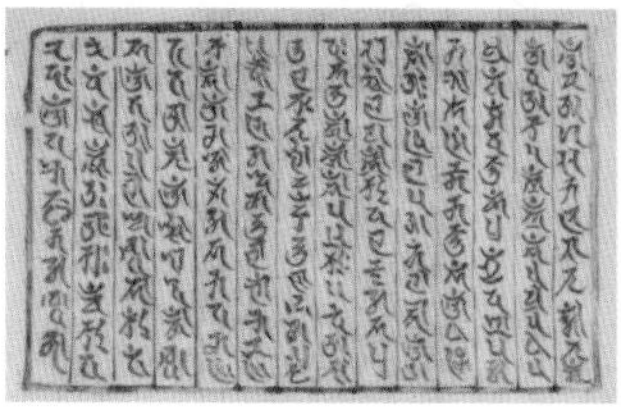

제진언다라니　조선, 통도사 성보박물관

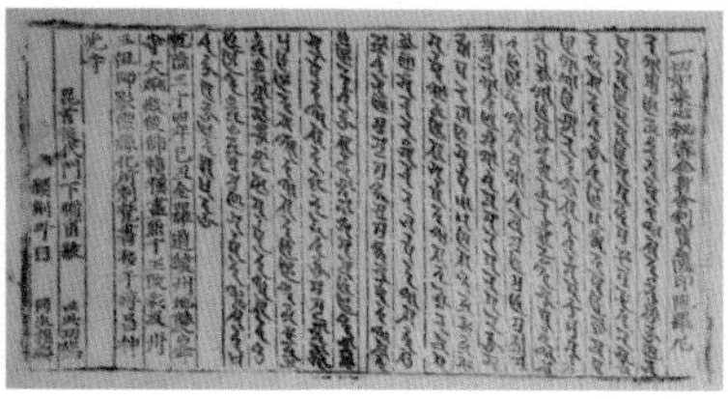

제지언다라니　조선, 1769, 고양 원각사, 정각 스님 제공

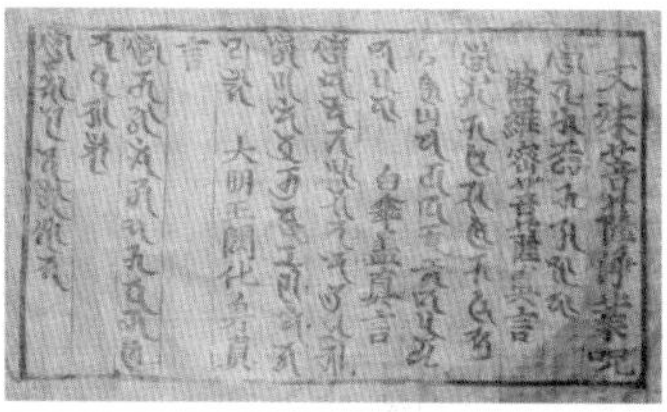

제진언다라니　조선, 용인 동도사, 도원 혜성 스님 제공

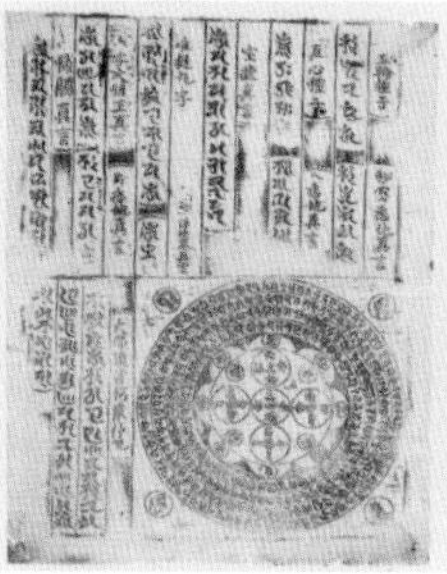

❶

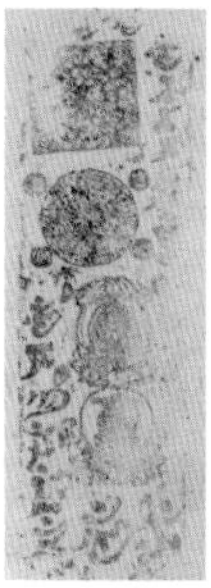

❷

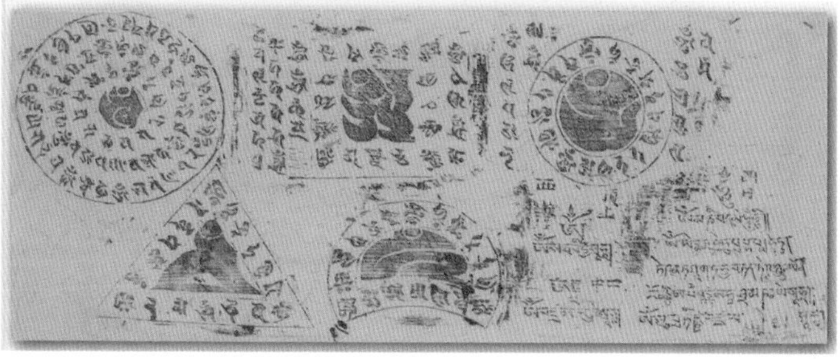

❸

❶ 「대불정수능엄신주」　조선, 서울 개운사 아미타여래좌상

❷ 육자진언 다라니　조선, 위덕대학교 박물관

❸ 복합 다라니　조선, 고양 원각사, 정각 스님 제공

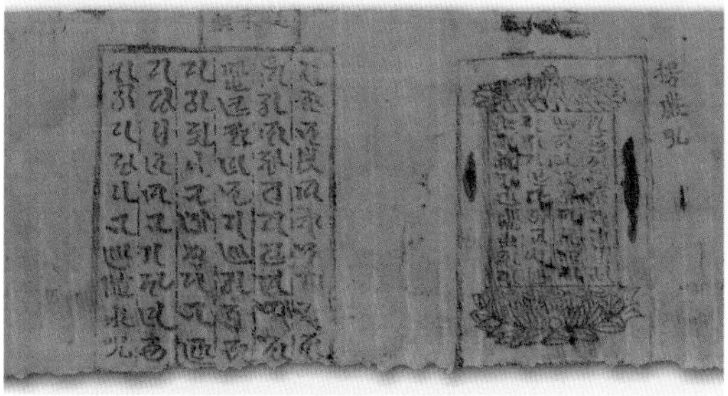

「능엄주」　조선, 고양 원각사, 정각 스님 제공

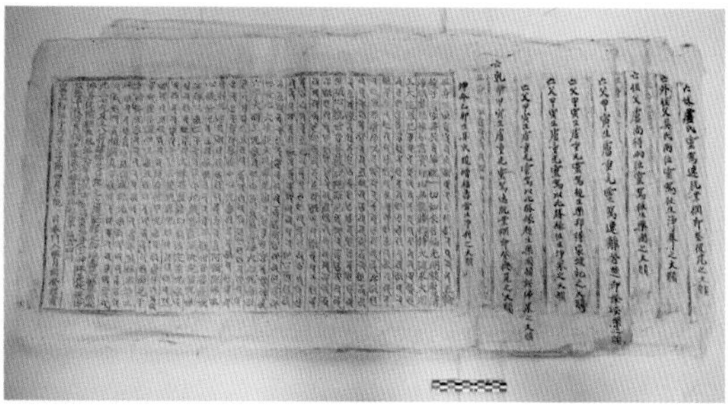

「제진언다라니」　조선, 1792.4, 남양주 흥국사 시왕전 오관대왕, 오호석 제공

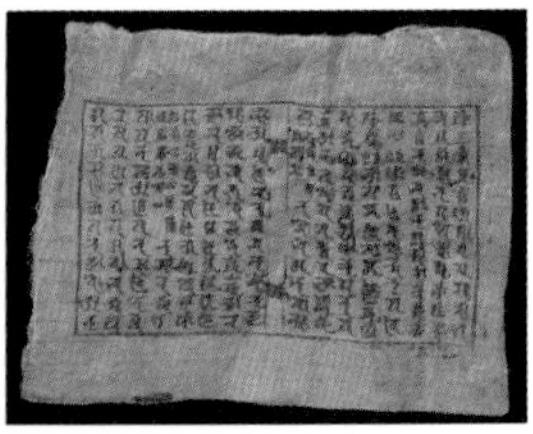

앞면

뒷면

제진언다라니　조선, 화순 쌍봉사 전륜대왕

진언다라니 목판　조선, 남양주 보광사

진언다라니 목판　조선, 선암사 성보박물관

진언다라니 목판　조선, 고성 옥천사

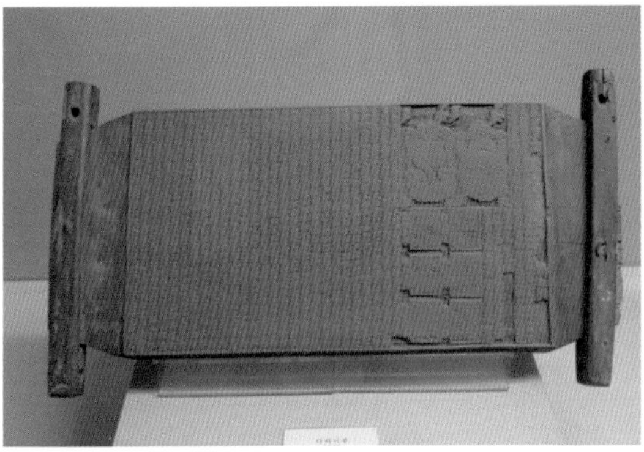

진언다라니 목판　조선, 해인사 성보박물관

대불정수구다라니 목판　조선, 천태중앙박물관

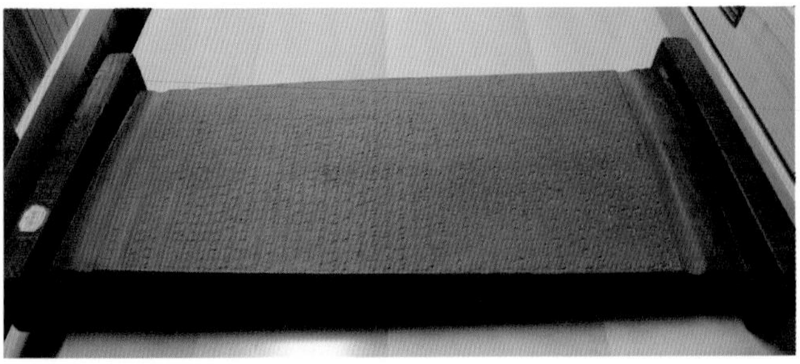

진언다라니 목판　조선후기, 선운사 성보박물관

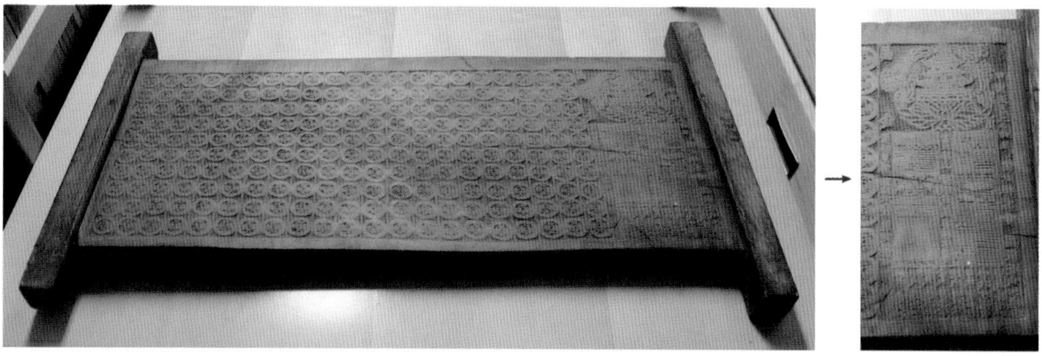

금전다라니 목판　조선후기, 선운사 성보박물관

❶

❷

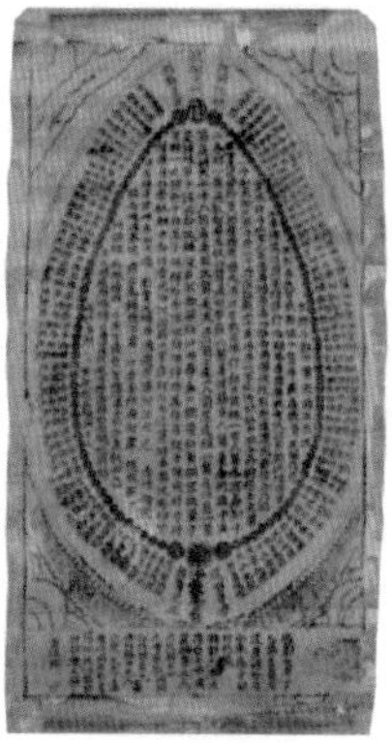

❸

❶ 화성 봉림사 목조아미타여래좌상(1362)과 「금강정유가염주경게」(1759.4)•

❷ 창녕 관룡사 옥환경 목판　조선, 1759.4, 통도사 성보박물관 ❸ 대구 파계사 옥환자경(1857)••

「준제진언솔도파수구탑다라니」와 제진언　1897.7, 통도사 성보박물관

• 이 다라니는 말미에 '乾隆二十三年己卯四月日毗瑟山龍淵寺'라는 간기가 있는데, 간지를 따라 1759년 4월로 설정하였다.

•• 불교문화재연구소, 『한국의 사찰문화재』 -대구 경북 Ⅰ(남부), 2007, p.145.

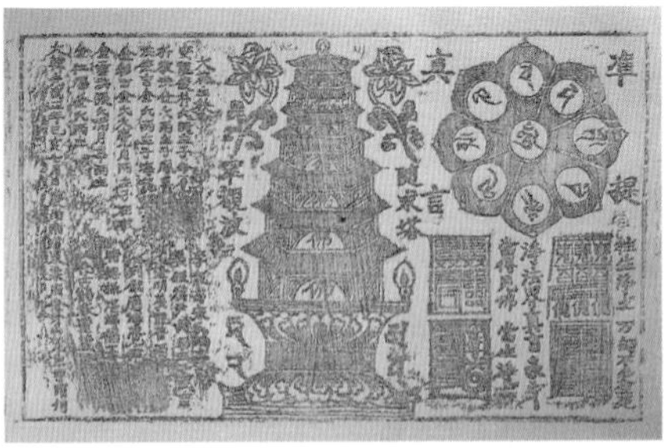

목판과 세부

인쇄본

「준제진언솔도파수구탑다라니」 목판 조선, 1899, 범어사 성보박물관

①

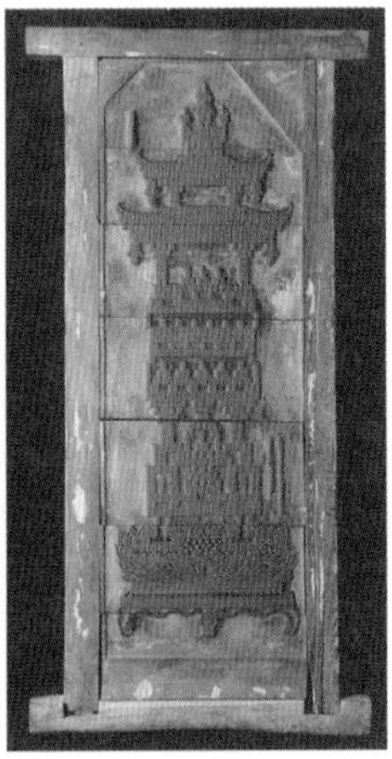

②

③

「대준제솔도파탑다라니」 고양 원각사, 정각 스님 제공

❶ 「금강경탑다라니」 고양 원각사, 1871, 정각 스님 제공

❷ 「금강경탑다라니」 공주 마곡사, 1879

❸ 「금강경탑다라니」 고양 원각사, 1881, 정각 스님 제공•

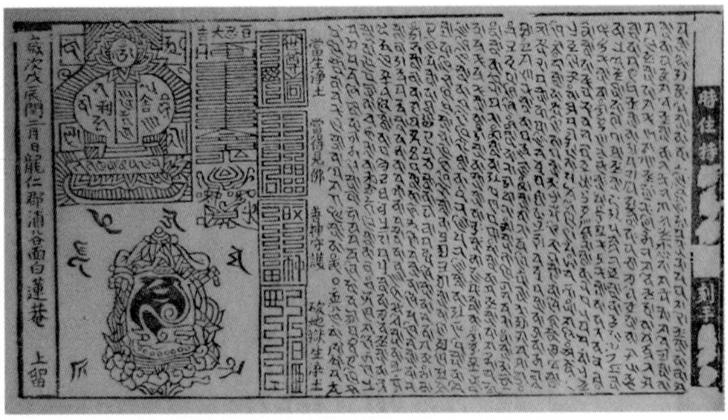

다라니 용인 백련사 인출, 고양 원각사 소장

다라니목판 시기미상, 화성화운사

• 상부 우측편에 '圓通宮殿', 하부 좌측편에 '大悲願力呪 消災增福壽 光緒七年辛巳七月二十五日 □山靈泉菴流布'라고 주서되어 있다. 이 다라니가 1881년 7월에 靈泉庵에서 조성 인출되어 유포되었음을 알 수 있다.

3. 만다라

만다라(曼茶羅, 曼陀羅)는 산스크리트어 'Maṇḍala'에서 온 말인데, 본질 또는 진수를 뜻하는 'Maṇḍa', 소유와 성취를 의미하는 'la'가 결합한 낱말이라고 한다. 그래서 만다라는 '본질의 것', '본질을 소유한 것', '본질을 담고 있는 것'이라는 의미를 갖고 있다.

만다라는 원래 힌두교의 'Tantrism'과 밀교의 'Vajrayana'(금강승)에서 수행 보조용으로 정해진 규범에 따라 그려진 도형을 의미했다고 한다. 처음에는 대지 위에 토단을 쌓고 신의 강림을 기원하기 위해 왕궁 모형의 신성한 공간을 만들었다. 그래서 초기에 제작된 만다라의 기본 형태는 사각형의 중심에 원이 있고 각 변의 중앙에 한 개의 문이 있어, 원과 사각형이 기본으로 구성되어 있다. 이처럼 만다라는 힌두교에서 발생하였는데, 나중에 불교에 유입되어 널리 사용되었다고 한다. 이것이 티베트 밀교에서 독창적인 채색화로 발전하였다.

'Maṇḍala'는 당나라의 현장법사(602~664) 이전에는 모든 불보살을 예배 공양하는 공간이라는 의미에서 '단(壇)' 또는 '도량(道場)'이라고 한역하였다. 이후에 모든 법을 원만하게 갖추었다는 의미에서 '취집(聚集)' 또는 '윤원구족(輪圓具足)'이라고 한역하기도 했다. 여기서 '윤원구족'은 만다라가 깨달음의 경지를 도형화한 것이기 때문에 붙여진 명칭으로, 낱낱의 살(輻)이 바퀴 축에 모여 둥근 수레바퀴(圓輪)를 이루듯 모든 법을 원만히 갖추어 모자람이 없다는 의미이다. 그래서 만다라는 우주의 본질 또는 생명의 진수가 가득한 원형의 바퀴를 뜻하기도 한다. 만다라는 개인적인 깨달음이나 느낌에 따라 그려진 것이 아니고, 주제와 내용 등이 밀교의 교의를 충실하게 반영하고 있다.

이러한 만다라는 밀교에서 여러 가지 의미를 지닌 그림으로 전개되었으며, 다양한 신앙을 통합과 융합 원리에 맞추어 표현한 불화로 발전하였다.[1] 그래

1 위덕대학교 회당학술정보원, 『韓國의 傳統陀羅尼』 東齋文庫 所藏資料 特別展, 2004, p.11.

8종자로 새긴 팔대명왕만다라　당, 중국 법문사탑 출토 금은제보살상 하대[2]

만다라형 도상　원대, 1342, 중국 북경 운대

서 만다라는 우주의 시간과 공간을 의미하는 2차원의 평면 위에 밀교의 교리와 신앙 등에 대한 상징체계를 미술적으로 표현한 것이라 할 수 있다. 이러한 것이 발전하여 3차원의 입체적으로 표현한 만다라가 등장하기도 하였다.

한편 티베트 밀교에서는 대일여래를 중심으로 하여 여러 부처와 보살을 배치한 그림을 만다라고 한다. 그래서 만다라는 비로자나불의 세계를 표현한 그림으로 모든 불보살과 일체 성중을 불러 모아 그들을 점과 선으로 구성한다. 그리고 만다라를 평면적인 도형으로 표현하지만, 부처님의 깨달음의 경지를 상징화시켜 표현했다는 점에서 입체적인 형태로 표현한 것과 동일한 것으로 간주한다. 이처럼 만다라는 깨달음의 세계를 부처와 보살을 이용하여 그린 그림으로 밀교 경전과 의례에 따라 다양하게 제작되었는데, 그 내용과 형식, 형태 등에 따라 여러 유형으로 분류된다. 이러한 만다라의 종류는 내용과 형식에 따라 크게 태장계만다라(胎藏界曼茶羅), 금강계만다라(金剛界曼茶羅), 별존만다라(別尊曼茶羅),[3] 정토만다라(淨土曼茶羅),[4] 수적만다라(垂迹曼茶羅)[5] 등으

2 陝西省考古研究院 編, 『法門寺考古發掘報告』 下, 文物出版社, 2007. / 李捷主 編, 『法門寺珍寶』, 三秦出版社, 2014.

3 태장계와 금강계 만다라는 모두 대일여래를 본존으로 하는데, 대일여래 이외의 존격을 본존으로 하는 만다라를 별존만다라라고 지칭한다.

4 정토만다라는 극락세계인 부처인 아미타여래를 중심으로 제보살과 천신이 집합한 모습을 그린 그림을 지칭한다.

5 일본에서 붙여진 이름으로 불교의 부처와 신도의 신이 습합되어 나타난 만다라를 지칭한다.

로 나누어진다. 그리고 형태에 따라 형상만다라(形像曼茶羅), 도회만다라(圖繪曼茶羅), 관상만다라(觀想曼茶羅) 등이 있다. 또한 12~13세기에 편찬된 밀교 의궤인 『아사리작법집(阿闍梨作法集)』에 의한 불법승의 삼보만다라가 있는데, 이 만다라는 네팔과 티벳 등을 중심으로 성행하였다.[6] 이 중에서 가장 많이 조성된 만다라가 태장계와 금강계만다라인데, 태장계와 금강계를 일반적으로 양계(兩界)라고 하여, 이를 양계만다라라고 부른다. 역사적으로 보면 먼저 태장계만다라가 성립하고 나서 나중에 금강계만다라가 등장하였으며, 태장계만다라는 진리를, 금강계만다라는 지혜를 상징하는 것으로 알려져 있다.[7]

| 표 만다라의 유형과 상징

구분	방위	불(佛) 만다라 Buddhamaṇḍala	법(法) 만다라 Dharmamaṇḍala	승(僧) 만다라 Saṃghamaṇḍala
1	중앙	비로자나불 Vairocana	반야바라밀경 Prajñāpāramitā	관음보살 Avalokiteśvara
2	동	아촉불 Akṣobhya	화엄경 법계품 Gaṇḍhavyūha	미륵보살 Maitreya
3	남	보생불 Ratnasambha	십지경 Daśabhūmika	허공장보살 Gaganagañja
4	서	아미타불 Amitābha	삼매왕경 Samādhirāja	보현보살 Samantabhadra
5	북	불공성취불 Amoghasiddhi	입릉가경 Laṃkāvatāra	금강수보살 Vajrapāṇi
6	동남		법화경 Saddharmapūṇḍarīka	문수보살 Mañjughoṣa
7	서남		여래비밀경 Tathāgataguhyaka	제장애보살 Sarvanīvarṇaviṣkaṃbhin
8	서북		방광대장엄경 Lalitavistara	지장보살 Kṣitigarbha
9	동북		금광명경 Suvarṇaprabhāsa	허공장보살 Khagarbha

6 Sudan Shakya, *The Buddhist Manuscript and its Faith in the Nepalese Buddhism*, 『綜合密教論文集』, 陝西師範大學宗教硏究中心, 2016, pp.32~51.

7 한편 태장계만다라는 여성과 부활을 의미하며, 금강계만다라는 남성과 생명의 힘을 상징하는 것으로도 알려져 있다(許興植, 「佛腹藏의 背景과 1302년 阿彌陀佛腹藏」, 『高麗의 佛腹藏과 染織』, 계몽사, 1999, p.105).

태장계만다라(Garbhadhatu Mandala)는 7세기 후반 고대 인도에서 성립된 『대일경』(『大毗盧遮那成佛神變加持經』)을 근거로 하고 있다. 이 경전은 비로자나(Mahāvairocana, 大日如來)라는 법신불이 대일에 비유되는 여래의 지혜로 일체의 중생을 자비심으로 구제한다는 사상을 기본으로 하고 있는데, 인도 나란타사의 선무외가 중국 당나라에 가져와 태장계 밀교의 근본이 되었다. 태장은 대일여래의 보리심과 대비로 중생들의 성불을 돕는 것이 마치 태아가 어머니의 태내에서 성장하는 것을 돕는 것과 같다는 의미를 가지고 있다.[8] 그래서 만다라도 대일여래를 상징하는 종자(āḥ)를 중심으로 그 주변에 여러 부처와 보살을 배치한다. 일반적으로 한가운데에 대일여래를 상징하는 종자가 배치되고, 그 주변에 여덟 개의 연꽃잎이 있는 원이 원형으로 배열되는데, 각 연꽃의 잎에도 부처나 보살을 의미하는 종자나 상으로 배치된다. 그래서 만다라의 중심부에 있는 대일여래를 중심으로 4불(보당(a), 무량수(aṃ), 개부화왕(ā), 천고뇌음(aḥ))과 4보살(보현, 문수, 관음, 미륵)이 배치되는데, 먼저 작은 보살상이 나란히 배열되고, 그 바깥쪽에 작은 천인상이 배치되는 구조이다.

금강계만다라(Vajradhatu Mandala)는 『대일경』 이후 얼마 지나지 않아 고대 인도의 남부에서 성립된 『금강정경』(『金剛頂瑜伽略出念誦經』)을 근거로 하고 있다. 이 경전은 고대 인도 밀교의 고승이었던 금강지가 중국에 전래한 것으로 금강계 밀교의 근본 경전이 되었다. 금강계 밀교의 근본 사상은 법신인 대일여래의 지혜가 일체의 무명을 깨고, 일체의 중생을 제도하는 것이라 할 수 있다. 그런데 『금강정경』은 『대일경』처럼 단일한 하나의 경전이 아니고, 오랜 세월 동안 변화를 거쳐 형성된 여러 경전과 의궤로 구성되어 있다. 금강계만다라는 금강 여래의 능동적 성불 활동을 구현한 것으로 구회만다라(九會曼茶羅)라고도 한다. 이 만다라는 중심부에 금강계 법궁이 있으며, 한가운데 배치된 대일여래(vaṃ)를 중심으로 방위에 따라 동쪽에 아촉불(hūṃ), 서쪽에 아

8 이범교, 『밀교와 한국의 문화유적』, 민족사, 2008, p.145.

태장계 팔엽원 종자도[9]

태장계 종자 만다라

종자 만다라 筒野五智如來板碑, 일본 평안시대, 1182.8

태장계 오불 종자[10]

금강계 오불 종자

미타불〔hrīḥ〕, 남쪽에 보생불〔trāḥ〕, 북쪽에 불공성취불〔aḥ〕이 배열된다.

한국에도 밀교가 오래전부터 전래하였던 것으로 보아 밀교 의례를 배웠던 승려들에 의하여 만다라가 제작되어 신앙과 수행의 법구로 활용되었을 것이다. 그러나 현재 고대 시대에 제작된 전형적인 형태의 만다라는 확인되지 않고 있다. 다만 신라의 보천 스님과 효명 태자가 오대산에 들어가 수행에 전념했을 때 오대산 신앙이 형성되었는데, 그 성격이 만다라 신앙과 유사하여 주목된다. 당시 보천 스님이 오대산에서 방위에 따라 동대에는 1만 관음 진신,

9 嗚立民·韓金科, 『法門寺地宮唐密曼茶羅之硏究』, 中國佛教文化出版有限公司, 1998, pp.311~312.

10 『진언집』에 의하면, 〔a〕는 반야종자, 〔ā〕는 만행종자, 〔aṃ〕은 보리종자, 〔aḥ〕는 열반종자라고도 한다.

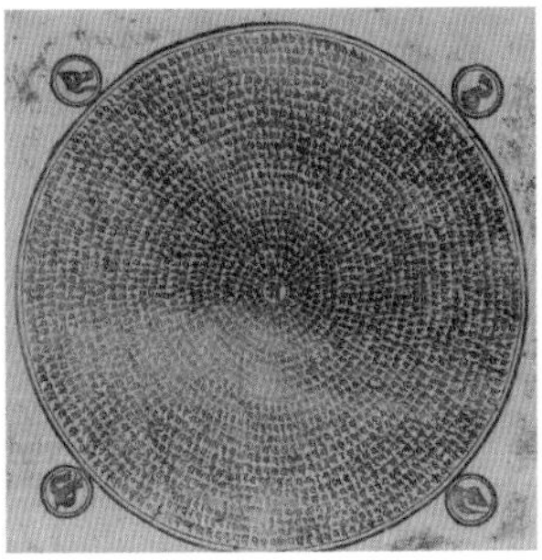

〔a〕

태장계만다라(고려)[11]

고양 원각사 소장 만다라 고려, 정각 스님 제공[12]

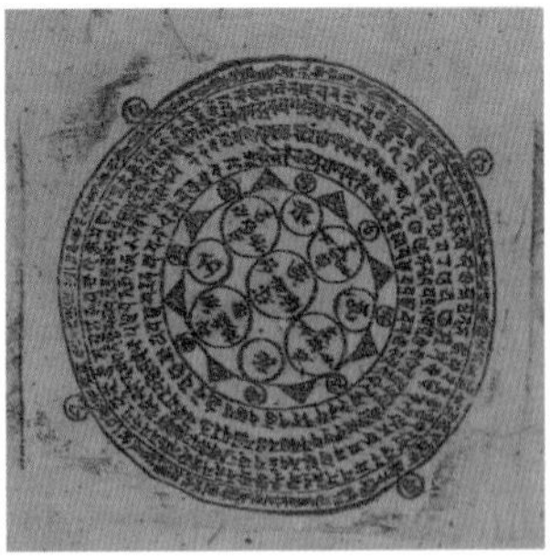

〔vaṃ〕

금강계만다라(고려, 1292.4)

남대에는 팔대보살을 중심 한 1만 지장보살, 서대에는 무량수불을 중심 한 1만 대세지보살, 북대에는 석가불을 중심 한 5백 아라한, 중대에는 비로자나불을 중심 한 1만 문수보살에게 참배하였다고 한다. 이처럼 오대산에는 방위 별로 관음, 지장, 아미타, 석가, 비로자나불이 상주하고 그 권속들이 머문다는 신앙적 관념이 있었는데, 이것은 밀교의 금강계만다라 구도와 배치를 나타낸 것이라 할 수 있다. 이러한 것으로 보아 고대 시대에도 만다라에 대한 인식과 이해가 있었고, 실물 자료도 제작되었을 것으로 추정되지만, 유물은 확인되지 않고 있다. 현재에는 고려와 조선시대에 들어와 제작된 다양한 유형의 만다라가 사찰에 전하거나 불상이나 불화 등의 복장물에서 발견되고 있다.

(1) 고려

고려시대에는 불교 의례와 신앙 활동 등에 밀교의 진언다라니와 만다라가 폭넓게 활용되었다. 그래서 여러 유형의 진언다라니와 함께 태장계와 금강계 만다라 등 다양한 형식의 만다라가 제작되어 유통되었던 것으로 파악되고 있다. 그런데 현재 전하고 있는 대부분의 만다라가 13~14세기대에 인쇄된 것으

---

11 이 만다라는 한가운데 〔a〕를 중심으로 수구다라니와 함께 대불정주, 준제진언, 오방내외안위제진언, 멸악취진언, 보루각진언, 육자진언, 파지옥진언, 정법계진언 등을 배열한 것으로 밝혀졌다(손희진, 「고려시대 불복장 팔엽삼십칠존만다라 연구」, 이화여자대학교 석사학위논문, 2021, p.95).

12 동국대학교 불교학술원, 『원각사의 불교문헌』, 2017.

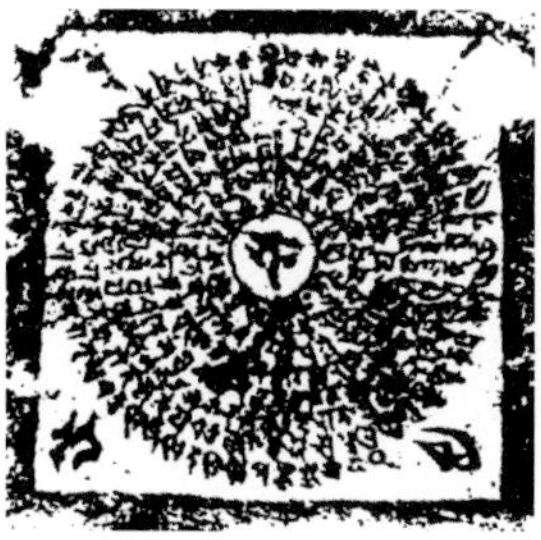

개인 소장[13]

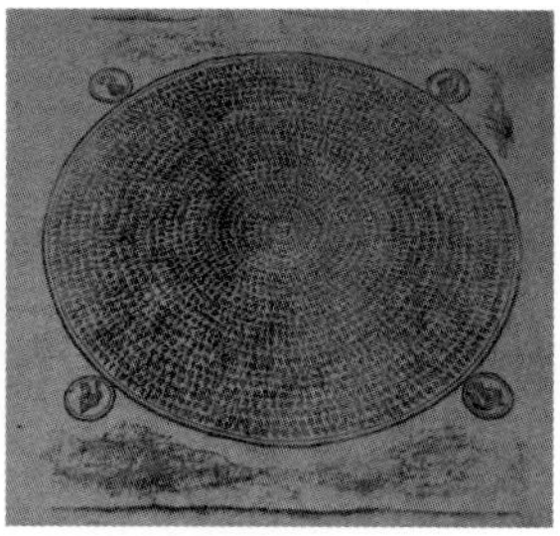

천태중앙박물관 소장

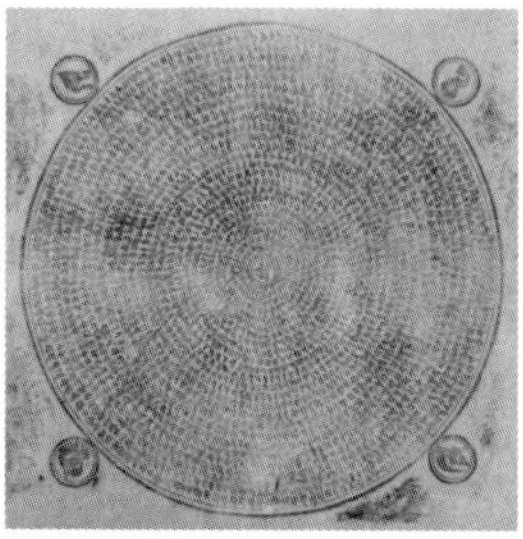

가회민화박물관 소장

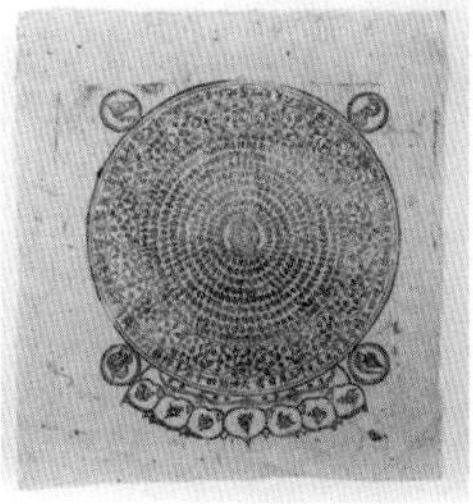

개인 소장(1295.5)[14]

천태중앙박물관 소장

고양 원각사 소장(정각 스님 제공)

고려시대 태장계만다라

로 확인되고 있어, 고려 불교계에서 만다라의 제작과 보급은 고려 후기부터 본격화한 것으로 보인다.

고려시대 제작된 태장계만다라는 대부분 사찰에 전하거나 불상의 복장물에서 출토되고 있다. 태장계는 말 그대로 대일여래의 보리심과 대비심으로 태아를 양육하는 모태에 비유한 것이라 할 수 있다. 그래서 태장계만다라는 한가운데에 대일여래를 상징하는 종자를 배치하고, 그 종자를 중심으로 다양한 진언다라니가 원형을 이루면서 배열된다. 이러한 배열은 이타행을 상징한다고 한다. 그리고 외곽에는 원형으로 크게 돌린 대원상(大圓相)을 마련하여 구획한 다음, 태장계에 대한 수호의 의미를 부여한 사천왕 종자를 사방에 배치한다. 대원상 하부에는 연화좌처럼 표현된 연화문 안에 육자진언 등 특정한

13 南權熙, 「高麗時代 陀羅尼와 曼荼羅類에 대한 書誌的 分析」, 『高麗의 佛腹藏과 染織』, 계몽사, 1999, p.166

14 온양민속박물관, 『1302年 阿彌陀佛 腹藏物』, 1991, p.332.

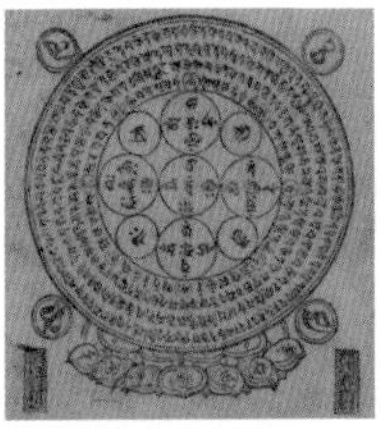

고양 원각사 소장(정각 스님 제공)

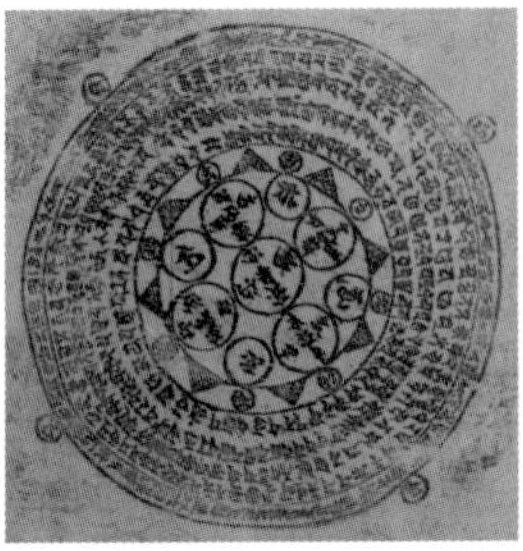

가회민화박물관 소장

문수사 아미타불좌상 출토

고양 원각사 소장(정각 스님 제공)

고려시대 금강계만다라

진언다라니를 새겨 대원상에 새겨진 진언다라니에 대한 공양과 공덕의 의미를 나타내기도 한다. 이처럼 만다라의 중앙에 그려진 대일여래의 거처인 팔엽원은 보리심, 그 둘레의 사불 사보살은 대비, 외곽의 불보살은 방편을 의미한다.

그리고 고려시대 조성된 금강계만다라도 전국의 여러 사찰에 전하거나 불상의 복장물에서 주로 출토되고 있는데, 사찰이나 지역별로 다양한 유형이 제작된 것으로 확인되고 있다. 이 중에 1292년 4월 인출된 금강계만다라의 상당량이 전하고 있는 것으로 파악되고 있다. 이것은 당시 동일 판본으로 인출한 다량의 만다라가 널리 보급되었기 때문으로 보인다. 사찰이나 개인이 같은 유형의 만다라를 소장하고 있다가 불사를 후원하거나, 공양이나 공덕을 쌓기 위한 보시를 해야 할 때 용도와 목적에 따라 만다라를 활용했던 것으로 보인다. 이처럼 고려시대에는 같은 형식과 양식의 태장계와 금강계만다라가 여러 사찰에서 확인되고 있어, 당시 동일 판본을 활용하여 인쇄한 만다라가 보급되었음을 짐작할 수 있다.

서산 개심사 목조아미타여래좌상은 묵서명에 의하여 고려 충렬왕 6년(1280) 불사를 위해 특별히 설립된 승재색(僧齋色)의 주관하에 장사 송씨(宋氏) 등 여러 인물이 관여하여 보수하였음이 확인되었다. 따라서 이 불상의 제작 시기는 1280년보다 앞선 시기라는 것을 알 수 있는데, 조각 기법도 매우 정교하고 세련되어 부합하고 있다. 이 불상에서는 다양한 유형의 복장물이 출토되었는데, 그중에 「팔엽심련삼십칠존만다라」라가 수습되었다. 이 만다라는 왼편에 「일체여래심전신사리보협진언」이라고 하여 만다라의 구성에 따른 불보살의 종자와 진언다라니를 배치하였으며, 아래에는 판본의 판각 장소와 시기 등을 알 수 있는 명문을 새겼다. 이 만다라는 1276년 6월에 판각되었음을 알 수 있어 37존 만다라의 유래와 보급 시기를 파악하는데 귀중한 자료이다.

그리고 1292년 4월 제작된 판본으로 인출한 금강계만다라가 문경 대승사 금동아미타여래좌상을 비롯하여 여러 사찰과 박물관에 상당량이 전하고 있다. 이 만다라는 대원상을 마련하여 외곽 사방에 만다라를 수호하는 사천왕 종자를 배치하고, 그 안쪽에 일정한 너비로 주연부를 구성하여, 공양과 공덕, 제작 시기와 장소 등 만다라 조성과 관련된 기본적인 사실들을 알 수 있도록 원형으로 글자를 새겨 넣었다.[15] 외곽에 새겨진 글자가 선명하지 않아 판독이 어렵기는 하지만, 이지(李芝)와 이광(李光) 등 여러 인물의 후원으로 1292년 4월 승재색(僧齋色)에서 개판한 판본임을 알려주고 있다. 그리고 만다라 안쪽에는 부처님의 사리를 봉안한 탑을 공양해서 얻을 수 있는 공덕에 버금가는 위신력이 있는 것으로 알려진 「일체여래심비밀전신사리보협인다라니」을 비롯한 정법계진언과 준제진언 등을 원형으로 가득 배열하였다. 만다라의 가운데에는 팔엽심의 연화문을 배치하였으며, 그 안에는 한가운데를 중심으로 사방에도 별도의 원형문을 마련하여 여러 종자를 새겼다. 이처럼 한가운데의 원

15 대원상 외곽부에 원형으로 새겨진 명문은 다음과 같다. '十地無窮者 贊成事 廉近侍康碩文同玄錫玄環池環閔卿鄭子濬 供物色員李芝李光林 速以此功德普及於一切我等興群生皆共成佛道 一切如來心全身舍利寶篋印悉□□□□陀羅尼 至元二十九年四月日 僧齋色開版'

팔엽심련삼십칠존만다라
일체여래심전신사리보협진언

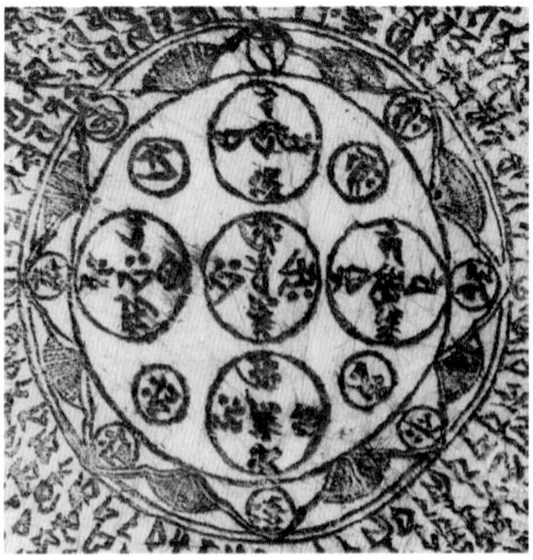

서산 개심사 목조아미타여래좌상　고려, 1276.06, 손희진 제공

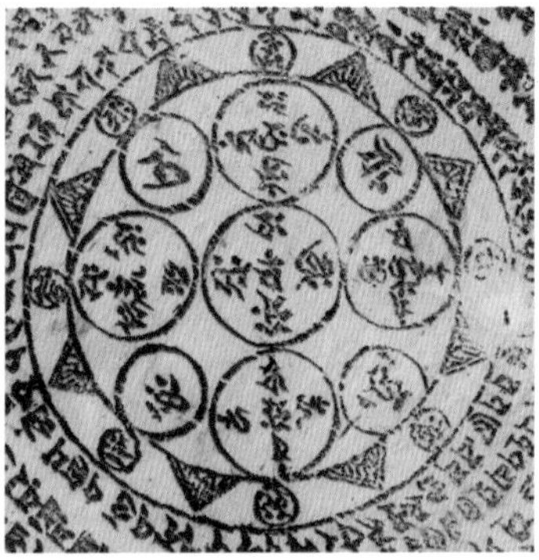

37존 종자 만다라 부분

문경 대승사 극락전 금동아미타여래좌상과 만다라　고려, 1292.4, 문화재청

형문 중심에는 대일여래 종자인 'vaṃ'을 배치하였으며, 사방에는 비로자나여래의 4대보살을 의미하는 종자를 새겼으며,[16] 사방에 배치된 4개의 원형문 안에도 5자로 구성된 종자를 새겼는데, 각각 4불과 16대 보살을 의미한다.[17] 또한 사방에 배치된 4개의 원형문 사이마다 작은 원형문을 별도로 마련하여 비

16　中央 毘盧遮那의 4大菩薩인 金剛波羅蜜菩薩, 寶波羅蜜菩薩, 法波羅蜜菩薩, 羯磨波羅蜜菩薩.

17　東方 阿閦의 金剛薩埵, 金剛王, 金剛愛, 金剛善哉 / 南方 寶生의 金剛寶, 金剛威光, 金剛幢, 金剛笑 / 西方 無量壽의 金剛法, 金剛劍, 金剛因, 金剛利 / 北方 不空成就의 金剛業, 金剛汯, 金剛藥叉, 金剛拳.

교적 크고 굵은 범자를 1자씩 새겨 넣었는데, 중생들을 교화하는 사섭보살을 상징하는 종자이다.[18] 또한, 이들을 하나의 원이 감싸고 있는데, 원의 외곽에 8엽으로 구성된 연화문을 그려 부처님의 자비를 표현하였으며, 그 사이마다 8공양보살을 의미하는 종자를 1자씩 새겨 넣었다.[19] 이처럼 이 금강계만다라는 여러 진언다라니와 함께 종자를 통하여 불보살을 나타내고 있어 '금강계종자만다라'로도 호칭되며, 가운데는 금강계 불보살인 37존을 상징하는 종자를 연화문과 함께 배치하여 '팔엽삼십칠존종자만다라'로 불린다. 이 만다라는 외곽에 새겨져 있는 명문으로 보아 최초 제작 시에 금강계를 구성하고 있는 모든 불보살의 가피력을 통하여 조상의 명복을 빌고, 현실에서의 복과 수명을 기원하고, 후손들의 번창을 빌고자 조성되었음을 짐작할 수 있다. 이러한 측면은 당시 만다라가 현실 기복적인 신앙의 대상으로 인식되었음을 시사해 준다.

또한 발원문에 의하여 1302년 조성된 온양민속박물관 소장 아미타여래좌상은 시주자들의 명단으로 보아 안동 지역에 소재한 사찰에서 조성되었으며, 당시 특정 가문의 사람들이 대거 참여하여 불상을 조성한 것으로 파악되었다.[20] 이 불상의 복장물에서는 목판을 직접 직물에 대고 찍은 여러 점의 만다라가 확인되었는데, 이 중에서 금강계만다라 2종과 태장계만다라 2종이 수습되었다. 금강계만다라는 하부에 연화좌를 마련한 것과 그렇지 않은 2가지 유형이 확인되었다. 금강계만다라는 대원상에 실담으로 「일체여래비밀전신보협인다라니」가 새겨졌으며, 가운데에는 금강계의 37존을 의미하는 종자를 배치하였다. 그런데 대원상의 외곽 테두리에 발원 내용 등을 새겼는데, 문경 대승사 금동아미타여래좌상과 동일한 내용이다. 이러한 것으로 보아 같은 판본으로 인출된 것임을 알 수 있다. 그리고 또 다른 금강계만다라는 대원상 아래에 연화좌를 마련하였으며, 연잎마다 범자를 새겼다. 대원상 외곽에는 별도의

18 四攝菩薩은 金剛鉤菩薩, 金剛索菩薩, 金剛鏁菩薩, 金剛鈴菩薩.
19 八供養菩薩은 金剛嬉, 金剛散, 金剛燈, 金剛塗, 金剛華, 金剛鬘, 金剛歌, 金剛舞.
20 정은우·신은제, 『고려의 성물 복장물』, 경인문화사, 2017, pp.117~134.

금강계 만다라	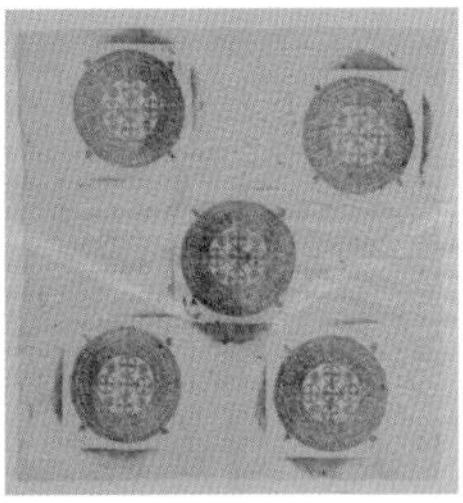	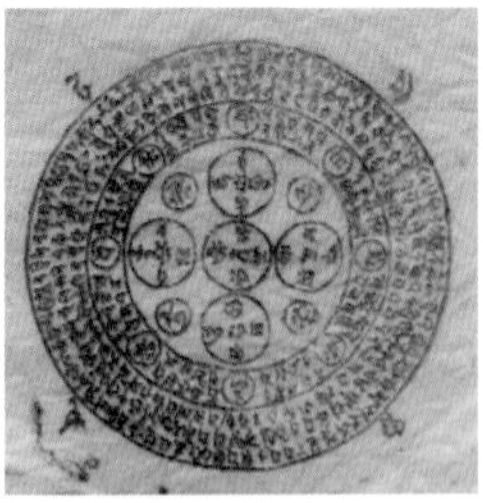	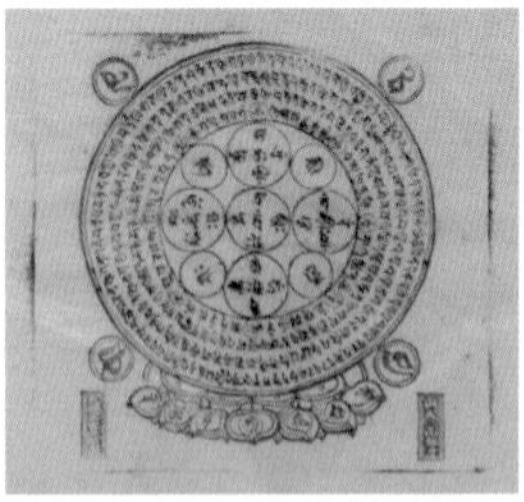
		1유형(1292.4 판본)	2유형(1301.11 판본)
태장계 만다라	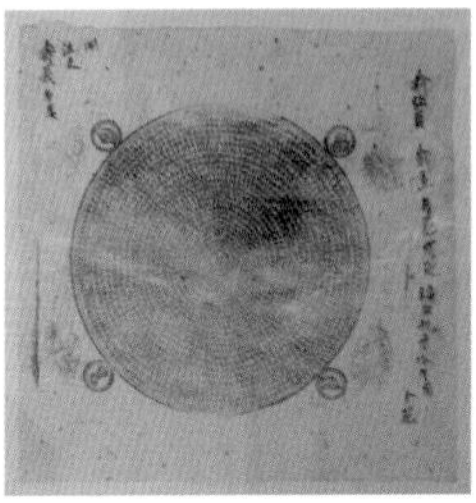	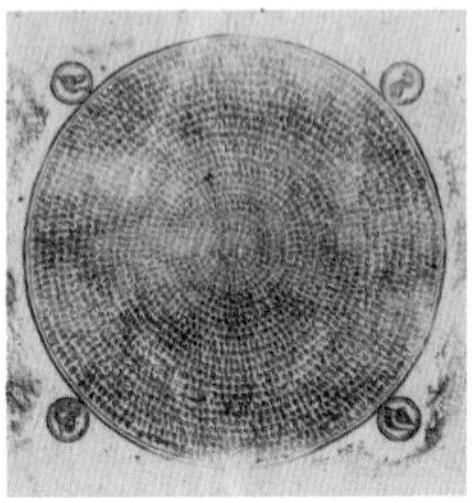	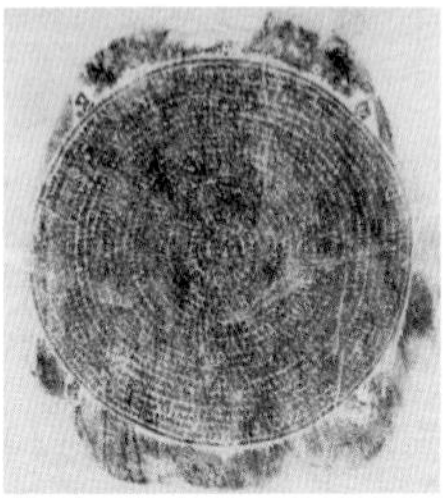
		1유형	2유형

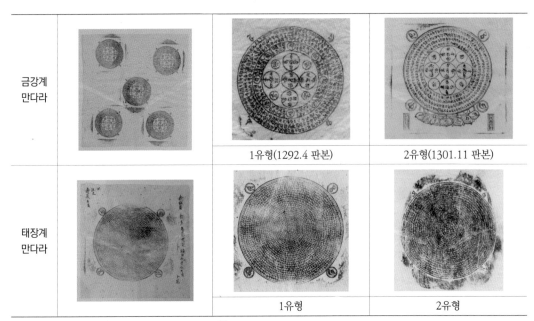

아미타여래좌상 출토 만다라(고려, 1302, 온양민속박물관)[21]

이중 원형문을 배치하여 그 안에 한자씩 사천왕 종자를 새겼으며, 대원상 안에는 「일체여래비밀전신보협인다라니」를 비롯하여 정법계진언과 준제진언 등을 배열하였다. 또한 가운데에는 금강계 오불종자와 8대보살종자 등 37존 종자를 원형문 안에 배치하였다. 이러한 금강계만다라는 고려시대 유행했던 전형적인 양식이다. 한편 태장계만다라는 한가운데 종자 〔a〕를 작게 새기고, 그 주변에 여러 줄로 구성된 범자 진언다라니를 원형으로 가득 배열한 다음, 사방에 이중 원형문을 마련하여 사천왕 종자를 배치하였다. 이처럼 온양민속박물관 소장 아미타여래좌상에서 출토된 금강계만다라는 같은 판본으로 인쇄한 상당량의 만다라가 전국의 여러 사찰에 보급되었음을 시사해 준다.

서산 일락사 여래좌상의 복장물에서도 태장계와 금강계만다라가 함께 출토되었다. 이 중에 금강계만다라는 대일여래를 상징하는 종자를 한가운데 배

21 온양민속박물관, 『1302年 阿彌陀佛 腹藏物』, 1991.

치하고, 그 주변에 실담으로 새긴 「보협인다라니」를 배열하였으며, 외곽 원권 안에는 한자로 다라니, 발원자, 간행 시기 등을 알 수 있도록 명문을 새겼다. 그런데 이 금강계만다라는 전체적인 양식과 세부 구성 기법 등으로 보아 문경 대승사 금동아미타여래좌상, 온양민속박물관 소장 아미타여래좌상 등에서 출토된 것과 같은 판본으로 추정된다. 다만 금강계만다라의 상부 여백 부분에는 '尹氏 李氏 同生 安養'이라고 묵서 되어 있어, 이들이 공양과 공덕을 쌓고자 별기하여 봉안했음을 알 수 있다.[22] 그리고 태장계만다라는 인쇄 상태가 선명하고 범자가 뚜렷한 편으로 만다라의 아래쪽에 '계산(戒山)'이라는 묵서가 남아 있어 이들에 의하여 봉안되었음을 알 수 있다. 그런데 금강계만다라는 1292년 4월 제작된 판본이지만 태장계만다라는 다른 판본으로 확인되었다.[23] 이러한 것으로 보아 당시에 이미 인쇄되어 보급된 여러 유형의 만다라가 있었으며, 그러한 만다라를 소장하고 있거나 필요시 구하여 공양이나 공덕자의 이름을 별기하여 후원했음을 알 수 있다. 즉, 만다라 목판을 가지고 있다가 필요시에 인출하기도 했지만, 미리 만다라를 다량으로 인출하여 여러 사찰이나 개인에게 보급했음을 간접적으로 알 수 있다.

한편 고려시대 조성된 서울 개운사 목조아미타여래좌상과 개인 소장 천수관음보살상에서도 기존의 형식과는 다른 만다라가 수습되었다. 서울 개운사 목조아미타여래좌상에서는 금강계만다라가 수습되었는데, 만다라의 대원상 오른쪽에 세로로 「팔엽심련삼십칠존만다라」라고 새겼으며, 왼쪽에는 「일체여래심전신사리보협진언」이라고 하여 만다라의 구성에 따른 불보살의 종자와 진언다라니를 명확하게 밝혔다. 그리고 태장계만다라는 동일한 유형의 만다라 4개를 하나의 종이에 인쇄하였다. 또한 개인이 소장하고 있는 천수관음보살상은 1322년 처음 조성되었으며, 조선 후기인 1614년경에 다시 중수한

22 瑞山 日樂寺 鐵造如來坐像 복장물의 金剛界 曼茶羅 중에서 '尹氏 李氏 同生 安養'이라고 墨書가 새겨진 것은 3매, 그렇지 않은 것은 32매가 출토되었다.

23 南權熙, 『高麗時代 記錄文化 硏究』, 청주고인쇄박물관, 2002, p.333.

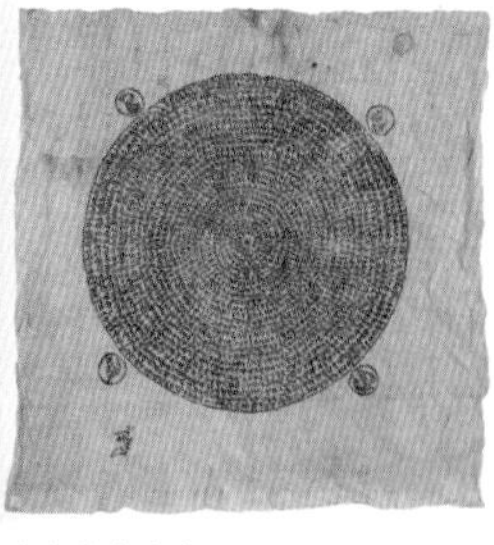

태장계만다라

금강계만다라

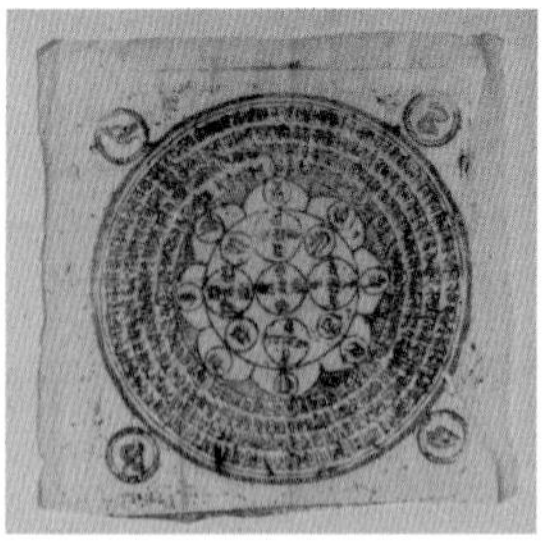

금강계만다라

서산 일락사 여래좌상과 출토 만다라　고려, 수덕사 근역성보관

천수관음보살상　고려, 개인 소장

팔엽심련삼십칠존만다라
일체여래심전신사리보협진언

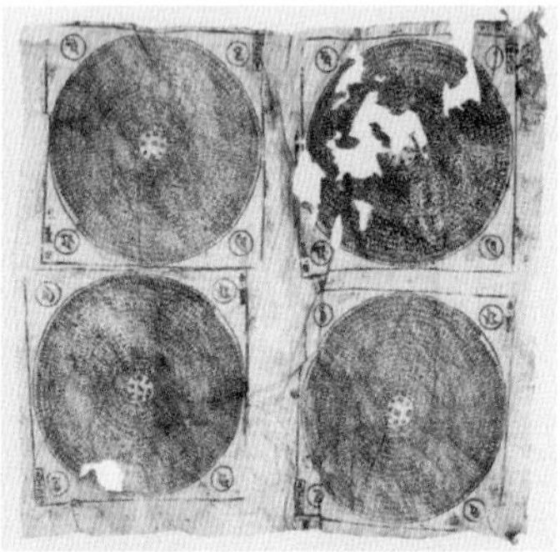

태장계만다라

서울 개운사 목조아미타여래좌상과 만다라　고려, 불교중앙박물관

것으로 확인되었다.[24] 이 불상에서 여러 복장물이 발견되었는데, 그중에 상태가 양호한 금강계만다라도 수습되었다. 금강계만다라는 불상 조성 직전에 인쇄된 것으로 추정되는데, 하부에 연화좌 없이 대원상을 마련한 후, 사방에 사천왕 종자를 배치하였다. 그리고 대원상 안에는 여러 진언다라니를 배열하였으며, 가운데에는 연화문과 원형문 등을 마련하여 금강계 37존 종자를 일정한 체계에 의하여 새겨 넣었다. 만다라의 전체적인 구조나 기법은 고려 후기 성행했던 양식을 함유하고 있다. 이러한 것으로 보아 고려 후기에 사찰별로 다양한 유형의 만다라 목판이 제작되었음을 알 수 있다.

또한 봉화 청량사 건칠약사여래좌상 복장물에서도 고려 후기에 인출된 여

24　허흥식, 「14세기 새로운 불복장 자료」, 『문화재』 19, 문화재관리국, 1986.

러 유형의 태장계와 금강계만다라가 출토되었다. 이 불상은 방사성탄소연대 측정 결과 8세기 후반에서 10세기 전반경에 이르는 어느 시기에 조성된 것으로 밝혀져, 건칠 불상 중에서는 상당히 이른 시기의 것으로 확인되었다. 이 불상의 중수 관련하여 1560년 작성된 「천인동발원문」과 「결원문」 등에 의하면, 최초 조성 시기는 알 수 없지만 고려 후기에 불상의 색이 퇴색하여 1268년 10월에 개금하였고, 다시 245년이 흐른 다음에 불상이 퇴색하자 수묵 등이 중수하였으며, 좌우보처인 일광보살과 월광보살 등을 1560년 10월에 조성하기 시작하여 12월에 완성하여 봉안했다고 한다.[25] 이러한 것으로 보아 봉화 청량사 건칠약사여래좌상에는 고려와 조선시대 인쇄된 전적과 여러 유형의 범자 관련 자료들이 봉안되었음을 알 수 있다. 불상에서는 전적과 다라니류 등 19건 208점에 이르는 많은 양의 복장물이 수습되었다. 이 중에 1239년 철원 최씨 집안의 시중 최종준(崔宗峻)이 인쇄하여 시주한 다라니, 1560년경의 결원문, 1715년의 중수 기록 등이 발견되어, 불상을 중수하면서 기존의 복장물에 새로운 복장물을 추가한 것으로 확인되었다. 이러한 복장물은 고려시대부터 조선 후기에 이르는 시기에 봉안된 것으로 확인되어, 시대별 흐름을 파악하는 데에도 유용한 자료가 되고 있다. 이 중에 고려 후기에 인쇄된 만다라가 수습되었는데, 하나의 종이에 양계만다라를 인쇄하기도 했으며, 37존의 종자를 새긴 판본을 별도로 제작하여 여러 번 반복적으로 인쇄한 특징적인 만다라도 출토되었다. 특히, 37존종자만다라는 대원상을 마련하여 다른 진언다라니를 배열하지 않고, 37존만을 별도의 만다라로 구성했음을 알려주고 있어, 다양한 유형의 만다라가 제작되었음을 짐작케 한다. 그리고 서울 수국사 목조아미타여래좌상에서도 다양한 유형의 태장계와 금강계만다라가 출토되었는데, 태장계와 금강계만다라를 함께 찍은 양계만다라를 비롯하여 봉화 청량사 건칠약사

25 南權熙, 「奉化 淸凉寺 乾漆藥師如來坐像의 陀羅尼와 典籍 資料」, 『美術史研究』 32호, 미술사연구회, 2017, pp.35~73.

양계만다라

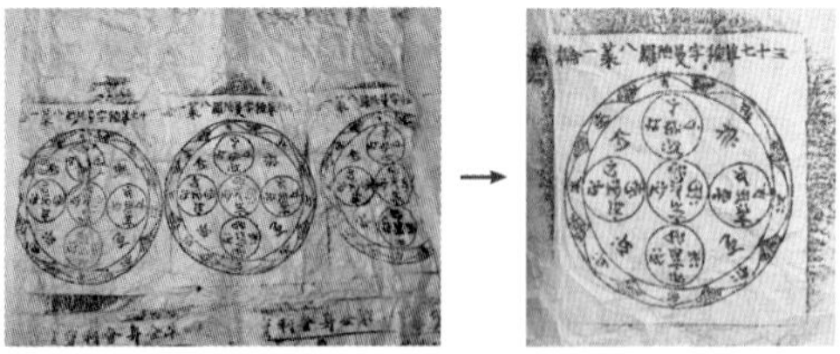

금강계삼십칠존종자만다라

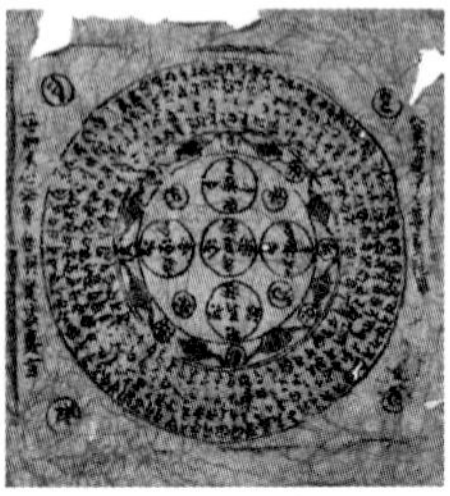

팔엽심련삼십칠존만다라
일체여래심전신사리보협진언

봉화 청량사 건칠약사여래좌상 출토 각종 만다라 고려, 손영문 제공

여래좌상에서 출토된 것과 유사한 「팔엽심삼십칠존종자만다라」도 수습되었다. 또한 문경 대승사 금동아미타여래좌상에서도 다른 불상에서 출토된 것과 동일한 금강계만다라와 함께 태장계만다라가 확인되었는데, 모두 고려 후기에 성행한 전형적인 형식의 만다라이다.

그리고 국립중앙박물관에 소장된 금동관음보살입상과 금동대세지보살입상에서는 란차로 제작된 여러 유형의 만다라가 출토되었다. 두 불상은 바닥에 끼워져 있는 나무판의 표면에 새겨진 묵서에 의하여 장현(張鉉)의 처인 선씨(宣氏)의 후원으로 1333년 9월에 아미타삼존불로 조성되었음이 밝혀졌다. 삼존불상에서는 결실된 복장물도 있었지만, 최초 조성 당시 봉안된 발원문을 비롯하여 조선 후기에 중수될 때 새롭게 납입한 복장물 등이 함께 출토되었다. 이중 금동관음보살입상과 금동대세지보살입상에서 고려시대 인출된 것으로 추정되는 상당량의 만다라가 수습되었다. 금동관음보살입상에서는 2가지 유형의 금강계만다라가 출토되었는데, 모두 란차로 가운데에 37존 종자 만다라를 배치하고, 대원상 안에는 원형으로 다라니를 배열하였으며, 외곽에는 사천

일체여래전신사리보협진언, 금강계만다라

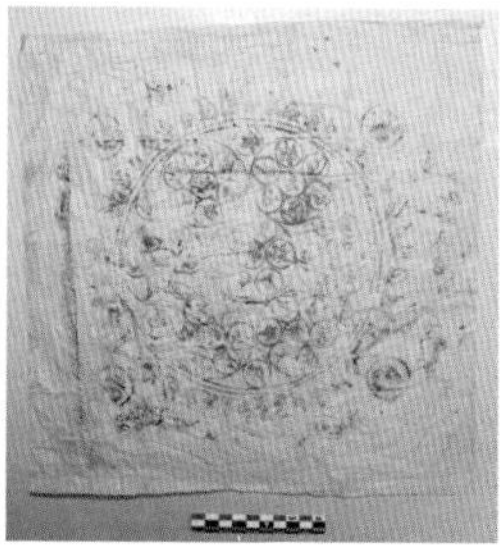

금강계만다라

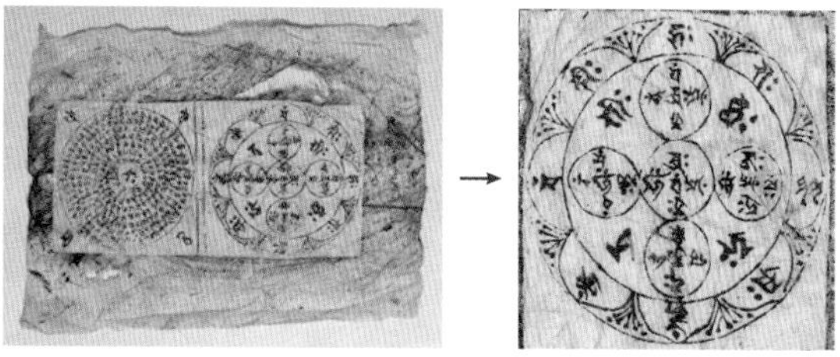

보협인다라니, 금강계만다라

서울 수국사 목조아미타여래좌상 출토 각종 만다라　고려, 동국대학교 박물관

금강계만다라

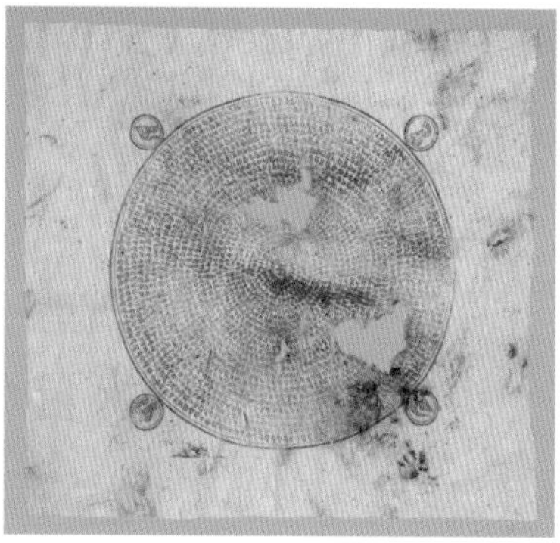

태장계만다라

문경 대승사 금동아미타여래좌상 출토 만다라　고려, 1301년경[26]

왕 종자를 새겼다. 금동대세지보살입상에서는 하나의 종이에 9개, 12개, 16개의 랸차로 제작된 만다라를 정연하게 찍은 대형의 복합 만다라도 출토되었다. 금동대세지보살입상에서는 3가지 유형의 금강계만다라가 출토되었는데,[26] 가운데에 랸차로 37존 종자를 배치한 기법이 조금씩 다르다. 즉, 금강계 오불 종

26　국립중앙박물관, 『국립중앙박물관 소장 불교조각 조사보고 2』, 2016.

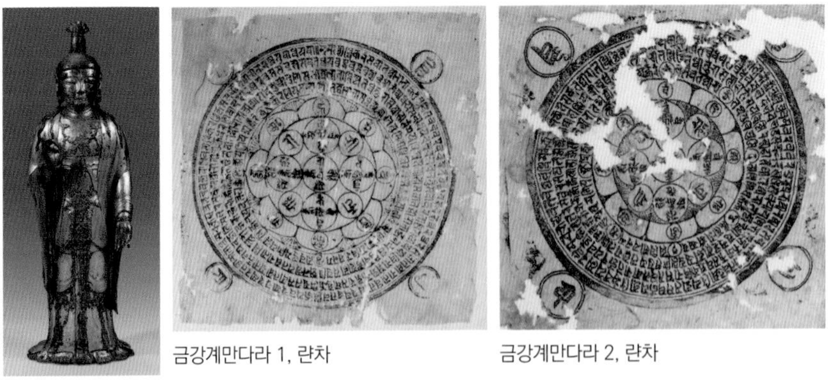

금강계만다라 1, 랸차　　금강계만다라 2, 랸차

국립중앙박물관 소장 금동관음보살좌상 출토 각종 만다라　고려, 1333.9, 덕수 3363, 김연미 제공

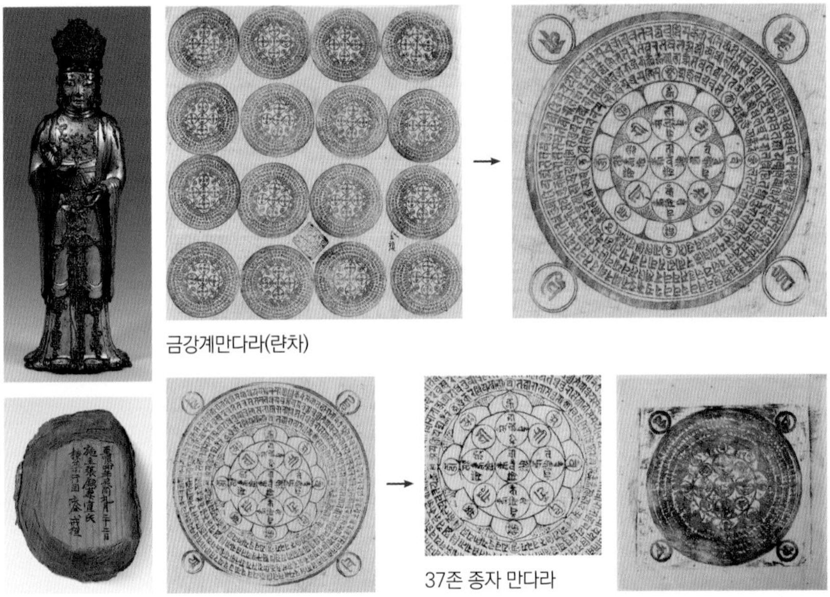

금강계만다라(랸차)

37존 종자 만다라

국립중앙박물관 소장 금동대세지보살좌상 출토 각종 만다라　고려, 1333.9, 덕수 3364, 김연미 제공[27]

자의 위치, 대원상 외곽의 사천왕 종자의 위치 등에서 조금씩 차이를 보여 다른 판본을 제작하여 인쇄하였음을 알 수 있다. 이처럼 고려 후기에는 실담 뿐만 아니라 랸차로 제작한 만다라가 출현하는 등 다양한 유형의 만다라가 조성되었음을 짐작할 수 있다. 이처럼 랸차로 제작한 만다라는 원나라 밀교의 영

27　불교문화재연구소, 『한국의 사찰문화재』 전국 1, 2014, p.278.

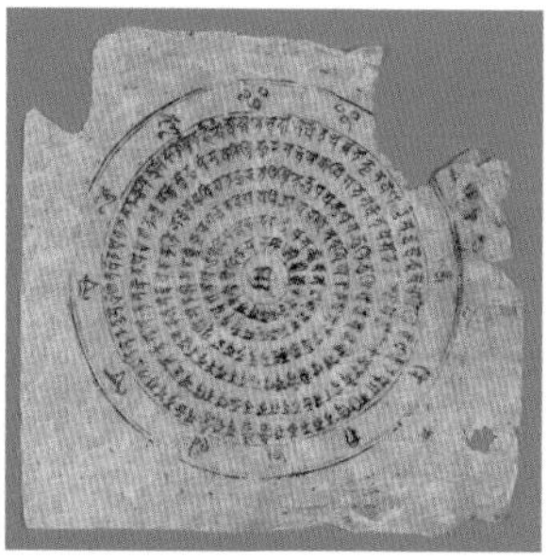

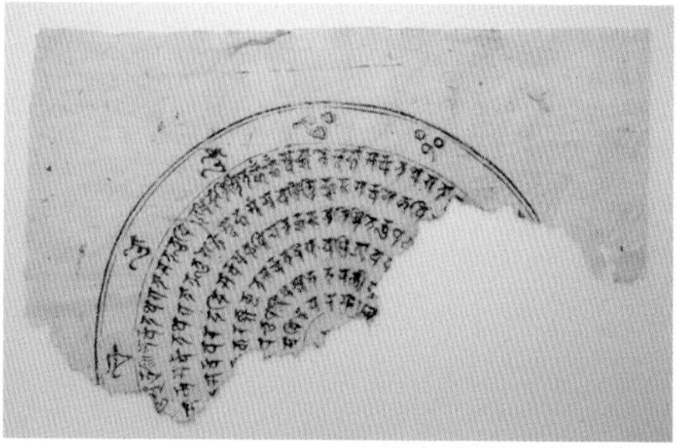

❶ ❷ ❸

❶ 서산 문수사 금동아미타불좌상과 만다라 고려, 1346, 수덕사 근역성보관
❷ 광주 자운사 목조아미타여래좌상 출토 12천 만다라 고려, 국립광주박물관
❸ 화성 봉림사 목조아미타여래좌상 출토 12천 만다라 고려, 용주사 효행박물관

향으로 보인다.

한편 광주 자운사와 화성 봉림사 목조아미타여래좌상에서는 보기 드문 형태로 삼신진언다라니 등을 자륜식으로 배열한 만다라형 다라니가 수습되었다. 이러한 것으로 보아 고려 후기에는 전형적인 만다라 양식과 함께 제작자나 시기, 사찰 등에 따라 다양한 형식과 양식의 만다라가 제작되었음을 알 수 있다.

(2) 조선

조선시대에는 기본적으로 금강계만다라가 크게 성행하였으며, 새로운 만다라 판본을 제작하기도 했지만 고려시대 사용했던 만다라 판본을 그대로 복각하거나 번각한 것이 상당량 확인되고 있다. 조선시대 인출된 금강계만다라는 대부분 사각형 목판에 크고 굵게 대원상을 배치한 다음 사방에 작은 원형문을 마련하여 그 안에 사천왕 종자를 배치하였다. 대원상에는 원형 4열로 다양한 범자 진언다라니를 배열하였는데, 대부분은 오랫동안 신앙하였던 「일체여래심전신사리보협인다라니」를 새겼다. 그리고 팔엽심에 해당하는 부분에는 한가운데를 중심으로 별도의 원형문을 사방에 마련하여 각 원형문마다 5자로 구성된 종자를 새겼는데, 대일여래 종자를 중심으로 4바라밀을 배치하였다.

또한 사방에 배치된 4개의 원형문 안에도 5자로 구성된 종자를 새겼는데, 각각 4불과 16대 보살을 의미하는 종자를 배치하였다. 또한 사방에 배치된 4개의 원형문 사이에도 작은 원형문을 마련하여 중생을 교화하는 사섭보살을 의미하는 종자를 굵게 1자씩 새겨 넣었다. 외곽에는 8엽 연화를 배치하여 사이마다 팔공양보살을 의미하는 종자를 1자씩 새겼다. 이처럼 조선시대 제작된 금강계만다라의 전체적인 구조와 양식은 고려시대의 것과 거의 유사하다. 이러한 것으로 보아 조선시대에는 고려시대의 만다라 양식이 계승되어 거의 그대로 전개되었다고 할 수 있다.

조선시대에도 고려시대와 마찬가지로 진언다라니와 만다라를 종이에 인쇄한 경우가 대부분이다. 그런데 평창 상원사 문수동자상처럼 보기 드물게 복장물로 봉안한 옷에 직접 찍은 사례도 확인되고 있다. 평창 상원사 문수동자상의 복장물에서는 생명주적삼이 출토되었는데, 옷의 표면에 금강계만다라를 인쇄한 것이 확인되었다.[28] 이것은 옷의 주인공에 대한 공양과 공덕의 의미를 더하기 위한 것으로 보인다. 적삼의 8곳에 동일 판본을 이용하여 금강계만다라를 직접 찍었는데, 명문의 마지막 부분에 '至元二十九年四月日 僧齋色開版'이라는 기록이 있어 1292년 4월 승재색에서 개판한 판본이다. 따라서 고려시대에 제작한 만다라 판본을 170여 년이 지난 1466년경에 재활용했음을 알 수 있다. 이 만다라는 가운데에 비로자나불과 4바라밀을 상징하는 종자를 새기고, 그 외곽에 사섭보살과 16대보살 등을 상징하는 종자를 새겼다. 또한 연판문 사이마다 원형문을 마련하여 그 안에 팔공양보살 종자를 한 자씩 배치하였다. 그리고 외곽에는 육자진언과 금강계 대일여래 진언을 부가하여 탑 공양에 뒤지지 않는 공덕을 지닌「일체여래심비밀전신사리보협인다라니」등을 배열하였다. 이처럼 업장 소멸과 수명연장 등을 성취할 수 있는 보협인

28 엄기표,「상원사 문수동자좌상과 문수보살좌상의 복장물 연구」,『華嚴 연꽃가시를 들다』, 상원사문수전목조문수보살좌상 보물지정기념 2014 복장유물특별전 도록, 월정사성보박물관, 2014.

다라니 등을 포함하고 있는 금강계만다라를 적삼에 새긴 것은 진언다라니와 만다라의 출세간실지신앙이 반영되었다고 할 수 있다.[29] 즉, 진언다라니와 만다라의 현실 기복적인 신앙의 일면을 보여준다. 한편 이 판본은 문경 대승사 극락전 목조아미타여래좌상 복장물과 1302년 조성된 아미타여래좌상의 복장물에서 출토된 금강계만다라와도 동일한 것으로 확인되었다. 이러한 것으로 보아 한번 제작한 진언다라니와 만다라 판본이 상당히 오랫동안 사용되었으며, 필요에 따라 여러 번에 걸쳐 재활용되었음을 알 수 있다.

그리고 오대산 상원사 목조문수보살좌상과 보은 속리산 복천암의 복장물에서는 동일한 유형의 「오불종자만다라」가 출토되었는데, 보기 드물게 티벳 문자로 구성된 진언다라니와 함께 인쇄되었다. 두 사찰에서 출토된 「오불종자만다라」는 금강계만다라의 형식을 갖추고 있는데, 한가운데를 제외한 사방에는 원형문이 아닌 네모와 세모 등 오방경 문양을 새겨 그 안에 오불종자를 배치한 특이한 구성 기법을 적용하였다. 그리고 오불종자 사이에는 「일체여래사리함진언」 등을 배열하였으며, 외곽에도 네모형, 세모형, 원형, 반달형 도형을 배치하여 사방진언을 새겨 넣었다. 복장물의 납입 품목 중 오방경을 충실하게 적용하여 제작한 만다라라고 할 수 있다. 두 사찰은 조선 초기에 실담과 진언다라니 등에 조예가 깊었던 학조화상이나 신미화상과 밀접한 연관이 있었다. 당시 두 사찰은 두 스님이 오랫동안 머물기도 하였으며, 깊이 관여하여 불사를 주도하기도 했다. 그러한 이유로 두 사찰에 조성 봉안된 불상의 복장물에 티벳 문자로 작성한 진언다라니와 함께 독특한 형태로 제작한 같은 유형의 만다라가 봉안되었던 것으로 보인다.

또한 조선 후기에 인출된 다양한 형식과 양식의 금강계만다라가 개인이나 여러 박물관에 소장되어 전해지고 있다. 남양주 흥국사 영산전 삼존불, 의성 모선암 목조여래좌상, 공주 갑사 대웅전 석가여래좌상 등 조선 후기 조성된

---

29 金永德, 「密教의 韓國的 受容의 一例」, 『密教學報』 제3집, 밀교문화연구원, 2001, pp.72~73.

여러 불상의 복장물에서 금강계만다라가 출토되었다. 이 중에 남양주 흥국사 영산전 삼존불 중에서 본존불은 1650년 8월 소조로 제작된 석가여래좌상인데, 발원문을 비롯하여 후령통과 묘법연화경 등 다양한 복장물이 출토되었다. 그중에 금강계만다라가 수습되었는데, 범자체와 진언다라니의 배치, 37존 종자의 배치 등 전체적인 구조와 양식으로 보아 공주 갑사 석가여래좌상, 고양 원각사 소장본 등과 동일 판본으로 보인다.

한국 불교사에서 만다라가 전래한 초기에는 일반적으로 깨달음을 얻기 위한 수행의 방편으로 인식되어, 불보살 그 자체를 상징하거나 불보살의 세계를 구현하는 하나의 도구였다. 그런데 점차 시간이 흐르면서 만다라가 신앙의 대상이자 불보살에 대한 공양과 공덕을 쌓는 신앙물로 변화되었다. 만다라가 처음에는 교리적 차원에서 불보살이나 진리 그 자체를 상징하여 깨달음을 얻기 위한 방편적 역할도 있었지만, 점차 현실적 차원에서 공덕을 쌓고, 복을 받고자 하는 신앙의 도구이자 대상으로서 인식되었음을 알 수 있다.

그리고 한국에서는 만다라의 제작과 봉안이 시대별로 다양한 양상을 보여주고 있다. 지금까지 발견 수습된 만다라는 고려시대 인쇄되어 고려시대 조성된 불상의 복장물로 봉안된 만다라, 고려시대 인쇄된 것을 소장하고 있다가 조선시대 조성된 불상의 복장물로 봉안된 만다라, 조선시대 들어와 고려시대 제작된 판본을 활용하여 인쇄한 후 조선시대 조성된 불상의 복장물 일부로 봉안한 만다라 등 다양한 사례가 확인되고 있다. 이처럼 고려와 조선시대 만다라의 제작과 보급, 봉안 등에서 여러 가지 경우가 있었던 것으로 파악되고 있다. 또한 고려시대에는 태장계와 금강계만다라가 함께 제작되거나 불상에 봉안되었는데, 조선시대에는 금강계만다라 위주로 인출되어 불상의 복장물에 봉안된 양상을 보여주고 있다. 그리고 조선 후기에는 전국의 여러 사찰이나 민간에서 공양이나 공덕을 쌓거나, 망자를 추복하거나, 극락왕생을 염원하는 신앙의 대상으로 진언다라니와 함께 만다라가 봉안되었다.

이처럼 만다라는 한국 불교사에서 밀교 신앙의 보급과 전파에 따라 발전하

평창 상원사 문수동자상(1466)과 관음보살좌상(1661)

앞

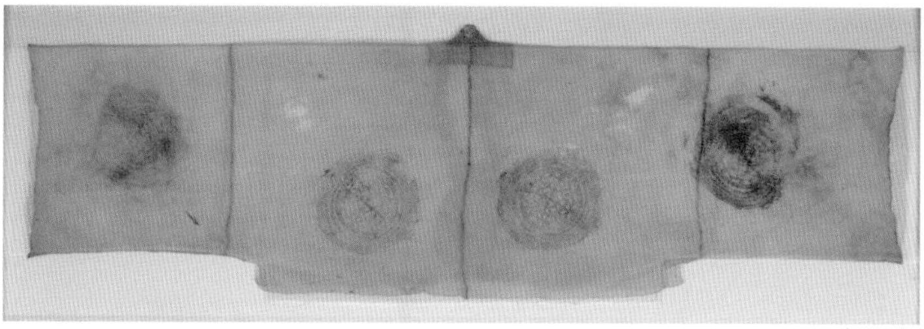

뒤

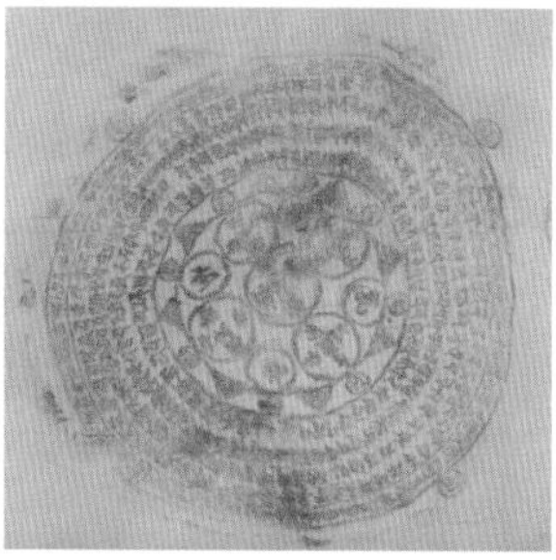

평창 상원사 문수동자상(1466) 출토 생명주적삼에 금강계만다라　조선, 월정사 성보박물관

❶

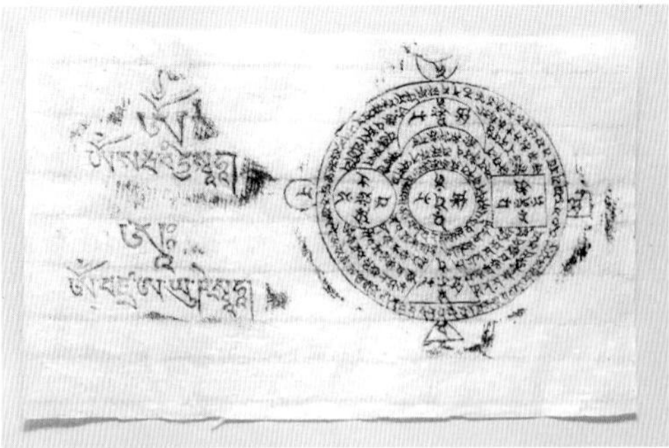

❷

❸

❶ 평창 상원사 문수동자상 출토 황초폭자에 새겨진 만다라형 다라니　조선, 월정사 성보박물관

❷ 오대산 상원사 목조문수보살좌상(1661) 출토 「오불종자만다라」　조선, 월정사 성보박물관

❸ 보은 속리산 복천암 출토 「오불종자만다라」　조선, 허일범 교수 제공

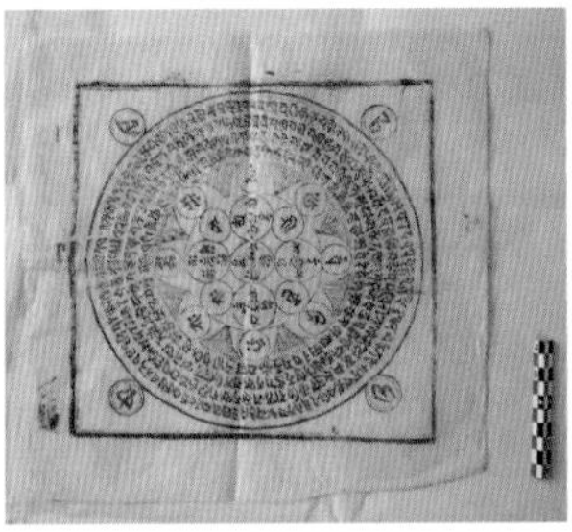

남양주 흥국사 영산전 삼존불과 소조석가여래좌상 출토 금강계만다라

오호석 제공

의성 모선암 목조여래좌상과 만다라

이홍식 제공

였다. 만다라는 밀교에서 기본적으로 최상의 진리를 얻으려는 구도자를 위한 지혜의 총체로서 밀교 이론을 체계적으로 표현한 것이라 할 수 있다. 그래서 평면적이지만 그 안에는 형태가 있고, 색상이 있고, 문자와 소리가 있고, 의미와 상징이 있어, 수행자들을 진리로 이끄는 역할을 한다. 만다라는 한국 불교사에서 진언다라니처럼 의례에 활용되기도 하고, 현실에서 복을 비는 신앙의 대상이 되기도 하고, 공양이나 공덕을 쌓기 위하여 제작되는 등 다양한 용도로 활용되었다.

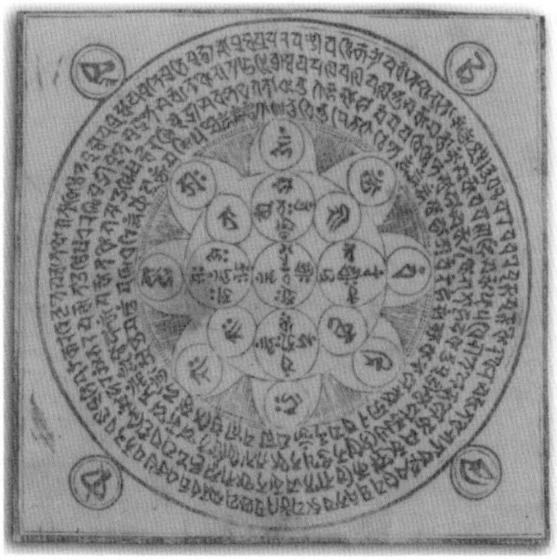

고양 원각사(정각 스님 제공)

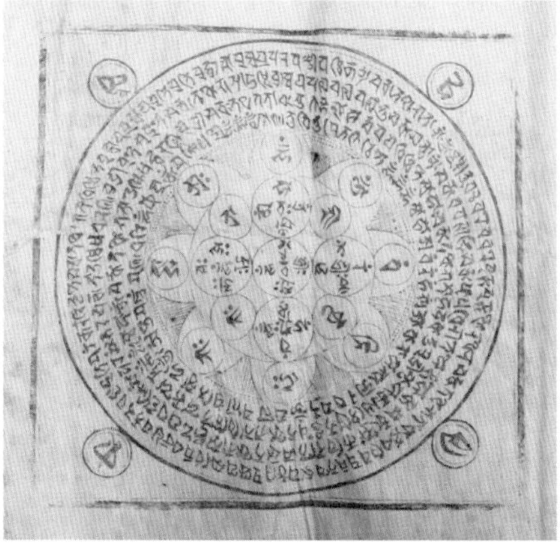

공주 갑사 대웅전 석가여래좌상(김수현 선생 제공)

김천 직지사 성보박물관(1648.4)

조선 후기 인출된 금강계만다라

4. 목조 건축

삼국시대 불교의 공인과 함께 수도를 중심으로 여러 사찰이 창건된 것으로 전하고 있으며, 그러한 사실을 보여주는 유적과 유물이 확인되고 있다. 고구려는 오늘날의 평양 일대, 백제는 서울·공주·부여 일대, 신라는 경주 일대에 여러 사찰을 건립하였다. 이처럼 불교 전래 초기에는 수도를 중심으로 불교 신앙이 전파하였고, 왕실에서 후원하여 중앙정부 차원에서 사찰이 창건되었다. 그리고 시간이 지나면서 불교는 지방으로 서서히 확산하였으며, 지방의 중요 거점 도시에 사찰이 세워져 종교 활동의 공간뿐만 아니라 정치, 행정, 문화의 중심지로 기능하였다.

신라는 676년 삼국을 통일한 이후에도 불교 신앙을 적극적으로 장려하였으며, 지방의 주요 거점 도시에 사찰을 건립하여 민심을 규합하는 등 정치적 영향력을 확대하여 나갔다. 그리고 사찰은 종교 신앙뿐만 아니라 정치 행정의 기능도 병행하는 경우가 많았다. 그리고 이 시기의 불교는 부처님의 가르침과 교리를 중시하는 교종 계열의 화엄 사상이 중심을 이루었다. 한편 이 시기를 전후하여 특정 승려들이 밀교를 배워 입국하게 된다. 그들에 의하여 여러 밀교 경전들이 유입되었다. 밀교는 의례와 작법 등을 중시하고, 신비하고 영험한 것으로 인식한 진언다라니에 대한 신앙이 깊었는데, 이러한 것은 교리를 중시하는 기존 불교계에 신선한 충격을 주었다.

신라 말기에는 선종이 서서히 전래하였는데, 지방을 중심으로 빠르게 전파되어 나갔다. 신라 말기에 이르러 선승들이 지방의 유력한 호족들과 밀접한 관계를 맺으면서 그 지역의 호족이나 백성들과 연계된 선종 사찰이 창건되었고, 유력한 선승을 중심으로 하나의 선문이 형성되었다. 이러한 선문들은 그 지역의 호족이나 백성들과 연계되어 발전하였으며, 지방의 민심을 규합하는 핵심적인 역할도 하게 된다. 또한 교종이든 선종이든 밀교 의례와 작법 등을 각종 법회에 활용하면서 밀교 신앙은 더욱 확대되었다. 특히, 진언다라니에 대한 신앙이 불교의 현실 기복적인 측면과 연계하면서 널리 전파되었으며, 그러한 신앙은 불교계에 많은 영향을 미쳤다.

고려는 건국되면서부터 수도를 중심하여 전국에 걸쳐 많은 사찰을 창건하였다. 그리고 수도에는 왕실의 후원으로 법왕사와 현성사 등 밀교 사찰이 창건되기도 했다. 국가적인 차원에서 대장경이 여러 번에 걸쳐 간행되었는데, 그 안에 밀교 경전들이 다수 포함되어 있었다. 그러면서 밀교적인 의례와 신앙이 불교계의 다양한 방면에까지 영향을 미치게 된다. 이러한 경향은 전쟁과 권력 투쟁 등 다소 혼란스러운 정국이 계속되었던 고려 중기에 들어와 더욱 본격화된다. 이에 따라 고려시대 밀교의 핵심이라 할 수 있는 범자 경전들이 인쇄술의 발달과 함께 빠르게 간행 보급되었다. 특히, 『범서총지집』과 『밀교대장』 등을 비롯하여 진언다라니와 관련된 여러 경전과 인쇄물들이 간행 보급되면서, 밀교 경전이나 진언다라니가 복장물로도 봉안되었다. 범자 진언다라니가 일상의 신앙생활까지 영향을 미쳤으며, 여러 조형물에 새겨지는 등 다양한 신앙적 요소를 띠면서 발전하였다. 이에 따라 석당이나 청석탑을 비롯하여 동종이나 향로 등의 공예품에 개인적인 수호와 기복 신앙의 형태로 범자 진언다라니가 새겨졌다. 이러한 것으로 보아 고려시대 사찰 가람을 구성하고 있었던 여러 전각의 내외부에도 다양한 범자 진언다라니가 새겨졌을 것으로 추정된다. 그런데 고려시대 건립된 사찰 전각이 원형 그대로 현존하는 경우가 많지도 않지만 그러한 전각들도 대부분 조선 후기에 와서 새롭게 중창되거나 보수 등이 이루어졌기 때문에 초건 당시의 원래 모습을 유지하고 있는 경우는 거의 없다고 할 수 있다. 이처럼 고려시대에 초건 된 전각이라 하더라도 원래의 건축적 요소를 그대로 유지하고 있는 경우는 거의 없다고 할 수 있다. 따라서 고려시대 초건 된 것으로 추정되는 전각의 내외부에 범자 진언다라니가 새겨졌다 하더라도 그것은 초건 당시의 것이라기보다는 대부분 조선시대 중수될 때 새롭게 새겨진 것으로 보는 것이 합리적일 것이다. 한편 고려시대 창건되었거나 중창된 사찰에서 가람 내 여러 전각의 지붕에 활용되었던 범자 진언다라니가 새겨진 기와들은 상당량 확인되고 있다. 대표적으로 강화 선원사지, 양주 회암사지, 인천 학림사지, 예산 수덕사, 합천 영암사지, 영암 사자암지 등 전국의 여러 사찰과 사지에서 범자 기와가 발견되었다. 고려시대의 범자 기와들이 활용된 전각들은 건물 내부의 불단이나 천장 등에도 범자 진언다라니를 새겼을 가능성이 높지만, 그러한 사실을 입증해주는 자료는 확인되지 않고 있다.

현재 전국의 여러 사찰에 고려와 조선시대에 초건 되었거나 중건된 다양한 전각들이 남아 있는데, 대부분의 전각 내외부에 범자 진언다라니가 새겨져 있다. 이러한 것은 조선시대 들어와 전각의 내외부에 범자 진언다라니를 새기거나 장엄하는 것이 일반화되었음을 알 수 있게 한다. 현존하는 전국 사찰의 전각 중에서 비교적 이른 시기에 새겨진 범자 진언다라니로 추정되는 사례는 강진 무위사 극락보전, 순천 송광사 국사전, 안동 봉정사 대웅전 등을 들 수 있다.

이 중에 강진 무위사 극락보전은 1476년경에 건립된 것으로 전하고 있으며, 불단에 아미타삼존불이 봉안되어 있다. 그리고 불단 위의 정면에 우물반자를 마련하여 하나의 틀마다 5~6잎으로 구성된 연화문을 표현하였는데, 잎마다 1자씩 범자를 새겼다. 5잎으로 구성된 반자틀은 한가운데 〔oṃ〕을 새기고, 그 주변에 〔ma ṇi pa dme hūṃ〕의 육자진언을 배열하였다. 6잎으로 구성된 반자틀은 한가운데 〔hrīḥ〕를 새기고, 그 주변에 육자진언을 배치하였다. 후대에 보수 과정에서 잎의 수량이 변화된 것으로 보이지만 처음부터 육자진언을 의도하여 우물반자를 구성하였음을 알 수 있다. 순천 송광사 국사전도 천장에 우물반자를 마련하여 틀마다 6잎으로 장식된 연화문을 표현하였는데, 한가운데 〔hrīḥ〕를 배치하고, 그 주변에 자륜식으로 범자를 새겼다. 이러한 진언다라니의 구성은 충주 숭선사지 출토 범자 수막새에서도 확인되고 있다. 안동 봉정사 대웅전도 가구를 구성하고 있는 부재의 표면을 비롯하여 천장은 우물반자로 구성하여 틀마다 연화문을 표현한 후 금색으로 진언다라니를 새겼

강진 무위사 극락보전

순천 송광사 국사전

는데, 크게 2가지 표현 기법을 활용하였다. 첫 번째는 반자틀 한가운데 란차문자로 〔oṃ〕 등 다양한 범자를 새긴 후, 그 주변에 6자로 구성된 육자진언을 실담문자로 배치하였다. 두 번째는 각 범자 마다 독립적인 연화문을 별도로 표현하여 그 안에 1자씩 새겼는데, 한가운데에는 〔hrīḥ〕 등 다양한 범자를 새긴 후 사방에 1자씩 총 4자를 배치하였다. 여러 자로 구성된 진언다라니에서 일부 범자를 선택하여 새긴 것으로 보인다.

그리고 조선시대 건립된 사찰 전각의 내외부에 여러 유형의 범자 진언다라

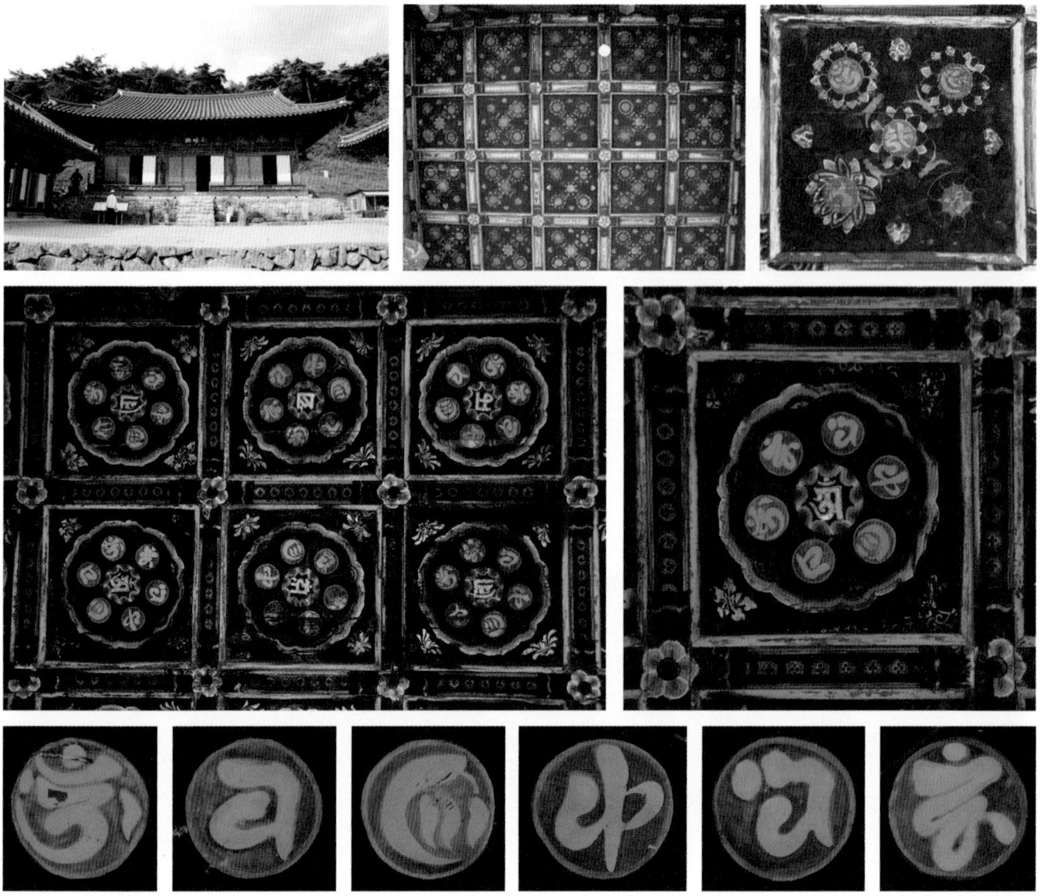

육자진언 〔oṃ ma ṇi pha dme hūṃ〕

안동 봉정사 대웅전

니를 새기거나 배치한 것으로 확인되고 있다. 범자를 새긴 위치를 보면 전각 벽체부의 기본 골격이라 할 수 있는 기둥, 창방, 평방 등의 표면에 화려한 단청과 함께 범자를 배치하거나, 공포부를 구성하고 있는 첨차와 쇠서 등의 좁은 공간에도 여러 자로 구성된 진언다라니를 새겼다.

북한 묘향산 보현사의 대웅전과 영산전은 건물 내외벽에 여러 유형의 진언다라니를 새긴 것으로 확인되고 있다. 보현사 대웅전은 정면 5칸, 측면 2칸의 팔작지붕 건물인데, 한국전쟁 당시 파괴된 것을 그 이후에 중수한 것으로 알려져 있다. 이 전각은 비로자나불을 주존으로 하고 있으며 예전의 건축 양식

북한 묘향산 보현사 대웅전

북한 묘향산 보현사 영산전

북한 묘향산 보현사 축성전[1]

을 거의 그대로 재현한 것으로 알려져 있는데, 기둥의 상부에 머리초 단청을 하고, 한가운데 원형문을 마련하여 그 안에 범자를 새겼다. 그리고 기둥과 기둥을 연결하는 창방의 표면에도 원형문을 연이어 마련한 다음 그 안에 범자를 배치하였다. 또한 보현사 영산전은 정면 3칸, 측면 3칸의 건물로 1875년경 중건된 것으로 전해지고 있는데, 기둥 상부에 원형문을 마련하여 범자를 새겼으며, 벽체부를 구성하고 있는 각종 부재에도 진언다라니를 배치하였다. 영산전에는 삼종실지진언을 비롯하여 조선 후기에 성행한 육자진언과 준제진언 등을 새긴 것으로 알려져 있다. 묘향산 보현사 경내에서 다소 떨어져 있는 축성전의 벽체부에도 다양한 범자 진언다라니가 새겨져 있는 것으로 파악되고 있다. 이처럼 묘향산 보현사는 여러 전각에 다양한 범자 진언다라니가 장엄과

1 대한불교조계종 민족공동체추진본부, 『북한의 전통사찰』 ② -평안북도(상)-, 양사재, 2011, p.14.

〔oṃ〕 〔ma〕 〔ṇi〕 〔pa〕 〔dme〕 〔hūṃ〕

구례 천은사 팔상전

신앙의 요소로 새겨졌음을 알 수 있다. 구례 천은사 팔상전은 현대기에 새롭게 단청하였는데, 기둥 상부에 화려한 단청과 함께 원형문을 마련하여 한가운데 새겨진 범자가 확연하게 노출되도록 했다. 그리고 천은사 팔상전은 다른 기둥에도 1자씩의 범자를 새겼는데, 종자는 아닌 것으로 판단되어, 여러 자로 구성된 진언다라니를 의도했음을 알 수 있다.

이처럼 조선시대에는 사찰 가람의 여러 전각에 건물 외벽을 구성하고 있는 창방이나 평방 등의 주요 부재의 표면에 상징성이 큰 종자를 새기거나, 여러 자로 구성된 진언다라니를 배치한 경우가 많았다. 이러한 범자 진언다라니가 초건 당시에 새겨진 경우도 있지만, 대부분은 후대에 중수하면서 새롭게 새겨진 것이거나 근현대기에 와서 이전의 것을 재현하였다. 이러한 사례로 양산 통도사 대웅보전과 약사전, 통도사 불이문, 창녕 관룡사 대웅전, 북한 심원사 보광전, 구미 대둔사 대웅전, 고흥 금탑사 대웅전, 구례 천은사 응진당, 영천 거동사 대웅전, 부산 범어사 지장전, 천안 광덕사 명부전 등이 있다. 구례 천은사는 조선 후기에 가람의 면모를 일신한 사찰로 여러 전각에 범자로 진언다라니를 새겼다. 천은사 팔상전은 내부 창방 아래에 〔oṃ〕이 새겨졌으며, 응진당은 기둥, 창방과 도리 등의 표면, 건물 내부의 천장 등에 다양한 범자 진언다라니를 주서하였다. 응진당의 벽면에는 오불을 상징하는 종자를 비롯하여 비밀실지진언과 정법계진언 등이 확인되고 있다.[2] 그리고 천안 광덕사 명부전은 평방의 표면에 육자진언 등이 새겨져 있는데, 범자가 떨어져 새겨졌지만 서로 연결되어 하나의 진언다라니가 되도록 하였다. 고흥 금탑사 극락전은 내부의 천장과 도리의 표면 등에 범자로 진언다라니를 배치하였으며, 내부 공포부의 첨차와 소로에도 별도의 진언다라니를 새겼다. 청도 대비사 대웅전은 벽체부의 토벽 공간을 사각형으로 구획한 후 하부에 연화좌를 마련하여 그 위에 범자가 배치되도록 했다. 이처럼 화려한 연화좌 위에 크게 원형문을 마련하여 그 안에 범자를 새긴 것은 범자에 대한 상징과 강조의 의미가 있다고 할 수 있다. 영천 거동사 대웅전, 부산 범어사 지장전, 천안 광덕사 명부전 등은 평방의 표면에 원형문을 마련하여 범자 진언다라니를 배치하였다. 양산 통도사 불이문은 기둥 상부를 연결하는 창방과 평방의 표면을 단청하였는데, 창방은 칸의 한가운데에 원형문을 크게 마련하여 범자를 새겼으며, 평방은 일정한 거리마다 작은 원형문을 마련하여 범자를 새겼는데, 육자진언 등이 확인되고 있다. 고성 옥천사의 금당과 명부전은 작은 규모의 건물인데, 도리의 뺄목 끝부분에 흑색으로 바탕색을 칠한 후 한가운데에 백색으로 크게 범자를 새겨 넣었다. 이처럼 가람을 구성하고 있는 중요 전각들의 부재 표면과 벽면 등에 원형문을 마련하여 삼밀진언이나 육자진언 등 상징이나 의미가 있는 다양한 범자 진언다라니가 새겨졌다.

안성 석남사는 조선 태종 때에 자복사로 지정되는 등 안성 지역의 중심 사찰이었으며, 조선 후기인 1725년경에 해원선사가 대웅전과 영산전을 번와했

〔ma〕 〔oṃ〕

양산 통도사 약사전

북한 심원사 보광전[3]

2 허일범, 『한국의 진언문화』, 해인행, 2008, pp.54~59.

3 대한불교조계종 민족공동체추진본부, 『북한의 전통사찰』 ③ -평안북도(중)-, 양사재, 2011.

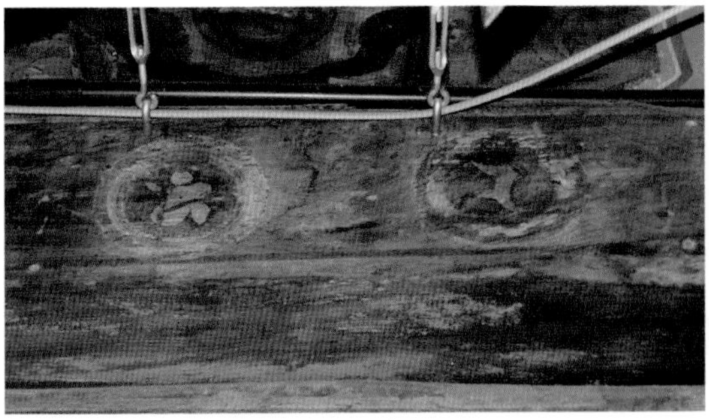

창녕 관룡사 대웅전

양산 통도사 대웅전

구미 대둔사 대웅전

청도 대비사 대웅전

고흥 금탑사 극락전

구례 천은사 응진당

영천 거동사 대웅전

부산 범어사 지장전

천안 광덕사 명부전

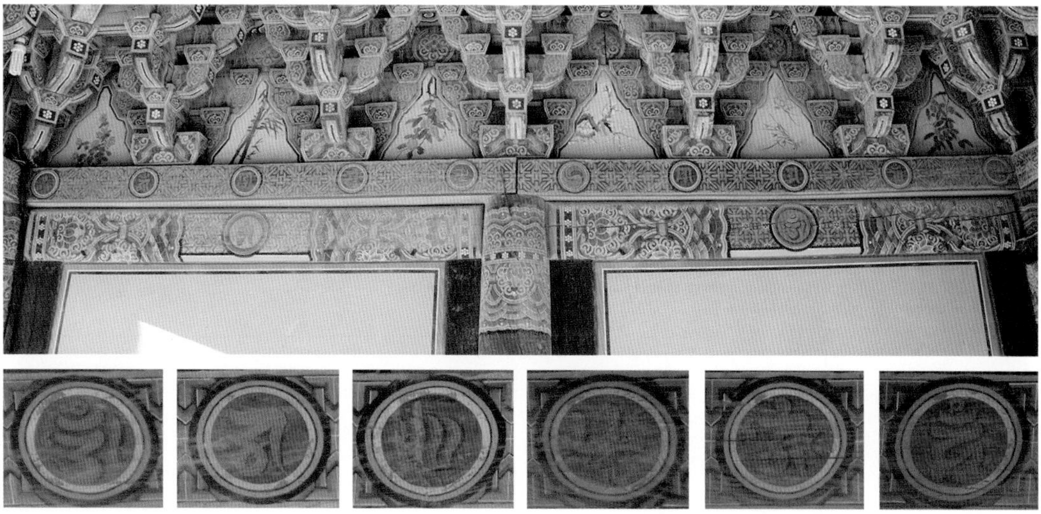

양산 통도사 불이문

고성 옥천사 금당

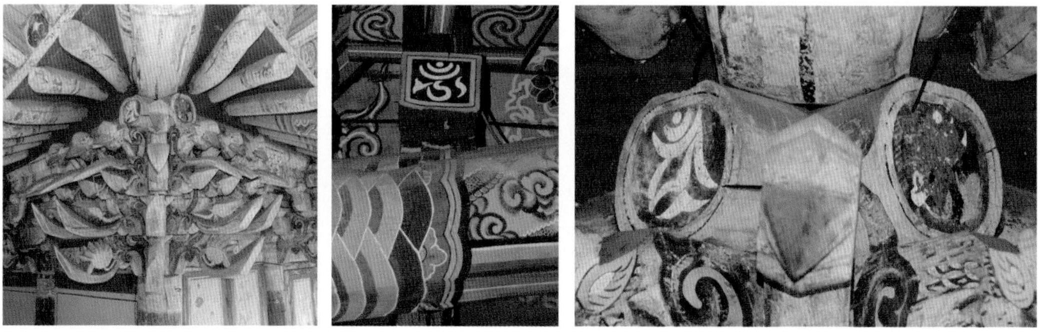

고성 옥천사 명부전

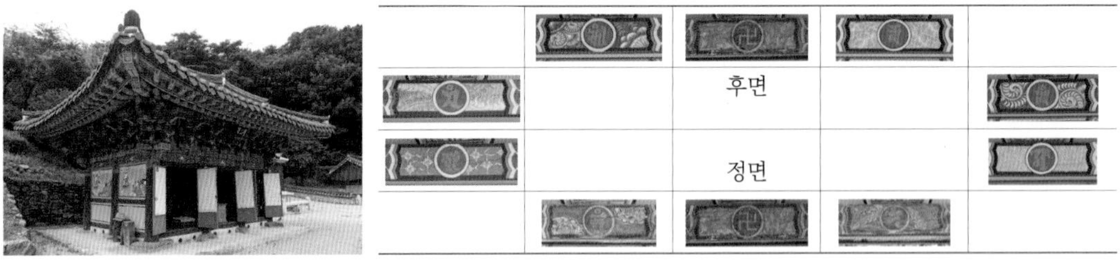

안성 석남사 영산전 외부 평방에 새겨진 범자 진언다라니

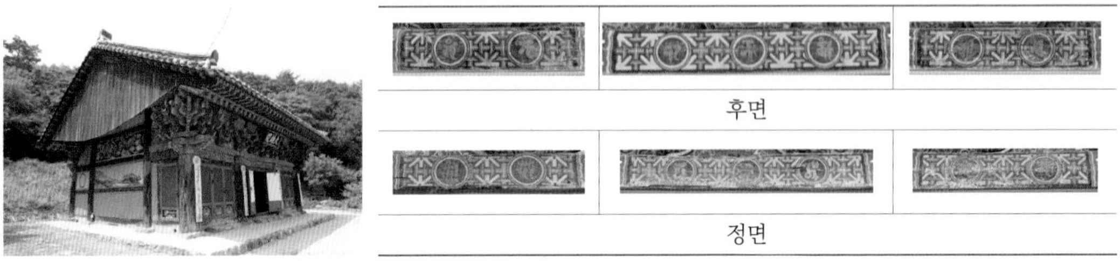

안성 석남사 대웅전 평방에 새겨진 범자 진언

다고 한다. 이 중에 석남사 영산전은 정면 3칸, 측면 2칸의 다포양식 팔작지붕으로 규모는 작지만, 지붕 처마부를 유려하게 높이 치켜올려 전체적으로 경쾌한 인상의 건물이다. 관련 기록에 의하면, 영산전은 1562년 창건되어 임진왜란 때 소실의 위기를 면하였으며, 그 이후에도 지속하여 중수 불사가 이루어졌다고 한다. 그래서 영산전은 조선 전기와 후기 사이의 건축 양식을 함께 보여주고 있는데, 기와를 비롯하여 건물 외부의 평방과 처마부의 부연 개판에도 원형문을 마련하여 그 안에 1자씩 범자를 새겨 넣었다. 그리고 석남사 대웅전은 창건 시기는 알 수 없지만 1725년경 해원선사에 의하여 번와 공사가 이루어졌다고 하는데, 건물 외부의 평방 표면에 범자 진언다라니가 서로 연결되면서 배열되어 있다. 범자 진언다라니가 신앙과 장엄의 요소로 법당 부재의 표면에 활용되었음을 알 수 있다.

그리고 목조건축물에서 가장 복잡한 결구 수법을 보이는 공포부 구성 부재의 표면에도 범자 진언다라니가 새겨졌다. 공포부는 첨차와 쇠서 등 다양한 부재들이 촘촘하게 결구 되기 때문에 범자를 새길만한 공간을 마련하기가 마땅치 않음에도 불구하고, 좁은 공간을 활용하여 다양한 범자 진언다라니를 배치하였다. 이러한 사례로 완주 송광사 나한전, 경주 불국사 대웅전, 예천 용문사 대장전, 양산 통도사 관음전, 창원 성주사 법당과 대웅전, 괴산 채운암 대웅전, 구미 대둔사 명부전 등에서 확인되고 있다. 완주 송광사 나한전과 괴산 채운암 대웅전은 공포부의 쇠서 표면에 육자진언을 새겼으며, 경주 불국사 대웅전은 건물 내부를 구성하고 있는 공포부의 쇠서 표면을 원형으로 다듬어 그 안에 범자를 새겼다. 양산 통도사 관음전은 보아지의 표면에 종자를 새겼으며, 창원 성주사 법당은 한자와 함께 여러 범자를 배열하였다. 창원 성주사 대웅전은 1681년 중건한 것으로 전하고 있는데, 내부 공포부의 쇠서 마다 상하로 흰색 바탕의 원형문을 마련하여 그 안에 1자씩 범자를 새겨 다양한 범자 진언다라니를 배치하였다. 예천 용문사 대장전과 구미 대둔사 명부전은 공포부의 여러 부재에 범자를 새겼다. 특히, 예천 용문사 대장전은 삼존불이 봉안된 불단 좌우에 독경이나 진언을 염송할 때 사용하는 윤장대가 설치되어 있는데, 수미단으로 구성된 불단의 뒷벽에 화엄만다라가 안치되어 있고, 그 주변에 준제진언, 입실지진언, 비밀실지진언, 출실지진언, 육자진언, 호신진언, 문수사리법인주 등이 배열되어 있다. 이러한 것으로 보아 용문사 대장전은 진언다라니 신앙에 의하여 연화장세계를 구현하고자 하는 의도가 설계와 조영에 반영된 것으로 보인다. 그리고 현대기에 단청된 것으로 보이는 강화 전등사 향로전은 겹처마로 구성되었는데, 부연의 끝부분에 연화문을 장식한 후 한가운데 〔oṃ〕을 새겨 넣었다. 양산 통도사 일주문도 평방과 공포부의 주요 구성 부재를 비롯하여 부연 개판에도 범자를 새겼으며, 지붕부 측면에 비바람을 막기 위하여 설치된 박공널에도 크게 원형문을 마련하여 범자를 새겼다. 창원 성주사 영산전도 불보살상이 배치되는 공간포벽에 원형문을 마련하여 범자를 새겼다. 이처럼 사찰 내의 여러 전각의 공포부에도 범자 진언다라니가 새겨져 있음을 알 수 있다.

완주 송광사 나한전

경주 불국사 대웅전

양산 통도사 관음전

창원 성주사 법당

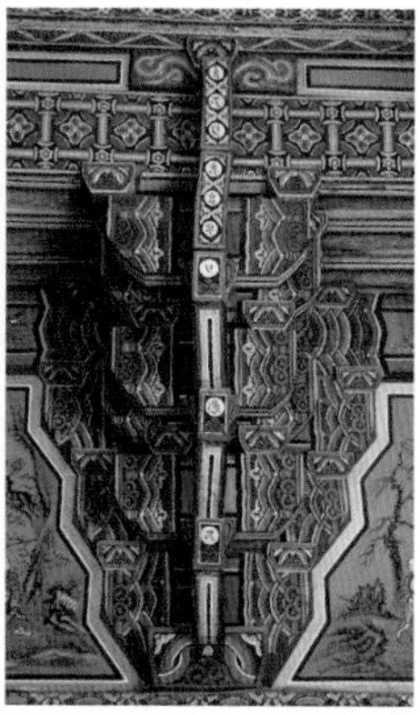

〔haṃ〕
〔ba〕
〔ṇi〕
〔haṃ〕
〔vaṃ〕
〔bāṃ〕
〔ṇi〕
〔oṃ〕
〔ma〕

창원 성주사 대웅전

괴산 채운암 대웅전

예천 용문사 대장전

구례 천은사 극락보전

고흥 금탑사 극락전

구미 대둔사 명부전

강화 전등사 향로전

양산 통도사 일주문

사찰 전각 내부의 기둥, 불단, 닫집 등에도 신앙과 장엄의 요소로 범자 진언다라니를 새긴 경우가 많이 확인되고 있다. 이는 주요 신앙 행위와 예불 활동이 이루어지는 법당 내에 범자를 새김으로써 진언다라니에 대한 신앙을 직접적으로 표현한 것이라 할 수 있다. 법당 내부에는 불상을 봉안하는 불단을 조영하기 위하여 내진기둥이 세워지는데, 이 기둥의 표면에 여러 자로 구성된 범자 진언다라니를 새긴 경우가 있다. 양산 통도사 대광명전, 남해 용문사 대장전, 영천 은해사 극락전 등의 내진기둥 표면에는 오륜종자나 육자진언 등을 비롯한 여러 유형의 범자 진언다라니를 배열하였다. 또한 서울 안양암 천오백불전은 작은 규모의 법당인데, 내부에 천오백불을 봉안하기 위한 불단을 마련하려고 사각형 기둥을 세웠는데, 그 표면에 범자 진언다라니를 세로로 배열하여 매우 보기 드문 사례라 할 수 있다.

그리고 법당 내부 불단의 표면에도 다양한 방식으로 범자 진언다라니를 새겼다. 불단은 대부분 수미단 형식으로 조성되는데, 단의 표면에 사각형 구획을 마련하여 그 안에 여러 자로 구성된 범자 진언다라니를 새긴 경우가 많다. 이러한 것은 진언다라니에 대한 신앙뿐만 아니라 불전 장엄의 의도가 있었던 것으로 보인다. 현재 경주 불국사 대웅전, 서산 개심사 대웅전, 통영 안정사 대웅전, 양산 통도사 대웅보전 등의 불단 표면에 육자진언, 파지옥진언, 오륜종자, 준제진언, 정법계진언 등이 확인되고 있다. 경주 불국사 대웅전의 불단은 3단의 수미단 형식으로 구성되어 있는데, 가운데 단을 사각형으로 구획한 후, 그 안에 원형문을 마련하여 범자를 금색으로 1자씩 새겼다. 육자진언과

〔a〕
〔ra〕
〔pa〕
〔ca〕
〔na〕

양산 통도사 대광명전

〔aṃ〕
〔vaṃ〕
〔raṃ〕
〔haṃ〕
〔khaṃ〕

남해 용문사 대웅전

영천 은해사 극락보전

서울 안양암 천오백불전

오륜종자 등을 좌우로 배치하였다. 서산 개심사 대웅보전의 불단은 육자진언과 파지옥진언이 함께 새겨져 있으며, 해남 대흥사 대웅전의 불단은 〔oṃ〕을 중심으로 범자를 배열하였다. 양산 통도사 대웅보전은 불단의 표면에 〔oṃ〕-〔raṃ〕의 정법계진언을 새긴 동판을 별도로 제작하여 부착하였다.[4] 이처럼 불단에 새겨진 범자 진언다라니는 오륜종자, 육자진언, 준제진언 등을 비롯하여

4 양산 통도사 대웅보전의 불단 한가운데 부착된 동판에는 연기와 함께 조성 시기와 시주자들을 알 수 있는 명문이 있다. 그리고 명문 중에 '咸豐八年戊午十二月初八日'(1858.12.08.)이라고 새겨져 있어, 정법계진언이 새겨진 동판이 1858년 12월에 제작되었음을 알 수 있다.

법당 내부 불단

향 좌측

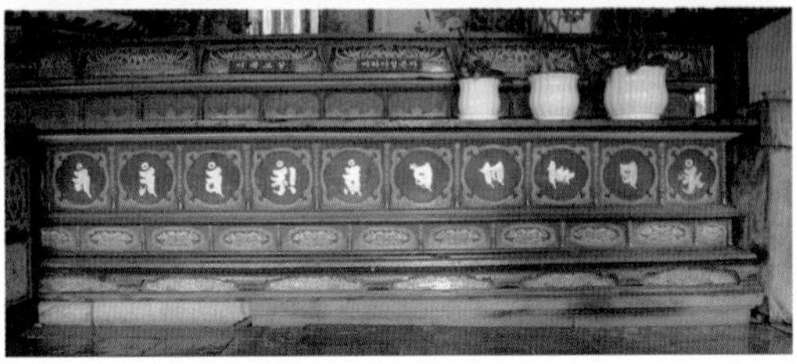

향 우측

경주 불국사 대웅전 불단

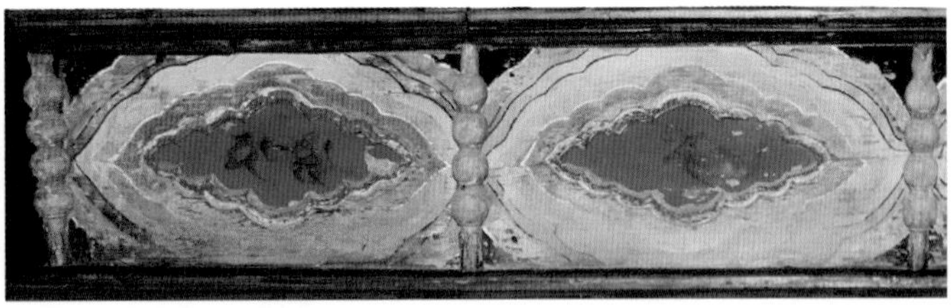

〔svā hā〕 〔ha〕

통영 안정사 대웅전 불단

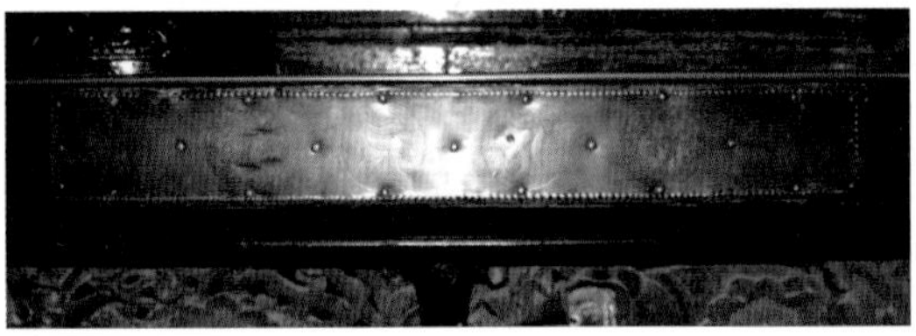

〔raṃ〕-〔oṃ〕

〔khaṃ〕 〔baḥ〕 〔māṃ〕

양산 통도사 대웅보전 불단 동판과 도리

복장물에 봉안된 진언다라니들이 많이 새겨졌다.[5] 이는 불단 위에 봉안된 불상에 대한 공덕과 공양의 의미가 있었던 것으로 보인다.

5 허일범, 『한국밀교의 상징세계』, 해인행, 2008, p.45.

서산 개심사 대웅전 불단

고창 선운사 대웅보전은 삼세불이 봉안된 불단의 후불탱화 상부에 실담으로 진언다라니를 새겼다. 이처럼 후불탱화 상부에 진언다라니를 배치한 경우는 상당히 드물다. 선운사 대웅보전의 삼세불은 임진왜란 직후인 1633~1634년 사이에 조성되었으며, 후불탱화는 1840년경에 그려진 것으로 추정되고 있다. 따라서 범자 진언다라니도 후불탱화가 조성된 시기에 함께 새겨진 것으로 보인다. 진언다라니는 사각형 구획을 마련하여 그 안에 좌서로 배열하였는데, 크게 3개의 영역으로 구분하였다. 첫 번째는 서두에 '千手千眼觀自在菩薩神妙章句大多羅尼曰'이라고 하여 다라니의 이름과 함께 찬탄의 내용을 배열하고, 두 번째는 소청의 단, 세 번째는 공덕성취의 단으로 구성하였다. 이처럼 삼세불과의 관련성을 염두에 두고 진언다라니를 배치하였으며, 후불탱화의 상부에 「신묘장구대다라니」를 새긴 것은 발원자가 천수관음의 광대무변한 공덕력과 가피를 얻고자 했던 것으로 보인다. 그리고 진언다라니를 통하여 부처님께 귀의하여 공양하고, 공덕을 예찬하려고 했던 의도도 담았다고 할 수 있다. 『천수경』에 의하면, 「천수천안관자재보살신묘장구대다라니」는 관음으로부터 유래하였으며, 관음을 자신의 몸과 마음속으로 불러들이는 소청다라니의 의미가 있다고 설하고 있다.[6] 따라서 천수다라니를 새긴 것은 관음의 소

6 허일범, 「한국의 진언다라니 신앙 연구」, 『회당학보』 제6집, 회당학회, 2001, pp.72~79.

좌협시불 상부

본존불 상부

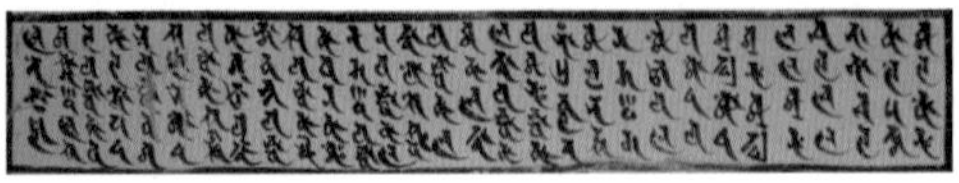

우협시불 상부

고창 선운사 대웅보전 삼세불과 불화 상부 다라니

청과 함께 다라니를 통하여 공덕을 성취하고자 하는 발원자의 염원이 담겨 있다고 할 수 있다. 이처럼 『천수경』에서 중심적인 다라니가 신묘장구대대라니인데, 이 다라니는 『천수경』의 독경 의식에서 공덕을 성취하는 다라니로 널리 알려져 여러 불교 조형물에 새겨지기도 했다. 또한 『천수경』은 경전의 체계가 봉청단(奉請壇), 수법단(修法壇), 회향단(廻向壇)으로 구분되어 있는데, 밀교 의궤와 유사성을 보여 밀교 경전으로 인식되기도 한다. 그리고 양산 통도사 극락보전은 조선 후기 중창된 건물로 불단의 후면을 회벽으로 처리하였는데, 벽면에 정법계진언 등 크고 작은 여러 진언다라니를 새겼다. 불단을 조성한 이후 밀교적인 의례와 작법에 따라 범자를 주서한 것으로 보인다.

그리고 사찰에서 법당의 내부 공간은 예불과 설법 등 신앙 활동의 중심이 되는 곳이다. 그래서 엄숙한 분위기가 유도되도록 구성하며, 불상을 봉안하기 위한 높은 불단이 마련되고, 이를 장엄하기 위한 후불탱화 등이 조성된다. 이와 함께 예배의 대상이 되는 불상의 존엄성과 권위를 높이기 위하여 상부의 천장 아래에 닫집을 올린다. 닫집은 화려한 형태의 작은 지붕으로 부처가 머무는 천상의 보궁을 상징하여 법당 내부에서 가장 화려하게 장식된다. 닫집의 지붕에는 이곳이 불가의 세계인과 동시에 불법 수호 등을 나타내기 위하여 용이나 봉황, 비천상 등 공양이나 수호신상 등을 화려하게 장엄한다. 그리고 그

양산 통도사 극락보전

불단 후면

예천 용문사 대장전

표면에 종자를 새기거나 여러 자로 구성된 진언다라니를 배치하기도 하였다.

양산 통도사 대광명전은 조선 후기 건립된 법당인데, 닫집의 여백 공간에 연화문이 표현된 원형문을 마련하여 그 안에 범자를 새겼다. 현재 닫집과 천장에는 오륜종자, 삼밀진언, 정법계진언, 준제진언, 육자진언 등 다양한 범자 진언다라니가 새겨져 있다.[7] 구례 천은사 극락보전과 영광 불갑사 대웅보전은 닫집을 구성하고 있는 부재의 표면에 안상문을 투각한 후, 한가운데에 범자가 새겨진 원형문이 배치되도록 했다. 영월 보덕사 극락보전은 조선 후기 건립된 다포양식 건물로 불전 내부에 불단을 높게 마련하여 삼존불을 봉안하고, 불상 위에 화려한 닫집을 구성하였는데, 닫집 내림판 상부의 안상문 안에 백색 바탕의 원형문을 마련하여 그 안에 1자씩 범자를 주서하였다. 그리고 현재 범자가 새겨지지 않은 원형문도 있는데, 이는 오랜 세월로 범자가 지워진 것으로 보인다. 그런데 범자를 다소 불규칙하게 새겨 어떤 진언다라니를 배치하였는지 명확하게 알 수는 없다. 논산 쌍계사 대웅전은 다포식 건물로 불단에 삼존불이 봉안되어 있으며, 대좌와 닫집의 규모가 크고 화려하게 마련되었다. 닫집은 연봉이 표현된 엄지기둥을 세우고, 그 위에 화려한 공포로 장식된 2층 전각을 올렸다. 그리고 닫집의 가운데는 적멸궁, 왼쪽은 만월궁, 오른쪽은 칠보궁이라는 편액을 걸었으며, 1층 전각의 모서리마다 화염문이 둘러싼 업경대 형태의 원형판 표면에 범자를 1자씩 새겼다. 이는 범자 진언다라니를 신

7 허일범, 『한국의 진언문화』, 해인행, 2008, pp.61~63.

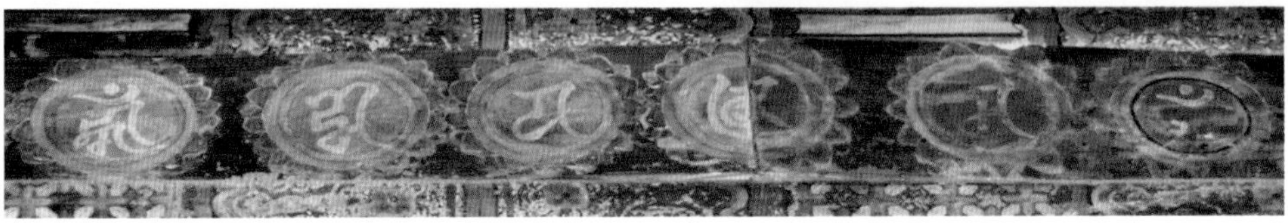

육자진언

양산 통도사 대광명전 닫집

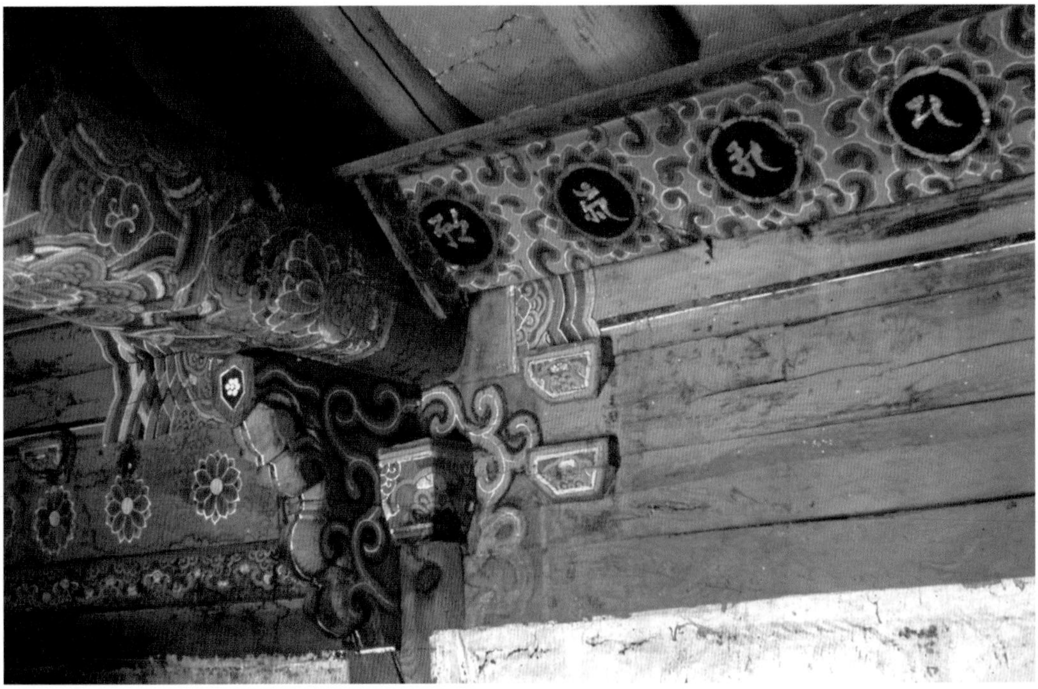

구미 도리사 극락전

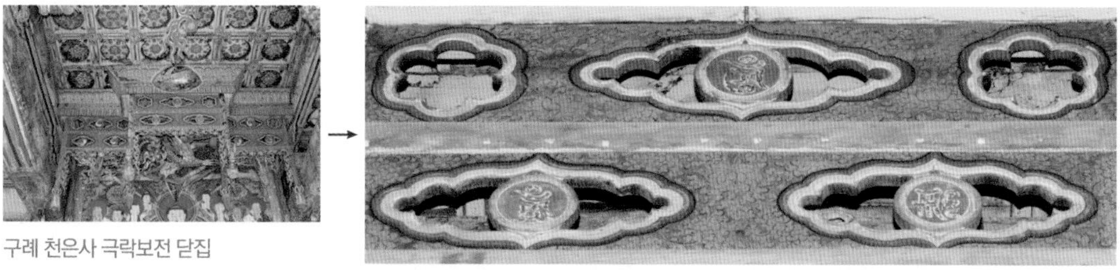

구례 천은사 극락보전 닫집

영월 보덕사 극락보전 닫집

영광 불갑사 대웅전 닫집

논산 쌍계사 대웅전 닫집

앙적인 의미로 장엄하기도 했지만, 문양 요소로도 활용하였음을 엿볼 수 있게 한다. 범자의 배치가 불규칙하여 명확하게 파악하기는 어렵지만, 신앙과 장엄을 위하여 종자와 육자진언 등을 의도하여 새긴 것으로 보인다.

또한 조선시대 건립된 사찰 가람의 전각들은 불전 내부의 공간을 신성하고 장엄하게 연출하기 위하여 천장에도 다양한 표현 기법을 활용하여 범자 진언다라니를 새기거나 배치하였다. 특히, 조선 후기에는 진언다라니에 대한 신앙이 확대되고, 범자 그 자체가 신앙의 대상이 됨과 동시에 장식적인 요소로도 활용되면서 불전 내부의 천장을 장엄하는 중요한 요소로 정착하게 된 것으로 보인다. 현재 사찰 가람을 구성하고 있는 대부분의 불전 내부의 천장에 범자가 새겨져 있음을 확인할 수 있는데, 그 양상을 보면 시기, 사찰, 장인 등에 따라 다양한 표현 기법이 적용되었음을 알 수 있다.

양산 통도사는 가람 내에 다수의 불전이 배치되어 있는데, 불전마다 천장에 다양한 방식으로 종자, 육자진언, 준제진언 등이 새겨져 있다. 대웅전은 도리와 보, 불단과 천장 등 여러 공간에 진언다라니가 새겨져 있는데, 우물천장으로 구성된 천장에 연화문을 장식한 후 범자를 새겼다. 반자틀 안의 한가운데 1자의 범자를 배치하고, 그 주변의 연잎 안에 1자씩 총 6자를 배열하였다. 현재 한가운데 〔baḥ〕를 중심으로 〔bhai〕?-〔maṃ〕?-〔saṃ〕?-〔khaṃ〕-〔hrīḥ〕-〔aḥ〕로 판독할 수 있는데, 진언다라니의 이름은 불분명하다.[8] 문살에도 불정심인을 도안화한 것으로 보이는 문양이 새겨져 있어 주목된다. 그리고 관음전은 우물천장의 반자틀 안에 연화문을 장식하여 범자를 새겼는데, 한가운데에 〔oṃ〕 등 다양한 범자를 새긴 후, 그 주변에 6자로 구성된 육자진언을 자륜식으로 배열하였다. 약사전과 영산전도 반자틀 안에 육자진언을 새기거나 한자를 병기하기도 했다. 용화전과 응진전의 천장에도 진언다라니가 새겨져 있는

8 東アヅア梵字硏究會, 「韓國梵字資料調査(2013~2014年調査」(下), 『歷史考古學』 第80號, 歷史考古學硏究會, 2021.

문살

양산 통도사 대웅보전

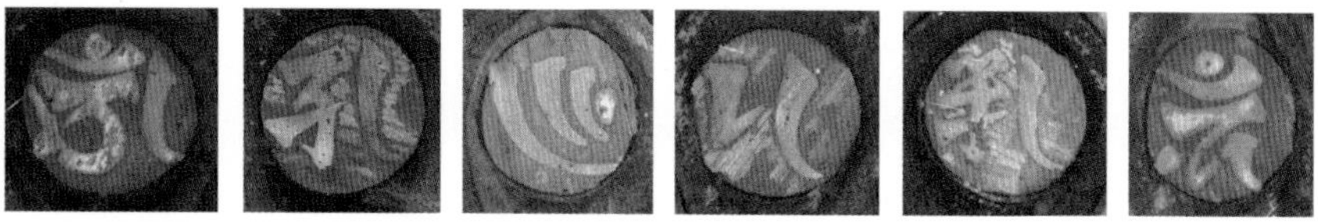

육자진언 〔oṃ ma ṇi pa dme hūṃ〕

양산 통도사 관음전

양산 통도사 약사전

양산 통도사 영산전

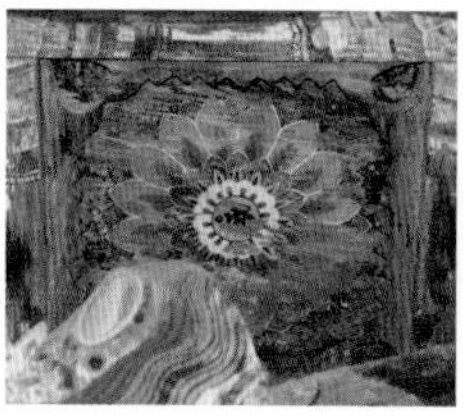

양산 통도사 안양암 북극전

양산 통도사 용화전

양산 통도사 응진전

데, 한가운데에 1자를 새긴 후 사방에 1자씩 총 4자를 배치하기도 했다. 통도사 안양암의 북극전에도 천장에 진언다라니가 새겨져 있다. 이처럼 통도사 불전들은 연화문과 보상화문 등 화려한 문양과 함께 범자 진언다라니를 새겨 넣어, 신비하고 장엄한 분위기가 연출되도록 했다.

공주 마곡사 대웅보전

공주 마곡사 영산전

공주 마곡사는 희지천을 중심으로 사역이 남쪽과 북쪽으로 나누어져 여러 전각이 배치되어 있는데, 각 전각의 천장마다 다양한 기법으로 진언다라니가 새겨져 있다. 마곡사 대웅보전은 2층 전각으로 마곡사 경내에서 가장 북쪽에 있는 법당으로 원래의 건물이 임진왜란 때 소실되자 1651년 각순대사와 공주 목사 이주연(李奏淵)이 중건한 것이라고 한다. 대웅보전은 1985년 수리 당시 1663년, 1695년, 1762년 중수되었다는 명문이 확인되어 1782년 화재로 마곡사 전각이 대부분 소실될 때 화재를 면했던 건물로 밝혀졌다. 이러한 대웅보전은 1층은 정면 5칸, 측면 4칸이며, 2층은 정면 3칸, 측면 3칸으로 불단에는 석가여래불, 아미타불, 약사여래불을 봉안하였다. 그리고 우물천장이 마련되었는데, 하나의 반자틀 안에 6엽으로 구성된 연화문을 표현하고 연잎마다 1자씩 총 6자로 구성된 육자진언을 새겨 넣었다. 한가운데에는 '卍'자나 '佛'자를 비롯하여 육자진언 중에 1자의 범자를 배치하였다. 또한 대광보전은 원래 17세기 중반경에 건립되었는데, 1782년 대화재로 소실되자 제봉당(齊峯堂)을 중심으로 중창이 이루어져 1785년 완공되었다고 한다. 이후 1851년 기와를 교체했다는 기록이 있다. 대광보전은 정면 5칸, 측면 3칸의 다포계 팔작지붕 건물로 불단에 비로자나불을 봉안하였는데, 불전 내부 우물천장의 반자틀 한가운데 〔oṃ〕을 배치하고 그 주변에 한자가 새겨진 6엽의 연화문을 표현하였다. 그리고 마곡사 영산전은 사천왕문을 지나 희지천을 건너기 전 왼쪽에 건립되어 있는데, 창건 시기는 명확하지 않지만 조선 초기 세조가 마곡사에 왔을 때

구례 화엄사 각황전

순천 선암사 원통전

고창 선운사 참당암 대웅전

영산전이라는 친필 현판을 내렸다고 전하고 있어, 이보다 앞선 시기에 창건되었음을 알 수 있다. 다만 현존하는 건물은 그 구조와 양식 등으로 보아 조선 후기에 새롭게 중창된 것으로 추정된다. 영산전은 정면 5칸, 측면 3칸으로 구성된 맞배지붕 건물로 내부 천장은 우물천장인데, 하나의 반자틀 안에 6엽으로 구성된 연화문을 장식하였다. 그리고 연화문의 한가운데에 만자 등을 새겼으며, 그 주변으로 구성된 연화문에는 육자진언을 자륜식으로 배치하였다. 이처럼 공주 마곡사 전각들은 조선 후기 불전 내부의 천장에 표현된 연화문형 자륜식 육자진언의 전형적인 표현 기법을 보여주고 있다.

이와 유사한 기법으로 범자 진언다라니를 새긴 사례로는 구례 화엄사 각황전, 순천 선암사 원통전, 고창 선운사 참당암 대웅전, 경주 기림사 약사전, 고흥 운흥사 법당, 강화 전등사 대웅보전, 청도 대비사 대웅전, 울산 신흥사 대웅전, 구미 대둔사 대웅전, 부안 개암사 대웅보전, 안동 서악사 극락전, 창녕 관룡사 대웅전, 남해 용문사 대웅전, 진안 천황사 대웅전, 영광 불갑사 대웅전, 부안 내소사 대웅전, 부여 무량사 극락보전, 서산 문수사 극락보전, 고창 선운사 영산전 등에서도 확인되고 있다.

이 중에 구례 화엄사 각황전은 우물천장으로 구성된 하나의 반자틀 안에 8잎으로 구성된 연화문을 표현하였는데, 진언다라니를 자륜식으로 새겨 넣었다. 그리고 순천 선암사 원통전은 조선 정조가 후사가 없자 기도하여 순조를 얻었다는 관음보살이 봉안된 불전으로 천장의 연화문 안에 보생불진언 등이 새겨져 있다. 강진 무위사 극락보전과 북한 개심사 극락전은 아미타불과 관

강화 전등사 대웅보전

청도 대비사 대웅전

울산 신흥사 대웅전

구미 대둔사 대웅전

부안 개암사 대웅보전

창녕 관룡사 대웅전

남해 용문사 대웅전

안동 서악사 극락전

음보살을 상징하는 범자를 새겼다. 고창 선운사 참당암 대웅전은 정유재란 때 불에 탄 것을 1619년 중창하였는데, 고려시대 건물에 사용되었던 부재들을 부분적으로 재활용한 것으로 확인되었다. 불전 내부의 천장은 우물천장으로 마련되었는데, 하나의 반자틀 안에 6엽으로 구성된 연화문을 장식하여 육자진언을 자륜식으로 새겨 넣었다. 강화 전등사 대웅보전은 닫집의 앞쪽과 대들보 좌우에 우물천장이 마련되었는데, 사각형의 반자틀 안에 6엽으로 구성된 연화문을 표현하여 육자진언을 새겼다. 그리고 한가운데의 자방 안에 卍자를 배치하였다. 진안 천황사는 1654년 애운당(愛雲堂) 등이 주도하여 크게 중창하였다고 한다. 이러한 것으로 보아 현존하는 대웅전도 17세기 후반경에 천황사가 중창될 때 건립되었을 것으로 추정된다. 대웅전은 다포양식의 맞배지붕으로 벽체부에 비하여 지붕부가 커서 웅장한 외관을 형성하고 있는데, 내부에 우물천장으로 구성된 반자틀마다 6엽의 연화문을 배치하여 육자진언을 새겨 넣었다. 고창 선운사 영산전의 천장에도 61개의 우물반자와 그 안에 연화문이 정연하게 표현되어 있는데, 6엽의 연화문 안에 대비심다라니를 비롯하여 육자진언, 준제진언, 삼종실지진언 등 다양한 진언다라니를 새겼다. 일반적으로 불전 내부의 천장에는 특정 진언다라니를 반복하여 새기는데, 선운사 영산전은 여러 진언다라니를 혼합하여 새긴 점이 특징적이다. 당시 여러 진언다라니를 상호 보완적인 관계로 인식했음을 보여준다. 영광 불갑사 대웅전은 1762년 화재로 소실되자 1764년 중건되었다고 하는데, 닫집과 천장 등에 다양한 기법으로 범자 진언다라니가 새겨져 있다. 닫집에는 종자와 정법계진언, 천장에는 육자진언을 비롯한 한자음을 묵서하였다.

그리고 불전 내부에 다양한 장식 기법을 활용하여 범자 진언다라니를 새긴 경우도 많다. 대표적으로 경주 불국사 대웅전은 사각형으로 구획된 반자틀 안에 1자씩 범자를 새겨 넣은 여러 개의 연화문을 원형으로 장식하였다. 반자틀마다 한가운데에 란차 또는 실담으로 〔oṃ〕을 배치하고, 그 주변에 독특한 자형으로 새긴 준제진언을 자륜식으로 배치하였다. 구례 천은사 극락보전은 불

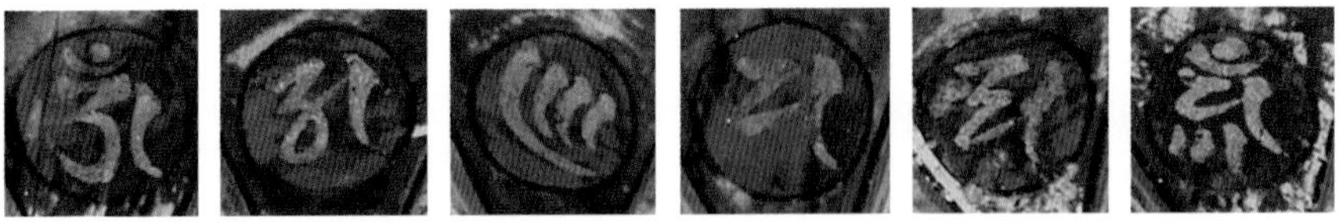

육자진언

서산 문수사 극락보전

부안 내소사 대웅전

부여 무량사 극락보전

영광 불갑사 대웅전

진안 천황사 대웅전

닫집 정면 천장

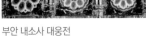

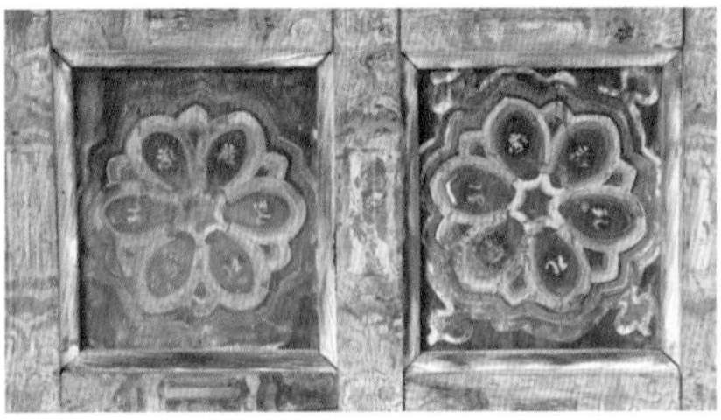

전을 구성하고 있는 도리와 보, 닫집과 천장 등 여러 공간에 다양한 범자 진언 다라니를 새겼다. 이중 닫집 앞쪽으로 형성된 우물천장에 화려한 반자틀이 구성되어 있는데, 반자틀마다 한가운데에 금색의 범자를 1자씩 새기고 그 주변에 연잎을 표현하였다. 그래서 여러 연잎이 범자를 둘러싸고 있는 듯한 형상이다. 천장에는 진심종자, 오륜종자, 정법계진언 등을 새겼다.

조선 후기 건립된 화성 용주사 대웅보전, 구례 화엄사 원통전, 영덕 장육사 대웅전, 익산 숭림사 보광전, 보성 대원사 극락전, 상주 남장사 보광전, 김천 직지사 대웅전 등도 화려한 연화문과 함께 독특한 표현 기법으로 범자 진언 다라니를 새겨 넣었다. 이 중에 보성 대원사 극락전은 본존불 정면의 천장에

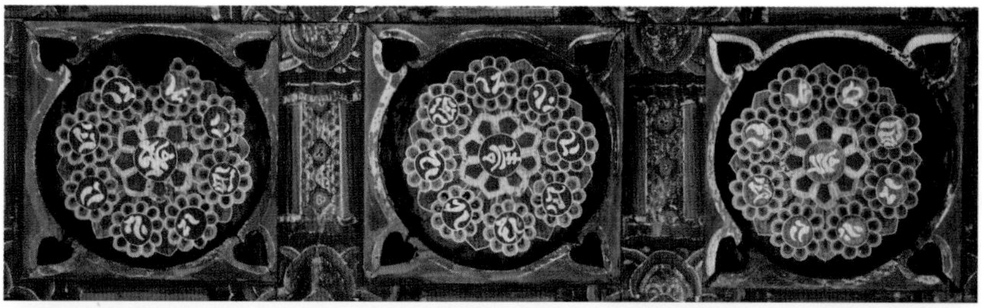

경주 불국사 대웅전

구례 화엄사 원통전

영덕 장육사 대웅전

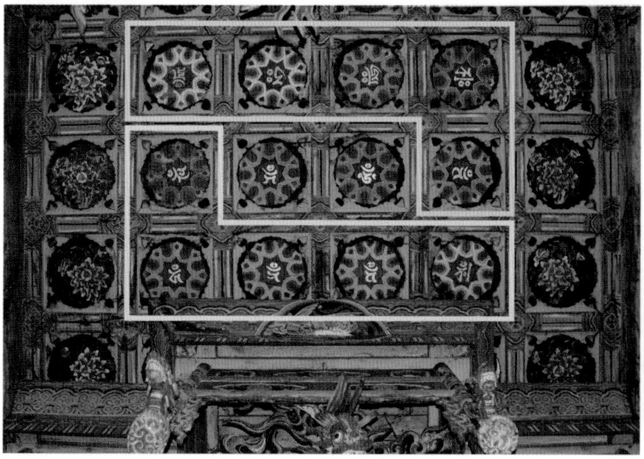

	진심종자		
〔hūṃ〕	〔raḥ〕	〔hrīḥ〕	〔aḥ〕
〔khaṃ〕	〔raṃ〕	〔oṃ〕	〔vaṃ〕
	정법계진언		
〔haṃ〕	〔raṃ〕	〔vaṃ〕	〔aṃ〕
	오륜종자		

범자 배치

구례 천은사 극락보전

우물반자를 화려하게 구성하였다. 반자틀마다 연화문을 장식하고, 8개의 반자 안에는 각각 1자씩 범자를 새겨 전체적으로 준제진언을 의도하여 새겼음을 알 수 있다. 그런데 극락전 내부의 천장에 준제진언을 새긴 것은 교리상 어

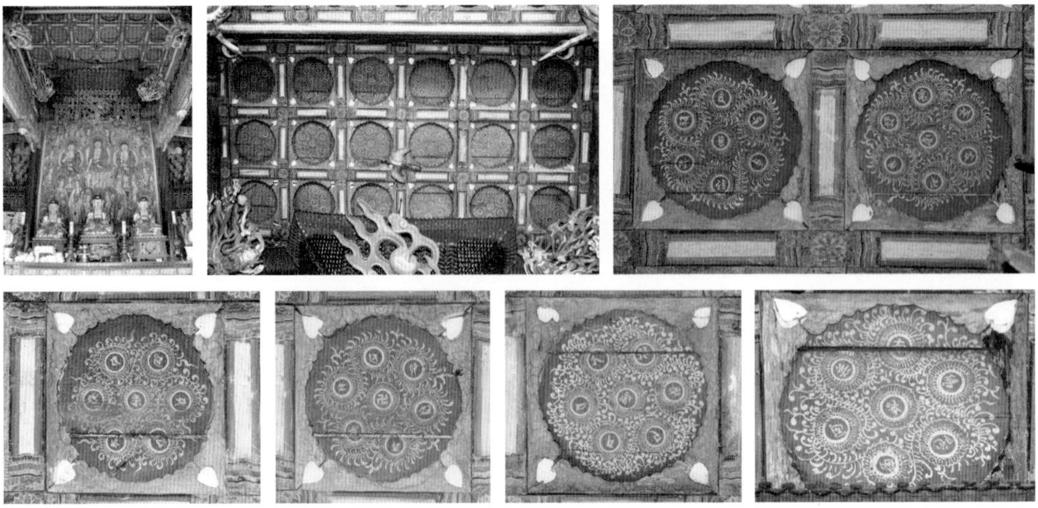

화성 용주사 대웅보전

익산 숭림사 보광전

보성 대원사 극락전

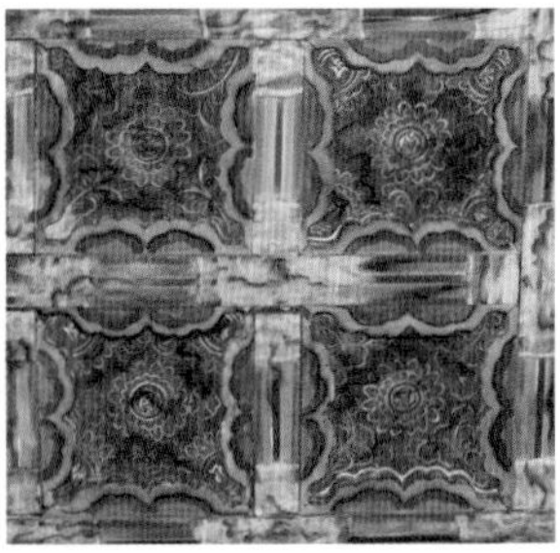

청주 월리사 대웅전

상주 남장사 보광전

해남 미황사 대웅전

준제진언 보신진언 법신진언 화신진언 진심종자

울리지 않는 측면이 있다고 할 수 있다. 그렇다고 하여 진언다라니를 잘못 새겼다거나 이해가 낮았다고 할 수는 없다. 왜냐면 불전 내외부에 진언다라니를 새길 때 불전의 용도와 기능도 고려되었지만, 일반적으로는 당대인들이 가장

김천 직지사 대웅전

신앙했던 진언다라니를 새긴 사례가 많이 확인되고 있기 때문이다.

그리고 김천 직지사 대웅전은 임진왜란 직후에 건립되었으며, 규모가 크고 내부를 상당히 장식적으로 치장하였다. 대웅전은 불단 상부에 있는 닫집 앞쪽으로 형성된 우물천장이 화려한 반자틀로 구성되었는데, 반자틀마다 한가운데 범자를 1자씩 새겨 넣었다. 그런데 율동적인 연잎이 각각의 범자를 감싸고 있는 듯하게 장식하여 이채롭고 특징적이다. 다만 현재 범자가 불규칙하게 배열되어 있어 어떤 진언다라니를 의도하였는지 명확하게 알기는 어렵지만 삼종실지진언, 진심종자, 오륜종자, 육자진언 등을 새긴 것으로 보인다. 해남 미황사 대웅보전은 닫집 위의 천장이 우물천장으로 구성되었는데, 각각의 반자틀 안에 상당히 크게 범자를 새겨 넣었다. 이렇게 크게 범자를 새긴 경우는 이례적이라 할 수 있다. 각각의 반자틀 안에는 3중으로 구성한 원형문을 마련하여 그 안에 1자씩 범자를 새겼는데, 일부 란차도 있지만 대부분 실담으로 범자의 순서와 배열이 전반적으로 정연하게 배치되었다. 현재 미황사 대웅보전 내부의 천장에는 진심종자, 화신진언, 법신진언, 보신진언, 준제진언 등이 새겨져 있는데, 범자를 감싸고 있는 색깔이나 그 배치도 오행원리에 맞도록 방위에 따라 오색을 적절하게 배치하여 주목된다. 이것은 천장에 새길 범자 진언다라니가 처음부터 면밀하게 고려되었음을 알 수 있게 한다.[9]

또한 북한 지역에 현존하는 사찰의 여러 전각에도 범자 진언다라니가 새겨

9 許一範,「高麗·朝鮮時代의 梵字文化 硏究」,『회당학보』 제5집, 회당학회, 2000, pp.62~63.

져 있는 것으로 파악되고 있다. 특히, 금강산과 묘향산 일대의 고찰 중에서 조선 후기에 중창된 사찰들의 전각에 다양한 범자 진언다라니가 새겨지거나 배치되었음을 여러 자료를 통하여 확인할 수 있다. 묘향산 보현사 상원암은 법왕봉 기슭에 있는 사찰로 고려시대 창건되었으며, 조선 후기에 중창되어 오늘날까지 법등을 잇고 있다. 상원암 칠성각은 내부 천장을 우물천장으로 구성하였는데, 반자틀 안에 한가운데와 사방에 원형문을 배치하여 그 안에 1자씩 총 5자의 범자를 새겨 넣었다.[10] 현재 오륜종자, 진심종자, 삼종실지진언 등이 새겨진 것으로 보인다. 용흥사 불지암의 법당 내부 우물천장의 반자 안에도 화려한 장엄과 함께 사방에 1자씩 범자를 배치하였다. 북한 심원사 보광전은 조선 후기 건립되었는데, 평방 내외면의 표면에 3개의 원형문을 마련하여 범자를 새겼다. 그리고 우물천장으로 구성된 반자틀 안에 6엽의 연화문을 장식하여 잎마다 1자씩 범자를 새겼는데, 일부 반자틀에는 범자 마다 별도의 연화문을 마련하여 자방 안에 1자씩 새기기도 했다. 이러한 범자 진언다라니의 표현기법은 조선 후기 중수된 여러 전각에서 확인되고 있는데, 상당히 화려한 표현 기법이라 할 수 있다.

북한 강서사는 임진왜란 때 소실되어 중창되었는데, 1651년 다시 불타 1665년 중건된 것으로 전한다. 대웅전 닫집 위로 구성된 우물천장의 반자틀 안에 6엽의 연화문을 표현하여 육자진언을 새겼다. 북한 월정사는 황해남도 안악군 월정리 구월산 아사봉에 있는 사찰로 신라 말기 창건된 것으로 전한다. 이후 조선시대 들어와 중수를 거듭하면서 법등이 유지되었는데, 이 중에 극락보전은 1662년 중건되었으며, 1875년 다시 중수된 것으로 전하고 있다. 극락보전 내부의 우물천장에는 육자진언과 준제진언 등 여러 범자 진언다라니를 새긴 것으로 파악되고 있으며, 수월당 내부의 천장에는 준제진언을 새긴 것으로 알려져 있다. 북한 동덕사는 고려시대 창건되어 조선 후기에 여러 번

10 대한불교조계종 민족공동체추진본부, 『북한의 전통사찰』 ③ -평안북도(중)-, 양사재, 2011.

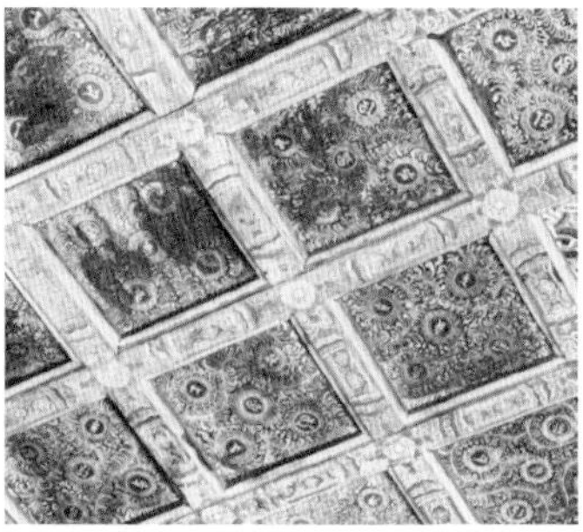

북한 보현사 상원암 칠성각

북한 용흥사 불지암 법당

북한 심원사 보광전

북한 강서사 대웅전

북한 월정사 극락보전

북한 평양 동금강암 법당

중건과 중수를 거듭하면서 법등을 이은 것으로 전한다. 동덕사 대웅전 내부의 우물천장에 여러 범자 진언다라니를 새긴 것으로 확인되고 있다. 북한 동금강암은 평양시 순안구역 오산리 담화산에 소재하고 있으며, 955년경에 창건되었다고 전한다. 조선 후기인 1636년 중창되었고, 일제강점기인 1936년에 다시 중건되었다고 한다. 현재 동금강암의 법당은 조선 후기 건물로 추정되고 있는데, 법당 외부 천장의 우물반자 안에 연화문을 표현하고 한가운데 원형문을 마련하여 그 안에 卍자와 1자씩의 범자를 새겨 넣었다. 북한 법흥사는 평안남도 평원군 신성리 강룡산 기슭에 소재하고 있는데, 고구려 때 초창되었으며, 고려시대 들어와 크게 중창된 것으로 전한다. 전각 중에 조선 후기에 중건

북한 동덕사 대웅전

북한 법흥사 장경각

된 장경각 내부 천장에 범자 진언다라니가 새겨져 있다. 천장은 정연한 우물천장으로 사각형 반자틀 안에 6엽의 연화문을 장식하였으며, 연화문 한가운데에 〔hrīḥ〕를 배치하고, 6엽의 연화문에는 란차로 1자씩 육자진언을 자륜식으로 배치하였다. 이러한 범자 진언다라니는 조선시대 여러 전각에서 확인되고 있다. 북한 고정사는 황해남도 안악군 안악읍 양산에 소재하고 있는 사찰로 1258년 연등사의 암자로 창건되었다. 이후 조선 후기에 와서 만세루와 요사 등이 중창된 이후 고정사라는 사명을 갖게 되었다. 고정사 원통전 내부 우물천장의 반자틀 안에 연화문을 장식하고 한가운데 1자씩 범자를 새겨 넣었다.

이외에도 북한 의주에 소재하고 있는 금광사 대웅보전은 상량문에 의하여 1847~1851년에 중건되었음을 알 수 있는데, 외목도리의 뺄목 부분에 흑색 바탕의 원형문을 마련하여 그 안에 백색으로 범자를 새겼으며, 영당에도 동일한 방식으로 범자를 1자씩 새겨 넣었다. 그리고 북한 정광사는 함경남도 이원군 원사리 영덕산에 소재하고 있는데, 838년 일신이 운흥암으로 창건하였다고 한다. 이후 고려시대에 들어와 크게 중창되어 운흥사라 했으며, 병자호란 때 전소되었다고 한다. 조선 후기 중창과 중수를 거듭하면서 법등이 유지되었으며, 대웅전은 1817년 중건된 것으로 전한다. 대웅전 내부 천장 소란반자 안에 범자 진언다라니를 새겨 넣었다. 북한 영변에 있는 천주사 보광전 내부의 우물천장도 반자틀 안에 연화문을 장식하여 범자 진언다라니를 새겼다. 조선후기에 들어와 법당 내부의 장엄을 위하여 다양한 방식으로 범자 진언다라니를 배치하였음을 알 수 있다.

그리고 근현대기 이후에도 기존의 불전을 중수하고 새롭게 단청하면서 새긴 범자 진언다라니가 상당량 확인되고 있다. 새로운 불전을 현대식으로 건립할 때에도 범자 진언다라니는 중요한 요소로 장엄되고 있다. 이처럼 오늘날까지 불전 내외부에는 다양한 범자 진언다라니가 새겨지거나 배치되고 있어, 조선시대 이후 범자 진언다라니에 대한 신앙이나 장엄이 지속하고 있음을 알 수 있다.

이처럼 한국 사찰 가람 내의 여러 불전에 다양한 범자 진언다라니가 새겨지거나 배치되기 시작한 것은 조선시대 들어서면서부터로 추정되며, 특히 조선 후기에 본격적으로 성행하였던 것으로 보인다. 고려시대에도 밀교가 성행하였고, 범자 진언다라니에 대한 신앙이 높았기 때문에 사찰 가람의 불전 내외부에 범자 진언다라니가 새겨졌을 것으로도 보이지만 현존하고 있는 사례가 없기도 하고, 당시에는 불전에 대한 일반적인 장엄 기법은 아니었던 것으로 추정된다. 현존하는 여러 불전의 사례로 보아 전각 내외부에 범자 진언다라니가 본격적으로 새겨지기 시작한 것은 조선시대에 들어와 일반화되었던 것으로 보인다. 한편 조선 세종 때 국왕의 공식적인 업무가 이루어지는 근정전의 어좌에 진언이 새겨졌고, 근정전 천화판에도 진언이 새겨져 있어 신료들이 진언을 지워버릴 것을 건의하였지만 일부만 수정하고 지우지는 않았다고 한다. 이처럼 조선시대에는 억불숭유 정책 기조가 지속하였지만 현실 기복적인 성격으로 인하여 다양한 공간에 진언다라니가 새겨졌음을 알 수 있다.

조선 후기에는 다양한 범자 진언다라니가 전각의 장식이나 장엄의 기본적인 요소가 되었던 것으로 추정된다. 임진왜란과 정유재란이 끝난 이후에 서서히 안정을 되찾아 가자, 수년간의 전쟁으로 인하여 죽은 사람들을 불교 신앙에 의하여 추모하고 극락왕생을 기원하고, 새로운 세계에 대한 기대와 염원 등으로 불교가 부흥하면서 전국적으로 많은 사찰이 중창되었다. 이때 대부분 사찰의 불전 내외부에 신앙과 장엄의 요소로 범자 진언다라니가 새겨졌다.

이처럼 조선시대에는 범자 진언다라니가 불전 내외부에 새겨지거나 배치

통영 안정사 명부전

서울 호국지장사 대웅전

창원 성주사 영산전

부산 금정사 대웅전

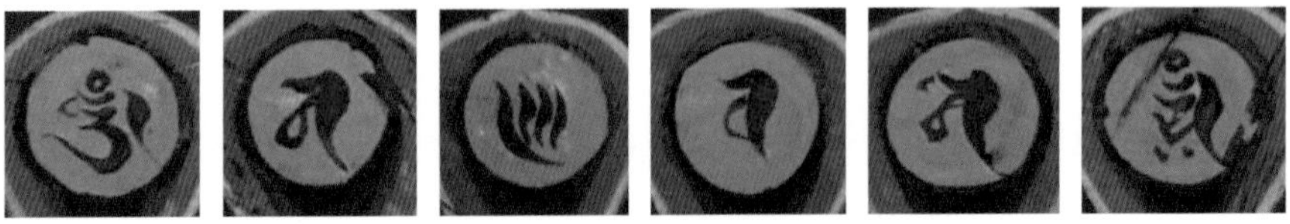
육자진언

무주 안국사 극락전

부산 범어사 보제루

성남 봉국사 대광명전

순천 송광사 대웅보전

청양 장곡사 하대웅전

홍천 수타사 대적광전

김제 금산사 대장전

울주 석남사 대웅전

임실 신흥사 대웅전

되었는데, 건물의 기본 골격이라 할 수 있는 기둥, 창방과 평방, 도리와 보 등의 표면에 신앙의 대상으로서 장엄과 문양의 요소로 새겨졌다. 그리고 불전 내부의 불단, 닫집, 천장 등에도 다양한 범자 진언다라니가 배치되었는데, 특히 우물천장에 장엄의 핵심적인 요소로 진언다라니가 새겨졌다. 조선시대에는 사찰 가람에 배치된 불전들의 성격과 기능에 어울리는 범자 진언다라니가 건물 내외부에 새겨진 경우도 있지만, 대부분은 그것과 무관하게 당시 성행했던 다양한 범자 진언다라니가 새겨지거나 배치되었다. 이러한 것으로 보아 건물의 외벽과 내벽, 천장 등에 새겨진 진언다라니는 건물의 성격과 기능을 고려하여, 관련된 범자 진언다라니를 의도적으로 새기기보다는 당대에 성행한 다양한 범자 진언다라니를 신앙과 장엄 등의 목적으로 새겼음을 알 수 있다. 그리고 사찰 가람에서 대웅전은 다른 불전에 비하여 다양한 범자 진언다라니가 새겨졌는데, 그중에서도 육자진언이 가장 많이 새겨졌다. 이것은 고려와 조선시대에 걸쳐 육자진언이 포괄적인 진언다라니로 인식되었으며, 다른 진언다라니에 비하여 더 많이 신앙되었음을 보여준다. 조선시대에는 육자진언을 염송 공덕하면 육도윤회를 벗어나 불국토에 태어날 수 있다는 신앙이 있었다. 나아가 육자대명왕진언을 관하면 비로자나불, 아촉불, 보생불, 아미타불, 불공성취불의 불국토에 태어나 오불의 몸을 얻어 성도한다고 설하고 있다. 조선시대에는 육자진언에 대한 단독 의궤가 찬술될 만큼 독립된 진언으로 폭넓게 신앙하였으며, '육자대명왕진언'이라는 명칭까지 얻은 것으로 보아 단순히 관세음보살의 본심 미묘 진언으로서의 의미를 넘어, 신앙적으로는 모든 불보살을 총섭하는 대표적인 진언으로 인식되었음을 알 수 있다.

조선시대 들어와 사찰 가람에 배치된 불전의 내외부, 공포부, 천장 등에 육자진언을 비롯한 다양한 범자 진언다라니를 새기고 배치하는 것은 불전이 신성한 예불 공간으로서의 의미와 함께 장엄과 승화, 공양과 공덕의 공간이라는 의미가 동시적으로 함유되어 있다고 할 수 있을 것이다.

5. 기와와 벽돌

기와(瓦)는 목조건축물의 지붕에 얹는 건축 자재로 건물 내부로 빗물이 흘러 들어가는 것을 막는 역할을 한다. 또한 건물의 외관을 돋보이게 하거나 권위를 표시하는 장식과 장엄용으로 활용되기도 했으며, 벽사적인 의미도 있었다. 이처럼 기와는 동양에서 건축 재료의 필수적인 요소로 자리 잡았으며, 인간의 주거와 생활 공간 등이 다양화되면서 여러 형태로 만들어졌다.

한국은 삼국시대부터 본격적으로 기와가 제작되었는데, 그 표면에 연호나 간지, 사명이나 인명, 특정 문자를 강조하여 표현하거나 상징적인 문자를 새기기도 했다. 이 중에 명문이 새겨진 기와는 기록을 보완해 주기도 하며, 유적 유물의 소속이나 연대를 가늠하는 기준이 되기도 한다.

고려시대에는 귀목문 막새와[1] 함께 이전에는 새겨지지 않던 범자가 표현되었다. 범자는 1자나 여러 자로 구성된 진언다라니가 새겨지기도 했다. 그동안은 범자가 새겨진 기와에서 범자를 문양적인 요소로 인식하여 문양기와로 분류하는 것이 일반적이었다. 그런데 기와에 새긴 범자는 문양적인 측면도 있지만, 그것보다는 특정한 목적이나 상징을 부여하기 위하여 새긴 문자로서 진언다라니에 대한 신앙이 반영된 것이라 할 수 있다. 앞으로는 범자 기와를 문자기와의 유형으로 분류하고, 진언다라니 신앙에 의한 종교적인 상징성이 반영된 것으로 이해해야 할 것이다.

한국의 범자 기와는 특정한 1자의 범자 만을 새긴 유형과 여러 자로 구성한 진언다라니를 배열한 유형 등 다양한 종류가 확인되고 있다. 그리고 보주형으로 불정심인 도상을 표현한 기와도 상당량이 발견되고 있다. 모두 범자 진언다라니에 대한 신앙을 담고 있는 것이라 할 수 있다. 이러한 범자 기와는 막새

1 현재 일반적으로 불리고 있는 鬼目紋 막새는 日暉紋, 靈氣紋, 해무리문 등 다양한 명칭이 사용되고 있다.

예산 수덕사 대웅전

안성 청룡사 대웅전

양산 통도사 대광명전

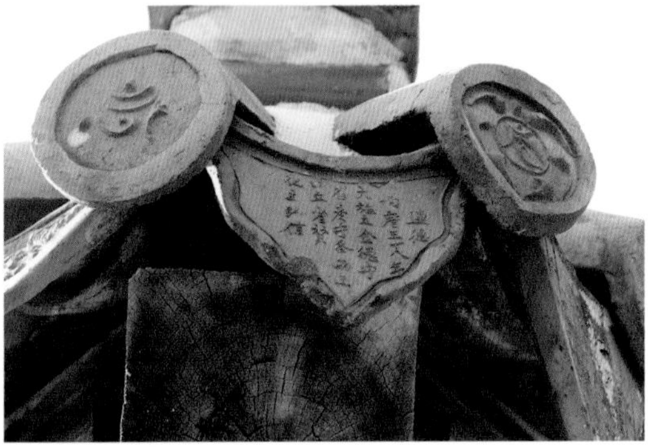

파주 보광사 대웅전

기와를 중심으로 고려시대부터 활용되기 시작한 것으로 추정되고 있다.[2] 그런데 현재 범자 기와가 처음 제작된 시기와 사용한 사찰 등은 명확하게 밝히기 어려운 상태이다. 그것은 범자 기와에 제작 시기를 알 수 있는 명문이 새겨

2 高正龍, 「韓國雲興寺出土梵字瓦の檢討」, 『明日へつなぐ道 –高橋美久二先生追悼文集』, 京都考古刊行會發行, 2007. / 高正龍, 「檀國大學校 石宙善紀念博物館 所藏의 高麗 梵字기와」, 『文化史學』 제38호, 한국문화사학회, 2012. / 이상규, 「고려-조선시대 범자문 와당의 형식과 제작 특성 고찰」, 『선사와 고대』 38, 한국고대학회, 2013. / 高正龍, 「故小川敬吉氏蒐集資料の梵字瓦」, 『東アジア瓦研究』 第3號, 2013. / 嚴基杓, 「高麗-朝鮮時代 梵字銘 기와의 제작과 미술사적 의의」, 『역사와 담론』 제71집, 湖西史學會, 2014. / 엄기표, 「양주 회암사지 출토 범자 진언명(眞言銘) 기와의 특징과 의의」, 『文化財』 제50권 제2호, 국립문화재연구소, 2017. / 高正龍, 「양주 회암사 출토 범자기와의 고고학적 연구」, 『청계 정인스님 정년퇴임 기념논총 佛智光照』, 정인스님 정년퇴임기념논총 간행위원회, 2017.

지지 않았으며, 초기에 제작되었을 것으로 추정되는 범자 기와가 여러 지역과 사찰에서 동시에 확인되는 등 여러 가지 이유 때문이다. 어쨌든 상당히 이른 시기에 제작된 범자 기와가 고려시대 수도가 있었던 개경을 비롯하여 서경 지역, 강화도 지역, 전라남도 영암과 화순 지역, 경상남도 합천 등 남부 지방의 여러 지역에서도 발견되고 있다.[3] 한국 범자 기와의 최초 사례는 알 수 없지만 고려시대 수도가 있었던 개경과 서경 지역, 지방에 소재한 특정 사찰을 중심으로 제작되기 시작하였으며, 그 이후 서서히 확산하는 양상을 보인 것으로 추정된다.

고려시대 범자 암막새는 평양 중흥사지, 개성 고려 왕궁지, 개성 영통사지, 개성 경천사지, 개성 공민왕릉, 화순 운주사지, 충주 미륵리사지, 합천 영암사지, 고창 선운사, 군산 고산사지, 강화 선원사지, 예산 수덕사, 강릉 굴산사지, 사천 본촌리 유적, 서산 보원사지, 전 경주 흥륜사지, 청주 모충동 유적, 논산 개태사지, 포항 법광사지, 서귀포 법화사지, 인천 학림사지 등 전국의 여러 지역과 사찰에서 확인되고 있다. 이외에도 광주 십신사지에서 수습된 것으로 추정되는 광주 북성 출토 암막새[4] 등이 있으며, 발굴 조사가 진행되면 앞으로도 많은 지역에서 지속하여 출토될 것으로 예상된다.

이 중에 평양 중흥사지에서는 범자 암막새와 수막새가 세트로 출토되었는데, 수막새는 한가운데에 〔oṃ〕, 암막새는 〔a vaṃ raṃ haṃ khaṃ〕을 배열하였다. 〔aṃ〕이 아닌 〔a〕를 새겼지만 원래는 오륜종자를 의도하여 새긴 것으로

3 井內功文化硏究室, 『朝鮮瓦塼圖譜 Ⅵ』 高麗 朝鮮, 直陽社, 昭和 53年(1978). / 문화재관리국 문화재연구소, 『小川敬吉調査文化財資料』, 해외소재문화재조사서 제5책, 1994.

4 이 기와는 光州 北城址에서 출토된 것으로 알려져 있는데(大曲美太郎, 「全南光州より出土せし各種の土瓦に就て」, 『考古學雜誌』 第20卷 第6號, 日本 考古學會, 1930, p.399 / 高正龍, 「韓國における滴水瓦の成立時期」, 『朝鮮古代硏究』 第1號, 日本 朝鮮古代硏究刊行會, 1999, p.108), 필자가 최근 확인한 바에 의하면 北城址는 학교부지가 되었으며, 이곳에서 지근거리에 十信寺址가 위치해 있었다고 한다. 그리고 十信寺址 인근에 다른 사지의 흔적이 없었기 때문에 北城址에서 출토된 기와는 十信寺址의 것으로 보아도 무리가 없을 것으로 보인다. 따라서 현재 광주시립민속박물관에 이건되어 있는 十信寺址 石碑와 石佛 등과 동일 寺址의 것으로 보인다.

보인다. 그리고 화순 운주사지〔pa oṃ raṃ〕, 합천 영암사지(육자진언), 고창 선운사〔oṃ raṃ?〕, 군산 고산사지(육자진언+정법계진언), 예산 수덕사〔oṃ〕, 강릉 굴산사지〔a huṃ?〕, 사천 본촌리 유적〔a vaṃ raṃ haṃ khaṃ?〕, 논산 개태사지(불정심인), 포항 법광사지〔oṃ〕 등에서 출토된 암막새는 고려시대 기와의 가장 큰 특징인 귀목문을 그대로 두고, 그 사이에 실담체로 범자를 새겼다. 이러한 것으로 보아 처음에는 고려시대 기와의 전통을 어느 정도 유지하였음을 엿볼 수 있다. 한편 군산 고산사지와 강화 선원사지 출토 범자 암막새는 독특하게 귀목문 위에 범자를 새겼다. 이처럼 귀목문 위에 범자를 새긴 막새기와가 간혹 확인되고 있지만, 사례가 상당히 드문 것으로 보아 일반적인 기법은 아니었던 것으로 보인다. 강화 선원사지와 양주 회암사지에서 출토된 암막새에는 란차체로 육자진언을 배치하였다. 그리고 논산 개태사지와 광주 북성지 출토 암막새에는 〔oṃ〕에서 유래한 불정심인 도상이 한가운데에 새겨졌다.[5]

또한 청주 모충동 유적에서 출토된 범자 암막새는 한가운데에 원형문을 마련하여 그 안에 전형적인 실담체로 〔oṃ〕을 새겨 넣었는데, 범자 주변에 당초문과 연주문 등을 장식하여 신비스러운 인상을 주고 있다. 강화 선원사지에서는[6] 다양한 유형의 범자 기와들이 출토되었는데, 비교적 이른 시기에 제작된 범자 기와로 당시 수도가 있었던 개경 일대의 사찰에서 출토된 범자 기와들과 친연성을 보여 주고 있어 주목된다. 서귀포 법화사지에서는 외곽에 연주문을 장식하고 막새면 한가운데 〔oṃ〕을 중심 하여 좌우 대칭형으로 범자를 양각한 암막새가 출토되었다. 법화사는 고려 중후기에 제주도에서 가장 컸던 사찰로 1269년 중창이 시작되어 1279년에 마무리되었다고 한다.[7] 특히, 법화사지에서 출토된 막새류는 개성 고려 왕궁지에서 출토된 기와들과 친연성을 보

5 嚴基杓, 「寶珠形 唵(oṃ)字 圖像의 전개와 상징적 의미에 대한 試論」, 『선문화연구』 제14집, 한국불교선리연구원, 2013.

6 禪院寺址는 인천광역시 강화군 선원면 지산리 692-5번지 일원에 위치한 사지로 1996년부터 2001년까지 동국대학교 박물관에 의하여 4차례 발굴 조사되었다.

7 김일우, 「고려후기 법화사의 중창과 그 위상」, 『한국사연구』 119, 한국사학회, 2002.

여 주고 있어 정부 차원에서 중창되었음을 짐작케 해주고 있다. 또한 법화사지 출토 범자 기와는 육지로부터 먼 제주에서도 육지와 거의 동시기에 범자 기와가 활용되었음을 시사해 주고 있다. 인천 학림사지에서는[8] 외곽에 연주문이나 격자문을 장식한 다음 범자를 새긴 2가지 유형의 독특한 암막새가 출토되었다. 학림사는 1317년을 전후한 시기에 중수가 이루어졌는데, 범자 기와도 중수 시에 제작 활용된 것으로 추정된다. 한편 학림사지에서 출토된 것과 동일한 범자 기와가 가까운 곳에 위치한 인천도호부지에서도 출토되었는데, 이것은 조선시대 들어와 학림사가 퇴락하자 관청에서 사찰 기와를 옮겨 재사용했던 것으로 보인다.

북한 개성의 경천사지와 고려 왕궁지에서도 장식적인 범자 암막새가 수습되었다. 고려 왕궁지에서는 범자가 새겨진 암막새와 수막새가 세트로 출토되었는데, 경령전(景靈殿)의 남쪽 집희전(集禧殿)으로 추정되는 건물지 주변에서 수습되었다.[9] 이 기와들은 고려 왕궁 안에 있었던 내제석원에 활용되었을 가능성이 높은 것으로 추정되고 있다.[10] 그런데 고려 왕궁지에서 출토된 암막새와 유사한 범자 기와들이 공민왕릉에서도 출토되었다. 공민왕릉은 개성의 서쪽 교외에 있는데, 고려 왕궁지에서 출토된 것과 동일한 봉황문 수막새를 비롯하여 막새면에 3자의 범자가 새겨진 암막새 등이 수습되었다.[11] 이 막새기와들은 공민왕릉의 제례 관련 시설물에 활용되었을 가능성이 있는 것으로 추정되고 있다. 범자 기와는 대부분 사찰에서 활용된 것으로 확인되고 있는데,

---

8 인천 鶴林寺址는 현재 인하대학교 기숙사 자리에 있었던 사지로 1949년 처음 조사되었다. 당시 사지에서 초석과 기와편들이 발견되었는데, 명문 평기와와 함께 범자가 새겨진 막새기와가 수습되었다. 범자가 새겨진 막새기와는 한 쌍으로 올린 암막새와 수막새가 모두 나왔으며, '延祐四年三月重修'라고 새겨진 평기와편에 의하여 학림사가 1317년을 전후한 시기에 중수가 이루어졌음을 알려주고 있다.

9 박성진, 「개성 고려 궁성 출토 막새에 대하여」, 『개성 고려 궁성』, 국립문화재연구소, 2009, p.180.

10 김길식, 「고려 개경 서부 건축군의 성격과 배치구조의 사상적 배경」, 『고고학』 제11권 제1호, 중부고고학회, 2012, p.84.

11 高正龍, 「故小川敬吉氏蒐集資料の梵字瓦」, 『東アジア瓦研究』 第3號, 東アジア瓦研究會, 2013. / 中吉 功, 『新羅 高麗の佛像』, 二玄社, 1971, pp.390~392(도판번호 156).

고려는 불교를 국시로 삼았기 때문에 사찰이 아닌 다른 시설물에도 거부감 없이 범자 기와가 활용되었던 것으로 보인다.

한편 서귀포 법화사지와 사천 본촌리 유적에서 출토된 암막새는 서자가 기교를 부려서 범자를 멋스럽게 새겼다. 그리고 개성 고려 왕궁지, 강화 선원사지, 인천 학림사지 출토 암막새는 실담체가 아닌 란차체로 범자를 새겨 차별화된 양상을 보여 주고 있다. 이처럼 고려시대 범자 암막새에는 불정심인, 종자, 여러 자로 구성한 진언다라니 등이 새겨졌으며, 주요 진언다라니는 정법계진언, 오륜종자, 육자진언 등이 주류를 이루었다.

고려시대 범자 암막새

평양 중흥사지 유금와당박물관[12]

화순 운주사지 국립광주박물관

충주 미륵리사지 국립중앙박물관

합천 영암사지 국립진주박물관

12 유금와당박물관, 『한국와당 수집 100년·명품 100선』, 2008, pp.132~133. 이 암막새는 井內 功, 『朝鮮瓦塼圖譜 VI』 高麗 朝鮮, 井內功文化研究室(日本 京都), 昭和53年(1978)에 전재된 223번 암막새와 동일 기와이다.

군산 고산사지　국립나주박물관

예산 수덕사　수덕사 근역성보관

청주 모충동 유적　충북문화재연구원

강화 선원사지　동국대학교 박물관

서귀포 법화사지　국립제주박물관

사천 본촌리 유적　경상대학교 박물관

개성 고려 왕궁지[13]

인천 학림사지　인천송암미술관

그리고 범자가 새겨진 고려시대 수막새는 범자 암막새가 출토된 지역과 거의 유사하다. 현재 평양 중흥사지, 개성 고려 왕궁지, 개성 공민왕릉, 개성 경천사지, 영암 천황사지, 합천 영암사지, 강화 선원사지, 화순 운주사지, 강릉 임영관지, 원주 흥법사지, 군산 고산사지, 충주 미륵리사지, 사천 본촌리 유적, 영월 남산사지, 영천 공덕사지, 서산 보원사지, 인천 학림사지, 안양 안양사지 등 전국에 걸쳐 출토되고 있다. 또한 개성 고려 왕궁지를 비롯하여 원주 법천사지, 합천 영암사지, 충주 김생사지, 함양 등구사 등에서는 불정심인 도상이 새겨진 수막새가 수습되었다. 이처럼 고려시대 수도가 있었던 개경과 전국의

---

13 국립문화재연구소, 『개성 고려궁성』, 2009. / 국립문화재연구소, 『개성 고려궁성 남북공동 발굴조사보고서 1』, 2012.

여러 사찰에서 범자 수막새가 출토되었는데, 범자 암막새와 마찬가지로 앞으로 발굴 조사가 진행되면 추가하여 확인될 것으로 예상된다.

이 중에 평양 중흥사지에서 출토된 수막새는 초기에 제작된 범자 기와로 보이는데, 막새면의 외곽에 2중의 원형문을 배치하고 전형적인 실담체로 한가운데에 크게 〔oṃ〕를 새겼다. 마치 고려시대 귀목문 수막새에서 귀목문이 배치될 자리에 〔oṃ〕이 새겨진 것처럼 보인다. 그리고 고려시대 수도로부터 먼 지방이었던 영암 천황사지에서 비교적 이른 시기에 제작되었을 것으로 추정되는 범자 수막새가 출토되었다. 이 기와는 막새면 외곽에 연화문을 장식하고, 한가운데의 자방 부분에 분명한 판독은 어렵지만 범자가 새겨졌음을 알 수 있다.

또한 막새면 한가운데에 귀목문을 그대로 두고, 그 주변에 자륜식으로 범자 진언다라니를 배치한 수막새가 많다. 예를 들면 육자진언을 새긴 수막새가 합천 영암사지, 화순 운주사지, 강릉 임영관지, 원주 흥법사지 등에서, 보루각진언은 군산 고산사지, 준제진언은 영월 남산사지 등에서 출토되었다. 사천 본촌리 유적에서 출토된 수막새는 오륜종자 진언을 의도한 것으로 보이는데, 자체가 독특하여 판독이 어려운 상태이다. 군산 고산사지 출토 수막새는 귀목문 위에도 별도로 〔raṃ〕를 새겨 정법계진언을 의도하였음을 알 수 있다. 강화 선원사지는 14세기 중후반경에 대대적으로 중창되면서 범자 진언다라니가 새겨진 여러 유형의 범자 기와들이 제작 활용된 것으로 추정되고 있다. 이 중에 범자 수막새는 막새면의 한가운데에 원형문을 마련하여 〔oṃ〕을 새기고, 그 주변에 자륜식으로 육자진언과 함께 의미를 분명하게 알 수 없는 〔ta mai bu?〕를 추가하였다.

그리고 양주 회암사지와 수원 창성사지의 암자터에서 출토된 범자 수막새는 유사한 제작 기법을 가지고 있으며, 범자체와 범자를 배열한 기법도 같아 당시 동일 와범이 활용되었거나 특정한 요지에서 제작된 범자 기와가 여러 사찰에 공급되었음을 짐작케 한다. 위덕대학교 박물관 소장 출토지 미상 범자 수막새는 우수한 제작 기법을 보이고 있는데, 한가운데 원형문을 마련하여 그 안에 〔raṃ〕를 새기고, 외곽에는 육자진언을 자륜식으로 배열하였다. 이 기와는 전형적인 실담체로 기교있게 범자를 쓴 것으로 보아 범자와 진언다라니에 조예가 깊었던 인물이 썼던 것으로 보인다. 충주 미륵리사지에서도 여러 유형의 범자 기와가 출토되었는데, 그중에 충주박물관 소장 범자 수막새는 막새면 한가운데의 귀목문 자리에 별도의 원형문을 마련하여 그 안에 〔raṃ〕를 새기고, 그 주변에는 보루각진언〔oṃ ma ṇi dha ri hūṃ pha ṭ〕을 배치하였다. 이처럼 보루각진언이 고려시대의 여러 유물에서 확인되고 있는데, 모든 불보살을 위한 진언다라니로 업장을 소멸하고, 복을 가져오고, 망자의 극락왕생 등을 염원하는 현실적인 기복 신앙의 의미가 있다.

개성 고려 왕궁지와 공민왕릉에서는 수막새의 막새면 중심에 종자로 〔oṃ〕과 함께 아미타불을 상징하는 〔hrīḥ〕이 새겨진 범자 기와가 상당량 출토되었다. 이처럼 수막새의 막새면에 크게 종자를 새긴 기와가 조선 후기에 성행하는데, 이미 고려시대부터 제작되었음을 알 수 있다. 한편 개성에서 출토된 것으로 전하는 봉황문 수막새의 뒷면에 〔oṃ〕이 음각으로 새겨진 특이한 사례도 확인되고 있다. 이것은 장인이 기와를 성형한 후 굽기 직전에 막대기와 같은 간단한 도구를 활용하여 직접 새긴 것으로 추정된다.

이처럼 고려시대 제작된 범자 수막새는 한가운데에 귀목문을 표현하고 그 둘레에 여러 자로 구성된 범자 진언다라니를 새긴 유형, 귀목문 자리에 1자의 범자를 종자처럼 배치하고 그 둘레에 자륜식으로 범자를 새긴 유형, 종자나 불정심인을 크게 새긴 유형 등 다양한 범자 기와가 제작 활용되었다. 이러한 것은 당시 여러 유형의 범자 진언다라니가 보급되어 유통되었으며, 진언다라니에 대한 이해와 신앙이 높았음을 시사한다.

고려시대 범자 수막새

❶

❷

❸

❶ 평양 중흥사지 유금와당박물관[14], 고려대학교 박물관 ❷ 영암 천황사지 순천대학교 박물관 ❸ 개성 출토 단국대학교 석주선기념박물관

❶

❷

❸

❹

❶ 강화 선원사지 동국대학교 박물관 ❷ 화순 운주사지 국립광주박물관
❸ 강릉 임영관지 강릉대학교 박물관 ❹ 출토지 미상 위덕대학교 박물관

❶

❷

❸

❶ 군산 고산사지 국립나주박물관 ❷ 사천 본촌리 유적 경상대학교 박물관 ❸ 충주 미륵리사지 충주박물관, 청주대학교 박물관

14 유금와당박물관, 『한국와당 수집 100년 · 명품 100선』, 2008, pp.132~133.

❶ ❷ ❸ ❹

❶ 영월 남산사지　강원고고문화연구원　❷ 서산 보원사지　국립부여문화재연구소
❸ 인천 학림사지　인천 송암미술관　❹ 양주 회암사지　회암사지 박물관

❶ ❷ ❸ ❹

❶ 안양 중초사지　안양박물관　❷ 개성 고려 왕궁지[15]
❸ 개성 출토　단국대학교 석주선기념박물관　❹ 충주 김생사지　충청대학 박물관

❶ ❷ ❸ ❹

❶ 개성 고려 왕궁지　국립중앙박물관　❷ 원주 법천사지　국립중원문화재연구소
❸ 함양 등구사　❹ 개성 출토　최종남 제공

15　국립문화재연구소, 『개성 고려 궁성』, 2009.

조선시대는 전반적으로 억불숭유 정책 기조가 유지되었기 때문에 이전처럼 불교 신앙이 크게 성행하지 못하였으며, 불사도 왕실의 후원을 받은 특정 사찰을 중심으로 진행되었다.[16] 이에 따라 사찰 가람의 중수나 중창이 왕실과 관련된 중요 사찰을 중심으로 이루어졌으며, 이러한 사찰을 중심으로 범자 기와가 제작 활용되었다. 이 중에 범자 기와가 다량으로 확인되고 있는 대표적인 사찰로 고려 말기와 조선 건국 직후에 크게 중창되었던 양주 회암사지가 있다.

인도 출신 승려 지공(指空)이 천력 연간(1328~1329)에 고려 땅에 들어와 순례하고 머물 때 제자였던 선각왕사 혜근(1320~1376)에게 회암사가 천축의 나란타사와 같고, 가섭불 때의 큰 도량과 같다고 말하자, 혜근이 왕실의 지원을 받아 회암사를 대대적으로 중창하였다고 한다. 이후 회암사는 조선시대 들어와서도 무학대사와 태조 이성계 등이 머물면서 국가의 중심 사찰로서 불교계를 리드하였으며, 이 시기에 다수의 가람이 건립되면서 대찰로서의 면모를 유지하였다. 이처럼 회암사는 고려 말기부터 조선 초기까지 불교계의 중심 사찰로서 불교문화를 선도하는 역할을 하였다. 그러한 사실을 증명하듯 회암사지 발굴 조사에서는 최고급 제작 기법을 보여 주는 다양한 유물들과 함께 여러 유형의 범자 기와들이 수습되었다.[17] 회암사지에서는 제작 시기를 명확하게 알 수 있는 범자 기와뿐만 아니라, 종자와 육자진언 등 1자나 여러 자로 구성된 다양한 유형의 범자 기와가 상당량 출토되었다. 이러한 범자 기와들은 우수한 제작 기법을 보이고 있으며, 실담과 란차 등 다양한 범자체가 기교있고 볼륨감 있게 새겨졌다. 이러한 것으로 보아 당시 회암사 불사에 참여했던 서자와 기와 장인들은 범자와 진언다라니에 대한 이해와 신앙이 상당히 높았던 인물들로 추정된다.[18] 이처럼 회암사지 출토 범자 기와들은 조선시대 들어와 범자

---

16 엄기표, 「朝鮮 世祖代의 佛教美術 研究」, 『한국학연구』 제26호, 인하대학교 한국학연구소, 2012.

17 경기도박물관 · 기전문화재연구원, 『회암사 Ⅱ -7 · 8단지 발굴조사보고서』, 2003. / 경기도박물관 · 경기문화재연구원, 『회암사 Ⅲ -5 · 6단지 발굴조사보고서』, 2009.

18 엄기표, 「양주 회암사지 출토 범자 진언명(眞言銘) 기와의 특징과 의의」, 『文化財』 제50권 제2호, 국립문화재연구소, 2017, pp.4~25.

고려

❶

❷

❶ 육자진언 암막새
❷ 준제진언 수막새

조선

육자진언 암막새

육자진언 암막새

육자진언+정법계진언 암막새(1459)

육자진언 암막새(1460)

〔oṃ pa raṃ〕 암막새

정법계진언 암막새(1470)

❶

❷

❸

❹

❶ 〔oṃ〕
❷ 〔oṃ〕 (1434.5)
❸ 〔oṃ〕
❹ 〔oṃ〕

❶

❷

❸

❹

❶ 〔oṃ〕
❷ 불정심인
❸ 〔oṃ〕
❹ 〔oṃ〕

양주 회암사지 출토 범자 기와 회암사지 박물관

체와 범자 기와 제작 기법의 새로운 전기를 마련했다고 할 수 있으며, 범자 기와의 전개 양상을 살피는 중요한 기준이 되고 있다.[19]

조선시대는 1592년 임진왜란이 일어나기 이전인 전기와 그 이후인 후기의 불교계 양상이 확연하게 달랐다. 조선 전기는 불교계가 전반적으로 위축되었으며, 특정 사찰을 중심으로 불사가 이루어졌다. 반면 조선 후기는 불교 신앙이 성행하면서 전국적으로 많은 불사가 시행되었다. 이에 따라 조선시대는 전기와 후기에 걸쳐 다양한 기와가 제작되었는데, 귀목문이나 연화문이 장식된 기와뿐만 아니라 범자가 새겨진 기와가 어느 시기보다 성행하였다.

조선 전기에는 왕실과 밀접한 관계가 있었던 사찰들을 중심으로 중창이나 중수가 이루어지면서 그러한 사찰을 중심으로 범자 기와가 활용되었다. 현재 〔oṃ〕이 새겨진 범자 기와가 북한산 삼천사지, 보령 성주사지, 양산 통도사 등에서 출토되었으며, 육자진언이 새겨진 범자 기와가 서울 진관사, 고창 연기사지, 여주 신륵사 등에서 확인되었다. 그리고 〔oṃ a hūṃ〕의 삼밀진언이 새겨진 범자 기와가 합천 해인사과 익산 미륵사지 등에서 수습되었으며, 불정심인이 새겨진 기와는 논산 개태사지, 익산 미륵사지, 청양 도림사지 등에서 출토되었다. 이외에도 안양 안양사지, 충주 청룡사지, 영동 영국사, 영암 도갑사, 울산 운흥사지, 경주 입실리 유적, 남원 만복사지, 충주 숭선사지 등에서 다양한 유형의 조선 전기 범자 기와가 확인되었다. 또한 고양 익릉, 울산 경상좌병영지 등 사찰이 아닌 곳에서도 범자 기와가 출토되었는데, 이것은 조선시대 들어와 퇴락한 사찰의 범자 기와를 재활용하거나 망자를 추모하고자 장식적인 요소로 제작한 범자 기와를 사용한 것으로 보인다.

이처럼 조선 전기에는 막새면에 1자로 이루어진 종자를 비롯하여 삼밀진언과 육자진언 등 여러 자로 구성된 범자 진언다라니가 새겨져 다양한 유형의

---

19 高正龍, 「양주 회암사 출토 범자기와의 고고학적 연구」, 『청계 정인스님 정년퇴임 기념논총 佛智光照』, 정인스님 정년퇴임기념논총 간행위원회, 2017.

범자 암막새가 제작되었음을 알 수 있다. 그리고 조선 초기의 범자 암막새는 귀목문이 작아지는 등 형식화의 경향을 보이면서 범자가 귀목문과 대등하게 새겨지기도 했다. 이러한 모습은 고려시대 범자 암막새와 유사한데, 논산 개태사지, 북한산 삼천사지, 남원 만복사지, 영암 도갑사, 청양 도림사지 등에서 확인되고 있다. 그런데 점차 시간이 흐르면서 귀목문이 사라지는 양상을 보인다. 이처럼 조선 초기에는 기와에서 귀목문이 중요한 문양 요소였지만 서서히 사라지거나 그 자리를 범자가 대체하여 갔음을 알 수 있다. 또한 조선시대에는 막새면에 범자를 새길 때 별도의 원형문을 마련하여 그 안에 범자를 새겨 넣는 방식이 많이 활용되었다. 이것은 범자에 대한 신성한 인식과 함께 강조의 의미가 반영되었던 것으로 보인다. 그리고 서울 진관사, 논산 개태사지, 익산 미륵사지, 충주 화안리사지, 청양 도림사지 등 여러 사찰에서 고려시대 이어 불정심인이 새겨진 기와가 제작되었다. 이것은 조선시대에도 밀교의 중요 도상인 불정심인이 신앙되었음을 짐작케 한다.

그리고 조선 후기에는 사찰 가람을 구성하고 있는 각종 건물에 범자 기와를 올리는 것이 하나의 트랜드처럼 일반화되었다고 할 수 있다. 조선 후기 제작된 기와에서는 고대 이후 성행했던 연화문이나 당초문 등은 거의 사라지거나 보조 문양이 되고, 그 자리를 범자가 대체하였다. 또한 고려시대 이후 막새기와의 주요 문양이었던 귀목문도 거의 표현되지 않게 된다. 그러면서 조선 후기의 막새기와는 범자 기와가 주류를 이루게 되는데, 범자가 막새면의 중심적인 위치에 돋보이도록 새겨지고, 나머지 공간에는 공양이나 공덕을 쌓으려는 후원자나 제작 시기를 알 수 있는 명문이 채워진다. 이러한 양상을 보여주는 범자 암막새 중에서 제작 시기를 분명하게 알 수 있는 사례로 안성 청룡사, 공주 마곡사, 영암 도갑사, 청원 안심사, 양산 통도사, 대구 부인사지, 안동 광흥사 등이 있다. 이 중에서 안동 광흥사 범자 암막새는 정법계진언인 〔oṃ raṃ〕를 새겼으며, 나머지 기와들은 여러 자로 구성한 범자 진언다라니보다 상징성이 높은 〔oṃ〕을 여러 번 반복하거나 크게 새기는 경향이 주류를 이루고 있다. 이러한 경향은 오늘날까지 지속하고 있다. 이처럼 조선 후기에는 막새면에 귀목문이 표현되는 경우가 현저하게 줄어들면서 범자가 크게 새겨지는 등 막새면의 중심적인 위치를 점하게 된다. 그러면서 조선 후기에는 범자기와가 다량으로 만들어지고 지역별, 사찰별, 시기별, 장인별로 색다른 유형들이 제작되는 양상을 보이고 있다.

조선시대 범자 암막새

서울 진관사 서울역사박물관

안양 안양사지 안양박물관

논산 개태사지 국립부여박물관

여주 신륵사 한성문화재연구원

익산 미륵사지 1464(좌), 1472(우), 국립익산박물관

❶

❷

❸

❹

❶ 진천 내촌리 당골유적 국립부여박물관 ❷ 합천 해인사 1488.3, 해인사 성보박물관
❸ 경주 입실리 유적 1504.4, 국립경주박물관 ❹ 충주 화안리사지 1559.3, 충주박물관

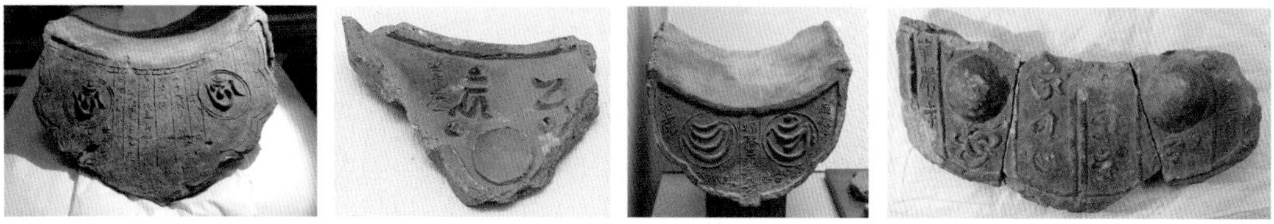

❶ ❷ ❸ ❹

❶ 양산 통도사 1559, 통도사 성보박물관 ❷ 충주 숭선사지 1579, 충주박물관
❸ 봉화 청량산사지 1579, 청량산박물관 ❹ 고창 연기사지 1586, 국립전주박물관

❶ ❷ ❸ ❹

❶ 공주 마곡사 1663.5, 통도사 성보박물관 ❷ 청원 안심사 1672, 청주대학교 박물관
❸ 춘천 청평사 국립춘천박물관 ❹ 양산 통도사 1758.3, 통도사 성보박물관

❶ ❷ ❸ ❹

❶ 안동 광흥사 1828 ❷ 원주 법천사지 국립중원문화재연구소
❸ 안성 석남사 안성맞춤박물관 ❹ 고창 읍성 국립전주박물관

한편 조선시대 제작된 범자 수막새도 귀목문이 사라지는 등 범자 암막새의 변화 양상과 유사한 흐름을 보여주고 있다. 이처럼 조선시대에는 고려시대의 한정된 패턴에서 벗어나 범자 주변에 장식적인 기교가 가미된 다양한 문양들이 표현되었다. 양주 회암사지 출토 범자 수막새는 연주문과 연화문 등이 한가운데 새겨진 범자를 감싼 듯한 형상을 하여 신성한 느낌을 주고 있으며, 익산 미륵사지 출토 범자 수막새는 연잎을 바람개비처럼 돌아가는 형상으로 표현하기도 했다. 그리고 조선시대에는 막새면의 중심에 범자를 새기고, 그 주

변에 장식적인 기교를 엿볼 수 있는 화려한 문양이 배치되는데, 이는 범자 진언다라니에 대한 신앙이 높아지고, 상징성이 강화되면서 나타난 현상으로 보인다. 또한 남원 실상사 백장암, 산청 지곡사지, 강진 무위사, 금산 미륵사, 대전 보문사지, 장흥 천관사, 충주 미륵리사지 등에서 출토된 범자 수막새들은 막새면의 한가운데 귀목문이 표현되기도 하지만 대부분은 사라지고, 그 주변에 종자나 진언다라니가 새겨졌다. 그리고 남원 실상사 백장암, 충주 숭선사지, 장흥 천관사, 금산 미륵사 등은 육자진언이나 준제진언 등 여러 자로 구성된 범자 진언다라니를 새겨 신앙적 의미를 더하였지만, 대부분의 조선시대 범자 수막새는 〔oṃ〕를 크게 새기거나, 여러 번 반복하여 배치하는 것이 일반적이었다. 또한 광주 남한산성에서는 〔oṃ〕을 기교있게 새긴 범자 수막새가 출토되었으며, 왕실 관련 시설물이라 할 수 있는 고양 익릉과 구리 숭릉에서도 범자 기와가 확인되어 그 활용과 공급 등과 관련하여 주목된다. 한편 막새면의 상부에 〔oṃ〕를 크게 새기고, 그 아래에 연화좌를 마련한 영동 영국사, 양산 통도사, 부산 범어사 등의 범자 수막새는 오늘날 주류를 이루고 있는 범자 기와의 양식적 연원이 되고 있어 주목된다.

이처럼 조선시대 수막새의 막새면은 범자가 새겨지면서 전대에 주류를 이루었던 귀목문이나 연화문이 거의 표현되지 않거나 범자의 보조 문양처럼 간략화되었다. 범자 수막새는 막새면 전체에 걸쳐 〔oṃ〕이나 〔a〕 등 특정한 종자를 크게 새기거나, 〔oṃ〕를 막새면의 한가운데에 작게 새길 때에는 연화문이나 기하학적인 문양 등이 그 주변에 장식되는 경우가 많았다. 범자가 수막새의 중심적인 문자이자 문양의 한 요소로도 자리 잡았음을 알 수 있다.

그리고 조선시대에는 범자 수막새가 범자 암막새보다 더 많은 수량이 제작 활용된 양상을 보여주고 있다. 현재 전국 각 사찰에서 조선시대에 제작된 다양한 여러 유형의 범자 기와가 상당량 확인되고 있는데, 범자 수막새가 범자 암막새보다 압도적으로 많은 수량을 보이고 있다. 전국의 사찰이나 사지에서도 범자 암막새는 출토되지 않아도 범자 수막새는 상당량이 출토되고 있다.

이러한 것은 여러 이유가 있었을 것으로 보이는데, 사찰 목조건축물의 처마에서 암막새보다는 수막새가 더 돌출되어 외관상 잘 드러나는 측면이 영향을 주었을 것으로 보인다. 또한 수막새의 막새면이 그 형태나 공간으로 보아 〔oṃ〕을 새기거나 배치하기에 적당하고, 〔oṃ〕이 원형으로 구성된 막새면과 잘 조화되는 측면 등이 작용했기 때문으로 보인다. 이에 따라 조선시대에는 신앙적 의미나 상징성의 반영이 수막새에 더 치중되었던 것으로 보이며, 수막새에 범자 〔oṃ〕을 새기는 경향이 더 강했던 것으로 이해된다. 이처럼 조선후기에는 〔oṃ〕이 불교 그 자체를 상징하거나 대표하는 표식적인 범자로도 인식되었음을 짐작하게 하며, 〔oṃ〕이 신앙이나 수행의 대상을 넘어 불교 그 자체를 상징하는 〔卍〕자와 같은 범자로도 인식되었던 것으로 보인다. 대승사 목각탱화를 비롯한 여러 불교 미술품에 〔oṃ〕과 〔卍〕자를 대등하게 새긴 경우가 상당수 확인되고 있는 것으로 보아 그러한 인식이 있었음을 간접적으로 알 수 있다.

조선시대 범자 수막새

❶

❷

❸

❹

❶ 서울 진관사　서울역사박물관　❷ 남양주 수종사　단국대학교 석주선기념박물관
❸ 서울 대모산 건물지　한강문화재연구원　❹ 익산 미륵사지　1472, 국립익산박물관

❶

❷

❸

❹

❶ 양양 낙산사　낙산사 전시관　❷ 합천 해인사　1488, 해인사 성보박물관
❸ 안양 안양사지　안양박물관　❹ 서울 영국사지　불교문화재연구소

❶ ❷ ❸ ❹

❶ 영동 영국사 충청대학 박물관 ❷ 보령 성주사지 보령박물관
❸ 남원 만복사 국립전주박물관 ❹ 하동 고전리 출토 국립진주박물관

❶ ❷ ❸ ❹

❶ 울산 운흥사지 국립김해박물관 ❷ 청양 장곡사 국립중앙박물관
❸ 보령 성주사지 동국대학교 박물관 ❹ 익산 미륵사지 국립익산박물관

❶ ❷ ❸ ❹

❶ 영암 도갑사 목포대학교 박물관 ❷ 남원 실상사 백장암 국립전주박물관
❸ 금강산 장안사 국립중앙박물관 ❹ 충주 숭선사지 충주박물관

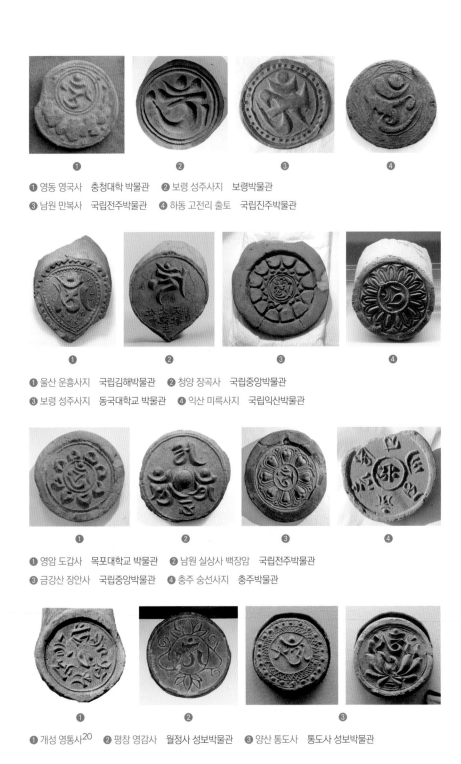

❶ ❷ ❸

❶ 개성 영통사[20] ❷ 평창 영감사 월정사 성보박물관 ❸ 양산 통도사 통도사 성보박물관

---

20 大正大學綜合佛教研究所 編,『靈通寺跡 -開城市所在-』, 圖版編, 大正大學出版會, 2005, p.111.

① ② ③ ④

❶ 부산 범어사　범어사 성보박물관　❷ 남원 백련사지
❸ 장흥 천관사　민족문화유산연구원　❹ 금산 미륵사

① ② ③ ④

❶ 사천 운흥사　위덕대학교 박물관　❷ 광주 남한산성　기전문화재연구원
❸ 고양 익릉　한울문화재연구원　❹ 구리 숭릉　대한문화재연구원

창녕 관룡사 약사전

청주 보살사 극락보전

고려와 조선시대 제작된 평기와에도 많지는 않지만 범자가 새겨졌다. 그런데 범자가 대부분은 막새기와에 새겨졌기 때문에 범자가 새겨진 평기와는 상당히 드물게 출토되고 있다. 이것은 막새기와가 평기와 보다는 건물에서 잘 보이는 위치에 있어 범자의 상징성이나 그 신앙을 잘 나타낼 수 있기 때문으로 보인다. 현재 범자가 새겨진 평기와는 청주 모충동 유적, 영동 영국사, 제주도 제주목 관아 영주관 객사지, 공주 수원사지, 합천 해인사, 화성 사나사지, 횡성 석천사지, 용인 마북리 유적, 예산 가야사지, 안동 광흥사 등에서 출토되었다. 고려와 조선시대 제작된 평기와의 범자 새김 기법은 대부분 범자 1자로 구성한 종자를 새기거나 1자를 좌우로 길게 나열하는 방식으로 범자를 새기는 것이 일반적이었다. 그런데 제주목 관아 영주관 객사지에서 출토된 평기와는 표면에 사각형 구획을 마련한 다음, 〔oṃ raṃ〕의 정법계진언을 새겼다는 점에서 독특한 사례라 할 수 있다. 그리고 영동 영국사와 영암 천황사지에서 출토된 평기와는 표면에 불정심인을 새겼다. 영암 천황사지 출토 평기와는 상부에 불정심인을 새기고, 그 아래에 '대불정다라니(大佛頂陀羅尼)'라고 글자를 새겼다. 또한 영암 노송리 압곡 유적에서도 영암 천황사지에서 출토된 것과 동일한 고판을 활용하여 제작한 대불정다라니가 새겨진 평기와가 출토되었다. 두 곳은 가까운 거리에 위치하고 있어 같은 공방에서 제작된 기와가 공급되었던 것으로 파악된다. 이 기와는 대불정다라니 신앙이 고려시대부터 지방에까지 널리 보급되었음을 알려주는 자료라 할 수 있다. 한편 안동 광흥사에서 수습된 평기와는 기왓등 중간 부분에 〔oṃ〕을 세로로 연이어 새겼는데, 돌대에 점토판을 씌워 성형한 후 모골을 제거하기 전에 〔oṃ〕이 새겨진 별도의 고판을 여러 번 두드려 〔oṃ〕이 연이어 새겨지도록 했다. 이처럼 〔oṃ〕을 새긴 고판을 문자 새김과 함께 성형 도구로도 사용했음을 알 수 있다.

고려와 조선시대 범자가 새겨진 평기와

❶

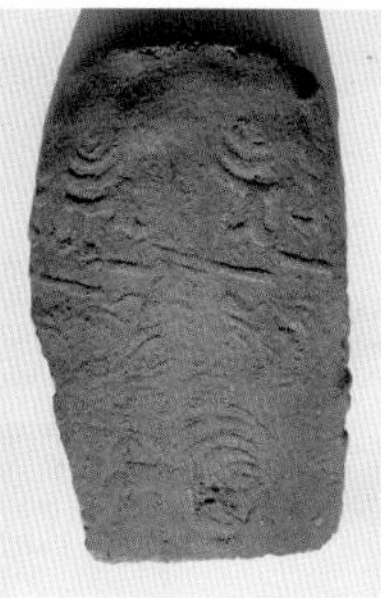
❷

❸

❹

❶ 청주 모충동 유적　충청북도문화재연구원　❷ 영동 영국사　충청대학 박물관
❸ 공주 수원사지　공주대학교 박물관　❹ 김해 감로사지[21]

화성 사나사지　불교문화재연구소

횡성 석천사지　불교문화재연구소

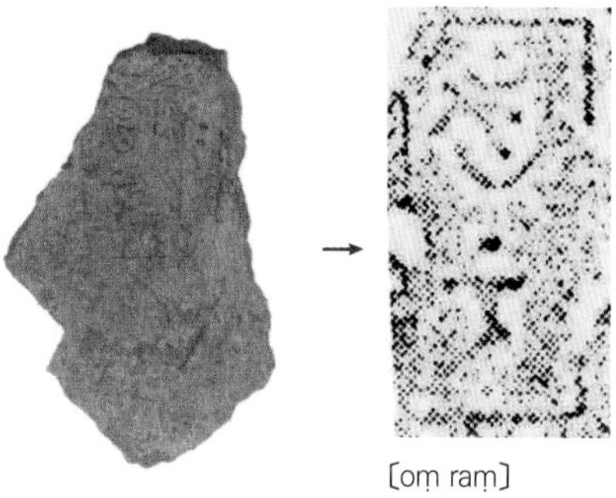
〔oṃ raṃ〕

제주목 관아 영주관 객사지[22]

❶

❷

❸

❹

❶ 예산 가야사지　충청남도 역사문화원　❷ 원주 강원감영지　강릉대학교 박물관
❸ 용인 마북리사지　세종대학교 박물관　❹ 영암 천황사지　순천대학교 박물관

---

21 高正龍·濱崎 範子, 「埼玉縣立歷史と民俗の博物館所藏の韓國梵字資料」, 『歷史考古學』 第71號, 歷史考古學硏究會, 2015.

22 제주고고학연구소, 『濟州牧 官衙 瀛洲館 客舍址』, 2017, p.60/p.245.

영암 노송리 압곡 유적　마한문화재연구원

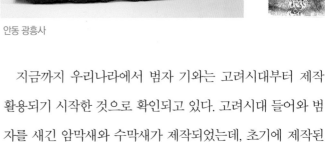

안동 광흥사

지금까지 우리나라에서 범자 기와는 고려시대부터 제작 활용되기 시작한 것으로 확인되고 있다. 고려시대 들어와 범자를 새긴 암막새와 수막새가 제작되었는데, 초기에 제작된 범자 암막새는 이전의 연화문 암막새 양식을 계승하여 막새면의 표면에 당초문이나 초화문 등을 장식하지 않고 범자 만을 새기거나, 귀목문 사이의 여유 공간을 활용하여 범자를 새겼다. 이러한 사례는 비교적 이른 시기에 제작된 것으로 보이는 평양 중흥사지, 화순 운주사지, 군산 고산사지, 서귀포 법화사지, 합천 영암사지, 개성 영통사지, 충주 미륵리사지 등에서 확인되었다. 그리고 강화 선원사지, 개성 영통사지, 인천 학림사지 등에서는 원형문 안에 범자 만을 크게 새겨 넣는 방식이 적용되고 있어, 점차 범자에 대한 상징성이나 신앙적 의미가 강화되었음을 짐작해 볼 수 있다.

범자 수막새는 암막새보다 막새면의 형태가 범자를 새기기에 용이하였다. 그래서 초기에 범자를 새긴 것으로 보이는 평양 중흥사지의 범자 기와는 귀목문이 표현될 자리에 범자를 새겼으며, 화순 운주사지의 범자 기와는 귀목문 주변에 여러 자로 구성된 진언다라니를 원형 자륜식으로 새겼다. 이처럼 수막새는 서서히 막새면에서 귀목문이 사라지고, 상징성이 강한 범자를 크게 새기거나, 여러 자로 구성된 진언다라니를 원형으로 배치하여 막새면에 가득 차게 범자를 새기기도 했다. 한편 〔oṃ〕을 도상화 한 불정심인은 암막새에도 새겨졌지만 수막새에 더 많이 새겨졌다. 또한 조선시대에는 암막새의 막새면 하부가 반원형이나 하트모양을 이루면서 막새면에 화려한 문양이 추가적으로 장식되거나 범자가 크게 새겨지는 양상으로 변화되었다.

그리고 고려와 조선시대의 동일한 유형의 범자 기와는 기본적으로 동일 사찰에서 출토되는 양상을 보인다. 이것은 범자 기와가 사찰의 창건이나 중수 시에 처음부터 세트로 제작되었음을 시사해 준다. 현재 세트로 제작된 범자 기와가 평양 중흥사지, 개성 고려 왕궁지, 화순 운주사지, 서산 보원사지, 군산 고산사지, 사천 본촌리 유적, 양주 회암사지, 남원 만복사지, 안양 안양사지, 충주 숭선사지 등 전국의 여러 사찰에서 확인되고 있다. 물론 수막새에는 대표적인 범자인 〔oṃ〕을 새기고, 암막새는 범자를 새기지 않고 조성 시기와 후원자 등을 알 수 있는 명문을 새긴 경우도 많았지만, 기본적으로는 세트로 제작 활용되었다. 조선시대는 전대보다 더 많은 범자 기와들이 제작 활용되면서 법당의 창건이나 중창 시 처음부터 범자 암막새와 수막새가 세트로 제작 활용된 경우가 많았던 것으로 보인다.

고려~조선시대 세트로 제작된 범자 기와

평양 중흥사지　유금와당박물관

개성 고려 왕궁지　국립문화재연구소

화순 운주사지　국립광주박물관

서산 보원사지　국립부여문화재연구소

군산 고산사지 국립나주박물관

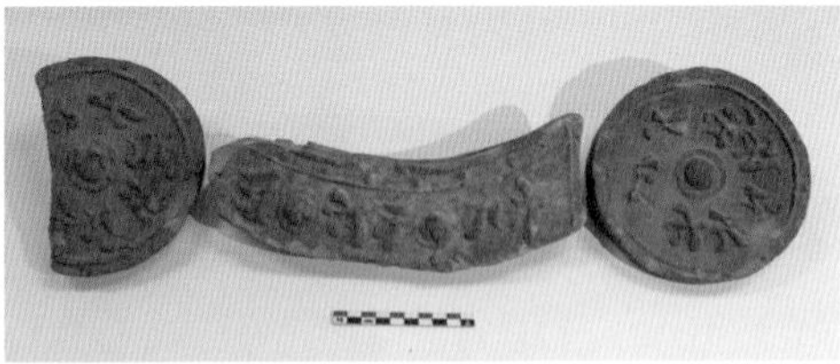

사천 본촌리 유적 경상대학교 박물관

양주 회암사지 회암사지 박물관

양주 회암사지 회암사지 박물관

범자 기와 직지사 성보박물관

이처럼 범자 기와가 세트로 구성될 때 대부분 암막새와 수막새가 각각 독립적으로 특정한 상징이나 의미를 나타내는 경우가 많은데, 암막새와 수막새가 한 쌍을 이루어야만 진언다라니가 구성되도록 한 경우도 있다. 인천 학림사지, 양주 회암사지, 합천 영암사지 등에서 확인되고 있다. 인천 학림사지와 양주 회암사지에서는 수막새에 〔oṃ〕만을 새기고, 암막새에는 한가운데 〔oṃ〕

oṃ

raṃ oṃ raṃ

oṃ

인천 학림사지 인천송암미술관

pa dme hūṃ

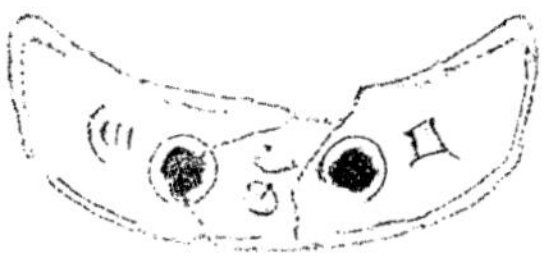
ṇi oṃ ma

pa dme hūṃ

합천 영암사지 동아대학교 박물관

대구 신서동 유적 국립대구박물관

청양 화정사 동종 조선 후기

을 새기고, 좌우에 대칭되게 〔raṃ〕을 새겼다. 이는 수막새와 암막새가 세트를 이루면서 〔oṃ raṃ〕의 정법계진언이 반복되도록 했음을 알 수 있다. 그리고 합천 영암사지는 암막새의 한가운데에는 〔oṃ〕을 중심으로 향우에는 〔ma〕, 향좌에는 〔ṇi〕를 새기고, 수막새는 〔pa〕를 기준하여 시계 반대 방향으로 〔dme hūṃ〕을 새겨 암막새와 수막새가 세트를 이루어 육자진언이 구성되도록 했다. 한편 대구 신서동 유적에서는 보기 드물게 막새면에 범자가 아닌 음역한 한자인 '唵'자를 새긴 세트 기와가 수습되었다.[23] 이는 상당히 이례적인 사례로 서자나 장인이 범자 〔oṃ〕자를 몰랐다기보다는 한자음을 그대로 옮겨 기와를 제작하는 과정에서 만들어진 것으로 추정된다. 범자가 아닌 한자음을 쓴 경우가 청양 화정사 동종에서도 확인되고 있다.

그리고 고려시대는 막새면에 명문이 새겨지지 않은 사례가 많아 대부분은 사찰의 연혁과 제작 기법, 토층을 통한 공반 유물과의 관계 등 상대 연대를 통

23 한국문화재보호재단, 『大口 新西洞 遺蹟 V』, 2013, p.317.

하여 범자 기와의 제작 시기를 추정해야 하는 경우가 많다. 고려시대의 범자 기와 중에서 제작 시기를 비교적 구체적으로 알 수 있는 사례로는 인천 학림사지, 강화 선원사지, 개성 고려 왕궁지, 개성 공민왕릉에서 출토된 기와들이다. 그런데 조선시대는 고려시대와 달리 제작 시기를 알 수 있는 명문이 새겨진 범자 기와가 다수 확인되고 있다. 예를 들면 양주 회암사지, 남원 만복사지, 영암 도갑사, 경주 입실리 유적, 군위 인각사, 울산 운흥사지, 보령 성주사지, 충주 숭선사지, 영주 비로사, 안성 청룡사, 청원 안심사, 안성 칠장사, 영주 부석사, 안동 광흥사 등에서 상당량이 확인되고 있다. 이 중에 익산 미륵사지 암막새는 2중의 원형문 안에 범자를 새기고, 막새면 외곽에 제작 시기를 알 수 있도록 명문을 새겨 넣었다. 부산 동래읍성지 출토 범자 암막새는 명문이 새겨진 부분이 파손되어 제작 시기를 알 수 없었는데, 동일한 범자 암막새가 일본에서 출토되어 제작 시기를 알 수 있게 되었다.[24] 조선시대에는 수막새 외에도 제작 시기를 알 수 있는 범자 암막새도 다수가 확인되고 있다. 양주 회암사지(1459~1460~1470), 울산 운흥사지(1484~1506~1521~1561~1570),[25] 보령 성주사지(1518~1548),[26] 군위 인각사지(1522~1530) 등은 동일 사지에서 약간의 시기적인 격차를 두고 범자 기와가 제작되었음을 알 수 있다.

고려와 조선시대 범자 기와에서 활용된 대표적인 범자체는 실담과 란차였다. 이 중에 란차는 고려시대와 조선 초기 범자 기와의 주요 범자체였으며, 실담은 고려시대 뿐만 아니라 조선 후기까지 꾸준하게 활용되었다. 그래서 고려시대는 두 가지 범자체가 동시에 활용되었다면, 조선 후기부터는 실담을 중심으로 전개되었다고 할 수 있다. 그런데 조선 후기에는 고려시대부터 계승된

24 高正龍, 「豊臣秀吉의 조선 침략에 있어 일본으로의 문화 전파」, 『석헌정징원교수정년퇴임기념논총』, 2006.

25 高正龍, 「韓國雲興寺出土梵字瓦の檢討」, 『明日へつなぐ道 －高橋美久二先生追悼文集』, 京都考古刊行會發行, 2007, pp.160~163.

26 保寧 聖住寺址에서 출토된 범자 기와들은 수막새는 4가지 유형, 암막새는 2가지 유형으로 크게 분류된다(충남대학교 박물관, 『聖住寺』, 1998).

| 표 육자진언의 실담과 랸차

구 분		oṃ	ma	ṇi	pa/pha	dme	hūṃ
실담 Siddham	화순 운주사지 수막새						
랸차 Lañ-tsha	양주 회암사지 암막새	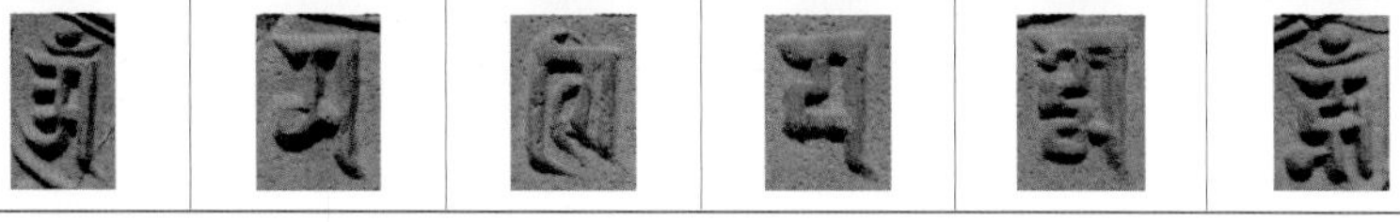					

| 표 고려~조선시대 범자 기와의 다양한 〔oṃ〕자체

구 분		〔oṃ〕							
고려	암막새	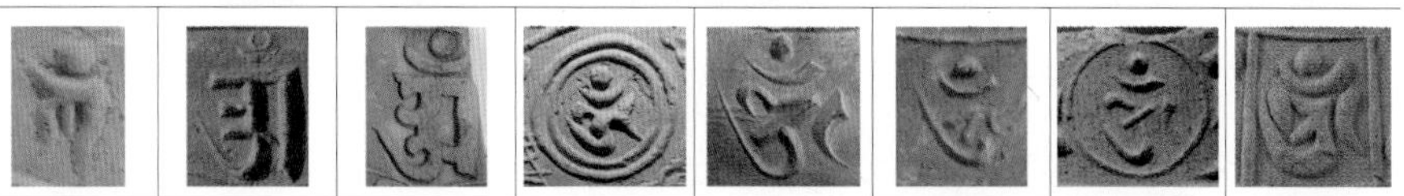							
	수막새	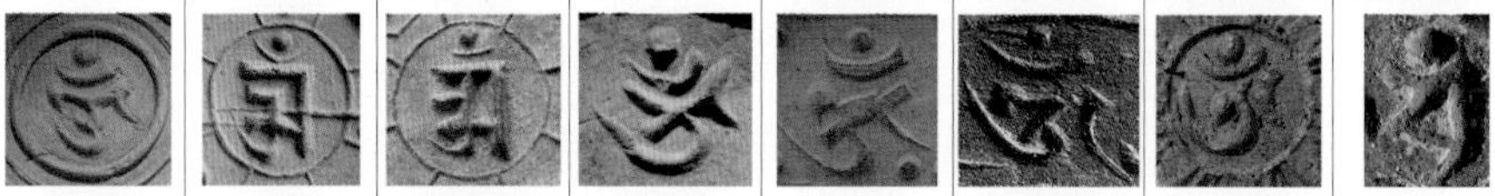							
조선	암막새	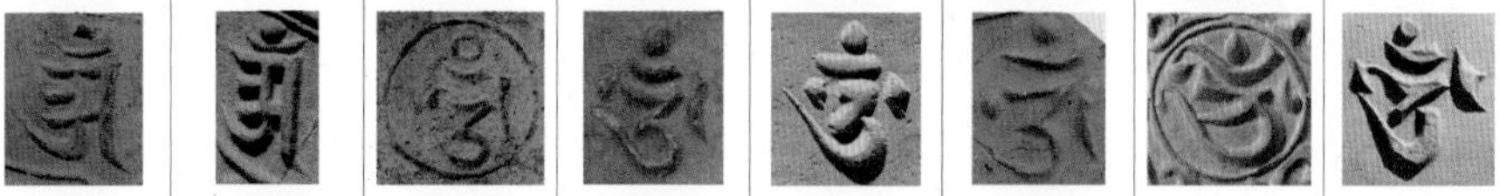							
	수막새								

전형적인 실담이 주류를 형성하였는데, 서자의 기교에 따라 다양한 범자체가 새겨졌다. 즉, 조선 후기에는 범자를 썼거나 새겼던 서자나 장인이 개성적이고 독창적인 표현 기법을 구사하면서 범자체도 다채로운 양상을 보여주고 있다. 이것은 범자 진언다라니에 대한 신앙이 널리 보급되었음을 방증한다고 할 수 있다. 그래서 고려와 조선 전기에는 깔끔하고 정연한 실담이 주류를 형성했다면, 조선 후기에는 서자나 장인마다 개성이 반영된 다양한 실담이 활용되면서 범자체도 다채로운 양상을 보여주고 있다.

한편 고려는 불교를 국시로 하여 왕실에서 일반 백성에 이르기까지 폭넓게 신앙하면서 현실 자체가 불교와 밀접하게 연관되어 있어, 범자 기와가 사찰뿐만 아니라 궁궐이나 관아에도 사용되었던 것으로 추정된다.[27] 조선시대는 건국 직후부터 왕실이나 중앙정부가 성리학적인 유교 사관에 기초한 정책 기조를 유지하면서 불교계가 상당히 위축되었고, 일상생활과는 어느 정도 구분되는 종교로서 불교에 대한 인식이 있었기 때문에 범자 기와는 사찰 관련 시설물에서만 활용되는 것으로 이해되었을 것이다. 그런데 조선시대에도 범자 기와가 사찰뿐만 아니라 관아나 읍성 등의 건물지에서 상당량이 수습되고 있다. 현재 인천도호부지, 경상좌병영성, 부산 동래읍성지, 고창읍성 객사지, 양주 관아지 등에서 출토되었다. 그리고 경주 양동마을 서백당에는 지금도 범자 기와가 조선 후기부터 활용되었음을 확인할 수 있다. 인천도호부지의 암막새는 학림사지에서 출토된 암막새와 제작 기법이나 문양 등이 강한 친연성을 보인다. 인천이 기록상 도호부로 승격된 것은 조선 세조 5년인 1459년인데, 승격과 동시에 도호부청사가 건립되었던 것으로 전해지고 있다. 이후 도호부청사에 대한 구체적인 연혁은 알 수 없지만, 객사를 보수하는 과정에서 발견된 명문기와에 의하여 1677년경에 중수한 것으로 확인되었다. 이러한 것으로 보아 인천도호부지에서 수습된 범자 기와는 도호부 청사의 창건이나 중수 과정에서 인근 사찰이었던 학림사의 기와가 반입되어 재활용된 것으로 보인다. 그리고 경상좌병영성은 1417년 축조되어 1885년까지 존속했던 것으로 파악되는데, 이곳 백화당으로 추정되는 건물지에서 명문이 새겨진 범자 기와가 수습되었다.[28] 이 범자 기와도 인근의 사지에서 옮겨와 재활용한 것으로 추정된다. 또한 부산 동래읍성은 임진왜란 당시의 동래 왜성이 17세기 이후 크게 확장된 성곽인데, 이곳에서도 범자 기와가 출토되었다. 동래읍성 출토 범자 기와는 일본 웅본현(熊本縣) 맥도성(麥島城)에서 출토된 범자 기와와 동일 와범

27 嚴基杓, 「高麗-朝鮮時代 梵字銘 기와의 제작과 미술사적 의의」, 『역사와 담론』 제71집, 湖西史學會, 2014.

28 울산발전연구원, 『경상좌병영성 건물지』, 2010. / 지현미 · 김현철 · 김민경, 「울산지역의 막새기와 연구」, 『중앙고고연구』 제7호, 중앙문화재연구원, 2010, p.94.

에 의하여 제작한 것으로 확인되었다. 일본 맥도성 출토 범자 기와는 동래 왜성이 폐성될 때 왜군들이 상당량의 기와를 일본 맥도성으로 운반하여 재활용한 것으로 밝혀졌다.[29] 이처럼 일본 맥도성으로 옮겨지기 전에도 동래읍성이나 동래 왜성이 축성될 당시에 범자 기와를 인근의 사찰에서 옮겨와 재활용하였음을 알 수 있다. 고창 읍성은 조선 초기에 축성되었는데, 조선 후기 들어와 퇴락한 객사 등을 중건하였다고 한다.[30] 지금도 고창 읍성의 성벽에는 사찰에 있어야 할 석탑재, 당간지주 등의 석재 등이 재활용되고 있어, 어느 시기에 인근에 있던 사찰의 부재들이 옮겨져 재활용되었음을 알 수 있다. 이러한 정황으로 보아 고창 읍성의 범자 기와도 객사를 중건하면서 사찰에서 옮겨와 재활용되었던 것으로 보인다. 양주 관아지에서도 범자 기와가 출토되었는데, 양주 불곡산 일대에 여러 사찰이 있었던 것으로 보아 사찰의 범자 기와가 옮겨져 관아를 지을 때 재활용하였던 것으로 추정된다.

이처럼 성곽이나 관아 건물지에서 출토된 범자 기와들은 처음부터 관아 지붕에 올리려는 계획하에 범자 기와를 제작했다기보다는, 후대에 중창이나 중수 과정에서 폐사된 사찰의 범자 기와를 옮겨와 재활용한 것으로 보인다. 왜냐하면 범자 기와가 사찰에서는 보기 드문 다른 문양의 기와들과 함께 수습되고 있으며, 극히 소량만 확인되고 있기 때문이다. 또한 사찰 건물에 사용되는 기와, 관아 등 국가 시설물에 활용된 기와, 유교 관련 시설물 등에 활용된 기와들은 문양이 조금씩 달랐다. 따라서 사찰이 아닌 다른 유적지나 시설물에 활용된 범자 기와들은 대부분 조선 후기에 들어와 관아 건물을 수리하는 과정에서 재활용된 것으로 보인다. 이는 당시 수리를 위하여 소량의 기와를 별도로 제작하기보다는 인근에 있는 폐사된 사찰의 기와를 옮겨와 사용하는 것이

---

29 임진왜란 이전의 東萊邑城은 소규모였는데, 임진왜란 당시 왜군이 東萊倭城으로 재축성했으며, 그 이후에 다시 東萊邑城은 크게 확장되어 축성된 것으로 밝혀졌다. 고정룡 선생도 범자 기와는 사찰에서 활용된 기와였을 가능성이 높다고 보았다(高正龍, 「豊臣秀吉의 조선 침략에 있어 일본으로의 문화 전파」, 『석헌정징원교수정년퇴임기념논총』, 2006, pp.785~786).

30 원광대학교 마한백제문화연구소, 『高敞邑城官衙建物址 發掘調査報告書』, 1991, p.13/p.152.

고양 익릉과 범자 기와 탁본　조선, 한울문화재연구원

경주 양동마을 서백당과 범자 기와　조선

수월했기 때문으로 추정된다. 그리고 조선 후기에는 조선 전기와 달리 승려와 사대부들 간에 교류가 확대되고, 불교계에 대한 인식도 호전되었다. 이처럼 사찰 기와를 유교 관련 시설물에 재활용했다는 것은 유생들의 불교에 대한 거부감이 희석된 측면도 어느 정도 작용했을 것으로 보인다. 조선 후기에 지어진 관아나 유교 관련 시설물 등에 범자 기와가 재활용되었다는 것은 당시 불교계에 대한 호의적인 인식을 방증해 준다고 할 수 있다. 만약 불교계에 대한 인식이 부정적이었다면 불교를 상징하는 범자 기와를 재활용하기는 어려웠을 것이다.

그리고 고려시대에는 범자 기와가 수도가 있었던 개경을 중심으로 지방의 유력 사찰에서 확인되고 있다. 이러한 사찰들은 왕실이나 중앙정부와 밀접한 관계에 있었던 것으로 파악된다. 이는 범자 기와가 처음부터 전국에 소재한 사찰에서 전면적으로 제작 활용되었다기보다는 초기에는 유력 사찰을 중심으로 사용되다가 점차 확대되었음을 시사한다. 현재 신라나 고려 초기에 제작된 것으로 보이는 범자 기와는 확인되지 않고 있으며, 고려 후기에 제작 활용된 것으로 추정하는 것들이 대부분이다. 아직은 신라 시대 창건되었다가 고려시대에 폐사된 사찰이나, 고려시대 창건되었으나 중창되지 못하고 폐사된 사찰에서는 범자 기와가 발견되지 않고 있다. 예를 들면, 고려시대 들어와 중창되지 못하고 폐사된 청주 흥덕사지와 괴산 외사리사지 등이 있는데, 이 사찰들은 고려의 왕실이나 중앙정부와 관련이 있었던 사찰이었고, 사지에서 우수한 제작 기법의 기와들이 다량으로 수습되고 있다. 그런데 이 사찰들에서 범자 기와는 확인되지 않고 있다. 이러한 것으로 보아 범자 기와의 제작이 고려 중후기에 들어와 제작 활용되기 시작했음을 방증해 주고 있다.

범자 기와는 현재까지 출토된 양상으로 보아 종자나 진언다라니가 새겨진 다른 불교 미술품과 마찬가지로 원나라 불교미술의 영향을 받으면서 본격적으로 나타나는 경향을 보인다. 물론 고려시대 범자가 새겨진 불교 미술품 중에는 원나라 불교의 영향이 본격화되기 이전에 조성된 것도 확인되고 있다. 그렇지만 고려시대 범자가 새겨진 불교 미술품의 조성은 요송금의 밀교 영향도 있었겠지만, 원나라 밀교의 영향으로 본격화되었다고 할 수 있다. 원나라는 불교에 우호적이었으며, 불교를 중심으로 하는 여러 정책을 추진하였다. 원나라에서 불교는 우월적 지위를 유지하였으며, 세조(재위 1260~1294)는 불교를 국교로 지정했다. 이러한 시대적 환경 속에서 불교는 고려와 원나라 간의 외교관계에서도 중요한 역할을 했다.[31] 원나라 황실과 지배층들은 고려에도 사원 건립을 후원하였는데, 금강산 표훈사, 청평산 문수사, 개성 경천사, 보개산 지장사 등이 대표적인 사찰이었다. 이외에도 원당으로 현성사, 보제사, 신효사, 홍천사, 묘련사, 민천사 등이 있었다.[32] 한편 고려의 승려들이 원나라에

31 김경집, 「고려시대 麗·元 불교의 교섭」, 『회당학보』 제14집, 회당학회, 2009, p.47.
32 윤기엽, 「元干涉期 元皇室의 布施를 통해 中興된 高麗寺院」, 『보조사상』 22집, 보조사상연구원, 2004, p.309.

❶

❷

❸

중국의 범자 기와

❶ 대리시 태화성지(太和城址) 출토 범자 수막새 대리시박물관[33]

❷ 범자 수막새 중국 두릉(杜陵) 진전한와박물관(秦磚漢瓦博物館)

❸ 내몽고 출토 범자 수막새 서울 유금와당박물관

유학하면서 원나라의 신행과 불교문화가 고려에 전파되었으며, 원나라 불교 미술의 양식이 고려의 새로운 양식과 사조로 자리 잡기도 했다. 당시 원나라는 밀교가 유행했는데, 이에 따라 고려 불교계도 원나라에서 성행한 밀교의 영향을 많이 받게 된다. 밀교에서 진언다라니는 수행의 중요 방편일 뿐만 아니라 범자는 종교적, 신비적, 주술적인 문자로 그 상징적인 의미가 높아 신앙화되었다. 이러한 원나라의 밀교는 13세기 후반부터 시작하여 14세기대에 고려에 많은 영향을 미친 것으로 알려져 있는데, 이 시기를 전후하여 고려에서도 범자 기와가 본격적으로 제작 활용되기 시작하였다.

그런데 중국과 일본 범자 기와의 제작과 활용 시기 등으로 보아 고려에서도 더 이른 시기부터 범자 기와가 제작 활용되었을 것으로 보인다. 이와 관련하여 평양 중흥사지, 영암 천왕사지 등에서 출토된 범자 기와가 주목된다. 특히, 영암 천황사지 출토 수막새는 제작 기법과 연화문의 표현 등으로 보아 고려 초기에 제작된 것으로 추정되는데, 한가운데에 원형문을 마련하여 그 안에 1자의 범자를 새겨 넣었다. 이처럼 원나라 밀교의 영향을 본격적으로 받기 이전인 고려 초기에 이미 범자 기와가 제작 활용되었을 가능성도 있다. 어쩌면

33 中國 云南省 大理市 太和城址 出土 梵字 圓瓦當(大理市博物館 소장 전시).

❶

❷

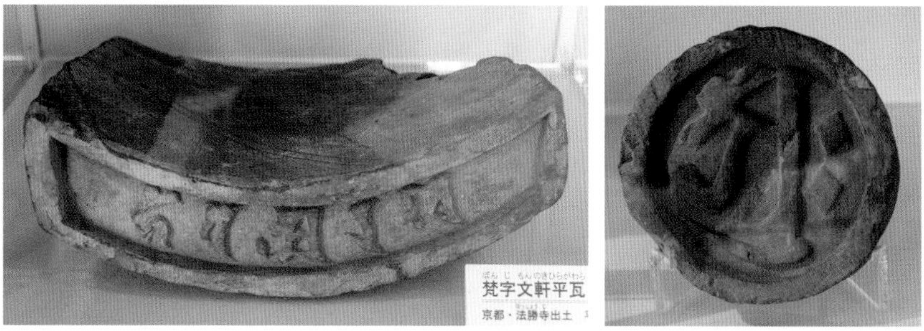

❸

일본의 범자 기와

❶ 일본 동대사(東大寺) 대불전　서울 국립중앙박물관

❷ 일본 대판성(大坂城) 유적지　대판역사박물관

❸ 일본 경도 법승사(法勝寺)　평안시대, 12세기, 가와라(かわら)미술관

범자 기와가 고려 초기에는 간헐적으로만 사용되고 성행하지 못하다가, 고려 중후기 이후에 본격적으로 제작 활용되었을 것으로도 보인다. 이 부분은 앞으로 관련 기록과 여러 자료가 확인된다면 밝혀질 수 있을 것이다.

고려와 조선시대 사찰의 건축물 지붕부에 범자 기와를 올린 것은 기본적으로 장식적인 의미와 함께 범자 진언다라니에 대한 신앙이 반영된 것이라 할 수 있다. 그런데 범자 진언다라니는 밀교적인 측면이 강하다. 즉, 범자 기와는 밀교와의 관계 속에서 발전하였다고 할 수 있다. 밀교 신앙은 공양과 공덕을 쌓기 위하여 여러 방편을 활용하였는데, 그중에서도 범자 진언다라니의 장엄을 통한 신행과 공덕을 중시하였다. 불도들은 범자로 된 진언다라니의 염송이나 필사, 새기거나 판각을 통하여 공덕을 쌓으려고 했다. 그에 따라 범자 진언다라니는 그 자체가 존귀한 신앙의 대상이 되었고, 1자의 범자도 존상(尊像)으로서 예불의 대상이 될 수 있다는 관념과 인식이 형성되었다. 즉, 종자(種子)도 유효한 공덕을 가졌기 때문에 이를 서사하고, 공양하고, 독송하면, 공덕을 쌓을 수 있다는 신앙이 형성되었다. 이러한 차원에서 사찰 법당의 외관을 구성하고 있는 기와에 범자로 진언다라니를 새김으로써, 지붕을 전체적으로 장엄할 뿐만 아니라 건물 자체와 그 안에 봉안된 불상에 대한 상징성을 높였다. 나아가 범자 진언다라니는 현실적인 이익을 얻고자 하는 기복신앙적 성격도 있었으며, 진리를 깨달아 성불하고자 하는 불도들의 염원 등 다양한 의미가 담겨있다고 할 수 있다. 이처럼 고려와 조선시대 범자는 문자를 넘어 의미와 상징성이 높아 신앙의 대상으로 인식되거나, 수행이나 공덕을 쌓기 위한 공양의 일종으로 간주되어 각종 불교 미술품에 필사되거나 새겨졌다. 그래서 범자를 새기는 것은 그 자체가 예술이나 문화가 되기도 했다.

한편, 한국에서 범자로 진언다라니가 새겨진 벽돌이 출토 수습된 사례로 현재까지는 경주시 덕동 대봉산 자락에 있는 덕동사지 또는 대봉산사지로 불리는 곳이 유일하다. 덕동사지는 대봉산 남쪽 골짜기에 위치하며, 바로 옆에 물길이 있는 냇가가 형성되어 있다. 현재 사지는 대봉산 자락에서 흘러내린 능선에 자리 잡고 있으며, 석축을 쌓아 3단으로 대지를 조성한 다음 가람을 조영하였다. 이 중에 하단은 석축을 쌓아 비교적 넓게 대지를 조성하여 법당이나 요사가 있었던 것으로 보이며, 상단은 좁은 대지로 낮은 단이 있었던 흔적이 있어 전탑지로 추정된다. 이처럼 덕동사지는 넓지 않은 공간에 작은 규모의 건물과 전탑 등을 건립했던 것으로 보인다. 그리고 지금도 사지에는 기와편과 토기편 등이 산재하여 있는데, 유물들의 제작 기법과 문양 등으로 보아 통일신라시대부터 조선시대까지 존속하였던 사찰로 추정되고 있다. 현재 덕동사지의 절 이름은 알 수 없지만, 통일신라시대에 창건되어 중수를 거듭하여 조선시대까지 법등을 이었으며, 조선 후기에 들어와 퇴락하다가, 어느 시기에 사찰의 기능을 상실하였던 것으로 보인다. 이러한 연혁을 가진 덕동사지에서는 오래전부터 범자로 진언다라니가 새겨진 벽돌이 여러 점 출토되어 여러 기

경주 덕동사지 원경　2017년 여름

경주 덕동사지 하단 건물지 석축　2021년 3월

경주 덕동사지 출토 유물(기와편)

경주 덕동사지 출토 유물(무문 벽돌)

경주 덕동사지 수습 범자 벽돌　2021년 저자 수습

경주 덕동사지 출토 범자 벽돌　국립경주박물관

경주 덕동사지 출토 범자 벽돌　위덕대학교 박물관

1〔oṃ〕	
2〔ma〕	
3〔ṇi〕	
4〔dha〕	
5〔ri〕	
6〔hūṃ〕	
7〔pha〕	
8〔ṭ〕	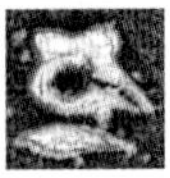

경주 덕동사지 출토 벽돌의 진언다라니

관과 개인이 소장하고 있는 것으로 파악되고 있다.

덕동사지 출토 범자 벽돌은 측면에 여러 자로 구성한 진언다라니를 음각하여 새겼는데, 일정한 형태의 판을 별도로 제작한 다음 그것을 눌러서 새겼다. 그리고 벽돌은 쓰임새에 따라 제작하였으며, 범자 진언다라니는 노출면에 여러 방식으로 새겼다. 범자가 새겨진 벽돌은 측면 1곳만 새긴 경우가 가장 많고, 2~3곳을 새긴 경우도 있다. 이러한 것으로 보아 처음부터 벽돌의 사용 위치와 용도에 따라 설계 제작했음을 알 수 있다. 범자 진언다라니를 벽돌의 측면에 새긴 것은 전탑의 외곽부를 위아래로 쌓아 올릴 때 노출되도록 하기 위한 고려였을 것이다. 이처럼 경주 덕동사지에서 출토된 범자 벽돌은 심하게 파손된 경우가 많고, 측면에 새긴 범자는 마모와 파손으로 판독하기 어려운 경우가 상당하다. 다만, 경주 덕동사지에서 출토된 범자 벽돌에 새겨진 범자 진언다라니를 일괄하여 순서를 맞추어 본 결과, 분명하게 알기는 어렵지만 종자와 함께 여러 종류의 범자 진언다라니를 새긴 것으로 추정된다. 그중에서 분명하게 확인되고 있는 진언다라니는 보루각진언〔oṃ ma ṇi dha ri hūṃ pha〕이다. 현재 보루각진언이 새겨진 사례로는 포항 오어사 동종(1216년 5월), 화성 양택춘 묘지(1254년), 충주 미륵리사지 출토 범자 수막새 등에서 확인되고 있다. 보루각진언은 일반적으로 조탑 공양이나 죽은 사람에 대한 추복이나 극락왕생을 염원할 때 염송하는 대표적인 진언다라니로 알려져 있다. 그렇다면 범자 벽돌을 활용하여 덕동사지에 전탑을 세운 것은 전탑이 기본적으로는 신앙과 예불의 대상으로서 부처님께 공양하여 공덕을 쌓고, 나아가 죽은 사람에 대한 추복과 극락왕생을 염원하기 위한 것으로 보인다.

6. 고분

고분은 죽은 사람의 시신을 매장하기 위하여 만든 시설물로 당시 사람들의 세계관이나 사후관이 반영되어, 당대 최고의 재료와 기술로 만들어진다. 그래서 최고의 정성을 들인 다양한 부장품이 매납되는 경우가 많으며, 다른 나라의 물품이 부장되어 있기도 하여 국가 간의 문물 교류 사실을 알려주기도 한다. 이러한 부장품들은 문헌으로는 알 수 없는 새로운 역사적 사실을 알려주기도 한다. 그래서 고분은 당대의 역사와 문화를 있는 그대로 전해주는 종합적인 성격을 가진 유적이자 역사의 보고라고 할 수 있다.

삼국 중에서 고구려는 372년, 백제는 384년, 신라는 두 나라보다 늦은 527년경에 불교를 공인한 것으로 전하고 있다. 그런데 여러 정황으로 보아 공인 이전에 불교 신앙이 전래하여 있었을 것으로 추정되고 있다. 당시 불교는 선진문물을 전해주는 역할 뿐만 아니라 많은 사람의 생각과 일상생활을 변화시키는 계기가 되었다. 특히 불교 신앙은 고대인들의 세계관과 사후관을 크게 변화시켰다. 불교가 중심적인 신앙으로 자리 잡기 이전에도 영혼 불멸 사상에 의한 내세사상은 있었지만 사후 세계가 명확하지 않았다. 그런데 불교는 살아생전에 부처를 따르고 계율을 지키는 불교적인 삶을 산다면 불가의 이상세계인 극락에 태어날 수 있고, 다시는 윤회하지 않고 생로병사에서 벗어날 수 있다고 하였다. 이처럼 불경에서 이야기하는 사후의 극락세계도 추상적이고 관념적이었지만 이전과는 달리 사후 세계를 명확하게 제시하였고, 그곳에 갈 수 있는 방법을 비교적 구체적으로 제시했다는 점에서 상당히 발전된 논리였다.

이처럼 불교는 일상생활의 많은 부분을 변화시켰는데, 그중에 하나로 장례의식과 절차도 있었다. 불교 신앙이 널리 보급되면서 승려뿐만 아니라 왕실이나 일반 백성들에 이르기까지 불교식 장례 절차를 따르는 경우가 많았다. 특히, 불교를 국시로 삼았던 고려시대에는 극락왕생하기 위하여 불교식으로 장례를 거행하거나 사찰에서 임종하기도 했으며, 시신이 묻히는 무덤 안에 불교적인 요소가 반영되도록 하거나, 불교 관련 부장품을 매납하기도 했다. 또한 관의 표면이나 묘지석 등에 영험하고 신성하게 인식된 범자 진언다라니를 새기기도 했으며, 다라니나 동경 등과 같은 부장품을 매납하기도 했다. 그런데 이러한 장례 의식과 절차, 부장품들은 밀교 신앙이나 의례와 밀접하게 관련된 것이었다.

이러한 사례들을 유형별로 보면, 봉분을 구성하고 있는 외부의 부재 표면에 범자 진언다라니를 새긴 경우, 시신을 넣은 목관이나 석관을 비롯하여 석곽이나 석실 부재에 범자 진언다라니를 새긴 경우, 시신을 감싸고 있는 수의에 범자 진언다라니를 직접 새긴 경우, 관이나 묘광 안에 범자 진언다라니가 새겨진 별도의 부장품을 매납한 경우 등으로 구분해 볼 수 있다. 어떤 경우이든 모두 범자로 구성한 종자나 진언다라니를 매납하여 죽은 자에 대한 추모와 공양을 표하고, 극락왕생을 염원하기 위한 것이다.

첫 번째는 고분을 구성하고 있는 외곽 부재의 표면에 범자 진언다라니를 직접 새긴 경우로 사례는 많지 않은 편이다.[1] 현재 경상남도 진주시 평거동 석갑산 자락의 중턱에 있는 나주 정씨 고분군에서 확인할 수 있다. 이곳에는 고려시대 조영된 여러 기의 무덤이 남아있는데, 봉분 외곽에 사용된 부재들의 표면에 새긴 명문을 통하여 주인공을 알 수 있다.[2] 이중에서 5호분인 정변(丁栫) 무덤을 구성하고 있는 외곽 석재의 표면에 범자 진언다라니가 새겨져 있

1 羅州丁氏顧菴公宗會, 『晉州 石岬山 墳山辨의 問題』, 2000. 진주 평거동 고분군은 무덤의 조영 기법과 석재의 치석 수법 등으로 보아 처음 조성된 이후 여러 번에 걸쳐 보수된 것으로 추정된다.

2 후손들이 제공한 묘주와 생몰년 자료에 의하면, 1호분은 丁悅(991~1079), 2호분은 丁允樺(1092~1165), 3호분은 丁允宗(1093~1170), 12세기 후반경), 4호분은 丁彦眞(1133~1215), 5호분은 丁栫(1040~1107), 6호분은 丁良(?~1229)이다. 그리고 압해정씨 족보에 의하면, 이외에도 분묘가 더 있었던 것으로 확인되고 있다. 한편 이 고분군은 현재 사적으로 지정되어 있는데, 조선 후기 丁若鏞이 묘수와 조성 시기에 대하여 의문을 제기하기도 했다(丁若鏞, 「石岬山丁氏六塚辨」, 『與猶堂全書補遺』 卷 2). 이 고분군에 대해서는 1964년 처음 조사가 이루어졌으며(金元龍, 「晉州 平居洞 紀年高麗古墳群」, 『美術資料』 제9호, 국립박물관, 1964), 이후 정밀 조사에 의하여 무덤의 조성 시기와 피장자에 대한 다양한 의견이 제기되기도 했다(申千湜, 『晉州 平居洞 高麗 古墳群 研究』, 景仁文化社, 2002). 이 부분은 앞으로 관련 기록에 대한 면밀한 검토와 함께 무덤에 대한 정밀 발굴 조사가 이루어져야 명확해질 것으로 사료된다.

전경

남쪽(정면)

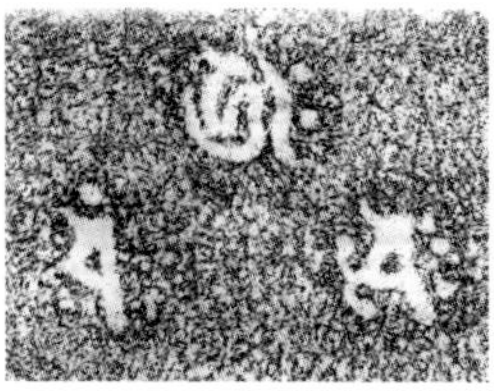

남쪽(정면) 삼존불 종자

남서쪽

남동쪽

진주 평거동 5호 정변 무덤과 범자

는데, 이 무덤은 고려 예종 3년인 1107년경에 조성된 것으로 추정되고 있다.[3]

이처럼 정변 무덤은 외곽을 구성하고 있는 여러 부재의 표면에 범자를 새겼다. 무덤의 정면이라 할 수 있는 남벽 중앙에는 실담으로 3자의 범자를 삼각 형태로 음각하였다. 그리고 무덤 외곽을 구성하고 있는 부재들 중에서 하부의 사방에 배치된 석재의 표면에 원형문을 마련하여 그 안에 1자씩 범자를 새겨 넣었는데, 직각으로 꺾이는 모서리를 중심으로 좌우 대칭되게 같은 범자를 배치하였다. 무덤 정면에는 아미타삼존불 또는 삼존불을 의도하여 종자를 배치한 것으로 보이지만, 사례가 독특하여 분명한 해석은 어려운 상황이

3 무덤의 외곽 석재에 새겨진 명문은 동벽:'丁亥十二月十日大相丁栟 葬', 남벽:'令人鄭氏ㅁ墓', 서벽:'翌年八月始玆十二月十伍日告成', 북벽:'彦眞考祖妣'으로 판독되고 있다. 그리고 후손들이 제공한 자료(『押海丁氏述先錄』(1751년, 영남대학교 중앙도서관 고서실 소장 귀중본)에는 명문이 '大觀元年丁亥十二月十日 大相丁栟葬 令夫人鄭氏合墓 翌年八月始後于 玆十二月十伍日告成 子坐吾向之原'이라고 필사되어 있다. 자료를 제공해주신 정윤하 전 포항공대 부총장님께 깊이 감사드린다.

다. 앞으로 직접적으로 관련된 밀교 경전이나 동일한 유형의 사례가 확인되어야만 범자에 대한 판독과 그 의미 등에 대한 해석이 가능할 것으로 보인다. 다만, 아미타삼존불을 의도하였다면, 아미타여래 종자 〔hrīḥ〕, 관음보살 종자 〔sa〕, 대세지보살 종자 〔saḥ〕를 새겼을 것이다. 그리고 삼존불 종자를 의도하였다면, 아미타여래 종자 〔hrīḥ〕, 대일여래 종자 〔vaṃ〕, 두 종자를 고려한 삼각형 구도와 배치로 보아 석가여래 종자 〔bhaḥ〕 또는 대세지보살 종자 〔saḥ〕를 새긴 것으로 추정된다. 또한 모서리에는 사천왕을 의미하는 종자를 사방에 배치하였다.[4] 이처럼 무덤을 구성하고 있는 외곽 부재의 표면에 종자를 새긴 것은 범자 신앙에 의하여 무덤 주인공이 금당에 봉안된 불상이나 석탑에 안치된 사리에 상응하는 존귀한 존재로서 모든 업장이 소멸하여 극락왕생하기를 염원하고자 하는 의도가 있었던 것으로 추정된다. 그리고 수호의 의미를 부여하기 위하여 사천왕 종자를 모서리마다 배치하였다. 이러한 것으로 보아 정변 무덤은 밀교의 범자 진언다라니 신앙에 기초하여 아미타와 사천왕 신앙이 결합하여 조영되었던 것으로 보인다. 이처럼 수호의 의미로 사천왕 종자를 새긴

| 표 진주 평거동 5호 정변 무덤 사천왕 종자

동방 지국천왕 〔dha〕			서방 광목천왕 〔pha〕		
남방 증장천왕 〔vi〕	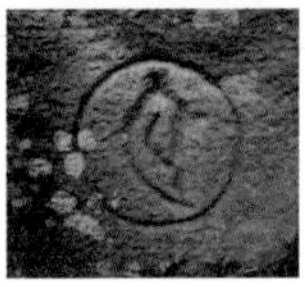		북방 다문천왕 〔vai〕		

4 横田明·三木治子, 「梵字の刻まれた「高麗」墳墓 -慶尚南道 晋州 「平居洞古墳群」の再檢討-」, 『人阪文化財研究』 第33號, 財團法人 大阪府文化財セソタ, 2008, pp.79~86. 상기 논문은 아래의 좌측은 勢至, 우측은 觀音을 의미하는 것으로 보고 있다. 한편 김원룡 선생(金元龍, 「晋州平居洞 紀年高麗古墳群」, 『美術資料』 第9號, 국립박물관, 1964, p.10)은 확실하지 않으나 위는 阿彌陀, 아래 좌측은 大日如來, 아래 우측은 釋迦如來를 의미하는 범자로 추정하였다.

사례는 조선시대의 여주 신륵사 팔각당형 부도, 양주 회암사지 출토 수막새 등에서도 확인되고 있다. 정변 무덤의 범자는 비교적 이른 시기에 새겨진 것으로 추정되어 역사적 학술적으로 귀중한 자료로 평가된다.

두 번째 유형은 시신을 넣은 목관이나 석관, 관을 둘러싸고 있는 석곽이나 석실 부재의 표면에 범자 진언다라니를 새긴 경우이다. 먼저 석재의 표면에 범자를 새긴 합천 초계 변씨의 시조 변정실(卞庭實) 무덤이 있다. 이 무덤은 경상남도 합천군 율곡면 갑산리에 소재하고 있는데, 봉분의 전체적인 평면은 사각형으로 봉분 측면에 묘비가[5] 세워져 있고, 그 앞쪽으로 여러 석물이 배치되어 있다. 현재 묘역에 배치된 석물들은 치석 수법과 양식 등으로 보아 조선 후기에서 근현대기에 후손들이 중수하면서 새롭게 조성한 것으로 보인다. 초계 변씨 후손들에 의하면, 시조 묘역이 오랜 세월로 낡아지자 1971년 중수했는데, 봉분에서 석곽이 나오자 새롭게 정비하고, 석축을 쌓아 묘역 전체를 현재와 같은 모습으로 조성하였다고 한다. 당시 봉분을 파자 한가운데에 사각형 석곽으로 마련된 판석형 석재가 있었으며,[6] 그 석재의 외곽 표면에 알 수 없는 글자가 가득 새겨져 있었다고 한다. 그리고 석곽 주변으로 바닥석이 깔려 있었는데, 그 표면에는 특이한 형상의 조각상들이 새겨져 있었다고 한다. 보수 당시 비교적 상태가 좋은 판석형 석재들을 일부 꺼내어 봉분 앞쪽에 석축을 쌓을 때 재활용했다고 한다.

---

5 墓碑는 '崇禎紀元後三戊戌四月日'에 건립되었다.

6 현재 초계 변씨 시조 묘역 바로 아래에 살면서 묘역과 永慕齋를 관리하고 있으며, 27세에 낙향하여 2023년 현재 88세인 초계 변씨 26대손 卞鍾來 어르신에 의하면, 묘역 개장 당시 봉분을 걷어내자 바닥에 넓게 판석형 석재(두께 6~7cm)가 깔려 있었고, 판석형 석재로 만든 넓은 석곽을 사각형으로 마련된 다음, 한가운네 사각형 석관이 있었다고 한다. 그리고 석곽 사방의 표면에 승려, 용, 새 등 화려한 벽화가 그려져 있었고, 범자가 새겨진 부재도 있었다고 한다. 개장 당시 석관은 손대지 않고 그대로 두었으며, 범자가 새겨진 부재 중에서 파손된 부재만 밖으로 꺼내어 무덤을 정비하는데 재활용하였고, 나머지 부재는 그대로 둔 상태로 매몰하였다고 한다. 봉분의 크기는 예전보다 넓게 하여 조성하였다고 한다. 현재 노출되어 있는 범자석 외에는 반출되거나 유실된 것은 없다고 하며, 나머지 부재들 중에 범자가 새겨진 것도 있었는데, 그대로 매몰하였다고 한다. 묘역을 정비하는 과정에서 새롭게 설치된 석물들은 당시 도로가 없어 배로 운반한 다음, 강가에서 일꾼들이 일일이 사람의 힘과 지게로 옮겼다고 한다. 草溪 卞氏 始祖에 대한 시사는 매년 음력 10월 1일에 거행된다고 한다.

이러한 이유로 범자 진언다라니가 새겨진 파손된 석재들이 봉분 앞의 석축에 끼워져 있는데, 상석을 중심으로 향 우측에 1석, 향 좌측에 2석, 향로석의 바닥석으로 활용된 1석 등 총 4석이 확인되고 있다. 이 중에 향로석의 바닥석으로 활용한 석재는 파손과 마모가 심한 상태이며, 석축에 끼워져 있는 부재들도 외곽 부분이 심하게 파손되어 있어 범자 진언다라니에 대한 전체적인 판독은 어려운 상태이다. 다만, 부재 표면에 새겨진 범자는 1조의 음각 원형문을 일정한 간격으로 마련하여 그 안에 1자씩 새겼으며, 범자석 상하부의 치석 상태와 범자를 새긴 방식 등을 고려할 때 세로로 6자씩 배치하였음을 알 수 있다. 이러한 방식은 고려 후기와 조선 초기의 범자 진언다라니 경판에서 자주 활용되었다.

현재 범자로 진언다라니가 새겨진 총 4석 중에서 1석은 「신묘장구대다라니(神妙章句大陀羅尼)」의 말미 부분이며, 2석은 「신묘장구대다라니」의 끝부분 4자가 먼저 새겨지고, 곧바로 「불정존승다라니(佛頂尊勝陀羅尼)」의 서두를 새기기 시작했다. 따라서 「신묘장구대다라니」를 새긴 다음 연이어서 「불정존승다라니」를 새겼음을 알 수 있다. 그리고 3석도 「신묘장구대다라니」의 일부로 보이는데, 현재 파손과 마모가 심하여 분명하게 판독하기는 어려운 실정이다. 파손된 부위의 파편이 확인된다면 판독이 가능해질 것으로 보인다. 이러한 것으로 보아 오대진언을 순서대로 새겼을 가능성이 있다.

이처럼 변정실 무덤 안에서 출토된 범자 진언다라니가 새겨진 석각은 석관

합천 초계 변씨 시조 변정실 무덤 전경

1석(S69×46cm)

2석(S88×63cm)

3석(S69×42cm)

4석(S43×37cm)

〔oṃ〕

2석

1석

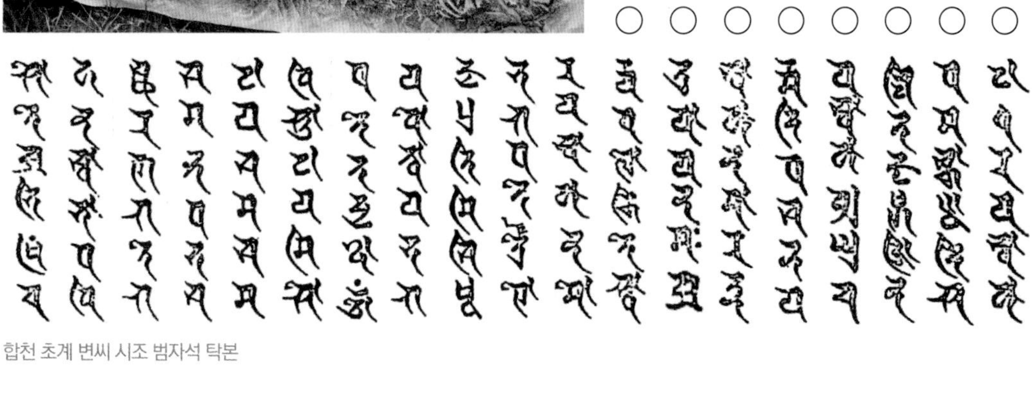

합천 초계 변씨 시조 범자석 탁본

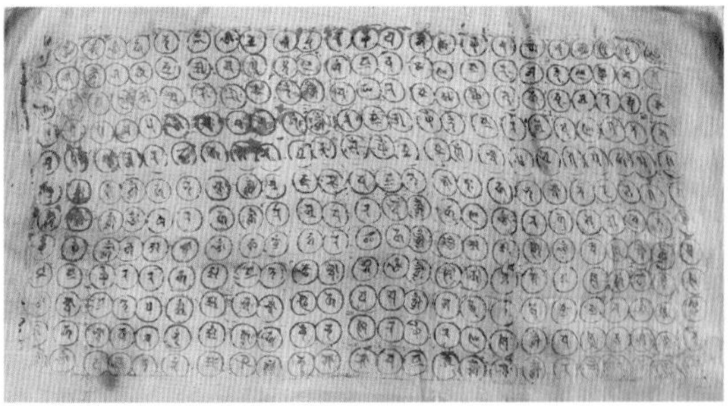

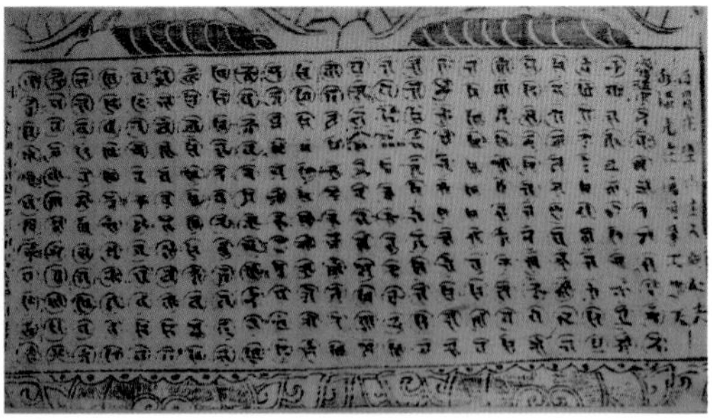

목포 달성사 변성대왕 복장물로 봉안된 낱장 다라니

부재의 일부로 추정되는데, 원형문을 일정한 간격으로 마련하여 그 안에 1자씩 범자를 새긴 방식은 파주 금릉리 정온 무덤에서 출토된 치마에 찍은 진언다라니와 목포 달성사 시왕상(1565)의 복장물에서 출토된 종이에 인쇄한 진언다라니 등에서 확인되고 있다.

그리고 합천 권계복(權繼福) 묘역에 활용된 부재에도 특정 범자와 불정심인 등이 새겨져 있다. 현재 묘역은 산의 낮은 능선 끝자락에 조성되어 있는데, 봉분은 외곽부를 가구식 기단처럼 석재로 구성하여 사각형으로 마련하였다. 이 중에 면석으로 활용된 부재의 표면에 범자와 불정심인 도상을 음각으로 새겼다. 먼저 정면 면석의 가운데 부분에는 무덤 주인공의 생몰년과 살아생전 행적 등을 알 수 있도록 간략하게 묘지(墓誌)를 새기고, 좌우에는 원형문을 크게 마련하여 그 안에 〔oṃ〕자를 새겼다. 그리고 정면의 면석 좌우에 우주를 마련하였는데, 그 표면에 불정심인 도상을 음각으로 새겼다. 불정심인 도상은 상부에 하엽형 문양, 하부에 연화문을 장식하였으며, 마모로 판독하기는 어렵지만, 사방에는 사천왕 종자를 배치한 것으로 보인다. 또한, 좌우 측면 면석의 향우측면에도 정면과 동일한 〔oṃ〕자를 새겼다. 그래서 봉분 외곽부에 구성된 석물의 총 4곳에 〔oṃ〕자, 정면 2곳에 불정심인 도상을 배치하였다. 현재 〔oṃ〕자와 불정심인 도상의 모양과 크기 등이 동일한 것으로 보아 같은 목판으로 인출한 판본을 활용한 것으로 보인다.

무덤의 주인공인 권계복(1419.07.24~1453.06.22)은 관련 기록에 의하면, 1419년 출생하여, 1441년과 1447년 진사시와 생원시에 응시하였으며, 정사중(鄭師中)의 막내딸과 결혼하여 2남 1녀를 두었고, 1453년 6월 22일 사망하자 6개월 후인 12월 22일에 장사지냈다고 한다. 이러한 내용을 새긴 봉분 정면 부재는 '숭정사임자(崇禎四壬子)'에 중각되었다고 명문을 새겼다.[7] 여기서 '숭정4 임자'는 1852년을 의미하는 것으로 보인다. 따라서 1852년경에 권계복 무덤의 개장 또는 이장이 이루어졌던 것으로 추정된다. 또한 〔oṃ〕자의 범자체와 불정심인 도상의 양식도 1453년 최초 장례 시보다는 조선 후기의 양상을 보이고 있다. 따라서 조선 후기에 후손들에 의하여 묘역에 대한 전면적인 개장 또는 이장이 이루어지는 과정에서 선조를 추복하고 극락왕생을 염원하고자 불교식 장례법에 의하여 〔oṃ〕자와 불정심인 도상의 인출본을 구하여 면석에 새긴 것으로 보인다. 당시 무덤 내부에도 다양한 유형의 다라니 인출본을 매납하였을 것으로 추정된다.

합천 권계복 묘역의 봉분 면석에 새겨진 범자와 불정심인

〔oṃ〕

불정심인

7 권계복 묘역(합천군 대병면 성리 산9)의 봉분 정면 면석에 새겨진 명문을 다음과 같다.
'生員權繼福 之墓本安東 人父梁山郡 事諱村母柳 氏己亥七月 二十日生辛 酉年中進仕 試丁卯年中生員試娶草 溪副丞鄭師 中之季女生 長男拼仝次 男鉄仝次女 子皆幼弱景 泰四年癸酉 六月二十二日終同年十 二月二十四 日葬于右三 政縣東村太 坪豆音岩里 欣山之穴 崇禎四壬子重刻'

불정심인 각석　68×39×17cm, 밀양시립박물관

'아미타불심주(阿彌陀佛心呪)' 각석　65.5×48×14cm, 밀양시립박물관

또한, 밀양박물관에는 1974년 기증된 범자가 새겨진 부재 2석을 소장하고 있는데, 전체적인 형태와 치석 상태로 보아 무덤의 석곽이나 석관에 활용되었던 것으로 추정된다. 이 중에 작은 크기의 1석은 한 면만 고르게 다듬어 아래에는 연화좌를, 그 위에는 불정심인 도상을 새겼으며, 연화좌에 새겨진 연잎 안에 1자씩 범자를 음각하였다. 범자는 연잎의 방향에 따라 새겼으며, 향좌로부터 실담체로〔oṃ ma ṇi pa dme hūṃ〕과 〔raṃ〕를 순서대로 배치하여, 육자진언과 정법계진언을 의도하였다. 이 부재는 밀교에서 불정심인과 육자진언이 밀접하게 연관되었음을 시사해 준다. 그리고 다소 큰 크기의 석재도 한 면을 고르게 다듬은 다음, 일정한 간격으로 원형문을 상하 2열로 배열하여 그 안에 1자씩 범자를 새겼다. 아래에는 범자에 대한 장엄의 의미로 꽃문양을 장식하였다. 범자는 원형문 안에 크고 굵게 음각하였는데, 실담자를 유려하게 쓴 것으로 보아 범자에 조예가 깊었던 인물이 썼음을 짐작할 수 있다. 범자는 향

석관 부재 전경

전 석관 출토 토기

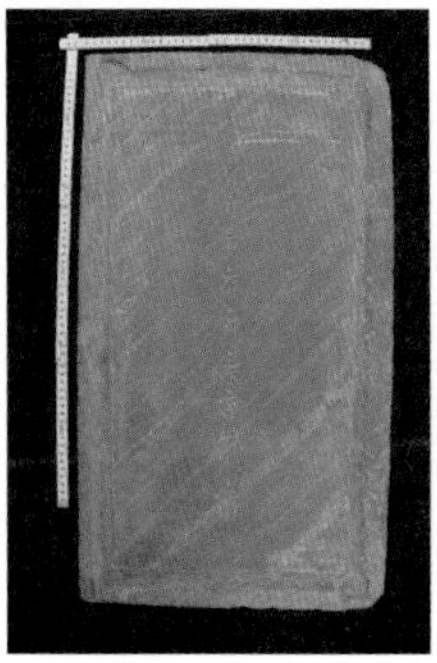

뚜껑 안쪽면 범자

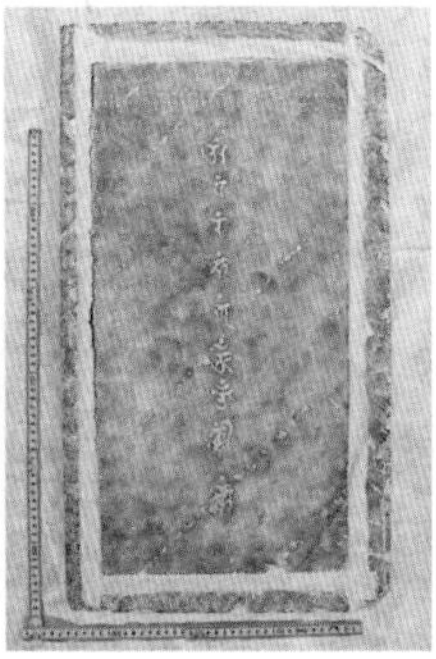

뚜껑 안쪽면 범자 탁본

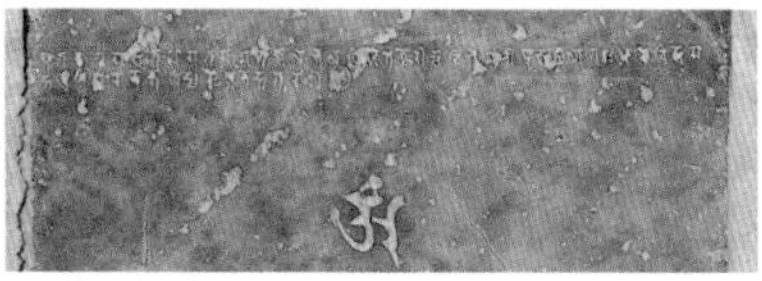

뚜껑 상부 범자

범자

석관에 새긴 범자 진언 고려, 국립중앙박물관 신5895

전 경주 출토 석관 시대 미상, 일본 관서대학 박물관

우로부터 세로로 판독하면 〔tadyathā oṃ mṛtara svāhā〕(다냐타 옴 아리다라 스바하)로 읽을 수 있다. 이 진언다라니는 망월사본『진언집』(1800년)에 의하면, 9자로 구성된「아미타불심주」인데, 이 중에 두 번째 범자가 빠져있다. 이것은 장인에 의하여 범자를 새기는 과정에서 누락된 것으로 추정된다. 현재 부재의 일부만 남아 있어 전체적으로 어떤 진언다라니가 어느 정도 새겨졌는지 파악하기는 어려운 상태이지만, 죽은 자를 추모하고 극락왕생을 염원하고자 범자 진언다라니를 새겼던 것으로 보인다.[8] 이 부재에 새겨진 범자는 고려시대 범자체

8 현재 이 부재는 출토지가 명확하지 않은 상태이다. 다만 이러한 유형의 범자석이 중국 운남성 일대에서 상당량 출토되었는데, 대부분 明代에 제작된 것으로 확인되고 있다. 아직 한국에서는 이러한 유형의 범자석이 발견된 사례가 없기 때문에 앞으로 추가적인 검토가 요구된다.

의 특징과 함께 중국 요나라 석관 등에 활용된 범자와도 유사하여 주목된다.

한편 경주에서 출토된 것으로 전하는 석관이 일본 관서대학(関西大学) 박물관에 소장되어 있다. 이 석관은 각 부재에 별도의 구멍이나 홈을 마련하여 짜맞추는 방식으로 결구하였는데, 6개의 판석형 부재를 직육면체 형태로 조립하였다. 이러한 제작 기법은 고려시대 석관의 일반적인 구조와 결구 기법이라는 점에서 주목된다. 그리고 석관 안에서 화장한 후에 수습한 유골을 넣은 것으로 보이는 토기도 함께 출토되었다고 한다. 그런데 이 토기는 고려에서 제작된 것이기보다, 중국 도기의 일종으로 추정되고 있다. 이러한 것으로 보아 수입된 도기가 사용되었거나, 유물이 혼재되어 잘못 전해졌을 가능성도 있어 면밀한 검토가 요구된다.

어쨌든 범자는 석관의 뚜껑돌 안쪽 면에 새겼는데, 상부에는 작은 범자를 두 줄로 새긴 진언다라니를 가로로 길게 음각하였으며, 한가운데에는 세로로 크게 9자의 범자를 배열하였다. 이 중에 세로로 새긴 9자의 범자는 위로부터 법신진언 〔aṃ〕-〔vaṃ〕-〔raṃ〕-〔haṃ〕-〔khaṃ〕 5자를 먼저 배치하고, 찬탄과 깊은 신앙심의 의미를 더하기 위하여 〔bhrūṃ〕과 〔oṃ〕을 새겼다. 그리고 그 아래에 새겨진 2자의 범자는 잘 쓰지 않는 독특한 범자인데, 공양과 찬탄의 의미를 강조하고자 특정 범자를 복합 또는 중첩하여 새긴 것으로도 추정된다. 상징성이 높았던 범자의 특성상 어떤 범자를 어떤 의도로 새겼는지 판독하기는 어렵지만, 범자 진언다라니의 일반적인 배열법과 더불어 마지막 부분이라는 점을 고려할 때, 앞에 새긴 진언다라니에 대한 찬탄과 공덕의 의미와 함께 종결을 강조하고자 범자를 중첩시켜 찬탄음인 〔hrīhūṃ〕과 〔hhūṃ〕을 새긴 것으로도 추정된다. 앞으로 상부에 두 줄로 새긴 범자 진언다라니와 마지막 2자를 어떤 의미로 새겼는지 유사 사례에 대한 분석과 함께 밀교 신앙적인 차원에서 다양하게 접근할 필요가 있다. 이외에도 범자와 한자로 진언을 새긴 고려 석관이 국립중앙박물관(신5895)에 소장되어 있다.

그리고 무덤 내부의 목관 표면에 범자 진언다라니가 새겨진 사례로 순장 운림리 농소 고분을 비롯하여 밀양 고법리의 박익(朴翊) 선생 무덤, 음성 정담(丁聃) 부부 무덤 등이 알려져 있다. 그동안 무덤의 이장이나 보수가 종친회 차원에서 실시되는 경우가 많았던 것으로 보아 더 많은 사례가 있었을 것으로 보이지만 현재는 이 정도가 확인되고 있다.

순창 운림리 농소 고분 전경

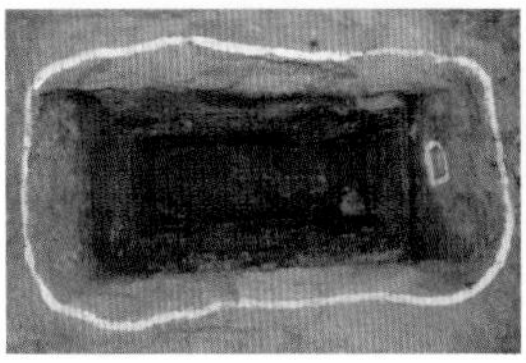
목곽 전경

청동합과 숟가락

먼저 순창 운림리 농소 고분은 전라북도 순창군 적성면 운림리 산12-2일대에 있으며, 오래전부터 왕씨묘 또는 왕무덤으로 전해진다. 이 무덤은 2014년 발굴되었는데, 지상에 봉분을 쌓은 구조로 사각형 묘역 시설과 지하 토광 안에 목곽 및 목관을 갖추고 있으며, 별도로 마련한 벽감에도 청동합을 비롯하여 숟가락과 젓가락 등을 매납하였다. 목관 표면에는 옻칠한 후 원형문을 정연하게 마련하여 그 안에 1자씩 범자를 정성스럽게 금칠로 새겼다. 범자 진언다라니는 파손이 되기는 했지만, 육자진언(oṃ ma ṇi pa dme hūṃ)과 파지옥진언(oṃ ka ra de ya svā hā)을 반복하여 새긴 것으로 확인되었다. 두 진언다라니는 고려시대 이후 성행했는데, 특히 조선시대 들어와 동종을 비롯한 여러 조형물에 많이 새겨졌다. 범자체는 기본적으로 실담을 사용했는데, 란차도 일부 보인다. 이처럼 시신이 매장되는 목관 표면에 육자진언과 파지옥진언을 반복하여 새긴 것은 밀교식 의례와 사후관에 의하여 망자의 추복과 공덕, 극락왕생 등을 염원하기 위한 것으로 보인다. 그리고 무덤 주인공의 신분이 상당히 높았음은 알 수 있는데, 주인공이 누구인지와 조성 시기 등을 알 수 있는 자료는 출토되지 않아 아쉬움을 준다.[9] 다만, 범자와 진언다라니의 구성 기

9 국립나주문화재연구소, 『淳昌 雲林里 農所古墳』, 호남지역 발굴 수요조사 유적 기초학술조사 보

순창 운림리 농소 고분 목관 수습 상태　국립나주문화재연구소

동

서

남

북

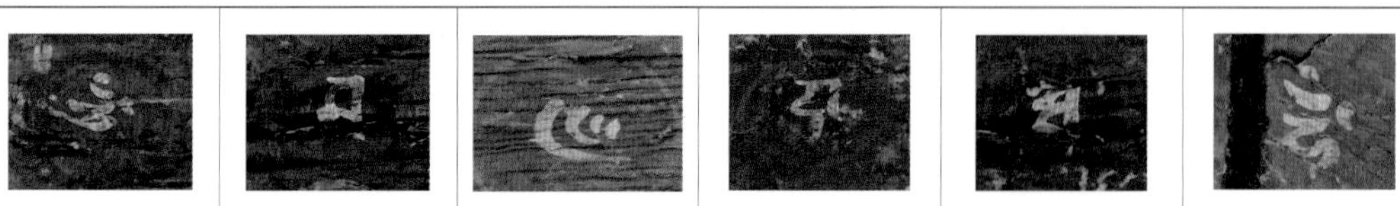

육자진언[oṃ ma ṇi pa dme hūṃ]

랸차 [oṃ]　실담 [oṃ]

순창 운림리 농소 고분 출토 목관과 범자　국립나주문화재연구소

법 등으로 보아 조선초기에 조성되었을 가능성이 높은 것으로 추정된다.

박익 무덤은 경상남도 밀양시 청도면 고법리에 소재하고 있는 벽화 고분이다.[10] 고분의 주인공인 박익(1332.07.22~1398.11.30)은 초명이 천익(天翊), 자는 태시(太始), 호는 송은(松隱), 본관은 밀양으로 고려 공민왕 때 문과에 급제하여 사재소감, 한림문학, 예부시랑 등을 역임하였다. 그는 조선이 건국되자 관직을 버리고 낙향하여 밀양에서 은둔생활을 하다가 여생을 마친 것으로 전해지고 있다.[11] 그의 시신은 22년 동안 가매장되었다가 조선 세종 2년인 1420년 2월 현재의 위치에 새롭게 조성된 것으로 전하고 있다. 박익 선생 무덤은 봉분의 형태가 사각형으로 석실 내부에 벽화를 그렸으며,[12] 시신을 안장하기 위하여 목관을 사용했다. 목관의 내외 면을 검게 옻칠하였으며, 그 표면에 2조로 원형문을 마련하여 그 안에 1자씩 범자를 새겼다. 그런데 도굴로 인하여 목관이 심하게 훼손되어 범자 진언다라니에 대한 판독은 어려운 상태이다. 다만 범자를 새긴 방식 등으로 보아 여러 자로 구성된 진언다라니를 새긴 것으로 추정되고 있다. 조선시대 들어와 일상에 밀교가 보급되면서 불도들은 범자 진언다라니가 죽은 부모의 영가 천도에 영험이 있다고 신앙하였으며, 망자의 추복과 극락왕생을 염원하기 위하여 불정존승다라니 또는 대수구다라니 등 여러 유형의 진언다라니를 범자로 새기거나 낱장으로 인쇄하여 납입하기도 했다. 이러한 밀교 신앙에 의하여 박익의 목관에도 범자로 진언다라니를 새겼던 것으로 보인다.

그리고 충청북도 음성의 정담 부부 무덤은 시신을 안장했던 목관 중에서 넓은 판 3개의 안쪽 면에 불정심인과 호부 등이 함께 새겨진 다라니가 확인되었는데, 사신도와 비천상 등을 추가하여 낱장으로 인쇄한 것이다.[13] 목관의 안

고서 Ⅲ, 2016.

10 이 고분은 2000년 9월 태풍으로 봉분 일부가 훼손되어, 2000년 10월 17일부터 동년 11월 30일까지 동아대학교 박물관에 의하여 발굴 조사되었다.

11 최영호, 「松隱 朴翊의 인적 연계망과 사상」, 『문물연구』 제26호, 동아시아문물연구학술재단, 2014.

12 壁畫가 그려진 朝鮮時代 무덤으로는 강원도 원주 盧懷愼(1415~1456)묘에서도 확인되었다.

13 나주정씨 교리공파 종중은 2009년 4월 충북 음성군 원남면 조촌리 산봉산 기슭에 있던 정담 부

밀양 고법리 박익 선생 벽화 무덤(1420) 전경과 목관 파편[14]

박익 무덤 출토 묘지석

밀양시립박물관

쪽 면마다 1장씩 낱장으로 인쇄한 다라니를 3면에 부착하였다. 낱장 다라니는 오른쪽에 불정심인을 새겼으며, 한가운데에는 만다라형으로 다라니를 새긴 도상을 배열하였다. 왼쪽 상부에는 육자진언을 배열하였고, 그 아래쪽에 여러 개의 호부 도상을 배치하였다. 또한 호부 아래에는 사각형으로 구획하여 '成正覺 卯時人當 得見佛', '淨土卯 持人當 化淨土', '寶雨卯 持人破地 破□佛□'이라고 하여, 각 호부의 공덕과 성취 내용을 제시하였다.[15] 이처럼 목관에 여러 공덕이 있는 낱장 다라니를 인쇄하여 부착한 것으로 보아 무덤 주인공이 살아생전에 불심이 깊었던 인물이었으며, 그러한 점을 반영하여 후손들이 불교식으로 장례를 치르고, 망자에 대한 추복과 극락왕생을

부묘를 경북 예천 인근의 선영으로 이장하였다. 이장하는 과정에서 丁聃(1476~?)의 미라와 함께 출토복식관련 40여점의 유물이 수습되었고, 이 유물들은 안동대학교 박물관에 기증되었다.

14 東亞大學校 博物館, 『密陽古法里壁畵墓』, 2002. / 沈奉謹 著, 『密陽古法里 壁畵墓』, 세종출판사, 2003.

15 임세권, 「정담부부묘 목관 부착 판화류에 대하여」, 『정담부부의 무덤과 출토유물』, 국립안동대학교 박물관, 2010, pp.68~69.

음성 정담 부부 무덤 전경과 출토 목관

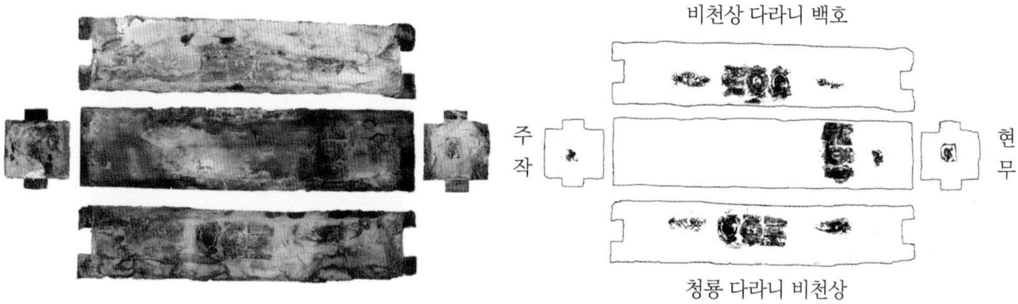

음성 정담 부부 무덤 출토 목관 내부와 도면

육자진언

호부와 불정심인

음성 정담 부부 무덤 출토 다라니(S23.5×45cm)[16]

---

16 국립안동대학교 박물관, 『정담부부의 무덤과 출토유물』, 2010.

염원하기 위하여 별도로 낱장 다라니를 부착한 것으로 추정된다. 현재 정담의 사망 연대와 무덤의 조성 시기를 구체적으로 알 수는 없지만, 출토 복식 등에 의하여 16세기 전반경으로 추정하고 있다. 이 고분은 목관에 사신도 등이 새겨져 있어 도교적인 요소도 함께 반영되었음을 알 수 있다. 조선시대 성리학적 유교 사관이 널리 성행하였고, 주자가례에 의한 고분 조성이 일반화되었던 시대적 환경 속에서도 정담 부부 무덤은 불교와 도교가 혼합된 모습을 보여주고 있어 보기 드문 사례에 해당한다. 한편 파주 금릉리 정온 무덤에서도 목관의 안쪽 면에 인쇄한 다라니를 부착한 것으로 확인되었다. 이처럼 낱장으로 인쇄한 다라니를 무덤의 관 안에 시신과 함께 납입하는 것은 불상의 복장물로 다라니를 봉안하는 것과 마찬가지로 영험한 의미가 있는 것으로 인식하였고, 밀교 신앙과 불교적인 사후관에 의하여 망자를 추복하고자 했음을 엿볼 수 있다.

세 번째 유형은 시신을 감싼 수의에 진언다라니를 새기거나, 목판을 활용하여 찍은 경우이다. 대표적으로 파주 금릉리의 정온(鄭溫, 1481~1538) 무덤이 있다.[17] 정온은 조선 중종대(재위 1506~1544)에 여러 관직을 역임하기도 했다. 정온 무덤에서는 시신이 미라 상태로 발견되었으며, 수의뿐만 아니라 부장된 20여 점의 옷가지와 신발 등도 거의 원래 상태로 출토되었다. 이 중에 적삼과 치마에 다라니 경판을 활용하여 여러 유형의 다라니를 찍었으며, 시신을 안장했던 목관 내부에도 인쇄한 낱장 다라니를 여러 장 부착한 것으로 확인되었다.[18]

적삼은 앞 뒷면에 3가지 유형의 다라니를 찍었는데, 앞면에는 첫 번째 다라니 목판을 활용하여 좌우로 대칭되게 2곳에 찍었으며, 뒷면의 상부에는 두 번째 다라니 목판을 활용하여 좌우로 3곳에 찍었으며, 뒷면의 아래에는 세 번째 다라니 목판을 활용하여 1곳에 찍었다. 이처럼 서로 다른 3가지 유형의 다라

17 坡州 金陵里의 慶州 鄭氏 鄭溫墓는 1995년 11월 6일 이장 작업을 하던 도중 미라와 함께 부장된 다량의 유물이 발견되었다. 무덤에서 다라니를 찍은 여성의 적삼과 치마 등이 출토되어 정온의 부인이었던 남원 양씨의 것으로 추정되고 있다.

18 박성실, 「파주 금릉리 출토 경주 정씨 유물 소고」, 『韓國服飾』 16, 단국대학교 석주선기념박물관, 1998.

적삼

적삼 앞면

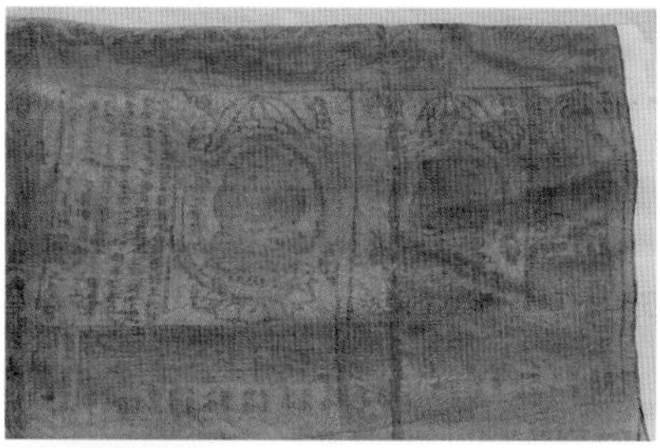

적삼 뒷면 상부

적삼 뒷면 하부

치마

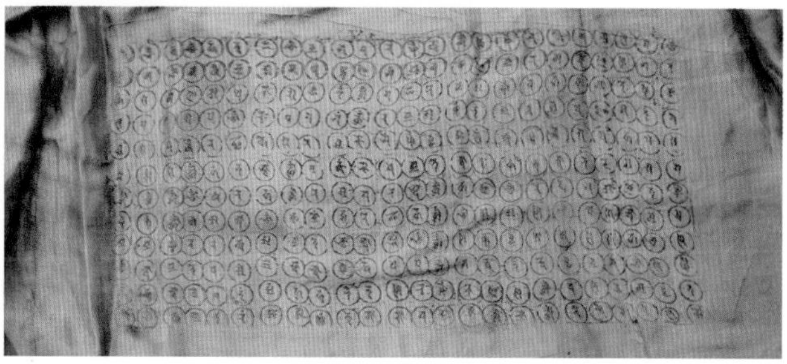

치마에 찍은 다라니

파주 금릉리 정온 무덤 출토 복식과 다라니　조선, 단국대학교 석주선기념박물관

니 목판을 활용하여 총 6곳에 다라니를 배치하였다. 이 중에 앞면에 찍힌 다라니의 상부에는 마리지천으로 보이는 보살상을 배치하였으며, 그 아래에는 한가운데 〔hrīḥ〕을 배치하고, 그 주변에 6자로 구성된 육자진언을 자륜식으로 새겼다. 그리고 밑에는 사각형으로 구획하여 발원문을 새긴 것으로 보이는데, 흐릿하여 판독은 어려운 상태이다. 뒷면의 상부에 찍힌 다라니는 조선 전기 복장물의 다라니에서 많이 확인되는 유형으로 불정심인과 호부 등이 새겨진 다라니이다. 이 다라니는 평창 월정사 중대 사자암 목조비로자나불좌상에서

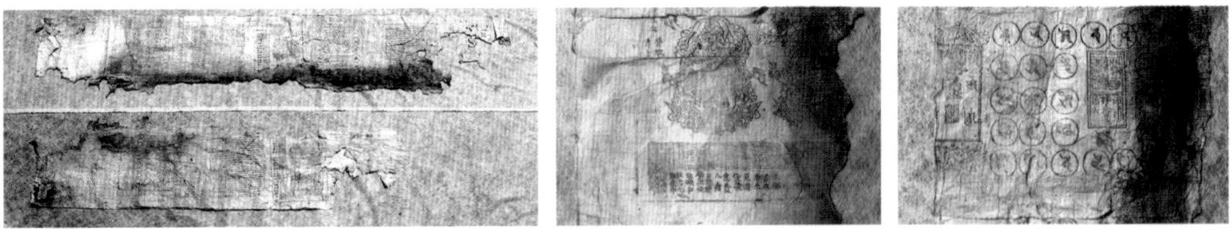

파주 금릉리 정온 무덤 출토 목관 내부에 부착한 낱장 인쇄 다라니 조선[19]

출토된 다라니와 같은 목판은 아니지만, 전체적인 형태나 표현 기법 등이 강한 친연성을 보이고 있어 주목된다. 또한, 뒷면의 아래쪽에 찍힌 다라니는 좌우에 하엽형 문양과 연화문이 장식된 위패형 구획 안에 육자진언이 새겨지고, 두 위패 사이에는 비교적 크게 원형문을 마련하여 그 안에 1자씩 범자를 새긴 다라니를 배치하였다. 그리고 치마는 동일한 다라니 목판을 활용하여 4곳에 찍었다. 다라니의 범자는 작은 원형문을 마련하여 그 안에 1자씩 새겨지도록 하였는데, 이러한 유형의 다라니 목판이 조선 전기에 많이 제작 활용되었다. 이 다라니는 육자진언과 파지옥진언 등 여러 진언을 함께 배치한 것으로 보인다. 또한, 목관에도 다라니를 부착하였는데, 적삼이나 치마에 찍은 것과 다른 목판으로 찍은 낱장다라니를 부착하였다. 이 다라니에 수록된 일부 부적은 판독이 가능한데, '鬼神不侵 當得見佛 當生淨土 見者愛敬 爲貴人念 自然遠離三災 能避爭訟之厄 能産印朱書呑之出'이라고 하여, 각 부적의 공덕과 성취 내용을 수록하였다. 이처럼 부적의 주요 공덕은 귀신의 침범을 막고, 부처에 의지하여 정토에 다시 태어나 모든 재앙에서 벗어나기를 바라는 내용으로 구성되었다. 부적에는 망자와 살아 있는 자 모두를 위한 염원이 함께 담겼다.[20] 이처럼 적삼, 치마, 목관에는 서로 다른 유형의 다라니를 찍었는데, 당시 여러 지역과 사찰에서 시기를 달리하여 다양한 유형의 다라니 목판이 제작되었음을 시사한다. 그리고 당시 불교적인 세계관에 의하여 정온 무덤을 조성

19 박상국, 「파주 금릉리 慶州 鄭氏 墳墓에서 出土된 服飾에 찍힌 陀羅尼와 佛敎符籍」, 『韓國服飾』 16, 단국대학교 석주선기념박물관, 1998, pp.1~4.
20 김영자, 『한국의 벽사 부적』, 대원사, 2008.

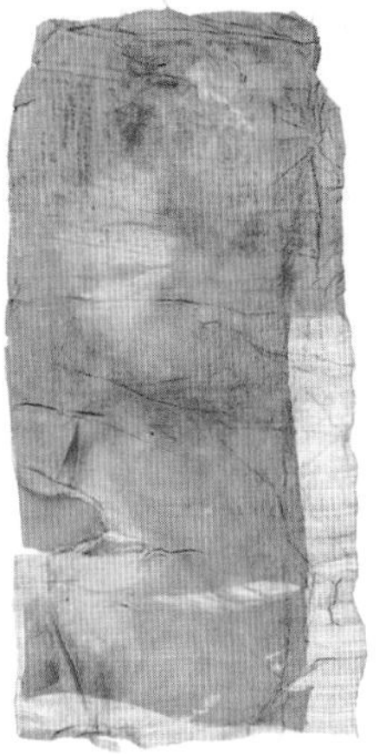

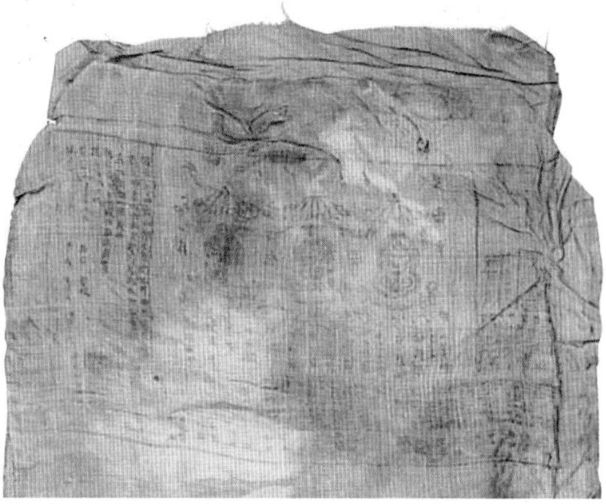

상부

양평 연안 김씨묘 출토 유물과 다라니　조선, 경기도 박물관

했으며, 진언다라니가 망자에 대한 추복과 극락왕생을 염원하거나 공양과 공덕을 쌓기 위한 용도로 활용되었음을 시사한다.

그리고 홍몽남(洪夢南, 1534~1574)의 부인이었던 연안 김씨 무덤에서도 다라니를 찍은 유물이 출토되었다. 이 무덤은 경기도 양평에서 2000년 3월 이장되었으며, 주인공의 생몰 연대와 조성 시기 등을 명확하게 알 수는 없지만, 명정 일부에 남아있는 기록에 의하여 연안 김씨의 무덤이며, 족보를 통하여 홍몽남의 부인으로 확인되었다. 이장 시에 복식 유물, 염습제구, 승자총통 등 여러 유물이 출토되었다. 복식 유물로는 단령, 액주름, 단저고리, 적삼, 치마, 베개, 버선 등이 수습되었다.[21] 이중에 시신을 감쌀 때 썼던 것으로 보이는 긴 치마 형태의 직물이 출토되었는데, 상부에 다라니가 인쇄된 것으로 확인되었다. 다라니는 상부에 3개의 불정심인이 배치되고, 하부에 여러 형태의 부적이 나열되어 있으며, 말미에 발원과 공덕문이 있는 형태이다. 이러한 유형의 다라니는 조선시대 무덤이나 복장물에서 많이 수습되는 것으로 무덤의 주인공이 불교 신자였으며, 불교적인 사후관을 가진 후손들이 조영했음을 시사한다.

21　경기도 박물관, 『연안김씨 묘 출토복식 -양평 출토 홍몽남 배위-』, 2005.

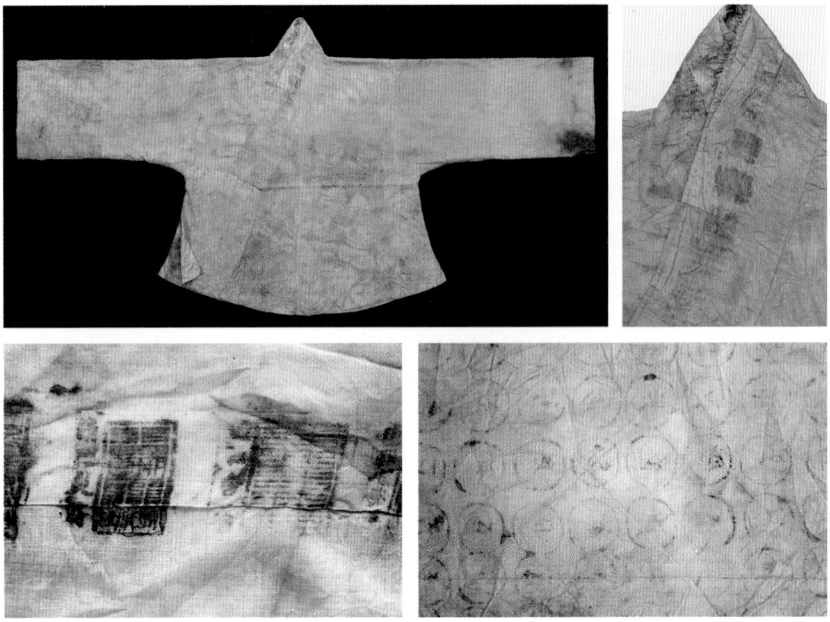

용인 영덕동 유적 출토 저고리에 찍은 부적과 다라니　조선, 경기도 박물관, 이명은 제공

또한 용인 영덕동 유적에서 조선시대 부부합장묘 등이 발굴 조사되었는데, 이중에 여성의 것으로 보이는 회곽묘에서 인골과 함께 52점의 복식류와 18점의 명기가 출토되었다. 무덤의 주인공은 알 수 없지만, 수의에 달린 호랑이 흉배 단령 등이 임진왜란 직후에 사용된 여성용 수의 단령과 유사한 것으로 밝혀졌다.[22] 그리고 출토 복식 중에서 저고리의 깃 부분에 목판으로 제작된 작은 경판을 이용하여 경전과 부적형 도안을 찍었으며, 저고리 앞면에는 다라니를 찍었음이 확인되었다. 저고리의 깃 부분에 여러 형태의 부적이 길게 배치된 것으로 보아, 먼저 목판에 먹물을 묻힌 다음 저고리의 깃을 위아래로 움직여 부적을 차례대로 찍은 것으로 보인다. 이 저고리는 수의로 활용되었는데,

22 경기문화재연구원, 『용인 영덕동 유적 -용인 영덕 택지개발사업부지내 문화유적 시발굴조사보고서』, 2010. / 박성실·이명은, 「용인 영덕동 유적출토 무연고 이분묘 복식고찰」, 『용인 영덕동 유적 -용인 영덕 택지개발사업부지내 문화유적 시발굴조사보고서』, 경기문화재연구원, 2010. / 국립대구박물관, 『조선 반가의 여인, 용인에 잠들다』, 2013.

이처럼 수의 표면에 다라니를 인쇄한 것은 피장자에 대한 추복과 함께 극락왕생을 염원하기 위한 것으로 보인다.

네 번째로 무덤의 묘광이나 관 안에 범자로 진언다라니가 새겨진 묘지, 동경, 청동령, 진언다라니의 인쇄본 등을 시신과 함께 납입한 경우인데, 이러한 사례는 상당수의 무덤에서 확인되고 있다. 먼저, 고려시대 양택춘(梁宅椿, 1172~1254) 무덤에서 묘지가 수습되었는데, 그 표면에 여러 유형의 진언이 범자로 새겨졌다.[23] 그는 계림 출신으로 원래의 성은 김씨였는데, 나중에 대방군으로 이주하여 양씨로 성을 바꾸었다고 한다. 그는 김수의 딸과 결혼하여 두 아들을 낳았는데, 두 아들이 모두 승려가 되었다. 고려시대 무신정권의 최이는 강화에 선원사를 창건하여 고승에게 법회를 주관하도록 했는데, 당시 양택춘의 장자로 명성이 높았던 천영(天英) 스님이 이를 주관하였다.

이후 양택춘은 아들의 후광으로 70세에 호부원외랑이 되었다가 벼슬에서 물러나 1254년 83세로 사망하였다. 그의 묘지명은 김구가 지었으며,[24] 범자 진언다라니는 묘지명 뒷면에 세로로 새겨졌다.[25] 진언은 범자로 새기고 한자로 이름을 적었는데, 상품상생진언[26]-육자대명왕진언-보루각진언[27]-결정왕생정토주[28] 순으로 4개의 진언이 차례대로 배치되어 있다. 그리고 고려후기 재상 윤보(尹珤, ?~1329)의 부인 박씨 묘지명(1320)에도 실담체로 파지옥진언-육자진언-정법계진언이 순서대로 새겨졌다. 이처럼 묘지명에 범자 진언다라니를 새긴 것은 가족들이 불교적인 세계관에 의하여 망자를 추복하고 극락왕생을 염

---

23 梁宅椿 墓誌는 1973년 7월 경기도 화성군 동탄면 신리 65번지에서 발견되었으며, 당시 청동숟가락, 토기, 은전 등과 함께 수습되었다(이호관, 「高麗時代」, 『중요발견매장문화재도록』 제1집, 문화재관리국, 1989). 현재 墓誌銘은 국립중앙박물관에 소장되어 있다(No.新2774).

24 허흥식, 「高麗의 梁宅椿墓誌」, 『文化財』 17, 문화재관리국, 1984. / 김용선, 『譯註 高麗墓誌銘集成(上)』, 한림대학교 출판부, 2001. / 임세권·이우태, 『韓國金石文集成(33)』, 韓國國學振興院, 2005.

25 허일범, 『한국밀교의 상징세계』, 해인행, 2008.

26 아미타불이 주재하는 9가지의 극락세계 중에서 최상품에 왕생하게 하는 진언다라니.

27 멸죄와 죽은 자의 해탈을 위한 진언다라니.

28 극락정토에 태어날 수 있게 하는 진언다라니.

앞면

뒷면

탁본[29]

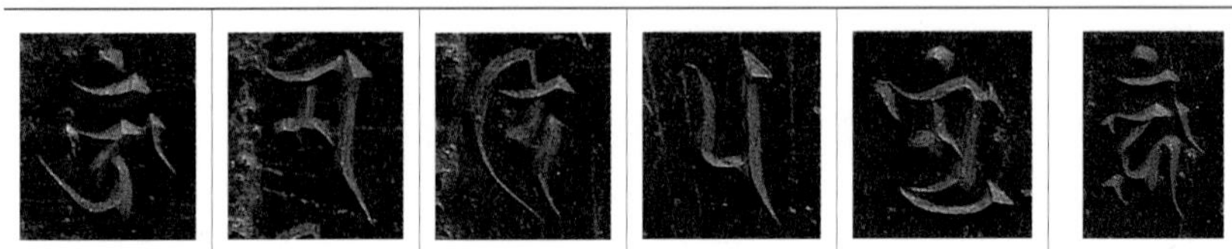

〔oṃ〕	〔ma〕	〔ṇi〕	〔pa〕	〔dme〕	〔hūṃ〕

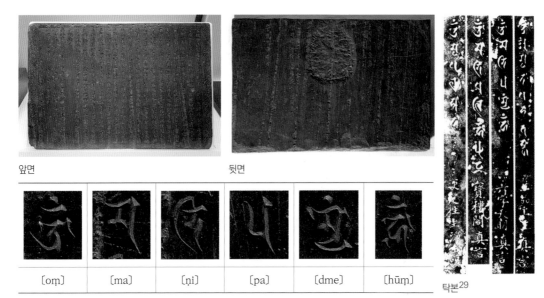

화성 양택춘 무덤 출토 묘지와 진언다라니 고려, 1254, 국립중앙박물관

원하고자 했음을 알 수 있다.

그리고 조선시대 조영된 무덤 중에서 종이에 인쇄한 진언다라니를 시신과 함께 매납한 경우가 상당량 확인되고 있다. 부안 파평 윤씨 어모장군 좌형 묘와 숙인 고부 이씨 무덤에서 시신과 함께 납입한 4장의 다라니가 수습되었다.[30] 고부 이씨 무덤은 주인공이 여성으로 밝혀졌으며 수습한 다라니는 동일 목판본으로 인쇄하였는데, 3장은 적삼에서, 나머지 1장은 저고리에서 수습되었다. 다라니가 시신의 가슴 부분에서 출토되었다. 이는 주인공이 불심이 깊었던 인물이었음을 짐작케 한다. 이 무덤은 분명한 조성 시기는 알 수 없지만, 출토 복식과 족보 등의 기록으로 보아 1650년경에 조성된 것으로 추정된다.[31] 또한 무덤의 주인공은 알 수 없지만 대전 월드컵경기장 부지의 무연고묘에서

29 임세권·이우태, 『韓國金石文集成(33)』, 韓國國學振興院, 2005.

30 坡平 尹氏 禦侮將軍 佐衡墓와 淑人 古阜李氏墓는 전라북도 부안군 동진면 봉황리에 소재하고 있었는데, 도로 확장 사업을 위하여 2004년 3월 4일 이장 작업을 하던 중 많은 복식 유물이 수습되었다.

31 嚴基杓, 「부안 古阜李氏墓 출토 陀羅尼에 대한 고찰」, 『韓國服飾』 第29號, 단국대학교 석주선기념박물관, 2011.

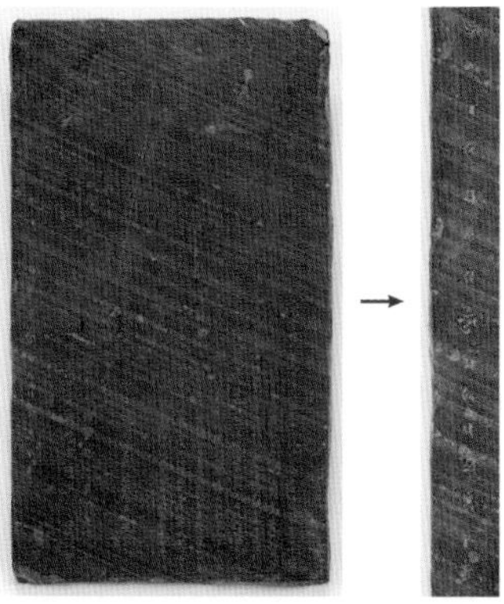

대부인 박씨(윤보 부인) 묘지명　1320, 국립중앙박물관, 본관 10082

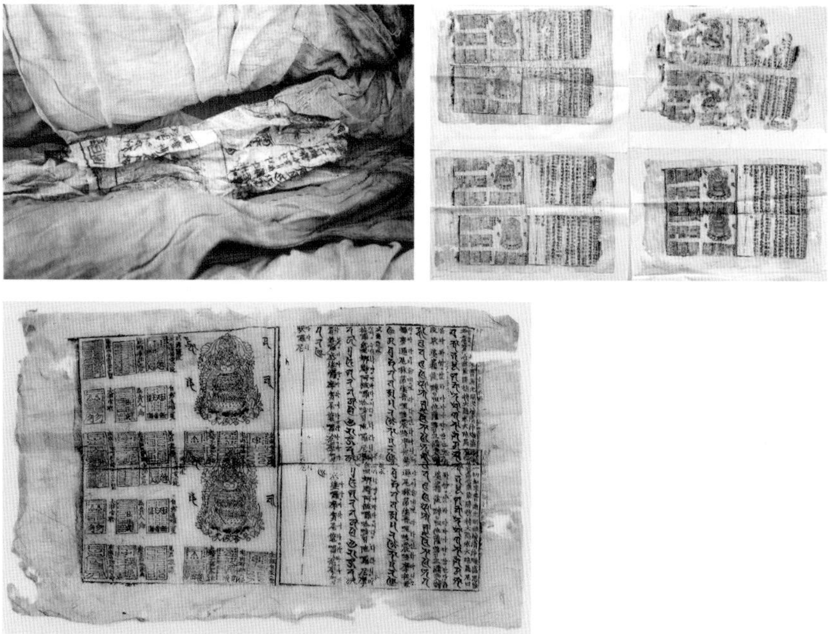

부안 고부 이씨묘 다라니 출토 모습과 다라니　조선, 단국대학교 석주선기념박물관

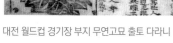

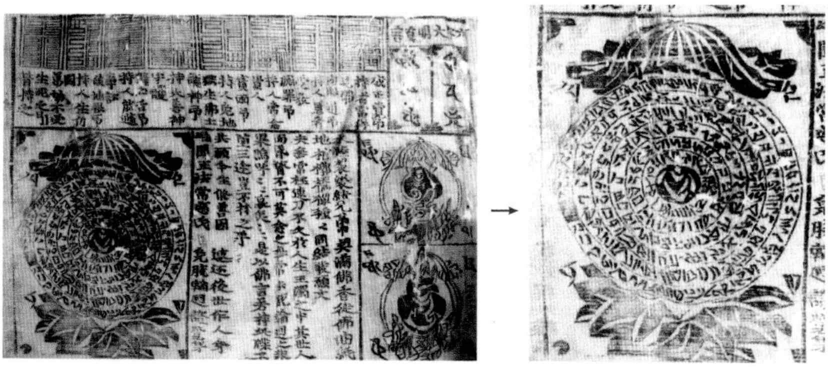

대전 월드컵 경기장 부지 무연고묘 출토 다라니

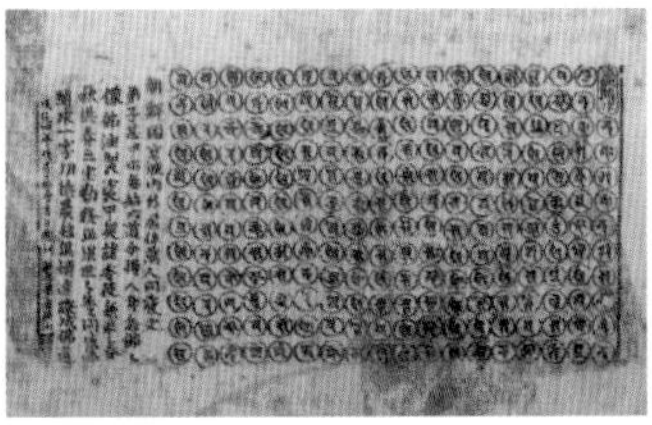
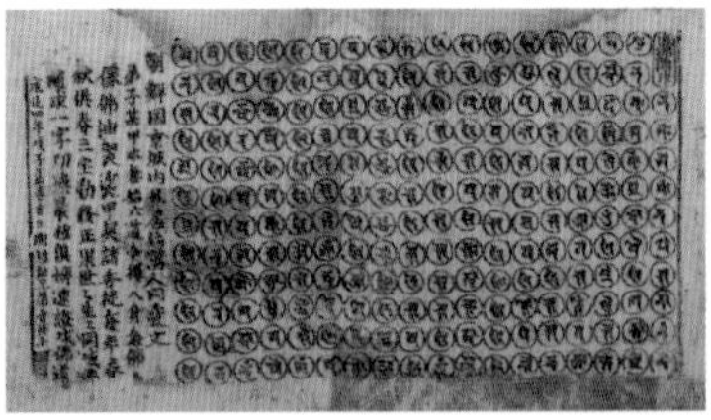
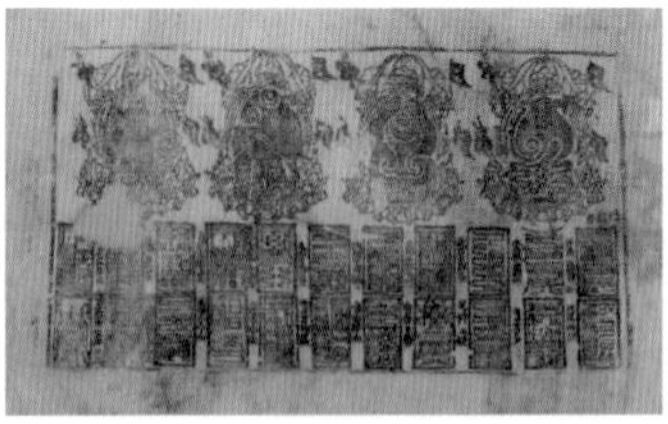

청양 안심리 여성 무덤 출토 다라니　조선, 공주대학교 박물관

도 목판으로 종이에 인쇄한 다라니가 수습되었다. 이 다라니는 시신을 감싸고 있었던 저고리 안에서 출토되었다. 다라니는 크게 2단으로 구성되어 있는데, 상단에는 육자진언과 함께 호부가 좌우로 나란히 새겨졌으며, 하단에는 만다라와 불정심인 도상이 상하로 배치되었다. 호부 아래에는 부처를 보고 정각을 이루거나 죄를 멸하며, 지옥이 아닌 불국토에 왕생하기를 바라는 염원 등이 새겨져 있다. 그리고 김해 김씨 시조묘와 무덤의 주인공이 밝혀지지 않은 청양 안심리 여성 무덤에서도 종이에 「성불수구다라니」와 불정심인 등을 인쇄한 다라니가 수습되었다. 이처럼 조선시대 들어와 불심이 깊었던 신도들을 중심으로 무덤에 납입하는 부장품에 범자 진언다라니를 찍거나, 별도 종이에 진언다라니를 인쇄하여 납입하는 경우가 많았다.

조선시대에는 불교적인 세계관과 사후관에 기초하여 무덤 안에 진언다라니 관련 부장품을 매납하는 풍습이 있었는데, 대체로 15~16세기대의 무덤에서 집중적으로 확인되고 있다. 이것은 조선시대 들어와 불교계가 전반적으로 위축되었지만 세조대를 전후한 15세기대에 불교 신앙이 부흥하면서 불전 간행 사업에 따른 밀교 관련 경전이 널리 보급되면서 나타난 현상으로 추정된다. 그리고 이 시기에 불교를 통한 기복신앙이 확대되는 과정에서 밀교 신앙인 범자 진언다라니가 망자를 추복하고, 극락왕생을 염원하는 공양과 공덕의 대상이 되면서 폭넓게 확산하였던 것으로 보인다. 당시 불도들은 범자 진언다라니를 신성하고 영험하게 인식하여 일종의 부적과 같은 신앙물이나 존귀한 것으로 간주하였다. 이러한 시대적 배경으로 인하여 무덤 안에 진언다라니 관련 부장품이 많이 매납되었던 것으로 추정된다. 그래서인지 조선시대 무덤에서는 종이에 인쇄한 낱장 다라니뿐만 아니라 범자가 새겨진 부장품이나 동경 등이 확인되고 있다.

그중에 방울이나 도끼 형태로 제작한 독특한 형태의 유물 표면에 범자를 새긴 사례가 있다. 먼저 청원 주성리 유적의 토광묘에서는 여러 점의 동경과 함께 범자가 새겨진 금동제 부장품이 수습되었다.[32] 이 부장품은 원반형인데, 바깥쪽 상단에 원형 고리를 달았던 흔적이 남아있어 어딘가에 매달았음을 알 수 있다. 앞뒷면을 구분하기는 어렵지만, 각 면에 범자를 1자씩 새겼는데, 한 면은 'hūṃ', 다른 면은 'vaṃ'을 새긴 것으로 보인다. 원래는 여러 개가 쌍을 이루어 제작되었을 것으로 보이는데, 현재는 일부만 확인되어 어떤 진언다라니를 의도했는지는 알 수 없다. 그리고 동일한 형태의 유물이 국립부여박물관과 고양 원각사 등에도 전하고 있다. 모두 무덤에서 출토된 것으로 알려져 있어, 시신과 함께 부장되었던 것으로 보인다. 결국은 망자의 추복과 극락왕생을 염원하기 위한 것으로 추정된다. 한편 경상남도 함안군 군북의 널무덤에서는 용도 미상의 청동 부장품이 수습되었는데, 전체적인 외형은 도끼 형태이고 내부에 직물이 들어 있는 것으로 밝혀졌다. 이 도끼형 부장품과 함께 청동으로 제작한 소형 칼, 방울, 가락지 형태의 작은 고리 등이 출토되었는데,[33] 이것들은 제사나 의례 용기였을 것으로 보인다. 그리고 청동 도끼형 부장품의 앞뒷면에는 〔oṃ〕자를 1자씩 새겼는데, 이것은 신성하고 영험한 의미를 부여하기 위한 것으로 추정된다. 이처럼 조선시대 들어와 다양한 의장품에 범자가 새겨졌음을 알 수 있다.

그리고 조선시대 무덤에서는 범자를 새긴 동경이 상당량 출토되고 있다. 특히, 왕실과 사대부가의 무덤을 중심으로 간략한 진언다라니를 새긴 대소형의

---

32 中原文化財硏究院, 『淸原 主城里 倉里 遺蹟』, 2013, p.379/p.607.
33 함안박물관, 『새로 찾은 함안 군북의 문화유적과 유물』, 2015.

〔hūṃ〕 〔vaṃ〕 측면

청원 주성리 유적 출토 원형 부장품　조선, 중원문화재연구원

〔oṃ〕 〔oṃ〕

출토지 미상 원형 부장품　조선, 국립부여박물관

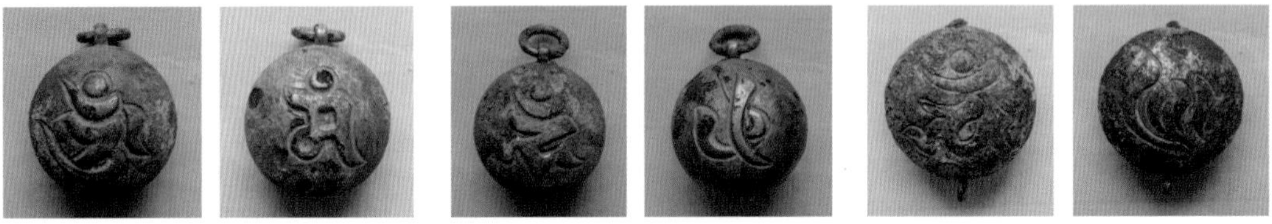

〔oṃ〕 〔dme〕 〔hūṃ〕 〔pha〕 〔hūṃ〕 〔ṇi〕

원형 부장품　∅2.6~2.8cm, 고양 원각사, 정각 스님 제공

〔oṃ〕 〔oṃ〕 내부 직물

범자가 새겨진 청동 도끼형 부장품

소형 청동칼

함안 군북 널무덤 출토 각종 청동 유물　조선, 중원문화재연구원

범자 동경이 수습되고 있다. 서울 은평구 진관동 고분군의 조선시대 무덤에서 여러 점의 범자 동경이 출토되었는데,[34] 지름이 비교적 큰 동경부터 소형 동경까지 다양한 크기가 수습되었다. 이 중에 지름이 큰 범자 동경은 표면에 국화문을 장식하고, 4곳에 원형문을 마련하여 그 안에 1자씩 범자를 새겨 넣었다. 6자로 구성된 육자진언을 간략화시켜 4자만 새긴 것으로 보인다. 그리고 동경의 표면에 범자 3자〔oṃ ma ṇi〕를 원형으로 새긴 유형, 한가운데에 卍자를 중

34　서울 은평구 진관동 유적지는 은평 뉴타운 도시개발공사에 따라 2003년부터 2008년까지 상명대학교 박물관, 중앙문화재연구원, 한강문화재연구원에 의하여 순차적으로 발굴 조사가 진행되었다.

⌀13.6cm, W99.26g ⌀3.8cm, W11.6g ⌀5.4cm, W22.7g ⌀4.2cm ⌀4.5cm

서울 은평구 진관동 고분군(조선, 한강문화재연구원)[35]

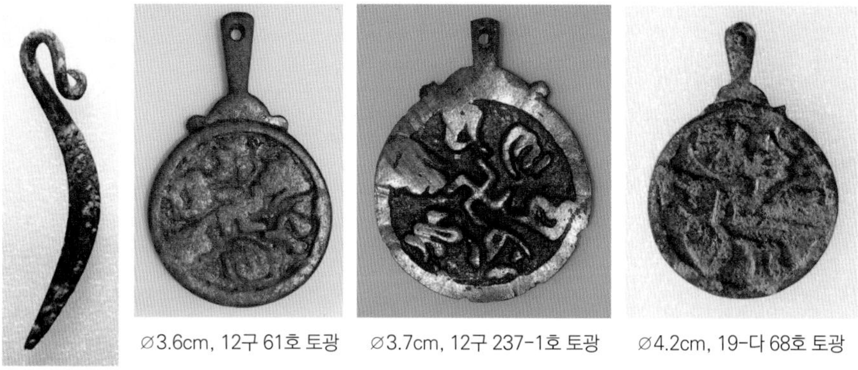

⌀3.6cm, 12구 61호 토광 ⌀3.7cm, 12구 237-1호 토광 ⌀4.2cm, 19-다 68호 토광

판교 백현동 토광묘 출토 머리 장신구와 범자 동경 판교박물관

⌀4.8cm

평택 궁리 유적 조선[36]

심으로 6자의 범자를 원형으로 배열한 동경 등이 수습되었다. 모두 육자진언을 의도하여 새긴 것으로 보인다. 또한 일부 토광묘에서는 청동 숟가락 등과 함께 범자 동경이 수습되기도 했으며, 표면에 직물로 감쌌던 흔적이 남아있는 범자 동경도 확인되었다.[37] 경기도 판교의 백현동과 삼평동 일대의 무덤에서도 범자 동경이 수습되었는데,[38] 가운데 卍자를 중심으로 6자로 구성된 육자진언을 자륜식으로 배치하였다. 이와 유사한 동경이 경기도 평택 궁리 유적과

---

35 (재)한강문화재연구원, 『서울 진관동 유적 Ⅱ』, 2010. / (재)한강문화재연구원, 『서울 진관동 유적 Ⅳ(2권)』, 2010. / 중앙문화재연구원, 『은평뉴타운 제2지구 C공구내 은평진관동 분묘군 Ⅰ~Ⅳ』, 2008~200.

36 한양문화재연구원, 『平澤 宮里 墳墓遺蹟』, 2019, p.299.

37 중앙문화재연구원, 『은평뉴타운 제2지구 C공구내 은평진관동 분묘군 Ⅱ』, 2008, pp.174~175.

38 현재 판교박물관에 소장되어 있는데, 표면에 짙은 녹이 덮여있으며 圓孔이 시공된 짧은 홈대가 달려있고, 한가운데 卍字를 배치하고 동그랗게 六子眞言을 새겨 넣었다.

화성 남양동 유적의 토광묘에서도 출토되었다.[39]

이처럼 범자 동경은 오늘날 서울 경기지역에 소재하고 있는 무덤에서 많이 출토되고 있다. 서울 경기지역은 조선시대 수도가 있었던 곳으로 왕실이나 사대부가의 무덤이 많이 분포하고 있는데, 대부분의 무덤에 동경이 매납되었을 것으로 보이기 때문에 앞으로 더 많은 범자 동경이 확인될 것으로 사료된다. 이처럼 서울 경기지역의 조선시대 무덤에서 여러 유형의 범자 동경이 출토되는 것으로 보아 당시 무덤 안에 시신과 함께 범자 동경을 부장하는 것이 널리 보급되어 있었음을 시사해준다.

또한 충청도 지역의 고분에서도 상당량의 범자 동경이 출토되었다. 먼저 진천군의 중부 신도시 유적에서 범자 동경 6점이 수습되었다. 이 범자 동경들은 지름이 조금씩 다르기는 하지만 상부에 원공이 시공된 짧은 홈대가 달려 있으며, 한가운데 卍자를 중심으로 6자로 구성된 육자진언을 동그랗게 자륜식으로 새겼다. 이 동경들은 동반 유물로 보아 조선 전기인 15~16세기경에 무덤을 조성하면서 부장한 것으로 보이며, 같은 공방에서 제작되었을 것으로 추정된다. 그리고 청원 주성리 유적의 토광묘에서도 여러 유형의 범자 동경이 출토되었다. 일부 토광묘는 묘광 한쪽에 별도의 벽감을 시설하여 그 안에 청동징, 방울, 집게, 숟가락 등 무속인 관련 부장품과 함께 범자 동경을 매납한 것으로 확인되었다.[40] 이곳에서 출토된 범자 동경은 비교적 큰데 표면에 직물 흔적이 역력하게 남아있어, 직물로 감싸 시신과 함께 목관 안에 매납하였던 것으로 보인다. 이 동경은 앞면에 5개의 원형문을 마련하여 하나의 원안에 6자

39 安京淑, 『高麗 銅鏡 硏究』, 한양대학교 대학원 박사학위논문, 2015, p.48.

40 청원 주성리 1지구 토광묘 230호 무덤은 巫俗人의 것으로 보이는 다양한 유물이 출토되었다. 동경이 2점 출토되었는데, 1점은 梵字 眞言이 새겨진 것이 확실한데, 나머지 1점은 판독이 어려운 墨書가 있다. 墨書는 字形으로 보아 梵字는 아닌 것으로 보인다. 梵鏡이 埋納되지는 않았지만 巫俗人의 것으로 추정되는 무덤은 중앙문화재연구원이 발굴한 은평구 진관동 2지구 C공구 Ⅱ-2구역 24호와 Ⅲ-2구역 385호 토광묘에서도 확인된바 있다(서울역사박물관, 『은평발굴 그 특별한 이야기』, 2009, pp.110~111).

∅5.1cm ∅5.1cm ∅4.6cm ∅3.7cm ∅3.6cm ∅3.6cm

진천 중부 신도시 유적 출토 범자 동경[41]

청원 주성리 유적 출토 무속인 유물과 범자 동경

∅16.5cm, W256g

뒷면

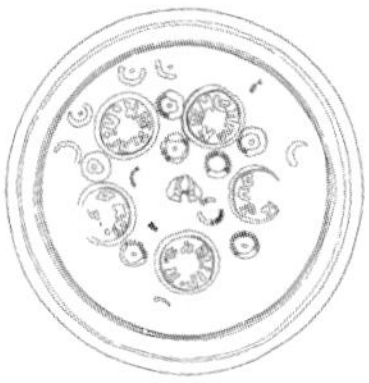
도면

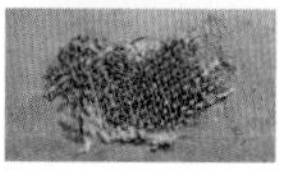
직물 흔적

청원 주성리 유적 출토 중형 범자 동경

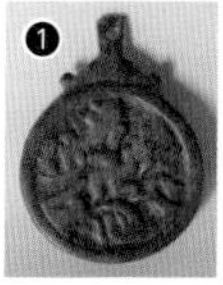
앞면

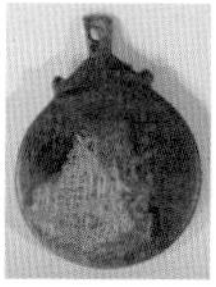
뒷면

❶ ∅3.8cm, W24.27g ❷ ∅3.9cm, W29.46g ❸ ∅5.3cm, W27.24g
❹ ∅3.9cm, W23.39g ❺ ∅5.0cm, W25.34g

청원 주성리 유적 출토 소형 범자 동경

41 中央文化財硏究院,『忠北 鎭川 陰城 革新都市開發 事業地區內 中部新都市 遺蹟』, 2013, pp.29~31.

⌀3.9cm
청원 만수리 유적

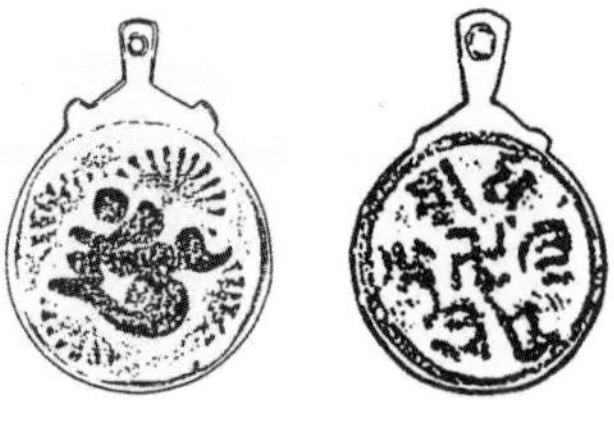

좌: ⌀3.7cm, 우: ⌀3.6cm
청주 산남동 유적[42]

⌀5.2cm
대전 상대동 유적[43]

⌀3.5cm
서천 추동리 유적[44]

⌀3.6cm
천안 두정동 유적[45]

앞면, ⌀7.6cm
영동 법화리 유적

⌀3.6cm
연기 반곡리 유적[46]

국립공주박물관
세종 연기리 63호 토광묘[47]

⌀13.5cm
보은 상가리 유적[48]

로 구성된 육자진언을 새겼다. 그래서 소형의 범자 동경을 6개 배치한 것처럼 보이도록 했다. 이외에도 짧은 손잡이 형태의 홈대가 달린 범자 동경과 함께 직물 흔적이 남아 있는 여러 점의 범자 동경이 수습되었다.[49] 또한 청원 만수리, 쌍청리, 초막골 유적 등의 무덤에서도 여러 점의 범자 동경이 출토되었다.

---

42 중앙문화재연구원, 『청주 산남3지구 택지개발사업지구내 淸州 山南洞 墳墓遺蹟』, 2006, p.100./pp.164~167.
43 (재)백제문화재연구원, 『대전 서남부지구택지개발사업지구내 대전 상대동(중동골·양촌) 유적(Ⅱ·Ⅲ)』, 2011, p.400(유물번호 2582).
44 (재)충청문화재연구원, 『舒川 楸洞里 遺蹟 Ⅰ地域(圖面)』, 2006, p.475.
45 (財)忠淸埋藏文化財硏究院, 『天安 斗井洞 遺蹟(C,D地區)』(원색사진), 2001.
46 (財)忠淸北道文化財硏究院, 『燕岐 石川里 대박골·鳳起里·盤谷里遺蹟』 -제5권-, 2014, p.10. 이외에도 충남 연기리 유적 74~63호 土壙墓의 가슴 높이에서 直徑 3.7cm인 小形 梵鏡이 출토되었다고 한다.
47 국립공주박물관, 『고려 금속공예&도자공예』, 2018, p.42.
48 (재)한국선사문화연구원, 『報恩 上可里 遺蹟』, 2015, p.389.
49 中原文化財硏究院, 『淸原 主城里·倉里 遺蹟 -本文 1~2-』, 2013.

청원 산남동 토광묘는 묘광에 벽감을 시설하여 그 안에 백자병, 청동 숟가락, 철제가위, 동전, 구슬 등 여러 부장품과 함께 범자 동경을 매납한 것으로 확인되었다. 진천 사양리 유적에서는 범자 동경이 동전과 함께 시신의 가슴 높이에서 발견되었는데, 동경의 원공이 무명실에 묶여 가슴 높이의 수의에 매달린 상태로 수습되었다. 이러한 것으로 보아 범자 동경을 수의에 매달아 매납했음을 짐작할 수 있다.

이외에도 세종과 공주, 영동과 보은 등 충청도의 여러 지역에 분포하는 조선시대 무덤에서 상당량의 범자 동경이 수습되었다. 이처럼 충청도 지역에서 출토된 범자 동경 중에는 무속인의 의례 도구들과 함께 부장되었던 것으로 확인되어 당시 범자 동경이 다양한 용도로 활용되었음을 시사해준다. 또한 범자 동경의 표면에 직물 흔적이 남아있는 것으로 보아 범자 동경을 시신과 함께 매납할 때 여러 겹의 직물로 감쌌던 것으로 보이며, 범자 동경에 작은 고리가 달린 것으로 보아 고리를 활용하여 시신을 감싼 수의에 매달거나 고정했던 것으로 보인다. 그리고 대부분의 소형 범자 동경은 앞면의 한가운데에 卍자를 배치한 후, 그 주변에 6자로 구성된 육자진언을 자륜식으로 배열하였다.

경상도 지역의 조선시대 무덤에서도 여러 점의 범자 동경이 출토되었다. 먼저 경상북도 영주시 김흠조(金欽祖, 1461~1528) 부부[50] 합장묘에서는 많은 유물과 함께 중형급의 범자 동경이 수습되었다.[51] 이 범자 동경은 한가운데 꼭지를 중심으로 표면에 국화문을 가득 장식하였으며, 외곽부에 1조의 돋을대로 원형문을 6곳에 마련하여 그 안에 육자진언을 자륜식으로 새겨 넣었다. 이 무덤은 김흠조의 생몰년으로 보아 16세기 전반경에 조성되었을 것으로 보여 범자

---

50 金欽祖(1461~1528)는 조선 중기의 문인으로 자는 敬叔, 호는 樂琴堂이며 의성 김씨였다. 그는 숙부인 정씨와의 사이에 4남 1녀를 두었다. 김흠조는 1501년 식년 문과에 급제하였으며, 1526년 12월 장예원 판결사에 임명되었으며, 1528년 사망하였다.

51 金欽祖 合葬墓는 영주-평은간 국도 4차선 확장 공사로 1997년 3월 2일 이장으로 발굴 조사된 분묘인데, 총 3종 134점의 유물이 출토되었다(영주시, 『判決事 金欽祖先生 合葬墓 發掘調査 報告書』, 1998).

⌀23.6cm
영주 김흠조 부부 합장묘 출토 범자 동경 조선, 영주 소수서원박물관

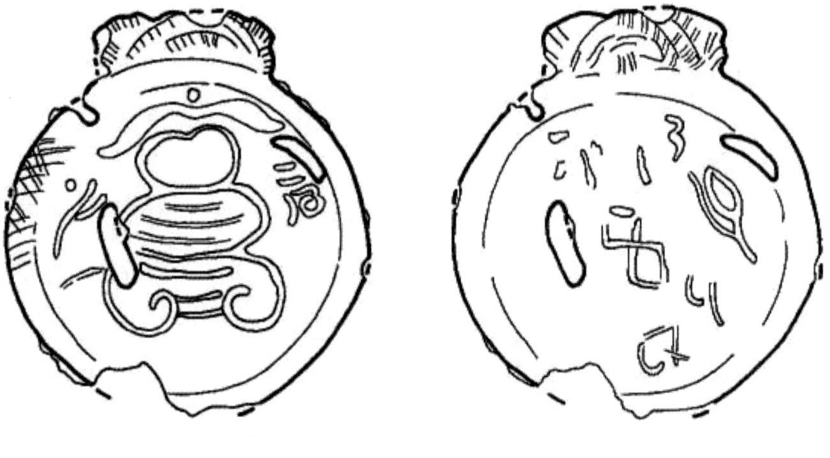

대구 신서 혁신 도시 유적 ⌀4.5cm, W10.71g, 조선, 경상북도문화재연구원[52]

동경도 비슷한 시기에 제작되었을 것이다. 그리고 대구 신서 혁신 도시 유적의 조선시대 석곽묘에서는 분청사기, 청동 숟가락 등과 함께 소형의 범자 동경이 출토되었다. 범자 동경은 한가운데에 卍자를 중심으로 진언다라니를 새겼다. 그런데 독특하게 반대 면에는 선각으로 불정심인을 새기고, 사방에 사천왕 종자를 배

52 (재)경상북도문화재연구원, 『대구신서혁신도시내 新西 配水池遺蹟』, 2012, p.32.

치하였다.[53] 이 동경은 현재까지 확인된 동경 중에서 불정심인 도상을 새긴 유일한 사례이다. 이외에도 김천 대신리 유적, 대구 송현동 토광묘, 창원 중동 유적, 진주 무촌리 유적 등 여러 무덤에서 소형의 범자 동경이 출토되었다.

전라도 지역에서도 범자 동경이 여러 점 수습되었다.[54] 그중에서 전라남도 담양군 용면 도림리에서 수습된 동경은 긴 손잡이가 달렸고, 표면에 국화문과 함께 〔oṃ ṇi〕를 2번 반복하여 총 4자의 범자를 새겼다.[55] 손잡이 끝에 작은 구멍이 있어 실로 어딘가에 매달았던 것으로 보인다. 이 범자 동경은 6자로 구성된 육자진언을 간략화시켜 새긴 것으로 보이며, 인천 남구 도림동 출토 동경(국립중앙박물관 소장)이나 서울 진관동 유적에서 출토된 범자 동경과 유사한 형태를 보이고 있다.

조선시대 왕실이나 사대부가의 무덤에 매납되었던 범자 동경은 자기, 동전, 숟가락, 가위, 비녀, 반지, 그릇, 청동기 등 각종 부장품과 함께 출토되는 경우가 많다. 그리고 범자 동경이 조선시대의 무덤에서 상당량이 수습되고 있는 점은 당시 무덤에 매납되는 부장품 중에 중요한 품목이었음을 시사한다. 그러한 사실이 『세종실록』과[56] 1474년 간행된 『국조오례의』에도 기록되어 있다.

이처럼 범자 동경은 서울과 경기도 지역, 충청도 지역에 소재한 무덤에서 많이 출토되고 있다. 그 이유는 이들 지역이 조선시대 수도가 있었던 한양에서 비교적 가까운 지역으로 왕실이나 사대부가를 비롯한 유력한 계층의 무덤이 많이 조성되었기 때문일 것이다. 그런데 경상도와 전라도, 강원도 지역에

---

53 (재)경상북도문화재연구원, 『대구 신서혁신도시내 新西 配水池遺蹟』, 2012, p.17.

54 전주 유세무(1524~1586) 무덤에서 출토된 동경이 전북대학교 박물관에 소장되어 있는데, 그동안 동경 표면에 범자가 새겨진 것으로 보고되었으나(전북대학교 박물관, 『완주 둔산리 전주유씨 선산 분묘조사 조선시대 무덤과 껴묻거리』, 2000), 조사 결과 범자는 새겨지지 않은 것으로 확인되었다. 전주 유세무 무덤 출토 동경에 대한 정밀 조사를 가능하게 해 준 전북대학교 박물관 이종철 학예연구사께 진심으로 감사드린다.

55 文化財管理局, 『重要 發見 埋藏文化財 圖錄』 Ⅱ, 1989, p.98. 담양 도림리 출토 동경은 현재 국립광주박물관에 소장되어 있는데, 1972년 3월 15일 전남 담양군 용면 도림리 산 77-2번지에서 박상국에 의하여 발견되었다고 한다.

56 『세종실록』 권6, 1년(1419) 12월 7일(정축).

앞면

뒷면

함안 군북 유적　조선, 함안박물관[57]

진주 무촌리 유적
⌀3.6cm, 조선, 복천박물관[58]

담양 도림리 출토 동경
⌀8.7cm, 조선, 국립광주박물관

도 중앙정계에서 활동했던 유력한 인물의 무덤이 상당수 분포하고 있어 앞으로 조사가 이루어지면 많은 범자 동경이 출토될 것으로 보인다. 또한 무덤에서 출토된 범자 동경은 대부분 지름이 3~4cm인 소형 동경이 압도적으로 많다. 그런데 출토품에 비하여 전세품으로 전하고 있는 범자 동경들은 중형과 대형이 많다. 이는 중형과 대형이 소형에 비하여 보존할만한 가치도 있었겠지만, 소형은 무덤 매납용으로 많이 주조되었기 때문일 것이다. 그리고 소형 동경은 제작이나 휴대가 비교적 용이하고 소용되는 곳이 많았기 때문에 기성품으로 제작되었기 때문으로 보인다. 반면 중형과 대형은 소형보다 재료와 제작 비용이 많이 들고, 사용자의 신분도 높았을 것이다. 따라서 중대형 범자 동경은 사찰이나 왕실에서 특별한 용도로 사용하기 위하여 제작하였을 것으로 추정된다.

한편 무덤에서 출토된 범자 동경은 직물로 감싼 경우가 많은 것으로 확인되고 있다.[59] 이러한 것으로 보아 범자 동경을 직물로 만든 별도의 주머니에

57　함안박물관, 『새로 찾은 함안 군북의 문화유적과 유물』, 2015, p.71

58　복천박물관, 『神의 거울 銅鏡』, 2009, p.160.

59　慶州 川北 東山里에서 瑞花雙鳥文鏡 2點과 海獸葡萄文鏡 1點이 출토되었는데, 통일신라시대인 9~10세기경에 제작된 것으로 발견 당시 천조각이 동경에 붙어 있어 천에 싸인 채 매납된 것으로 확인되었다(朴珍璟, 「瑞花雙鳥文八稜鏡의 연원과 전개」, 『韓國古代史探究』 10, 한국고대사탐

넣었거나, 직물로 감싸서 특정한 곳에 매달아 부장했음을 알 수 있다. 이는 범자 동경이 무덤에 매납하는 의례적인 부장품이었지만 특별한 의미나 상징이 부여되었음을 시사한다. 당시 신성하고 영험한 것으로 인식된 범자 진언다라니가 새겨진 범자 동경을 시신과 함께 매납함으로써 망자에 대한 추복과 극락왕생을 염원하는 공양이나 공덕을 쌓고자 하는 의도가 있었을 것이다. 또한 조선 왕실에서는 출산 후 태를 깨끗하게 씻은 후 동전과 함께 태항아리에 담아 묻었는데, 동전은 문양이 있는 면을 위로 하였다고 한다. 이처럼 태와 함께 동전을 넣는 것은 태 주인공의 무병장수와 부귀영화를 염원하는 의미가 있었다고 한다. 이러한 것으로 보아 시신과 함께 동경을 넣는 것은 죽은 이의 내세에서의 새로운 삶에 대한 추모와 염원의 의미가 담겼다고 할 수 있다.

그리고 무덤에 부장된 범자 동경은 기본적으로 주술과 벽사의 상징물로서 망자를 위한 것이었다. 이와 관련하여 무덤에 부장되었던 옥이 주목된다. 옥은 고대 사회에서 시신을 보호하고 죽은 자를 선계로 인도하는 힘을 가진 성스러운 물건으로 인식되었다. 갈홍(葛洪)이 쓴 『포박자(抱朴子)』에 의하면 '신체에 있는 9개의 구멍을 금옥으로 막으면 시신이 썩지 않는다.' 하였다. 고대 사람들은 사람이 죽으면 눈, 코, 입, 귀, 항문, 생식기 등 9개의 구멍으로 정기가 빠져나가 시신이 썩기 시작한다고 이해했다. 그래서 사람들은 시신에 직접 옥을 넣거나, 옥을 함께 매장하여 시신이 썩지 않기를 바랐다. 고대 사람들은 시신과 함께 부장품을 넣어 주면 그걸 사후에 사용한다고 믿었다. 그리고 고대인들은 옥에 대한 믿음이 높아 옥으로 동물 형상이나 장식품을 만들었는데, 입을 막거나 입에 넣는 함옥(含玉), 신체의 구멍을 막는 색옥(塞玉), 손에 쥐는 옥악(玉握), 가슴에 얹는 옥벽(玉璧) 등이 있었다. 특히 고대인들은 옥을 매미 모양으로 만들어 시신의 입에 넣어 주었는데, 이는 매미가 흙 속에서 오랜 시간을 견딘 후 성충이 되어, 나무 위로 높이 올라 날개를 달고 선계에 이르는

구학회, 2012, p.183).

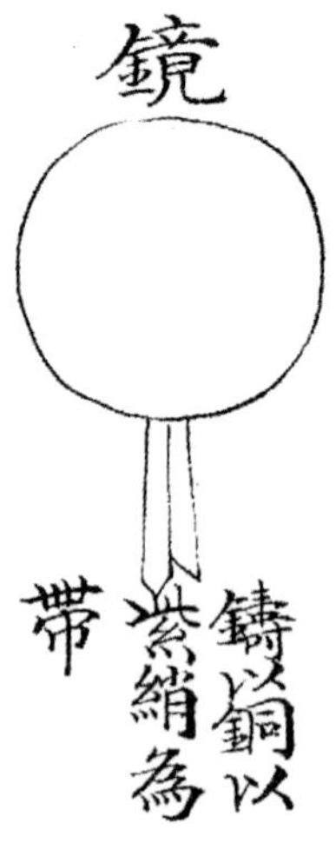

『국조오례의』 동경

동물로 인식하였기 때문이라고 한다. 이를 우화등선(羽化登仙)이라고 하였다. 이에 따라 고대 사람들은 매미 모양의 옥을 시신의 입에 넣어 사후 재생을 기원하거나,[60] 특정한 형태의 옥을 시신에 매달거나, 관에 넣어 주었다고 한다. 이러한 옥에 대한 인식을 동경과 상통하여 인식했을 가능성이 있다.[61] 그래서 동경을 시신과 함께 매장하였으며, 밀교 신앙에 의하여 영험한 것으로 인식된 범자 진언다라니가 새겨진 동경을 부장함으로써 그 의미를 더욱 부가하였던 것으로 보인다.

한편 고려시대에는 중국의 송 요 금 원의 동경이 많이 수입되었으며, 이를 재주조하거나 그대로 모방한 방제경도 많이 만들었다.[62] 특히, 고려에서는 송대의 동경을 모방한 방제경이 성행했는데,[63] 이는 고려 사람들이 동경에 자주 썼던 '황비창천(煌丕昌天)'의 길상 문구를 통하여 안전한 항해를 기원하거나 두려움을 없애고자 하는 목적이 있었다. 또한 민간이나 사찰에서 제사를 지내거나 배 위에서 간단한 소재 의식을 치를 때에도 동경이 사용되었다. 이처럼 황비창천이 새겨진 동경은 뱃사람들이 바다에 나갈 때 두려움을 없애고, 안전한 항해를 기원하기 위한 것이었다. 그런데 황비창천 동경이 『대수구다라니경』의 의미를 상징화한 것으로 추정하는 견해도 있다.[64] 이것이 사실이라면 고려의 뱃사람들은 황비창천이 새겨진 동경을 부적

---

60 국립중앙박물관, 『동양을 수집하다』, 2014, p.21.

61 朝鮮時代 王室은 아기씨 출산 후 洗胎를 하고 태항아리 중 內壺 안에 아기태와 함께 銅錢을 넣는데, 이는 胎主의 無病長壽와 富貴榮華를 염원하는 의미가 담겨있다고 한다(진갑곤, 「태실 관련 문헌과 기록의 가치」, 『성주 세종대왕자 태실 세계유산 등재, 어떻게 할 것인가?』, 2015년 영남문화연구원 기획학술대회, 2015, p.158). 이는 무덤에 시신과 함께 玉이나 銅錢 형태의 작은 銅鏡을 넣는 것과 유사한 의도로 보인다.

62 박진경, 「金系 高麗鏡의 제작과 유통」, 『美術史學研究』 제279·280호, 韓國美術史學會, 2013, p.67.

63 樋口隆康, 『古鏡』, 東京, 新潮社, 1979, p.24.

64 정수희, 「고려 煌丕昌天銘鏡의 도상과 불교적 해석」, 『美術史學研究』 第286號, 韓國美術史學會, 2015, pp.75~77.

과 같이 인식하였음을 시사받을 수 있다.

이러한 것으로 보아 범자 진언다라니를 무덤을 구성하고 있는 부재에 새기거나 그것이 새겨진 부장품을 시신과 함께 매납한 것은 기본적으로 불교식 세계관과 사후관에 의한 공양의 의미가 있으며, 나아가 망자를 추복하고, 극락왕생을 염원하고자 하는 살아있는 사람들의 간절한 염원의 표현이라 할 수 있다.

7. 석조물

삼국시대 불교가 전래한 직후부터 범자에 대한 인식과 이해가 있었던 것으로 보이지만, 진언다라니에 대한 신앙과 그 표현은 통일신라시대가 되면서부터였다. 물론 석조물 그 자체에 범자로 진언다라니가 새겨지지는 않았지만, 진언다라니 신앙에 의하여 건립된 석탑 등이 남아있는 것으로 보아 범자로 진언다라니가 새겨진 석조물이 조성되었을 가능성도 있다. 현재 갈항사지 3층 석탑의 사리구에서 종이에 실담으로 묵서한 진언다라니가 확인되어 통일신라시대부터 범자 진언다라니에 대한 서사가 이루어졌음을 알 수 있다. 그런데 범자로 진언다라니가 새겨진 석조물은 고려시대부터 확인되고 있다. 특히, 고려 후기에 진언다라니에 대한 신앙이 널리 보급되면서 여러 유형의 조형물에 범자로 진언다라니가 새겨지기 시작하였다.

범자 진언다라니는 한국 석조 미술사에서 크게 두 가지 측면을 가지고 있었다고 할 수 있다. 첫 번째는 석조미술품을 장식하고 장엄하게 보이도록 하는 문양적인 측면이고, 두 번째는 범자 진언다라니 그 자체를 수행과 예불의 대상으로 인식한 신앙적인 측면이다. 두 번째는 범자 진언다라니가 종교적인 언어로서 수행에 있어서 중요한 역할을 하였고, 언어 이상의 상징성과 종교성을 내포한 것으로 간주하였다.[1]

(1) 석당

우리나라 석조물에서 범자로 진언다라니가 새겨진 비교적 이른 시기의 사례는 고려시대 건립된 석당이다. 석당은 기단부 위에 기둥 형태의 다각형 석주를 마련하여 그 표면에 다라니를 새긴 석경의 일종으로 석경당이라고도 한

---

1 엄기표, 「고려-조선시대 梵字眞言이 새겨진 石造物의 현황과 의미」, 『역사민속학』 제36호, 한국역사민속학회, 2011, pp.41~81.

다. 중국은 당나라 때부터 밀교가 성행하면서 공양과 공덕을 쌓기 위하여 유행한 조형물이었다. 신라도 일찍부터 밀교가 전래하였던 것으로 보아 석당이 건립되었을 것으로 추정되지만 현존하는 사례는 확인되지 않고 있다.[2] 다만 고려시대 들어와 수도였던 개경 일대의 사찰을 중심으로 석당을 건립했던 것으로 파악되고 있다.

현재 범자로 진언다라니가 새겨진 석당은 용천 성동리 불정사 석당, 해주 석당, 용천 성동리 석당, 개성 선죽교에 재활용된 묘각사지 석당, 용천 성동리 서문 밖 석당 등 북한 지역에 남아 있다. 그리고 1919년 간행된 『조선금석총람』(상)에 5기의 석당 탁본이 수록되어 있는데, 평양 법수교에도 어느 사지에서 옮겨와 성벽에 재활용한 석당편이 전하고 있었음을 알 수 있다.[3] 또한 국립중앙박물관에 소장된 탁본 사본에 의하면, 강원도 평강 광평사에도 다라니를 새긴 석당이 전하고 있었던 것으로 파악된다.[4] 이들 석당이 조성된 사찰과 동일성 여부는 명확하게 파악되지 않고 있다.

먼저 용천 성동리 석당은 평안북도 용천군 성동리 불정사지(佛頂寺址)에 있었는데, 현재는 묘향산 보현사로 옮겨 세워져 있다. 이 석당은 보현사로 옮기던 중 기단부의 원형홈에서 석당형으로 제작된 소형 청동탑, 청동 거울, 순화원보(淳化元寶)라고 새겨진 동전 등이 수습되었다. 순화원보는 1027년 이전에 중국 송나라와의 무역에 쓰였던 화폐였다. 따라서 이 석당이 1027년경을 전후한 시기에 조성되었음을 시사해주고 있다.[5] 석당은 기단부-몸체부(幢身)-옥

2 현재 통일신라 시대의 석조물로 용도가 불분명한 독특한 형태의 유물들이 석당의 기단부였을 가능성도 있는 것으로 추정된다. 예를 들면 경주 남산 천룡사지에 있는 독특한 양식의 귀부가 전해지는데, 귀부의 상부에 간주석 형태의 구조물을 결구하였던 홈이 마련되어 있다. 이러한 것으로 보아 이 귀부는 석등의 대석이라기보다는 다라니 석당을 세웠던 귀부였을 가능성도 있다. 향후 관련 유물이 출토되기를 기대한다.

3 朝鮮總督府, 『朝鮮金石總覽』 上, 195번항, p.548. 이 석당편은 『大東金石續目』에 법수교 불정다라니 석당으로 '嘉靖三十年辛亥立'이라고 기록되어 있다.

4 국립문화재연구소, 『북한문화재해설집 Ⅰ』, 1997, p.259.

5 사회과학원 고고학연구소, 「다라니석당 발굴 보고」, 『조선고고연구』 제4호, 1987.

평양 법수교 석당편 사진 국립중앙박물관, 30.3×25.2cm

평양 법수교 석당편 탁본 『대동금석서』

평양 법수교 범자 진언다라니 『조선금석총람』(상)

개부-상륜부로 구성되었다. 기단부는 지대석과 2단으로 구성된 하대석을 결구하였으며, 몸체부는 평면 6각형의 기둥을 상하 2석으로 마련하여 그 표면에 한자와 범자를 병기하여 다라니를 새겼다. 문두에 다라니의 이름을 알 수 있도록 '대불정다라니당(大佛頂陀羅尼幢)'이라고 새겼다.

해주 석당은 황해남도 해주시 해청동 해주공원 안에 해주 9층석탑과 함께 세워져 있으며, 용천 성동리 석당과 함께 고려시대의 전형적인 석당 양식을 보여주고 있다. 이 석당은 평면이 6각형이며, 기단부 위에 다라니가 새겨진 몸체부, 옥개석과 상륜부로 구성되어 있다. 몸체부의 상부 문두에는 '대불정다라니당(大佛頂陀羅尼幢)'이라고 하여 다라니 이름을 새긴 후, 그 아래에는 범자 중에서 가장 상징성이 높은 〔oṃ〕' '자를 크게 새겼다. 그리고 다른 면의 몸체부에 범자로 다라니를 가득 새겼다. 이 석당은 1027년경 건립된 용천 성동리 석당과 유사한 조영 기법과 양식을 함유하고 있어 비슷한 시기에 세워졌을 것으로 보인다. 다만 연화문이나 안상의 표현 기법 등이 용천 성동리 석당보다 간략화 내지는 형식화의 경향을 보여 조금 늦은 시기에 조성되었을 것으로 추정되고 있다.

그리고 현재 개성 선죽교의 다리 부재로 사용되고 있는 묘각사지(妙覺寺址)

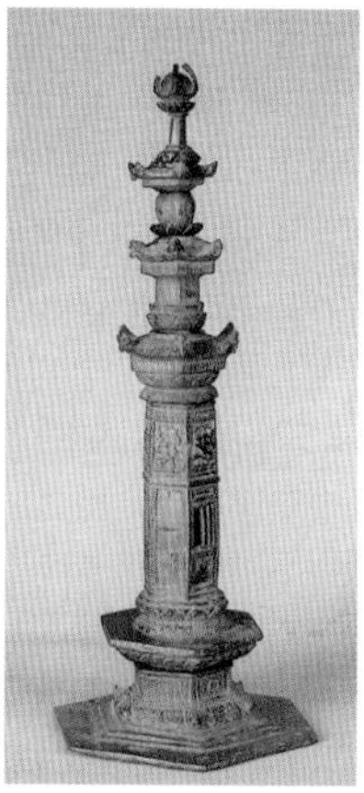

소형 청동탑

용천 성동리 석당　고려, 1027, 하일식 교수 제공

석당 부재가 있다. 개성 선죽교는 고려시대 건립된 다리로 1392년 4월 고려의 충신이었던 정몽주가 다리 위에서 이성계 일파에게 살해된 후 그가 죽은 자리에서 참대가 돋아난다고 하여 선죽교라 불리었다. 이후 조선 후기인 1780년 정몽주의 후손이었던 개성 유수 정호인이 자기의 조상이 죽은 곳이라 하여, 사람들이 밟고 다니지 못하게 입구 쪽에 난간을 만들고, 대신 그 옆으로 사람들이 건널 수 있는 다리를 세웠다. 다시 1796년 개성 유수 조관진이 이를 보충하여 돌난간을 만들었는데, 이때 묘각사지에 있던 석당 부재를 옮겨와 다리 부재로 재활용하였다고 한다.[6] 남효온의 『송경록(松京錄)』에 묘각암에 관한 서술이 있는데, '암자 앞에는 탑이 있는데 매우 높다. 고려 현종이 금자로 쓴 불경을 간직한 탑이다. 탑 위에는 범자가 적혀 있지만 해독할 수 없다. 탑 옆에는 돌로 만든 승상 여덟 구가 있는데 기법이 지극히 정교하다.'[7]라는 기록이 있다. 여러 정황으로 보아 범자탑이 선죽교의 부재로 활용된 석당을 지칭하는 것으로 보인다.[8] 개선 선죽교의 묘각사지 석당은 파손이 심한 상태이지만 치

6 리철 · 리기웅 · 김명철, 『문화유산 애호가들의 벗』, 조선문화보존사, 2005, p.167.

7 『松京錄』. '庵前有塔甚高 高麗顯宗藏金字塔也 塔上有梵字 不可解讀 塔傍有石僧像八軀 技極精巧'

8 高裕燮, 『又玄 高裕燮 全集』 2, 悅話堂, 2007, pp.180~181. 고유섭 선생은 묘각암이 묘각사인데,

해주 석당 전경과 탁본　고려, 조선금석총람

개성 선죽교 전경

개성 선죽교 묘각사지 석당 부재　국사편찬위원회

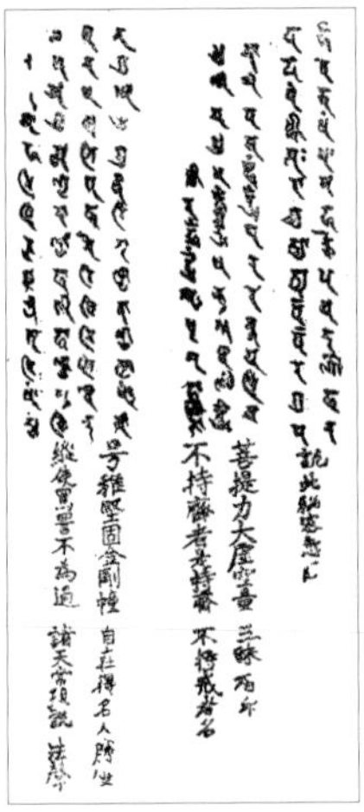

개성 선죽교 묘각사지 석당 탁본　『조선금석총람』(상)

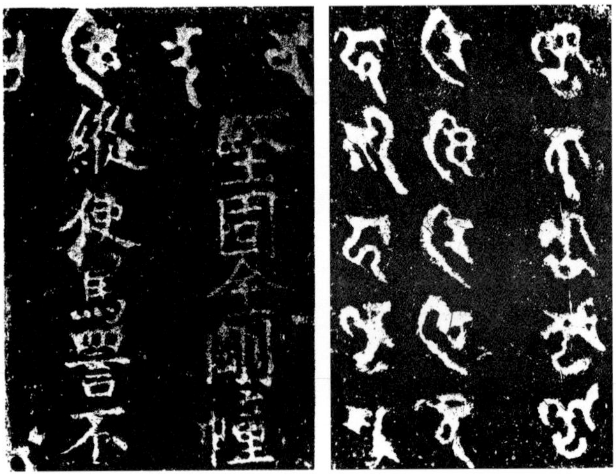

개성 선죽교 묘각사지 석당 탁본　『대동금석서』

사지는 개성 선죽교 서남 묘각골에 위치하며, 元町小學校를 확장할 때 사지에서 주초와 천부석상 등이 출토되었고, 숭양서원 흙담이 무너졌을 때 그 속에서 출토된 조각이 같은 파편으로 개성박물관에 보관되어 있으며, 천부석상도 파편으로 개성박물관에 소장되어 있다고 하였다.

석 수법이 정연하고, 범자도 전형적인 실담으로 용천 성동리 석당이나 해주 석당과 비슷한 시기에 건립되었을 것으로 보인다.

용천 성동리 서문 밖 석당[9]

용천 성동리 서문 밖 석당은 부분적으로 파손되었지만, 크게 기단부-몸체부-옥개부-상륜부로 구성되었다. 기단부는 사각형 대석과 연화대석을 마련하여 그 위에 다라니가 새겨진 몸체부를 올렸다. 몸체부는 평면 6각형으로 상하 2석으로 결구하였으며, 표면에 가득 다라니를 새겼다. 상부에는 두툼한 옥개부를 올리고, 그 위에 연화대석과 보주석을 올려 마무리하였다. 이 석당은 전체적인 조영 기법과 양식이 용천 성동리 석당이나 해주 석당과 강한 친연성을 보인다. 그런데 전체적인 조영 기법이 간략화되었으며, 세부적인 치석 수법도 다소 거칠고 어색한 모습을 보여주고 있어 조성 시기가 다른 석당보다는 하강할 것으로 보인다.

이처럼 범자로 다라니가 새겨진 석당이 대부분 북한의 개성 일대를 중심으로 남아있는 것으로 보아 고려시대 들어와 수도가 있었던 개경 지역의 중요 사찰에 석당이 세워졌던 것으로 보인다. 석당은 고려시대 들어와 범자 진언다라니 신앙이 널리 보급되면서 조성된 것으로 파악된다. 석당에는 대부분 대불정다라니를 새겼다.[10] 「대불정다라니」는 『수능엄경』 권7에 수록된 다라니로 8세기경 신라에 전래한 것으로 추정되고 있다. 고려시대 대각국사 의천의 송나라 유학 이후 다라니에 대한 관심이 크게 증대하였고, 고려 중기를 지나면서 밀교가 유행하고 진언다라니에 대한 신앙이 확산하면서 「대불정다라니」에 대한 신앙도 높아졌다. 이에 따라 「대불정다라니」가 새겨진 다양한 유형의 조형물이 조성되었다. 그러면서 「대불정다라니」가 인쇄 보급되거나, 다라니 전체

9 국립문화재연구소, 『북한문화재해설집 Ⅰ』, 1997.

10 이외에도 「白傘蓋陀羅尼」, 「大悲心陀羅尼」, 「大隨求陀羅尼」, 「大吉祥陀羅尼」 등이 새겨진 것으로 알려져 있는데(南權熙, 『高麗時代 記錄文化 硏究』, 청주고인쇄박물관, 2002, p.281), 향후 면밀한 조사를 통하여 다라니의 유형이 명확하게 밝혀졌으면 한다.

를 새긴 석당이나 석비가 건립되거나, 청석탑의 표면에 새겨지는 등 그 외연이 확대하였던 것으로 보인다. 대불정다라니는 사십이주진언,[11] 신묘장구대다라니, 수구즉득다라니, 불정존승다라니와 함께 오대진언으로 중시되었으며, 대불정여래가 공덕을 설한 다라니였다. 고려시대 들어와 불교의 기복적인 성격이 강해지면서 현실적인 차원에서 대불정다라니 신앙이 성행하였던 것으로 추정된다.[12]

(2) 청석탑

고려시대 사람들은 청석을 고급스러운 소재로 인식하여, 석관이나 청석탑 등의 재료로 활용하였다. 청석으로 탑을 만들 경우 정연하고 품격있는 인상을 주어 고려시대 들어와 여러 사찰에 세워졌는데, 12~13세기대에 집중적으로 건립된 양상을 보이고 있다.[13] 이 중에 원주 보문사, 영월 무릉리 남산사지, 제주 수정사지, 양양 도적사지 등에 세워진 청석탑의 탑신 표면에 범자로 진언다라니가 새겨져 있어 주목된다.

먼저 원주 보문사 청석탑은 파손과 결실된 부재가 많기는 하지만 사각형 연화대석의 기단 부재, 5개 층의 옥개석, 3개 층의 탑신석이 남아 있다. 이 부재들 중에 탑신석의 면석부에 음각으로 범자를 새겼다. 각 면에 대칭되게 1자씩 새겨, 현재 총 24자가 확인되고 있다. 전체 층수와 탑신석의 상태로 보아 원래는 이보다 더 많은 범자를 새겼을 것이다. 범자는 상당히 유려한 실담으로 썼으며, 각자 상태도 양호한 편이다. 다만 파손과 결실된 부재들이 많아 어떤 진언다라니를 의도하여 새겼는지 파악하기는 어려운 상태이다.

그리고 영월 무릉리 청석탑은 요선정이라는 정자 옆의 바위에 조각된 마애

---

11 四十二呪眞言은 보통 상단에 手印圖를 그리고, 하단에 그에 대한 用例를 설명하는 식으로 구성된다.

12 변순미, 「범어 漢譯에서 다라니 음역의 특수성」, 『印度哲學』 제22집, 인도철학회, 2007, p.222.

13 엄기표, 「고려시대 編年 石塔의 전개와 미술사적 의의」, 『普照思想』 제49집, 普照思想研究院, 2017, pp.79~124.

여래좌상 앞에 건립되어 있다. 요선정은 마을 주민들이 1915년경 건립한 정자인데, 당시 청허루에 보관되어 오던 조선 숙종(재위 1674~1720)의 친필 시를 쓴 현판을 옮겨 걸었다고 한다. 그러면서 원래는 사지였는데, 휴식 공간이 되었다고 한다. 이 일대는 2017년 5월 발굴 조사되었는데, 조사 결과 건물지 2동이 확인되었으며, 통일신라시대부터 고려시대에 이르는 다양한 유구와 유물들이 출토되었다. 또한 사지에서 '남산사(南山寺)'명 기와가 출토되어, 사찰 이름도 확인되었다. 남산사는 통일신라시대에 창건되어 고려 후기까지 꾸준하게 법등이 유지되었으며, 조선시대 들어와 폐사된 것으로 추정되었다.

이곳에 세워진 청석탑은 현재 상륜부는 남아있지 않고 기단부와 탑신부로 구성되었는데, 기단부는 화강암, 탑신부는 점판암으로 부재를 마련하였다. 그리고 남산사지 청석탑은 결실된 부재가 많고 보수되어 전체 층수는 알 수 없는 상태이며,[14] 현재 탑신석은 5층, 옥개석은 4층까지만 남아있다. 이중에 탑신석의 각 면에 선각으로 원형문을 마련한 다음 그 안에 1자씩 범자를 새겼다. 그래서 각 층 탑신석의 각 면에 3자씩 동일한 방식으로 범자를 새겼는데, 탑신석이 파손 결실되어 진언다라니의 전체 양상을 파악할 수는 없는 상태이다. 이처럼 원주 보문사와 영월 남산사지 청석탑은 범자가 새겨진 탑신석의 파손과 결실로 어떤 진언다라니를 의도하여 새겼는지 구체적으로 파악하기는 어려운 상태이다. 다만, 부분적으로 확인되고 있는 범자들로 보아 고려시대 들어와 밀교 신앙이 보급되면서 석당 등에 많이 새겨진 대불정다라니로 추정된다.

제주도 수정사지에서도 범자가 새겨진 청석탑재가 수습되었다. 고려시대 제주지역에는 3대 사찰로 수정사(水精寺), 원당사(元堂寺), 법화사(法華寺)가 있었다. 이 사찰들은 제주지역의 북부와 남부에 위치하며 불교 신앙의 중심이

14 현재 남아있는 탑신석의 실측치는 2층 너비 36.5cm, 3층 너비 31.5cm, 4층 너비 30cm이다. 5층은 파손으로 인하여 좌우 너비를 알 수 없다.

원주 보문사 청석탑과 2층 탑신석(고려)

| 표 원주 보문사 청석탑 각 층별 범자

구분	동면		북면		서면		남면	
방향								
4층		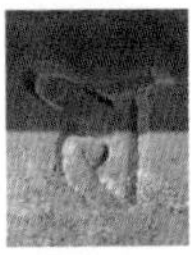			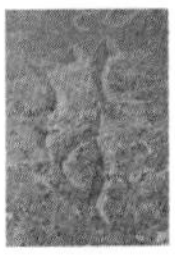		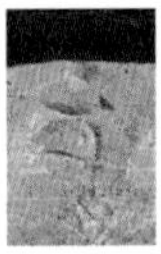	
3층				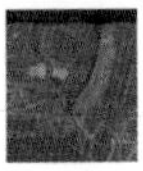	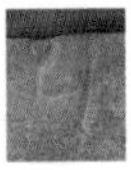		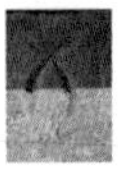	
2층		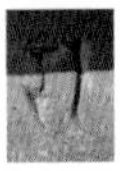					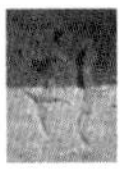	

었다. 그런데 어느 시기에 모두 폐사되었으며, 법화사와 원당사는 근현대기에 중창되어 지금도 법등을 잇고 있지만, 수정사지는 공원과 주거지역으로 바뀌었다.

영월 무릉리 남산사지 전경

'南山寺' 명문기와[15]

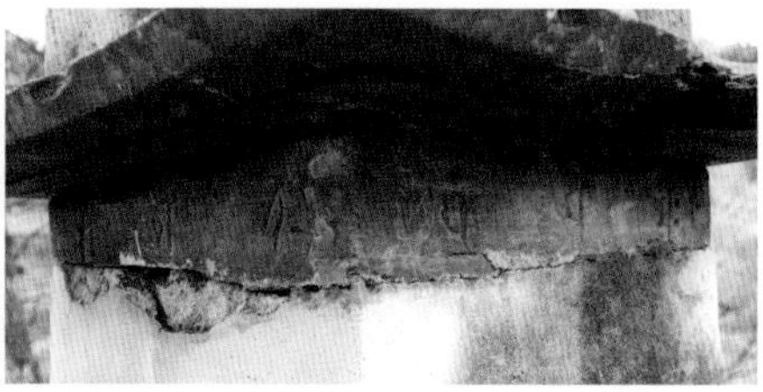

3층 탑신석

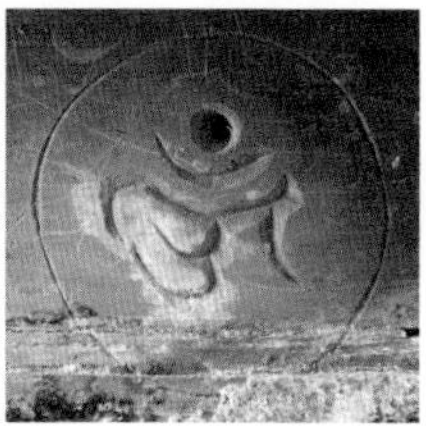

[oṃ]

[hā]

2층 탑신석

영월 무릉리 남산사지 청석탑(고려)과 범자

15 강원고고문화연구원, 「영월 무릉도원면 무릉리(산139번지) 요선정 청석탑 복원정비사업부지 내 유적 발굴조사 학술자문회의 자료」, 2017.

| 표 영월 무릉리 남산사지 청석탑 각 층별 범자[16]

구분	북면	서면	남면	동면
5층				
4층		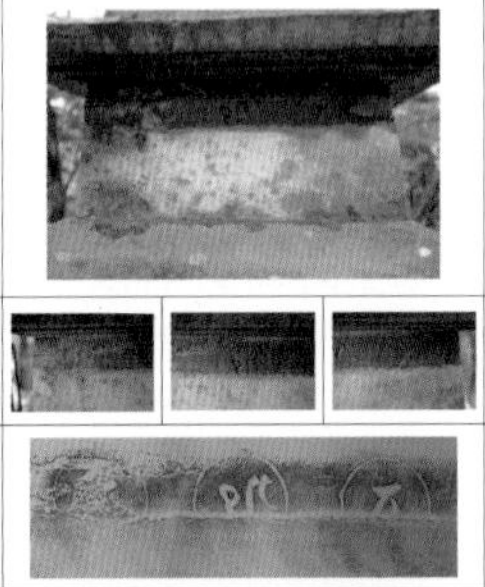	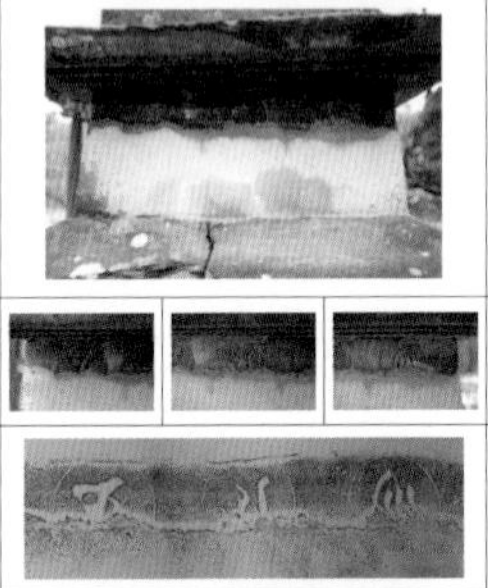	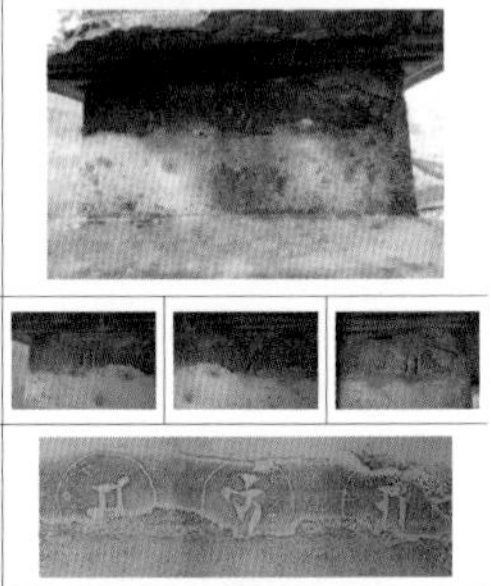
3층	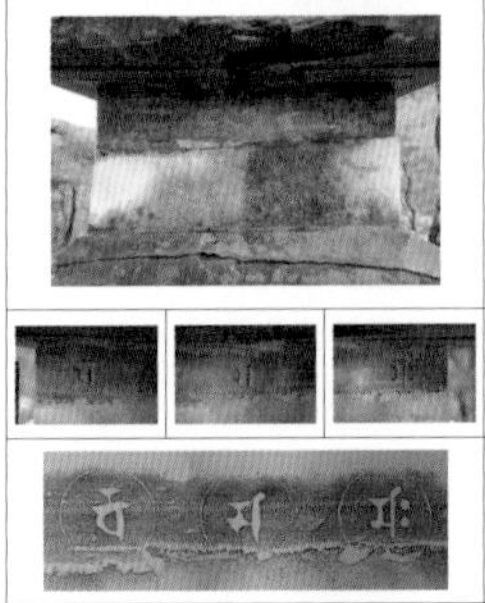	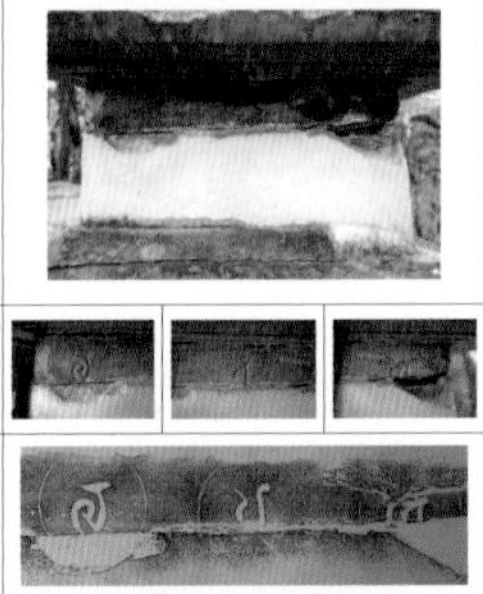	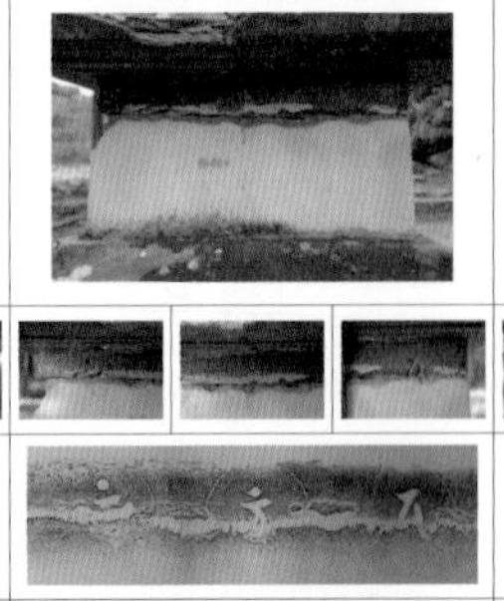	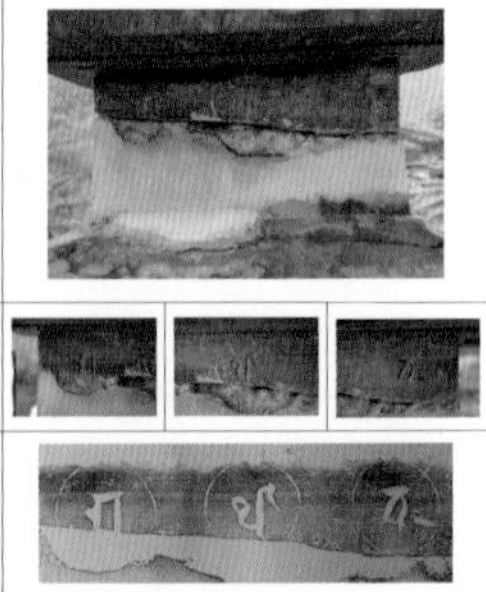
2층	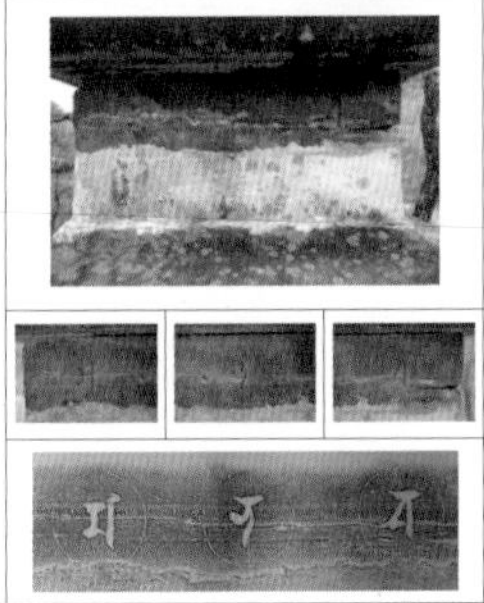	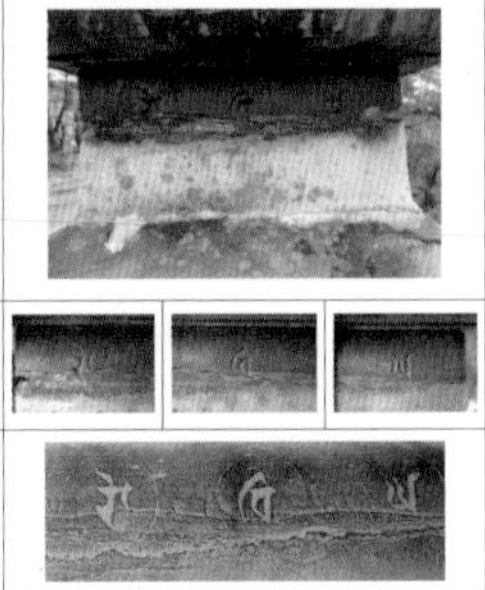	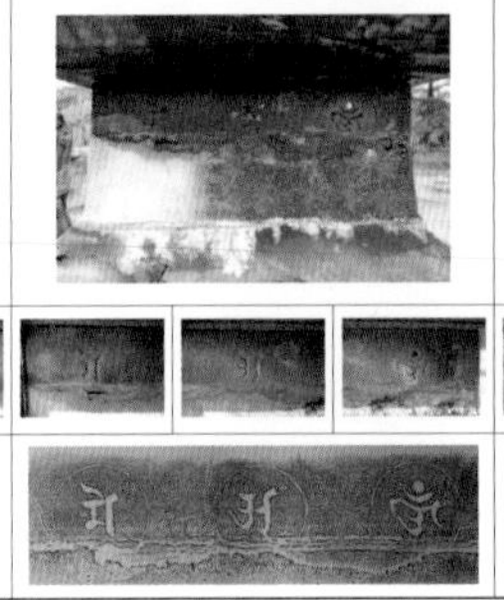	

16 영월 무릉리 청석탑에 대한 탁본 자료는 강원고고문화연구원 지현병 원장께서 제공해 주었다. 지면을 빌어 깊이 감사드린다.

제주 수정사지 전경

제주 수정사지 청석탑재 노출 상태[17]

제주 수정사는 김상헌의 『남사록(南槎錄)』에[18] 수록된 김정(金淨, 1486~1521)의[19] 「도근천수정사중수권문」에 의하면, 원나라 황후가 도근천에 수정사를 원찰로 창건하여 원나라에서 가져온 2구의 큰 불상을 봉안하였다고 한다.[20] 『태종실록』에는 1408년 130명이었던 노비를 30명으로 줄였다고 기록되었다.[21] 이러한 것으로 보아 수정사가 조선 초기까지 제주도에서는 규모가 큰 대찰이었는데, 조선시대 들어와 점차 쇠락해 갔던 것으로 보인다. 그리고 1694년 제주 목사였던 이익태의 『지영록(知瀛錄)』에[22] 의하면, 수정사에 승려들이 머물지 않아 재료를 실어다 연무정을 수리하였다고 한다.[23] 이러한 것으로 보아 수

---

17 국립제주박물관, 『濟州의 歷史와 文化』, 2001, p.123.

18 金尙憲, 『南槎錄』, 風物. 『南槎錄』은 淸陰 金尙憲(1570~1652年)이 32세 때인 1601년 按撫御史로 濟州에 파견되어 1602년 1월 24일 朝天館을 통해 제주도를 떠날 때까지의 일기체 기록이다.

19 冲庵 金淨은 1519년 조광조 등과 함께 己卯士禍에 연루되어 1519년 11월 錦山에 유배되었다. 그리고 1520년 진도로 유배되었다가 다시 제주로 유배되어 1521년 제주에서 사약을 받고 사망하였다. 金淨은 제주에서 사약을 받기 직전 高根孫의 부탁을 받고 「都近川水精寺重修勸文」을 썼다.

20 1918年 간행된 金錫翼의 『耽羅紀年』에도 같은 내용이 실려 있다.

21 『太宗實錄』 15卷, 太宗 8年 2月 28日(丁未).

22 李益泰가 1694년 5월 濟州牧使로 부임하여 1696년까지 섬을 두 번 순시하며 기록한 책이다.

23 朝鮮時代 들어와 寺刹이 廢寺 또는 毁撤되어 官公署라 할 수 있는 公廨, 驛院, 鄕校 등으로 전환되기도 했으며, 儒敎 관련 시설인 書院, 齋室, 書堂, 精舍 등으로 전환되는 경우도 많았다. 또한 사찰 관련 시설물이나 건축 부재들이 다른 용도로 전용되거나 다른 시설물에 재활용되는 경우도 많았다(엄기표, 「조선시대 사찰에서 유교 관련 시설로의 전환 -불교와 유교의 병존-」, 『도봉서원 기록으로 되살린 역사와 건축』, (재)역사건축기술연구소, 2015, pp.183~220).

18석

제주 수정사지 청석탑재 고려, 1층 탑신석과 범자가 새겨진 탑재, 국립제주박물관

정사는 17세기 후반경에 폐사되어 사찰의 기능이 상실되었던 것으로 보인다. 이러한 수정사지에 대한 발굴조사에서 여러 건물지와 탑지 등이 발견되었는데, 늦어도 고려 초기에는 창건되었으며, 이후 중창을 거듭하면서 조선 후기까지 법등이 유지되었던 것으로 파악되었다.[24] 그리고 고려시대 제작된 청석탑 부재들이 수습되었다. 그런데 청석탑의 재료인 점판암은 제주지역에서는 생산되지 않는다. 따라서 수정사 청석탑은 내륙에서 옮겨온 것임을 알 수 있다.[25]

수정사지 청석탑의 기단부는 모든 부재가 온전하게 남아있지 않아 원래 모습은 알 수 없지만, 발굴 시 출토된 부재들로 보아 가구식 기단을 마련하였던 것으로 보인다.[26] 그리고 탑신부는 출토 부재들의 수량으로 보아 상당히 높게 구성했던 것으로 추정된다. 탑신석들은 모두 판석형인데, 모서리를 경사지게 다듬거나, 한 단 낮게 치석하여 부재들이 서로 맞물리도록 고안하였다. 일부 탑신석은 뒷면에 층수와 결구 방향을 알 수 있도록 명문을 새기기도 했다. 이

24 水精寺址 시굴 조사는 1998.06.29.~10.26 실시되었으며, 발굴조사는 2000.01.14.~06.12 실시되었다. 발굴조사 시 景德元寶, 元豊通寶, 政和通寶 등 北宋代 동전들을 비롯하여 순청자들이 출토되어 늦어도 12세기경에는 창건된 사찰로 확인되었다(제주대학교 박물관, 『水精寺址』, 2000, pp.241~245).

25 수정사지 청석탑은 결실된 부재가 많아 전체 층수를 구체적으로 파악하기는 어렵지만 '七'과 '南'이라고 글자가 새겨진 탑신석 부재가 있어 최소 7층 이상의 탑이었음을 알 수 있다. 그런데 7층 남면에 결구되었던 탑신석보다 규모가 작은 부재가 확인되고 있어, 수정사지 청석탑은 9층이나 11층이었을 가능성이 높다.

26 청석탑은 넓은 지대석을 마련하여 그 위에 세웠으며, 지대석은 원토 위에 곧바로 마련하여 하부에서 특별한 흔적은 확인되지 않았다고 한다.

러한 점은 석공이 먼저 내륙에서 각 층의 규모에 맞게 판석형으로 다듬은 후, 설계에 따라 시뮬레이션을 하면서 층수를 표시한 후, 그 부재들을 해체한 상태로 제주도의 수정사로 옮겨와 조립했음을 시사한다. 현재 수정사지에서 출토된 청석탑재는 모두 18석인데, 특이하게 옥개석은 출토되지 않았다. 그리고 수정사지 청석탑의 탑신석 표면에 1~2자의 범자를 새겼는데, 탑신석 중에서 8석은 좌우에 1자씩 총 2자를 음각했으며, 10석은 한가운데에 1자만 새겼다. 이 중에 범자 2자를 새긴 탑신석이 1자를 새긴 부재보다 전체 크기가 큰 것으로 보아 하층에 활용되었던 부재임을 알 수 있다. 수정사지 청석탑은 건립 시기와 유래를 알 수 있는 기록이 없고, 편년을 설정할 때 양식적으로 중요한 옥개석이 발견되지 않아 조성 시기를 구체적으로 파악하는 데에는 다소 어려움이 있다. 다만, 청석탑이 일반적으로 고려 중후기에 많이 건립되었으며, 탑신 표면에 전형적인 실담으로 정연하게 범자를 새긴 점 등으로 보아 고려 중후기에 내륙지역에서 제작하여 제주도로 옮겨 세운 것으로 보인다. 그리고 범자가 새겨진 탑신석이 많이 결실되어 어떤 진언다라니를 의도하여 새겼는지 분명하게 알 수는 없지만, 불탑에 대한 신앙이나 공양의 의미를 담고자 당시 성행했던 대불정다라니를 새겼던 것으로 보인다.

| 표　범자 2자를 새긴 탑신석

탑신 1	 가로 35.4cm / 높이 10.2cm		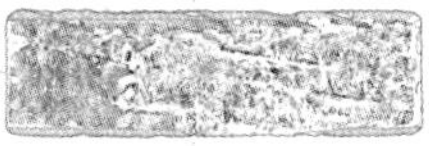 탁본, 범자 2자
탑신 2	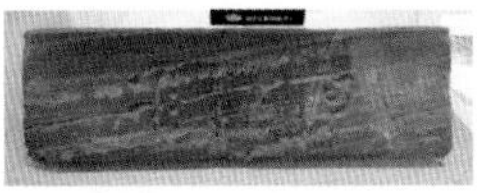 가로 33.8cm / 높이 10.6cm		 탁본, 범자 2자
탑신 3	 가로 33.3cm / 높이 10.2cm	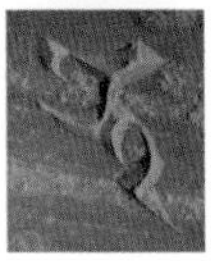	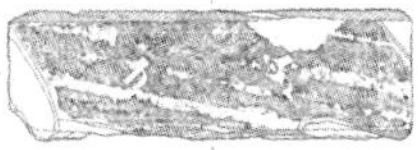 탁본, 범자 2자

탑신 4	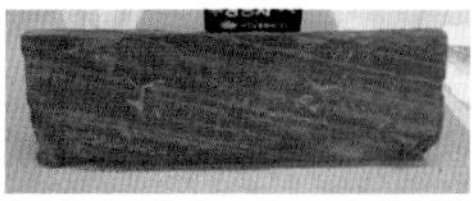 가로 33.0cm / 높이 10.0cm			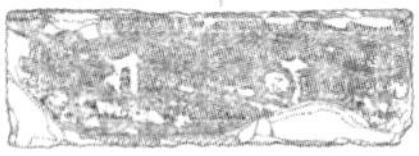 탁본, 범자 2자
탑신 5	 가로 32.2cm / 높이 10.0cm		후면 '東'	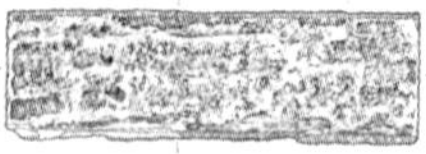 탁본, 범자 2자
탑신 6	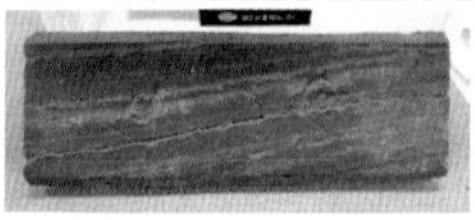 가로 29.0cm / 높이 10.2cm	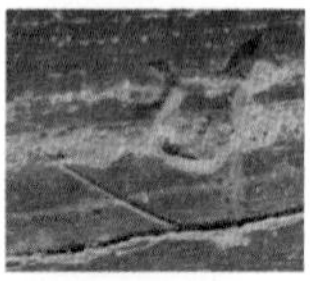		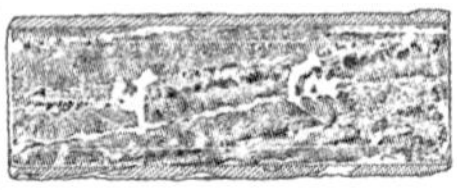 탁본, 범자 2자
탑신 7	 가로 28.8cm / 높이 10.5cm			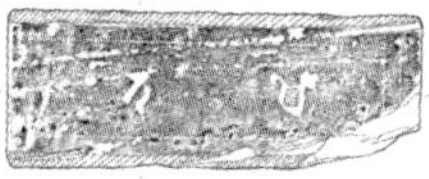 탁본, 범자 2자
탑신 8	 파손 가로 20.7cm / 높이 10.0cm			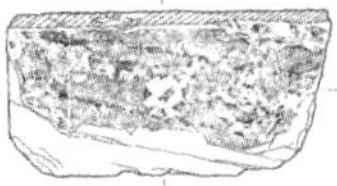 탁본, 범자 2자

| 표 범자 1자를 새긴 탑신석

탑신 9	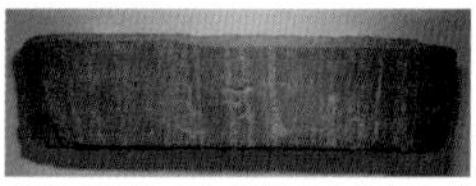 가로 31.8cm / 높이 9.0cm			 탁본, 범자 1자
탑신 10	 가로 31.4cm / 높이 8.6cm	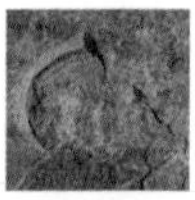		 탁본, 범자 1자
탑신 11	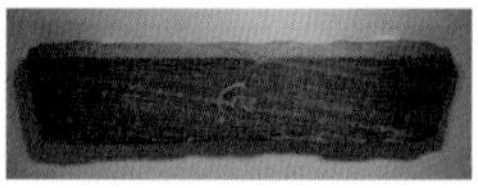 가로 29.6cm / 높이 8.2cm		후면 '南'	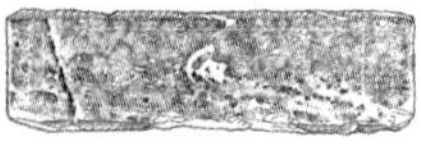 탁본, 범자 1자
탑신 12	 가로 28.0cm / 높이 7.7cm	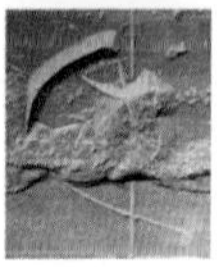		 탁본, 범자 1자

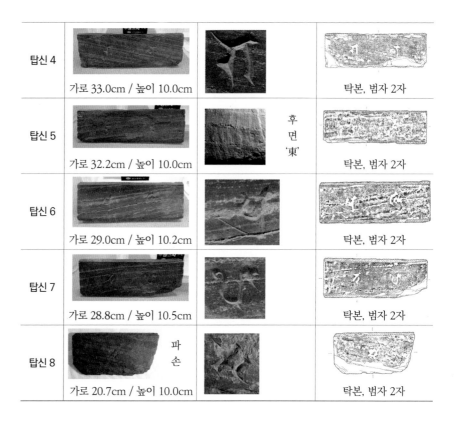

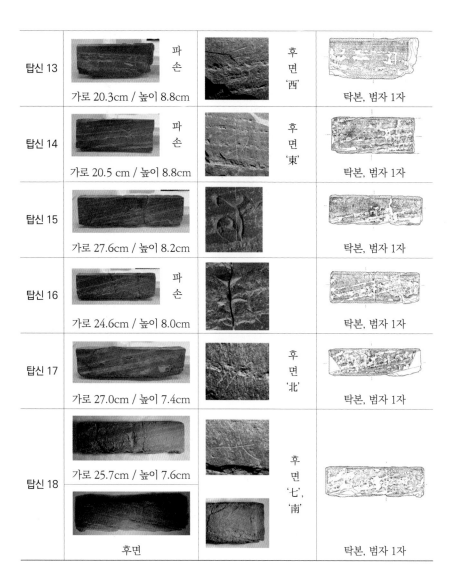

탑신 13	 파손 가로 20.3cm / 높이 8.8cm	 후면 '西'	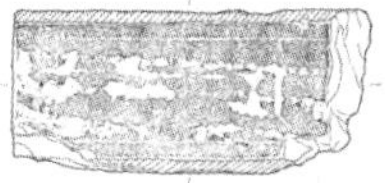 탁본, 범자 1자
탑신 14	 파손 가로 20.5 cm / 높이 8.8cm	 후면 '東'	 탁본, 범자 1자
탑신 15	 가로 27.6cm / 높이 8.2cm		 탁본, 범자 1자
탑신 16	 파손 가로 24.6cm / 높이 8.0cm		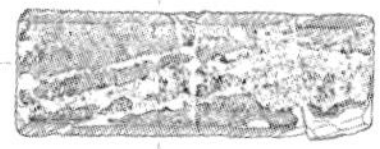 탁본, 범자 1자
탑신 17	 가로 27.0cm / 높이 7.4cm	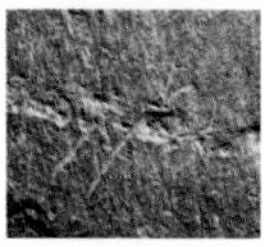 후면 '北'	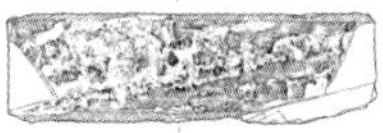 탁본, 범자 1자
탑신 18	 가로 25.7cm / 높이 7.6cm  후면	  후면 '七', '南'	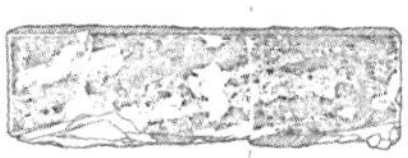 탁본, 범자 1자

그리고 양양 도적사지에서도 범자가 새겨진 청석탑재가 수습되었다. 도적사지는 강원도 양양군 서면 수리의 절골에 위치하는데, 현재는 사역 일대가 묘지와 경작지로 변해 있는 상태이다. 마을 사람들에 의하면, 도적사에는 오래전 법당이 있었고, 사역에 묘지를 조성할 때 맷돌과 기와편들이 출토되었으며, 불상도 있었는데 일제강점기에 외부로 반출되어 지금은 그 출처를 알 수 없다고 한다. 이러한 도적사는 창건 이후 법등이 유지되다가 조선 후기인 17

양양 도적사지 전경과 청석탑재　고려, 높이 41.4cm, 양양문화원

세기 말이나 18세기대에 폐사된 것으로 추정되고 있다. 이러한 양양 도적사지에서 수년 전에 논을 조성할 때 청석탑재가 출토되었다. 현재까지 3석의 청석탑재가 수습되었는데, 탑신과 옥개석을 모두 같은 돌로 치석하였다. 이 중에 중소형 규모의 청석탑재 2석은 마을 사람들이 20여 년전 양양문화원에 기증하였고,[27] 대형의 청석탑재 1석은 최근에 사지에서 새롭게 수습한 것이라고 한다.[28] 현재 파손이 심하여 몇 층에 활용된 부재인지는 알 수 없는 상태지만, 하층에 사용하였을 것으로 보이는 부재는 파손이 심하여 탑신과 옥개의 2면만 남아있는 상태이다. 탑신의 한가운데에 1조의 음각선을 원형으로 마련하고, 그 안에 범자를 새겨 넣었다. 그리고 중층에 활용하였을 것으로 보이는 부재는 반만 남았지만 다른 층에 비해서는 치석 수법 등이 비교적 잘 남아있다. 탑신은 좌우에 우주를 모각하였으며, 면석부 한가운데 1조의 음각선으로 원형문을 마련하여 그 안에 1자의 범자를 새겨 넣었다. 상층에 활용하였을 것으로 보이는 부재는 남아있는 부재중에서 파손이 가장 심한 상태인데, 면석부의 한가운데 1조의 음각선을 원형으로 마련하여 그 안에 범자를 새겼다. 현재 범자는 2면만 남아있고, 다른 면에는 어떤 범자가 새겨졌는지 알 수 없다.

이처럼 도적사지 청석탑의 상층 부재는 탑신 각 면의 원형문 안에 1자씩의 범자가 새겨져 있는데, 현재 3면에서만 범자를 확인할 수 있다. 그리고 중층

27 당시 양양문화원 사무국장이었던 김기호(2012년 85세) 어르신에 의하여 기증되었다고 한다.

28 수리마을 노인회장이신 김종호 어르신께서 최근에 사지에서 수습하여 마을회관에 옮겨 놓은 것이라고 한다. 2012년 12월 18일 도적사지 현장 조사 후 양양문화원으로 옮겨 놓았다.

| 표 양양 도적사지 청석탑의 범자

<table>
<tr><td rowspan="2">상층 부재</td><td>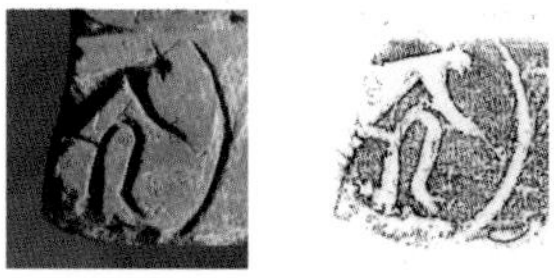</td><td>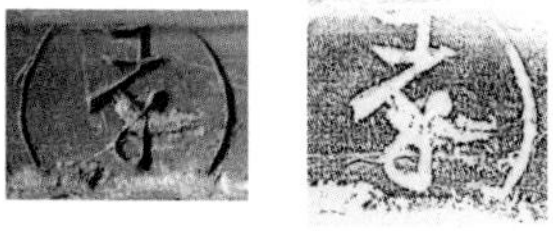
지름 4.6cm</td><td>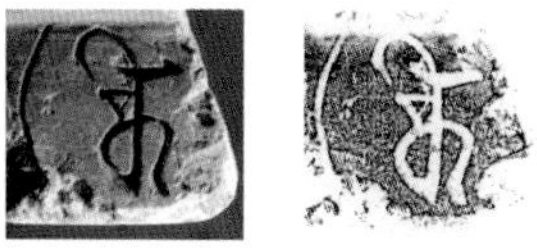</td></tr>
<tr><td>1면</td><td>2면</td><td>3면</td></tr>
<tr><td rowspan="2">중층 부재</td><td colspan="2">
지름 5.5cm</td><td colspan="2">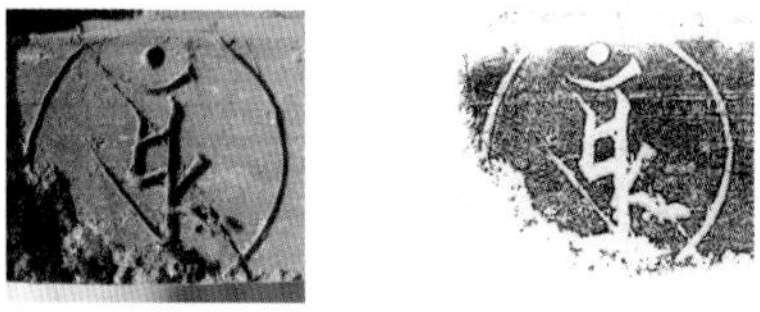</td></tr>
<tr><td colspan="2">1면</td><td colspan="2">2면</td></tr>
<tr><td rowspan="2">하층 부재</td><td>
지름 5.3cm</td><td>
『조상경』</td><td></td><td>
『조상경』</td></tr>
<tr><td colspan="2">1면</td><td colspan="2">2면</td></tr>
</table>

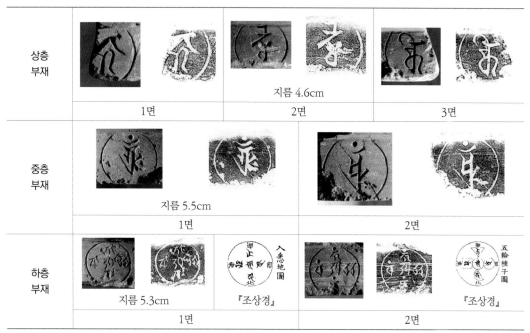

부재는 원형문 안에 1자씩 범자가 새겨져 있고, 2면에서 범자를 확인할 수 있다. 또한 하층 부재는 각 면 중앙에 하나의 원형문을 마련하여 그 안의 한가운데에 1자, 상하좌우에 1자씩 4자의 범자를 새겨, 총 5자를 배치하였다. 그래서 하층 부재는 각 면에 원형문을 마련하여 그 안에 5자의 범자를 새겼으며, 중층과 상층 부재는 1자씩 새겨 넣었다. 그리고 상층과 중층 부재는 변형된 서체로 범자를 썼는데, 현재 2면만 남아있어 어떤 진언다라니를 의도하여 새겼는지 명확하게 파악하기는 어렵다.[29] 또한 하층 부재도 변형된 실담으로 썼는데, 우측 〔ā〕점이 붙어 있는 것은 〔ā vā rā hā khā〕로 『진언집』의 보신진언을 의도하여 새긴 것으로 보인다. 그리고 좌측 〔aṃ〕점이 붙은 것은 원래는 〔aṃ vaṃ raṃ haṃ khaṃ〕으로 새겨야 하는데, 일부 범자에 〔aṃ〕점이 빠진 경우

29 嚴基杓·高正龍,「襄陽 道寂寺址의 史蹟과 青石塔」,『博物館誌』 제20호, 강원대학교 중앙박물관, 2013, p.35.

도 있지만 크게 문제가 되지는 않는다. 이 진언은 『진언집』의 법신진언이나 『조상경』의 오륜종자를 의도하여 새긴 것으로 보인다. 어쨌든 도적사지 청석탑재는 전체적으로 결실된 부재가 많고, 파손이 심하기는 하지만 보기 드물게 여러 유형의 범자 진언다라니가 새겨진 청석탑이라는 점에서 주목되는 자료이다.

(3) 불탑

통일신라시대 건립된 경주 황복사지 삼층석탑과 불국사 석가탑 등을 비롯하여 여러 석탑에 다라니를 봉안한 것으로 파악되고 있지만, 조형물 자체에 범자로 진언다라니를 새긴 사례는 아직까지 확인되지 않고 있다. 다만 김천 갈항사지 삼층석탑에서 사리장엄구의 하나로 종이에 범자로 묵서한 진언다라니가 출토되었다. 그리고 고려와 조선시대의 석탑에서 많지는 않지만 범자로 진언다라니를 새긴 사례가 확인되고 있다.

먼저 고려 후기에 건립된 개성 경천사지 10층석탑이 있다.[30] 이 석탑은 1층 탑신에 새겨진 명문에 의하면, 대시주 진령부원군 강융(姜融), 원사 고용봉(高龍鳳), 대화주 성공(省空), 시주 육이(六怡) 등이 황실의 안녕을 기원하고, 모든 중생이 불도를 이루기를 기원하며, 1348년 3월에 건립하였다고 한다.[31] 고려 후기에는 원나라 장인들이 고려에 들어와 고려 장인들과 함께 조형물을 함께 조영하기도 했다. 이러한 시대적 배경에 따라 고려 땅에도 원나라풍의 조형물들이 상당수 조성되었는데, 대표적으로 원나라 장인에 의하여 조성된 연복사

---

30 이 석탑은 원래 경기도 개풍군 광덕면 중연리의 부소산 경천사지에 있었던 것인데, 구한말 황태자의 혼례식에 경축대사로 참석했던 일본 궁내대신 田中光顯이 탐내어 무력과 상인들을 동원하여 1905년 일본으로 반출하였다. 이후 여론에 밀려 일제말기 반환되어 경복궁 회랑에 두었던 것을 1960년 경복궁에 세웠다가 국립중앙박물관 이전에 따라 다시 해체 보수하여 세웠다(황수영, 「원각사의 연혁과 현황」, 『원각사지십층석탑 실측조사보고서』, 문화재관리국, 1993).

31 許興植, 『韓國金石全文』中世下, 亞細亞文化社, 1984. '大華嚴敬天祝延皇帝陛下萬歲皇后皇□□/秋文虎協心奉□□調雨順國泰民安佛日增輝/法輪常輪□□現獲福壽當生□□覺岸至正八/年戊子三月 日大施主重大匡晋寧府院君姜/融大施主院使高龍鳳大化主省空施主法山人/六怡□□普及於一切我等與衆生皆共成佛道'

중국 보타산 다보석탑(원대, 1335)과 육자진언

3층 탑신 남면

3층 탑신 북면

2층 탑신 남면

2층 탑신 북면

개성 경천사지 10층석탑　고려, 1348.3, 국립중앙박물관, 진정환 제공

동종이 있다. 경천사지 10층석탑도 원나라와 고려 장인들이 함께 설계와 시공을 했을 것으로 보인다. 그래서 석탑 표면에 원나라에서 성행했던 란차로 진언다라니를 새긴 것으로 보인다. 당시 원나라에서는 불교 미술품에 란차로 진언다라니를 새기는 것이 성행하였다. 중국 관음신앙의 산실인 보타산에 원나

라는 1335년 다보석탑을 건립하였는데, 그 석탑의 표면에 랸차로 육자진언을 새겼다. 이처럼 원나라에서 조형물에 진언다라니를 새기는 것은 신앙과 함께 공덕의 한 유형으로 인식되었다. 고려 후기에 건립된 경천사지 10층석탑에 랸차로 진언다라니를 새긴 것은 원나라의 영향과 함께 고려 사회에서도 진언다라니에 대한 신앙이 널리 보급되어 있었음을 시사해 준다. 경천사지 10층석탑은 2층과 3층 탑신의 창방 표면에 각 면을 이어서 선각으로 대불정다라니를 새긴 것으로 보인다.[32]

그리고 조선 초기 건립된 서울 원각사지 10층석탑에도 경천사지 10층석탑과 동일한 방식으로 범자가 새겨져 있다. 원각사는 원래 태조가 창건한 흥복사가 있었던 곳으로 국가의 주요 재가 설행되었던 곳이었다. 퇴락한 흥복사는 조선 세조 때인 1465년부터 사찰 주변 민가 2백 채를 철거하는 등 사역을 크게 확장하여 중창되었다.[33] 이러한 원각사는 궁궐과 가깝기도 했지만, 왕실과도 밀접한 관계에 있었던 사찰이었다. 그런데 억불숭유 정책 기조가 계속되면서 결국 원각사 어실이 1474년 6월 폐지되었고, 1504년에는 원각사의 혁파 문제가 거론되어 7월 법당의 불상을 회암사로 이송하였으며, 12월에는 승도를 내보내 빈 절이 되었다. 이후 1507년 대비의 전교로 복구될 기회가 있었으나 조정 신하들의 반대로 좌절되었으며, 1512년에는 사찰의 빈터를 사대부 및 집 없는 백성들에게 나누어주어 결국은 민가들이 들어서게 되면서 폐사되었다.

조선 세조는 효령대군이 회암사 동쪽 언덕에 석가모니의 사리를 안치할 때 사리가 분신하자 다음 날 대사령을 내리고 흥복사에 거동하였다고 한다. 그리고 세조는 신하들과 함께 원각사 창건을 의논한 후 효령대군 등을 도감도제조로 삼았다. 세조는 원각사탑이 1467년 4월 8일 완공되자 연등회를 열어 성대한 낙성 의식을 거행했다.[34] 경천사에 10층석탑이 건립된 지 120여 년 만에 유

32 국립문화재연구소, 『경천사지십층석탑』, 2006.
33 『世祖實錄』 卷33, 5月 3日(乙卯).
34 『世祖實錄』 卷42, 世祖 13年(丙戌) 4月 8日(癸卯).

서울 원각사지 10층석탑 조선, 1467.4

3층 탑신부와 창방석의 범자

2층 탑신부와 창방석의 범자

사한 양식의 석탑이 원각사에 다시 건립된 것이다. 당시 불심이 깊었던 세조와 원각사 건립을 주도했던 효령대군은 경천사지 10층석탑의 명성을 익히 알고 있었다. 이에 따라 당대 최고의 석탑으로 인식된 경천사지 10층석탑을 모방하여 원각사지 10층석탑을 설계하여 건립했던 것으로 추정된다.

원각사지 10층석탑의 기단부는 3층, 탑신부는 10층이다. 기단부는 아자형 평면으로 수미단처럼 구성하였으며, 탑신부는 1층에서 3층까지는 전각형 옥개석을 갖춘 아자형 평면이며, 4층부터는 정방형 평면의 탑신석과 옥개석으로 결구하였다. 석탑의 1층부터 3층까지는 기단부와 마찬가지로 평면이 20각을 이루고, 20면의 면석으로 구성된 아자형 평면을 이루고 있다. 면석부는 부조상이 조각되고, 좌우에 세워진 기둥을 가로질러 상부에 창방과 평방을 번안한 부재들이 가로로 마련되어 있다. 이러한 원각사지 10석탑의 2층부터 3층까지의 탑신의 창방 표면에 란차로 진언다라니를 새겼다. 한편 1층에서 3층까지의 면석부에 부조상과 함께 법회명을 새긴 현판이 상부에 걸려 있는데, 1층은 삼세불회/영산회/용화회/미타회, 2층은 화엄회/원각회/법화회/다보회, 3층은 소재회/전단서상회/능엄회/약사회라고 되어 있다. 이러한 불회 구성이 어떤

| 표 개성 경천사지 10층석탑과 서울 원각사지 10층석탑

개성 경천사지 10층석탑	〔da vṛ te vau ○ ○〕  2층 남면 탑신석	〔vṛ rā maḥ na hā bra〕  2층 동면 탑신석	〔ga ya pa va ○ va〕 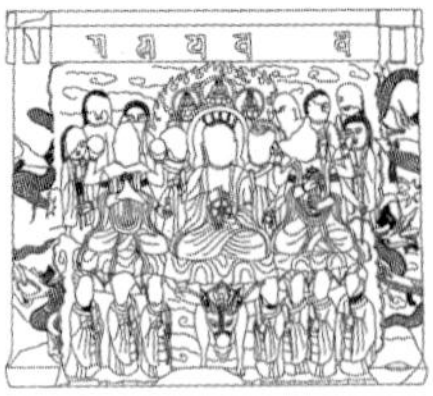 3층 남면 탑신석	〔hau nṛ hau tī dha ryṛ〕  3층 동면 탑신석
서울 원각사지 10층석탑	〔da vṛ te vau dhi vṛ〕  2층 남면 탑신석	〔vṛ rā maḥ na hā bra〕  2층 동면 탑신석	〔ga ya pa va rvā va〕  3층 남면 탑신석	〔hau nṛ hau tī dha ryṛ〕  3층 동면 탑신석

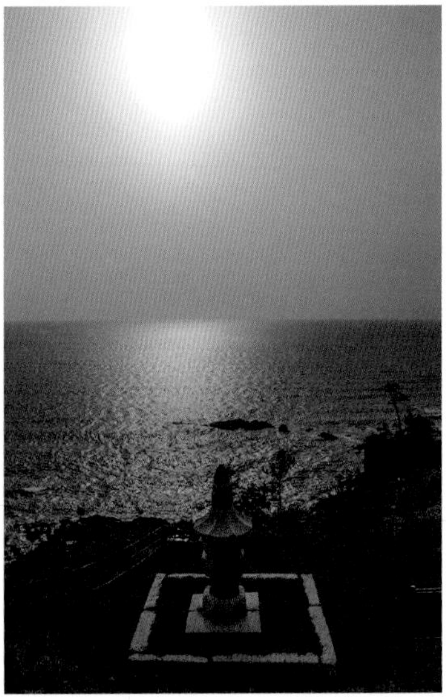

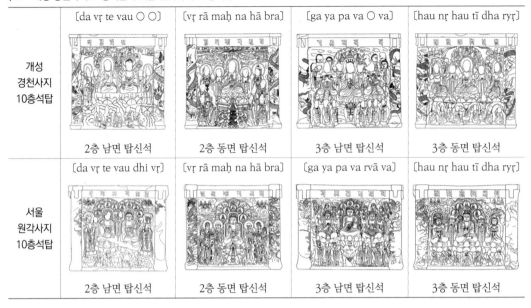

양양 낙산사 공중사리탑

의미를 지니고 있는지는 명확하지 않지만, 전체적인 구성이나 내용은 밀교 신앙을 보여주는 것으로 태장계만다라 12원의 구성으로 추정된다.[35] 이처럼 밀교적인 불회가 구성된 탑신의 2층과 3층에 별도로 다라니를 새긴 것은 장엄의 의미도 있지만, 진언다라니 신앙을 통한 공덕과 공양을 쌓고자 하는 의도가 반영된 것이라 할 수 있을 것이다.

강원도 양양의 공중사리탑은 낙산사의 의상대 뒤편으로 형성된 능선에 세워져 있으며, 이 탑의 유래를 기록한 탑비는 능선 아래쪽에 바다를 보고 있다. 낙산사는 2005년 4월 동해안 일대의 대형 산불로 큰 피해가 있었는데, 공중사리탑도 화마를 피하지는 못하였다. 이후 보존 처리를 위하여 2006년 4

35 홍윤식, 「원각사지 10층석탑의 조각 내용과 그 역사적 위치」, 『원각사지십층석탑 실측조사보고서』, 문화재관리국, 1993.

양양 낙산사 공중사리탑(1692.6)과 탑비(1694.5)

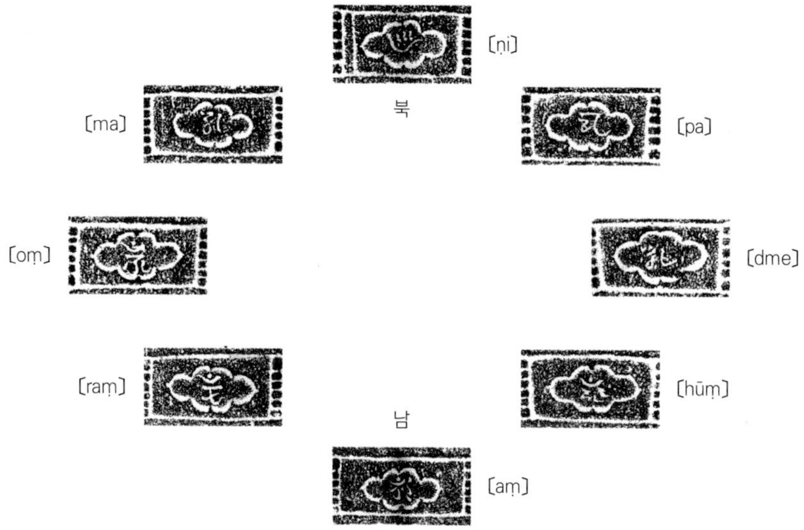

월 해체 보수하던 중 사리구가 출토되었다. 3중의 사리호 중 금제합에서 불사리 1과가 수습되었으며, 청동제 사리외합에서 조성 기문이 나왔다. 이 기문에 의하여 공중사리탑이 1692년 6월 10일 김득경(金得京)과 김남(金男)의 시주로 건립되었음을 알 수 있게 되었다. 그리고 탑비문에 의하면, 1683년 낙산사 홍련암에서 금동불상을 개금할 때 문득 하늘에서 불사리가 내려와 탁자 위에 떨어지자 그 영험함에 불사리를 봉안하기 위한 사리탑을 세우기로 하고, 9년 후인 1692년에 사리탑을 건립하였다. 당시 왕과 왕비, 세자의 만수무강을 기원하고, 나라의 태평이 이루어지고, 부처님의 가르침이 널리 이롭게 펼쳐지기를

1층

1~2층

청주 보살사 오층석탑　조선, 1703

염원했다.[36] 이 사리탑은 기단부 상대석이 팔각형인데, 각 면의 모서리마다 연주문 기둥을 세워 구획한 후, 한가운데에 연잎형의 안상을 새겨 그 안에 범자 1자씩 총 8자를 새겼다. 범자는 종자인 〔aṃ〕〔raṃ〕과 육자진언인 〔oṃ ma ṇi pa dme hūṃ〕를 순서대로 배치하였다. 또한 사리장엄구에도 주서로 작성한 여러 유형의 낱장 다라니가 수습되어, 공양과 공덕의 의미를 더하였다.

그리고 청주 보살사에는 5층석탑이 극락보전 앞에 세워져 있다. 이 탑은 기단부를 3단의 대석형으로 마련하였으며, 그 위에 연화대석을 올려 탑신부를 받치도록 했다. 탑신석은 높이를 낮게 하였으며, 옥개석은 옥개받침을 간략하게 표현하여 전체적으로 둔중한 외관을 형성하고 있다. 이 석탑은 2층 탑신의 동쪽 면을 사각형으로 구획한 후 '강희계미(康熙癸未)'라는 명문을 새겨, 조

36 鄭永鎬, 「洛山寺 空中舍利塔의 舍利莊嚴에 관하여」, 『文化史學』 제25호, 한국문화사학회, 2006. / 申大鉉, 「洛山寺 空中舍利塔碑를 통해 본 空中舍利塔의 건립 문제 및 舍利莊嚴 고찰」, 『文化史學』 제27호, 한국문화사학회, 2007.

| 표 청주 보살사 오층석탑 명문과 범자 탁본

구분	동		서		남		북	
2층								
	癸未	康熙	pa	ṇi	ma	oṃ	hūṃ	dme
1층								
	a	oṃ	raṃ	vaṃ	aṃ	hūṃ	khaṃ	haṃ

선 숙종 때인 1703년에 건립하였음을 알 수 있다. 그리고 1층과 2층 탑신석을 사각형으로 구획한 후 그 안에 원형문을 마련하여 1자씩 범자를 새겼는데, 각 면 당 2자씩 총 14자를 배치하였다. 범자로 새긴 진언다라니는 육자진언〔oṃ ma ṇi pa dme hūṃ〕, 법신진언〔aṃ vaṃ raṃ haṃ khaṃ〕, 삼밀진언〔oṃ a hūṃ〕이다. 이는 밀교 신앙에 의하여 불탑이 갖는 기본적인 의미를 부여하고, 공양과 공덕을 쌓아 성불하며, 현실에서의 복을 기원하기 위하여 진언다라니를 새겼음을 짐작할 수 있다.

강원도 고성 건봉사에는 부처님의 치아사리탑이 건립되어 있는데, 바로 옆의 1726년 6월 세워진 탑비에 의하면 1724년 불사리 치아를 탑 안에 봉안하였다고 한다. 이 탑은 양산 통도사 금강계단에 봉안되었던 불사리가 임진왜란 때 왜군에게 약탈당하자, 사명대사가 1605년 일본에서 되찾아와 그 일부를 봉안하기 위하여 세운 것이다. 탑의 평면은 팔각형인데, 그중에 중대석의 각 면에 정연한 필체로 범자를 새겼다. 중대석은 각 면을 사각형으로 구획한 후 원형문을 마련하여, 그 안에 불교를 상징하는 卍자를 비롯하여 1자씩 범자를 새겨 넣었다. 범자는 아미타불을 상징하는 종자인 〔hrīḥ〕와 육자진언 〔oṃ ma ṇi pa dme hūṃ〕을 배열하였다. 그런데 육자진언의 범자 순서가 다소 어긋나 있다. 이것은 이 사리탑을 설계 시공한 석공이 범자에 대하여 잘 몰랐던 인물이었음을 짐작하게 한다. 이처럼 조선 후기의 여러 조형물에서 진언다라니의 범

건봉사 치아사리탑과 중대석 탁본 조선, 1724

건봉사 석가여래치상입탑비 조선, 1726

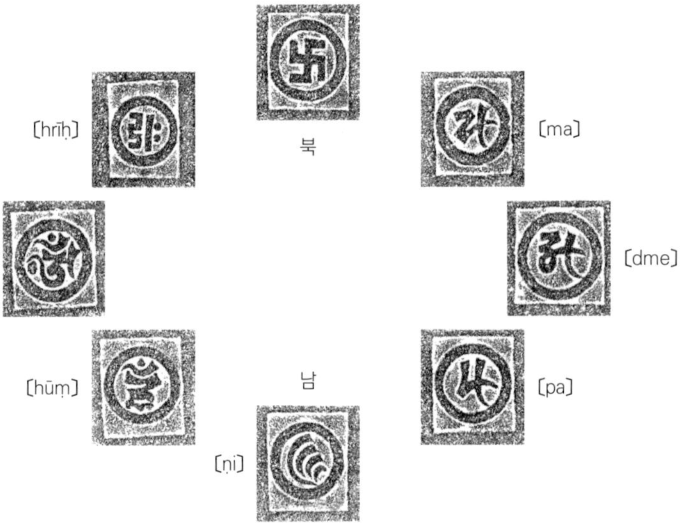

자 순서가 어긋나 있거나 바뀐 사례가 자주 확인된다.

그리고 신라말이나 늦어도 고려초기에는 건립된 것으로 추정되는 강원도 정선의 정암사 수마노탑에서도 1972년 해체 당시 5매의 탑지석을 비롯하여 다양한 사리장엄구가 출토되었다. 그중에 금합의 뚜껑 상면에는 금강계오불진언, 은합의 뚜껑 상면에는 준제진언구자도가 새겨진 것으로 확인되었다.[37] 이 사리장엄구는 1874년 수마노탑을 중수하는 과정에서 봉안한 것으로 파악

상륜부 1단 청동 보륜(해체시)

사리구의 금합과 은합(해체시, 정영호 교수 사진)

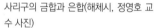

상륜부

정선 정암사 수마노탑과 사리장엄구

되었다. 또한 수마노탑의 상륜부는 청동으로 연화형 보륜이 5단으로 구성되었는데, 이중에 제일 하단의 청동판 보륜을 투각하여 범자를 새겼다. 보륜에는 팔길상 문양과 함께 4자의 범자가 배치되어 있는데, 어떤 범자 진언다라니를 의도했는지 분명하게 알 수 없다. 다만 〔oṃ〕, 〔raṃ〕, 〔a〕, 〔hūṃ〕을 새긴 것으로 보아 정법계진언이나 삼밀진언을 의도하여 새긴 것으로 보인다. 이처럼 조선 후기에는 진언다라니 신앙이 널리 유포되면서, 새롭게 제작되거나 중수되는 여러 조형물에 범자로 진언다라니가 새겨지는 경우가 많았다.

광주 증심사에는 여러 기의 석탑이 전해지고 있는데, 이중에 7층석탑의 탑신에 범자가 새겨져 있다. 이 석탑은 대석형으로 기단부를 간략하게 마련하여 그 위에 7층의 탑신부를 올렸다. 탑신부에서 탑신석은 낮은 사각형 석주형이

37 정영호, 「淨巖寺 水瑪瑙塔의 조사」, 『考古美術』 3, 고고미술동인회, 1960. / 정영호, 「淨巖寺 水瑪瑙塔 발견 사리구에 대하여」, 『東洋學』 5, 단국대학교 동양학연구소, 1975.

광주 증심사 7층석탑 조선 후기　　전북대학교 박물관 7층석탑 조선 후기

고, 옥개석은 옥개받침이 생략되는 등 평박하면서도 처마면을 두툼하게 처리하였다. 그리고 탑신석 각 면을 사각형으로 구획한 후 그 안에 1자씩 범자를 큼직하게 양각하였다. 7층 탑신부터 2층까지 순서에 맞추어 〔oṃ ma ṇi pha dme hūṃ〕의 육자진언을 새겨 넣었다. 그리고 1층 탑신은 연화문 형태의 꽃문양을 새겼다. 이와 유사한 석탑이 전북대학교 박물관에도 소장되어 있다. 이 석탑은 오래전에 사명을 알 수 없는 사찰에서 옮겨왔다고 한다. 탑신부는 모든 층이 탑신석과 옥개석을 별석으로 치석 결구하였으며, 탑신석은 상층으로 올라가면서 조금씩 체감되도록 했다. 그리고 각 층 탑신석은 외곽에 돋을대를 돌려 사각형으로 구획한 후, 그 안에 1자씩 범자를 큼직하게 새겨 넣었다. 7층부터 2층까지 6개의 탑신석 표면에 순서대로 육자진언을 새겼다. 그리고 1층 탑신에는 연화문을 새겨 육자진언에 대한 공덕과 공양의 의미를 부여하였다. 이처럼 광주 증심사 칠층석탑과 전북대학교 박물관 소장 칠층석탑은 치석 수법이나 양식이 강한 친연성을 보이고 있으며, 탑신석에 육자진언을 새

긴 방식도 유사하여 같은 장인에 의하여 비슷한 시기에 설계 시공되었을 가능성이 높은 것으로 추정된다. 한편 이화여자대학교 박물관에도 출처를 알 수는 없지만, 위의 두 석탑과 유사한 양식으로 육자진언을 새긴 7층석탑이 세워져 있다.[38] 그런데 이 석탑은 치석 수법 등으로 보아 두 석탑을 모방하여 후대에 건립한 것으로 추정된다.

이화여자대학교 박물관 7층석탑 현대

그리고 근대기에 건립된 불탑 중에도 범자 진언다라니가 새겨진 경우가 있다. 양산 통도사의 포교당이었던 마산 정법사에 1918년 세워진 5층석탑은 여러 지역민이 후원하여 건립하였는데, 탑신 표면에 원형문을 마련하여 여러 범자를 새겨 넣었다. 또한 태국 왕실에서 모시고 있던 부처님의 진신사리를 스리랑카의 달마파라 스님이 하사받아 호신용으로 모시고 다니다가 일제강점기에 한국에 전해주었다고 한다. 그래서 경호 스님이 조계사의 대웅전 앞에 1930년 석탑을 세워 사리를 봉안했다고 한다.[39] 이 석탑은 탁자형의 기단부를 마련하였으며, 그 위에는

마산 정법사 5층석탑 1918.8

38 선북대학교 박물관 소장 칠층석탑은 2층 탑신에 〔hūṃ〕을 새겼는데, 탑신석의 상하가 뒤 집혀진 상태이다. 그리고 이화여자대학교 박물관 소장 칠층석탑은 7층 탑신에 〔oṃ〕을 새겼는데, 탑신석의 상하가 뒤 집혀진 상태이다.

39 당시 이 탑의 내력 등을 기록한 석비도 건립되었다. 이후 2009년 이 탑을 대신하여 8각 10층의 세존진신사리탑을 새롭게 중건하면서 현재는 불교중앙박물관 뒤뜰에 옮겨져 있다.

서울 조계사 칠층석탑(1930)과 육자진언

북한 개성 안화사 7층석탑(일제강점기)과 범자

원각사지 10층석탑을 모방하여 난간과 탑신, 팔작지붕형의 옥개를 7층까지 올렸다. 그리고 탁자형 기단부의 각 면에 육자진언을 새겨 공양의 의미를 더하였다. 또한 북한 안화사는 현재 개성특급시 고려동 송악산 남쪽 기슭에 소재하고 있는데, 고려 태조 때에 창건되어 1118년 크게 중건된 것으로 전하고 있다. 이후 고려 멸망과 함께 폐사되었다가 일제강점기인 1930년대에 중창된 것으로 알려져 있다. 이곳에 있는 안화사 7층석탑도 일제강점기에 건립된 것으로 추정되는데, 기단 면석부에 범자로 진언다라니를 배치하였다. 범자는 각 면을 2개로 사각형 구획한 후 그 안에 1자씩 범자를 새겼다.

(4) 부도

부도는 불가에서 승려나 재가신자가 입적한 이후에 추복과 극락왕생 등을 염원하기 위하여 후세인들이 건립한 묘탑 성격의 기념적인 조형물이라 할 수 있다. 현재 북한 지역에 대한 현황 파악이 어렵지만, 대략적으로 통일신라시대 20여기, 고려시대 80여기, 조선전기 25여기, 조선후기 2,600여기 정도가 확인되고 있다. 이중에서 통일신라시대 부도에서는 범자가 확인되지 않지만, 고려와 조선시대의 부도에서는 상당수 확인되고 있다. 이처럼 부도의 표면에 범자로 진언다라니를 새긴 것은 성불과 함께 망자에 대한 추모, 공양과 공덕 등을 통한 극락왕생 염원 등 다양한 의미가 있었던 것으로 보인다.

먼저 고려시대 송광사 16국사 중에 5세였던 자진원오국사(1215~1286)는 여러 국왕으로부터 극진한 예우를 받았으며, 말년에 불대사에 주석하다가, 1286년 2월 12일 마지막 설법을 하고 입적하였다. 그의 부도는 입적한 지 4개월여 만인 1286년 6월 9일 대원사 서쪽에 세워졌으며, 정조탑이라는 탑호가 내려졌다. 정조탑은 세장한 외관을 가진 팔각당형인데, 탑신석의 4면은 사천왕상, 2면은 인왕상, 1면은 주인공의 시호와 탑호를 새기고, 나머지 1면에는 범자 3자를 새겼다. 범자는 큼직하게 세로로 양각하였는데, 하부에는 연화좌를 마련하였고, 상부에는 하엽형 문양을 장식하여 상당한 의미를 부여했음을 알 수 있다. 범자는 전형적인 실담으로 위에서 아래로 〔oṃ a hūṃ〕을 새겼다. 여기서 〔oṃ a hūṃ〕은 '신구의(身口意)'를 의미하는 종자로 현교에서는 삼업(三業)이라 하고, 밀교에서는 삼밀(三密)이라고 한다. 조선 후기 간행된 『진언집』의 앞부분에는 '〔oṃahūṃ〕자론(唵啊吽字論)'이라 하여 범자 중에서 가장 대표적이라 할 수 있는 〔oṃ a hūṃ〕에 대하여 자세하게 설명하고 있다. 밀교에서 삼밀진언은 가장 핵심적인 진언이자 수행의 대상인데, 여기서 삼밀수행법은 인계(身密), 진언(口密), 관법(意密)을 매개체로 하여 수행자의 신구의와 법신불의 신구의를 서로 감응시켜, 수행자가 법신불의 진리를 깨닫도록 하는 것이다.[40] 또한 밀교의 수행 정진에 있어 관법의 대상이 되기도 하여, 성불하기 위한 진언 수행법의 핵심이었다. 대원사 자진원오국사 정조탑의 탑신석에 삼밀을 의미하는 범자 진언다라니를 새긴 것은 삼밀 수행을 통하여 성불을 이루고, 입적한 고승의 해탈과 극락왕생을 염원하고자 하는 의도가

보성 대원사 자진원오국사 정조탑과 탑신석의 범자 고려, 1286.6

40 선상균(무외), 「佛敎修行에 있어서 眞言의 역할 -密敎의 三密修行을 중심으로-」, 『密敎學報』 제10집, 밀교문화연구원, 2009, pp.56~57.

분청사기 사리합
동국대학교 박물관

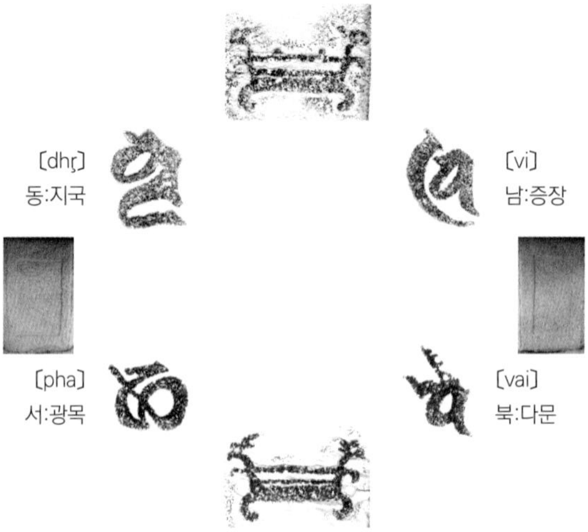

여주 신륵사 팔각당형 부도와 사천왕 종자　조선 전기

내재되었다고 할 수 있다. 그런데 송광사 출신 국사로 대표적인 선종 승려였는데, 밀교 신앙의 핵심이라 할 수 있는 삼밀진언이 부도에 새겨진 것은 다소 이례적이라 할 수 있다. 이는 당시 범자 진언다라니에 대한 신앙이 널리 확산하면서 종파 간의 큰 구분과 경계 없이 하나의 신앙적인 요소로 보급되었던 것으로 추정된다.

그리고 여주 신륵사 팔각당형 부도는 원래 조사당 북쪽 구릉에 있었는데, 1966년 11월 현재의 자리로 옮겼다고 한다.[41] 옮길 당시 사리함이 수습되었는데, 표면에 국화문을 백상감하고 연회색을 머금은 청자유를 시유하는 등 제작기법이 조선 초기의 것으로 추정되었다. 따라서 이 부도도 조선 초기에 신륵사를 중심으로 활동했던 승려의 사리탑으로 보인다.[42] 부도는 탑신석의 각 면을 사각형으로 구획한 후 그 안에 범자와 자물쇠 등을 교차로 양각하였는데, 2면에는 자물쇠, 4면에는 범자가 새겨져 있다. 범자는 신장상으로 수호의 의

41　정양모, 「驪州 神勒寺 逸名浮屠內 發見 舍利盒」, 『考古美術』 9권 5호, 고고미술동인회, 1968.
42　엄기표, 「조선전기 부도(浮屠)의 건립 현황과 미술사적 의의」, 『佛敎學報』 第86輯, 동국대학교 불교문화연구원, 2019.

구례 화엄사 자운당 부도와 범자 조선 후기

미가 있는 사천왕 종자를 사방에 배치하였다. 이처럼 부도의 표면에 조각상이 아닌 종자를 배치하여 사천왕의 의미를 부여한 것은 상당히 이례적이다. 다라니에서는 일반적이지만 조형물에서는 보기 드문 수법이라 할 수 있다. 조선시대 들어와 밀교의 범자 진언다라니 신앙이 널리 보급되면서, 그러한 신앙이 반영된 조각 기법이 다양하게 적용되었음을 알 수 있다.

조선시대 승려였던 자운당은 융묘대사의 형으로 그의 구체적인 행적이 전하지는 않지만, 임진왜란 당시 수군으로 활약한 것으로 전하고 있다. 이후 구례 화엄사에 머물렀는데, 실상사에 주석해 달라는 청을 받고 3년간 실상사에도 주석한 것으로 알려져 있다. 그래서인지 현재 그의 부도가 구례 화엄사와 남원 실상사에 세워져 있다.[43] 이중에 구례 화엄사의 자운당 부도는 석종형 양식으로 정면에 사각형의 제액을 마련하여 '자운대사탑(慈雲大禪師塔)'이라고 세로로 명문을 새겨 주인공을 알 수 있도록 했으며, 제액 좌우에 원형문을 마

43 嚴基杓, 「高麗-朝鮮時代 分舍利 浮屠의 建立 記錄과 樣相 그리고 造成 背景」, 『불교미술사학』 제20집, 불교미술사학회, 2015, pp.117~168.

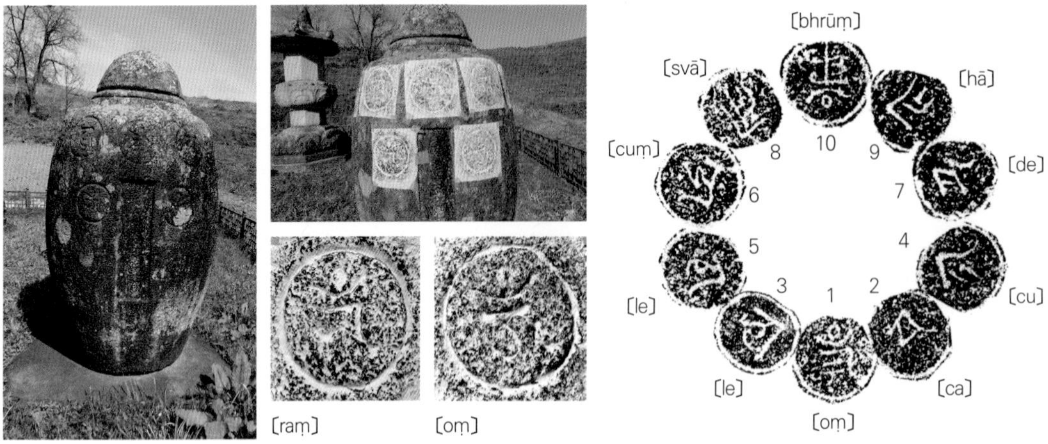

남원 실상사 자운당 부도와 범자 탁본 조선 후기[44]

련하여 그 안에 1자씩 범자를 새겨 넣었다. 그리고 석종 상부에도 원형으로 범자를 배열하였다. 남원 실상사 자운당 부도도 석종형 양식으로 석종 앞면에 사각형의 제액을 마련하여 주인공을 알 수 있도록 명문을 새겼으며, 제액부 좌우에 원형문을 마련하여 그 안에 1자씩 범자를 새겨 넣었다. 석종 상부에는 범자 10자를 원형으로 배열하였다. 이처럼 구례 화엄사와 남원 실상사에 건립된 자운당 부도는 치석 수법과 양식이 유사하고 범자 진언다라니를 새긴 수법도 친연성을 보이고 있어, 같은 장인이 비슷한 시기에 설계 시공한 것으로 추정된다. 현재 모두 석종 정면의 제액부 좌우에는 정법계진언을 새겼으며, 석종 상부에는 준제진언을 원형으로 배치하였다. 그런데 준제진언의 순서가 잘 맞지 않고 있다. 조선 후기 여러 조형물에서 이러한 예가 발견되고 있는데, 이는 장인이 진언을 새기는 과정에서 실수가 있었거나 범자 진언을 잘 몰랐기 때문으로 추정된다.

경주 원원사에는 현재 총 4기의 부도가 전하고 있는데, 이 중에 3기는 원원

44 東アヅア梵字研究會, 「韓國梵字資料調査(2011~2012年調査」, 『歷史考古學』 第69號, 歷史考古學研究會, 2014, p.25.

경주 원원사 서편 무명 부도와 범자 조선 후기

사 동편으로 형성된 부도군에 세워져 있으며, 기단에 범자가 새겨진 대형 부도는 원원사 서편으로 형성된 봉서산 골짜기의 대나무 숲속에 건립되어 있다. 범자가 새겨진 부도는 기단부 외곽을 여러 매의 석재로 결구한 후 2단으로 연화대석을 마련하여 그 위에 석종을 올렸는데, 이중에 지대석으로 볼 수 있는 부재의 면석부에 꽃무늬를 장식하고, 그 사이에 원형문을 마련하여 그 안에 큼직하게 1자씩 범자를 새겨 넣었다. 현재 부도의 정면을 기준으로 좌우 측면에는 원형의 문양없이 한가운데에 1자씩 범자를 새겼고, 앞면과 뒷면은 3개의 원형문을 마련하여 그 안에 1자씩 새겨 총 3자를 배치하였다. 범자가 불규칙적이고 특정 범자가 반복되어 있어 어떤 진언다라니를 의도하여 새겼는지는 명확하게 알 수 없지만, 종자 [oṃ]과 [a]을 비롯하여 육자진언을 간략화시켜 새긴 것으로 추정된다. 이처럼 진언다라니는 그것의 이름이나 범자를 명확하게 새기지 않았을 경우 그것을 새긴 사람의 의도나 판독 등에 어려움이 있다.

영광 불갑사의 부도군에도 여러 기의 부도가 건립되어 있는데, 이 중에 조선 후기 건립된 회명당(晦明堂) 부도의 표면에 범자 진언다라니가 새겨져 있다. 이 부도는 지대석 상면에 연화대좌를 마련하여 석종을 올렸다. 석종은 하부가 넓고 상부로 올라가면서 좁아지는 형태로 치석하였다. 석종 하부에 '晦明堂處默大師 康熙十九年庚申五月日立'이라고 새겨, 부도 주인공이 회

영광 불갑사 회명당 부도와 범자 탁본　조선, 1680.5

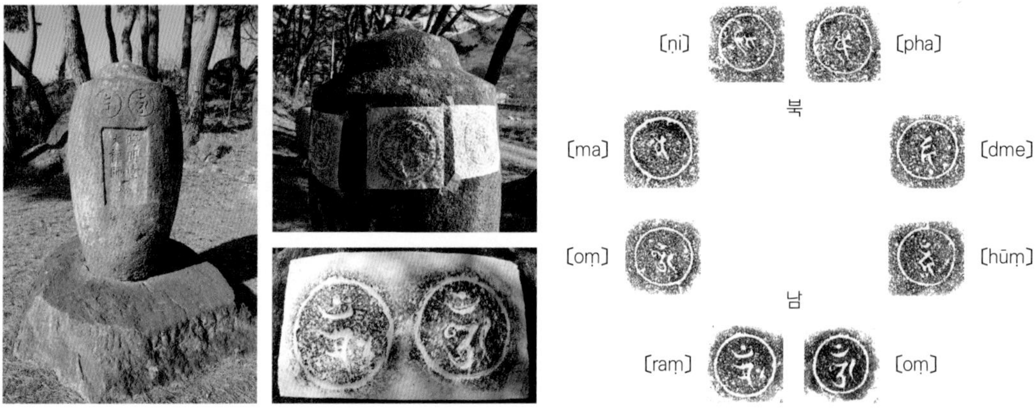

남원 실상사 회명당 부도와 범자 탁본　조선 후기

명당 처묵이며, 1680년 5월에 건립되었음을 알 수 있다. 그리고 석종 상부에는 사각형으로 6개의 구획을 마련하여 그 안에 1자씩 총 6자로 구성된 육자진언을 새겼다. 그런데 범자의 순서가 다소 어긋나 있으며, 〔dme〕와 〔hūṃ〕자가 다소 변형된 자체를 보이고 있다. 남원 실상사에도 회명당의 부도가 건립되어 있는데, 자연석 상면을 고르게 다듬어 홈을 마련한 다음 그 위에 석종을 올렸으며, 석종 앞면에 사각형으로 구획하여 '회명당대선사탑(晦明堂大禪師塔)'이라고 명문을 새겼다. 그리고 석종 상부에 원형문을 마련하여 그 안에 1자씩 총 8자의 범자를 새겨 넣었는데, 정법계진언과 육자진언을 차례대로 배치하여 부도 주인공에 대한 추모와 극락왕생을 염원했던 것으로 보인다.

현재 강진 백련사 동백림에는 조선시대 건립된 독특한 양식의 부도가 여러 기 세워져 있다. 모두 부도 성격으로 보이는데, 이 중에 원위치는 알 수 없지만, 규모가 상당히 큰 부도가 있다. 이 부도는 사각형 지대석 위에 하대석을 결구하였는데, 하대석은 상면에 8엽의 연화문을 장식하였다. 중대석은 가운데를 약간 볼록한 형태로 치석하여 각 면에 기하학적 문양을 새겨 넣었으며, 정면에 사각형 구획을 마련하여 그 안에 세로로 '보조탑(普照塔)'이라고 새겼다. 그리고 탑신석은 가운데를 약간 볼록하게 호형으로 치석하여 평면 사각형의 원구형 탑신처럼 보이도록 했는데, 탑신석 사방에 1자씩 총 4자의 범자를 새겼다. 모두 원형문을 마련하여 상당히 큼직하게 범자를 새겼는데, 〔oṃ〕 3자,

강진 백련사 보조탑 해체 수리　2020.10

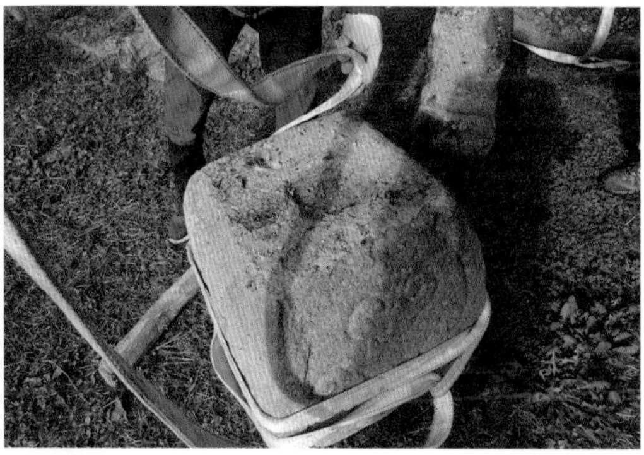
강진 백련사 보조탑 중대석 사리공

탑신석 범자

중대석 명문('普照塔')

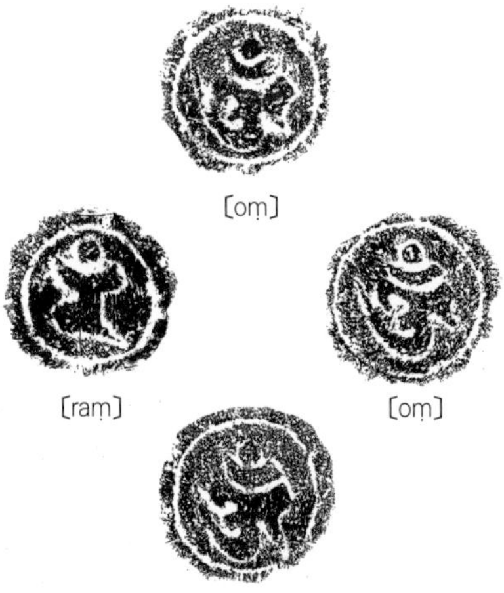

강진 백련사 보조탑과 범자 탁본　조선 후기

〔raṃ〕 1자를 새겼다. 서자가 어떤 의도를 가지고 현재와 같이 범자를 새겼는지 명확하게 알 수는 없지만, 범자 중에서 가장 상징성이 높은 〔oṃ〕을 종자로 배치하고, 〔oṃ raṃ〕의 정법계진언을 의도하여 새긴 것으로 보인다. 정법계진언은 영천 수도사 진불암의 백암당 부도, 실상사와 화엄사의 자운대화상 부도, 실상사 회명당 부도 등에서도 확인되고 있다. 그런데 이 진언은 독립된 진언으로 새겨지기보다는 육자진언이나 준제진언 등과 함께 배치되는 경우가 많았다. 그것은 정법계진언이 기본적으로 도량을 청정케하는 진언이었기 때문으로 보인다.

전라남도 함평 용천사 진입로에도 부도군이 조성되어 있는데, 이곳에도 범자가 새겨진 부도가 있다. 이 부도는 석종형으로 표면에 '회백당인종대사(晦白堂印宗大師)'라고 명문을 새겨, 주인공이 회백당이며, 반대쪽에 '康熙三十一年壬申三月日'이라고 새겨 1692년 3월에 건립되었음을 알 수 있다. 석종 상부에는 일정한 간격으로 원형문을 마련하여, 그 안에 〔oṃ〕을 1자씩 새겨 넣어 총 6자를 배열하였다. 범자 중에서 상징성이 가장 높은 〔oṃ〕을 새겨 영험한 의미를 부여했던 것으로 보인다. 그리고 울산 청송사지에도 조선후기 건립된 여러 기의 부도가 파손된 채로 전해지고 있는데, 이중에 주인공이나 명확한 건립 시기는 알 수 없지만 범자 진언다라니가 새겨진 규모가 큰 부도가 있다. 이 부도는 결실된 부재가 있기는 하지만 원형을 잘 유지하고 있는데, 연화대석 위에 올려진 석종의 하부에 범자 진언다라니가 새겨져 있다. 석종 하부에 동종의 하대처럼 상하로 일정한 간격을 구획한 후 양각으로 원형문(지름 14~15cm)을 마련하여, 그 안에 1자씩 굵은 필체로 범자를 새겨 넣었다. 범자는 총 16자가 원형으로 배열되었는데, 범자 진언다라니의 순서가 다소 어긋나 있으며, 범자도 변형된 범자체

〔oṃ〕

함평 용천사 회명당 부도와 범자　조선, 1692.3

울산 청송사지 부도와 범자 탁본　조선 후기

| 표　울산 청송사지 부도 범자

1	2	3	4	5	6	7	8
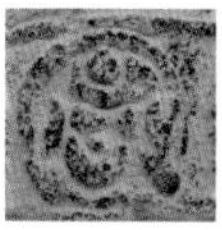	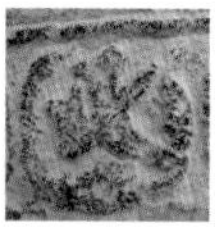	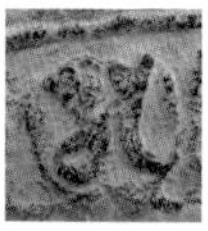		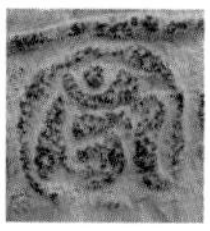	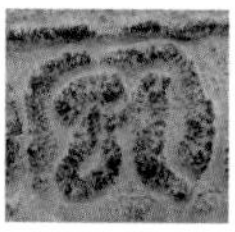	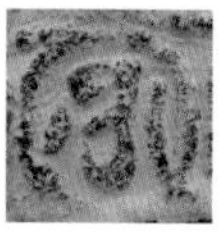	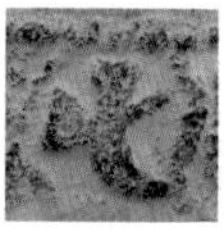
〔oṃ〕	〔pha〕	〔ma〕	〔ṇi〕	〔oṃ〕	〔ma〕	?	〔pha〕
9	10	11	12	13	14	15	16
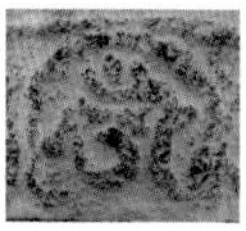	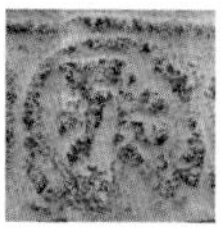	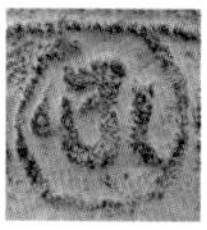	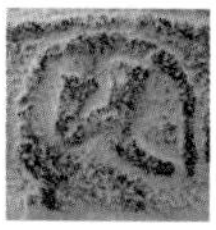	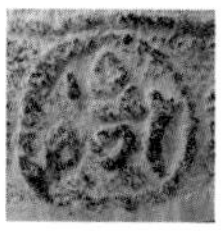	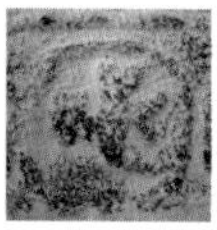	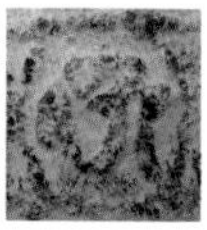	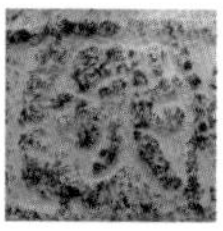
〔oṃ〕	〔aḥ〕	?	〔pa〕	〔oṃ〕	〔pha〕	?	〔aḥ〕

를 사용하였다. 그래서 어떤 진언다라니를 의도하여 새겼는지 명확하게 파악하기 어려운 상태이다. 다만 현재의 범자 배치로 보아 육자진언을 비롯한 여러 진언다라니를 함께 새긴 것으로 추정된다.

경상북도 영천 수도사의 진불암 입구에 건립된 백암당 부도의 표면에도 범자가 새겨져 있다. 이 부도는 자연석에 가까운 대석을 마련하여 그 위에 석종을 올렸는데, 석종 앞면은 사각형으로 구획하여 '백암당탑(白岩堂塔)'이라고 새겨 주인공을 알 수 있도록 했으며, 석종의 좌우 측면에는 각각 상하로 원형문을 마련하여 그 안에 1자씩 범자를 새겨 총 4자를 배치하였다. 좌측면에는 종자로 아미타불을 상징하는 〔hrīḥ〕과 찬탄의 의미가 있는 〔bhrūṃ〕을 새긴 것으로 보이며, 우측면은 정법계진언 〔oṃ raṃ〕을 새겨 공양과 공덕의 의미를 더한 것으로 보인다. 그리고 문경 혜국사 입구에도 4기의 부도와 2기의 석비가 나란히 세워져 있는 부도군이 조성되어 있는데,[45] 이 중에 자영당 부도의 표면에 범자가 새겨져 있다. 자영당 부도는 앞면에 세로로 길게 제액을 마련하여 주인공을 알 수 있도록 명문을 새겼으며, 부도와 한 쌍으로 건립된 석비의 앞면에도 명문을 새겨 부도와 석비가 1730년 4월에 건립되었음을 알려주고 있다.[46] 이 부도는 석종 상부에 당초문을 장식하고 그 아래에 상대처럼 원형으로 띠 줄을 마련하였으며, 정면의 한가운데에 원형문을 마련하여 그 안에 〔oṃ〕을 새겨 넣었다.

남원 지리산에 소재한 파근사(波根寺)는 지금은 폐사가 되었지만, 사지에는 건물지와 우물지 등을 비롯하여 많은 석조물이 남아있다. 그리고 조선 후기에 건립된 여러 기의 부도가 파손 상태로 흩어져 있는데, 현재 5기 정도가 확인되고 있다. 이중에 사지 인근 소나무 아래에 묻혀 있는 부도의 표면에 범자가 새겨져 있다. 이 부도는 석종형 양식으로 하부가 일부 묻혀 있는 상태인데, 노출된 석종의 표면에 '혜암당(惠庵堂)'이라는 명문이 확인되어 주인공을 알 수 있다. 그리고 상륜부는 연봉형 보주를 마련하였으며, 그 주변에 도드라지게 원형문을 마련하여 그 안에 1자씩 범자를 새겨 넣었다. 또한 연봉형 보주 표면에도 2자의 범자를 새겼다. 이처럼 독특하게 범자 진언다라니를 배열하였는데, 석종 상부에는 준제진언, 연봉형 보주에는 2자로 구성된 정법계진언을 배열하였다. 조선 후기에는 보기 드문 란차로 새겼다.

강원도 고성 건봉사는 조선 후기에 들어와 금강산 일대 불교 신앙의 중심

---

45 부도와 석비들은 원래 현재의 부도군 앞쪽으로 형성되어 있는 능선 상에 흩어져 있었는데, 도로를 개설하는 등 사찰 진입로를 정비하는 과정에서 현재의 위치로 옮겨 놓은 것이라고 한다.

46 명문은 '有明朝鮮國清虛七世 慈影堂大師性演出世塔', 뒷면에는 '崇禎紀元後再庚戌四月日立'이다.

좌측면 우측면

영천 수도사 진불암 백암당 부도와 범자 조선 후기

문경 혜국사 자영당 부도와 범자 조선, 1730.4

남원 지리산 파근사지 혜암당 부도와 범자 조선 후기

적인 사찰이었다. 그러한 사실을 보여주듯 건봉사 부도군에는 상당히 많은 부도와 탑비들이 건립되어 있는데, 그중에 범자 진언다라니가 새겨진 부도와 석비가 여러 기 있다. 현재 풍곡당(楓谷堂), 월봉당(月峯堂), 정파당(井波堂) 부도의 표면에 범자가 새겨져 있는 것으로 파악되고 있다. 이중에 풍곡당 부도는 높게 기단부를 마련하여 그 위에 원구형 탑신석을 올렸는데, 탑신석 정면에 주인공을 알 수 있는 명문을 음각하였다. 그리고 중대석의 각 면에 돋을대 형식으로 원형문을 마련하여 그 안에 1자씩 총 8자의 범자로 구성된 준제진언을 배열하였다. 월봉당 부도는 높게 기단부를 마련하여 그 위에 원구형 탑신과 옥개석을 올렸다. 월봉당은 1746년 입적하였다. 이 부도는 중대석의 4면에는 1자씩 범자를 새기고, 나머지 4면에는 안상을 장식하여, 총 4자로 구성된 범자 진언다라니가 새겨져 있다. 범자는 돋을대로 원형문을 마련하여 그 안에 1자씩 새겨 넣었다. 범자는 〔oṃ ma ṇi hūṃ〕 4자가 확인되고 있어, 2자를 생

고성 건봉사 풍곡당 부도와 범자　조선 후기

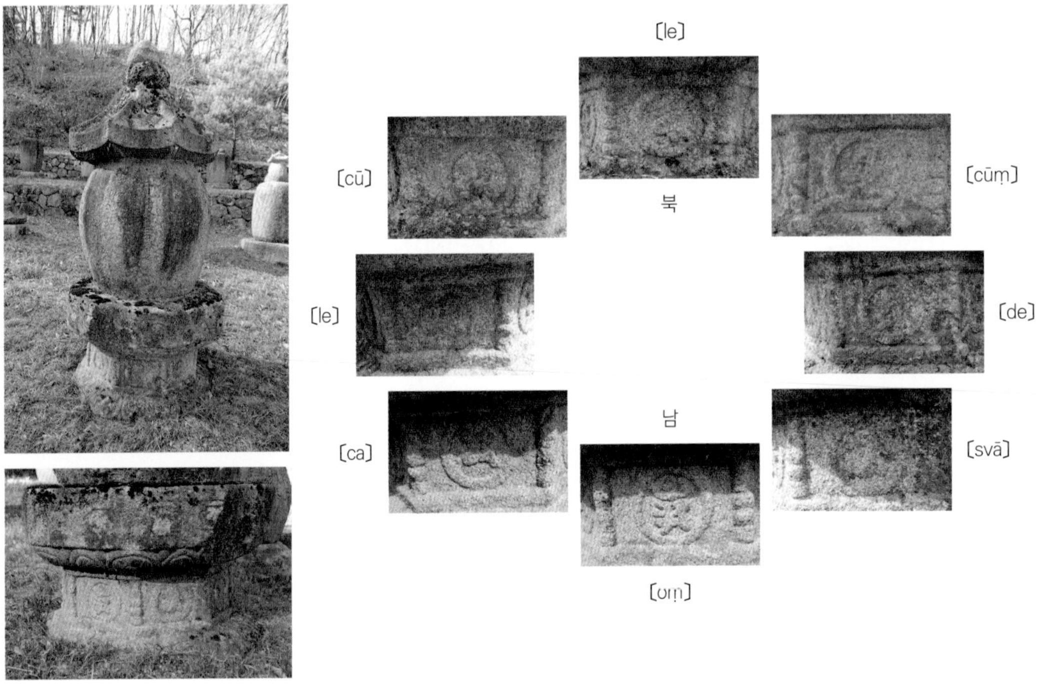

고성 건봉사 정파당 부도와 범자　조선 후기

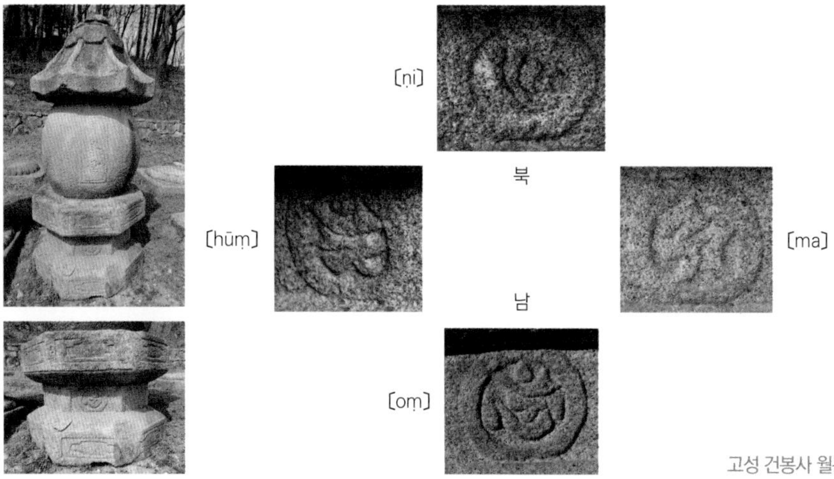

고성 건봉사 월봉당 부도와 범자　조선 후기

략한 육자진언을 의도하여 새긴 것으로 추정된다. 정파당 부도는 팔각형의 기단부를 마련하여 그 위에 원구형 탑신과 팔각 옥개석을 올렸다. 중대석은 모서리마다 연주문 기둥을 세워 각 면을 사각형으로 구획한 후 원형문을 마련하여 그 안에 1자씩 범자를 새겨 넣었다. 정파당 부도는 총 8자로 구성된 준제진언이 새겨져 있는데, 일부 범자가 뒤집혀 있어 범자를 잘 몰랐던 장인이 설계 시공한 것으로도 보인다. 정파당 부도는 풍곡당 부도와 양식적으로 친연성을 보이며, 범자 진언다라니를 새긴 방식도 유사하다. 또한 같은 범자체와 함께 준제진언을 새겨, 같은 장인이 시공 설계하였거나 비슷한 시기에 건립되었을 것으로 보인다.

그리고 강원도 설악산 기슭에 자리 잡은 속초 신흥사 입구에도 조선 후기 건립된 부도와 탑비들이 건립되어 있는데, 이중에 범자가 새겨진 부도와 탑비가 있다. 범자가 새겨진 부도는 석종 앞면에 '향서당(向西堂)'이라고 새겨 주인공을 알 수 있도록 했으며, 지대석 상면에 낮은 팔각형 받침대를 마련하여 석종을 받치도록 했다. 받침대의 면석부에 음각으로 각 면에 1자씩 총 8자를 새겼는데, 8자로 구성된 준제진언이다. 양양 명주사 입구에도 석비와 함께 조선 후기 건립된 부도군이 조성되어 있다. 명주사가 소실된 이후 명주사의 암자였던 원통암 자리에 새롭게 명주사가 중창되어 오늘에 이르고 있으며, 당시 명주사 주변에 건립되어 전해지던 부도들을 1994년 이전하여 현재의 부도군이 되었다고 한다. 이러한 명주사 부도군에는 석비 4기와 부도 11기가 2열로 나란히 세워져 있는데, 이 중에 연파당 부도의 기단부 중대석에 범자가 새겨져 있다. 이 부도는 탑신은 원구형이지만 기단부와 옥개석이 팔각으로 전체적인 부도의 양식은 팔각당형인데, 기단부와 탑신부의 양식은 조선 후기의 부도 양식을 취하고 있다. 원구형 탑신 앞면에는 '연파당(蓮坡堂)'이라고 주인공의 당호를 새겼다. 그리고 기단부 중대석이 팔각형인데, 각 면의 한가운데에 원형문을 마련하여 그 안에 1자씩 범자를 새겨 넣어 총 8자를 배열하였다. 구체적인 판독은 어렵지만 준제진언을 의도하여 새긴 것으로 보인다. 또한 춘천 청평사 입구에 세워져 있는 부도 중에도 범자가 새겨져 있다. 이 부도는 청평사 경내로 들어가는 입구 좌측 편에 있는데, 고려시대 청평사를 중심으로 활동했던 이자현(1061~1125)의 부도로 전해지고 있다. 이중환(1690~1752)의 『택리지』에 '청평산 속에 절이 있고, 절 옆에는 고려시대 때 처사 이자현이 살던 곡란암의 옛터가 있는데, 왕비의 인척으로서 젊은 나이였지만 혼인도 벼슬도 안하고 숨어 살며 도를 닦았다고 한다. 그가 죽자 절의 승려가 부도를 세워서 유골을 안장하였는데, 지금도 산의 남쪽 10여리 지점에 남아있다.'라고[47] 기록하였다. 이 기록은 재가신자였던 이자현의 부도가 청평사에 건립되었고, 조선 후기까지 전해지고 있었음을 방증해 주고 있다. 그런데 이 부도의 주인공이 이자현으로 전하지만 조영 기법이나 양식은 조선 후기에 건립되었음을 알 수 있다. 따라서 건립 시기가 이자현의 생몰 시기와 어울리지 않고 있어 고려시대 건립된 것으로 전하는 이자현의 부도로 보기에는 무리가 있다. 이 부도는 넓은 사각형 지대석을 마련하여 그 위에 낮은 석주형의 중대석과 원형의 상대석

47 李重煥, 『擇里志』, 八道總論, 江原道條(『擇里志』, 을유문화사, p.55). '淸平山山中有寺寺傍有高麗處士李資玄鵠卵庵故基資玄早歲以妃族不婚宦隱居修道於此及卒寺僧建浮屠藏蛻骨今尙在山南十餘里'

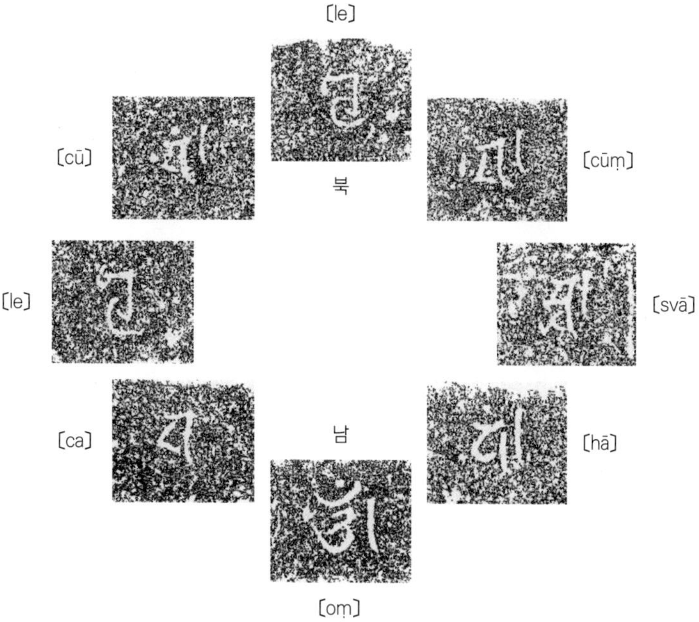

속초 신흥사 향서당 부도와 범자　조선 후기

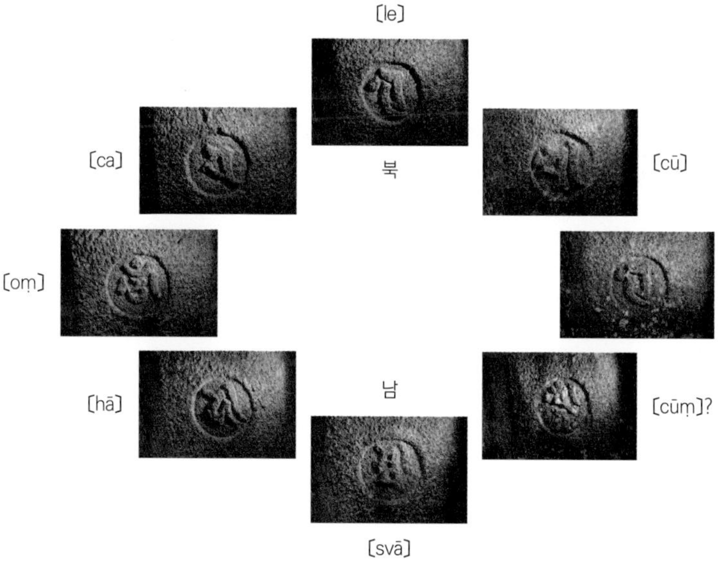

양양 명주사 연파당 부도와 범자　조선 후기

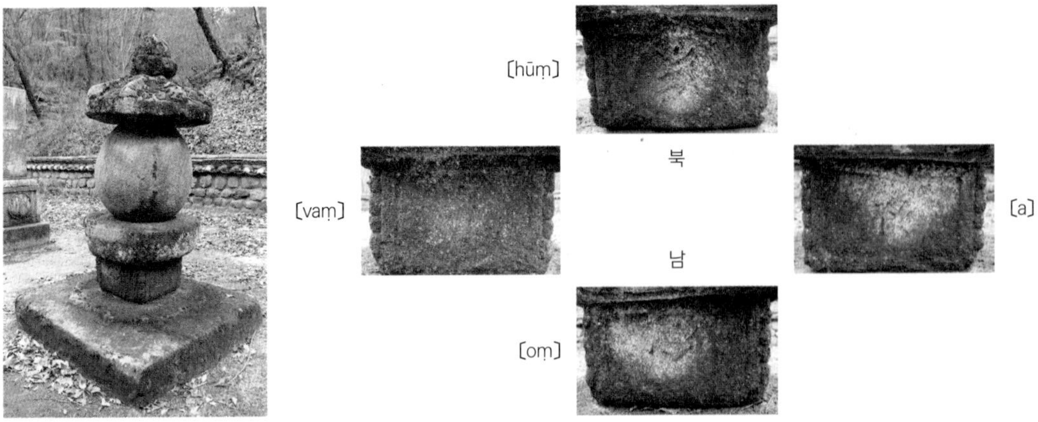

춘천 청평사 입구 부도와 범자　조선 후기

을 마련하여 원구형 탑신을 올렸는데, 사각형으로 마련된 중대석의 각 면에 1자씩 총 4자의 범자를 새겼다.[48] 범자는 밀교에서 가장 중시하는 〔oṃ〕-〔a〕-〔hūṃ〕과 〔vaṃ〕을 배열하였다.

(5) 석비

삼국시대 들어와 문자의 보급과 사용이 확대되면서 특정한 사적이나 기념될 만한 일을 후대에 전하기 위하여 비의 건립이 본격화되었다. 이러한 전통은 그대로 계승하여 고려와 조선시대에도 많은 비가 세워졌는데, 이중에 범자가 새겨진 석비가 여럿 확인되고 있다. 대표적으로 석비의 한 유형이라 할 수 있는 석당이 있는데, 이것은 공양이나 공덕을 쌓고자 특정한 진언다라니를 새긴 것이다. 이러한 석당과 달리 비의 특정한 공간에 범자로 종자 또는 여러 자로 구성된 범자 진언다라니를 새긴 석비가 건립되었다.

서울 도봉서원이 있던 자리는 원래 신라 말기에 창건되어 고려시대에 크게 번창했던 영국사가 있었던 곳으로 확인되었다. 영국사는 조선시대 들어와 효

48　현재 기단부 중대석은 東西가 바뀐 상태로 결구되어 있으며, 남쪽에는 옴자를 새겨 남쪽을 의미하는 범자는 생략되었다.

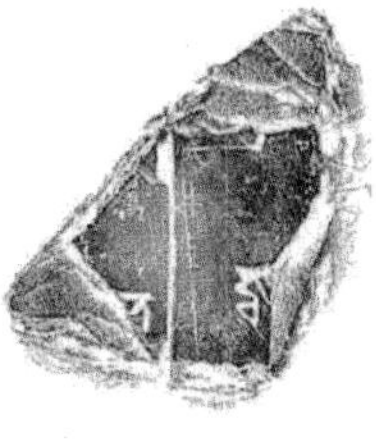
탁본

서울 영국사지(도봉서원지) 출토 비편　고려, 불교문화재연구소

령대군의 적극적인 지원으로 중창 불사가 이루어지면서 불교계가 위축되었던 조선 초기에도 왕실의 지원을 받으면서 법등이 유지되었다. 그런데 어느 시기에 사찰은 폐사되고 대표적인 성리학자였던 조광조와 송시열을 배향한 사액서원으로 도봉서원이 들어섰다. 도봉서원은 임진왜란 때 소실되었다가 1608년경 중건되었으며, 다시 1871년 대원군의 서원철폐령에 따라 훼철된 이후 터로만 남아있었다.[49] 이러한 도봉서원지를 발굴 조사하면서 사찰이 있었을 때 제작한 것으로 보이는 범자가 새겨진 비편이 여러 점 수습되었는데, 일부 비편만 출토되어 비의 원형과 비명은 알 수 없지만 고려시대에 제작된 석경 편으로 추정된다. 비편도 파손이 심한 상태로 일부 범자만 확인되고 있어, 어떤 범자 진언다라니인지는 파악이 어려운 상태이다.

그리고 현재 제천 덕주사에 세워져 있는 대불정주 석비는 오래전에 월악산 월광사지로 올라가는 입구인 제천 송계리의 논둑에서 발견되었는데, 1988년 2월 덕주사 경내로 옮겼다고 한다.[50] 이 석비는 고려시대 다라니를 새긴 석당 양식을 채용하지 않고, 자연석을 석비 형태로 간략하게 다듬어 그 표면에 범자로 진언다라니를 새겼다. 현재 파손과 마모로 인하여 비신의 전체적인 형태와 비문의 명확한 판독은 어렵지만, 서두에 '대불정주(大佛頂呪)'라는 비명이

49　(재)서울문화유산연구원, 『道峯書院』, 2014.
50　김현길, 「송계리 대불정주에 대하여」, 『향토사연구회보』 창간호, 1988. / 정제규, 「堤川 松溪里 大佛頂呪梵字碑와 佛教史的 意味」, 『博物館誌』 12號, 충청대학 박물관, 2003.

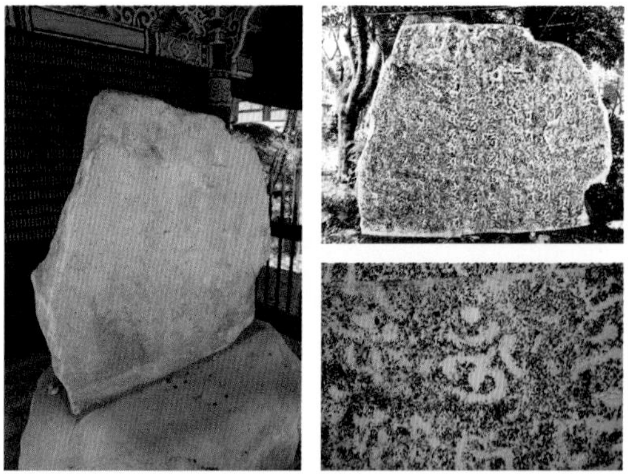

제천 송계리 대불정주 석비와 탁본 고려, 충청대학 박물관

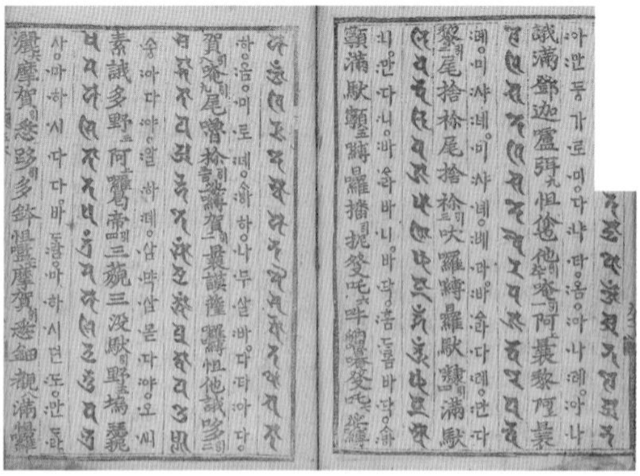

『오대진언집』의 대불정주 해당 부분 1485.04, 단국대학교 퇴계기념도서관

광주 십신사지 석비와 석불 고려후기, 광주역사민속박물관

있어 대불정다라니를 새겼음을 알 수 있다.[51] 이 석비는 북한 지역에 남아있는 다라니 석당과 함께 고려시대 성행한 대불정다라니를 새겨 공양과 공덕을 쌓고자 하는 의도가 있었던 것으로 보인다.[52]

또한 귀부를 마련하여 비신을 세운 광주 십신사지(十信寺址) 석비는 원래 광주광역시 서구 임동에 있었던 광주농업고등학교 내에 있었는데, 그 지역이 택지로 개발되면서 보존을 위하여 1990년 현재의 광주역사민속박물관으로

51 옥나영, 「고려시대 大佛頂陀羅尼 신앙과 石幢 조성의 의미」, 『한국사상사학』 60, 한국사상사학회, 2018, pp.99~125.

52 이 석비는 조성한 사찰의 종파나 성격을 시사하는 유물인데, 현재 어느 사찰에서 조성했는지는 명확하게 알 수 없다.

옮겨 세워졌다고 한다.[53] 석비는 귀부 받침대 위에 규모가 큰 비신을 올렸는데, 비신의 앞면 상부에는 불정심인 도상을 큼직하게 배치하였으며, 그 아래에는 범자를 한역하여 한자로 「대불정존승다라니」를 새겼다.[54] 이 석비는 말미에 '정사(丁巳)'라는 간지가 있다. 정사년은 시대별 불교계 현황과 진언다라니 신앙, 석비의 양식과 도상의 특징 등으로 보아 조선시대보다는 고려 후기의 어느 시기를 지칭하는 것으로 추정된다. 어쨌든 십신사지 석비는 불정심인 도상과 함께 「대불정존승다라니」를 범자가 아닌 한역한 음으로 새겼으며, 석당 양식이 아닌 석비 양식으로 건립한 보기 드문 사례로 건립 당시 십신사와 신도들의 진언다라니 신앙을 엿볼 수 있는 자료라 할 수 있다.

한편 일제강점기에 간행된 자료집에 의하면,[55] 해주 광석동 오층석탑 옆에 별도로 건립된 석주형 기둥 표면에 불정심인 도상이 새겨졌음을 확인할 수 있다. 석주 하부는 동자형 인물상이 앉아서 머리와 두 팔을 높이 들어 도상을 받치고 있는 형상이다. 불정심인은 굵은 돋을대를 활용하여 표현했으며, 도상의 형태와 조각 기법 등으로 보아 고려 말기나 조선 초기에 새긴 것으로 추정된다.[56] 그리고 평창 상원사 중대 사자암 적멸보궁 뒤편에 작은 석비가 있는데, 앞면에는 5층 목탑형의 보탑, 뒷면에는 불정심인 도상이 새겨져 있다. 이처럼 석비 앞뒷면에 보탑과 불정심인을 각각 새긴 것으로 보아, 두 도상이 동일선상에서 이해되었던 것으로 보인다.[57] 불정심인 도상 하부에는 연화좌가 마련

53 민가에서 유출된 오물 등으로 인하여 석불과 석비가 도괴되자 1977년 12월 13일 도문화재회의에 따라 1978년 1월 14일부터 2월 6일까지 이전 공사가 이루어졌다(崔夢龍, 「光州 十信寺址 梵字碑 및 石佛移轉始末」, 『考古美術』 138·139, 韓國美術史學會, 1978, p.128).

54 범자를 한자로 음사하여 새긴 것으로 碑文은 日照가 번역한 「最勝佛頂陀羅尼淨除業障呪經」을 저본으로 한 것으로 확인되었다(최성렬, 「十信寺址 佛頂尊勝陀羅尼幢 校勘」, 『불교문화연구』 제10집, 남도불교문화연구회, 2003, p.56).

55 仲摩照久 編輯, 『地理風俗』, 日本 新光社, 昭和 5年 9月, p.219.

56 해주 광석동 오층석탑은 고려초기의 양식적 특징을 보이고 있어, 보주형 도상이 새겨진 석주는 석탑보다는 후대인 고려 후기에 건립된 것으로 보인다.

57 엄기표, 「寶珠形 唵(ॐ, oṃ)字 圖像의 전개와 상징적 의미에 대한 試論」, 『선문화연구』 제14집, 한국불교선리연구원, 2013, pp.333~390.

북한 해주 광석동 오층석탑과 불정심인 석주 고려

앞면 뒷면

평창 상원사 적멸보궁 석비 조선, 월정사 중대 사자암

되고, 그 위에는 좌우대칭형의 하엽형 문양이 표현되었다. 도상의 외곽은 일정한 너비의 돋을대가 감싼 형상으로 신령스러운 모습을 취하고 있으며, 불정심인 도상의 사방에는 1자씩 사천왕 종자를 배치하였다. 이러한 표현 기법은 조선시대 간행된 『진언집』의 불정심인 도상들과 친연성을 보인다.[58] 평창 상원사 중대 사자암이 1401년 왕실 원찰로 중창되었으며, 적멸보궁을 구성하고 있는 주요 목재들의 연대를 측정한 결과도 14세기 말 또는 15세기 중반경으로 확인되었다.[59] 이러한 것으로 보아 불정심인과 보탑이 새겨진 석비도 조선 초기인 15세기대에 건립된 것으로 추정된다.[60]

이외에도 조선시대 건립된 여러 석비에 다양한 유형의 범자가 새겨져 있음이 확인되고 있는데, 안성 칠장사 벽응대사비, 양양 영혈사 영암당 출세비, 영천 수도사 진불암 석비, 광주 약사사 입구 산신비, 고성 건봉사의 파손된 석비의 개석, 건봉사 송암당대사비, 건봉사 사적비 등이다. 그리고 근현대기에 건립된 것으로 보이는 공주 공산성의 진남루 입구에 있는 작은 석비에도 범자가

58 이외에도 대구 용연사 석조계단 앞 석등 하대석과 임실 이도리 미륵불상의 대좌 등에도 간략화의 경향을 보이는 불정심인 도상이 새겨져 있다.

59 평창 오대산 중대 적멸보궁에는 박달나무, 전나무, 잣나무 등이 활용되었는데, 연륜 탄소 연대 측정 결과 박달나무는 1290~1330년, 전나무는 1317~1347년, 잣나무는 1470~1650년으로 측정되었다(월정사 성보박물관 제공 「평창 오대산 중대 적멸보궁 수리 및 정비계획」(2019) 자료).

60 權近, 「五臺山獅子庵重創記」(1401년).

새겨져 있다.[61]

안성 칠장사 벽응대사비는 칠장사의 옛 절터에 세워져 있는데, 비신 앞면에 범자-비명-행적을 순서대로 기록하였다. 이 석비는 비신 후면에 새겨진 명문으로 1660년 5월 건립되었음을 알 수 있다. 벽응대사(1576~1657)는 1576년 10월 18일 안성 죽산에서 태어나 활동하다가 말년에 칠장사로 돌아와 제자들을 양성하다가 1657년 4월 21일 칠장사에서 입적하였다. 그러자 문도들이 다비한 후 백색 사리 2과를 얻어 칠장사에 부도를 세워 안장하였으며, 영당을 건립하고 부도가 세워진 좌측에 석비를 세웠다고 한다. 이러한 벽응대사비의 비신 앞면 상부에 좌우로 2중 원형문을 마련하여 그 안에 1자씩 범자를 새겨 좌우로 총 3자를 배치하였다. 가운데 배치된 범자가 조금 크고, 좌우에 배치된 범자는 작은 편이다. 다소 변형된 실담으로 〔hūṃ〕-〔oṃ〕-〔a〕의 삼밀진언을 새겼다. 그리고 양양 영혈사 영암당 출세비는 1760년 4월에 건립된 작은 석비인데, 안성 칠장사 벽응대사비와 마찬가지로 비신 앞면 상부에 3자의 범자를 좌우로 배열했는데, 원형문을 마련하지 않고 표면에 바로 범자를 새겼다. 범자는 서자가 나름의 기교를 가하여 유려한 필체로 썼는데, 향좌로부터 〔baṃ〕-〔ma〕-〔oṃ〕 또는 〔hūṃ〕-〔a〕-〔oṃ〕으로 판독할 수 있을 것 같다. 서자가 어떤 진언다라니를 새겼는지 명확하게 알 수 없지만, 전자라면 종자를 새긴 것으로 보이며, 후자라면 삼밀진언을 의도하여 새긴 것으로 보인다. 다만, 여러 정황으로 보아 삼밀진언을 의도하여 새겼을 가능성이 높은 것으로 추정된다. 그리고 영천 수도사 진불암 석비는 암자로 올라가는 진입로에 부도와 함께 건립되어 있는데, 비신의 앞면에 정법계진언을 새겼다. 암자 입구에 도량을 청정케 하고자 하는 의도가 담긴 것으로 보인다. 또한 광주 무등산 자락에 있는

61 공주 공산성 석비는 현재 진남루 바로 앞쪽의 돌무더기 속에 건립되어 있는데, 돌무더기 한가운데 상징적인 의미로 작게 건립하여 상부에 'oṃ'자를 새기고 아래쪽에 세로로 명문을 음각했다. 명문은 마모와 선각으로 낮게 새겨 판독은 어려운 상태이다. 다만 聖皇이라는 글자가 일부 확인되고 있다.

〔hūṃ〕-〔oṃ〕-〔a〕

안성 칠장사 벽응대사비　조선, 1660.5

양양 영혈사 영암당 출세비　조선, 1760.4

약사사 입구의 산신비 상부에도 범자가 새겨져 있는데, 신성한 의미를 부여하기 위하여 삼밀진언을 새겼다. 공주 공산성 진남루 입구의 돌무더 속에 세워져 있는 석비의 표면에도 〔oṃ〕가 새겨져 있는데, 이 석비는 근현대기에 민간신앙과 연관되어 건립된 범자비로 추정된다.

그리고 고성 건봉사에는 여러 기의 범자가 새겨진 석비가 전하고 있는데, 현재 파손된 것도 있고 원형대로 남아있는 것도 있다. 이 중에 파손되어 개석

영천 수도사 진불암 석비　조선 후기

광주 무등산 약사사 입구 산신비　조선 후기

공주 공산성 진남루 입구 석비　시기 미상

하동 강선암 육자진언 석비　시기 미상

만 남아있는 석비가 있는데, 개석의 앞면에 크고 작은 원형문을 마련하여 그 안에 1자씩 범자를 새겨 넣어 총 3자를 좌우로 배열하였고, 후면에는 1자만 새겼다. 송암당대사비는 1771년 8월에 건립되었으며, 현재 건봉사 부도군에서 아래쪽에 세워져 있다. 이 비는 비신 위에 삼각 형태의 개석을 올려 마무리하였는데, 개석의 앞면에 크고 작은 원형문을 3곳에 마련하여 그 안에 범자를 1자씩 새겨 넣었으며, 후면에는 범자가 새겨질 자리에 태극 문양을 새겼다. 또한 파손된 개석이 있는데, 송암당대사비의 개석과 양식적으로 강한 친연성을 보이고 있으며, 범자를 새긴 방식도 유사하여 비슷한 시기에 건립된 것으로 추정된다. 모두 개석 앞면에 〔pa〕-〔oṃ〕-〔ma〕를 새겼는데, 어떤 진언다라니를 의도하였는지 명확하게 알 수는 없다. 다만 상징성을 높이기 위하여 종자를 배치한 것으로 보인다. 고성 건봉사 사적비는 1906년에 건립되었는데, 비신 상부에 올린 개석의 꼭대기에 연화 받침대를 마련하여 그 위에 보주석을 올렸는데, 보주석의 앞뒷면에 원형문을 마련하여 각각 1자씩 범자를 새겼다. 보주석 앞면에는 〔oṃ〕, 뒷면에는 〔hūṃ〕을 새겨 범자의 신앙성을 강조한 것으로 보인다. 이처럼 조선 후기에 들어와 조선 4대 사찰 중에 하나로서 불교 신앙의 중심지였던 고성 건봉사에 범자가 새겨진 여러 석조물이 조성된 것은

고성 건봉사 송암당대사비　1771.8

[pa]-[oṃ]-[ma]

앞면

뒷면

고성 건봉사 파손된 석비의 개석

고성 건봉사 사적비　1906

앞면 [oṃ]

뒷면 [hūṃ]

당시 밀교 신앙이 널리 유포되어 있었음을 짐작하게 한다.

(6) 마애

인류는 선사시대부터 특정한 조형물에 그림이나 기호, 문자 등을 새겨 무언가를 표현하고, 어떤 사실을 알리고자 하였다. 전형적인 문자 형태의 기록은 아니지만, 석각의 일종인 암각화 등으로 보아 특정한 사실을 전하기 위한 인류의 활동은 오래전부터 다양하게 시작되었다고 할 수 있다. 이처럼 석각은 어떤 사실이나 내용을 알리거나 전하기 위하여 돌의 표면에 문자나 기호 등을 새긴 조형물이라 할 수 있다. 마애불은 암벽 같은 바위 면에 선각이나 돋을새김 기법으로 부처를 비롯하여 불교와 관련된 주제나 내용을 도상으로 새긴 것을 의미한다. 마애불은 삼국시대부터 조성되기 시작하여 예배 대상이 되어왔다. 그런데 불가에서는 부처뿐만 아니라 특별한 의미나 상징이 있는 도상이나 문양도 바위 면에 새겼다. 이러한 도상들은 신앙과 예불의 대상이 되기도 했으며, 수행의 대상이 되기도 했다. 그중에 대표적인 것이 범자나 진언다라니라 할 수 있다.

이중에 전라북도 남원의 승련사(勝蓮寺)에는 주목할 만한 범자 진언다라니 관련 자료가 새겨져 있다. 승련사는 연화산 자락에 자리 잡고 있는데, 원래는 금강사(金剛寺)라는 이름으로 고려시대 창건되었으며, 어느 시기에 승련사로 이름을 바꾸어 조선시대까지 꾸준하게 법등이 유지되었다. 승련사는 관련 기록과 유적 유물 등으로 보아 고려 후기와 조선 초기에 걸쳐 큰 불사가 있었던 것으로 추정되고 있다. 그리고 18세기경에 서서히 퇴락하다가 어느 시기에 폐사된 것으로 전한다.[62] 이러한 연혁을 가진 승련사의 서편 낮은 능선에 큰 바

62 조선 후기 지역별 사찰의 현황을 비교적 잘 전해주고 있는 申景濬(1712-1781년)의 『伽藍考』에는 남원 지역에 勝蓮寺나 金剛寺가 전재되어 있지 않다. 그리고 1799년 각 도에 산재되어 있는 사찰의 존폐와 소재, 연혁 등을 기록한 『梵宇攷』에는 勝蓮寺가 廢寺되었다고 기록되어 있다('勝蓮寺 在萬行山今廢……'(『梵宇攷』, 全羅道, 南原)). 이러한 것으로 보아 승련사는 18세기대에 들어와 서서히 쇠락해 가다가 이유는 알 수 없지만 18세기 말경에 사찰로서의 기능이 상실되거나

위들이 돌출된 형상으로 소나무 숲에 모여 있는데, 바위들이 길다란 형상을 이루면서 이어지고 있어 일명 기차바위라고도 불리고 있다. 이중 앞쪽에 자리잡은 대형 바위의 표면에 범자로 육자진언을 1곳에 새겼으며, 육자진언이 새겨진 바위를 중심으로 좌우의 암벽 3곳에 불정심인 도상을 새겼다.

먼저 육자진언은 실담으로 썼는데, 자획이 분명하고 자체도 상당히 유려한 편인 것으로 보아 범자 진언다라니에 대하여 조예가 깊었던 인물이 썼음을 짐작할 수 있다. 6자로 구성된 육자진언 중에서 〔oṃ〕과 〔hūṃ〕은 다른 범자에 비하여 크게 새긴 것이 특징적이며, 상단의 공점이 분명하게 드러나도록 강조했다. 이는 범자 중에서 가장 상징성이 높은 〔oṃ〕과 〔hūṃ〕에 대한 강조의 표현으로 보인다. 그리고 3개의 불정심인 도상은 표현 기법이나 양식이 유사하고, 크기도 거의 동일한 것으로 보아 같은 도안을 제작하여 조각한 것으로 보인다. 불정심인 도상은 외곽부를 일정한 간격으로 다듬은 다음, 그 안쪽의 원형 도상이 좌우대칭을 이루도록 새겼다. 전체 도상의 하부에는 구름 모양의 낮은 받침대가 있고, 상부는 반타원형의 돋을대가 상부로 올라가면서 체감이 반복되도록 했다. 정상부에는 작은 반원형의 돋을대가 원형의 보주를 받치는 형상으로 표현되었다. 이처럼 불정심인 도상은 외곽을 일정한 너비와 깊이로 다듬은 후, 그 안에 낮은 받침대와 반타원형의 문양을 순차적으로 표현하여 정연한 모습을 취하고 있다. 그런데 불정심인 도상은 외곽에 도상을 감싼 돋을대에 끊긴 부분이 없고, 정연하게 좌우대칭을 이루고 있어, 고려시대보다는 조선시대의 표현 기법을 보여주고 있다.

육자진언은 자비의 상징인 관음보살의 진언으로 한국에서 가장 널리 신앙된 대표적인 진언다라니로 오늘날까지 널리 신앙되고 있다. 그래서 여러 불교미술품에 가장 폭넓게 새겨졌다. 그리고 불정심인은 〔oṃ〕을 형상화한 도상으로 가장 널리 신앙되었던 도상이자 수행의 대상이 되기도 했다. 이 도상은 날

廢寺된 것으로 보인다.

남원 승련사 마애 육자진언과 불정심인이 새겨진 바위 전경과 불정심인

oṃ ma ṇi pa dme hūṃ

남원 승련사 마애 육자진언 조선

장으로 제작된 다라니를 비롯하여 여러 조형물에 새겨졌다. 육자진언과 불정심인 도상을 승련사의 바위 면에 함께 새긴 것은 특정한 사실이나 지식을 전달하기 위한 것이기 보다는 수행과 정진에 따른 진리와 깨달음의 세계를 전달

마애 불정심인 1

마애 불정심인 2와 탁본

마애 불정심인 3

하고자 하는 의도가 있었던 것으로 보인다.[63] 조선시대 들어와 불교계가 위축되었지만 밀교 신앙은 널리 보급되었는데, 이 시기에 불정심인과 육자진언 등 진언다라니에 대한 신앙이 깊었던 밀교 승려가 발원한 것으로 추정된다.

그리고 대구 달성 대견사지에도 바위 면에 불정심인이 새겨져 있다. 이 사찰은 비슬산 정상 가까이에 건립되었는데, 고려 초기에 창건되어 조선시대 법등을 잇다가 어느 시기에 폐사되었다. 사지에는 삼층석탑과 연화대좌를 비롯한 여러 유물이 전하고 있다.[64] 이러한 대견사지는 암벽들이 병풍처럼 둘러싸고 있는데, 이 암벽 중에 돌출된 바위 면에 큼직하게 불정심인 도상을 선각으로 새겼다. 도상은 하부에 연화좌를 마련하였으며, 그 위에 음각선을 일정한 간격으로 표현하여 굵은 돋을대가 감싼 형상처럼 조각하였다. 대견사지에 새

63 엄기표, 「남원 勝蓮寺 마애 범자진언의 조성 시기와 의의」, 『禪文化研究』 제18집, 韓國佛教禪理研究院, 2015, pp.391~440.

64 대견사지 삼층석탑은 기단부와 탑신부의 치석과 양식 수법 등으로 보아 고려 초기에 건립된 것으로 보인다. 따라서 대견사가 늦어도 고려 초기에는 창건되었을 것으로 추정된다. 그리고 『朝鮮王朝實錄』에 1416년과 1423년 관련 기록이 전재되어 있으며, 1900년 영친왕의 즉위를 축하하기 위하여 이재인이 중창하였으나 1909년 폐사되었다고 한다. 또한 2002년 시굴 조사에서 건물지, 초석, 막새편 등이 수습되었는데, 大見寺銘 암막새가 확인되어 寺名을 분명하게 알게 되었으며, 1611년과 1633년 제작 기와편이 확인되어 조선후기에도 중창과 중수가 이루어지면서 법등이 유지되었음을 알 수 있다. 2014년부터 중창 불사가 이루어지고 있다.

대구 달성 대견사지 전경

대구 달성 대견사지 마애 불정심인 전경과 탁본　조선

춘천 청평사 마애 〔oṃ〕　조선

겨진 불정심인은 전체적인 표현 기법과 양식, 사찰의 연혁, 밀교 신앙의 전개 과정 등을 종합적으로 고려할 때 조선 초기에 새겨진 것으로 추정된다. 또한 춘천 청평사 입구 바위 면에는 〔oṃ〕을 크게 각자 하였다. 이곳은 전망 좋은

양산 통도사 자장암 마애삼존상 전경과 범자　조선, 1896.7

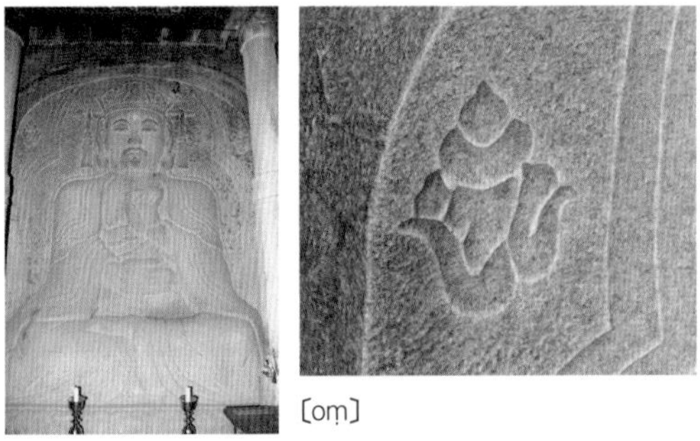

〔oṃ〕

서울 안양암 마애관음보살상　1909.6

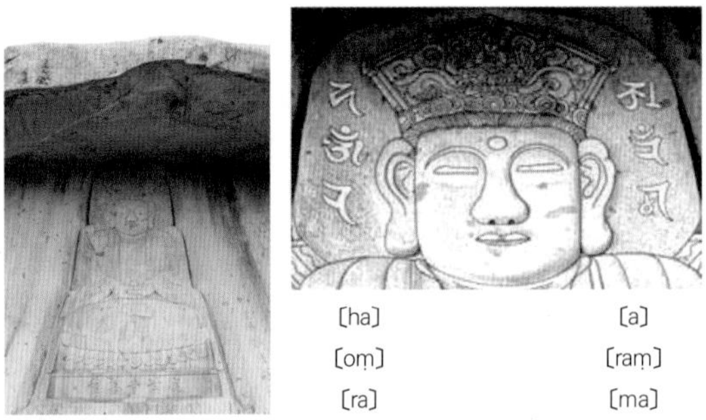

〔ha〕　〔a〕
〔oṃ〕　〔raṃ〕
〔ra〕　〔ma〕

강화 보문사 마애불　1928

곳에 건립된 3층석탑의 아래쪽에 있는 암벽인데, 청평사 경내로 들어가는 입구로 눈에 잘 띄는 곳이기 때문에 사찰이 있음을 알리기 위한 표상적 의미로 〔oṃ〕을 새긴 것으로 보인다.

또한 경상남도 양산 통도사는 산내 암자가 많은데, 그중에 자장율사가 움집을 짓고 수행한 곳으로 전하는 자장암이 있다. 이곳은 자세한 연혁이 전하지 않지만 1870년경 중수되었다고 한다. 이러한 자장암의 동쪽 암벽에 삼존 형식으로 마애불이 조성되어 있는데, 본존불은 크게 선각으로 조각한 여래 좌상이며, 좌우에는 소형의 보살 입상을 협시불로 배치하였다. 이 마애불은 명문에 의하여 1896년 7월에 조성되었음을 알 수 있는데,[65] 본존불의 두광 좌우에 〔oṃ raṃ〕의 정법계진언을 새겼으며, 두광의 외곽에는 란차로 〔oṃ〕을 새겼다. 그리고 본존불을 중심으로 오른쪽의 보살 입상 상부에는 7자로 구성된 범자 진언다라니를 상하로 배열하였다. 이것은 마애불에 대한 공덕과 공양의 의미를 더하기 위하여 새긴 것으로 보인다. 이외에도 1909년 6월에 조성된 서울 안양암 마애관음보살상의 두광 좌우에는 범자 중에서 가장 상징성이 높은 〔oṃ〕을 새겼으며, 1928년 조성된 강화 보문사 마애불의 불두 좌우에도 정법계진언과 사방불진언을 배열하여[66] 범자 진언다라니가 꾸준하게 새겨졌음을 알 수 있다.

(7) 기타

양산 통도사의 금강계단은 넓게 가구식 기단을 마련하여 그 위에 석종형의 사리탑을 올렸다. 불가에서 계단은 계법을 설법하거나 승려들의 수계의식을 거행하는 성스러운 영역이었다. 이러한 수계의식은 삼국시대 이래 전국의 여러 사찰에서 이루어졌는데, 고려시대에는 일반적으로 승려가 소속한 종파나 출가한 사찰에서 시행되었다. 관련 기록에 의하면, 고려시대에는 보원사, 복천사, 화엄사, 통도사, 장곡사, 가야산갑사, 영신사, 해인사, 장의사, 법천사, 흥국사, 영통사 등에 수계의식을 할 수 있는 계단이 있었다고 한다. 그런데 현재는 대부분 사라지고, 양산 통도사 금강계단와 김제 금산사 방등계단 정도가 남아 있다. 그리고 북한에 소재한 불일사지에도 일제강점기까지 파손된 계단이 전해지고 있었다. 이 중에 금산사 방등계단은 신라 시대 진표율사에 의하여 조성된 이후 고려시대 혜덕왕사가 금산사 주지로 부임하여 가람의 면모를 일신

65 보살 입상 주변에 '聖上卽位三十三年丙申七月日 化主古山定一', '張雲遠 朴英淳 李善炯 丁泰燮 金弘祚 金翼來'라는 명문이 새겨져 있다.

66 이주민, 「일제강점기 강화 보문사 마애관음보살좌상 연구」, 『문화재』 53, 국립문화재연구소, 2020.

김제 금산사 방등계단

양산 통도사 금강계단

할 때 중수하여 오늘날까지 전해지고 있다. 이러한 금산사 방등계단에서 범자 진언다라니는 확인되지 않고 있다.[67]

양산 통도사 금강계단은 『삼국유사』에 의하면, 신라 선덕왕 때인 646년 자장이 석가여래의 두 개 골과 치아, 불사리 100립, 부처님이 입으시던 가사 한 벌을 당나라로부터 가지고 왔는데, 당시 사리를 삼분하여 황룡사탑과 태화탑에 봉안하고, 나머지는 가사와 함께 통도사 계단에 봉안했다고 한다. 금강계단은 단을 2급으로 쌓았는데 윗부분에 솥과 비슷한 뚜껑 돌을 마련했다고 한다.[68] 이처럼 통도사 금강계단은 646년 신라 자장율사가 중국에서 진신사리를 가져와 황룡사, 태화사, 통도사 3곳에 나누어 봉안한 장소 중에 하나로 특별히 계단을 조성하여 불사리와 가사를 봉안했음을 알 수 있다. 이 중에서 황룡사와 태화사는 오래전에 폐사되었지만, 통도사 금강계단은 고려와 조선시대의 여러 내우외환에도 오늘날까지 비교적 잘 남아있는 상태이다.

이처럼 양산 통도사 금강계단은 신라시대 처음 조영된 이후 고려시대 들어와 1235년 상장군 김리생(金利生)과 시랑 유석(庾碩)이 석종을 들어 사리에 참

67 金映遂,「通度寺之戒壇에 就하여」,『一光』第4號, 1933. / 張忠植,「韓國 石造戒壇考」,『佛教美術』4, 東國大學校 博物館, 1979. / 洪潤植,「金山寺의 伽藍과 彌勒信仰」,『馬韓·百濟文化』第9輯, 馬韓·百濟文化研究所, 1986.

68 『三國遺事』卷 第3, 塔像 第4, 前後所將舍利.

배하였고, 사리함이 일부 파손되어 새롭게 수정함을 제작하여 안치했다고 한다. 양산 통도사의 진신사리는 중국과 일본에까지 널리 알려져 있었는데, 고려 말기인 1377년 왜적이 통도사에 침입하여 사리를 약탈하려고 시도했으나 스님들의 강력한 저지로 뜻을 이루지 못했다고 한다.[69] 그 이후에도 여러 번 왜적이 침입하여 사리 약탈을 시도했으나 모두 실패로 끝났다. 그런데 1592년 임진왜란으로 수많은 사찰이 소실되거나 약탈될 때 양산 통도사도 약탈의 대상이 되었는데, 당시 사명대사가 통도사의 사리를 금강산에 머물고 있는 서산대사에게 보내어 지켜냈다고 한다.[70] 서산대사는 분사리하여 묘향산 보현사 등에 모시고, 나머지는 원래의 장소인 양산 통도사로 보내어 다시 봉안하게 했다. 그러나 얼마 후 왜군들에 의하여 통도사의 사리가 약탈당하여 일본 땅으로 넘어갔다. 그런데 당시 전쟁 포로로 일본에 가 있던 옥백거사가 통도사의 사리를 가지고 돌아와 1603년 통도사의 금강계단을 중수한 후 다시 봉안했다고 한다. 이후 1645년에는 우운당이 금강계단 일부를 보수하였으나[71] 원래의 모습이 아니어서, 1652년 정인 스님 등이 시주를 받아 원래의 모습대로 중수하였다고 한다. 그리고 1705년에는 계파당 등이 힘을 모아 중수하였는데, 첫 번째 함에는 3색 사리 4매와 사명대사가 친견한 사리 1매, 두 번째 함에는 2촌 가량의 불치아 사리 1매, 세 번째 함에는 2~3촌 되는 정골과 손가락 사리를 봉안했다고 한다. 또한 패엽경문을 그 가운데 안치하고 돌로 덮었다고 한다. 사리함은 뚜껑돌로 덮고 그 위에 연화대석을 올렸으며, 다시 석종을 올렸다. 그리고 계단의 사방과 네 귀퉁이에 팔부중상을 세웠다고 한다.[72] 현재 일부 남아있는 고식 수법의 팔부중상이 1705년 조성된 것임을 알 수 있다. 다시 백여 년이 흐른 1823년에 홍명 범관이 금강계단을 중수하였는데, 계단의

69 李穡(1328~1396) 撰, 「梁州通度寺釋迦如來舍利之記」(『東文選』 73卷).

70 淸虛 休靜, 「裟婆教主釋迦世尊金骨舍利浮圖碑」.

71 友雲堂 眞熙, 「順治壬辰重修記」.

72 敏悪 撰, 「裟婆教主戒壇源流綱要錄」. / 蔡彭胤(1669~1731) 撰, 「裟婆教主釋迦世尊金骨舍利浮圖碑」.

가로 세로를 똑바로 맞추어 틈새를 봉합하고, 등롱 1좌를 세웠다고 한다.[73] 현재 계단 정면에 건립한 석등이 이때 세워졌음을 알 수 있다. 1838년에는 표충원 등에서 필요한 재원을 모아 계단의 탑을 중수하였으며, 1872년에도 구봉지화가 재화를 모아 사리탑을 보수하였다고 한다.[74] 이와 같은 내용으로 보아 통도사 금강계단이 조선 후기에도 지속하여 중수되었음을 알 수 있다. 그리고 1911년 금강계단이 다시 중수되었는데, 계단 주변에 난간을 두르고, 정면에 아치형 석문을 개설하였으며, 석등과 배례석 등이 새롭게 건립되었다고 한다.[75] 이처럼 통도사 금강계단은 관련된 기록들과 현존하는 부재들의 치석 수법 등으로 보아 신라시대 창건된 이후 일제강점기까지 여러 번에 걸쳐 중수가 이루어졌음을 알 수 있다.

| 표 양산 통도가 금강계단의 창건과 중수

구분	연대	화주	관련문헌	비고
초창	646(신라 선덕왕 15)	慈藏律師	三國遺事	一然 編纂
1중수	1235(고려 고종 22)	金利生/庾碩	通度寺誌	通度寺 編纂
2중수	1379(고려 우왕 5)	月松大師	梁州通度寺釋迦如來舍利之記	『東文選』73卷
3중수	1603(조선 선조 36)	儀靈大師	娑婆教主釋迦世尊金骨舍利浮圖碑	淸虛 休靜 撰
4중수	1645(조선 인조 23)	友雲堂 眞熙	順治壬辰重修記	友雲堂 眞熙 撰
5중수	1652(조선 효종 3)	淨仁大師	通度寺誌	通度寺 編纂
6중수	1705(조선 숙종 31)	桂坡堂 性能	娑婆教主戒壇源流網要錄	敏悟 撰
7중수	1743(조선 영조 19)	山中諸德	通度寺誌	通度寺 編纂
8중수	1823(조선 순조 23)	鴻溟禪師	通度寺石鍾記	月荷 戒悟 撰
9중수	1838(조선 헌종 4)	山中諸德	佛宗刹略史	通度寺 編纂
10중수	1872(조선 고종 9)	九鳳和尙	佛宗刹略史	通度寺 編纂
11중수	1911	山中諸德	通度寺誌	通度寺 編纂

73 月荷 戒惡(1773~1849), 「通度寺石鍾記」.

74 通度寺 編纂, 「佛宗刹略史」(1911年 編纂).

75 『通度寺誌』, 亞細亞文化社, 1978. / 韓國佛教硏究院, 『通度寺』, 韓國의 寺刹 4, 一志社, 1982. / 文明大, 「通度寺 石造金剛戒壇의 硏究」, 『通度寺 大雄殿 및 舍利塔 實測調査報告書』, 通度寺, 1997. / 한상길, 「조선시대 통도사의 사리신앙」, 『韓國佛教學』 第80輯, 한국불교학회, 2016.

양산 통도사 금강계단의 범자

현재 통도사 금강계단의 기단부는 2층의 평면 사각형으로 구성되었고, 그 위에 사리가 봉안된 석종을 올린 구조이다. 계단 외곽부에 마련된 석난간은 일제강점기 이후에 새롭게 설치된 것이고, 넓게 구성된 1층의 기단부도 조선 후기에 들어와 대대적인 중수가 이루어진 것으로 추정된다. 지금도 1911년 중

| 표 양산 통도사 금강계단과 범자

오륜종자	 〔aṃ〕	 〔vaṃ〕	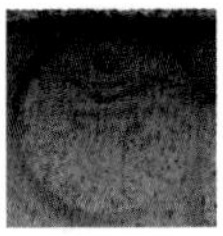 〔raṃ〕	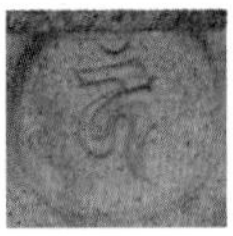 〔haṃ〕	 〔khaṃ〕	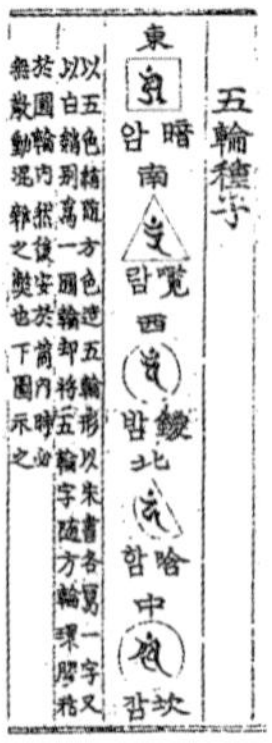	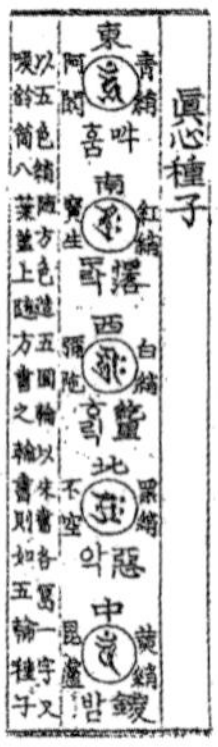
	동면 오른쪽	정면 오른쪽	서면 오른쪽	북면 오른쪽	정면 왼쪽		
진심종자	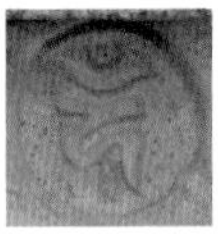 〔hūṃ〕	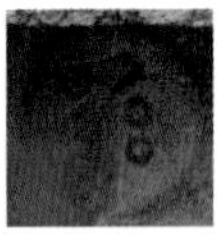 〔trāḥ〕	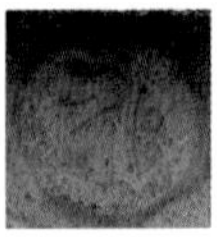 〔hrīḥ〕	 〔aḥ〕	 〔vaṃ〕	오륜종자	진심종자
	동면 왼쪽	정면 오른쪽	서면 왼쪽	북면 왼쪽	정면 왼쪽	『조상경』 (1824.6, 금강산 유점사)	

수되면서 기단부 부재들 중 재사용이 어려운 부재들이 파기되어 금강계단 주변의 담장 옆에 방치되어 있다. 그리고 조각상과 함께 범자 진언다라니가 새겨진 하층의 판석형 면석들은 통도사 금강계단의 연혁과 양식 등으로 보아 조선 후기에 금강계단에 대한 대대적인 중수가 이루어졌을 때 새롭게 보강된 것으로 추정된다.[76] 현재 하층의 계단 정면은 한가운데를 중심 하여 좌우 2매의 면석 상부에 범자가 새겨져 있고, 좌우와 후면에는 한가운데 배치된 면석의 상부에 범자가 새겨져 있다. 이처럼 각 면석에는 한가운데 부조상을 배치하고, 부조상을 중심으로 상부 좌우에 각각 1자씩 음각하여 총 2자를 새겼다. 그래서 범자 진언다라니는 각 방향이 한 쌍을 이루어 5자의 오륜종자와 진심종자가 구성되도록 하였다.

고성 건봉사에도 명확한 건립 시기는 알 수 없지만 범자와 함께 독특한 문

76 한정호·김지현, 「통도사 금강계단의 변천과 浮彫像의 도상 고찰」, 『新羅文化』 第50輯, 동국대학교 신라문화연구소, 2017, pp.213~244.

높이 172cm

〔oṃ〕

〔dme〕〔a〕

〔ra〕〔hā〕

고성 건봉사 석주　시기 미상, 탁본 관동대학교 박물관

양이 새겨진 석주형 석비가 여러 기 세워져 있다. 이 중에는 『한국불교전서』 10권에 전재된 「정진도설」의 보시(布施), 지계(持戒), 인욕(忍辱), 정진(精進), 선정(禪定), 지혜(智慧), 방편(方便), 원(願), 역(力), 지(智)를 의미하는 문양이 새겨진 석주형 석비도 있다. 그리고 원형문 안에 범자와 함께 다양한 문양이 함께 새겨진 석주도 있는데, 전체적인 형태가 사각형 기둥이고 꼭대기에 옥개형 개석이 올려져 있어 일본식 석비 양식을 보이고 있다. 이러한 것으로 보아 근대기에 세워진 것으로 추정된다. 이중에 적멸보궁으로 올라가는 진입로 좌우에 2개의 석주가 세워져 있는데, 표면에 연화문을 비롯한 여러 문양과 함께 범자가 새겨져 있다. 석주에는 '용사활지(龍蛇活地)', '방생장계(放生塲界)' 등의 명문과 함께 원형문 안에 〔oṃ〕, 〔dme〕-〔a〕, 〔ra〕-〔hā〕, 〔ma〕-〔ruṃ〕 등이 새겨져 있다.[77] 여러 종자를 배치한 것으로는 보이지만 서자가 어떤 의도로 이런 범자를 새겼는지는 명확하게 알 수 없다.

이상에서 고려와 조선시대 들어와 범자 진언다라니가 다수의 석조물에 새겨졌음을 알 수 있다. 다만, 통일신라 시대에도 범어로 된 경전과 함께 밀교

77 東亞細亞梵字研究會, 「韓國梵字資料調査(2011~2012年調査)」, 『歷史考古學』 第69號, 歷史考古學研究會, 2014, p.37.

신앙이 전래하였던 것으로 보아 범자 진언다라니가 새겨진 석조물이 건립되었을 가능성도 있지만 현재까지는 확인되지 않고 있다. 현존하는 편년 가능한 석조물 중에서 범자 진언다라니가 처음 새겨진 사례는 1027년 건립된 용천 성동리 석당이다. 이외에도 고려시대 수도가 있었던 개성 지역에 여러 기의 석당이 전해지고 있다. 이러한 다라니 석당은 중국에서는 당나라 때 본격적으로 건립되기 시작하여 요대와 송대에도 성행하였는데, 이러한 영향을 받아 고려 사회에서도 공덕을 쌓기 위하여 석당을 세웠던 것으로 보인다. 현존하는 유물로 보아 범자 진언다라니가 석조물에 새겨진 것은 11세기 초반경부터라고 할 수 있다.

그리고 고려와 조선시대의 석조물에서 범자 진언다라니는 석당, 불탑, 부도, 석비 등을 중심으로 새겨졌다. 고려시대는 석당이, 조선시대에는 부도와 석비가 주류를 이루었다. 특히 조선시대에는 부도의 표면에 범자 진언다라니가 많이 새겨졌다. 이는 부도가 입적한 승려를 위한 추모적인 성격의 묘탑적 기념물이라는 점과 관련이 있는 것으로 추정된다. 조선시대 부도 중에서 여주 신륵사 팔각부도를 제외하고 대부분 조선 후기에 건립되었는데, 팔각당형 양식은 탑신석, 석종형 양식은 석종의 상부, 원구형 양식은 중대석의 표면에 범자 진언다라니가 많이 새겨지는 특징을 보인다. 당시 범자 진언다라니는 입적한 승려의 추복과 극락왕생을 염원하려는 의도를 가지고 새긴 것으로 보인다.

또한 범자 진언다라니는 17~18세기대의 석조물에 많이 새겨졌다. 조선 후기에는 석조물뿐만 아니라 목조건축, 기와, 동종, 불화 등 다양한 불교 미술품에 범자 진언다라니가 새겨지거나 표현되었다. 조선 후기는 임진왜란과 정유재란 등으로 인하여 현실적으로 어려운 시기였으며, 불교에 대한 인식이 호의적으로 변화하면서 전국적으로 많은 사찰의 중창 불사가 이루어졌다. 그리고 현실 기복적인 성격이 강한 밀교 신앙이 민간을 중심으로 폭넓게 확산하였다. 또한 밀교 관련 경전인 『진언집』의 간행과 보급에 따라 일반 신도들도 범자 진언다라니를 용이하게 접할 수 있게 되었다. 그러면서 영험하고 신비한 것으로 인식된 범자 진언다라니에 대한 신앙이 형성되면서 석조물에도 많이 새겨지게 된 것으로 추정된다. 현재 고려와 조선시대의 석조물에 새겨진 범자 진언다라니를 명확하게 파악하기 힘든 경우도 있지만, 종자진언과 불정심인을 비롯하여 정법계진언, 삼밀진언, 법신진언, 육자진언, 준제진언 등이 확인되고 있다. 이외에도 대불정다라니와 불정존승다리니를 새긴 석비도 있다. 이처럼 고려와 조선시대 석조물에는 다양한 유형의 범자 진언다라니가 새겨진 것으로 파악되고 있다.

조선시대 들어와 범자 진언다라니에 대한 신앙은 종교적이고 상징적인 의미가 내재된 것이기도 했지만 현실에서 기복적인 종교 행위의 일종으로도 인식되었다. 즉, 범자 진언다라니는 수행을 용이하게 하여 성불에 이르게 하는 신앙의 대상이기도 하지만, 건강과 수명, 기복과 벽사의 성격 등 현세 기복적인 성격이 강한 상징 문자이자 경문으로도 이해되었다.[78] 나아가 범자 진언다라니는 어려운 불경의 내용을 쉽게 전달하고, 불도들의 기원이나 복을 비는 성격도 있었다. 그래서 조선시대 석조물에 새겨진 범자 진언다라니는 크게 두 가지 측면을 가지고 있었다고 할 수 있다. 첫 번째는 석조물을 장엄적으로 보이게 하는 문양적인 측면이고, 두 번째는 기호화된 문자로서 상징적인 의미가 내재되어 있어, 수행이나 관법의 대상이었다는 불교사상적인 측면이다. 특히, 불교사상적인 측면은 범자 진언다라니가 종교적인 인어로서 예불과 수행의 대상으로서 중요한 역할을 했고, 종교적 염원이나 세속적 기원을 상징하는 것으로도 인식되었음을 시사한다.

78 金容煥, 「佛教의 眞言에 관한 연구」, 『湖西文化研究』 제10집, 충북대학교 호서문화연구소, 1992, p.232.

8. 불상과 복장물

불상은 고대 인도의 범어로 'Buddha-Prattima'이다. 'Prattima'는 모방을 의미하는 동사에서 유래한 것으로 '상(像)'이라는 뜻이 있다고 한다. 그래서 불상은 출가하여 수행을 거듭한 뒤 스스로 진리를 깨달은 부처의 모습을 인간적인 형상으로 조각한 것이라 할 수 있다. 이러한 불상은 진리와 자비를 상징하기도 하고, 신앙의 대상이 되기도 하였다. 그리고 불상은 금, 은, 동, 돌, 흙, 종이, 철 등 지역에 따라 여러 재료로 제작하였으며, 부처를 표현한 여래상을 포함하여 부처를 보좌하거나 대신하는 보살상, 수호신인 신장상, 고승을 조각한 조사상 등 다양하다. 또한 일정한 의례를 거쳐 몸 안에 복장물을 봉안했을 때, 생명력을 부여받고 신앙과 예배의 대상물로서 상징적인 의미를 갖게 된다.

불상의 몸 안에 복장물을 봉안하는 것이 언제부터 행해졌는지는 알 수 없지만 고대 인도에서부터 기원한 것으로 추정되고 있다. 고대 인도 사람들은 탑과 불상 등을 조성하여 그 안에 사리와 함께 복장물을 넣음으로써 생명력이 부여되어 예배와 신앙의 대상이 될 수 있다고 믿었다. 또한 신도들은 귀중한 물건들을 복장물과 함께 시주하여 봉안함으로써 부처님에 대한 공양과 공덕을 높이는 방편으로 인식하였다.[1] 특히, 불상의 몸 안에 복장물을 봉안하는 것은 대승불교의 발전과 함께 밀교 신앙에 따른 의례가 성행하면서 본격화한 것으로 추정하고 있다. 복장물을 봉안한 불상은 종교적인 차원에서 신비스럽고 초월적인 존재로 인식되었고, 신앙적인 차원에서는 영험하고 기복적인 예불의 대상이 되었다.

이처럼 불상에 복장물을 봉안하는 것은 중요한 의례이자 신앙 행위가 되었으며, 불교 신앙과 함께 여러 지역으로 전파하였다. 중국은 당나라 때부터 불상의 몸 안에 복장물을 봉안한 것으로 전하고 있다. 그러나 실물 자료가 남아

1 이선용, 「불복장의 현황과 구성」, 『韓國의 佛腹藏』, 수덕사근역성보관, 2004, p.286.

있지 않다. 다만 불궁사(佛宮寺) 석가탑에 봉안된 요나라 불상, 북송 때인 985년 조성된 석가여래입상[2] 등에서 여러 경전과 함께 복장물이 출토되어 오래전부터 봉안했음을 알 수 있다. 이 중에 일본 경도 청량사에 있는 북송 때의 석가여래입상에서 출토된 복장물의 표면에 범자로 종자가 새겨져 있다. 그리고 일본은 오래전부터 밀교가 성행하면서 나라시대 이후의 여러 불상에서 복장물이 확인되고 있는데, 비교적 이른 시기의 사례로는 당초제사(唐招提寺) 금동약사여래입상이 있다. 그리고 한국은 통일신라시대인 766년 조성된 산청 내원사의 석남사 비로자나불좌상에서 납석으로 제작된 항아리를 마련하여 그 안에 복장물을 봉안한 것으로 확인되었는데, 현재까지 동아시아에서 가장 이른 시기의 사례라 할 수 있다. 이처럼 동아시아 삼국은 8세기경부터 불상 조성 시에 복장물을 봉안했던 것으로 확인되고 있지만, 그것이 일정한 의식과 절차에 의한 전형적인 복장물인지에 대해서는 다소 이견이 있다.[3]

산청 내원사의 석남사 비로자나불좌상　766

중국 북송 석가여래입상과 복장물　985, 일본 경도 청량사(淸凉寺) 소장, 山田恒史 發行, 『日本の國寶』, 朝日新聞社, 1997.[4]

2 이 불상은 일본 승려 奝然이 985년 7월 21일부터 중국 台州 開元寺에서 석가여래입상을 제작하기 시작하여, 8월 5일 五臟模型을 만들었으며, 8월 7일 佛牙와 함께 釋迦瑞像을 安立하였으며, 987년 7월 九州에 도착한 후 현재의 淸凉寺에 봉안했다고 한다(娛健夫, 「淸凉寺釋迦立像像內安立」, 『日本の美術』 NO 513, 至文堂, 2009, pp.18~21).

3 정은우·신은제 지음, 『고려의 성물 불복장』, 경인문화사, 2017, p.30.

4 山田恒史 發行, 『日本の國寶』, 朝日新聞社, 1997.

중국 불궁사(佛宮寺) 석가탑(요, 1056) 불상

고려시대 복장물 봉안과 관련하여 이규보(1168~1241)가 편찬한 『동국이상국집』의 「낙산관음복장수보문병송」에 의하면, 낙산사 관음보살상 복장물을 오랑캐들이 무지하게 노략질을 하여 안타까워, 나중에 심원경 2개, 오향, 오약, 색사(色絲), 금낭(金囊) 등 여러 물건을 갖추어 다시 복중에 채워 완전히 복구하여 손색이 없게 하였다고 한다.[5] 이러한 것으로 보아 고려시대에는 어느 정도 복장물 봉안이 일반화되었음을 알 수 있다. 한편 샤를 바라(Charles Louis Varat, 1842~1893)는 그의 저서 『조선종단기』에서 불상의 복장물 관련하여 재밌는 기록을 남겼다. 그 내용은 사찰에 들어가면 나무로 만든 부처의 상을 볼 수 있으며, 부처의 상에 들어있는 물건들을 꺼내어 보았는데, 그 안에서 발견한 자그마한 구리함(후령통) 속에 신의 장기를 상징하는 희귀한 조각들이 5~6개씩 담겨 있었다. 또한 향료와 곡식 낟알, 한자와 한글, 티베트어 등으로 염불이 적힌 종이도 여러 장 발견하였다. 심지어는 염불이 빼곡히 적힌 책이 통째로 들어있었던 적도 몇 번 있었다. 그중에서 가로 40cm, 세로 25cm의 책 한 권이 눈길을 끄는데, 온통 먹지 위에 금박을 입힌 그림과 글씨로 보기 드물게 세련된 솜씨로 수놓아져 있었다. 거기에 책을 만든 예술가와 증여자의 이름, 책이 기증된 사찰의 명칭이 친필로 쓰여 있었다고 하였다.[6] 어느 불상인지는 알 수 없지만 경전과 후령통, 각종 다라니 등 다양한 품목이 복장물로 봉안되었으며, 이것을 신비스럽게 인식하였음을 알 수 있다.

---

5 『東國李相國集』 제25권, 잡저.

6 샤를 바라, 샤이에 롱 지음, 성귀수 옮김, 『조선기행 -백여년전에 조선을 둘러본 두 외국인의 여행기』, 서울 눈빛, 2001, p.74.(재인용)

우리나라에서 일정한 의례에 따라 복장물이 봉안된 실물 자료는 고려시대의 불상에서부터 확인되고 있으며, 비교적 전형적인 복장물 사례는 고려 후기의 불상에서부터 보이고 있다.[7] 현재 복장물이 확인된 대표적인 고려시대 불상은 봉화 청량사 건칠약사여래좌상(고려초), 안동 보광사 목조관음보살좌상(13세기), 서울 개운사 목조아미타여래좌상(1274년 이전), 문경 대승사 금동아미타여래좌상(1301년경), 온양민속박물관 소장 목조아미타여래좌상(1302년), 대구 개인 소장 천수관음상(1322), 서산 부석사 금동관음보살좌상(1330), 국립중앙박물관 소장 금동아미타여래삼존상(1333), 청양 장곡사 금동약사여래좌상(1346), 서산 문수사 금동아미타여래좌상(1346년), 화성 봉림사 목조아미타여래좌상(1346년 개금), 삼성미술관 리움 소장 은제아미타여래삼존좌상(1383), 광주 자운사 목조아미타여래좌상(1388년 중수), 서울 수국사 목조여래좌상(1389년 개금), 통영 안정사 금동여래좌상, 국립중앙박물관 소장 목조관음보살좌상(13세기), 안성 청원사 건칠아미타여래좌상 등이다. 이외에도 고려시대 불상으로 사리원 성불사 금동관세음보살(1240), 영변 서운사 미륵보살상(1345), 평양 대성산 아미타삼존불상, 합천 해인사 목조비로자나불좌상 등이 알려져 있다. 이러한 사례들로 보아 우리나라에서 복장물 봉안은 고려 후기에 일정한 법식과 의례가 어느 정도 체계화되었던 것으로 파악된다.

고려시대의 복장물은 여러 유형이 있지만, 일반적으로 황색보자기로 싼 팔엽통, 목 부위에 봉안되는 후령통(喉鈴筒), 동제 방울, 발원문, 경전과 다라니, 직물, 복식류, 장신구 등의 각종 공양품으로 구성되었다. 이러한 복장물은 온양민속박물관 소장 아미타여래좌상(1302년), 서산 문수사 금동아미타여래좌상(1346), 통영 안정사 금동불좌상 등에서 확인할 수 있다. 이 중에 온양민속박물관 소장 아미타여래좌상(1302)은 다양한 복장물과 함께 발원문이 수습되었는

7 한편 오늘날 고려와 조선시대 조성된 불상에서 많은 복장물이 발견되고 있지만, 전체 불상의 수량에 비해서는 극히 적은 수량이라 할 수 있다. 그 이유는 신앙의 대상물인 불상의 복장물 조사를 꺼리는 이유도 있지만, 도난 또는 분실된 경우가 많기 때문이다.

데, 당시 개인과 가문의 복과 해탈 등을 위하여 불상을 조성하였으며, 후원자로 광산 김씨, 안동 김씨, 문화 유씨 등이 등장하고 있어 안동지역의 종가에서 후원하였을 가능성이 높은 것으로 추정되었다.[8] 이 불상에서는 옷과 직물류, 다양한 범자 진언다라니와 만다라, 사경과 인경 등이 수습되었다. 이중에는 후령통의 기능을 가진 은제합이 출토되었는데, 몸체 측면과 뚜껑 상면에 범자로 진언다라니를 주서하였다. 그리고 서산 문수사 금동아미타여래좌상은 진경스님을 비롯하여 불심을 가진 사람들이 참여하여 무진관음행을 닦아 부처의 보리심을 얻고자 조성하였다고 한다. 이 불상에서는 종이에 인쇄된 진언다라니와 함께 다양한 복장물이 수습되었는데,[9] 그중에 팔엽통으로 마련된 목제합의 안쪽 면 바닥에 진심종자를 범자로 주서하였으며, 별도의 종이로 제작한 「봉잠지대(封箴紙帶)」 겉면에도 아미타불 종자(hrīḥ)가 주서되어 있어, 고려시대의 복장물에 여러 종자와 진언다라니가 범자로 새겨졌음을 알 수 있다.

그리고 국립중앙박물관 소장 목조관음보살좌상은[10] 소나무와 전나무를 주요 재료로 하여 13세기경에 조성한 것으로 추정되고 있는데, 이 불상에서도 오보병(五寶甁)과 오방경(五方鏡)을 비롯한 다양한 복장물이 수습되어, 당시 복장물의 납입 방식과 봉안된 다라니의 유형 등을 알려주고 있다. 이중에 오보병에서 진심종자와 오륜종자를 범자로 새긴 직물편이 여러 점 발견되었는데, 1자씩 방위에 해당하는 오방색을 활용하였다. 또한 해인사 대적광전에 봉안된 금동관음보살상과 금동지장보살상은 발원문에 의하면, 1336년 발원하여 1351년까지 16년간 많은 후원자가 참여하여 조성한 것으로 확인되었다. 이 불상들도 시주자들이 공양과 공덕을 쌓고자 다양한 종류의 복장물을 봉안하였는데, 그중 팔엽통 몸통에 사방주진언이 새겨졌으며, 뚜껑의 상면에는 한

8 許興植, 「佛腹藏의 背景과 1302년 阿彌陀佛腹藏」, 『高麗의 佛腹藏과 染織』, 계몽사, 1999, p.116.
9 수덕사 근역성보관, 『至心歸命禮 -韓國의 佛腹藏 특별전』, 2004.
10 이 불상은 일제강점기 이왕가박물관에서 구입한 것으로 전해지고 있다(국립중앙박물관, 『국립중앙박물관 소장 목조관음보살좌상(덕수953) 조사 보고 Ⅰ』, 2014).

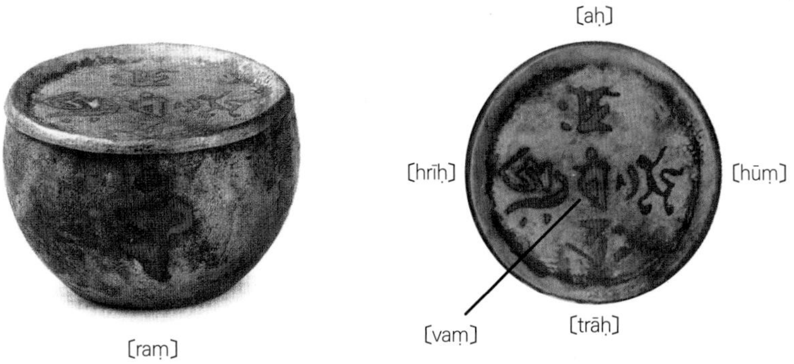

은제합과 뚜껑 상면의 금강계오불 종자

온양민속박물관 소장 아미타여래좌상　고려, 1302

주서된 진심종자

〔hrīḥ〕

목제합 팔엽통과 「봉잠지대」

서산 문수사 금동아미타여래좌상　고려, 1346, 수덕사 근역성보관

가운데에 〔vaṃ〕을 중심으로 진심종자를 주서하여, 고려 후기 범자 진언다라니의 사용 사례를 보여주고 있다.

조선시대에는 고려시대의 복장물 구성 품목과 의례 등을 계승하면서도 부분적인 변화가 있었다. 특히, 조선시대는 임진왜란을 전후한 전기와 후기가 상당히 다른 양상으로 전개되었다. 먼저 조선 전기에는 불상 조성이 많지 않아 구체적인 양상을 파악하기는 힘들지만 고려 후기의 복장물 구성과 의례를 계승하면서 부분적으로 새로운 요소들을 반영한 것으로 파악되고 있다. 그런데 조선 후기에는 불교 신앙이 부흥하면서 전국에 걸쳐 불상 조성이 크게 성행하게 된다. 그에 따라 불상의 복장물 구성과 의례를 체계화한 『조상경』 등

[hrīḥ]

[trāḥ]

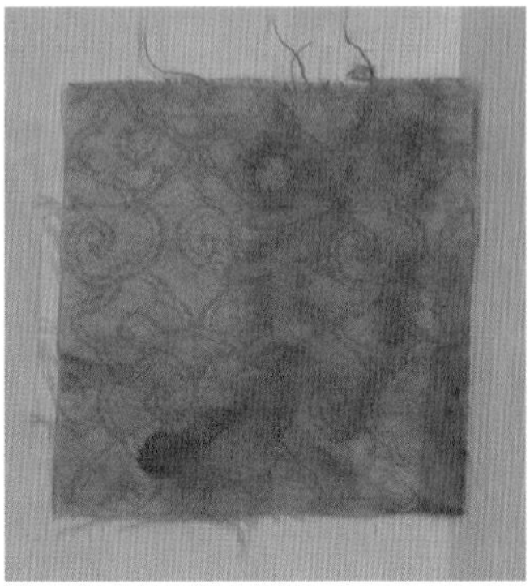

[raṃ]

[vaṃ]

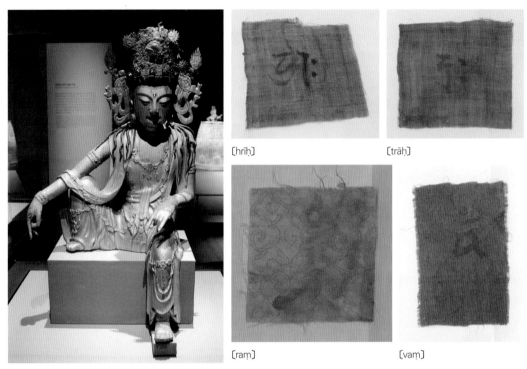

목조관음보살좌상과 범자가 새겨진 직물과 범자　고려, 국립중앙박물관, 덕수 953

여러 관련 경전이 보급되면서 복장물의 품목을 비롯하여 그것을 봉안하는 절차와 의례 등이 정례화되었다고 할 수 있다. 조선시대 불상 중에서 복장물이 출토된 대표적인 사례로 영주 흑석사 목조아미타불좌상(1458), 평창 상원사 문수동자상(1466), 고산사 목조여래좌상(1543), 목포 달성사 지장보살상과 시왕상(1565), 완도 관음사 목조보살좌상(1569), 목포 달성사 아미타삼존불(1678), 익산 혜봉원 목조여래좌상(1713), 양구 심곡사 목조아미타삼존불상(1716) 등이 있다. 이외에도 조선시대 상당량의 불상에서 복장물이 확인되었다.

조선시대 들어와 복장물에서 핵심적인 품목인 팔엽통이 후령통으로 바뀌며, 후령통의 몸체는 원통형으로 변하고, 뚜껑에 실을 빼는 긴 관이 생겨났다.[11] 그리고 공양이나 공덕을 쌓기 위하여 낱장으로 필사하거나 인쇄한 여러 유형의 진언다라니를 봉안하였다. 또한 여러 종자와 범자로 구성된 진언다라

진심종자

해인사 대적광전 금동관음보살상의 팔엽통과 범자　고려

사방주진언

해인사 대적광전 금동지장보살상 팔엽통과 범자　고려

니가 복장물에 새겨졌다. 이와 관련하여 밀교 경전의 「종자전성포치법」과 『조상경』에 의하면, 범자 진언다라니는 단순히 독송을 위해서가 아니라 식물의 종자와 같은 문자이며, 그 종자를 자신의 몸에 안치하고 독송을 통해서 육성시키면, 자신의 몸속에서 종자의 공덕이 일어나 스스로 불보살이 될 수 있다고 하였다. 이러한 것으로 보아 불상의 복장물로 구성되는 다양한 품목에 종자를 새기거나 여러 자로 구성된 진언다라니를 배열하는 것은 그 자체로 생명력을 부여하고, 영험한 신앙의 대상이 되도록 하기 위한 의도라 할 수 있다.

11　이승혜, 「중국 불상의 聖物 봉안 : 쟁점과 과제」, 『전통 불복장의식 및 점안의식』, (재)불교문화재연구소, 2014, pp.107~108.

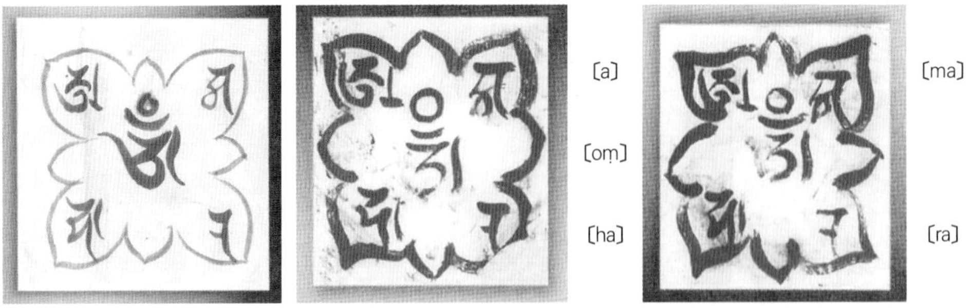

밀양 표충사 대원암 금동지장보살좌상 출토 팔엽대홍련지도 1448.2, 1변 12.9cm, 통도사 성보박물관[12]

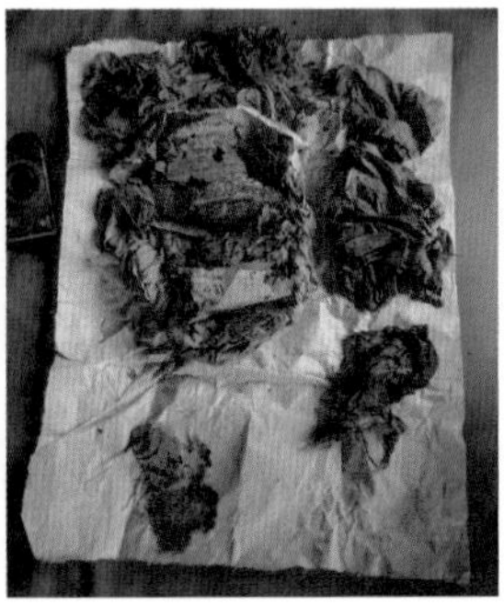

복장물 수습 직후

범자가 새겨진 종이

고창 선운사 참당암 석조지장보살좌상과 복장물 조선

그래서인지 조선시대 불상의 복장물에서 종자나 범자로 구성된 진언다라니가 다양한 품목에 폭넓게 활용되었던 것으로 보인다.

밀양 표충사의 대원암 금동지장보살좌상은 복장물로 사리, 수정, 다라니 등이 발견되었으며, 발원문에 '正統十三戊辰二月日 三尊造像'이라는 묵서가 있어, 조선 초기인 1448년 2월에 조성되었음을 알 수 있다. 복장물 중에 주서된 범자 진언다라니가 있는데, 한가운데의 〔oṃ〕을 중심으로 『조상경』에 수록된 「팔엽대홍련지도(八葉大紅蓮之圖)」처럼 크고 작은 연화문을 8곳에 배치하고, 그중에서 큰 연잎 안에 1자씩 범자를 새겼는데, 〔a ma ra ha〕의 사방주진언을 새겨 넣었다. 고창 선운사 참당암 석조지장보살좌상은 훼손된 상태로 복

12 불교중앙박물관, 『삶 그후』, 2010, p.45.

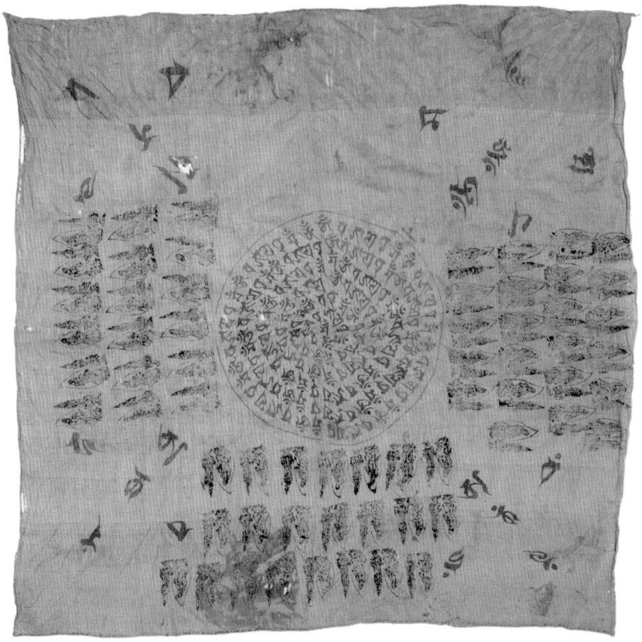

평창 상원사 문수동자상 출토 황초보자기와 범자　조선, 1466, 월정사 성보박물관

장물이 수습되었는데, 이중에 범자가 묵서된 종이(油紙)가 수습되었다. 이 종이는 오보병의 일부분으로 추정되는데, 그 표면에 란차로 〔oṃ ma〕를 세로로 새겼다. 서자가 어떤 의도로 범자를 새겼는지 명확하게 파악할 수는 없다. 다만 Lañ-tsha에 가까운 범자체를 보이고 있어 비교적 이른 시기에 새긴 것으로 보인다. 평창 상원사 문수동자상에서 출토된 황초보자기는 고급스러운 재료를 활용하여 장엄스럽게 구성하였는데, 한가운데에 만다라형 다라니를 새기고, 사방에 화신진언, 육자진언, 보신진언, 법신진언 등을 배치하여 불상 조성에 따른 여러 유형의 범자 진언다라니를 새겼다.

그리고 해인사 대적광전과 법보전의 목조비로자나불좌상은 2005년 6월 개금 중수시에 다량의 복장물이 출토되었는데, 그 안에는 범자로 간행된 다수의 경전이 포함되어 있었다. 특히, 법보전 목조비로자나불좌상의 복장공 내부에서는 별도의 묵서명이 발견되었는데, 이 불상이 신라 말기인 883년(헌강왕 9년)

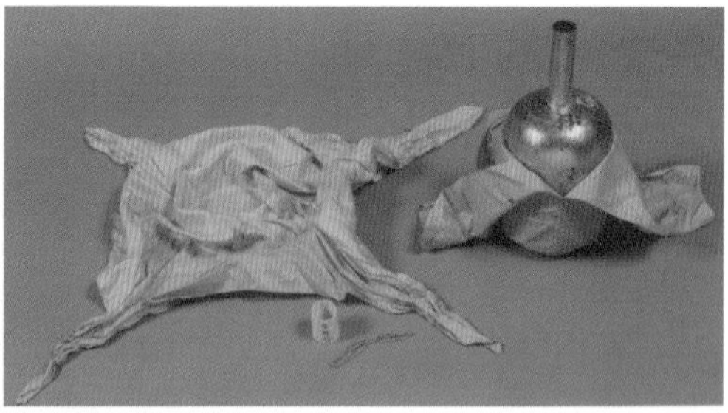

후령통과 황초보자기

오륜종자가 새겨진 황초보자기

동 남 서 북

〔a〕 〔ma〕 〔ra〕 〔ha〕

후령통의 사방주

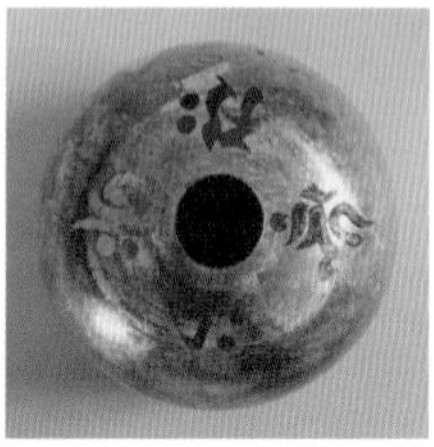

동 남 서 북 중

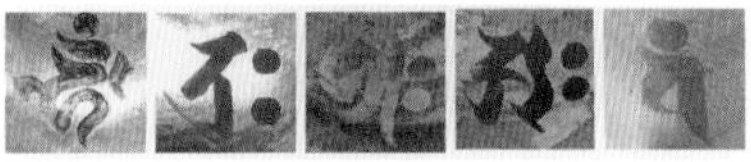

〔hūṃ〕 〔trāḥ〕 〔hrīḥ〕 〔aḥ〕 〔vaṃ〕

후령통의 진심종자

소보협다라니

합천 해인사 법보전 비로자나불좌상과 범자 관련 유물 1490년 중수[13]

에 처음 조성되었다는 기록도 확인되었다. 또한 대적광전 목조비로자나불좌상도 규모나 양식 면에서 법보전 목조비로자나불좌상과 유사하기 때문에 비슷한 시기에 조성된 것으로 추정되었다.[14] 이 불상들은 고려 의종대(1146~1170)에 중수가 이루어지면서 범자로 구성된 다수의 경전과 인쇄된 범자 진언다라니가 봉안된 것으로 추정되고 있다. 그리고 조선시대 들어와 15세기말경 중수가 이루어졌는데, 당시 왕실에서 지원하여 후령통 등 여러 복장물이 의례에 따라 새롭게 봉안된 것으로 확인되었다. 이 불상들은 18세기 후반경, 19세기 후반경, 20세기 등 그 이후에도 여러 번에 걸쳐 개금 중수가 이루어졌다.

13 해인사 성보박물관, 『해인사 비로자나불 복장유물 특별전』, 2008.

14 해인사·문화재청, 『海印寺 대적광전·법보전 비로자나불 복장유물 조사보고서』, 2008.

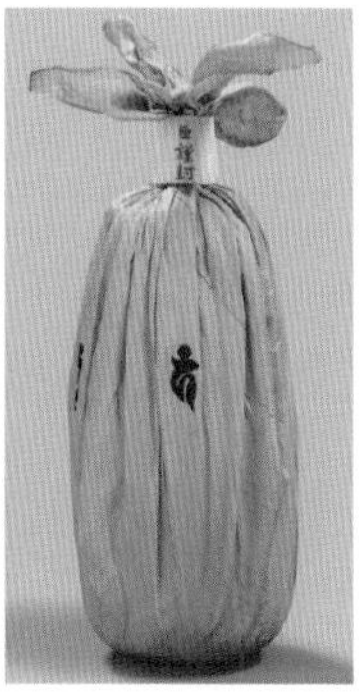

후령통과 황초보자기

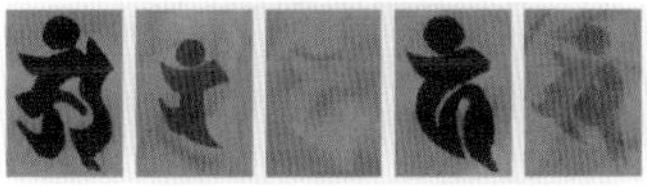

〔aṃ〕 〔raṃ〕 〔vaṃ〕 〔haṃ〕 〔khaṃ〕

오륜종자가 새겨진 황초보자기

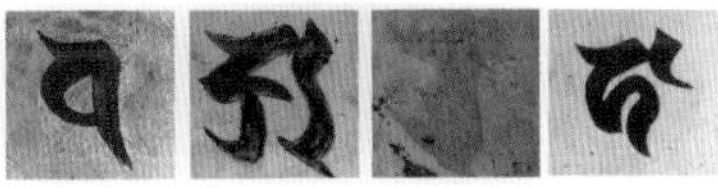

남〔ma〕 동〔a〕 서〔ra〕 북〔ha〕

사방주가 새겨진 후령통

소보협다라니

합천 해인사 대적광전 비로자나불좌상 1490년 중수

두 불상에서는 1150년, 1156년, 1166년 등 여러 시기에 걸쳐 간행된 『범서총지집』이 낱장다라니로 봉안되었음이 확인되었다.[15] 이것은 중수 당시 밀교의 진언다라니에 대한 신앙이 보급되면서 추가 봉안하였던 것으로 보인다. 그리고 조선시대인 15세기 말경에 다시 중수되면서 후령통이 새롭게 제작되어 납입되었다. 이때 다양한 품목들이 함께 봉안되었는데, 그중에 후령통을 감싸고 있는 황초보자기와 후령통의 겉면 등에 범자로 여러 유형의 진언다라니를 새겼다. 황초보자기에는 묵서와 주서 등으로 오륜종자를 새겼으며, 후령통의 겉

15 손영문, 「海印寺 法寶殿 및 大寂光殿 木造毘盧遮那佛像의 研究」, 『美術史學研究』 270, 한국미술사학회, 2011.

면에는 방위별로 사방종자와 진심종자 등을 새겨 당대의 의궤를 충실하게 반영하였다. 이외에도 여러 유형의 다라니가 함께 출토되어 당시 복장물 봉안에 따른 의례와 절차가 어느 정도 정례화되었음을 짐작케 한다. 이러한 것으로 보아 범자가 복장물의 여러 품목에 활용되었음을 알 수 있다.

또한 조선시대 불상에서는 복장물뿐만 아니라 불상의 표면에 직접 범자 진언다라니를 새긴 경우도 많다. 불상의 복장물이 봉안되는 몸 안에 묵서로 범자를 새기기도 했고, 복장공을 막음하는 장치에 범자 진언다라니를 새긴 경우도 있다. 그리고 불상의 복장공 안에 인쇄한 다라니를 벽지처럼 바른 경우도 많다. 목포 달성사 명부전 시왕상들은 복장물의 발원문에 의하여 임진왜란 직전인 1565년 10월에 처음 조성되어 1719년 8월에 중수된 것으로 확인되었다. 복장물은 몸체의 등 쪽에 사각형 홈을 마련하여 복장물을 봉안하고 사각형 목판을 활용하여 막음장치를 했는데, 막음장치 안쪽 면에 범자를 새겼다. 오륜종자를 방위에 맞추어 묵서했는데, 처음 조성 시에 새긴 것으로 보인다. 일본 고려미술관에 소장되어 있는 목조보살입상은 복장물이 봉안되었던 복장공 내부의 안쪽 표면에 〔raṃ〕-〔vaṃ〕-〔a〕로 판독되는 종자가 새겨져 있어 보기 드문 사례이다. 이것은 복장물을 봉안하기 전에 범자를 미리 새겨 신성한 의미를 부여하고자 의도했던 것으로 보인다. 그리고 선암사 성보박물관에는 불신의 후면에 범자가 새겨진 독성상이 소장되어 있다. 독성은 나반존자라고도 하는데, 천태산에 거주하며 부처의 가르침을 받고 정진하는 나한 가운데 한 분으로 조선시대 들어와 산신, 칠성 등과 함께 많이 신앙되었다. 이 독성상은 사각형 대좌와 호랑이 형상으로 마련된 대좌 위에 앉아 있으며, 조선 후기에 조성된 것으로 추정된다.[16] 독성상의 후면에 〔oṃ a hūṃ〕의 삼밀진언을 새겼다. 단국대학교 석주선기념박물관에도 출토지를 알 수 없는 석불이 소장되어 있는데, 조각 기법과 양식으로 보아 조선 후기에 조성된 것으로 보인다. 이 석불

16 선암사성보박물관, 『선암사성보박물관 명품도록』, 2003.

오륜종자

목포 달성사 명부전 시왕상　조선, 1565.10

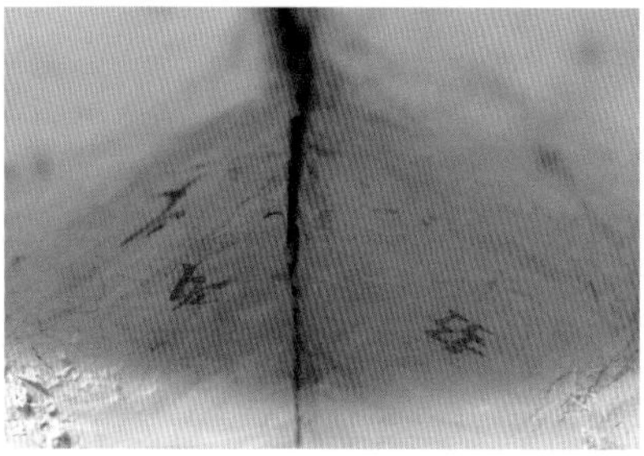

[raṃ]-[vaṃ]-[a]

복장공 내부 범자

목조보살입상　조선, 일본 고려미술관

후면

[oṃ a hūṃ]

순천 운수암 독성상　조선 후기, 선암사 성보박물관

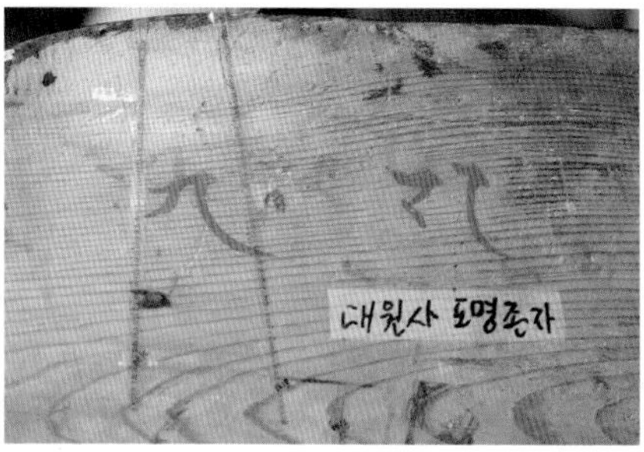

바닥 범자

완주 대원사 명부전 도명존자상　조선, 1688

정면

후면

[oṃ]

탁본

석불 좌상　조선 후기, 단국대학교 석주선기념박물관[17]

17　高正龍,「檀國大學校石宙善紀念博物館所藏の梵字資料」,『歷史考古學』第70號, 歷史考古學硏究會, 2014.

대좌 하부

구례 천은사 수도암 목조여래좌상　조선 후기

남양주 불암사 목불좌상　조선 후기

본존불

우협시불[18]

강진 정수사 대웅전 삼존불상과 복장공 막음장치　조선 후기

의 불신 후면에 범자를 음각했는데, 실담과 랸차로 〔oṃ〕을 상하로 새겼다. 이외에도 완주 대원사 명부전의 도명존자상(1688), 구례 천은사의 목조여래좌상(조선 후기), 남양주 불암사의 목불 좌상(조선 후기), 강진 정수사 대웅전 삼존불상 등도 바닥면과 복장공의 막음 장치에 범자 진언다라니를 주서하여, 범자가 다양하게 활용되었음을 알려주고 있다.

그리고 불상의 대좌 하부 바닥 면에 범자로 진언다라니를 필사한 별도의 종이를 벽지처럼 부착한 경우가 많다. 이것은 불상의 몸 안에 절차에 따라 복장물을 봉안한 후, 별도의 막음 장치로 복장공을 폐쇄한 다음, 최종적으로 복장물 납입을 마무리하였다는 의도를 담고 있는 진언다라니라 할 수 있을 것

18 황호균, 「정수사 불교 문화재의 조성 배경 연구」, 『天台山 淨水寺』, 대한불교 소계종 정수사, 2018, pp.78~83.

양산 원효암 약사여래좌상　조선, 1648.7

전주 남고산성 목조여래좌상　조선, 이홍식 제공

목포 달성사 극락보전 아미타여래좌상과 관음보살좌상　조선, 1678

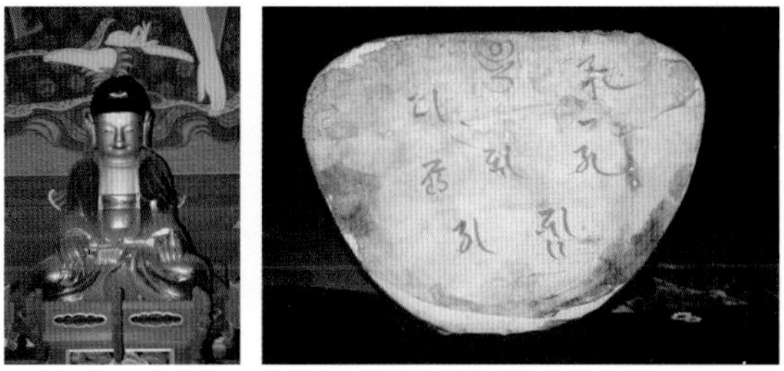

제주 정방사 석조여래좌상　조선, 1702, 최인선 제공

서울 안양암 대웅전 목조여래좌상　조선 후기

이다. 또한 불상 몸 안에 봉안된 여러 복장물에 대한 신성한 의미를 부여하고, 부처님께 공양하여 공덕을 쌓고자 하는 의미도 있었던 것으로 보인다. 이러한 사례는 양산 원효암 약사여래좌상(1648.07), 목포 달성사 극락보전 아미타여래삼존상(1678.05), 보성 용연사 석조여래좌상(1702), 제주 정방사 석조여래좌상(1702), 천안 광덕사 대웅전 목조석가여래좌상(1728), 고양 흥국사 아미타여래좌상(1758.05), 서울 안양암 대웅전 목조여래좌상(조선 후기), 산청 화림사 석조여래좌상(조선후기) 등에서 확인되고 있다. 이 중에 목포 달성사 극락보전 아미타여래삼존상은 발원문에 의하면, 원래는 1678년 만덕산 백련사에서 처음 조

[oṃ]과 호부

고양 흥국사 아미타여래좌상　조선, 1758.5

안양 불성사 여래좌상　조선후기

산청 화림사 석조여래좌상　조선 후기

광배

봉화 축서사 석조비로자나불좌상(신라 말기)과 목조 광배(조선 후기)

우협시

본존

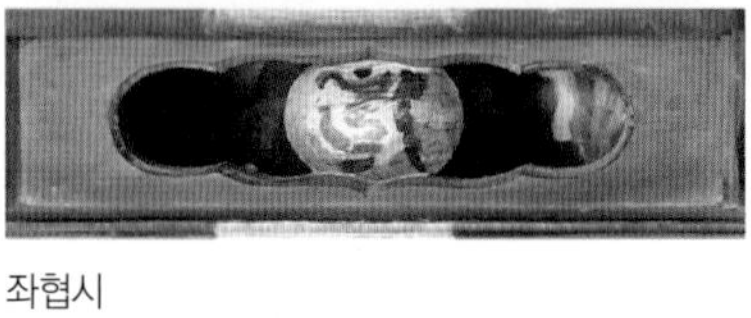

좌협시

성주 선석사 대웅전 삼존불　조선 후기

성된 것으로 밝혀졌다. 이 불상이 어느 시기에 달성사로 옮겨 봉안되었는지는 알 수 없지만, 불상의 바닥 면에 복장공을 막음장치로 폐쇄한 후, 그 표면에 범자로 진언다라니를 새긴 별도의 종이를 부착하였다. 범자는 벽사의 의미가 있는 주서로 썼다. 고양 흥국사 아미타여래좌상은 독특하게 부적형 도안을 새긴 종이를 부착하였다. 이처럼 복장공 주변에 범자 진언다라니를 새긴 별도의 종이를 부착하는 것은 조선 후기에는 일반적인 의례였던 것으로 보인다.

봉화 축서사 석조비로자나불좌상은 신라 말기에 조성된 불상인데, 조선 후기에 이르러 불상 후면에 목조로 제작한 광배를 새롭게 추가한 것으로 추정되고 있다. 이 광배에서 원형 두광의 한가운데에 범자 중에서 상징성이 가장 높은 〔oṃ〕을 원형문 안에 금칠로 새겼다. 그리고 성주 선석사의 대웅전에 봉안된 삼존불은 조선 후기에 조성된 것으로 추정되고 있는데, 이 불상들은 목조로 제작한 우수한 기법의 대좌를 마련하였다. 이 대좌의 난간 아래에는 안상을 투조하여 장식하였는데, 안상의 한가운데에 원형문을 마련하여 그 안에 주서로 범자를 1자씩 새겨 넣었다. 현재 범자가 다소 혼재되어 있어 어떤 진언다라니를 의도하였는지 파악하기는 다소 어려운 상태이지만, 범자로 보아 육자진언이나 종자를 배치한 것으로 보인다. 이처럼 조선 후기에는 범자 진언다라니가 여러 공간에 새겨졌음을 알 수 있다.

그리고 문경 대승사 목각아미타여래설법상(1675)과 예천 용문사 목각아미타여래설법상(1684)은 목각 탱화로 조성되었는데, 외곽에 돌린 상부 프레임의 표면에 태극 문양을 새기고, 좌우로 '卍'자와 대칭되게 원형문을 마련하여 그 안에 〔oṃ〕을 새겼다. 범자 〔oṃ〕이 불교를 상징하는 만자와 대등하게 쓰인 사례라 할 수 있다. 또한 서울 경국사 목각아미타여래설법상은 관련 기록이 남아있지 않아 구체적인 조성 시기는 알 수 없지만, 조각 기법과 양식 등으로 보아 조선 후기에 조성된 것으로 추정되고 있다. 이 목각탱화도 외곽에 프레임을 마련했는데, 좌우 프레임의 상면에 적색 바탕의 원형문을 마련하여 그 안에 1자씩 범자를 새겨 좌우에 각각 3자씩 배치되어 총 6자로 구성된 육자진언

〔oṃ〕

〔oṃ〕

문경 대승사 목각아미타여래설법상 조선, 1675[19]

예천 용문사 목각아미타여래설법상 조선, 1684[20]

〔pa dme hūṃ〕

정면

〔oṃ ma ṇi〕

후면

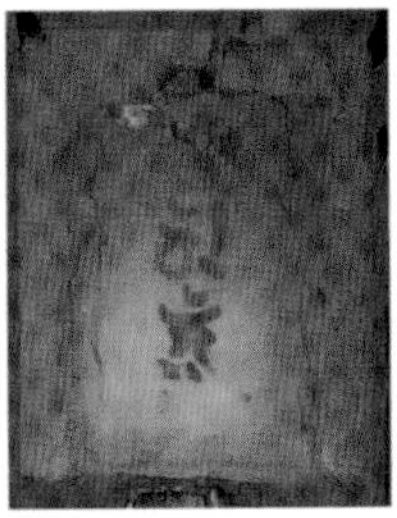

〔oṃ a hūṃ〕

서울 경국사 목각아미타여래설법상 조선 후기

을 배열하였다. 향우측 프레임에는 〔oṃ ma ṇi〕, 향좌측 프레임에는 〔pa dme hūṃ〕을 세로로 배열하였다. 이 프레임은 근현대기에 제작한 것으로 보인다. 그리고 후면에도 복장공으로 추정되는 위치에 종이를 붙여서 마감하였는데, 그 표면에 주서로 삼밀진언인 〔oṃ a hūṃ〕을 세로로 새겼다.

조선 후기에는 전국적으로 불사가 크게 성행하면서 많은 불상이 조성되었고, 『조상경』과 『진언집』 등이 널리 보급되면서 복장물 봉안이 의례화되었던 시기였다. 이에 따라 조선 후기에 조성된 불상에서는 어느 정도 정형화된 복장물이 출토되고 있다. 당시 『조상경』이 시기별, 사찰별로 여러 유형이 간행

19 불교문화재연구소, 『대승사 목각아미타여래설법상 및 관계문서』, 2011, p.10.
20 문화재청 유형문화재과, 『2014 중요동산문화재 기록화사업 목조불』, 2015, p.180.

되었는데, 대표적으로 『대장일람경』이라는 서명으로 간행된 전라도 용천사판(1575.02), 『관상의궤』로 간행된 전라도 능가사판(1679.01), 『화엄조상』으로 간행된 평안도 화장사판(1720.05), 『조상경』으로 간행된 경상우도 김룡사판(1746.04), 『중판조상경』으로 간행된 금강산 유점사판(1824.06) 등이 있다. 이외에도 천진암 필사본, 용화사 소장본, 해인사 소장본, 동국대학교 소장본 등이 전해지고 있다.[21] 이 중에 금강산 유점사판이 이전까지 전해지던 내용을 모두 담고 있으며, 의례와 절차 등을 체계적으로 정리하였다. 그래서 유점사판 『조상경』이 오늘날까지 가장 널리 보급되어 활용되고 있는 대표적인 경전이다. 지금까지 발견 조사된 조선 후기 복장물은 대부분 17~18세기대에 조성된 불상이 중심을 이루고 있다. 그래서 불상의 몸속에 복장물을 넣는 절차나 구성 등은 기본적으로 『조상경』에 근거하고 있다.

그리고 조선 후기에 조성된 불상 중에는 복장물이 보고된 사례도 있지만 사찰에서 개금이나 이안 시 발견한 복장물을 소장하고 있는 경우도 상당한 것으로 추정되고 있다.[22] 이 중에 범자 진언다라니가 새겨진 사례를 보면, 보은 법주사 대웅전에 봉안된 소조비로자나불좌상(1626)에서는 「준제구자천원지도」를 비롯하여 오방색으로 구성된 다양한 유형의 복장물이 출토되었는데, 『조상경』에 제시된 복장물 의궤에 따라 봉안하였다. 완주 송광사 대웅전 소조석가여래좌상(1641)은 불상의 크기가 상당하여 후령통도 크게 제작하였는데, 복장물로 오륜종자와 진심종자가 새겨진 직물들이 출토되었다. 그런데 애석하게도 대부분의 복장물은 도난된 상태였다. 김제 금산사 미륵전 법화림 보살상에서도 주서로 범자가 새겨진 후령통과 오륜종자를 새긴 직물이 함께 출토되었다.

21 남권희, 「佛腹藏과 納立物」, 『韓國의 佛腹藏』, 수덕사근역성보관, 2004, p.279.
22 최선일, 『17세기 彫刻僧과 佛像 研究』, 한국연구원, 2009. 이외에도 복장물의 조사와 관련 내용을 소개한 많은 논저가 있다.

| 표　방위에 따른 물목과 종자(금강산 유점사판)

물목	동	서	중앙	남	북
오방경(五方鏡)	방경(方鏡)	원경(圓鏡)	원경(圓鏡)	삼각(三角)	반월(半月)
오륜종자(五輪種子)	 〔aṃ〕 청초(青綃)	 〔vaṃ〕 백초(白綃)	 〔khaṃ〕 황초(黃綃)	 〔raṃ〕 홍초(紅綃)	 〔haṃ〕 흑초(黑綃)
진심종자(眞心種子)	 〔hūṃ〕 아촉(阿閦)	 〔hrīḥ〕 미타(彌陀)	 〔vaṃ〕 대일(大日)	 〔trāḥ〕 보생(寶生)	 〔aḥ〕 불공(不空)
오보병(五寶甁)	청마노(青瑪瑙)	홍산호(紅珊瑚)	백수정(白水晶)	황마니(黃摩泥)	녹유리(綠琉璃)
위치	제하(臍下)	구중(口中)	정상(頂上)	흉중(胸中)	액상(額上)

또한, 복장물에서 가장 중요한 품목이라 할 수 있는 후령통을 감싼 황초보자기(黃綃幅子)의 표면에 범자를 새긴 사례가 많다. 수덕사 근역성보관에 소장되어 있는 황초보자기는 황색 명주로 사방에 종자를 주서하였으며, 대나무로 만든 후령통의 표면에는 옻칠을 한 후 금박을 입힌 다음 사방주진언을 주서하였다. 대구 보성선원 석가삼존불상 복장물(1647)에서는 희귀하게 범자 진언다라니가 새겨진 직물 보병이 수습되었으며, 평창 상원사 목조문수보살좌상 복장물의 후령통은 뚜껑 안쪽면에 주서로 진심종자를 새겼다. 순천 송광사 영산전 석가모니불좌상(1662)은 소현세자의 셋째 아들인 경안군 부부의 무병장수를 기원하며 궁중 나인 노예성 등이 발원하여 천신과 덕민 스님 등이 조성하였는데, 후령통을 감싼 황초보자기의 표면에 주서로 사방주진언〔a ra ma ha〕을 배치하였다. 화순 쌍봉사 명부전의 전륜대왕에서는 종이와 직물 등에 오륜종자와 진심종자를 주서한 여러 형태의 복장물이 함께 출토되었다. 합천 해인사 원당암의 보광전에 봉안된 목조아미타불좌상은 조선 초기에 조성된 이후 1694년 중수된 것으로 추정되고 있는데, 복장물에서 범자 진언다라니가 다양하게 활용되었음을 알 수 있는 유물들이 수습되었다.[23] 이 중에 복장물의 핵심이라 할 수 있는 후령통을 황초보자기가 감싸고 있었는데, 그 표면에 오방색

보은 법주사 대웅전 소조비로자나불좌상 복장물　조선, 1626년 조성, 1747년 중수, 법주사 성보박물관[24]

완주 송광사 대웅전 소조석가여래좌상　조선, 1641

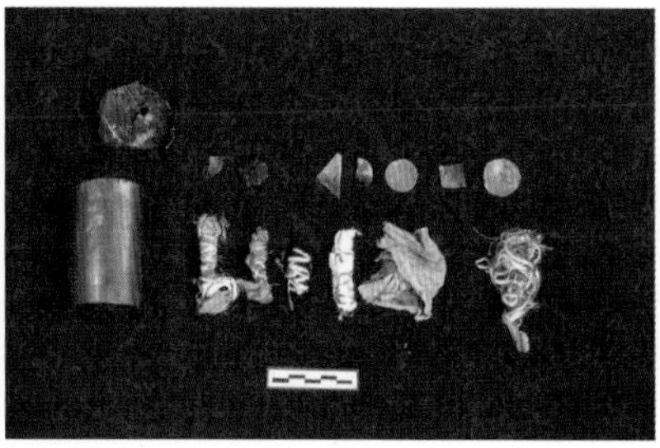

후령통과 오륜종자, 진심종자

으로 오륜종자를 새겼다. 또한, 후령통의 몸체에는 동서남북을 의미하는 사방주진언을 새겼다. 특히, 황초보자기는 방위에 따라 서쪽의 〔vaṃ〕은 백색, 남쪽의 〔raṃ〕은 홍색으로 종자를 새기는 등 서로 다른 색으로 범자를 새겨 『조상경』의 의궤에 충실하게 따랐음을 알 수 있다. 보성 개흥사 관음보살좌상(1680)은 색난과 귀일 등에 의하여 조성되었는데, 청동으로 제작된 후령통의 표면에 사방주진언을 주서하였다. 서울 수국사 목조아미타여래좌상에서 출토된 황초보자기는 각 방위에 해당하는 색깔을 맞춘 것은 아니지만 범자로 오륜종자를 새겼으며, 청양 화정사 목조아미타여래좌상과 군산 동국사 가섭존자에서도 주서로 범자를 새긴 여러 종류의 복장물이 수습되었다. 이처럼 조선시대 복장물에서 후령통을 감싸고 있는 황초보자기는 일반적으로 황색 직물로 제작하며, 그 표면에 방위를 맞추어 사방주진언이나 오륜종자를 묵서하거나 주서하는 것이 일반적이었다.

23　해인사 성보박물관, 『願堂, 해인사 원당암 아미타불 복장유물 특별전』, 2017.
24　문화재청, 대한불교조계종 문화유산발굴조사단, 『한국의 사찰문화재』 충청북도, 2006, p.121.

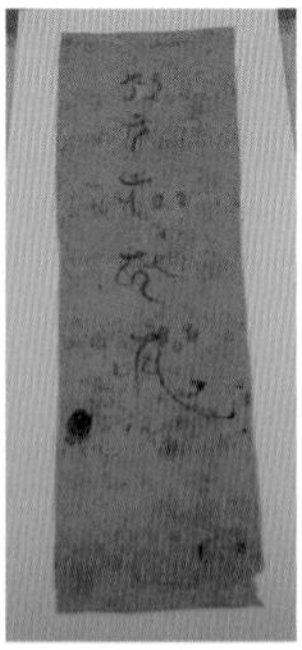

후령통과 주서된 오륜종자　금산사 성보박물관

김제 금산사 미륵전 법화림 보살상　조선

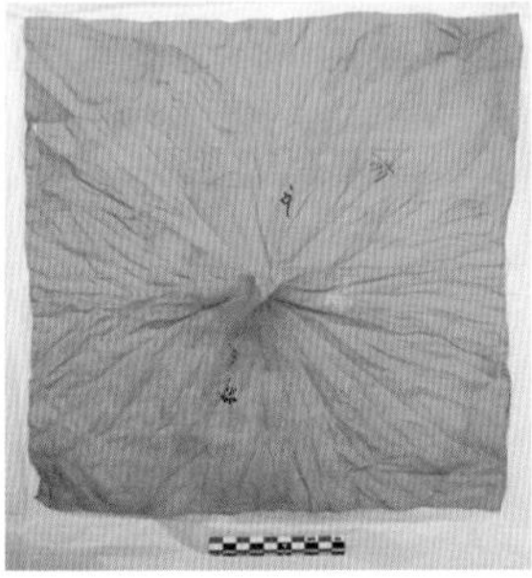

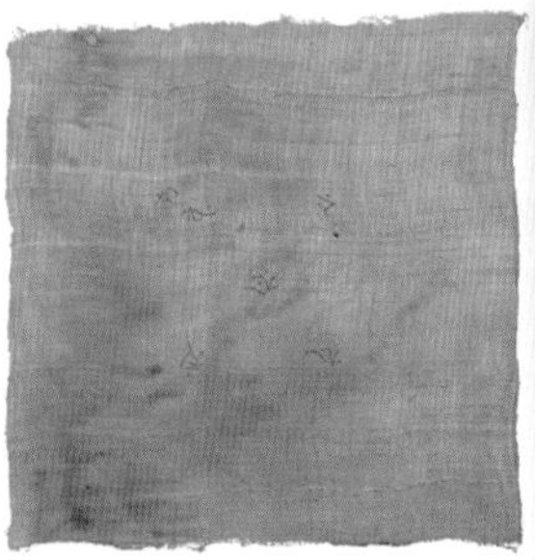

서울 수국사 목조아미타여래좌상
조선, 동국대학교 박물관

오륜종자 황초보자기와 사방주 후령통　조선, 수덕사 근역성보관

황초보자기와 후령통

후령통의 진심종자

평창 상원사 목조문수보살좌상　조선, 1661, 월정사 성보박물관

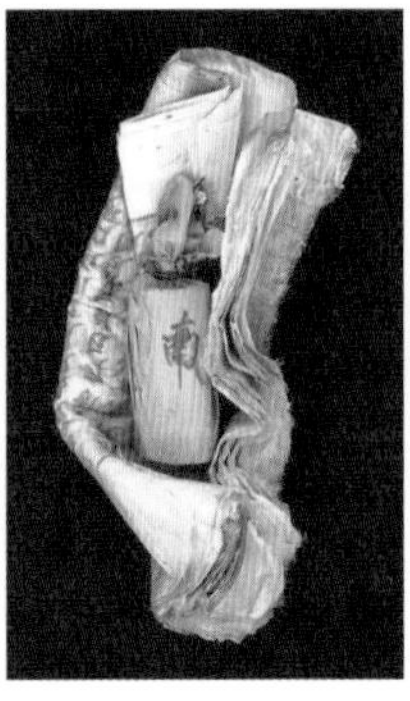

후령통과 다라니

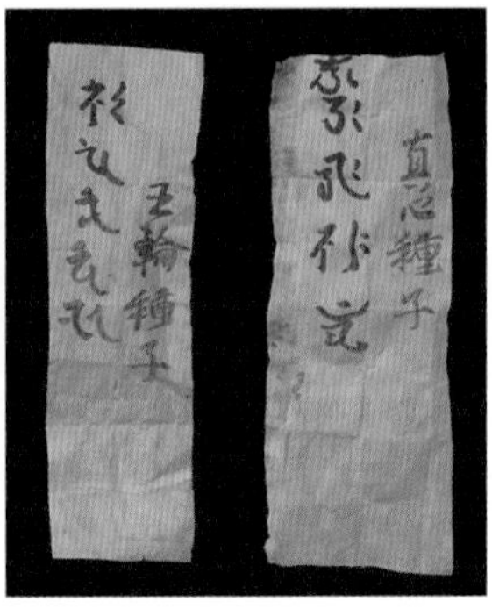

주서된 오륜종자와 진심종자

진심종자

오륜종자

화순 쌍봉사 명부전 목조전륜대왕　조선, 1667

북쪽 보병

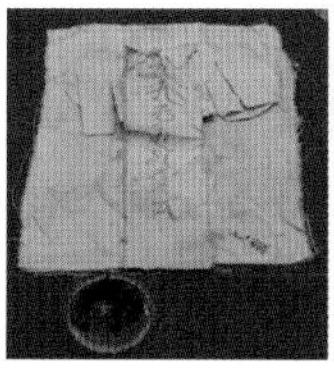
서쪽 보병

후령통과 황초보자기

동쪽 보병

남쪽 보병

대구 보성선원 석가삼존불상 복장물　조선, 1647

오륜종자와 진심종자

청양 화정사 목조아미타여래좌상　조선

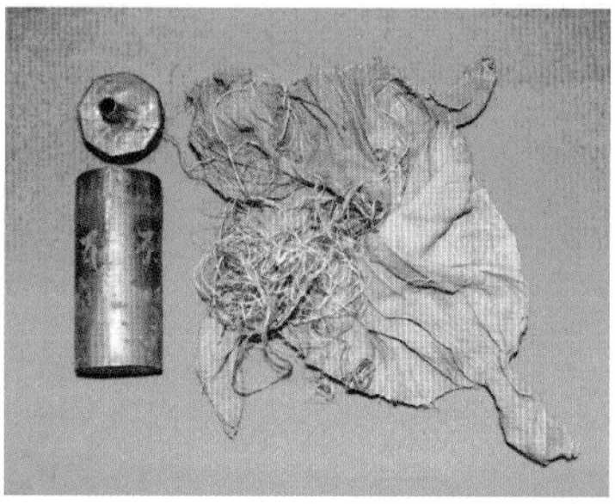
군산 동국사 가섭존자 복장물　조선 후기

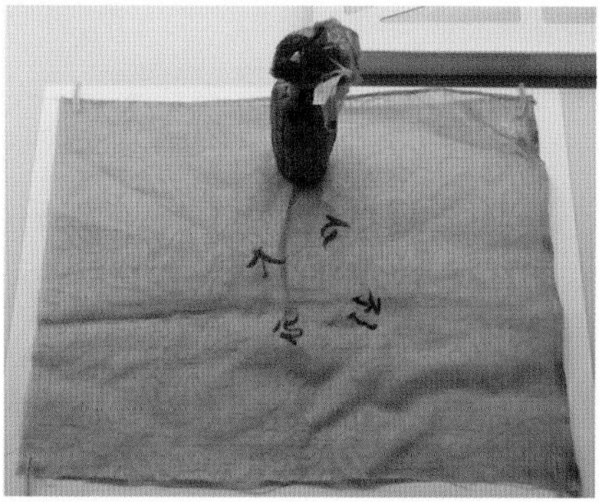
후령통과 황초보자기

순천 송광사 영산전 석가모니불좌상　조선, 1662, 송광사 성보박물관

후령통

보성 개흥사 관음보살좌상　조선, 1680, 송광사 성보박물관

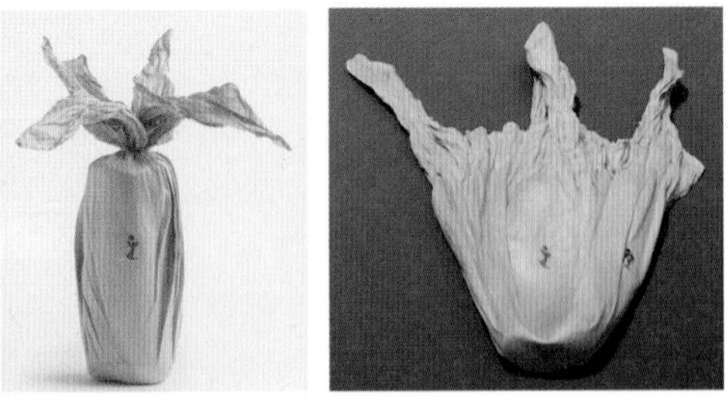

후령통과 황초보자기

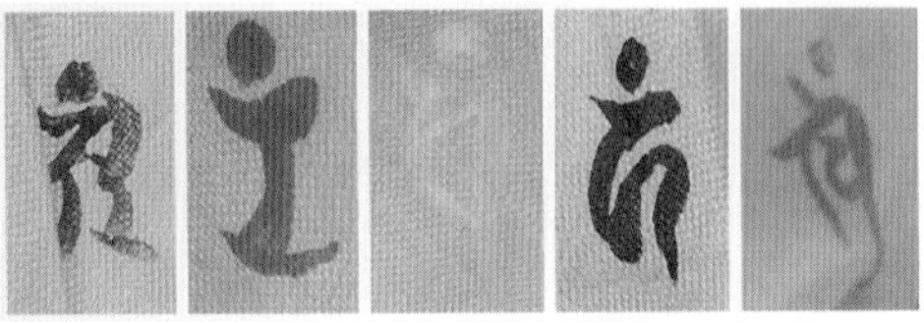

〔aṃ〕 〔raṃ〕 〔vaṃ〕 〔haṃ〕 〔khaṃ〕
오륜종자

합천 해인사 원당암 보광전 목조아미타삼존불상 복장물과 범자 조선, 1694년 중수

조선 후기에 조성된 서울 동작동의 호국 지장사 대웅전 목조여래좌상에서는 발원문은 나오지 않았지만 옷과 후령통 등 여러 복장물이 수습되었는데, 이중에 후령통의 몸체와 뚜껑에 범자가 새겨져 있다. 오랜 세월로 지워진 범자도 있지만, 몸체에는 흰색, 뚜껑에는 검은색으로 범자가 쓰여 있다. 몸체에는 오륜종자, 뚜껑 상부 표면에는 진심종자가 새겨졌다. 공주 갑사 석가여래좌상에서도 여러 복장물이 출토되었는데, 이중에 녹색 직물로 마련한 황초보자기의 표면에 표면에 큼직하게 주서로 오륜종자를 새겼다. 익산 혜봉원 목조여래좌상에서는 종이로 제작한 팔엽대홍련지도를 비롯하여 『조상경』 의궤에 따라 범자 진언다라니를 새긴 여러 복장물이 수습되었다. 예산 삼길암 목조관음보살좌상에서도 여러 복장물이 출토되었는데, 이 중에 고급스러운 직물로 만든 오보병과 황초보자기가 수습되었다. 이 복장물의 표면에는 방위에 따라 굵고 큼직한 범자와 오륜종자를 새겼다. 남양주 흥국사 시왕상들은 발원문에 의하여 1792년 조성 봉안되었음을 알 수 있는데, 여러 시왕상에서 복장물이 출토되었고, 복장물 중에서 후령통 등에 범자가 새겨진 것으로 확인되었다. 봉화 청량사 건칠약사여래좌상의 복장물에서도 종이와 직물로 제작한 여

후령통과 오방경

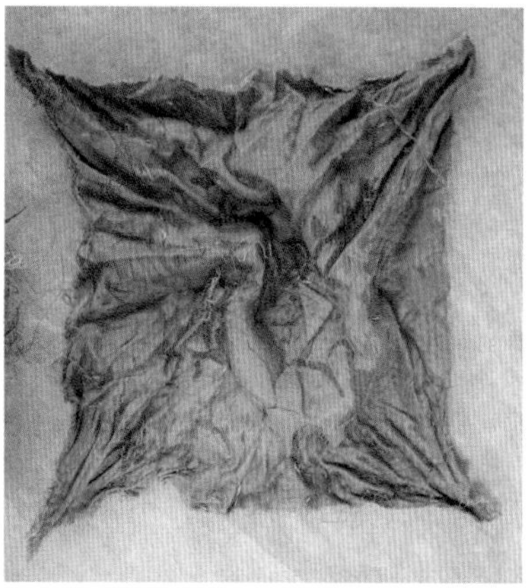

황초보자기의 오륜종자

서울 호국지장사 대웅전 목조여래좌상　조선 후기

공주 갑사 석가여래좌상　조선, 1730

인산 혜봉원 목조여래좌상　조선, 1712

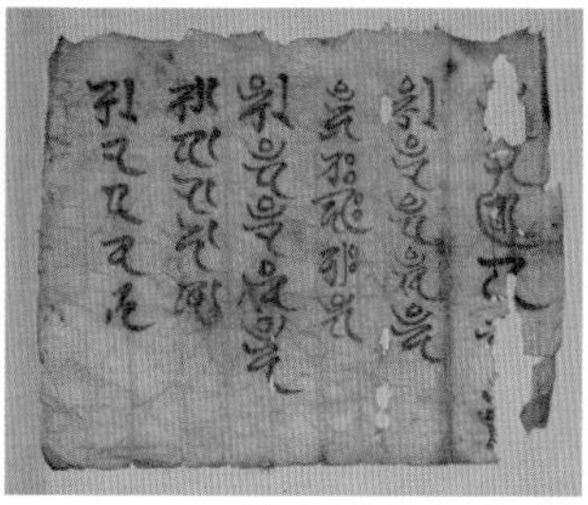

오륜종자

팔엽대홍련지도

관세음보살보협진인이 새겨진 직물

[aṃ]이 새겨신 오보병(동)

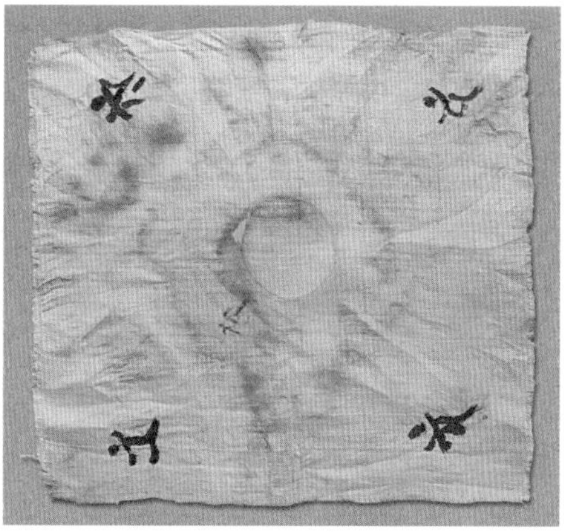

오륜종자가 새겨진 황초보자기

예산 삼길암 목조관음보살좌상　조선, 1726, 수덕사 근역성보관

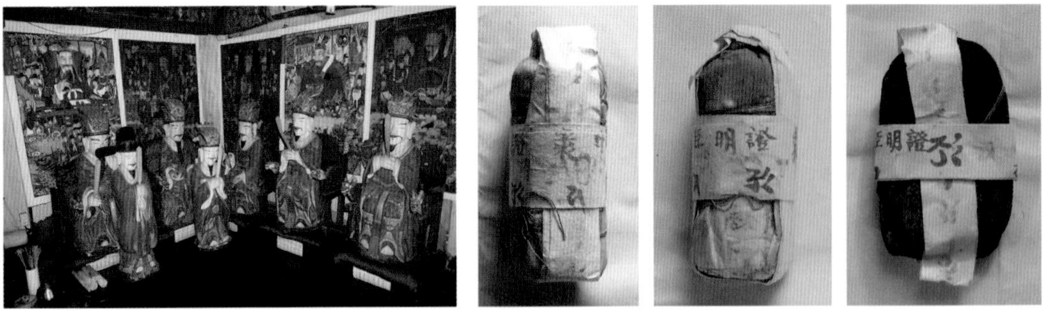

남양주 흥국사 시왕전 시왕상 출토 후령통과 오보병 조선 후기, 오호석 제공

[khaṃ]이 새겨진 오보병(中)

팔엽대홍련지도

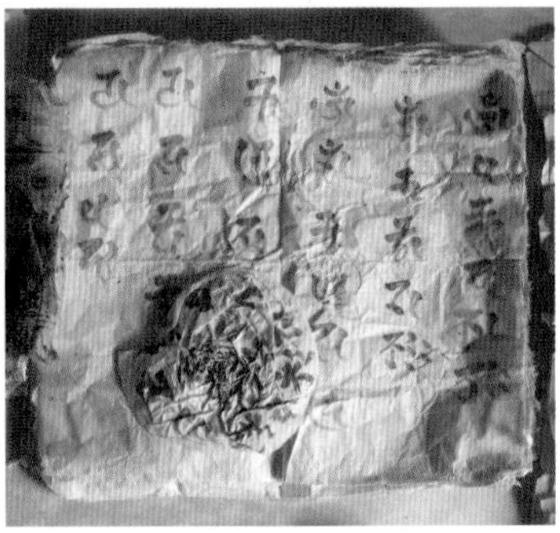

오륜종자 다라니

봉화 청량사 건칠약사여래좌상 출토 복장물 조선 후기, 순영문 제공

러 유형의 범자가 새겨진 오보병과 팔엽대홍련지도 등이 수습되었다. 부산박물관 소장 금동관음보살좌상은 고려시대 조성된 불상인데, 조선 후기에 개금(1825년)이 이루어지면서 새로운 복장물이 봉안되었다. 『조상경』에 의한 다양한 복장물이 납입되었는데, 주서와 묵서로 범자를 새긴 다라니와 후령통 등이 확인되었다.

이처럼 고려와 조선시대 복장물에서 범자 진언다라니가 다양한 방식으로 활용되었음을 알 수 있다. 특히, 조선시대에는 『진언집』과 『조상경』 등이 간행되어 불상의 복장물 봉안이 일정한 체계를 갖추면서 사리와 사리통, 5곡이나 5색실, 불경류와 옷감류, 다라니와 만다라, 복장 발원문과 조성기 등으로 정형화되었다. 복장물의 주요 구성품으로는 후령통과 이를 감싸는 황초보자기(黃

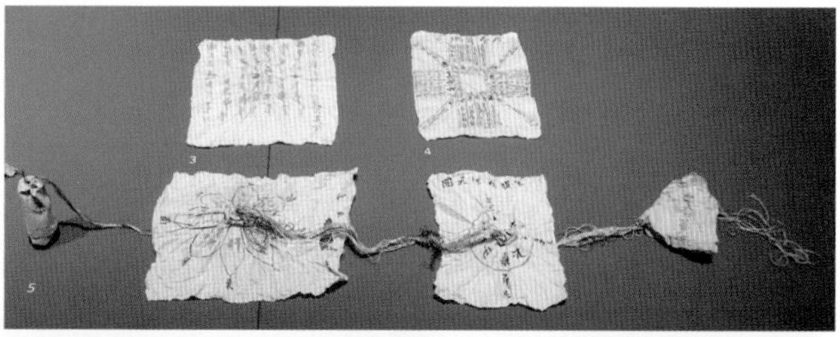

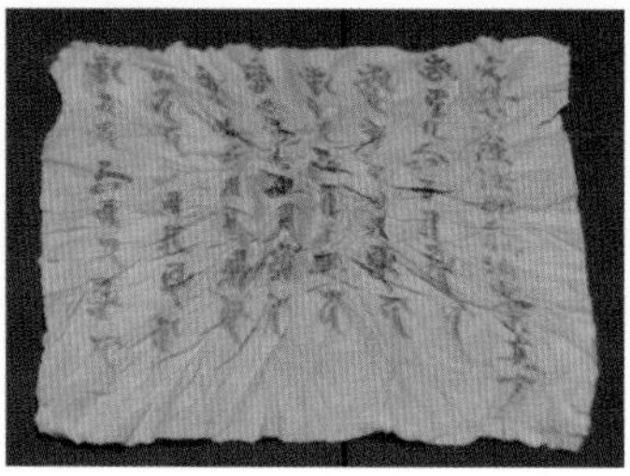

문수보살 법인능소정업진언

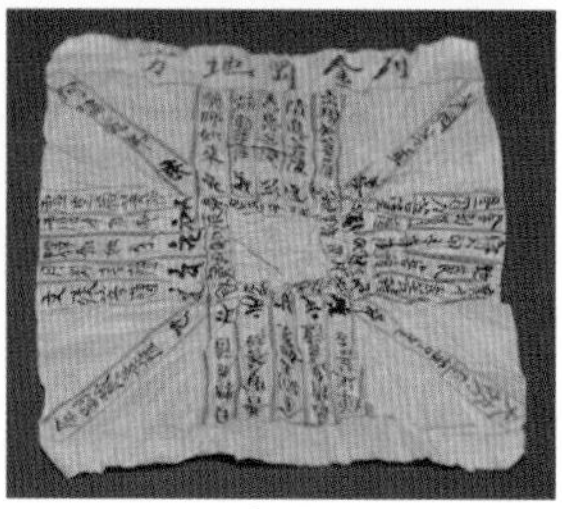

열금강지방

후령통

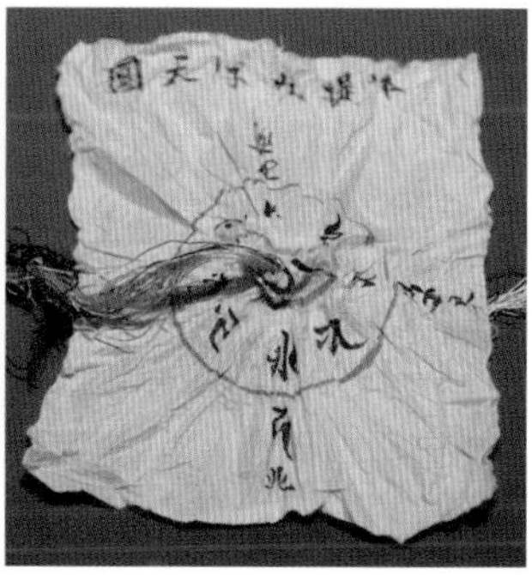

금동관음보살좌상과 복장물　고려, 1825년 개금, 부산박물관

綃幅子)가 있는데, 후령통 안에는 복장물의 핵심이 되는 내용물을 중앙과 사방에 배치하고, 뚜껑을 닫은 다음 이를 황초보자기로 싼다. 그리고 후령통과 황초보자기 사이에 발원문과 주문(呪文)을 넣는다. 발원문은 불상의 조성 배경과 시기, 봉안처, 시주자 이름 등을 기록한다. 주문은 필사하였거나 인쇄한 각종 범자 진언다라니가 주류를 이루었다. 후령통은 원통형으로 많이 제작하였는데, 그 표면에 진심종자를 새겼으며, 내부에는 오보병을 넣은 다음 사방주를 새기는 것이 일반적이었다. 황초보자기의 표면에는 방위에 따라 색깔을 달리한 오륜종자를 새겼다. 복장물에는 방위를 표시하는 종자를 비롯하여 오륜

종자, 진심종자 등 여러 종자와 진언다라니를 배치하였다.

이처럼 불상의 몸 안에 다양한 유형의 복장물을 봉안한 것은 『조상경』에 근거한 측면도 있지만, 밀교의 신비 사상과 주술에 기초한 의례에 따라 불상에 생명력을 부여하고자 하는 의도가 있었다고 할 수 있다. 그리고 불도들은 복장물 봉안을 후원함으로써 개인의 복을 기원하고, 죽은 이의 명복을 염원하고자 하는 목적도 있었다. 그래서 불상의 복장물에 봉안되는 진언다라니로는 전신사리보협진언, 삼종실지진언, 육자대명왕진언, 준제진언, 정법계진언, 오불진심종자, 사방종자, 삼종관상종자, 팔대종자 등 다양했다. 또한 고려와 조선시대의 불신이나 광배 등에 직접 범자 진언다라니를 새긴 경우도 확인되고 있으며, 복장물을 불상의 몸 안에 봉안한 후 마무리할 때에도 수호와 함께 신성한 의미를 부여하고자 범자 진언다라니를 종이에 필사하여 부착하는 등 다양한 방식으로 새겼음을 알 수 있다.

9. 불화와 복장물

불화는 부처님의 가르침이나 불교 교리를 알기 쉽게 표현한 그림으로 시각화된 경전이라고 할 수 있다. 다른 불교 미술품과 마찬가지로 불교 전래 직후부터 신앙과 예불, 사찰 장엄, 교리 전파, 공덕 등 다양한 목적으로 조성되었다. 이러한 불화는 기본적으로 종교적 신앙의 대상물로 조성되었기 때문에 엄격한 법식과 절차에 의하여 제작되었다. 불화는 재료와 제작 기법에 따라 벽화(壁畵), 탱화(幀畵), 경화(經畵), 판화(版畵) 등으로 나누어지는데, 이 중에 탱화가 가장 많이 조성되었으며, 유형과 주제에 따라 다양하게 발전하였다.

우리나라는 삼국시대부터 불화를 조성하였는데, 현재는 벽화에 그렸던 편들 만 전해지고 있다. 그리고 통일신라시대의 것으로 종이에 그려진 불화가 전해지고는 있지만, 온전하지 않고 사례도 많지 않아 전개 양상을 파악하기는 어렵다. 고려시대 그려진 여러 유형의 불화가 오늘날까지 상당량이 전하고 있다. 고려시대 불화는 주존불을 중심으로 좌우에 협시불이 배치되고, 불보살상의 시선이 주존불로 집중하여 주존불을 돋보이게 하는 구도가 많다. 그래서 불화의 상단부 한가운데에 주존불을 배치하고, 기타 불보살상들은 주존불의 하단이나 좌우에 작게 배치하는 구도법으로 많이 그려졌다. 불화에 등장하는 불보살상들의 옷과 장신구들이 화려하게 표현되었다. 이처럼 고려시대 불화는 불보살상을 크게 표현하고, 전체적인 색채나 무늬 등을 섬세하고 화려하게 구성하며, 그림에 금선(金線)을 넣는 등 고급스럽게 제작하였다. 그런데 고려시대 불화에서 범자 진언다라니가 새겨진 사례는 확인되지 않고 있다. 다만, 일본 교토 정법사(正法寺)에 고려 후기 조성된 불화가 전하고 있는데, 이 불화의 뒤쪽에서 「보협인다라니」가 발견되었다. 이러한 것으로 보아 고려시대 불화 조성 시에도 불상처럼 범자로 진언다라니를 새긴 다양한 유형의 진언다라니가 봉안되었을 것으로 짐작된다. 그리고 범자가 새겨지지는 않았지만, 고려 후기에 조성된 천수관음보살도가 전하고 있는데, 상호와 손의 표현 기법, 전

준제관음보살도 고려, 14세기, 삼성미술관[1]

준제관음보살도 고려, 14세기, 일본 개인 소장[2]

준제관음보살도 조선후기, 대흥사 성보박물관

체적인 구성과 배치 등을 고려할 때, 각각의 손에 염송하면 원하는 일이 성취된다는 진언을 쥐고 있는 준제관음보살을 그린 것으로도 보인다. 이 불화가 준제관음보살이라면, 당시 준제진언다라니에 대한 신앙을 불화로도 표현했음을 엿볼 수 있는 자료라 할 수 있다.

그리고 조선시대 불화는 주존불과 협시불이 엄격하게 구분되었던 고려시대 불화와는 달리 다양한 구도법을 보이면서 여러 불보살상이 주존불 주변에 배치된다. 또한 조선시대 불화가 고려시대 불화보다는 세부적인 표현 기법에서 정교함은 다소 떨어지지만 다양한 색상과 무늬를 활용하여 다채로운 양상을 보여주고 있는 점은 특징적이라 할 수 있다. 나아가 조선시대에는 왕실과 지배층의 발원으로 품격있고 고급스러운 불화도 조성되었지만, 불화의 조성과 후원이 다양한 계층으로 확대하면서 규모가 작고 서민적인 불화들도 많이

1 三星文化財團,『湖巖美術館名品圖錄 II』, 1996, p.16.

2 東國大學校 博物館,『東國大學校 建學 100周年 紀念 特別展 國寶展』, 2006, p.28.

조성되었다.

이러한 조선시대 불화는 크게 실내용으로 제작한 소형의 탱화와 야외용으로 조성한 대형의 괘불로 분류할 수 있다. 이 중에 탱화는 화면의 중심에 배치한 불상에 따라 여래도, 보살도, 나한도, 조사도, 신중도 등으로 나누어진다. 괘불은 주제에 따라 석가불도, 삼세불도, 노사나불도, 미륵불도, 오불회도, 사불회도 등으로 나눌 수 있다. 그리고 조선시대 불화는 명확하게 구분되는 것은 아니지만 용도에 따라 장엄용, 교화용, 의식용으로 분류하고 있다.[3] 먼저 장엄용 불화는 신앙과 예불의 공간으로서 사원의 품격을 높이고, 사찰이 불가의 세계임을 나타내기 위한 그림이다. 사찰 가람을 구성하고 있는 각종 법당의 천정이나 공포부에 그려진 단청을 비롯하여 벽면에 그려진 벽화 등으로 다양한 주제와 내용을 담고 있는 것이 특징이다. 교화용 불화는 신도들에게 경전의 내용이나 교리를 쉽게 전달하기 위한 그림이다. 예를 들면 부처님의 탄생에서부터 열반할 때까지의 과정을 8단계로 나누어 그린 팔상도, 선행을 쌓고 염불 등을 잘하면 임종 시에 아미타불이 구름을 타고 왕생자의 집까지 몸소 마중을 나와 서방 정토로 인도해 간다는 아미타래영도, 살아생전에 선업을 쌓으면 악업의 세계에 떨어지지 않게 된다는 시왕도 등이 대표적이다. 의식용 불화는 사찰에서 의식을 거행할 때 사용하거나 법회 시에 예불하기 위한 그림이다. 법당 내부에 불상의 후불탱화로 봉안된 불화도 예불을 위한 의식용이라 할 수 있다. 또한 많은 신도가 참석하는 법회를 거행할 때 야외에 걸어서 법당 내의 불상과 마찬가지로 예불을 올릴 수 있도록 조성한 괘불이 대표적이다. 조선시대에는 불화의 조성이 성행하면서 다양한 용도와 기능을 가진 불화가 많이 만들어졌는데, 이 중에 상당량의 불화가 밀교 신앙과 관련되어 있으며, 화면에 범자 진언다라니를 새기거나 배치하였다.[4]

---

3 문명대, 『한국의 불화』, 열화당, 1993.

4 이선용, 「불화에 기록된 범자와 진언에 관한 고찰」, 『美術史學硏究』 제278호, 한국미술사학회, 2013.

현재 조선시대 불화 중에서 범자 진언다라니가 새겨진 가장 이른 시기의 사례는 일본 경도의 서원사(誓願寺)에 소장된 일명 「금직삼존불백체불화(金織三尊佛百體佛畫)」이다. 이 불화는 크게 상하 2개의 영역으로 구분되어 있는데, 상부는 연화문으로 장식된 천개 아래에 항마촉지인을 결하고 있는 본존불을 수미단 위에 봉안하였고, 좌우에는 보살 입상을 배치한 삼존불 구도이다. 그리고 하부는 연화좌 위에 두광과 신광을 갖춘 작은 여래좌상이 1열에 8구씩 총 95구가 배치되어 있다. 그래서 이 불화는 2개의 불화가 마치 하나로 합쳐진 듯한 느낌을 주고 있다. 화면의 하단에는 별도의 사각형 구획을 마련하여 그 안에 화기를 남겼는데, 당시 정의공주(1415~1477), 의빈 권씨, 정빈 한씨, 상침 송씨, 효령대군(1396~1486) 부부,[5] 임영대군(1420~1469) 부부, 영응대군(1434~1467) 부부, 계양군(1427~1464) 부부, 영순군 부부, 영천부원군 부부 등 왕실 인물들이 대거 수록되어 있다. 화기 위에는 별도로 전패를 마련하여 '主上殿下 壽萬歲, 王妃殿下 壽齊年, 世子邸下 壽千秋'를 새겨 왕과 왕비 등의 만수무강을 기원했던 것으로 보아 이 불화가 왕실의 후원으로 1463년 4월에 조성된 불화임을 알 수 있다.[6]

이 불화에서 범자 진언다라니는 본존불이 안치된 수미단과 그 아래의 공간, 보살 입상이 딛고 있는 연화좌의 좌우 측면 공간에 금색으로 새겨졌다. 먼저 수미단의 연화좌 아래에 마련된 상대의 표면에 원형문이 3개씩 무리를 이루면서 좌우로 배치되어 있는데, 이중 다른 원형문에 비하여 다소 크게 하여 가운데에 배치한 원형문 안에 1자씩 범자를 새겨 넣었다. 현재 일부 범자는 오랜 세월로 벗겨지고 흐릿하여 판독이 어렵지만, 향 좌로부터 〔hūṃ〕-〔oṃ〕-〔a〕을 새긴 것으로 보인다. 밀교에서 가장 상징성이 높은 삼밀진언이다. 중

5 '양주(兩主)'는 부부를 의미함.

6 심연옥, 「일본 세이간지 소장 金織千佛圖의 조성 경위 및 제직 특성 연구」, 『한복문화』 제20권 제4호, 한복문화학회, 2017. / 이선용, 「일본 교토 세이간지(誓願寺) 소장 金織千佛圖의 진언 연구」, 『불교미술사학』 제27집, 불교미술사학회, 2019. 이 불화는 '金織千佛圖'라고도 하는데, 불화 뒷면과 보관 상자에 1761년 日野屋太兵衛가 誓願寺에 시주하였다고 기록되어 있다.

대는 한가운데에 장식된 안상문을 중심으로 좌우에 1자씩 범자를 배치하였는데, 향 좌로부터 〔raṃ〕과 〔oṃ〕을 새겨 청정한 불가의 세계를 염원하는 정법계진언을 새겼다. 하대를 구성하고 있는 부재에도 3개씩 군을 이룬 원형문을 좌우로 배치하였는데, 범자는 확인되지 않고 있다. 그리고 수미단 바로 아래쪽에 〔oṃ〕을 중심으로 향 좌측에는 5자, 향 우측에는 4자로 구성된 진언다라니를 1열로 정연하게 새겼다. 범자 바깥쪽으로는 팔길상문 중 일부 문양을 좌우 대칭되게 장식하였다. 여기에 새겨진 범자는 향 좌로부터 〔hā〕-〔svā〕-〔dhe〕-〔cun〕-〔le〕-〔oṃ〕-〔cu〕-〔le〕-〔ca〕-〔bhrūṃ〕으로 판독된다. 또한 수미단이 있는 불화의 외곽 좌우에도 상하로 2자씩 범자가 배치되어 있다. 서자나 화공이 어떤 진언다라니를 의도하였는지 명확하게 알기는 어렵지만, 범자의 구성으로 보아 「칠구지불모심대준제다라니」와 사천왕 종자를 새긴 것으로 보인다. 범자의 배열 순서가 다소 어긋나 있기는 하지만 찬탄과 공양의 의미로 〔bhrūṃ〕이 추가된 것으로 보여, 진언다라니의 신성함과 상징성을 높이려는 의도를 엿볼 수 있다. 그리고 범자체는 유려한 실담인데, 자형과 필법 등으로 보아 범자 진언다라니에 조예가 깊었던 인물이 썼음을 짐작할 수 있다. 이 불화의 범자는 인수대비의 명에 의하여 1485년 4월 간행한 『오대진언』에 수록된 범자들과 강한 친연성을 보여 주목된다. 당시 발문을 썼던 학조화상은 조선 초기에 국왕을 비롯한 왕실의 여러 인물과 밀접한 관계를 유지하고 있었다. 그리고 이 불화에 새겨진 진언다라니의 범자체는 1463년 7월 8일 선종선사 내호(乃浩)가 써서 평창 상원사 목조문수동자좌상(1466)의 복장물로 봉안한 「백지묵서제진언」의 범자체와도 유사하다. 특히, 「백지묵서제진언」의 「칠구지불모심대준제다라니」 범자체와 친연성을 보이는 점은 주목된다. 이 불화는 조선초기 밀교 신앙에 따른 불화의 제작, 범자 진언다라니에 대한 신앙과 활용 사례 등을 보여주는 중요한 자료로 평가된다.

그리고 강진 무위사 극락전은 본존불상 뒤에 별도의 불화를 그려서 걸은 것이 아니라 벽면을 활용하여 아미타여래 삼존 벽화를 조성하였다. 그런데 장

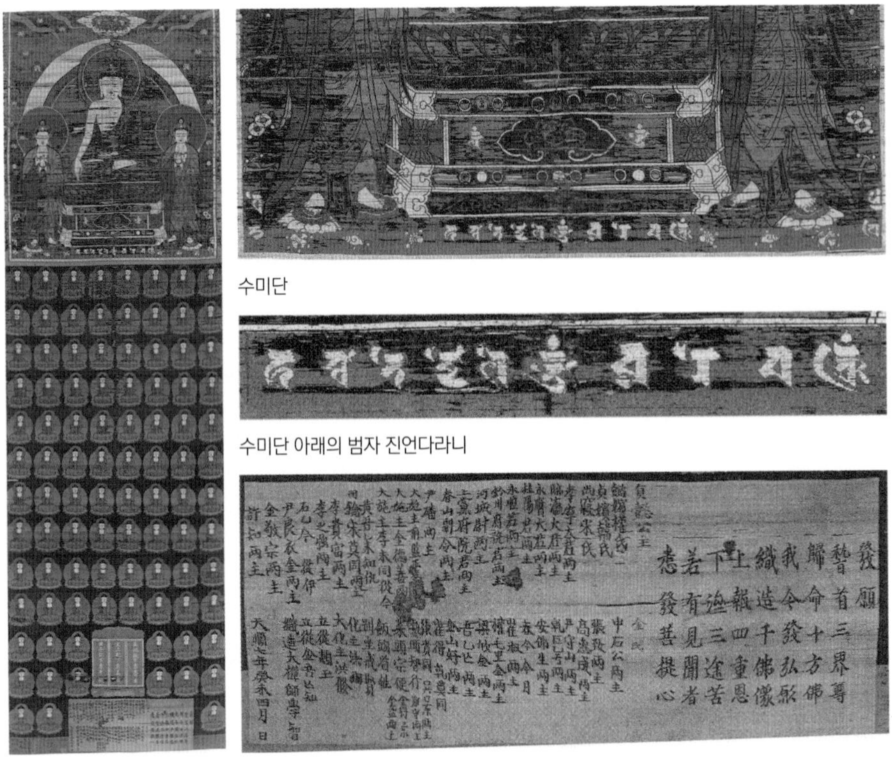

수미단

수미단 아래의 범자 진언다라니

전체

화기

❶

❷

❶ 금직삼존불백체불화와 범자 조선, 1463.4, 일본 경도 서원사, 김연미 제공

❷ 평창 상원사 백제묵서제진언의「七俱胝佛母心大准提陀羅尼」[7]

흥 보림사 북탑지의 기록에 무위사 주불이 1478년 조성되었다는 기록이 있어, 이 벽화도 불상과 함께 조성된 것으로 추정된다. 현재 벽화의 주불인 아미타여래의 가슴 상부에 〔hūṃ〕으로 보이는 범자를 주서하였다. 이 범자가 벽화를 처음 조성할 때 주서한 것인지, 후대에 중수하면서 추가한 것인지는 알 수 없지만 점안의식 등의 일환으로 불신에 별도로 범자를 새겼음을 짐작할 수 있다. 이처럼 조선 전기 불화에서 범자를 새긴 사례는 극히 드물다.

7 평창 상원사 목조문수동자좌상(1466년)에서 출토된「白紙墨書諸眞言」중「七俱胝佛母心大准提陀羅尼」의 일부분이다. 이「白紙墨書諸眞言」은 말미의 기록에 의하여, 1463년 7월 8일 禪宗禪師 乃浩가 썼음을 알 수 있다.

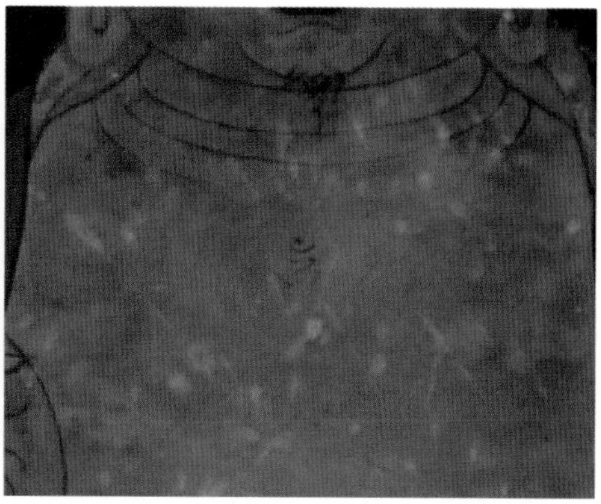

[hūṃ](본존 벽화 가슴 상부)

강진 무위사 극락전 아미타여래 삼존 벽화과 범자 조선, 1478

한편 조선 후기에 들어와 불교 신앙이 부흥하고 그에 따라 많은 불사가 이루어지는데, 그중에서 대형으로 조성한 괘불에 다양한 유형의 범자 진언다라니를 새기거나 배열하였다. 범자 진언다라니가 새겨진 괘불을 조성 시기 순으로 살펴보면, 먼저 청양 장곡사 괘불은 여러 비구와 사대부들이 주상전하, 왕비전하, 세자저하의 만수무강을 기원하기 위하여 1673년 5월에 조성하였다. 이 괘불은 사방의 외곽 테두리에 연화문으로 장식된 원형문을 마련하여 사방진언, 육자진언, 진심종자, 오륜종자 등 불상이나 불화 조성 시에 활용되는 다양한 범자 진언다라니를 배열하였다. 이러한 것은 밀교적인 의례와 작법에 의한 것으로 불화를 외부와 구분 짓고 수호하고자 하는 결계진언(結界眞言)으로서의 의미와 함께 『조상경』 의궤에 따라 복장물에 납입하는 다양한 범자 진언다라니를 봉안한다는 의미가 있었던 것으로 보인다. 이처럼 청양 장곡사 괘불은 현존하는 조선 후기 괘불 중에서 다양한 범자 진언다라니를 사방에 배열한 가장 이른 시기의 불화이다. 그리고 공주 마곡사 석가모니불 괘불은 다양한 계층의 사람들이 후원하였는데, 후대에 와서 중수가 이루어지기도 했다. 불화 상단에 총 13자로 구성된 범자 진언다라니를 좌우로 배치하였는데, 범자는 적색 바탕을 이루고 있는 원형문을 마련하여 그 안에 굵은 금색으로 새겼다. 이 불화에서는 여러 불보살을 상징하는 종자와 함께 육자진언 등이 확인되고 있다. 외곽에도 연화문 등을 화려하게 장엄하여 범자에 대한 신성한 의미를 부여하였다.

그리고 진안 금당사 괘불은 오랜 세월로 인하여 보존 상태가 양호하지는 못하지만, 김상립(金尙立)과 김사문(金巳文) 부부 등 지역민들이 공덕을 쌓기 위하여 대거 참여하여 1692년 6월에 조성한 것이다. 괘불은 화면의 한가운데에 화려한 가사를 걸친 본존불을 배치하였는데 두 손으로 연꽃 가지를 들고 있다. 광배 외곽의 화염문에는 좌우에 각각 10구씩 화불을 배치하여 장엄의 의미를 더하였다. 대형의 신광과 두광이 불신을 감싸고 있으며, 광배 주변에는 화염형 광채가 넓게 발산되고 있다. 신광 좌우의 표면에는 수막새의 연화문처럼 원형으로 표현된 연화문을 여러 곳에 장식하였는데, 그러한 연화문 한가운데에 범자를 새겨 넣었다. 현재 신광의 향좌측에는 16자, 향우측에는 17자를 상하로 배치하였다. 각 범자는 이중의 원형문과 연주문이 감싸고 있는 검은색 바탕에 금색으로 새겨졌으며, 가장자리에는 각양각색의 연화문이 화려하게 장식되어 있다. 이는 각 범자에 상징적인 의미를 부여했음을 알 수 있다. 그런데 범자의 배열과 순서가 다소 불규칙적이고 서로 긴밀하게 연결되지는 않고 있다. 다만, 범자로 보아 정법계진언, 삼밀진언, 육자진언 등 여러 범자 진언다라니를 의도하여 새긴 것으로 보인다.

상주 남장사 감로탱화는 그 지역에 살고 있었던 비구들과 사대부들이 대거 참여하여 1701년 6월에 조성하였다. 화면의 좌우측 외곽에 붉은색 바탕의 원형문을 세로로 길게 배열하여, 그 안에 1자씩 금색으로 선명하게 범자를 새겨 넣었다. 향 우측에는 오륜종자 등 세로로 5자씩 총 15자로 구성된 삼종실지진언을 순서대로 배열하였으며, 향 좌측에는 12자로 구성된 소보협다라니를 새긴 다음 범자 3자를 추가하였다.[8] 이처럼 범자 진언다라니를 배치한 것은 감

8 東アヅア梵字硏究會,「韓國梵字資料調査(2007~08年調査)」,『歷史考古學』第62號, 2010, p.71.

[khaṃ]

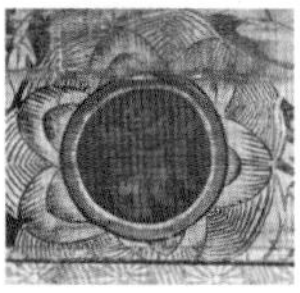

[oṃ]

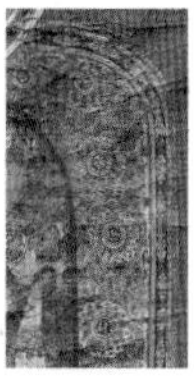

우측 상단

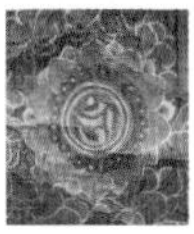

[oṃ]

❶ ❷ ❸

❶ 청양 장곡사 괘불　조선, 1673.5, 문화재청

❷ 공주 마곡사 석가모니불 괘불　조선, 1687.5[9]

❸ 진안 금당사 괘불　조선, 1692.6

향좌측 상단

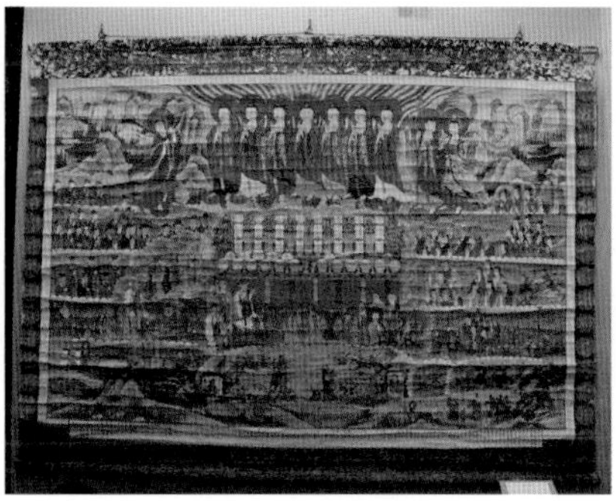

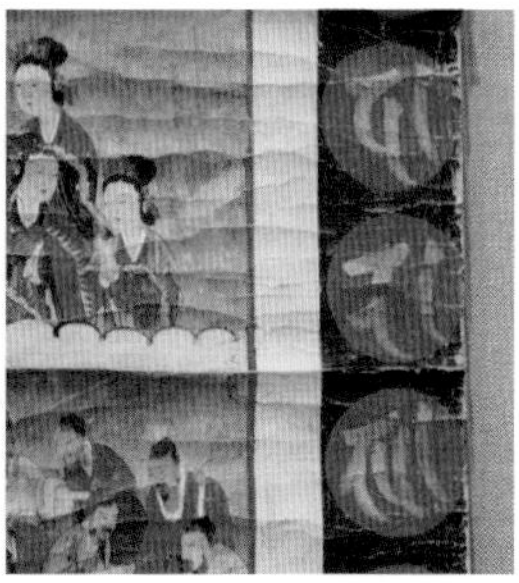

향우측

상주 남장사 감로탱화　조선, 1701.6, 직지사 성보박물관

로탱화 복장물로서의 의미와 함께 불화를 보호하고자 하는 결계진언의 역할을 동시에 의도한 것으로 보인다.

불교를 믿는 사람들은 성불하여 부처가 되거나, 부처가 되기를 기다리면서 수행하고 있는 보살들이 거주하는 정토 세계에 태어나 유한적인 삶에서 벗어나기를 희망한다. 이러한 정토 세계에 태어나기 위해서는 여래가 되어야 하는데, 가장 중요한 것은 부처의 가르침을 듣고 배우는 것이다. 그러한

9　(사)성보문화재연구원, 『마곡사 석가모니불 괘불탱』, 문화재청, 2016, p.11.

것을 불화로 가장 잘 표현한 것이 영산회이다. 영산회는 인도 영취산에서 열린 석가모니불의 설법회에서 유래하였는데, 가장 뛰어난 가르침으로 알려진 『묘법연화경』(법화경)을 설법하는 장면을 의미한다. 『법화경』이 윤회의 삶에서 여래의 세계로 가는 가르침으로 신앙되면서 이러한 법화경을 설법하는 장면을 그린 영산회상도가 크게 성행하였다. 영산회상도는 죽은 사람의 영혼을 명부 세계에서 구제하여 정토 세계에 태어나기를 바라고, 살아있는 사람들은 공덕을 쌓아 그 공덕으로 지옥에서 구제받고자 하는 염원이 담겼다고 할 수 있다. 이러한 의미가 담겨 있어 영산회상도는 임진왜란이 끝난 조선 후기에 크게 성행하였다. 이처럼 영산회상도는 석가모니가 『법화경』을 설법했던 영산회의 장면을 표현한 것으로 석가모니의 여러 설법회 중에서 가장 이상적인 설법 장면으로 인식되면서 사찰의 중심적인 불화로 자리 잡았다.

문경 김룡사 영산회 괘불은 화면의 가운데에 오른손을 내리고 있는 석가모니불을 중심으로 10대 제자와 사천왕상을 비롯한 여러 불보살을 정연하게 배치하였다. 이 괘불은 1703년 5월 수원을 비롯한 6명의 화원이 제작했으며, 당시 많은 인물이 후원했다. 괘불은 화면의 사방 외곽에 원형문을 마련하여 1자씩 범자를 새겨넣었다. 사방에 범자 진언다라니를 배치하여 수호와 결계진언으로서의 의미를 부여했던 것으로 보인다. 영천 수도사 노사나불 괘불은 여러 비구와 사대부들이 시주하여 1704년 4월 처음 조성하였으며, 다시 1822년 6월에 중수가 이루어졌다. 이 괘불은 노사나불로부터 사방으로 광채가 펴져 나가는 듯한 인상을 주도록 화면을 구성한 점이 특징적이다. 그리고 화면의 상단에 원형문을 마련하여 불상의 이름을 새겨 넣고, 좌우에 상징적인 의미로 〔om〕을 배치하였다. 예천 용문사 영산회 괘불은 성상전하, 왕비전하, 세자저하의 만수와 천추를 기원하고자 여러 비구와 사대부들이 참여하여 1705년 4월에 조성했다. 이 괘불은 본존불인 석가모니불의 좌우에 배치된 문수보살과 보현보살의 장신구를 금박과 은박을 사용해 장식했다는 점이 특징적이다. 그리고 화면의 좌우 외곽에 적색 바탕의 원형문을 마련하여 삼밀진언, 준제진

문경 김룡사 괘불　조선, 1703.5[10]

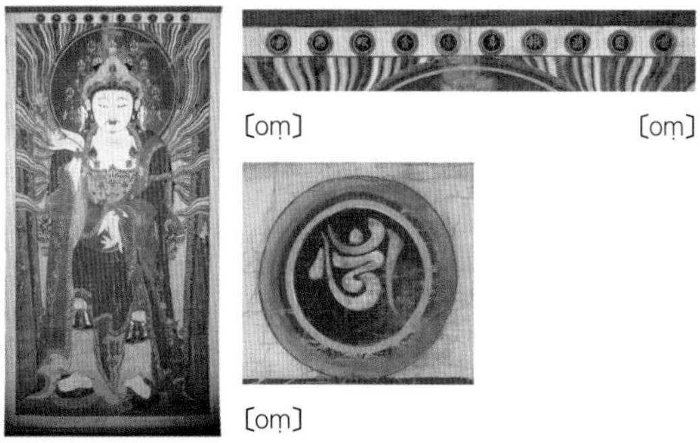

영천 수도사 노사나불 괘불　조선, 1704.4

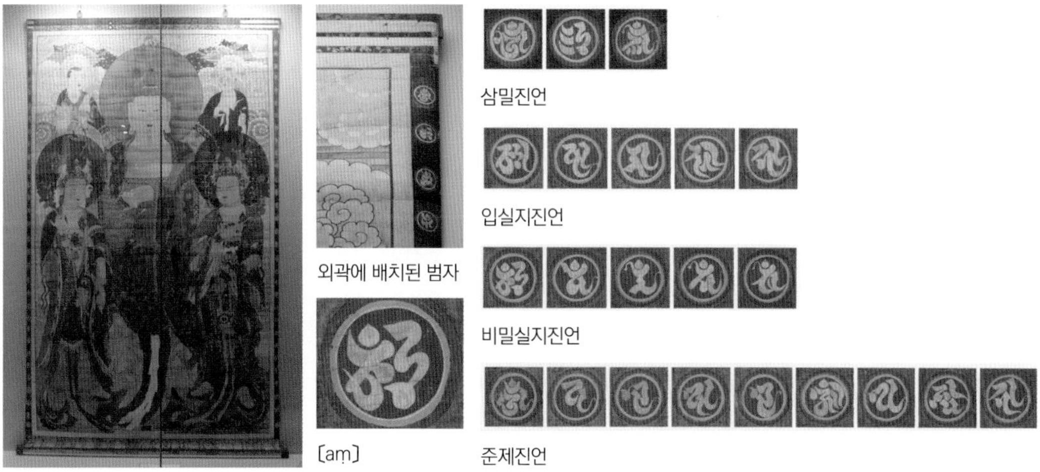

예천 용문사 영산회 괘불　조선, 1705.4, 용문사 성보박물관

언, 삼종실지진언 등을 세로로 길게 순서에 맞게 배열하였다.[11] 여러 자로 구성된 다양한 범자 진언다라니를 배치하여, 결계진언의 의미와 함께 복장물로서의 진언다라니 역할을 의도했던 것으로 보인다.

포항 보경사 괘불은 1708년 3월 처음 조성된 이후 1725년 중수되었으며, 연꽃을 들고 있는 보살형의 여래입상을 단독으로 그렸다. 그리고 화면의 외곽 테두리에 원형문을 배열하여 범자 진언다라니를 배치하였는데, 육자진언, 출

10 성보문화재보존연구원 편찬, 『直指寺』(末寺篇), 불지사, 1995, p.165. / 엄원식, 「김룡사 선풍속에 스며있는 문화유산」, 『운달산 김룡사』, 문경시, 2012, p.314.

11 (사)성보문화재연구원, 『보물 제1445호 예천 용문사 영산회괘불탱』, 문화재청, 2020.

실지진언, 아촉불진언 등이 확인되고 있다. 현재 화면의 상부 외곽에만 배열되어 부자연스러운 측면을 보이고 있는데, 이것은 중수 과정에서 나타난 현상으로 추정된다. 그리고 군위 법주사 괘불은 1714년 5월에 제작되었는데, 상단부에 삼중의 원형문을 마련하여 그 안에 1자씩 범자를 새겨 넣었다. 범자는 검은색 바탕에 금색으로 새긴 총 20자를 배열하였는데, 출실지, 입실지, 비밀실지인 삼종실지진언과 5자로 구성된 아촉불진언을 배치하였다. 삼종실지진언은 불상이나 불화 조성 시에 일반적으로 활용되는 진언다라니이다. 이 불화의 범자체는 공점과 앙월점 등에서 서자 나름의 기교가 반영되어 개성있는 서풍을 보이고 있는 점이 특징적이다. 진주 청곡사 영산회 괘불은 화면의 중심에 석가모니불을 배치하고, 좌우에 문수보살과 보현보살을 그렸으며, 1722년 4월 주상전하의 만수무강을 기원하기 위하여 지역민들과 승려들이 발원하여 조성했다. 화면의 상부에는 작게 다보불과 아미타불, 관세음보살과 대세지보살, 가섭존자와 아난존자를 대칭으로 그려 넣었는데, 각 존상의 정상계주, 중앙계주, 미간, 눈썹, 눈동자, 입술, 가슴 등에 작고 섬세하게 범자를 새겨,[12] 불상 그 자체에 신성한 의미를 부여하였다.[13]

함양 영취사 영산회상도는 주상전하의 수만세를 기원하고자 1742년 4월에 조성했으며, 화면의 상단에 별도로 원형문을 마련하여 범자 진언다라니를 배치했다. 현재 파손과 결락으로 어떤 진언다라니를 새겼는지는 알 수 없다. 그리고 김천 직지사 대웅전의 삼세 후불 탱화는 1744년 5월 22일 조성되었는데, 가운데는 영산회상, 왼쪽에는 약사회상, 오른쪽에는 미타회상이 봉안되었다.[14] 불화의 외곽에는 모두 삼종실지진언, 준제진언, 진심종

---

12 준제진언을 부처 몸에 새길 경우에는 일반적으로 〔oṃ〕은 성상, 〔ca〕는 두 눈, 〔le〕는 목, 〔cū〕는 심장, 〔le〕는 두 어깨, 〔cu〕는 배꼽 중앙, 〔ndi〕는 겨드랑이, 〔svā〕는 두 다리, 〔hā〕는 두 발에 새겼다.

13 (사)성보문화재연구원, 『국보 세302호 청곡사 영산회괘불탱』, 문화재청, 2020.

14 문화재청, (재)불교문화재연구소, 『한국의 사찰문화재』 -경상북도 Ⅱ 자료집-, 2008, pp.127~128.

포항 보경사 괘불 조선, 1708.3[15]

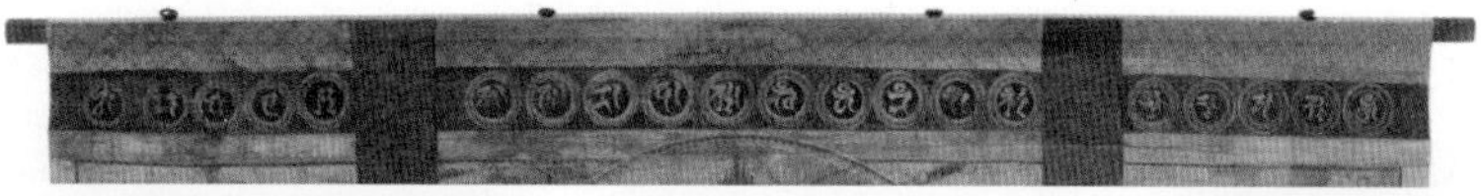

출실지진언

입실지진언

비밀실지진언

아촉불진언

〔vaṃ〕

〔oṃ〕

군위 법주사 괘불 조선, 1714.5[16]

자 등을 비롯하여 『조상경』에 수록된 여러 종류의 범자 진언다라니를 새겼다.[17] 각각의 범자는 붉은색 바탕의 원형문 안에 흰색으로 범자를 새겨 넣었다. 영주 부석사는 1684년과 1745년 4월에 2점의 괘불을 조성하였다.[18] 이 중에 1745년 제작한 괘불은 어느 시기에 월악산 신륵사로 옮겨 봉안되었고, 그 이후에 13명의 화승이 참여하여 새롭게 중수했다고 한다. 이 괘불은 초록색과 붉은색이 강한 대조를 이루고 있으며, 화면을 부드럽게 만들어주던 황색의 사용이 줄어 전반적으로 강렬한 인상을 주고 있다. 그리고 상단으로 올라갈수록 색감이 전체적으로 옅어지는 것이 특징적이다.[19] 괘불은 화면의 하단부를 제외한 외곽부에 원형문을 마련하여 그 안에 1자씩 범자를 새겼는데, 좌우 외곽은 각각 19자로 구성한 범자를 주서하였으며, 상단은 10

15 국립문화재연구소, 『괘불』, 2004, p.21.

16 (사)성보문화재연구원, 『법주사 괘불탱』, 2016, pp.9~122.

17 李宣鎔, 「韓國 佛敎腹藏의 構成과 特性 硏究」, 동국대학교 대학원 미술사학과 박사논문, 2018, pp.172~180.

18 1684년 제작한 괘불은 국립중앙박물관에 소장되어 있으며 3명의 화승이 참여하였다.

19 이영숙, 「浮石寺 掛佛의 고찰」, 『榮州 浮石寺 掛佛幀畵』, 통도사 성보박물관, 2013, p.16.

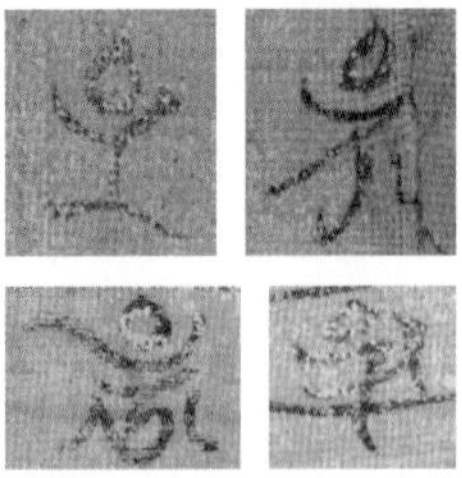

진주 청곡사 영산회 괘불 조선, 1722.4, 직지사 성보박물관

함양 영취사 영산회상도 조선, 1724.4

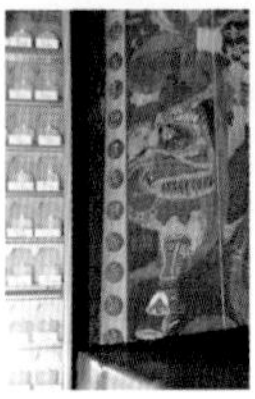

미타회상 범자

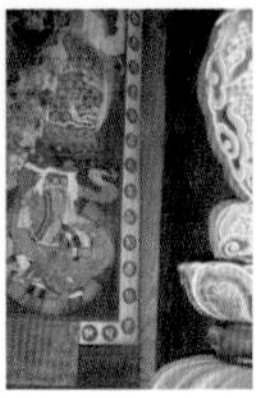

영산회상 범자

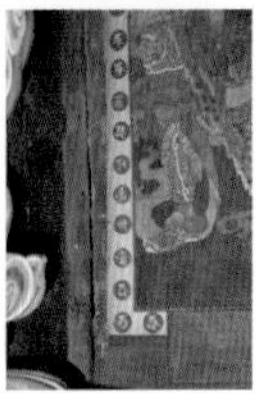

약사회상 범자

김천 직지사 대웅전 삼세 후불탱화 조선, 1744

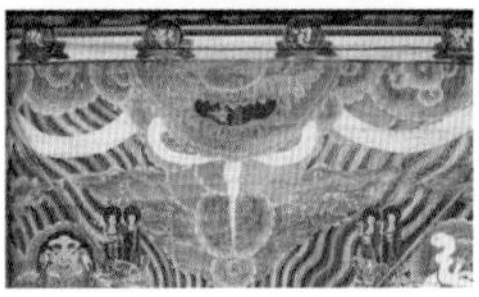

상단 범자

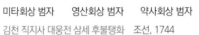

향 우측 범자

영주 부석사 괘불 조선, 1745.4[20]

자로 구성한 범자를 금색으로 새겨, 총 48자로 구성한 범자 진언다라니를 배치하였다. 현재 준제진언, 삼종실지진언, 오륜종자 등이 확인되고 있다.

나주 다보사 괘불은 1745년 7월에 조성하여 금성산 보흥사(普興寺)에 봉안되었고 한다. 이러한 것으로 보아 어느 시기에 보흥사에서 다보사로 옮겨졌음

20 통도사 성보박물관, 『榮州 浮石寺 掛佛幀畵』, 2013.

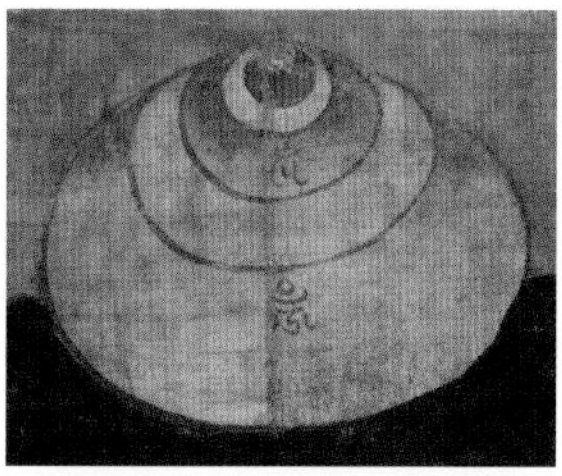
본존불 육계의 범자

좌협시 육계의 범자

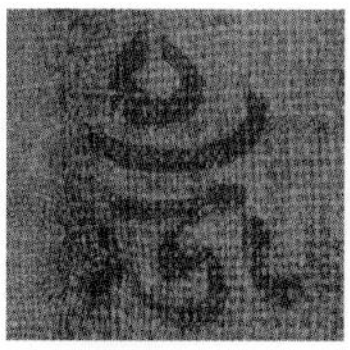
정상계주

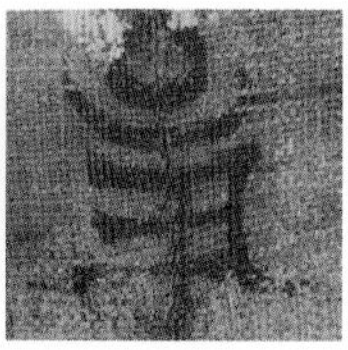
중간계주

본존불의 범자

오른 눈 위

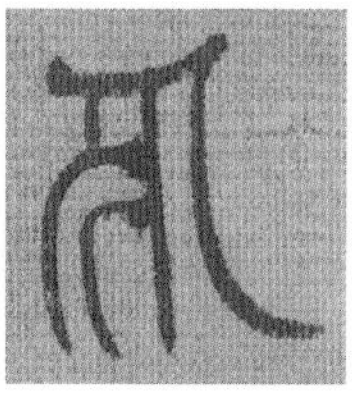
군의 자락

좌협시보살의 범자

나주 다보사 괘불과 범자 조선, 1745.7

을 알 수 있다. 현재 금성산 보흥사는 관련 기록이나 유적이 확인되지 않아 어느 사찰인지는 알 수 없다. 아마도 보흥사가 폐사되면서 나주 다보사로 괘불이 옮겨졌을 것으로 보인다. 이 괘불의 화면 구성은 한가운데에 입상의 석가모니불을 중심으로 좌우에 문수와 보현보살, 뒤에는 아미타와 관음보살, 다보불과 대세지보살을 좌우 대칭으로 배치한 칠존 형식의 괘불인데, 화면의 여러 곳에 범자를 새겨 넣었다. 본존불은 중간과 정상 계주, 보관, 미간, 눈동자, 목, 가슴, 어깨, 발 등 여러 곳에 잘 드러나지 않도록 약하게 범자를 주서하였다. 총 151자의 범자가 불규칙하게 새겨져 있는데,[21] 명확하게 파악하기는 어렵지만 오륜종자와 준제진언 등을 순서 없이 새긴 것으로 보인다. 부안 개암사 영산회 괘불은 왕과 왕비, 세자의 만수무강을 기원하려고 전라도 일대의 많은 사찰과 여러 사대부들이 대거 참여하여 1749년 6월에 조성하여 능가산 개암사(開巖寺)에 봉안한 것이다. 괘불은 한가운데에 석가모니불, 문수보살, 보현보살을 비롯하여 그 주변에 여러 불보살의 불두와 불신 등 요소요소에 범자를

21 (사)성보문화재연구원, 『다보사 괘불탱』, 2018.

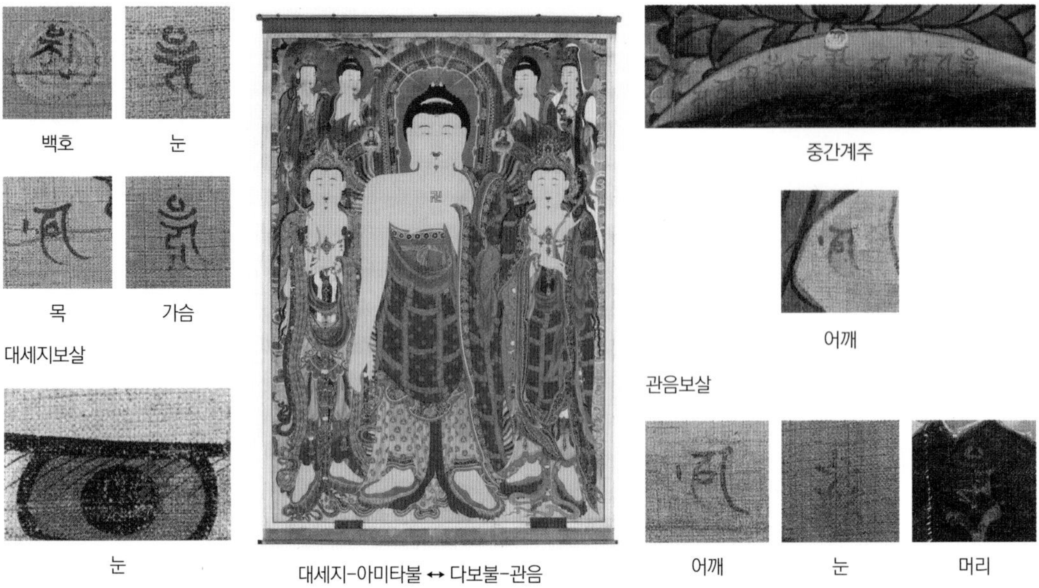

부암 개암사 영산회 괘불과 범자 조선, 1749.6[22]

새겼다. 오랜 세월로 벗겨지거나 보이지 않는 부분도 있지만, 불상의 계주, 백호, 눈동자, 입술, 목, 어깨, 가슴, 무릎, 발 등에 이르기까지 다양한 곳에 실담과 랸차를 혼용하여 범자를 주서하였다. 어떤 진언다라니를 의도하였는지는 분명하게 알 수 없지만, 판독 가능한 범자들로 보아 준제진언과 오륜종자 등 불상이나 불화 조성 시에 많이 활용되는 범자 진언다라니들이 새겨진 것으로 보인다.

영천 은해사 괘불은 화면 한가운데에 입상의 여래상을 화면 가득 단독으로 배치하였다. 이 여래상은 적색과 녹색을 중심으로 채색된 법의를 걸치고 있으며, 머리에는 녹색의 두광을 갖추고 있다. 이 괘불은 화면 외곽에 범자 진언다라니를 배치하였는데, 총 81자의 범자를 새겼다. 범자는 적색과 녹색으로 구분하여 2중의 원형문 안에 1자씩 새겨넣었다. 화면 상단에 15자, 좌우 측에 각각 33자씩 나누어 새겼다. 현재 육자진언, 삼종실지진언, 준제진언, 상품상생

22 (사)성보문화재연구원, 『보물 제1269호 개암사 영산회 괘불탱』, 2016, pp.8~149.

진언, 파지옥진언 등을 배열한 것으로 확인된다. 그리고 여래상이 입고 있는 법의 표면에 장식된 원형문의 한가운데에도 범자를 1자씩 새겨 넣었다. 또한 후면의 배접지에도 준제진언, 육자진언, 삼종실지진언, 파지옥진언 등의 범자 진언다라니를 세로 3줄로 새겼다. 신성하고 영험하게 인식된 범자를 다양한 장소에 새겨 공양과 공덕의 의미를 더하였음을 알 수 있다. 영덕 장육사 영산회상도는 대웅전의 후불 벽화로 걸려 있는데, 여러 비구와 사대부들이 시주하여 1764년 4월에 조성했다.[23] 이 불화는 화면의 한가운데에 항마촉지인을 결하고 있는 석가모니불을 배치하였으며, 그 주변에 여러 불보살과 신장상들을 좌우 대칭형으로 그려 넣었다. 화면의 좌우 외곽에는 적색 바탕의 원형문을 세로로 배열하여 그 안에 범자를 새겼는데, 좌우에 각각 15자씩 배열하였다. 범자 진언다라니는 비밀실지, 입실지, 출실지진언인 삼종실지진언을 새겨, 결계진언의 역할과 함께 복장물의 의미를 갖도록 했던 것으로 보인다. 보은 법주사 괘불은 지역민들이 대거 참여하여 1766년 5월에 조성하였는데, 한가운데에 존상을 크게 모시고, 화면의 좌우에 상하로 열을 지어 범자를 배열하였다. 범자는 원형문을 마련하여 그 안에 1자씩 새겨 넣었는데, 원형문은 적색 바탕을 이루고 있고, 범자는 금색으로 새겼다. 현재 준제진언, 오륜종자, 진심종자, 삼종실지진언, 육자진언, 삼밀진언 등이 확인되고 있다.[24] 이처럼 범자 진언다라니가 괘불의 화면을 가득 둘러싸고 있어, 결계진언의 역할을 겸하도록 의도했음을 짐작할 수 있다. 이 괘불은 처음부터 범자 진언다라니를 화면의 외곽에 배치하기 위하여 일정한 공간을 의도적으로 마련하였음을 알 수 있다.

그리고 봉화 축서사 괘불과 상주 남장사 괘불도 보은 법주사 괘불과 유사한 범자 진언다라니 배치를 보이고 있다. 또한 하동 쌍계사 괘불은 최초 조성 당시의 화기는 남아있지 않지만 1929년 중수할 때의 화기에 의하여 1799년

---

23 문화재청, (재)불교문화재연구소, 『한국의 사찰문화재』-경상북도 Ⅱ 자료집-, 2008, p.280.
24 (사)성보문화재연구원, 『보물 제1259호 법주사괘불탱』, 문화재청, 2020.

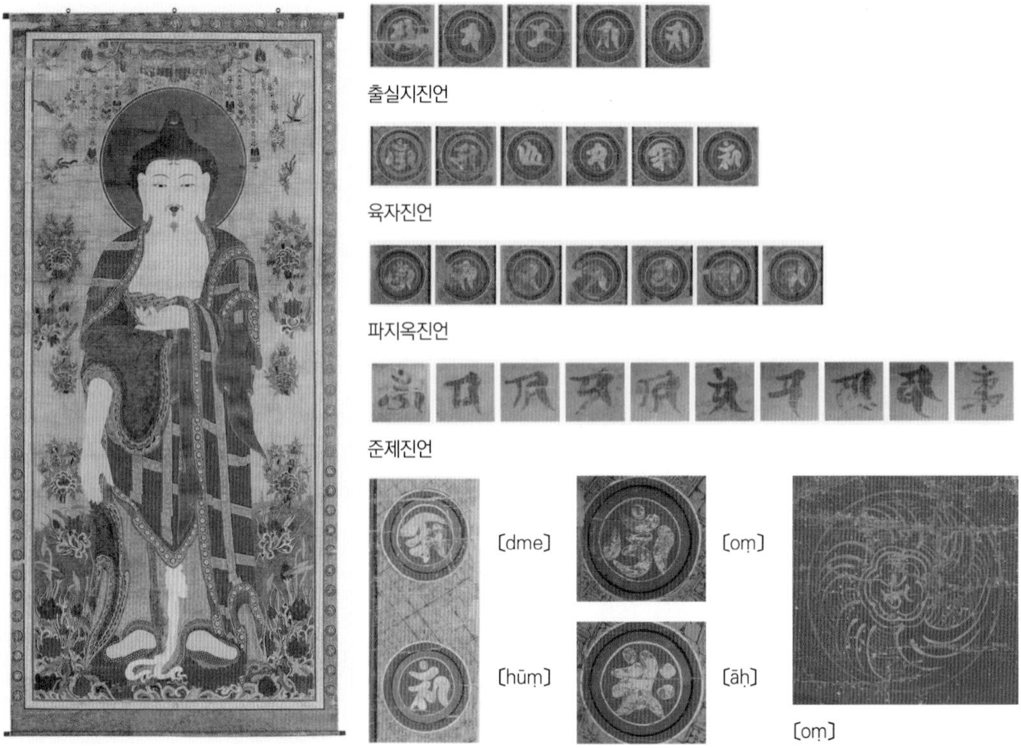

영천 은해사 괘불과 범자　조선, 1750.4[25]

영덕 장육사 영산회상도와 범자　조선, 1764.4

25　(사)성보문화재연구원, 『보물 제1270호 은해사괘불탱』, 문화재청, 2020.

❶ 보은 법주사 괘불　조선, 1766.5[26]
❷ 봉화 축서사 괘불　조선, 1768.3
❸ 상주 남장사 괘불　조선, 1776, 통도사 성보박물관[27]
❹ 하동 쌍계사 괘불　조선, 1799[28]

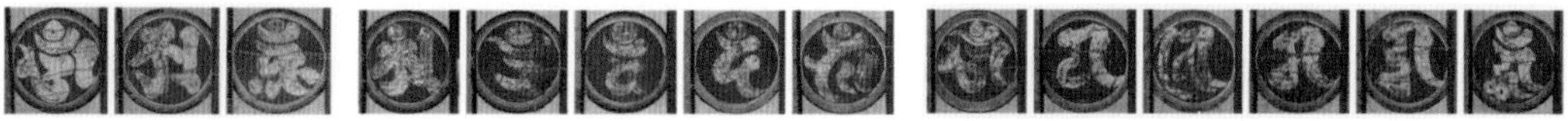

삼밀진언　오륜종자　육자진언

보은 법주사 괘불의 범자 진언다라니

제작되었음을 알 수 있다. 모두 외곽에 원형문을 마련하여 그 안에 범자를 1자씩 새기고, 상하 또는 좌우로 열을 지어 범자 진언다라니를 배열하였다. 이처럼 불화의 사면 외곽에 다양한 범자 진언다라니를 1열로 배열한 것은 불화를 보호하고, 불화 속의 회상을 다른 세계와 구분하고자 하는 의도가 있었던 것으로 보여 범자 진언다라니가 결계진언의 의미로 배치되었음을 알 수 있다. 이처럼 18세기대에는 대형의 괘불을 조성할 때 화면의 외곽 테두리에 범자 진언다라니를 배치하는 것이 일반적이었음을 알 수 있다.

---

26 문화재청, (재)대한불교조계종 문화유산발굴조사단, 『한국의 사찰문화재』 -충청북도-, 2006, p.148.
27 문화재청, (재)불교문화재연구소, 『한국의 사찰문화재』 -경상남도 Ⅲ-, 2011, p.38.
28 국립문화재연구소, 『괘불』, 2004, pp.43~75.

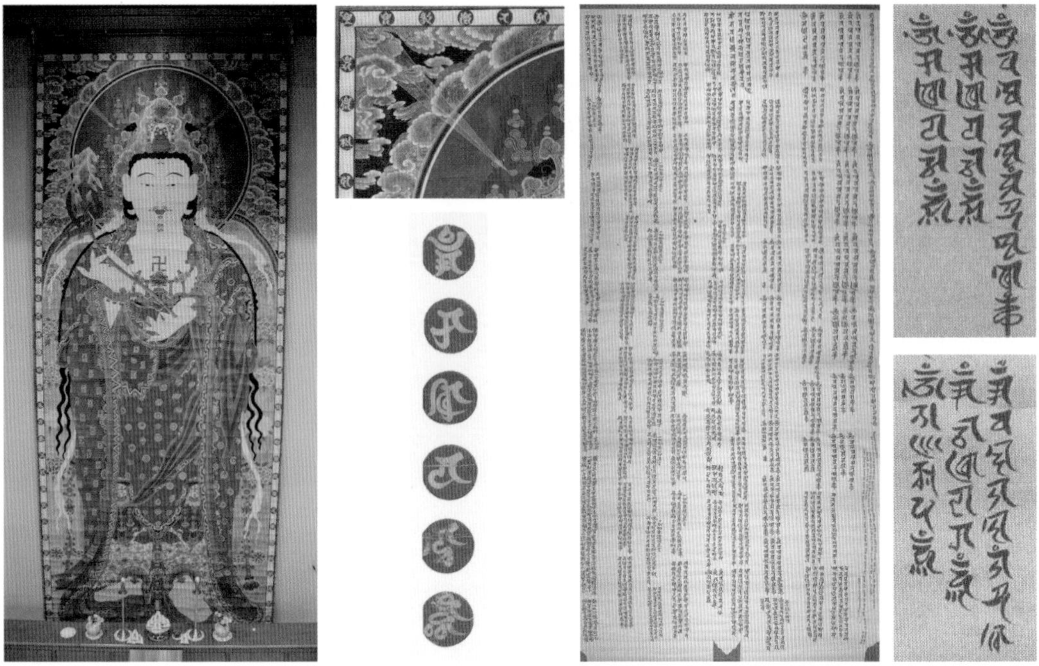

정면　　육자진언　　후면

양산 통도사 석가여래 괘불 정면과 후면　조선, 1767[29]

양산 통도사 석가여래 괘불은 본존불로 석가불이 그려졌으며, 태활(兌活)이 화주로 참여하였고, 여러 승려가 화공으로 함께 작업하여 1767년 조성하였다. 이 불화는 화면의 좌우와 상단 외곽에 열을 지어 『조상경』에 수록된 다양한 진언다라니를 결계진언의 의미로 배치하였다. 그리고 후면에도 삼종실지진언, 육자진언, 불공성취진언, 준제진언 등 다양한 범자 진언다라니를 반복하여 주서하였다. 이처럼 양산 통도사 석가여래 괘불은 정면 외곽과 후면에 가득 범자 진언다라니를 새겨 밀교 의례와 작법을 통하여 공양과 공덕의 의미를 높이고자 의도했음을 알 수 있다. 양주 청련사에 소장된 비로자나 괘불은 화기가 없어 명확한 조성 시기는 알 수 없지만, 화면의 구도와 채색 등으로 보아 조선 후기에 제작된 것으로 추정되고 있다. 이 괘불의 한가운데 배치된 비로

29　(사)성보문화재연구원, 『통도사 석가여래 괘불탱』, 문화재청, 2016.

양주 청련사 비로자나 괘불　조선 후기

자나불은 붉은색 가사를 걸치고 두 손을 모아 지권인을 취하고 있는데, 가사 표면에 금색으로 굵고 가는 원형문을 마련하여 그 안에 1자씩 정연하게 범자를 새겨 넣었다. 현재 일부 범자만 노출되어 있어 어떤 진언을 새겼는지 명확하게 알 수 없지만 육자진언과 삼밀진언 등을 의도한 것으로 보인다. 범자를 붉은색 가사 표면의 원형문 안에 금색으로 새겨 상징적인 의미를 강하게 의도했음을 알 수 있다.

함양 영취사 영산회상도는 부분적으로 파손되기는 했지만, 화기에 의하여 1742년 조성되었음을 알 수 있다. 함양 영취사는 조선 후기에 들어와 중창이 이루어졌는데, 이 시기에 영산회상도가 조성 봉안된 것으로 보인다. 화면의 한가운데 석가모니가 있고, 그 주변에 설법을 듣는 여러 보살과 중생들이 배치되어 있다. 불화의 화면 아래에는 불단이 있고, 그 앞에 붉은 바탕의 전패를 마련하여 금니로 '주상삼전수만세(主上三殿壽萬歲)'라고 새겨, 주상·왕비·세자의 장수와 강녕을 기원하는 내용이 기록되었다. 그리고 화면 하단에 화기가 있고, 상단에 검정 바탕의 원형문을 마련하여 그 안에 1자씩 범자를 새겨 특정한 진언다라니를 배열하였는데, 결락 등으로 어떤 진언다라니를 의도하여 새겼는지는 알 수 없는 상태이다. 다만, 현 상태로 보아 전체 7자로 구성된 진언다라니를 새겼던 것으로 보인다.

경주 불국사 대웅전 영산회상도는 대웅전의 삼존불 개금 시에 경성의 화완공주(和緩公主)를 비롯한 궁궐의 여러 상궁이 후원하여 1769년 6월에 조성했다. 불화는 화면의 상단에 좌우로 범자 진언다라니를 배치하였다. 범자는 붉은색 바탕의 원형문을 마련하여 묵서했는데, 전형적인 실담으로 기교있게 썼다. 화면의 상단 가운데에는 9자로 구성된 준제진언을 좌서했으며, 좌우에는 종자를 배치하였다. 서산 문수사 청련암 지장시왕도는 1774년 2월에 봉안한 것으로 화면 가운데에는 수미단을 마련하여 지장보살을 배치하였다.[30] 수미단 앞에는 무독귀왕과 도명존자가 서 있으며, 그 좌우로 시왕이 좌우에 5위씩 배치되었고, 그 주변으로 판관, 사자, 귀왕, 동자 등이 좌우 대칭으로 그려져 있다. 화면 상단의 좌우에 짧게 번이 장식되어 있는데, 그 표면에 원형문을 마련하여 범자를 새겨넣었다. 향 좌측에는 세로로 〔oṃ〕-〔a〕-〔hūṃ〕, 향 우측에는 〔oṃ〕-〔raṃ〕-〔vaḥ〕를 배치하였다. 또한 지장보살의 두광 바로 위에는 복장주머니를 그렸는데, 그 표면에도 원형문을 마련하여 〔oṃ〕를 새겼다. 구례 천은사 극락보전 아미타후불도는 남원 지역에 있었던 여러 비구가 합심하여 주상전하의 수복을 기원하기 위하여 1776년 8월에 조성한 것이다.[31] 범자 진언다라니는 화면의 상단에 붉은색 바탕의 원형문을 마련하여 그 안에 1자씩 새겼으며, 좌서로 9자로 구성한 준제진언을 배열하였다. 준제진언을 강조하기 위한 것인지, 종자의 역할을 겸한 의도인지는 알 수 없지만 다른 범자는 모두 실담인데, 첫 번째 〔oṃ〕자만 란차로 써서 특징적인 측면을 보이고 있다.

홍천 수타사 지장시왕도는 화려한 가사를 걸치고 있으며, 왼손과 오른손에 각각 석장과 보주를 들고 있다. 가사는 전체적으로 붉은색 바탕을 이루고 있는데, 가사 표면에 원형문을 마련하여 그 안에 범자를 새겨 넣었다. 현재

30 문화재청, (재)대한불교조계종 문화유산발굴조사단, 『한국의 사찰문화재』-충청남도 대전광역시 자료집-, 2004, p.133.

31 문화재청, (재)대한불교조계종 문화유산발굴조사단, 『한국의 사찰문화재』-광주광역시 전라남도 자료집-, 2005, p.295.

함양 영취사 영산회상도 조선, 1742, 국립중앙박물관

〔oṃ〕, 〔aḥ〕, 〔hūṃ〕, 〔ran〕, 〔saḥ〕 등 일부만 확인되고 있어 어떤 진언다라니를 의도하였는지 명확하게 알 수는 없다.[32] 상주 황령사 아미타 후불도는 여러 비구와 사대부들이 시주하여 1786년 4월에 조성하였는데,[33] 화면의 한가운데에 수미좌를 마련하여 그 위에 아미타불을 봉안하였으며, 좌우로 관세음과 대세지보살 등 여러 불보살상과 신장상을 촘촘하게 그려 넣었다. 본존인 아미타불

32 東亞細亞梵字硏究會, 「韓國梵字資料調査(2011~2012年調査)」, 『歷史考古學』 第69號, 歷史考古學硏究會, 2014, pp.59~61.

33 문화재청, (재)불교문화재연구소, 『한국의 사찰문화재』 -경상북도 Ⅱ 자료집-, 2008, p.238.

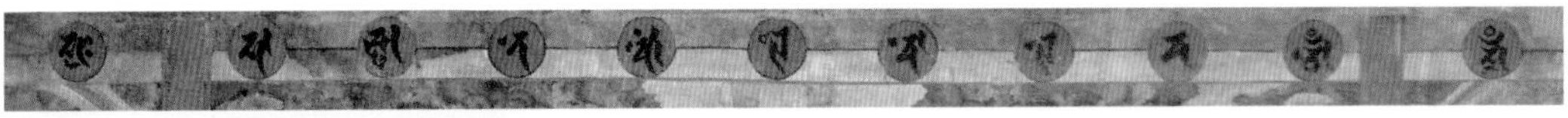

경주 불국사 대웅전 영산회상도　조선, 1769[34]

구례 천은사 극락보전 아미타후불도　조선, 1776.08

서산 문수사 청련암 지장시왕도　조선, 1774.2

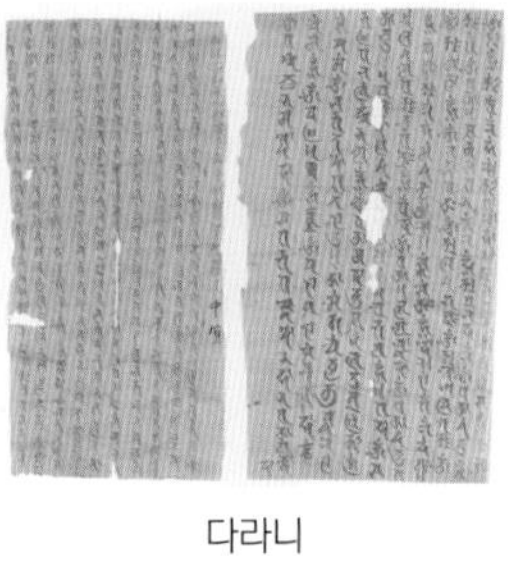

다라니

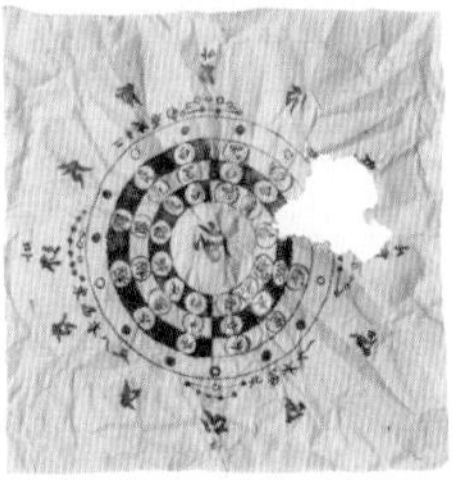

준제천원지도

복장물

이 걸치고 있는 붉은 색 가사는 원형문이 장식되어 있는데, 그 원형문 안에 1자씩 범자를 새기거나 빈공간으로 둔 경우도 있다. 범자를 새긴 원형문도 가사의 장식적인 요소로 활용되었는데, 화공이 어떤 진언다라니를 새기려 했는

34　불국사 박물관, 『불국사박물관 개관전 도록』, 2018.

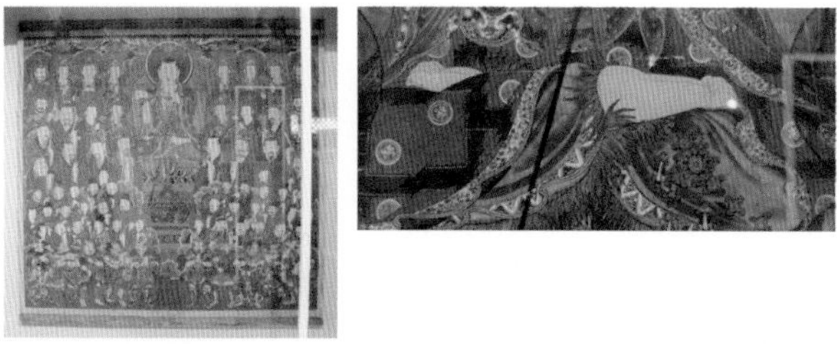

홍천 수타사 지장시왕도　조선, 1776.4, 홍천 수타사 성보박물관

상주 황령사 아미타후불도　조선, 1786.4, 직지사 성보박물관[35]

서산 천장사 소장 관음사 아미타후불도　조선, 1788.10

지는 알 수 없지만, 판독 가능한 범자로 보아 육자진언과 정법계진언을 의도했던 것으로 보인다. 서산 천장사 소장 관음사 아미타후불도는 화기에 의하여 왕을 비롯한 왕실의 만수를 기원하면서 1788년 10월에 조성되었다.[36] 이 불화는 중앙에 수미단을 마련하고 그 위에 화려한 가사를 걸치고 있는 아미타불을 배치하였는데, 아미타불은 붉은색 가사를 걸치고 있으며, 가사 표면에 문양처럼 원형문을 마련하여 그 안에 범자를 새겼다. 현재 〔oṃ〕, 〔ṇi〕, 〔hūṃ〕이 확인되고 있어, 육자진언을 의도한 것으로 보인다. 가사 표면에 다른 문양과 함께 장식적인 요소로 범자 진언다라니를 배치했다는 점이 특징적이라 할 수 있다.

이처럼 범자를 문양처럼 활용한 괘불이 있는데, 1788년 4월에 조성된 상주 남장사 영산회 괘불이 대표적이다. 이 괘불은 화면의 한가운데 연꽃을 들고

35 문화재청, (재)불교문화재연구소, 『한국의 사찰문화재』 -경상북도 Ⅱ-, 2008, p.525.

36 문화재청, (재)대한불교조계종 문화유산발굴조사단, 『한국의 사찰문화재』 -충청남도 대전광역시 자료집-, 2004, p.137.

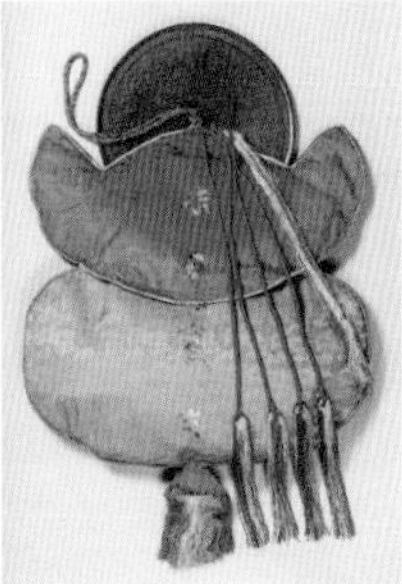

복장주머니

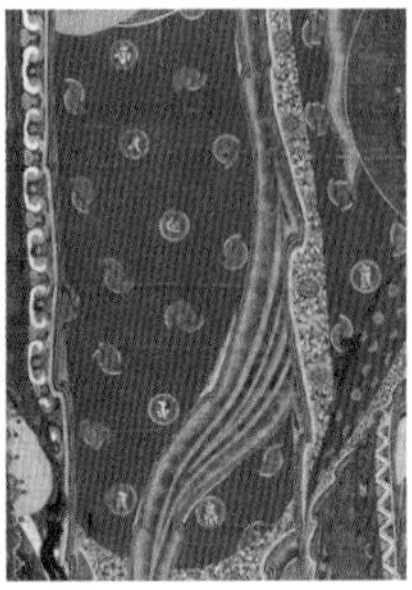

가사 표면

상주 남장사 영산회 괘불　조선, 1788.4

삼밀진언

비밀실지진언

육자진언

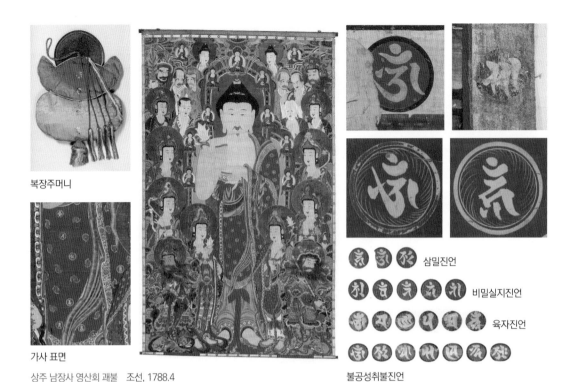

불공성취불진언

있는 석가모니불을 중심으로 좌우에 6분의 보살, 범천과 제석천, 가섭과 아난을 포함한 6분의 제자, 상하에는 좌우 대칭으로 사천왕상을 배치한 구도로 불가에서 신앙하는 다양한 불보살상을 그려 넣었다.[37] 그리고 화면 외곽의 4면에 촘촘하게 열을 지은 범자 진언다라니를 배열하였다. 각 범자는 붉은색 바탕의 원형문을 마련하여 그 안에 1자씩 새겨 넣었는데, 종자를 비롯하여 여러 자로 구성된 삼밀진언, 육자진언, 준제진언, 정법계진언, 멸죄진언 등 불상이나 불화 조성 시에 복장물로 활용되는 다양한 진언다라니를 배치하였다. 또한 본존불의 가사에도 원형문을 마련하여 그 안에 범자를 새겨 하나의 문양처럼 범자가 배치되도록 하였다. 이처럼 괘불 전체 화면의 외곽과 가사의 표면에

37 성보문화재연구원, 『남장사영산회괘불탱』, 2018. 畵記 첫머리에 '乾隆五十三年戊申四月日奉安于南長寺'라고 기록되어 있다.

다양한 범자 진언다라니를 배치한 것은 결계진언 의미와 함께 불복장 의식에 의한 예불과 공양의 의미가 동시에 함유된 것으로 보인다. 그리고 남장사 영산회 괘불은 적색과 청색 비단을 활용하여 제작한 2개의 복장주머니도 잘 남아있는데, 표면에 삼밀진언과 정법계진언이 금색으로 새겨져 있다. 또한 대형으로 제작된 동경도 복장주머니와 함께 괘불탱의 상부에 달았는데, 표면에 국화문을 가득 장식하고 외곽에 원형문을 마련하여 범자를 새겼다. 이러한 범자 동경은 조선시대 들어와 고분에 매납되거나, 불상이나 불화의 복장물로 많이 봉안되었다. 이처럼 상주 남장사 괘불은 화면과 복장주머니 등에 다양한 의미로 범자 진언다라니를 의도하여 새겼음을 알 수 있다.

그리고 평창 운수암 관음변상도는 침파당(枕波堂) 스님의 주도로 신겸(信謙)에 의하여[38] 선각 형식으로 조성되었다. 화면의 하단에 화기가 있고, 두광 좌우에 별도의 원형문을 크게 마련하여 그 안에 명문과 범자 진언다라니를 새겼다. 향좌에 배치된 원형문 가운데에는 세로로 '南巡童子摩頂手'라고 새기고, 좌우에 1자씩 〔raṃ〕과 〔oṃ〕을 배치하였다. 향우의 원형문 안에는 '觀音菩薩變湘'라고 새기고, 좌우에 1자씩 〔raṃ〕과 〔oṃ〕을 배치하였다. 이처럼 화면의 큰 원형문 안에 정법계진언을 새겨 청정한 도량 속에서 부처님의 자비가 실천되기를 염원하였던 것으로 보인다. 화성 용주사 대웅전 후불탱화에는 비구가 책자를 들고 있는데, 『오대진언집』을 펼친 것처럼 묘사하였다. 현재 펼친 상태를 보면 오른쪽부터 육자진언, 삼밀진언, 정법계진언, 진심종자, 금강계오불 등이 수록된 면임을 알 수 있다. 남양주 흥국사 대웅보전에는 삼존불과 함께 여러 불화가 봉안되어 있는데, 이중에 1868년 10월에 조성된 감로도가 있다. 감로도는 조선 후기에 들어와 지옥에 빠진 중생들을 극락으로 인도해주고, 죽은 영혼을 위로하는 영가천도를 목적으로 많이 조성되었다. 일반적으로 3단으로 구성되는데, 상단에는 부처가 주재하는 이상세계로 7여래가 배치되

38 畵記는 '乾隆伍拾伍年十一月日 造成雲水菴 證師 枕波堂戒允 良工 信謙'이라고 새겨져 있다.

고, 중단에는 다양한 불교 의례와 관련된 그림들이 등장하고, 하단에는 지옥, 축생, 아귀, 아수라, 인간, 천상의 육도 세계가 묘사된다. 흥국사 대웅보전 감로탱화도 상단에 7여래가 배치되고, 그 아래에 줄을 쳐서 각종 공양물을 걸어 천도재를 거행하고 있는 장면을 묘사하고 있다. 이 불화는 중생들의 염원이 새겨지는 한가운데에 걸어 놓은 패의 외곽 표면에 범자로 항마진언(降魔眞言)을 새겨 공양과 공덕의 의미를 더하고, 중생들의 염원이 성취되기를 바라는 마음을 담았던 것으로 보인다.

그리고 개인이 소장하고 있는 아미타여래도의 상단에는 두광 좌우로 원형문을 큼직하게 마련하여 그 안에 금색으로 범자 진언다라니를 새겨 넣었다. 현재 〔raṃ〕과 〔oṃ〕을 좌우로 배치하여 정법계진언을 새겼음을 알 수 있다. 해인사 관음전 관음도는 오래전부터 어떤 스님이 아미타불을 친견하기를 염원하면서 방에 모시고 조석으로 정진 예불하였다고 한다.[39] 불화의 화면 상단에는 다라니를 세로로 썼으며, 한가운데에 대원광(大圓光)을 그려 넣어 그 안에 동자를 안고 있는 관음보살을 표현하였다.[40] 관음보살도는 일반적으로 보살 아래에 관음을 향하여 예배하는 선재동자를 배치하는데, 이 관음도는 보기 드물게 선재동자가 관음보살에 안긴 모습으로 그려져 있고, 화면 가득 범자 진언다라니가 새겨져 있다. 화면의 하단에는 불화의 조성 시기, 봉안처, 화사 등을 기록하였다. 범자 진언다라니는 세로 12줄로 배열하였는데, 첫머리에 「나무불정심관세음보살모다라니(南無佛頂心觀世音菩薩姥陀羅尼)」라고 하여 관세음보살이 말세의 고통 받는 중생을 위하여 설법한 다라니임을 알 수 있도록 했다. 이 다라니는 아침 예불 때 염송하는 4대 다라니 중에 하나이기도 하다. 그리고 끝부분에는 「본심미묘육자대명왕진언(本心微妙六字大明王眞言)」이라고 제목을 붙인 다음 6자로 구성한 관음보살의 진언인 육자진언을 세로로

---

39 서종, 『한국의 불화 18』, 성보문화재연구원, 1999, p.191. / 이혜원, 「동국대학교박물관 소장 〈海印寺觀音殿水月觀音圖〉 연구」, 『佛教美術』 23, 동국대학교 박물관, 2012, pp.123~149.

40 이화여자대학교 박물관, 『모성』, 2012, p.25.

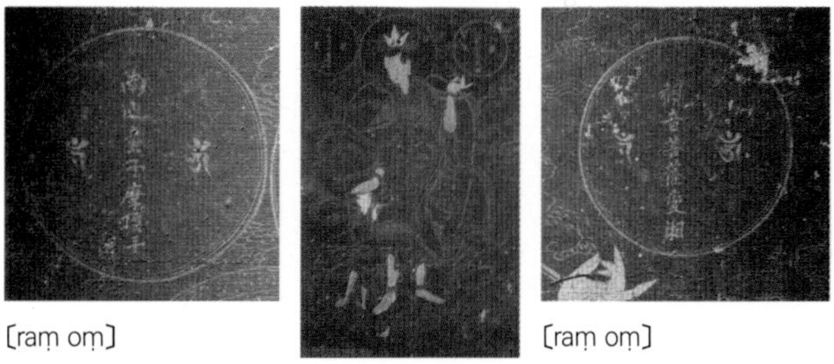

〔raṃ oṃ〕 〔raṃ oṃ〕

평창 운수암 관음변상도 조선, 1790.11, 월정사 성보박물관

세부

화성 용주사 대웅전 후불탱화 조선

세부, 항마진언

남양주 흥국사 대웅보전 감로도 조선, 1868.10, 오호석 제공

〔raṃ〕 〔oṃ〕

아미타여래도 조선후기, 개인소장

새겼다. 또한 고양 원각사에도 해인사 관음전 관음도와 유사한 화법의 불화가 소장되어 있다.[41] 이 불화도 화면의 한가운데에 크게 원형문을 마련하여 그 안에 백의를 걸친 백의관음보살을 배치하고, 원형문 외곽의 청색 바탕 표면과 외곽 테두리에 범자 진언다라니를 가득 새겼다. 범자 진언다라니는 금색과 붉은색으로 썼는데, 화면에서 사각형 구획 안에는 천수천안관자재보살신묘장구대다라니, 42수주, 육자진언 등을 새겼다. 그리고 외곽 테두리 부분에는 불정심관세음보살모다라니와 함께 다양한 범자 진언다라니를 배치하였으며, 외곽의 모서리마다 1자씩 사방진언을 새겨 넣었다. 이 불화는 상당히 우수한 제작 기법을 보이고 있어 수준 높은 화공이 그렸으며, 범자 진언다라니도 조예가 깊었던 인물이 썼음을 알 수 있다. 또한 양산 통도사 성보박물관에도 범자

41 이와 유사한 화면 구성을 보이는 불화로 범어사 관음전 백의관음보살도(1882년)가 있다.

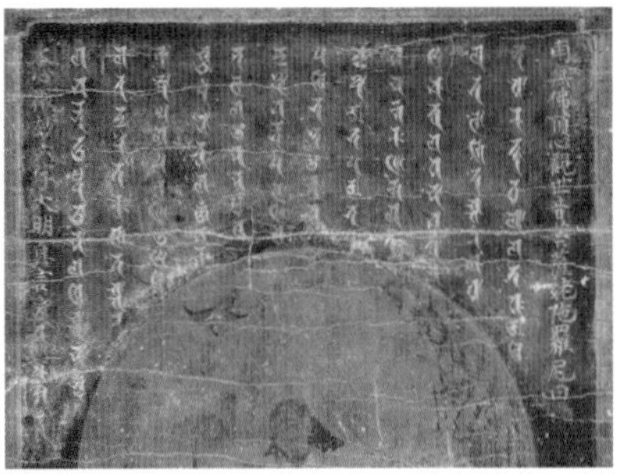

세부

해인사 관음전 관음보살도　조선, 1876.2, 동국대학교 박물관

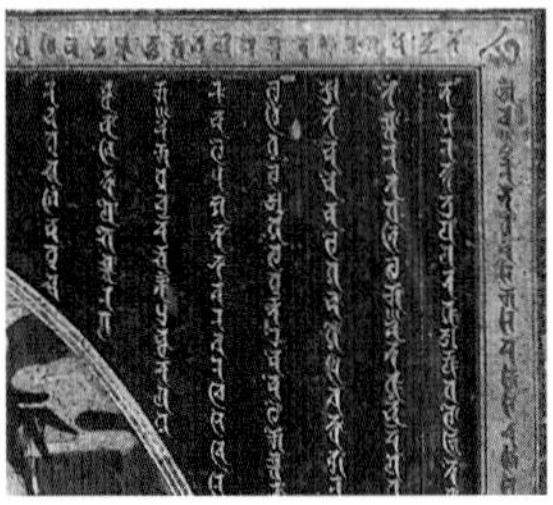

세부

고양 원각사 소장 관음보살도　조선, 1880.4, 정각 스님 제공

로 관세음보살다라니를 새긴 불화가 소장되어 있다.

부안 내원암 독성도는 화기가 없어 명확한 제작 시기는 알 수 없지만, 화면의 구성과 표현 기법 등으로 보아 조선 말기 이후에 조성된 것으로 추정된다. 이 독성도는 노송 아래에 빈두로존자가 앉아 있는데, 붉은 가사의 가슴 아래에 있는 승각기의 띠에 금니로 〔oṃ a hūṃ〕을 좌서하였다. 이처럼 보기 드물게 특정 부위에 범자로 진언다라니를 새겼다. 그리고 부산 안적사 지장시왕도는 1919년 조성되었는데, 한가운데 지장보살 좌상을 중심으로 여러 권속이 질서정연하게 좌우 대칭으로 배치되었다. 이 불화는 지장보살의 불단 하부에 사각형 문양을 마련하여 그 안에 1자씩 범자를 새겼는데, 삼밀진언 〔oṃ a hūṃ〕을 배열하였다. 또한 1921년 완호(玩虎) 등이 그린 영산회상도는 처음에는 부산의 석금대에 봉안되었다가 현재는 복천사에 이안되어 있는데, 한가운데의 석가여래좌상 불단에 사각형 문양을 마련하여 범자를 1자씩 새겨 넣었다. 진언다라니는 삼밀진언 등이 새겨져 있는데, 범자체가 안적사 지장시왕도와 유사하다. 이러한 것으로 보아 두 불화는 같은 화사에 의하여 그려진 것으로 추정된다. 이처럼 불단에 범자 진언다라니를 새긴 경우는 근대 이후에 조성된 불화에서 확인되고 있다.[42]

42　이선용, 「일본 교토 세이간지(誓願寺) 소장 金織千佛圖의 진언 연구」, 『불교미술사학』 제27집, 불교미술사학회, 2019, pp.80~81.

관세음보살다라니

관음보살도　조선, 통도사 성보박물관

〔hūṃ〕〔a〕〔oṃ〕

부안 내원암 독성도　조선말~근대

〔hūṃ〕〔oṃ〕〔a〕

부산 안적사 지장시왕도　1919

세부, 대좌 부분

부산 복천사 영산회상도　1921, 부산박물관 전시

한편 천태중앙박물관에는 범자가 새겨진 아미타극락찰해도가 소장되어 있다. 이 불화는 화면의 중심에 크게 원형문을 마련하였는데, 외곽에는 향수해를 상징하는 파도 물결을 표현하였으며, 원형문 안에는 크고 작은 5개의 작은 원형문을 배치하였다. 상부의 원형문에는 각각 실담과 란차로 정법계진언〔oṃ raṃ〕을 좌우에 세로로 새기고, 그 안쪽에는 아미타불-관세음보살-대세지보살을 한자로 새겨 정토왕생단을 상징화하였다. 그리고 정토왕생단 좌우

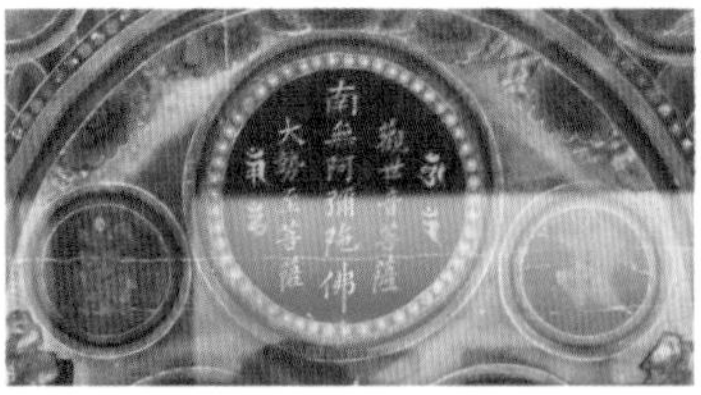

세부

아미타극락찰해도　천태중앙박물관

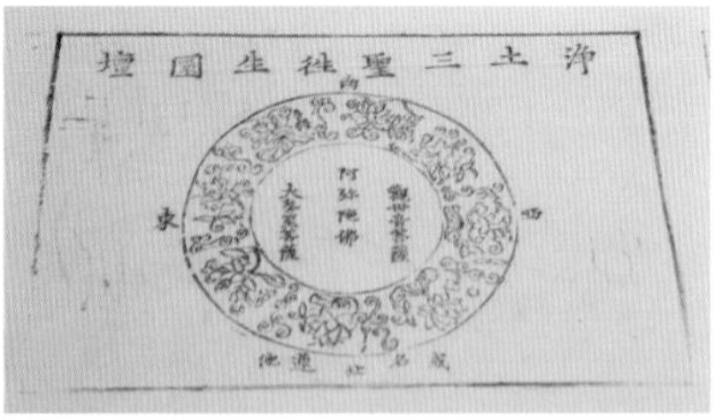

정토삼성왕생환단　수덕사 성보박물관

양산 통도사 응진전 불화 상부　준제진언

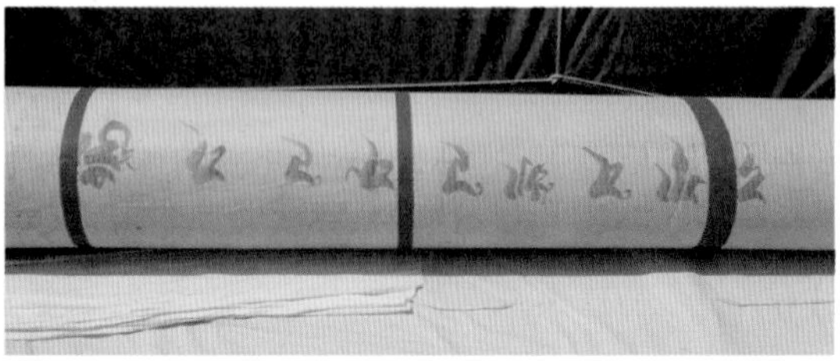

고양 북한산 대성암 아미타삼존 괘불　1928

영주 포교당 불화　1945.08

〔raṃ〕　〔oṃ〕

세부

에 배치된 작은 원형문에도 종자 〔a〕와 〔hūṃ〕을 새겼다. 또한 사방 모서리에도 별도의 원형문을 마련하여 종자를 배치하였다. 이 불화는 아미타불이 주재하는 극락세계와 정토왕생단을 만다라 형식으로 독특하게 구성하였다. 이외에도 근대기에 조성한 양산 통도사 응진전 불화, 고양 북한산 대성암 아미타삼존 괘불, 영주 포교당 불화 등에도 범자 진언다라니가 새겨져 있다. 이처럼 근대기에도 불화에 범자 진언다라니를 새기는 전통이 지속되었음을 알 수 있다.

그리고 조선 후기에 조성된 불화 중에서는 불화 후면에 범자 진언다라니를 새긴 경우가 상당수 확인되고 있다. 대표적으로 양산 통도사 괘불은 머리에 보관을 쓰고 있는 보살형의 주존불을 화면 가득하게 그린 점이 특징적인데, 이 괘불은 1792년 비구 지연을 비롯한 여러 화승이 참여하여 조성하였다. 괘불 후면에 게송과 함께 일체여래 결계진언, 심인진언, 관정진언, 존승대심주, 준제진언, 육자진언 등 다양한 범자 진언다라니를 반복하여 세로로 주서하였다. 또한 후면 하부에 괘불탱의 내력과 관련된 여러 기록도 남겨 놓았다. 그리고 괘불함의 내외면에도 다양한 범자 진언다라니를 새겨, 진언다라니에 대한 신앙 의례와 작법이 적용되었음을 알 수 있다. 이처럼 양산 통도사 괘불은 조선 후기 진언다라니 신앙의 총체라고 할 수 있을 정도로 여러 유형의 범자 진언다라니를 가득 배치하였다.

또한 고성 옥천사 괘불은 괘불함과 함께 전하고 있는데, 왕실의 만수무강과 국태민안을 위하여 조성하였다.[43] 당시 비구와 사대부를 비롯하여 많은 인물이 망자의 추복과 극락왕생을 염원하기 위하여 시주하였다. 이 괘불은 후면에 일체여래비밀전신사리보협다라니와 준제진언을 비롯한 29개의 범자 진언다라니와 묵서를 세로로 새겼으며, 후원자와 함께 망자를 위한 것임을 별도로 기록하였다. 그리고 괘불함은 1808년 제작되었는데, 함을 열고 닫을 수 있는 자물쇠의 앞바탕 표면에 6자로 구성된 범자 진언다라니를 투각하였는데, 보기 드물게 〔oṃ〕과 함께 출실지진언을 새겼다. 안성 청룡사 아미타회상도는 주상전하를 비롯한 왕실의 수복을 기원하기 위하여 1874년 3월 16일 개금하고, 1874년 3월 25일 점안하여 청룡사 관음전에 봉안한 불화이다.[44] 이 불화는 화면의 중앙에 수미단을 마련하여 아미타불을 봉안하고, 좌우에 관음과 대세지보살 등 여러 불보살상과 신중들을 좌우 대칭으로 구성하였다. 화면에는

43 문화재청, (재)불교문화재연구소, 『한국의 사찰문화재』 -경상남도 Ⅰ 자료집-, 2009, pp.169 ~170.
44 문화재청, (재)불교문화재연구소, 『한국의 사찰문화재』 -인천광역시 경기도 자료집-, 2011, p.228.

정면

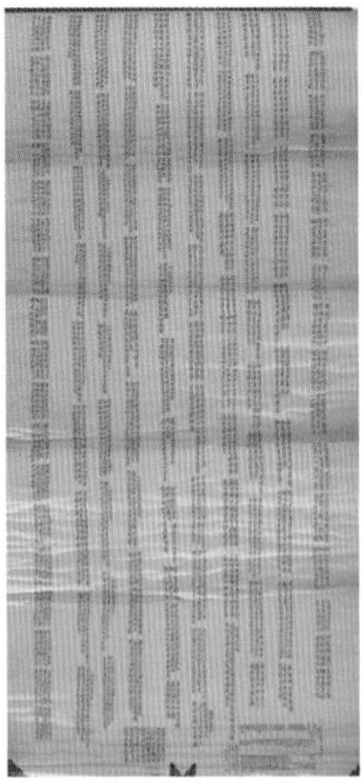

후면

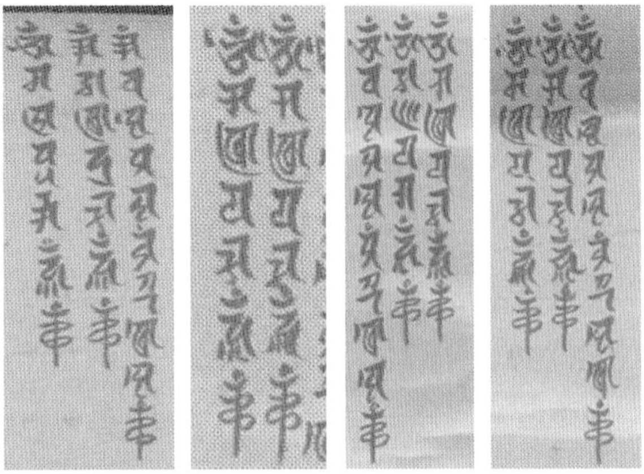

괘불 뒷면의 각종 범자 진언다라니

양산 통도사 괘불　조선, 1792[45]

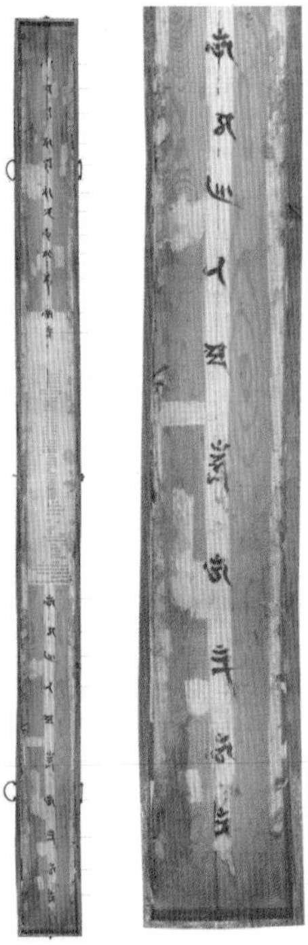

몸체 바닥

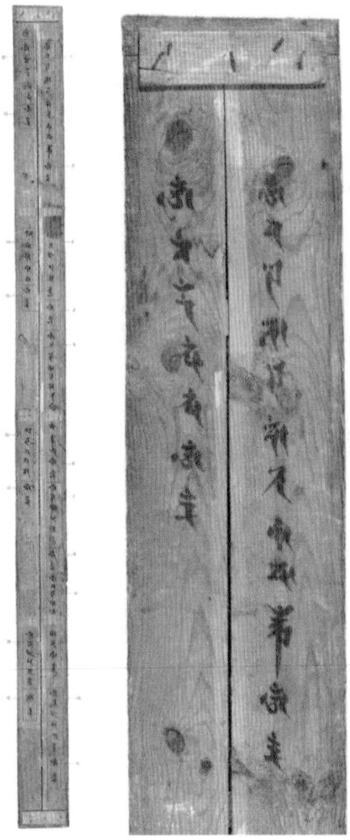

뚜껑 내부

양산 통도사 괘불함　조선, 1792

범자 진언다라니를 새기지는 않았지만, 후면에 범자 진언다라니를 주서하였다.

이외에도 조선후기 제작된 것으로 추정되는 대구 동화사 환월당 진영의 후면에도 삼밀진언과 정법계진언을 상하로 배치하였으며, 양산 통도사 성보박물관에 소장되어 있는 불화 제작틀과 일본 고야산(高野山) 대학에 남아있는 인암(仁巖) 대선사 진영의 후면에도 삼종실지진언 등이 주서되어 있다. 또한 안성 청룡사 팔상도와 현왕도는 1915년 5월에 조성되었는데,[46] 불화의 정면에는 범자 진언다라니가 새겨지지 않았지만, 후면에

45　(사)성보문화재연구원, 『통도사 괘불탱』, 문화재청, 2016.

46　팔상탱화는 '大正四年乙卯五月'이라고 하여 일제강점기인 1915년 5월에 조성된 불화임을 알 수 있다.

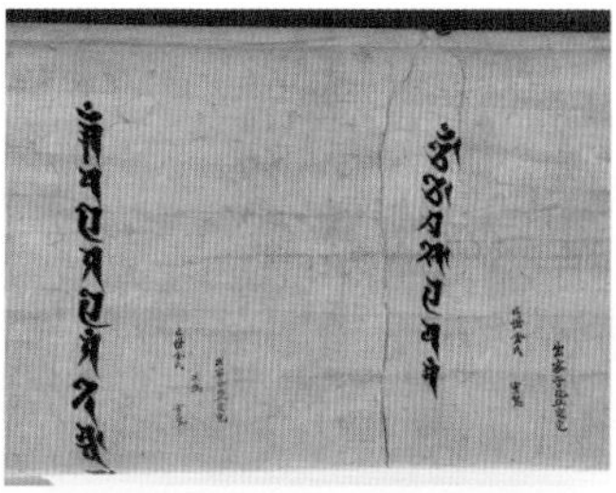

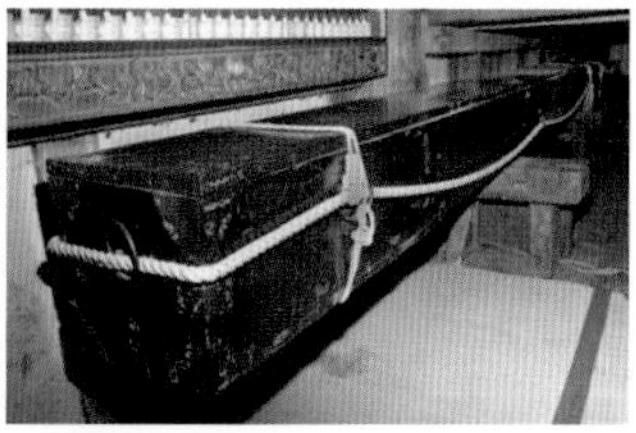

괘불함

괘불 후면

경첩과 잠금 장치

고성 옥천사 괘불(1808.4)과 괘불함(1808)　고성 옥천사 성보박물관[47]

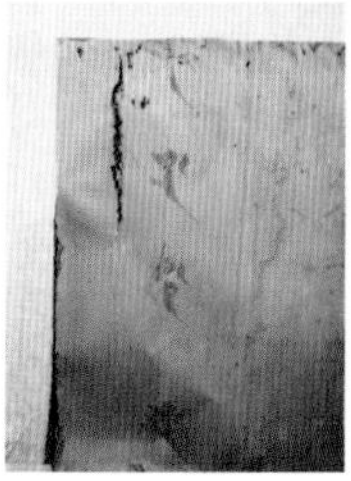

후면

안성 청룡사 아미타회상도　조선, 1874.3

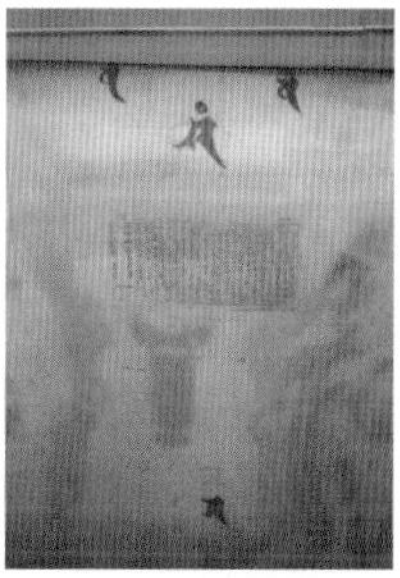

김제 금산사 미륵전 불화 후면　황호균 제공

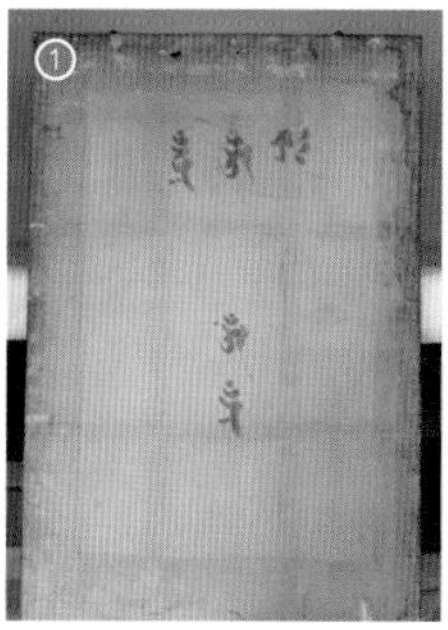

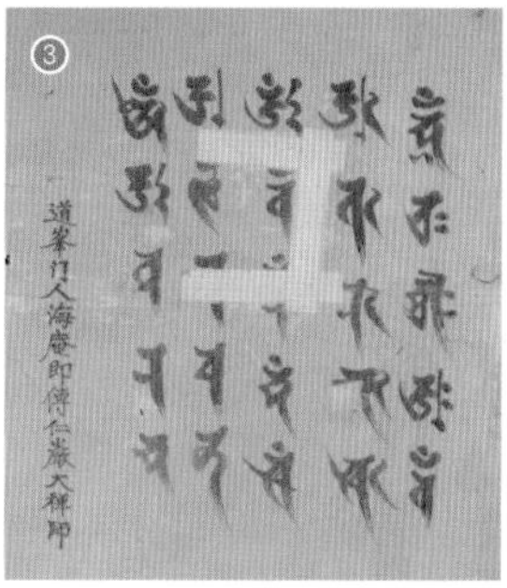

❶ 대구 동화사 환월당 진영 후면　조선 후기, 동화사 성보박물관

❷ 양산 통도사 불화 제작틀 후면　조선 후기, 통도사 성보박물관

❸ 인암(仁巖)대선사 진영 후면　조선 후기, 일본 고야산대학

47　국립문화재연구소, 『괘불』, 2004, p.183./(사)성보문화재연구원, 『고성 옥천사 영산회 괘불도』, 문화재청, 2021.

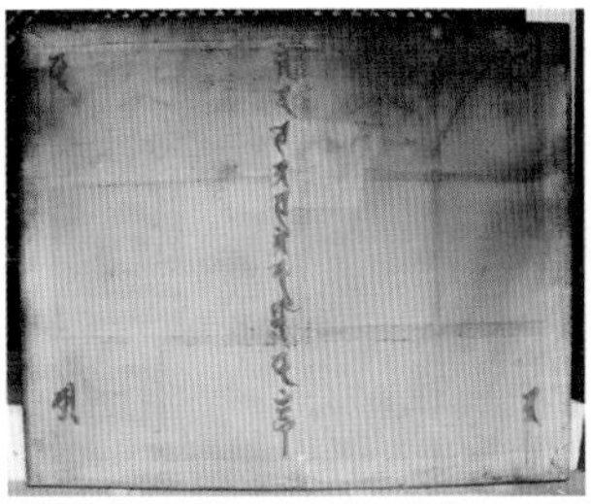

준제진언, 사방진언

현왕도　1885.03

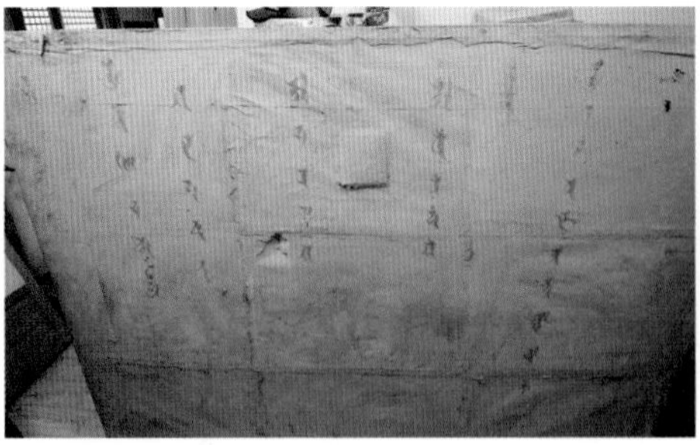

안성 청룡사 팔상도 후면　1915.05

안성 청룡사 현왕도 후면　1915.05

사방진언을 비롯하여 준제진언, 육자진언 등 다양한 범자 진언다라니를 주서하였다.

이처럼 조선 후기에 제작된 불화는 불상과 마찬가지로 『조상경』에 따라 다양한 복장물이 의례에 따라 봉안되었다. 그런데 불상은 비교적 넓은 공간에 다양한 품목들을 납입할 수 있는 반면 불화는 별도의 작은 복장주머니를 마련하여 그 안에 복장물을 납입하였기 때문에 간략하게 마련되었다. 그래도 불화의 복장주머니 표면과 그 안에 납입된 물목에도 다양한 유형의 범자 진언다라니가 새겨졌다.

먼저 하동 쌍계사 대웅전 후불도의 상부에 매달려 있는 복장주머니 표면에는 큼직하게 범자가 새겨져 있다. 그리고 의성 지상사 소장 불화는 1722년 조성되었는데, 복장주머니의 상단 표면에 원형문을 마련하여 그 안에 〔oṃ〕을 새겼다. 또한 원주 구룡사 삼장보살도의 복장주머니에서는 종이로 제작된 다양한 유형의 범자 진언다라니가 출토되었다. 예산 용문사 극락암 영산회상도와 지장시왕도의 복장주머니에서는 동일하게 제작한 열금강지방지도와 준제구자천원지도 등이 출토되었다. 울진 불영사 명부전 시왕도에서도 종이로 제작된 다양한 유형의 범자 진언다라니 관련 복장물이 수습되었다. 강원도 영월 보덕사 사성전 후불도는 1868년 조성되었는데, 불화 상단에 걸려 있던 복장주머니에서 발원문과 후령통 등 여러 유형의 범자 진언다라니 관련 복장물이 출

하동 쌍계사 대웅전 후불도 복장주머니

의성 지장사 소장 불화 복장주머니
조선, 1722

예산 수덕사 불화 복장주머니
조선 후기, 수덕사 성보박물관

[raṃ oṃ]

괘불탱화 복장주머니　조선말~근대기, 천태중앙박물관

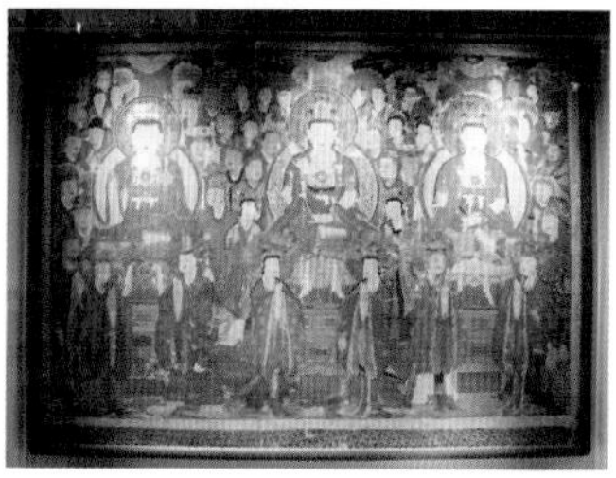

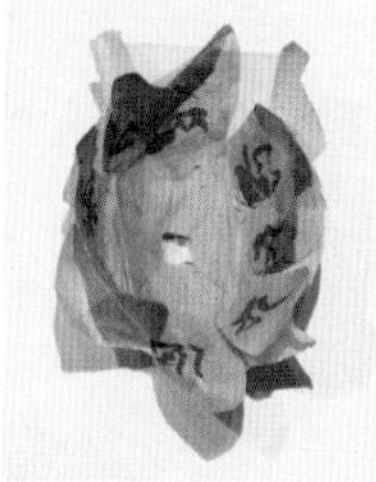

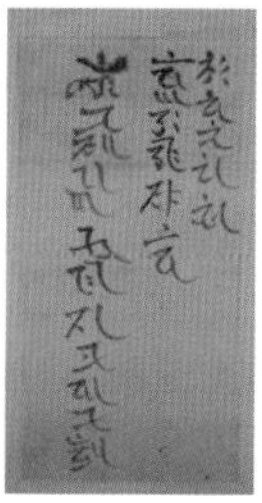

원주 구룡사 삼장보살도 복장물　조선, 1727, 월정사 성보박물관

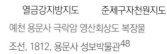

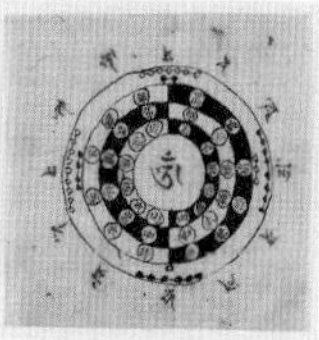

열금강지방지도　준제구자천원지도
예천 용문사 극락암 영산회상도 복장물
조선, 1812, 용문사 성보박물관[48]

토되었다. 이 불화에서는 오래전에 랸차로 인쇄한 다라니도 함께 출토되어 전해오던 것을 가지고 있다가 납입했음을 알 수 있다. 영천 은해사 신중도와 안성 청룡사 불화에서도 종이로 제작한 다양한 유형의 범자 진언다라니가 출토

48 (재)불교문화재연구소,『한국의 사찰문화재』 경상북도 Ⅱ, 2008, p.242.

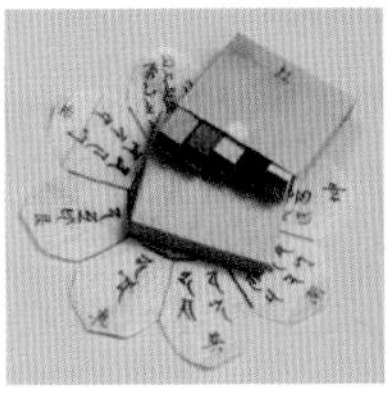

팔엽대홍련지도

예천 용문사 극락암 지장시왕도 복장물　조선, 1812, 용문사 성보박물관

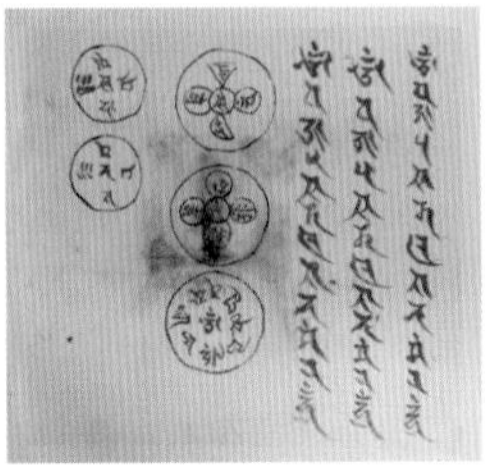

제진언다라니

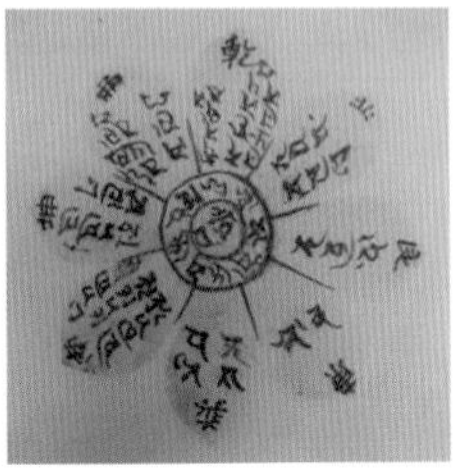

팔엽대홍련지도

백련암 아미타도 복장물　조선, 1856

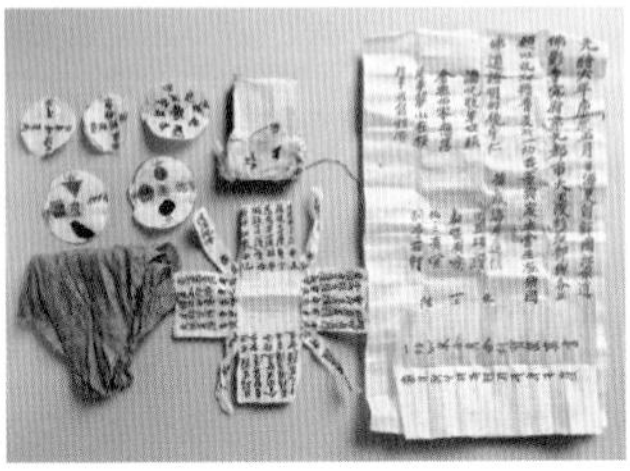

울진 불영사 명부전 시왕도 복장물

조선, 1880.5, 동국대학교 경주캠퍼스 박물관

복장주머니

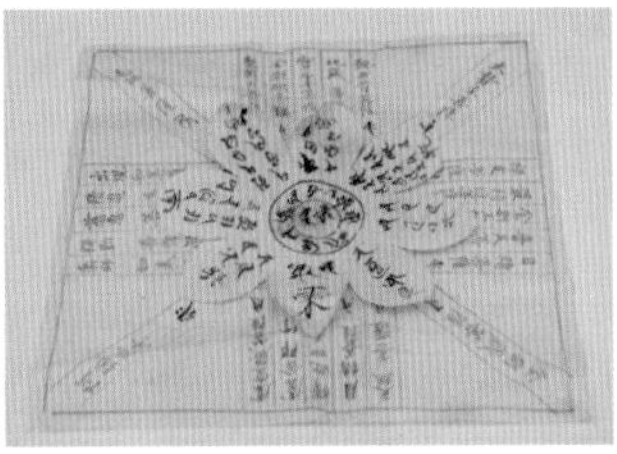

열금강지방지도와 팔엽대홍련지도

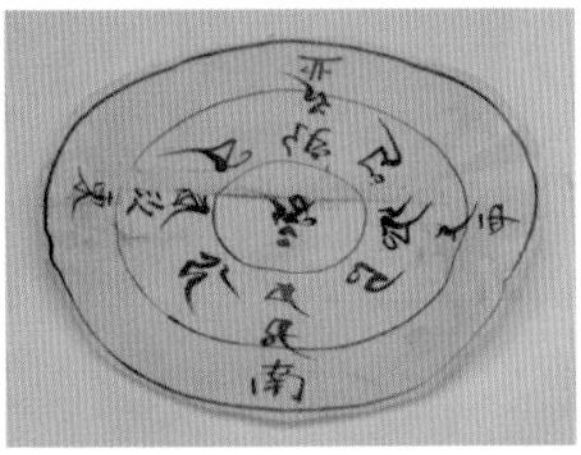

준제구자천원지도

영천 은해사 신중도 복장유물　조선 후기, 은해사 성보박물관

되었다. 그리고 예산 수덕사 근역성보박물관에는 종이로 만든 사각형 후령통이 소장되어 있는데, 출토지는 알 수 없지만, 바닥 부분에 연화문을 장식하였으며, 가운데 부분에 오색실을 두르고, 상부에 연화문 형태의 뚜껑을 마련하였다. 그 표면에는 사방주진언을 주서했으며, 내부에는 오보병을 의미하는 각각 다른 색의 명주를 납입하였다. 또한 종이를 원형으로 잘라 오륜종자도, 진심종자도, 준제구자도, 일실지도, 출실지도 등을 주서하였다. 횡성 봉복사 소장 불회에서도 1913년 종이로 제작한 범자 진인다라니가 수습되었다. 이처럼 조선후기의 전통이 큰 변화없이 근대기까지 계승되었음을 알 수 있다.

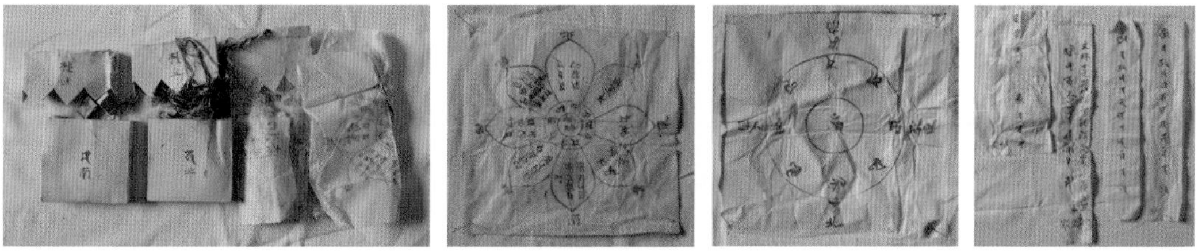

안성 청룡사 불화 복장물[49]

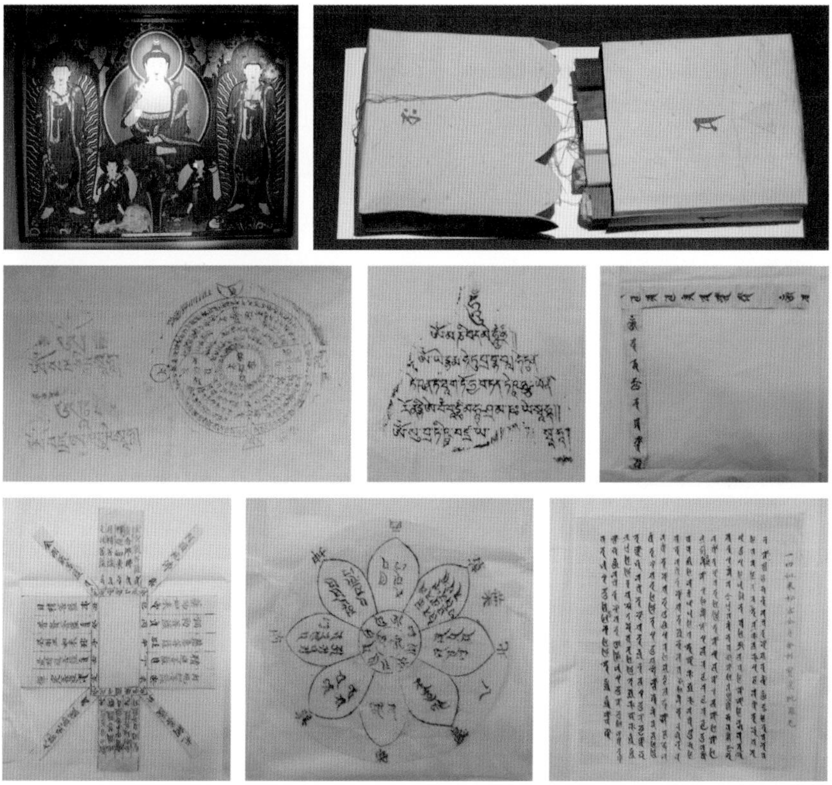

영월 보덕사 사성전 후불도 조선, 1868, 월정사 성보박물관

현재 우리나라에서 범자 진언다라니가 새겨진 불화는 조선시대 이후의 불화에서 확인되고 있다. 고려 중후기에 들어와 밀교 관련 경전이 보급되었고,

49 안성 청룡사 복장물들은 불화에 봉안되었던 것으로 도난되는 과정에서 수습하여 뒤섞여 있는 상태이다. 모두 종이로 제작되었으며, 오륜종자 등 『조상경』에 근거하여 복장물이 봉안되었음을 알 수 있다.

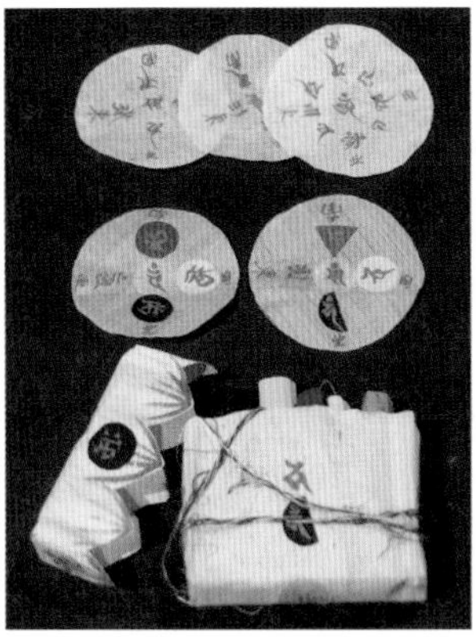

개인 소장 불화 복장물
수덕사 성보박물관

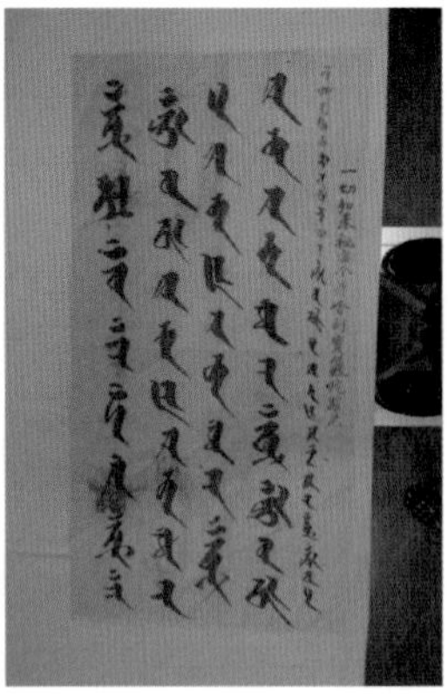

횡성 봉복사 소장 불화 복장물 다라니
1913

그에 따라 범자 진언다라니 신앙이 확산하였으며, 여러 불교 미술품에 범자 진언다라니가 새겨졌던 것으로 보아 고려 중후기에 조성된 불화에도 범자 진언다라니가 새겨졌을 것으로 보이지만 아직까지 확인된 사례는 없다. 현재 범자 진언다라니가 새겨진 가장 이른 시기의 불화는 조선 초기인 1463년 4월 조성된 일본 경도 서원사에 소장되어 있는 「금직삼존불백체불화」이다. 이외에도 1592년 임진왜란 이전인 조선 전기에 조성된 불화에 범자 진언다라니가 새겨졌을 것으로 보이지만, 더 이상의 실물 자료는 확인되지 않고 있다. 이러한 것으로 보아 범자 진언다라니는 조선 후기에 조성된 괘불에 본격적으로 새겨졌으며, 불상에 봉안되는 복장물의 의미와 동일하게 범자 진언다라니가 배열되거나 배치된 것으로 파악된다.

조선시대의 불화에 새겨진 범자 진언다라니는 크게 불상 대좌로 수미단과 같은 특정한 공간에 새긴 경우, 화면의 외곽 테두리에 배치한 경우, 화면을 구성하고 있는 불신이나 법의의 표면에 새긴 경우, 불보살상과 함께 범자 진언다라니를 병립하여 새긴 경우 등으로 나누어 볼 수 있다. 그리고 불화 후면과 복장물에도 범자 진언다라니가 새겨지거나 별도로 납입되었다.

먼저 수미단과 같은 특정한 공간에 범자 진언다라니를 새긴 경우는 조선 초기에 조성된 「금직삼존불백체불화」에서 확인되고 있다. 이 불화는 수미단의 표면과 그 주변에 범자 진언다라니를 배치하였으며, 외곽에는 사천왕 종자를 새겨 도상을 대신하도록 했다. 그리고 조선 후기에 제작된 불화에서는 확인되지 않다가 조선말기~근대기에 조성된 불화에서 부분적으로 확인되고 있다. 현재 부산 안적사 지장시왕도의 수미단 표면에 삼밀진언이 새겨져 있다. 이처럼 수미단에 범자 진언다라니를 새긴 사례가 많지 않은 것으로 보아 일반화되지는 않았던 것으로 보인다.

두 번째로 화면의 외곽 테두리에 범자 진언다라니를 배치한 경우인데, 외곽의 상단에만 배치한 경우부터 사면에 모두 배치하는 등 화공에 따라 다양한 방식이 적용되었다. 불화 외곽의 사면에 배치한 대표적인 사례는 청양 장곡사 괘불, 문경 김룡사 영산회 괘불, 김천 직지사 대웅전 삼세 후불도, 봉화 축서사 괘불 등이다. 상단에만 배치한 경우는 공주 마곡사 석가모니불 괘불, 영천 수도사 노사나불 괘불, 군위 법주사 괘불, 함양 영취사 영산회상도, 경주 불국사 대웅전 영산회상도, 구례 천은사 극락보전 아미타후불도 등이 확인되고 있다. 불화의 외곽 좌우면에 배치한 경우는 상주 남장사 감로도, 예천 용문사 영산회 괘불, 영덕 장육사 영산회상도, 보은 법주사 괘불 등이다. 화면의 상단과 좌우면에 배치한 경우는 영주 부석사 괘불, 영천 은해사 괘불, 상주 남장사 괘불, 양산 통도사 석가여래 괘불 등이다. 포항 보경사 괘불은 화면의 상단 일부에만 범자 진언다라니를 배치하였다. 이처럼 불화의 외곽에 일정한 간격의 테두리를 마련하여 그 안에 범자 진언다라니를 배치한 경우가 많다. 이러한 배치법은 불계와 속계를 구분 짓고자 하는 결계 수호 진언을 의도한 것으로 보인다.[50] 그리고 불화의 뒷면에 범자 진언다라니가 새겨지는 것도 이와 유사한 성격이었다고 할 수 있다.

세 번째로 불화에서 화면을 구성하고 있는 불신이나 법의의 표면에 범자 진언다라니를 새긴 경우이다. 불신에 범자를 새긴 경우는 진주 청곡사 영산회 괘불, 나주 다보사 괘불, 부안 개암사 영산회 괘불 등이 있다. 이 불화들은 정상과 중간 계주, 백호, 눈동자와 그 주변, 입, 목, 가슴, 어깨 등 불신의 여러 곳에 범자를 새겼다. 이처럼 불신의 표면에 직접 범자를 새기는 것은 특별한 의미와 의도가 있었던 것으로 보이는데 분명하게 알 수 있는 자료는 전해지는 것이 없다. 다만 여러 정황으로 보아 점안 의식이나 또 다른 형식의 복장의식

---

50 허일범, 『한국밀교의 상징세계』, 해인행, 2008.

으로도 이해할 수 있다. 그리고 법의 자락에 새긴 경우는 홍천 수타사 지장시왕도, 상주 황령사 아미타후불도, 서산 천장사 소장 관음사 아미타후불도, 부안 내원암 독성도(조선후기) 등에서 확인된다. 이외에도 광배에 새긴 경우는 진안 금당사 괘불이 있으며, 서산 문수사 청련암 지장시왕도와 남양주 흥국사 대웅보전 감로탱화처럼 불화의 별도 공간에 그려진 번이나 복장주머니의 표면에 범자 진언다라니를 새긴 경우도 있다. 또한 상주 남장사 영산회 괘불은 불화의 화면 사방과 본존불의 법의에 범자 진언다라니를 새겼다. 이러한 것으로 보아 조선 후기에는 범자 진언다라니가 다양한 방식으로 새겨지거나 활용되었음을 알 수 있다.

네 번째로 불화에서 화면의 중심을 이루고 있는 불보살상과 함께 범자 진언다라니를 병립하여 새긴 경우이다. 이러한 사례로는 평창 운수암 관음변상도, 해인사 관음전 관음보살도, 고양 원각사 소장 관음보살도 등이 확인되고 있다. 범자 진언다라니에 대한 의미와 상징을 강조하기 위한 화면 구성으로 보인다.

그리고 조선 후기의 불화는 후면에도 범자 진언다라니를 배치하였다. 양산 통도사 괘불처럼 범자 진언다라니를 가득 배치한 경우도 있으며, 특정한 진언다라니만 새긴 경우도 있다. 조선시대에는 불화의 제작 방식이 족자형에서 액자형으로 변화되면서 범자 진언다라니를 뒷면에 묵서하는 경우가 많아지게 된 것으로 보인다.

한편 조선시대 들어와 범자 진언다라니를 불화에 새기거나 배치하는 것은 『진언집』과 『조상경』 등이 간행된 이후부터 본격화되었다. 조선 후기에는 불교와 관련된 여러 조형물에 범자 진언다라니를 새길 경우 망자에 대한 추복과 지옥에 떨어지지 않고 극락왕생을 염원하기 위하여 파지옥진언이나 육자진언을 많이 새겼는데, 불화에서는 그러한 사례가 많지 않은 점이 특징적이라 할 수 있다.

이렇듯 조선시대 불화에 새겨진 범자 진언다라니는 미술사적인 측면에서 하나의 문양적인 요소로서 장식적인 면도 있었지만, 그것보다는 신앙적인 측면에서 밀교 의례와 작법, 범자 진언다라니에 대한 신앙 등이 반영된 것이라 할 수 있다. 불화 제작에 관여했던 화공이나 서자도 그러한 의미에 중심을 두어 신앙의 대상으로서 범자 진언다라니를 화면에 새기거나 배열하였을 것이다.

10. 동종과 풍탁

(1) 동종

불교가 전래한 직후부터 신앙 활동과 불전 장엄 등을 위하여 다양한 불교 공예품이 만들어졌는데, 용도와 기능에 따라 크게 장엄구, 의식구, 공양구, 생활구 등으로 분류되고 있다. 대표적인 불교 공예품으로는 탑에 봉안되는 사리장엄구를 비롯하여 동종, 향로, 정병, 금고, 금강령과 금강저 등이 있다. 이 중에 동종은 사찰에서 대중을 집합시킬 때, 의식을 행할 때, 시간을 알릴 때 사용하는 일종의 신호용 도구였다. 그런데 그 소리가 웅장하고 장엄하여 듣는 이로 하여금 마음을 청정하게 하고, 신앙심을 불러일으키게도 한다. 그래서 은은하게 멀리 울려 퍼지는 종소리는 부처님의 진리에 비유되었으며, 부처님의 설법이 멀리까지 미쳐 소리로서 중생을 구제한다는 상징적인 의미도 있었다. 이처럼 동종은 불가에서 중생을 구제하는 특별한 의미가 부여되어 범종이라고도 한다.

우리나라에서 동종은 삼국시대부터 조성되었지만, 삼국시대의 동종은 현존하지 않으며, 현재 가장 이른 시기의 것은 평창 상원사 동종(725)이다. 그리고 조성 시기를 알 수 있는 신라 동종으로는 일본 대마도의 무진사종(745, 탁본만 전함), 경주 성덕대왕신종(771), 양양 선림원종(804, 불타 파편만 전함), 일본에 있는 연지사종(833), 일본 대마도의 규흥사종(856, 탁본만 전함), 일본에 있는 송산촌대사종(904) 등이 있다.[1] 이러한 통일신라시대 제작된 한국 동종은 중국이나 일본의 동종들과 전체적인 형태는 유사하지만, 세부적으로 몇 가지 다른 특징을 지니고 있다. 대표적인 특징으로 동종의 상단부 천판 위에 용뉴와 용통이 부착되어 있다는 점이다. 용뉴는 용의 몸체로 종을 거는 부분이며, 용통은 천

---

1 진홍섭, 『한국금속공예』, 일지사, 1980. / 廉永夏, 『韓國의 鐘』, 서울대학교 출판부, 1991. / 李蘭暎, 『韓國古代의 金屬工藝』, 서울대학교 출판부, 2000.

평창 상원사 동종 신라, 725

경주 성덕대왕신종 신라, 771

황수영 교수님과 양양 선림원 동종 신라, 804

판을 뚫어 내부와 연결되도록 한 일종의 음통으로 동종의 소리에 영향을 미치는 부분이다. 그리고 종신의 상단부에 상대가 원형으로 돌려져 있는데, 그 안에 당초문이나 연주문 등을 새겼다. 또한 종신의 상부 4곳에 사각형으로 구획한 유곽을 마련한 다음 그 안에 9개의 유두를 돌출시켰으며, 종신의 여러 곳에 공양비천상 등을 조각하고, 하부에는 종을 치는 당좌를 배치하였다. 이러한 특징이 중국이나 일본 동종과는 다르기 때문에 우리나라 동종을 한국식 동종이라고 한다.[2]

고려시대에는 신라 동종의 주조 기법과 양식을 계승하면서도 부분적인 변화가 있었다. 먼저 종신의 상단부에 입상화문 장식이 첨가되고, 용의 입안에 물고 있던 여의주가 발이나 음통 위에 올려졌다. 그리고 종신에 주악비천상이 조각되는 대신 보살상이나 삼존상이 배치되며, 당좌 주변에 조성 시기와 후원

정풍 2년명(1157) 동종 국립익산박물관[2]

상대 범자

하대 범자

2 정풍 2년명 동종을 실견 조사할 수 있게 도움을 준 국립익산박물관 최흥선 관장과 진정환 실장에게 감사드린다.

높이 92cm

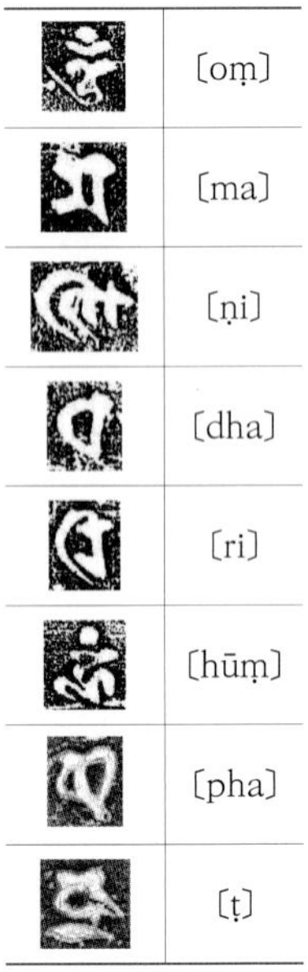

❶ ❷ ❸

❶ 포항 오어사 동종(고려, 1216.5)과 범자
❷ 양택춘 묘지석 고려, 1254[3]
❸ 경주 덕동사지 출토 범자 벽돌

자 등을 알 수 있는 명문이 새겨지는 경우가 많다. 또한 고려 중후기 이후에는 동종의 종신에 범자가 새겨지기 시작하였다.[4]

현존하는 고려시대 동종 중에서 범자로 진언다라니가 새겨진 가장 이른 시기의 것은 1216년 5월 조성된 포항 오어사 동종이다. 이 동종은 1995년 11월 오어사의 정비 사업 도중 연못에서 수습되었는데, 상대와 하대의 처리, 연화

---

3 임세권 · 이우태, 『韓國金石文集成(33)』, 韓國國學振興院., 2005.

4 고려시대 동종에서 명문이 새겨져 조성 시기를 알 수 있는 동종 중에서 범자가 새겨진 최초의 사례는 1157년 주조된 소위 正豊2年銘 동종으로 알려져 있다(銘文은 '正豊二年 庚戌亂中 汀寺住 持比丘 宗 於發心□ □ □ □'). 이 동종은 소형(높이 22.5cm)인데, 천판 위에 보주를 잡고 있는 용뉴와 음통이 올려져 있고, 종신의 상부에 입상화문대를 장식하였다. 그리고 상대와 하대의 문양 사이에 원형 문을 마련하여 상대에는 13자, 하대에는 7자의 범자를 새겨 넣었다(黃壽永, 「高麗梵鍾의 新例 其3」, 『考古美術』 제2권 제1호, 考古美術同人會, 1961.01. / 鄭永鎬, 「正豊二年銘小鍾」, 『考古美術』 제2권 제11호, 考古美術同人會, 1961.11. / 廉永夏, 『韓國의 鐘』, 서울대학교 출판부, 1994, pp.245~246). 그런데 이 동종을 실견 조사한 결과 제작 기법, 문양의 구성, 범자 새김 방식 등 여러 가지가 어색하고 어울리지 않는 점 등이 있어 앞으로 면밀한 검토가 요구되어 제외하였다.

좌 위에 마련된 비천상 등이 신라 동종을 충실하게 계승하여 고려시대 조성되었음이 확인되었다. 그리고 종신의 중간 부분 두 곳에 작게 위패형 문양을 새겼는데, 그 안에 7자의 범자를 양각으로 새겼다. 위패형 문양 하부에는 연화좌를 마련했으며, 상부는 전각형 지붕의 옥개를 올려 범자 진언다라니가 존귀함을 표현하였다. 범자는 보루각진언으로 확인되었는데, 보루각은 수미산에 있는 최고의 보전(寶殿)으로 모든 여래와 보살들이 모여 있는 전각이다. 그래서 보루각진언은 모든 여래와 보살의 업장을 소멸하고 재앙을 물리치고, 극락왕생을 염원하는 의미가 있다. 이러한 보루각진언은 경주 덕동사지에서 출토된 벽돌과 1254년 제작된 양택춘 묘지석에서도 확인되었다. 이 진언은 육자진언과 마찬가지로 현실기복적인 성격이 강한 진언다라니였다. 포항 오어사 동종은 13세기 초반경 진언다라니에 대한 신앙이 보급되었음을 시사해 주고 있다.

그리고 용뉴와 음통을 갖춘 전형적인 고려시대 동종으로 계미명 동종이 전해지고 있다. 이 동종은 경기도 안성의 죽주 대혜원(大惠院)에서 163근의 구리가 활용되어 주조되었음을 알 수 있다. 당시 현감(賢堪)이라는 승려가 모든 사람이 깨달음의 지혜를 얻길 기원하면서 조성하였다고 한다.[5] 종신 하부에는 당좌와 비천보살상이 조각되어 있는데, 당좌 안에 상징성이 높은 〔oṃ〕을 큼직하게 반전으로 새겼다. 이것은 서자가 써 준 종이의 앞뒷면을 잘못 붙이는 과정에서 발생한 오류로 보인다. 이러한 경우가 상당수 발견되고 있다. 어쨌든 동종에 양각된 범자는 상당히 유려하고 기교있는 필체를 보여주고 있으며, 1177년 제작된 밀양 표충사 청동은입사향완의 범자체와 강한 친연성을 보여 주목된다. 또한 범자가 새겨진 고려시대 동종으로 1966년 9월 전라남도 고흥군 송산리에서 출토된 것으로 전하는 무술명 동종이 있다.[6] 이 동종은 종신의

5 용인대학교 박물관, 『高麗國風』, 2018, p.238. 이 동종은 명문 말미에 '時癸未八月二十八日'이라고 하여 연호는 없지만, 주조 기법과 양식 등으로 보아 1223년 8월 또는 1282년 8월에 조성된 것으로 추정되고 있다.

6 黃壽永, 「高麗梵鍾의 新例」, 『考古美術』 제7권 제10호, 考古美術同人會, 1966.

[oṃ]

[oṃ]

계미명 동종　고려, 용인대학교 박물관

밀양 표충사 청동은입사향완
고려, 1177, 표충사 성보박물관

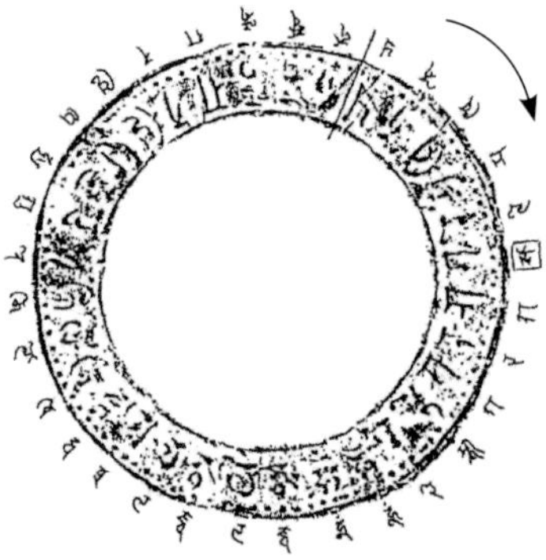

전남 고흥 출토 무술명 동종　고려, 국립광주박물관

하대와 상대의 문양 표현 기법, 종신 상대 위에 표현된 입상형의 문양, 용뉴와 음통 등이 전형적인 고려시대 동종의 기법과 양식을 취하고 있다. 종신에 점각(點刻)으로 새겨진 명문에 의하면, 무술년 정월 초 5일에 부호장이었던 공필(公必)과 동량이었던 원명(元明)이 발원하여, 대장(大匠) 신구(信仇)가 50근의 구리로 종을 만들어 부처님께 공양했다고 한다.[7] 명문에 연호가 없어 분명한

7　戊戌銘 銅鍾의 전체 銘文은 다음과 같다. '戊戌年正月初五日 ㅁ主前副戶 長公必棟梁 道人元明大匠信 仇十周愿入重五十 斤印造成也 三寶 戊戌正月初五日沙於鄕前副'

조성 시기는 알 수 없지만 무술년 정월은 1238년 1월로 추정되고 있다. 이 동종에서 주목되는 부분은 종신 상부에 9개의 유두를 가진 유곽이 마련되어 있는데, 그 평면이 사각형이 아닌 이중의 원형이며, 유곽대 안에 32자의 범자를 동그랗게 자륜식으로 배열했다는 점이다. 고려시대 동종에서는 보기 드문 진언다라니 배치법이다. 이 진언다라니는 「대보광박루각선주비밀다라니」인데, 다라니 전체를 새긴 것이 아니라 핵심적인 부분만 새긴 것으로 파악되고 있다.[9] 고려시대 유물에서 이 다라니를 새긴 사례는 많지 않다. 그런데 현재 일본 국립구주박물관에 소장된 중국 요나라의 다보천불석당(多寶千佛石幢, 1084)

「대보광박루각선주비밀다라니」
『대정신수대장경』 권19

다보천불석당
요대, 1084[8]

| 표 「대보광박루각선주비밀다라니」 전체와 고흥 출토 무술명 동종에 새겨진 부분

구분	「대보광박루각선주비밀다라니」	
실담	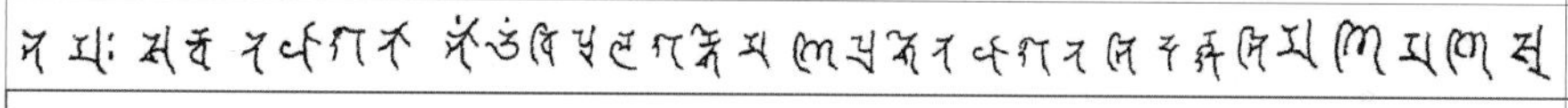	
	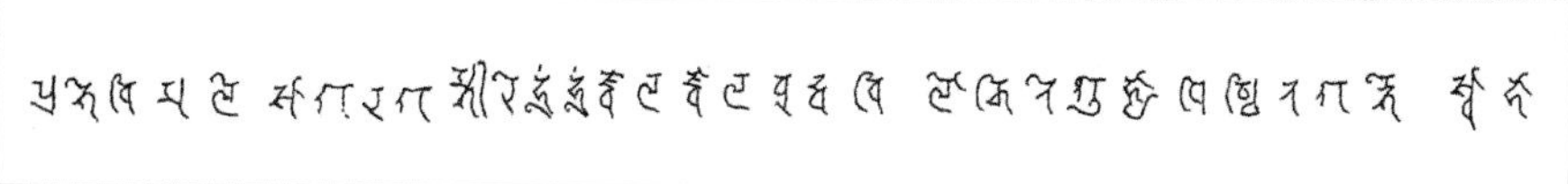	고흥 출토 무술명 동종에 새겨진 범자
란차 1	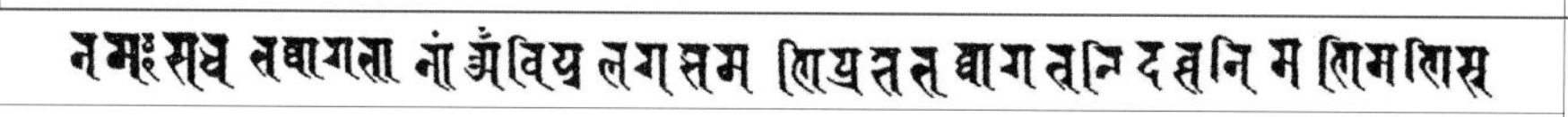	다보천불석당 (1084)
	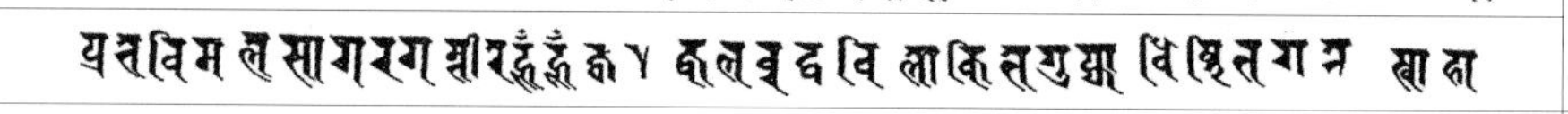	
란차 2	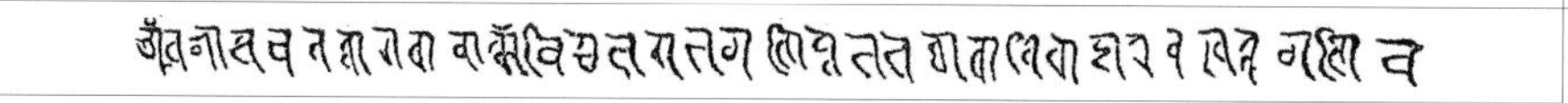	『대정신수대장경』 19권
	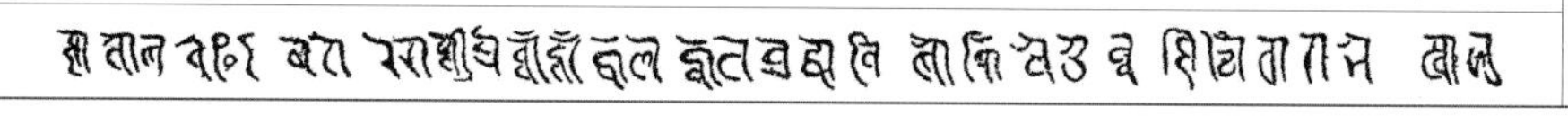	

8 이 石幢은 현재 일본 國立九州博物館에 소장 전시되고 있는데, 원래는 中國 河北省 保定의 涿州市에 소재했던 護國仁王寺에 있었던 것으로 추정되고 있다. 일본인이 大正末期에 중국에서 가져와 소장하고 있다가 1927년경 京都博物館에 기증하였다고 한다(京都國立博物館, 『遼代多寶千佛石幢』, 1973./정영호 외 3인, 『중국 遼塔』, 학연문화사, 2019). 석당을 조사할 수 있게 도움을 준 일본 國立九州博物館 大澤 信 선생께 감사드린다.

9 東アヅア梵字研究會, 「韓國梵字資料調査(2009~2010年調査)」, 『歷史考古學』 第65 66合併號, 2012, pp.18~21.

공작명왕상 허리띠 장식 고려, 익산 미륵사지 출토[10]

에 「대보광박루각선주비밀다라니」가 새겨진 것으로 파악되고 있다. 이 다라니는 삼천대천세계를 변화시켜 금강이 되게 하고, 마귀들이 가지고 있는 무기를 꽃으로 변화시키는 신통력을 가지고 있으며, 모든 번뇌를 소멸하여 정각을 이룰 수 있게 한다고 한다. 아마도 이 동종을 만들거나 후원한 사람은 동종의 소리를 통하여 마귀들을 항복시키고, 모든 번뇌를 없애 성불에 이르게 한다는 의미를 담고자 이 진언다라니를 새긴 것으로 보인다.

또한 황해도 평산군 월봉리에서 출토되어 1937년 입수된 것으로 전하는 동종이 국립중앙박물관에 소장되어 있다. 이 동종은 전체적인 외형, 종신의 세부 문양, 용뉴와 음통의 제작 기법 등으로 보아 고려 13~14세기대에 제작된 것으로 추정되고 있다.그런데 종신의 중간 부분에 공작명왕상이 조각되었으며, 당좌에 범자 진언다라니를 원형으로 배열하였다. 공작명왕은 비로자나불에 딸린 대표적인 명왕으로 푸른 연화대좌 위에 앉아 악마의 항복을 받고, 모든 재난을 물리치는 신으로 알려져 있다. 관세음보살과 마찬가지로 중생들의 다양한 염원을 들어준다는 의미에서 3면 8비의 형상을 하고 있다. 이처럼 공작명왕은 현세 이익적인 상징 때문에 밀교와 결합하여 신앙되었다. 그리고 고려 후기에 조성된 것으로 추정되는 호암미술관 소장 동종의 상대 아래쪽에도 유곽이 4곳에 마련되었는데, 유곽 사이에 원형문을 새기고 그 안에 1자씩 범자를 새겨 넣었다.[11] 이외에도 고려 후기에 조성된 것으로 보이는 유창목(柳昌睦) 소장 동종은 당좌의 한가운데에 범자를 새겼다고 한다. 이 동종은 당좌를 원형으로 마련하였는데, 당좌 안의 외곽부에 연화문을 장식한 후, 그 안쪽에 작은 원형문을 별도로 배치하여 그 안에 범자를 1자씩 새겼다. 이러한 범자 새

10 국립익산박물관, 『국립익산박물관 도록』, 2020, p.253.

11 이 동종은 1971년 국립중앙박물관에서 개최한 호암 수집 한국미술 특별전에 전시되었다.

당좌에 새겨진 진언다라니

황해도 월봉리 출토 동종　고려, 국립중앙박물관

유창목 소장 동종　고려[12]

김 방식은 용인대학교 박물관의 계미명 동종과 유사하다. 또한 영천 은해사 성보박물관에도 당좌 부분에 범자 진언다라니를 새긴 고려시대의 소형 동종이 소장 전시되고 있다.

당좌에 새겨진 진언다라니

영천 은해사 동종　고려, 은해사 성보박물관

이러한 것으로 보아 고려시대 밀교 신앙이 보급되면서 동종에도 범자 진언다라니가 서서히 새겨지기 시작했음을 알 수 있다.

고려 후기에는 중국 원나라와의 불교 교류가 확대하면서 원나라 출신 장인들이 고려에 와서 불교 미술품의 설계와 시공에 직접 참여하는 경우가 많았다. 동시에 고려 장인들이 원나라에 들어가 공예 기술을 전수해 주거나 전수받았다.[13] 그러한 사실을 보여주는 대표적인 유물로 1346년 봄에 주조된 개성 연복사 동종이 있다. 이 동종은 종신 하부에 이곡(李穀)이 찬하고, 성사달(成師達)이 쓴 명문이 새겨져 있는데, 당시 원나라 대장이 고려

12　廉永夏, 『韓國의 鐘』, 서울대학교 출판부, 1994, pp.280~349.

13　鄭永鎬, 「朝鮮前期 梵鐘考」, 『東洋學』 제1호, 단국대학교 동양학연구소, 1971.

높이 324cm, 입지름 188cm
개성 연복사 동종 고려, 1346.봄, 松波宏隆 제공[14]

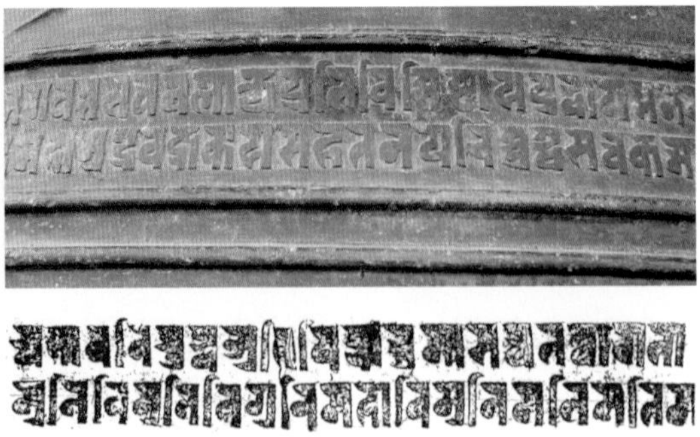

랸차

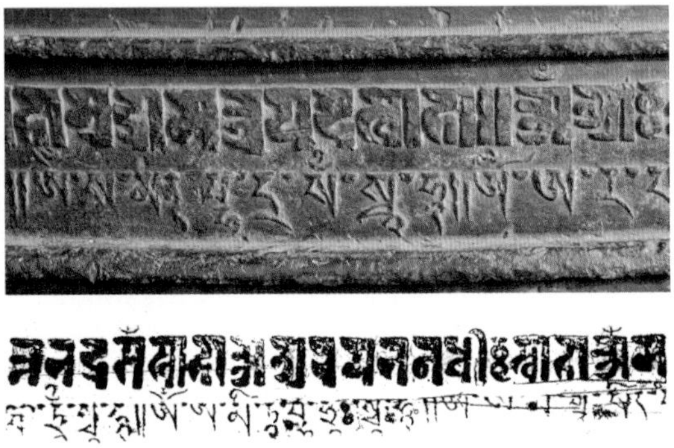

랸차(상부)와 티벳문자(하부)

에 들어와 금강산에서 종을 주조한 후, 귀국하기 직전에 충목왕과 덕녕공주의 요청에 따라 새로운 동종을 주조하여 개성 연복사에 걸었다고 한다.[15] 그래서인지 연복사 동종은 고려에서 제작되었지만, 중국 원나라 동종의 양식을 함유하고 있다. 동종은 상대에 원형으로 24엽의 연잎을 장식하였는데, 연잎마다 1자씩 범자를 새겨, 총 6자로 구성된 육자진언을 랸차로 새겼다. 그리고 종신의 중간 부분에는 굵게 반원형으로 돋을대를 마련한 후, 상하 2곳에 여러 진언다라니를 돌려서 새겼다. 상단열은 랸차체를 2열로 새겼으며, 하단

14 개성 연복사 동종 사진은 일본의 마츠나미 히로타카(松波宏隆) 선생님께서 제공해 주었다. 깊이 감사드린다.

15 조선시대 들어와 개성 연복사가 1563년 소실되자 동종을 남대문 문루로 옮겨 걸었으며, 그래서 오늘날까지 개성 남대문에 전해지게 되었다.

개성 연복사 동종 상대의 육자진언

종신의 육자진언

열은 란차와 티벳 문자로 새긴 진언다라니가 아래위로 짝을 이루도록 배열하였다.[16] 이 중에 상단열과 하단열의 전반부에는 모든 업장을 소멸하는 공덕이 있는 「불정존승다라니」를 새겼으며, 이어서 육자진언, 보현진언, 문수진언 등 여러 진언다라니를 배열하였다. 그리고 동종의 하단부에는 오불진언을 새겼는데, 이는 동종의 조성과 공덕을 통하여 5불의 가피를 얻고자 했던 발원자의 의도를 반영한 것으로 보인다. 이외에도 아촉불진언, 보생불진언, 아미타불진언 등 다양한 진언다라니가 확인되고 있다.[17] 이처럼 동종의 표면에 다양한 진언다라니를 새긴 것은 동종 조성에 따른 공덕과 진언다라니 신앙을 통하여 부처님께 귀의하고, 극락왕생하고자 하는 의도가 반영되었음을 알 수 있다.

그리고 조선시대 들어와 초기에는 억불숭유 정책에 의하여 불교계가 위축되면서 동종의 제작도 현저하게 줄었지만, 임진왜란을 겪고 난 조선 후기에는 불교 신앙이 부흥하고 그에 따라 불사가 증가하면서 전국에 걸쳐 많은 양

16 末松保和, 「高麗演福寺鐘銘について」, 『東洋學報』 第66卷 第1·2·3·4號, 財團法人 東洋文庫, 1985. / 湯山明, 「演福寺鐘銘の梵語銘文覺書」, 『東洋學報』 第66卷 第1·2·3·4號, 財團法人 東洋文庫, 1985.

17 허일범, 「韓國眞言文化의 佛教史的 展開 -眞言文化의 展開類型을 中心으로-」, 『밀교學報』 제7집, 밀교문화연구원, 2005, p.47.

〔ma〕

정통14년명 동종　조선, 1449.3, 일본 동경국립박물관

의 동종이 조성되었다.[18] 이러한 조선시대 동종들은 고려 후기의 양식을 계승하면서 새로운 요소들이 가미되었다. 먼저 천판의 한가운데에 1마리로 구비되었던 용뉴는 좌우에서 2마리의 용이 대칭을 이루는 쌍룡으로 배치되거나, 음통은 거의 사라지고 나타나지 않게 된다. 그리고 종신에는 합장한 형태의 보살입상이나 승상 등이 조각되며, 그 사이에 명문이 새겨지는 경우가 많았다. 특히, 종신 상부에 장식하였던 입상화문대가 사라지고, 그 자리에 일정한 너비로 구획한 공간이 마련되어 범자로 진언다라니가 새겨졌다. 이처럼 조선시대 동종은 상대를 중심으로 여러 곳에 범자 진언다라니를 새기는 것이 가장 큰 변화이자 특징이라 할 수 있다. 그래서 조선시대 동종에서는 범자 진언다라니가 신앙적인 의미도 있었지만, 문양의 한 부분이자 장엄적인 요소로도 새겨졌다.

현존하는 조선시대 동종 중에서 범자가 새겨진 최초의 사례는 현재 일본 동경국립박물관이 소장하고 있는 정통14년명 동종이다.[19] 이 동종은 규모가 작지만, 신라와 고려시대의 동종 양식을 함유하고 있으며, 특히 천판 위에 용뉴와 음통을 달아 한국식 동종의 특징을 보여주고 있다. 종신 하부에 5행 29자의 명문을 점각하였는데, 첫머리에 '正統十四年三月'로 시작하고 있어 1449년 3월에 동종이 조성되었음을 알 수 있다. 동종은 종신 상부에 상대를 마련하였으며, 그 아래로 4곳에 사각형 유곽을 배치하였다. 그리고 유곽 사이

---

18 周炅美, 「朝鮮前期 王室發願鐘의 硏究」, 『東洋學』 제42집, 단국대학교 동양학연구소, 2007. / 이광배, 「發願者 階層을 통해 본 朝鮮 前期 梵鍾의 樣式」, 『美術史學硏究』 제262호, 한국미술사학회, 2009.

19 日本 東京國立博物館의 表慶館에 展示되어 있으며, 설명문에 의하면 眞鍋孝志氏가 기증한 동종으로 알려져 있다.

의 공간에 1개의 원형문을 마련하여 그 안에 1자씩 범자를 새겨, 총 4자의 범자를 종신에 배치하였다. 범자는 〔oṃ〕과 〔ma〕를 반복하여 새긴 것으로 파악되고 있다. 제작 당시 어떤 진언다라니를 의도하여 새겼는지는 알기 어렵지만, 분명한 조성 시기를 알 수 있고, 범자가 새겨진 조선시대 최초의 자료라는 점에서 주목된다.

조선 초기 왕실에 의하여 여러 동종이 주조되었다. 먼저 태조 이성계의 후비였던 신덕왕후의 명복을 빌기 위하여 1462년 7월 흥천사 동종이 주조되었으며,[20] 1468년 4월에는 보신각종을 주조하였다.[21] 이 동종들은 조선 초기 왕실의 후원으로 주조된 대표적인 동종이었는데, 범자가 새겨지지는 않았다. 그리고 조선 세조대(재위 1455~1468)에 불교가 일시적으로 부흥하면서 왕실 관련 사찰을 중심으로 여러 동종이 주조되었다. 세조는 1466년 금강산 순행을 다녀온 이후에 학조를 1467년 2월 금강산 유점사에 보내 중창케 하였다. 당시 학조화상은 범자와 진언다라니 신앙에 조예가 상당히 깊었던 승려로 알려져 있다. 오늘날까지 여러 사찰에 학조화상과 관련하여 전형적인 실담으로 쓴 범자 진언다라니가 전해지고 있는 점은 그러한 사실을 시사한다. 조선 예종은 국왕으로 즉위한 후 부왕이었던 세조를 서원하고 추복하고자 양양 낙산사 중창을 후원하였는데, 그 과정에서 동종이 1469년 4월에 주조되었다. 낙산사 동종은 2005년 화재로 소실되었지만, 소실되기 이전의 모습을 보면 종신 상부에 실담

---

20 이 동종은 원래 덕수궁 근처에 유폐되었던 神德王后의 왕실 무덤에서 가까운 곳에 있었던 興天寺에 있었는데, 興天寺가 朝鮮 中宗 5년인 1510년 화재로 소실되자, 英祖 23년인 1747년에 이르러 景福宮의 정문이었던 光化門으로 옮기게 되었다고 한다. 다시 일제강점기에 들어와 光化門이 철폐됨에 따라 동종은 昌慶宮으로 옮겨졌고, 이후 다시 德壽宮의 현재 자리로 옮기게 되었다.

21 이 동종은 태조가 敦義門 안에 후비 신덕왕후의 능 옆에 추모를 위해 지은 貞陵寺에 있었는데, 貞陵寺가 廢寺되자 圓覺寺로 옮겨졌다. 그런데 圓覺寺도 1504년 문을 닫게 되었고 동종이 방치되자 1536년 金安老의 수상에 따라 崇禮門으로 옮겨 걸려고 하다가 임진왜란으로 실행되지 못하였다. 1597년 명나라 제독 楊鎬가 明禮洞峴으로 옮겼으며, 다시 광해군 재위 11년인 1619년 현재의 종로 종각으로 옮겨 걸었다고 한다. 이후 鍾閣이 1869년 9월에 불에 타자, 다시 지어 1895년 普信閣이라는 현판을 걸어 鍾名도 普信閣鍾이라고 부르게 되었다(곽동해, 『범종』, 한길사, 2006). 현재는 새로운 종을 주조하여 보신각에 걸었고, 원래의 종은 국립중앙박물관에 소장되어 있다.

으로 육자진언과 파지옥진언을 좌서로 2번 반복하여 새겼다.

그리고 남양주 수종사 동종이 국립중앙박물관에 소장되어 있는데, 이 동종은 1469년 7월에 조성되었다.[22] 규모가 크지는 않지만 하대에 파도 문양이 표현되었고, 종신 하부에는 연화문이 장식된 당좌가 마련되었다. 종신 상부에 범자 진언다라니를 양각하였는데, 실담으로 육자진언을 2번 반복하여 새겼다. 이 동종의 실담체는 각종『진언집』에 수록된 일반적인 자획을 보이고 있는데, 다만 2번째 범자〔ma〕는 필선을 원형으로 돌렸고, 6번째 범자〔hūṃ〕은 원래는 불필요한데 오른쪽에 장모음을 붙여 특징적이라 할 수 있다.[23] 또한 남양주 봉선사는 조선 세조의 무덤인 광릉의 원찰이었는데, 1469년 7월에 세조를 추모하고 극락왕생을 염원하고자 정희왕후의 명으로 동종을 주조하였다.[24] 봉선사 동종은『예종실록』에 의하면 1469년 8월에 완성하였다고 한다. 따라서 낙산사, 수종사, 봉선사 등에 세조의 명복을 빌기 위한 동종이 약간의 시간적 격차를 두고 조성되었음을 알 수 있다. 이 중에 봉선사 동종이 규모가 가장 크고 웅장하여 조선 초기를 대표하는 동종으로 평가받고 있다. 이 동종은 세조의 명복을 빌기 위한 것이기 때문에 육자진언과 파지옥진언을 함께 새겨, 세조의 업장 소멸과 극락왕생을 염원하였던 것으로 보인다. 종신 상부에 진언의 이름을 새긴 다음, 굵고 정연한 실담으로 육자진언과 파지옥진언을 2번 반복하여 배치하였다. 다만 육자진언에서 3번째 자인〔ṇi〕가 중간에 횡선이 살짝 돌출되어 있어 독특한 자형이며, 5번째 자인〔dme〕는 오른쪽 상단에 수행점이 붙어 있는데 원래는 불필요한 것이다. 또한 6번째 자인〔hūṃ〕도 원래는 불필요한데 오른쪽에 장모음을 붙여 놓았다. 이러한 것으로 보아 서자가『진언집』에

---

22 廉永夏,『韓國의 鐘』, 서울대학교 출판부, 1994, p.405. 어느 시기에 南陽州 水鍾寺에서 반출되었으며, 1909년 5월 日本人 鈴木鉒次郎으로부터 200원에 구입하여 소장하게 되었다고 한다. 銘文은 '成化五年七月日 水鐘寺小鐘鑄成 施主粹嬪韓氏 浄業院住寺李氏'이다.

23 松波 宏隆,「梵鍾に收錄されている悉曇研究」,『大學院 研究論集』 제8집, 중앙승가대학교, 2015, pp.440~441.

24 봉선사 동종의 鍾銘은 姜希孟이 짓고, 鄭蘭宗이 글을 썼다.

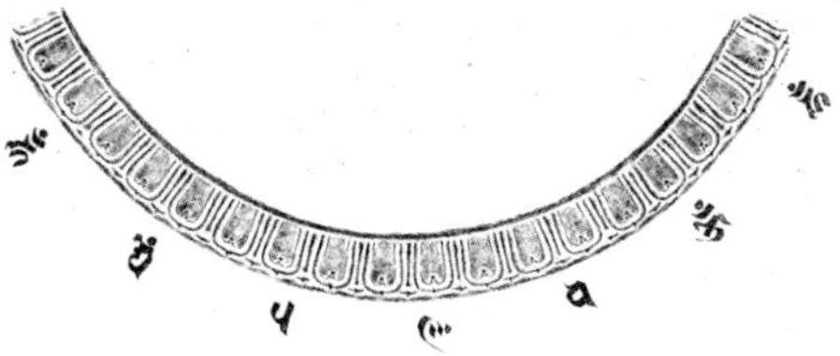

직지사 성보박물관 소장 탁본

양양 낙산사 동종 1469.4, 소실전 모습

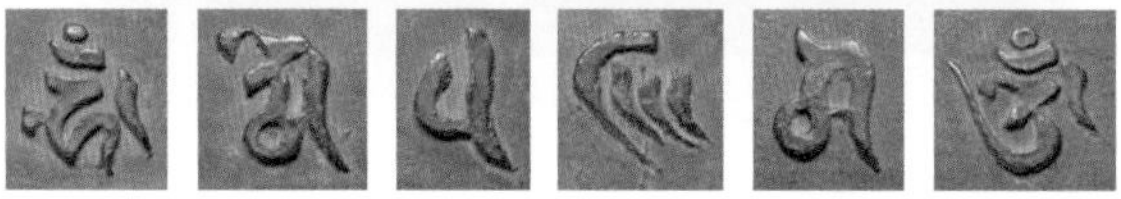

높이 48.5cm

남양주 수종사 동종 1469.7, 진정환 제공

수록된 육자진언의 범자체를 충실하게 필사하면서 나름대로 기교와 찬탄, 장엄함을 추구했던 것으로 보인다. 서자가 범자에 상당한 조예가 있었던 인물이었음을 짐작할 수 있다.

금강산 유점사 동종은 관련 기록이 없어 구체적인 조성 시기는 알 수 없지만 주조 기법과 양식 등으로 보아 15세기대에 제작된 것으로 추정되고 있다.[25]

---

25 이 동종은 한국전쟁 때 유점사가 소실되면서 땅속에 묻혀있던 것을 발굴하여 1984년 9월에 묘향산 보현사로 옮겼다고 한다.

탁본

육자진언

〔hā〕 〔svā〕 〔ya〕 〔te〕 〔ra〕 〔ka〕 〔oṃ〕

파지옥진언

남양주 봉선사 동종 1469.8

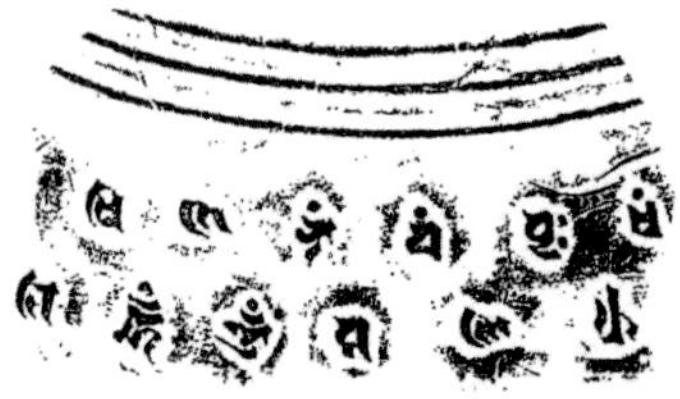

종신 탁본

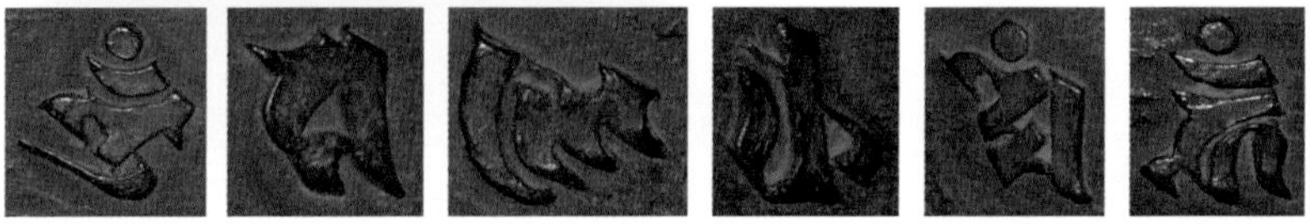

〔oṃ〕 〔ma〕 〔ṇi〕 〔pha〕 〔dme〕 〔hūṃ〕

금강산 유점사 동종 조선, 15세기, 국립춘천박물관[26]

특히, 유점사가 조선 세조가 명하여 학조화상이 중창을 주도했던 사찰이었던 것으로 보아 동종도 중창 시 조성되었을 가능성이 높다. 동종은 천판 한가운데에 종을 걸 수 있도록 쌍룡으로 용뉴를 구비하였으며, 종신 하부에는 구름과 용을 장식하였다. 그리고 종신 상부에 범자 진언다라니를 새겼는데, 정연하고 유려한 실담체로 육자진언과 파지옥진언 등을 상하 2열로 배열하였다. 육자진언은 5번째 자인 〔dme〕의 상단에 원래는 불필요한 공점〔aṁ〕을 추가한 점이 독특하다.

26 금강산 유점사 동종을 실견 조사할 수 있게 도움을 주신 국립춘천박물관 최선주 관장께 감사드린다.

높이 63.3cm　〔oṃ〕

서울 백련사 동종　1569.4

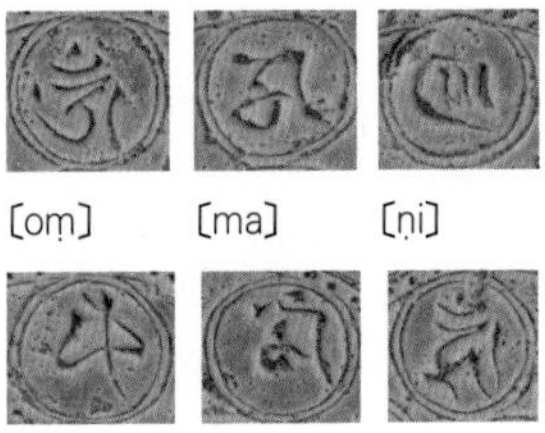

〔oṃ〕 〔ma〕 〔ṇi〕

높이 113.7cm　당좌 탁본, 반전시켜 새김　〔pha〕 〔dme〕 〔hūṃ〕

통영 안정사 용천사명 동종　1580.8

이처럼 조선 초기에 왕실 발원으로 추복과 극락왕생을 염원하기 위하여 낙산사, 수종사, 봉선사, 유점사 동종이 조성되었는데, 동종들의 세부적인 주조 기법과 양식이 조금씩 다르지만, 굵고 정연한 실담으로 육자진언과 파지옥진언 등을 새겼다. 이는 조선시대 들어와 진언다라니 신앙의 보급과 함께 동종에 범자로 진언다라니를 새기는 문화가 성행하는 계기가 되었다고 할 수 있다.

조선 전기인 16세기대에 조성된 여러 동종에서도 범자 진언다라니가 확인되고 있다. 서울 백련사 동종은 1569년 4월 처음 주조된 이후 1907년에 백련사 대종임을 표시하기 위하여 추기하였다. 이 동종은 상대와 하대를 구비하였으며, 종신 상부에는 사각형 유곽을 별도로 마련하여 곡성 태안사 동종과 마찬가지로 조선 전기 동종의 양식적 특징을 보여주고 있다. 그리고 종신 상부에 이중의 원형문을 마련하여 그 안에 범자를 새겼는데, 서자가 기교를 발휘한 독특한 범자체이다. 범자는 〔oṃ〕으로 보이며, 4곳에 새겼는데, 왼쪽 필획 끝에 독립된 점이 붙어 있어 범자체의 변형 과정을 파악하는데 중요한 자료이다. 통영 안정사의 만세루에 걸려 있는 용천사명 동종은 원래 전라도 담양부 추월산에 있었던 용천사 대종으로 1580년 8월에 주조되었다. 하대와 상대는 연화문이 표현되어 있으며, 종신 상부에 마련된 사각형 유곽 안에 9개의 유두가 낮게 돌출되어 있다. 종신에 마련된 당좌 한가운데에 원형문을 마련하여 그 안에 卍자를 새기고, 그 주변으로 1자씩의 범자를 새겨 넣은 이중의 원형문 6개를 배치하였다. 그리고 당좌 아래에는 권운문을 장식하여 구름이 당

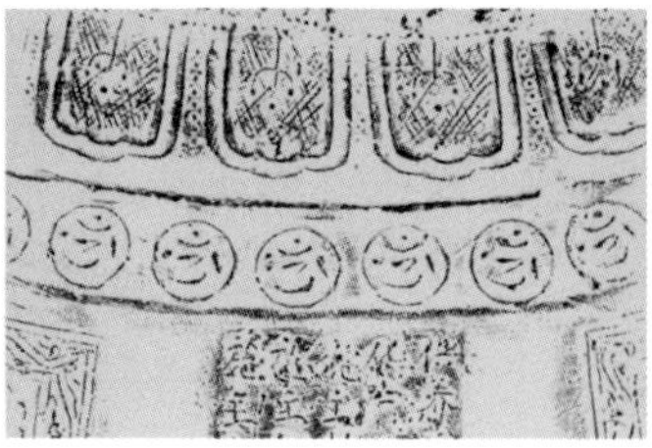

[oṃ]

높이 128.5cm

[ma ra ha a oṃ]

곡성 태안사 동종　1581.4

공주 갑사 동종　1584.7

해남 대흥사 침계루 동종　1587

좌를 받치고 있는 상서로운 모습인데, 당좌 안에 정연한 실담체로 육자진언을 자륜식으로 배치하였다. 그런데 육자진언은 각 범자를 반전하여 새겼는데, 'aṃ'점이나 'ā'점 등이 부가되어 있어 전통적인 실담체의 변화와 함께 서자 나름대로의 기교가 반영되었음을 짐작할 수 있다. 이처럼 동종의 당좌에 육자진언을 새긴 사례는 상당히 드물다.

곡성 태안사 동종은 1457년 처음 주조되었는데 파손되자 1581년 4월에 다시 조성한 것이다. 동종을 새롭게 조성하면서 범자 진언다라니를 새겨 넣은 것으로 보인다. 그래서인지 태안사 동종은 신라와 고려시대 동종의 양식과 함께 조선시대 동종에서 보이는 요소들이 혼재되어 있어, 여러 시대에 걸친 과도기적 양식을 보여주고 있다. 종신의 상하부에 상대와 하대를 마련하였는데, 상대는 입상화문대 아래에 비교적 넓게 구획하여 그 안에 연화문을 장식하였으며, 그 아래에 작은 원형문을 마련하여 〔oṃ〕을 1자씩 새겨 넣었다. 이처럼 태안사 동종은 종신 상부에 일정한 구획대를 마련한 다음, 그 안에 〔oṃ〕를 새겨 넣은 원형문을 반복 표현하였다. 이러한 태안사 동종의 범자 배열 방식은 조선 후기 범종의 범자 진언다라니 배치법의 선행 양식이라는 점에서 주목된다. 공주 갑사 동종은 1584년 7월 제작되어 임진왜란 직전에 조성되었음을 알 수 있다. 종신 상부에 별도로 마련된 사각형 유곽이 있고, 그 위에 일정한 높이로 구획한 공간을 마련하여 범자 진언다라니를 새겨 넣었다. 범자는 실담으로 원형문 안에 1자씩 새겼는데, 〔oṃ〕을 중심으로 〔a〕(동)-〔ma〕(남)-〔ra〕(서)-〔ha〕(북)의 사방주진언을 6회 반복하였다. 그런데 진언다라니의 순서가 다소 엇갈려 있어, 장인이 착각했거나 범자를 몰라 실수했을 가능성도 있다. 동종에 사방주진언을 새긴 명확한 의도는 알 수 없지만, 공덕과 함께 수호의 의미가 있었던 것으로 보인다. 해남 대흥사 침계루에 걸려 있는 동종도 상대에 2줄로 범자 진언다라니를 새겼다. 그리고 북한 조선중앙역사박물관에는 조선 초기까지 밀교대장경판이 보관되어 있던 금사사(金沙寺) 동종이 소장되어 있다. 이 동종은 임진왜란 직후 다소 혼란스러웠던 1595년에 조성되었는데, 종신 상부에 향완처럼 화려한 원형문을 마련하여 그 안에 1자씩 범자를 새겨 넣었다고 한다. 실물을 확인할 수 없어 명확하지는 않지만, 육자진언과 파지옥진언 등을 새긴 것으로 보인다.

조선 후기에는 범자 진언다라니에 대한 신앙이 널리 보급되고, 각종 불교 미술품에 범자를 새기는 것이 크게 성행하게 된다. 이에 따라 동종에도 범자 진언다라니가 신앙의 대상이나 문양의 한 요소로서 인식되어 장식과 장엄 등을 위하여 다양한 방식으로 새겨졌다.

조선 후기 동종 중에서 범자가 새겨진 사례들을 조성 시기순으로 간략하게 살펴보면, 먼저 인양 삼막사 동종은 1625년 2월 조성되었는데,[27] 애석하게도

27 명문은 '天啓五年乙丑二月日'

〔pa〕
〔dme〕
〔hūṃ〕

높이 98.2cm

〔oṃ ma ṇi〕

거창 고견사 견암사명 동종　1630.5

〔dme〕
〔dme〕
〔hūṃ〕

〔hūṃ〕
〔ṇi〕
〔pa〕

〔oṃ〕
〔oṃ〕
〔ma〕

〔ma〕
〔hā〕

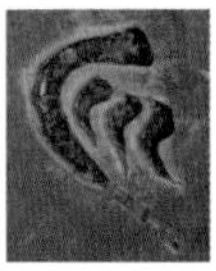

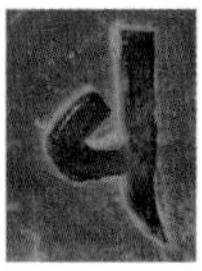

높이 94.9cm

〔oṃ〕　〔ma〕　〔ṇi〕　〔pa〕　〔dme〕　〔hūṃ〕

파주 보광사 동종　1634.7

1990년 10월 12일 화재로 소실되어 현재는 파편 일부만 남아 있다.[28] 그런데 소실되기 전의 모습을 보면 종신 상부에 2열로 범자 진언다라니를 새겼는데, 상단은 육자진언, 하단은 파지옥진언을 반복하여 배열하였다. 그리고 여러 자로 구성된 진언다라니를 하나의 판에 새긴 다음, 그 판을 주조할 때 부착했던 것으로 확인되어 동종에 범자 진언다라니를 어떻게 새겼는지를 짐작할 수 있게 하였다. 거창 고견사의 견암사명 동종은 종신 상부에 사각형 유곽을 배치하였고, 그 사이에 불상을 새겼다. 그리고 불상 좌우의 여백 공간에 진언명과

28　廉永夏, 『韓國의 鐘』, 서울대학교 출판부, 1994, p.445/p.582.

함께 육자진언과 파지옥진언을 교대로 새겼다. 이와 유사한 양식으로 1634년 7월 조성된 파주 보광사 동종이 있다.[29] 이 동종도 종신 상부에 사각형 유곽이 마련되어 있고, 그 사이에 보살상과 함께 좌우에 육자진언과 파지옥진언을 새겼다. 그런데 그 이유는 알 수 없지만 거창 고견사의 견암사명 동종은 범자의 순서와 배치가 정연한데, 파주 보광사 동종은 두 진언의 범자 순서와 배치가 다소 엇갈려 있다. 어쨌든 두 동종은 모두 업장을 소멸하고 극락왕생을 염원하려는 의도로 범자 진언다라니를 새긴 것으로 보인다.

그리고 남원 대복사의 청룡산 영천사명 동종은 종신 상부에 사각형 유곽과 보살상이 조각되어 있으며, 그 사이에 진언명과 함께 원형문을 마련하여 1자씩 범자 진언다라니를 정연하게 새겨 넣었다. 첫머리에 표제를 새긴 다음 육자진언과 파지옥진언을 2열로 하여 좌서로 새겼는데, 상부에 육자진언을 배치하였다. 백련사 동종은 국립경주박물관에 소장되어 있는데, 1636년 3월 정우(淨祐)와 신원(信元) 등이 참여하여 무량사의 산내 암자였던 백련사에 봉안하였다. 이 동종은 종신 상부의 유곽 사이에 육자진언과 파지옥진언의 표제가 있고, 원형문을 마련하여 그 안에 1자씩 범자 진언다라니를 배열하였다. 또한 부여 무량사 동종은 종신 상부의 상대에 상하 2열로 범자 진언다라니를 새겼는데, 상단열은 육자진언, 하단열은 파지옥진언을 새겼다. 그리고 파지옥진언 중에 〔hā〕가 생략되었는데, 이것은 6자로 구성된 육자진언과 상하 배열을 맞추기 위한 것으로 보인다.[30] 보은 법주사 동종은 종신 중간 부분에 원형문을 마련하여 육자진언과 파지옥진언을 새겼다. 하동 쌍계사 동종은 임진왜란 직

29 松波 宏隆,「朝鮮時代の梵字を有する銅鐘金鼓」,『歷史考古學』第71號, 韓國考古學研究會, 2015, pp.65~112.

30 현재 종명에 의하면 안양 삼막사 동종(1625.02), 남원 대복사의 청룡산 영천사명 동종(1635.03), 부여 무량사 동종(1636.05) 등이 鍾匠 淨祐 등이 참여하여 제작한 동종으로 확인되고 있다. 이 동종들은 유사하게 범자 진언다라니를 새기거나 배치하였다. 이외에도 서산 부석사 동종(1669.07), 하동 쌍계사 동종(1641.03) 등도 유사하여 주목된다(東亞細亞梵字研究會,「韓國梵字資料調査(2009~2010年調査)」,『歷史考古學』第65·66合併號, 2012, p.9).

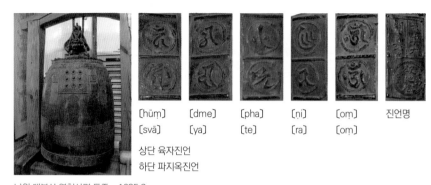

〔hūṃ〕 〔dme〕 〔pha〕 〔ṇi〕 〔oṃ〕 진언명

〔svā〕 〔ya〕 〔te〕 〔ra〕 〔oṃ〕

상단 육자진언
하단 파지옥진언

남원 대복사 영천사명 동종 1635.3

후 쌍계사가 중창될 때인 1641년 3월에 조성되었는데, 종신 상부의 유곽 위에 마련된 상단열에는 육자진언, 하단열에는 파지옥진언을 배치하였다.

담양 용흥사 동종은 하대에 용문양이 새겨져 있으며, 종신에는 보살상과 위패형 문양 등 다양한 조각과 문양들이 배치되어 있다. 상대에는 당초문이 장식되어 있고, 그 위에 원형문을 마련하여 1자씩 범자를 새겼는데, 진언명과 함께 육자진언을 배치하였다. 공주 마곡사의 안곡사명 동종은 1654년 봄에 조성되었는데, 종신의 하대에 연화당초문이 새겨져 있으며, 종신 상부에는 유곽과 보살상이 조각되어 있다. 그리고 상대에 2열로 범자 진언다라니를 새겼는데, 상단에 육자진언, 하단에 파지옥진언을 배열하였다. 순천 선암사 성보박물관에 소장된 대원사 부도암명 동종은 김용출(金龍出)과 장사상(張士詳) 등이 1657년 5월에 주조한 것으로 독특하게 종신의 상대와 천판에 장식된 연잎에 범자를 새겼다. 상대에는 사각형 구획을 마련하여 그 안에 〔oṃ ma〕로 판독되는 범자 2자를 상하로 새겼으며, 천판의 연잎에는 〔pa〕로 추정되는 1자의 범자를 반복하여 새겼다. 현재 어떤 범자 진언다라니를 의도했는지는 알 수 없지만 〔oṃ ma〕와 〔pa〕라면 육자진언을 의도한 것으로도 보인다. 화순 만연사 동종은 하대에는 연화당초문을 가득 장식하였으며, 종신 상부에 유곽과 보살상을 조각한 후 그 위에 원형문을 마련하여 1자씩 범자를 새겨 넣었다. 총 6자로 구성된 육자진언을 3번 반복하여 배치하였다. 여수 흥국사의 대흥사명 동

〔pa〕

① ② ③ ④

① 백련사 동종 1636.3, 국립경주박물관
② 부여 무량사 동종 1636.5
③ 보은 법주사 동종 1636.6, 법주사
④ 하동 쌍계사 동종 1641.3

담양 용흥사 동종 1645.4

대원사 부도암명 동종 1657.5, 선암사 성보박물관

공주 마곡사 안곡사명 동종 1654, 봄

종은 종신이 상부에 크게 원형문을 마련하여 육자진언임을 알 수 있는 진언명과 함께 그 안에 1자씩 범자를 새겨 넣었다. 육자진언을 2번 반복하여 새겼는데, 일부 범자가 반전되어 있는 것으로 보아 범자를 잘 몰랐던 장인이 주조에 관여했던 것으로도 보인다. 서산 부석사 동종(1669년 7월)은 종신 상부에 사각

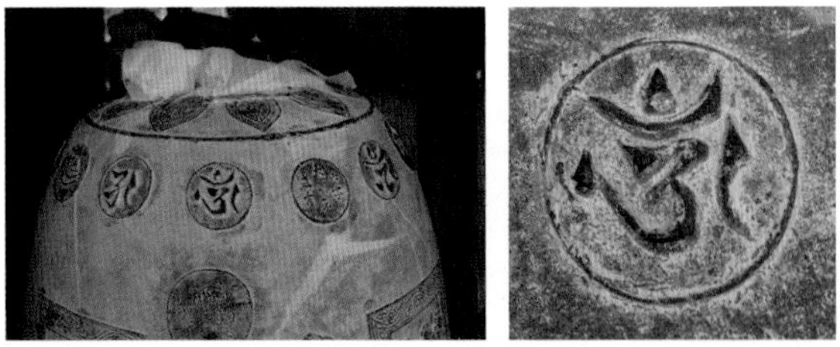

여수 흥국사 대흥사명 동종　1665.3

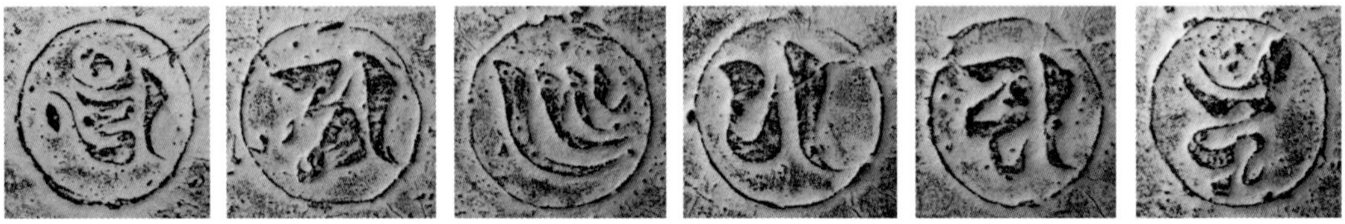

〔oṃ〕　〔ma〕　〔ṇi〕　〔pa〕　〔dme〕　〔hūṃ〕

화순 만연사 동종　1660.4

형 유곽과 보살상을 조각하였으며, 상대에 2열로 범자 진언다라니를 새겼다. 상단 열에는 육자진언, 하단열에는 파지옥진언을 반복하여 배열하였다. 범자 진언다라니의 새김 기법은 상하단열을 구성하고 있는 각각의 범자가 하나의 판에 새겨지도록 별도로 제작한 판을 주조 시에 활용하였다.

한편 조선 후기 동종 중에서 사인(思印) 비구를 중심으로 여러 명의 종장이 함께 조성한 동종들이 우수한 주조 기법과 함께 정연한 범자체로 진언다라니를 새겨 주목된다. 먼저 포항 보경사에 소장된 반룡사명 동종은 종신 상부에 2중의 원형문을 마련하여 '육자대명왕진언(六字大明王眞言)'이라는 표제를 새기고, 나머지 공간에 원형문을 마련하여 1자씩 범자를 새겨 넣어 총 6자로 구성된 육자진언을 배치하였다. 이 동종은 상하대의 문양과 유곽 등이 화려한 것이 특징적이다. 그리고 1670년 2월 조성한 문경 김룡사의 운봉사명 동종과[31] 1670년 5월 조성한 홍천 수타사 동종도 사인 비구를 비롯한 여

31 현재 직지사 성보박물관에 소장되어 있으며, 鍾銘은 '康熙九年 歲次庚戌二月日記 慶尚道尚州縣

높이 54.1cm
포항 보경사 반룡사명 동종　1667.7

높이 100.3cm
문경 김룡사 운봉사명 동종　1670.2, 직지사 성보박물관

홍천 수타사 동종　1670.5

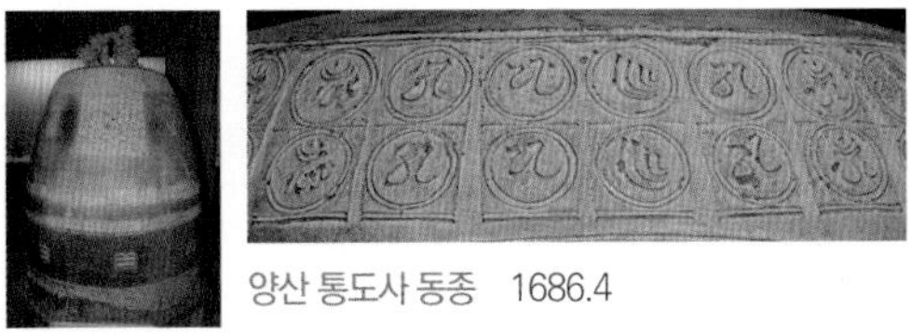
양산 통도사 동종　1686.4

리 종장이 참여하여 3개월의 격차를 두고 주조한 동종이다. 그래서인지 두 동종은 규모뿐만 아니라 당좌를 비롯하여 전체적인 양식이나 주조 기법 등이 상당히 유사하여 복제 동종처럼 느껴질 정도이다. 범자 진언다라니도 종신의 상대에 1열로 새겼는데, 아래위에 연주문을 장식하여 일정한 공간을 구획한 후, 그 안에 이중의 원형문을 마련하였다. 그리고 원형문 안에 1자씩 정연하게 범자를 새겨 넣었는데, 육자진언을 반복 배열하였다. 또한 안성 청룡사 동종, 서울 화계사의 희방사명 동종, 양산 통도사 동종도 사인 비구 등이 참여하여 제작한 동종이다. 이 동종들은 종신의 상대에 원래는 육자진언과 파지옥진언을 2열로 배열하기 위하여 진언명을 새겼던 것으로 보이는데, 그 이유를 알 수 없지만 실제로는 상하에 같은 육자진언만 2열로 배치하였다. 이처럼 2열로 범자 진언다라니를 새겼다는 점 외에는 범자체와 표현 기법 등이 문경 김룡사 동종이나 홍천 수타사 동종과 동일하다. 그리고 상대에 새겨진 진언다라니는 동일 범자를 같은 판에 새긴 다음, 그 판을 그대로 부착하여 주조했음을 알 수 있다. 이러한 것으로 보아 조선 후기 동종을 전문적으로 제작했

北面 雲達山雲峰寺 鐵鍾鑄成 鑄鍾畫員 思印比丘 太行 道兼 淡行 起生 起任'이다.

안성 청룡사 동종　1674.4

서울 화계사 희방사명 동종 범자 탁본　1683.4[32]

광주 장경사 동종　1682.3

수원 만의사 동종　1687.3, 수원박물관

던 종장들은 동종에 새기기 위한 육자진언과 파지옥진언 등 한사람이 쓴 여러 유형의 범자 진언다라니가 묵서된 종이를 여러 장 구비하고 있다가 필요에 따라 사용했던 것으로 추정된다. 그런데 의왕 청계사 동종과 강화 동종도 사인 비구를 중심으로 여러 종장이 주조했지만 범자 진언다라니를 새기지는 않았다. 그리고 광주 장경사 동종과 수원 만의사 동종은[33] 사인 비구 등이 주조한 동종과 양식적으로 강한 친연성을 보여 주목된다.[34] 이 동종들도 종신의 상대에 육자진언과 파지옥진언을 새기기 위한 진언명을 새겼는데, 그 이유를 알 수는 없지만 실제로는 6자로 구성한 육자진언만 2열로 배치하였다.

---

32 東亞細亞梵字硏究會,「韓國梵字資料調査(2007~08年調査)」,『歷史考古學』第62號, 2010, p.22.

33 이 銅鍾은 鍾銘을 통하여 1080년 처음 주조되었다가 1687년 3월 京畿道 水原府 萬義寺 大鍾으로 새롭게 주조되었음을 알 수 있다. 이후 水原 華城 건설과 함께 八達門 鍾閣으로 옮겨지면서 八達門 銅鍾으로 알려져 있었다. 현재는 水原博物館에 소장되어 있다.

34 北韓 梁泉寺 銅鍾(1693)은 鍾銘을 알 수 없어 구체적인 내용을 알 수는 없지만 사진으로 소개된 동종의 양식과 문양, 2열로 새겨진 상대의 범자 진언다라니 등으로 보아 思印 比丘에 의하여 주조된 동종으로 추정된다.

이외에도 조선 후기인 17세기 후반에는 전국적으로 불사가 크게 성행하면서 많은 동종이 제작되었다. 이 중에 예산 보덕사 개심사명 동종은 상대에 크게 원형문을 마련하여 1자씩 범자를 새긴 정법계진언을 5번 반복 배치하였다. 양산 내원사의 안적암명 동종은 종신의 중간 부분에 유곽과 보살 입상을 조각하고, 상부에 양각된 원형문을 독특하게 마련하여 그 안에 범자, 卍자, 꽃문양 등을 새겨 넣었다. 그리고 천판에 연화문과 함께 양각으로 원형문을 마련하여 그 안에 1자씩 범자를 새겼다. 범자 진언다라니는 불규칙적이지만 육자진언을 의도하여 새겼던 것으로 보인다. 김천 직지사의 쌍계사명 동종은[35] 1687년 조성되었는데, 종신 상부에 비교적 크게 원형문을 마련하여 그 안에 1자씩 총 6자로 구성된 육자진언을 새겼는데, 일부 범자는 반복되어 있다. 그리고 부안 개암사 동종은 종신 상대에 원형문을 마련하여 그 안에 1자씩의 범자를 새겼는데, 육자진언과 파지옥진언을 반복하여 배치하였다.

또한 고성 운흥사 동종은 현재 일본 동경의 근진미술관(根津美術館)에 소장 전시되어 있다. 전형적인 조선 후기 동종 양식으로 종신 상부에 12개의 원형문을 마련하여 그 안에 1자씩 범자를 새겼는데, 육자진언이 2번 반복되도록 배열하였다. 남원 실상사 동종은 전체적인 외형이나 용뉴 등이 전형적인 조선 후기 동종 양식을 보이는데, 종신 상하부에 상대와 하대를 별도로 마련하지도 않았고, 다소 산만하게 다양한 문양판을 여러 곳에 분산 배치하여 주조하였다. 범자는 종신 상부에 원형문을 마련하여 그 안에 1자씩 새겨 넣었으며, 유곽 위에 별도의 큰 원형문을 마련하여 진언명을 '육자대명왕진언(六字大明王眞言)'이라 새기고 육자진언을 2번 반복하여 배열하였다. 고흥 능가사 동종은 종신 중간 부분에 태극 문양을 배치하고, 천판에 여러 겹으로 중첩된 연화문을 장식한 점이 특징적이다. 이 동종은 종신 상부에 원형문을 마련하여 그 안

35 이 동종의 제작 시기와 관련된 명문은 '大淸康熙○十六年丁○'이다. 따라서 康熙26年 丁卯(1687), 康熙36年 丁丑(1697), 康熙46年 丁亥(1707), 康熙56年 丁酉(1717) 중에 하나임을 알 수 있는데, 필자는 가장 이른 시기로 설정하였다.

❶

❷

❸

❶ 예산 보덕사 개심사명 동종　1673.3

❷ 양산 내원사 안적암명 동종　1684.4, 통도사 성보박물관

❸ 부안 개암사 동종　1689.4[36]

남원 실상사 동종　1694.5

김천 직지사 쌍계사명 동종　1687, 직지사 성보박물관

에 1자씩 범자를 새겼는데, 육자진언을 2번 반복하여 배치하였다. 그리고 종신 하부에 '唵迦囉帝野莎訶'〔oṃkarateyasvāhā〕라고 새겨, 범자를 한역한 파지옥진언의 음을 새겼다.

그리고 조선 후기인 18세기대에 들어와서는 동종에 범자 진언다라니를 새기는 것이 신앙을 넘어 하나의 문양처럼 일반화되었다. 먼저 순천 선암사 동종은 종신 상부에 크게 원형문을 마련하여 그 안에 1자씩 범자를 새겼는데, 다소 변형된 독특한 범자체로 써서 분명하게 판독하기는 어렵지만, 육자진언을 새긴 것으로 추정된다. 예산 향천사 동종은 상대에 서자가 써 준 범자를 한

36　국립전주박물관, 『부안 - 전북의 역사문물전 3』, 2001, p.123.

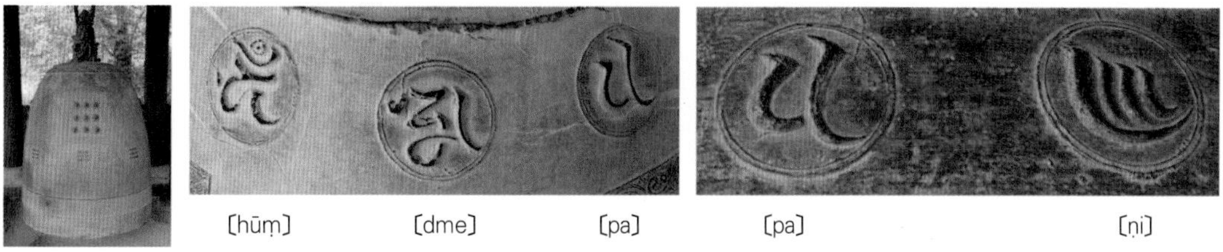

[hūṃ] [dme] [pa] [pa] [ṇi]

고흥 능가사 동종 1698.3

[oṃ] [ma] [ṇi]

[pa] [dme] [hūṃ]

고성 운흥사 동종 1690.5, 일본 근진(根津)미술관

글자씩 네모나게 잘라 이어 붙인 별도의 판을 부착하여 범자를 새겼는데, 6자로 구성된 육자진언을 1열로 5번 반복하여 새겼다. 영광 불갑사에 있는 사자산 봉림사명 동종은 종신에 상대와 하대를 마련하지 않고 보살입상만을 조각하였다. 이 동종은 종신 상부에 크게 원형문을 마련하여 1자씩 범자를 새겨 넣어 육자진언을 배치하였다. 해남 대흥사에 있는 청룡산 보적사명 동종은 종신 상부에 원형문을 마련하여 그 안에 [oṃ]을 1자씩 새겨 4곳에 배치하였다. 양양 명주사의 대흥사명 동종은 상대는 마련하지 않고, 당초문이 장식된 하대만 마련하였다. 그리고 사각형으로 구성한 유곽을 종신의 상단부에 배치하였으며, 유곽 사이의 공간에 보살입상을 조각하였다. 그 위에 원형문을 마련하여 그 안에 1자씩 새겨, 총 4자의 범자를 배치하였다. 범자는 [oṃ]을 2번, [pha]를 1번 배치하였으며, 나머지 1자는 독특한 자체를 보여 판독이 쉽지 않다. 이처럼 조선시대에는 진언다라니에서 특정한 범자를 생략하거나 간략화하여 새기는 경우도 많았다. 이러한 점을 고려할 때 현재 명주사의 대흥

사명 동종의 범자는 종자를 의도한 것은 아닌 것으로 보이며, 육자진언을 간략하게 구성하여 새긴 것으로 추정된다. 판독이 어려운 범자는 〔dme〕일 것으로 보인다.

보성 대원사 동종은 현재 파손이 심한 상태이지만 종신 상부에 원형문을 마련하여 그 안에 1자씩 범자를 새겨 넣었다. 그런데 특정한 범자가 반복되어 있거나 진언다라니의 범자 순서가 엇갈려 있다. 조선 후기 동종에서 이런 경우가 여럿 확인되고 있다. 다만 대원사 동종은 육자진언을 의도하여 새긴 것으로 보이며, 육자진언을 3번 반복 배치하였다. 곡성 도림사의 태백산 운흥사명 동종은 종신 상부에 원형문을 크게 마련하여 그 안에 모두 동일한 범자를 새겼다. 종신 상부에 총 12번 〔oṃ〕을 배치하였다. 천안 광덕사 동종은 종신 하부에 연화문이 장식된 하대를 마련하였으며, 종신 상부에는 공양하는 모습의 보살입상을 조각하였다. 그리고 상대 부분에 원형문을 마련하여 범자를 새긴 진언다라니를 배치하였다. 진언의 시작 부분에 진언명과 함께 6자로 구성된 육자진언을 3번 배치하였다. 고성 옥천사 동종은 종신 중간 부분에 유곽과 보살입상을 조각하였으며, 상단부에 원형문을 마련하여 그 안에 범자를 1자씩 새긴 육자진언을 배치하였다. 해남 대흥사 진불암 동종도 종신 중간 부분에 사각형 유곽을 배치하였으며, 그 위에 이중의 원형문을 마련하여 그 안에 〔oṃ〕을 새겨 넣어, 총 4곳에 〔oṃ〕이 배치되도록 했다.

광주 원효사의 추월산 만수사명 동종은 종신 중간 부분에 사각형 유곽과 보살입상을 배치하고, 상단부에 1조의 원형문을 마련하여 그 안에 〔oṃ〕을 1자씩 새겨 넣었다. 〔oṃ〕은 서자가 나름대로 기교를 발휘하여 쓴 독특한 필체로 총 15곳에 배치하였다. 구례 화엄사 종루 동종은 종신 상부에 파지옥진언을 원형으로 돌려서 새겼다. 중앙승가대학교에 소장된 미황사명 동종은 전형적인 조선 후기 동종 양식으로 종신의 중간 부분에 유곽과 보살입상을 조각하였으며, 상단부에 작게 원형문을 마련하여 그 안에 1자씩 범자를 새겼는데, 육자진언을 배치하였다. 그런데 육자진언의 순서가 엇갈려 있어 범자를 잘 모르거나 제작 과정에서 착오가 있었던 것으로 보인다. 이러한 경우는 조선 후기의 여러 동종에서 확인되고 있다.

공주 영은사의 문수사명 동종은 종신의 상부에 유곽과 보살입상을 조각한 후 상대 부분에 범자 진언다라니를 배치하였다. 범자는 이중의 원형문을 마련하여 그 안에 1자씩 반전하여 새긴 32자를 배치하였는데, 육자진언을 반복하여 새겼다. 그런데 범자의 순서가 엇갈려 있기도 하다. 구례 천은사의 숭암사명 동종은 고려시대 동종의 양식을 잘 계승한 조선 후기 동종으로 종신 상대 부분에 원형문을 마련하여 범자를 새겼는데, 진언명과 함께 육자진언을 배치하였다. 완주 송광사의 여둔사명 동종은 추각한 명문에 의하여 1769년 9월에 중수되었음을 알 수 있는데, 종신 상부에 원형문을 마련하여 1자씩 범자를 새겨 넣었다. 판독이 어렵기는 하지만 육자진언을 의도한 것으로 보인다. 그런데 육자진언의 범자 순서가 엇갈려 있고, 특정 범자가 더 많이 새겨지기도 했다. 진도 쌍계사 동종은 규모가 작은 동종으로 종신의 상부에 원형문을 마련하여 그 안에 1자씩 범자를 새겨 넣어 육자진언을 배치하였는데, 범자의 순서가 엇갈려 있기도 하다.[37] 구례 화엄사 대웅전의 유마사명 동종은 종신의 상부에 원형문을 마련하여 그 안에 〔oṃ〕을 새겼으며, 총 13곳에 배치하였다. 국립중앙박물관에 소장된 의성 용흥사 동종은 1726년 3월에 조성되었는데, 종신 상부의 유곽 사이에 원형문을 마련하여 그 안에 1자씩 〔oṃ〕을 크게 새겼는데, 공간마다 1~3자 등 범자 수를 달리 배치하여 독특한 수법을 보이고 있다. 부산 범어사 동종은 종신 상부에 독특한 범자체로 범자 진언다라니의 시작과 끝이라 할 수 있는 〔oṃ〕과 〔hūṃ〕을 반복하여 새겼다. 정읍 옥천사의 용수사명 동종은 1623년 처음 주조했다가 어떤 이유인지는 알 수 없지만 100여 년이 흐른 1728년 6월에 새롭게 다시 조성했다. 현재 상태로 보아 용뉴와 음

37 진도 쌍계사 동종은 주조와 관련한 명문이 2군데에 새겨져 있는데, 첫 번째는 '康熙二十五年丙寅四月日~初鑄成記'(1686.4), 두 번째는 '康熙五十九年庚子八月日双溪寺~改鑄成施主記'(1720.8)이다.

통은 원래의 것이고, 종신은 나중에 새롭게 중수한 것으로 보인다. 이 동종은 종신의 중간 부분에 사각형 유곽과 보살입상을 배치하고, 상대 부분에 범자를 1자씩 새겨넣은 원형문을 2열로 배치하였다. 상단열은 육자진언, 하단열은 파지옥지언을 새겼는데 범자의 순서가 다소 엇갈려 있기도 하다. 구례 화엄사 구층암의 내원암명 동종은 종신의 중간 부분에 종명, 유곽, 보살입상을 배치한 전형적인 조선 후기 동종이다. 이 동종은 종신의 상대 부분에 원형문을 마련하여 1자씩 범자를 새겼는데, 도량을 청정케 하는 정법계진언이 여러 번 반복되도록 했다. 북한 묘향산 보현사 동종은 종신의 상대 부분에 연화문을 장식하고 그 아래에 원형문을 마련하여 여러 자로 구성된 범자 진언다라니가 배치되도록 했다.

곡성 서산사의 관음사 대은암명 동종은 종신 상부의 원형문에 〔oṃ〕을 비롯하여 8곳에 범자를 배치하였는데, 판독이 어려워 어떤 진언다라니인지는 분명하게 알 수 없다. 함양 금대암의 쌍계사명 동종은 종신의 상대 부분에 원형문을 마련하여 그 안에 〔oṃ〕을 새겼는데, 〔oṃ〕을 총 7번 반복하여 배치하였다. 순천 선암사 응진전 동종은 1737년 2월 김성원(金成元)에 의하여 조성된 동종으로 종신 상부에 원형문을 마련하여 그 안에 1자씩 범자를 양각하였으며, 육자진언을 배치하였다. 영주 희방사의 대흥사명 범종은 1742년 5월 해철(海哲)을 중심으로 여러 종장이 참여하여 제작한 동종이다. 이 동종은 종신의 상대 부분에 범자 1자마다 사각형 틀을 마련하고, 그 안에 다시 원형문을 새겨 범자를 새겨 넣었다. 첫머리에 별도의 판을 활용하여 '준제진언(准提眞言)'이라는 진언명을 새기고, 여러 자로 구성된 범자 진언다라니를 배치하였다. 남원 실상사 백장암의 안국암명 동종은 종신 하부에 종명을 새기고 중간 부분에 유곽과 보살입상을 조각하였다. 상대 부분에 원형문을 마련하여 그 안에 1자씩 범자를 새겼는데, 육자진언을 배치하였다. 그리고 여유 공간에 〔oṃ〕을 추가하여 새겼다. 원주 상원사 동종은 초하(楚荷)를 비롯한 여러 종장이 참여하여 1744년 5월에 제작한 동종으로 종신에 종명과 범자 진언다라니만 새긴

높이 122.6cm

순천 선암사 동종 1700.4

높이 80cm

영광 불갑사 봉림사명 동종 1702.4

예산 향천사 동종 1702.3, 수덕사 근역성보관

〔oṃ〕

해남 대흥사 보적사명 동종 1703.3

높이 83.6cm

〔oṃ〕

〔dme〕?

〔oṃ〕

〔pha〕

양양 명주사 대흥사명 동종 1704.2

소박한 양식이다. 다만 상단부에 용뉴와 용신이 감싸고 있는 음통을 마련한 점은 특징적이다. 종신의 중간 부분과 상단 부분에 원형문을 마련하여 범자를 새기거나, 종신 표면에 원형문 없이 범자만을 새기기도 하였다. 상단에 새긴 범자는 파지옥진언이라는 진언명이 있는데, 중간 부분에 새긴 범자는 독특한 범자체로 판독이 쉽지 않고 순서도 엇갈려 있는 것으로 보여 어떤 진언다라니를 새겼는지 분명하게 알기는 어렵다. 다만 상단의 범자 진언다라니와 유사성을 보이고 있어, 파지옥진언을 의도하여 새긴 것으로 보인다. 순천 향림사의 선적사명 동종은 종신 하부에 종명, 종신 중간 부분에 유곽과 보살입상을 조각하였다. 그리고 상대 부분에 원형문을 마련하여 그 안에 1자씩 〔oṃ〕을 새겼는데, 총 8번 배치하였다.[38] 그런데 〔oṃ〕에서 상부의 공점('aṃ'점이라고도 함)

38 順天 香林寺에 소장되어 있는 동종은 종신 하부에 '乾隆十一年丙寅四月日 順天香積寺中鍾'이라

높이 98cm

보성 대원사 동종 1705.4

곡성 도림사 운흥사명 동종 1706.4

고성 옥천사 대웅전내 동종 1708.7

해남 대흥사 진불암 동종 1709.4

광주 원효사 만수사명 동종 1710.4, 국립광주박물관

〔oṃ hūṃ pha ma ṇi dme〕

미황사명 동종 1712.4, 중앙승가대학교

구례 천은사 숭암사명 동종 1715.4

공주 영은사 문수사명 동종 1715.3

완주 송광사 여둔사명 동종 1716.9

진도 쌍계사 동종 1720.8

을 보주형으로 처리하였으며, 수행점이라고도 하는 'ā'점을 길게 표현한 점이 특징적이다. 이러한 〔oṃ〕자는 완주 송광사 여둔사명 동종, 구례 화엄사 구층

고 새겨져 있어 조성 시기와 사찰을 알 수 있다.

부산 범어사 동종　1728.5

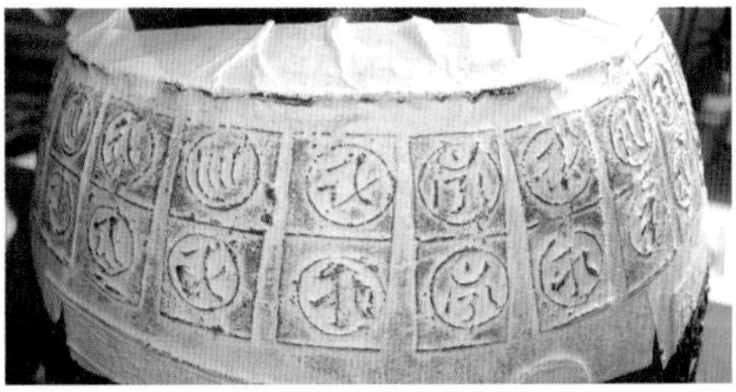

정읍 옥천사 용수사명 동종　1728.6

❶

❷

❸

❹

❶ 구례 화엄사 구층암 내원암명 동종　1728.7

❷ 함양 금대암 쌍계사명 동종　1734.4

❸ 북한 묘향산 보현사 동종　1729, 하일식 제공

❹ 순천 선암사 응진전 동종　1737.2

❶

❷

❸

❹

❶ 순천 향림사 선적사명 동종　1746.4

❷ 영주 희방사 대흥사명 범종　1742.5

❸ 남원 실상사 백장암 안국암명 동종　1743.3

❹ 원주 상원사 범종　1744.5

암 내원암명 동종, 장흥 신흥사의 정방사명 동종, 고령 반룡사 동종, 목포 달성사의 개천사명 동종, 영동 영국사 동종, 나주 다보사 천관사명 동종 등 여러 동종에서도 확인되고 있어, 18세기에 들어와 서자 나름대로 기교가 반영된 다양한 범자체가 등장했음을 알 수 있다.

장흥 신흥사의 정방사명 동종은 고려시대 동종의 양식을 잘 계승한 작으로 유곽 상부에 원형문을 마련하여 그 안에 1자씩 〔oṃ〕을 새겼으며, 총 4곳에 배치하였다. 순천 송광사 감로암의 백장암명 동종은 종신 상부에 원형문을 마련하여 〔oṃ〕을 새겼는데, 총 8곳에 배치하였다. 영천 은해사 천룡사명 동종은 종신 상단부 외곽에 거치문이 장식된 원형문을 마련하여 그 안에 1자씩 범자를 새겼는데, 범자체가 다소 이채로운 준제진언을 배열하였다. 당진 영랑사 동종은 종신 상부에 화려한 형태의 원형문을 마련하여 그 안에 〔oṃ〕을 1자씩 새겨 넣었다. 같은 범자체로 새긴 〔oṃ〕을 총 8곳에 배치하였다. 목포 달성사의 개천사명 동종은 상대 부분에 원형문을 마련하여 1자씩 범자를 새겨 넣었는데, 별도의 원형문 없이 범자만을 새겼다. 완주 안심사 동종은[39] 종신 상부와 천판 등에 원형문을 마련하여 범자를 배치하였다. 종신 상부에는 여러 범자를 불규칙하게 2열로 배열하였으며, 순서도 엇갈리게 배치하여 분명한 것은 알 수 없지만, 육자진언, 정법계진언, 준제진언, 삼밀진언 등 다양한 진언다라니를 의도하여 새긴 것으로 보인다. 서울 봉원사에 있는 덕산 가야사명 동종은 종신 상부에 유곽과 보살입상을 조각하였으며, 그 사이의 공간에 별도의 판을 마련하여 『진언집』에 수록된 것처럼 상부에 진언명을 쓴 준제진언을 세로로 길게 새겼다. 또한 종신 상단부에는 거치문 형상이 장식된 원형문을 마련하여 그 안에 반전된 〔oṃ〕을 총 8곳에 배치하여 이채로운 인상을 주고 있다. 그리고 당진 영탑사의 가야사명 동종은 서울 봉원사에 있는 덕산 가야사명 동종과 유사한 제작 기법과 양식을 보여 같은 종장에 의하여 주조된 것으로도 보인다. 이 동종도 종신 상단부에 거치문 형상이 장식된 원형문을 마련하여, 그 안에 반전된 〔oṃ〕을 8곳에 배치하였다.

---

39 이 銅鍾은 원래 完州 安心寺에서 조성되었는데, 어느 시기에 金山 寶石寺로 移安되어 사용되다가 2005년 다시 원래 조성된 사찰이 完州 安心寺로 옮겨졌다.

영동 영국사 동종은 종신 상부에 원형문을 마련하여 그 안에 1자씩 새겨 넣은 범자 진언다라니를 배치하였다. 전체적인 범자의 현황으로 보아 준제진언을 의도한 것으로 보이는데, 부분적으로 빠진 범자도 있고, 순서가 엇갈려 있기도 하여 범자를 잘 몰랐던 종장이 주조한 것으로도 보인다. 단양 구인사 천태중앙박물관 소장 동종은 종신의 상단부에 1조 또는 2조로 구성된 원형문을 마련하여 그 안에 서자의 기교가 발휘된 〔oṃ〕을 1자씩 새겨 넣었다. 함평 보광사 동종은 종신 상부에 원형문을 마련하여 그 안에 범자를 새겼는데, 앙월점의 자획이 전체적인 범자체의 필순과 어울리지 않고 있어 범자를 분명하게 판독하기는 어렵지만 〔oṃ〕을 의도하여 새긴 것으로 보인다. 나주 다보사의 지제산 천관사명 동종은 종신 상부에 원형문을 마련하여 그 안에 1자씩 총 8자를 배치하였는데, 〔oṃ〕과 〔bhrūṃ〕를 4회 반복하여 새겼다. 그 의미를 명확하게 파악하기는 어렵지만, 공덕을 쌓고 찬탄의 의미를 부여하기 위하여 새긴 것으로 보인다. 나주 불회사 일봉암 동종은 종신의 상대에 원형문을 마련하여 그 안에 1자씩 범자를 새겼는데, 육자진언과 함께 상징성이 높은 〔oṃ〕자를 추가하여 새겼다. 정읍 내장사의 보림사 명정암명 동종은 조한보(趙漢寶)가 그의 부친 조인구(趙仁九)와 어머니 양씨의 명복을 빌기 위하여 조성했음을 알 수 있다. 이 동종은 신라와 고려시대 동종의 양식을 잘 계승한 작으로 연화문과 당초문이 장식된 종신의 상대 아래에 이중 원형문을 마련하여 그 안에 1자씩 범자를 새겨, 총 24자를 배치하였다. 범자 진언다라니는 육자진언과 함께 삼종실지진언인 비밀실지진언, 입실지진언, 출실지진언을 의도하여 새긴 것으로 보인다.

그리고 사천 다솔사 동종은 종신 상부에 보살입상을 조각하고, 그 위에 세판형 연화문이 감싸고 있는 듯한 장엄스러운 원형문을 마련하여 그 안에 〔oṃ〕을 새겼으며, 총 4곳에 배치하였다. 양산 통도사 대웅전 안에 있는 동종은 원래는 만력 연간에 주조했다가, 1704년에 재주조를 시도했다가, 다시

1772년 3월에 새롭게 중수했음을 알 수 있는 명문이 새겨져 있다.[40] 종신 상부의 원형문 안에 범자가 새겨져 있는데, 독특하게 〔oṃ〕과 〔hā〕가 4번 반복되어 있어 명확하게 어떤 진언다라니를 의도했는지는 불분명하다. 구미 수다사 동종과 괴산 공림사 동종도 종신 상부에 사천 다솔사 동종과 유사하게 연화문으로 장식한 화려한 원형문을 마련하여 〔oṃ〕을 새겼다. 여주 신륵사 동종은 종신 하부에 당초문이 장식된 하대를 마련하였는데, 하대 중간 부분에 거치문이 장식된 원형문을 마련하여 그 안에 〔oṃ〕을 새겨 넣었다. 종신 상부에는 유곽과 보살입상을 조각하였는데, 유곽과 보살입상 사이에도 하대와 동일한 원형문을 마련하여 〔oṃ〕을 새겼다. 종신의 상대에도 상하 2열로 촘촘하게 범자를 새겼는데, 범자의 순서가 엇갈려 있고, 여러 범자를 불규칙하게 배치하여 어떤 진언다라니를 새겼는지 판단하기는 어려운 상태이다. 다만 여러 범자가 새겨진 것으로 보아 다양한 범자 진언다라니를 의도했던 것으로 보인다.

고성 옥천사 동종은 종신에 유곽과 삼존불입상을 조각하는 등 독특한 표현기법을 보이고 있다. 그리고 종신 상대 부분에 2열로 범자 진언다라니를 배치하였다. 범자는 같은 자를 반복적으로 배치하거나 순서가 엇갈려 있기도 하지만 상단열은 육자진언, 하단열은 파지옥진언을 의도하여 새긴 것으로 보인다. 구례 천은사 칠성전 동종은 종신 상부에 4개의 원형문을 마련하여 1자씩 범자를 새겨 넣었는데, 동종에서는 비교적 드물게 새겨지는 정법계진언을 2번 반복하여 배치하였다. 안성 칠장사 동종은 종신에 별도의 상대와 하대가 표현되지 않았지만 종신 상단부에 원형문을 마련하여 1자씩 범자를 새겨 넣었다. 일부 범자가 반복되기는 했지만, 전체적으로는 6자로 구성된 육자진언을 의도하여 새겼음을 알 수 있다. 창원 성주사 동종은 종신 상부에 총 8개의 원형문을 마련하여 그 안에 1자씩 반전된 〔oṃ〕을 새겼다.[41] 순천 송광사 천자암

---

40 명문은 '萬曆初……鑄世久不和年月日 康熙四十三年月日重鑄', '乾隆三十七年壬辰十月日 改鑄'이다.

41 昌原 聖住寺 銅鍾은 1783년 8월 처음 조성된 이후 1918년 9월(世尊應化二千九百四十六年戊午

동종은 종신 상부에 원형문을 마련하여 1자씩 새긴 여러 범자를 배치하였다. 보은 법주사 원통보전 동종은 종신 중간 부분에 유곽과 보살입상을 조각하고, 상대 부분에 2열로 범자 진언다라니를 새겼다. 범자는 상하를 하나의 판으로 제작한 틀을 활용하여 새겨넣었다. 이러한 범자 새김 기법은 범자 진언다라니를 2열로 배치할 때 동종에서 일반적으로 활용한 기법이었다. 이 동종은 정연한 범자체로 육자진언과 파지옥진언을 새겼음을 알 수 있는데, 범자의 순서가 반복되거나 엇갈려 있는 것으로 보아 범자를 잘 몰랐던 종장이 제작에 관여한 것으로 보인다. 무주 안국사 동종은 종신의 상대 부분에 2열로 범자 진언다라니를 새겼는데, 범자의 순서가 다소 엇갈려 있기도 하지만 기본적으로 육자진언과 파지옥진언을 배치하였음을 알 수 있다.

그리고 고성 옥천사 동종, 보은 법주사 원통보전 동종, 무주 안국사 동종 등이 이만중(李萬重)을 비롯한 여러 종장이 참여하여 제작한 것으로 알려져 있다. 이 동종들은 사인 비구가 참여하여 조성한 동종들과 마찬가지로 동일한 범자 진언다라니를 새긴 것으로 확인되고 있다. 그런데 사인 비구가 참여한 동종들은 범자 진언다라니의 순서나 배치 등이 올바르게 새겨져 있는데, 이만중 등이 제작한 동종들은 범자가 엇갈려 있거나 누락된 것으로 보아 범자를 잘 몰랐던 종장들로 추정된다.

고창 선운사 내원암명 동종은 종신의 하부에 도드라지게 종명을 새겼으며, 상부에는 유곽과 함께 사각형 구획을 마련하여 그 안에 보살입상을 새긴 점은 다른 동종에서는 보기 드문 특징적인 측면이다. 이 동종은 종신의 상대 부분에 촘촘하게 원형문을 마련하여 그 안에 보주형으로 크게 새긴 'aṃ'점과 'ā'점을 길게 하여 유려한 필체로 쓴 〔oṃ〕을 총 14곳에 배치하였다. 수원 용주사 동종은 종신의 위패형 문양 안에 '천자전하수만세(天子殿下壽萬歲)', '왕비전하

九月日)에 중수되었다(松波 宏隆, 「朝鮮時代の梵字を有する銅鐘金鼓」, 『歷史考古學』 第71號, 韓國考古學研究會, 2015, p.87). 현재 천판이 새의 깃털문양처럼 여러 겹의 작은 잎이 장식된 것으로 보아 천판과 용뉴 부분을 새롭게 중수한 것으로 보인다.

장흥 신흥사의 정방사명 동종 1751.5

고령 반룡사 동종 1753.3

순천 송광사 감로암 백장암명 동종 1755.3, 송광사 성보박물관

영천 은해사 천룡사명 동종 1759.10

당진 영랑사 동종 1759.봄

당진 영탑사 가야사명 동종 1760.2

목포 달성사 개천사명 동종 1760.3, 최인선 제공

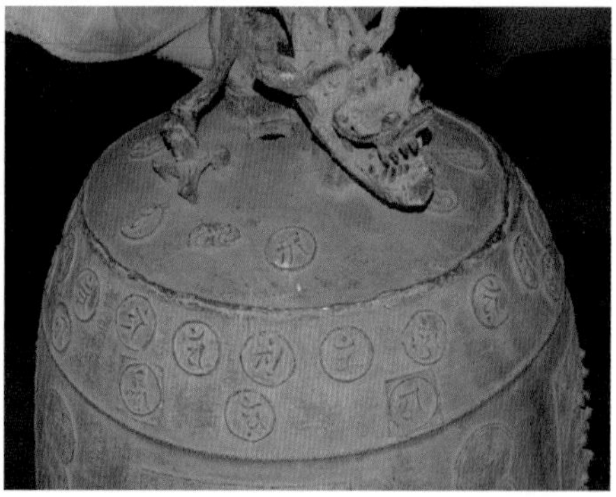

완주 안심사 동종 1760.4

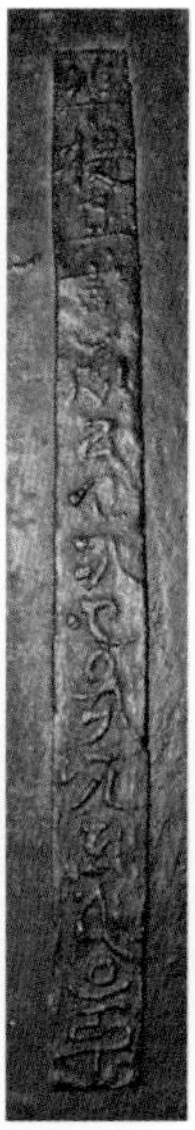

준제진언

서울 봉원사 가야사명 동종　1760.3

영동 영국사 동종　1761.4

단양 구인사 천태중앙박물관 소장 동종　1763.5

[oṃ]

[bhrūṃ]

나주 다보사 천관사명 동종　1767.3

[oṃ]

함평 보광사 동종　1767.3

나주 불회사 일봉암 동종　1768.8

수만세(王妃殿下壽萬歲)' 등을 새겨 왕과 왕비의 만수무강을 축원하였다. 그리고 종신 상부에 원형문을 마련하여 그 안에 범자를 새겼는데, 육자진언과 준제진언을 배치하였다. 강릉 관음사 보현사명 동종은 종신 상부에 원형문을 마련하여 〔oṃ〕을 크게 새겼으며, 총 4곳에 배치하였다. 경주 기림사 동종은 종

정읍 내장사 보림사 명정암명 동종　1768.10

높이 82cm

양산 통도사 대웅전 동종　1772.3

사천 다솔사 동종　1770.8

구미 수다사 동종　1772.3

상대의 범자 진언다라니

종신 중간

하대

여주 신륵사 동종　1773.3

고성 옥천사 동종　1776.8

보은 법주사 원통보전 동종　1785.4

무주 안국사 동종　1788.5

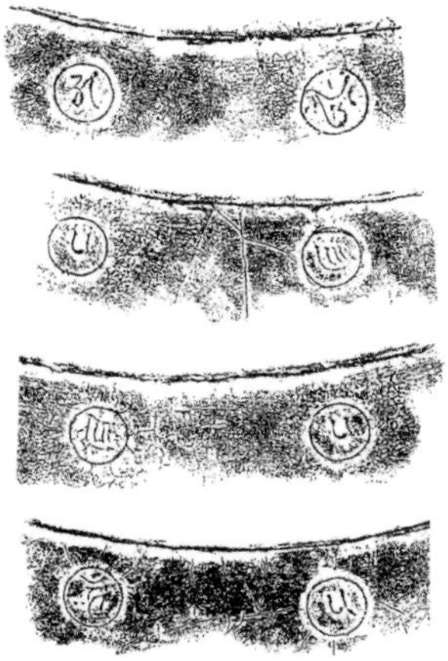

안성 칠장사 동종　1782.11[42]

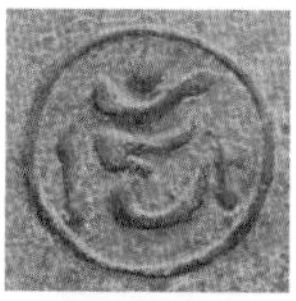

창원 성주사 동종　1783.8

순천 송광사 천자암 동종　1785.3

고창 선운사 내원암명 동종　1788.3, 선암사 성보박물관

수원 용주사 동종　1790.가을

경주 기림사 동종　1793.10

강릉 관음사 소장 보현사 명 동종　1794

42　東亞細亞梵字硏究會, 「韓國梵字資料調査(2007~08年調査)」, 『歷史考古學』 第62號, 2010, p.43.

신 하부에 태극문을 배치한 점이 특징적인데, 종신 상부에는 원형문을 마련하여 〔oṃ〕을 새겼으며, 총 8곳에 배치하였다. 이처럼 18세기대에 주조된 동종들은 서자에 따라 다양한 필체와 기법으로 여러 유형의 범자 진언다라니를 장인에 따라 다양한 방식으로 새겼다.

조선 후기인 19세기대에도 동종에 범자 진언다라니를 새기는 것이 크게 성행하였다. 먼저 순천 선암사 동종은 1803년 4월 치개(致開)라는 인물이 구리 90근을 시주하여 선암사 오십전에 봉안하기 위하여 조성했음을 알 수 있다. 이 동종은 조선 후기가 되면서 동종의 양식이 간략화되어 가는 변화상을 보여주고 있다. 종신 상부에는 원형문을 큼직하게 마련하여 그 안에 1자씩 〔oṃ〕을 새겼다. 〔oṃ〕은 사각형 유곽 위에 위치하도록 했으며, 총 4곳에 배치하였다. 안동 봉정사 대웅전 동종은 종신의 상부에 유곽과 보살입상을 배치하고, 그 아래인 중간 부분에 2조로 새긴 비교적 큰 원형문을 마련하여 총 4곳에 〔oṃ〕을 새겨 넣었다. 고창 선운사 종루 동종은 종신의 상부에 원형문을 마련하여 그 안에 유려한 필체로 쓴 〔oṃ〕을 1자씩 새겨, 총 8곳에 배치하였다. 의성 고운사 동종은 간략화된 양식으로 종신 상부에 원형문을 마련하여 총 4곳에 〔oṃ〕을 새겼다. 장흥 보림사 동종은 조선 초기 동종의 양식을 계승하여 1870년 12월에 주조한 것으로 종신 상부에 원형문을 마련하여 그 안에 범자를 새겨 넣었는데, 육자진언을 의도하여 새긴 것으로 보인다.

이외에도 분명한 조성 시기는 알 수 없지만 조선 후기에 주조된 남원 선원사 동종, 남해 용문사 동종, 대구 동화사 동종, 문경 혜국사 동종, 북한 개심사 동종, 옥천 가산사 동종, 장흥 보림사 동종, 군위 압곡사 동종, 청도 운문사 동종, 문경 김룡사 화장암 동종 등에도 〔oṃ〕과 육자진언 등 여러 유형의 범자 진언다라니를 새겼다. 그런데 조선 후기에 조성된 동종들은 이전에 비하여 범자 진언다라니를 다소 조잡하게 새겨, 서서히 시간이 지나면서 동종에 범자 진언다라니를 새기는 것이 형식화되어 갔음을 보여주고 있다. 그러나 사찰이나 장인별에 따라서는 잘 만들어진 동종들도 상당수 있었다. 대표적으로 합천

〔a oṃ hūṃ〕
삼밀진언

합천 해인사 범종각 동종　조선 후기

안동 봉정사 대웅전 동종　1813.4

순천 선암사 동종　1803.4, 선암사 성보박물관

고창 선운사 종루 동종　1818.9

해인사의 범종각 동종은 조선 후기에 조성된 것으로 우수한 주조 기법을 보이고 있는데, 유곽과 상대 사이의 좁은 공간에 유려한 범자를 새겼다. 범자는 한가운데는 크고, 좌우는 작은 3개의 원형문을 마련하여, 그 안에 1자씩 새겼는데, 서로 다른 범자체이기는 하지만 범자 중에서 가장 상징성이 높은 〔a oṃ hūṃ〕의 삼밀진언을 새겼다.

한편 조선 후기에는 보기 드문 기법으로 동종을 주조하거나, 독특한 범자 진언다라니를 새긴 경우도 확인되고 있다. 청양 화정사 동종은 종신 하부에 당좌처럼 원형문을 마련하여 그 안에 범자가 아닌 〔oṃ〕의 한자음인 '唵'을 반전시켜 새겼다. 우리나라 동종에서는 유일한 사례인데, 기와를 비롯한 다른 조형물에서 확인되고는 있지만 보기 드문 표현 기법이라 할 수 있다. 이러한

상주 남장사 보광전 동종 1839.4

의성 고운사 동종 1859.7

장흥 보림사 동종 1870.12

청양 화정사 동종 조선 후기

반전
〔oṃ〕의 한자음 '唵'

남원 선원사 동종 조선 후기

청도 운문사 동종 조선 후기

문경 김룡사 화장암 동종
조선 후기, 직지사 성보박물관

문경 혜국사 동종 조선 후기

점은 이 동종이 조선 후기에 주조되었음을 강력하게 시사한다. 따라서 청양 화정사 동종은 고려시대 성행했던 동종 양식을 보여 조성 시기를 고려 후기로 볼 수도 있지만, 동종의 세부적인 문양과 범자를 새긴 기법 등으로 보아 조선 후기에 조성된 것으로 추정하는 것이 합리적일 것으로 보인다.

이처럼 범자 진언다라니가 새겨진 동종은 고려 중후기부터 조선시대까지 꾸준하게 조성되었다. 특히, 포항 오어사 동종, 용인대학교 박물관 소장 계미명 동종, 고흥 출토 무술명 동종 등으로 보아 범자 진언다라니가 새겨진 동종이 고려 13세기대에 조성되기 시작하여 점차 확산하는 양상을 보였다. 이러한 흐름은 고려 중후기 밀교 신앙의 보급에 따른 범자 진언다라니 신앙이 서서히 확산하는 것과 상통하고 있다. 즉, 고려 중후기에 진언다라니 신앙이 보급되면서 다양한 조형물에 여러 유형의 범자 진언다라니가 새겨지는 경향과 맥을 같이하고 있다. 이처럼 고려는 12~13세기대에 밀교의 범자 진언다라니에 대한 신앙이 널리 보급되고 서서히 일상화되면서, 그러한 신앙이 각종 불교 미술품에 반영되는 과정에서 동종에도 범자로 진언다라니가 새겨지기 시작했던 것으로 추정된다. 그리고 고려 말기가 되면서 중국 원나라의 영향으로 밀교 신앙이 더욱 확산하였다는 점을 고려할 때 범자 진언다라니가 새겨진 동종이 더 많이 조성되었을 것으로 보인다. 동종에 범자 진언다라니를 새기는 문화는 조선이 건국된 이후에도 거의 그대로 계승되었다.

그런데 조선 초기 억불숭유 정책은 불교계를 크게 위축시키기도 했지만, 밀교의 진언다라니 신앙은 오히려 확대되는 계기가 되었던 것으로 보인다. 특히, 조선 세조 대에는 불교가 부흥하면서 대표적인 밀교 경전이라 할 수 있는 『오대진언』이 왕실의 관심과 후원으로 간행 보급되면서 진언다라니 신앙은 더욱 확산하였다. 이러한 과정에서 세조를 추모하고 극락왕생을 염원하기 위하여 범자로 진언다라니를 새겨 조성한 양양 낙산사 동종(1469.4), 남양주 수종사 동종(1469.7), 남양주 봉선사 동종(1469.8), 금강산 유점사 동종(15세기) 등은 동종에 범자 진언다라니를 새기게 하는 계기와 전환점이 되었다고 할 수 있다. 조선 후기에는 불교가 크게 부흥하고 현실 기복적인 신앙이 성행하면서 밀교 신앙과 의례 등은 더욱 발전하게 된다. 그러면서 더욱 많은 동종에 범자 진언다라니가 새겨지며, 동종 주조 시에 범자 진언다라니를 새기거나 배치하

❶

앞면 범자판

❷

범자와 문양판(탁본)

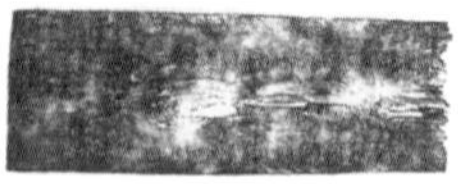

종명판(탁본)

❸

❶ 수원 만의사 동종 1687.3, 수원박물관

❷ 동종 목제 문양판 조선, 통도사 성보박물관

❸ 동종 문양과 명문 목판 조선, 송광사 성보박물관

는 것이 하나의 양식으로 자리 잡게 된다. 조선 후기 동종에는 범자 진언다라니를 새기는 것이 양식이자 필수적인 요소처럼 되어 범자 진언다라니가 새겨지지 않은 동종이 없을 정도로 거의 모든 동종에 새겨졌다.

그리고 조선 전기에는 대부분 왕실 발원으로 동종이 조성되었으며, 장인들도 왕실이나 관부에 소속되었거나 필요에 따라 선발된 인원들이 제작에 참여하였을 것으로 보인다. 그런데 조선 후기에는 불사가 크게 늘고, 동종의 수요가 폭발적으로 증가하면서 다소 기술력이 떨어지는 다양한 장인들도 제작에 참여하였을 것으로 추정된다. 그에 따라 주조 기술이나 예술성이 떨어지는 동종이 제작되기도 하고, 범자나 진언다라니를 몰랐던 장인들이 제작에 참여하였을 것이다. 이에 따라 조선 후기의 동종에 새겨진 범자들은 이전과 비교하여 글자체의 정연함이나 유려함이 다소 떨어지거나, 어색하여 판독하기 어려운 다양한 범자가 새겨지게 된 것으로 보인다. 또한 범자 진언다라니의 순서가 엇갈리게 배치되거나, 특정 범자가 누락 되어 새겨지기도 했다. 이러한 변화는 조선 후기 불교 신앙이 크게 성행하면서 다양한 장인들이 동종 제작에 관여하면서 나타난 불가피한 현상이자 시대적 소산이라 할 수 있을 것이다.

또한 고려와 조선시대 동종에 범자 진언다라니를 새기는 방식은 주형틀을 만들어 직접 새기는 것이 아니라, 다른 문양과 마찬가지로 지문판(紙紋板)이라는 별도의 틀을 제작하여 동종의 주형틀에 삽입하는 방식으로 범자를 새겼다.[43] 이러한 사실은 수원 만의사 동종 등을 보면 명확하게 알 수 있다. 이것은 동종을 제작한 이후에 별도로 범자 진언다라니를 새기는 것이 아니라, 동종을 처음 설계할 단계부터 범자 진언다라니를 어떻게 새길 것인가에 대한 고려가 이루어졌음을 알 수 있게 한다. 지금도 그러한 사실을 짐작할 수 있는 동종 문양판이 양산 통도사 성보박물관과 순천 송광사 성보박물관 등에 전해지고 있다.

한편 동종의 표면에 범자 진언다라니를 새기는 방식은 범자 만을 양각으로 직접 새기거나 별도의 원형문을 마련하는 그 안에 범자를 새기는 경우로 나누어진다. 조선 전기 왕실 발원으로 제작한 양양 낙산사 동종과 남양주 수종사 동종 등은 정연한 실담으로 쓴 범자 진언다라니를 종신의 중간 부분과 상부에 배치하였는데, 원형문을 마련하지 않고 종신 표면에 범자 만을 새겼다. 그런데 대부분은 별도의 원형문을 마련하여 그 안에 범자를 1자씩 새겨 넣는 것이 일반적이었다. 이는 당시 사람들이 범자를 신성하고 존귀한 것으로 여겼으며, 신앙적인 의미가 있는 문자로 인식했음을 시사해 준다고 할 수 있다. 그리고 어떤 동종의 경우는 위패형의 틀 안에 범자를 새겨 넣기도 하고, 별도의 원형판 안에 범자를 새기거나, 거치문이 장식된 원형문 안에 범자를 새기기도 했으며, 세판형으로 표현된 연화문 안에 범자를 새겨 넣기도 했다. 이러한 측면은 범자 그 자체를 신앙의 대상으로 인식했음을 엿볼 수 있게 한다.

또한 고려와 조선시대 제작된 동종에서 범자 진언다라니는 일반적으로 종신의 상단부에 위치한 상대에 많이 새겨졌다. 신라와 고려 초기 동종에서 상대가 범자 진언다라니로 대체된 듯한 인상이라 할 수 있다. 이처럼 동종에서 가장 높은 위치에 범자를 새긴 것은 신비스럽고 영험한 것으로 인식된 범자 진언다라니에 대한 신앙에서 기인한 것으로 보인다. 그런데 이와 달리 범자 진언다라니

43 松波 宏隆, 「梵鍾に收錄されている悉曇研究」, 『大學院 研究論集』 제8집, 중앙승가대학교, 2015, pp.369~460.

개성 연복사 동종 1346.봄

여주 신륵사 동종 1773.3

순천 선암사의 대원사 부도암명 동종 1657.5

양산 내원사 안적암명 동종 1684.4

가 새겨진 위치와 배열법은 다양한 것으로 확인되고 있다. 예를 들어 고려시대 조성된 용인대학교 박물관 소장의 계미명 동종과 1580년 8월 조성된 통영 안정사 용천사명 동종은 당좌에 범자 진언다라니를 새겼다. 그리고 여주 신륵사 동종은 하대에 범자를 새겨 넣었으며, 보은 법주사 동종과 안동 봉정사 대웅전 동종 등은 종신의 중간 부분에 범자 진언다라니를 배치하였다. 또한 순천 선암사 성보박물관에 소장된 대원사 부도암명 동종과 양산 내원사의 안적암명 동종은 보기 드물게 천판에 범자 진언다라니를 새겼다. 이처럼 고려와 조선시대 조성된 동종에서 범자 진언다라니를 배치한 중심적인 위치가 상대이기는 했지만, 장인별로 다양한 위치에 범자가 새겨졌음을 알 수 있다.

고려와 조선시대 동종에 사용된 범자체는 실담과 란차 위주였다. 다만, 고려 말기 원나라 장인이 직접 조성한 것으로 알려진 개성 연복사 동종은 란차와 함께 티벳 문자도 병용하였다. 조선시대 동종은 기본적으로 실담과 란차를 활용하였는데, 이중에서도 실담이 주류였다. 그리고 고려와 조선 전기에는 정연하고 유려하면서도 기교있는 범자체가 사용되었다면, 조선 후기에는 서자 나름대로 기교를 가한 다양한 범자체가 등장하였다. 또한 조선 후기는 전기에 비하여 정연함과 유려함이 떨어지고, 다소 거칠고 어색한 범자체도 많이 활용되었다. 이는 그만큼 범자 진언다라니 신앙이 널리 보급되었으며, 범자의 활용과 저변이 확대되었음을 의미한다고도 할 수 있다.

한편 동종에서 범자를 세로로 쓰는 경우도 있었지만, 이는 극히 드물었으며, 일반적으로 가로로 썼다. 그런데 여러 범자 진언다라니를 배열할 경우에는 왼쪽에서 오른쪽으로 쓰고 읽는 우서(右書)가 일반적이었는데, 동종의 경우는 이와 반대로 오른쪽에서 왼쪽으로 쓰거나 읽는 좌서(左書)가 많이 적용되었다. 그 이유를 명확하게 알기는 어렵지만, 범자 진언다라니의 자륜식 배치법을 따랐던 것으로 보인다. 이러한 자륜식 배치법은 탑돌이의 방향과 일치하고 있다.

고려와 조선시대 동종의 표면에 새겨진 범자 진언다라니는 종자 또는 상징적인 의미로 〔oṃ〕만을 새긴 사례도 있지만, 일반적으로 정법계진언, 육자진언, 보루각진언, 파지옥진언, 준제진언, 삼종실지진언, 삼밀진언 등이 새겨졌다. 이러한 진언들은 단독 또는 혼용으로 새겨졌다. 이 중에 육자진언, 보루각진언, 파지옥진언, 준제진언은 단독으로 반복되어 새겨지는 경우도 많았다. 그리고 육자진언은 파지옥진언이나 준제진언과 등과 함께 짝을 이루어, 여러 번 새겨지는 경우가 많은 양상을 보이고 있다. 이러한 것은 육자진언에 대한 신앙이 널리 성행하였으며, 육자진언이 진언다라니 신앙의 중심을 이루고 있었음을 짐작케 한다.

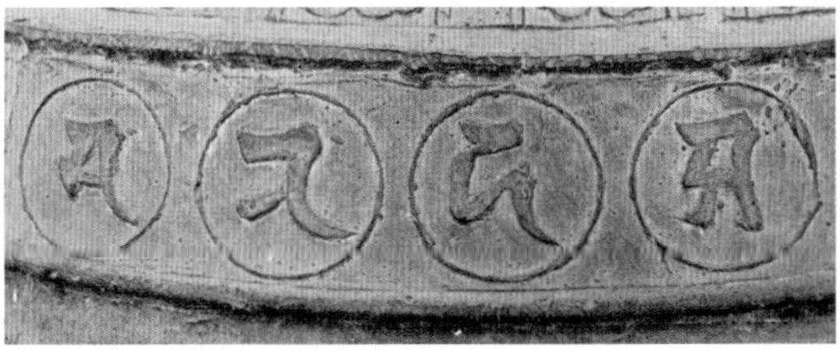

〔ma〕(南) 〔ra〕(西) 〔ha〕(北) 〔a〕(東)

공주 갑사 동종(1584.7)의 사방주진언

그리고 고려시대 조성된 동종에서는 〔oṃ〕만 새긴 경우와 보루각진언 등을 새긴 경우 등이 확인되고 있다. 조선 전기 동종에서는 육자진언만 새긴 경우, 육자진언과 파지옥진언을 세트로 새긴 경우, 〔oṃ〕만 새긴 경우, 〔oṃ〕과 사방주진언을 여러 번 새긴 경우 등 범자 진언다라니의 배열이나 배치 기법이 다양하였다. 또한 동종의 조성이 증가했던 조선 후기에는 〔oṃ〕만 반복하여 새긴 경우, 육자진언만 여러 번 새긴 경우, 파지옥진언만 반복하여 새긴 경우, 준제진언만 새긴 경우, 육자진언과 파지옥진언을 세트로 새긴 경우, 육자진언과 정법계진언을 세트로 새긴 경우 등 다양한 양상으로 변화되었다. 물론 조선 말기에 와서는 여러 자로 구성된 범자 진언다라니를 새긴 경우가 서서히 줄어들고, 〔oṃ〕만을 새긴 경우가 많아지는 양상을 보이기는 하지만 조선시대에는 전반적으로 육자진언과 파지옥진언이 세트를 이룬 경우가 가장 많은 양상을 보여 주목된다. 이것은 육자진언과 파지옥진언이 가지고 있는 효능과 그 신앙적 의미에서 기인하였을 것이다.

이처럼 조선시대에는 동종의 표면에 〔oṃ〕이나 여러 자로 구성된 범자 진언다라니를 새기거나 배열하였다. 그런데 조선 후기 18세기대 이후에는 〔oṃ〕만 새긴 동종이 확연하게 증가하는 양상을 보인다. 조선 전기에도 서울 백련사 동종처럼 〔oṃ〕만 새긴 경우가 있기는 하지만 그 외에는 거의 확인되지 않고 있다. 이처럼 조선 후기 17세기대까지는 〔oṃ〕만을 새긴 동종이 거의 조성되지 않다가, 18세기대에 들어서면서 여러 자로 구성된 범자 진언다라니보다 〔oṃ〕만을 새기거나, 〔oṃ〕을 여러 번 반복 배열하는 동종이 압도적으로 많이 조성된다. 대표적으로 청룡산 보적사명 동종(1703.03), 곡성 도림사의 운흥사명 동종(1706.04), 경주 기림사 동종(1793.10), 순천 선암사 동종(1803.04)까지 18세기대 조성된 동종들은 여러 자로 구성한 범자 진언다라니보다 〔oṃ〕자만 반복하여 새긴 경우가 대부분이다. 이러한 것은 조선 후기에 들어와 여러 자로 구성한 범자 진언다라니보다 대표적인 종자라 할 수 있는 〔oṃ〕에 대한 신앙과 상징성이 높아진 것과 관련이 있을 것으로 보인다. 범자 기와에서도 이와 유사한 경향이 나타나고 있다. 이러한 경향은 오늘날까지 지속되고 있다. 범자 중에서 〔oṃ〕은 대표적인 종자이자, 일체 진언이자, 모자(母字)로 최고의 공양

❶ 원주 상원사 동종 1744.5 ❷ 사천 다솔사 동종 1770.8 ❸ 구미 수다사 동종 1772.3
❹ 여주 신륵사 동종 1773.3 ❺ 고창 선운사 종루 동종 1818.9

과 공덕의 의미가 있었으며, 불법(佛法)을 상징하는 최고의 범자로 인식되었다. 그리고 모든 부처를 상징하기도 하고, 제진언을 의미하기도 하여 진언다라니의 중추적 범자라고 할 수 있다. 이러한 인식은 〔oṃ〕을 가장 신성하고 영험한 범자로 간주하여, 동종에 가장 많이 새겨지는 배경이 되었던 것으로 보인다.

그리고 조선 후기 동종에는 정법계진언이 많이 새겨졌다. 대표적으로 예산 보덕사의 개심사명 동종, 구례 화엄사 구층암의 내원사명 동종, 완주 안심사 동종, 구례 천은사 칠성전 동종, 상주 남장사 보광전 동종 등에서 정법계진언이 확인되고 있다. 이 진언은 두 자로 구성된 간략한 진언이지만 지혜와 광명의 빛으로 온 세상을 청정케 하는 진언으로 인식되었다. 그래서 정법계진언은 단독보다는 다른 진언과 함께 배치되는 경우가 많았다. 또한 보루각진언이 고려시대 조성된 포항 오어사 동종에서 확인되고 있다. 불가에서 보루각은 수미산에 있는 최고의 보전으로 모든 여래와 보살이 머무는 곳이기도 하다. 그래서 보루각진언을 공양하고 염송하면 모든 불보살에게 공덕을 쌓는 것으로 업장 소멸 등 현실적인 여러 문제를 해결할 수 있다고 한다. 이처럼 보루각진언은 근본다라니로 인식되어 모든 여래와 보살을 위한 공양의 의미가 있었다. 그리고 정읍 내장사의 보림사 명정암명 동종은 육자진언과 함께 보기 드물게 삼종실지진언이 새겨져 있다. 완주 안심사 동종과 합천 해인사 범종루 동종은 삼밀진언이 새겨져 있다. 두 진언은 현실적인 측면도 있지만, 그것보다는 종교 신앙적인 측면에서 밀교적인 성격이 강한 진언다라니라고 할 수 있다. 밀

| 표 조선후기 동종에 새겨진 정법계진언

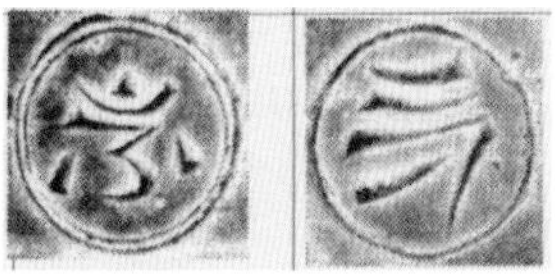	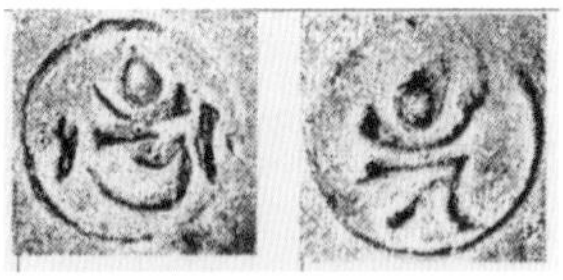	
예산 보덕사의 개심사명 동종(1673.3)	〔oṃ raṃ〕 구례 화엄사 구층암의 내원사명 동종(1728.7)	완주 안심사 동종(1760.4)

| 표 정읍 내장사의 보림사 명정암명 동종의 삼종실지진언(1768.10)

비밀실지진언	 〔aṃ vaṃ raṃ haṃ khaṃ〕
입실지진언	 〔ā vā rā hā khā〕
출실지진언	 〔a ra pa ca na〕

교가 널리 확산하면서 이러한 진언다라니가 동종에도 새겨지게 된 것으로 보인다.

또한 준제진언〔oṃ ca le cū le cu ndi svā hā〕은 우리나라에서 널리 신앙된 대표적인 범자 진언다라니였다. 현재 영주 희방사의 대흥사명 범종, 영천 은해사 천룡사명 동종, 완주 안심사 동종, 서울 봉원사의 덕산 가야사명 동종, 영동 영국사 동종, 수원 만의사 동종, 수원 용주사 동종 등에서 확인되고 있다. 이러한 준제진언은 진언다라니를 구성하고 있는 각각의 범자가 종자이기도 하고, 일체의 모든 진언다라니를 포함하고 있는 것으로도 인식되었다. 준제관음은 칠구지불모라고도 하는데, 모든 부처와 존상을 불러오는 부처라는 의미

| 표 조선후기 동종에 새겨진 준제진언

영천 은해사 천룡사명 동종(1759.10)

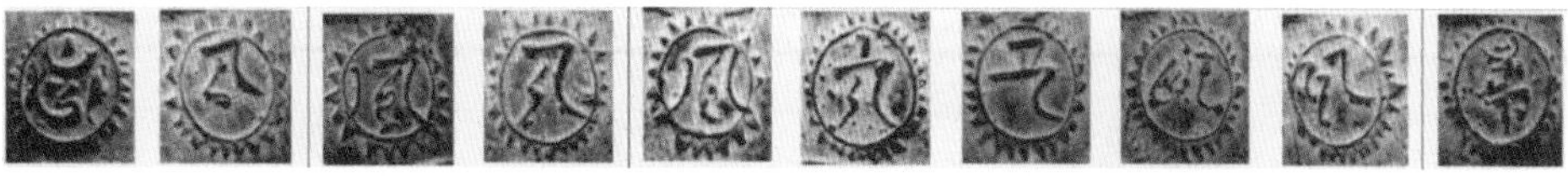

완주 안심사 동종(1760.4)

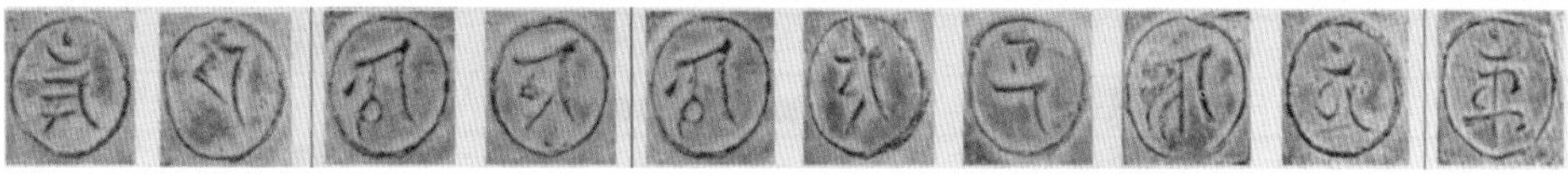

수원 용주사 동종(1790.가을)

를 가지고 있다. 이러한 의미가 있는 준제진언을 몸에 지니고 다니면 모든 중생이 복과 수명을 얻고, 불탑이나 기물에 새기거나 봉인하거나 이를 보거나 듣기만 해도 죄가 소멸하여 죽은 자들도 불가의 세계에 태어날 수 있다는 진언으로 인식되어 널리 신앙되었고, 다양한 조형물에 새겨졌다.

그리고 고려와 조선시대의 동종에 가장 많이 새겨진 진언다라니는 육자진언과 파지옥진언이다. 이 중에 육자진언이 가장 많이 새겨졌다. 물론 두 진언이 함께 새겨지는 경우도 많았다. 이러한 것은 두 진언다라니에 대한 신앙이 폭넓게 형성되어 있었음을 시사해 준다. 육자진언은 고려시대의 개성 연복사 동종을 비롯하여, 조선 전기의 양양 낙산사 동종과 남양주 수종사 동종 등에 새겨졌다. 또한 남양주 봉선사 동종과 금강산 유점사 동종은 육자진언과 파지옥진언이 함께 새겨졌다. 통영 안정사의 용천사명 동종 등에도 육자진언이 정연한 범자체로 새겨졌다. 파지옥진언은 부처님의 공덕과 자비로 극락왕생하고자 하는 염원이 강하게 담겨있는 진언다라니라고 할 수 있다. 이 진언다라니에는 지옥에 빠진 중생들을 구제하여 극락으로 인도하고, 죽은 이후에 더 이상의 고통과 윤회가 없는 극락에 태어나고자 하는 염원이 담겨있다고 할 수

| 표 조선후기 동종에 새겨진 파지옥진언

부여 무량사 동종(1636.5) ([hā] 생략)	공주 마곡사 안곡사명 동종(1654.봄)

서산 부석사 동종(1669.7)	보은 법주사 원통보전 동종(1785.4)

있다. 조선 후기에 조성된 동종에 파지옥진언이 많이 새겨진 것은 임진왜란과 정유재란 등 전쟁으로 인하여 죽은 이들을 구제하고, 극락왕생하기를 바라는 간절한 염원이 담긴 것으로 보인다.

육자진언은 관세음보살의 본심 진언으로 모든 불보살의 공덕을 함유한 공덕성취진언으로 인식되었다. 육자진언을 구성하고 있는 여섯 범자의 하나하나가 종자로서 불보살을 상징하기도 하고, 수행과 관법의 대상이 되기도 한다. 육자진언을 염송하는 것은 본성을 자각할 수도 있고, 삼마지를 얻어 육바라밀 등 모든 성취를 이룰 수 있다고 한다. 결국 성불에 이를 수 있다고 한다. 이처럼 육자진언은 수행과 공덕, 현실 기복 등 다양한 효능이 있는 진언다라니로 알려져 있다. 그래서 육자진언은 한국에 전래한 이후 오늘날까지고 가장 많이 염송하는 진언다라니이기도 하다. 이러한 육자진언을 동종에 새긴 것은 그 자체로서 공덕의 의미도 있지만, 소리를 통하여 복을 받고 부처님의 자비력을 얻고자 하는 염원을 담았다고 할 수 있다. 동종의 조성을 후원한 인물들은 공덕을 더하여 관세음보살의 자비력으로 복을 받고, 극락왕생하고, 육도윤회에서 벗어나 해탈에 이르기를 바라는 신앙과 염원을 담았을 것이다.

이처럼 고려와 조선시대의 동종에 범자 진언다라니를 새긴 것은 신앙적인 측면, 교의적인 측면, 수행적인 측면, 장엄적인 측면 등 다양한 측면이 있었을

| 표 조선후기 동종에 새겨진 육자진언

서산 부석사 동종(1669.7)	서울 화계사 희방사명 동종(1683.4)

횡성 봉복사 동종(1689)	남원 실상사 동종(1694.5)

남원 능가사 동종(1698.3)	천안 광덕사 동종(1708.3)

남원 백장암 안국사명 동종(1743.3)	완주 안심사 동종(1760.4)

나주 불회사 일봉암 동종(1768.8)	고성 옥천사 동종(1776.8)
	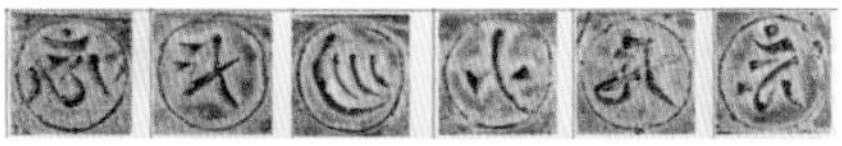
보은 법주사 원통보전 동종(1785.4)	무주 안국사 동종(1788.5)

것이다.[44] 그리고 기본적으로는 밀교가 널리 확산하면서 진언다라니를 신비스럽고, 영험한 신앙의 대상으로 인식하였으며, 그에 따라 진언다라니 신앙이 크게 성행하면서 자연스럽게 나타난 현상이라 할 수 있다.

44 정문석, 「조선시대 梵鍾을 통해 본 梵字」, 『역사민속학』 제36호, 한국역사민속학회, 2011, pp.83~124.

(2) 풍탁

풍탁은 사찰 가람에서 지붕의 추녀 끝에 매달기 위하여 구리나 철로 제작한 작은 형태의 종으로 풍경(風磬) 또는 풍령(風鈴)이라고도 한다. 작은 몸체 안에 추처럼 바람 판이 달려있어, 바람이 불면 흔들리면서 소리가 나도록 고안되어 있다. 그래서 풍탁은 범종과 마찬가지로 부처님께 공양하고, 청정한 도량을 지키고, 맑은 소리로 중생들을 제도한다는 신앙적 의미를 담고 있다. 특히, 풍탁은 범종이 사용되기 이전부터 있었으며, 작은 범종의 형태를 취하고 있어 범종의 시원적인 모습이라는 점에서 양식사적으로 중요하게 다루어지고 있다.

❶

❷

❶ 익산 미륵사지 동탑지 출토 금동풍탁　백제, 국립익산박물관
❷ 경주 감은사지 출토 풍탁　신라, 국립경주박물관

❶

❷

❶ 양양 선림원지 출토 금동풍탁　신라, 한빛문화재연구원
❷ 거창 천덕사지 출토 금동풍탁　고려, 국립진주박물관

범자가 새겨지지 않은 청주 사뇌사지 출토 풍탁　고려, 국립청주박물관

한국에서 풍탁은 불교의 전래와 함께 사용되기 시작한 것으로 추정되고 있다. 당시 사용된 풍탁의 모습이 고대의 마애탑을 비롯하여 불경 등 각종 그림에 전하는 있으며, 특히 사찰 가람의 중심 건축물인 전각이나 탑파 옥개부의 처마뿐만 아니라 법당 내부의 불상을 봉안하는 불단의 닫집 등에도 걸었던 것으로 확인되고 있어 다양한 곳에 사용되었음을 알 수 있다. 현재 삼국이나 통일신라시대의 것으로 보이는 풍탁이 백제의 부여 능산리사지, 부여 부소산 폐사지, 익산 미륵사지 등에서 출토되었다. 고려시대에도 다양한 형태와 문양이 장식된 화려한 풍탁들이 제작되었는데, 표면에 사찰 이름이나 불상 문양, 영험한 문자로 인식된 범자를 비롯하여 후원자 등을 알 수 있는 명문이나 장엄적인 문양이 새겨진 경우도 많았다. 특히, 고려시대에는 금속 공예 기술의 발

달에 따라 세련되고 장식적인 다양한 형태의 풍탁이 제작되었다. 조선시대에도 사찰 가람에 대한 중수가 이루어지면서 풍탁이 지속하여 제작되었는데, 원형이나 사각형 위주로 만들어지면서 이전에 비하여 단순해진 형태가 주류를 이루게 된다. 또한 조선시대에는 작은 동종이나 나팔 형태의 풍탁도 많이 제작되었다.

한편 고려시대에는 밀교가 성행하면서 범자를 신성하고 영험한 문자로 인식함에 따라 특정한 범자나 여러 자로 구성된 진언다라니를 새긴 풍탁들도 제작되었다. 그중에서 범자가 새겨진 풍탁으로 강진 월남사지 출토 범자 풍탁이 대표적이다.[45] 그리고 출토지는 알 수 없지만, 김천 직지사와 고양 원각사 등에도 범자가 새겨진 고려시대 풍탁이 전하고 있다.[46]

강진 월남사지 풍탁은 발굴 조사 시에 수습되어 출토지가 확실한 사례로 규모가 크고 장식적인 기교 등이 뛰어나며, 제작 기법이 우수한 공예품으로 알려져 있다. 전체적인 평면이 사각형을 이루고 있는데, 가운데를 약간 볼록한 형태로 주조하여 곡선적인 아름다움도 가미되었다. 표면에서 금박 흔적이 확인되어 완성품을 처마 끝에 걸었을 때에는 금빛 찬란한 화려한 풍탁이었음을 짐작할 수 있다. 볼록한 형태를 이루고 있는 각 면의 한가운데에 원형문(지름 9.5cm)을 크게 마련하여, 그 안에 1자씩 범자를 새겼다. 범자의 자획을 비롯한 나머지 면에도 금박을 입혀 범자가 돋보이도록 했음을 알 수 있다. 범자는 각 면에 1자씩 총 4자가 새겨져 있는데, 원형문 안에 양각으로 새겨 범자에 대한 신성한 의미를 더하였다. 범자는 전형적인 실담으로 썼으며, 필체가 정연하고 유려하며, 필법도 뛰어난 것으로 보아 당시 범자 진언다라니에 대한 신앙과 함께 범자에 조예가 깊었던 사람이 썼을 것으로 짐작된다.

범자는 〔oṃ〕, 〔ā〕, 〔hūṃ〕, 〔bhrūṃ〕으로 판독된다. 전체 4자 중에서 3자인

45 (재)민족문화유산연구원, 「강진 월남사지 진각국사비 주변 문화재 정밀발굴조사」, 2012.
46 미륵사지유물전시관, 『밝은 빛 맑은 소리 풍탁』, 2011.

출토 직후
높이 28.5cm

〔ā〕

〔hūṃ〕

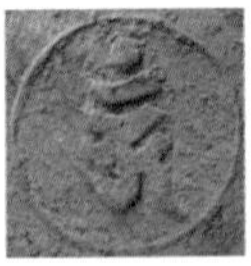

〔bhrūṃ〕

〔oṃ〕

보존 처리후

강진 월남사지 출토 금동 풍탁　고려, 민족문화유산연구원, 국립나주문화재연구소

〔oṃ ā hūṃ〕은 삼밀진언을 의도한 것으로 보이며, 1자인 〔bhrūṃ〕은 삼밀진언에 대한 찬탄과 존격의 의미를 부여하기 위하여 나머지 한 면에 새긴 것으로 보인다.[47] 삼밀은 밀교에서 신구의(身口意)를 의미하며, 가장 상징성이 높은 종자이자 진언이라 할 수 있다. 고려 후기 밀교의 보급과 성행에 따라 범자 진언다라니에 대한 신앙이 높아지자 새긴 것으로 보인다.

그리고 김천 직지사와 고양 원각사에도 범자가 새겨진 풍탁이 전해지고 있는데, 모두 평면 사각형으로 하부는 넓고 상부는 좁아지는 형태이다. 풍탁 상부 천판의 한가운데에는 작은 구멍을 시공하여 별도의 시설에 걸 수 있도록 하였다. 먼저 김천 직지사 범자 풍탁은 몸체 하부의 하대와 연결하여 안상의 내부에 장식되는 꽃문양처럼 별도의 장식 문양을 추가 장식하였다. 풍탁 한가운데에 별도의 원형문을 마련하지 않고 각 면에 1자씩 총 4자의 범자를 양각하였는데, 전체적인 제작 기법으로 보아 처음부터 범자를 새기기 위한 고려가 있었음을 알 수 있다. 범자는 모든 면이 동일하게 〔a〕를 새겼다. 〔a〕는 태장계

47　(재)민족문화유산연구원, 『월남사지 Ⅲ』 3차·4차 발굴조사 보고서, 2017.

〔a〕

❶

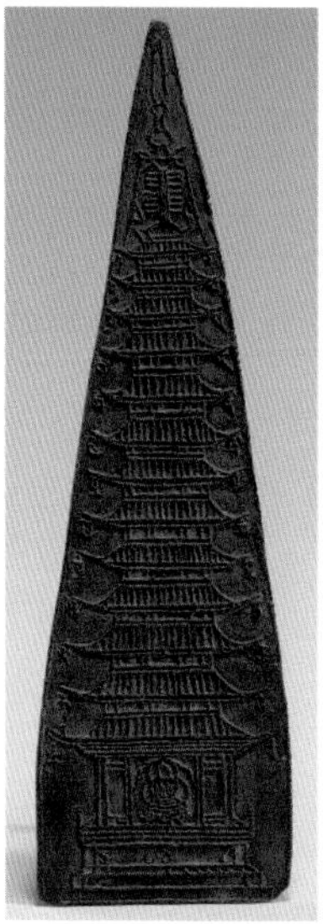

❷

❶ 청동 풍탁　고려, 높이 6.8cm, 직지사 성보박물관

❷ 함양 법화사 출토 청동탑　조선 후기, 해인사 성보박물관

〔a〕

높이 7.4cm

〔ma〕

높이 5.7cm

〔ṇi〕

높이 4.6cm

고양 원각사 소장 풍탁　고려, 정각 스님 제공

밀교에서 일체법의 근본이자 대일여래를 상징하는 종자이기도 하고, 밀교의 아자관 관법 수행의 대상으로 그 상징성이 상당히 높은 범자이다. 이처럼 풍탁의 사면에 〔a〕를 새긴 것은 '아자즉일체(阿字卽一切)'의 우주관을 표현한 것으로 관법과 수행을 통하여 일체여래의 보리심으로 돌아가 부처를 비롯한 일체 여래의 법이 하나임을 강조하려는 의도가 있었던 것으로 보인다.

또한 고양 원각사에 소장되어 있는 풍탁은 동일한 제작 기법과 양식을 가지고 있으며, 크기가 대중소로 조금씩 차이가 있는 것으로 보아, 높이나 층수가 다른 목탑과 같은 특정한 조형물에 걸었던 것으로 보인다. 각 풍탁마다 동일한 범자를 각 면에 1자씩 총 4자의 범자를 한가운데에 양각하였다. 범자는 대형 풍탁은 4면에 〔a〕, 중형은 4면에 〔ma〕, 소형은 마모와 부분적인 파손 등으로 인하여 명확한 판독은 어렵지만 4면에 〔ṇi〕를 새긴 것으로 추정된다. 그런데 고양 원각사 소장 범자 풍탁은 제작 기법이나 범자를 새긴 방식 등이 김천 직지사 풍탁과 상당히 닮아있어 주목된다. 이 풍탁들은 하나의 조형물에 높이나 층을 달리하여 걸기 위하여 크기를 다르게 제작한 것으로 보이며, 여러 자로 구성된 범자 진언다라니를 의도하여 새긴 것으로 보인다. 현재는 일부 풍탁만 남아있어 구체적으로 어떤 진언다라니를 의도하였는지는 알 수 없지만, 밀교가 보급되어 진언다라니에 대한 신앙이 높았던 고려 후기에 제작된 것으로 보인다.

11. 향로와 정병

(1) 향로

향은 오래전부터 냄새나 악취를 없애고, 해충을 쫓기 위해 사용되었다. 그리고 향을 피우면 잡귀나 잡념 등을 제거해준다는 인식이 형성되면서 종교의식이나 제의 등에 활용되었다. 이러한 것이 불교로 유입되어 향은 부처가 머무는 세계를 청정하게 하며, 부처에게 올리는 공양 중에 최고의 공양으로 인식되었다.[1] 이에 불도들은 최고의 정성을 들여 부처에게 향을 공양하였으며, 향을 공양할 때 사용하는 향로를 만드는 데에도 정성을 다하였다.

삼국시대와 통일신라시대에도 많은 향로가 만들어졌으며, 오늘날까지 제작기법이 우수하고 예술적으로 뛰어난 향로가 상당수 전해지고 있다. 그런데 이 시기의 향로에 범자가 새겨진 사례는 확인되지 않고 있다. 고려시대에는 불교신앙이 크게 성행하면서 사찰에서 법회나 의식이 빈번하게 시행되었다. 이에 따라 향을 피우기 위한 다양한 유형의 향로들이 제작되었다. 특히 고려시대에는 금속 공예 기술이 발달하면서 청자로 만든 향로뿐만 아니라 넓은 손잡이에 나팔형의 받침대를 지닌 고배형 향로인 향완(香琓)이 성행하였다. 향완은 받침부, 몸체부, 별도의 손잡이(鈕)가 달린 뚜껑부로 구성되었다.[2] 이러한 향완은 고려시대에 불교가 크게 성행하면서 널리 보급된 향로의 한 유형이었다.[3] 향완은 몸체부를 비롯한 받침부 표면에 금이나 은으로

향을 피워 공양하는 모습

1 석지현, 『불교를 찾아서』, 일지사, 1988, p.39.
2 주경미, 「고려시대 향완의 기원」, 『미술자료』 68, 국립중앙박물관, 2002.
3 이용진, 「高麗時代 佛教香爐의 傳統性과 獨創性」, 『東岳美術史學』 제13호, 동악미술사학회, 2012, pp.151~180.

익산 미륵사지 출토 향로
통일신라, 국립익산박물관

대정18년 금산사명 청동은입사향완 1178, 일본 동경국립박물관

연화문, 당초문, 보상화문, 여의두문, 봉황문, 용문 등 다양한 문양을 가는 선으로 표현하는 선상감입사(線象嵌入絲) 기법, 넓게 무늬를 새겨 넣는 면상감입사(面象嵌入絲) 기법 등을 활용하여 화려하게 제작하였다. 그리고 몸체부에 신비스럽고 영험한 문자로 인식된 범자 진언다라니를 새기기도 했다. 이러한 것은 고려시대 범자 진언다라니에 대한 신앙이 보급되면서 나타난 현상이라 할 수 있다.

현존하는 고려시대 향완 중에서 범자가 새겨진 가장 이른 시기의 것은 일본 고려미술관에 소장되어 있는 대정4년 백월암명(白月庵銘) 청동은입사향완이다.[4] 이 향완은 몸체부에 금색 실을 여러 겹 중첩하여 마련한 원형문 안에 범자를 면입사기법을 활용하여 굵게 새겨 넣었다. 범자는 몸체부의 사방에 1자씩 새겨 총 4자가 배치되도록 했는데, 〔oṃ〕-〔dā〕/〔jr〕?-〔pa〕-〔hrīḥ〕으로 종자를 의도하여 새긴 것으로 보인다. 그리고 범자 진언다라니가 새겨진 향완 중에서 가장 주목되는 작품은 밀양 표충사에 전하고 있는 대정17년명 청동은입사향완이다.[5] 이 향완은 고려시대 성행한 전형적인 양식으로 크게 받침부와

4 이 향완은 원래 河瀨虎三郎의 소장품이었다고 한다. 받침부 측면에 '大定四年丁卯八月日白月庵香垸棟梁玄旭'이라고 명문이 새겨져 있다.

5 이 향완은 구연부 안쪽 면에 '大定十七年丁酉六月八日法界生亡共增菩提之願以鑄成青銅含銀香垸一副重八斤印棟梁道人孝初通康柱等謹發至誠特造隨喜者射文'이라는 명문이 있어, 昌寧 龍興寺에서 조성되었음을 알 수 있다. 현재 용흥사지에는 석축과 건물지 등이 남아있다. 그리고 사지

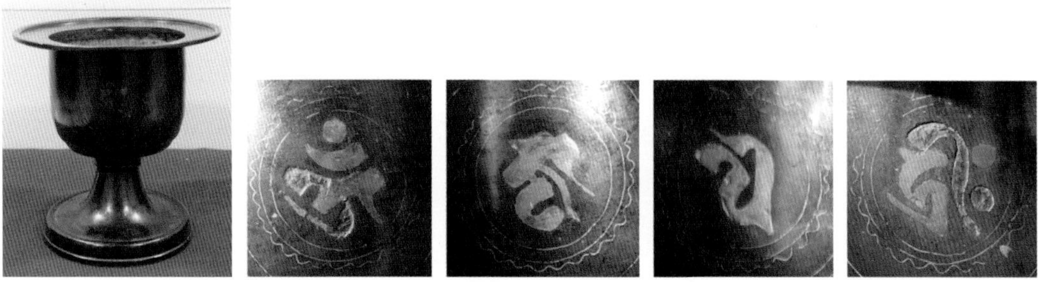

높이 26.5cm 〔oṃ〕 〔dā〕/〔jṛ〕? 〔pa〕 〔hrīḥ〕

대정4년 백월암명 청동은입사향완 1164.8, 일본 고려미술관 고정룡 제공

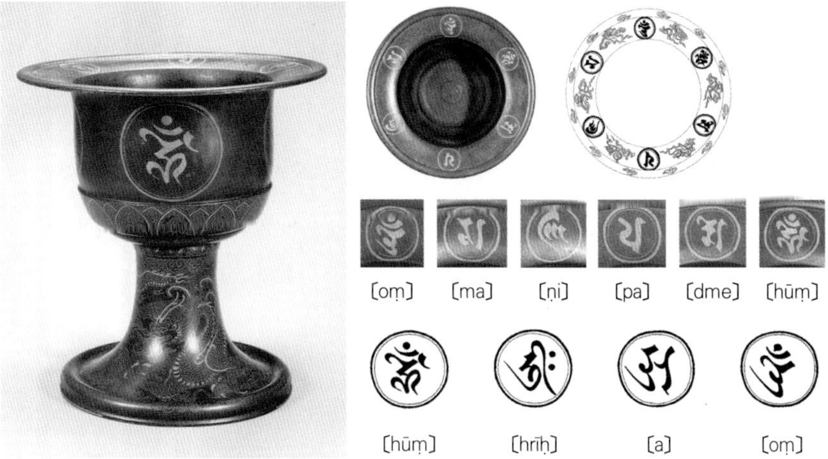

밀양 표충사 청동은입사향완 1177.6, 표충사 성보박물관[6]

몸체부로 구성되어 있으며, 상부에는 손잡이 역할을 겸하고 있는 턱이 넓게 달려있다. 받침부는 나팔 형태이며, 몸체부는 원통형을 이루고 있다. 받침부 표면에는 용을 표현하여 수호의 의미를 부여하였고, 몸체부의 하부에는 활짝 핀 형상의 연화문을 장식하여 공양의 의미를 갖도록 하였다. 향완의 표면은 은입사기법으로 가늘고 굵은 실선을 활용하여 다양한 장식 문양을 정교하게 표현하였다. 그리고 몸체부 사방에는 굵고 가는 이중의 원형문을 크게 마련하

에서 출토된 석탑재와 부도재 등이 부용정과 안심사로 옮겨져 있다.

6 국립중앙박물관, 『우리나라 금속 공예의 정화 입사 공예』, 1997.

여 그 안에 유려한 필체로 쓴 범자를 1자씩 새겨 넣었다. 또한 구연부 받침대에도 이중의 원형문을 마련하여 그 안에 1자씩 범자를 새겼다. 몸체부에는 대정4년 백월암명 청동은입사향완과 동일하게 〔hūṃ〕-〔hrīḥ〕-〔a〕-〔oṃ〕를 새겼으며, 구연부 받침대에는 〔oṃ ma ṇi pa dme hūṃ〕의 육자진언을 면입사기법으로 배열하였다. 당시 널리 보급된 삼밀진언과 육자진언이 새겨졌음을 알 수 있다.

그리고 정우2년 자효사명(慈孝寺銘) 청동은입사향완(1214.7)은 일제강점기까지 금강산 건봉사에 전해지고 있었는데, 한국전쟁 이후 행방이 묘연해졌다고 한다. 이 향완은 원통형 몸체부의 표면에 연화당초문을 은입사기법으로 장식하고, 문양 사이에 범자를 은상감했다.[7] 그러나 어떤 범자를 새겼는지도 명확하게 알 수 없는 상태이다. 그리고 정우6년 사복사명(社福寺銘) 청동은입사향완은 받침부와 몸체부에 연화당초문을 화려하게 은입사기법으로 장식하였다. 몸체부에도 연화당초문을 가득 장식하였는데, 그 사이의 공간에 여의두문을 원형으로 새기고, 다시 3조의 원형문을 선각으로 마련하여 그 안에 1자씩 범자를 새겨 넣었다. 사방에 1자씩 총 4자의 범자를 배치하였다. 이 향완은 구연부의 받침대 밑면에 명문을 음각하였는데,[8] 1218년 3월에 개성에 살았던 염씨가 나라와 집안의 평안을 기원하며 백일기도를 드린 후 사복사에 공양한 향완임을 알 수 있다. 함평궁주방명(咸平宮主房銘) 청동은입사향완은 고려 희종 때인 1211년 정식 왕비로 책봉되어 함평궁주에 봉해졌다가, 1247년 사망한 고려 왕비가 발원하여 제작한 것이다.[9] 이 향완은 함평궁주가 화엄경장에 공양하기 위하여 조성한 것으로 그녀의 생몰년으로 보아 13세기 전반경에 제작한 것으로 추정되고 있다. 향완의 몸체부에는 범자 진언다라니를 비롯하여 연

7 이 향완의 명문은 '貞祐二年丙子七月　日慈孝寺住持比丘ㅁ趣ㅁ願堂威縣 ㅁ ㅁ ㅁ ㅁ寺講堂排入絲青銅香垸壹入重陸斤拾兩造納ㅁ'이다.

8 三星文化財團,『湖巖美術館名品圖錄 Ⅱ』, 1996, p.242. '貞祐六年戊寅七月吉日 謹記 香爐香合社福寺 喜捨, 國泰民安, 世子壽命延長 合祈 佛弟子王都廉贈 子安平安 家淸萬事成 百日祈祭'

9 현재 이 향완은 國立中央博物館에(1910년 구입, 덕수2375) 소장 전시되고 있다.

❶

❷

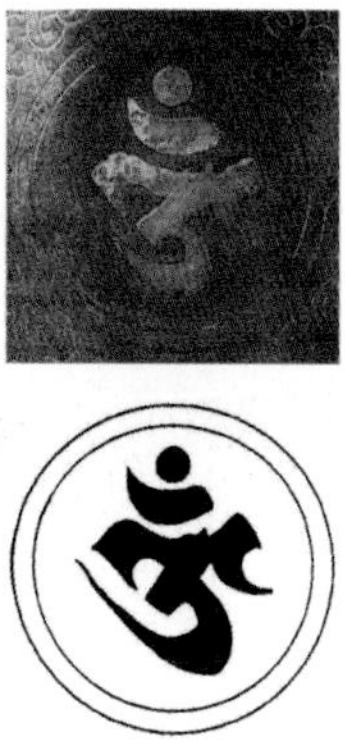

〔oṃ〕

❶ 정우6년 사복사명 청동은입사향완　1218.3, 호암미술관[10]

❷ 함평궁주방명 청동은입사향완　국립중앙박물관

꽃과 포도무늬 등이 은입사기법으로 화려하게 장엄되어 있어 상당히 우수한 장인에 의하여 제작되었음을 알 수 있다. 범자는 몸체부에 〔oṃ〕-〔ma〕-〔ṇi〕-〔pa〕 4자가 새겨져 있는데, 6자로 구성된 육자진언 중에서 2자를 생략한 육자진언을 의도하여 새긴 것으로 보인다. 고려시대에는 여러 자로 구성된 범자 진언다라니를 생략하여 간략하게 표현한 경우가 드물다. 그런데 그러한 경향이 고려시대부터 있었음을 엿볼 수 있는 유물이라는 점에서 주목되는 자료라 할 수 있다.

또한 분명한 조성 시기는 알 수 없지만 고려 13~14세기대에 제작되었을 것으로 보이는 청동금은입사향완이 다수 전하고 있다. 이 향완들은 고려시대에 성행한 전형적인 기형과 양식으로 제작되었으며, 표면에 연화문, 당초문, 구름문 등을 은입사기법으로 장식하였다. 이 중에 국립진주박물관에 전시된 청동은입사향완은 몸체부에는 여의두문 형상의 문양을 원형으로 구획한 다음, 다시 그 안에 선각으로 3조의 원형문을 마련한 후 금으로 면입사한 범자를 1자씩 새겼다. 범자는 〔oṃ〕을 중심하여 시계 방향으로 〔ma〕-〔ṇi〕-〔hūṃ〕을 사방

10　호암미술관, 『세 가지 보배 : 한국의 불교미술』, 2016, pp.88~89.

청동은입사향완　국립진주박물관

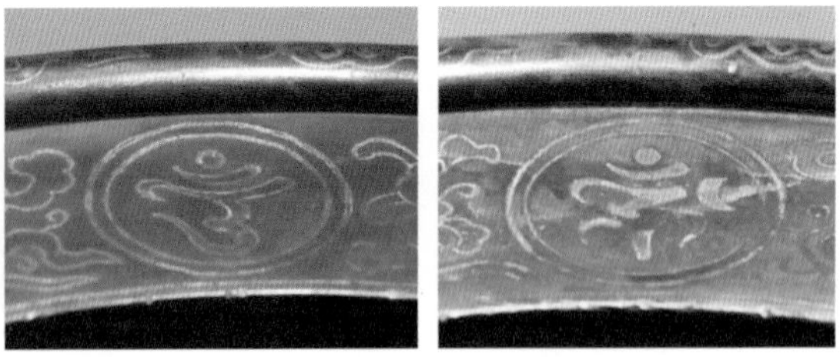

〔oṃ〕 〔hūṃ〕

구연부 받침대에 새겨진 범자

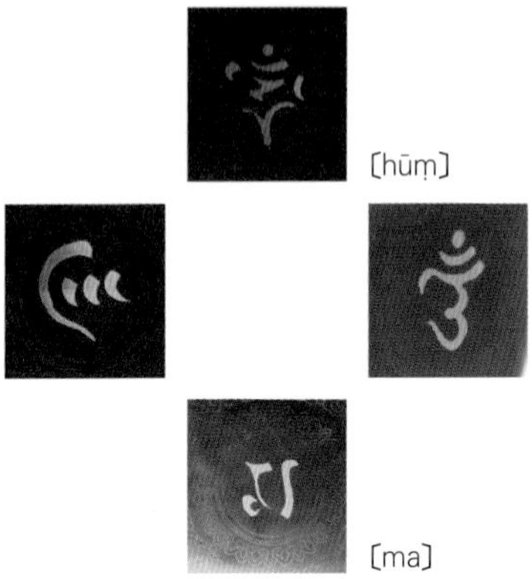

〔hūṃ〕

〔ṇi〕 〔oṃ〕

〔ma〕

에 배치하였다. 두 번째 범자는 흘려 써서 판독하기 어려우나 구연부의 받침대에 새겨진 〔ma〕와 같은 자형을 보여 〔ma〕로 판독된다. 현재 4자만 새겨져 있지만 2자를 생략한 육자진언을 의도하여 새긴 것으로 보인다. 구연부의 받침대에도 상서로운 형상의 구름문을 은입사기법으로 장식한 후, 그 사이에 이중의 원형문을 마련하여 범자를 1자씩 새겨 넣었다. 그래서 총 6자가 일정한 간격을 유지하면서 정연하게 새겨졌는데, 〔oṃ〕을 중심하여 시계 반대 방향으로 〔ma〕-〔ṇi〕-〔pa〕-〔dme〕-〔hūṃ〕의 순서로 배열하였다. 이처럼 이 향완은 구체적인 제작 시기는 알 수 없지만, 몸체부에 은입사기법으로 원형문을 마련하여, 그 안에 금을 활용한 면입사기법으로 굵게 범자를 새겼다.

또한 고려시대 청동금은입사향완이 일본 근진미술관(根津美術館)에도 소장 전시되어 있다. 이 향완은 나팔형의 받침대와 원통형의 몸체부가 조화롭게 잘 어울리고 있으며, 세부적인 문양도 화려하게 장식되어 있어 우수한 장인에 의하

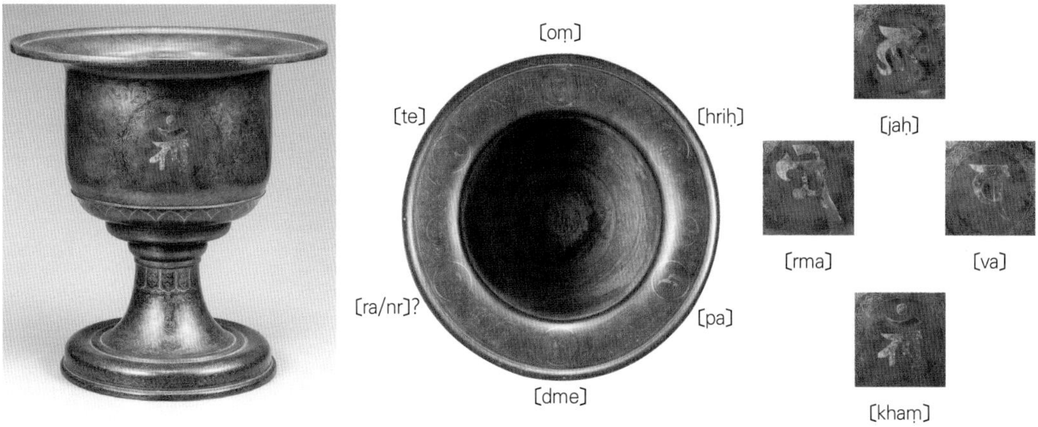

청동은입사향완 일본 근진미술관

여 제작되었음을 알 수 있다. 향완은 몸체부에 은입사기법으로 장식된 원형문 안에 범자를 1자씩 새겨, 총 4자가 사방에 배치되도록 했다. 구연부 받침대의 표면에도 원형문을 마련하여 그 안에 1자씩 총 6자를 배치하였는데, 현재 상태로는 서자나 발원자가 어떤 범자 진언다라니를 의도하여 새겼는지는 불분명하다.

현재 양산 통도사에는 여러 개체의 향완이 전하고 있는데, 그중에 몸체 부분에 가는 선을 활용하여 은입사로 연화당초문을 화려하게 새기고, 원형문 안에 1자씩 범자를 새긴 청동은입사향완이 있다. 이 향완은 몸체부에 크게 원형문을 마련하여, 그 안에 1자씩 면입사기법으로 범자를 새겨 총 4자를 사방에 배치하였다. 범자는 〔oṃ〕-〔ma〕-〔ṇi〕-〔pa〕로 판독되어 6자로 구성된 육자진언에서 2자를 생략하여 새긴 것으로 보인다. 이 향완은 전체적인 제작 기법이나 양식, 몸체부에 새겨진 범자의 자형과 진언다라니의 배치법 등이 전형적인 고려 후기의 특징을 보여주고 있다. 이러한 것으로 보아 고려 후기에 제작되어 전승되어 오던 것을 조선시대 들어와 새롭게 명문을 새긴 것으로 추정된다.[11] 그리고 국립전주박물관이 소장 전시하고 있는 청동은입사향완은 『조

11 이 향완은 '施主嘉善大夫戶曹鄭仁彦 子○○ 鄭光厚 淨房寺 施納 通度寺'라는 명문이 새겨져 있

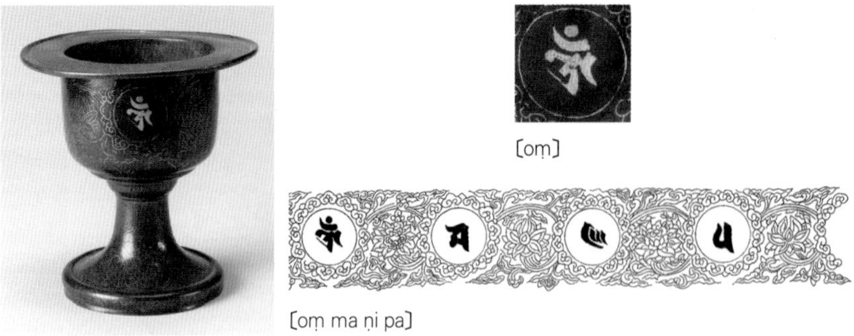

통도사명 청동은입사향완　보물 제1735호, 통도사 성보박물관

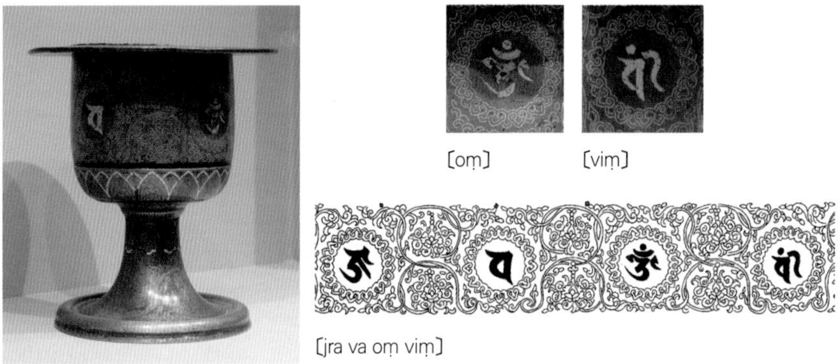

청동은입사향완　국립전주박물관

선고적도보』 7권에 의하면, 원래는 예천 용문사에서 수습한 것으로 일제강점기 이왕가박물관이 소장했던 것으로 전하고 있다. 향완의 표면은 은입사기법으로 화려한 문양들을 표현하였으며, 고려시대 전형적인 향완 양식을 보인다. 몸체부 사방에는 여의두문을 원형으로 장식하여, 그 안에 1자씩 범자를 면입사기법으로 새겨 넣었다. 현재 4자를 배치하였는데 어떤 범자 진언다라니를 의도하였는지는 불분명하다.

또한 북한 개성의 고려박물관에도 범자가 새겨진 청동은입사향완이 소장

어 정인언 등이 시주하여 통도사에 공양했음을 알 수 있다. 그런데 명문에서 가선대부라는 직명은 일반적으로 조선시대에만 사용되어, 향로의 최초 제작 시기와는 다소 어울리지 않고 있다.

❶

❷

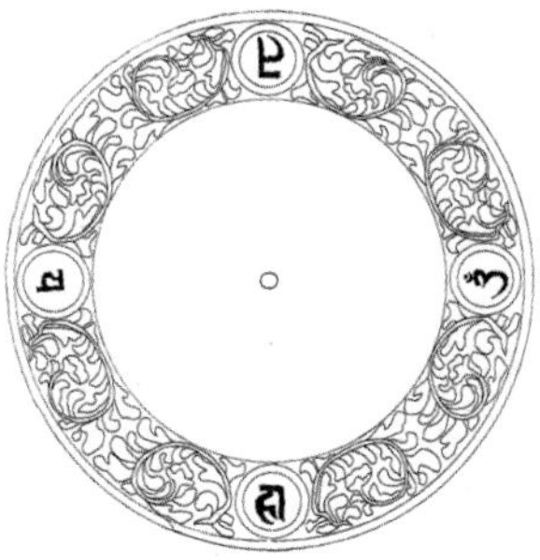

❶ 청동은입사향완　북한 개성 고려박물관

❷ 청동은입사용봉당초문향완　호림박물관

되어 있는데, 조성 시기는 분명하게 알 수 없지만 고려 후기인 13~14세기대에 제작한 것으로 추정된다. 몸체부 표면에 범자가 새겨져 있다. 그리고 서울 호림박물관과 국립중앙박물관에는 받침대가 낮아지고 몸체부가 다소 넓어져서 전체적으로 육중한 느낌을 주는 향완이 소장되어 있는데, 몸체부에 원형문을 마련하여 범자를 새겼다. 현재 어떤 범자 진언다라니를 의도했는지는 분명하지 않다. 다만 여러 자나 길게 구성된 범자 진언다라니를 간략화시켰거나, 그중에서 핵심적인 범자만 새긴 것으로도 추정된다. 한편 국립중앙박물관 소장의 향완은 범자의 필체가 유려하고 정연하여 범자에 조예가 깊었던 서자가 썼음을 알 수 있다. 그리고 범자가 뒤집힌 상태로 새겨져 있는데, 이는 원래의 의도보다는 범자를 잘 몰랐던 장인이 제작하는 과정에서 나타난 실수로 판단된다. 현재 범자는 사방에 〔oṃ〕-〔ṃa〕-〔pa〕-〔hūṃ〕을 새겼는데, 육자진언을 의도한 것으로 보인다.

양산 통도사 청동은입사향완은 받침부와 몸체부로 구성되었는데, 받침부의 표면에 연화당초문과 봉황문 등을 은입사기법으로 장식하였다. 특히, 이 향완은 보기 드문 봉황문을 새긴 점이나 봉황의 날개 부분에 면입사 기법을 적용하여 강조한 점 등은 특징적이다. 그리고 몸체부의 표면과 구연부의 받침대 부분에 범자 진언다라니를 새겨 넣었다. 현재 몸체부 사방에는 별도의 판

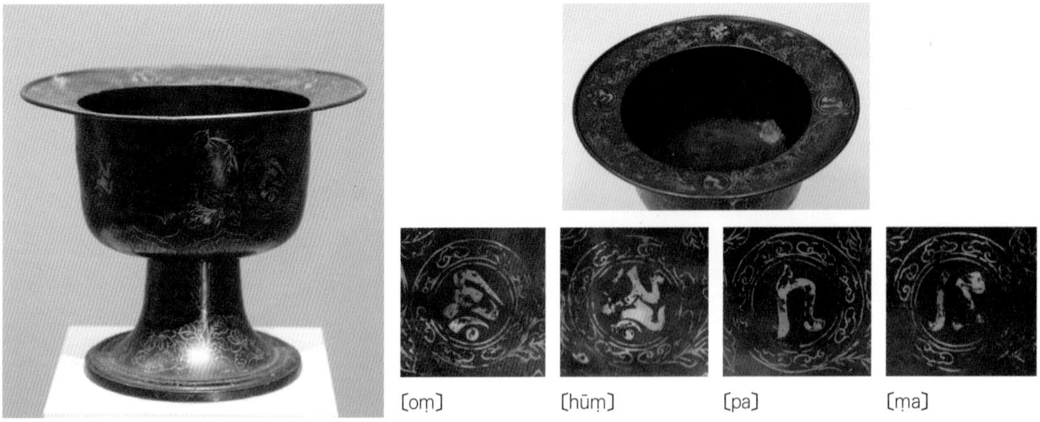

청동은입사향완 국립중앙박물관

에 새겨진 [oṃ]이 부착되어 있다. 그런데 이 향완은 고려 후기에 처음 제작한 것으로 보이며, 최초 조성 당시 몸체부 4곳에 원형문을 마련하여 각각 1자씩 총 4자의 범자를 배치하였던 것으로 보인다. 그런데 시간이 흐르면서 범자가 흐릿해지고 분명하게 나타나지 않게 되자, 조선 후기에 들어와 금색 바탕에 [oṃ]을 새긴 별도의 금속판을 마련하여 범자가 있던 자리에 현재처럼 리벳으로 고정 부착한 것으로 보인다. 금색 바탕에 새긴 [oṃ]은 오른쪽에 'ā'점을 길게 새겼으며, 왼쪽에는 별도의 'aṃ'점을 독특하게 새겨 조선 후기 범자의 일반적인 자형을 보여주고 있다.

그리고 공주 마곡사 청동은입사향완은[12] 몸체부 사방에 당초문 등이 장식된 화려한 원형문을 마련하여, 그 안에 1자씩 총 4자의 범자를 새겼다. 범자는 [oṃ]를 기준하여 순서대로 [ga]-[ṇa]-[gra]로 판독되고 있다. 이는 진언다라니의 첫머리에 나오는 문구로 최고의 찬탄이나 무량의 의미 등이 있는 것으로 알려져 있다.[13] 따라서 이 향완은 향을 피웠을 때 그 향이 무량한 세계에 골고루 퍼져, 모든 중생이 성불하기를 염원하는 의도를 가지고 범자를 새긴 것

12 이 향완은 『朝鮮古蹟圖譜』 7卷에 公州 麻谷寺의 것으로 수록되어 있다.

13 이용진, 「고려시대 靑銅銀入絲香垸의 梵字 해석」, 『역사민속학』 제36호, 한국역사민속학회, 2011.

〔oṃ〕

〔oṃ ysa la ya〕

❶ ❷ ❸

❶ 청동은입사향완　보물 제334호, 통도사 성보박물관　❷ 공주 마곡사 청동은입사향완　마곡사 성보박물관

❸ 지정4년 중흥사명 청동은입사향완　1344, 보물 제321호, 불교중앙박물관

으로 추정된다. 또한 지정4년 중흥사명(重興寺銘) 청동은입사향완은 서울 봉은사에 전해지고 있던 것으로 나팔형의 굽이 달린 받침부와 넓게 테를 돌린 원통형의 몸체부로 구성되어 있다. 몸체부의 4곳에 원형문을 마련하여 그 안에 굵게 1자씩 범자를 새겨 넣었다. 범자가 배치된 원형문 외곽에는 여의두문 형태의 화문이 별도로 장식되어 있어, 범자에 대한 신성함과 장엄을 강조하였다. 이 향완은 입구 받침대 아랫부분에 새겨진 103자의 명문에 의하여, 1344년 삼각산 중흥사에서 제작한 것임을 알 수 있다.

지정6년 상원사명(上院寺銘) 청동은입사향완은 지정4년 중흥사명 청동은입사향완(1344)과 유사한 기형과 양식을 보여 주목되는데, 몸체부 사방에 가늘고 굵은 이중의 원형문을 마련하여 면입사기법으로 범자를 새겼다. 범자는 전형적인 실담체이며, 대일여래를 상징하는 종자인 〔vaṃ〕과 밀교의 수행법에서 가장 중시되는 〔oṃ a hūṃ〕의 삼밀진언을 새겼다. 이처럼 지정6년 상원사명 청동은입사향완은 금강계 밀교의 대일여래 종자인 〔vaṃ〕을 새기고, 그 주변에 삼밀진언인 〔oṃ a hūṃ〕을 배치하여, 밀교에서 높게 신앙하였던 종자와 진언을 함께 배치하여 가장 밀교적인 범자 진언다라니를 새긴 사례라 할 수 있다.

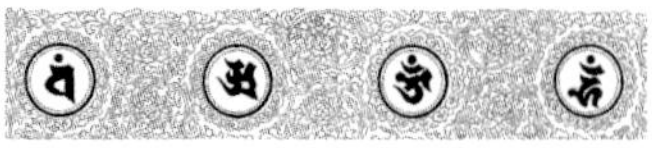

〔vaṃ a oṃ hūṃ〕

지정6년 상원사명 청동은입사향완 1346, 개인 소장

〔a ā aṃ aḥ〕

지정12년 용장선사명 청동은입사향완 1352, 북한 신계사

지정12년 용장선사명(龍藏禪寺銘) 청동은입사향완은 금강산 표훈사의 향완으로도 전해지고 있는데, 현재는 북한 신계사에 소장되어 있는 것으로 알려져 있다.[14] 향완은 원통형 몸체부 사방에 원형문을 마련하여 총 4자의 범자를 새겨 넣었다. 원통형 몸체부 하부에는 길다란 연화문을 장식하고, 연화문과 턱 사이의 표면에 연화당초문을 표현하였다. 그리고 연화당초문 사이의 4곳에 여의두문을 원형으로 돌려 공간을 나눈 다음, 다시 그 안에 별도의 원형문을 두어, 한가운데에 1자씩 굵게 범자를 새겨 넣었다. 이처럼 별도의 공간에 원형 구획을 마련하여 범자를 새긴 것으로 보아 범자의 상징성과 영험함을 강조하고자 했던 것으로 보인다. 범자는 태장계 5불 중에서 태장계 4불을 상징하는 종자를 배치하였는데, 〔a〕는 동쪽의 보당여래(寶幢如來), 〔ā〕는 남쪽의 개부화왕(開敷華王), 〔aṃ〕은 서쪽의 무량수여래(無量壽如來), 〔aḥ〕는 북쪽의 천고뢰음여래(天鼓雷音如來)를 의미한다. 태장계 5불에 대한 공양과 찬탄의 의미가 있는 것으로 보인다.

강화군 선원면 창리 유적은 선원사지에서 인접한 지점으로 발굴 조사 결

14 이 향완은 원형의 받침대 표면에 '至正十二年壬辰閏三月日 龍藏禪寺 無量壽殿大香垸 大功德主 崇祿大夫資政院使高龍寶 永寧公主辛氏 大化主 慧林 戒休 景眞 錄者性謙 縷工'이라고 명문이 새겨져 있다. 이 명문에 의하여 1352년 龍藏禪寺의 무량수전에 봉안하기 위하여 제작하였으며, 당시 資政院使 高龍寶와 永寧公主 辛氏가 공덕주로 참여했음을 알 수 있다. 고룡보는 고려 출신 원나라 환관으로 용장선사의 불사와 향완 조성 등에 참여했던 인물이었다(이용진, 「高麗時代 佛教香爐의 傳統性과 獨創性」, 『東岳美術史學』 제13호, 동악미술사학회, 2012, pp.151~180).

『범서총지집』 1150.06, 안동 보광사 목조관음보살좌상 출토

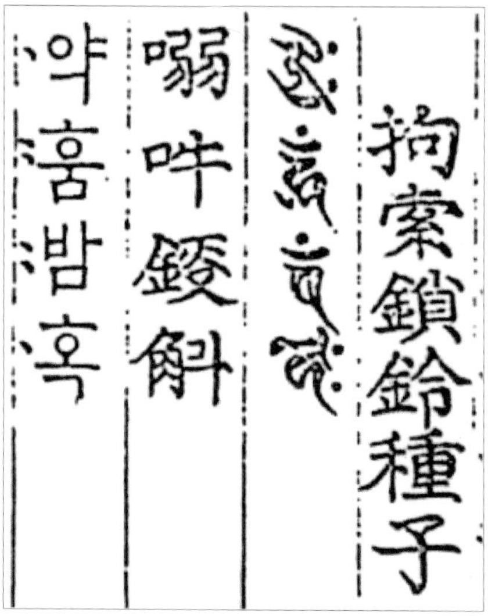

『진언집』 1800, 망월사본

[vaṃ]

[hūṃ]

[hoḥ]

[jaḥ]

강화 창리 유적 출토 향완 고려 13~14세기, 강화역사박물관

과 고려가 강화도로 천도한 시기에 조영되었다가 오래지 않아 폐기된 후 조선시대 들어와 무덤이 조성된 곳으로 확인되었다. 유적지 내에서 여러 건물지가 확인되었는데, 출토 유물과 유구 등으로 보아 종교 시설이기보다는 관청이

나 관아 등 국가 경영과 관련한 시설물이 있었던 것으로 추정되었다.[15] 이곳에서 전체 높이가 19cm인 아담한 크기의 향완이 출토되었는데, 보존 상태가 양호할 뿐만 아니라 범자가 뚜렷하게 남아 있다. 이 향완은 전형적인 고려시대 제작 기법과 기형을 함유하였으며, 받침부와 몸체 부분에 가느다란 은실로 연화문과 당초문 등을 정교하게 선상감하였다. 그리고 몸체부의 사방에는 여의두문을 원형으로 상감하여 장식한 후 한가운데에 1자씩 범자를 새겨 넣어 총 4자가 배치되도록 하였는데, 각 범자는 은을 얇고 넓게 펴서 상감하는 면상감 기법을 적용하였다. 또한, 받침부의 바닥 하부에는 음각선으로 '선원상중삼근사량(禪源上重三斤四兩)'이라고 새겨, 이 유적으로부터 가까이 있던 선원사에서 제작하였음을 알 수 있다. 범자는 실담체로 여의두문 안에 상당히 크게 새겨 상징성과 함께 장엄적인 의미가 돋보이도록 하였으며, 〔jaḥ〕-〔hūṃ〕-〔vaṃ〕-〔hoḥ〕로 판독된다. 이 범자는 보기 드문 구색쇄령종자(拘索鎖鈴種子)로 금강계 37존 중에 사방에 배치되는 사섭지보살(四攝智菩薩)을 의미하기도 한다. 사섭은 보시섭(布施攝), 애어섭(愛語攝), 이행섭(利行攝), 동사섭(同事攝)으로 보살이 중생을 제도하기 위하여 행하는 네 가지 기본 행위를 말한다. 이러한 것으로 보아 모든 중생이 부처님에게로의 귀의와 교화를 염원하려는 의도로 새긴 것으로 추정된다.

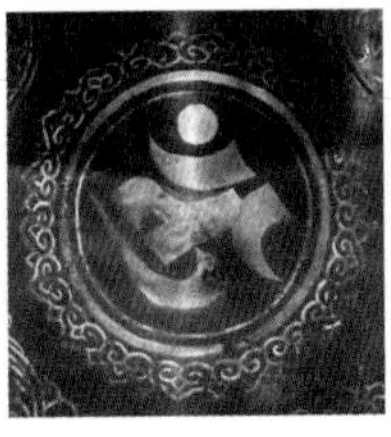
〔oṃ〕

〔a〕

〔hūṃ〕

〔hriḥ〕

지정26년 진종사명 청동은입사향완 1366, 국립중앙박물관[16]

15 역사문화재연구원, 『강화 창리 산167-1번지 유적』, 2022.
16 유리건판 번호 pan034213.

❶

❷

❸

❶ 청동은입사향완 1352, 북한[17] ❷ 백운사(白雲寺)명 청동은입사향완 일본 나라시 장곡사, 이호관

❸ 청동금은입사향완 일본 개인 소장

〔a〕 〔ā〕

〔oṃ〕 〔aḥ〕

청동금은입사향완 호림박물관

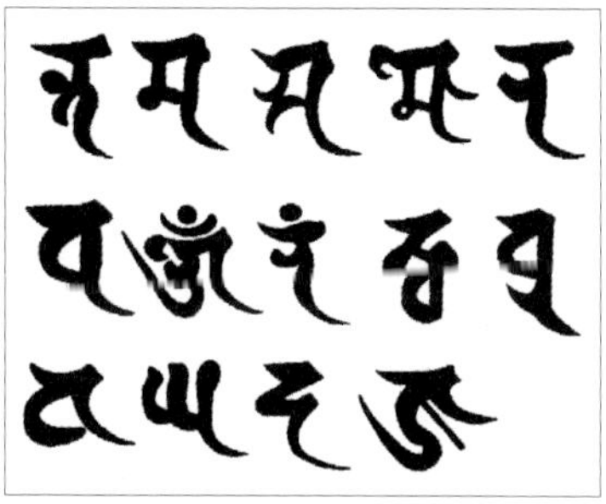

순천 송광사 청동은입사향완의 범자 진언다라니

이외에도 북한에 소재하고 있는 청동은입사향완(1352), 지정26년 진종사명(眞宗寺銘) 청동은입사향완(1366), 일본 나라시 장곡사(長谷寺)에 소장된 청동은입사향완, 서울 호림박물관이 소장하고 있는 청동금은입사향완, 일본 개인이 소장하고 있는 청동은입사향완 등이 고려 후기에 제작된 향완들로 몸체부에 범자를 새겼다. 지정26년 진종사명 청동은입사향완은 『조선고적도보』 7권에 강화 전등사의 것으로 수록되어 있는데, 몸체부 사방에 크게 원형문을 마련하여 범자를 1자씩 새겨 넣었다. 범자는 〔oṃ〕-〔a〕-〔hūṃ〕-〔hriḥ〕이 새겨져 있다. 그리고 일본 나라시의 장곡사 소장의 청동은입사향완은 〔oṃ〕-〔a〕-〔li〕-〔la〕를 면입사기법으로 새겼다. 서울 호림박물관 소장의 청동금은입사향완

17 장경희, 『북한의 박물관』, 예맥, 2011, p.71.

은 몸체부에 금을 활용한 면입사기법으로 〔oṃ〕과 함께, 태장계 5불 중에서 3불을 상징하는 종자인 〔aḥ〕-〔ā〕-〔a〕를 시계 방향으로 새겼다. 또한 구연부 받침대에도 이중의 원형문을 마련하여 사방에 1자씩 범자를 배치하였다. 그리고 일본의 개인이 소장하고 있는 청동은입사향완은 받침대가 낮고 몸체부가 다소 커서 비례가 다소 어울리지 않지만, 제작 기법이나 범자체는 고려 후기의 향완과 강한 친연성을 보인다.[18] 특히, 몸체부에 새겨진 〔oṃ〕은 글자체가 원나라에서 주로 사용했던 〔oṃ〕과 그대로 닮아 주목된다. 한편 일제강점기 조사 자료에 의하면, 순천 송광사에도 청동은입사향완이 전해지고 있었는데, 구연부의 받침대에 14자로 구성된 범자 진언다라니가 새겨져 있었다고 한다. 이 향완은 한국전쟁 때 파손되었다고 한다.

조선시대에도 고려시대의 양식을 계승하거나 새로운 기법과 양식이 적용된 다양한 형태의 향로가 제작되었다. 이중에는 발원자와 공양 사찰, 제작 시기 등을 명확하게 알 수 있거나, 표면에 범자 진언다라니가 새겨진 경우도 상당량이 확인되고 있다. 대표적으로 조선 건국 직후에 제작된 것으로 진주 청곡사명(青谷寺銘) 청동은입사향완이 있다. 오늘날 청곡사는 진주시 금산면 갈전리에 소재하고 있는데, 조선시대의 수도로부터 먼 지방에 있었지만 왕실과 연계되어 있어 지역사회에서는 위상이 높았던 사찰이었다. 이 향완은 조선을 건국한 태조의 비였던 신덕왕후 강씨가 1397년 본향인 청곡사 보광전에 봉양한 것인데, 당시 청곡사를 중창했던 상총(尙聰) 비구와 가락부원군 김사행(金師幸), 찬성사 김진(金湊) 등이 모든 중생의 성불을 기원하며 조성한 것이다. 그리고 향완을 제작할 때 은입사는 김신강(金信剛)이 했으며, 주조는 부금(夫金)이 맡았다는 기록도 있어, 당시 장인들의 작업이 분업화되어 있었음을 알

18 그동안 이 향완은 조선 15세기대로 소개되었다. 그런데 제작 기법과 세부 문양을 비롯하여 몸체부에 새겨진 범자가 처음부터 새겨진 범자일 경우 조선시대보다는 고려 후기인 14세기대에 제작된 것으로 보는 것이 합리적일 것으로 판단된다.

진주 청곡사명 청동은입사향완 1397, 국립중앙박물관[19]

청동은입사 정형 향로 해인사 성보박물관

려주고 있다.[20] 이 향완은 받침부와 몸체부의 정교하고 섬세한 은입사기법이 돋보이는데, 몸체부 표면에는 연화당초문을 화려하게 장식한 다음, 여의두문이 장식된 이중의 원형문을 마련하여, 그 안에 1자씩 범자를 면입사기법으로 새겨 넣었다. 당시 널리 신앙하였던 육자진언을 관차로 새긴 점이 특징적이다.

그리고 합천 해인사 성보박물관에는 3개의 발을 받침대로 삼아, 그 위에 원구형의 몸체부와 손잡이를 좌우에 부착한 세발솥 형태의 청동은입사 정형(鼎形) 향로가 여러 점 소장되어 있다. 이러한 형태의 향로는 조선시대에 국가적인 제례 등에서 많이 활용하였다. 이 향로의 둥그런 몸체부의 한가운데에 원형문을 마련하여, 그 안에 은을 사용한 면입사기법으로 〔oṃ〕을 새겨 넣었으며, 목부분에는 『금강경』의 사구게(四句偈)가 은입사로 새겨져 있다.[21] 몸체부에 새긴 자형이 굵고 유려한 〔oṃ〕은 조선 초기에 간행한 『오대진언』을 비롯하여 양양 낙산사 동종, 남양주 수종사 동종, 남양주 봉선사 동종 등에 새겨진 것과 글자체가 강한 친연성을 보이고 있다. 이러한 점은 이 향로가 조선전기에 제작 활용되었으며, 왕실과의 관련 가능성을 짐작케 한다.

19 국립중앙박물관, 『우리나라 금속 공예의 정화 입사 공예』, 1997.

20 명문은 다음과 같다. '大明洪武三十年丁丑 朝鮮國開國祖聖朝 中宮神德王后 本鄕晋陽大都護府 裨補禪刹青谷寺 寶光殿香垸敬造 青谷重枷比丘尙聰 全爲百分常住僧堂所大藏印成常轉法輪廣度衆生 同願駕洛府院君金師幸贊成事金溱 入絲金信剛 青銅大金'

21 이 향로는 『伽倻山海印寺重修顚末記』에 의하면, 朝鮮時代 仁粹 仁惠大妃가 1490년 동철 1,500근과 납철 300근을 모아 佛器와 法物을 만들었을 때 제작된 것으로 추정되고 있다.

또한 조선시대 향완 중에는 금과 은을 동시에 활용하여 연화당초문, 여의두문, 범자 등을 선과 면으로 입사하여 제작한 고급스러운 느낌의 향완들이 전하고 있다. 남원 실상사 백장암 청동은입사향완은 몸체부의 전면에 걸쳐 은입사기법으로 연화당초문을 화려하게 장식하였으며,[22] 몸체부의 사방에 원형문을 크게 마련하였는데, 그 안에 다시 한가운데와 사방에 작은 5개의 원형문을 마련하여 범자를 1자씩 새겨 넣었다. 그리고 나머지 여백 공간은 은입사기법으로 당초문을 가득 표현하였다. 몸체부에는 한가운데의 〔vaṃ〕를 중심하여 시계 방향으로 〔a〕-〔khaṃ〕-〔raṃ〕-〔haṃ〕을 새겨 삼종실지진언 중에 법신진언을 배열하였다. 또한 대일여래 종자인 〔vaṃ〕을 중심으로 금강계만다라를 종자로 형상화한 것으로도 이해된다. 구연부의 받침대에도 일정한 간격으로 원형문을 마련하여 그 안에 범자를 1자씩 새겨 총 9자로 구성한 범자 진언다라니를 배열하였는데, 향완에서는 보기 드물게 「무량수여래심주」를 새겼다. 이러한 진언다라니를 향완에 새긴 것은 부처에 대한 공양, 망자에 대한 추복과 극락왕생 등을 함께 염원하려는 의도로 보인다.

그리고 순천 선암사 성보박물관이 소장하고 있는 선암사 숭정6년명 향완은 몸체부의 가운데에 톱니형 문양이 장식된 원형문을 마련하여 그 안에 〔oṃ〕을 큼직하게 새겼다. 몸체부에 새긴 〔oṃ〕은 卍자와 교차하여 배치되도록 했다. 그런데 이 향완과 동일 장인에 의하여 제작되었다고 할 수 있을 만큼 유사한 제작 기법을 보이는 또 다른 향완이 고성 옥천사 성보박물관에도 소장되어 있다. 이 향완은 고성 옥천사 임오명(壬午銘) 향완으로 전체적인 기형과 〔oṃ〕을 새긴 기법 등이 선암사 숭정6년명 동제 향완과 강한 친연성을 보인다. 이러한 것으로 보아 동일 장인이 시기와 사찰을 달리하여 제작했거나, 옮겨졌을

22 鄭永鎬, 「南原 實相寺의 靑銅銀入絲香爐」, 『考古美術』 第2卷 第6號, 考古美術同人會, 1961. 이 향완은 1959년 3월 처음 조사되어 1961년 6월 소개되었으며, 현재는 金堤 金山寺 聖寶博物館에 소장되어 있다. 구연부의 받침대 아래쪽에 점선으로 명문을 새겼는데, '維那□□三□□□萬曆十二年甲申三月日鑄成化主妙元 雲峰百丈寺銀絲香爐大施主□權□□ 金□……'로 1584년 3월 妙元 등이 발원하여 주조되었음을 알 수 있다.

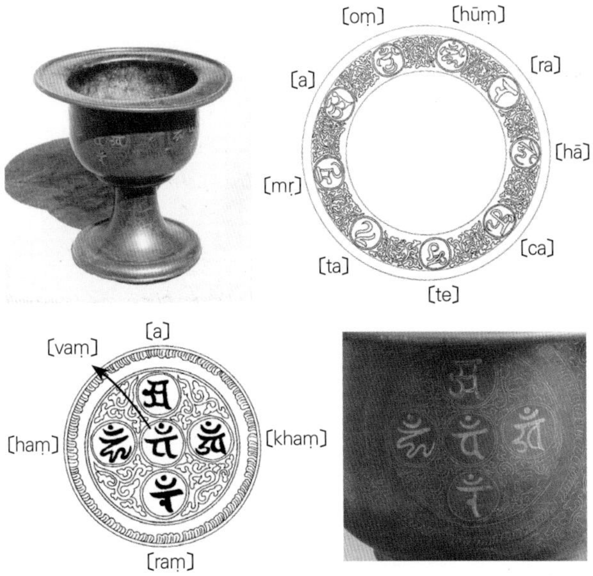

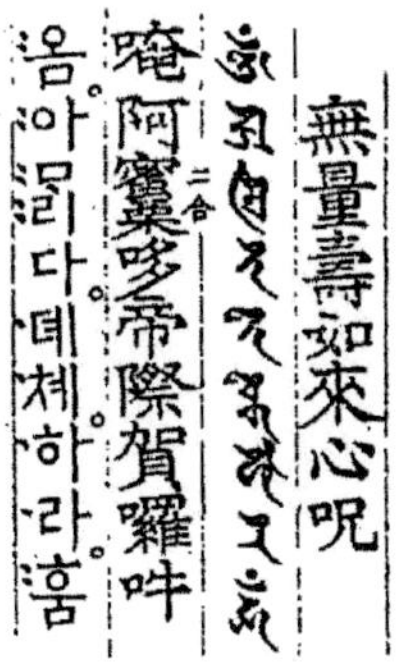

『진언집』(1800년)의 무량수 여래심주

남원 실상사 백장암 청동은입사향완　1584.3, 보물 제420호, 금산사 성보박물관[23]

가능성 등 여러 상황을 상정할 수 있을 것으로 보인다. 또한 양산 통도사 성보박물관이 소장하고 있는 강희13년명 청동은입사 향완은 굵직한 원주형의 받침대 위에 원통형의 몸체부를 올렸다.[24] 이 향완은 몸체부에 당초문이 장식된 원형문을 마련하여 그 안에 〔oṃ〕을 면입사기법으로 새겨 넣었다. 〔oṃ〕은 실담체로 조선 후기에 많이 나타난 자형과 필체를 보이고 있다.

동국대학교 박물관이 소장하고 있는 부석사명(浮石寺銘) 청동은입사향완은 받침부가 특징적인 향로이다. 이 향로의 받침부는 원형으로 이음대를 두어 팔괘가 새겨진 받침대와 연결되도록 했다. 그리고 오목한 형태로 원형의 중대 받침대를 마련하였으며, 그 위에 리벳을 활용하여 커다란 몸체부를 고정하여 올렸다. 받침부에는 조성 시기를 추정할 수 있는 '己未年三月 日'이라는 명문이 새겨져 있고, 몸체 하부에는 사각 형태로 구획하여, 그 안에 '태백산부석사

---

23 東アジア梵字文化研究會, 「韓國梵字資料調査(2013~2014年調査)(上)」, 『歷史考古學』 第74號, 2017, p.75.

24 이 향완은 『朝鮮古蹟圖譜』 7卷에 梁山 通度寺의 것으로 수록되어 있다.

숭정6년명 동제향완　1633.3, 선암사 성보박물관

임오명 동제향완　1642, 고성 옥천사 성보박물관

강희13년명 청동은입사향완　1674, 보물 제1354호, 통도사 성보박물관

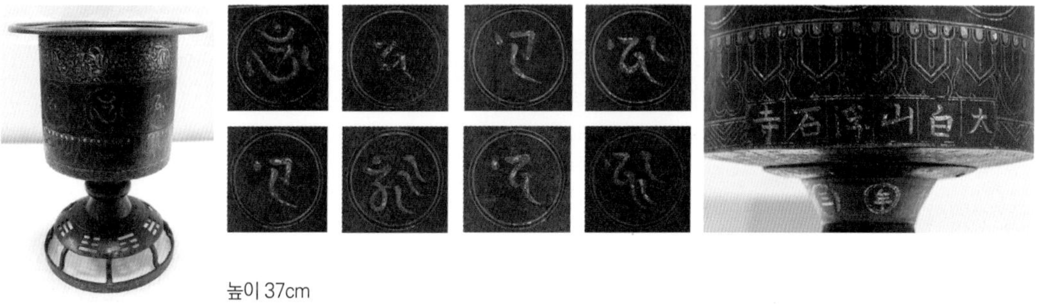

높이 37cm

부석사명 청동은입사향완　조선 후기, 동국대학교 박물관

(太白山浮石寺)'라고 새겼다. 그래서 이 향완은 경상북도 영주에 있는 부석사에서 제작 활용되었으며, 제작 기법과 양식 등으로 보아 조선 후기인 1739년 3월경에 만들어진 것으로 추정된다. 향로의 몸체에는 연화문과 당초문을 화려하게 장식하였으며, 중간 부분에 2중의 원형문(외곽의 큰 원형 지름 6.3cm)을 마련하여 그 안에 1자씩 범자를 새겨 넣었다. 그래서 총 8자의 범자를 몸체부에 원형으로 배치하였는데, 향로에서는 보기 드물게 준제진언을 새겼다.

김천 직지사 성보박물관이 소장하고 있는 철제은입사 정형 향로는 해인사에 소장된 정형 향로와 유사한 기형으로 직지사 대웅전의 불상을 공양할 때 사용했던 것으로 3점이 전해지고 있다. 이 향로는 보기 드물게 철로 제작하였는데, 조선시대 들어와 향교나 사당의 제례 등에서 사용한 향로와 같은 형태를 취하고 있다. 직지사 향로는 크게 받침부와 몸체부로 구성되었는데, 받침부는 세 개의 다리가 마련되었으며, 그 표면에는 수호의 의미가 있는 귀면형

[oṃ ma ṇi pa dme hūṃ]

김천 직지사 철제은입사 정형 향로 1750.5, 직지사 성보박물관[25]

청동 향완 시기 미상, 국립중앙박물관

의 짐승상이 새겨져 있다. 그리고 몸체의 가운데에 별도의 원형문을 마련하여 그 안에 팔괘, 범자, 부와 수명을 상징하는 길상 문자 등을 새겨 넣었다. 이중에 범자는 팔괘문과 교차하여 6자로 구성된 육자진언을 면입사기법으로 새겼다. 이 향로는 제작 기법 등으로 보아 상당히 우수한 장인에 의하여 주조되었음을 알 수 있다.[26] 이외에도 제작 국가와 시기는 미상이지만 상당히 기교있는 필체와 자형으로 범자를 새긴 독특한 향로가 국립중앙박물관에 소장되어 있어 주목된다. 기교있는 필체로 범자의 판독은 어려운 상황이다.

이외에도 제작 시기를 구체적으로 알 수 없지만, 범자가 새겨진 향완들이 여러 점 전하고 있다. 대표적으로 국립중앙박물관에 소장 전시되고 있는 청동은입사향완이 있다. 이 향완은 전체적인 제작 기법이나 문양은 고려시대 수법

25 성보문화재보존연구원 편찬, 『直指寺』(本寺篇), 불지사, 1995, p.158.

26 直指寺 聖寶博物館, 『直指寺 聖寶博物館 圖錄』, 1997, p.90. '壽天長隣兵永息法界生亡共證菩提兼及身等此生不逢厄難後生西方極樂國土之愿 敬鑄成飯子一座懸排大興郡北禪院寺同心鑄成者住持重大師文娛直長同」 正韓大育及亡者黃公偉夫妻隨喜子仁大師孝全 大匠元淸助役孝文孝貞僧印'

청동금은입사향완 국립중앙박물관

청동은입사향완 국립중앙박물관

〔oṃ〕

청동금은입사향완 일본 나라국립박물관

을 보이고 있는데, 〔oṃ〕자의 필법은 조선후기 성행한 범자체를 보이고 있어 다소 어울리지 않고 있다.[27] 아마도 고려시대 제작한 향완을 조선후기에 들어와 중수하면서 당시 성행한 〔oṃ〕자를 새롭게 입사한 것으로도 추정된다. 일본 나라국립박물관에 소장된 청동금은입사향완은 받침부를 낮게 마련하였고, 몸체부는 상대적으로 크게 제작하여 다소 불균형적인 인상을 주기도 하지만 전체적인 외관이나 장식은 우수한 제작 기법을 보여주고 있다. 이 향완의 몸체부에는 상징성이 높은 〔oṃ〕을 크게 새겼는데, 글자체의 좌우에 독특하게 'aṃ'점과 'ā'점이 부가되어 있다. 이러한 〔oṃ〕자는 일반적으로 전형적인 실담체 〔oṃ〕이 조선 중후기 이후에 변형되는 과정에서 나타나기 시작하였다.

그리고 구례 화엄사 성보박물관에도 제작 시기는 명확하게 알 수 없지만, 몸체부는 남원 실상사 백장암 청동은입사향완, 구연부의 받침대는 표충사 청

27 이 향완은 2003년 구입 유물로 유물번호는 구3125이다. 고려시대 향완으로 소개되고 있는데, 범자체로 보아 조선 후기에 제작된 것으로 보인다.

구례 화엄사 청동은입사향완　시기 미상, 화엄사 성보박물관

동은입사향완의 필체와 범자 진언다라니를 그대로 모방한 향완이 소장되어 있다.

이처럼 고려와 조선시대에는 향완 외에도 여러 유형의 향로가 제작 활용되었다. 향로의 표면에는 화려한 문양 사이에 원형문을 마련하여 그 안에 범자 진언다라니를 새겨 공양과 공덕의 의미를 더하였다. 향완에는 몸체부의 표면과 구연부의 받침대 등을 중심으로 여러 범자 진언다라니가 새겨졌는데, 〔oṃ〕만을 여러 곳에 배치하는 방식, 〔oṃ〕을 포함한 서로 다른 네 자의 범자를 각각 사방에 배치하는 방식, 남원 실상사 백장암 청동은입사향완처럼 일정한 구획 안에 여러 범자를 배치하는 방식 등이 있었다. 그리고 〔oṃ〕이나 〔vaṃ〕를 비롯한 상징성이 높은 종자, 밀교의 태장계나 금강계 오불을 상징하는 종자 등이 새겨지기도 했다. 이외에도 삼밀진언, 육자진언, 준제진언 등을 비롯하여 남원 실상사 백장암 청동은입사향완처럼 무량수여래심주를 배치하였다. 이 중에 육자진언이 가장 많이 새겨졌다. 이처럼 향로의 표면에 범자 진언다라니를 새긴 것은 장엄의 의미와 함께 부처에 대한 공양, 추복과 극락왕생, 공덕을 쌓아 궁극적으로 성불에 이루고자 하는 염원이 담겼다고 할 수 있다.

그리고 고려시대 제작된 향완에는 범자 중에서 가장 상징성이 높고 모든 부처를 의미하는 종자인 〔oṃ〕, 청정한 세계나 아미타불을 의미하는 종자인

〔hriḥ〕, 금강계 밀교의 대일여래를 상징하는 종자인 〔vaṃ〕 등이 새겨지기도 했다. 이들 종자와 함께 밀교의 수행법에서 가장 중시되는 〔oṃ a hūṃ〕의 삼밀진언을 새겼다. 이러한 범자 진언다라니가 새겨진 향완으로는 대정4년 백월암명 청동은입사향완, 표충사 청동은입사향완, 지정6년 상원사명 청동은입사향완, 지정26년 진종사명 청동은입사향완 등이 있다. 이처럼 고려시대 들어와 밀교가 널리 보급되면서 다른 조형물과 마찬가지로 향완에도 범자 진언다라니가 새겨지기 시작한 것이라 할 수 있다.

또한 고려와 조선시대 제작된 향로에는 육자진언이 가장 많이 새겨졌다. 육자진언은 기본적으로 6자로 구성되었는데, 이를 줄여 4자로 새기거나, 대폭 줄여 2~3자만 새기기도 했다. 이처럼 특정 범자를 간략화시켜 생략하거나 진언다라니를 새기는 것을 명확하게 해석하기는 어렵지만, 범자 진언다라니에 대한 교의적이고 정형화된 인식보다는 공양이나 공덕을 쌓기 위한 실질적인 목적이 더 컸음을 시사한다고 할 수 있다. 즉, 범자 진언다라니는 그것의 형식보다는 인식과 실천이 더 중요하게 간주되었기 때문으로 보인다.

(2) 정병

정병은 깨끗한 정수를 담는 그릇이라는 의미가 있는 대표적인 공양구이다. 물 공양을 할 때 사용된 정병은 고대 인도에서 유래한 것으로[28] 산스크리트어로는 'kundika'로 알려져 있다. 쿤디카는 가늘고 긴 목을 가진 물그릇을 뜻하는데, 병, 수병, 정병 등으로 의역되거나 군지(軍持), 군지(君持), 군지(軍遲), 군지(鍕持), 군치가(捃稚迦) 등으로 음역되기도 했다.[29] 정병은 처음에는 승려들의 일용품으로 사용되다가 불교 의례가 형성되면서 필수적인 도구로 자리 잡

28 인도 정병의 기원에 대해서는 자생설과 지중해 전래설 두 가지 견해가 있다(周炅美,「淨甁의 起源과 傳來에 대한 一考察 -印度 淨甁을 중심으로-」,『中央아시아硏究』 제10호, 중앙아시아학회, 2005).

29 안귀숙,「中國 淨甁 硏究」, 홍익대학교 대학원 박사학위논문, 2000.

높이 23.5cm

[oṃ]/[hūṃ]/[bhrūṃ]?

청동은입사 포류수금문 정병 고려, 13~14세기, 국립중앙박물관

았다. 그 이후 부처 앞에 정수를 받치는 공양구의 일종으로 인식되었다. 사찰에서는 정병 안의 감로수를 뿌림으로써 모든 마귀와 번뇌를 제거한다는 의미가 부여되기도 했다.[30] 이러한 정병은 부처님께 올리는 중요한 공양구로 인식되어 관음보살과 대세지보살의 지물이 되기도 했다.

정병은 삼국시대 불교의 전래와 함께 들어온 것으로 추정하고 있다. 그래서인지 정병은 삼국이나 통일신라시대 보살상의 지물로 많이 표현되고 있다. 보살상은 목이 가늘고 긴 형태의 정병을 정수가 흘러내리지 않도록 손으로 쥐고 있는 경우가 많다. 이처럼 삼국이나 통일신라시대의 정병은 몸체가 긴 타원형이 많으며, 표면에 아무런 장식이 없는 경우가 많고, 몸체 바닥에는 낮은 받침 단이 마련되었다. 그리고 정병은 고려시대 불교가 성행하고 의례가 중시되면서 대표적인 공양구가 되었다. 그러면서 자기를 비롯하여 금동이나 청동 등 다양한 재료를 활용하여 장식적으로 만들어졌다. 또한 금속 공예 기술이 발전하면서 금이나 은을 활용한 입사나 상감기법으로 문양이나 글자 등이 새겨진 정병이 만들어지기도 했다. 조선시대에도 고려의 전통을 계승하면서 다양한 유형의 정병이 제작되었는데, 고려시대에 비하여 순박하고 간결한 이미지를 주는 정병이 많이 제작되었다.

---

30 진홍섭, 『韓國金屬工藝』, 일지사, 1980. / 이난영, 『韓國古代金屬工藝硏究』, 일지사, 1992.

이러한 정병은 물을 담는 몸체(身部), 목에 해당하는 경부(頸部), 뚜껑이 있어 호스와 같은 첨대(尖臺), 물을 넣고 빼는 입구인 주구부(注口部)로 크게 구분된다. 몸체부에는 물을 따르는 입구가 길게 달려있는데, 그 모양이 새의 부리와 같다고 하여 귀때라고 한다. 그리고 정병은 물을 넣고 빼는 입구와 출구의 배치법에 따라 단구식과 쌍구식으로 구분하기도 한다. 삼국과 통일신라시대에는 입구와 출구가 같은 단구식 정병이 많이 제작되었으며, 고려시대 이후에는 몸체부에 물을 따르는 별도의 출구가 달리면서 쌍구식 정병이 주류를 이루게 된다.

이처럼 여러 유형의 정병이 다량으로 만들어졌는데, 그중에 범자가 새겨진 정병은 극히 드물다, 현재 유일하게 국립중앙박물관에 소장된 정병에 범자가 새겨져 있는 것으로 확인되고 있다. 이 정병은 청동으로 제작되었으며, 몸체부의 어깨 부분에 선입사기법으로 범자가 새겨져 있는데, 범자의 위치에 따라 반전시키거나 눕혀서 새긴 것으로 보인다. 한편 고려 13~14세기대에는 청동과 자기 등으로 향완을 비롯한 정병이 만들어졌는데, 당시의 정병은 목이 길고, 몸체부에 물을 따르는 입구가 길게 달린 것이 많이 제작되었다. 국립중앙박물관이 소장하고 있는 정병도 제작 기법이나 양식 등으로 보아 상당히 우수한 공예 기술을 가진 장인이 13~14세기대에 주조한 것으로 추정된다. 그리고 당시 금속으로 제작한 향완 등 여러 금속 공예품에 범자 진언다라니를 새기는 문화가 반영되어, 이 정병의 표면에도 범자 진언다라니가 입사된 것으로 추정된다. 정병에 새겨진 범자 진언다라니는 자형이나 필체가 독특할 뿐만 아니라 서자가 기교를 발휘하여 써서 판독하기가 난해한 상태이다. 그래서 서자가 어떤 범자 진언다라니를 의도했는지 파악하기는 어렵지만, 전체 범자의 수량(9자), 일부 판독이 가능한 범자 등으로 보아 준제진언을 새긴 것으로 추정된다.

12. 동경

동경은 청동기시대부터 제작되기 시작한 것으로 사물을 비추는 기본적인 기능과 함께 주술적인 목적의 기물로서 위신(威神) 성격을 가진 것으로 인식되었다.[1] 지금은 거울이 대부분 유리로 제작되지만, 예전에는 구리로 만든 동경, 철로 만든 철경, 흙으로 만든 토경, 돌로 만든 석경 등도 있었다.[2] 이 중에 동경은 일상생활과 의례 등에서 다양한 용도로 사용하였다. 그런데 어느 시기부터 동경 표면에 범자를 새겼는데, 범자 동경은 발굴 시 수습된 출토품과 출처는 알 수 없으나 개인이나 국내외 박물관 등이 소장하고 있는 전세품이 중심을 이루고 있다.[3] 지금도 범자가 새겨진 동경이 고분, 불상이나 불화의 복장물, 건물지 등 다양한 곳에서 출토되고 있는데, 대부분 조선시대에 제작된 것으로 파악되고 있다.

그런데 고려시대에 제작된 것으로 추정되는 범자 동경들이 전하고 있다. 대표적으로 국립중앙박물관에 소장되어 있는 전세품 범자 동경들이다. 먼저 이 동경은 표면 한가운데에 손잡이인 뉴(紐)를 원형으로 높게 돌출시켜 상면에 1자의 범자 〔cuṃ〕을 새겼으며, 손잡이 주변에 연화문으로 구획한 8개의 판을 마련하여 그 안에 1자씩 새겨 총 8자를 원형으로 배열하였다. 이 진언다라니는 고려와 조선시대에 널리 보급되었고, 다른 조형물에도 많이 새겨진 준제진언이다. 또한 준제진언의 영험함과 신성함을 강조하기 위하여 동경 외곽부에

1 동경의 기원은 그 기능을 어떻게 보느냐에 따라 여러 가지 설이 있다. 李蘭暎, 『韓國의 銅鏡』, 한국정신문화연구원, 1983, p.11. / 황정숙, 「고려 중후기 사상을 통해 본 동경문양의 상징성 연구」, 대구가톨릭대학교 대학원 예술학과 박사학위논문, 2006, pp.11~17. / 李陽洙, 「韓半島 出土 銅鏡 硏究의 現況」, 『신의 거울, 銅鏡』, 복천박물관, 2009, p.218. / 安京淑, 『高麗 銅鏡 硏究』, 한양대학교 대학원 박사학위논문, 2015, p.48.

2 鐵鏡은 부여 화지산유적, 부안 죽막동 유적, 경주 황남대총 남분, 集安 麻線溝 2100號墓 등에서 출토되었다. 土鏡은 서울 풍납토성의 건물지에서, 石鏡은 부안 죽막동 유적 등에서 발견 수습되었는데, 모두 儀禮와 관련된 遺構에서 출토되었다.

3 권주영, 「여말선초 梵字文柄鏡 연구」, 『동아시아의 문물』, 중헌 심봉근선생 고희기념논선집, 2012.

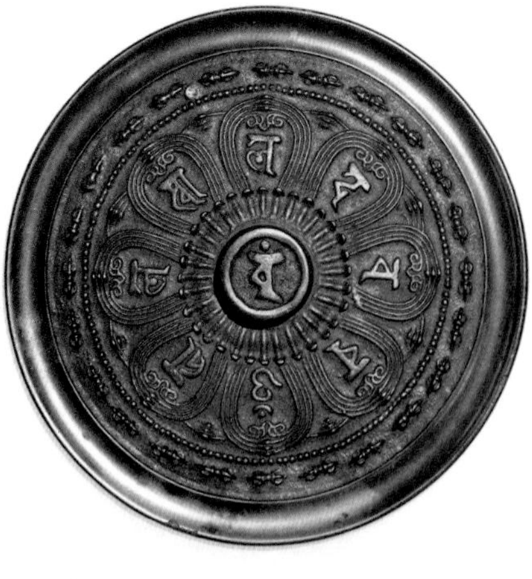

(⌀13cm)

세부

반대면

〔cuṃ〕 〔oṃ〕 〔cu〕 〔ca〕 〔ce〕 〔le〕 〔svā〕 〔le〕 〔hā〕

준제진언 동경　고려, 덕수 4951, 국립중앙박물관

연주문과 금강저를 원형으로 배열하였다. 금강저는 밀교 의례에서 사용하는 주요 도구였다. 이처럼 이 동경은 금강저와 진언다라니를 함께 배치하여 밀교 신앙과 연관되어 있음을 짐작할 수 있다. 그리고 범자가 새겨진 또 다른 동경으로 팔길상 동경이 있는데, 이 동경은 돌출된 뉴에 범자 〔oṃ〕을 새겼으며, 그 주변에 연화문을 배치하고 그 표면에 팔길상 문양을 새겨 넣었다. 이처럼 이 동경은 연화문 외곽에 연주문과 금강저를 원형으로 배열하여 앞서 살핀 준제진언 동경과 강한 친연성을 보여주고 있다. 그런데 이 동경은 뒷면에 동경을 감쌌던 직물 흔적이 아직도 남아있다. 이러한 것으로 보아 여러 겹의 직물로 감싸 무덤 안에 매납하였던 동경으로 보인다. 준제진언 동경과 팔길상 동경은 제작 기법이나 문양 등으로 보아 밀교의 태장계만다라를 형상화하여 고려 후기에 제작한 것으로 추정된다.[4] 이외에도 한 면에는 관음보살상을 새기

4　南權熙, 『高麗時代 記錄文化 硏究』, 청주고인쇄박물관, 2002, p.295.

⌀13cm

[oṃ]

(반대면 직물 흔적)

팔길상 동경 고려, 동원 1778, 국립중앙박물관

반대면

보살상과 불정심인 동경 고려, 덕수 2439, 국립중앙박물관

고, 다른 면에는 연화좌를 마련하여 그 위에 불정심인을 선각으로 새긴 동경도 있다. 이 동경도 조각 기법 등으로 보아 고려 후기에 제작된 것으로 추정된다. 이처럼 고려시대에도 여러 유형의 범자 동경이 제작되었던 것으로 보인다.

그리고 조선시대 제작된 다양한 형태의 범자 동경들이 상당량 전해지고 있다. 먼저 전체적인 형태를 풍탁형으로 주조하여 한가운데에 원형의 거울을 마련한 다음, 그 주변 공간에 정법계진언을 여러 번 반복하여 새긴 동경이 있다. 이 동경은 제작 기법과 범자체 등으로 보아 조선시대에 들어와 제작된 것으로 보인다. 이외에도 각종 유적지, 사찰과 사지, 불상이나 불화의 복장물 등에서 상당량의 범자 동경이 출토되고 있다. 서울 종로구 청진동 건물지에서는 4점의 대소형 범자 동경이 출토되었는데, 청진동 12-16지구의 40번지와 68번지에서 출토된 2점의 범자 동경은 직경이 37cm에 이르는 대형이다. 이 동경은 표면에 원형문 6개를 일정한 간격으로 배치하여 그 안에 1자씩 범자를 새겼다. 그런데 자획과 범자체가 독특하여 명확하게 판독하기가 어렵다. 현재 이러한 범자체로 진언다라니를 새긴 범자 동

높이 15.5cm

〔oṃ raṃ raṃ oṃ〕

반대면

풍탁형 동경　덕수 2996, 국립중앙박물관[5]

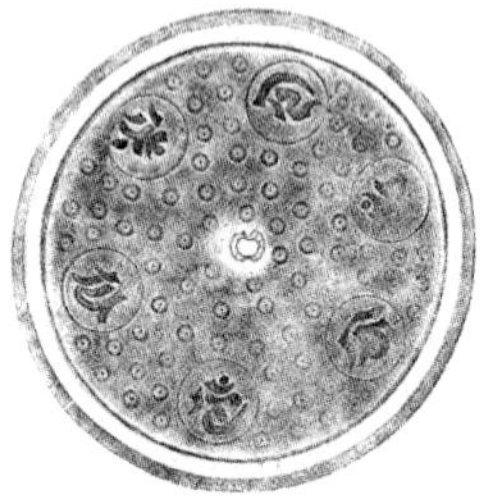

⌀37.6cm, 탁본

⌀19.25cm, 무게 524.5g

세부

서울 종로 청진 12-16지구 출토 범자 동경　조선, 한울문화재연구원[6]

경이 여러점 확인되고 있다. 다만 6자로 구성하였으며, 일부 범자는 육자진언의 실담체와 닮아있어 육자진언을 의도하여 새긴 것으로 추정된다. 앞으로 실담 범자체의 변화과정 등을 면밀하게 비교 분석할 수 있는 추가적인 자료의 발굴 등을 기대한다. 그리고 청진동 100-101번지에서 출토된 범자 동경은 중형급으로 표면에 국화문을 가득 장식하고, 그 사이마다 원형문을 마련하여 진언다라니를 새겼다. 원형문 내부는 연화문처럼 표현하여 연잎마다 1자의 범자를 새겨 한가운데까지 총 9자의 범자를 새겨 넣었다. 서울 종로 청진지구에서는 소형의 범자 동경도 출토되었다. 이 동경은 손잡이가 달린 것으로 동경

5　李蘭暎, 『韓國의 銅鏡』, 한국정신문화연구원, 1983, p.205(국립중앙박물관, 유물번호 덕 2996). 이러한 형태의 동경이 고려시대 많이 제작되었는데, 부산박물관에 소장된 동경 등이 있다(부산박물관, 『소장품도록』, 2005, p.195(도판번호 214)).

6　한울문화재연구원, 『鐘路淸進 12-16地區遺蹟 Ⅱ -유물-』, 2013, pp.153~155. / 한울문화재연구원, 『鐘路淸進 12-16地區遺蹟 Ⅳ -본문-』, 2013, p.593/p.637.

⌀37cm, 무게 1,850g

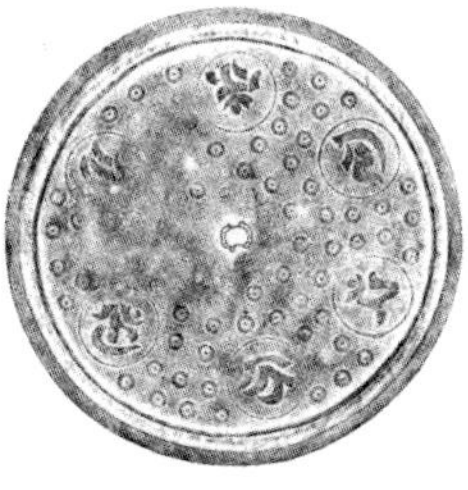

탁본

12-16 지구

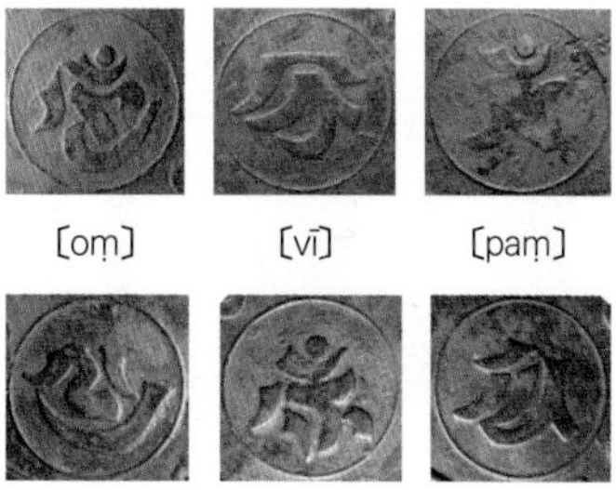

[oṃ] [vī] [paṃ]

[oṃ] [vī] [paṃ]

⌀3.4cm

2-3 지구[7]

서울 종로 청진 지구 출토 범자 동경　조선, 한울문화재연구원

앞면 한가운데 卍자를 새기고, 그 주변으로 육자진언을 양각하였다. 작은 구멍이 시공된 손잡이가 달린 소형의 범자 동경은 조선시대 들어와 일반적으로 발견되는 유형이다. 이처럼 서울 청진동 일대에서 출토된 범자 동경들은 유적의 층위와 공반 유물로 보아 조선 진기인 16세기경에 매납된 것으로 추정되고 있다.

그리고 서울 관철동에서 출토 수습된 범자 동경이 전해지고 있다. 이 동경은 지름이 24cm로 비교적 큰 편이며, 한가운데 뉴를 중심으로 국화문을 장식하였다. 범자 동경 외곽부에는 6개의 원형문을 마련하여 그 안에 1자씩 범자를 새겼는데, 진언의 이름을 명확하게 알기는 어려운 상태이다. 다만 이러한 범자 동경이 유행할 때 육자진언이 가장 많이 새겨졌고, 범자도 6자로 구성되어 있어 육자진언을 의도하여 새겼을 것으로 보인다. 또한 고려 말기에서 조선 초기까지 국왕이나 왕실과 밀접한 관련에 있었던 양주 회암사지에서도 소형의 범자 동경이 출토되었다. 범자 동경이 기본적으로 불교적 성격의 유물임에도 불구하고 실제로 사지에서는 드물게 출토되고 있는데, 양주 회암사지 출토 범자 동경은 소형으로 고분에서 수습되고 있는 범자 동경들과 크기와 형

7　이 동경은 280번지(Ⅴ층)에서 출토되었으며, 길이는 5.4cm, 지름 약 0.3cm의 圓孔이 있다(한울문화재연구원, 『鐘路淸進 2-3地區遺蹟 Ⅱ -유물-』, 2013, p.513).

서울 관철동 출토
조선, 국립중앙박물관8

Ø4.9cm 도면
양주 회암사지
조선, 경기문화재연구원9

태, 표면에 새겨진 진언다라니 등이 친연성을 보인다.

공주 동학사 대웅전 본존불인 목조석가여래좌상(1606)의 복장물에서는 작은 손잡이가 달린 소형의 범자 동경이 수습되었는데, 고분에서 출토된 범자 동경과 크기와 형태 등이 상당히 유사하다. 양산 통도사 성보박물관에도 용도는 명확하게 알 수 없지만 작은 손잡이와 원공이 있는 소형의 범자 동경이 소장되어 있다. 이 범자 동경도 불상이나 불화의 복장물에 봉안되었던 것으로 보인다. 영천 은해사 성보박물관에도 범자 동경이 소장되어 있는데, 표면에 국화문을 장식하고 작은 원형문을 6개 마련하여, 그 안에 1자씩 범자를 새겨 육자진언을 배치하였다. 이러한 것으로 보아 사찰에는 특별한 일이 있을 때 사용하기 위한 기성품으로 소형의 범자 동경을 소장하고 있었던 것으로 보인다. 그리고 상주 남장사 괘불은 복장주머니에 비교적 큰 범자 동경이 함께 봉안된 것으로 확인되었다. 이 범자 동경은 표면 외곽에 1조의 돋을대로 원형문을 마련하여, 그 안에 1자씩 범자를 새겨 넣었다. 범자체와 진언다라니의 새김 방식은 다른 대형의 동경과 유사하다.

그리고 보은 법주사 용화보전에서 대형 범자 동경이 수습되었고, 법주사의 미륵불상에서도 동일한 크기의 대형 범자 동경이 출토되었다. 제작 기법이나 범자의 배치가 다른 대형의 범자 동경과 유사하다. 공주 갑사 대웅전 영산회상도의 복장물에서도 범자 동경이 출토되었는데, 원형문 안에 8개의 연판으로 구성된 연화문을 새겨 그 안에 범자를 배치하였다. 그런데 범자가 작고 일

8 文化財管理局, 『重要發見埋藏文化財圖錄』(第 I 輯), 三星文化印刷社, 1989, p.283.
9 경기문화재단 경기문화재연구원, 『檜巖寺 IV』, 2013, p.291.

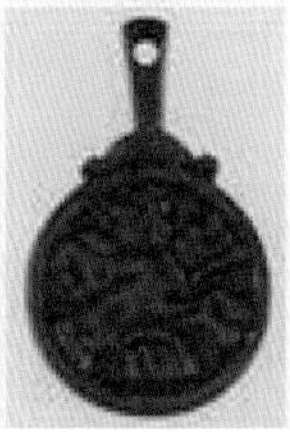

⌀3.5cm

❶

❷

⌀5.25cm

⌀3.6cm

❶ 공주 동학사 목조여래좌상 복장물 조선[10]

❷ 양산 통도사 성보박물관 조선

⌀16cm

영천 은해사 성보박물관 조선

상주 남장사 괘불 복장주머니 조선, 1788.4

보은 법주사 미륵불 출토 복장물과 범자 동경 조선

그려져 있어 명확하게 판독하기는 어렵지만, 8자로 구성된 육자진언+정법계 진언 또는 준제진언을 새긴 것으로 보인다. 또한 홍천 수타사 성보박물관에도 대형의 범자 동경이 소장되어 있다. 이 동경들은 한가운데에 뉴를 배치하고,

---

10 불교문화재연구소, 『한국의 사찰문화재 -충청남도 대전광역시-』, 2014, p.28.

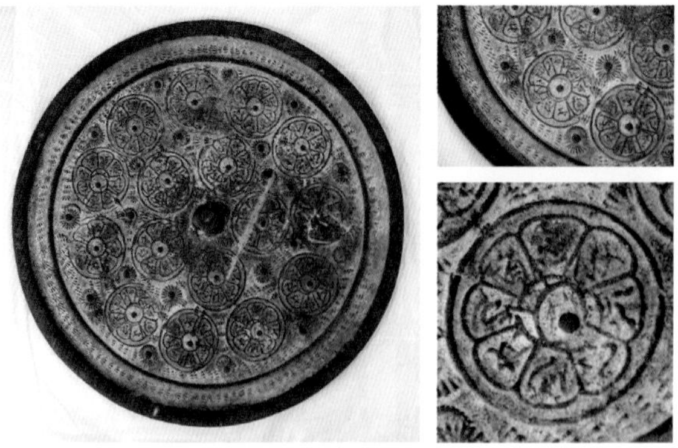

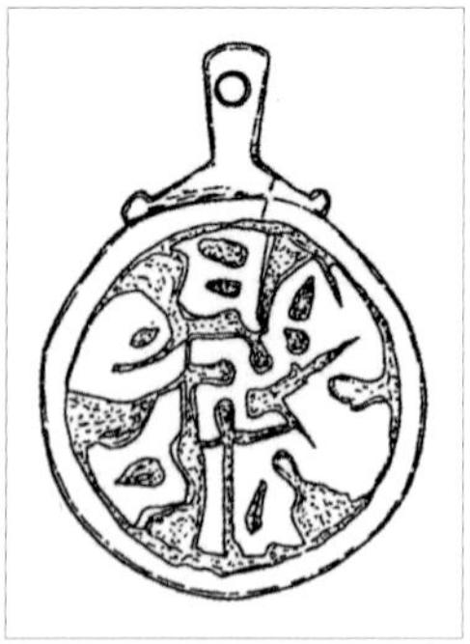

공주 갑사 대웅전 영산회상도 복장물　조선

⌀3.69cm
일본 부전천하상유적
15~16세기[11]

그 주변으로 국화문을 가득 장식하였다. 그리고 외곽부의 국화문 사이에 1조의 돋을대로 6개의 원형문을 마련하여 그 안에 각 1자씩 범자를 새겨 넣었다. 이와 유사한 범자 동경이 서울 종로 청진지구에서 출토되었으며, 호림박물관과 이화여자대학교 박물관 등에도 소장되어 있다. 그리고 일본 태재부(太宰府) 천만궁(天滿宮)에도 범자가 새겨진 대형 동경이 소장되어 있는데, 이러한 대형 범자 동경은 조선 전기에 많이 제작된 것으로 추정되고 있다.[12] 공주 갑사 대웅전 영산회상도 복장물에서도 범자 동경이 수습되었다. 이 동경은 표면에 국화문을 장식하고, 그 사이의 공간마다 연화문 형태의 원형문 16개를 마련하여, 하나의 원형문 안에 8개의 연잎을 새겨 연잎마다 1자씩 범자를 새겨 넣었다. 총 8자로 구성된 진언다라니임을 알 수 있다. 이러한 것으로 보아 조선시대 들어와 대소형의 범자 동경이 불상이나 불화의 복장물로 봉안되었음을 알 수 있다. 이 중에 소형 범자 동경들은 일반적으로 한가운데에 卍자를 배치하고, 그 주변에 범자 진언다라니를 새겼다. 이것은 밀교의 태장계만다라를 의미하거나 형상화한 것으로 보인다. 한편 1978년 일본 부전천하상유적(富田川

11 久保智康,「富田川河床遺蹟出土の卍文柄鏡について」,『古代文化研究』第3號, 1995, p.40.
12 東アヅア梵字研究會,「韓國梵字資料調査(2011~2012年調査)」,『歷史考古學』第69號, 歷史考古學硏究會, 2014, pp.59~61.

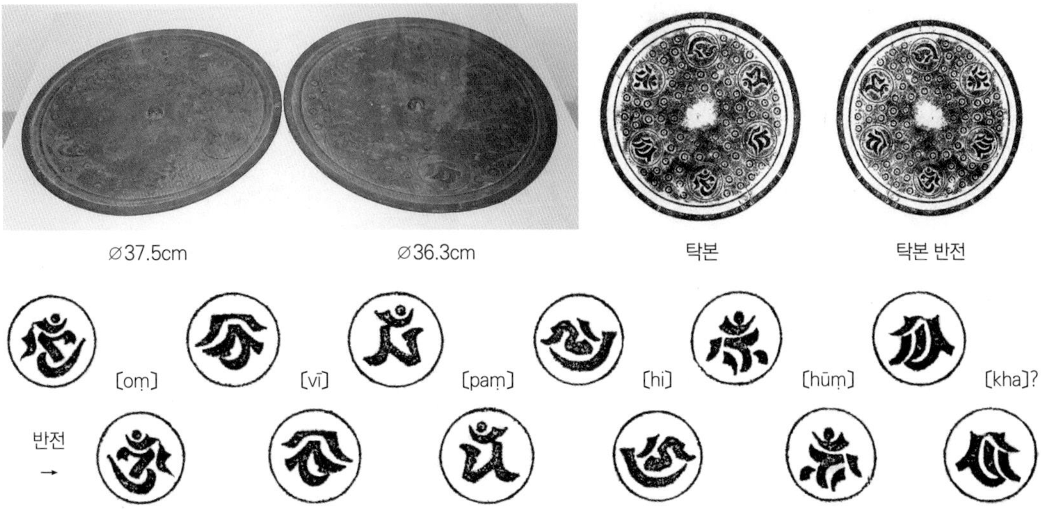

홍천 수타사 범자 동경　조선, 수타사 성보박물관

河床遺蹟)에서 출토된 동경은 제작 기법이나 형태 등이 일본 동경에서는 찾기 힘들고, 오히려 조선시대의 소형 범자 동경과 강한 친연성을 보인다. 따라서 조선시대 한반도에서 제작하여 일본으로 건너간 범자 동경으로 추정된다.

현재 국내외에 전해지고 있는 범자 동경 중에는 순수한 전세품도 있지만, 사찰이나 고분에서 수습된 출토품이 개인이나 기관에 입수되어 소장된 것이 많다.[13] 또한 범자 동경의 주요 제작 장소이자 사용처라 할 수 있는 사찰에 상당량의 동경들이 전해지고 있을 것으로 추정되지만 현재까지 알려지거나 보고된 수량은 많지 않은 편이다. 이들 범자 동경은 지름의 크기에 따라 크게 대형, 중형, 소형으로 구분해 볼 수 있다.

먼저 국내에 전해지고 있는 대형과 중형의 범자 동경은 국립중앙박물관을 비롯하여 전국의 대학박물관 등에 상당량이 소장되어 있다. 범자 동경은 일반적으로 동경의 한가운데 배치된 뉴를 중심으로 안쪽 구역과 바깥쪽 구역으로 나누어지는데, 안쪽 구역에는 대부분 국화문을 장식하고, 국화문 사이에 원형

13　李蘭暎, 『韓國의 銅鏡』, 한국정신문화연구원, 1983, pp.119~221.

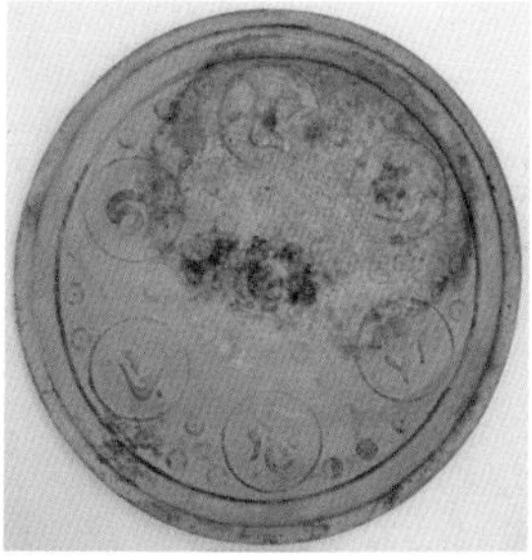

∅37.4cm
범자 지름 7.5cm

반대면

직물 흔적

〔oṃ〕

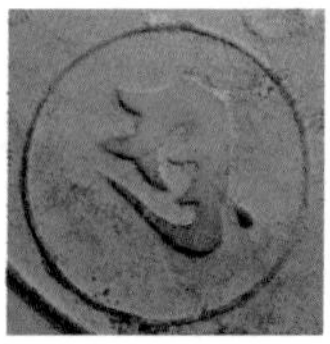

〔śū〕

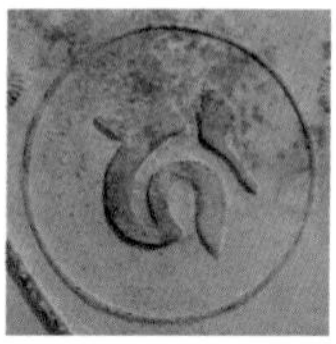

〔hā〕

〔ma〕

〔ri〕

〔svā〕

범자 동경　조선, 신수 4125, 국립중앙박물관

∅32.3cm

반대면

〔oṃ〕, ∅5cm

〔oṃ〕

〔ma〕

〔hūṃ〕

〔ṇi〕

〔pa〕

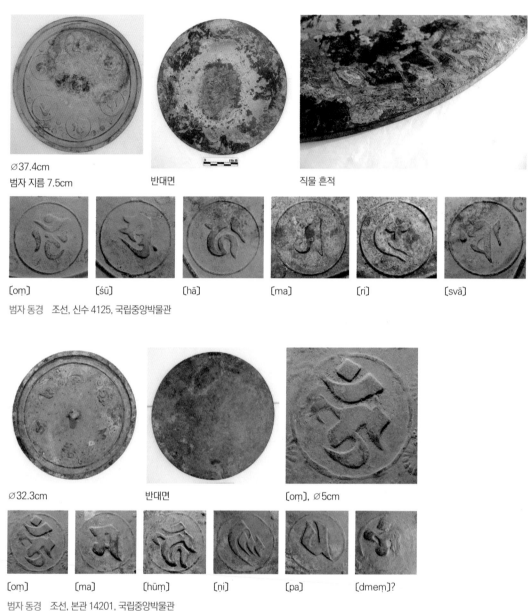

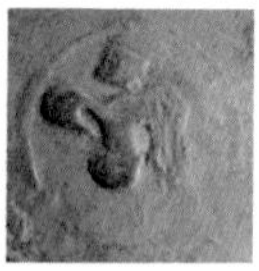

〔dmeṃ〕?

범자 동경　조선, 본관 14201, 국립중앙박물관

문을 마련하여 그 안에 범자를 새겨 넣었다. 원형문은 보통 6개가 마련되는데 하나의 원형문 안에 1자씩 새겨 총 6자를 배열하거나, 하나의 원형문 안에 6엽 또는 8엽으로 구성된 연화문을 마련하여 각 연잎에 1자씩 새겨, 총 6자 또는 8자로 구성된 진언다라니를 새기기도 하였다. 그래서 보통은 동경의 표면

⌀31.4cm

⌀5.5cm

반대면

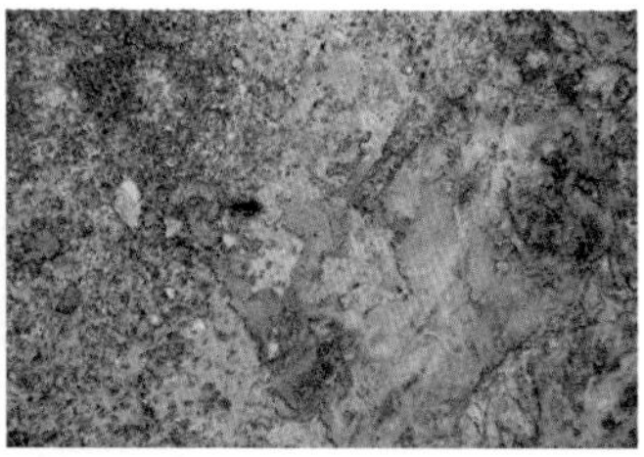

직물 흔적

범자 동경　조선, 덕수 3435, 국립중앙박물관

[oṃ]

[dmeṃ]?

[ṇi]

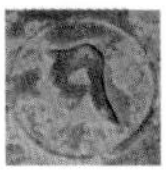

[ma]

[dmeṃ]?

[hūṃ]

세부

범자 동경　조선, 대구 카톨릭대학교 역사박물관

[ma]

[hā]

[ri]

[śū]

[svā]

[oṃ]

⌀36.7cm

범자 동경　조선, 고려대학교 박물관

범자 동경　조선, 호림박물관

범자 동경　조선, 대구 카톨릭대학교 역사박물관

⌀36cm

지름 6.5cm

반대면

범자 동경　조선, 동국대학교 박물관

⌀24.2cm

세부, 육자진언

반대면

범자 동경　조선, 동국대학교 박물관

⌀18.8cm

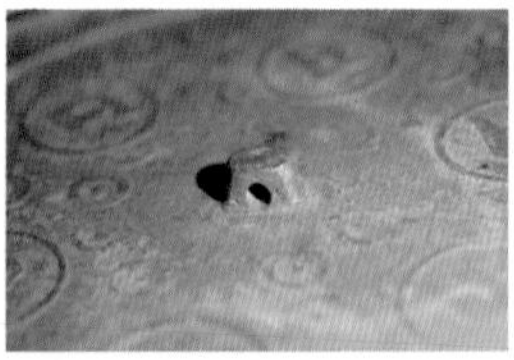

뉴

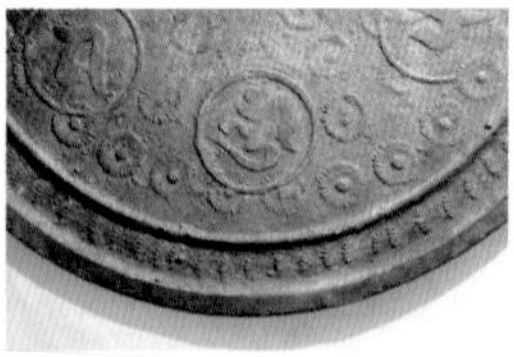

⌀3cm

반대면

[oṃ]

[pha]

[ma]

[maṃ]?

[ṇi]

[ma]

범자 동경　조선, 덕수 542, 국립중앙박물관

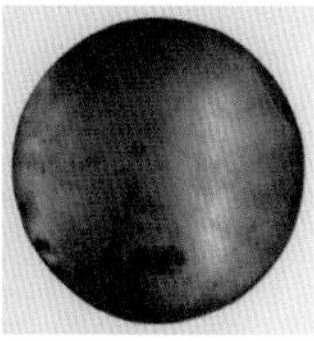

∅17.7cm

반대면

범자 동경　조선, 본관 13158, 국립중앙박물관

∅15cm　∅2.5cm　반대면

범자 동경　조선, 동원 1825, 국립중앙박물관

∅18.5cm

범자 동경　조선, 연세대학교 박물관

∅18.6cm

범자 동경　조선, 한국불교미술박물관

북한 대성산성 출토　조선[14]

에 육자진언, 육자진언+정법계진언, 준제진언 등을 배열하였다. 범자의 크기에 차이가 있을 뿐 새기는 방식은 거의 동일하였다. 예외적으로 개성에서 출

14　고구려연구재단, 『남북공동유적조사보고서 평양일대 고구려유적』, 2005, p.95

토된 것으로 전하는 국립중앙박물관 소장 범자 동경은 4개의 원형문만을 마련하여 하나의 원형문 안에 1자씩 총 4자로 구성된 진언다라니를 새겨 특징적인 범자 동경이라 할 수 있다.

그리고 소형으로 제작된 범자 동경이 전국의 여러 박물관과 사찰 등에 전해지고 있다. 소형 범자 동경의 무게는 20~40g 정도이며, 일반적으로 한가운데 卍자를 배치하고, 그 주변으로 6자로 구성된 육자진언을 원형으로 배열하고, 그 사이 공간에 작은 국화문을 장식하였다. 예외적으로 2~4자의 범자를 배열한 경우도 있지만, 기본적으로는 6자로 구성된 육자진언을 새겼다. 드물게는 동경의 표면 외곽에 일정한 너비로 테두리를 마련한 다음 그 안에 불정심인 도상을 새긴 경우도 있다. 이처럼 소형 범자 동경은 고분에서 출토된 소형의 범자 동경과 형태와 규모 등이 유사하고, 일부 범자 동경은 범자를 새긴 방식이 같은 주조 틀에 의하여 제작되었다고 볼 수 있을 만큼 강한 친연성을

⌀4.4cm 뒷면 ⌀5.8cm ⌀5.3cm ⌀4.1cm ⌀4cm

단국대학교 석주선기념박물관 국립중앙박물관 고양 원각사 정각 스님 제공

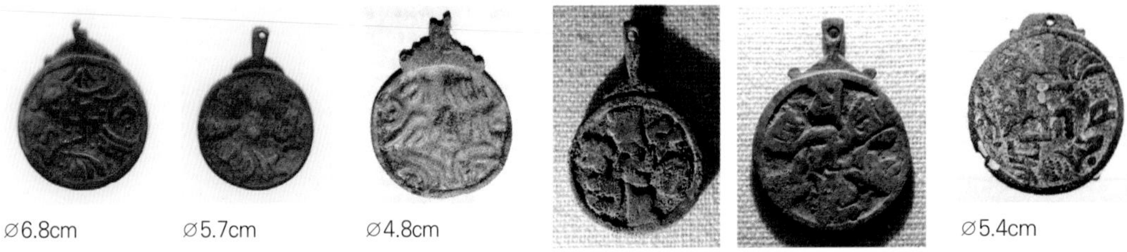

⌀6.8cm ⌀5.7cm ⌀4.8cm ⌀5.4cm

한국불교미술박물관[15] 동국대학교 박물관 대구 카톨릭대학교 역사박물관 영남대학교 박물관

15 한국불교미술박물관, 『예술과 실용의 만남』, pp.60~65.

⌀3.6cm ⌀3.4cm ⌀4.2cm ⌀3.8cm ⌀5.35cm

❶ ❷ ❸ ❹

❶ 경성대학교 박물관[16]
❷ 불정심인 동경　국립중앙박물관
❸ 안동 산야동　경북대학교 박물관
❹ 국립청주박물관[17]

고양 원각사
정각 스님 제공

대구 카톨릭대학교 역사박물관
근현대

보이는 경우도 있다. 이러한 것으로 보아 조선시대에는 범자 동경을 제작하는 유사한 주조 틀이 통용되고 있었음을 짐작할 수 있다.

경기도 고양 원각사에도 여러 점의 소형 범자 동경이 소장되어 있는데, 1점은 작은 손잡이가 달려 있고, 卍자를 중심으로 육자진언이 새겨졌다. 그리고 2점은 손잡이가 없지만 외곽에 작은 원공이 시공되어 있어 어딘가에 동경을 매달았음을 알 수 있다. 한가운데 卍자를 중심으로 4자와 6자로 구성된 진언이 새겨졌다. 4자는 6자로 구성된 육자진언을 일부 생략한 것으로 보인다. 이 동경들은 모두 조선시대에 제작하였다. 나머지 1점은 긴 손잡이와 함께 동경의 표면에 국화문이 장식되고, 그 사이에 4자의 범자가 새겨졌다. 이 동경도 6자로 구성된 육자진언을 간략하게 표현한 것으로 보이는데, 제작 시기는 하강할 것으로 보인다.

또한 우리나라 범자 동경이 국외에서도 상당량이 확인되고 있는데, 이들 중 대부분은 일본에 소재한 박물관이나 신사 등에서 전해지고 있다.[18] 이는 한국

16　黃貞淑, 「高麗 銅鏡의 硏究」, p.161(경주 동국대5(SH8), 영남대학교 박물관 53(5307), 경성대학교 박물관 경성대2(기증284)/경성대27(3030)).

17　국립청주박물관 1991년 김연호 기증품(소장번호 청1123).

18　小林和美, 「日本に渡來した菊花散梵字鏡」, 『歷史考古學』 第80號, 歷史考古學硏究會, 2021.

과 일본이 오래전부터 지리적으로 가까웠으며, 한반도의 선진문물이 일본으로 전래하였기 때문으로 보인다. 앞으로 정밀 조사가 이루어진다면 일본에서 더 많은 범자 동경이 확인될 것으로 보인다. 현재 일본에 전래한 범자 동경은 여러 유형이 확인되고 있는데, 어떤 범자 동경은 전래 시기와 과정을 비롯하여 제작 시기도 추정할 수 있는 관련 기록이 전해지고 있어 주목된다.

먼저 일본 경도시 북야(北野) 천만궁(天満宮)에는 조선시대 제작된 3점의 대형 범자 동경이 소장된 것으로 확인되고 있다.[19] 이 범자 동경은 제작 기법, 문양의 장식과 표현 기법, 범자 새김 기법 등으로 보아 상당히 우수한 장인에 의하여 주조되었음을 알 수 있다. 이 중에 대형의 범자 동경은 한가운데에 배치한 손잡이인 뉴를 중심으로 그 주변에 국화문을 장식하고, 외곽부에 별도의 원형문을 6개 마련하여 그 안에 1자씩 범자를 새겨 총 6자를 배열하였다. 그리고 중형 범자 동경은 원형문을 마련하지 않고 국화문 사이에 6자의 범자를 그대로 새겼다. 이처럼 범자 동경에서 원형문 없이 국화문 사이에 범자를 새기는 방식은 상당히 보기 드문 사례이다. 이와 유사한 제작 기법과 범자 새김 기법을 보이는 범자 동경들이 일본 팔판신사(八坂神社)에도 소장되어 있다.

일본 태재부시의 태재부 천만궁 보물전에도 조선시대 제작된 범자 동경 2점이 소장되어 있다.[20] 이 중에 대형의 범자 동경은 한국에 전하고 있는 범자 동경과 제작 기법이나 범자를 새긴 방식 등이 상당히 유사하다. 대형 범자 동경은 종자경(種子鏡)으로 명칭되고 있는데, 원래는 강등정징(江藤正澄)이 개인적으로 소장하고 있다가 1902년에 태재부 천만궁에 봉납하였다고 한다. 이 동경은 대형으로 지름은 36.4~36.8cm, 무게는 1,360g, 표면에 지름이 6.7cm인 1조의 원형 돌기문 안에 1자씩 총 6자의 범자를 새겼다. 그리고 다른 1점은 일명 범자국화산문경(梵字菊花散文鏡)으로 명칭되고 있다. 이 동경은 지름

19 京都國立博物館, 『北野天満宮神宝展』, 日本寫眞印刷, 2001, p.171.

20 西村强三, 「太宰府天満宮藏の中國·朝鮮鏡」, 『九州歷史資料館 硏究論集』 11, 九州歷史資料館, 1986, pp.103~104.

이 19cm, 주연 너비는 0.7cm이다. 동경 표면에 국화문을 가득 장식하였고, 그 사이의 4곳에 원형문을 마련하였다. 1조의 돋을대로 마련한 원형문은 지름이 4.1cm이며, 그 안의 한가운데 卍자를 중심으로 6자로 구성된 육자진언을 새겨 넣었다. 그래서 마치 하나의 원형문이 육자진언을 새긴 소형 범자 동경처럼 제작되었다고 할 수 있다. 이처럼 하나의 원형문 안에 여러 자로 구성된 범자 진언다라니를 새긴 범자 동경이 고려대학교와 동국대학교 박물관에도 소장되어 있다.

또한 일본 엄도신사(嚴島神社)의 보물관에도 범자 동경이 전해지고 있는데, 보관함의 뚜껑 이면에 주목되는 내용이 기록되어 있다. 그 기록에 의하면, 이 동경은 좌세정승(佐世正勝)이 1592년 임진왜란에 참전했다가 조선에서 입수하여 귀국한 것이며, 이후 1597년 엄도신사에 봉납한 것이라는 묵서명이 있다.[21] 그리고 도근현(島根縣) 신혼신사(神魂神社)에도 엄도신사와 유사한 범자 동경이 전해지고 있다. 이 동경도 표면에 붉은 글씨로 그 유래를 기록하였는데, 임진왜란 때 선쟁에 참여했던 길천광가(吉川廣家)가 조선의 여러 전투에 참여했다가 1593년 8월 귀국할 때 무사 귀환을 염원하며 가지고 왔다고 한다. 이후 1598년 6월 신혼신사에 봉납했다고 한다.[22] 이처럼 두 동경은 조선에서 전래하였는데, 범자 동경이 무사 귀환을 염원하는 신물로서 수호의 의미로 가지고 왔음을 알 수 있다. 이 범자 동경들은 소장 경위 등을 알 수 있는 사료로서 고려대학교 박물관에 소장된 것과 제작 기법, 범자 새김 방식, 범자체 등이 유사하여 주목된다. 일본 녹아도(鹿兒島) 산궁신사(山宮神社)에도 조선의 범자 동경이 전하고 있는데, 앞면에 6개의 원형문을 마련하여 하나의 원형문 안에 6자로 구성된 육자진언을 새겨 넣었다. 또한 일본 기옥현립역사민속박물관(埼玉縣立歷史民俗博物館)에 소장된 범자 동경도 표면에 국화문을 장식하고, 외곽

21 脇山佳奈, 「嚴島の奉納鏡 -菊花散梵字鏡について-」, 『藝備地方史研究』 第285號, 2013, pp.16~18.
22 島根県立, 「意宇の神仏の宝もの出雲国の源流から」, 『島根県立八雲立つ風土記の丘』, 2012.

| 표 고려대학교 박물관 소장 범자 동경과 일본 신혼신사(神魂神社) 범자 동경의 범자체[23]

영어음	〔oṃ〕	〔śu〕	〔hā〕	〔ma〕	〔ri〕	〔svā〕
고려대학교 박물관 소장 범자 동경		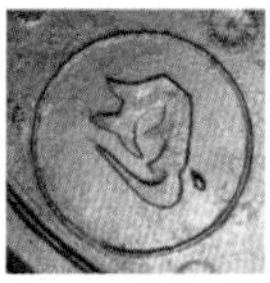	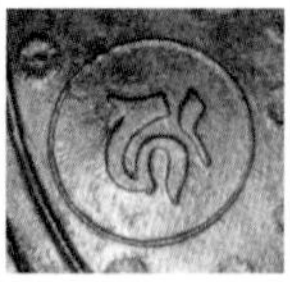			
일본 신혼신사 범자 동경						

부에 원형문을 마련하여 1자씩 범자를 새겨 넣었다. 대마도 해신신사(海神神社)에 전해지고 있는 범자 동경도 한가운데 마련된 손잡이를 중심으로 표면에 국화문을 가득 장식하고, 외곽부에 원형문을 마련하여 그 안에 1자씩 육자진언을 동그랗게 새겼다. 이처럼 국화문이나 원형문 안에 1자씩 범자로 진언을 새긴 대형의 범자 동경이 일본의 여러 신사와 사찰 등에 소장되어 있다.[24]

일본 대판역사박물관(大阪歷史博物館)에도 조선의 범자 동경이 여러 점 소장되어 있다. 이 중에 중형급 범자 동경은 한가운데에 뉴를 마련하고, 전면에 걸쳐 원형문과 국화문을 가득 장식하였다. 그런데 뉴를 중심으로 안쪽 열에는 원형문이 7개, 바깥쪽 열에는 원형문이 13개로 동그랗게 2열로 배치되어 있다. 그리고 원형문 안에는 한가운데의 자방을 중심으로 8개의 잎을 가진 연화문처럼 꽃문양을 장식하여, 연잎마다 1자씩 범자를 새겼다. 범자는 글자 크기가 작고, 일그러져 있어 판독하기가 어렵지만 8자로 구성된 진언다라니인 것으로 보아 육자진언+정법계진언 또는 준제진언을 새겼을 것으로 추정된다. 지금까지 확인된 이러한 형태의 범자 동경들은 일반적으로 4개 또는 6개의

23 이 표는 일본의 동아시아범자연구회 회원인 고바야시 카즈미(小林和美) 선생님이 작성 제공해 주었다. 깊이 감사드린다.

24 日本 天滿天神宮에도 1614년 2월 毛利勝永이 安樂寺에 奉納한 조선의 범자 동경이 소장 되어 있는 것으로 알려져 있다. 이 동경도 임진왜란 때 가지고 귀국한 것으로 전해진다(小林和美, 「日本に渡来した菊花散梵字鏡の検討 2」, 東アジア梵字文化研究会12月例会, 2020.12).

원형문을 마련하였는데, 이 범자 동경은 20개의 원형문을 배치하여 신앙적 의미를 극대화하였다. 또한 대판역사박물관에는 소형의 조선 범자 동경도 여러 점 소장되어 있는데, 한국에서 출토되고 있는 소형의 조선 범자 동경들과 제작 기법이나 범자를 새긴 방식 등이 친연성을 보여 전래품이었을 것으로 보인다. 그리고 불정심인이 새겨진 소형의 동경도 있으며, 긴 손잡이가 달린 범자 동경은 표면에 국화문을 장식하고, 사방에 1자씩 4자의 범자를 새겼다. 이외에도 일본 고려미술관과 동경대학 미술박물관에도 각각 조선시대 제작된 범자 동경 1점이 소장되어 있는 것으로 파악되고 있다. 이 중에 고려미술관 소장 범자 동경은 원형으로 배치된 6개의 원형문 안에 각 1자씩 총 6자가 배열되어 있는데, 3자는 〔oṃ〕, 교차하여 새긴 나머지 3자는 〔ma〕-〔maṃ〕-〔ṇi〕로 판독된다. 이러한 것으로 보아 〔oṃ〕을 강조한 육자진언을 의도한 것으로 보인다.

오늘날 일본에 소재하고 있는 조선의 범자 동경에 대한 구체적인 수량은 확인이 어렵지만, 현재 서일본 지역의 신사나 사찰 등에도 상당량이 소장되어 있는 것으로 알려져 있다. 예를 들면 장기 금장사(長崎 金藏寺), 향천 원통사(香川 圓通寺), 고지 안락사(高知 安樂寺), 애원 대산지신사(愛媛 大山紙神社), 조취 대산사(鳥取 大山寺), 경도 삼실호사(京都 三室戶寺) 등에도 한반도에서 전래한 조선의 범자 동경이 소장되어 있다고 한다. 이러한 것으로 보아 한반도에

⌀36cm ⌀25cm ⌀25cm

일본 경도시 북야 천만궁 소장 범자 동경 조선[25]

25 京都國立博物館, 『北野天滿宮神宝展』, 日本寫眞印刷, 2001, p.177.

⌀36cm ⌀25cm ⌀25cm

일본 팔판신사 소장 범자 동경 조선[26]

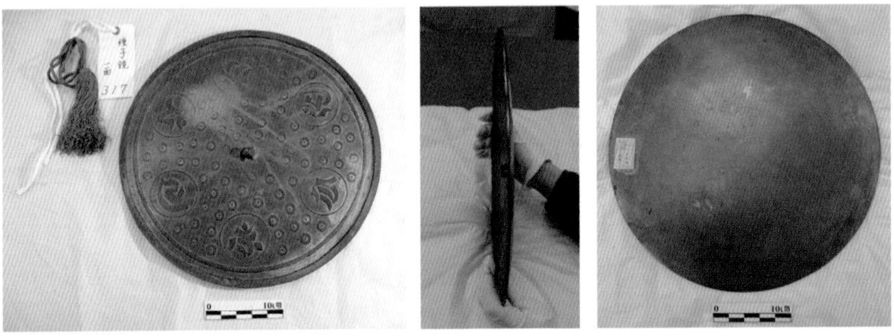

⌀36.4~36.8cm, 글자 ⌀5cm 측면 반대면

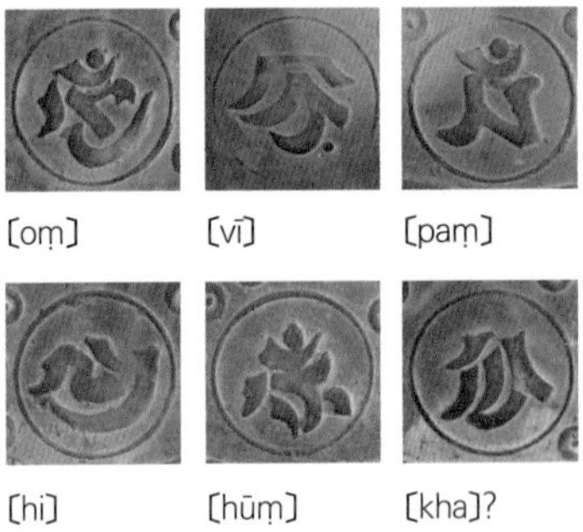

[oṃ] [vī] [paṃ]

[hi] [hūṃ] [kha]?

일본 태재부 천만궁 보물전 소장 범자 동경 1 조선, 유물번호 335

서 전래하여 일본에 전하고 있는 범자 동경에 대한 전면적인 조사가 이루어진다면 더 많은 수량이 확인될 것이다. 이는 조선시대에 한반도와 일본 열도와의 교류가 지속하여 이루어졌음을 시사한다.

⌀19cm

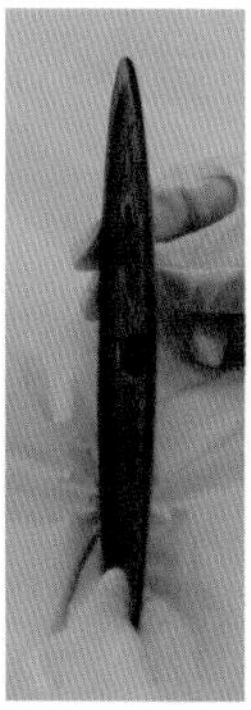

측면

반대면

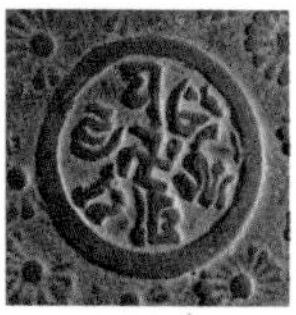

육자진언

일본 태재부 천만궁 보물전 소장 범자 동경 2　조선, 유물번호 317

⌀37.1cm

도면

범자 동경 유래 기록

일본 엄도신사 범자 동경　조선, 일본 松波宏隆 제공

❶

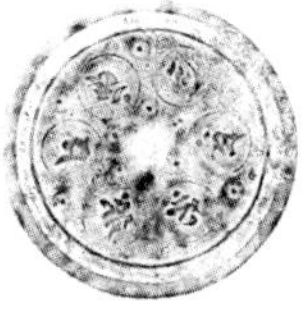

⌀17cm

❷

❸

❶ 일본 신혼신사 범자 동경　조선

❷ 일본 기옥현립역사민속박물관 범자 동경　조선[27]

❸ 일본 산궁신사 범자 동경　조선[28]

⌀16.1cm

⌀24.2cm

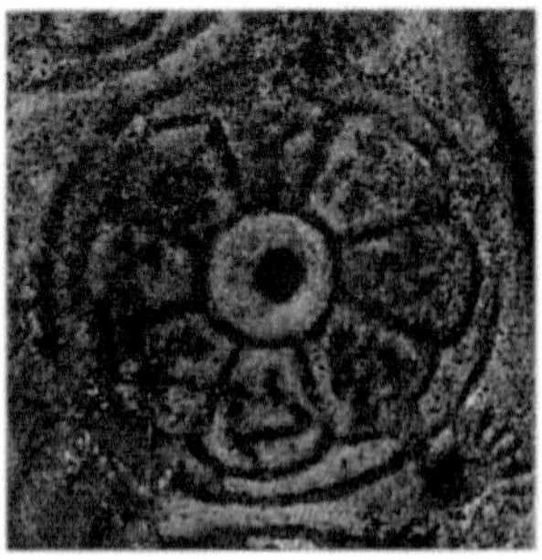

❶ ❷ ❸

❶ 일본 대마도 해신신사 범자 동경　조선[29]　❷ 일본 대판역사박물관 범자 동경　조선　❸ 일본 길수신사 범자 동경　조선[30]

H8.4cm

⌀3.7cm

⌀5.4cm

⌀4.2cm

일본 대판역사박물관 범자 동경　조선[31]

일본 동경대학 미술박물관 범자 동경　조선

일본 고려미술관 소장 범자 동경　조선, 고정룡 제공

---

26 京都國立博物館,『祇園 八坂神社の名宝』, 2002, p.87.

27 高正龍·濵崎 範子,「埼玉縣立歴史と民俗の博物館所藏の韓國梵字資料」,『歴史考古學』第71號, 歴史考古學研究會, 2015, pp.49~61.

28 奈良文化財研究所 飛鳥資料館,『山宮神社藏鏡圖錄』, 飛鳥資料館研究圖錄 第3册, 2003.

29 岡崎讓治,「對馬·壹岐金工品」,『佛教藝術』95号, 佛教藝術學會, 1974, pp.70~85. / 西日本文化協會 編,『對馬の美術』, 秀巧社印刷株式會社, 1978, p.154. / 奈良文化財研究所 飛鳥資料館,『對馬の鏡』, 飛鳥資料館研究圖錄 第5册, 2004.

30 久保智康,「妙法院傳來'豊公遺宝'の柄鏡」,『学叢』第22號, 京都國立博物館, 2000, p.91.

31 大阪歷史博物館,『大阪歷史博物館 館藏資料集 3 中國鐘·朝鮮鐘』, 2006, p.34/p.35/p.61. 일본 大阪博物館의 동경들은 중국 송나라의 것으로 소개되어 있으나, 범자 동경의 주조 기법이나 범자를 새김 기법 등으로 보아 조선의 것임을 알 수 있다.

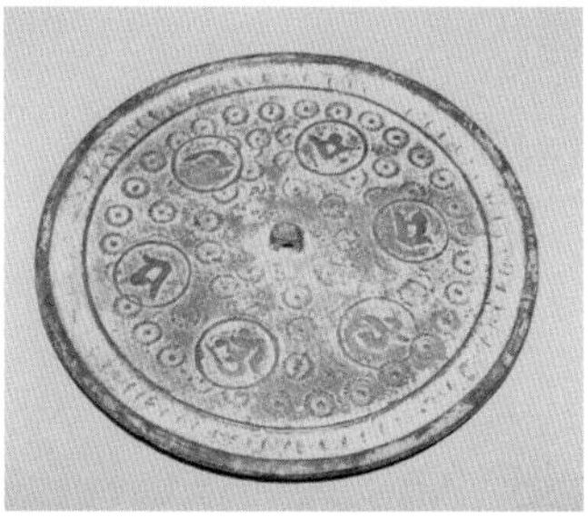

독일 베를린시립박물관 범자 동경 조선[32]

반대면

미국 미시간대학교 미술관 범자 동경 조선[33]

한편 조선시대 제작된 중소형 범자 동경이 독일 베를린시립박물관과 미국 미시간대학교 미술관에도 소장되어 있다. 이들은 교역품이기보다는 근현대기에 어떤 이유로 반출되었거나 매매된 것으로 추정된다. 이 범자 동경들도 표면에 육자진언을 새겼다. 이 중에 미국 미시간대학교 미술관에 소장된 범자 동경은 오랜 세월로 부식되었지만, 표면에 직물 흔적 등이 그대로 남아있는 것으로 보아 고분에서 출토된 동경으로 추정된다.

이외에도 동경 표면에 여러 자로 구성된 특정한 진언다라니를 자륜식으로 가득 새긴 범자 동경도 있다. 이 동경은 법경(法鏡)만다라로도 불리는데, 고려 후기부터 사용한 것으로 고려가 직접 제작했는지, 아니면 원나라에서 수입한 것인지는 명확하게 알 수 없는 상황이다. 다만 전세품이 다수 확인되는 것으로 보아 고려에서 직접 제작 활용했을 것으로 보인다. 현재 이러한 유형의 동경이 우리나라를 비롯한 동아시아에서 확인되고 있는데, 마치 하나의 주조틀로 제작한 것처럼 거의 동일한 범자 진언다라니를 배열하였다. 한가운데의 꼭지에 범자 1자를 크게 배치하고, 외곽부에 1조의 원형문을 마련하여 그 안쪽과 바깥쪽에 각각 1열로 진언다라니를 만다라 형으로 배열하였다. 바깥쪽은 20자로 〔na mo sa ptà nàü sa mya ksaü bu ddhà ko ñã nàü ta dya thà oü

32 한국국제교류재단, 『유럽박물관소장 한국문화재』, 대광정판사, 1989, p.52.
33 국외소재문화재단, 『미국 미시간대학교 미술관 소장 한국문화재』, 2013, p.235.

진언다라니 동경 고양 원각사, 정각 스님 제공

진언다라니 동경 최종남 교수 소장

탁본

ca le cu〕, 안쪽은 16자로 〔le cuü de svà hà oü oü raü oü cchrãü oü ma õi pa dme håü〕, 한가운데는 〔cuü〕로 판독되고 있다. 이처럼 진언다라니는 바깥쪽에서 안쪽으로 염송하도록 배열하였는데, 칠구지불모심대준제다라니진언(七俱胝佛母心大准提陀羅尼眞言)〔namo saptànàü samyaksaübuddhà koñãnàü tadyathà oü cale cule cuüde svàhà〕-정법계진언〔oü oü raü〕-호신진언〔oü cchrãü〕-육자진언〔oü ma õi pa dme håü〕, 준제불모종자〔cuü〕로 구성하였다. 이를 의역하면, "귀의합니다. 칠구지정편지불모. 옴!, 우리에게 찬란한 빛을 자주 비추어 주시는 준제불모여, 찬탄합니다."라고 할 수 있다. 결국, 준제진언을 염송하면, 그 공덕으로 원하는 바를 이룰 수 있다는 의미라 할 수 있다. 이러한 동경은 밀교가 성행하면서 의례에 활용하고, 공덕을 쌓기 위한 용도 등으로 제작되었다고 할 수 있다. 밀교의 진언다라니를 통하여 무병장수, 수명연장, 극락왕생, 성불 등을 염원하였고 다양한 공덕과 방편을 위한 것으로 활용되었음을 알 수 있다.

이와 같은 범자 동경은 전체적인 외형과 거울 부분의 형태, 표면의 문양과 명문 등에 따라 다양하게 분류되고 있다. 특히, 외형은 동경 유형 분류의 중요한 기준이 되고 있는데, 평면 형태에 따라 원형, 사각형, 화형(花形), 릉형(稜

形), 각형(角形), 도형(桃形), 종형(鍾形) 등으로 구분하고 있다.[34] 그런데 범자 동경의 대부분 평면은 원형이라고 할 수 있다. 예외적으로 전체적인 형태를 풍탁형으로 만들어 한가운데에 원형 거울을 배치하고, 그 주변에 범자로 진언다라니를 새긴 경우도 있다.

이러한 원형 범자 동경은 지름에 따라 소형급(직경 10cm미만), 중형급(직경 10~30cm미만), 대형급(직경 30cm이상)으로 분류해 볼 수 있다. 현재까지 확인된 범자 동경 중에서 지름이 가장 작은 것은 3cm이며, 가장 큰 것은 국립중앙박물관에 소장된 것으로 37.9cm이다. 현재 대형급 범자 동경은 서울 종로구 청진지구 출토, 홍천 수타사 성보박물관 소장, 국립과 사립 박물관 소장, 일본 소재의 신사에 소장된 동경 등이 있다. 이처럼 범자 동경은 지름이 3cm대인 소형급부터 37cm가 넘는 대형급까지 다양한 크기로 제작되었는데, 이 중에 지름이 3~5cm인 소형급 범자 동경이 가장 많은 수량을 차지하고 있다. 이러한 소형의 범자 동경이 고분에 많이 매납되었던 것으로 보아, 그 용도가 고분 매납용으로 많이 제작되었을 것으로 보이며, 기성품으로 제작되어 유통되었을 것으로 추정된다. 그리고 대형 동경은 왕실이나 사찰에서 특별한 용도를 위하여 제작한 것으로 보인다.

한편 동경은 손잡이가 달렸을 경우 병형(柄鏡) 또는 수경(手鏡), 그렇지 않은 경우는 무병경(無柄鏡)으로 구분한다. 그리고 대형급이나 중형급 범자 동경은 한가운데에 별도의 끈 등을 끼울 수 있는 뉴(紐)를 만들어 특정한 곳에 매달도록 고안하였다. 그런데 소형 병경은 뉴가 달리지 않고, 손잡이 형태로 별도의 대를 만들어 그 끝에 원공을 시공하여 가는 끈을 끼우도록 하였다. 이처럼 소형급의 범자 동경에서 짧은 홈대는 순수한 손잡이 기능이라기보다는 원공을 시공하여 범자 동경을 특정한 곳에 걸거나 고정하기 위한 역할을 했던 것으로

34 方形은 正方形/長方形, 花形은 花紋의 숫자에 따라 四花形/六花形/八花形, 稜形은 모서리의 숫자에 따라 四稜形/六稜形/八稜形 등으로 세분되기도 한다.

보령 구룡리 2호 토광묘 출토 현경[37]

보인다. 청원 주성리 유적과[35] 진천 사양리 유적 토광묘에서[36] 출토된 범자 동경들은 고정하기 위한 실이 원공에 남아있어 그러한 사실을 짐작할 수 있다. 반면, 청원 주성리 유적 토광묘나 전세되고 있는 소형의 범자 동경들은 외곽부에 작은 원공을 시공하여 고정하도록 했다. 이러한 것으로 보아 짧은 손잡이 형태의 고정 홈대가 달린 범자 동경은 손잡이 기능보다는 특정한 곳에 걸기 위한 기능을 위하여 부착하였던 것으로 보이기 때문에 병경보다는 보령 구룡리 토광묘에서 출토된 동경처럼 현경(懸鏡)으로 명칭하는 것이 더 옳을 것으로도 판단된다. 물론 손잡이를 길게 단 경우는 두 가지의 기능을 동시에 갖도록 한 병경이겠지만, 원공이 시공된 짧은 홈대가 달린 경우는 걸기 위한 목적으로 부착되었음을 알 수 있다.

또한 동경은 길상문, 용문, 초화문, 연주문, 연화문, 당초문 등 표면 문양에 따라 다양하게 분류된다. 이러한 문양과 함께 염원이나 상징적인 의미를 담고 있는 명문이 새겨진 경우도 있다. 그런데 범자 동경은 범자가 주이기 때문에 일반적으로 여러 문양이 새겨지거나 장식되지는 않았다. 그런데 중대형급

국화문 범자 동경
서울 종로 청진 지구 출토

국화문 범자 동경
동국대학교 박물관

국화문 범자 동경
일본 산궁신사

35 中原文化財硏究院, 『淸原 主城里 · 倉里 遺蹟』, 2013, p.319.
36 중앙문화재연구원, 『문백 전기 전자농공단지 조성부지내 鎭川 思陽里 遺蹟』, 2001, p.119.
37 국립부여박물관, 『청동거울』, 2010, p.54.

중국 북경 고궁박물원 소장 범자 동경[38]

은 범자 진언다라니와 함께 여유 공간에 한결같이 국화문을 장식하였다. 국화는 예로부터 절개, 갱생, 기개, 불굴, 기상 등의 의미가 있었다고 한다. 그리고 노장사상에 의하여 신선의 꽃으로도 일컬어졌다. 고려시대에는 국화가 불로불사(不老不死), 무병장수의 영초(靈草)로도 인식되어 청자와 동경 등 여러 미술품에 표현되었다. 이처럼 국화에 대한 현세 기복적인 성격이 밀교의 신비주의적 특성과 결합하여 동경 표면에 범자 진언다라니와 함께 국화문이 표현되었던 것으로 보인다.

그리고 범자 동경에 새겨진 범자체는 자획이나 필체 등에서 부분적인 차이는 있지만, 대부분 동아시아에서 크게 성행했던 실담체이다. 다만 국립중앙박물관에 소장된 2점의 고려시대 범자 동경은 랸차로 진언다라니를 새겼다. 이처럼 고려 후기에 원나라 밀교의 영향으로 랸차로 진언다라니가 새겨진 불교 미술품들이 상당수 확인되고 있다. 그러나 범자 동경에 새겨진 대부분의 범자는 실담이다.

또한 범자 동경은 기본적으로 거울의 양면 중에서 한 면에는 범자를 새기고, 다른 면은 매끄럽고 깔끔하게 처리하였다. 그런데 범자 동경의 크기와 장인에 따라 범자를 새기거나 배치하는 방식이 다양했다. 첫 번째로 거울에 별도의 원형문을 마련하지 않고, 1자-3자-4자-6자 등으로 범자를 새긴 경우이다. 청주 산남동 유적 토광묘에서 수습된 범자 동경은 크게 〔oṃ〕 1자만을 새겼다. 서울 진관동 분묘군 토광묘에서 출토된 범자 동경은 거울에 〔oṃ maṇi〕라고 3자를 새겼다. 국립광주박물관이 소장하고 있는 담양 도림리 출토 범자 동경은 거울에 〔oṃ ṇi oṃ ṇi〕 4자를 새겼는데, 육자진언을 의미하는 〔oṃ ṇi〕를 두 번 반복하여 새긴 것으로 보인다. 이와 동일한 범자 동경이 일본 대판박물관에도 1점이 소장되어 있다. 특히 두 범자 동경은 형태와 직경, 범자

38 郭玉海, 『古宮藏鏡』, 紫禁城出版社, 1996, p.143.

체, 범자를 새긴 방식 등으로 보아 동일 장인이나 같은 주조 틀로 제작하였을 가능성도 있다. 그리고 고양 원각사에 소장된 범자 동경은 필체가 불분명하여 정확한 판독이 어렵지만, 한가운데의 국화문을 중심으로 사방에 〔oṃ ṇi padme〕 4자를 새긴 것과 한가운데 卍자를 중심으로 〔oṃ ma ṇi pa〕 4자를 새긴 것이 있는데, 모두 육자진언을 표현한 것으로 보인다. 이처럼 동경에 육자진언을 새긴 경우가 대부분인데, 상징성이 높은 범자 1자만을 새기거나, 이를 간략화시켜 3자나 4자로 구성한 경우도 있다. 그런데 사례는 많지 않지만 다른 유형의 불교 미술품에서도 육자진언의 6자 중 2자나 5자만을 새겨 육자진언을 나타낸 경우는 있지만, 범자 동경에서 5자로 육자진언을 구성한 경우는 확인되지 않고 있다. 이것은 여러 자로 구성된 진언다라니를 원형으로 배치해야 하는 동경의 형태에서 기인한 것으로 보인다. 즉, 원형의 동경에서 5자나 6자는 배열에 있어서 큰 차이가 없기 때문으로 추정된다. 그래서인지 범자 동경에서 육자진언을 간략화시켜 새길 경우는 3자와 4자로 구성하는 것이 가장 일반적이었다. 일본 경도시 천만궁에 소장된 동경 2점은 별도의 원형문을 마련하지 않고 6자로 구성된 육자진언을 국화문과 함께 새겨 넣었다. 그리고 소형 범자 동경들이 대부분 원형문을 마련하지 않고 한가운데 卍자를 중심으로 동그랗게 6자로 구성된 육자진언을 새겼다. 이러한 범자 동경이 중국 북경 고궁박물원에도 소장되어 있는 것으로 보아 당시 동아시아에서 성행했던 범자 동경 스타일이었던 것으로 추정된다.

두 번째로 거울 표면에 별도의 원형문을 마련하여 그 안에 1자씩 범자를 새겨, 총 4자 또는 6자를 배치하였다. 서울 진관동 분묘군 수혈묘에서 수습된 범자 동경은 일부 범자가 마모되어 정확한 판독은 어렵지만, 자획으로 보아 〔oṃ ma ṇi pa〕 4자를 새긴 것으로 보인다. 그리고 보은 상가리 유적 토광묘에서 출토된 범자 동경과 국립중앙박물관 소장 범자 동경 중에도 한가운데 마련된 뉴 주변으로 국화문을 배치하고 사방에 1개씩 원형문을 마련하여, 그 안에 1자씩 범자를 새겨 넣었다. 이 동경에 새겨진 범자에 대한 판독은 어렵지만, 육자진언을 4자로 간략화시켜 새긴 것으로 보인다. 또한 서울 종로 청진 지구에서 출토된 범자 동경은 국화문을 가득 장식하고, 6개의 원형문을 마련하여 그 안에 〔oṃ ma ṇi pa dme hūṃ〕을 1자씩 새겨 넣었다. 홍천 수타사 성보박물관에 소장된 범자 동경 2점도 같은 방식이다. 이와 동일한 방식으로 육자진언을 새긴 동경은 서울 관철동과 을지로에서 출토된 것으로 전하는 국립중앙박물관 소장 범자 동경, 국립중앙박물관에 소장된 여러 점의 범자 동경, 호림박물관 소장 범자 동경, 독일 베를린시립박물관 소장 범자 동경 등이 있다. 그리고 은해사 성보박물관에 소장된 범자 동경도 같은 방식으로 범자 진언다라니를 배치하였는데, 원형문을 상당히 작게 마련한 점이 특징적이다.

세 번째로 하나의 원형문 안에 6자로 구성된 육자진언이나 여러 자로 구성된 진언을 새긴 경우이다. 이 범자 동경들은 거울 표면에 원형문을 4개, 5개, 6개 등 수량을 달리하여 배치하였다. 일본 복강현(福岡縣) 태재부(太宰府) 천만궁(天滿宮)에 소장되어 있는 조선시대 범자 동경은 사방에 1개씩 총 4개의 원형문을 배치하였으며, 청인 주성리 토광묘에서 출토된 범자 동경과 동국대학교 박물관 소장 범자 동경은 5개의 원형문을 배치하였다. 그리고 일본 산궁신사에 소장된 범자 동경은 총 6개의 원형문을 배치하였다. 이들 범자 동경은 하나의 원형문 안에 6자로 구성된 육자진언을 모두 새겼다. 서울 종로 청진 지구에서 출토된 범자 동경은 6개의 원형문을 배치하였는데, 마모가 심하여 판독은 어렵지만 하나의 원형문 안에 8~9자로 구성된 범자 진언다라니를 새긴 것으로 추정된다. 또한 일본 대판박물관에 소장된 범자 동경은 가장 많은 총 20개의 원형문을 배치하였다. 이 범자 동경은 하나의 원형문 안에 8자로 구성된 진언다라니가 새겨져 있는데, 마모되어 정확한 판독이 어렵지만 범자 수를 고려할 때 육자진언과 정법계진언을 함께 새겼거나 준제진언을 새긴 것으로 추정된다.

네 번째로 불정심인 도상을 새긴 경우이다. 국립중앙박물관에 소장된 동경은 한 면에는 불정심인, 다른 면에는 관세음보살을 새겼다. 불정심인과 관세

| 표 동경에 새긴 범자 진언다라니의 유형

구 분 (지름)	범자를 새긴 방식과 진언다라니	
소형 (10cm 미만)	① 1자+국화문:〔oṃ〕 ② 3자:〔oṃ ma ṇi〕 ③ 4자+국화문:〔oṃ ṇi oṃ ṇi〕/〔oṃ ṇi pa dme〕 ④ 4자+卍자:〔oṃ ma ṇi pa〕 ⑤ 6자:〔oṃ ma ṇi pa dme hūṃ〕 ⑥ 6자+卍자:〔oṃ ma ṇi pa dme hūṃ〕 ⑦ 불정심인:〔oṃ〕	종자진언 육자진언 불정심인
중형 (10~30cm 미만)	① 뉴+국화문+무원6자:〔oṃ ma ṇi pa dme hūṃ〕 ② 뉴+국화문+1원1자(총4자):〔oṃ ma ṇi pa〕 ③ 뉴+국화문+1원1자(총6자):〔oṃ ma ṇi pa dme hūṃ〕 ④ 뉴+국화문+1원6자(총4원):〔oṃ ma ṇi pa dme hūṃ〕 ⑤ 뉴+국화문+1원6자(총5원):〔oṃ ma ṇi pa dme hūṃ〕 ⑥ 뉴+국화문+1원6자(총6원):〔oṃ ma ṇi pa dme hūṃ〕 ⑦ 뉴+국화문+1원8자(총20원):〔oṃ ma ṇi pa dme hūṃ+oṃ raṃ〕 ⑧ 뉴+화문+금강령(총9자):〔cuṃ + oṃ cu ca ce le svā le hā〕	육자진언 정법계진언 준제진언
대형 (30cm 이상)	① 뉴+국화문+1원1자(총6자):〔oṃ ma ṇi pa dme hūṃ〕	육자진언
기타	① 풍탁형 동경(총8자):〔oṃ raṃ〕	정법계진언

음보살과의 깊은 관련성을 짐작케 한다. 불정심인은 범자 중에서 가장 상징성이 높은 〔oṃ〕을 도상화한 것으로 파악되고 있다.[39]

이처럼 범자 동경에 진언다라니를 새긴 방식은 다양하지만, 기본적으로 범자를 외곽부에 동그랗게 배치하였다. 이러한 방식은 기본적으로 포자륜(布字輪)과 원자륜(圓字輪)에 기초한 자륜식(字輪式) 배치법이다. 대부분의 범자 동경들이 자륜식으로 범자 진언다라니를 배열한 것은 동경의 평면이 기본적으로 원형이라는 점도 있었겠지만, 동아시아의 일반적인 진언다라니 배치법이기도 했으며, 마니차처럼 진언다라니를 통한 무한한 공덕을 쌓고, 불법이 법륜처럼 원만하게 모든 중생에게 두루 전해지라는 의미가 담긴 것으로 보인다.

---

39 엄기표, 「寶珠形 唵(oṃ)字 圖像의 전개와 상징적 의미에 대한 試論」, 『선문화연구』 제14집, 한국불교선리연구원, 2013, pp.333~390.

그리고 고려와 조선시대 범자 동경은 휴대 호신경(護身鏡), 소장 기복경(祈福鏡), 매납 추복경(追福鏡), 봉안 신주경(神呪鏡) 등 다양한 용도로 제작되거나 활용되었던 것으로 보인다. 특히 소형 범자 동경은 몸에 지니고 다니면서 개인의 안녕과 복을 기원하거나, 불교적인 사후관과 내세관에 의하여 죽은 자의 추복과 극락왕생을 염원하기 위하여 무덤에 시신과 함께 매납하는 등 신성하고 영험한 신물로 인식되었다.

한국에서 범자 동경이 제작 활용되기 시작한 것은 범자 진언다라니에 대한 신앙이 널리 보급되고 성행하였던 고려 후기부터로 추정된다. 당시 고려는 밀교적 측면이 강했던 원나라 문화와 밀접한 교류 관계에 있었는데, 원나라도 동경에 범자로 진언다라니를 새겨 공덕을 쌓거나 주술적인 용도로 널리 활용하였다.[40] 한편 범자 동경은 조선시대 들어와 분묘에서 많이 출토되고 있는데, 무덤의 부장품으로 가장 많이 부장되었던 시기는 조선 전기로 14세기 후반부터 16세기까지로 파악되고 있다. 그런데 이 시기는 중앙 정부 차원에서 억불숭유 정책을 가장 강력하게 추진하기도 했지만, 여전히 특정 왕대와 왕실을 중심으로 불교가 신봉되었으며, 밀교 신앙의 저변이 확대하였던 시기였다.[41] 이러한 시기에 범자 동경이 시신과 함께 많이 매납되었던 것으로 보아, 조선시대 들어와 성리학적 유교사관이 널리 유포되었지만, 여전히 불교식 사후관이 지속되고 있었음을 방증해준다. 이처럼 무덤에 육자진언이 새겨진 범자 동경을 시신과 함께 부장한 것은 관세음보살의 위신력으로 망자에 대한 추복과 극락왕생, 살아있는 사람들의 무사안녕과 무병장수 등 다양한 염원이 담긴 것이라 할 수 있다.

---

40 安京淑, 「高麗 銅鏡 硏究」, 한양대학교 대학원 박사학위논문, 2015, p.126.

41 서윤길, 『한국밀교사상사』, 운주사, 2006, p.35.

13. 도자기

도자기는 진흙으로 빚어 형태를 만든 다음 높은 온도에서 구워낸 제품인데, 그 종류에는 토기, 도기, 자기, 석기 등이 있다. 이 중에 토기는 점토로 만들어 보통 700~900℃ 정도의 비교적 낮은 온도에서 소성한 것이 많고, 강도가 약한 것이 특징이다. 토기는 더 높은 온도로 굽기도 하는데, 배합된 성분에 따라 자연적으로 시유 처리가 되기도 한다. 자기는 배합한 소지(素地:밑바탕이 되는 흙)로 그릇의 형태를 만든 다음 1,200~1,500℃의 높은 온도에서 소성한 것이다. 굽고 나면 표면이 유리질이어서 흡수성이 거의 없고, 투광성이 있으며, 두드리면 금속성 소리를 내는 것이 특징이다. 이러한 자기는 소지, 굽는 온도, 문양 표현 기법 등에 따라 청자, 상감청자, 분청사기, 백자, 청화백자 등으로 분류된다. 이 중에 상감청자는 완성된 기형의 표면에 문양이나 문자 등을 음각하고, 그 부분에 태토의 성분과 유사한 백토나 자토로 메운 다음, 표면 위로 넘친 백토나 자토를 제거하고 나서 구우면, 음각으로 파진 부분에 백토나 자토의 색이 남게 되어, 처음에 의도했던 문양이나 글자 등이 나타나도록 만든 자기이다. 그리고 1차 번조(그릇을 불에 구워서 만들어 내는 일)를 하고 나서 유약을 씌운 다음, 2차 번조를 하면 문양이나 글자 등이 새겨진 상감청자가 완성된다. 고려시대에는 오늘날 전라남도 강진과 전라북도 부안 지역을 중심으로 최고급 상감청자들이 제작 공급되었다.

이처럼 고려시대 13~14세기대를 중심으로 제작된 자기 중에서 범자를 새긴 청자들이 확인되고 있는데, 이 청자들은 대부분 강진 사당리 요지를 중심으로 강진 지역의 특정 요지에서만 생산된 것으로 파악되고 있다.[1] 이러한 것으로 보아 강진 지역의 많은 고려시대 요지 중에서 특정한 장인이 제작을 주도했던 요지를 중심으로 범자가 새겨진 상감청자가 생산되었을 가능성이 있

---

1 강진청자자료박물관, 『고려청자와 종교』, 2002, pp.28~33.

범자가 새겨진 청자상감편 일괄　고려, 고려청자박물관

다. 지금도 소량이지만 범자가 새겨진 상감청자가 출토되고 있다. 현재 범자가 새겨진 고려시대의 상감청자는 강진고려청자박물관, 국립중앙박물관, 국립광주박물관 등에 소장되어 있다. 이외에도 범자가 새겨진 고려시대 청자는 일본에 소재하고 있거나, 공사립박물관이나 개인이 소장하고 있는 것으로 알려져 있는데, 공개되지 않은 경우도 많아 전체적인 현황이나 수량을 파악하기는 어려운 실정이다.

현재 강진에 있는 고려청자박물관에 범자가 새겨진 청자편이 여러 점 소장되어 있는데, 이들은 고려시대 제작된 접시나 향로 등에 활용되었던 편으로 파악되고 있다. 모두 상감기법으로 범자를 새겨 넣었다. 그런데 대부분은 범자가 새겨진 그릇 일부만 남아, 서자나 제작자가 어떤 범지 진언나다니를 의도하여 새겼는지 분명하게 알 수 있는 경우는 많지 않다.

범자가 새겨진 청자 중에서 비교적 이른 시기에 제작된 것으로 보이는 강진 사당리 23호 요지에서 출토된 청자상감 접시편은 그릇 안쪽 면의 바닥 면에 범자를 원형으로 돌려서 자륜식으로 배열하였다. 이 접시편은 안쪽 면의 중앙에 2조의 원형문을 마련하여, 한가운데에는 1자의 범자를 배치하고, 그 주변에는 일정한 간격으로 6자의 범자를 실담으로 새겼다. 한가운데 범자는 〔raṃ〕으로 판독되며, 그 주변에는 시계 방향으로 〔ṇi〕-〔pa〕-〔dme〕를 새긴 것으로 보인다. 따라서 〔oṃ raṃ〕의 정법계진언과 〔oṃ ma ṇi pa dme hūṃ〕

측면

굽∅7.6cm

강진 사당리 23호 요지 출토 청자상감 접시편　고려, 고려청자박물관

굽

측면

청자상감 접시편　고려, 고려청자박물관

측면

청자상감편　고려, 고려청자박물관

청자상감 접시편
고려, 고려청자박물관

〔ṇi〕

바닥 굽

강진 사당리 요지 출토 청자상감 접시편　고려, 국립광주박물관

의 육자진언을 의도하여 새긴 것으로 보인다. 그리고 원형문 외곽으로 배열된 작은 범자체는 시계 방향으로 〔ni〕-〔hūṃ〕, 가장 외곽에 있는 큰 범자체는 〔hā〕-〔ca〕-〔hūṃ〕-〔oṃ〕으로 판독되는데, 일부만 남아있어 어떤 범자 진언다라니를 의도하여 새겼는지 파악하기는 어려운 상태이다. 이외에도 고려청자박물관에는 여러 점의 범자가 새겨진 청자상감 편이 소장되어 있는데, 파편만 남아있어 그릇의 전체적인 형태를 비롯하여 어떤 범자 진언다라니를 의도하여 새겼는지 알 수 있는 경우가 많지 않다. 다만 일부 청자상감 편 가운데에는 〔ma〕, 〔ṇi〕, 〔dme〕, 〔hūṃ〕자 등이 확인되고 있어, 당시 가장 많이 신앙하고 널리 보급되었던 육자진언을 새겼을 가능성이 높은 것으로 추정된다.

그리고 강진 사당리 요지에서 출토된 범자가 새겨진 청자상감 편이 국립

대Ø6.5cm, 소Ø4.8cm, 굽Ø7.8cm

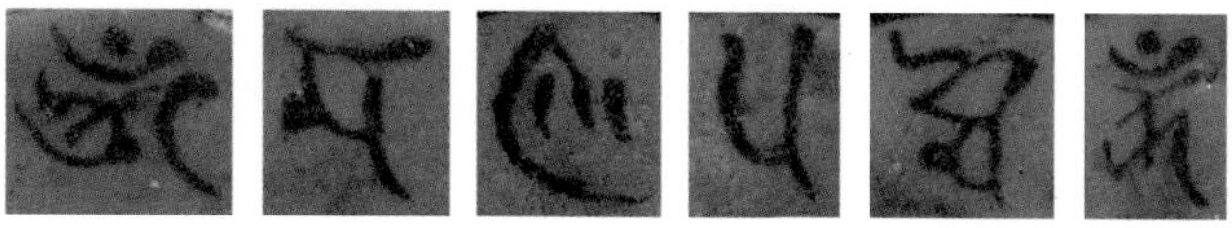

〔oṃ〕 〔ma〕 〔ṇi〕 〔pa〕 〔dme〕 〔hūṃ〕

강진 사당리 요지 출토 청자상감편　고려, 국립광주박물관

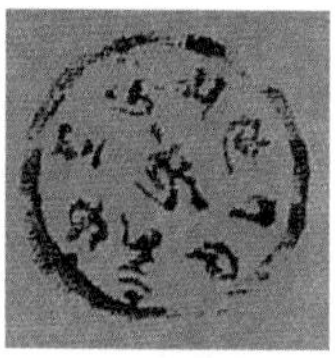

1302년 아미타불
고려, 온양민속박물관

청자상감 접시편　고려, 소재 미상, 고정룡 제공

광주박물관에 소장되어 있다. 전체적으로 파손은 심하지만 자륜식으로 배치한 범자 진언다라니가 명확하게 남아있다.[2] 이 청자편은 굽이 사선을 이루면서 외반하는 형태이며, 접지면에는 유약을 닦아내고 모래를 받쳐 번조하였다. 접시 안쪽 면에는 크고 작은 원형문을 마련하여 그 안에 여러 자의 범자를 새겼는데, 한가운데에는 〔raṃ〕을 새기고, 〔raṃ〕을 중심하여 자륜식으로 〔oṃ〕-〔ma〕-〔ṇi〕-〔pa〕-〔dme〕-〔hūṃ〕의 육자진언을 시계 방향으로 정연하게 배치

2 국립중앙박물관, 『강진 사당리 도요지 발굴조사 보고서』, 북디자인, 2015, p.341.

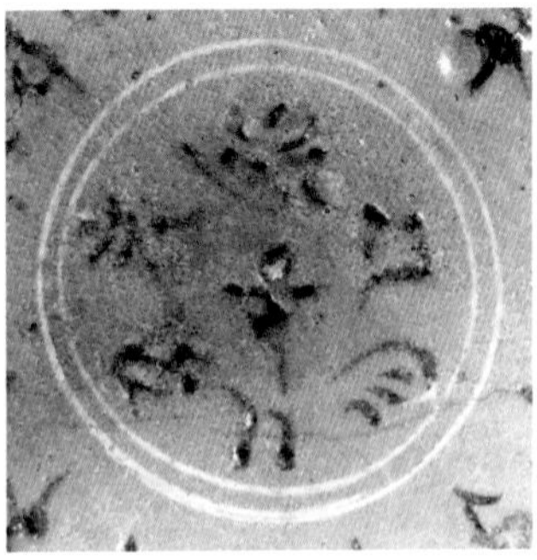

정법계진언+육자진언

1322년 조성 천수관음상
고려, 개인 소장

청자상감 접시 고려, 이화여자대학교 박물관, 장남원 제공

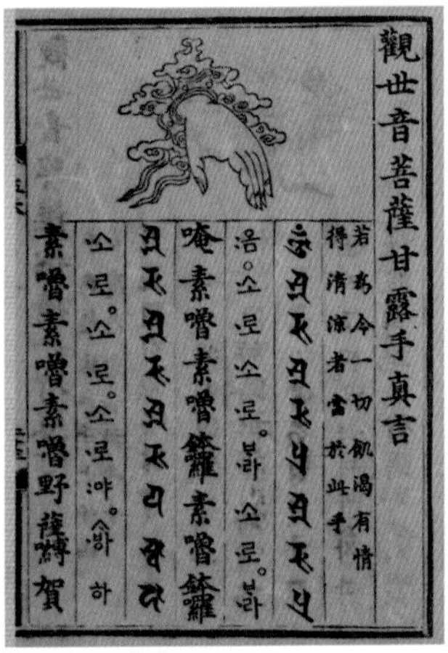

❶ 관세음보살 감로수진언 『오대진언』

❷ 상원사 문수동자상 복장물 「백지묵서제진언」의 관세음보살 감로수진언

하였다. 이러한 것으로 보아 정법계진언과 육자진언을 의도하여 새겼음을 알 수 있다. 이 청자상감편은 원래는 접시 안쪽 면에 범자 진언다라니를 자륜식으로 새긴 큰 원형문이 한가운데에 있고, 그 원형문을 중심하여 사방에 작은 원형문 1개씩 총 5개의 원형문을 배치하였음을 알 수 있다. 이처럼 원형문을 마련하여 〔raṃ〕을 중심으로 육자진언을 배치한 사례가 온양민속박물관 소장 아미타여래좌상(1302)의 복장물에서 수습된 「범자원상다라니」에서도 확인되고 있어, 당시 성행하였던 범자 진언다라니 새김 기법이었음을 짐작할 수 있다. 이외에도 청자 편의 일부만 남아있어 어떤 진언다라니를 의도했는지는 알 수 없지만, 다양한 방식으로 범자를 새긴 청자 편들이 전하고 있다.

또한 범자 진언다라니를 자륜식으로 정연하게 배치한 청자상감 접시가 이화여자대학교 박물관에 소장되어 있다. 이 청자상감 접시는 고려 13세기경에 제작된 것으로 추정되고 있는데, 접시 안쪽 면에 2조의 백상감으로 선을 그어 구획한 다음, 바깥쪽에 16자, 한가운데 1자를 중심으로 6자로 구성된 범자 진

언다라니를 원형으로 배열하였다. 접시 안쪽 면 가운데에는 이중으로 구성된 원형문을 마련하여 한가운데에 〔raṃ〕를 새긴 후, 그 주변에 6자로 구성된 육자진언을 시계 방향으로 배열하였다. 그래서 가운데 배치된 이중의 원형문 안에는 정법계진언과 육자진언을 의도하여 새겼음을 알 수 있다. 그리고 바깥쪽에는 〔oṃ〕을 중심으로 16자로 구성된 관세음보살 감로수진언(甘露水眞言)이 시계 방향으로 새겨졌다. 이 진언다라니는 『오대진언』의 관세음보살 42수 진언에 수록되어 있는데, 우리나라 불교 미술품에 새겨진 진언에서는 상당히 보기 드문 진언이다. 어쨌든 청자상감 접시의 자륜식 범자 진언다라니 배치법은 다른 청자에서도 확인되고 있으며, 원형으로 제작된 청자의 경우 평면 형태상 많이 활용된 범자 진언다라니 배치 방식이었다. 이와 유사한 사례가 1322년 조성된 개인 소장의 천수관음상 복장물의 범자 진언다라니에서도 확인되었다.

지금은 소재를 알 수 없는 청자상감 황제만년명(皇帝萬年銘) 접시가 일제강점기까지 전해지고 있었는데, 이 접시는 안쪽 면 중앙에 이중의 원형문을 마련하여 범자 진언다라니를 자륜식으로 배열하였다. 부분적으로 파손되어 명확하지는 않지만 준제진언을 새긴 것으로 추정된다. 또한 외곽에 다소 작은 8개의 원형문을 원형으로 배치하였는데, 교차한 4개 원형문에는 시계 반대 방향으로 皇-帝-萬-年를 1자씩 새겨 넣었으며, 나머지 4개에는 국립광주박물관 소장의 강진 사당리 요지 출토 청자상감 편과 동일하게 원형문 안에 정법계진언과 육자진언을 자륜식으로 배치하였다.[3] 또한 성균관대학교 박물관에는 굽받침이 비교적 높고 전체적으로 보수된 흔적이 역력한 상감청자 접시가 소장되어 있는데, 접시 안쪽 면에 범자 진언다라니가 새겨져 있어 주목된다. 이 접시는 안쪽 면 한가운데에 외곽에 배치된 원형문보다 다소 크게 이중의 원형문을 마련하여, 그 안에 다른 범자와 동일한 크기로 〔raṃ〕를 새겼다.

3 이외에도 강진 대구면 요지에서 수습된 청자편에도 黑土象嵌으로 범자가 새겨져 있다고 소개하고 있다.

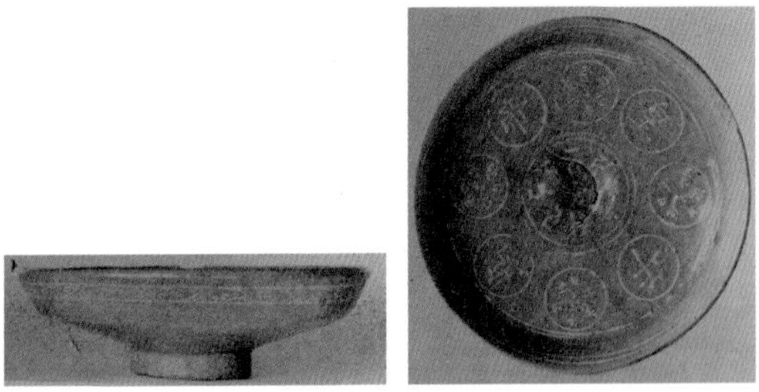

청자상감 접시　고려, 소재 미상

청자상감 접시　고려, 성균관대학교 박물관

〔oṃ〕

〔ha〕

〔raṃ〕?

청자상감편　고려, 소재 미상, 고정룡 제공

그리고 외곽에는 다소 작은 1조의 원형문을 마련하여 그 안에 1자씩 범자를 새겼는데, 〔oṃ〕을 중심하여 시계 방향으로 〔ma〕-〔ṇi〕-〔pa〕-〔dme〕-〔na?〕를 배열하였다. 이러한 것으로 보아 이 접시는 원래 정법계진언과 육자진언을 의도하여 새긴 것으로 보인다. 따라서 현재 〔na?〕로 판독되는 어울리지 않는 범자는 육자진언의 마지막 자인 〔hūṃ〕을 보수 과정에서 잘못 재현한 것으로 보인다.

한편 그릇의 형태는 정확하게 알 수 없지만, 백색 선상감기법으로 새긴 이중의 원형문 안에 범자를 굵은 서체로 써서 흑색 면상감기법으로 새긴 청자편도 확인되고 있으며, 흑색 선상감기법으로 새긴 원형문 안에 흑색 면상감기법으로 범자를 굵게 새긴 청자 편도 전하고 있어, 청자 표면에 다양한 방식으로 범자 진언다라니를 새겼음을 알 수 있다. 이는 범자 진언다라니가 종교 신앙의 요소와 함께 장식과 장엄 등 다양한 측면으로 활용되었음을 짐작케 한다. 이처럼 고려 13~14세기대에 제작된 원형의 청자 그릇들은 그 형태가 원형이 많았기 때문에 범자 진언다라니를 자륜식으로 배치한 경우가 많았다.

고려시대에는 청동으로 제작한 향완의 표면에 범자를 금은 입사 기법으로 새긴 경우가 많았는데, 고급스럽게 제작한 청자 향로에 범자 진언다라니를 새긴 경우가 확인되고 있다. 청자 향로에서 원통형이나 사각형을 이루고 있는 몸체의 표면에 범자 진언다라니를 새겼다. 대표적으로 해동고도자연구소가 소장하고 있는 청자상감 향완은 부분적으로 보수되었지만 비교적 원래의 모습을 잘 유지하고 있는데, 원통형의 몸체 표면 4곳에 큼직한 원형문을 마련하여 그 안에 1자씩 범자를 새겨 넣었다. 범자는 서자의 예술적 기교가 반영된 유려한 필체로 썼으며, 자형으로 보아 〔oṃ〕-〔raṃ〕-〔hūṃ〕 등으로 판독된다. 현재 상태로 보아 서자나 장인이 어떤 범자 진언다라니를 의도했는지 명확하게 알 수는 없지만, 〔oṃ raṃ〕의 정법계진언과 간략화된 육자진언을 의도하여 새긴 것으로 추정된다. 그리고 이 향로와 형태는 다소 다르지만 거의 동일한 자형을 보이는 범자가 새겨진 청자 향로가 부안청자박물관에도 소장되어 있다. 또한 심하게 파손되었지만 유사한 자형의 범자가 새겨진 청자 향로가 국립중앙박물관에도 소장되어 있다. 이외에도 국립중앙박물관과 소재 미상의 향로편 등이 전해지고 있는데, 이 향로편들은 백상감 기법으로 이중의 원형문을 마련하여 그 안에 흑상감 기법으로 범자를 새겼다. 특히 소재 미상의 향로편은 원통형 향로의 몸체부로 추정되는데, 표면에 연화문 등 화려한 문양이 돋보인다. 이러한 것으로 보아 범자 진언다라니가 새겨진 청자 향로가 특정 장인에 의하여 많은 수량이 제작 공급되었을 가능성도 있는 것으로 추정된다.

그리고 범자가 새겨진 사각형 몸체로 구성된 향로편도 확인되고 있다. 국립광주박물관 소장의 향로편은 강진 사당리에서 출토되었는데, 사각형 몸체에 백상감 기법으로 여의두문과 이중의 원형문을 화려하게 마련하여 그 안에 흑상감 기법으로 크게 〔pa〕를 새겨 넣었다. 또한 고려청자박물관에도 향로의 사각형 몸체부로 추정되는 청자편이 소장되어 있는데, 외곽에 백상감 기법으로 연주문 등을 화려하게 장식하여 구획한 다음, 가운데에도 백상감 기법으

〔oṃ〕

〔raṃ〕

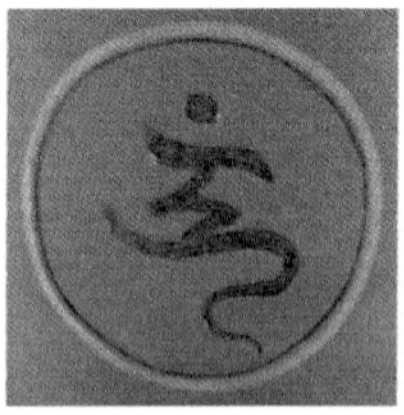

〔hūṃ〕

청자상감 향완　고려, 해동고도자연구소

청자상감 향완
고려, 부안청자박물관

로 이중의 원형문을 마련하였다. 그리고 그 안에 흑상감 기법으로 〔oṃ〕 또는 〔hūṃ〕으로 추정되는 범자를 새겨 넣었다. 모두 1자씩만 남아 있어 종자인지 여러 자로 구성된 범자 진언다라니의 일부인지는 명확하게 파악하기 어렵다.

이처럼 범자 진언다라니가 새겨진 청자상감은 고려 13~14세기대에 많이 제작되었으며, 여러 형태의 기형에 다양한 범자 진언다라니가 새겨졌음을 알 수 있다. 그런데 파손된 청자편이 대다수를 차지하고 있어 어떤 범자 진언다라니를 의도하여 새겼는지 알 수 없는 경우가 대부분이다. 다만 어느 정도 확인이 가능한 범위 내에서 살펴보면, 고려시대의 도자기에는 정법계진언과 육자진언이 주류를 이루었으며, 부분적으로 준제진언 등이 새겨졌던 것으로 파악되고 있다. 이러한 경향은 다른 조형물도 유사하다. 이처럼 고려시대에는 밀교가 널리 보급되고, 범자 진언다라니에 대한 신앙이 높아지면서 여러 유형의 청자에 상감기법으로 범자 진언다라니가 새겨졌던 것으로 추정된다.

그리고 조선시대 들어와 본격적으로 제작되기 시작한 분청사기는 백토를 그릇의 표면에 씌워 문양을 새기는 백토 분장기법을 사용했다. 백토 분장기법은 그릇의 형태를 만든 다음 표면을 장식하는 것인데, 그 방법에 따라 상감, 인화, 박지, 조화, 철화, 귀얄, 덤벙 분장기법 등 크게 7가지 정도로 분류된다. 이렇게 제작된 조선시대 분청사기 중에 보기 드물게 범자가 새겨진 사례가 확인되고 있다. 현재 일본 동경국립박물관에 소장되어 있는데, 원통형의 분청사기로 표면에 문양과 글자를 철화기법으로 새겼다. 그릇의 형태로 보아 필사한 진언다라니 등을 담았던 경통(經筒)으로 보인다. 이 그릇은 평상시나 의례시

〔oṃ〕, ⌀8.8cm
청자상감 향완편　고려, 국립중앙박물관

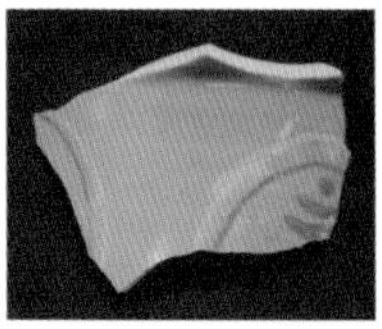

〔oṃ〕?
청자상감 향완편　고려,
소재 미상, 고정룡 제공

〔oṃ〕, ⌀4.2cm
청자상감 향완편　고려, 국립중앙박물관

에 다라니 등을 돌돌 말린 형태로 보관하거나 공양하기 위한 용도로 추정된다. 그릇의 바깥면 하단에 흑상감 기법으로 〔oṃ〕을 새겼는데, 상부의 공점과 앙월점 등을 독특하게 붙여서 썼으며, 오른쪽에 별도의 'ā'점을 길게 붙인 점도 특징적이다. 현재 상태로는 서자나 장인이 어떤 의도로 〔oṃ〕을 새겼는지는 알 수 없지만, 이 분청사기가 다라니를 봉안하는 경통이기 때문에 범자 중에서 가장 상징성이 높은 〔oṃ〕을 종자의 의미로 새긴 것으로 보인다.

한편 조선시대 들어와 중국산 청화백자가 상당량 유입되었다. 당시 조선과 명나라는 여러 루트를 통하여 물품 교역이 이루어졌는데, 일반적으로 15세기대에는 회사품의 형태로 명나라의 다양한 물품들이 조선에 전래하였으며, 16세기대에는 주로 사무역을 통한 수입품의 형태로 들어왔다. 이러한 무역을 통

〔raṃ〕
청자상감 향완편
고려, 소재 미상, 고정룡 제공

→

〔pa〕
강진 사당리 요지 출토 청자상감 향로편
고려, 국립광주박물관

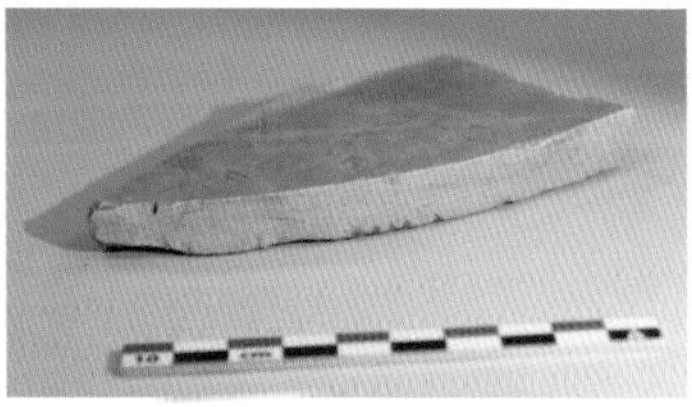

〔oṃ〕 또는 〔hūṃ〕?
청자상감 향로편　고려, 고려청자박물관

→
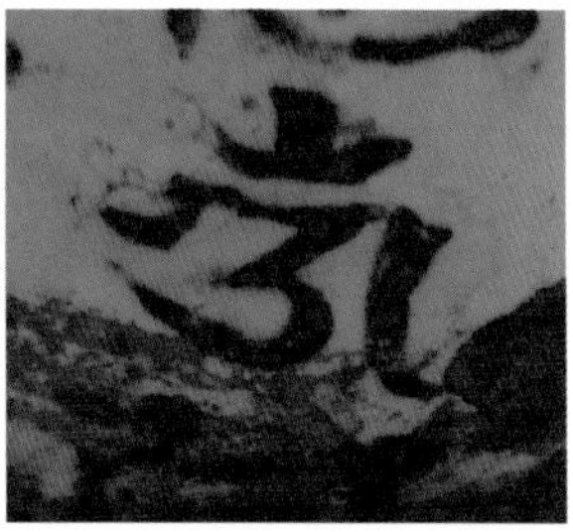

〔oṃ〕
철화분청 원형 경통　조선, 일본 동경국립박물관

하여 15~16세기대에 중국의 청화백자가 조선에 상당량 유입되었다.[4] 이처럼 조선 전기에 중국의 청화백자가 많이 유입된 것은 시대적 환경과도 연관되어 있다. 조선은 광주에 관요를 설치하여 청화백자를 자체적으로 생산하였는데, 청화백자를 제작하기 위한 안료를 중국과의 교역을 통하여 얻었다. 그런데 15세기 후반 중국으로부터 안료를 공급받기 어렵게 되자 조선 자체적으로 청화백자의 생산이 어려웠다. 그래서 조선 왕실과 사대부들은 중국에서 수입한 청화백자를 수입하여 사용하는 경우가 많았다. 이러한 역사적 배경으로 인하여 오늘날 서울 지역에서 출토되고 있는 중국 자기들은 대부분 15~16세기대에 중국에서 제작하여 유입된 청화백자가 주류를 이루고 있다.[5]

조선 전기에 조선에서 제작했던 청화백자에는 범자 진언다라니가 새겨지지 않았는데, 중국에서 유입된 청화백자 중에 범자가 새겨진 사례가 상당량 확인되고 있다. 그것은 조선 초기 억불숭유 정책과 관련이 있는 것으로 보인다. 어쨌든 조선시대 들어와 범자 진언다라니가 새겨진 중국산 청화백자들이 상당량 유입되었으며, 그러한 청화백자들이 오늘날까지 전해지고 있거나 여러 유적지에서 출토되고 있다.

오늘날 범자 진언다라니가 새겨진 청화백자는 서울 종로 청진지구 유적, 서울 세종로 유적, 서울 종묘 광장 유적, 용인 임진산성 등 서울과 경기 지역의 궁궐과 관청, 주거지역 등에서 출토되었다.[6] 대부분 접시와 잔 등 의례와 일상생활에서 쓰이는 다양한 용기들이 수습되었는데, 제작 기법이나 문양 등이 상

4 방병선, 「조선 전기 한양의 도자 -청화백자를 중심으로-」, 『강좌미술사』 19, 한국불교미술사학회, 2002. / 전승창, 「조선초기 명나라 청화백자의 유입과 수용 고찰」, 『미술사학연구』 264, 한국미술사학회, 2009.

5 박정민, 「조선 전기 한양 출토 중국 청화백자의 소비상황 연구」, 『야외고고학』 제17호, 한국매장문화재협회, 2013, pp.37~49.

6 京畿道 博物館, 「龍仁壬辰山城址緊急發掘調査報告」, 『97京畿道博物館發掘調査概報』, 1998. / (재)한울문화재연구원, 『종로 청진 1지구 유적』, 2011. / 서울역사박물관, 『宗廟廣場發掘調査報告』, 2012. / (재)한울문화재연구원, 『종로 청진 2~3지구 유적』, 2013. / (재)한울문화재연구원, 『서울 세종로 구역 2지구 유적』, 2013.

서울 종로지역 출토 범자가 새겨진 중국 청화백자　한울문화재연구원

흑색 [ba]

백자 오채편　서울 종로1가 42번지 출토

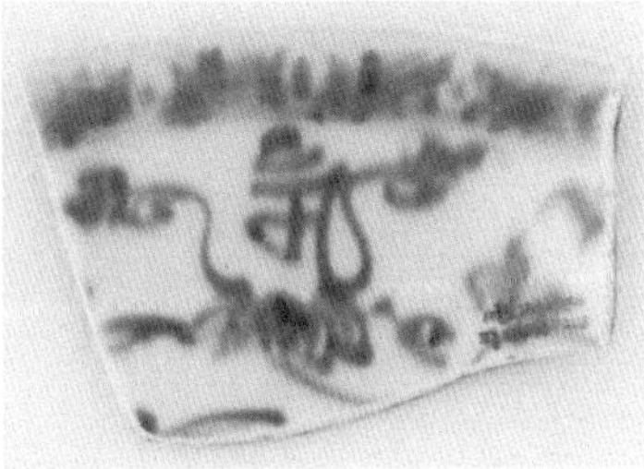

청색 [oṃ]

청화백자편　서울 세종로 2지구 출토

청색 [oṃ]

청화백자발편　서울 청진동 120번지 출토

청화백자편　서울 종로1가 42번지, 청진동 84번지 출토

용기 테두리에 범자 진언다라니 배치　굽

청화백자발편　서울 종로 청진1지구 유적 II 출토

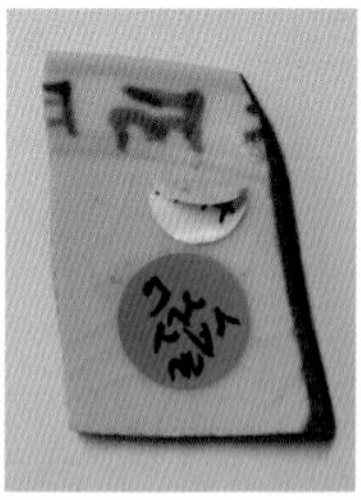

테두리에 배치

청화백자편　서울 종로 청진2-3지구 유적 II 출토

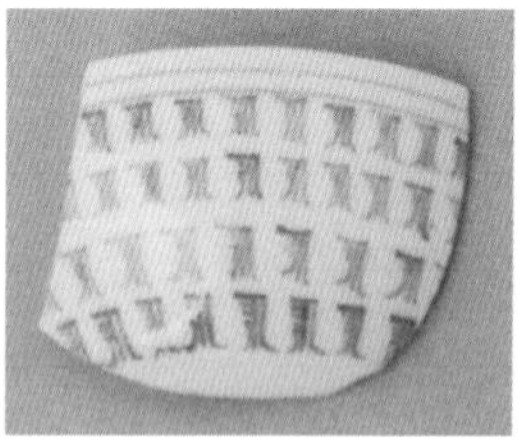

청색으로 바깥 면에 범자 진언다라니 배치

청화백자편　서울 종묘광장 유적 출토, 서울역사박물관

용기 바깥 면에 범자 진언다라니 배치

청화백자잔편　서울 청진동 83-85번지 출토, 청진 1지구 유적 II 출토

용기 안쪽 면에 범자 진언다라니 배치

청화백자편　서울 종로 청진 2-3지구 유적 II 출토

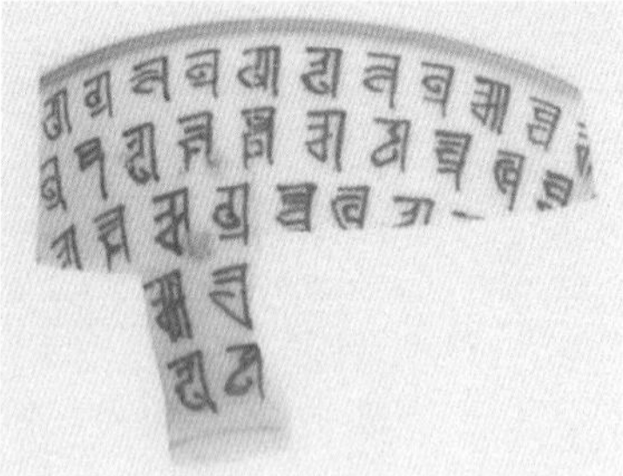

청화백자편　용인 임진산성 출토, 경기도박물관[7]

당히 고급스럽다. 범자 진언다라니는 청색이나 흑색 등을 활용하여 용기의 내외 면에 실담체와 란차체로 새겼다. 그리고 청화백자의 표면에는 당초문, 연지문, 괴석난간문, 산수문, 서수문 등 상징적이고 영험한 문양들이 표현되었는

7　國立大邱博物館, 『우리 문호 속의 中國陶磁』, 2009.

청화백자발 중국, 15세기[8]

청화백자발 중국, 복건성 출토[9]

청화백자 대명만력명(大明萬曆銘) 발 중국, 『명대도자대전』

한가운데 범지가 새겨진 청화백자
국립중앙박물관, 고정룡 제공

데, 범자 진언다라니도 이러한 문양들과 함께 어우러져 새겨지는 경우가 많았다. 물론 범자 진언다라니가 단독으로 새겨지기도 했지만, 대부분은 여러 문양과 함께 배치되거나 가장 중심적인 공간에 새겨졌다. 특히, 상징성이 높은 '長命', '富貴', '壽福' 등과 함께 새겨지거나 배열되는 경우가 많은 것으로 보아, 범자가 종교 신앙적인 문자이기도 하지만 기념과 송축 등의 의미가 있는 상징적인 문자로도 인식하였던 것으로 보인다. 그래서 범자 진언다라니가 청화백자의 특정한 공간에 여러 열로 배치되거나, 동일 범자가 반복적으로 새겨진 경우가 있었던 것으로 보인다. 이처럼 중국산 청화백자에 새겨진 범자 진언다라니는 종교 신앙적인 의미도 있었지만, 장식적인 문양이나 장엄이 상징처럼 배열하기도 하여 문양의 한 요소로도 활용하였음을 알 수 있다.[10]

8 國立中央博物館,『國立中央博物館所藏 中國陶磁』, 2007.

9 海のシルクロードの出發點"福建"展開催實行委員會,『東アジアの海とシルクロードの拠点福建 -沈沒船, 貿易都市, 陶磁器, 茶文化-』, 2008.

10 한국의 여러 유적지에서 중국의 遼, 宋, 金, 元代의 도자기들이 출토되고 있어, 고려시대 이후에 들어와 중국 도자기들이 수입되었음을 알 수 있다. 조선시대에는 더 많은 중국의 도자기들이 수입되었다(이종민,「高麗時代 中國陶磁의 輸入樣相과 背景」,『東垣學術論文集』 제14집, 국립중앙박물관, 2013). 중국은 밀교가 유행하면서 송대 이후에 제작된 도자기에 범자 진언다라니가 새겨진 것으로 파악되고 있다. 이러한 경향은 명청대에도 그대로 계승되어, 여러 유형의 도자기에 범자 진언다라니가 새겨진 것으로 확인되고 있다. 특히, 명청대의 청화백자에 다양한 유형의 범자 진언다라니가 많이 새겨진 점은 주목된다.

14. 금고와 운판

(1) 금고

금고(金鼓)는 사찰에서 사용하는 의식용 법구의 하나로 금구(禁口) 또는 반자(飯子, 半子)라고도 하며, 일반적으로 청동으로 만들기 때문에 쇠북이라고도 하였다. 그 기원은 명확하지 않지만 고대 인도에서 유래한 것으로 알려져 있다. 전하는 바에 따르면 고대 인도의 사위국에서는 국법에 따라 구리로 만든 북(銅鼓)을 울리면 8억 명이 모이고, 은으로 만든 북(銀鼓)을 울리면 14억 명이 모이고, 금으로 만든 북(金鼓)을 울리면 전체 인구가 모였다고 한다. 이처럼 금고는 오래전부터 여러 사람을 모이게 할 때 울리는 신호용 도구였음을 알 수 있다. 고대의 사원에서도 오래전부터 범종과 금고를 함께 활용하였는데, 범종은 규모가 크고 소리가 웅장하여 일반적으로 중요한 의식이나 예불 시에 사용하였으며, 금고는 규모가 작고 소리가 요란하여 사람을 불러 모으는 용도로 많이 사용하였다고 한다. 이처럼 범종과 금고는 소리로 공양이나 예불 시간을 알리기도 하며, 대중을 모으거나 의식을 거행하는 시간을 알리는 용도 등 다양하게 활용하였다. 이 중에 범종은 무겁고 크기 때문에 종각에 걸어 놓고 쳤으며, 금고는 비교적 작고 가벼워 법당의 처마 밑이나 마루 등에 걸대를 마련하여 걸어 사용하였다.

금고는 우리나라 사찰에서도 불교가 전래한 이후부터 필수적인 도구로 사용되었다. 금고의 형태는 농악기인 징과 유사한데, 앞면은 둥글고 뒷면은 넓게 뚫려 원반형을 이루고 있다. 뒷면에는 테를 돌렸으며, 앞면에는 도드라지게 2~3조의 띠를 동심원처럼 돌리고, 그 사이의 공간에 당초문이나 연화문 등을 장식하였다. 옆면에는 금고를 걸거나 고정할 수 있는 작은 고리를 달았다. 그리고 앞면 한가운데에 당좌를 마련하여 나무로 만든 당목으로 쳐서 소리를 내도록 하였다. 또한 앞면이나 옆면에 금고의 제작 시기, 사찰 이름, 발원자, 무게 등과 같은 내용을 알 수 있는 명문을 새기기도 하였다.

현존하는 우리나라 금고 중에서 제작 시기를 알 수 있는 가장 오래된 것은 신라 말기인 865년 2월 제작한 함통6년명 청동 금고이다. 그리고 고려시대에는 불교 신앙이 크게 성행하면서 사찰에서 쓸 금고가 상당량 제작되었다. 이 중에 명문으로 제작 시기를 알 수 있는 금고가 여러 점 전해지고 있는데, 대표적으로 경암사명(瓊巖寺銘) 청동 금고(1073.10), 법해사명(法海寺銘) 청동 금고(1084), 동아대학교 박물관 소장 금고(1085),[1] 양산 통도사의 내원사(內院寺) 금고(1091), 중림사명(重林寺銘) 청동 금고(1109) 등이 있다. 이외에도 분명한 제작 시기는 알 수 없지만 고려시대 제작한 것으로 추정되는 많은 금고가 전해지고 있다. 이러한 고려시대 금고는 전체적인 형태를 원형으로 하여 제작되었는데, 첫 번째로 소리가 울리는 공명구의 공간이 넓은 형식, 두 번째로 구연부가 확장되어 공명구가 좁아지는 형식, 세 번째로 앞뒷면이 모두 막히고 측면에 작은 구멍이 열을 지은 형태로 공명구가 뚫려있는 형식 등이 있다. 그리고 금고의 표면에는 가늘고 굵은 동심원을 여러 번에 걸쳐 장식하였으며, 한가운데에 당좌를 마련하여 그 주변에 연화문을 장식하기도 했다. 또한 바깥쪽 테두리에는 구름 문양 등을 장식하여 전체적으로 신비스러운 느낌이 나도록 했다. 한편 고려시대 제작된 금고의 표면에는 명문을 비롯하여 장식적인 문양이 표현되었는데, 어느 시기부터 다른 공예품과 마찬가지로 범자를 새기기도 했다. 이러한 전통은 조선시대로 계승되었다.

조선시대에도 금고가 상당량 제작되었는데, 대부분은 임진왜란 이후인 조선 후기의 것이다. 조선 전기에는 불교계가 위축되었고, 사찰에서도 법회 등이 드물어 금고를 제작할 필요성이 많지 않았고, 필요시에는 고려시대의 금고를 사용했을 것이다. 조선 후기에는 불교 신앙이 부흥하면서 전국적으로 각종 법회가 상당하게 실시됨에 따라 많은 금고가 필요했다. 이에 따라 의식을 거행할 때나 공양 등의 목적으로 금고가 제작되었을 것이다. 이러한 금고들이

1 동아대학교 석당박물관, 『東亞의 국보 보물』, 2014, p.156.

함통 6년명 청동 금고
신라, 865.2, 국립중앙박물관

경암사명 청동 금고
고려, 1073.10, 국립중앙박물관

죽림사명 청동 금고
고려, 1109.11, 국립중앙박물관

청주 사뇌사명 금고
고려, 국립청주박물관

청동 금고 고려, 국립중앙박물관

영천 은해사 금고
조선, 1646, 은해사 성보박물관

지금도 상당량 전해지고 있다. 그래서 오늘날까지 전해지고 있는 금고는 대부분 조선 후기에 제작된 것으로 파악되고 있다. 특히, 조선 18~19세기대에 제작된 금고가 상당량을 차지하고 있다. 그리고 조선 후기에는 현실 기복적인 범자 진언다라니에 대한 신앙이 널리 보급되고 성행하면서 금고의 표면에도 연화문, 당초문, 구름문 등과 함께 범자가 새겨지는 경우가 많았다.

고려시대 제작된 범자가 새겨진 가장 오래된 금고가 일본 대마도 보광사(普光寺)에 전해지고 있다.[2] 이 금고는 현재까지 확인된 범자 진언다라니가 새겨진 고려시대의 유일한 금고이기도 하다. 금고는 앞뒷면을 모두 막고 측면에 공명구가 뚫려있으며, 측면과 후면에 명문이 새겨져 있다. 측면은 원래부터 새겨진 것이고, 후면은 추각한 것이다. 측면에 새겨진 명문에 의하여, 이 금고

2 이 금고는 오래전부터 일본 대마도의 普光寺에 소장되어 전해지고 있어, 普光寺 금고라고 한다.

가 진양부 최우(崔瑀, ?~1249)가 후원하여 1245년 5월에 제작되었음을 알 수 있다.[3] 그리고 후면에는 이 금고가 1357년 10월경에 대마도에 전래하였음을 알 수 있는 기록이 새겨져 있다.[4] 금고가 대마도로 전래한 직후에 그 기념으로 명문을 새겼을 것으로 보이기 때문에 1357년 10월경에 고려에서 대마도로 넘어갔을 것으로 추정된다.[5]

대마도 보광사 금고는 앞면의 한가운데에 수막새의 연자처럼 원형문을 마련하고, 그 외곽에 다시 2개의 원형문을 추가하여, 그 사이의 공간에 범자 진언다라니를 배열하였다. 각 범자는 작은 원형문을 별도로 마련하여 그 안에 1자씩 새겨 넣었다. 현재 범자는 한가운데의 1자를 중심으로 차례대로 6자-13자-22자를 원형으로 배열하였다. 이처럼 진언다라니를 구성하고 있는 범자는 총 42자이며, 실담으로 새겼다. 진언다라니는 한가운데에 종자인 〔a〕를 중심으로 첫 번째와 두 번째 원은 반야심주, 세 번째 원은 마니주, 육자진언, 종자진언 등 여러 진언다라니를 혼합하여 새긴 것으로 파악되고 있다.[6] 당시 불도들이 신앙하였던 대표적인 진언다라니를 새긴 것으로 보인다.

이중에서 반야심주는 모든 종파의 교리를 내포하고 있으며, 불교 전반에 걸친 모든 교리를 함축적으로 표현한 진언다라니로 알려져 있다. 이러한 반야심주의 토대가 되는 『반야심경』은 600부로 구성된 『대반야경』의 교설을 요약한 것인데, 경전의 말미에 대명주인 반야심주로 마치고 있다. 말미의 반야심주는 '아제 아제 바라아제 바라승 아제 모지 사바하(揭諦 揭諦 婆羅揭諦 婆羅僧 揭諦 菩提 薩婆訶)'이다. 이를 직역하면, '가세 가세, 피안으로 가세, 우리 함께 피안으로 온전히 가세, 깨달음을 얻으세'이다. 이와 관련하여 일본의 대표적인 밀

3 명문은 '禪源乙巳五月日晉陽府鑄成ㅁ福寺飯子一口'이다.

4 명문은 '奉懸鐘一口 右志者爲 合輩所成 之業因悉 皆消滅洙 心中所願 成就也 正平十二丁酉 十月 十八日 大藏經種敬白'이다.

5 최응천, 「韓國 禁口形 金鼓의 造形과 展開」, 『東岳美術史學』 제13호, 동악미술사학회, 2012.06, pp.7~32.

6 금고에 새겨진 전체 범자는 〔a gate gate pāra gate pāra saṃ gate bodhi svā hā hūṃ ī tadyathā oṃ ma ṇi ma ni ma hā ma ṇi svā hā〕로 판독되고 있다.

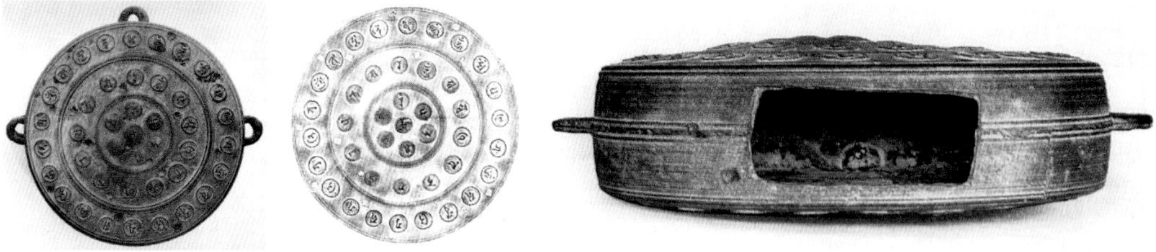

앞면 탁본 측면

[oṃ] [ma] [ṇi] [pa] [dme] [hūṃ]

일본 대마도 보광사(普光寺) 소장 금고 고려, 1245.5[7]

교 승려였던 공해(空海, 774~835)는 반야심주의 첫 번째 '아제'는 가르침을 듣고 깨닫는 자의 수행 성과를 나타내며, 두 번째 '아제'는 깨닫는 자의 수행 성과를 의미하며, 세 번째 '바라아제'는 모든 대승의 가장 뛰어난 수행 성과를 가리키며, 네 번째 '바라승 아제'는 진언다라니가 가르치는 수행 성과를 명확히 한 것이며, 다섯 번째 '모지 사바하'는 앞의 모든 가르침과 궁극적 깨달음에 들어가는 것을 의미하는 것이라고 주석했다.[8] 이처럼 밀교가 성행하면서 범자 진언다라니를 염송하고 새기면, 많은 것을 얻을 수 있다는 관념과 신앙이 형성되었고, 그러한 배경에 의하여 범자 진언다라니를 금고에 새겼던 것으로 보인다. 이 금고는 당시 널리 보급되고 신앙하였던 여러 유형의 범자 진언다라니를 표면에 새겨 밀교의 전래와 함께 진언다라니에 대한 신앙의 유형을 파악하는데 중요한 근거 자료라 할 수 있다.

그리고 범자가 새겨진 조선 전기의 금고는 전하지 않으며, 조선 후기에 들어와 범자로 진언다라니를 새긴 금고가 상당량 확인되고 있다. 이 중에 제작

7 岡崎讓治, 「對馬·壹岐金工品」, 『佛教藝術』 95号, 佛教藝術學會, 1974, pp.70~85.
8 허일범, 『한국의 진언문화』, 해인행, 2008, p.243.

시기를 분명하게 알 수 있는 금고가 상당량 전해지고 있는데, 대표적으로 부산 국청사의 강희5년 장천사명 금고가 있다. 이 금고는 후면에 새겨진 명문에 의하여,[9] 오늘날 울산에 있었던 장천사(障川寺)에서[10] 1666년 3월에 박충민(朴忠民)과 이막남(李莫男)의 시주로 태응(太應)과 신열(愼悅) 등이 참여하여 제작했음을 알 수 있다.[11] 금고는 견고하게 걸 수 있도록 3개의 고리가 달려있으며, 뒷면은 넓게 공명구가 뚫려있어, 조선시대 금고의 일반적인 조형 기법을 보여주고 있다. 그리고 앞면은 가장자리에 배치된 원형문을 제외하고 그 안쪽에 여러 가닥의 선으로 2개의 원형문을 마련하였다. 한가운데에 크게 마련한 원형문은 당좌이고, 그 외곽에 작은 원형문을 마련하여 그 안에 1자씩 총 5자의 범자를 새겼다. 금고에 새겨진 범자는 실담으로 서자 나름대로 기교를 발휘한 서체도 있어 일부 범자는 판독이 쉽지 않다. 그래서 금고에 새겨진 범자와 진언다라니에 대하여 명확하게 알기는 어렵지만, 여러 정황으로 보아 육자진언 또는 광명진언을 의도한 것으로 보인다. 그런데 육자진언을 의도했다면 6자를 새겨야 정확한데 5자만 새겨져 있고, 순서도 엇갈려 있어 다소 의문스럽다. 그리고 광명진언을 의도했다면 앞부분은 맞지만, 뒷부분은 맞지 않고 있다. 따라서 현재로서는 서자가 어떤 진언다라니를 새기려 했는지 명확하게는 알 수는 없다. 만약 서자가 육자진언을 의도했다는 전제하에 범자를 판독한다면 〔om〕을 중심히어 시계 방향으로 〔ni〕-〔pa〕-〔ma〕-〔dme〕로 읽을 수 있다. 한편 이 금고를 제작한 사람들이 승려였던 것으로 보아 범자나 진언다라니를 몰랐다고 보기는 어렵다. 어떤 이유가 있었던 것으로 보인다. 이처럼 조선시대에는 범자 그 자체가 신앙의 대상으로 상징성이 높고, 진언다라니도 수행자나 예불자에 따라 생략하거나 자기 나름대로 변형시키는 사례가 상당하여 판

9 명문은 '慶尙道慶州府南蓮花山障川寺禁氣重百斤 康熙俉年丙午三月日鑄成 施主秩 朴忠民 李莫男 大匠太應 愼悅 永得 化主秩 戒湖 雪旹 雪岩 雪心'이다.

10 障川寺址는 발굴 조사에 의하여 통일신라 시대 창건되어 조선 후기에 중수되었다가 어느 시기에 폐사된 것으로 확인되었다(울산대곡박물관, 『울산태화강과 만난 불교』, 2013).

11 최응천, 「17世紀 金鼓의 造形과 特徵」, 『佛教美術』 23, 동국대학교 박물관, 2012, pp.5~26.

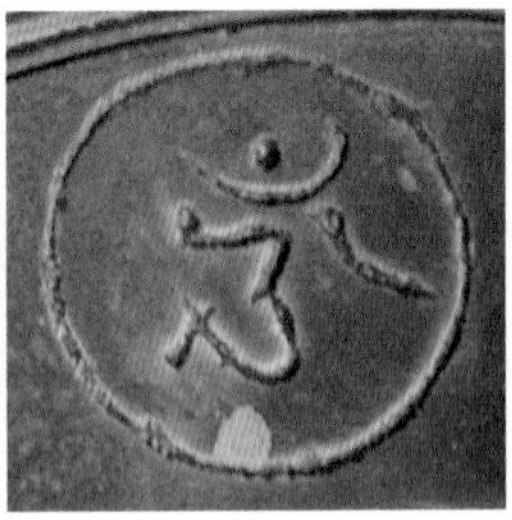

[oṃ]

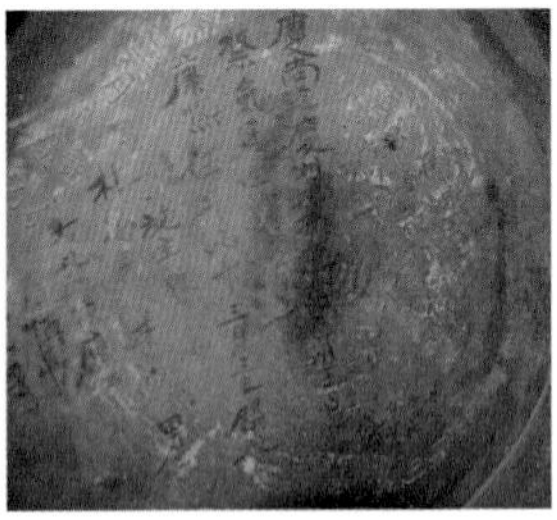

후면 명문

국청사 강희5년 장천사명 금고 1666.3, 범어사 성보박물관

독이나 의도를 파악하기 어려운 경우가 많다.

조선 후기 18세기대의 금고 중에서는 제작 시기를 알 수 있고, 범자가 새겨진 금고가 여러 점 전해지고 있다. 먼저 경주 기림사 강희61년명 금고는 앞면에 2개의 원형문을 마련하여 크게 3구역으로 구획한 다음, 바깥쪽 원호에 별도의 원형문을 마련하여 그 안에 〔oṃ〕을 1자씩 새겨 넣었다. 각 범자의 간격이 일정하지 않아 정연한 모습은 아니지만 5곳에 〔oṃ〕을 배치하였다. 금고에서 이러한 범자의 배열은 가장 일반적인 방식이기도 했다. 그리고 안쪽 원에는 작은 연꽃을 표현하여 장식적인 기교를 보여주고 있다. 또한 공명구가 있는 내면에 명문을 양각하여 제작 시기가 1722년이며, 조성 사찰과 후원자를 알 수 있도록 했다. 그리고 경주 불국사 갑신년명 금고는 상부에 굵은 걸쇠를 달아 걸도록 했고, 앞면에 2개의 동심원을 크고 작게 마련하여 3구역으로 나누었는데, 측면에 명문을 새겨 1764년 4월에 제작되었음을 알 수 있도록 했다.[12] 그리고 바깥쪽의 원호 안에 동일한 간격으로 원형문을 마련하여 그 안에 1자씩 범자를 새겨 넣었다. 범자 진언다라니는 총 9자로 구성된 준제진언을 배치하였는데, 범자의 순서가 엇갈려 있어 범자를 몰랐던 장인이 제작에 참여했던 것으로 보인다. 이처럼 조선 후기에는 여러 조형물에서 범자 진언다라니

12 명문은 '乾隆十九年甲申四月晦日'이다. 건륭 19년은 서기로 1754년이고, 갑신년은 1764년이다. 이런 경우 干支가 대부분 정확하므로 서기 1764년을 금고의 제작 시기로 설정하였다.

의 순서가 잘못되었거나 엇갈려 있는 사례가 자주 확인되고 있다. 한편 준제진언은 조선 후기에 여러 불교미술품에 많이 새겨졌지만, 금고에서는 상당히 보기 드문 진언다라니였다.

그리고 곡성 태안사 건륭35년 능가사명 금고는 1770년 제작되었는데, 앞면에 1조의 돋을대를 활용하여 대중소의 원형문을 마련하여 구획한 다음, 바깥쪽의 넓은 원호 안에 범자와 연꽃을 교차하여 배치하였다. 범자는 연화문으로 장식된 원형문 안에 〔oṃ〕을 1자씩 새겨 총 4자가 배치되도록 했는데, 〔oṃ〕자 테두리에 연화문을 새겨 장식적인 인상을 주고 있다. 또한 창녕 관룡사 건륭36년명 금고는 1771년 6월에 제작되었는데,[13] 앞면에 크고 작은 3개의 원호를 마련하여 구획하였으며, 바깥쪽에 배치된 제일 큰 원호는 외곽 테두리를 따라 돌렸다. 그리고 원호 사이의 공간에 〔oṃ〕자를 5곳에 배치하였는데, 〔oṃ〕자를 감싸고 있는 원형 테두리에 장식적인 연화문을 새겨 넣었다. 이처럼 곡성 태안사 건륭 35년 능가사명 금고와 창녕 관룡사 건륭 36년명 금고는 장식적인 범자 새김 기법을 보여주고 있다. 이외에도 명문이 새겨지지 않아 구체적인 제작 시기는 알 수 없지만, 대구 파계사와 파계사 성전암에 전해지고 있는 금고도 세판형 연화문으로 장식한 원형문을 마련하여 그 안에 〔oṃ〕자를 새겼다. 이 금고들은 조선 후기인 18세기 후반경에 같은 장인이 약간의 시기적인 격차를 두고 제작하였을 것으로 추정되며, 범자의 자형과 필체 등도 동일하여 같은 서자가 썼을 가능성이 높다. 이러한 범자 새김 기법은 당진 영랑사 동종(1759.봄), 사천 다솔사 동종(1770.8), 구미 수다사 동종(1772.3) 등에서도 확인되고 있다. 이러한 것으로 보아 한가운데에 크게 〔oṃ〕을 배치하고, 그 주변에 장식적인 연화문을 배치하는 것은 조선 후기인 18세기 중후반 경에 동종이나 금고 등 금속 공예품을 제작했던 장인들의 범자 새김 기법으로 추정된다.

또한 공주 갑사 금고는 18세기 중후반 경에 제작되었을 것으로 추정되고

13 명문은 공명구 안쪽 면에 새겨져 있는데, '乾隆三十六年辛卯六月日 觀龍極樂金口七十斤大'이다.

〔oṃ〕

뒤면

경주 기림사 강희 61년명 금고　1722

〔oṃ〕

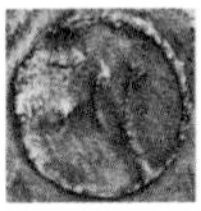

〔ca〕

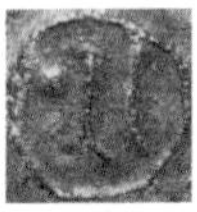

〔de〕

〔le〕

〔le〕

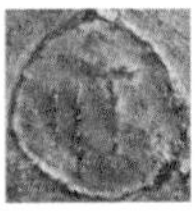

〔svā〕

〔cū〕

〔hā〕

〔cuṃ〕

경주 불국사 갑신년명 금고　1764.4, 松波宏隆 제공[14]

있는데, 앞면 외곽의 4곳에 원형문을 마련하여 그 안에 〔oṃ〕을 1자씩 양각하였다. 이 금고는 걸이대가 화려한 것이 특징적이다. 의성 고운사 건륭 55년명 금고는 1789년에 제작되었는데,[15] 금고 앞면의 외곽 3곳에 원형문을 마련하여 그 안에 1자씩 〔oṃ〕을 새겨 넣었다. 또한 순천 선암사 건륭 55년명 금고는 1789년에 제작되었는데, 외곽에 원형문을 마련하여 그 안에 〔oṃ〕자를 1자씩 새겨, 총 4자가 배치되도록 했다. 이처럼 18세기 중후반 경에 제작된 금고에는 예외적인 경우도 있었지만 대부분 금고 앞면에 〔oṃ〕자가 새겨졌다.

조선 후기인 19세기대에 제작된 금고 중에서도 표면에 범자를 새긴 여러

14　東アジア梵字文化硏究會, 「韓國梵字資料調査(2013~2014年調査)(上)」, 『歷史考古學』 第74號, 2017, p.67.

15　명문은 '乾隆五十五年己酉十月日造成于順天仙巖寺 大丘片手權東三'이다.

1950년대

[oṃ]

곡성 태안사 건륭 35년 능가사명 금고　1770, 정영호 교수 사진

[oṃ]

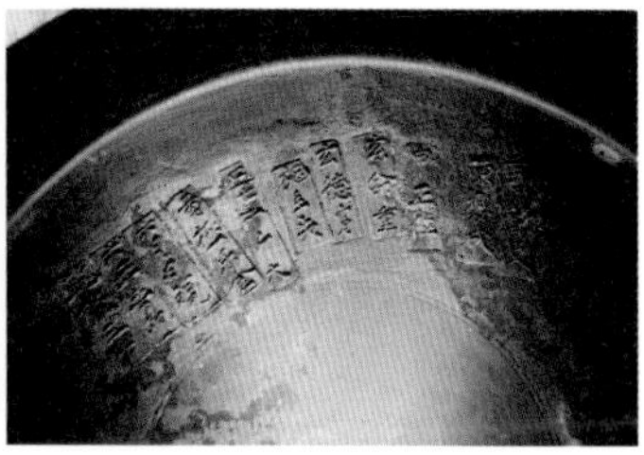

명문

창녕 관룡사 건륭 36년명 금고　1771.6

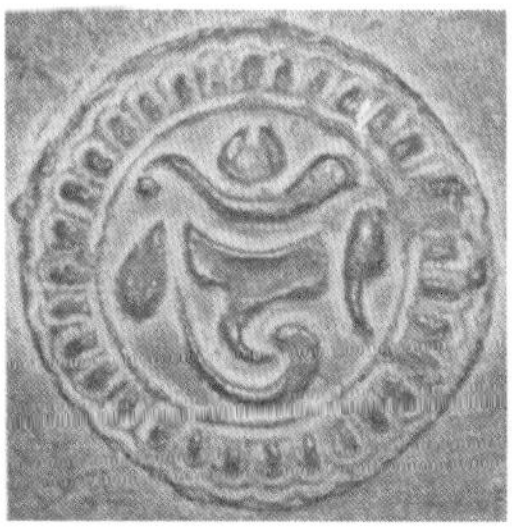

사천 다솔사 동종

1770.8

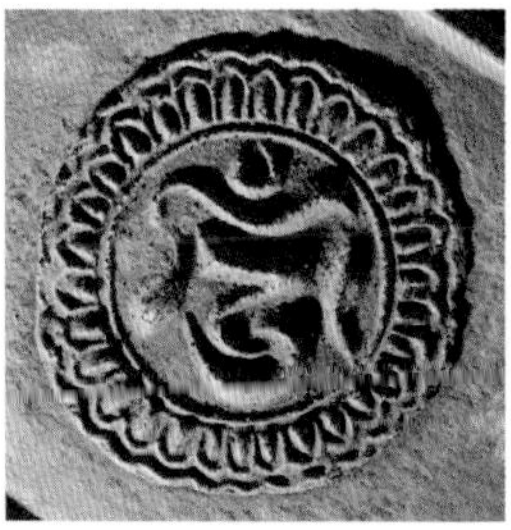

창녕 관룡사 건륭36년명 금고

1771.6

구미 수다사 동종

1772.3

대구 파계사 금고

18세기

복제품

공주 갑사 금고　조선, 18세기, 문화재청

의성 고운사 건륭 55년명 금고

조선, 1789

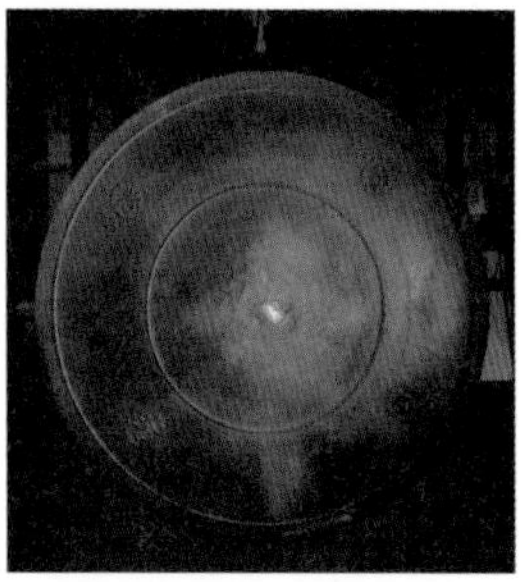

순천 선암사 건륭 55년명 금고

조선, 1789

금고가 전해지고 있다. 먼저 안동 봉서사 임오년명 금고는 1822년에 제작되었는데, 앞면 외곽 원호 안에 원형문을 돋을대처럼 양각으로 마련하여, 그 안에 1자씩 〔oṃ〕을 도드라지게 새겼다. 그리고 고성 옥천사의 자방루에 명확한 조성 시기는 알 수 없지만 지금도 사용하고 있는 금고가 있다. 이 금고는 조선 후기의 금고 중에서는 대형에 속하는데, 앞면 외곽의 4곳에 원형문을 마련하여 그 안에 〔oṃ〕을 새겼다. 범자는 필체가 유려하여 범자에 상당한 조예가 있었던 서자가 썼던 것으로 보인다. 이 금고는 측면에 점각으로 명문을 새겼는데,[16] 금고를 '범고(梵鼓)'로도 불렀으며, 당시 갑신생 송씨가 후원하여 조성했음을 알 수 있다. 그리고 명문 첫머리에 (연호 없이) '壬申九月'이라고 간지만 새겨 구체적인 제작 시기를 알 수는 없지만, 금고의 제작 기법과 양식 등으로 보아 1812년 9월일 것으로 보인다. 또한 대구 동화사 도광 16년명 금고는 외곽 원호에 1조로 구성한 원형문을 마련하여 〔oṃ〕을 1자씩 새겨 넣었다.[17] 이 외에도 대구 동화사 함풍 3년명 금고는 외곽 원호의 4곳에 이중으로 구성한 원형문을 마련하여 그 안에 1자씩 〔oṃ〕을 반전시켜 새겼다. 이처럼 조선 후기에는 〔oṃ〕을 비롯하여 범자를 반전시켜 새기는 경우가 많았다. 그것은 범자를 모르는 장인이 제작에 참여하였거나, 제작 기법상 서자가 써 준 종이를 반대로 처리해야 하는 불가피한 측면도 있었을 것으로 보인다. 어쨌든 장인마다 다양한 범자 새김 기법이 적용되었음을 알 수 있다. 부산 범어사 동치 원년명 금고는 측면에 새겨진 명문에 의하여 범어사 대웅전에서 사용하기 위하여 1862년 5월에 제작되었음을 알 수 있다.[18] 이 금고는 앞면의 중간부에 있는 원호 안에 범자를 새겼는데, 4곳에 원형문을 마련하여 〔oṃ〕과 〔ca〕를 교차하여 새겼다. 서자가 어떤 범자 진언다라니를 의도하고 새겼는지는 알 수 없지만,

16 명문은 '壬申九月日造成 玉泉寺梵鼓大鍾主甲申生宋氏 重五百九十六斤'이다.

17 松波宏隆, 「朝鮮時代の梵字を有する銅鍾·金鼓」, 『歷史考古學』 第71號, 歷史考古學研究會, 2015, pp.101~104.

18 명문은 '同治元年壬戌五月日 重二百五十二斤七兩'이다.

∅ 52cm

안동 봉서사 임오년명 금고

조선, 1822[19]

∅ 80.3cm

[oṃ]

탁본

반전

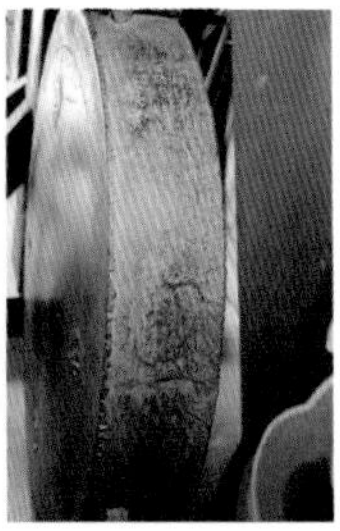

점각 명문

고성 옥천사 자방루 임신구월명 금고 조선, 추정 1812.9

대구 동화사 도광 16년명 금고

조선, 1836.10

대구 동화사 함풍 3년명 금고

조선, 1853[20]

[oṃ]

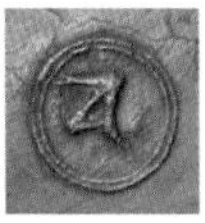

[ca]

부산 범어사 동치원년명 금고 조선, 1862.5

[oṃ ca]로 시작하는 준제진언을 간략화시켜 새긴 것으로도 추정된다.

그리고 조선 후기에 제작되었지만, 그 시기를 명확하게 알 수 없는 금고 중에도 범자가 새겨진 사례가 많다. 예를 들면, 남해 용문사 금고, 남해 화방사 금고, 김천 직지사 금고, 대구 남지장사 금고, 합천 해인사 금고 등이 있다. 모두 청동으로 제작된 금고로 앞면 외곽의 원호에 원형문을 마련하여 그 안에 1자씩 [oṃ]자를 사방에 배치하였다. 이 중에 남해 용문사 금고는 세판형 연화문이 장식된 원형문을 마련하여 그 안에 [oṃ]을 새긴 장식적인 모습이다. 또한 원광대학교 박물관에 소장된 금고는 앞면 외곽 원호에 원형문을 마련하여

19 불교문화재연구소, 『한국의 사찰문화재』 경상북도 Ⅱ, 2008, pp.43~330.
20 국립대구박물관, 『팔공산 동화사』, 2009, pp.135~136.

| 표 고려와 조선시대 제작 시기가 분명한 범자 금고

명칭	소장처	제작 시기	범자 진언다라니	비고
일본 대마도 보광사 금고	대마도 보광사	1245.05	육자진언 등	
부산 국청사 강희5년 장천사명 금고	범어사 성보박물관	1666.03	육자진언 ?	지름 65.3cm
경주 기림사 강희61년명 금고	경주 기림사	1722	〔oṃ〕 5회	지름 68.5cm
경주 불국사 갑신년명 금고	경주 불국사	1764	준제진언	지름 55.5cm
곡성 태안사 건륭35년 능가사명 금고	곡성 태안사	1770	〔oṃ〕 4회	지름 83cm
창녕 관룡사 건륭36년명 금고	창녕 관룡사	1771.06	〔oṃ〕 5회	지름 57.5cm
의성 고운사 건륭55년명 금고	의성 고운사 연자암	1789	〔oṃ〕 4회	지름 48.5cm
순천 선암사 건륭55년명 금고	순천 선암사	1789	〔oṃ〕 4회	지름 101cm
안동 봉서사 임오년명 금고	안동 봉서사	1822	〔oṃ〕 4회	지름 52cm
대구 동화사 도광16년명 금고	대구 동화사	1836.10	〔oṃ〕 4회	지름 68cm
대구 동화사 함풍3년명 금고	대구 동화사	1853	〔oṃ〕 4회	지름 79.5cm
부산 범어사 동치원년명 금고	부산 범어사	1862.05	〔oṃ ca〕 2회	지름 90cm
부산 범어사 광무6년명 금고	부산 범어사	1902	파지옥진언	지름 59.5cm
부산 범어사 광무8년명 금고	범어사 성보박물관	1905	육자진언	지름 59.5cm

그 안에 1자씩 〔oṃ〕을 새겼는데, 4곳에 배치하였다. 원주 구룡사 청동 금고도 앞면 외곽에 여러 개의 작은 원형문을 마련하여 그 안에 다소 변형된 〔oṃ〕자를 새겼다. 포항 오어사 청동 금고는 앞면을 굵은 원호로 3구획 한 후, 외곽 원호 안에 원형문을 마련하여 그 안에 1자씩 범자를 새겨 총 4곳에 배치하였다. 그런데 범자 4자 중에서 1자만 〔oṃ〕이고, 나머지는 3자는 같은데, 자형과 필체 등으로 보아 불정심인이나 〔ṇi〕로 판독된다. 어떤 범자 진언다라니를 의도했는지 명확하게 알기는 어려운 상황이다. 다만 〔ṇi〕로 판독할 경우 육자진언을 간략화시켜 새겼을 가능성도 있다. 이외에도 대구 동화사 부도암 금고, 일본의 개인이 소장하고 있는 경산 환성사 금고, 괴산 각연사 금고, 대구 유가사의 도성암 금고, 상주 남장사의 관음선원 금고, 문경 대승사의 윤필암 금고[21] 등에도 앞면에 원형문을 마련하여 그 안에 〔oṃ〕을 새겼다.

21 秦弘燮, 「新羅北岳太白山遺蹟調査報告(四)」, 『韓國文化研究院 論叢』 제37집, 이화여자대학교, 1980, p.156.

∅ 63.7cm
남해 용문사 금고 조선 후기

남해 화방사 금고 조선 후기

∅ 34.5cm
김천 직지사 금고
조선 후기, 직지사 성보박물관

대구 남지장사 금고 조선 후기[22]

합천 해인사 금고
조선 후기, 해인사 성보박물관

원주 구룡사 금고 조선 후기

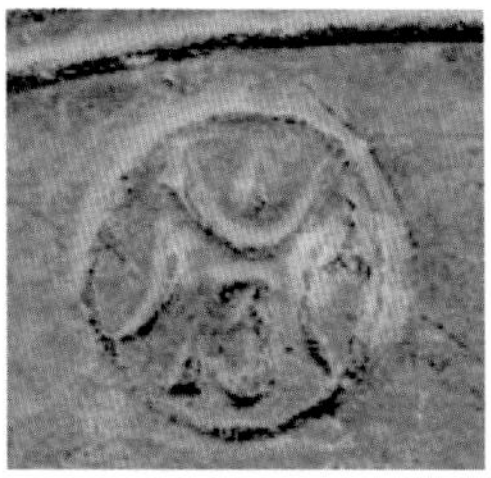
〔oṃ〕

이처럼 조선 후기에는 전국의 여러 사찰에 금고가 제작되면서 그 표면에 범자를 새기지 않는 경우도 있었지만, 대부분은 금고의 앞면 외곽부에 별도로 원형문을 마련하여 그 안에 〔oṃ〕을 새겼다. 특히, 조선 후기에는 금고의 앞면에 여러 자로 구성된 범자 진언다라니보다 〔oṃ〕만을 새기는 것이 일반화되었다. 그러한 경향은 시간이 흐르면서 더욱 두드러졌다. 이것은 범자 중에서 가장 상징성이 높았던 〔oṃ〕에 대한 신앙이 높아졌으며, 그에 따라 〔oṃ〕이 신앙의 대상이기도 했지만 장엄적인 요소로도 새겨졌음을 짐작하게 한다.

20세기 이후에도 범자가 새겨진 금고가 많이 제작되었는데, 부산 범어사에 범자가 새겨진 여러 유형의 금고가 전해지고 있다. 먼저 광무 6년(1902)에 제작된 금고가 있는데, 앞면의 외곽 원호에 별도의 원형문을 마련하여 1

---

22 불교문화재연구소, 『한국의 사찰문화재』 대구광역시/경상북도 I, 2007, pp.129~165.

동제 금고　조선 후기, 원광대학교 박물관

괴산 각연사 금고　조선 후기

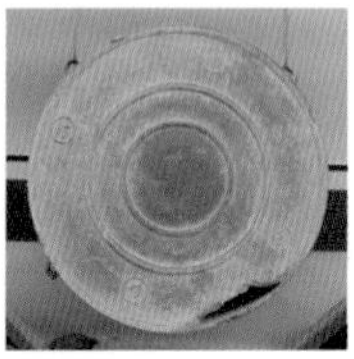

ø 61cm

[oṃ]

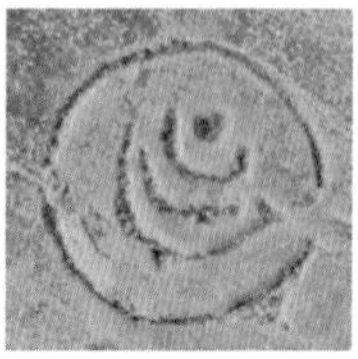

불정심인/[ṇi]

포항 오어사 금고　조선 후기

경산 환성사 금고
조선 후기, 정영호 사진

양산 통도사 금강계단 입구 금고　조선 후기

자씩 총 8자의 범자를 자륜식으로 배치하였다. 이 금고는 파지옥진언을 의도하여 새긴 것으로 보인다. 그리고 광무 8년명(1904) 금고도 있는데,[23] 앞면 외

23　금고 안쪽 면에 명문은 '光武八年甲辰 夏倉成工場井 上鑄奉安梵魚 寺解行堂'이다.

부산 범어사 광무6년명 금고
1902, 범어사 성보박물관[24]

부산 범어사 광무8년명 금고
1904, 범어사 성보박물관

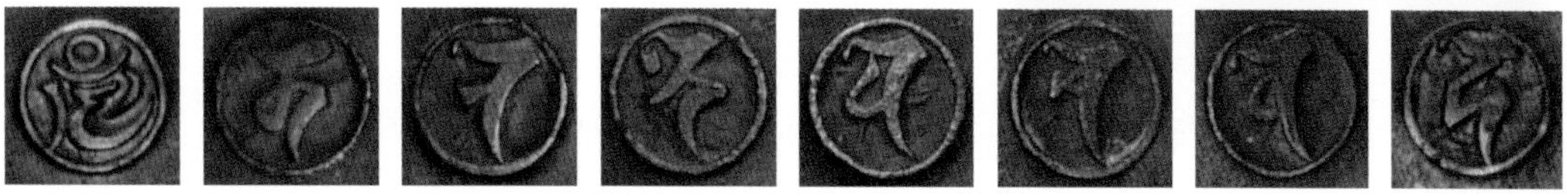

[oṃ] [ka] [ra] [te] [ya] [ca] [di] [hā]

부산 범어사 대웅전 청동 금고

[oṃ]

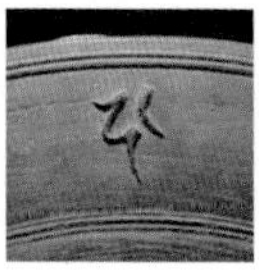

[ha]

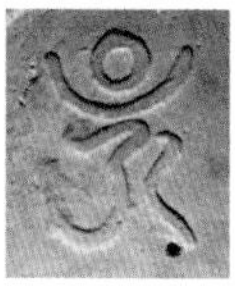

[oṃ]

[hūṃ]

양산 통도가 금고 ⌀ 59cm, 통도사 성보박물관

곽 원호에 별도의 원형문을 마련하지 않고 상하부에 각각 3자씩 범자를 새겼다. 6자로 구성된 육자진언이다. 또한 구체적인 조성 시기는 알 수 없지만, 외곽 원호에 8개의 작은 원형문을 마련하여 그 안에 1자씩 새겨, 총 8자로 구성된 파지옥진언을 배치한 금고도 전하고 있다. 그런데 이 금고는 범

24 불교문화재연구소, 『한국의 사찰문화재』 부산광역시/울산광역시/경상남도Ⅱ, 2010, p.86.

무주 안국사 금고

평창 상원사 금고

홍성 용봉사 금고

고창 선운사 참당암 금고

현대기에 제작된 육자진언 금고

자 진언다라니의 구성상 어울리지 않는 범자도 있다. 그 이유를 명확하게 알 수 없지만, 범자를 잘 모르는 장인이 제작하였거나, 다른 범자 진언다라니와 혼동하였을 가능성도 있는 것으로 보인다. 한편 양산 통도사 성보박물관에도 분명한 제작 시기는 알 수 없지만, 여러 자로 구성된 범자 진언다라니가 새겨진 금고가 전해지고 있다. 이 금고는 앞면 외곽에 원형문을 마련하여 총 10자로 구성된 시수진언(施水眞言) 〔oṃ dhu ni dhu ni ka dhu ni sva ha〕를 자륜식으로 배치하였다. 이 진언은 조형물에 새겨진 범자 진언다라니로는 상당히 보기 드문 사례라고 할 수 있다. 이처럼 〔oṃ〕자 외에도 여러 자로 구성된 다양한 유형의 범자 진언다라니가 금고에 새겨졌음을 알 수 있다.

(2) 운판

운판은 범종, 법고, 목어와 함께 소리로 중생을 구제하는 대표적인 공양구인 사물 중의 하나이다. 사물은 소리로서 세상의 생명이 있는 모든 것을 구제한다는 대승불교 사상에서 유래한 것이다. 이 중에 운판은 청동이나 철로 만든 구름 모양의 법구로 소리를 내어 새를 비롯한 허공에 날아다니는 중생을 구제한다는 의미가 담겨있다. 그래서 운판은 기본적으로 구름 모양을 하고 있지만, 제작자에 따라 여러 형태로 설계 시공되었는데 그 모양에 따라 화판 또는 장판이라고도 불렀다. 이처럼 운판은 소리로 중생을 구제한다는 종교 신앙적 의미도 담겨있어 구름뿐만 아니라 용의 형상을 가진 형태로도 제작되었으며, 표면에 연화문이나 당초문 등 장식적인 문양들이 표현되기도 했다.

여수 흥국사 동종 1665.3

운판은 조선 후기에 불교가 부흥하여 전국적으로 많은 불사가 이루어지면서 사찰에서 법회나 의식 시에 사용하기 위하여 상당량이 제작되었다. 그리고 밀교가 널리 보급된 이후 신앙에 따라 범자 진언다라니가 표면에 새겨지기도 했다. 이 중에 범자가 새겨진 운판으로 삼성미술관이 소장하고 있는 청동 운판을 대표적으로 들 수 있다. 이 운판은 전체적인 형태가 구름 모양의 보주형인데, 상부에는 좌우에서 각각 1마리의 용이 운판의 상단에 배치된 여의주를 향하고 있는 형상이다. 용의 몸체는 운판의 외곽을 감싸면서 승천하고 있어 신령스러운 모습을 연출하고 있다. 운판은 앞면 한가운데에 당좌를 마련하였는데, 당좌는 업경대처럼 거울을 달아 놓은 모습이며, 당좌 주변에는 봉황문과 꽃문양 등이 촘촘하게 표현되어 있어 영험한 분위기가 연출되도록 했다. 또한 뒷면은 한가운데를 중심으로 좌우에 각각 1구씩의 보살 입상이 대칭형으로 조각되었으며, 그 주변에 봉황과 구름 문양 등을 장엄하게 표현하였다. 한편 앞면과 뒷면 상부에는 좌우에 이중으로 구성된 원형문을 각각 3개씩 배치하여 그 안에 범자를 1자씩 새겨 넣었다. 범자는 실담으로 총 6자로 구성된 육자진언을 배열하였는데, 범자의 순서가 다수 어긋나 있다. 범자의 자형과 필체 등으로 보아 서자가 범자 진언다라니에 조예가 깊었던 인물이었음을 짐작할 수 있다. 이 운판은 우수한 장인에 의하여 제작되었을 것으로 보이는데, 장인은 범자를 몰랐던 것으로도 추정된다. 운판은 제작 기법이나 문양 등으로 보아 조선 후기에 제작된 것으로 보인다. 이러한 범자체가 여수 흥국사 동종(1665.3) 등 조선 후기의 여러 범종에서도 확인되고 있다.

그리고 남해 용문사에는 건륭 25년명 운판이 전하고 있다. 이 운판은 전체적인 형상이 불꽃이 피어나는 듯한 형상으로 화염형을 이루고 있으며, 상단부는 보주형으로 하였다. 이처럼 운판의 형상을 화염형으로 하여 당목으로 당좌

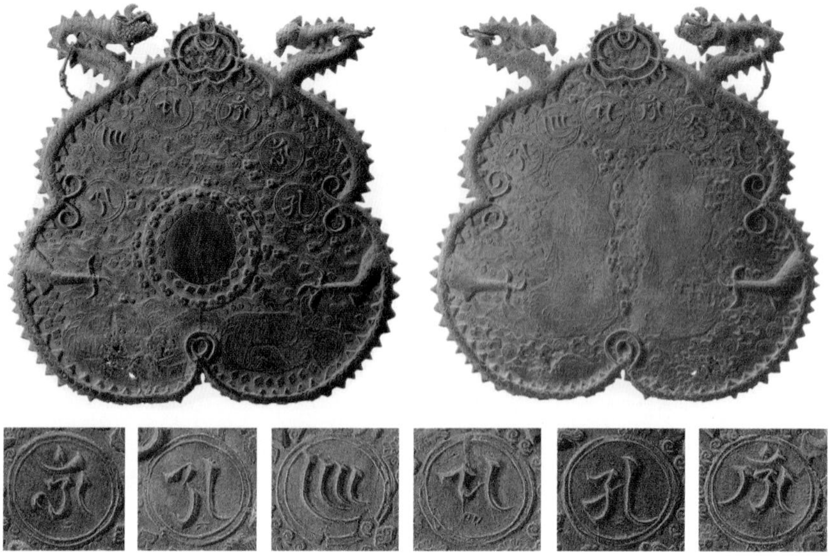

〔oṃ〕 〔ma〕 〔ṇi〕 〔pa〕 〔dme〕 〔hūṃ〕

청동 운판 조선 후기, 삼성미술관 Leeum

를 쳐서 소리를 내면, 그 소리가 화염처럼 멀리 퍼지라는 의미가 담겨있는 것처럼 느껴진다. 운판 가운데에는 당좌가 업경대처럼 마련되었으며, 그 주변으로 당초문과 기하학적인 문양 등을 새겼다. 그런데 문양이 다소 도식화된 표현 기법을 보여주고 있어, 제작 시기가 떨어짐을 시사해 주고 있다. 당좌 둘레에는 제작 시기와 유래를 알 수 있는 명문이 2곳에 점각으로 새겨져 있다.[25] 명문에 의하면, 이 운판이 1760년 5월에 처음 조성되었으며, 약 80여 년이 흐른 1837년 2월에 남해 용문사가 운판을 매입하였음을 알 수 있다. 운판은 상부에 원형문을 마련하여 그 안에 1자씩 범자를 새겨 넣었는데, 가는 필체로 상단에 〔oṃ〕을 새기고, 그 아래에는 좌우에 〔a〕와 〔hūṃ〕을 배열하였다. 밀교의 삼밀진언인 〔oṃ〕-〔a〕-〔hūṃ〕을 의도하여 새긴 것으로 보인다. 삼밀진언에서 〔oṃ〕은 일체 진언의 근본으로 신(身)금강이며, 〔a〕는 일체의 자모로 구

25 명문은 '乾隆二十五年庚辰五月日 晋州百泉寺'와 '道光十七年丁酉二月日買得 南海竜門寺'라고 새겨져 있다.

(口)금강이며, 〔hūṃ〕은 진심종자로 의(意)금강을 상징한다. 이처럼 운판 표면에 삼밀진언을 새겨 공덕의 의미를 더하고자 했던 것으로 보인다.

하동 쌍계사 운판은 조선 후기 운판의 전형적인 양식인 구름문 형태로 제작하였으며, 상부에 크게 구멍을 시공하여 매달도록 하였다. 몸체 부분의 가운데를 홀쭉하게 하여 마치 구름이 뭉게뭉게 피어오르는 형상을 하고 있으며, 외곽에는 굵은 돋을대를 돌려 견고성이 유지되도록 했다. 그리고 몸체의 표면에 8엽의 보주형 연화문을 원형으로 돌린 후, 그 안쪽의 한가운데에 작은 원형문을 1개 배치하였으며, 그 주변으로 5개의 원형문을 원형으로 배열하였다. 그리고 각각의 작은 원형문 안에 1자씩 범자를 새겨 넣었는데, 한가운데에 〔oṃ〕을 배치하였으며, 그 주변의 원형문에는 범자를 다소 변형시켜 새긴 〔ma ṇi pa dme hūṃ〕을 배열하여 육자진언을 의도하여 새겼다.

또한 여수 흥국사에도 몸체와 걸대 부분을 독특한 형상으로 제작한 범자진언다라니가 새겨진 운판이 전하고 있다. 몸체의 당좌 부분은 업경대처럼 이중의 원형문을 크게 마련하였으며, 그 외곽에는 피어오르는 형상의 구름 문양을 원형으로 장식하였다. 운판의 하부에 장식된 구름 문양은 원형으로 마련된 당좌를 받치는 모습으로 표현하였으며, 걸대 좌우에 표현된 구름 문양은 좌우로 펼쳐지는 꽃문양 형상을 이루고 있다. 그리고 걸대 표면에 시공된 3개의 구멍에 고리 등을 연결하여 걸 수 있도록 하였다. 이 운판은 당좌의 바깥 원호에 명문을 새겼는데, 시주자들의 명단과 함께 공덕을 쌓고 복을 기원하는 내용이다. 당좌 상부에도 명문을 새겼는데, '興國寺 戊戌年冬月'이라고 하여, 이 운판이 흥국사에서 무술년 겨울에 제작되었음을 알 수 있다. 무술년은 운판의 제작 기법 등으로 보아 1898년일 가능성이 높은 것으로 추정되고 있다. 운판 표면의 여러 곳에 이중의 원형문을 마련하여 그 안에 〔oṃ〕자를 1자씩 새겨 넣었는데, 걸대 부분에는 좌우 2곳, 몸체 중간 부분에도 좌우 2곳, 당좌 하부에는 좌우로 나란히 3곳에 새겨, 총 7곳에 〔oṃ〕자를 배치하였다. 그런데 이 운판에서 〔oṃ〕은 신앙적인 의미도 있었지만, 표현 기법이나 새긴 위치 등

남해 용문사 건륭25년명 청동 운판　조선, 1760.5, 문화재청

하동 쌍계사 운판　조선 후기, 쌍계사 성보박물관

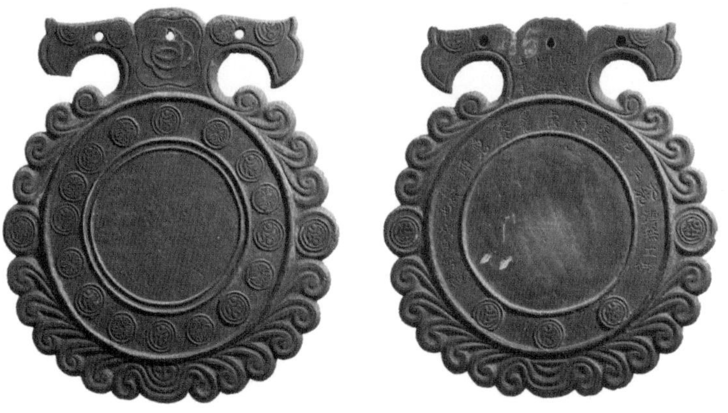

정면　후면

여수 흥국사 청동 운판　조선 후기, 1898년, 흥국사 의승수군유물전시관[26]

서산 개심사 청동 운판　조선 후기[27]

으로 보아 장엄 문양으로서의 측면이 더 강했던 것으로 보인다.

서산 개심사에 전하고 있는 청동 운판은 전체적인 형태가 이중의 보륜 위에 보주를 올려놓은 듯한 독특한 형상으로 제작되었다. 운판의 하부는 원형을

26　국립광주박물관, 『여수 흥국사』, 2021, p.171.

27　불교문화재연구소, 『한국의 사찰문화재』 전국 2, 2014, p.80.

이루고 있는데, 당좌를 별도로 표현하지는 않았다. 그리고 상부는 반원형으로 하여 부드럽게 외곽선이 이어지도록 했고, 상단부 좌우에는 손잡이처럼 뾰족하게 돌출된 돌기가 있다. 상단부의 한가운데에는 보주 형태를 이루고 있으며, 운판을 걸 수 있도록 구멍이 시공되어 있다. 운판의 중간 부분에는 별도의 판을 부착하여 새긴 명문이 있으며, 운판의 하부와 상부에 돋을대 형식으로 마련한 원형문 안에 〔oṃ〕자를 새겨 넣어, 총 3곳에 〔oṃ〕을 배치하였다. 이 운판은 제작 기법과 범자체 등으로 보아 조선 후기에 주조되었을 것으로 보인다.

이처럼 조선 후기에는 범자 진언다라니가 여러 운판에 새겨졌는데, 신앙적 또는 장엄 문양적인 측면 등 다양한 의도를 가지고 범자가 새겨졌던 것으로 보인다.

15. 칠기와 토기

불교가 전래한 이후 부처님께 공양하고 개인적으로 공덕을 쌓기 위한 다양한 불교 공예품들이 제작되었다. 그러한 공예품들은 당대 불교 신앙의 변화나 흐름이 반영되었다. 우리 역사에서 고려시대는 불교가 중심적인 종교로 자리잡고 귀족문화가 발달하면서 고급스럽고 화려한 불교 미술품이 많이 만들어졌는데, 밀교 신앙이 널리 보급되면서 그러한 신앙이 반영된 공예품들도 많이 조성되었다. 밀교 신앙은 기존의 불교 신앙보다 현실 기복적인 성격이 강하고, 주술적이고 신비롭게 인식된 범자 진언다라니에 대한 신앙이 주류를 이루었다. 그래서 불교 미술품에 범자나 진언다라니가 표현되거나 새겨진 것은 직접적이든 간접적이든 밀교 신앙과 연관되어 있었다고 할 수 있다.

고려시대 대표적인 공예품으로는 도자기, 금속기, 나전칠기 등이 있다. 이 중에서 도자기와 금속기는 상당량이 전해지고 있지만, 나전칠기는 전하고 있는 수량이 극히 소량이다. 나전칠기는 정교하고 기교가 넘치는 미적 감각을 보여주고 있어, 높은 기술력이 있어야 만 제작이 가능하다. 그래서 고려시대 장인들의 기술력과 예술성을 동시에 보여주는 대표적인 유물로 평가되고 있다.

현재 고려시대 제작된 나전칠기는 소량만 전하고 있는데, 이 중에 조개껍질로 범자를 새긴 나전칠기 1점이 확인되고 있다. 앞으로 더 많은 수량이 확인될 수도 있을 것이다. 이 나전칠기는 염주를 넣어 보관했던 합으로 알려져 있는데, 전체적인 형태는 원형으로 몸체부와 뚜껑부를 분리하여 제작하였다. 합의 표면에는 다양한 색깔의 조개껍질을 가늘게 자르고, 정교하게 이어 붙여 다채로운 문양이 화려하게 형성되도록 했다. 그리고 몸체부의 턱이 뚜껑 안쪽과 정교하게 맞추어지도록 하여, 장인의 높은 기술력을 보여주고 있다. 또한 몸체부의 측면 하부에는 X자형의 문양을 일정한 구획으로 장식하였으며, 그 위에 붉은색 계열의 조개껍질을 활용한 연화문을 연화 줄기와 함께 잘 어우러

지도록 표현하였다. 뚜껑의 상면에는 다양한 문양들이 무리를 이루면서 원형으로 표현되었는데, 외곽 테두리는 밝은색 계열의 연화문을 장식하였으며, 그 안쪽에는 연주문을 돌리고, 다시 붉은색 계열의 조개껍질을 활용한 크고 작은 연화문을 조화롭게 배치하였다. 그런 다음 연주문을 팔릉형으로 새긴 후, 그 안에 밝은색 계열의 연화문을 촘촘하게 장식하였다. 이러한 뚜껑의 한가운데에 연주문을 활용하여 원형문을 마련한 다음, 그 안에 조개껍질을 정교하게 잘라 〔oṃ〕을 새겨 넣었다. 〔oṃ〕은 공점과 앙월점 등을 비롯하여 전체적인 자형과 필체가 마치 붓으로 서사한 것과 같이 정연하게 새겨졌다. 그래서 조개껍질을 잘라 〔oṃ〕을 새겼지만, 마치 붓으로 쓴 실담체 〔oṃ〕처럼 보인다. 이 나전칠기 염주합은 고려 후기에 제작되었을 것으로 보이는데, 전체적으로 화려하면서도 단아한 이미지를 풍기고 있다. 염주합의 형태도 정연하고, 표면에 다양한 색감으로 문양들이 화려하게 장식되어 있어 고려시대의 품격 있는 공예문화를 엿볼 수 있게 해주고 있다. 그리고 뚜껑 상면에 〔oṃ〕을 새겨 신앙적인 측면과 문양적인 측면을 동시에 의도했음을 짐작할 수 있다.

나전칠기 염주합　고려[1]

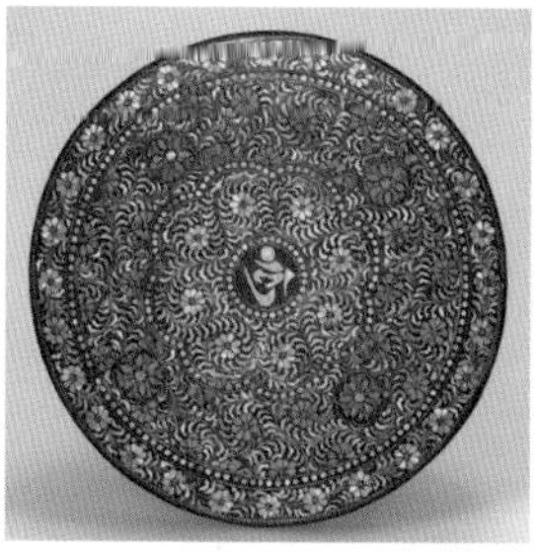

뚜껑 상면

→

〔oṃ〕

1　松島健 外, 『當麻寺』-日本の古寺美術 11-, 保育社, 1988, p.15. / 湖巖美術館, 『大高麗國寶展』, 三星文化財團, 1995, p.19.

또한 도교적인 사신도와 함께 밀교적인 진언다라니 등이 함께 새겨진 독특한 토기 항아리가 전하고 있다.[2] 이 토기 항아리는 화장한 후 수습한 뼈를 담기 위한 용도로 추정되는데, 몸체와 뚜껑을 분리하여 제작하였다. 뚜껑은 상부에 보주형 꼭지를 달았으며, 안쪽 면에는 칠성도를 표현하였고, 바깥면에는 구름와 용 문양을 함께 새겨 신성한 분위기가 연출되도록 했다. 항아리 몸체는 평면 원형으로 하여 상부로 올라가면서 약간 넓어지는 형태를 이루고 있으며, 입구 부분에 낮은 턱을 마련하여 뚜껑과 결합되도록 했다. 그리고 몸체의 표면과 내면 바닥에는 선각으로 여러 문양과 함께 명문을 새겼다. 또한 몸체의 표면 하부는 일정한 높이까지 선을 그어 구획한 후 그 안에 선각으로 연화문을 가득 장식하였다. 몸체의 표면 상부에는 탑을 사방에 음각으로 새긴 후, 그 사이마다 선각으로 원형문을 마련하였으며, 방위에 따라 사신도를 새겨 넣었다. 그리고 탑의 상륜부 위에 작게 불정심인 도상을 선각으로 표현하였다. 탑과 사신도 주변에는 한자로 '金剛般若波羅密經', '乾坤離坎' 등을 새겼으며, 그 외의 공간에는 〔oṃ〕의 한역 음인 '唵' 등을 표기하였다. 또한 항아리의 내부 바닥도 선각으로 독특한 문양과 명문을 새겼는데, 바닥의 상부에는 선각으로 불정심인 도상을 크게 새긴 후, 그 주변에 '一字大佛頂尊勝陀羅尼梵', '提娑婆訶部啉陀羅尼', '唵嚂' 등 한자로 구성한 여러 진언다라니를 새겨 다양한 의미를 부여하였다.

이러한 것으로 보아 이 토기 항아리에는 밀교적인 요소와 도교적인 측면이 혼재되어 제작된 것으로 보인다. 특히 탑과 불정심인 도상을 함께 새긴 것은 밀교의 대표적인 진언다라니인 「불정존승다라니」에 의하여 망자의 살아생전의 업장 소멸과 함께 추복과 극락왕생을 염원하는 신앙을 반영한 것으로 추정

2 토기 항아리는 레미콘 사업가였던 김태일씨가 소장했던 유물이었으며, 온양민속박물관에서 특별전을 개최할 때 공개 전시한 바 있다고 한다. 이후 박물관 측은 소장자에게 되돌려주었으며, 현재는 소장처를 알 수 없다고 한다. 전하는 바에 의하면, 소장자는 많은 유물을 소장하고 있어 나중에 박물관을 건립하려 했으나 회사가 어려워져 뜻을 이루지 못하였다고 한다. 출토지는 여주 신륵사 인근이라고 하나 확실하지는 않다.

사신도와 불정심인이 새겨진 토기 항아리 조선[3]

뚜껑 용문양

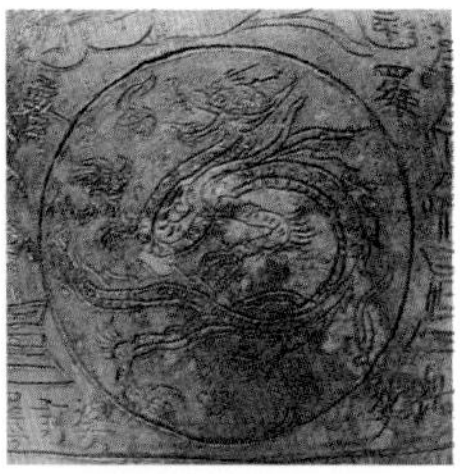

몸체 사신도

항아리 내부 바닥면 불정심인과 진언다라니

된다. 밀교 신앙이 민간에까지 널리 보급되면서 진언다라니 신앙에 의하여 토기 항아리가 제작되었음을 짐작할 수 있다. 한편 이 토기 항아리는 밀교의 진언다라니 신앙에 의하여 많이 제작된 중국 원명대(元明代)의 토기 항아리와 친연성을 보여주고 있어 주목된다. 이처럼 토기 표면에 밀교적인 진언다라니 신앙을 반영한 것으로는 현재까지 유일하게 확인되고 있다.

3 溫陽民俗博物館, 『金泰一 所藏 文化財 圖錄 -土器·陶瓷器篇-』, 1992, pp.101~103.

16. 복식

옷은 인류가 비바람이나 추위 등으로부터 몸을 감싸 가리거나 피하려고 입는 것이라면, 복식은 옷을 포함하여 사람의 몸에 치장하는 의류와 장식 등 모든 것을 통칭하는 용어이다. 그래서 복식은 몸을 감싸거나 장식하는 용도도 있지만 특정한 의미나 상징이 반영되어 있기도 하다. 특히, 종교와 관련한 복식에는 그러한 경우가 많다.

불교가 전래한 이후 사찰의 승려나 신도들이 입는 복식은 시대와 지역 등에 따라 다양하게 발전하였다. 이러한 불교 복식에는 연화문, 만자문, 길상문 등 신앙적인 의미나 상징이 반영된 문양을 비롯하여 특정한 문자가 표현되기도 했다. 문자 중에서 대표적인 것이 범자였다. 범자는 1자 또는 여러 자로 구성된 진언다라니가 새겨졌는데, 목판으로 직접 찍거나 수를 놓는 등 다양한 방식으로 표현되었다. 이러한 것은 밀교 신앙의 보급에 따라 범자 진언다라니에 대한 신앙이 널리 유행하면서 나타난 것이라 할 수 있다. 그런데 불교 복식은 내구성이 약한 재료의 특성상 오늘날까지 그대로 전하는 경우가 많지 않다. 그래서 불교 복식에 범자 진언다라니가 언제부터 새겨졌는지 등 초기의 양상을 구체적으로 파악하는 것은 어렵다. 다만, 실물 자료가 확인되지는 않지만, 범자 진언다라니가 새겨진 다른 불교 미술품의 전개 양상으로 보아 불교 복식에도 고려시대부터 범자를 새겼을 개연성이 높은 것으로 보인다.

앞면

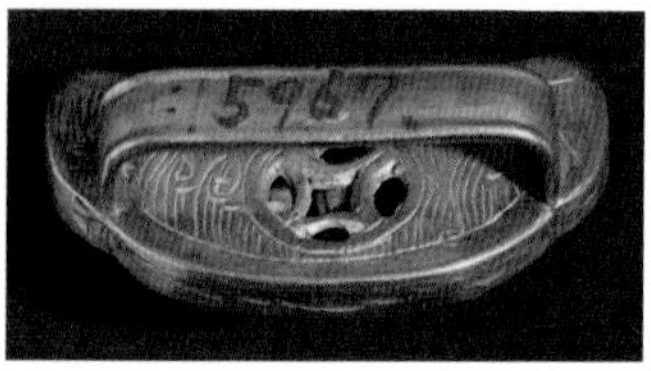

뒷면
금제 가사 고리 조선, 국립중앙박물관

현재 불교 복식의 한 유형인 금제 가사 고리가 전하고 있는데, 그 표면에 범자가 새겨져 있다. 이 가사 고리의 전체적인 형태는 반달형인데, 외곽부는 릉형으로 표현하였으며, 뒤쪽에는 고리를 달았다. 그리고 앞면 한가운데에는 타원형으로 원형문을 마련하여 그 안에 랸차로 〔oṃ〕을 새겨 넣었다. 또한 분명하지는 않지만 원형문 외곽에도 작은 범자와 초화문 등을 새긴 것으로 보인다. 이처럼 이 가사 고리는 정교하고 세련되게 제작하여 상당히 우수한 금속 공예 기술을 보여주고 있다. 그런데 제작 기법이나 문양 만을 가지고 가사 고리의 제작 시기를 설정하기는 어려운 상태이다. 다만, 랸차로 쓴 〔oṃ〕자가 고려 후기에서 조선 전기의 조형물에서 많이 활용되었는데, 이 가사 고리에 새긴 〔oṃ〕자는 변형시켜 썼기 때문에 시기를 한정하기가 어렵지만 여러 정황으로 보아 조선시대 제작된 것으로 추정된다. 어쨌든 불교 복식과 관련하여 범자가 새겨진 상당히 오래된 가사 고리라는 점에서 중요한 자료인 것은 분명하다.

조선시대 들어와 밀교 관련 전적이 체계적으로 간행되기 시작하였고, 범자 진언다라니 신앙도 널리 보급된 편이었다. 이에 따라 다양한 불교 미술품에 범자가 새겨졌는데, 승려들의 가사를 비롯한 여러 불교 복식에도 범자 진언다라니가 새겨졌을 것이다. 그런데 복식은 부식되기 쉽고 불에 잘 타는 등 내구성이 약하기 때문인지 범자가 새겨진 조선 전기의 복식 유물은 거의 확인되지 않고 있다. 다만, 일본 일광(日光) 윤왕사(輪王寺)에 조선 효종이 1655년 통신사 편에 선물로 보낸 것으로 전하는 금란가사가 전하고 있어 주목된다.[1] 이 금란가사는 표면에 당초 문양 등을 화려하게 수 놓은 최고의 품질로 평가받고 있다. 그리고 일본 대덕사(大德寺) 용광원(龍光院)에도 조선에서 제작하여 일본 왕에게 신물로 보내신 것으로 추정되는 금란가사가 전하고 있다.[2] 이 금란가사는 뒷면에 새겨진 명문에 의하여 일본 임제종 승려로 강호(江戶)시대 전기까지 크게 활약했던 강월 종완(江月 宗玩, 1571~1643)이라는 승려가 입었던 것임을 알 수 있게 되었다. 금란가사의 표면에는 사각형 구획을 마련하여 적색 바탕에 금색으로 〔oṃ〕자를 정연하게 수 놓았고, 녹색 바탕에는 卍자를 수 놓았다. 그런데 〔oṃ〕의 자형과 필체가 조선시대 인수대비의 발원과 학조화상

1 일본 日光 輪王寺 寶物殿에는 高麗版一切経 1巻, 朝鮮国王孝宗宸筆額字 1巻, 朝鮮通信使献納 朱漆塗箱 1合 등이 소장되어 있는 것으로 알려져 있다.

2 小笠原小枝 編, 「金襴」, 『日本の美術 9』, 至文堂, 1984.

금란가사　조선, 일본 일광(日光) 윤왕사(輪王寺)

금란가사　조선, 일본 대덕사(大德寺) 용광원(龍光院)

의 발문으로 간행된 『오대진언』에 수록된 〔oṃ〕과 강한 친연성을 보여 주목된다. 또한 〔oṃ〕자는 양양 낙산사 동종, 남양주 수종사 동종, 금강산 유점사 동종 등과도 상당히 닮았다. 이러한 것으로 보아 금란가사에 〔oṃ〕자를 수 놓을 때, 조선 전기의 〔oṃ〕자 필체를 그대로 활용하였거나 모방한 것으로 보인다. 이 금란가사는 조선에서 일본 왕에게 선물로 보냈는데, 어느 시기에 일본 왕이 강월 종완에게 하사하였던 것으로 추정되고 있다. 조선 후기에 제작하였지만 보존 상태가 양호하고, 조선 전기의 범자체를 보여주고 있어 귀중한 자료라 할 수 있다.

그리고 조선후기 조성된 불상의 복장물로 봉안된 복식에 다라니를 찍은 사

순천 송광사 관음전 관음보살좌상(조선, 1662.정월)과 저고리(송광사 성보박물관)

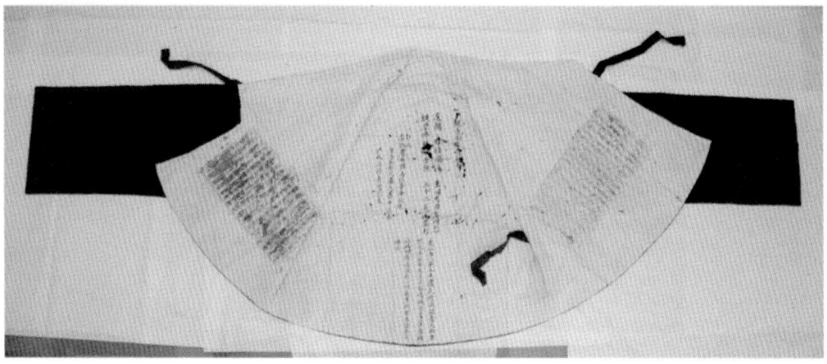

저고리

다라니

례가 확인되고 있다. 순천 송광사 관음전 목조관음보살좌상은 2009년 개금 불사 과정에서 복장물로 저고리가 발견되었는데, 보존상태가 상당히 양호하고 표면에 발원문이 묵서되어 있었다. 이 불상은 발원문에 의하여 1662년 정월에 조성된 것으로 확인되었다. 그런데 특이하게 저고리의 좌우 섶에 목판을 활용하여 범자 진언다라니를 찍었다. 수습 당시 주서된 다라니가 상당히 번져있었다. 그리고 한쪽은 연하고 다른 쪽은 진한 것으로 보아 같은 목판을 활용하여 2~3번에 걸쳐 다라니를 찍은 다음 곧바로 접어서 불상의 복장물로 봉안하였던 것으로 보인다. 이 불상에 봉안된 다라니는 승려가 아닌 일반 신도가 입었던 저고리에 범자 진언다라니를 찍어 봉안한 사례이다.

조선 후기 승려의 가사로 순천 송광사를 중심으로 크게 활약했던 부휴대사의 유력한 제자였던 벽암대사 각성(1575~1660)이 살아생전에 입었던 것으로 추정되는 불교 복식에 〔oṃ〕이 새겨진 사례가 전하고 있다. 벽암대사는 어려서 아버지가 사망하자 곧바로 출가하여 가야산, 속리산, 지리산 등에서 수행 정진하였으며, 조선 인조 때 도총섭이 되었고, 병자호란 때에는 의승군을 조

벽암대사 가사　조선, 구례 화엄사[3]

직하기도 했다. 이처럼 벽암대사는 당시 불교계뿐만 아니라 조선 왕실로부터도 높은 예우를 받았던 승려였다. 이 가사는 왕실에서 하사받은 것으로 보인다. 그리고 그가 구례 화엄사와 인연이 깊었던 관계로 이곳에 전해지게 된 것으로 보인다. 이 가사는 사방에 사각형 구획으로 제작된 별도의 〔oṃ〕자 첩을 꿰매서 덧대었다. 〔oṃ〕자는 적색 바탕에 금색 실로 수놓아, 벽사와 함께 공양과 공덕의 의미를 표출하였다.

그리고 사용자나 출토지는 알 수 없지만 조선 후기에 제작된 것으로 추정되는 금도금 가사 고리와 빗장이 여러 점 전하고 있다. 이 중에 밀양 표충사에 전하는 가사 고리와 빗장은 임진왜란 때 큰 공을 세운 사명대사(1544~1610)가 사용했던 것으로 전하고 있다. 이 가사 고리는 원형이며, 표면에 타출기법으로 문양을 장식하였다. 빗장은 가운데에 원형문을 마련하여 그 안에 〔oṃ〕자를 새겼으며, 좌우에 연잎을 대칭되게 새긴 후 연화문과 보상화문을 화려하게 장식하여 우수한 제작 기법을 보여주고 있다. 또한 북한에도 우수한 제작 기법의 금도금 가사 고리와 빗장이 여러 점 전하는 것으로 알려져 있다. 이외에도 양산 통도사 성보박물관에 제작 시기는 알 수 없지만, 한가운데 〔oṃ〕자가 새겨진 가사 고리가 소장되어 있다. 이처럼 가사 고리는 다양한 재질과 유형으로 제작되었는데, 일반적으로 고리의 한가운데에 범자 1자만을 새기기 때문에 대부분 〔oṃ〕자가 새겨졌다.

조선 말기 이후에 제작된 것으로 추정되는 가사와 가사포에도 특정 범자를 새긴 것으로 확인되고 있다. 이 중에 가사는 스님들이 입는 법복으로 장삼 위에 둘러 입는데, 보통은 왼쪽 어깨에서 오른쪽 겨드랑이 사이로 내려서 걸쳐

3　강선정, 조우현, 「조선 중기 서산대사와 벽암대사의 가사 유물에 대한 연구」, 『服飾』 제61권 제3호, 2011, pp.129~131. 한편 벽암대사 가사는 17세기경 궁궐에서 제작한 왕실 관련 복식들과 제작 기법이나 문양 등이 상통하여 국왕의 하사품으로 추정되고 있다.

금도금 가사 장식구　조선, 표충사 호국박물관[4]

금도금 가사 장식구　조선, 북한 소재[5]

가사 고리
시기 미상, 통도사 성보박물관

입는다. 가사는 일반적으로 직사각형의 천을 이어 붙여서 만들고, 그 중앙에 일월 자수 장식을 달고, 네 귀퉁이에 '天'자와 '王'자를 수놓거나 부착하였다. 일월 자수 장식은 사각형이나 원형의 공단에 해를 상징하는 삼족오와 달을 상징하는 토끼를 비롯하여 연꽃, 구름, 파도 문양 등을 자수하여 화려하게 제작되었는데, 한가운데에 범자를 수놓는 경우가 많았다. 그리고 가사포는 가사 위에 걸치는 것으로 표면에 다양한 문양을 수놓는 경우가 많았는데, 장식이나 상징적인 의미를 부여하기 위하여 범자를 새기기도 하였다.

또한 가사에 다양한 방식으로 범자를 수놓거나 배치한 사례들이 확인되고 있다. 먼저 순천 선암사 성보박물관에는 조선 후기에 만든 가사에 부착했던 일월 자수 장식이 소장되어 있는데, 해와 달을 상징하는 원형문 안에 별도의 작은 원형문을 마련하여 그 안에 〔oṃ〕과 〔raṃ〕을 각각 1자씩 새겨 넣었다. 그리고 양산 통도사 성보박물관에도 조선 후기 제작한 가사가 소장되어 있는데, 붉은색의 바탕천에 복숭아, 석류 등의 과실이 표현되었고, 표면에 사각형으로 만든 일월 자수 장식이 상하로 부착되어 있다. 일월 장식은 자수로 화려

4　불교중앙박물관, 『僧, 구도자의 길』, 2009, p.61.
5　조선유적유물도감편찬위원회, 『북한의 문화재와 문화유적 Ⅳ』, 서울대학교 출판부, 2000. / 장경희, 『북한의 박물관』, 예맥, 2011, p.76.

하게 만들었는데, 한가운데에 별도의 원형문을 마련하여 그 안에 범자를 각각 1자씩 새겨 넣었다. 그런데 다른 가사와 달리 모두 〔oṃ〕자를 배치하였다. 서울역사박물관에도 조선 말기에 제작된 것으로 추정되고 있는 적색으로 만든 가사가 소장되어 있다. 이 가사는 사천왕을 의미하는 '天'자와 '王'자를 사방에 배치하였으며, 가운데 부분의 상부에 별도로 제작한 2개의 일월 자수 장식을 상하로 부착하였다. 상부에 부착한 장식은 해를 상징하는 작은 원형문 안에 삼족오를 수놓았으며, 그 아래에는 연화문 위에 〔oṃ〕자를 수놓았다. 그리고 하부에 부착한 장식에는 달을 상징하는 작은 원형문을 마련하여 그 안에 방아 찧는 토끼를 수놓았으며, 그 아래에는 연화문 위에 〔raṃ〕자를 수놓아 정법계진언을 의도하였다. 평창 월정사 성보박물관에도 일월 자수홍 가사가 소장되어 있는데, 제작 기법과 문양 등으로 보아 조선 말기~일제강점기에 제작한 것으로 추정되고 있다. 이 가사의 표면에는 자수의 표현 기법이 다소 다르지만, 다른 가사의 일월 자수 장식과 유사하게 가사의 표면에 별도로 제작한 자수 장식을 부착하였다. 이 자수 장식은 한가운데에 각각 〔oṃ〕과 〔raṃ〕를 수놓아 정법계진언을 새겼다. 그리고 가사 아래쪽의 외곽에 6자로 구성된 육자진언을 금분으로 새겨 좌우로 배열하였다. 이 가사를 만든 제작자는 장식과 장엄 등 다양한 의도를 가지고 육자진언을 배치하고, 정법계진언을 수놓은 일월 자수 장식을 부착하였던 것으로 보인다.

그리고 황색으로 제작한 석가여래 가사포는 사각형으로 표면에 팔길상 문양 등을 일렬로 반복하여 여러 번 수놓은 다음, 그 위의 한가운데에 〔oṃ〕자를 황색실로 수놓았다. 또한 사방에는 각 방위 별로 서로 다른 색을 활용하여 사방주진언〔a ma ra ha〕을 배치하였다. 이것은 가사포에 대한 수호와 공덕의 의미를 함께 반영한 것으로 보인다.

⌀8cm

⌀8.3cm

일월 자수장식　조선 후기, 선암사 성보박물관

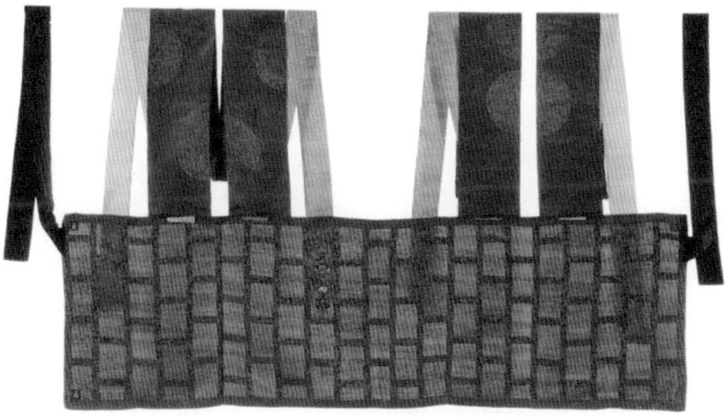

[oṃ]

일월 자수홍가사　조선 후기, 통도사 성보박물관[6]

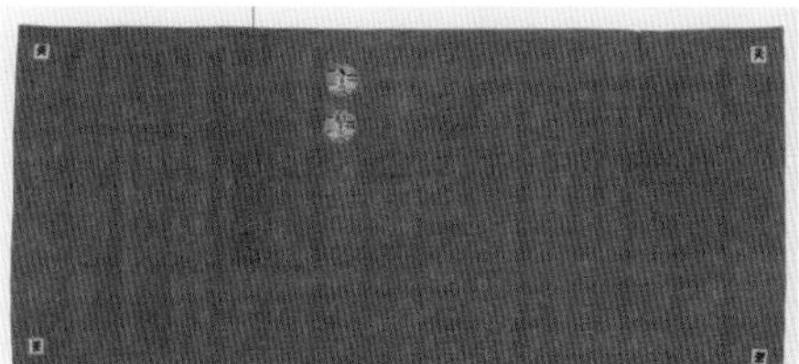

[oṃ]

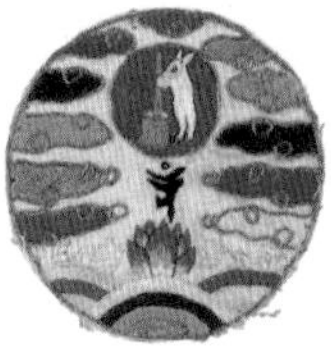

[raṃ]

일월 자수홍가사　조선 말기, 서울역사박물관

6 통도사성보박물관, 『通度寺聖寶博物館 名品』, 2014, p.214.

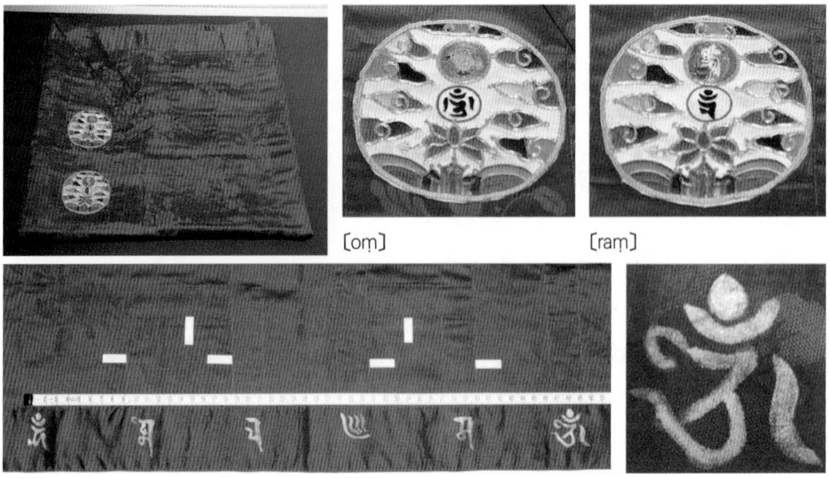

[oṃ] [raṃ]

일월 자수홍가사 조선 말기~일제강점기, 월정사 성보박물관[7]

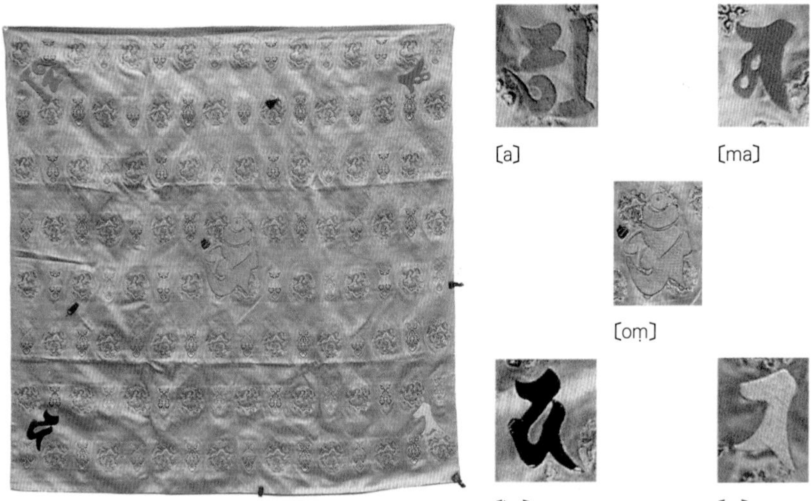

[a] [ma] [oṃ] [ha] [ra]

석가여래 가사포[8]

한편 조선 말기에 제작된 갑옷에서도 범자 진언다라니가 확인되고 있다. 갑옷은 전쟁 시에 화살, 창, 칼, 총탄 등 적의 공격으로부터 자신을 보호하기 위한 것으로 가죽이나 직물, 철 등을 활용하여 저항력 있고 단단하게 만들어졌

7 이 가사는 25조 모본단 가사로 중원 한암(1876~1951)선사 소장품으로 전해지고 있다.
8 동국대학교박물관 · 통도사 · 국립민속박물관, 『佛敎儀式具』, 1995, p.75.

다. 이러한 갑옷은 신분을 나타내고 방어력을 높이기 위하여 재료를 달리하기도 하였으며, 무사 안녕과 수호 등 상징적인 의미를 부여한 문양이나 기호 등을 표면에 새기기도 하였다.[9] 특히, 조선 말기에 제작된 면갑과 두정 갑옷 등은 다른 시대에는 볼 수 없는 범자 진언다라니와 부적[10] 등을 새겼다. 이 중에 면갑은 화살이나 총탄 등을 방어할 목적으로 면을 여러 겹 누벼 만들었다. 즉, 일종의 방탄복으로 섬유질의 마찰력을 이용해서 총탄을 방어하는 원리를 적용하여 제작하였다.

흥선대원군은 1866년 병인양요 이후에 무기 제조자였던 김기두(金箕斗)와 강윤(姜潤)에게 서양의 총탄을 막아낼 수 있는 갑옷을 제조하라고 명하였다. 이에 엷은 면을 여러 겹 누벼 소총탄을 발사 실험한 결과 12겹이면 총탄이 뚫지 못함을 확인하고, 면 13겹 이상을 누벼 면갑을 만들었다고 한다. 이러한 사실을 기록한 『무위영각색군기완파구별성책』에 의하면, 당시 무위영에는 다양한 갑주가 있었는데, 면갑도 여러 벌이 제작되었으며, 갑주에 문양을 새길 때 사용한 다양한 문양판도 있었다고 한다.[11] 이렇게 제작된 면갑은 1871년 신미양요 때 첫 실전에 투입하였는데, 총탄 방어에는 효과가 있었으나 더위나 습기에 취약하여 실효성은 다소 떨어졌다고 한다. 그러나 총탄을 방어하는 최초의 방탄복이라는 점에서 역사적 의의가 높다고 할 수 있다.[12] 이처럼 면갑은 관련 기록과 여러 정황으로 보아 조선이 서양 제국주의 열강들의 침략을 방어하고자 1866~1870년 사이에 자체적으로 제작하였음을 알 수 있

9 박가영, 「조선시대의 갑주」, 서울대학교 대학원 의류학과 박사학위논문, 2003.

10 부적은 護符 또는 呪符라고도 하는데, 일반적으로 문자나 그림을 그려 붙이거나, 소지 또는 복용하는 것이다. 사람들은 부적이 재앙이나 악귀를 퇴치하며, 복을 가져오고, 병마를 쫓는 힘을 가지고 있다고 믿었다. 나뭇잎이나 종이, 헝겊 등에 쓰거나 찍은 것을 부적이라 한다. 그리고 돌, 뼈, 깃털, 귀금속 등의 물체로 만든 것은 符作이라고 한다.

11 武衛所(朝鮮) 編, 『武衛營各色軍器完破區別成册』, 1882年(한국학중앙연구원 藏書閣 소장(청구기호 K2-3312)).
이 책의 14b面 甲冑秩 항목에 '木綿甲冑壹千參部 並完', 29b面에 '甲衣紋板肆坐 幷完', 48a面에 '軍器色 大緞甲冑拾伍部 並完 木綿甲冑捌拾部 完 貳拾部 破'라고 綿甲과 관련된 기록이 있다.

12 육군박물관, 『육군박물관 소장 군사복식』, 2012, p.43./p.183.

다. 당시 조선 군인들이 실전에서 입었던 면갑이 국립고궁박물관을 비롯하여 미국 뉴욕의 Metropolitan Museum of Art, 미국 워싱턴의 Smithsonian National Museum of Natural History,[13] 영국 Oxford University의 Pitt Rivers Museum, 일본 동경국립박물관 등에 전해지고 있다. 이처럼 외국 기관에 소장된 면갑은 신미양요 이후에 약탈해 간 것으로 추정된다.

이 중에 국립고궁박물관 소장 면갑은 무명 30장을 겹쳐 만든 것으로 소매는 없으며, 앞길과 뒷길이 한판으로 연결되어 있고, 양옆이 모두 트인 형태로 되어 있어 조끼처럼 착용하도록 고안되었다. 이 면갑은 앞면과 뒷면에 목판으로 찍은 부적형 도안이 새겨져 있다. 앞면 하부에는 원형의 부적형 도안이 좌우에 1개씩 배치되어 있고, 뒷면의 상하부에도 각각 2개씩 총 4개의 부적형 도안을 배치하였다. 또한 뒷면 상부는 같은 도안을 좌우에 배치하였다.[14] 그래서 이 면갑에는 서로 다른 5종류의 부적형 도안을 새겨, 서로 다른 의미를 부여하기 위한 여러 유형의 목판이 있었음을 짐작할 수 있다. 그리고 미국 뉴욕의 Metropolitan Museum of Art, 미국 워싱턴의 Smithsonian National Museum of Natural History, 영국 Oxford University의 Pitt Rivers Museum, 일본 동경국립박물관 등에 소장 되어 있는 면갑은 투구와 함께 전하고 있는데, 투구의 표면에도 범자로 구성한 육자진언과 부적형 도안을 배치하였다. 또한 상반신에 착용하였던 면갑은 하반신까지 보호할 수 있도록 긴 형태로 제작하였음을 알 수 있다. 배와 허리 부분에는 혁대처럼 제작한 별도의 넓은 면갑을 추가 착용하여 방호 기능을 강화하고, 양어깨에 걸쳐 입은 면갑을 견고하게 고정하도록 하였다.[15] 이 면갑들은 앞뒷면 상하부에 부적형 도안을 배치하였을 뿐만 아니라 별도의 사각형 구획을 마련하여 그 안에 범자로 구성한 육자진언과 부적형 도안을 가득 새겨 넣어 호신과 무사 안녕의 의미를

13 신미양요 때 조선 군인들이 입었던 목면 투구와 갑옷으로 전해지고 있다.
14 서울특별시 시사편찬위원회, 『서울의 문화재 4』, 2011, p.432.
15 민승기, 『조선의 무기와 갑옷』, 가람기획, 2004, pp.343~345.

앞면

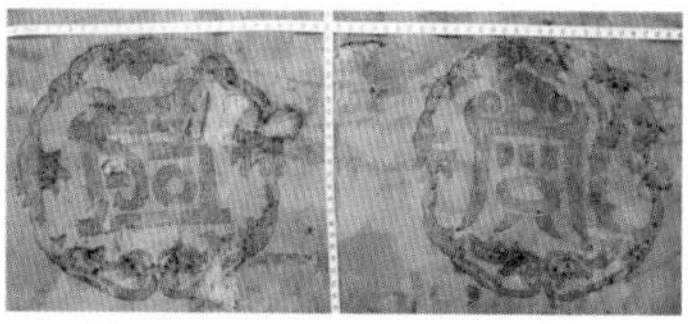
부적형 도안 사진

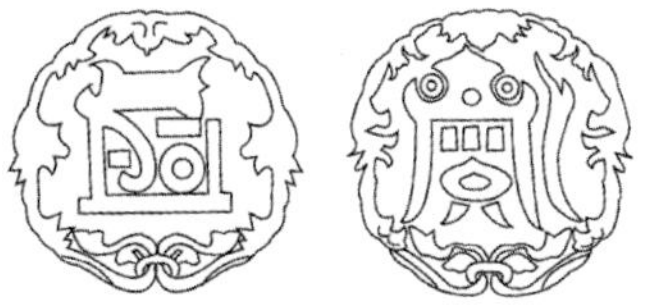
부적형 도안 도면

뒷면

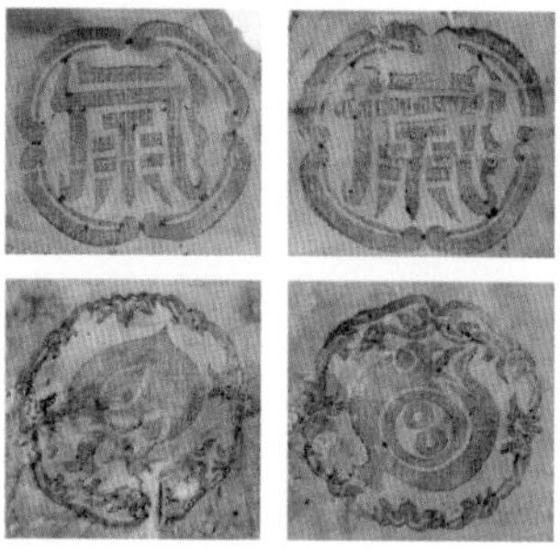
부적형 도안 사진

부적형 도안 도면

면갑 조선 말기, 국립고궁박물관 소장, 이명은 제공

강하게 표출하였다.

그리고 국립진주박물관과 캐나다 Royal Ontario Museum에는 두정 갑옷이 소장되어 있는데,[16] 이 갑옷은 반소매로 하반신의 상부까지 보호하도록 길게 제작하였다. 그런데 갑옷 앞뒷면의 상하부에 육자진언과 함께 부적형 도안을 여러 곳에 배치하였다. 앞면 한가운데에는 사각형 구획을 마련하여 그 안에 범자로 구성한 육자진언을 십자형으로 새겼으며, 뒷면의 사각형 구획 안에는 작은 형태로 도안화한 부적형 도안을 가득 배치하였다. 이처럼 조선 말기에 제작한 면갑이나 두정 갑옷 등에 범자로 구성한 육자진언과 부적형 도안을 새긴 기법으로 보아 여러 개의 목판을 별도로 만들어 면갑 제작 공정에서 활용하였음을 알 수 있다. 특히, 면갑의 앞뒷면에 새겨진 부적형 도안은 1,800

16 국외소재문화재재단, 『캐나다 로열온타리오박물관 소장 한국문화재』, 2018, pp.244~245.

면갑 앞면

면갑 뒷면

면갑에 찍은 각종 부적형 도안과 육자진언

투구 육자진언

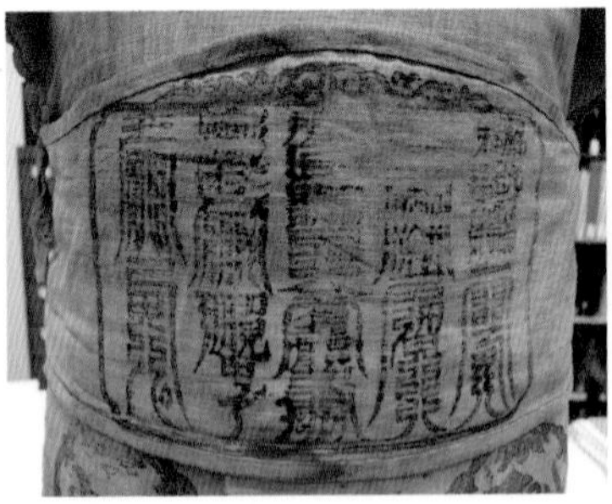

혁대 부적형 도안

혁대 육자진언

앞면 하부

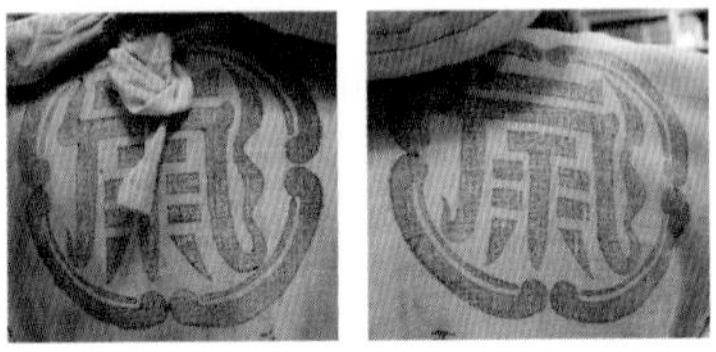

뒷면 상부

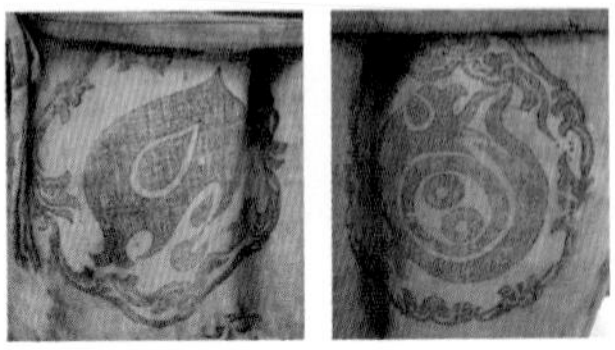

뒷면 하부

면갑　조선 말기, 미국 뉴욕 'Metropolitan Museum of Art' 소장, 김연미 제공

앞면

뒷면

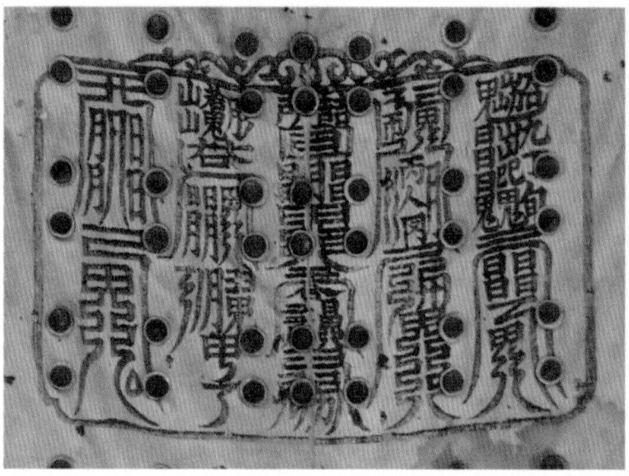

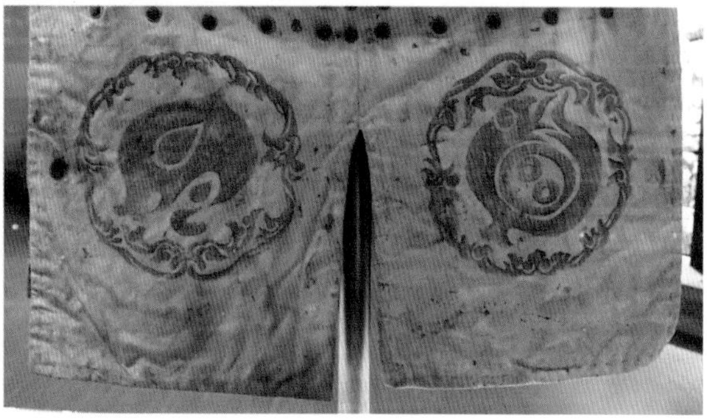
두정 갑옷에 새긴 부적형 도안
두정 갑옷　조선 말기, 국립진주박물관 소장

년 도봉산 망월사에서 간행한 『진언집』에 수록된 것을 간략화하여 새롭게 도안화했던 것으로 보여 주목된다. 한편 면갑이나 두정 갑옷에서 육자진언이나 부적형 도안이 배치된 위치는 전통적인 갑옷에서도 용문이나 귀면문 등 수호적 의미가 강한 문양이 배치된 곳이기도 했다. 이는 적의 공격으로부터 자신의 신체를 수호해 주고, 무사 안녕을 기원하는 의미 등 호신의 용도로 찍었던 것으로 보인다. 조선은 19세기 후반부터 대내외적으로 혼란스러운 정국 상황이 지속되었는데, 특히, 대외적으로 제국주의 세력들이 침략하면서 불안한 정국 상황은 더욱 심화하였다. 이러한 혼란이 지속되자 이를 극복하고 타개하고

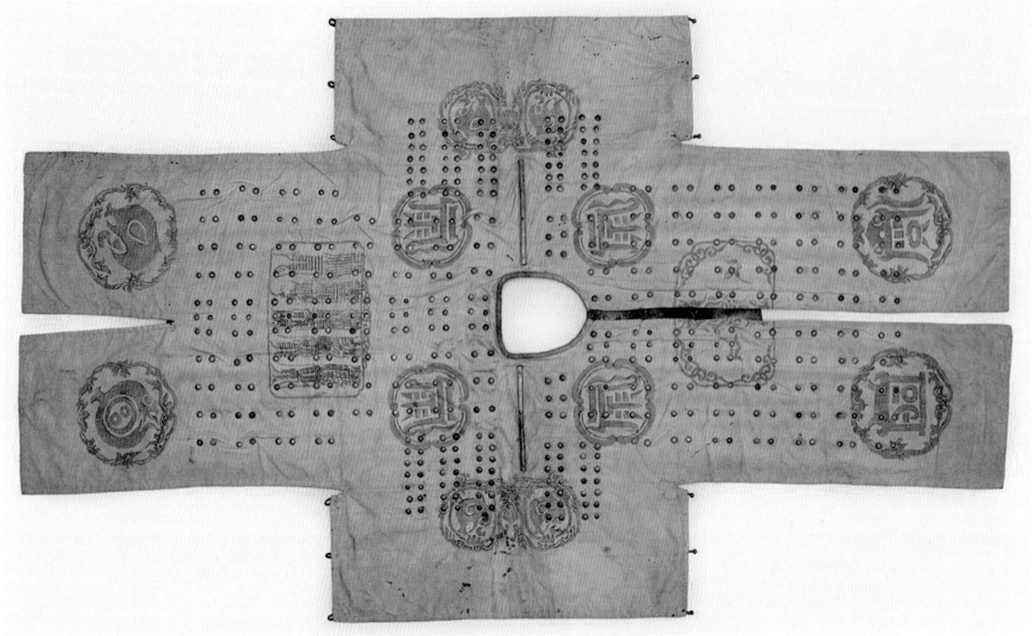

두정 갑옷 펼친 모습

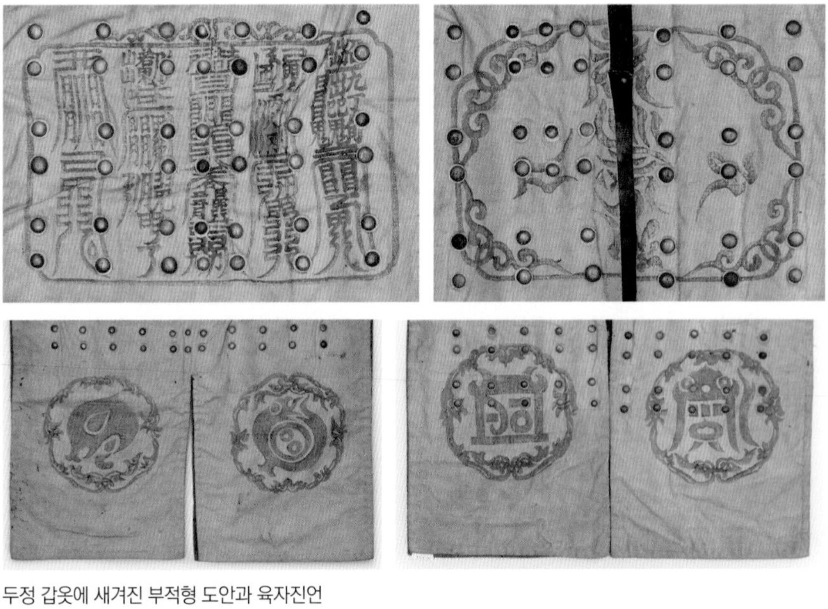

두정 갑옷에 새겨진 부적형 도안과 육자진언

두정 갑옷 조선 말기, 캐나다 'Royal Ontario Museum' 소장, 이명은 제공

면갑에 새겨진 육자진언 영국 Oxford University 'Pitt Rivers Museum' 소장

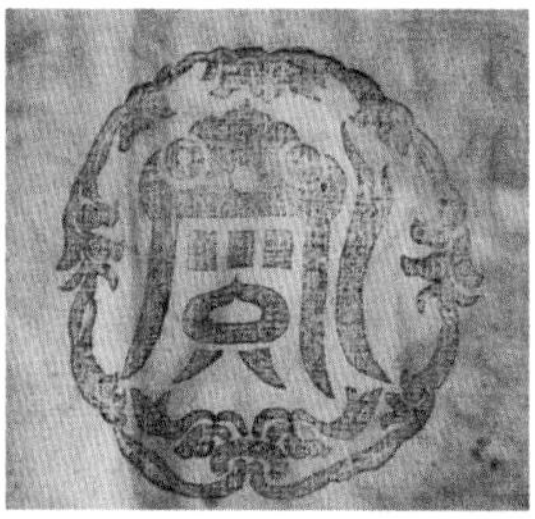

면갑 조선 말기, 일본 동경국립박물관 소장[17]

자 다양한 방법이 강구되었는데, 국가적인 차원에서 영험하고 주술적인 방편도 활용되었음을 짐작할 수 있다.

이처럼 조선은 임진왜란 등 각종 병란을 겪은 조선 후기에 밀교 신앙이 널리 보급되면서 사찰에서도 부적을 비롯하여 각종 범자 진언다라니에 신앙이 성행하였고, 이와 관련된 경전이 간행되거나 여러 형태로 부적을 만들어 보급하기도 했다. 그러면서 범자 진언다라니와 함께 부적은 일상뿐만 아니라 개인의 입신양명, 무사안녕, 극락왕생 등을 염원하는 중요한 수단이 되었다. 동학을 창시한 최제우도 영부(靈符)라고 하여 그의 종교적 체험을 바탕으로 부적을 만들었으며, 신의 계시를 받았다고 하여 부적을 태워 먹었다고도 한다.[18] 이처럼 민간에도 부적에 대한 믿음과 신앙이 널리 보급되어 있었다. 조선말기 면갑이 만들어진 시기에는 일반 백성들 사이에서 부적과 주문이 성행하던 시기였다. 이러한 당대의 풍습과 문화 등으로 보아 면갑이나 두정 갑옷 등에도 전쟁에서 승리를 기원하고, 목숨을 수호해 달라는 상징적인 의미와 의도를 담고자 『진언집』에 수록된 부적형 도안이나 범자 진언다라니를 새긴 것으로 보인다. 따라서 면갑에 새겨진 것은 부적 성격으로 갑옷을 입은 군인들의 목숨을 보호하는 상징적인 의미와 염원이 담긴 것이라 할 수 있다.

17 한국국제교류재단, 『해외 소장 한국문화재 4 한국문화재』 일본 소장 ②, 1995, p.53.
18 임태홍, 「초기 동학교단의 부적과 주문」, 『종교연구』 제42집, 한국종교학회, 2006, p.170.

17. 기타

우리나라에 불교가 전래한 이후 범자 진언다라니는 여러 유형의 불교 미술품에 신앙 또는 장엄 등의 목적으로 새겨졌다. 그런데 이들은 대부분 밀교 또는 범자 진언다라니와 관련한 경전이 보급된 고려시대 이후의 유물이다. 고려시대 이후 종이, 돌, 나무, 금속 등으로 만들어진 다양한 불교 미술품에 범자 진언다라니가 새겨졌다. 특히, 사리구, 경통과 불감, 금강령과 금강저, 업경대, 법고, 각종 장식품 등 사찰에서 의식이나 법회, 장엄 등에 활용된 금속 공예품에 많이 새겨졌다.

고려시대에는 작은 불상을 호지불(護持佛)로 봉안하거나 다라니를 넣어 휴대할 수 있는 소형 불감이 많이 제작되었다. 그러한 불감의 표면에 범자 진언다라니를 새기기도 했다. 그중에 1156년경에 제작된 남원군 부인 양씨 석관에서 출토된 은제 도금 불감은 작은 상자 형태인데, 내부 공간에 관음보살과 비사문천 2구의 존상을 봉안하였다. 그리고 앞면에 막음 장치가 있고, 뒷면은 폐쇄형 은제판으로 구성하였는데, 뒷면의 한가운데와 사방에 각각 1자씩 새겨 총 5자의 범자를 점선각으로 새겼다. 이와 유사한 은제 도금 불감이 일본 동경국립박물관에도 소장되어 있는데, 이 불감도 뒷면에 범자를 점선각으로 새겼다. 범자가 다소 변형된 필체로 명확한 판독은 쉽지 않지만, 오른쪽 상부의 〔oṃ〕을 기준하여 시계방향으로 〔ma〕-〔dra〕-〔ni〕 또는 〔di〕, 가운데는 〔va〕 또는 〔ba〕로 읽을 수 있다. 어떤 범자 진언다라니를 새겼는지 그 의도를 분명하게 파악하기는 어렵지만, 존상을 상징하는 종자를 만다라형으로 구성하였을 가능성이 높은 것으로 추정된다. 또한 미국 보스턴미술관(Museum of Fine Arts)에도 휴대용으로 제작된 고려시대의 동자무늬 금동 경갑이 소장되어 있다. 이 경갑은 표면에 신령스러운 다양한 조각상과 문양을 새겼는데, 뚜껑을 열면 원형문 안에 1자씩 범자를 새겨 총 6자로 구성된 육자진언이 보이도록 했다. 고려와 조선시대 가장 많이 신앙하였던 육자진언을 새겨 호신의 의미로

높이 6.7cm 뒷면

은제 도금 불감 고려, 1156년경, 국립중앙박물관

앞면 뒷면

은제 도금 불감 고려, 일본 동경국립박물관[1]

경갑을 휴대하였던 것으로 보인다.

그리고 고려대학교 박물관에는 금동으로 제작된 원통형의 경통이 소장되어 있는데, 경통 상부에 판독은 어렵지만, 선각으로 범자가 새겨져 있다. 이 범자는 명확하지는 않지만, 선각 상태와 필체 등으로 보아 〔a〕를 새긴 것으로 추정된다. 어떤 의도로 범자를 새겼는지 분명하지 않지만, 종자를 새긴 것으로 보인다. 그리고 부산박물관에도 분명한 용도는 알 수 없지만, 사리장엄구의 일종으로 보이는 원통형의 금동제품이 소장 전시되고 있다. 이 용기는 상부에 8엽의 연화문과 함께 측면 사방에 각 1자씩 총 4자의 범자가 새겨져 있는데, 〔ā〕와 〔vaṃ〕 등 종자를 새긴 것으로 보인다.

동자무늬 경갑 고려, 미국 보스턴미술관

순천 송광사에는 고봉화상 주자원불(廚子願佛)로 불리는 금동 불감이 전하고 있다. 이 불감은 얇은 금동판을 사각형으로 짜 맞추어 제작하였으며, 크게 받침부-몸체부-옥개부로 구성되어 있다. 이 중에 받침부는 2단으로 표면에 연화문과 연주문을 사각형으로 돌려 장식하였으며, 몸체부는 앞면만 문비를 마

1 大和文華館, 『特別展 建國1100年 高麗 -金屬工藝の輝きと信仰-』, 2018, p.48.

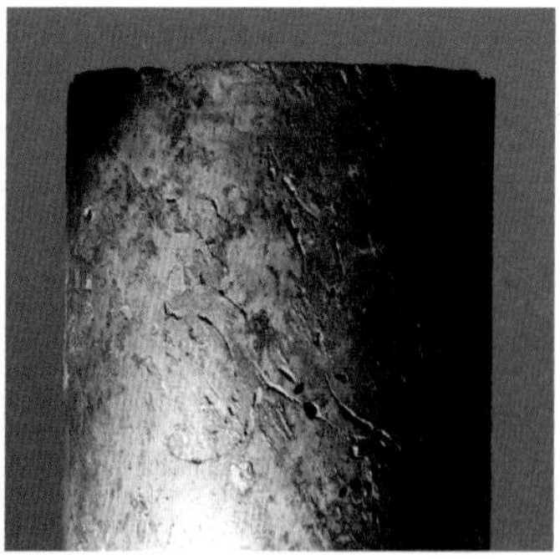

〔a〕?

금동 범자 경통　고려, 고려대학교 박물관[2]

금동제품　고려, 부산박물관

련하여 문을 여닫을 수 있도록 하였다. 문비는 상하부에 장석을 활용하여 부착하였는데, 한가운데에 원형의 작은 문고리를 달았다. 문비 좌우에는 타출기법으로 조각한 인왕상을 1구씩 배치하였다. 문비 안쪽면도 얇은 판을 별도로 부착하여, 향 좌측의 표면에는 지장보살입상, 향 우측에는 관음보살입상을 배치하여 공덕과 공양의 의미를 더하였다. 특히, 향 좌측 문비 하부에는 '灵珠梁元'이라는 명문이 세로로 새겨져 있어, 이 불감이 특정 인물과 관련되어 있음을 짐작할 수 있다. 그리고 불감 내부는 공간이 좁아 얇은 금동판에 여러 구의 불상을 타출기법으로 조각하였는데, 상부에는 삼존불이 배치되고, 하부에는 보살좌상 2구와 나한상 2구가 배치되어 있다. 상부 본존불의 좌우에는 각각 1개, 한가운데에는 5개의 원형 구멍이 좌우로 시공되어 있다.[3] 이 구멍은 별도의 장식물을 부착하였던 홈으로 보인다. 또한 옥개부는 2층의 전각형으

2 이와 동일한 유물로 보이는 경통이 황수영 교수에 의하여 1964년 간행된 『고고미술』 통권 제53호에 소개되었다(황수영, 「新羅 金銅經筒의 新例」, 『考古美術』 통권 제53호, 1964). 현재 고려대학교 박물관에 소장되어 있는 유물을 실견 조사할 수 있도록 배려해 준 고려대학교 정호섭 교수와 박유민 선생에게 감사드린다.

3 문현순, 「송광사 소장 고봉국사주자의 관음지장병립상과 삼신불에 대하여」, 『미술사의 정립과 확산』, 시사평론, 2006. / 정은우, 「여말선초의 금동불감 연구 -순천 송광사 高峰國師 불감을 중심으로-」, 『불교미술사학』 제15집, 불교미술사학회, 2013, p.120.

정면

측면

측면 범자

[khaṃ]-[haṃ]-[vaṃ]-[vaṃ]-[aṃ]

정면

[khaṃ]-[haṃ]-[vaṃ]-[vaṃ]-[aṃ]

후면

순천 송광사 고봉화상 주자 원불　고려 후기, 송광사 성보박물관

로 구성하였는데, 하부에 5개의 사각형 구획을 마련하여 그 안에 원형문을 마련한 후, 그 안에 1자씩 범자를 새겨 넣었다. 그리고 상부에도 하부와 같은 사각형 구획을 5개 마련하여 그 안에 1구씩의 불상을 조각하였다.[4] 불감의 후면도 같은 방식으로 제작한 후 같은 범자와 불상을 배치하였다. 또한 양 측면에도 각각 원형문을 마련하여 그 안에 1자씩 범자를 새겼고, 상부에는 1구의 불상을 조각하였다. 이처럼 이 금동 불감의 상부에는 정면과 후면, 양 측면까지 총 12자의 범자와 비로자나불을 주존으로 하는 12구의 불상을 배치하였다. 현재 불감의 정면과 후면에는 [aṃ]-[vaṃ]-[vaṃ]-[haṃ]-[khaṃ]으로 구성된

4　五佛은 大日如來, 阿閦佛, 寶生佛, 阿彌陀佛, 不空成就佛로 추정된다.

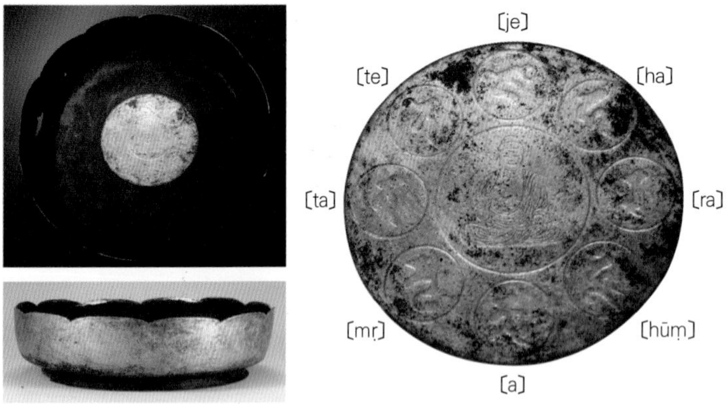

금동 관불반 고려, 호암미술관

아미타 여래진언

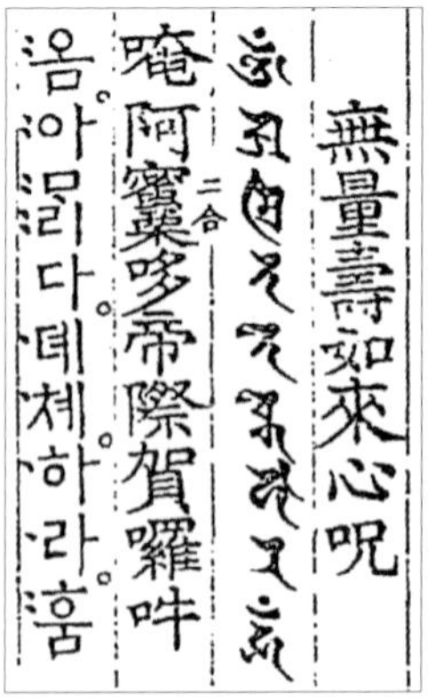

무량수여래심주

오륜종자를 배열하였다. 그런데 원래대로 새긴다면 3번째 범자가 〔raṃ〕이어야 하는데, 〔vaṃ〕을 배치하였다. 이것은 범자 진언다라니를 몰랐다기보다는 밀교의 주존이라 할 수 있는 대일여래를 상징하는 종자 〔vaṃ〕을 한가운데 배치하고, 나머지 공간에 오륜종자를 의도하여 새기는 과정에서 나타난 현상으로 보인다. 한편 불감의 양 측면은 원형 고리를 달기 위하여 구멍을 뚫어 범자를 판독하기는 어렵다.[5]

그리고 출토지는 알 수 없지만, 상당히 우수한 제작 기법의 고려시대 금동 관불반(灌佛盤)이 전하고 있다. 관불반은 초파일에 부처의 탄생을 기념하고자 한가운데에 탄생불을 올려놓고 정수리에 향수나 오색수 등을 뿌릴 때 사용하는 용기이다. 이 관불반은 중심 부분에 금동으로 원형 받침대를 마련하였으며, 이 받침대 한가운데에는 원형문 안에 선각으로 여래좌상을 새겼다. 그리고 그 외곽에 다시 8개의 원형문을 동그랗게 배열하여 그 안에 1자씩 범자를 새겨 넣어 총 8자를 자륜식으로 배치하였다. 모두 실담으로 상당히 굵고 품격 있는 서체이다. 전체적인 제작 기법과 문양 표현 등으로 보아 정성스럽게 만든 고급스러운 관불반임을 알 수 있다. 현재 범자는 〔a〕를 중심하여 시계방향

5 허일범, 『한국밀교의 상징세계』, 해인행, 2008, pp.272~273.

금동 사리구　조선, 1510.11, 국립중앙박물관

윗면

밑면

청동제 뚜껑　조선, 국립중앙박물관

으로 〔mṛ ta te je ha ra hūṃ〕을 새겨 무량수여래심주를 배열했음을 알 수 있다. 일반적으로 아미타여래 종자는 〔hrīḥ〕이며, 일상에서 독송을 위한 아미타여래 진언은 〔oṃ a mṛ ta te je ha ra hūṃ〕이다. 이 관불반은 한가운데에 종자 〔oṃ〕을 새기지 않고, 아미타여래좌상으로 보이는 불상을 선각으로 새겼다는 점이 독특하다.

조선시대인 1510년 11월에 제작된 금동 사리구가 전해지고 있는데,[6] 이 사

6　국립중앙박물관, 『불사리장엄』, 1991, p.101./p.125. 이 사리구(본관 8620)는 1922년 구입하였으

리구는 조선시대 들어와 석탑을 새롭게 건립하거나 중수할 때 봉안했던 유물로 보인다. 전체적인 형태가 원통형인데, 뚜껑은 조선시대부터 표현된 하엽형 문양을 장식하였고, 꼭대기에는 작은 손잡이가 달려 있다. 몸체부는 화려한 당초문과 함께 명문을 새겼으며, 그 사이에 세로로 3개의 원형문을 배치하여 1자씩 범자를 새겨 넣었다. 범자 진언다라니는 순서가 다소 엇갈려 있지만, 6자로 구성된 육자진언을 의도하였음을 알 수 있다. 이 사리구는 명문으로 보아 여러 부부가 공양과 공덕을 쌓고자 후원하였음을 알 수 있다. 그리고 국립중앙박물관에는 전체적인 형태가 동경처럼 보이지만, 오목한 형태로 상면에 끈을 끼울 수 있도록 작은 구멍이 달린 손잡이가 있는 것으로 보아 특정한 용기를 덮을 때 사용했던 청동 뚜껑이 소장되어 있다. 이 청동 뚜껑의 표면에 양각으로 6자의 범자를 원형으로 배열하였는데, 범자는 굵고 유려한 필체를 이루고 있으며, 순서가 엇갈려 있지만, 진언다라니의 구성으로 보아 육자진언을 의도하여 새긴 것으로 보인다.

동국대학교 박물관에는 연꽃처럼 장엄한 형상으로 제작된 은제 도금 사리용기가 소장되어 있다. 이 용기는 가운데에 뚜껑이 마련된 원형 사리합을 놓고, 그 주변에 8엽의 연화문을 앙련형으로 배치하여 마치 활짝 핀 연꽃이 사리구를 감싼 형상이다.[7] 사리합의 표면에는 여래좌상 1구씩을 사방에 선각으로 조각했으며, 뚜껑은 외곽에 2조의 선각으로 팔릉형을 표현하였다. 그리고 그 안쪽의 4곳에 작은 연화문을 장식하였는데, 연화문과 교차하여 나머지 4곳에는 이중의 원형문을 마련하여 범자를 1자씩 새겨 넣었다. 한가운데에는 수막새 기와의 연자처럼 원형문 안에 굵은 필체로 범자를 새겼다. 뚜껑의 한가운데에 〔vaṃ〕을 새기고, 시계방향으로 〔aḥ〕-〔hrīḥ〕-〔hūṃ〕-〔trāḥ〕를 새겨 금강계 오불을 종자로 배치하였다. 또한 사리합을 감싸고 있는 각 연잎의 표면

며, 표면에 점선으로 명문이 새겨져 있는데, '正德五年庚午 十一月日造 造工崔銀石兩主 大施主朴萬連兩主 施主金平山兩主'이다.

7 사리합의 안에는 매우 작은 백옥색의 사리 2과가 보존되어 있다.

전경

뚜껑 상면

앙련

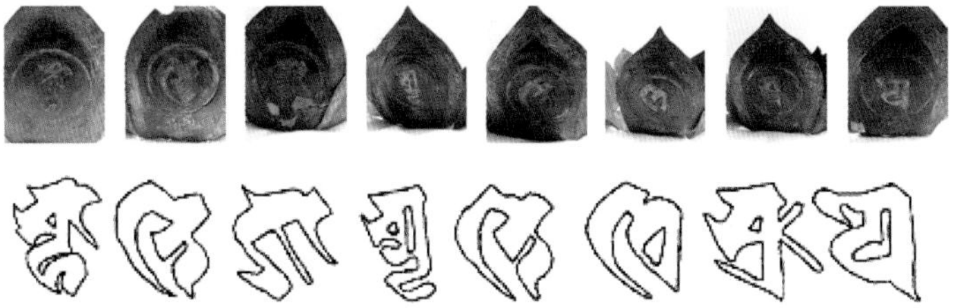
앙련문에 새겨진 범자

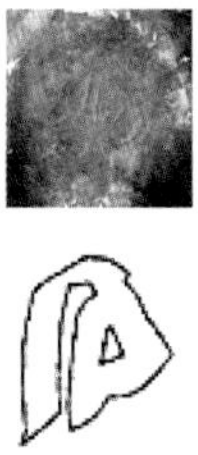
바닥에 새겨진 범자

「팔엽대홍련지도」 『조상경』, 1824.06

은제 도금 사리 용기 조선, 동국대학교 박물관

에도 이중의 원형문을 마련하여 그 안에 1자씩 범자를 새겼으며, 한가운데에도 1자를 새겨 총 9자로 구성된 범자 진언다라니를 배치하였다. 이 범자는 『조상경』에 수록된 「팔엽대홍련지도」의 일부를 의도하여 새겼다. 이처럼 뚜껑과 연화문 등에 범자 진언다라니를 새겨 사리에 대한 공양과 공덕의 의미를 나타냈다.

조선후기에는 선대에 비하여 여러 공예품에 범자 진언다라니가 새겨졌다. 조선 숙종(재위 1674~1720)의 비였던 인원왕후(仁元王后, 1687~1757)의 금동 자물쇠가 있는데, 그 표면에 범자가 새겨져 있다. 이 자물쇠는 연화문과 연주문 등을 표면에 화려하게 장식하고, 상부에 선각으로 원형문을 마련하여 그 안에 방울무늬와 함께 변형된 서체로 쓴 〔oṃ〕을 좌우에 1자씩 새겨 넣었다. 이 자물쇠는 조선 후기 범자 진언다라니에 대한 신앙이 널리 보급되면서 궁궐에서도 이러한 신앙이 반영된 공예품들이 제작되었음을 짐작할 수 있게 해준다.[8]

8 국립문화재연구소, 『우리나라 전통 무늬 4 -금속 공예-』, 2011, p.64.

❶

[oṃ]?

❷

❶ 인원왕후 금동 자물쇠　조선, 국립고궁박물관

❷ 불정심인 청동판　조선, 이왕가박물관

청동제 장식　조선, 용인대학교 박물관

한편 지금은 소재를 알 수 없지만, 일제강점기 이왕가박물관에는 불정심인이 새겨진 청동판이 소장되어 있었는데, 상하부에 작은 구멍이 시공된 것으로 보아 장엄을 위하여 어딘가에 부착했던 것임을 알 수 있다. 그리고 용인대학교 박물관에는 청동으로 제작한 장석이나 고리 등과 함께 수습된 청동 장식판이 소장되어 있는데, 6자로 구성된 육자진언의 순서가 다소 엇갈려 있기도 하지만 독특한 서체로 범자를 새겼다. 이 장식판도 좌우에 작은 구멍이 있는 것으로 보아 어딘가에 부착했던 것으로 보인다.

그리고 조선시대 사인참사검(四寅斬邪劍)은 줄여서 사인검(四寅劍)이라고 불렀는데, 인년인월인일인시(寅年寅月寅日寅時)에 제작하여 순양(純陽)의 성질을 지녀 음하고 사악한 귀신을 물리칠 수 있다고 믿었다. 양날을 가진 사인검은 실질적인 칼의 용도보다는 벽사용의 부적에 가까운 칼로 인식하여, 칼날에 주문이나 기호, 북두칠성 등을 금이나 은으로 상감하는 등 장엄하게 제작하였다. 특히, 별자리는 재앙을 막아주는 벽사를 상징하였다고 한다. 이 검은 일반적으로 조선시대 왕실에서 제작하여 궁궐에 보관하거나 국왕이 종친이나 신하들에게 특별한 일이나 위신적 성격으로 하사하였다. 현재 국립중앙박물관에는 보존 상태

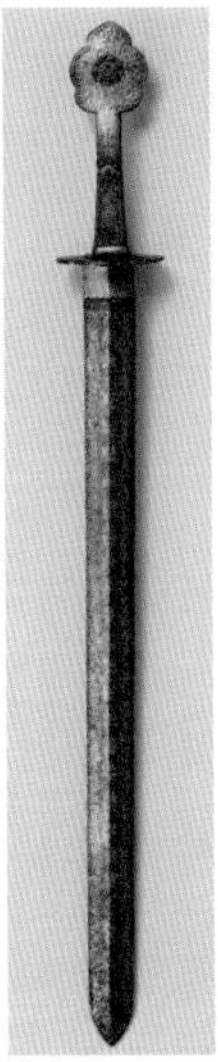

문자가 새겨진 칼날 면

칼날 표면

별자리가 새겨진 칼날 면

손잡이

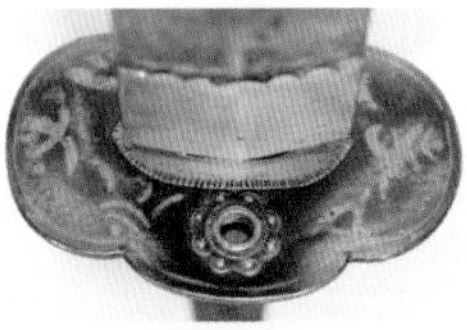
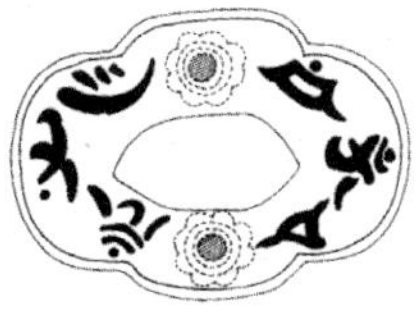

경계 상부 육자진언

경계 하부 육자진언

철제 금은 입사 사인검　조선, 국립중앙박물관

가 양호한 철제 금은 입사 사인참사검이 전하고 있는데,[9] 검의 손잡이와 경계 등에 범자 진언다라니가 새겨져 있다. 이 사인검은 칼날이 끝으로 가면서 좁아지는 형태로 제작되었는데, 한쪽 면에는 벽사의 의미가 있는 별자리를 가득 새겼으며, 다른 면의 한가운데에는 한자로 된 주문을 새기고,[10] 좌우에는 범자 진언다라니를 금으로 입사하였다. 그런데 범자를 변형시켜 간략하고 작게 입사하여 판독하기가 어려운 상태이다. 다만 공양의 의미가 있는 여러 자로 구성된 진언다라니를 의도하여 새겼을 것으로 보인다. 그리고 손잡이에도 별자리와 함께 범자 진언다라니가 입사되어 있는데, 다소 어색하고 정교하지 못하여 범자를 판독하기는 어려운 상태이다. 또한 손잡이와 칼날의 경계에도 상하부에 금가루를 활용하여 굵은 범자체로 육자진언을 원형으로 배열하였다. 이처럼 이 사인검은 검의 핵심이 되는 모든 부위에 범자 진언다라니를 새겨 벽사와 호신의 의미를 더하였음을 알 수 있다.

금강령은 금강저와 함께 밀교에서 의식이나 수행 시에 활용하는 대표적인 법구이다. 이 법구는 밀교 신앙이 보급되고, 밀교 의례가 본격화하면서 사용되기 시작한 것으로 추정된다. 특히, 고려 후기 원나라와의 관계가 밀접해지면서 라마교 등 밀교 신앙이 폭넓게 전래하였고, 그 과정에서 금강령과 금강저가 많이 활용되기 시작한 것으로 전한다. 이 중에 금강령은 소리를 내는 법구로 크게 손잡이와 몸체로 구성되어 있는데, 일반적으로 몸체의 어깨 부분에 8엽의 연화문이 장식되고, 그 안에 1자씩 총 8자의 종자가 새겨진다. 이 종자는 자륜식으로 배치되고, 모두 〔aṃ〕점이 붙어 있다. 일반적으로 8대 보살을 상징하는 종자로서 동쪽은 지장보살, 동남쪽은 미륵보살, 남쪽은 허공장보살, 서남쪽은 보현보살, 서쪽은 관음보살, 서북쪽은 문수보살, 북쪽은 금강수보살,

---

9 이 검은 1909년에 입수한 유물(덕수 1968)로 전하고 있다.

10 '四寅劍 乾降精坤援靈日月象岡澶形撝雷電運玄坐推山惡玄斬貞'(하늘은 정을 내리시고 땅은 영을 도우시니 해와 달이 모양을 갖추고 산천이 형태 이루며 번개가 몰아치는도다. 현좌를 움직여 산천의 악한 것을 물리치고 현묘한 도리로서 베어 바르게 하라.)

금강령 조선, 동국대학교 박물관

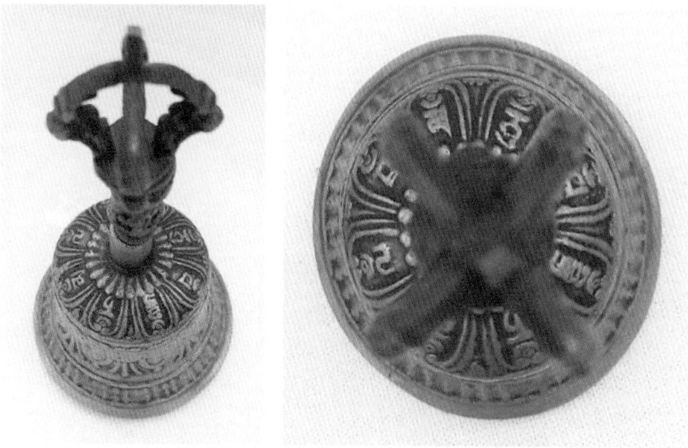

금강령 조선, 단국대학교

동북쪽은 제개장보살을 의미한다. 또한 8대 여성 보살이나 공양 천녀상(〔taṃ〕-〔maṃ〕-〔laṃ〕-〔paṃ〕-〔maṃ〕-〔tsuṃ〕-〔paṃ〕-〔bruṃ〕)을 의미하는 종자로 인식되기도 한다. 나아가 모든 지혜와 깨달음, 열반에 이르고자 하는 보살의 수행으로 바라밀을 의미하기도 한다.

그리고 합천 해인사 성보박물관에는 끝이 뾰족한 삼각 형태로 제작한 청동탑 다라니판이 소장되어 있는데, 원래는 함양 법화사에 전해지던 것이라고 한다. 이 청동판에는 13층으로 형성된 목탑의 구조를 거의 그대로 선각으로 표현하였는데, 1층 탑신에는 불상을 봉안하였고 2층 이상은 탑신은 낮게 구성하였다. 또한 뒷면에는 다라니판을 인쇄하기 쉽도록 별도의 손잡이가 부착되어 있으며, 하부에는 명문이 새겨져 있다.[11] 옥개의 처마 끝에는 원래 풍탁이 달려야 하는데, 범자를 1자씩 배치하여 마치 범자가 풍탁처럼 처마 끝에 1자씩 매달려 있는 듯한 인상이다. 이 청동 다라니판은 제작 기법과 범자를 새긴 수법 등으로 보아 조선 후기에 범자 진언다라니에 대한 신앙이 널리 보급되면서 제작된 것으로 보인다. 현재 어떤 진언다라니를 의도하여 새겼는지 파악하기는 어려운 상태이다. 단양의 구인사 천태중앙박물관에는 몸체와 뚜껑의 크

11 黃壽永, 「法華寺藏 三角塔印에 대하여」, 『考古美術』3, 고고미술동인회, 1960. 명문은 '羅州戶長子迫○諧詞昌直畏圭甫 三○○深道人道雲○同心鑄成年荅 壬寅一月一日鑄成'로 판독된다.

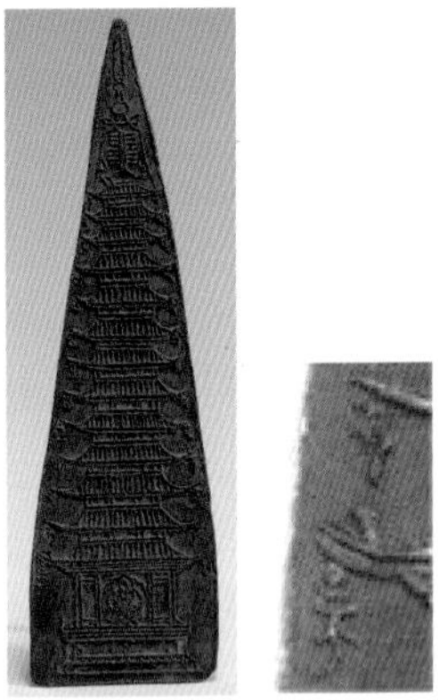

탑다라니판 조선 후기, 함양 법화사 출토, 해인사 성보박물관

사리합 조선 후기, 단양 구인사 천태중앙박물관

기가 같은 청동합이 전해지고 있는데,[12] 형태와 제작 기법 등으로 보아 스님의 사리를 모신 사리합으로 추정된다. 이 사리합은 몸체와 뚜껑에 원형문을 마련하여 1자씩 은상감기법으로 범자를 새겨 넣었다. 현재 일부 범자만 남아있어 어떤 범자 진언다라니를 의도하여 새겼는지 명확하게 알기는 어렵지만, 판독 가능한 〔ma〕와 〔hūṃ〕 등으로 보아 육자진언을 새긴 것으로 보인다.

사찰에서는 법당의 내부를 밝히거나 공양하기 위하여 초를 피우는데, 초를 받칠 때 사용하는 촛대가 있다. 현재 고려와 조선시대에 제작한 여러 점의 촛대가 전해지고 있는데, 이 중 삼성미술관 리움에 소장된 촛대에 범자가 새겨져 있다. 이 촛대는 나무로 만들었는데, 크게 받침부와 몸통부로 구성되었으며, 원통형의 몸통부 표면에 구름과 용을 조각하고, 그 아래쪽에 원형문을 마련하여 그 안에 〔oṃ〕 등을 새겨 넣었다. 그리고 사찰에서는 불교 의식 후에 발원문이나 소문(疏文)을 넣어 두는 불구 중의 하나로 소통(疏筒)을 제작 사용하였다. 소통은 일반적으로 불단 위의 불상 좌우에 세워졌다. 조선 후기에는 나무로 많이 제작되었는데, 크게 기단부, 몸체부, 뚜껑부, 소문을 꽂을 수 있는 판목부로 구성되었다. 이 중에 몸체부 표면에 연화문이나 당초문을 비롯하여

12 多寶城古美術展示館, 『다보성고미술전시관 도록』, 1998, p.8.

용, 봉황, 화문, 범자 등 화려한 문양이나 글자가 새겨졌다. 현재 양산 통도사 소통은 몸체부의 표면에 투각 기법으로 당초문 등을 장식하고, 그 사이에 꽃 문양을 원형으로 표현한 다음 한가운데에 범자를 새겼다. 소통의 앞면에는 6자로 구성한 육자진언을 새겼으며, 뒷면에는 卍자와 함께 두 자로 구성된 정법계진언을 배치하여 범자 진언다라니를 통한 공양과 공덕의 의미를 더하였다. 그리고 부산 범어사 목조 소통도 전체적인 조영 기법 등이 양산 통도사 소통과 친연성을 보여 비슷한 시기에 제작한 것으로 추정되고 있다.[13] 이 소통도 육자진언과 정법계진언을 새겼다. 또한 화성 용주사에도 범자가 새겨진 소통이 전하고 있는데, 소통의 앞면과 뒷면은 〔oṃ a hūṃ〕의 삼밀진언, 양 측면은 〔oṃ raṃ〕의 정법계진언을 배치하였다. 특히, 삼밀진언의 범자체는 1,800년 도봉산 망월사에서 간행한 『진언집』의 서문에 수록된 〔oṃ a hūṃ〕의 범자체와 유사하여 주목된다.

그리고 조선 후기 제작된 목조 업경대의 거울에도 〔oṃ〕을 크게 새겼다.

목제 촛대 조선, 삼성미술관[14]

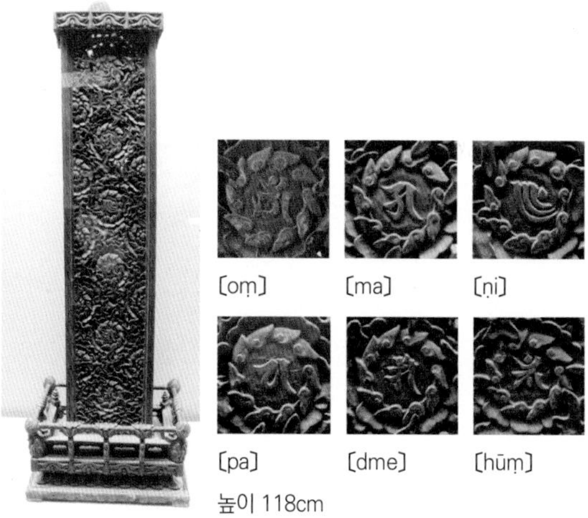

높이 118cm
양산 통도사 소통 조선, 통도사 성보박물관

13 東亞細亞梵字研究會, 「韓國梵字資料調査(2009~2010年調査)」, 『歷史考古學』 第65 66合倂號, 2012, p.101.

14 호암미술관, 『세 가지 보배 : 한국의 불교미술』, 2016, pp.96~97.

후면

전면 측면

❶ ❷ ❸

❶ 부산 범어사 소통 조선, 범어사 성보박물관 ❷『진언집』[15] ❸ 소통 조선, 용주사 효행박물관

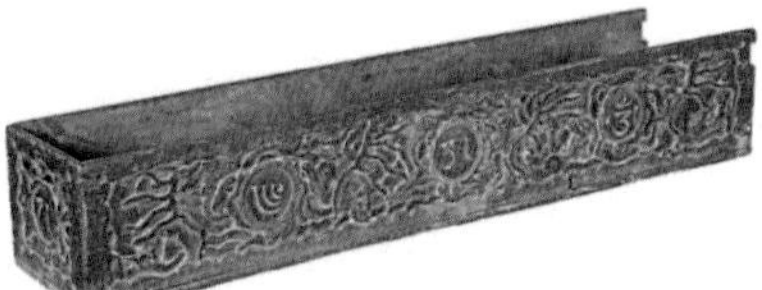

불단 부재 조선, 부산 운수사[16]

이 업경대는 사자상을 아래에 배치하고, 그 위에 별도의 6각형 받침대를 마련하여 업경을 올린 구조이다. 업경은 화염에 휩싸여 있으며, 거울 면에 크게 〔oṃ〕이 새겨져 있다. 업경대는 생전에 지은 죄를 비추어 주는 거울로 저승에서 염라대왕이 죄인을 심판할 때 사용하는 것이다. 이러한 측면을 고려할 때 업경대의 상징성을 높이고자 〔oṃ〕을 거울에 새긴 것으로 보인다. 부산 운수사에는 불단에 활용되었던 부재가 전해지고 있는데, 표면에 적색 바탕의 원형문을 마련하여 그 안에 1자씩 범자를 새겼다. 현재 파손되었지만 부재의 표면에 〔oṃ〕-〔ma〕-〔ṇi〕 등이 확인되고 있어, 육자진언을 의도하여 새긴 것으로

---

15 1,800년 간행 도봉산 망월사판.

16 불교문화재연구소,『한국의 사찰문화재』-부산광역시, 울산광역시, 경상남도 Ⅱ-, 2010, p.276.

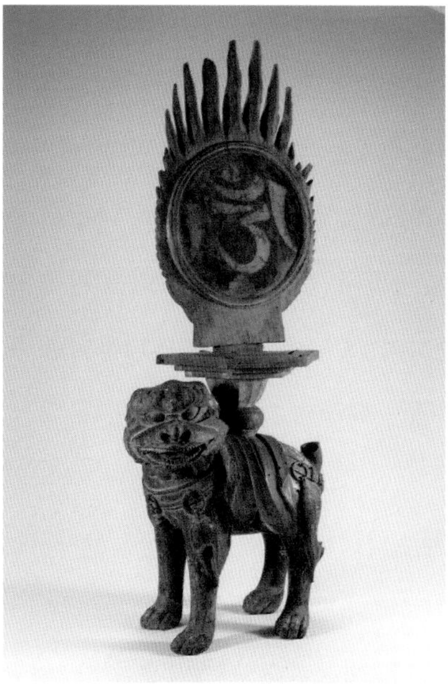

❶

❷

❸

❹

❶ 목조 업경대　조선, 국립중앙박물관

❷ '환중천자교(寰中天子敎)' 목패　조선, 청도 대비사

❸ 죽비　조선, 경주 불국사[17]

❹ 목조 도량 호패　조선, 통도사 성보박물관

목패　조선, 통도사 성보박물관

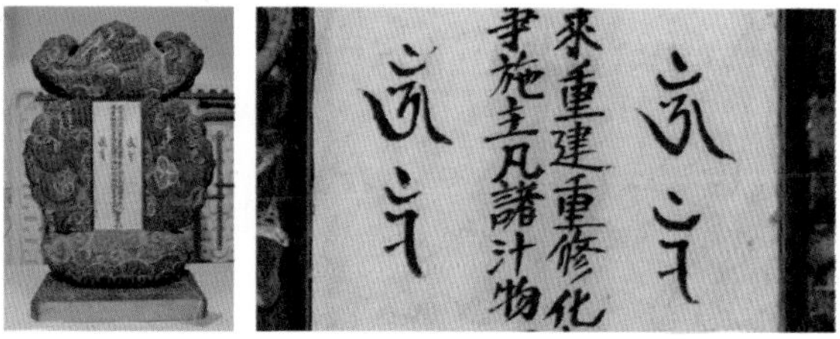

목패　조선, 통도사 성보박물관

보인다. 그리고 청도 대비사에 전해지는 목패, 경주 불국사의 죽비, 양산 통도사에 전해지고 있는 목조 도량 호패 등의 표면에도 첫머리에 〔oṃ〕과 〔a〕 등을 새겨 범자가 다양한 상징과 의미로 활용되었음을 짐작할 수 있다. 또한 양산 통도사 성보박물관 소장 목패의 종이에도 정법계진언을 새겨 도량의 청정함을 강조하였다.

17 (재)대한불교조계종 문화유산발굴조사단, 『한국의 사찰문화재』 -대구광역시, 경상북도 Ⅰ-,

문경 대승사 윤필암에 전해지는 죽비는 선원에서 수행자를 지도할 때 사용하는 법구이다. 죽비는 좌선할 때 입선과 방선의 신호, 예불과 공양 법회 등에 모인 대중들이 말이나 행동을 통일하거나 신호를 알릴 때 사용된다. 이러한 죽비는 일반적으로 통대나무로 제작되는데, 대승사 윤필암 죽비는 나무로 만들어졌으며, 상하부에 연꽃을 장식하고, 앞뒷면에 범자 진언다라니를 가득 새겼다. 또한 죽비 상부에도 원형문을 마련하여 그 안에 범자 진언다라니를 새겼는데, 한쪽 면에는 준제진언, 반대쪽 면에는 태장계 사불 종자와 함께 그 주변으로 정법계진언 등 여러 진언다라니를 새긴 것으로 파악되고 있다. 죽비의 몸체에는 반야심주, 대비심대다라니, 소보협다라니, 준제진언, 삼종실지진언 등 여러 범자 진언다라니를 촘촘하게 배열하였다.[18]

그리고 범자가 새겨진 법고가 한국불교미술박물관에 전해지고 있다. 법고는 사찰에서 사용하는 대표적인 의식용 타악기로 크게 받침대와 몸체부로 구성된다. 소리를 내는 부분에는 일반적으로 소의 가죽을 활용하는데, 그 표면에 태극문양, 만자문양 등 다양한 문양을 장식하였다. 그런데 이 법고는 한가운데에 태극문양을 새기고, 그 외곽에 작은 원형문을 마련하여, 그 안에 1자씩 범자를 새겼다. 앞면과 뒷면에 각각 8자로 구성된 범자 진언다라니를 원형으로 배치하였다. 앞면에는 2자로 구성된 정법계진언을 대각선으로 배치하고, 대각선을 중심으로 6자로 구성된 육자진언을 3자씩 나누어 배열하였다. 그리고 뒷면은 다소 변형된 필체로 범자를 써서 명확하게 판독하기는 어렵지만 대략 〔oṃ va jra ami ra ya svā hā〕로 읽을 수 있다.[19] 이처럼 뒷면은 어떤 범자 진언다라니를 의도했는지 명확하게 알 수는 없지만 금강계 만다라의 핵심적인 부분만 줄여서 표현한 것으로도 보인다. 또한 고양 원각사에 소장되어 있

2007, p.402.

18 東アヅア梵字硏究會, 「韓國梵字資料調査(2007~08年調查)」, 『歷史考古學』 第62號, 歷史考古學硏究會, 2010, pp.73~76.

19 東アヅア梵字硏究會, 「韓國梵字資料調査(2011~2012年調查)」, 『歷史考古學』 第69號, 歷史考古學硏究會, 2014, pp.62~63.

몸체부

상부

문경 대승사 윤필암 죽비　조선, 직지사 성보박물관

정법계진언+육자진언

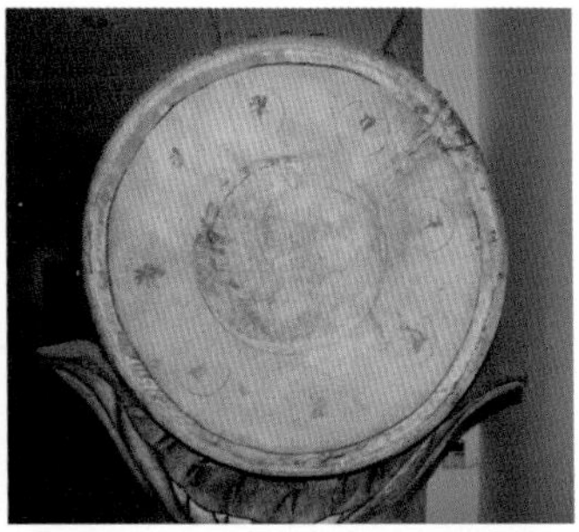

반대면

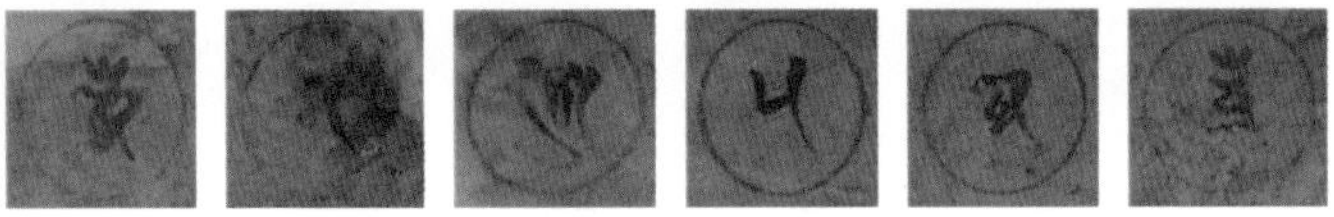

육자진언

법고　조선 후기, 한국불교미술박물관

는 선추(扇錘)는 부채의 고리나 자루에 다는 장식품인데, 보기 드물게 돌로 제작하였으며 표면에 명문과 함께 범자를 새겼다. 명문은 '南無 觀音菩薩, 阿彌陀佛, 大勢菩薩, 大海衆菩薩'이라고 새겼고, 반대편에는 『조상경』에 수록되어 있는 준제구자도를 거의 그대로 모방하여 새겼다. 그리고 측면에는 6자로 구성된 육자진언을 3자씩 나누어 새겼다. 부채의 몸체에 범자 진언다라니를 묵서한 사례는 더러 있지만, 돌로 제작한 선추의 표면에 범자로 진언다라니를 새긴 경우는 상당히 드물다.

한편 부산박물관에는 자륜식으로 범자 진언다라니가 배열된 독특한 토제품이 전해지고 있다.[20] 이 토제품은 한가운데 〔raṃ〕을 새기고, 그 주변에 6자

20　이 유물은 동국대학교 황수영 총장님이 기증하였다고 한다.

명문이 새겨진 면, 크기 4×4cm　측면　범자 진언다라니가 새겨진 면
선추　조선 후기, 고양 원각사, 정각 스님 제공

준제구자도
『조상경』 1824.06, 유점사판

육자진언과 정법계진언을 새긴 토제품　조선, 부산박물관

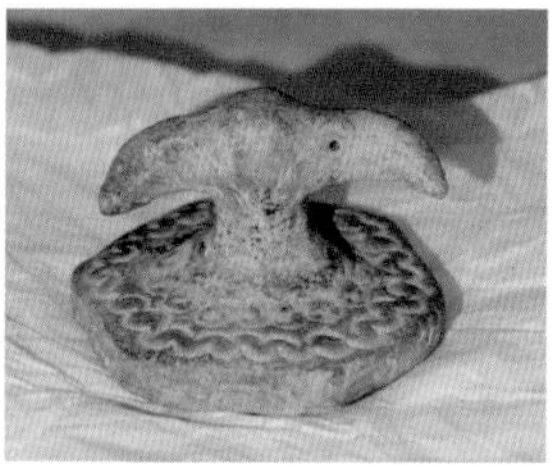

바닥

토제 [oṃ]자 도장　조선, 경기도 박물관

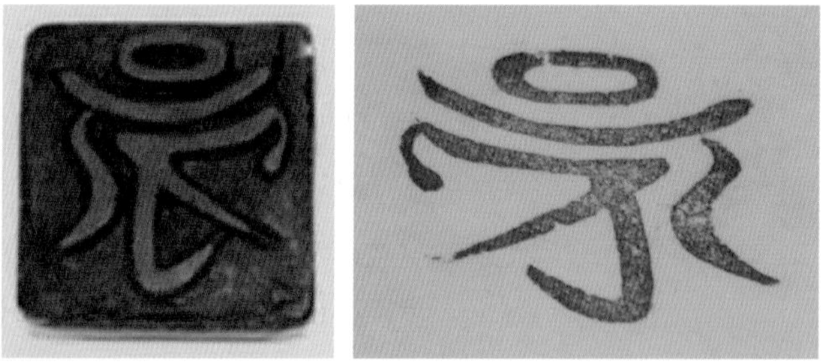

❶

❷

❸

❶ [oṃ]자 도장(시기 미상, 경주 기림사)　❷ 목제 [oṃ]자 도장(시기 미상, 국립고궁박물관)　❸ 육자진언 목판(송광사 성보박물관)

로 구성된 육자진언을 원형으로 배치하여 정법계진언과 육자진언을 의도한 조형물임을 알 수 있다. 현재 토제품의 분명한 용도는 알 수 없지만 범자 진언다라니를 인출하거나, 원형의 동경 등을 제작하기 위한 기본 틀로 추정된다. 그리고 경기도 박물관에는 범자가 새겨진 인장이 소장되어 있는데, 손잡이가

달린 몸체는 육각형이며 인장은 원형문 안에 〔oṃ〕자가 찍히도록 하였다. 또한 제작 시기는 알 수 없지만 경주 기림사와 국립고궁박물관에도 〔oṃ〕자를 찍을 수 있는 작은 형태의 인장이 전해지고 있다. 이 인장들의 명확한 용도는 알 수 없지만 범자를 특정한 공간에 찍거나, 어떤 일의 확인이나 인증 시에 사용하기 위하여 제작한 것으로 보인다. 순천 송광사에는 육자진언을 찍을 수 있는 목판이 전하고 있다.[21] 이 목판의 제작 시기를 분명하게 알 수는 없지만, 서자가 기교있게 범자를 썼다. 그런데 이유는 알 수 없지만 육자진언에서 3번째와 4번째에 해당하는 범자 〔ṇi〕와 〔pha〕의 순서가 뒤바뀌어 있다.

순천 선암사 성보박물관에는 범자를 문자도 형식으로 그린 6폭 병풍이 소장되어 있다. 이 병풍은 각 폭마다 연화문을 화폭의 기본 바탕으로 하여 한가운데에 검은색 바탕의 원형문을 크게 마련하여 그 안에 1자씩 범자를 그려 넣었다. 그래서 범자가 검은색 바탕의 원형문 안에 그림이 아닌 문자처럼 백색으로 크게 배치되었다. 이 병풍은 1902년 제작한 것으로 알려져 있는데, 범자를 그림으로 그려 판독이 다소 난해하기는 하지만, 좌로부터 〔ā〕-〔oṃ〕-〔ra〕-〔dha〕-〔ha〕-〔ma〕의 순서로 배열한 것으로 보인다. 이 그림을 그린 사람이 어떤 진언다라니를 의도했는지 명확하게 알기는 어렵지만, 현재의 범자 배치로 보아 종자 또는 사방주진언을 의도한 것으로도 보인다. 어쨌든 이 병풍은 범자가 다양한 방식으로 표현되고 활용되었음을 알 수 있게 한다.

그리고 번은 불전 장엄을 위하여 제작된 깃발 형태의 장엄물로 불보살의 위엄과 무한한 공덕을 나타내기도 한다. 이러한 번은 시대에 따라 사찰별로 여러 형태가 제작되었는데, 우리나라는 대부분 종이나 직물로 만들어져 내구성이 약하여 실제로 전하는 유물은 거의 없다. 그나마 작은 형태의 번이 불상이나 불화의 복장물로 전해지고 있어, 당시 번이 어떤 형태로 제작되었는지

---

21 東アヅア梵字研究會, 「韓國梵字資料調查(全羅南道編)」, 『歷史考古學』 第59號, 歷史考古學研究會, 2008, p.39.

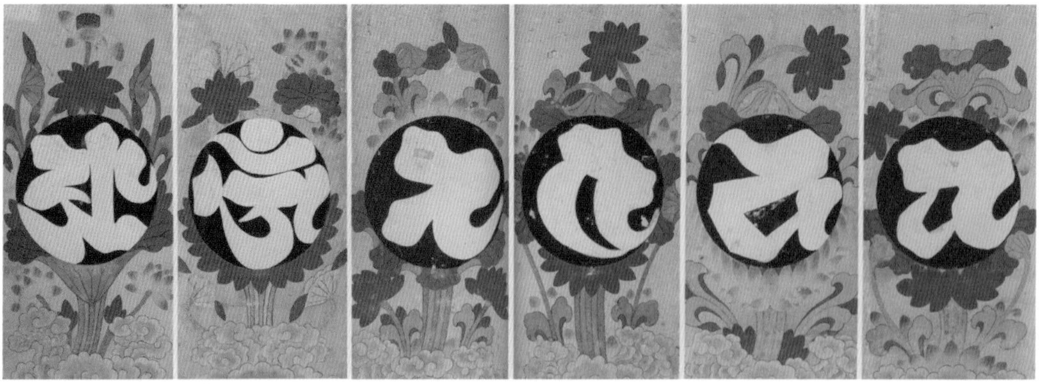

[ā] [oṃ] [ra] [dha] [ha] [ma]

범자 6폭 병풍 조선 말기, 선암사 성보박물관[22]

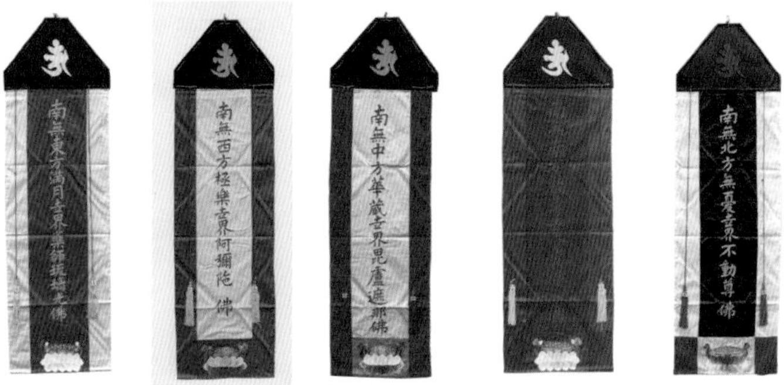

동 서 중앙 남 북

❶ ❷

❶ 범자 묵서 번 해인사 홍제암[23] ❷ 오방불 번 통도사 성보박물관[24]

짐작해 볼 수 있다. 합천 해인사 홍제암에는 일제강점기까지 고식의 번이 전해지고 있었는데, 표면에 여러 범자를 크게 묵서하여 제작했다. 이처럼 범자를 새긴 번이 공양이나 공덕을 쌓고, 불전 장엄 등을 위하여 활용되었음을 알 수 있다. 또한 오방불번이 불전 장엄이나 의례 등을 위하여 방위에 따라 다른 색으로 만들어졌는데, 중앙에는 비로자나불, 동방에는 약사불, 서방에는 아미

22 선암사 성보박물관, 『仙巖寺聖寶博物館 名品圖錄』, 2003, pp.180~181.
23 天沼俊一, 「朝鮮紀行 下 -海印寺 弘濟庵 梵字 幡-」, 『東洋美術』 第6號, 1929年 4月.
24 동국대학교박물관·통도사·국립민속박물관, 『佛教儀式具』, 1995.

타불, 남방은 보생여래, 북방은 불공성취여래를 의미하였다. 이러한 오방불번은 대부분 직물로 제작하였는데, 표면에 부처의 이름을 새기고, 그 주변에 장엄의 의미로 화려한 문양을 새기거나 범자 진언다라니를 배치하는 경우가 많았다. 오늘날은 범자가 새겨진 번이 불전 장엄뿐만 아니라 공양과 공덕을 높이고, 망자를 추복하거나 극락왕생을 염원하는 다양한 용도로 활용되고 있다. 이처럼 특정한 상징이나 의미를 강조하기 위하여 범자가 활용되었음을 알 수 있다. 한편 1914년 제작된 긍파당 사리합의 표면에도 〔oṃ〕 또는 〔hūṃ〕으로 보이는 범자를 독특한 필체로 새겼는데, 이는 공양을 의도한 것으로 보인다.

상면

측면

긍파당 사리합　1914, 통도사 성보박물관

한편 범자가 새겨진 민화도 전하고 있다. 민화는 일반적으로 민족이나 개인이 오랫동안 전통적으로 이어 온 생활 습속이나 신앙 등에 따라 그린 대중적인 그림이라 할 수 있다. 그래서 민속에 얽힌 관습적인 내용, 오랜 역사를 통하여 형성된 민간 전승, 일상생활과 관련된 내용 등이 그림의 주제가 되는 경우가 많다. 그래서 우리나라 민화에는 민간 신앙이나 무속과 관련된 내용, 도교적인 내용, 불교적인 내용, 유교적인 내용 등 다양한 유형이 있다. 이러한 민화 중에 보기 드물게 범자가 새겨진 경우가 확인되고 있다. 현재 가회민화박물관에 범자가 새겨진 4폭 민화 병풍이 소장되어 있다. 이 병풍의 2폭에 화병이 등장하는데, 그 표면에 〔oṃ〕자가 문양처럼 새겨져 있다. 범자를 상징적인 의미로 그림에 등장시킨 것으로 보인다. 또한 가회민화박물관에는 모란을 각각 다르게 그린 8폭의 민화 병풍도 소장되어 있는데, 각 폭의 상부에 범자 진언다라니를 주서하였다. 이 병풍은 근현대기에 제작한 것으로 보인다. 여러 자로 구성된 범자 진언다라니를 순서에 맞추어 배열하였고, 범자를 기교있게 쓴 것으로 보아 범자와 진언다라니에 조예가 있었던 인물이 직접 붓으로 주서했던 것으로 보인다. 민화에 범자 진언다라니를 새겨 신앙적인 의미를 부여하고자 했던 것으로 보인다.

이처럼 범자나 진언다라니는 그 자체가 종교와 신앙의 대상으로서 상징과 의미가 있었을 뿐만 아니라 장식이나 장엄을 위한 문양 등 다양하게 활용되었음을 알 수 있다.

4폭 병풍
근현대, 가회민화박물관

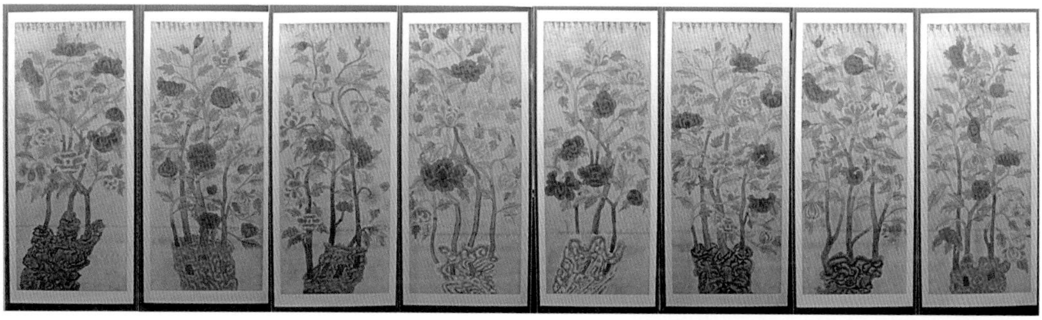

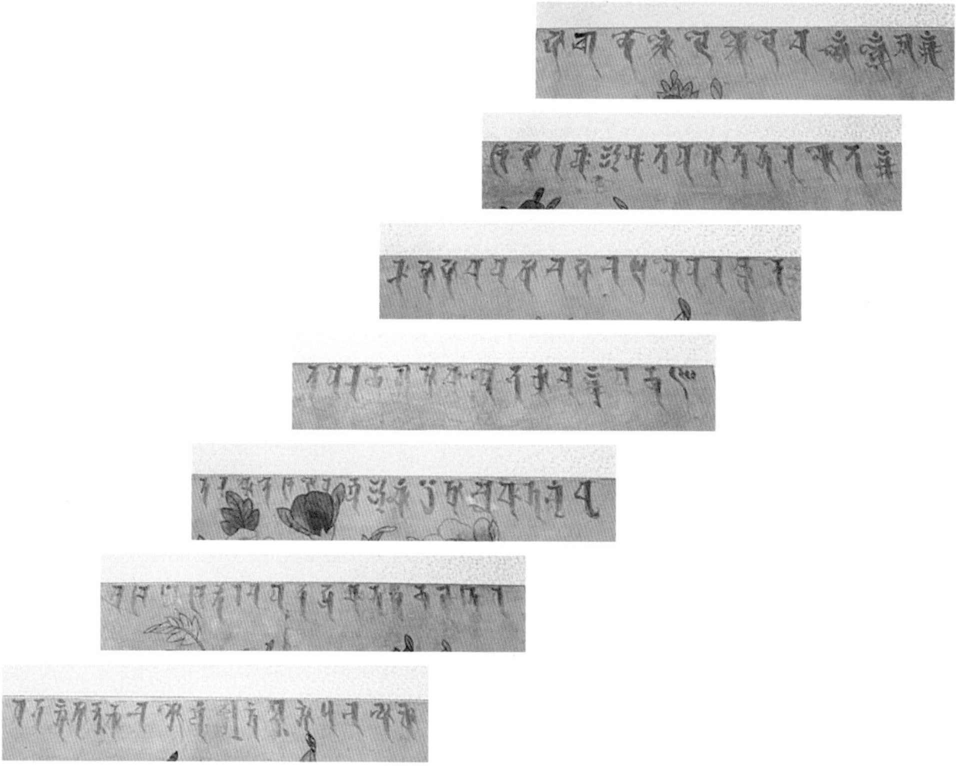

8폭 모란 병풍　근현대, 가회민화박물관

Ⅳ

한국 범자의 역사

History & Culture of Sanskrit in Korea

1. 삼국과 남북국

한국에 범자 또는 범어가 처음 전래한 시기는 구체적인 자료가 남아 있지 않아 명확하게는 알 수 없지만 여러 정황으로 보아 불교가 전래한 삼국시대로 추정된다. 삼국 중 고구려가 372년, 백제가 384년에 각각 불교를 공인했다. 당시 불교 공인과 함께 불교 신앙이 본격적으로 전래하면서 범어로 된 경서도 유입되었을 것이다.

고구려는 일찍부터 범서(梵書)를 접했다는 내용이 전하고 있다. 『삼국유사』에 『삼보감통록』을 인용한 내용이 실려 있는데,[1] 당시 고구려 성왕이 국경을 순행하다가 구름 속에서 지팡이를 짚고 서 있는 승려를 보았는데, 가까이 가면 사라지고, 멀리서 보면 다시 나타났다고 한다. 그 옆에는 3층으로 된 탑이 있었고, 승려가 서 있던 자리를 파보니 지팡이와 신발이 나왔다. 그리고 더 깊이 파보니 글자와 함께 그 위에서 범서가 출토되었으며, 왕이 불교를 믿을 마음이 생겨 그 자리에 7층 목탑을 세웠다고 한다. 당시 어느 왕이 어느 곳에 탑을 세웠는지는 알 수 없지만, 고구려는 일찍부터 불교를 신앙하였으며, 그에 따라 사찰을 짓고 목탑을 세웠음을 알 수 있다. 여기서 범서는 불교의 전래와 함께 유입된 범어로 된 경전을 의미하는 것으로 보인다. 아마도 고대 인도의 나가리(Nāgarī) 문자로 쓴 경전이었을 것이다. 당시 범어로 된 경전은 불교의 이론과 사상을 전하는 불경이기도 했지만, 처음 불교를 접하는 사람들에게 불

1 『三國遺事』 卷3, 塔像4, 遼東城育王塔.

교의 영험함과 신성함을 강조하는 유용한 방편이 되었을 것이다.

그리고 백제 땅에는 인도 출신 승려였던 마라난타(摩羅難陀)가 배를 타고 들어와 불교를 전했다고 한다.[2] 인도에서는 오래전부터 부처님의 가르침을 범어로 기록하였던 것으로 보아, 당시 마라난타가 범어로 된 경전을 가지고 백제 땅에 왔을 것으로 보인다. 『해동고승전』에는 마라난타를 '신이감통막측계위(神異感通莫測階位)'라고 표현하였다. 이 기록은 그가 신이와 감통에 뛰어난 밀교 승려였을 가능성을 시사한다. 그런데 범어 경전이 백제 땅에 전래한 확실한 시기는 겸익(謙益)이 인도에 유학했다가 귀국한 이후로 볼 수 있다. 겸익은 구법과 순례를 위하여 인도에 가서 중인도의 상가나대율사(常伽那大律寺)에서 범문을 배운 후에 성왕 4년인 526년에 귀국하였는데, 당시 인도 승려인 배달다삼장(倍達多三藏) 등과 함께 와서 범본과 율문 등을 번역하였다고 한다. 이때 담욱(曇旭)과 혜인(惠仁)이 율소 36권을 국왕에게 올렸으며, 이에 백제 성왕이 『비담홍율서(毘曇弘律書)』를 지었다고 한다.[3] 이러한 것으로 보아 겸익이 활동했던 6세기 전반기에 백제에는 범어로 된 경전이 전래하여 번역되었음을 알 수 있어, 당시 여러 승려가 범어에 대한 이해가 있었음을 상정할 수 있다.

신라는 527년 이차돈의 순교로 불교를 공인했지만 이미 묵호자가 눌지왕 때 향을 전하고 공주의 병을 고쳤다고 한다.[4] 당시 묵호자가 향을 전한 것으로 보아 그는 밀교 의례 등을 잘 알고 있었던 승려였으며, 진언다라니를 독송하였을 가능성도 있다. 그리고 신라 진흥왕은 승려 각덕(覺德)을 중국 양나라에 보냈으며, 이후 중국과의 교류가 활발해지면서 원광(圓光, ?~636), 안홍(安弘), 자장(慈藏, 590~658), 원측(圓測, 613~696), 의상(義湘, 625~702) 등 여러 승려가 중국에 유학하였다. 이중에는 귀국하지 않은 승려도 있었지만, 대부분은 신라로 돌아와 새로운 불교 사상과 불경 등을 전하였는데, 그중에는 밀교도 있었다.

---

2 『三國遺事』 卷3, 興法3, 難陁闢濟.

3 「謙益齋梵文之律文」(李能和, 『朝鮮佛敎通史』 下, 新文館, 1918).

4 『三國遺事』 卷3, 興法3, 阿道基羅.

『해동고승전』에 의하면, 안홍은 서국 승려 비마라진체(毘摩羅眞諦), 농가타(農加陀), 불타승가(佛陀僧伽) 등과 함께 귀국하여 황룡사에 머물며 『전단향화성광묘녀경』을 편찬하였으며, 당시 신라 승려 담화(曇和)가 이를 받아 적었다고 한다.[5] 당시 안홍은 밀교의 관법과 의례 등을 전수하고, 신라 사회에서 기복이나 치병 등을 위한 주술적이고 현세적인 경향의 밀교 신앙을 전하기도 했다.[6]

신라 자장은 636년 당나라로 유학하여 문수보살이 있다는 태화지에서 7일 동안 기도를 드렸는데, 어느 날 부처로부터 4구로 된 게를 받는 꿈을 꾸었다고 한다. 그런데 꿈에서 깨어난 후 4구의 글을 기억할 수는 있었으나 범어로 되어 있어 이해할 수가 없었다고 한다. 그러자 어떤 승려가 나타나, '가라파좌낭(呵囉婆佐囊)'은 일체의 법을 깨닫고, '달예치구야(達噤哆佉野)'는 본래의 성품은 가진 바가 없으며, '낭가신가낭(囊伽哂伽囊)'은 불교의 이치를 깨달았으며, '달예노사나(達噤盧舍那)'는 곧 노사나 부처를 본다는 뜻이라고 해독해 주었다고 한다.[7] 이후 자장은 643년 귀국하여 양산 통도사에 금강계단을 쌓고 사리 석함을 안치하였는데, 사리 석함에는 부처님의 정골 사리와 함께 패엽경문을 안치하고 뚜껑을 덮었다고 한다. 당시 자장이 중국에서 가져온 패엽경문은 오늘날 일본 법륭사에 전하는 범어로 된 패엽경과 유사하였을 것이다. 한편 현수(賢首)는 중국에서 유학하던 중 승전(勝詮) 법사를 통하여 신라에 있는 의상에게 글을 보냈는데, 그 안에 여러 권의 경서와 물건을 보냈다고 한다. 그런데 경서중에 『화엄범어』 1권이 있었다고 한다.[8] 이 책이 전하지는 않지만, 그 제목으로 보아 범어로 된 화엄종 관련 경서였을 것으로 보인다.

그리고 신라의 대표적인 밀교 승려였던 명랑(明朗)은 중국 유학을 마치고 귀국한 후 밀교의 문두루(文豆婁) 비법으로 당나라 군사들을 물리쳤다고 한

5 『海東高僧傳』 卷2, 流通2, 安含.

6 張益, 「新羅 安弘의 初期 密教 受容과 舍利塔 信仰」, 『密教學報』 제10집, 밀교문화연구원, 2009, pp.12~19.

7 『三國遺事』 卷3, 塔像4, 臺山五萬眞身.

8 『三國遺事』 卷4, 義解5, 勝詮髑髏

경주 사천왕사지 전경

다. 당시 명랑이 행한 문두루 비법에 대한 구체적인 내용은 알 수 없지만 『관정경』 권7의 「관정복마봉인대신주경(灌頂伏魔封印大神呪經)」에 의한 비법이었던 것으로 보아 밀교와 관련이 있음을 알 수 있다. 또한, 신라 혜통(惠通)은 당나라에 유학하여 인도 출신 밀교 승려 선무외(善無畏, 637~735)로부터 인결을 받았으며, 당나라 공주의 병을 치료하기 위하여 스승을 대신하여 황궁으로 들어가기도 했다. 이러한 것으로 보아 당시 혜통은 당나라에서 전문적인 밀교 승려로 범어 경전에 대한 해박한 지식을 가지고 있었을 것이다. 혜통은 665년경 신라에 귀국하여 효소왕 때 신라 최초로 국사에 임명되었으며, 봉성사를 창건하기도 했다. 그의 속명이 존승(尊勝) 각간이었는데, 이는 그가 「불정존승다라니」와 관련이 있으며, 밀교 의례나 범자 진언다라니에 대하여 잘 알고 있었기 때문에 붙여진 존칭으로 추정된다.

한편 당나라 승려 의정(義淨, 635~713)은 703년 10월에 『금광명최승왕경』을 새롭게 한역하였다. 당시 의정이 한역한 『금광명최승왕경』은 『금광명경』과 같은 경전이지만 원래의 내용에 밀교 의례와 다라니 등을 추가한 것이다. 당시 당나라에 사신으로 갔던 김사양(金思讓)이 한역된 이 경전을 가지고 신라로 돌아왔다. 그러자 경흥(憬興)은 『금광명최승왕경』에 대한 주석서를 만들어 보급하였다고 한다. 그리고 신라 보천(寶川)은 장천굴에 머물면서 『수구다라니경』 외우는 것을 하루의 일과로 삼았다고 한다. 또한 보천은 문수보살로부터 관정(灌頂)을 받았으며, 「천수주」를 비롯한 대표적인 밀교 경전인 『금광명경』을 독송하였다고 한다. 이처럼 여러 밀교 경전이 신라 사회에 보급되었음을 알 수 있다.

신라 승려 불가사의(不可思議)는 당나라에 유학하여 당시 중국에서 활동하고 있었던 밀교 승려였던 선무외의 제자가 되었는데, 그는 대표적인 밀교 경전인 『대일경』의 공양 의궤에 해당하는 『공양차제법(供養次第法)』에 대한 주석서인 『대비로자나공양차제법소(大毘盧遮那供養次第法疏)』를 찬술할 만큼 밀교 경전과 범어에 대한 해박한 지식이 있었다. 그는 나중에 신라로 귀국하여 영묘사에 머물렀는데, 귀국할 때 범어로 된 밀교 경전도 가지고 왔을 것으로 보인다. 신라 의림(義林)도 선무외의 제자였는데, 그의 신라 귀국 여부는 명확하지 않지만, 신라로 되돌아왔다면 범어로 된 밀교 경전을 가지고 왔을 것이다. 신라 출신으로 밀교의 아사리(阿闍梨)였던 현초(玄超)는 당나라에서 혜과(惠果)에게 소실지교(蘇悉地教)를 전하고 인결해 줄 만큼 영향력 있는 밀교 승려였다. 이후 혜과는 당나라 장안의 청룡사에 머물며 중국 밀교를 대표하는 승려가 되었는데, 이때 신라 출신 혜일(惠日, 慧日)이 781년에 유학하여 혜과로부터 금강계, 태장계, 소실지교의 삼부내교와 『제존유가』 30본을 전수하였다.[9] 나중에 혜일은 이들 경전에 통달한 후 신라로 돌아와 널리 전교를 펼쳤다고 한다. 당시 혜일은 이무첨(李無諂)의 역본인 『불공견색다라니경(不空絹索陀羅尼經)』에 주인(呪印) 1품을 더하여 다라니 17품을 완성하였다고 한다. 이러한 신라 승려들의 활동으로 보아 신라 사회에 대표적인 밀교 경전인 『대일경』, 『금강정경』, 『소실지경』 등이 보급되어 있었을 것으로 보인다.

경주 영묘사지 전경(현 흥륜사)

한편 신라 말기 김수원(金周元)의 아들이었던 웅천주도독 김헌창(金憲昌)은 822년 3월 반란을 일으켰다가 제압되었는데, 당시 김헌창의 아들 이름이 범문(梵文)이었다. 이처럼 아들 이름을 범문으로 작명한 것은 그의 신앙이 밀교와 연관되었음을 시사 받을 수 있다. 그리고 최치원이 893년경 찬술한 것으로 추정되는 「봉암사 지증대사 적조탑비문」에도 범어의 음을 따라 지었다는 내용이 있어 최치원도 범어를 알고 있었음을 짐작할 수 있다.[10] 또한 해운(海雲)이

9 『大唐青龍寺三朝供奉大德行狀』(『大正新修大藏經』 卷50, p.295).

10 「鳳巖寺 智證大師 寂照塔碑」(李智冠 譯註, 『校勘譯註 歷代高僧碑文 -新羅篇-』, 伽山文庫, 1994). '語襲梵音 彈舌足多羅之字'

834년에 편찬한 『양부대법상승사자부법기(兩部大法相承師資付法記)』에 의하면, 당시 신라 땅에 상당량의 밀교 경전이 전래하였다고 기술되어 있다.[11] 이러한 것으로 보아 신라 말기에는 밀교 경전과 함께 여러 유형의 범자 진언다라니가 보급되었으며, 진언다라니가 밀교 신앙이나 의례에 활용되었을 것으로 추정된다.[12]

이처럼 불교가 전래한 삼국시대부터 한역한 경전과 함께 범어 경전도 상당량 전래하였고, 그에 따라 많은 승려가 범어를 수학하였을 것이다. 그리고 통일신라시대에는 대표적인 밀교 경전이었던 『대일경』과 『금강정경』 등이 보급되었다. 특히, 혜통은 당나라로 유학하여 중국 진언종의 개조인 인도 출신 승려 선무외로부터 인결을 받은 이후, 여러 밀교 관련 경전을 가지고 665년경에 귀국하였다.[13] 또한 중국 당나라 고종(650~683)이 설방(薛邦)에게 명하여 신라를 치려 할 때, 신라 명랑법사가 임시로 사천왕사를 짓고 「문두루비법」을 행하여 군사를 물리쳤다고 한다. 이로부터 법사는 신인조사(神印祖師)가 되었다.[14] 여기서 신인(神印)은 범어로 문두루(文豆婁)이며,[15] 신인종(神印宗)은 진언종(眞言宗)의 일파로 신라의 명랑이 당나라에 가서 법을 배워 와서 세운 종파였다. 그리고 김사양이 703년 견당사로 파견되었는데, 당시 의정이 703년 번역한 『금광명경최승왕경』을 가지고 이듬해인 704년에 귀국하였다. 이처럼 중국의 불교 사상이 동시대적으로 신라에 전래하였음을 알 수 있다. 이러한 것으로 보아 밀교 경전이나 의례를 비롯한 범자 진언다라니에 대한 신앙도 신라 사회에 동시대적으로 보급되었을 것이다.[16]

11 海雲, 『兩部大法相承師資付法記』 卷上(『大正新修大藏經』 卷51, p.785). '我大興善寺三藏和尙(不空)親禮五天 重諮勝法 敎流天下 大法盛傳 所以新羅諸國經逾數萬'

12 김수연, 「고려시대 간행 『梵書摠持集』을 통해 본 고려 밀교의 특징」, 『한국중세사연구』 제41호, 한국중세사학회, 2015, p.202.

13 朴炳采, 「眞言集密曇章攷」, 『一山金俊榮先生華甲紀念論叢』 1979, p.72.

14 『三國遺事』 卷5, 神呪6, 明朗神印.

15 『三國遺事』 卷5, 神呪6, 惠通降龍.

16 허일범, 「韓國眞言文化의 佛敎史的 展開」, 『密敎學報』 제7집, 밀교문화연구원, 2005, p.37.

경주 불국사 삼층석탑 「무구정광대다라니경」 정영호 교수 사진

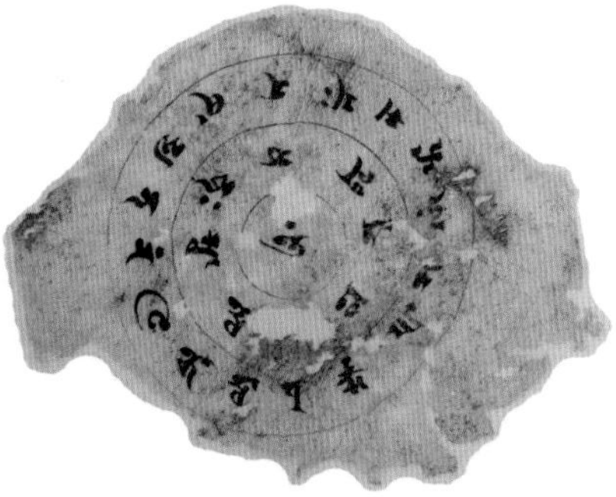

김천 갈항사 3층석탑과 「백지묵서 준제진언」 758, 국립대구박물관

그런데 삼국과 통일신라시대 범어 경전이나 밀교 관련 경전의 전래 사실을 입증할만한 결정적인 유적이나 유물은 전하지 않고 있다. 다만 이러한 사실을 방증할 여러 유산이 주목되는데, 먼저 불국사 석가탑에서 권자본 형태로 발견된 「무구정광대다라니경」이다. 이 다라니경은 공양이나 공덕을 쌓고자 봉안되는 『조탑경』의 일종으로 본문과 진언다라니가 모두 한자로 표기되었으며, 751년 이전에 제작된 것으로 파악되고 있다. 그리고 경주 나원리 5층석탑과 경주 황복사 3층석탑에서도 「다라니경」이 봉안되었던 것으로 확인되었다. 특히, 758년 건립된 김천 갈항사 삼층석탑의 사리병에서 출토된 「백지묵서 준제진언」은 백지에 범자로 준제진언을 필사한 유물이다. 이 범자 진언다라니는 8세기 중반경에 필사한 것으로 신라 불교계에 범자와 함께 진언다라니가 전래하여 신앙이나 의례에 활용되었음을 입증하는 직접적인 실물 자료이다. 당시 신라 사회에 밀교 신앙에 따른 범자 진언다라니가 유통되었음을 알려주고 있다.

그리고 경주 창림사 3층석탑에서 「무구정경」, 포항 법광사 3층석탑에서 불정존승다라니명 석제 항아리, 합천 해인사 묘길상탑과 구례 화엄사 서 3층석탑에서는 범자를 한자음으로 적은 다라니가 출토되었다. 특히, 해인사 묘길상탑의 「백성산사전대길상탑중납법탐기(百城山寺前臺吉祥塔中納法賝記)」에 의하면, 당시 탑 안에 『진언집록(眞言集錄)』 2권과 별도의 진언을 봉안했다는 기록

봉화 서동리 동 삼층석탑 소탑　신라, 국립대구박물관

경주 덕동사지 출토 범자 진언다라니 벽돌　신라, 위덕대학교 박물관

대구 동화사 금당암 서 삼층석탑 소탑　신라, 국립대구박물관

이 있다. 또한 『조탑경』 관련 다라니 작법 중에는 다라니를 77번 혹은 99번 필사한 후 각각을 별개로 하여 진흙 소탑에 넣어 대탑에 봉안하면 큰 공덕을 얻는다고 했다. 통일신라시대 석탑 중에서 봉화 서동리 3층석탑, 양양 선림원리 3층석탑 등에서 소탑이 수습되었는데, 모두 하부에 작은 원형 구멍이 시공되어 있다. 현재 원공 안에 있었던 내용물이 현존하지는 않지만, 이곳에는 필사하여 돌돌 말은 다라니를 봉안했던 곳으로 추정된다. 이처럼 석탑에 다라니를 봉안한 것은 다라니 자체를 여래의 법신사리로 간주했기 때문으로 보인다. 그리고 통일신라시대 창건된 경주 암곡동 덕동사지에서 범자 진언다라니를 새긴 벽돌이 상당량 출토되기도 했다. 이 벽돌들은 전탑을 건립할 때 사용한 부재들로 보인다.

이러한 것으로 보아 통일신라시대에 범어로 된 경전과 함께 밀교가 전래하였으며, 밀교 신앙이 서서히 보급되면서 여러 불사에 밀교 의례가 적용되었음을 알 수 있다. 그에 따라 다라니가 봉안되거나 범자 진언다라니가 법회나 의식 시에 활용되었을 것이다.

일본 대진시 석산사 입구 전경

그리고 발해도 불교가 상당한 수준으로 발전했던 국가였다. 발해는 관련 기록에 의하면, 일본에 34차례 사신을 파견하였고, 일본은 발해에 13차례 정도 사신을 보냈다고 한다. 그러면서 두 나라는 불교 관련 교류가 밀접하게 이루어졌는데, 그중에서 861년 이거정(李居正)이 일본에 사신으로 가 「불정존승대다라니경」을 전해주었는데, 지금도 그것의 일부분이 대진시(大津市) 석산사(石山寺)에 전하고 있다.[17] 이러한 것으로 보아 발해도 범자에 대한 이해와 진언다라니에 대한 신앙이 보급되어 있었음을 알 수 있다.

2. 고려

고려를 건국한 태조 왕건은 불교를 국가의 근본으로 삼았다. 그래서 고려는 건국 직후부터 전국에 많은 사찰을 건립하였으며, 불교가 성행하면서 다양한 불교 신앙과 종파가 발전한 말 그대로 불교 국가였다. 그리고 여러 나라와도 불교 교류가 활발해지면서 새로운 불교 신앙과 경전의 유입이 이루어졌다. 이에 따라 고려는 신라 시대 계승한 불교 사상과 종파뿐만 아니라 새롭게 형성된 불교 신앙과 사상들이 폭넓게 전개되었다. 특히, 고려 불교계에는 일찍부터 밀교 신앙이 유입하면서 기존에는 볼 수 없었던 의례나 범자 진언다라니에 대한 신앙이 널리 보급되었다.

17 송기호, 「불교와 기타신앙」, 『한국사』 10, 국사편찬위원회, 1996.

경주 불국사 사리탑 전 광학대사 부도

그리고 고려사회에는 많은 외국 승려들이 들어왔는데, 인도 승려들도 고려 땅에 들어와 활동했다. 인도 출신 승려로 929년 Mahurta, 938년 Magadha의 Srivajra 등이 들어와 인도의 새로운 불교 사상을 전파했다. 한편 태조 왕건은 고려를 창업할 때 해적들이 와서 소란을 피우자 안혜(安惠)와 낭융(朗融)의 후예인 광학(廣學)과 대연(大緣)이라는 두 고승을 불러 진압할 비법을 부탁했는데,[18] 이들은 모두 신라 신인종을 전수한 승려였다. 두 승려는 형제 관계였는데,[19] 931년 태조 왕건을 따라 개경으로 와서 향을 피우고 도를 닦았다고 한다. 이후 태조는 이들을 위하여 936년 현성사(現聖寺)를 창건하여 신인종 사찰로 삼도록 했으며, 이후 현성사는 밀교의 근본 도량으로 국가 차원의 주요 법회가 거행되는 등 국왕의 행차가 빈번하였다.[20] 이에 따라 밀교 신앙이 널리 보급되는 계기가 되었다.

고려시대 밀교적인 측면이 강한 범자 진언다라니에 대한 신앙을 직접적으로 보여주는 대표적인 유물은 석당이라 할 수 있다. 지금도 용천 성동리 불정사 석당, 해주 석당, 용천 성동리 석당, 개성 선죽교 묘각사지 석당 등 북한 지역에 여러 점이 전하고 있다. 이들은 고려가 11세기대에는 다라니를 신앙하였으며, 부처님께 공양하고 공덕을 쌓고자 특별한 형태의 조형물을 세웠음을 알 수 있게 한다. 그리고 1128년 11월 세워진 합천 반야사지 원경왕사비문에 '문인들이 이르기를, 범어의 반야는 당나라 언어로 지혜이며 그 뜻이 하나이다.'

18 『三國遺事』 卷5, 神呪6, 明朗神印.

19 安惠, 朗融, 廣學, 大緣의 4大德의 유골은 모두 경주 遠源寺의 동쪽 봉우리에 묻혔다고 전하고 있다. 그래서 이 산을 四靈山 祖師岩이라고도 한다.

20 尹紀燁, 「元干涉期 元皇室의 願堂이 된 高麗寺院」, 『大東文化研究』 제46집, 대동문화연구원, 2004, pp.169~204.

용천 성동리 석당　고려, 1027, 국립중앙박물관

밀양 표충사 은입사 향완　고려, 1177[21]

영암 사자사지 범자 수막새　고려

개성 고려 궁성 수막새　고려[22]

라고 기록하였다.[23] 또한 이탄지(李坦之) 묘지명(1152)에,[24] '1149년 조정의 명령으로 대주(岱州, 현 성주군)로 부임하였다. 잘 다스렸으나 얼마 되지 않아 질병으로 인해 마침내 은해사(銀海寺)로 갈 수 있게 되었다. 맑은 마음으로 힘써 받들어 재를 설치하고 향을 피워 부처님 옥호에 예를 다한 다음 승려들에게 음

21 국립중앙박물관, 『우리나라 금속공예의 정화 입사공예』, 1997, p.35.

22 국립문화재연구소, 『개성 고려궁성』, 2009, p.102.

23 「般若寺 元景王師碑」(李智冠 譯註, 『校勘譯註 歷代高僧碑文 -高麗篇 3-』, 伽山文庫, 1996.). '是門人相謂曰梵言般若唐言智慧其義一也'

24 國立中央博物館 소장(№ 신5840).

식을 공양하였다. 그런 다음 편안히 앉아서 「천수진언」을 밤새 외우다가 단정하게 앉은 채로 돌아가셨다.'라는 내용이 있다. 이러한 기록으로 보아 고려시대에는 진언다라니에 대한 신앙이 현실 기복과 극락왕생을 염원하는 주문으로도 활용되었음을 알 수 있다.

또한 고려전기인 12세기 전반기를 전후하여 밀교 경전이자 범자 진언다라니 신앙의 결집체라 할 수 있는 『범서총지집』이 간행 보급되었다. 『범서총지집』은 대표적인 밀교 경전인 『대일경』과 『금강정경』 등에서 핵심적인 범자 진언다라니를 발췌하여 엮은 것이라 할 수 있다. 그래서 당시까지 전해지고 있던 범자로 쓴 진언다라니를 총지(摠持)하기 위한 모음집이며, 그것의 실질적인 활용에 초점을 맞추어 새롭게 편찬한 밀교 경전이라 할 수 있다. 그리고 이 경전은 요나라의 승려 각원(覺苑)이 찬술한 『연밀초(演密鈔)』와 도전(道𣪍)이 찬술한 『현밀원통성불심요집(顯密圓通成佛心要集)』과 전체적인 구성이나 내용이 유사한 것으로 보아 이들 경전으로부터 영향을 받아 간행된 것으로 보인다. 경전의 체제는 범자 진언다라니의 표제를 한자로 표기하고 나서 범자로 진언다라니를 세로로 수록하였다. 이처럼 이 경전은 고려시대 들어와 범자 진언다라니의 종류와 공덕 등을 알 수 있는 기본적인 자료라 할 수 있다.

현재 고려시대 간행된 이른 시기의 『범서총지집』이 안동 보광사 목조관음보살좌상, 해인사 대적광전과 법보전 목조비로자나불좌상 등의 복장물에서 출토되었다. 그리고 여러 사찰이나 박물관 등에 낱장 다라니 형태로 전하고 있다. 이 중에 안동 보광사 목조관음보살좌상에서 출토된 『범서총지집』은 1150년 6월 간행된 가장 빠른 시기의 인쇄본이며,[25] 전체 47장으로 구성되었는데, 그중에 일부를 제외하고 첫 장부터 마지막 장까지 비교적 온전하게 전하고 있다. 이 간행본은 평양 광제포에서 사원(思遠) 스님이 교정하였는데, 국

25 서병패, 「安東 普光寺 木造觀音菩薩坐像 腹藏典籍 研究」, 『안동 보광사 목조관음보살좌상』, 문화재청, 2009.

1150.6, 12장

백자성취법계자륜진언

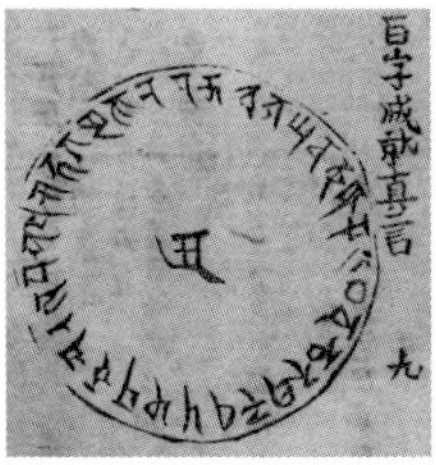

백자성취진언

『범서총지집』 고려, 해인사 대적광전 목조비로자나불좌상

「원권진언다라니」 고려, 1346.9, 가야산 문수사 금동아미타불좌상, 수덕사 근역성보관

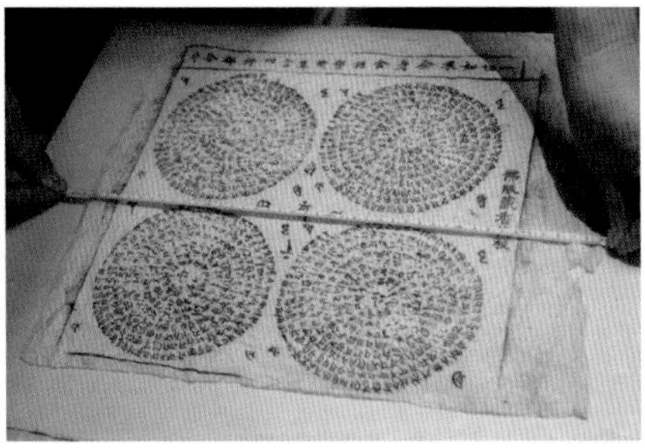

「일체여래전신사리보협진언」 고려, 서울 수국사 목조아미타여래좌상, 동국대학교 박물관

왕이 수명을 누리고, 법계가 두루 깨달음을 얻을 수 있도록 기원하면서 인쇄 봉안한 것이다. 그리고 해인사 대적광전과 법보전 목조비로자나불좌상의 복장물에서도 1150년 6월, 1156년 7월, 1166년 7월 등 여러 시기에 걸쳐 간행한 『범서총지집』의 일부가 낱장 또는 묶음 형태로 출토되었다. 또한, 1218년에는 김제 금산사가 발원하여 논산 개태사에서 『범서총지집』을 간행하였으며, 1227년 8월과 1228년에도 공양이나 공덕을 쌓기 위한 다른 유형의 『범서총지집』이 간행되었다. 이처럼 고려시대에는 범자 진언다라니에 대한 신앙을 보여주는 『범서총지집』이 지속하여 간행되었음을 알 수 있다.

그리고 고려시대 초조대장경은 전하지 않아 구체적인 현황을 알 수 없지만, 재조대장경판에 범어로 된 경전이 상당량 포함되어 있다.[26] 특히, 범어를 음역

26 高麗大藏經에서 梵語로 쓰인 경전은 『瑜伽金剛頂經』의 釋字母品, 『大方廣佛華嚴經』의 入法界

하여 판각한 것으로 보이는 『수능엄경(首楞嚴經)』은[27] 영인본 제13권까지 수록하였다. 이외에도 고려시대 조성된 불상의 복장물에서 인쇄하여 봉안한 다양한 유형의 범자 진언다라니가 낱장이나 묶음 형태로 출토되고 있다. 또한 범자 진언다라니를 만다라형으로 배열한 유물도 상당량 확인되고 있다. 이러한 유물들은 고려시대 승려들이 범어에 대한 해독과 함께 범자 진언다라니에 대한 상당한 조예가 있었음을 짐작할 수 있게 한다. 이처럼 고려시대에는 밀교 신앙이 성행하고 범자 진언다라니에 대한 신앙이 높아지면서 공양이나 공덕을 쌓기 위하여 범자 진언다라니 관련 다양한 경전들이 간행되거나 유통되었음을 알 수 있다.

고려 후기 호남 일대에서 활동하며 보조국사 지눌과 함께 불교계를 리드했던 원묘국사 요세(1163~1245)는 강진 백련사에 머무르면서 천태종을 널리 선양한 대표적인 승려였다. 그의 행적을 기록한 「원묘국사비」에는 '천성이 순후하여 꾸밈이 없으며, 눈으로 삿된 것을 보지 않았고, 말을 함부로 하지도 않았다. 항상 선관을 닦고, 『법화경』을 외우고, 준제신주를 천 번 염송하고, 아미타불을 만 번 염송하는 것을 일과로 삼았다.'라고 기록하였다.[28] 당시 원묘국사가 수행과 공덕의 방편으로 매일 『법화경』을 독송하고, 준제진언을 염송했음을 알 수 있다. 당시 천태종 승려가 준제진언을 염송한 것은 천태종과 밀교 신앙이 융화되어 여러 범자 진언다라니가 불가에서 널리 염송되었기 때문에 가능한 것이었다.[29]

고려가 몽골과 긴밀한 관계를 유지할 때인 1271년과 1294년에는 티베트의

品 四十二字觀門, 『佛說佛母般若波羅密多大明觀想儀軌』, 『佛說金剛香菩薩大明成就儀軌』, 『七俱胝佛母所說准提陀羅尼經』, 『大樂金剛不空眞實三昧耶經般若波羅密多理趣釋』, 『佛說雨寶陀羅尼經』 등이다(이태승 · 최성규, 『실담범자입문』, 정우서적, 2008, p.134).

27 楞嚴呪는 용맹스럽게 정진하여 定을 닦는데, 힘을 돕는 呪文이라는 뜻이다.

28 『白蓮社志』 1卷, 「高麗學士崔滋撰萬德山白蓮社圓妙國師碑銘幷序曰」(『東文選』 卷117, 碑銘). '每禪觀誦授之餘 誦法華一部 念准提神呪一千遍 彌陀佛號一萬聲 以爲日課'

29 서윤길, 「요세의 수행과 准提呪誦」, 『한국밀교사상사』, 운주사, 2006, p.739.

중국 북경 법원사 입구 전경

개성 연복사 동종 고려, 1346.봄, 松波宏隆 제공

승려 팔태사(八台思)와 절사팔(折思八) 등이 고려에 들어와 활동했다. 당시 이 승려들에 의하여 범어로 된 경전이나 다양한 범자 진언다라니 등이 전래하였을 것으로 보인다. 또한 고려 후기 선각왕사 혜근(1320~1376)은 인도 출신 원나라 승려였던 지공선사로부터 법인을 받았는데, 그는 지공선사가 주석하고 있었던 원나라의 법원사(法源寺)에서 법의와 불자를 비롯하여 「범자신서(梵字信書)」 등을 받았다고 한다.[30] 당시 지공선사와 선각왕사가 사자상승의 사제 관계였기 때문에 범서가 사사되었던 것으로 보인다. 고려 후기에는 원나라와 교류하면서 밀교의 성행과 함께 범자 진언다라니에 대한 신앙이 크게 유행했던 것으로 추정되고 있다.[31]

그리고 고려 13세기 중반 이후에는 여러 밀교 경전에 나오는 범자 진언다라니를 하나로 모은 『밀교대장(密敎大藏)』이 간행되었다. 『밀교대장』은 재조대장경의 순서에 따라 고려대장경에 수록된 범자 진언다라니를 정리한 것이다. 그 구성은 범자 진언다라니의 명칭을 한자로 적고, 범자로 진언다라니를 수록한 후에, 그 옆에 한자음을 부기하여 읽기 쉽게 하였다. 이와 관련하여 이제현

30 覺宏, 「普濟尊者諡禪覺懶翁和尙行狀」(『韓國佛教全書』 제6책)
31 朴炳采, 「眞言集密曇章攷」, 『一山金俊榮先生華甲紀念論叢』 1979, p.79.

고흥 출토 무술명 동종 고려, 국립광주박물관

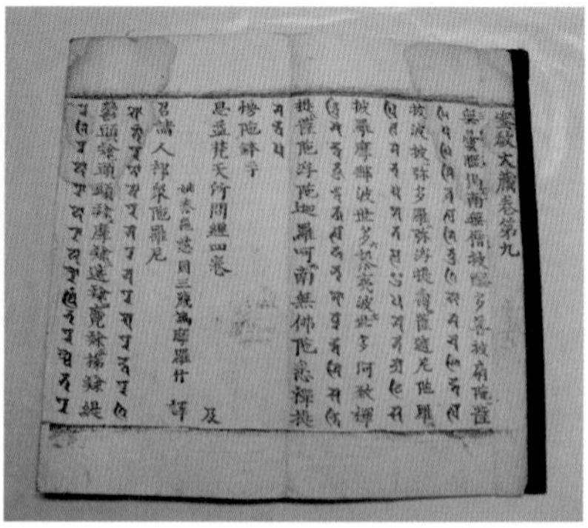

『밀교대장』 권9 고려, 서울 수국사 목조아미타여래좌상, 동국대학교 박물관

이 쓴 「금서밀교대장서(金書密敎大藏序)」에 의하면, 『밀교대장』은 불교 경전으로 중국에서 번역하여 들어온 것이 많지만, 다라니는 중국에서도 번역하지 못하였으며, 그 뜻이 오묘하고 신비로워 이해할 수가 없고, 사람들이 감응하면 신령스러움이 깊다고 하였다. 옛사람들이 90권을 만들었는데, 여기에 잘못된 곳을 고치고 새로 수집한 40권을 첨가하여 130권으로 엮어 다시 간행한다고 하였다. 고려 후기 범자 진언다라니에 대한 총서라 할 수 있다. 당시 범자 진언다라니 신앙이 널리 유포되었음을 알 수 있다. 이처럼 고려시대 들어와 밀교 관련 경전뿐만 아니라 여러 유적과 유물에서도 범자 진언다라니에 대한 신앙이 성행하였음을 짐작할 수 있다.

한편 조선시대 편찬된 『동문선』에도 고려시대 범자 진언다라니가 널리 유포되고 신앙되었음을 알 수 있는 내용이 전한다. 즉, '법(法)은 스스로 서지 못하고, 말로 인하여 멈추고, 진승(眞乘)은 진언을 총섭(摠攝)하고, 덕은 일정한 스승이 없고, 착한 것을 주장하는 것이 스승이 되고, 큰 호(號)는 마땅히 크고 착한 이에게 가해야 한다. 낙산사 주지 선사 조유(祖猷)는 송지(頌持)의 삼매력으로 일체의 마귀를 제압할 수 있었다.'라고 하여 현실 기복적인 성격이 강한 범자 진언다라니의 공덕을 전하고 있다. 그리고 『동문선』에는 고려 충렬왕 때 밀교 승려 충지(冲止, 1226~1292)가 국왕의 안녕을 기원하는 4가지의 법석을 거행하였는데, 그중에 천수대비심주(千手大悲心呪)를 외우니 소리마다 우뢰 소리가 진동하였다고 한다. 또한 『고려사』에는 공민왕 때인 1367년 6월 12일 궁궐에서 진언 법석이 개최되었다고 한다.[32] 고려시대에는 국가적, 개인적 차원에서 다양한 밀교 의례와 진언다라니를 통한 신앙 행위가 거행되었음을 알 수 있다.

이처럼 고려 11~13세기대에는 밀교가 발전한 주변 여러 나라와의 교류가 활발해지면서 많은 밀교 승려들이 고려 땅에 들어와 활동하였으며, 중국의 요·송·금·원 등을 통하여 다양한 밀교 관련 경전과 의례 등도 함께 전래하였다. 그러면서 고려에도 밀교와 범자 진언다라니에 대한 신앙이 널리 전파되었다. 이에 따라 개인뿐만 아니라 국가적 차원의 도량이 개설될 때에도 밀교 법회나 의식이 거행되었으며, 공양이나 공덕을 쌓기 위하여 밀교 경전을 간행하거나, 범자로 구성된 진언다라니를 새긴 다양한 유형의 조형물을 조성하였다.

이와 같이 고려시대에는 주변국과의 교류가 활발해지고, 밀교 신앙을 가진 여러 나라의 승려들이 들어와 활동하면서 다양한 밀교 사상이 보급되었고, 그에 따라 밀교 관련 여러 종파가 형성되었다. 그러면서 범자를 문자와 문양으로서 다양하게 활용하였으며, 범자 진언다라니에 대한 신앙도 널리 확산하였다.

3. 조선

조선시대 들어와 억불숭유 정책 기조가 강화되면서 불사가 크게 줄고, 승려에 대한 예우가 낮아지는 등 불교계는 상당히 위축되고 외연적으로 축소하게 된다. 특히, 조선 태종(재위 1400~1418)은 1407년 12월 불교계를 7종 88사로 정리하였으며, 1417년에는 『진언밀주경』이나 『다라니집』 등 밀교 신앙 관

32 『高麗史』 卷53, 志(恭愍王 16年). '丁巳 設眞言法席于宮內 以禳之'

련 경전을 불태워 버리게 하여 많은 밀교 경전들이 사라지게 된다.[33] 그리고 진언종의 신주(神呪)도 금한다. 이처럼 밀교 의궤 관련 경전들이 사라지자 자연스럽게 밀교와 진언다라니 신앙도 위축되기에 이른다. 또한 조선 세종(재위 1418~1450)도 부왕(父王)의 억불정책을 계승하여 불교계를 강력하게 정리해 나갔다. 세종은 1424년 4월 선종 3개, 교종 4개의 종파만 인정해주며, 전국에 36사만 남기고, 모두 혁파하도록 한다. 승려도 국가가 공인한 3,770명만 남기도록 한다. 이 조치는 척불을 넘어 폐불과 다름없는 조치였다. 이처럼 불교는 조선이 건국된 직후부터 탄압을 받기 시작하였다. 이에 따라 불교는 서서히 산중으로 쫓겨나 산중 불교화되면서 국가적인 차원에서 공식적이고 체계적인 교육이나 교학적인 성과는 거의 없었다고 할 수 있다.

그렇다고 삼국시대부터 천년 넘게 뿌리 깊게 이어 온 불교 신앙이나 의례가 한순간에 사라지지는 않았다. 조선시대 들어와서도 불교 신앙은 왕실을 비롯한 일부 계층을 중심으로 계속되었다. 그러면서 왕실이 후원한 사찰들의 불사는 지속되었으며, 부분적이지만 전국의 여러 사찰에서 불사가 진행되었다. 그리고 전쟁 등 혼란한 시기를 겪으면서 종교를 통한 일반 백성들의 기복적 경향은 더욱 강화되었다. 이에 따라 불교 행사 등이 전대에 비하여 축소되었지만, 근근이 이어졌으며, 영험하고 주술적인 의미가 강한 밀교 의례나 범자 진언다라니에 대한 신앙도 명맥이 끊어지지 않고 계승되었다. 이처럼 고려시대까지 유행하였던 불교와 밀교의 진언다라니 신앙이 조선시대의 억불숭유 정책 기조에 따라 소멸할 수도 있는 일대 전환기를 맞이하지만, 이러한 불교의 억압과 통제가 반대급부적으로 밀교와 범자 진언다라니에 대한 신앙이 은밀하게 전개되도록 하는 계기가 되었다고 할 수 있다.

한편 조선 세조대(재위 1455~1468)를 전후하여 불교가 일시적으로 부흥하면서 그에 따라 밀교 신앙도 더욱 성행하기에 이른다. 이러한 분위기는 조선 세

33 李能和, 『朝鮮佛教通史』 上卷, 新文館, 1918, p.163.

종의 집권 후반기부터 나타나기 시작하였다. 세종은 왕비를 비롯하여 여러 왕실 자제들이 죽고, 본인의 병환이 깊어지자 궁궐에 내불당을 건립하여 법회를 개최하기도 하며, 대장경 간행 등 다양한 불사를 지원한다. 특히, 세종은 1450년 정월에 병이 크게 악화하자 구병수륙재(救病水陸齋)를 베풀고, 「불정심다라니」를 대량으로 인쇄하여 승려들에게 독송케 했다.[34] 당시 여러 사찰에서 세종의 쾌유를 위하여 밀교 의례와 범자 진언다라니 신앙에 의한 설행(設行)이 이루어졌다. 이러한 세종의 호불 정책으로부터 영향을 받은 세조는 즉위하기 이전부터 불교에 대하여 호의적이었고, 여러 승려와의 교류를 통하여 불교에 대한 이해가 깊었다. 또한, 정치적으로는 불교 진흥책을 하나의 방편으로 활용하여 국왕 즉위의 정당성과 약화한 왕권을 강화하고자 하였다. 이에 따라 세조는 불교계를 적극적으로 지원한다. 그중에 대표적인 것이 불사를 지원하고, 여러 경전을 간행 보급하는 것이었다. 그러면서 밀교 관련 경전도 새롭게 정리되고 간행 보급되었다. 특히, 세조는 당시 삼대화상으로 불린 신미(信眉)와 그의 두 제자였던 학열(學悅), 학조(學祖)와 긴밀한 유대를 형성하였는데, 이 승려들은 밀교 신앙에 기초하여 범자와 진언다라니 신앙에도 능통했다. 특히, 신미는 다양한 범자 진언다라니 관련 경전을 편찬하는데 중요한 역할을 하였다. 이러한 배경 속에서 조선 전기에는 범자로 구성된 진언다라니를 체계적으로 정리한 다양한 문헌이 편찬, 간행, 보급되었다. 특히, 한글 창제에 따라 한글음의 표기로 인해 범어에 대한 정확한 발음이 이루어지고, 그에 따른 독송과 필사가 요구되면서 범자에 대한 체계적인 연구가 이루어지는 계기가 되었다. 이러한 연구는 범자 진언다라니 관련 밀교 경전들이 정리되어 간행되는 기폭제가 되었다.[35]

이 시기에 밀교와 범자 진언다라니 신앙과 관련한 대표적인 경전은 『오대

34 『世宗實錄』 127卷, 32年 1月 24日 更子.

35 엄기표, 「朝鮮 世祖代의 佛教美術 研究」, 『한국학연구』 제26호, 인하대학교 한국학연구소, 2012, pp.463~506.

진언(五大眞言)』, 『진언권공(眞言勸供)』, 『진언집(眞言集)』 등이었다. 이 중에 인쇄된 『오대진언』이 고려시대에도 확인되고 있지만,[36] 『오대진언』의 본격적인 간행은 조선시대 들어와서부터라고 할 수 있다. 조선시대 들어와 『오대진언』과 함께 『진언집』이 대량으로 간행되어 널리 보급되면서 진언다라니가 다양한 불교 의례와 신앙 활동에 활용되었다.[37] 특히, 평창 상원사 문수동자상에서 출토된 「백지묵서제진언」은 당시 보급되고 신앙하였던 대부분의 범자 진언다라니를 수록하고 있는데, 이러한 여러 자료가 모여 1485년 『오대진언』이[38] 『총집문(摠集文)』이라는 이름으로 간행되었고, 1569년에는 혜등(慧燈), 인주(印珠) 등에 의하여 『진언집』이 무등산 안심사에서 간행될 수 있었다.

조선시대 범자 진언다라니 신앙의 기본 경전은 『진언집』이라 할 수 있는데, 조선 후기까지 여러 차례 꾸준하게 간행되었으며, 나중에 간행된 경전일수록 더 많은 내용이 수록되었다. 이러한 『진언집』은 여러 법회나 의례에 활용되었으며, 범자 진언다라니가 다양한 불교 미술품에 새겨지는 배경이 되었다.

현재 전하고 있는 대표적인 『진언집』은 조선 전기인 1569년 간행된 안심사판(安心寺版)을 기점으로 하여, 조선 후기인 1658년의 신흥사판(新興寺版), 1688년의 보현사판(普賢寺版), 1694년의 금산사판(金山寺版), 1777년의 만연사판(萬淵寺版), 1800년의 망월사판(望月寺版)이 있다.[39] 이처럼 조선시대 들어와 꾸준하게 간행된 『진언집』은 당시까지 보급되거나 신앙한 범자 진언다라니를 집대성한 성격의 경전이었다. 특히 망월사판 『진언집』은 1777년 간행한 화순 만연사판 『진언집』이 소실된 이후 당시까지 흩어져 있던 모든 판본을 모아 새롭게 판각하여 간행한 것으로 고려와 조선시대의 범자 진언다라니를 총체적

---

36 서산 문수사 금동 아미타여래좌상에서 낱장으로 인쇄되어 봉안된 고려시대의 『오대진언』의 일부가 출토되었다.

37 허일범, 『한국의 진언문화』, 해인행, 2008, pp.92~93.

38 五大眞言은 ① 四十二手眞言, ② 神妙章句大陀羅尼, ③ 隨求卽得陀羅尼, ④ 大佛頂陀羅尼, ⑤ 佛頂尊勝陀羅尼를 지칭함.

39 안주호, 「안심사본 〈진언집〉과 망월사본 〈진언집〉의 비교 연구」, 『배달말』 31, 배달말학회, 2002.

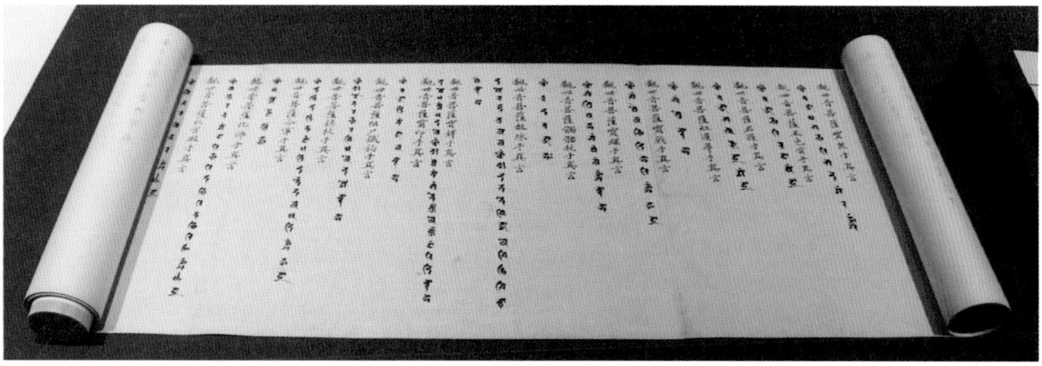

백지 묵서 진언　조선, 1463.7.8, 평창 상원사 문수동자상, 월정사 성보박물관

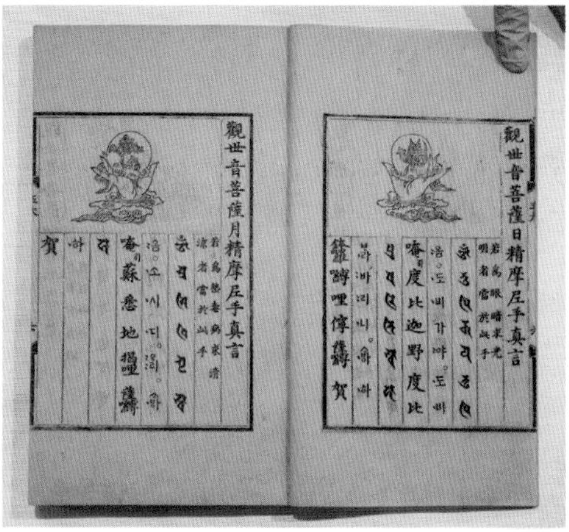

『오대진언』 조선, 1485.4, 평창 상원사 문수동자상, 월정사 성보박물관, 김연미 제공

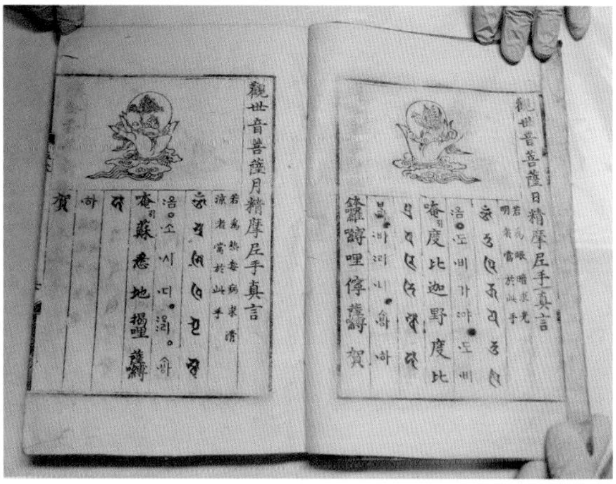

『오대진언』 조선, 1485.4, 서울 수국사 목조아미타여래좌상, 동국대학교 박물관

『제진언집』 조선, 1569, 국립광주박물관, 문화재청

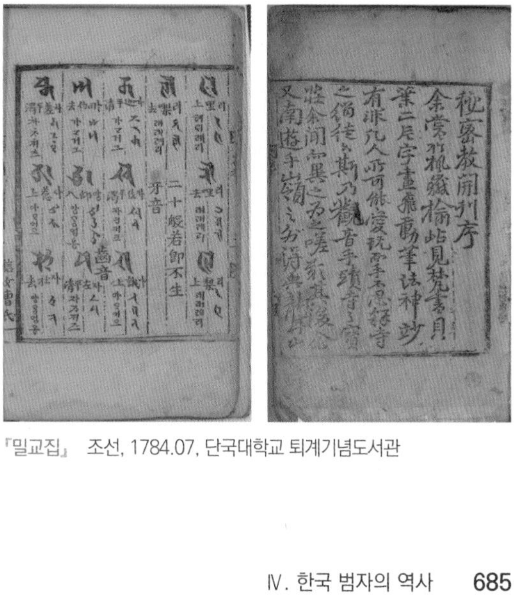

『밀교집』 조선, 1784.07, 단국대학교 퇴계기념도서관

으로 정리한 경전이다.[40]

조선 후기에는 임진왜란과 병자호란 등 여러 병란을 겪다 보니 현실적이고 기복 신앙적 성격이 강한 밀교와 범자 진언다라니에 대한 신앙이 더욱 성행하게 되고, 그에 따라 밀교 관련 경전의 간행과 보급도 활발하였다. 그래서인지 조선 후기에는 밀교 의례에 쓰이는 다양한 경전들이 간행되었는데, 이러한 경전 중에는 신이하고 주술적인 측면을 강조한 범자 진언다라니를 모은 『제진언집(諸眞言集)』을 비롯하여 범자의 발음을 살리면서 음악을 강조한 『범음집(梵音集)』, 의식이나 의례에 초점을 맞추어 편찬한 『밀교집(密教集)』이 간행되기도 하였다. 특히 조선 후기는 범자와 진언다라니의 집성 시기였다고 할 수 있을 만큼 진언다라니에 대한 여러 경전이 간행되었다. 이 경전들은 대부분 범자 진언다라니의 주술적인 힘과 기복적인 성격 등을 강조하였다.[41]

조선시대에는 『오대진언』과 『진언집』을 비롯하여 범자 진언다라니 관련 경전을 100여 차례 이상 판각하여 간행하였으며, 밀교 관련 의식집도 120회 이상 간행한 것으로 파악되고 있다.[42] 이러한 것은 조선시대 들어와 범자 진언다라니에 대한 신앙이 널리 보급되었으며, 진언다라니의 염송이 불교의 본래 목적인 성불과 함께 공양이나 공덕을 쌓고, 중생들의 현실적인 고통과 염원을 성취하여 준다는 신앙이 일반화되어 있었음을 짐작할 수 있게 한다. 이처럼 조선시대 들어와 범자 진언다라니와 관련된 경전 간행이 지속하여 이루어진 것은 그 자체가 주술적이고 신비적인 힘의 원천으로 인식되었으며, 현실 기복적인 세간적(世間的) 실지의 성격이 있었음을 시사해 준다.[43] 그리고 조선 후기에는 불교계가 범자 진언다라니를 비롯하여 밀교 의례와 절차를 적극적으로

40 望月寺本은 『眞言集』의 집대성이라 할 수 있는데, 和順 萬淵寺本이 재난으로 소실되자 승려 暎月圭가 다시 모아 새겨 양주 망월사에 소장하게 되면서 전승된 것이다(안주호, 「안심사본 〈진언집〉과 망월사본 〈진언집〉의 비교 연구」, 『배달말』 31, 배달말학회, 2002).

41 許興植, 「佛腹藏의 背景과 1302년 阿彌陀佛腹藏」, 『高麗의 佛腹藏과 染織』, 계몽사, 1999, p.92.

42 서윤길, 『한국밀교사상사연구』, 불광출판사, 1994, p.438.

43 서윤길, 『한국불교사상개관』, 동국대학교 불교문화연구원, 1997, p.279.

청곡사명 향완　조선, 1397, 국립중앙박물관

강진 무위사 극락보전 천정　조선

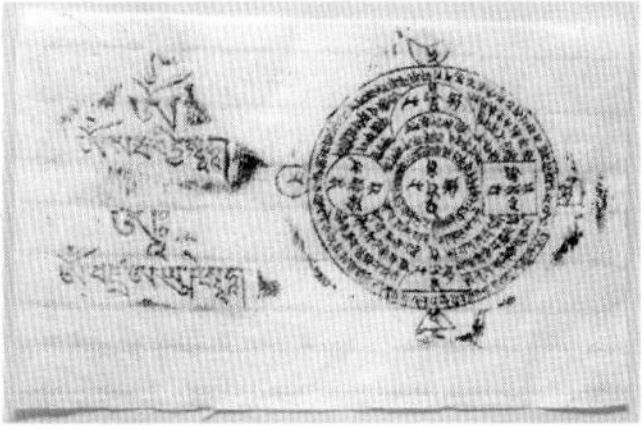
평창 상원사 목조문수보살좌상　조선, 1661, 월정사 성보박물관

청주 보살사 5층석탑　조선, 1703

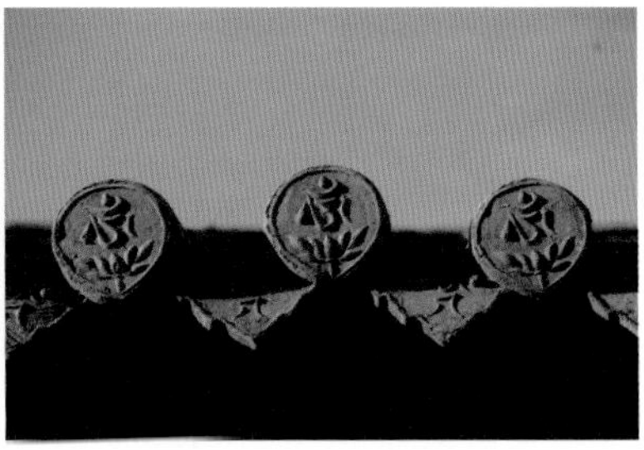
양산 통도사 대광명전　조선 후기

활용하였다. 이것은 범자 진언다라니에 대한 조예가 깊었던 승려가 많았음을 시사한다. 이러한 시대적 배경은 조선 후기에 들어와 범자로 된 경전 간행을 비롯하여, 각종 불교 미술품에 범자 진언다라니를 새기는 배경이 되었다.

이처럼 고려와 조선시대에 범자 진언다라니에 대한 신앙이 발전하게 된 배경에는 그러한 신앙이 널리 보급될 수 있도록 가능케 한 관련 경전이 있었기 때문이라 할 수 있다. 범자 진언다라니에 대한 신앙을 체계적으로 정리하여 간행한 대표적인 경전으로 고려시대에는 『범서총지집』과 『밀교대장』이 있었고, 조선시대에는 『오대진언』, 『진언집』, 『조상경』, 『밀교집』 등이 있었다고 할 수 있다. 이 경전들이 시대별로 범자 진언다라니 신앙에 대한 기본적인 경전으로서 구심점 역할을 했다고 할 수 있다.

이러한 고려와 조선시대의 범자 진언다라니 신앙은 일부 변화가 있기는 하지만 근현대기까지 거의 그대로 계승되고 있다고 할 수 있다. 오늘날도 범자 진언다라니 신앙이 다양한 법회나 의례에 활용되고 있으며, 범자와 진언다라니가 다양한 목적으로 각종 불교 미술품 등에 새겨지고 있다. 이 중에 밀교 신

고성 건봉사 10바라밀 석주

10바라밀 정진도[44]

앙과 범자 진언다라니에 대한 상징적인 의미를 보여주는 대표적인 사례로 근대기에 건립된 것으로 전하는 강원도 고성 건봉사에 10바라밀 석주와 범자 석비가 있다. 10바라밀은 대승불교의 기본적인 수행법인 보시(布施), 지계(持戒), 인욕(忍辱), 정진(精進), 선정(禪定), 지혜(智慧)의 6바라밀과 이를 보조하는 방편(方便), 원(願), 역(力), 지(智)의 4바라밀을 함께 구성한 것이다. 그래서 10바라밀은 보시바라밀의 원월(圓月), 인욕바라밀의 혜경(鞋經), 선정바라밀의 운(雲), 방편바라밀의 좌우쌍정(左右雙井), 역바라밀의 탁환이주(卓環二周), 지계바라밀의 반월(半月), 정진바라밀의 전도(剪刀), 지혜바라밀의 금강저(金剛杵), 원바라밀의 전후쌍정(前後雙井), 지바라밀의 성중원월(星中圓月)을 가리킨다. 이러한 10가지의 수행법을 상징적인 문양으로도 표현하는데, 고성 건봉사의 10바라밀 석주가 그러한 모습을 보여주고 있다. 그리고 범자 석비는 〔oṃ〕을 비롯하여 여러 범자와 함께 연화문이 장식되어 있다. 현재 이 석비를 어떤 의도로 세웠는지 알 수는 없지만 범자 진언다라니에 대한 신앙을 반영한 것은 분명한 것으로 보인다. 한편 현대기에도 불교적인 조형물이나 공예품 등에 여러 유형의 범자 진언다라니가 새겨지거나 배치되고 있으며, 일상생활에서도

44 동국대학교 한국불교전서편찬위원회,『韓國佛敎全書』 제10책, 동국대학교 출판부, 1989, p.162.

활용되고 있다. 이러한 것은 지금도 많은 사람에게 범자 진언다라니가 신비적이고 영험하며, 상징적인 의미와 함께 신앙의 대상으로 인식되고 있음을 엿볼 수 있게 한다.

이처럼 밀교적 측면이 강한 범자 진언다라니 신앙은 우리나라에 전래한 이후 순수한 밀교적인 성격을 견지하기도 했지만, 그보다는 현교적 경향이 강한 한국 불교 안으로 들어와 함께 전개되었다. 즉, 한국 불교사에서 밀교 신앙이 범자 진언다라니를 중심으로 전개된 것은 분명하지만 그러한 신앙이 밀교만의 특성을 유지하면서 별개의 신앙으로 전개된 것이 아니라 다양한 불교 신앙과 특별한 구분 없이 함께 발전되어 왔다. 즉, 밀교적인 범자 진언다라니 신앙이 불교와 다른 별도의 영역에 존재하면서 계승된 것이 아니라 한국 불교사 안에서 습합되어 전개되었다고 할 수 있다. 그러한 측면으로 인하여 한국 불교사에서는 현교와 밀교를 구분하기 어렵기도 하고, 큰 의미도 없다. 그래서 한국 불교사는 모든 것을 아우르는 통불교(通佛敎)의 역사라고 할 수 있다.

현대기 범자 진언다라니의 활용

용인 동도사 석불좌상 점안식 진언

서울 관악구 용주사 무량수전 닫집에 새겨진 범자 진언다라니

용인 용덕사 극락전 기둥의 육자진언

서울 서초 수안사 항마진언 번

합천 해인사 국사단 육자진언 번

광주 서구 운천사 육자진언 번

부산 진구 선암사의 육자진언 깃발

부안 월명암 [oṃ]자 수막새

남해 법흥사 대웅전 육자진언 우물반자

창원 천주암 5층석탑 1949.10

경기도 광주 영령탑 1954.7

천안 광덕사 석조 복전함에 새겨진 〔oṃ〕

화순 석굴암 마애불의 삼밀진언 각자

화성 용주사 〔oṃ〕자 돌연지

안양 반월암 육자진언 석주

서울 서초 대성사 육자진언 석조 촛대함

후령통(〔oṃ〕) 목포 달성사

사리합(〔oṃ〕) 서울 인사동

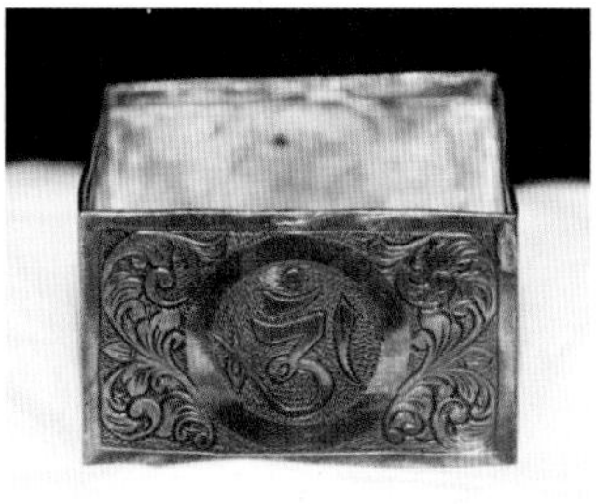

사리합(〔oṃ〕) 인천송암미술관

서울 불교용품점의 금동 동종

용인 동도사 대웅전 법륜

대한불교 진각종 육자진언 향로

고창 선운사 참당암 육자진언 금고

홍성 용봉사 육자진언 금고

청화백자 종　서귀포 한국성박물관

김제 금산사 일송스님이 쓴 광명진언

목제 떡살　근현대, 국립민속박물관

대한불교 진각종 육자진언 종이등

용인 죽전동 네팔식당의 육자진언 종이등

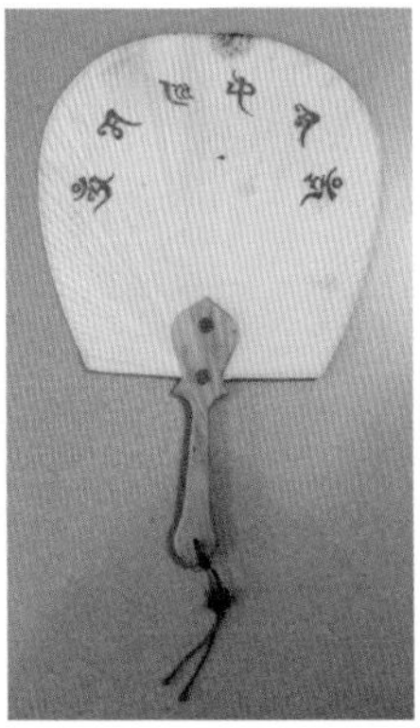
부산 범어사 대성암의 육자진언 부채

용인 동도사 시주 봉투

여주 신륵사 범자 도기([hūṃ])

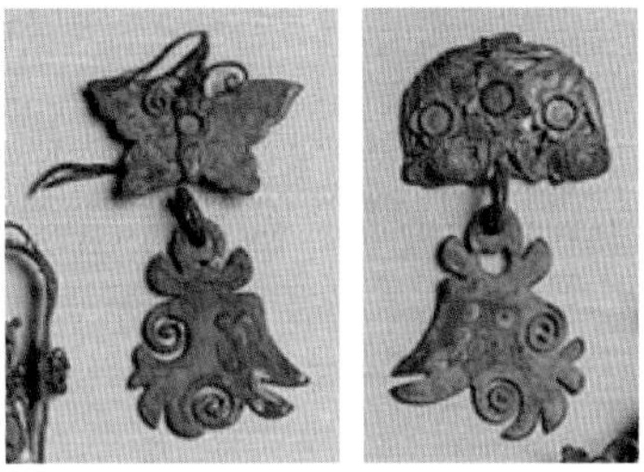
법주사 미륵불입상 복장물 출토 팬던트([oṃ])

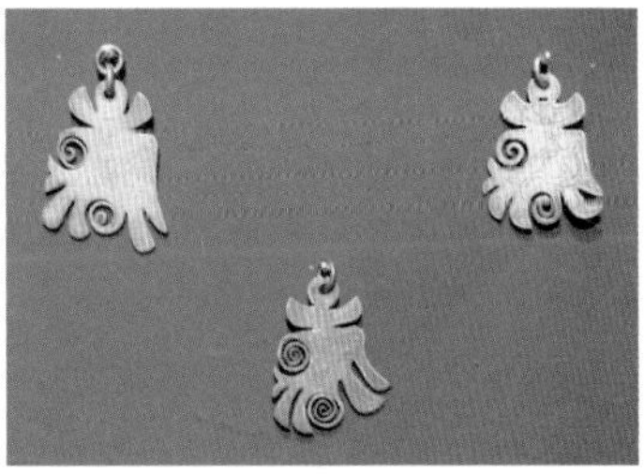
팬던트([oṃ]) 수덕사 근역성보관

남양주 수진사 [oṃ]자 방석

[oṃ]자 상표 쿠션 중국동방항공

안성 운수암 자동차(육자진언)

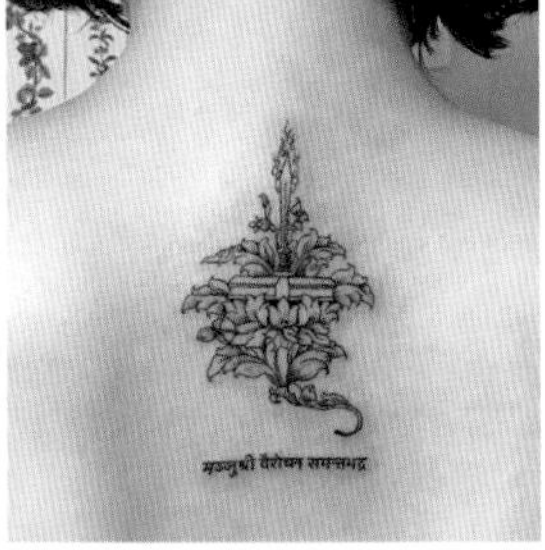
문신과 진언(황이연 선생)

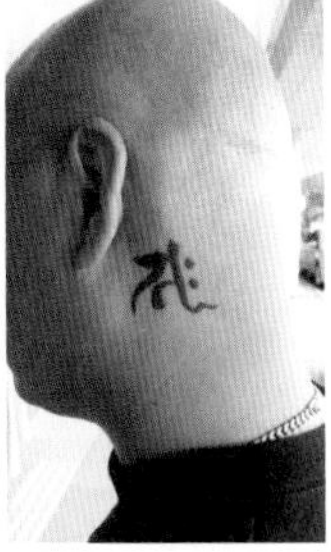
범자 문신([hrīḥ]) 서울 고대 안암병원

순천 선암사 원통전 향로

V

한국 범자의 문화

History & Culture of Sanskrit in Korea

1. 범자 진언다라니의 개념

인류는 오래전부터 언어를 통하여 의사를 표현하거나 사유체계를 전달하고 이해해 왔다. 그런데 언어는 소리(音), 의미(意), 형체(形)라는 구성 요소를 갖추고 있어야 한다. 이 중에 하나라도 부족하면 그것은 언어가 아니라 그림이나 기호와 같다고 할 수 있다. 그리고 언어는 민족이나 지역에 따라 다르며, 시대에 따라 변천을 거듭하였다. 그런데 인류는 언어만으로 의사를 표현하거나 의미를 전달하는 것은 아니다. 특히 신앙이나 종교, 신념 등은 언어 이외의 방법으로도 의사를 표현할 수 있으며, 하나의 기호에도 언어 이상의 의미를 담거나 전달력이 높은 것들이 있다. 특히, 깨달음과 성불을 추구하는 불교는 그러한 경향이 더욱 강하다.

불교가 탄생한 고대 인도에서는 오래전부터 우주를 구성하고 있는 기본적인 단위를 소리라고 생각했다. 소리가 만물을 움직이는 요소로 인식되었으며, 소리로 구성된 주문을 외우면 모든 것이 이루어질 수 있다는 믿음도 있었다. 이러한 소리의 효능을 믿었으므로 이와 유사한 범자 진언다라니를 특별한 소리로 염송하면 소원이 이루어지고, 나아가 진리의 세계에 도달할 수 있다고 믿었다.[1] 이러한 배경 속에서 기원한 것이 진언(眞言, mantra)이다. 진언은 고대 인도에서 명상을 추구하는 요가학파에 의하여 체계를 갖추었으며, 의례의 발전과 함께 그 중요성이 더욱 부각되었다. 그러나 초기 불교 시대에는 진언이

1 이범교, 『밀교와 한국의 문화유적』, 민족사, 2008, p.444.

주술(呪術)이나 주문(呪文)으로 인식되어 활용이 금지되었다. 초기에는 진언이 삿된 방법이며, 수행을 통하여 성불을 목적으로 하는 불가에서는 방해가 된다고 하여 부정적이었다. 붓다도 처음에는 주술의 사용을 엄격하게 금지하였다. 그런데 시간이 흐르면서 불교 교단에서도 주술의 사용이 수행에 도움이 된다면 어느 정도 인정될 수 있으며, 수행을 위한 주술의 사용도 적절하다면 효능이 있다고 보고 제한적으로 수용하기 시작했다. 그래서 불교 교단도 불도들의 다양한 성향을 충족시키기 위하여 불가의 기본적인 틀 속에서 주술의 사용을 허용하였다.[2] 그러면서 점차 진언에 대한 인식과 이해가 달라져 갔다.

이러한 진언은 브라만교와 불교의 성립 과정에서 형성된 종교적 수행 체계의 하나로 파악되고 있다. 불교가 성립되기 이전부터 고대 인도 사람들은 자신들의 소원성취를 위하여 종교의식에서 진언을 독송했다고 한다. 이후 베다(Veda) 시대에 이어 브라마나(Brahmana) 시대에 이르면 진언은 단순히 독송을 통한 공덕 성취뿐만 아니라 의례에서 빼놓을 수 없는 하나의 요소가 되었다. 그리고 우파니샤드(Upanisad) 시대 이후에는 의례에 대한 이론적 바탕을 제시하는 수트라(Sutra)가 성립되면서 진언의 중요성이 부각하였다. 이처럼 인도에서는 석가모니가 등장하기 이전에 이미 주술적 성격의 진언이 종교의식에 활용되었고, 어느 정도 체계화되어 있었다고 할 수 있다.[3] 이러한 진언을 불교에서 처음 사용한 것은 2세기경 쿠샨(Kushan) 왕조의 카니시카(Kanishka) 대왕 시절로 불상 앞에 향을 공양할 때 진언을 독송하는 의식을 거행하면서 시작되었다고 한다.

불교에 수용된 진언은 말 그대로 '진실한 말'이라는 뜻으로 중생들의 언어가 아닌 부처의 참된 경지를 나타내는 말로 인식되었다. 진언은 고대 인도어

---

2 김무생, 「초기 불교에 있어서 진언 수행의 수용과 전개」, 『佛敎學報』 제38집, 불교문화연구원, 2001, p.7.

3 許一範, 「望月寺本 『眞言集』 硏究」, 『伽山學報』 제2호, 가산불교문화연구원, 1993, p.239.

인 산스크리트어 'mantra'를 어원으로 하고 있다.[4] 여기서 'man'은 '사유하다.' 또는 '부르다'라는 의미이며, 'tra'는 '그릇'이라는 뜻으로 도구나 장소의 의미가 있는 접미사이다. 이러한 어원을 고려할 때 'mantra'는 '신성한 언어', '진리의 말', '신성한 사상을 담는 그릇'이라는[5] 의미로 정신적인 활동이나 구원을 얻기 위한 도구 등의 뜻이 있다고 할 수 있다.[6] 그 의미는 해석하지 않고 음만을 옮기는 불번어(不飜語)로도 알려져 있다.[7] 그래서 'mantra'는 내적으로 신성한 힘을 가진 영원한 진리라고 정의되기도 한다. 그런데 점차 시간이 흐르면서 'mantra' 자체를 염송하면 생사의 속박에서 해방되거나, 구원 또는 구제의 도구로도 인식하게 되었다. 나아가 그러한 의미가 확대되면서 거룩한 생각을 나타내는 참다운 말, 신성한 자구, 찬가, 기원문, 밀언(密言) 등의 의미도 가지게 되었다.[8] 그러면서 축문의 형태로 현실적인 기원을 성취하는 주술로도 사용하게 되었다.

한편 'mantra'는 신성한 사상을 언어로 표현하는 것을 의미하기도 했다고 한다. 불교 발생 이전에는 베다의 시(詩)를 가장 신성한 것으로 보고, 베다의 신(神)에 대한 찬가를 'mantra'라 하였다고 한다. 그래서 'mantra'는 어원적으로 사유를 표현하는 기구, 마음속의 사유를 표현하는 언어 등의 뜻이 있었다고 한다. 베다의 서(書)에서는 'mantra'가 신의 계시로 신에 대한 찬가가 표출된 것이므로 신

진언을 염송하며 수행하는 승려 인도 기원정사

4 'Mantra'는 어근 'man'에 접사 'tra'를 붙인 명사로 神鬼 등에 대하여 발음하는 신성한 어구를 칭한다.

5 이태승·안주호, 「망월사본 〈眞言集凡例〉에 대한 연구」, 『한국어학』 제19집, 한국어학회, 2003, p.208.

6 김무생, 「眞言의 理論과 實踐」, 『회당학보』 제4집, 회당학회, 1996, p.22.

7 안주호, 「망월사본 진언집을 중심으로 한 진언표기의 기초적 연구」, 『국어교육』 109호, 2002, p.251.

8 김무생(경정), 「眞言의 成立과 韓國的 流通」, 『密教學報』 제7집, 밀교문화연구원, 2005, p.23.

성한 말, 진실한 말로 이해되었다. 그래서 신성한 말인 'mantra'를 통하여 불가사의한 힘을 얻을 수 있다고 하여 이를 주(呪)로 인식했다고 한다. 이처럼 'mantra'는 고대 인도의 힌두교와 불교에서 신비하고 영적인 능력이 있다고 생각되는 구절, 단어, 음절 등으로 구성된 신성한 말이라고 할 수 있다.

이러한 배경으로 보아 'mantra'는 소리로서 수행과 공덕 등 다양한 종교 활동에 활용이 가능하며, 언어적 상징을 통하여 종교 활동의 실재적 경지나 진리 등을 전달하는 매개체로서도 기능하였다고 할 수 있다. 즉, 'mantra'는 상징성이 높은 소리 언어이자 문자이지만 소리나 형상에 국한된 것이 아니라 종교적 언어로 종교 경험을 표출하는 하나의 언어 형태라고도 할 수 있다. 여기서 종교적 언어는 종교 체험을 표출하는 상징 형식의 하나로 문자가 될 수도 있고 도안화된 문양이 될 수도 있다. 그래서 'mantra'는 종교적 경험을 추체험케 하는 문자 또는 문양으로도 표출될 수 있다. 그리고 'mantra'는 일상적인 체험이나 의미를 전달하는 문자가 아니고, 수행을 통하여 정신적으로 내면화된 상징이나 신념 체계도 반영하고 있다.[9] 또한 'mantra'는 궁극의 경지에 도달할 수 있는 미묘한 소리로서,[10] 영험하고 신성한 힘을 가진 언어이자 진리로 인식되기도 하였다. 'mantra'는 소리에 잠재하는 신비하고 불가사의한 힘을 믿는 독특한 상징체계로 사자상승(師資相承)으로 전해지기도 한다. 이처럼 'mantra'는 종교적이고 철학적인 영역이라서 그 개념과 정의를 명확하게 할 수는 없다.

고대 인도 언어인 'mantra'를 '진언(眞言)'으로 한역한 최초의 인물은 당나라의 불공(不空, 705~774)으로 전하고 있다. 당시 'mantra'는 진실하고 허망 됨이 없는 신성한 언사(言詞)라는 의미에서 진언이라 의역하였다고 한다. 이처럼 'mantra'는 신성한 어구라는 의미에서 진언이라 하였고, 세간의 주술력(呪

9 金容煥, 「眞言陀羅尼 持誦原理에 관한 연구」, 『宗教學研究』 제9집, 서울대학교 종교학연구회, 1991, p.160.

10 선상균(무외), 「佛教修行에 있어서 眞言의 역할」, 『密教學報』 제10집, 밀교문화연구원, 2009, p.56.

術力)에 근거한 불가사의한 측면도 있어 '명(明)' 또는 '다라니(陀羅尼)' 등으로도 의역되었다. 그리고 'mantra'를 한자로 진언이라 하기 전에는 일반적으로 주(呪) 또는 신주(神呪)로 옮겼다고 한다.[11] 이처럼 'mantra'를 의미하는 진언과 함께 많이 쓰인 용어로 주, 명주, 대명주, 다라니 등이 있는데, 이들은 밀교에서 삼밀(三密)인 신구의(身口意) 중에서 구밀(口密)에 해당한다. 그런데 밀교에서는 크게 구분하지 않고 거의 같은 의미로 사용하였으며, 특히 중기 밀교 이후에는 구분 없이 사용하였다고 한다. 진언과 함께 쓰인 용어들은 시대나 지역에 따라 비슷한 의미로 사용되거나 혼용되는 경우도 많았기 때문에 명확하게 구분하는 것은 어려운 일이다. 이처럼 'mantra'는 다양한 의미가 있었고, 명확하게 규정할 수 없어 한자로 진언(眞言), 주(呪), 주문(呪文), 신주(神呪), 밀주(密呪), 명주(明呪) 등으로 의역되었다. 그런데 이중에서 진언이 가장 널리 사용되었다.

이 중에 주(呪)는 주법(呪法)으로 재앙을 없애고 복을 불러들이는 법어(法語)의 의미가 강하다. 그래서 주력(呪力)은 진실한 말의 힘, 즉 진언의 힘과 효과를 의미한다. 그리고 'mantra'의 대용어로 남방 불교는 'paritta', 북방 불교는 주로 'vidyā'라고 불렀다. 이후 대승불교에서는 'vidyā'와 같은 기능을 가진 것으로 'dhāranī'(陀羅尼)라는 용어를 사용하였다. 고대 인도 사람들은 진실이 큰 힘을 발휘한다는 믿음이 있었으며, 그러한 신념들은 불교적인 범주 안에서 'paritta'로 수용되었다. 'paritta'는 불교에서 진실한 마음과 심성의 정화가 주요 내용인데, 이를 독송하면 다양한 위험에서 생명을 보호해 주며, 깨달음을 지향하는 불교 본래의 기능도 있다고 인식하였다. 그리고 'vidyā'는 명주(明呪)로 한역하였는데, 일반적으로 특수한 지식을 가리키는 용어로 과학적, 주술적, 초월적 지식 등을 의미한다. 이처럼 'vidyā'는 지식, 학문, 지혜 등을 의미하며, 일반 사람들은 잘 모르는 전문적인 기술이나 지혜의 정수를 의미하기

---

11 坂內龍雄, 『眞言陀羅尼』, 日本 平河出版社, 1981.

도 했다. 여기서 전문적인 기술이나 지혜의 정수를 주(呪)와 같이 인식했기 때문에 'vidyā'를 명(明) 또는 명주(明呪) 등으로도 한역했다. 즉, 'vidyā'는 과학과 학문으로서의 명(明)과 주술로서의 주(呪)를 합한 용어라 할 수 있다. 그래서 'vidyā'는 마음의 번뇌와 두려움을 없애고 지혜를 밝힌다는 의미가 있다. 나아가 '대명주(大明呪)'는 『반야경』의 본질을 지칭하는데, '반야바라밀다(般若波羅蜜多)'의 지혜를 응축한 주문으로 재앙을 피할 수 있는 대승 경전의 대표적인 독송을 의미한다. 그래서 일반적으로 'mantra'는 진언(眞言)과 신주(神呪)로, 'vidyā'는 명주(明呪)로 한역되었다. 여기서 'mantra'는 부처의 진실한 상태를 통하여 진실의 경지를 실현하기 때문에 부르는 명칭이며, 'vidyā'는 마음의 번뇌와 어두움 등을 없애고 지혜를 밝혀준다는 의미에서 부르는 명칭이라 할 수 있다.[12]

그리고 다라니(陀羅尼, Dhāranī)는 기본적으로 모든 선한 것들을 기억하여 잃어버리지 않게 하고, 모든 악한 것을 막아서 일어나지 않게 한다는 의미를 지니고 있어, 일반적으로 '총지(總持)'로 한역되었다.[13] 다라니는 산스크리트어에서 '가지다.'의 뜻을 가진 동사의 명사형인 'dhāranī'를 음역한 것이다. 한역은 '지(持)' 또는 '총지(摠持)'인데, 이를 의역하여 '능지(能持)', '집지(執持)', '능차(能遮)' 등으로도 번역한다. 다라니의 원래 의미는 '정신 통일' 또는 '경법(經法)의 억지(憶持)'로서, 정신을 통일하고 마음을 한 곳에 집중하여 모든 법을 문지(聞持) 또는 억지(憶持)한다는 의미를 지니고 있다. 그래서 다라니는 정신 집중의 마음 상태, 그러한 상태에서 법을 기억하는 것을 의미한다. 이러한 다라니는 7세기 전후에 만들어진 산스크리트어의 대표적인 문자였던 실담(Siddham)으로 표기되었다.

초기 밀교에서 다라니의 독송은 치병, 부귀, 기우, 연명 등 현세 이익에 집

12 南權熙, 「한국의 陀羅尼 간행과 유통에 대한 서지적 연구」, 『大學院 硏究論集』 제8집, 중앙승가대학교, 2015, p.151.

13 정의행, 『생활 속의 진언』, 이바지, 2002.

중되었는데, 중기 밀교 이후에는 다라니가 재앙이나 복을 구하는 현세 이익뿐만 아니라 발보리심이나 성불이라는 불교 본래의 목적과 결합되었다. 이처럼 대승불교가 발전하면서 다라니는 다양한 의미를 지니면서 불법의 실천과 경전의 수지 독송 등 그 의미와 범위가 점차 확대되었다. 그리고 불가에서 경전을 듣고 기억하는 것이 중요하게 인식되면서, 다라니의 중요성도 부각하였다. 그래서 다라니는 부처님의 지혜에 의한 제재초복(除災招福)의 주구(呪句), 성불을 위한 주구 등을 의미하게 되었다. 이처럼 다라니는 대승 경전의 성립과 함께 다양한 의미와 기능을 가지면서 발전했고, 의례 등에서도 중요한 위치를 차지하였다. 특히, 북방 불교를 중심으로 대승불교가 발전하면서 다양한 유형의 다라니가 성립 발전하였다. 그래서 다라니는 제법실상(諸法實相)을 이해하는 지혜와 같은 기능을 가진 것으로도 인식되어 그 의미나 범위가 크게 확대하였으며, 결국 다라니도 명주처럼 진언을 의미하게 되었다.

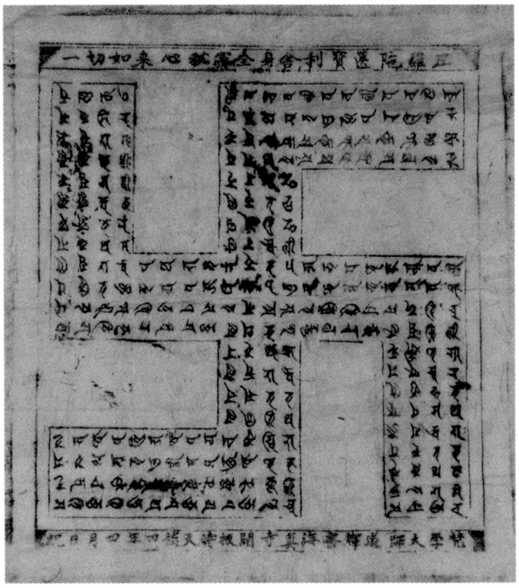
「일체여래심비밀전신사리보협다라니」 고려, 1152, 통도사 성보박물관

이러한 다라니는 순수하게 부처님의 진리와 법을 설한 경전도 있고, 현세 기복적인 내용도 있고, 특정한 목적을 위한 주술적인 요소도 있다. 그런데 다라니의 진정하고 궁극적인 목적은 부처님의 가르침을 통하여 진리를 깨닫고, 공덕을 쌓아 중생들을 구제하고, 성불하는 데에 있다. 처음에는 다라니가 정신을 통일하고 마음을 집중한다는 의미였는데, 점차 정신 집중의 결과로 기억력이 증진되어 부처님 말씀인 경전의 문구나 내용을 잘 기억하는 것을 의미하였다. 이러한 의미가 점차 시간이 흐르면서 부처의 지혜를 넘어, 그러한 것을 마음속에 기억하고 생활화하여 벽사나 재난을 피할 수 있다는 의미도 포함하였다. 그러면서 다라니는 현실에서의 모든 공덕을 성취하는 기능을 가진 것으

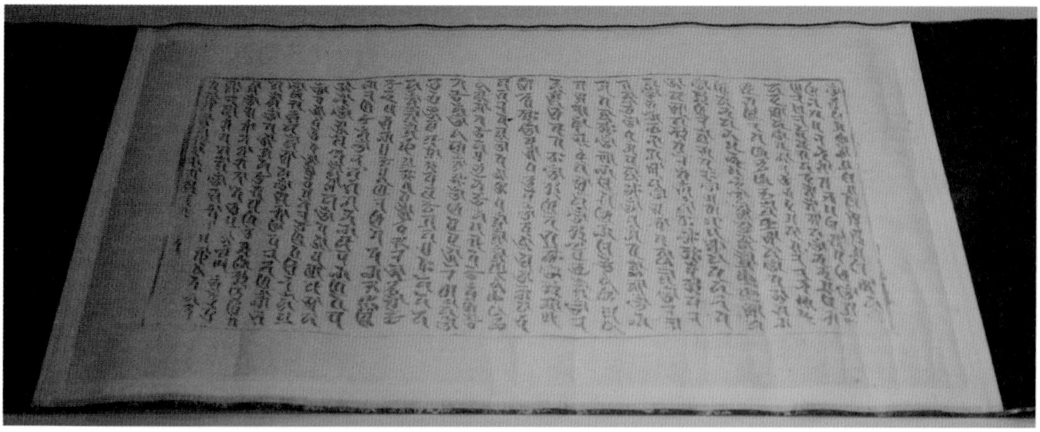

「신묘장구대다라니」 조선 후기, 고창 선운사 성보박물관

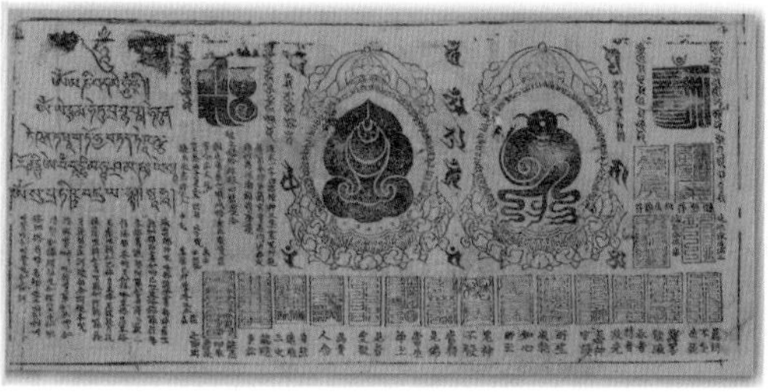

「불정심인성불수구다라니」 조선, 1579.12, 고양 원각사, 정각 스님 제공

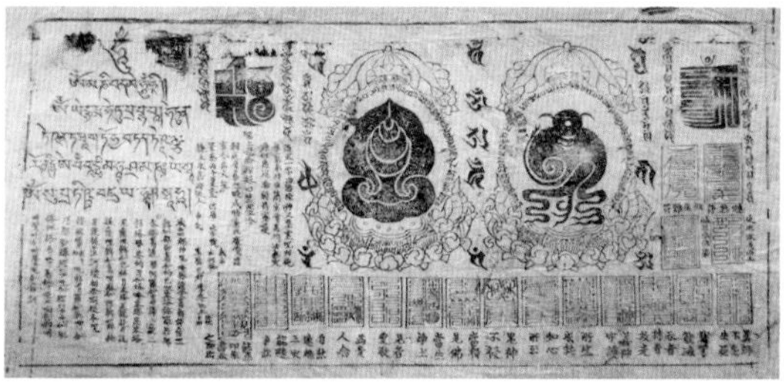

「불정심인성불수구다라니」 조선, 1579.12, 가회민화박물관

로 간주하였다.

이처럼 다라니는 경전을 기억하는 억지와 그 방법, 독송함으로써 여러 가지 재앙을 없애고, 현세 이익의 공덕까지를 모두 포함하게 되었다. 그래서 다라니를 '신묘장구(神妙章句)'라고 했다. 한편 대승불교의 실천 체계를 유식학의 입장에서 정리한 『유가사지론(瑜伽師地論)』에서는 다라니를 네 가지로 구분하기도 한다. 법(法) 다라니는 경전의 내용을 오랫동안 잊지 않도록 기억하게 하며, 의(意) 다라니는 경전의 의미를 이해케 하며, 인(印) 다라니는 경전의 의미를 체득할 때까지 물러서지 않고 정진케 하며, 주(呪) 다라니는 현실 속에서 재앙을 물리치게 한다고 한다.

이와 같이 'mantra'와 비슷한 의미가 있었던 'paritta', 'vidyā', 'dhāranī' 등

은 약간씩 차이가 있었지만, 기본적으로는 불교 본래의 목적인 발보리심과 성불, 현세 이익 등 종교적 목적을 위하여 수지 독송이 이루어졌다. 그래서 진언, 다라니, 명주, 신주 등이 각기 별개의 어원을 가지고 있었으나 발전 과정에서 상호 영향을 주고받으면서 전개되어 동일시 되어 왔다고 할 수 있다. 그래서 필자는 이를 일괄하여 진언다라니(眞言陀羅尼)로 표현하고자 한다.

진언다라니는 기본적으로 대승불교의 발전과 함께 중요한 요소로 자리 잡았지만, 그 기원이 명확하지 않다. 그리고 진언다라니는 지(智)의 영역이 아니고 신(神)의 영역이며, 논리적 사변의 대상이 아니라 직관적 통찰의 대상이라고 할 수 있다. 또한 진언다라니는 이해와 인식의 대상이 아니라, 관념과 신비적 체험의 영역이다. 이처럼 진언다라니는 신비적이고 상징성이 강한 종교적 언어이자 소리이기 때문에 분명하게 개념을 정의하기는 어렵다. 다만, 진언다라니의 다양한 요소와 성격을 요약해 보면, 궁극적 실체인 법성(法性)에서 현현한 것이며, 그것이 성립한 지역이나 환경에 따라 다양하고 독특한 상징체계를 가지고 있으며, 스승과 제자 사이에 사자상승을 통하여 계승되는 것이 많으며, 적절한 방식에 따라 수행하면 궁극의 경지를 실현하게 하며, 결국은 불성을 이루게 하는 수행의 방편으로 미묘한 진동을 품고 있는 언어이자 소리의 양식이라고 할 수 있다. 진언다라니는 궁극적으로는 성불에 이르게 하는 종교적인 차원의 법설이며, 기복과 벽사의 염원 등이 복합적으로 융화된 현세 기복적인 측면이 강한 상징적인 언어라고도 할 수 있다. 그래서 진언다라니는 세간적(世間的), 출세간적(出世間的) 기능과 효용을 동시에 가지고 있다.

2. 범자 진언다라니와 밀교

불교는 깊은 철학적 사유체계로 진리를 깨우친 자만이 이해할 수 있는 깨달음의 세계를 가지고 있는 종교이기도 하다. 불교에서 깨달음은 생로병사의 번뇌에서 벗어나는 것이 될 수도 있고, 최고의 진리를 깨닫는 것일 수도 있다.

불도들은 이러한 깨달음을 얻기 위한 명상과 수행을 거듭하면서 논리적으로 설명할 수 없는 종교적 체험을 경험하기도 한다. 그것은 언어나 문자로 표현하기 힘든 정신세계의 영역으로 깊은 의미나 상징이 담겨있는 세계이기도 하다. 이러한 측면은 다른 종교도 가지고 있다고 할 수 있다.

불교는 고대 인도에서 출현한 이후 아시아 전역으로 빠르게 전파하였다. 그 과정에서 전통적인 신앙과 마찰이 있기도 했지만 거의 모든 나라와 지역에서 성행하였다. 이러한 불교는 점차 시간이 흐르면서 그 지역의 특성에 따라 새로운 사상과 신앙이 형성되기도 했고, 주술적인 측면들이 융합되면서 신비적이고 영험한 요소들도 함께 지니게 되었다.

초기 불교에서는 주술적인 브라만교 의식이 불교에 들어오는 것을 허용하지 않았다. 초기 불교 교단은 복을 빌거나 기원을 성취하기 위하여 주문(呪文)을 염송하는 것을 금지하였다. 그런데 불교 교단이 점차 비대해지고 주문을 근본으로 삼던 바라문교도의 전입이 늘어났는데, 이들에게 주문을 찬탄하고 염송하는 것은 중요한 요소였다. 이에 따라 불교도 서서히 바라문교에서 사용하던 주문을 수용해 나갔다. 그러면서 바라문교의 주문들이 선주(善呪)라는 명목으로 불교에 유입되었다. 이 시기 불교에 유입된 주문은 브라만교와 '베다(Veda)'에서 기원한 'Vidyā'와 'Mantra'였다. 그리고 대승불교가 점차 확산하면서 주문이나 경전을 기억하는 것이 부처의 지혜를 얻는 것이고, 정각으로 이어져 성불할 수 있다고 믿었다. 이처럼 잊지 않고 기억하고, 그 기억을 유지하는 것을 'Dhāranī'라고 했다. 이러한 다라니에 주술성이 더해지면서, 복을 빌거나 성불할 수 있는 주문과 같은 것으로 인식되었다. 그러면서 주문이 경전보다 더 많이 활용되었으며, 결국은 주문과 경전의 구분이 모호해졌다. 오히려 현세 이익적인 주문을 더 많이 활용하였다. 이에 따라 주문이 경전과 같은 것으로 여겨졌고, 수행이나 의례 시에 중심에 놓이는 경우도 생겼다. 점차 주문이 경전의 문구와 동등한 것으로 인식되었으며, 예불이나 공양 등에 자주

활용되면서 의례화되어 갔다.[14]

한편 인도의 굽타 시대에는 밀교적 성격의 작단법(作壇法)과 공양법(供養法)이 하나의 의례로 정형화되었다. 수행자들은 밀주(密呪)의 지송과 더불어 손가락으로 여러 가지 모양을 만들어 특정한 의미를 상징적으로 표현하는 결인법(結印法)을 중요한 수행의 방편으로 삼았다. 이러한 인계(印契, mudrā)의 수용은 밀교가 더욱 발전하는 계기가 되었다. 수행자들은 단순히 밀주만을 독송하는 기존의 수행법에서 벗어나, 밀주의 독송과 동시에 손가락으로 여러 가지 모양을 만들어 특정한 의미를 표현함으로써 신체와 언어를 하나로 묶어 상호 연대가 이루어지도록 하였다.[15]

그리고 대승불교는 수행법에 따라 바라밀문(波羅密門)과 진언문(眞言門)으로 나누어져 발전하게 된다. 이 중에 바라밀문은 불교의 경론과 가르침을 듣고 사유하여 부처님의 지혜에 도달하는 수행법을 의미하며, 진언문은 부처님의 가르침보다는 진언다라니의 신비적인 힘, 즉 주력(呪力)을 빌려서 깨달음에 이르고자 하는 수행법을 의미한다.[16] 진언다라니를 통해 부처님의 종교적 가피를 입어 진리를 깨닫고, 결국은 성불에 이르는 것을 동북아시아에서는 밀교(密教)라고 하였다. 또한 대승불교가 발전하면서 지역마다 주술적인 다양한 측면을 수용하여 교학으로 발전시킨 신앙도 밀교의 범주라 할 수 있다. 진언다라니는 밀교 신앙에서 중요한 비중을 차지할 뿐만 아니라 그것을 통하여 정각과 성불을 추구하기도 했다. 그래서 밀교와 진언다라니는 불가분의 관계에

---

14 종석, 『밀교학개론』, 운주사, 2000, p.56.

15 종석(전동혁), 「진언다라니 실담의 형성과 전개에 관한 연구」, 『大學院 硏究論集』 제8집, 중앙승가대학교, 2015, pp.25~26.

16 범자 진언다라니는 밀교와 밀접한 관련을 가지면서 발전하였다. 밀교는 인도를 중심으로 발전했는데, 이슬람 세력이 침입하면서 사원은 파괴되고 밀교 승려들은 학살당하게 된다. 이에 인도 밀교 승려들은 사리탑과 불상들을 땅속에 묻고 북쪽으로 망명하게 되면서 밀교도 북쪽 지역으로 전해지게 된다. 특히 히말라야를 중심으로 티베트와 몽골지역에서 밀교가 크게 발전하게 된다. 그리고 이러한 밀교가 한국, 중국, 일본 등으로 전래하며, 밀교의 유입과 함께 경전에 따른 범자 진언다라니도 전래하여 신앙하였다(혜정, 「육자진언 신앙의 유래」, 『회당학보』 제14집, 회당학회, 2009, pp.17~18).

인도 나란타사(Nalanda Temple 12)

있다고 할 수 있다. 이처럼 밀교 신앙 안에서 브라만교의 수행법과 대승불교의 교리 등이 혼합되어 갔으며, 다양한 교리들이 실천적인 의례로 재구성되어 갔다. 밀교는 식상하고 현학적인 경향의 대승불교에 새로운 바람을 일으켰다. 그래서 기존 불교에 대한 반작용으로 새롭게 나타난 신사조라고도 할 수 있다.

인도에서 기원한 밀교는 나란타사의 선무외(善無畏, 637~735)가 『대일경(大日經)』을, 금강지(金剛智, 669~741)가 『금강정경(金剛頂經)』을 중국 당나라에 가져와 한역 보급하면서 크게 발전하는 계기가 되었다. 밀교의 근본 경전이라 할 수 있는 『대일경』은 7세기 중엽에 서북인도 지방을 중심으로, 『금강정경』은 7세기대에 인도에서 성립한 것으로 추정되고 있다. 당시 인도 출신 승려 선무외는 당나라 수도였던 장안의 화엄사(華嚴寺)에 보관해 두었던 중국 승려 무행(無行)이 가져온 『대일경』과 본인이 가져온 『대일경공양차제법』 등을 함께 번역하여 『대일경』으로 간행하였다. 이후 일행(一行) 스님이 『대일경』의 주석서인 『대일경소』가 간행되면서 『대일경』이 밀교에서 중요한 경전으로 자리잡게 된다. 역시 인도 출신 승려 금강지가 해로를 통하여 『금강정경』을 가지고 당나라 장안에 도착하였는데, 나중에 일행 스님과 함께 번역하고 보급하면서 근본 경전이 되었다. 『대일경』은 밀교 사상의 이론적인 원리를 밝힌 경전으로 태장계만다라가 등장하며, 『금강정경』은 밀교의 실천법 체계를 세운 경전으로 금강계만다라가 등장한다. 이들 경전에 밀교는 대일여래를 중심으로 한 태장계와 금강계의 수행법을 익히면 육신 자체가 바로 부처가 될 수 있다는 즉신성불(卽身成佛)을 강조한다. 밀교 경전으로 『대일경』, 『금강정경』, 『유희야경』, 『천수경』 등이 있었는데,[17] 이중에서도 『대일경』과 『금강정경』이 보급되면서 밀교에서 진언다라니가 널리 신앙되는 계기가 되었으며, 밀교의 삼밀과 만다라 등도 정형화되었다.[18] 이에 따라 『대일경』과 『금강정경』이 성립되기 이전의 밀교를 초기 밀교, 그 이후를 중기 밀교라고 구분하고 있다.[19] 그리고 고대 동아시아의 밀교는 인도를 중심한 지역의 인도 밀교, 중국을 중심한 지역의 중국 밀교, 티베트지역의 독특한 장전(藏傳) 밀교로 크게 구분되고 있다.[20]

한국을 비롯한 동아시아 불교계는 그 성격이나 수행 방법 등이 일치하는 것은 아니지만 일반적으로 바라밀문 대신에 현교(顯敎), 진언문 대신에 밀교라는 용어를 사용하고 있다. 현교는 겉에 드러나 있다는 의미로 '현로불교(顯露佛敎)', 밀교는 심오하여 겉으로 드러나지 않는다는 '비밀불교(秘密佛敎)'를 줄인 말이다. 밀교는 부처님의 비밀스러운 경지를 나타낸다는 의미를 지니고 있다. 현교는 역사적 존재로서 화신불인 석가모니의 설법이나 문자를 통한 가르침을 중시한다. 반면 밀교는 진리의 본체이자 법신불인 비로자나불의 실상인데, 심오하고 은밀하여 일상적인 가르침과 문자로 이루어진 설법 등으로는 깨달을 수 없고, 직관으로 체득하는 것이 중요하다고 본다.[21] 그리고 현교

17 밀교 경전의 결집은 7세기경 남인도지방이지만 밀교의 성립은 2세경으로 추정되고 있다(혜정, 「네팔의 밀교와 육자진언」, 『회당학보』 제15집, 회당학회, 2010, p.24).

18 밀교의 역사는 크게 3시기로 구분되고 있는데, 초기밀교(雜密)는 4~6세기, 중기밀교(純密)는 7~8세기 중반, 후기밀교(Tantra)는 힌두사상의 영향을 받은 밀교로 보통 左道密教라고도 하는데, 8세기 후반~13세기초까지의 밀교를 지칭한다. 초기밀교 시기에는 신비스런 다라니의 呪力에 의하여 현실에서 攘災招福을 기원하는 것이 중심사상이다. 兩部大經으로 대표되는 『大日經』과 『金剛頂經』이 전래하면서 새로운 밀교가 발전하는데, 이 시기의 밀교를 일반적으로 中期密教라고 한다. 이 시기에 善無畏(637~735), 金剛智(669~741), 不空(705~774) 등에 의하여 밀교 경전이 본격적으로 전래한다. 중기밀교 시기에는 身口意 三密이 구체화하고, 삼밀을 통한 入我我入觀이 완성된다. 후기밀교 시기에는 성적 행법과 생리적 행법을 기본 요소로 한다.

19 한편 밀교가 크게 성행했던 일본은 초기 밀교를 雜密(雜部密教)이라 하고, 중기 밀교를 純密(正純密教)이라는 용어를 사용하기도 한다.

20 중국 밀교에서 영향을 받아 8세기대를 지나면서 형성된 일본의 東傳 밀교는 전법승과 소의경전에 따라 東密과 胎密로 나누고 있다.

21 이범교, 『밀교와 한국의 문화유적』, 민족사, 2008, p.17.

가 교설적, 논리적, 합리성 등을 위주로 한다면, 밀교는 주술적, 신비적, 심정적인 것을 원용한 진언, 다라니, 의궤 등을 중심으로 발전하였다.[22] 밀교는 실천과 함께 지역적 특성이 가미된 다양한 사상을 가지고 있으며, 양부대경으로 불리는 『대일경』과 『금강정경』을 근본 경전으로 하고 있다. 불교에서는 성불하기 위한 수행의 방편으로 다양한 방법이 사용되었는데, 밀교 수행자는 근본 경전을 바탕으로 진언다라니를 염송하고, 손으로 결인(結印)을 하며, 마음으로 대일여래를 생각하는 신구의(身口意)의 삼밀가지(三密加持)를 행하는 것을 중요하게 여겼다. 이처럼 현교와 밀교를 나누는 기준이 모호하지만, 예불 대상, 경전, 법회와 의례, 신앙 유형, 가람 구성, 미술품 등에서 차이가 나기도 한다. 그러나 양자를 명확하게 구분하는 것은 어렵다. 현교도 밀교적 성격을 다분히 가지고 있으며, 밀교도 기본적으로 현교적 성격을 많이 가지고 있기 때문이다. 그래서 동아시아 불교는 현교와 밀교를 구분할 수도 있지만, 동시에 두 가지 성격을 모두 내포하고 있다고도 할 수 있다. 다만, 어느 쪽의 특성을 기본으로 삼고 있는지, 어느 쪽에 더 비중을 두었는가 하는 점이 다르다고 할 수 있다. 한국의 불교는 습합되어 있어 구분하기가 더욱 어렵다고 할 수 있다.

밀교의 대표적인 수행법인 삼밀은 신밀(身密), 구밀(口密), 의밀(意密)을 말하며, 인계(印契)와 진언(眞言)과 관법(觀法) 수행이 중심이 된다.[23] 여기서 신밀은 몸에 의한 신비체험, 구밀은 소리에 의한 신비체험, 의밀은 관념에 의한 신비체험이라 할 수 있다. 신밀은 부처님의 신체적 비밀인 32상 80종호를 비롯해 수인과 장신구 등을 의미한다. 구밀은 밀어라고도 하는데, 부처님의 언어적 비밀인 진언, 다라니, 종자 등을 의미한다. 의밀은 밀심(密心)이라고도 하는데, 부처님의 지혜와 삼매의 세계를 의미한다. 이처럼 밀교는 수행과 관법에

22 睦楨培, 「韓國 佛教史的 脈絡에서 본 密教의 機能」, 『韓國密教思想研究』, 동국대학교 출판부, 1986, p.515.

23 手印을 맺는 것은 수행자의 身密에 해당하며, 입으로 眞言을 외우는 것은 수행자의 口密에 해당하며, 뜻이 삼마지에 머무는 것은 意密에 해당한다.

서 신구의가 중요한데, 진언다라니를 독송하고 외우는 것은 구밀에 해당한다. 원래 부처의 경지는 세속의 말과 언어로는 표현할 수 없다. 단지 부처의 언어인 진언다라니로 나타낼 수 있을 뿐이다. 따라서 수행자가 진언다라니를 염송하는 것은 부처의 구밀과 같으며, 부처와의 합일을 이룬다는 의미가 내포되어 있다.

이처럼 밀교 수행법은 수인, 진언, 만다라 등을 관상함으로써 자성을 깨달아 가는 것이라 할 수 있다. 즉, 만다라에 구현된 본존불을 마음으로 바라보면서 부처의 진리를 깨닫고, 손으로는 수인을 결하여 내가 곧 부처가 될 수 있음을 깨닫고, 입으로는 진언다라니를 외워 성불의 길로 가고 있음을 깨닫는 것이다. 수행자의 마음과 몸이 만다라에 표현된 본존과 하나가 되어 부처님의 세계와 자신의 세계가 하나가 되도록 하여 깨달음의 세계로 점차 나아가는 것이다. 그래서 진언다라니는 밀교에서 가장 중요한 수행법으로 체계화되었고, 현세적인 성격도 강하게 띠게 되었다.[24]

이러한 밀교의 수행법은 대승불교의 유가행파를 계승하였는데, 유가(瑜伽, Yoga)란[25] 상즉상입(相卽相入)의 의미로 상응(相應)이라고도 하는데, 바른 지혜를 가지고 오직 한곳에 마음을 집중하여 세상의 모든 현상이 오직 마음에 달려있다는 것을 체득하는 수행법을 말한다. 즉, 불도들이 마음과 지식을 부처님의 지혜로 전환하여 성불에 이르게 한다는 전식득지(轉識得智)의 수행법이라고 할 수 있다. 밀교에서는 수행자가 인계를 맺고, 진언을 외우며 대일여래를 사유함으로써, 수행자의 신구의와 대일여래의 신구의가 서로 합일되도록 하는 수행을 삼밀 유가라고 한다. 이처럼 밀교에서는 삼밀을 통하여 수행자와 부처가 서로 어울려 하나가 된다는 의미의 삼밀가지 수행법이 중요하다. 즉, 몸으로는 불보살의 수인을 취하고, 입으로는 진언을 염송하고, 마음으로는 자

24 지정, 「六字眞言과 眞覺密敎의 三密修行에 對한 考察」, 『회당학보』 제15집, 회당학회, 2010, p.47.

25 瑜伽 : 呼吸抑制(靜息), 感官抑制(制感), 靜慮, 攝持, 思擇, 三昧 등 6가지.

중국 운남성 백족 밀종(密宗) 아사리교(阿闍黎教) 의궤단

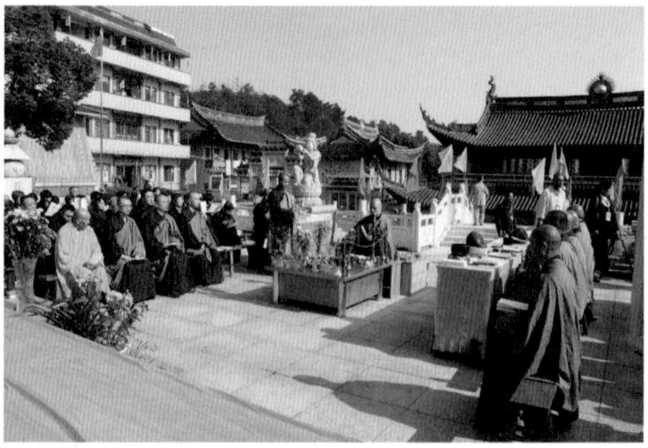

중국 소흥시(紹興市) 보정사(普淨寺) 밀교 의식

신을 부처라 생각하는 삼매에 들어가는 수행 방법이라 할 수 있다.

그리고 밀교에서는 관법 수행을 중시하는데, 밀교의 관법은 모든 형상을 초월하면서도 모든 존재에 내재한 자심(自心), 연화처럼 청정하고 월륜(月輪)처럼 빛나는 자신을 찾아가는 과정이라 할 수 있다. 즉, 우주에 있는 진여성(眞如性)을 자신 속에서 찾아내기 위해, 종자 〔a〕나 연화, 월륜 속에서 진여실상(眞如實相)을 찾은 다음, 그 실상을 자기 자신 속에 이입시켜 '자심즉법계즉중생(自心卽法界卽衆生)'임을 체득해 나가는 수행법이다. 곧, 자신의 마음이 곧 대일여래라는 '자심즉시대일여래(自心卽是大日如來)'를 깨달아 가는 과정이라 할 수 있다. 밀교에서는 부처와 불법, 진리 등은 멀리 있는 것이 아니라 바로 자기 자신 속에 있으며, 그것을 찾아내는 수행법이 중요하다고 보았다. 그래서 밀교에서는 아자관(阿字觀), 월륜관(月輪觀), 연화관(蓮花觀), 오자엄신관(五字嚴身觀), 오상성신관(五相成身觀), 입만다라행관(入曼茶羅行觀) 등 다양한 관법이 있다. 이중에서 아자관과 월륜관은 월륜 속의 연화 위에 종자 〔a〕가 결가부좌하고 있는 구조이다. 아자관은 월륜과 연화 가운데 무엇을 강조하느냐에 따라 구분되는데, 월륜을 강조하면 금강계 아자관, 연화를 강조하면 태장계 아자관이라 한다. 금강계 아자관은 자신이 우주 만법으로 광대무변한 월륜임을 체득하는 관법이고, 태장계 아자관은 중생이 대일여래로서 청정한 연화임을 체득

「삼신진언다라니」 고려[26]

삼밀진언 고려, 대원사 자진원오국사 정조탑

〔a〕(아, 阿)자 관법 도상

일본 경도(京都) 고산사(高山寺)

하게 하는 관법이다.

또한 『대일경』의 오자엄신관은 밀교의 대표적인 관법 수행으로 수행자가 자신의 신체인 오륜(五輪)에 5자의 종자를 포치(布置)하고, 자신의 신체를 법계의 대일여래로 관상(觀相)하여, 자신과 대일여래와의 동질성을 체득하는 수행법이라 할 수 있다. 그래서 이를 입아아입관(入我我入觀)이라고도 한다.[27] 즉, 수행자인 나와 대일여래가 결국은 하나이자 동일체임을 깨닫는 관법이다. 이처럼 모든 존재의 구성 요소인 지수화풍공(地水火風空)을 자신의 육체와 결합하여, 소우주인 나와 대우주인 대일여래가 본질적으로 동일체임을 체득하는 것이 오자엄신관의 핵심이다. 이러한 관법의 중심에 종자 〔a〕가 모든 진언다라니의 핵심이다. 〔a〕에서 무량한 모든 진언다라니가 나타나며, 여기로부터 모든 진언다라니가 나누어진다. 이처럼 모든 진언다라니가 종자 〔a〕에서 나왔기 때문에 모든 진언다라니는 근본적으로 대일여래를 상징한다고 할 수 있다.[28] 오자엄신관에 사용되는 종자는 〔a〕(阿, 아), 〔va〕(嚩, 부), 〔ra〕(囉, 라), 〔ha〕(賀, 하), 〔kha〕(佉, 구)이다. 이들 오자가 상징하는 의미는 〔a〕는 본불생(本不生), 〔va〕는 출과어언도(出過語言道), 〔ra〕는 제과득해탈(諸過得解脫), 〔ha〕는 원리

26 광주 자운사 목조아미타불좌상 출토 복장물(국립광주박물관).
27 張益,「密教 觀法의 形成에 관한 硏究」,『密教學報』 제3집, 밀교문화연구원, 2001.
28 『大日經』,「阿闍梨眞實智品」(재인용).

어인연(遠離於因緣), 〔kha〕는 지공등허공(知空等虛空)이다.[29] 이를 오대(五大)와 연계하면, 〔a〕는 지(地), 〔va〕는 수(水), 〔ra〕는 화(火), 〔ha〕는 풍(風), 〔kha〕는 공(空)을 상징한다.[30] 또한 〔ha〕는 분노, 〔kha〕는 허공을 상징하기도 한다. 나아가 〔a〕-〔va〕-〔ra〕-〔ha〕-〔kha〕는 금강(金剛), 대비(大悲), 지혜(智慧), 자재력(自在力), 대공(大空)의 오성(五性)을 상징하기도 한다. 『금강정경』의 오상성신관(五相成身觀)은 5단의 관법으로 청정한 보리심을 발현하여 오지(五智)와 오불(五佛)의 공덕을 구현하는 수행법을 말한다. 여기서 오상(五相)은 경전마다 조금씩 다르기는 하지만 일반적으로 통달보리심(通達菩提心), 수보리심(修菩提心), 성금강심(成金剛心), 증금강심(證金剛心), 불신원만(佛身圓滿)을 의미한다. 이는 부처와 수행자인 자신이 동일체임을 관하는 존형관(尊形觀)을 통하여 깨닫는 것인데, 결국 자신이 여래와 일치되는 경지에 도달하면 수행의 완성을 의미한다.

이처럼 『대일경』의 오자엄신관과 『금강정경』의 오상성신관은 신비적인 관법과 수행을 통하여 성불에 이르고자 하는 밀교의 수행법을 보여준다. 밀교 신앙과 수행에서 대우주인 대일여래는 오자, 오륜, 오대 등으로 나타나는데,[31] 이들을 수행자 자신이 관법하여 대일여래와 합일되는 신비적이고 영험한 체험에 이를 때 결국은 대일여래처럼 성불하게 된다고 한다.[32] 이것이 밀교 특유의 신비적인 상징체계를 통한 입아아입관(入我我入觀) 수행법이다. 오늘날 일본 진언종에서 주요 수행법으로 사용되고 있다.[33]

---

29 『大日經』, 「入漫多羅具緣眞言品」(재인용).

30 『大日經』, 「阿闍梨眞實智品」(재인용).

31 五輪塔을 세우거나 五字를 새기는 것은 그것이 대일여래 자체로서 성불의 의미가 내재 되어 있는 것이라 할 수 있다.

32 張益, 「密教 觀法의 形成에 관한 硏究」, 『密教學報』 제3집, 밀교문화연구원, 2001, p.44.

33 전동혁, 「「眞言集」「秘密教」로 부터 본 李朝佛教」, 『중앙승가대학 논문집』 1, 중앙승가대학교, 1992, pp.100~101.

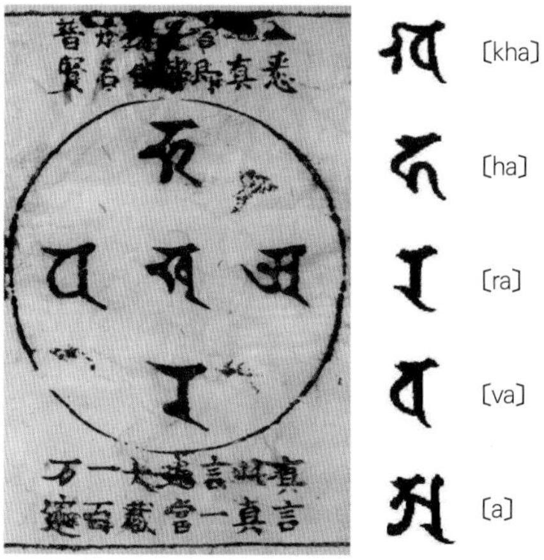

『범서총지집』 고려, 1150.6, 안동 보광사 목조관음보살 좌상

오륜탑형 경통 용기 평안, 1146, 일본 도자미술관

승복사지(勝福寺址) 오륜탑 1279, 일본 무도시 승복사적

한편 밀교에서 진언다라니를 통한 수행법을 주력(呪力) 수행법이라고 하는데, 이러한 수행법은 밀교뿐만 아니라 다른 종교에서도 활용하였다. 진언다라니는 고대 인도의 힌두교와 불교에서 신비하고 영적인 능력을 지녔다고 생각하여 큰 소리 또는 마음속으로 암송하면서 한 번에 끝내기도 하고, 일정 시간 계속 반복하기도 했다. 이러한 진언다라니에는 심오한 의미와 상징이 내재되어 있다고 보았다. 그래서 특정 진언다라니를 계속하여 암송하거나 명상하면 사악한 영령들로부터 보호받을 수 있으며, 높은 차원의 정신적 깨달음에 도달할 수 있다고 믿었다. 그리고 진언다라니는 설명할 수 없는 진리와 깨달음의 경지를 전달하기도 하고, 마음의 번뇌와 어둠을 없애고 지혜를 밝혀주기도 하고, 재앙을 소멸시키기도 한다. 진언다라니는 깨달음의 경지를 추체험할 수 있게 하기도 한다. 『대일경』에 의하면, 진언은 만물의 실상을 상징하고 있으며, 실상을 깨우친 자가 부처의 가르침을 깨우친 것이기 때문에 진언을 통하여 진리를 깨우칠 수 있다고 하였다.[34] 만다라(Mandala)도 밀교에서 대표적인 수행 방편인데, 부처의 세계인 대우주와 중생의 세계인 소우주의 관계를 도상

34 那須政隆, 「眞言の研究」, 『講座佛教』 2, 日本 京都 大東出版社, 1979, pp.189~193.(재인용)

화 한 것이다. 즉, 삼라만상의 모든 존재와 수행과정 등을 종교적으로 표현한 신앙의 한 유형이라 할 수 있다. 이러한 만다라에서도 종자나 여러 자로 구성된 진언다라니가 중요한 역할을 하기도 한다.

지금도 밀교 신앙은 민족, 지역, 시대에 따라 변천을 거듭하면서 계승되고 발전하고 있다. 밀교 수행의 핵심은 모든 부처를 현상으로 보는 것이 아니라, 마음의 형상으로 보아야 한다는 것이다. 그래서 밀교에서는 진언다라니가 수행의 방편이자 신앙의 대상이 되어 왔다.

3. 범자 진언다라니의 유형과 의미

범자 진언다라니는 불교가 발생한 고대 인도에서 기원하여[35] 여러 나라와 지역으로 전파되었다. 특히, 범자 진언다라니에 대한 신앙은 네팔이나 티벳을 비롯한 중앙아시아에서 성행하였다. 이것은 상징성이 높은 소리 언어이자[36] 문자로 인식되었으며, 불보살을 상징하기도 하였다. 그래서 불상과 같이 예불과 수행의 대상이기도 했으며, 경전과 같이 진리와 깨달음의 경지를 전달하는 매개체로서 기능하기도 했다.

특정한 범자나 진언다라니는 불보살을 상징하거나 수행의 대상이 되었으며, 벽사적이고 기복적인 성격을 가진 것으로도 인식되었다. 그리고 특별한 효능을 지닌 소리이자 문자로서 영험하고 신비적인 힘을 가진 것으로 신앙되기도 했다. 이러한 인식과 신앙에 따라 특정한 진언다라니를 반복적으로 염송

35 진언은 고대 인도에서 종교 의식과 가정 예식에서 특정한 용도로 활용되었다고 한다. 힌두교는 여러 종파의 입문식을 거행할 때 구루(정신적 스승)가 입문자의 귀에 비밀스러운 진언을 속삭여주었다고 한다. 이처럼 진언은 구루나 그 밖의 영적인 스승에게서 구두로 전해 받았을 때 진정한 효과가 있다고 인식되었다.

36 수행자들은 언어가 아닌 상징적인 기호, 몸짓, 소리, 문자 등으로 소통하거나 진리를 전달하기도 했다. 그래서 부처의 설법을 가리켜 圓音이라고도 했다. 진언도 원음의 한 유형이었다고 할 수 있다.

하면 공양과 공덕을 쌓을 뿐만 아니라 다양한 염원을 성취할 수 있다고 생각하였다.[37] 『대일경소』에 진언은 다양한 문자와 언어로 중생들의 다양한 근기와 뜻하는 바에 맞추어, 여러 종류의 음성을 담았으며, 여래의 공덕력과 가피력을 함께 얻는 것이라고 하였다. 그리고 진언은 영원하며, 법신 진언을 하루에 1번, 혹은 7번, 혹은 21번, 혹은 49번을 염송하는 사람은 대장경 100만 번을 읽는 것과 같은 공덕이 있다고 하였다.[38] 또한 중국 요나라의 도진(道辰)이 쓴 『성불심요집(成佛心要集)』에 의하면, '범자는 글자 하나하나가 곧 체(體)인데, 이는 모든 불보살 그 자체이기 때문에 상(相)과 분리된 법계이다. 또한 체는 교리의 행과(行果)이기 때문에 불가사의한 믿음과 기능이 있다.'라고 하였다.[39] 이처럼 범자 진언은 오래전부터 신앙 활동에서 상징적인 문자이자 기호로서의 의미가 있는 것으로 인식되었으며, 수행과 관법의 대상으로도 활용되었다. 『조선불교통사』에도 진언에 대하여 '위대하도다. 진언은 법보(法寶)이자 천 가지 경전의 골수이며, 한마음의 근본이다. 용궁의 비장(秘藏)으로서 병환을 치유하는 의사이다. 불정심과 모든 진언은 성불의 지름길이자 세간을 벗어나는 나루터이다.'라고[40] 평가하였다. 이는 진언다라니가 어떤 신비적 힘의 원천으로 이해되었고, 수행과 공덕 등 다양한 목적으로 활용되었음을 짐작할 수 있게 해준다.

이처럼 진언다라니의 활용은 다양했는데, 그 유형과 의미에 따라 수호결계진언(守護結界眞言), 호신안녕진언(護身安寧眞言), 실지성취진언(悉地成就眞言) 등으로 구분하기도 한다. 그리고 이들을 모두 공덕성취진언(功德成就眞言)이

37 장익, 「初期 大乘經典에서 陀羅尼 機能의 變化」, 『印度哲學』 제23집, 인도철학회, 2007.

38 『大正新修大藏經』 卷 18, p.910下. '右上五字法身眞言 若日誦一遍或七遍或二十一遍或四十九遍者 校量功德一遍福 如轉藏經一百萬遍'

39 道辰 集, 『顯密圓通成佛心要集』 卷 上(『大正新修大藏經』 46, 996c08-11). '梵字皆有如是不思議神用 答謂 每一一字卽體 是諸佛菩薩身心故 又卽體是離相法界故 又卽體是教理行果故 所以有不思議神用'

40 李能和, 『朝鮮佛教通史』 卷 下, pp.162~163. '大哉眞言之爲法寶也 千經之骨髓 而一心之元鑑也 龍宮之秘藏 而病患之醫士也 佛頂心及諸眞言 成佛之捷徑 出世之要津'

라고 한다. 먼저 수호결계진언은 밀교의 결계법(結界法)을 사원 건축이나 불화, 법구 등의 장엄에 활용한 것이다. 그래서 결계진언은 서로 다른 세계와의 경계와 구분을 목적으로 진언다라니를 새기거나 배치한 것을 의미한다. 예를 들어 불화의 외곽 테두리, 건축물의 외벽 등에 진언다라니를 새겨 부처와 사바세계를 구분하기도 하고, 도량을 청정하게 하고자 하는 목적 등이 있었다고 할 수 있다. 두 번째로 호신안녕진언은 불보살의 복장물에 진언다라니를 봉안함으로써 불보살을 수호하고, 그러한 공덕을 통하여 개인이나 국가의 안녕을 기원하는 진언다라니를 의미한다. 세 번째로 실지성취진언은 현실에서 궁극적인 목표를 성취하기 위한 진언다라니라고 할 수 있다. 불도들이 살아가면서 염원하는 건강과 수명, 재난 극복 등 다양한 목표를 실현하기 위한 현실적인 진언다라니를 의미한다. 이러한 신앙과 공덕에 따라 다양한 진언다라니가 각종 불교 미술품에 새겨졌다.

현재 한국 역사에서 확인되고 있는 범자 진언다라니는 1자로 구성된 종자(種子), 2자의 정법계진언, 3자의 삼밀진언, 4자의 사방주진언과 사천왕진언, 5자의 오륜종자진언과 삼종실지진언, 6자의 육자진언을 비롯하여 그 이상의 여러 범자 수로 구성된 보루각진언, 파지옥진언, 광명진언, 준제진언, 대불정다라니, 불정존승다라니, 대수구다라니, 신묘장구다라니 등 다양하다. 또한 『진언집』에도 수록되어 있으며, 넓은 의미에서 범자 진언다라니의 범주라 할 수 있는 불정심인(佛頂心印)과 부적(호부) 등이 있다.

먼저 범자 진언다라니 중에서 한 음절이나 두 음절로 이루어진 짧은 형태의 진언다라니를 종자라고 부르는데, 이처럼 1자나 2자로 구성된 진언다라니를 종자진언 또는 진언종자라고 한다. 또는 각 범자가 종자로서 여러 자로 구성되기도 한다. 대체로 1자로 구성된 범자는 불보살의 존격(尊格)을 상징하기 때문에 종자자(種子字)라고 한다. 종자는 불보살 그 자체인 불격(佛格)이나 경지를 상징적으로 나타낸 것이라고 할 수 있으며, 종자 나름대로 형(形), 음(音), 의(義)를 가지고 있어 관법(觀法) 수행의 대상으로도 활용되었다. 밀교 경전의

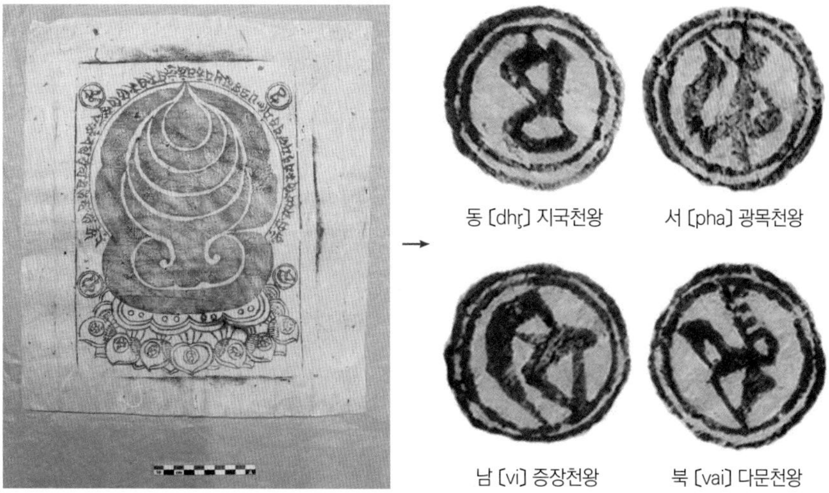

가야산 문수사 금동아미타불(1346.09) 복장물 불정심인다라니의 사천왕종자　고려, 수덕사 근역성보관

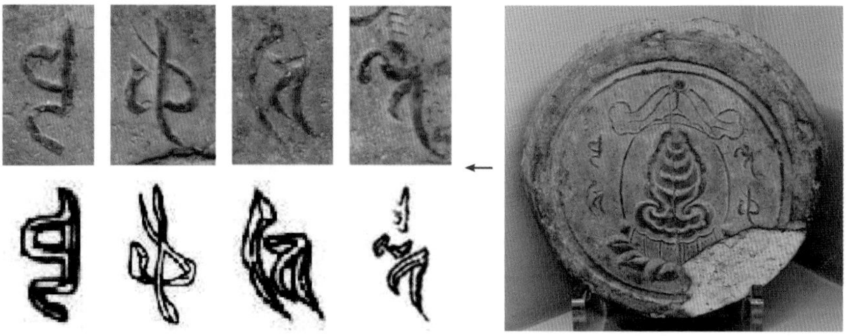
양주 회암사지 출토 불정심인 수막새와 사천왕 종자　조선, 회암사지 박물관

종자 포치법(布置法)에 의하면, 종자는 단순하게 독송을 위한 것이 아니라 식물의 종자와 같이 제법을 출생하기도 하며, 자신의 몸에 안치하고 육성시키면 자신의 몸속에서 공덕이 일어나고, 스스로 불보살의 몸이 될 수 있다고도 하였다.[41] 이처럼 종자는 출생과 함장(含藏)의 두 가지 의미를 동시에 지니고 있다고 할 수 있다. 출생은 종자가 새롭게 탄생하듯이 1자의 종자 안에서 모든 공덕이 지속하여 드러나게 된다는 의미이다. 그리고 함장은 식물의 종자 안에 뿌리와 줄기가 간직되어 있듯이 1자로 구성된 범자에도 무량 무변의 공덕

41　허일범, 「회당 대종사의 진언관」, 『회당사상』, 우리문화사, 2007, pp.181~186.

| 표 사천왕종자 비교

구 분	동방 지국천왕 〔dha〕	서방 광목천왕 〔pa〕/〔pha〕	남방 증장천왕 〔vi〕	북방 다문천왕 〔vai〕
실 담				
정변 선생 무덤 (1107)	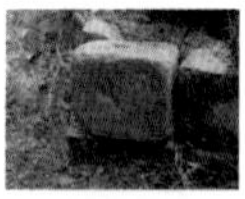		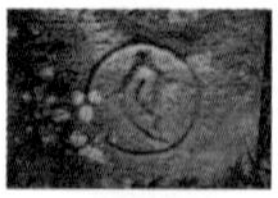	
서산 개심사 목조아미타여래좌상 「일체여래전신사리보협진언」 (1276.06)				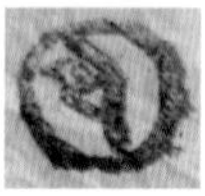
여주 신륵사 팔각당형 부도 (조선 초기)				
안심사 중간 『제진언집』 (1569.05)				
망월사 『진언집』 (1800.04)				

이 깃들어 있다는 의미이다. 이러한 인식에 기초하여 밀교에서는 1자의 종자로 모든 불보살을 표현하기도 한다. 또한 1자의 종자로 모든 진언다라니를 표현할 수 있다고 보았다. 그래서 종자에 대한 인식과 이해의 핵심은 모든 불보살이나 진언다라니가 현상으로만 나타나거나 볼 수 있는 것이 아니라 마음으로 보고 느껴야 한다는 것이다.[42] 이와 관련하여 『불지경론(佛地經論)』에 따르면, '1자가 일체의 문자를 지니는 것이며, 하나의 뜻에 일체의 뜻을 담는 것이다. 1자가 무량한 모든 공덕을 모아 간직하는 것이기에 무진장(無盡藏)이라 한다.'라고 하였다. 이처럼 종자를 강조하는 입장에서 범자를 보면, 글자 수가 중

42 오늘날 원불교의 수행과 깨달음, 진각종의 육자진언을 통한 수행과 깨달음이 이러한 의미를 담고 있다고 할 수 있다.

요한 것이 아니라 한 글자이든 여러 글자이든 의미와 상징, 그것에 대한 인식이 더욱 중요하다.

이러한 종자는 한국의 범자 진언다라니 역사와 문화에서 많이 활용되었는데, 일반적으로 고려시대와 조선 전기에는 〔oṃ〕과 〔a〕를 비롯하여 사천왕종자 등이, 조선 후기에는 〔oṃ〕을 중심으로 여러 종자 진언이 불교 미술품에 새겨져 전개되는 양상을 보였다.

이중에서 〔oṃ〕(唵)은 진리에 가장 가까운 근본이 되는 소리로 종자 진언의 핵심이자 모든 범자의 근본이 되는 소리로 인식되었다. 〔oṃ〕은 무한한 능력, 불사(不死), 불멸음(不滅音), 최고의 광명, 초월, 우주 등 다양한 의미가 부여되었다. 〔oṃ〕을 소리 내어 제창하면 적정(寂靜), 불로(不老), 무외(無畏) 등이 달성되며, 현생에서 윤회를 넘어 해탈의 경지에 이르게 된다고 생각하였다. 〔oṃ〕을 1만 번 염송하면 10세의 부모와 자손들이 공덕을 얻으며, 1만 2,000번 이상 염송하면 모든 죄가 단절된다고 하였다. 〔oṃ〕은 만물의 발생, 유지, 종멸을 의미하는 음으로 세상의 처음과 끝을 상징하는 신비를 담고 있는 것으로 이해되었다. 나아가 우주의 창조, 유지, 파괴를 의미하는 것으로 보았다. 〔oṃ〕은 기도, 찬가, 주문 등에서 가장 신성한 범자이자 음으로 인식되었다. 그리고 〔oṃ〕은 진언 밀교에서 신성한 주어(呪語)로 법신(法身), 보신(報身), 화신(化身)을 의미하며,[43] 태장계와 금강계의 양부 만다라에서 중심적인 범자로 인식되었다. 1800년 간행된 망월사본 『진언집』의 「〔oṃ a hūṃ〕자론(唵啊吽字論)」에 의하면, 〔oṃ〕은 일체 진언의 모(母)로서 크고 작은 법을 행할 적에 마음을 잡고 편안히 앉아 금강저를 쥐고, 〔oṃ〕을 외우거나 생각하면서 상묘승의자성청정(上妙勝義自性淸淨)을[44] 다하여 등과 향을 봉헌하면 사바세계의 미미한 보살들이 모두 모여들어 광대한 공양이 된다고 하였다. 그래서인지

43 中村元, 『佛教語大辭典』, 東京堂書籍, 1975.
44 가장 최고의 청정한 自性.

唵啊吽字論
此唵字一切眞言之母卽身金剛
此啊字一切字母語金剛
此吽字眞心種子卽意金剛

망월사본 『진언집』(1800)

〔oṃ〕은 사찰 가람의 법당과 각종 불교 미술품에 가장 많이 새겨졌으며, 종자와 진언다라니 신앙의 중추적 역할을 했다. 그리고 〔oṃ〕은 모든 불보살을 상징하는 종자로 등장하기도 하고, 특정 진언다라니를 표상하기도 하였다. 결국 〔oṃ〕은 불교의 근본 교리를 표현한 것으로 법신(法身)이자 진여(眞如)를 음으로 나타낸 것이며, 우주의 보편적 진리 그 자체를 상징한다고 할 수 있다.[45]

그리고 〔a〕(啊)는 소리로 우주를 표현할 때 최초의 문자이자 모든 문자의 근본으로 인식되었다. 『대일경소』에 의하면 〔a〕는 입을 열면 최초로 나오는 소리로, 〔a〕를 잃어버리면 일체 언어가 없기에, 〔a〕를 일컬어 모든 중생의 소리의 어머니라고 하였다. 만연사본 『진언집』에 의하면, 〔a〕는 현묘한 공덕을 가지고 있으며, 모든 문자의 근본이며, 모든 여래의 보리심이며, 모든 중생의 본성이라고 하였다. 망월사본 『진언집』에 의하면, 〔a〕는 모든 소리와 만물의 시원이며, 모든 소리와 문자의 자모어(字母語)라고 하였다.[46] 그래서 〔a〕는 모든 진언에서 심(心)으로 인식되었으며, 모든 진언이 〔a〕로부터 시작된다고 하였다.[47] 이처럼 〔a〕는 모든 법의 근본이자 만법의 근본으로 인식되어 이에 대한 별도의 수행법이 성립되었는데, 이를 아자관(阿字觀) 또는 아자체대설(阿字體大說)이라고 하였다.[48] 아자관은 〔a〕를 통해 본불생(本不生)의 의미를 깨닫는 태장계 밀교의 관법이다.[49] 불교 미술품에 〔a〕를 새기는 것은 '아자즉일체(阿字卽一切)'라는 우주관을 표현한 것으로 수행을 통해 청정한 본래의 자신으로

45 小林義孝, 「'om'字信仰の差異」, 『列島の考古學Ⅱ』, 渡辺誠先生古稀紀念論文集刊行會, 2007, p.636.(재인용)

46 『大日經疏』, 『大正新修大藏經』 卷 39, p.651c(재인용).

47 『大日經』, 『大正新修大藏經』 卷 18, p.38a(재인용).

48 宗釋, 『종석 스님의 밀교학 개론』, 운주사, 2000, p.34. 아자관과 대비되는 月輪觀은 광명, 청정, 청량을 상징하는 月輪을 통하여 나를 비롯한 일체중생이 白月과 같이 덕성을 가진 것임을 깨닫게 하는 금강계 밀교의 관법이다.

49 일본 空海의 『秘藏宝鑰』에 의하면 '本'은 근본, 자기, 본성, 본체, 본원, 본초 등을 말하며, '不'은 공, 무, 비 등을 말하며, '生'은 발생, 출생, 있음, 존재 등의 의미를 가지고 있다고 한다.

되돌아가고자 하는 의미가 담겨 있다고 할 수 있다. 또한 소우주인 나와 대우주인 대일여래가 본질적으로 동일함을 깨닫게 하는 수행법이다.

또한 〔hūṃ〕(吽)은 기억을 의미하기도 하고, 주술에서 특별한 의미와 공덕이 있는 신비한 소리로 간주되었다. 〔hūṃ〕을 염송하면, 죄악과 더러움을 없애고 보리심을 발하여 정토로 귀의하게 되며, 업에서 벗어나 진리의 세계로 이끌어 준다고 믿었다. 망월사본 『진언집』에 의하면, 〔hūṃ〕은 진심 종자로 금강을 의미하는데, 이를 외우거나, 생각하거나, 예불하거나, 염불하면 공양(供養), 가지(加持), 법계(法界), 발원(發願) 등의 모든 공덕이 성취되고 모든 영령이 고통에서 벗어나 죄업을 없애 보리심으로 정토에 귀의할 수 있다고 하였다.[50]

이처럼 종자이자 진언으로 〔oṃ〕-〔a〕-〔hūṃ〕은 가장 상징성이 높은 범자로서 현교에서는 삼업(三業)이라 하고, 밀교에서는 삼밀(三密)이라고 하였다. 〔oṃ〕은 생성, 유지, 소멸의 원리가 담겨있는 의밀(意密)을 의미하며, 〔a〕는 가장 큰 소리를 낼 수 있는 구밀(口密)을 의미하며, 〔hūṃ〕은 힘을 상징하는 음으로 지혜의 활동력을 나타내는 신밀(身密)을 의미한다.[51] 오래전부터 대승불교에서는 진언다라니의 염송을 중요하게 다루었는데, 밀교에서는 몸과 마음을 한데 모아 진언다라니를 외우고 수행의 방편으로 삼는 것을 더욱 중요하게 생각하였다. 밀교는 몸으로 부처님의 깨달은 내용을 손으로 나타내는 수인을 맺고, 입으로 진언을 틀리지 않게 또렷하게 외우며, 마음으로 자신의 보리심이 부처님과 하나가 되도록 관법 수행함으로써 부처님의 법신과 하나가 되어, 결국 자신이 부처가 되고 깨닫게 되어 성불하게 된다고 하였다. 이것이 밀교에서 〔oṃ〕-〔a〕-〔hūṃ〕을 통한 삼밀 수행법인데, 범자 진언다라니를 통한 밀교

---

50 〔hūṃ〕은 '攝回向發願觀'으로 加持眞言이라 부르고 있다.

51 망월사본 『진언집』의 「唵啊吽字論」에 의하면, 〔oṃ〕은 大遍照如來로 사바세계에서 釋迦가 變相한 것이다. 석가는 중생들에게 이르기를 내가 滅度한 뒤에 이 주문으로 모든 중생을 이익되게 하라고 하였다고 한다. 〔a〕는 無量壽如來로 바로 西方阿彌陀佛의 本身이며, 〔hūṃ〕은 阿閦如來는 바로 東方琉璃光佛의 本身이다. 이 세 주문을 힘써 加持한다면 모든 불사를 성취할 것이며, 세 종자의 加持相應은 모든 것을 성취하게 하는 一切佛事成就의 진언이라고 설명하고 있다.

의 다양한 수행법 중에서 가장 대표적이고 기본적인 수행법이다.

이러한 삼밀 수행법은 고대 인도의 오래된 수행법이었던 유가행에서 기원한 것으로 알려져 있다. 유가행 수행법이 불교에 수용되어 발전하였는데, 대승불교가 널리 보급되면서 밀교의 중요한 수행 관법으로 체계화되었다고 한다.[52] 이러한 삼밀 수행법은 축법란(竺法蘭)이 번역한 『밀적금강역사경(密迹金剛力士經)』에 자세하게 실려 있으며, 밀교의 대표적인 수행법으로 체계화된 것은 중국 당나라에서 8세기 전반에 『대일경』과 『금강정경』이 한역되어 소개되면서부터로 알려져 있다. 현재 한국의 보성 대원사 자진원오국사 정조탑, 합천 해인사 동종을 비롯하여 여러 조형물에 삼밀진언이 새겨져 있다.

| 표 삼밀진언

종자(삼밀)				의 미	삼밀 방편		존 명	관 법
〔oṃ〕	옴 (唵)			일체진언지모 (一切眞言之母)	신금강 (身金剛)	신륜 (身輪)	대편조여래 (大遍照如來)	공양관 (供養觀)
〔a〕	아 (啊)			일체자모 (一切字母)	어금강 (語金剛)	구륜 (口輪)	무량수여래 (無量壽如來)	예배관 (禮拜觀)
〔hūṃ〕	훔 (吽)			진심종자 (眞心種子)	의금강 (意金剛)	의륜 (意輪)	아촉여래 (阿閦如來)	회향발원관 (回向發願觀)

〔oṃ〕

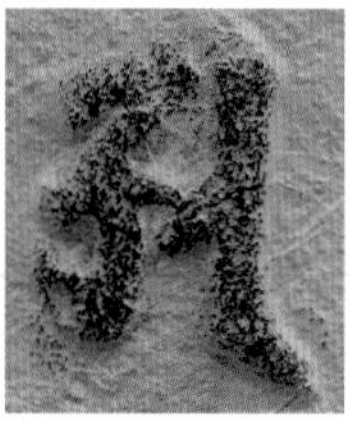

〔a〕

〔hūṃ〕

〔a oṃ hūṃ〕

보성 대원사 자진원오국사 정조탑 고려, 1286.6

합천 해인사 동종 조선 후기

52 선상균(무외), 「佛敎修行에 있어서 眞言의 역할」, 『密敎學報』 제10집, 밀교문화연구원, 2009, pp.56~57.

그리고 〔vaṃ〕(鍐)은 밀교에서 구체적인 형상은 없지만 진리와 생명의 부처로 영원히 침묵하고 계시는 우주 그 자체로 인식된 대일여래를 상징한다. 대일여래는 불멸의 진리를 무설지설(無說之說)로 설법하고 계시는데, 이를 법신설법(法身說法)이라 한다. 대일여래는 대리설법을 하기도 하며, 형(形)과 색(色)을 동반한 상징적 도형이나 만트라를 통하여 비밀스럽게 뜻을 내보이는데, 그것이 만다라이다. 그래서 대일여래를 상징하는 〔vaṃ〕은 만다라의 여러 도상에서 가장 중심에 새겨지는 종자이다. 일본 밀교에서 가장 많이 등장하는 종자이기도 하다.

금동종자화만 일본, 13세기, 나라국립박물관[53]

정법계진언(淨法界眞言)은 〔oṃ raṃ〕(唵囕)의 2자로 구성된 진언다라니이다. 이 진언은 양양 낙산사 공중사리탑, 구례 화엄사와 남원 실상사의 자운대선사탑, 남원 실상사 회명당대선사탑을 비롯하여 여러 동종이나 동경 등 많은 불교 미술품에 새겨졌다. 그런데 정법계진언은 폭넓게 신앙한 육자진언이나 준제진언 등 다른 진언다라니와 함께 새겨지거나 배열되는 경우가 많았는데, 그것은 정법계진언이 독립적인 성격보다는 다른 진언다라니를 보조하는 역할로 새겨졌음을 짐작하게 한다. 〔oṃ raṃ〕에서 〔oṃ〕은 범자의 시작으로 상징성이 높으며, 〔raṃ〕은 빛이여! 광명이여! 하면서 찬탄하는 의미로 알려져 있다. 또한 〔raṃ〕은 인도 신화에서 법의 신인 'Yama'에서 유래하였는데, 그것은 지혜의 상징으로 태양과 불을 의미했다고 한다. 따라서 〔oṃ raṃ〕은 'oṃ, 지혜와 광명의 빛이여'라는 의미를 지닌 것으로 이해된다.[54] 이처럼 정법계진언은 부처님의 크나큰 광명으로 도량과 온 세상을 청정케 한다는 의미가 있다.

또한 여러 자로 구성된 사방진언, 오륜종자, 삼종실지진언 등이 석조물, 동종, 불화 등에 새겨지거나, 불상이나 불화의 복장물 등에서 종이나 직물에 인

53 이 華鬘은 원래 滋賀縣 兵主大社에 소장되었던 것으로 현재 6면이 나라박물관에 소장되어 있다.
54 임근동, 「국내 실담문자를 통한 천수진언의 산스크리트 의미 해석」, 『印度哲學』 제13집 1호, 인도철학회, 2003, p.286.

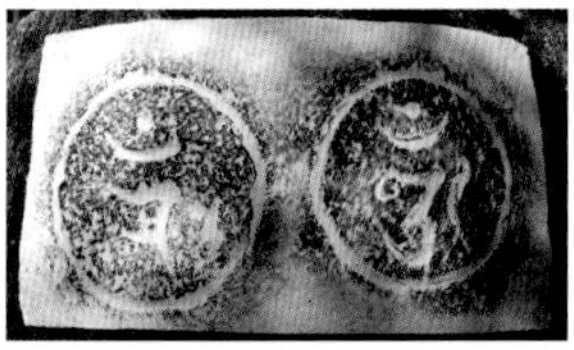

남원 실상사 회명당 부도　조선 후기

구례 화엄사 구층암 내원사명 동종　조선, 1728.7

강진 백련사 보조탑　조선 후기

쇄되거나 필사된 범자 진언다라니가 출토되었다. 먼저 사방진언(四方眞言)은 공주 갑사 동종 등 여러 유물에서 확인되고 있는데, 동서남북의 사방을 의미하기도 하지만 사천왕 종자와 마찬가지로 사방 수호의 의미도 함께 지니고 있다고 할 수 있다. 그리고 오륜종자(五輪種子)와 삼종실지진언(三種悉地眞言)은 불상이나 불화의 복장물에서 종이에 인쇄되거나, 주서로 필사된 상태로 많이 확인되고 있다. 이것은 조선 후기에 들어와 『진언집』과 『조상경』 등이 널리 보급되어 불상이나 불화 조성에 따른 밀교적인 의례가 일정한 체계를 갖추게 되면서 품목에 맞게 복장물을 봉안하면서 나타난 현상이라 할 수 있다. 특히, 조선 후기에는 불교 신앙이 크게 부흥하여 밀교의 범자 진언다라니에 대한 신앙이 성행하면서 많은 신도들이 각종 불사 시에 공양하여 공덕을 쌓고자 하였다. 그러한 과정에서 여러 유형의 범자 진언다라니가 봉안되었다. 한편 삼종실지진언은 비밀실지진언, 입실지진언, 출실지진언을 모두 합하여 지칭하며, 이를 삼실지진언(三悉地眞言)이라고도 하는데, 기본적으로 의식단을 통하여 불상이나 불화 등에 생명을 불어넣는 진언이라 할 수 있다.[55] 이 진언다라니는 『진언집』과 『조상경』 등에 의하면, 비밀실지(祕密悉地)는[56] 최초의 다섯 법신

55 『金剛頂經文殊舍利菩薩五字心陀羅尼品』에 의하면, 본래 생함이 없고, 본래 청정하기 때문에 모든 더러움을 떠나 있고, 모든 법은 평등하고, 모든 법은 조작이 없고, 모든 법은 고정적인 모습이 없다는 의미를 함축하고 있다고 설하고 있다(허일범, 「봉은사 사천왕상 복장 진언종자 연구」, 『회당학보』 제7집, 회당학회, 2002, p.84).

56 祕密悉地眞言은 금강계 5部인 金剛部, 蓮華部, 寶部, 羯磨部, 佛部를 의미하는 종자진언으로 각각 五智와 五佛, 신체의 다섯 부위를 의미한다. 그리고 이들 5종자는 5대를 의미하는 사각, 원형, 삼각, 반원, 보주형으로 나타낼 수 있다고 하며, 종자를 각 방위에 따라 쓰거나 오대를 방위에 따라 납입하기도 한다.

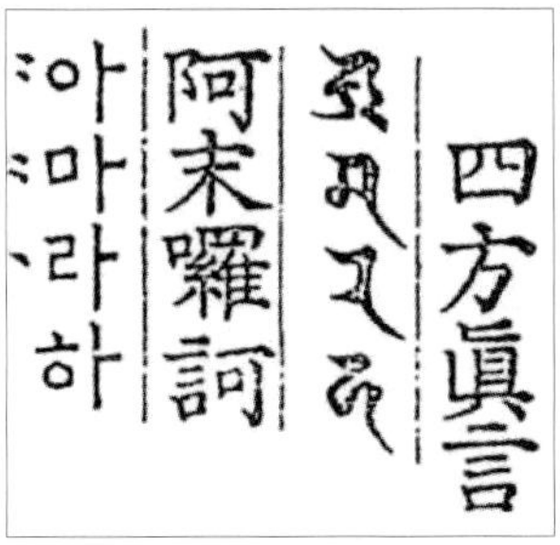

[ma ra ha a]
[남 서 북 동]

『진언집』의 사방진언 1800, 망월사본 공주 갑사 동종의 사방진언 조선, 1584.7

비밀실지진언

입실지진언

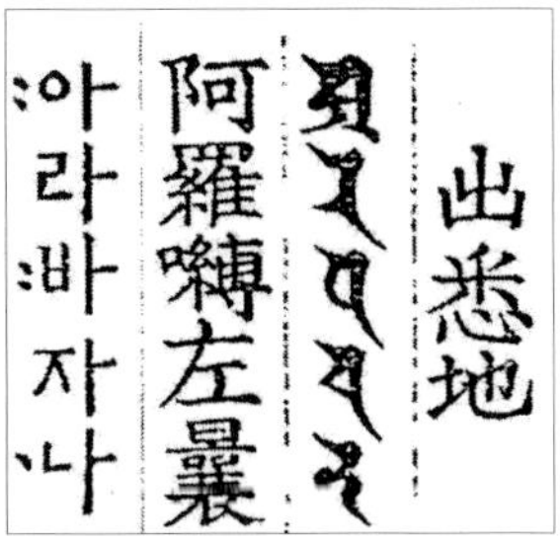

출실지진언

『진언집』의 삼종실지진언 1800, 망월사본

(法身)을 의미하며, 입실지(入悉地)는 보신(報身)을 성취한다는 의미이며, 출실지(出悉地)는[57] 모든 지혜를 생기게 하는 화신(化身)을 성취한다는 의미가 담겨 있다. 그래서 삼종실지진언을 한번 외우고 염송하면 대장경 일천편을 굴린 것과 같은 공덕을 쌓을 수 있다고 하였다.

그리고 고려시대 이후 오늘날까지 가장 많이 신앙되고 있는 범자 진언다라니는 육자진언(六字眞言)이다. 육자진언(Sadākśari Mantra, Six-syllable Mantra)은 육자대명왕진언(六字大明王眞言), 육자관음진언(六字觀音眞言), 미묘본심육자대명왕진언(微妙本心六字大明王眞言), 관자재보살미묘본심육자대명왕진언(觀自在菩薩微妙本心六字大明王眞言) 등으로도 불리며, 영어음은 〔oṃ ma ṇi pa/pha

57 出悉地眞言은 『諸佛菩薩腹藏壇儀式』에 의하면, 문수보살의 五智가 出悉地眞言의 五字를 통하여 발생하기 때문에 出悉地라고 하며, 五字의 功德과 비교할만한 것이 없다고 하였다.

dme hūṃ)이다. 이러한 육자진언은 고대 인도에서 대략 7세기대에 성립되어 불교 신앙과 함께 중앙아시아 방면으로 전파되었다고 한다.[58] 이후 밀교가 성행했던 티베트와 원나라 등에서 폭넓게 신앙되었는데, 특히 원나라에서는 육자진언이 크게 중시되었으며, 널리 지송되는 대표적인 진언다라니였다.[59] 고려도 이들 나라와 교류하면서 밀교 신앙이 본격적으로 유입되었는데, 그러한 과정에서 11~12세기대를 전후하여 육자진언이 전래한 것으로 추정되고 있다. 이러한 육자진언은 기본적으로 6자로 구성되었지만, 이를 줄여 2자 또는 4자로 간략화시켜 육자진언을 표현하기도 했다.[60]

육자진언에 대한 신앙과 공덕은 여러 경전에 나와 있는데,[61] 그중에서 대승경전인 『대승장엄보왕경(大乘莊嚴寶王經)』과 『마니칸붐(Mani bkah hbum)』이 대표적이다. 『대승장엄보왕경』은 7~10세기 사이에 성립된 것으로 추정되고 있으며,[62] 한문과 티베트어로 번역되어 전해지고 있다. 그리고 티베트불교의 닝마파에 전승되고 있는 『마니칸붐』은 15세기경에 완성된 것으로 추정되고 있는데,[63] 관음신앙 부분에 육자진언 신앙의 유래와 공덕 등의 내용이 실려 있

58 金武生, 「六子眞言의 象徵意味」, 『密教學報』 창간호, 한국밀교학회, 1999, p.11.

59 김무생, 「六字眞言 信仰의 史的 展開와 그 特質」, 『韓國密教思想研究』, 동국대학교 출판부, 1986, p.564.

60 육자진언에서 일부 범자를 생략하거나 간략하게 표현한 것은 육자진언에 대한 교의적인 이해보다는 육자진언을 통한 功德이나 悉地, 加被 등을 얻어 성취하고자 하는 발원자의 의도가 내재된 것으로 추정된다.

61 육자진언은 관세음보살과 밀접한 관계가 있는 진언으로, 'oṃ'은 연꽃 위의 寶石이라는 의미를 가지고 있으며, 'ma ṇi pa dme'는 관세음보살의 다른 이름으로도 알려져 있다.

62 인도에서 성립되었으며, 天息災(?~1,000)가 982~1,000년 사이에 번역한 경전으로 육자진언의 本經이다. 천식재는 북인도 迦濕彌羅國의 승려로, 북인도의 烏萇國 제석궁사승이라는 施護와 함께 밀법을 전한 대표적인 승려이다. 그는 중국으로 들어와 북송 태평흥국 5년(980년)에 태종을 명을 받아 역경원을 설립하고, 그곳에서 982年부터 『大乘莊嚴寶王經』 등 많은 밀교 경전을 한역하였다.

63 티베트를 통일한 제5대왕 송첸감포왕(Sorn btsan sgam po, 재위 581~649) 당시에 편찬된 것으로 육자진언에 관한 티베트 국내외 경전과 찬술집을 총 집대성한 埋藏寶典이다. 매장보전은 경전을 편찬과 동시에 세상에 유포시키지 않고 일정한 기간이 흐른 뒤 자신의 제자로 하여금 세간에 유통시키기 위하여 매장해 둔 경전을 말한다. 마니칸붐은 인도로부터 불교가 전래된 지역에서 육자진언의 가르침을 총 집대성한 방대한 경전이다. '마니'는 보배구슬을 의미하는데, 보배구슬은 곧 육자진언을 의미한다. '칸붐'은 말씀을 담은 教典이란 뜻이다.

다.[64] 현재 우리나라에서는 조선시대 들어와 육자진언 신앙 관련 경전인 『성관자재구수육자선정(聖觀自在求修六字禪定)』이 1560년과 1621년에 간행된 것으로 파악되고 있다. 이외에도 『진언집』과 『밀교집』을 비롯하여 『관음경』과 『불공견색신주심경』 등에도 육자진언이 수록되어 있다. 이후 20세기 전반기에 이르러 『관세음육자대명왕신주경』(1908), 『육자대명왕다라니경』(1908), 『육자대명왕경』(1936), 『육자대명왕경지송법』(1936), 『육자영감대명왕경』(1937) 등이 간행 보급되었다.

우리나라에서 육자진언에 대한 신앙이 크게 성행하게 된 것은 관음신앙과 함께 『천수경』의 간행이 중요한 배경이 된 것으로 추정되고 있다.[65] 조선시대 들어와 관음신앙의 성행과 함께 『천수경』이 폭넓게 간행되었으며,[66] 오늘날까지 사찰에서 가장 많이 독송되는 경전이기도 하다. 『천수경』은 관음보살이 모든 중생을 편안하게 해주고, 병을 없애주고, 장수와 풍요를 얻게 하고, 일체 악업과 모든 장애를 여의고, 일체 청정한 법과 모든 일을 성취시켜준다는 내용으로 구성되어 있다. 이 다라니를 수지 독송하면 일체 업장이 소멸하고, 일체 귀신이 침범하지 못하게 된다고 한다. 그런데 관음보살의 자비심을 소리로 형상화한 것이 육자대명왕다라니이다. 이를 암송함으로써 관음보살의 본심과 감응하여 염원하는 바를 이루고, 반야 지혜를 증득하게 된다고 한다.[67] 그리고 불도에게 복잡한 교리와 의례 행위보다 간단한 육자진언의 염송이 많은 공감을 얻었다. 이처럼 관음신앙의 성행과 육자진언에 대한 신앙은 불가분의 관계에 있었다.

육자진언은 밀교가 성행한 동아시아 국가에서 가장 널리 신앙된 대표적인 진언다라니 중의 하나로 오래전부터 공덕이 뛰어난 것으로 알려져 있었다. 그

---

64 金武生, 「六子眞言의 象徵意味」, 『密敎學報』 창간호, 한국밀교학회, 1999, pp.4~8.

65 『千手經』의 原名은 『佛說千手千眼觀世音菩薩廣大圓滿無碍大悲心陀羅尼經』.

66 李逢春, 『韓國觀音信仰硏究』, 동국대학교 출판부, 1988, p.201.

67 金秀炫, 「朝鮮中後期 觀音經典 刊行 硏究」, 『文化史學』 第24號, 韓國文化史學會, 2005, pp.141~144.

리고 육자진언은 시대와 지역을 초월하여 가장 보편적으로 신앙되고 새겨진 진언다라니였다. 그래서인지 육자진언은 우리나라에 전래한 이후 관세음보살의 본심 진언이자 모든 불보살의 공덕을 지닌 공덕성취진언으로 정착하였다.[68] 이러한 육자진언의 공덕이 여러 경전에 나와 있는데, 먼저 『대승장엄보왕경』에는 육자진언이 관자재보살마가살의 미묘한 본심으로 육자대명왕진언을 안다면, 나날이 육바라밀을 갖추게 되어 원만한 공덕을 얻을 수 있으며, 자비심이 생기게 되어 불퇴전의 보살이 되고, 더없이 넓은 깨달음을 얻을 수 있다고 하였다. 육자진언을 염송하면 관음보살이 여러 재앙이나 병환 등의 재난에서 지켜주고, 한량없는 지혜와 자비심을 얻게 되고, 금과 보배로서 무수한 불보살을 조성하고 공양하는 것보다 더 많은 공덕을 얻는다고 했다. 그리고 〔oṃ〕은 태초 이전부터 울려오는 우주의 소리를 의미하는 성음이며, 〔maṇi〕는[69] 여의주로서 깨끗한 지혜를 상징하며, 〔padme〕는 연꽃으로서 무량한 자비를 상징하며, 〔hūṃ〕은 우주의 개별적 존재 속에 담겨있는 소리를 의미한다고 하였다. 그래서 육자진언은 '온 우주〔oṃ〕에 충만하여 있는 지혜〔maṇi〕와 자비〔padme〕가 지상의 모든 존재인 〔hūṃ〕에게 그대로 실현될지어다.'라는 의미를 담고 있다고 하였다. 한편 〔maṇi〕는 보주, 〔padme〕는 연꽃, 〔hūṃ〕은 기억을 의미하기도 한다. 그래서 육자진언은 '옴, 연꽃처럼 피어나는 덧없는 세상에 변함없는 보주여, 정결케 하여 주소서' 또는 '옴, 반야 속의 방편이여, 완전하게 성취시켜 주소서'라는 의미가 있는 것으로도 해석된다.[70]

『마니칸붐』에 의하면, 육자진언은 단순히 여러 자로 구성한 진언다라니가 아니라 1자 1자가 종자로서 모든 공덕을 함장하고 있다고 한다. 그래서 육자진언을 독송하고 관상하게 되면 육자의 종자를 통하여 모든 공덕을 얻는다고

---

68 허일범, 「한국의 진언·다라니 신앙 연구」, 『회당학보』 제6집, 회당학회, 2001, p.55.

69 'mani'는 오래전부터 '현자의 돌'이라는 의미를 가지고 있었으며, 모든 것이 마음대로 성취된다는 如意珠(cintamani)에서 온 말이다.

70 임근동, 「국내 실담문자를 통한 천수진언의 산스크리트 의미 해석」, 『印度哲學』 제13집 1호, 인도철학회, 2003, pp.289~290.

한다. 즉, 육도중생을 구제할 수 있는 힘을 얻으며, 육바라밀의 성취를 기원하면서 독송하면 그것을 성취할 수 있다고 한다. 그리고 비로자나 부처님이 축생의 우매함을 잠재우게 하며, 지옥의 괴로움에서 벗어나는 힘을 주며, 아귀의 굶주림에서 벗어나는 힘을 주며, 탐욕을 버리지 않는 자에게 사람으로 태어나 겪는 괴로움을 잠재우게 하며, 질투에서 벗어나는 공덕이 있다고 하였다.[71] 또한 『관세음보살육자대명왕신주경』에 의하면, 육자진언은 한번 외울지라도 그 공덕이 높으며, 삼밀로서 마음을 모아 외우면 나쁜 세계에 떨어지지 않게 되며, 날마다 쉬지 않고 외우면 지혜가 밝아지고 법문에 통달하게 되며, 어떤 질병도 물리칠 수 있으며, 모든 일이 뜻대로 되며, 모든 죄업이 소멸하여 생사를 벗어나 법신(法身)이 안락하게 된다고 하였다. 『불공견색신주심경』에도 육자신언을 마음 모아 외우면 여러 가지 공덕을 얻을 수 있다고 설하였다. 이외에도 육자진언의 원리와 교리적 해석, 공덕을 설하고 있는 경전들이 상당수 전해지고 있어, 어떤 진언다라니보다 폭넓게 신앙되었음을 알 수 있다.[72]

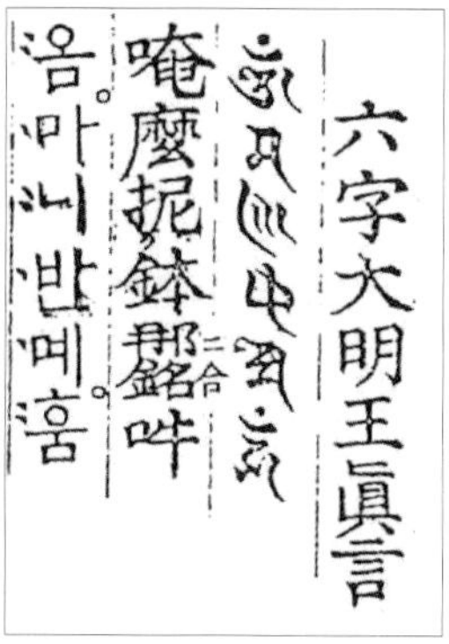

『진언집』의 육자진언 1800, 망월사본

그리고 육자진언은 『육자대명왕경』이 찬술되면서 그 신앙이 더욱 체계화되었다. 이 경전에 의하면, 〔oṃ〕은 천도, 〔ma〕는 인도, 〔ṇi〕는 아귀도, 〔pa〕는 축생도, 〔dme〕는 수라도, 〔hūṃ〕은 지옥도를 의미하는데, 육자진언을 염송하면 이러한 육도에 빠진 중생을 구제하는 힘을 얻는다고 하였다. 또한 육바라밀의 공덕이 성취되며, 불국토에 태어나며, 염송자도 불보살과 같은 몸을 얻어 성불할 수 있다고 하였다. 그리고 육자진언은 1자 1자가 종자로서 「육자관념도」에 의하면 〔oṃ〕은 비로자나불, 〔ma〕는 아촉불, 〔ṇi〕는 보생불, 〔pa〕는 아미타불, 〔dme〕는 불공성취불, 〔hūṃ〕은 금강살타불을 의미한다. 이 중에 비로자나

71 허일범, 「회당 대종사의 진언관」, 『회당사상』, 우리문화사, 2007, p.187.

72 대표적으로 大覺敎를 제창한 白龍城師와 眞覺宗의 宗祖로 일컬어지는 悔堂大宗師를 들 수 있다. 그리고 육자진언과 관련된 대표적인 저서로 龍城 白祥奎(1864~1940년), 『六字靈感大明王經』 등이 있다.

| 표 육자진언과 종자

구 분						
	〔oṃ〕	〔ma〕	〔ṇi〕	〔pha〕	〔dme〕	〔hūṃ〕
방향	중방	동방	남방	서방	북방	間方
관법	천도	인도	아귀도	축생도	수라도	지옥도
오불	중명왕 (衆明王)	부동불 (不動佛)	보생불 (寶生佛)	무량수 (無量壽)	의성취불 (意成就佛)	집금강 (執金剛)
화신	비로자나불	아촉불	보생불	아미타불	불공성취불	금강살타불
오불	대자대비존	비로자나불	금강살타불	보생불	무량수불	불공성취불
오지	법계지 (法界智)	원경지 (圓鏡智)	평등지 (平等智)	관찰지 (觀察智)	성소작지 (成所作智)	구생자연생지 (俱生自然生智)
육신	법신 (法身)	원만보신 (圓滿報身)	변화신 (變化身)	자성신 (自性身)	현전보리신 (現前菩提身)	불변금강신 (不變金剛身)
육심(발심)	원보리심 (願菩提心)	입보리심 (入菩提心)	불이보리심 (不二菩提心)	법성보리심 (法性菩提心)	지혜보리심 (智慧菩提心)	승의보리심 (勝義菩提心)
육바라밀	보시	지계	인욕	정진	선정	지혜
오독과 번뇌	우치 (愚癡)	진에 (瞋恚)	아만 (我慢)	탐욕 (貪慾)	질투 (嫉妬)	상(번뇌) (常(煩惱))
사무량심	자비 (慈悲)	자 (慈)	비 (悲)	희 (喜)	사평등 (捨平等)	법성 (法性)
인계	금강지권인	항마촉지인	여원인	법계정인	시무외인	◦

불이 중심에 위치하며, 비로자나불은 우주 법계의 법신불에 해당한다. 염송자가 육자진언을 염송하는 것은 비로자나불과 일치된 상태에서 본성을 자각하는 것과 같다고 할 수 있다.[73]

육자진언은 처음에는 관음보살의 진언으로 염송되었는데, 점차 폭넓게 신앙되면서 모든 진언다라니를 대표하는 진언으로 자리 잡았다. 육자진언은 관음보살의 본심에 감응하여 원하는 것을 모두 이루고, 결국 비로자나의 무량한 뜻을 성취하여 깨달음을 성취할 수 있고, 궁극적으로 생로병사에서 벗어나 육도윤회에서 해탈할 수 있게 된다. 이처럼 육자진언은 현생에서 해탈을 위한

73 金容煥, 「佛教의 眞言에 관한 연구」, 『湖西文化硏究』 제10집, 충북대학교 호서문화연구소, 1992, pp.234~237.

| 표 고려와 조선시대 육자진언

구 분	육자진언					
	oṃ	ma	ṇi	pa/pha	dme	hūṃ
밀양 표충사 은입사향완 (고려, 1177.6, 표충사 성보박물관)						
강진 사당리 요지 출토 청자상감편(고려, 국립광주박물관)						
화성 양택춘 무덤 출토 묘지 (고려, 1254, 국립중앙박물관)						
양주 회암사지 암막새 (조선, 1460, 회암사지 박물관)						
상원사 문수동자상 「백지묵서제진언」 (조선, 1463.7, 월정사 성보박물관)						
남양주 봉선사 동종 (조선, 1469.7)						
남양주 수종사 동종 (조선, 1469.7, 국립중앙박물관)						
남원 승련사 각자 (조선 전기)						
『성관자재구수육자선정』 (조선, 1560.5, 국립중앙도서관)						
『성관자재구수육자선정』 (조선, 1563.3, 경기도 박물관)						
통영 안정사 용천사명 동종 (조선, 1580.8)						
파주 보광사 동종 (조선, 1634.7)						
김천 직지사 향로 (조선, 1750.5, 직지사 성보박물관)						
『진언집』 (조선, 1800.4, 망월사판)						

상도(上都) 1호 궁전지 출토 석각 원[74]

동경 원, 북경수도박물관[75]

불상문 금합 명, 1424, 소주박물관

보석장식 금합 명, 1474, 소주박물관

『니금사본장문용장경』 외호경판 청, 1669, 대만국립고궁박물원[76]

불적비(佛跡碑) 청, 오대산 탑원사

청동 향로 청, 통요시박물관

중국의 육자진언

발원이며, 내생을 위한 참회라고 할 수 있다. 어쨌든 육자진언은 우리나라 모든 불교 미술품에 가장 많이 새겨진 범자 진언다라니의 하나였다. 육자진언을 새기고 관상하고 염송하여 공양과 공덕을 쌓고자 하였다. 오늘날에도 육자진언은 가장 많이 독송되고 있으며, 가장 널리 보편화된 진언다라니이기도 하다.

---

74 국립문화재연구소, 『중국동북지역 고고조사 현황 -내몽고자치구편-』, 2013, pp.268~273. 이 유물들은 石刻 經板으로 中國 內蒙古 錫林郭勒盟 正藍旗 동쪽 약 20km 지점의 金蓮川 초원지대에 있는 元나라 上都 1號 宮殿址에서 출토되었다. 이곳 하층은 至元 初인 쿠빌라이 시기에 처음 건립되었으며, 상층은 원나라 말기에 중건된 것으로 확인되었다. 따라서 범자 진언이 새겨진 石刻 經板은 원나라 때의 것으로 당시 사람들이 불교를 홍포하고 신봉하기 위하여 제작한 것임을 알 수 있다.

75 臺灣 國立古宮博物院, 『皇帝的鏡子』, 2015, p.166.

76 臺灣 國立古宮博物院, 『佛陀形影 -院藏亞洲佛教藝術之美』, 2015, p.171.

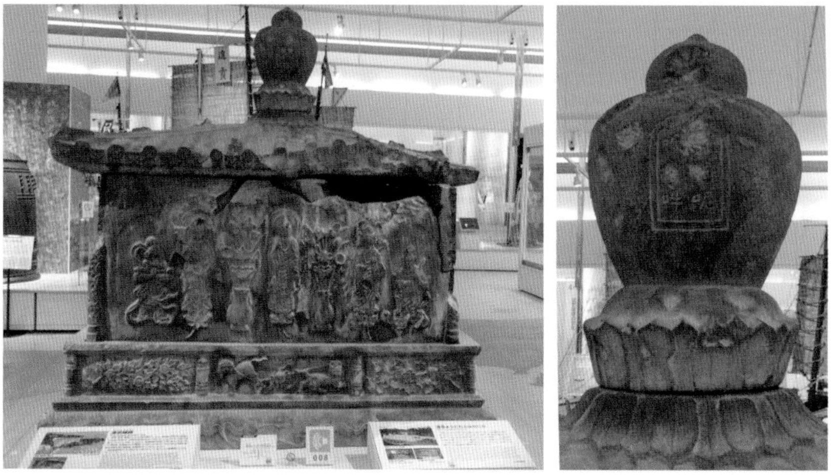

유구왕국 석관　유구국(琉球國), 1429~1879, 충승현립박물관·미술관(沖縄県立博物館·美術館), 허일범 제공

탁본

천엽현(千葉県) 청징사(清澄寺) 석당　1424

일본의 육자진언

인도 힌디어로 쓴 육자진언　현대, 인도 영축산 암벽

보루각진언(寶樓閣眞言)은 통일신라시대의 경주 대봉산 덕동사지 출토 벽돌, 고려시대의 오어사 동종과 양택춘 묘지 등에서 확인되고 있다. 이 진언의 영어음은 〔oṃ ma ṇi dha ri hūṃ pha ṭ〕으로 육자진언과 유사하지만, 전체 범자 수와 순서가 약간 다르다. 보루각은 수미산에 있는 최고의 보전(寶殿)으로 모든 불보

❶ 포항 오어사 동종 1216.05
❷ 화성 양택춘 묘지 1254, 국립중앙박물관

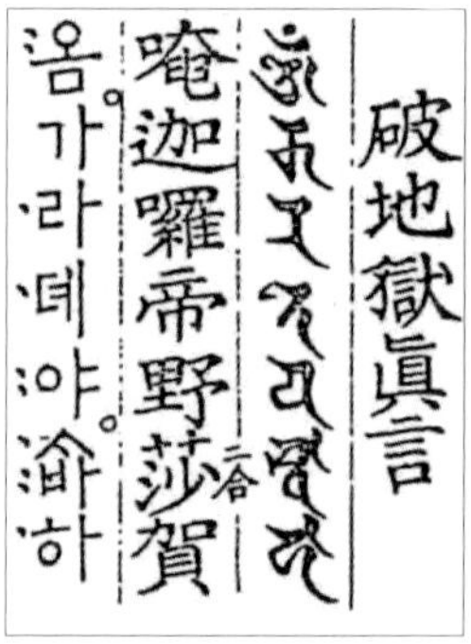

『진언집』 파지옥진언 1800, 망월사본

살이 머무는 곳이다. 그래서 보루각 진언다라니는 모든 불보살을 상징하는 근본 진언다라니로 모든 업장을 소멸하고, 모든 재앙을 물리치고, 모든 아귀를 물리치고, 모든 망자의 극락왕생을 성취할 수 있다고 한다. 이러한 보루각 진언다라니를 매일 아침에 108번 염송하면 그 누구도 해할 수 없으며, 모든 병이 말끔하게 퇴치되는 등 모든 소원을 성취할 수 있다고 한다. 그리고 지속하여 염송하면 그 공양과 공덕으로 망자의 천도와 함께 축생의 몸을 면할 수 있게 해주며, 멸죄(滅罪)와 증익(增益) 등 현실적인 여러 문제를 해결해 주며, 모든 중생의 모든 염원을 들어주는 최고의 진언으로 알려져 있다. 이러한 보루각 진언다라니가 새겨진 불교 미술품이 많지는 않지만, 이 진언다라니는 중생들의 성불이나 사후 극락왕생을 위하여 염송되거나 여러 의례에서 활용되었다.

그리고 파지옥진언(破地獄眞言)은 조선시대 들어와 인쇄한 종이 다라니나 동종에 가장 많이 새겨진 대표적인 진언다라니로 영어음은 〔oṃ ka ra te ya svā hā〕이다. 이러한 파지옥진언은 '진리의 광명을 발하여 지옥에서 벗어나 행복하기를 기원한다.'라는 의미를 지니고 있다. 이 진언다라니는 관법 수행의 대상보다는 현실 기복적인 실지진언 성격이 강하였다. 그래서 파지옥진언을 염송하거나 새기는 것은 불보살의 공덕에 의하여 지옥의 고통에서 벗어나고자 하는 염원이 반영되어 있다고 할 수 있다. 파지옥진언은 중생들을 구제하고, 죽은 이후에 지옥에 빠진 중생들을 더 이상의 고통과 윤회가 없는 극락에 왕생토록 하는 염원이 강하게 담겨 있다.[77] 이러한 파지옥진언은 범자 진언다라니가 널리 보급된 고려시대부터 신앙되었는데, 조선 후기에 들어와 다양한 불교 미술품에 육자진언과 함께 가장 많이 새겨지거나 배열되었다. 그 이유는 여러 가지가 있

77 밀교에서 破地獄法의 대표적인 다라니로는 佛頂尊勝陀羅尼가 있다. 그리고 『不空羂色經』의 光明眞言, 寶篋印陀羅尼, 大隨求陀羅尼, 大寶廣博樓閣善住秘密陀羅尼 등이 있다.

었는데, 그중에서도 임진왜란과 정유재란, 병자호란 등 여러 전란을 겪으면서 죽은 사람들을 추모하고, 그들이 극락정토로 왕생하기를 염원하기 위한 것으로 보인다. 파지옥진언의 권능은 『지장본원경』, 『보루각경』, 『관자재보살수심주경』 등에 자세하게 수록되어 있다. 현재 우리나라는 짧고 긴 두 가지의 파지옥진언이 전하고 있다.[78]

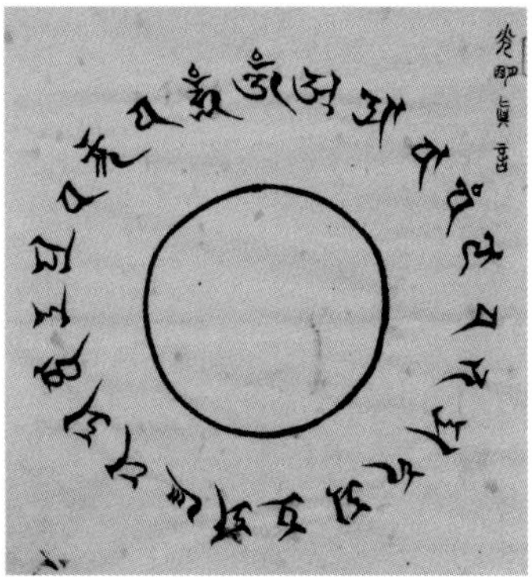

광명진언　현대, 제주 한라산 존자암

광명진언(光明眞言)은 지장보살 신앙과 연계되어 널리 염송되었으며, 멸악취진언(滅惡趣眞言)이라고도 하였다. 그 이유는 돌아가신 분의 죄업을 덜어 삼악도에 떨어지지 않도록 하는 공덕이 있기 때문이다. 광명진언은 만다라 형태로 많이 새겨지는데, 영어음은 〔oṃ amogha vairocana mahāmudrā maṇi padma zvala pravartaya hūṃ〕으로 다른 진언다라니와 마찬가지로 〔oṃ〕에서 시작하여 〔hūṃ〕으로 끝난다. 광명진언에서 〔oṃ〕은 진언의 '본존(本尊)'에 귀의한다는 의미이고, 〔amogha〕는 '불공(不空)'으로 번역되어 비로자나불의 공덕이 진리의 실체로 무한하게 구현되는 것을 의미하고, 〔vairocana〕는 '편조광명(遍照光明)'으로 번역되어 널리 비춘다는 뜻으로 비로자나불의 광명이 우주 법계를 두루 비추어 미치지 않는 곳이 없다는 의미이고, 〔mahā-mudrā〕는 '대인(大印)'으로 번역되어 무드라의 진리와 법을 의미하고, 〔maṇi〕는 '마니보주(摩尼寶珠)'로 비로자나불의 중생 구제 방편을 의미하고, 〔padma〕는 '연화(蓮華)'로 비로자나불의 방편이 청정하여 번뇌에 오염되지 않는 것을 의미하고, 〔zvala〕는 '광명(光明)'으로 비로자나불의 광명을 의미하며, 〔pravartaya〕는 '전변(轉變)'으로 번역되어 비로자나불의 광명이 중생 구제를 위하여 끝없이 작용하고 있음을 의미하며, 〔hūṃ〕은 '완성' 또는 '성취'로 본존의 의지와 수행자의 염원이 원만하게 완성되었음을

78 • 짧은 파지옥진언 〔oṃ karateya svāhā〕
• 긴 파지옥진언 〔namaḥ aṣida sidhinaṃ saṃyagsaṃbuddha kuṭinam oṃ jvanavabhasidiridiri hūṃ〕

확신하는 의미이다. 그래서 광명진언은 '귀의합니다. 불공 진실로서 청정 보주인 비로자나불의 대진리의 세계가 방편이자 공성으로서 그 광명을 중생 구제를 위해 넓게 펼치고 성취하게 하옵소서.'라고 요약할 수 있다.

이처럼 광명진언은 원래 우주 법신인 비로자나불 신앙과 결부되어, 비로자나불의 광명으로 모든 업장을 소멸하는 진언다라니로 인식하였다. 그래서 관법 수행에 장애가 있을 때나 과거의 업장을 소멸하고자 할 때 많이 염송되었다. 광명진언은 당나라 불공이 번역한『불공견색비로자나불대관정광진언경』1권을 비롯하여 여러 밀교 관련 경전들에 인용되어 있다.[79] 그리고 광명진언의 공덕과 관련하여『유심안락도(遊心安樂道)』에는 '모래를 앞에 놓고 광명진언을 108번 외운 뒤에 이 모래를 죽은 자의 시신이나 무덤 위에 뿌려주면, 이 모래를 맞은 영혼들이 비로자나불의 가피를 입어 극락세계에 왕생하게 된다.'라고 하였다. 또한 '중생들이 이 진언을 2번이나 3번, 7번을 귀로 듣기만 하여도 모든 죄업이 없어지게 된다. 중생들이 십악과 사역죄, 사중죄를 지어 죽은 다음 악도(惡道)에 떨어지더라도, 이 진언을 외우면 해탈을 얻을 수 있고, 그릇에 흙이나 모래를 담아 놓고, 이 진언을 108번 외워, 그 모래를 시신 위에 뿌리거나, 묘지 또는 묘탑 위에 뿌리면 비로자나불의 광명이 죽은 자에 이르러 모든 죄업을 소멸시켜 줄 것이며, 서방 극락세계의 연화대로 인도하게 된다.'라고 설하였다. 이처럼 광명진언은 다양한 공덕을 지니고 있는 것으로 인식되었다.

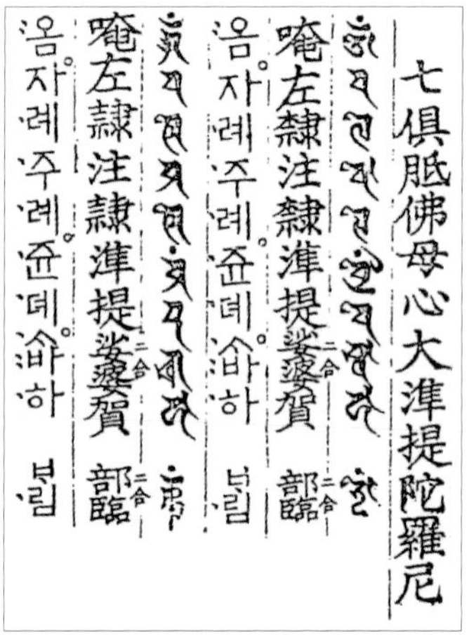

『진언집』 준제진언 1800, 망월사본

준제진언(準提眞言)은 관음보살의 실지진언으로 우리나라뿐만 아니라 동아시아에서 육자진언과 함께 가장 널리 신앙된 대표적인 범자 진언다라니였다.[80] 준제진언의 영어음은 〔oṃ ca le cū le cu ndi svā hā〕이며, 한역은 번역자마다 차이가 있기는

79 대한불교조계종 교육원 불학연구소,『진언 다라니 수행 입문』, 조계종출판사, 2010, pp.92~93.

80 준제진언의 표음은『七俱胝佛母所說准提陀羅尼經』에는 '옴자례주례준제사바하(唵者禮主禮准泥娑嚩賀)이며,『眞言集』에는 '옴자례주례쥰뎨ᄉᆞ바하 ᄇᆞ림(唵左隷注隷準提娑婆賀 部臨(合))'이다.

『준제경』의 준제진언과 「심월범자관문(心月梵字觀門)」

준제구자도

준제구자천원지도

『조상경』과 준제진언　1824.6, 유점사판

하지만 일반적으로 〔唵 折/左/者 隷/禮 主/注 隷/禮 準 提/泥 娑婆/娑嚩訶〕이다. 여기서 준제(準提)는 폭악함을 의미하는 '쥰데(cundi)'의 음역으로 인도 동부 뱅갈 지방에서 신앙한 여신 두르가(durga)의 다른 이름으로 전하고 있다. 이 여신은 빈디야 산중에서 동물의 희생을 관장하였는데, 나중에 악마를 퇴치하는 마력을 지니게 되었다가, 마하바라타(mahabharata)에서 시바(siva)신의 배우 신으로 승격하였다. 이후 밀교에 도입되어 준제관음이 된 것으로 추정되고 있다. 준제관음은 '칠구지불모(七俱胝佛母)'라고도 하는데, 모든 불보살을 유출하는 부처라는 의미를 지니고 있다. 구지(俱胝)는 산스크리트어 '코티(koti)'의 음역으로 준지(準胝)라고 하는데, '천만 억'이라는 의미이다. 그리고 준제관음은 불안(佛眼) 불모(佛母)의 덕을 크게 발전시키기 위하여 다비상(多臂像)으로 나타나는데, 많은 팔로 무한하게 모든 불보살을 유출한다고 한다.

준제진언 관련하여 대표적인 한역 경전은 금강지(金剛智)의 『불설칠구지불모준제대명다라니경(佛說七俱胝佛母準提大明陀羅尼經)』, 불공(不空)의 『칠구지불모소설준제다라니경(七俱胝佛母所說準提陀羅尼經)』, 지파가라(地婆訶羅)의 『불설칠구지불모심대준제다라니경(佛說七俱胝佛母心大準提陀羅尼經)』 등이 전하고 있다. 또한 선무외(善無畏)의 『칠불구지불모심대준제다라니법(七佛俱胝

佛母心大準提陀羅尼法)』과 『칠구지독부법(七俱胝獨部法)』이 있다. 이 중에 금강지가 한역한 경전에 의하면, '준제 다라니를 9만 번 수지(受持) 독송하면, 무량겁 동안 지어온 지옥에 떨어질 만한 무거운 죄도 모두 없어지게 되고, 어디에 있든지 모든 불보살을 만날 것이다. …(중략)… 10만 번 독송하는 자는 모든 부처를 만나게 될 것이다.'라고[81] 하여, 준제진언의 공덕이 높음을 설하고 있다.[82] 그리고 불공이 한역한 경전에는 준제진언을 구성하고 있는 각각의 범자가 종자로서 의미가 있으며, 그것의 교리적 의미를 일목요연하게 제시하고 있다. 즉, 〔oṃ, 唵〕은 법신, 보신, 화신의 삼신(三身)을 상징하여 모든 법은 불생(不生)을 갖고 있으며(一切法本不生), 〔ca, 者〕는 모든 법은 나지도 않고 없어지지도 않으며(一切法不生不滅), 〔le, 禮〕는 모든 법상은 얻을 수 없으며(一切法相無所得), 〔cū, 主〕는 모든 법은 생멸함이 없으며(一切法無生滅), 〔le, 禮〕는 모든 법은 더러움이 없으며(一切法無垢), 〔cu, 準〕는 모든 법은 등각이 없으며(一切法無等覺), 〔ndi, 泥〕는 모든 법은 취하고 버릴 수 없으며(一切法無取捨), 〔svā, 娑嚩〕는 모든 법은 평등하여 언설(言說)이 없으며(一切法平等無言說), 〔hā, 賀〕는 모든 법은 인이 없다(一切法無因)는 의미가 있다고 한다.

그리고 『준제경(準提經)』에 의하면 준제진언을 구성하고 있는 9자의 범자는 독송과 관법 수행의 대상으로 영험하고 신비로운 최고의 진언다라니인데, 〔oṃ, 唵〕은 일체법위최승의(一切法爲最勝義), 〔ca, 折〕는 일체법무행의(一切法無行義), 〔le, 隷〕는 일체법무상의(一切法無相義), 〔cū, 主〕는 일체법무기주의(一切法無起住義), 〔le, 隷〕는 일체법무구의(一切法無垢義), 〔cu, 準〕는 일체법무등각의(一切法無等覺義), 〔ndi, 提〕는 일체법무취사의(一切法無取舍義), 〔svā, 娑婆〕는 일체법평등무언설의(一切法平等無言說義), 〔hā, 訶〕는 일체법무인적정

---

81 『大正新修大藏經』 卷 20, p.173. '若有苾芻苾芻尼鄔波索迦鄔波斯迦 受持讀誦此陀羅尼 萬九十萬遍 無量劫來五無間等一切諸罪悉滅無餘 所在生處 皆得值遇諸佛菩薩 所有資具隨意充足 … 誦此陀羅尼滿十萬遍者 得見聲聞緣覺菩薩諸佛 若有重罪不得見者'

82 서윤길, 『한국밀교사상사』, 운주사, 2006, p.760.

무주열반의(一切法無因寂靜無住涅槃義)의 의미를 담고 있으며, 해탈에 이르게 하는 최고 진언다라니라고 설명하고 있다. 또한 『현밀원통성불심요집(顯密圓通成佛心要集)』에도 '준제는 다른 모든 주(呪)를 포함하지만, 다른 주는 준제를 포함할 수 없다. 그것은 큰 바다가 여러 물줄기를 다 포함할 수 있지만, 여러 물줄기가 큰 바다를 받아들일 수 없는 것과 같다. …(중략)… 준제진언을 마음으로 염송하면 모든 삼매를 갖추게 될 것이다.'라고[83] 하였다. 이처럼 준제진언의 의미와 공덕이 경전마다 조금씩 다르기는 하지만 큰 차이는 없다. 결국 준제진언은 모든 진언다라니를 포함하는 최고의 진언다라니로 누구나 청정한 마음으로 법식에 따라 염송하면 일체의 공덕이 성취된다고 하였다.

이러한 준제진언은 범자 진언다라니가 널리 보급되었던 고려와 조선시대에 많이 신앙되고 새겨진 대표적인 진언다라니였다. 준제진언은 종이에 필사되어 불상이나 불화의 복장물로 납입되거나, 동종이나 동경의 표면에 새겨지는 등 공덕을 쌓기 위하여 다양한 방식으로 표현되었다. 특히, 동아시아에서 종이에 필사한 준제진언 중 가장 오래된 것으로 추정되는 「준제진언묵서지(準提眞言墨書紙)」가 김천 갈항사지 삼층석탑(758)의 사리장엄구에서 수습되었다. 이러한 것으로 보아 통일신라시대부터 준제진언이 전래하여 불가에서 시행된 여러 의례에 활용되었음을 알 수 있다. 그리고 『동문선』에 의하면, 고려시대 크게 활약했던 강진 백련사의 원묘국사(1163~1245)가 매일 매일 선정하면서 『법화경』을 외우고, 준제진언을 천 번, 나무아미타불을 만 번 염송하였다고 한다.[84] 이처럼 준제진언이 수행과 함께 공덕을 쌓기 위한 주요 진언다라니로 염송되었음을 알 수 있다. 조선 후기는 여러 병란을 겪으면서 현실적인 어려움이 지속하였고, 이러한 고통을 벗어난 새로운 세계에 대한 염원이 있었다.

83 『大正新修大藏經』 卷 46, p.996. '何以多示准提眞言令人持誦 答云一爲准提總含一切諸眞言故准提能含諸呪 諸呪不含准提 如大海能攝百川 百川不攝大海 … 但只專心持誦亦具一切三昧 故大悲心經云 陀羅尼是禪定藏 百千三昧常現前故'

84 『東文選』 卷117, 碑銘, 「萬德山白蓮社圓妙國師碑銘」. '每禪觀誦授之餘 誦法華一部 念准提神呪一千遍 彌陀佛號一萬聲'

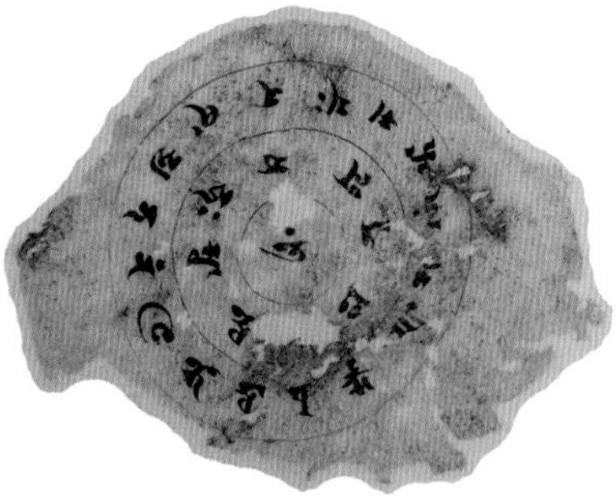

준제진언 묵서지 758. 국립대구박물관

준제진언 동경 고려, 국립중앙박물관

준제진언 동경의 범자 중국 원대[85]

이에 따라 자비로 중생의 괴로움을 구제하여 극락왕생의 길로 인도한다는 관음보살과 관련한 진언다라니가 성행하였는데, 대표적으로 육자진언과 준제진언이었다. 불도들은 두 진언다라니를 염송하여 관음보살에 대한 공양이나 공덕을 높이고자 하였는데, 그중에서 준제진언을 몸에 지니고 다니면 모든 중생이 복과 수명을 얻고, 불탑이나 기물에 봉안하거나 새긴 것을 보거나 듣기만 해도 죄가 소멸하여 죽은 자들도 극락에 왕생할 수 있는 영험한 진언다라니로 신앙하였다.[86] 이처럼 준제진언은 육자진언과 마찬가지로 진언을 구성하고 있는 각각의 범자가 종자로서 모든 진언다라니를 포함하고 있는 것으로 인식되었으며, 모든 공덕과 현세 이익적 성격을 동시에 함유한 진언다라니로 신앙하였다.

한편 범자는 아니지만 범자를 도상화하여 범자 이상의 상징과 의미를 함유한 불정심인(佛頂心印) 도상이 있다.[87] 불정(佛頂, Tathāgata-usṇīsa)은 원래 부처

---

85 高正龍, 「기와에 새겨진 육자진언 문화」, 『한국밀교문화총람 논문발표회』, 대한불교 진각종, 2016, p.15.

86 임근동, 「국내 실담문자를 통한 천수진언의 산스크리트 의미 해석」, 『印度哲學』 제13집 1호, 인도철학회, 2003.

87 이 圖像은 그동안 瑜伽心印으로도 알려져 있었다. 그런데 여러 자료에 의하여 밀교에서 상징성이 큰 〔om〕을 형상화 한 도상이며, 관법 수행의 대상이자 모든 진언다라니를 含藏하고 있는 도상으로 고대 인도에서 유래하였으며, 수행자들 간에 心印과 法印으로 전해지던 것이 도상화된 것으로 추정된다. 여러 자료에 분명하게 佛頂心印이라고 되어 있다(엄기표, 「寶珠形 唵(ॐ, om)

님의 정계(頂髻)를 지칭하는데, 계(髻), 육계상(肉髻相), 무견정상(無見頂相)이라고도 한다. 이처럼 정계가 부처님의 정수리를 지칭하기 때문에 불정은 최존(最尊), 최고(最高), 최승(最勝) 등의 의미가 있다.[88] 그리고 심인(心印)은 마음으로 인증한 경지라는 의미로 언어나 문자에 의하지 아니하고 부처나 스승으로부터 절대 경지를 마음으로 인증받은 것을 말한다. 즉, 언어나 문자를 떠난 마음에서 마음으로 전해진 깨달음을 의미한다. 결국 불정심인은 최고 경지와 깨달음에 대한 마음의 인증이자 상징이라 할 수 있다.

이러한 불정심인 도상의 시원과 유래는 명확하지 않다. 다만, 중국 산서성 홍동현(洪洞縣) 광성사(廣胜寺) 비로전의 벽비(壁碑)와 일본 용곡대학(龍谷大學)에 소장된 「옴자주도급찬(唵字呪圖及讚)」 등을 통하여 불정심인 도상의 명칭과 유래 등을 대략적으로나마 알 수 있다.[89] 두 자료에 의하여 도상의 제목과 유래, 의미와 공덕 등을 어느 정도 파악할 수 있는데, 먼저 도상의 이름은 불정심인이며, 고대 인도의 범자 '唵〔oṃ〕'자에서 유래하였음을 밝혀주고 있다.[90] 그리고 사악한 마귀를 제압할 뿐만 아니라 다양한 의미를 담고 있어 진리의 길로 인도하는 도상임을 강조하고 있다. 또한 유가(儒家)의 제자들은 알 수 없으며, 근기가 있는 승려는 이심전심으로 깨달음을 얻을 수 있다고 하였다. 이처럼 두 자료는 불정심인의 유래와 함께 함유된 의미와 상징성이 높은 도상임을 알려주고 있다. 한편 1346년 조성된 서산 문수사 금동아미타불좌상

字 圖像의 전개와 상징적 의미에 대한 試論」, 『선문화연구』 제14집, 한국불교선리연구원, 2013).

88 呂建福, 『中國密教史』, 中國社會科學出版社, 1995, p.51.

89 일본 大曲美太郎는 唵字를 寶珠形으로 형상화하여 조각한 것은 佛頂尊勝陀羅尼의 본존인 釋迦如來의 佛頂에서 나오는 것을 현실 속에서 輪王形으로 하여 고범자체로 도안하여 표현한 것으로 보았다(大曲美太郎, 「全南光州より出土せし各種の土瓦に就て」, 『考古學雜誌』 第20卷 第6號, 日本 考古學會, 1930, p.399. / 高正龍, 「韓國における滴水瓦の成立時期」, 『朝鮮古代研究』 第1號, 日本 朝鮮古代研究刊行會, 1999, p.108).

90 엄기표, 「寶珠形 唵(ॐ, oṃ)字 圖像의 전개와 상징적 의미에 대한 試論」, 『선문화연구』 제14집, 한국불교선리연구원, 2013. 명문은 다음과 같다. '義淨三藏於西天取得梵書唵字所 在之處一切鬼神見聞者無不驚怖 太宗皇帝御製讚 鶴立虵形勢未休 五天文字鬼神愁 龍盤梵贊層峯峭 鳳展翎儀已捲收 正覺印同眞聖道 邪魔交閉絶縱由 儒門弟子應難識 穿耳胡僧笑點頭 廣胜寺僧宗企立石張彦刊.'

①

②

① 중국 산서성 홍동현(洪洞縣) 광성사(廣胜寺) 비로전 벽비(壁碑)와 불정심인 도상
② 일본 용곡대학(龍谷大學) 「옴자주도급찬(唵字呪圖及讚)」

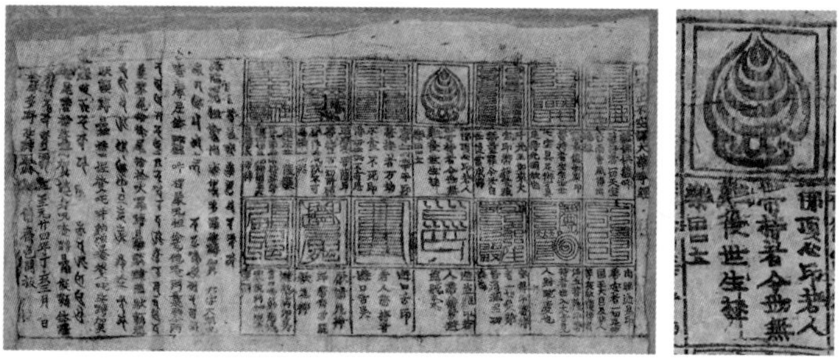

佛頂心印若人
帶持者今劫無
難役世生極
樂國土

서산 문수사 금동아미타불좌상 출토 「불공역대화수경다라니」 1287, 수덕사 근역성보관

에서 여러 유형의 낱장 다라니와 함께 「불공역대화수경다라니(不空譯大華手經陀羅尼)」(1287.3)가 수습되었는데, 이 다라니에 다양한 유형의 부적형 도안과 함께 불정심인 도상이 수록되어 있다.[91] 이 다라니는 사각형 구획 안에 불정심인 도상을 상부의 한가운데에 배치하고, 그 아래에 이 도상의 명칭과 공덕을

91 이 다라니는 왼쪽에 범어로 진언다라니의 종류와 함께 한역한 내용이 기록되어 있고, 말미에 '至元卄四年丁亥三月日'이라고 새겨져 있어 1287년 3월에 판각하였음을 알 수 있다. 그리고 부적형 도안 바로 아래에는 도안의 명칭과 효험이 기술되어 있다.

기록하였다. 그 내용에 의하면, 이 도상의 이름이 불정심인이며, 이 도상을 몸에 지니고 다니면 어려움을 이겨내고 극락왕생할 수 있다는 것이다.

이처럼 종자 이상의 상징성과 공덕이 높은 불정심인 도상은 고려 후기인 12~13세기경부터 불상의 복장물로 봉안된 낱장 다라니, 기와, 석조물 등 여러 유형의 불교 미술품에 새겨지기 시작하였다. 또한 다라니에서는 부적형 도안들과 함께 배치되는 경우가 많았다. 이렇게 새겨진 불정심인 도상은 기본적으로 좌우대칭의 보주 형상을 이루고 있는데, 상단부에 원형의 보주(공점)를 올리고, 그 아래쪽에 3~4줄의 굵은 돋을대를 반타원형(앙월점)으로 배치하여 보주를 받치도록 형상화하였다. 그리고 하부는 굵은 돋을대가 좌우로 펼쳐지면서 안쪽으로 말린 형태의 받침대가 마련되었으며, 도상의 외곽부를 따라 굵은 돋을대가 돌려져 있어 마치 굵은 돋을대에 의하여 도상 전체가 감싸인 형상으로 표현되었다. 그런데 이 돋을대의 표현 기법이 시대별로 약간의 차이를 보인다. 고려시대에는 일반적으로 외곽부에 표현된 굵은 돋을대가 오른쪽 하부에서 한번 끊기면서 안쪽으로 살짝 말린 형태로 마무리되며, 조선시대에는 돋을대의 끊김이 없이 이어지는 것이 주요 특징이다. 또한 조선후기에는 불정심인 도상에 대한 표현 기법이 유연해지면서 재료나 장인에 따라 다양한 형상으로 새겨졌다.

❶

❷

❸

❹

❺

⓮ 서울 개운사 목조아미타불좌상 복장물 다라니 1274
❷ 문경 대승사 금동아미타여래좌상 복장물 다라니 1301
❸ 합천 해인사 원당암 목조아미타불좌상 복장물 다라니 1375
❹ 평창 월정사 사자암 목조비로자나불좌상 복장물 다라니 1456
❺ 『진언집』 1569.5, 안심사판

광주 십신사지 석비　고려, 광주역사민속박물관

개성 고려 왕궁지 수막새　고려, 국립중앙박물관

원주 법천사지 수막새　고려, 강원문화재연구소

양주 회암사지 수막새　조선, 회암사지 박물관

남원 승련사 석각　조선

평창 상원사 적멸보궁 석비　조선

불정심인은 〔oṃ〕에서 유래한 도상으로 오래전부터 그 자체가 최고의 진리를 상징하여 관법의 대상이 되었으며, 다양한 위신력을 함유한 것으로 인식되어 신앙과 예불의 대상이 되었다. 그리고 불정심인은 부처님의 자비와 지혜의 상징으로서 그 자체가 수행의 대상이 되기도 했으며, 종자로서 모든 불보살을 상징하기도 하고, 육자진언을 비롯한 모든 진언다라니를 함장하는 의미도 있었다.[92] 밀교에서는 불정심인이 주술적인 힘을 가지고 있어 복을 가져오는 현실 기복의 대상이 되었으며, 우주의 근본 원리를 상징하는 것으로 인식되었다. 이처럼 불정심인 도상은 상징성과 함장하고 있는 의미가 높아 종교적인 측면에서는 부처님의 자비와 최고의 진리를 상징하여 관법과 수행의 대상으로서 궁극적으로는 성불과 해탈에 이르게 하는 방편이 될 수 있고, 현세적

92　허일범, 『한국밀교의 상징세계』, 해인행, 2008, p.170.

인 측면에서는 주력(呪力)을 가진 신비하고 영험한 신앙의 대상으로서 개인의 안녕과 복을 가져다 주는 현실 기복의 대상이었다. 불정심인은 종교적, 신비적, 주술적, 상징적, 현실적 문자이자 기호로서 다양한 의미와 상징을 담고 있는 대표적인 밀교 도상이라 할 수 있다.

한편 종자나 진언다라니는 아니지만, 낱장 다라니와 각종『진언집』등에 불정심인 도상과 함께 여러 유형의 부적(符籍)이 수록되어 전하고 있다. 이것은 부적이 밀교의 진언다라니 신앙과 일정한 상관관계가 있었음을 시사해 준다. 부적은 호부(護符), 신부(神符), 보부(寶符), 주부(呪符) 등으로도 불리었는데, 보통은 붉은색으로 글씨를 쓰거나 특정한 도상을 그려 몸에 지니거나 붙이는 종이를 의미한다. 부적은 종교가 발생하기 이전부터 있었던 주술적인 물건으로 귀신을 쫓고 제액을 예방하는 그림이나 문자에서 유래하였다고 한다. 부적의 소재는 특정 인물, 자연물, 추상적인 기호나 상징, 문자, 문양 등 다양하였다.[93] 이러한 부적에 대한 막연한 믿음이 불보살의 가호와 공덕을 얻을 수 있다는 진언다라니 신앙과 혼합하여 밀교 신앙의 한 유형으로 자리 잡게 된 것으로

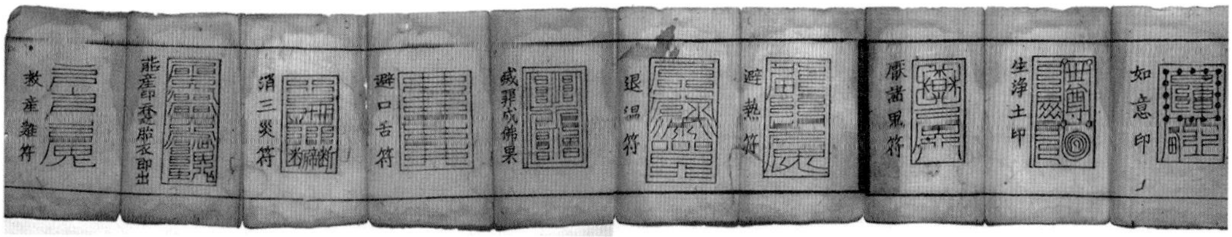

화성 봉림사 목조아미타불좌상 출토 다라니의 부적 부분 고려, 1268.2, 용주사 효행박물관

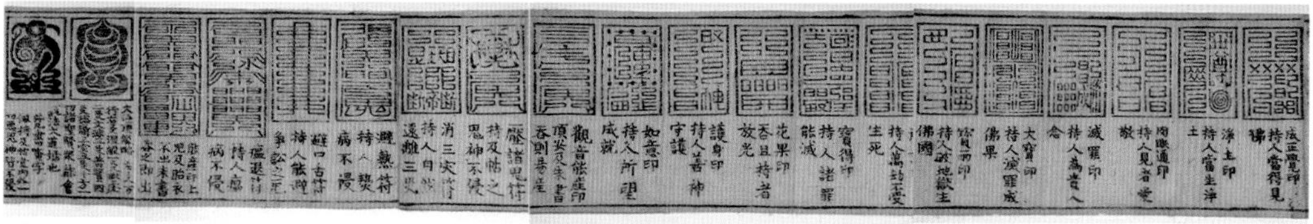

해인사 원당암 목조아미타불좌상 출토 다라니의 부적 부분 고려, 1375.겨울, 합천 해인사 성보박물관

93 김영자,『한국의 벽사 부적』, 대원사, 2008.

추정되고 있다. 특히, 부적은 밀교가 성행했던 나라와 지역을 중심으로 유행하였는데, 밀교 신앙과 결합하면서 현실 기복적 차원의 중요한 신물(神物)로 발전하였으며, 밀교의 진언다라니 신앙을 현실 속에서 효과적으로 응용한 밀교 신앙의 대표적인 유형으로 정착하였다. 따라서 넓은 의미에서 부적 신앙도 밀교의 범자 진언다라니 신앙의 한 유형이라고 할 수 있다.

그리고 고려시대 들어와 범자로 구성한 밀교의 진언다라니 신앙 관련하여 여러 유형의 경전이 간행 보급되었는데, 묶음 형태로 제작한 다라니를 비롯하여 낱장으로 인쇄한 다라니 등 다양한 유형이 확인되고 있다. 조선시대에도 진언다라니 신앙이 지속적으로 성행하면서 다양한 유형의 범자 진언다라니 관련 경전들이 간행되었다. 이처럼 고려와 조선시대에는 여러 종류의 범자 진언다라니 경전들이 상당량 간행되었는데, 일반적으로 영험하고 신비한 신앙의 대상으로서 공덕을 쌓으려는 의도가 강했다. 그래서 대부분은 현실 기복적인 차원에서 진언다라니에 대한 신앙이 전개되었다고 할 수 있다.

이러한 시대적 흐름 속에서 고려시대 이후 가장 많이 신앙하고 새긴 다라니는 오대진언 중에서 「대불정다라니(大佛頂陀羅尼)」로 파악되고 있다. 이 다라니는 『대불정여래밀인수증요의제보살만행수능엄경(大佛頂如來密因脩證了義諸菩薩萬行首楞嚴經)』(『수능엄경』) 권7에[94] 수록되어 있으며, 중인도 출신 승려였던 반자밀제(般剌密帝)가 705년경 중국 당나라로 가져와 처음 한역하였다. 이후 송나라 때 미가석가(彌伽釋迦)가 새롭게 번역하여 간행하기도 했다. 또한 당나라 때 방융(房融)이 필사한 것을 원나라 때 유칙(惟則)이 여러 승려의 해설을 모아 10권 5책으로 편찬한 후 그 경전이 보급되면서 「대불정다라니」가 널리 알려졌다고 한다. 어쨌든 이 경전은 인도의 나란타사가 비장(秘藏)하여 오던 것으로 인도 이외의 다른 나라에는 전하지 말라는 왕명에 의해 다른 불교

94 『大佛頂如來密因修證了義諸菩薩萬行首楞嚴經』은 줄여서 『大佛頂首楞嚴經』, 『首楞嚴三昧經』, 『首楞嚴經』, 『楞嚴經』 등으로도 불리는 대표적인 대승 경전이다.

국가에 전하지 않다가, 인도 밀교 승려들에 의하여 중국 당나라에 전해진 후 한역되어 간행되면서 널리 보급되었다고 한다. 그래서 중국에서 찬술한 위경(僞經)으로도 알려져 있다. 이 경전은 8세기경 신라에 전래한 것으로 추정되고 있으며, 고려시대에는 왕실뿐만 아니라 개인적인 차원에서 부모의 명복을 빌거나, 공양이나 공덕을 쌓기 위한 다양한 목적으로 신앙하거나 경전을 간행하였다.[95] 조선시대에도 낱장으로 인쇄되거나 묶음 형태의 책으로 상당량이 간행되었다.[96] 또한 여러 유형의 불교 미술품에 필사되거나 새겨지기도 했다.

「대불정다라니」가 수록된 『수능엄경』은 석가모니가 수행하여 깨닫는 방법을 구체적으로 제시해 주고 있는데, 그중에서 427구의 「대불정다라니」(능엄주)는 성불과 해탈의 문에 들어가는 주문으로 알려져 불도들이 널리 염송하였다. 이 주문을 읽거나 외우거나 몸에 간직하면 처음 보리심을 낼 때부터 부처님의 몸을 얻을 때까지 영원토록 나쁘거나 천하거나 가난한 곳에 태어나지 않는다고 한다. 그리고 주문을 지극 정성으로 외우면 소원이 이루어지고, 온갖 재앙이 모두 소멸한다고 한다. 또한 이 경전은 부처님의 말씀을 이해하는 것에 그치지 않고, 자신이 직접 몸소 부처님의 설법을 체득하는 것을 목적으로 하고 있어 승려들의 수행에도 필수적인 경전이었다. 이처럼 「대불정다라니」는 계속하여 염송하면 현실에서의 복과 함께 번뇌에서 벗어나 결국은 해탈의 경지에 이를 수 있다고 하여 널리 신앙되었다.

그리고 오대진언의 하나로 고려와 조선시대 널리 신앙된 다라니로 『불정존승다라니경(佛頂尊勝陀羅尼經)』에 수록되어 있는 「불정존승다라니(佛頂尊勝陀

95 고려시대 『大佛頂如來密因脩證了義諸菩薩萬行首楞嚴經』의 대표적인 간행 사례로 1309년 冲昷 등이 國大夫人 鄭氏 등의 후원을 받아 목판으로 간행하였으며, 1356년에는 李邦翰이 죽은 어머니의 명복을 빌기 위해 간행하였고, 金瑚와 靈巖郡夫人 崔氏 등이 시주하여 京畿道 安城 青龍寺에서 1372년 간행하였다.

96 조선시대 대표적인 사례로는 1433년 花巖寺版, 1461년 금속활자 王室版, 1462년 刊經都監版, 1489년 慈悲嶺寺版, 1547년 石頭寺版, 1609년 松廣寺版, 1672년 雲興寺版, 1682년 普賢寺版, 1692년 龍興寺版 등이 전해지고 있다.

羅尼)」가 있다.[97] 불정존승에서 불정(佛頂)은 가장 존귀하다는 뜻으로 여래의 32상 가운데 가장 높은 위치에 있는 정상의 육계(肉髻)를 부처로 상징화시킨 용어라 할 수 있다. 그래서 정수리에서 방광하는 여래를 불정여래(佛頂如來) 또는 불정륜왕(佛頂輪王)이라고 하며, 「불정존승다라니」가 주요 신앙의 대상으로 존격화되었다고 할 수 있다.[98] 불정은 일체의 공덕 가운데 불지(佛智)를 가장 존귀한 것으로 여긴다는 의미를 포함하고 있다. 그리고 존승(尊勝)은 가장 넓고 높은 불심의 지묘(至妙)함을 나타낸다.[99] 따라서 불정존승은 가장 존귀하고 지묘하다는 의미를 지니고 있다.

『불정존승다라니경』은 당나라 때인 680년에 인도에서 전래하여 두행의(杜行顗)와 불타파리(佛陀波利)가 각각 한역하여 처음으로 중국에 보급하였다. 그리고 710년경 의정(義淨, 635~713), 721년경 선무외(善無畏), 764년경 불공(不空) 등 당대의 대표적인 밀교 승려들이 다시 한역하여 간행하였다. 또한 송나라 때에는 법천(法天) 등 여러 승려가 다시 번역하였으며, 원나라 때에는 지공(指空)이 번역하였고, 청나라 때에는 속법술(續法述) 등이 다시 번역하여 보급하였다. 이처럼 『불정존승다라니경』은 청나라 때까지 여러 번에 걸쳐 한역되고 간행되었는데, 그것은 이 경전이 그만큼 신비하고 영험한 것으로 인식되었고, 그 안에 수록된 「불정존승다라니」에 대한 신앙이 지속되었음을 시사한다. 「불정존승다라니」는 87구로 구성되었는데, 주요 내용은 부처님이 사위국에 머물고 계실 때 33천의 선법당에 선주(善主)라는 이름의 천자가 있었는데, 그는 많은 천녀(天女)와 함께 매일 환락에 빠져 있었다고 한다. 어느 날 밤 공중에서 '선주 천자야 너는 7일 후면 목숨이 다할 것이고, 그 후에는 축생의 몸을 7번 받을 것이며, 그 후에도 지옥에 떨어져 나올 기약이 없다.'라는 말을 듣

97 「佛頂尊勝陀羅尼」는 「尊勝陀羅尼」, 「最勝佛頂陀羅尼呪」, 「如來佛頂尊勝」, 「灌頂最勝大陀羅尼」, 「佛頂最勝大陀羅尼」, 「法印大陀羅尼」, 「吉祥」 등 여러 명칭으로 불리고 있다.

98 변순미, 「불정존승다라니경의 의미 해석」, 『인도철학』 18집, 인도철학회, 2005, pp.131~132.

99 金永德, 「佛頂尊勝陀羅尼經에 관한 연구」, 『韓國佛教學』 제25집, 한국불교학회, 1999, pp.297~329.

게 된다. 이 소리를 듣고 선주 천자는 두려워 곧바로 제석천을 찾아가 그 이유를 물었다. 그러자 제석천이 여러 공양을 준비하여 부처님께 가서 선주 천자의 일을 아뢰고 구제법을 간청하자, 부처님께서 선주 천자가 그러한 업보를 받게 된 이유를 설명해 준다. 그리고 부처님께서 이를 구제할 수 있는「불정존승다라니」를 7번 외우라고 한다. 그러면 그 공덕으로 모든 악한 것을 깨끗하게 하고, 생사와 번뇌를 제거하며, 지옥과 축생의 고통을 면하게 하며, 지옥을 깨뜨려 극락왕생할 수 있게 된다고 하였다. 또한「불정존승다라니」를 1번이라도 듣거나 외워도 전생에 지은 모든 지옥의 악업이 소멸하여 청정한 몸을 얻을 수 있다고 한다.

현재 고려시대의 석당에「불정존승다라니」가 새겨진 것으로 파악되고 있다.[100] 그리고 제천 송계리 석비에도 대불정주(大佛頂呪)가 새겨져 있다. 이처럼 다라니를 지속하여 염송하고 외우고 몸에 지니고 있으면, 그 공덕으로 살아생전에 모든 악업이 소멸하고, 지혜를 얻을 수 있으며, 수명을 연장할 수 있고, 재난과 어려움을 제거하여, 죽은 이후에도 지옥에서 나와 극락왕생할 수 있다고 하였다. 또한 죄인도「불정존승다라니」를 새기거나 봉안한 탑 주변을 돌면 탑에서 티끌이 날아와 모든 죄를 사라지게 하고, 결국은 해탈에 이르게 하는 공덕이 있다고 한다. 이처럼「불정존승다라니」의 최대 공덕은 살아생전 업장 소멸과 죽은 이후 파지옥을 통한 극락왕생이라 할 수 있다. 그래서 고려와 조선시대 공덕이 높은 것으로 알려져 오랜 세월 동안 꾸준하게 다라니의 간행과 보급이 지속되었다.

그리고「불정존승다라니」와 함께 오대진언 중에 하나로「신묘장구대다라니(神妙章句大陀羅尼)」도 높게 신앙한 대표적인 다라니였다.[101] 불도들은 전통

---

100 南權熙,「高麗時代 陀羅尼와 曼茶羅類에 대한 書誌的 分析」,『高麗의 佛腹藏과 染織』, 계몽사, 1999, p.128.
「佛頂尊勝陀羅尼」 외에도「白傘蓋陀羅尼」,「大悲心陀羅尼」,「大隨求陀羅尼」 등이 새겨진 것으로 파악되고 있다.

101 「神妙章句大陀羅尼」는「千手陀羅尼」,「大悲神呪」,「大悲呪」,「大悲心呪」,「大悲章句」 등의 여러

북송, 1001

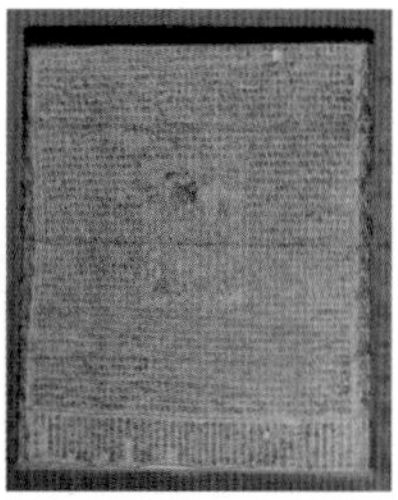

북송, 1005

중국 서광사탑(瑞光寺塔) 천궁 출토 「대수구다라니」 1978년 출토, 소주박물관(蘇州博物館)

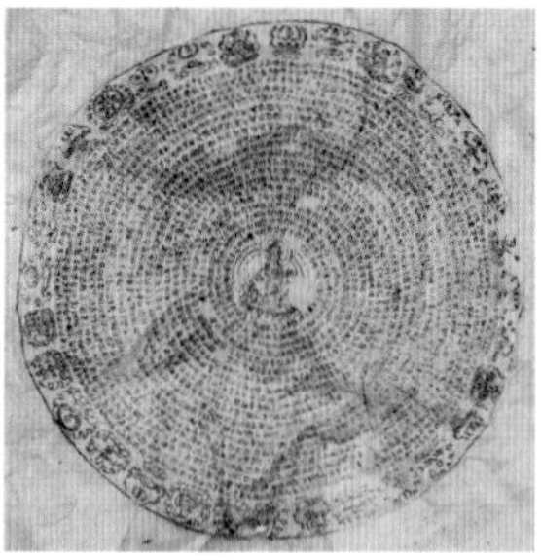

안동 보광사 목조관음보살좌상 출토 「대수구다라니」 고려

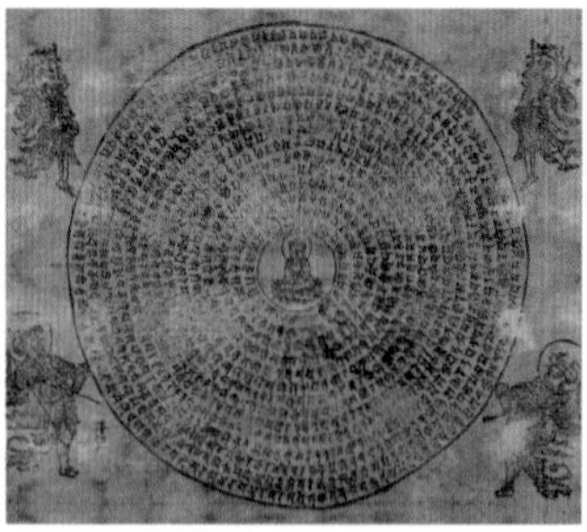

은제 경갑 출토 「대수구다라니」 고려, 삼성미술관

적으로 악업이 있을 경우 수행과 정진을 통하여 진정한 참회를 하고, 다라니의 공덕으로 그러한 악업과 업보를 소멸할 수 있다고 생각하였다. 그러한 인식에 기초한 「신묘장구대다라니」는 다른 다라니와 마찬가지로 청정한 마음으로 한결같이 염송하면 헤아릴 수 없는 공덕과 종교적 감화를 경험하게 된다고 한다.

또한 「대수구다라니(大隨求陀羅尼)」는 중국 당나라 때에 인도에서 전래하여 신앙하기 시작하였는데, 오대(五代)와 송대를 거치면서 더욱 성행한 것으로 알려져 있다.[102] 이 다라니는 당나라 때의 중심 도시였던 장안(長安)과 낙양(洛陽)을 중심으로 널리 보급되었으며, 다른 다라니에 비하여 기복적이고 세간적 실지 경향이 짙은 다라니로 인식되었다. 이 다라니는 종이에 인쇄하여 죽은 사람의 시신을 묻는 관이나 불탑에 봉안하기도 했으며, 팔찌의 빈공간에 여러 겹 접어서 납입하여 휴대하는 경우도 있었다. 또한 송대에는 석경당을 세워 그 표면에 「대수구다라니」를 많이 새겼다. 중국 소주(蘇州) 서광탑(瑞光塔) 3층의 천궁에서 1978년 「대수구다라니」가 수습되었는데, 이 다라니는 판각과

이름으로 불렸다.

102 『大隨求陀羅尼經』(Mahā-pratisāravidya-dhārani)은 『大隨求陀羅尼呪』, 『隨求即得眞言』이라고도 하였다.

인쇄한 시기를 구체적으로 알 수 있는 귀중한 자료로 평가되었다.[103] 우리나라에서도 공덕을 쌓고 극락왕생하고자 「대수구다라니」의 간행과 납입이 고려와 조선시대에 성행하였는데, 특히, 조선시대의 무덤에서 시신과 함께 많이 납입한 대표적인 다라니이기도 했다.

한편 박면(朴免)이 1375년 쓴 「제진언다라니(諸眞言陀羅尼)」에 수록된 「성불수구대다라니(成佛隨求大陀羅尼)」의 공덕을 설한 내용을 보면, 이 다라니는 모든 중생의 죄업과 장애를 없애고, 고통을 깨뜨리는 주문으로 위급한 고난에 부딪히거나 생사의 바다에 빠진 중생에게 해탈을 얻게 해준다고 한다. 나아가 이 진언다라니의 한 글자만 귓전에 스치거나 지니고 다녀도 고통을 받지 않고 업장이 소멸하여 부처의 세계에 태어날 수 있다. 이 다라니를 지닌 사람을 가까이만 해도 수명이 늘어나고 쾌락을 얻을 수 있고 불가에 태어나 모든 부처님의 설법을 한자리에서 들을 수 있다고 하였다.[104] 이처럼 「성불수구대다라니」도 다른 다라니와 마찬가지로 계속하여 염송하거나 지니고 다니면 그 공덕이 높다고 하였다.

그리고 많지는 않지만 「마리지천다라니(摩利支天陀羅尼)」도 공덕이 높다고 하였다. 마리지천(摩利支天)은 항상 해와 달의 앞에 있어 눈으로 볼 수는 없지만, 그 이름과 주문을 외우면 대신력(大神力)에 의하여 모든 악업을 없앨 수 있고, 모든 악업이 들어올 수 없고, 주문을 읽고 쓰고 외우고 옷에 간직하고 다니면, 모든 악인과 귀신을 물리칠 수 있는 공덕이 있다고 하였다.

전남 고흥 출토 무술명 동종의 「대보광박루각선주비밀다라니」 고려, 국립광주박물관

또한 전남 고흥 출토 무술명 동종에 새겨진 「대보광박루각선주비밀다라니(大寶廣博樓閣善住祕密陀羅尼)」는 우주의 삼천대천 세계를 금강으로 변화시키고, 악마들이 지닌 무기

103 李翎, 「『大隨求陀羅尼咒經』的流行与圖像」, 『佛教与圖像論稿』, 文物出版社, 2011, pp.170~205.
104 南權熙, 「고려시대 간행의 수진본 小字 총지진언집 연구」, 『書誌學研究』 제71집, 韓國書誌學會, 2017, pp.342~343.

를 꽃으로 변화시키는 신통력을 가지고 있으며, 모든 번뇌를 소멸하여 정각을 이룰 수 있게 하는 공덕이 있다고 한다. 결국 이 다라니도 다른 다라니와 마찬가지로 신통력을 통하여 모든 악업과 번뇌를 소멸시켜 성불에 이르게 하는 공덕을 지니고 있다고 할 수 있다.

이처럼 고려와 조선시대에는 진언다라니가 영험하고 신비한 주술력(呪術力)을 가지고 있는 것으로 인식하여, 현실에서 무사안녕과 수명연장 등 복을 기원하고, 죽은 사람의 극락왕생을 염원하는 등 산 자와 죽은 자를 위한 공양이나 공덕을 쌓고자 여러 유형의 진언다라니가 신앙되고 간행되어 보급되었다.

4. 범자 진언다라니의 전개와 특징

한국 불교사에서 범어로 된 경전은 삼국시대 불교 공인과 동시에 전래하였을 것이다. 그리고 삼국시대 승려들은 범어를 알았을 것이고, 범어에 대한 이해나 번역도 가능했을 것으로 보인다. 그런데 범자 진언다라니가 밀교 의례와 신앙 차원에서 본격적으로 전래하고 활용된 것은 통일신라시대부터라고 할 수 있을 것이다. 당시 통일신라 불교 신앙에 영향을 주었던 중국에서도 진정한 의미의 밀교 신앙은 당나라 때 인도 출신 승려였던 선무외(637~735)가 『대일경』, 금강지(669~741)가 『금강정경』을 가져와 한역한 경전을 간행하면서 본격적으로 보급되었다고 할 수 있다. 이처럼 중국도 당나라 때에 이르러서야 인도로부터 여러 밀교 신앙 관련 경전이 전래하였으며, 이를 한역한 경전들이 보급되면서 밀교 신앙이나 의례의 중심축을 이루고 있는 진언다라니 신앙이 서서히 확산하였다. 당시 통일신라도 중국에서 성행하고 있었던 밀교 신앙과 의례를 여러 루트를 통하여 접하였고, 많은 승려가 중국이나 인도에 유학하여 밀교를 수학한 이후에 귀국했다. 이러한 것으로 보아 이 시기를 전후하여 범자 진언다라니에 대한 신앙이 전래하였고, 신앙 활동이나 의례 등에 활용되기 시작했을 것이다. 그런데 그러한 양상을 전하는 관련 기록은 많지만, 범자 진언다라니에 대한 신앙을 직접적으로 보여주는 실물 자료는 많지 않다. 현재 김천 갈항사지 3층석탑(758)에서 수습된 「준제진언묵서지」와 경주 덕동사지에서 출토된 범자 벽돌들이 통일신라시대 범자 진언다라니에 대한 신앙을 보여주는 대표적인 사례이다. 이러한 것으로 보아 우리나라에서 범자 진언다라니는 8세기 중후반 경부터 밀교 신앙과 의례의 대상으로서 불가에서 실제 활용되었던 것으로 보인다.

그리고 범자 진언다라니 관련 경전이 간행되고, 각종 불교 미술품 등에 범자 진언다라니가 밀교 신앙과 의례의 차원에서 본격적으로 활용되고 새겨지기 시작한 것은 고려시대부터라고 할 수 있다.[105] 고려는 건국 직후부터 중앙정부 차원에서 불교를 중시하였고, 왕실에서부터 일반 백성들에 이르기까지 폭넓게 불교를 신앙하여 호국불교적 성격이 강하였다. 또한 고려는 건국 직후에 현성사(現聖寺) 등 밀교 관련 사찰을 창건하여 후원하기도 했으며, 요나라와 금나라 등 밀교를 신봉했던 북방의 여러 나라들과 교류하였다. 이에 따라 고려시대 들어와 『범서총지집』과 『밀교대장』 등 여러 유형의 밀교 관련 경전이 간행되었고, 범자 진언다라니가 각종 법회나 의례 등에 활용되었다. 특히, 중국 북방지역의 원나라와 교류가 활발해진 고려 후기에는 밀교 신앙이 널리 보급되고 확산하였다.

이러한 밀교 신앙과 의례는 왕조가 바뀐 조선시대에도 그대로 계승되었다. 다만, 조선이 정부 차원에서 억불 숭유 정책을 추진하면서 불교계가 부침은 있었지만, 오랫동안 신앙한 불교 신앙을 일순간에 단절시키기는 어려웠다. 그리고 불교계가 위축되고 산중으로 이동하면서 불교 신앙도 민간 기복 신앙의 성격으로 변화되어 가거나, 신앙 활동과 의례 등도 은밀하게 이루어지는 일면

---

105 許一範, 「高麗·朝鮮時代의 梵字文化 硏究」, 『회당학보』 제5집, 회당학회, 2000. / 엄기표, 「고려~조선시대 梵字眞言이 새겨진 石造物의 현황과 의미」, 『역사민속학』 제36호, 한국역사민속학회, 2011.

을 보인다. 또한 현실의 어려움이나 복을 기원하는 불교 신앙이 주류를 이루게 된다.[106] 그에 따라 현실 기복적인 성격이 강한 관음신앙과 관련한 여러 경전이 보급되거나, 밀교 신앙과 의례를 반영한 『오대진언』과 『진언집』 등 범자 진언다라니에 대한 신앙과 관련한 밀교 경전들이 다수 간행되었다. 그러면서 불교를 신앙한 왕실이나 사대부가를 비롯한 일반 백성들은 공덕을 쌓기 위하여 범자 진언다라니와 관련된 경전 간행이나 낱장 다라니의 인쇄를 후원하거나 봉안하는 것이 일반화되었다. 그것은 현실에서의 기복과 죽은 이후 극락왕생하기 위한 주요한 공덕으로 인식되었다. 나아가 조선 후기에는 범자 진언다라니가 죽은 부모나 선조들의 영가천도에도 영험이 있다는 신앙에 따라 범자 진언다라니 관련 목판 제작과 인출이 널리 성행하였다.

이러한 사실을 엿볼 수 있는 내용이 조선왕조실록에도 수록되어 있다. 조선 태종이 즉위한 1401년에는 총지종(摠持宗) 승려들이 궁궐에 들어와 진언다라니를 염송하였다고 하며, 1408년 4월에는 사신을 통하여 진언이 유입되기도 했다. 태종은 1408년 6월에는 상왕이었던 태조 이성계가 참석한 자리에서 진언 법회를 베풀고 직접 향을 살랐다고 한다. 세종은 1423년 10월 행정 관부인 유후사(留後司)에 명하여 진언대장경판을 운송해 오라고 명하기도 했으며, 경판을 활용하여 진언다라니를 인출하기도 했고, 밀교 경판을 일본 사신에게 하사하기도 했다. 또한 1426년 6월과 11월의 기록에는 당시 근정전(勤政殿)에 있던 어좌(御座)에 진언이 새겨졌고, 근정전 천화판에도 진언이 새겨져 있어, 여러 신료가 진언을 지워버릴 것을 건의하였지만 일부만 수정하고 지우지는 않았다고 한다. 조선 중종 때인 1517년에도 시녀가 원자에게 진언을 독송하였다고 한

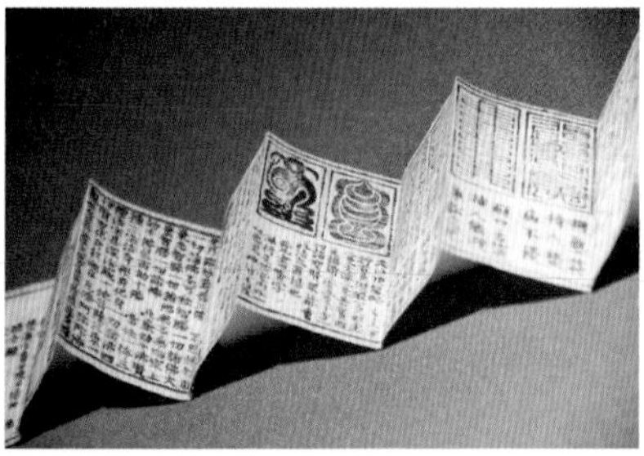
합천 해인사 원당암 목조아미타불좌상 출토 다라니
고려, 1375.겨울, 해인사 성보박물관

106 남희숙, 「朝鮮時代 陀羅尼經·眞言集의 간행과 그 역사적 의의」, 『회당학보』 제5집, 회당학회, 2000, pp.90~91.

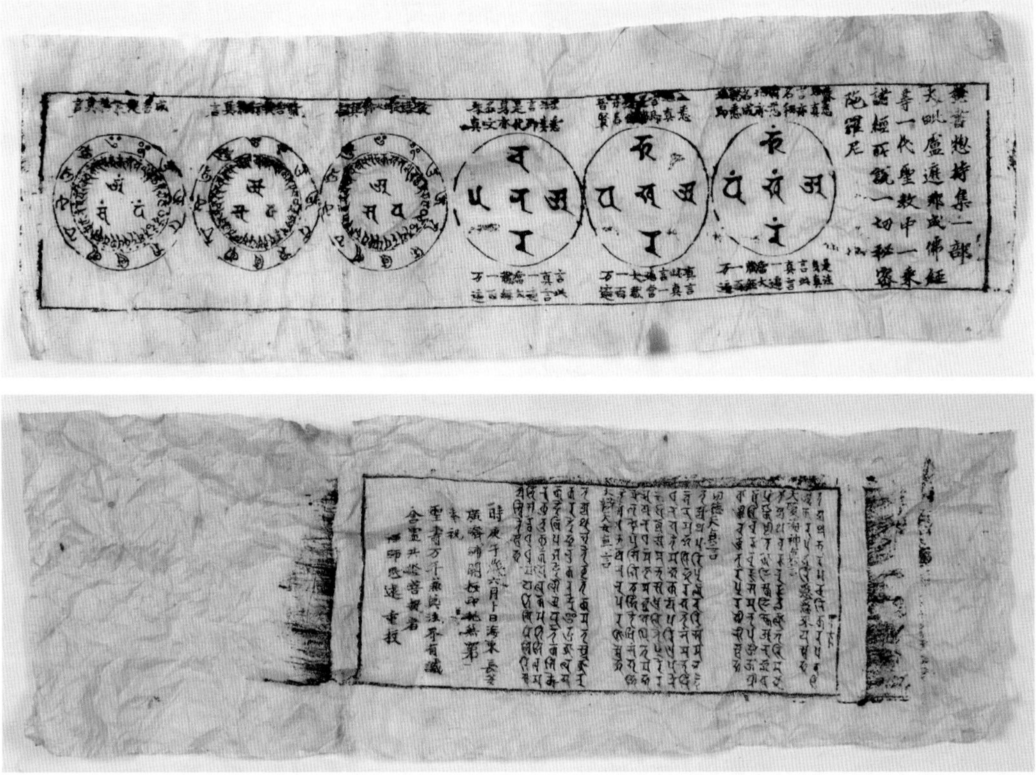

안동 보광사 목조관음보살좌상 출토 『범서총지집』(1장과 47장)　고려, 1150.6, 손영문 제공

다. 이처럼 불교계가 상당히 위축되었던 조선 전기에도 왕실에서 진언다라니 관련 의례 등이 산발적이지만 행해졌음을 알 수 있다. 특히, 조선 후기에는 불교계가 부흥하고, 현실 기복과 극락왕생을 염원하는 밀교 신앙이 폭넓게 확산하면서 범자 진언다라니에 대한 신앙이 크게 성행하게 된다. 이에 따라 다양한 유형의 밀교 관련 경전들이 간행 보급되었다.

한국 불교사에서 범자 진언다라니는 한 글자나 여러 글자가 하나의 단위나 문장을 이루고 있는데, 어떻게 구성되든 신비하고 영험한 것으로 인식되어, 신앙과 예불의 대상으로서 염송되거나, 복을 빌고 극락왕생을 염원하는 주문과 같은 것으로 간주되었다. 그리고 범자 진언다라니는 그 자체가 밀교 신앙의 한 유형으로 관법 수행이나 깨달음의 대상이 되기도 했다. 이러한 범자 진언다라니 신앙은 한국 불교사에서 밀교 신앙의 대표적인 유형으로 분류되기도 하지만, 현교적 경향이 강한 한국 불교 안에서는 특별한 구분 없이 다양한 불교 신앙들과 혼재되면서 함께 발전되어 왔다고 할 수 있다. 한국 불교사에서 밀교 신앙적 측면이 범자 진언다라니를 중심으로 전개된 것은 분명하지만, 그러한 것이 밀교 신앙의 특성으로만 인식되거나 전개되었다고는 할 수 없다. 즉, 한국 불교사에서 범자 진언다라니는 기본적으로 밀교 신앙이었지만 현교 안에서의 신앙과 의례로서도 중요한 역할을 수행하였기 때문에 통불교적 성격의 한국 불교 안에서 함께 전개되었다고 할 수 있다. 이러한 측면으로 한국 불교사에서 현교와 밀교를 구분하기 어렵고, 범자 진언다라니에 대한 신앙을 유형 분류하는 것도 큰 의미는 없다고 할 수 있다. 이처럼 한국 불교사에서 밀교 신앙의 중요한 요소인 범자 진언다라니에 대한 신앙은 한국 불교를 통불교로 칭하게 하는 중요한 요소 중에 하나라고 할 수 있다.[107]

우리 역사에서 신라와 고려 초기까지의 불교는 밀교적 측면의 기복적 성격도 있었지만, 기본적으로 부처와 같이 깨달아 성불하고자 하는 구도적 성격에 방점이 있었다고 할 수 있다. 그리고 고려 후기부터 조선시대까지의 불교는 부처가 되고자 하는 구도적 성격도 있었지만, 밀교적 경향의 기복적 성격이 더욱 강했다고 할 수 있다. 이러한 것이 밀교 신앙의 전래에 의한 변화인지, 아니면 불교 신앙의 자연스러운 변화 과정에서 새로운 신앙 요소로 밀교가 유입되면서 나타난 변화인지는 명확하지 않다. 다만, 우리나라 불교사에서 시대가 바뀌고, 시간이 흐르면서 밀교 신앙이 확산한 것은 분명하며, 그러한 밀교 신앙의 중심에 범자 진언다라니가 있었다. 이러한 범자 진언다라니가 동아시아의 밀교에서는 일반적으로 필요조건이었다면, 한국의 밀교 신앙에서는 가장 핵심적인 요소로서 기능하였기 때문에 충분조건이었다고 할 수 있다. 그래서인지 한국의 밀교는 의례적인 측면도 있었지만, 그것보다는 범자 진언다

107 金永德, 「密敎의 韓國的 受容의 一例」, 『密敎學報』 제3집, 밀교문화연구원, 2001, pp.57~85.

라니에 대한 신앙 위주로 밀교 신앙이 전개되었다고 할 수 있다. 즉, 한국 범자의 역사와 문화는 밀교 신앙의 한 유형인 범자 진언다라니가 주류를 이루었다. 그래서 한국 밀교의 역사와 문화는 범자 진언다라니의 역사와 문화라고 할 수 있다.

이처럼 한국 밀교 신앙의 중심에는 신비하고 영험하게 인식되어 높게 신앙된 진언과 다라니가 있었다. 일반적으로 진언은 'mantra'의 의역으로 부처의 깨달음이나 서원을 의미하는 말로 신비하고 영적인 능력을 나타낸다고 믿어지는 구절이나 단어, 음절을 가리킨다. 그리고 다라니(dhāranī)는 불경의 근본적인 원리를 기억하기 쉽게 요약한 문장을 의미한다. 그런데 현실 속에서 진언과 다라니를 명확하게 구분하는 것은 상당히 어렵다고 할 수 있다. 왜냐하면 한국 밀교 신앙에서는 진언을 다라니로 부르거나, 진언을 다라니로 인식하거나, 진언을 다라니로 간주하거나, 진언이 다라니 역할을 하기도 했기 때문이다. 역시 그 반대로 다라니를 진언으로 부르거나, 다라니를 진언으로 인식하거나, 다라니를 진언으로 간주하거나, 다라니가 진언 역할을 하기도 했다. 그래서 진언과 다라니를 혼용하는 경우가 많았다. 그리고 진언과 다라니를 엄격하게 구분하여 필사하거나 독송한 것도 아니었으며, 수행에 있어서는 병행하기도 했다. 이러한 양상은 밀교 신앙이 보급된 다른 불교 국가도 비슷하였다. 그것은 진언과 다라니의 구성이 유사하며, 진언과 다라니가 같은 목적을 가졌기 때문으로 보인다. 이러한 측면으로 인하여 한국 밀교에서 진언과 다라니를 엄격하게 구분하여 용어를 사용하는 것은 어렵다고 할 수 있다. 그래서 필자는 진언과 다라니를 통칭하여 진언다라니라고 하였다.

그렇다면 한국 불교사에서 범자 진언다라니에 대한 신앙이 널리 보급되고 성행했던 배경은 무엇이었을까? 이러한 배경에는 다양한 요인들이 작용하였을 것으로 보인다. 먼저 범자 진언다라니의 벽사적이고 기복적인 성격, 현실에서의 공덕이 높다는 점을 들 수 있을 것이다. 신분과 계층에 상관없이 누구나 범자 진언다라니를 계속적으로 염송하면 복을 받을 수 있고, 소원을 성취할 수 있고, 재앙을 물리칠 수 있으며, 무병장수할 수 있다는 믿음이 있었다. 그래서 범자 진언다라니 그 자체를 신비하고 영험하게 인식하여 신앙의 대상으로 삼았으며, 부처님의 신성한 언어로 인식하여 예불과 수행의 방편으로도 활용하였다. 그리고 고려 후기에 밀교가 성행했던 원나라와의 밀접한 교류 등으로 현세 구복적인 다양한 밀교 신앙이 전래하여 널리 확산하였다는 점도 간과할 수 없는 부분이다. 특히, 원나라는 여러 범자로 구성한 다양한 유형의 범자 진언다라니 신앙이 유행하였고, 그러한 신앙이 고려에 유입되어 보급되기도 했다.

그리고 범자 진언다라니는 고려 후기부터 망자의 명복을 빌거나 극락왕생을 염원할 때 공양과 공덕을 쌓는 신앙의 대상으로 활용되었다. 인간은 누구나 죽음을 피할 수 없고, 죽음 이후의 세계에 대한 막연한 두려움은 많은 사람을 불교에 귀의하도록 만들었다. 이에 따라 불교적인 세계관에 의한 장례문화가 형성되었는데, 그러한 것에 밀교의 범자 진언다라니 신앙이 많은 영향을 미쳤다. 이처럼 범자 진언다라니에 대한 신앙이 널리 보급되면서 시신과 함께 범자 진언다라니를 매납하면 망자에 대한 추복과 함께 극락왕생할 수 있는 공덕을 쌓을 수 있다고 생각하였다. 이에 따라 범자로 구성한 낱장 다라니나 범자가 새겨진 동경 등을 시신과 함께 무덤에 매납하였는데, 이것은 범자 진언다라니가 주술적이고 영험한 신앙의 대상으로 인식되었음을 짐작하게 한다. 이처럼 고려와 조선시대 불도들은 범자 진언다라니의 인쇄가 가능하도록 목

순창 운림리 농소 고분 출토 목관 국립나주문화재연구소

음성 정담 부부 무덤 출토 다라니

판의 제작 등을 후원하여 살아생전에 공덕을 쌓으면, 현실에서 복을 받고, 죽은 이후 극락왕생할 수 있다는 관념과 믿음도 있었다. 범자 진언다라니가 사바세계뿐만 아니라 죽은 이후의 세계도 관장한다는 인식은 그것에 대한 신앙이 폭넓게 확산하는 계기가 되었다.

또한 고려와 조선시대 다양한 밀교 관련 경전의 간행과 보급도 범자 진언다라니 신앙이 유행하는 배경이 되었다. 현재까지 확인된 고려시대 간행된 범자 진언다라니 관련 대표적인 밀교 경전으로는 여러 번에 걸쳐 간행된 『범서총지집(梵書摠持集)』(1150.6~1228), 『밀교대장(密敎大藏)』(고려 충숙왕대), 『오대진언(五大眞言)』(고려 말기) 등이 있다. 또한 조선시대에도 왕실에서 일반 백성들에 이르기까지 여러 계층이 후원하여 다양한 밀교 경전이 간행되었으며, 여러 유형의 낱장 다라니가 인쇄되어 널리 보급되었다. 조선 전기에는 억불숭유 정책 기조로 불교계가 위축되었지만 호불적인 군주와 왕실의 지원으로 여러 유형의 밀교 관련 경전이 간행되었다. 또한 임진왜란과 정유재란을 겪은 조선 후기에는 불교 신앙을 통하여 피폐해진 현실에서의 삶을 개선하고 극복해 보고자 하였는데, 그 과정에서 공덕을 쌓아 복을 기원하고 극락왕생하고자 불도들은 밀교 경전 간행과 다라니 인쇄에 많은 후원을 하였다. 그래서 조선시대에는 많은 밀교 관련 경전들이 간행되었는데, 고려시대까지 가장 많이 신앙한 대표적인 다라니를 모아 여러 번에 걸쳐 간행한 『오대진언집(五大眞言集)』(1484.3~1634.8), 육자진언의 공덕을 제시한 『성관자재구수육자선정(聖觀自在求修六字禪定)』(1560.5), 당시까지 신앙한 모든 범자 진언다라니를 집대성하고 각각의 공덕과 활용 방법 등을 구체적으로 제시한 『진언집(眞言集)』(1569.5~1800.4), 불상과 불화의 공덕을 의례에 따라 정리한 『조상경(造像經)』(1575.2~1824.6), 준제진언 다라니의 공덕을 설한 『준제경(准提經)』(1724), 밀교의례와 공덕을 정리한 『밀교집(密敎集)』(1784.7) 등이 대표적이다. 이렇게 간행한 경전들은 전국의 사찰과 불도들에게 보급되었다. 이처럼 다양한 범자 진언다라니를 체계적으로 엮은 경전의 간행과 보급은 지역이나 사찰별로 조금씩 달랐던 밀교 의례와 절차 등을 통일하였으며, 범자 진언다라니에 대한 신앙과 의례에 일정한 격식을 갖추게 하였다. 그리고 범자 진언다라니의 유형과 공덕 등을 명확하게 제시하여 다양한 유형의 범자 진언다라니가 폭넓게 활용되는 배경이 되었다.

이러한 고려와 조선시대 범자 진언다라니에 대한 신앙의 전개 양상은 몇 가지 특징적인 양상을 보였다. 먼저 특정한 범자 진언다라니를 중심으로 신앙이 전개되는 특징을 보여주고 있다. 고려시대는 현재까지 확인된 관련 경전과 복장물 등으로 보아 500여 종 이상의 다양한 범자 진언다라니가 확인되고 있다. 그러나 일상이나 의례에서 실제로 신앙하거나 활용한 범자 진언다라니는 많지 않다. 그리고 조선시대에는 억불 숭유 정책으로 불교계의 위축 등 많은 변화를 겪기도 했지만, 이전 시대와는 달리 50여 종의 중요 진언다라니를 중심으로 신앙이 전개되는 양상을 보인다.[108] 조선 중기까지 『진언집』의 간행 등으로 다양한 범자 진언다라니가 계승되기는 했지만, 현실적인 측면에서 보면 특정한 범자 진언다라니 위주로 신앙이 전개되었다. 즉, 정법계진언, 삼밀진언, 육자진언, 준제진언 등을 중심으로 신앙하거나 활용하는 양상을 보여주고 있다. 또한 조선시대에는 범자 진언다라니가 신앙의 대상으로서 예불과 관법 수행의 대상이기도 했지만, 각종 불교 미술품을 장엄하는 문양의 요소로도 활용되었다. 이것은 당시 범자 진언다라니가 기본적으로 종교적 염원이나 세속적 기원을 담고 있는 신성한 어구이지만, 불도나 장인들은 범자 진언다라니가 상징성을 함유한 것으로 인식하였기 때문에 문양화하였다고 할 수 있다. 범자 진언다라니 그 자체가 신성한 어구이자 장엄적인 측면을 동시에 가진 것으로 인식하였음을 알 수 있다. 대표적으로 〔oṃ〕자나 불정심인 도상이 가장 많이 활용되었다.

그리고 한국의 불교 미술품에 필사되거나 새겨진 범자 진언다라니는 경전

108 南權熙, 『高麗時代 記錄文化 硏究』, 청주고인쇄박물관, 2002, p.313.

화순 운주사지 출토 수막새 고려, 국립광주박물관

강진 사당리 요지 출토 청자상감편 고려, 국립광주박물관

범자 동경 조선, 대구 카톨릭대학교 역사박물관

에 근거하여 정확하게 표현한 경우도 있지만, 간략화시키거나 생략한 경우도 많다. 즉, 여러 자로 조합되었거나, 길게 구성된 진언다라니를 줄여서 새기거나, 특정한 범자로 대체하기도 하였다. 또한 수행자나 예불자에 따라 생략하거나, 자기 나름대로 범자를 변형시켜 의도를 파악하기 어려운 경우도 많다. 그래서 어떤 의도로 어떤 범자 진언다라니를 필사하거나 새겼는지를 알 수 없는 경우가 많다.

또한 한국 불교사에서 범자 진언다라니는 선종과 밀교의 융합적 신앙 양상을 보여주는 사례라고 할 수 있다. 범자 진언다라니는 밀교적 경향이 강한 신앙 유형이라 할 수 있는데, 선승들도 진언다라니의 독송을 강조하거나, 진언다라니를 첨가하여 경전을 간행하기도 했다. 이것은 선종과 밀교가 융합된 측면이라 할 수 있다.[109] 그리고 여러 자로 구성한 진언다라니를 새기거나 배열할 경우, 기본적으로 진언다라니의 순서에 따라 포자륜(布字輪)과 원자륜(圓字輪)에 기초한 자륜식(字輪式) 배치법을 적용하였다. 이러한 방식은 동아시아에서 가장 일반적으로 활용한 범자 진언다라니 배치법이기도 했다. 한국에서 범자 진언다라니가 새겨진 금강령, 도자기, 향로, 수막새 기와, 우물천장, 동종,

109 徐閏吉, 『韓國密敎思想史硏究』, 불광출판부, 1994, pp.467~468.

동경, 금고 등에서 자륜식 배치법이 확인되고 있다. 이것은 범자 진언다라니의 일반적인 배치법이기도 했지만, 마니차처럼 원만하게 무한한 공덕을 쌓고, 불법이 법륜처럼 모든 중생에게 전해지라는 의미가 있는 것으로 보인다.

중국이나 일본은 밀교가 성행하면서 특정한 불상을 상징하거나 표상하는 종자를 활용하는 경우가 많았는데, 한국은 종자를 배치한 경우는 거의 없고 해당 불상을 직접 그려 넣거나 조각하여 봉안하는 경우가 대부분이다. 특히, 일본은 진언종이 발달하면서 종자를 활용한 불교미술이 크게 발전하였는데, 한국은 종자보다는 여러 자로 구성된 진언다라니를 중심으로 성행하여 범자의 사용, 진언다라니의 활용 등에 있어서 차이를 보여주고 있다.

그리고 한국의 범자와 진언다라니는 시기별로, 지역별로, 수행자별로, 서자별로 다양한 의도와 의미를 두었고, 범자에 대한 신앙과 수행 정도에 따라 상징성을 담았기 때문에 정형화된 틀 속에서 판독하고 이해하려는 것은 한계에 이를 수 있다. 따라서 한국의 범자와 진언다라니는 자유 분방한 다양성 속에서 접근하고 판독하고 이해해야 한다. 또한 한국 범자의 역사와 문화는 밀교의 역사라고 할 수 있을 만큼 밀교 신앙이나 밀교미술과 밀접한 관련 속에서 전개되었다. 이러한 범자는 문자로서, 기호로서, 문양으로서, 상징으로서, 신앙으로서 시대와 개인에 따라 다양하게 인식되었다.

VI

다른 나라의 범자 문화

History & Culture of Sanskrit in Korea

1. 중국

불교가 중국에 처음 전래한 시기는 확실하게 알 수 없지만, 후한 명제 영평(永平) 연간(58~75)에 당시 수도였던 낙양에 전해졌다고 한다. 명제는 꿈에 부처가 나타나는 꿈을 꾸고 사신을 서역으로 보냈는데, 인도 승려인 가섭마(伽葉摩)와 축법란(竺法蘭)이 불교를 전하기 위하여 백마에 경전과 불상을 싣고 들어왔다고 한다.[1] 이에 명제는 이들을 크게 환영했으며, 당시 외국 사신들의 접대를 관장하는 관청으로 홍로사(鴻臚寺)가 있었는데, 이들을 위해 백마사(白馬寺)로 고쳐 머물게 했다고 한다. 당시 인도 출신 승려들에 의하여 불교와 함께 범어로 된 경전이 전해졌을 것으로 보인다.[2] 따라서 범자가 중국에 전해진 것은 불교의 전래와 함께였다고 할 수 있다.[3] 그러나 중국에 전래한 초기 범자에 대하여 알 수 있는 유적이나 유물은 전하지 않는다. 다만, 일본 공해(空海)가 찬술한 『라집실담장(羅什悉曇章)』과 『섬파성실담장(贍波城悉曇章)』 1권에 인도 승려 구마라집(鳩摩羅什, 344?~413)이 활동한 시기에 장안을 중심으로 범자에 대한 학습과 연구가 있었음을 알 수 있는 내용이 전한다. 그리고 양나라의 승우(僧祐, 445~518)가 찬술한 『출삼장기집(出三藏記集)』의 「안공실역경록(安公失譯經錄)」에 『실담모(悉曇慕)』 2권이 전하여 당시 범자 학습서가 있었음을 알 수

1 『洛陽伽藍記』 卷 4, 城西, 白馬寺.

2 중국에서는 인도 불교 경전에 대한 번역 사업이 활발하게 전개되었는데, 이를 통상 1. 古譯時代(竺法護 등이 대표적), 2. 舊譯時代(鳩摩羅什 등이 대표적), 3. 新譯時代(玄奘 등이 대표적)로 나누고 있다.

3 F 에저튼 · 이태승 편역, 『불교혼성범어 입문』, 위덕대학교 출판부, 2000, p.56.

있다. 또한 북량(397~439)의 도태(道泰)가 한역한 『대장부론(大丈夫論)』과 양나라의 보량(寶亮, 444~509) 등이 찬술한 『대반열반경집해(大般涅槃經集解)』에도 실담에 대한 서술이 있다. 이러한 것으로 보아 중국은 일찍부터 고대 인도 문자가 전래하였으며, 당시 전래한 문자는 굽타형의 문자에서[4] 파생한 실담문자를 의미하는 것으로 추정되고 있다.[5]

한편 밀교는 인도의 불교 역사에서 원시-부파-대승에 이어 마지막을 장식한 불교 신앙이라고 할 수 있다. 대승불교는 부처의 어려운 불교 교리보다 신성하고 영험한 것으로 신봉되던 다라니를 중심으로 불교 교리를 재구성하여, 누구나 이해하기 쉽고, 공덕을 쌓으면 성불할 수 있다는 이론과 수행법을 제시하였다. 이처럼 대승불교가 전파되는 과정에서 출현한 것이 밀교였다고 할 수 있다.[6] 당시 밀교는 불교 교단의 한계, 힌두교의 성행, 일반 민중들로부터 쉽고 현실적인 신앙으로 신봉되던 진언다라니 등이 중요한 출현 배경이 되었다. 초기 밀교는 고대 인도를 중심으로 발전했는데, 이슬람 세력이 침입하면서 사원은 파괴되고 밀교 승려들은 학살당하였다. 이에 따라 인도의 밀교 승려들이 사리탑과 불상을 땅속에 묻고 북쪽으로 떠나면서 밀교도 자연스럽게 북쪽 지방으로 전해지게 되었다. 그래서 초기 밀교는 히말라야를 중심으로 한 티벳(Tibet) 지역에서 크게 발전하게 된다. 티벳 지역은 네팔을 통하여 밀교가 전해진 것으로 알려져 있는데, 인도의 밀교 승려들이 들어오면서 티벳의 전통 신앙인 본(Bon)교와 융합되어 라마교(喇嘛教)가 크게 발전하였다. 그리고 티벳 지역에서는 탄트라계 경전의 번역도 활발하게 이루어졌다. 이러한 밀교가 진

---

4 브라흐만 문자를 바탕으로 인도의 역사적 전개에 동반하여 나타난 범자의 형태는 다양하게 나누어지고 있다. 대표적으로 마우리아형, 마하라슈트라형, 굽타형, 실담자모형, 나가리형, 샤라다형, 전기벵갈형, 쿠틸라형 등 다양하다. 이 중에 중국에 전해져 범자의 표본이 된 것은 굽타형의 문자에서 파생된 실담자모형으로 알려져 있다. 그래서 실담자모형에 대한 학습과 체계적인 이해가 이루어져 '悉曇學'이 성립되었다.

5 이태승·안주호, 『悉曇字記와 望月寺本 眞言集 硏究』, 글익는들, 2004, pp.20~23.

6 전동혁(종석), 「密教의 修行 -『菩提心論』을 중심으로-」, 『淨土學硏究』 제11집, 한국정토학회, 2008.

언다라니를 비롯한 현실 기복 신앙과 결합하여 북방 지역으로 전파하였다.[7] 이러한 과정에서 중국~한국~일본으로 밀교가 전해지면서 자연스럽게 범자 진언다라니에 대한 신앙도 보급되었다. 당시 범자는 문자 이상으로 상징적인 의미가 부여되었으며, 밀교의 존상을 상징하여 관법과 수행의 대상으로도 인식되었다.

중국 수나라의 승려였던 혜원(慧遠, 523~592)과 언종(彦琮, 557~610)은 자신의 저서에 실담문자에 대해 기술하고 있다. 그리고 일본 법륭사(法隆寺)에는 수나라 때인 606년경 중국에서 전해진 패엽사본(貝葉寫本) 『반야심경』과 「존승다라니」가 남아있다. 이처럼 중국은 7세기 초반경 실담문자로 경전의 서사가 이루어지고 있었음을 알 수 있다. 이후 당나라 현장(玄奘, 602~664)이 기록한 『대당서역기(大唐西域記)』에 범어의 문법과 발음 등을 서술하였다. 당시 인도를 순례하고 돌아온 현장은 황실의 후원으로 경전 번역 사업을 적극적으로 펼쳐 불교 보급에 진력하였다. 또한 정권을 장악한 측천무후(則天武后, 624~705)는 불교를 적극적으로 지원하였는데, 현장을 중심으로 경전 번역 사업이 활성화하면서 다수의 밀교 경전이 한역되어 보급되었다.

일본 법륭사의 『반야심경』과 「존승다라니」 중국 수, 7세기[8]

7 혜정, 「육자진언 신앙의 유래」, 『회당학보』 제14집, 회당학회, 2009, pp.17~18.

8 日本 法隆寺 貝葉寫本 「佛頂尊勝陀羅尼」를 한역한 다라니를 수록하고 있는 것이 佛陀波利 譯과 杜行顗 譯의 「佛頂尊勝陀羅尼」로 알려져 있다(金永德, 「佛頂尊勝陀羅尼經에 관한 연구」, 『韓國佛教學』 제25집, 한국불교학회, 1999, pp.300~301. / 東京國立博物館, 『法隆寺獻納寶物』, 1975, 도판번호 56).

한편 고대 인도에서는 6세기 초반경에 밀교의 근본 경전이라 할 수 있는 『대일경』의 저본이 형성되었으며, 6세기 중엽 경에는 유통된 것으로 추정되고 있다. 그리고 7세기 전반경에 달마국다(達磨掬多)가 나란타사에 머물면서 『대일경』과 「태장밀법(胎藏密法)」을 전수하였다고 한다. 이후 656년경 선무외가 나란타사에서 달마국다로부터 관정(灌頂)을 받고, 『대일경』과 「태장밀법」을 수행하였다. 선무외는 7세기 후반경에 인도 서쪽 지방에 있었던 건타라국(犍陀羅國)의 국왕을 위하여 『대일경』과 함께 『대일경공양차제법』을 편찬하였다. 그는 8세기 초반경 80세의 고령임에도 불구하고 『대일경』 등 밀교의 근본 경전을 가지고 북인도를 거쳐 중국으로 들어간다. 그리고 중국의 일행(一行, 673~727)과 함께 『대일경』을 한역하여 보급하였다. 또한 인도 밀교의 고승이었던 금강지(669~741)가 719년 금강계 밀교의 근본 경전인 『금강정경』을 가지고 해로를 통하여 장안에 도착하였다.[9] 금강지는 일행과 함께 『금강정경』을 한역하였으며, 경전과 밀교 신앙의 보급에는 불공(不空, 705~774)이 선도적인 역할을 하였다.[10] 이로써 인도 밀교가 중국에 전래하는 중요한 계기가 되었으며, 두 경전이 보급되면서 진언 밀교가 크게 고조되었다.[11] 한편 당나라 현종(재위 712~756)은 도교를 선호하여 신비주의적 실천에 관심이 높았다고 한다. 당시 현종은 장안과 낙양에 온 인도 출신 밀교 승려들과 교류하였는데, 그것은 밀교 승려들이 도교의 신비주의적 수행에 유용한 지식을 제공해 줄 수 있을 것

---

9 고대 인도의 밀교는 여러 견해가 있는데, 일반적으로 다음과 같이 계승된 것으로 알려져 있다.
- 金剛界 密教 : 大日 → 普賢 → 龍猛 → 龍智 → 金剛智 → 不空 → 惠果
- 胎藏界 密教 : 大日 → 金剛手 → 達磨掬多 → 善無畏 → 一行/玄澄 → 惠果

10 산스크리트어로 된 불교 경전을 한역한 많은 역경가가 있었는데, 대표적으로 安世高, 支婁迦讖, 竺法護, 道安, 鳩摩羅什, 曇無讖, 佛陀跋陀羅, 眞諦, 玄奘, 佛空, 義淨 등이 있다. 이 중에 玄奘을 기준하여 그 이전을 舊譯, 그 이후를 新譯이라고 한다. 그리고 鳩摩羅什 이전을 古譯이라고도 한다. 한편 인도 출신 승려였던 Kumārajīva(鳩摩羅什, 344~413)를 비롯하여 眞諦(499~569), 玄奘(602~664), 不空 또는 義淨(635~713)을 4대 역경가라고 한다.

11 密教는 일반적으로 現世的이고 呪術的인 雜密(雜部密教) 계통을 初期密教, 『大日經』과 『金剛頂經』을 主經典으로 하여 발달한 經典 체계를 갖춘 純密(正純密教) 계통의 中期密教, 그 이후의 티베트 밀교를 後期密教로 구분하고 있다.

으로 기대했기 때문이다. 그래서 현종은 밀교 경전의 한역을 크게 후원하였다고 한다.[12] 어쨌든 이를 계기로 밀교 경전과 진언다라니 신앙이 중국에 본격적으로 보급되었다.

불공은 북인도 출신으로 금강지의 제자였는데, 스승이 입적하자 인도로 갔다가 다시 여러 밀교 경전을 가지고 746년 중국으로 돌아와 양주의 장원사, 장안의 대흥선사 등에 머물렀다. 그는 당나라 숙종(재위 756~762)이 병이 들자 「대수구진언(大隨求眞言)」으로 치료하기도 했다. 불공은 여러 사찰에 머물며 밀교 신앙의 보급에 진력하였으며, 실담문자로 된 진언다라니를 다양한 밀교 의례에서 활용하였다. 당시 불공은 인도 밀교를 전할 뿐만 아니라 새로운 밀교 신앙과 교리를 성립시키고자 많은 염송 의궤를 새롭게 만들었으며, 밀교 의례의 보급과 정착에도 노력하였다. 이에 따라 밀교가 중국에서 크게 성행하는 계기가 되었다.[13] 불공의 밀교는 장안 청룡사(青龍寺)의 밀교 승려였던 혜과(惠果, 746~805)로 전수되었다. 이후 밀교 신앙이 체계화되었고, 인도 출신 반야보리로부터 범어를 배운 지광(智廣, 760~830?)에 의하여 『실담자기(悉曇字記)』가 간행되었다.[14] 이 책은 실담문자의 자모와 발음, 결합법 등 문법적인 특성을 체계적으로 정리하여 실담학의 표준서가 되었다. 당시 밀교 승려들은 국태민안, 기우, 호국 등을 기원하는 의례를 펼쳤으며, 지배층들은 공덕을 쌓기 위하여 진언다라니를 염송하거나 밀교 경전 간행을 후원하였다. 그리고 실담

---

12 전중배, 「唐代의 密敎와 法門寺」, 『회당학보』 제8집, 회당학회, 2003, p.177.

13 중국에서 밀교는 크게 3단계로 구분하고 있다.
- 1단계-雜部密敎(雜密) : 위진남북조시대부터 수대, 경전은 신주와 다라니를 설하고 있으며, 단순히 신주의 위력을 강조하고, 성불을 이루기보다는 치병과 장수 등 현세 이익적인 공덕을 더 중시한 시기.
- 2단계-正純密敎(純密) : 당대에서 송대, 선무외, 금강지, 불공 등이 활동하면서 밀교 경전을 번역한 시기.
- 3단계-藏密 : 명대부터 현대까지의 밀교.

14 宮坂宥勝, 「梵字の成立と歴史」, 『インド古典論』 上, 筑摩書房, 1983.(이태승 편역, 『불교혼성범어 입문』, 위덕대학교 출판부, 2000.에 번역 전재됨)

「존승다라니범자경」 당, 9세기, 일본 인화사(仁和寺)[20]

문자의 어휘집으로 『범어천자문(梵語千字文)』,[15] 『범어잡명(梵語雜名)』,[16] 『당범문자(唐梵文字)』,[17] 『당범양어쌍대집(唐梵兩語雙對集)』[18] 등이 간행되었다.[19]

또한 이 시기를 전후한 실담문자의 사례는 중국에서 일본으로 전해진 여러 점의 패엽경과 일본 인화사(仁和寺)에 전하는 「존승다라니범자경(尊勝陀羅尼梵字經)」이 전해주고 있다. 이 「존승다라니범자경」은 실담자모의 초기 모습을 보여주고 있어 주목되는 자료로 평가되고 있다. 그리고 범자 진언다라니의 활용 사례는 법문사(法門寺) 전탑에서 출토된 유물들이 잘 보여주고 있다. 법문사는 처음에 아육왕사로 창건되었으며, 전탑은 후한 때 안세고(安世高)가 4층 목탑으로 건립하여 불사리를 안치하였는데, 불사리는 나무로 짠 관에 넣어 탑의 기단 및 지하에 봉안하였다고 한다. 그리고 수나라 문제(文帝) 때에는 성실사(成實寺)로 절 이름을 바꾸었으며, 인수 연간에 사리탑을 건립하였다. 양제(煬帝) 때에는 여러 사원이 통폐합되면서 장안의 보창사(寶昌寺)에 소속되었다. 이후 법문사는 전란과 화재로 소실되었는데, 당대에 들어와 승려들이 중건하자 당나라 고조(재위 565~635)가 절 이름을 법문사로 바꾸었다. 당나라 태종 때인 631년에는 기주(岐州)의 장관이었던 장량(張亮)이 법문사를 대대적으로 중창하였고, 옛 탑 자리에 망운궁전(望雲宮殿)을 건립하였다고 한다. 당시 불사리를 봉안할 지궁(地宮)을 넓게 확장하고 그 위에 고층의 목탑을 세웠다. 이후 사리 영험담이 널리 알려지면서 여러 황제가 공양하였는데, 그중에 측천무

15 671년 인도로 갔다가 695년경 귀국한 것으로 알려진 義淨이 편찬한 것으로 전한다.
16 839년 禮言이 집록한 것으로 전한다.
17 839년 全眞이 집록한 것으로 전한다.
18 편찬 시기는 알 수 없으며, 당나라 怛多蘗多波羅와 瞿那彌捨沙가 집록한 것으로 전하며, 범자와 한자를 대조한 어휘집이다.
19 정승석, 「실담 범어의 음역과 원어」, 『印度哲學』 제25집, 인도철학회, 2000, pp.148~151.
20 東京國立博物館, 『仁和寺と御室派のみほとけ』, 2018, p.64.

후가 가장 적극적이었다. 그녀는 사리를 공양할 특별한 용기를 제작하여 660년 3월에 사리를 동도(낙양)로 영접하였다가 다시 662년에 법문사탑에 봉안하였다고 한다. 이러한 사실이 664년 도선(道宣)이 편찬한 『집신주탑사삼보감응록(集神州塔寺三寶感應錄)』에 수록되어 있다. 그리고 명나라 때에 와서 오랜 세월로 인한 노후와 2차례의 지진 등으로 목탑이 무너진 상태로 방치되어 있었는데, 1579년 목탑을 부수고 그 자리에 목탑보다 규모를 작게 하여 8각 13층의 전탑을 새롭게 세웠다. 전탑은 팔각 13층인데, 지하에 별도의 공간을 마련하여 사리를 안치하였다. 이러한 법문사 전탑이 장마와 홍수 등으로 인하여 1981년 8월 탑의 서남측이 심하게 무너졌고, 나머지도 붕괴할 위험에 처하게 되었다. 그래서 전탑에 대한 발굴과 보수 작업이 이루어졌는데, 1987년 지하를 조사하는 과정에서 당나라 때 조성한 지궁 위에 명나라 때 전탑이 새롭게 중수되었음을 알 수 있게 되었다. 그리고 탑의 지궁에서 당대에서 명대에 이르는 많은 유물이 출토되었다. 특히, 법문사 전탑의 지궁에 석가모니의 불지(佛指) 사리가 봉안된 것이 밝혀졌으며, 이외에도 불상, 법기, 다기, 금은기, 유리 기물, 비단, 그림 등 많은 유물이 발견되었다.[21]

이러한 법문사 전탑은 지궁으로 들어가는 입구인 석문의 문비 표면에 백회로 범자 진언다라니를 새겼는데, 오랜 세월로 많이 지워져 어떤 진언다라니를 새겼는지는 알 수 없지만 특별한 의도로 범자를 새겼을 것이다. 그리고 지궁에 봉안되었던 금은봉진신보살상(金銀捧眞身菩薩像)은 3단으로 구성한 연화대좌 위에 오른쪽 무릎을 꿇고 앉아 양손으로 명문판을 받들고 있는 형상으로 조각하였다. 이 보살상은 명문을 통해 871년 11월 14일 당나라 의종(재위 860~873)이 39번째 생일을 기념하기 위하여 조성했다고 한다.[22] 그런데 이 보살상의 복련좌에 여러 종자가 양각되어 있으며, 앙련좌 바닥 면에는 금강계

21 陝西省法門寺考古隊, 「扶風法門寺塔唐代地宮發掘簡報」, 『文物』, 1988.10.

22 陝西省考古研究院 編, 『法門寺考古發掘報告』 上/下, 文物出版社, 2007, p.296.

지궁 입구

법문사 전탑 전경과 지궁 입구 문비의 범자석

출토 상태

정면

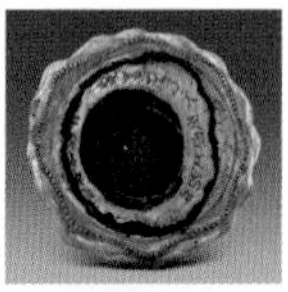

상대 상면

하대

하대 하면

법문사 전탑 지궁 출토 보살상과 범자[23]

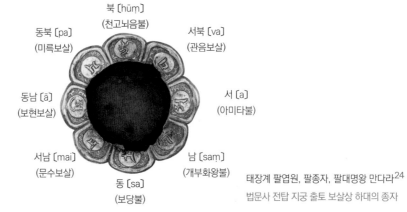

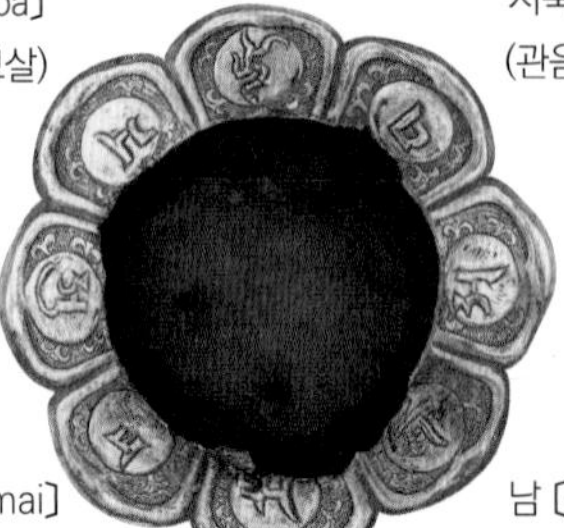

태장계 팔엽원, 팔종자, 팔대명왕 만다라[24]

법문사 전탑 지궁 출토 보살상 하대의 종자

---

23 吳立民·韓金科, 『法門寺地宮唐密曼荼羅之硏究』, 中國佛教文化出版有限公司, 1998. / 陝西省考古硏究院 編, 『法門寺考古發掘報告』 下, 文物出版社, 2007. / 李捷主 編, 『法門寺珍寶』, 三秦出版社, 2014.

24 李捷主 編, 『法門寺珍寶』, 三秦出版社, 2014.

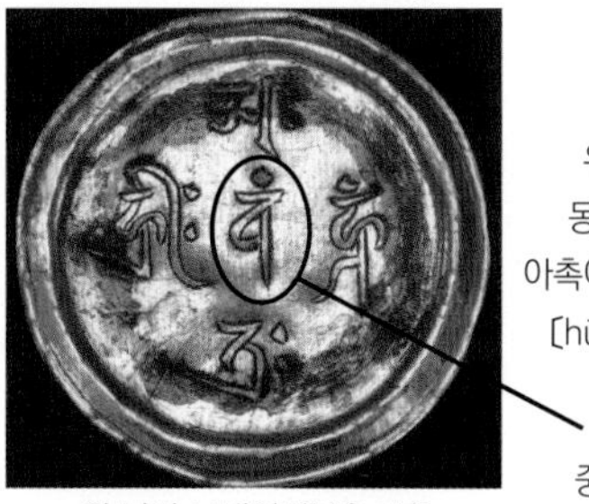

법문사 전탑 지궁 출토 보살상 하대 하면의 금강계 오불종자

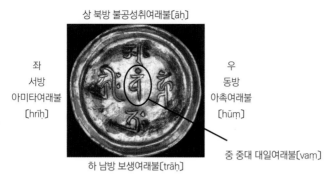

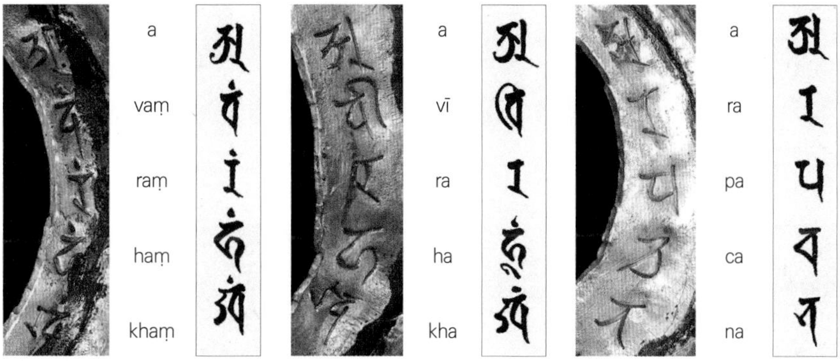

법문사 전탑 지궁 출토 보살상 하대 상면의 삼종실지진언

오불종자, 앙련좌 정면에는 삼신진언이 새겨졌다. 이처럼 금은봉진신보살상은 대좌에 금강계와 태장계의 양계만다라 도상이 혼합되어 있으며, 삼종실지진언 등 여러 진언다라니가 함께 새겨져 있어 당시 성행했던 다양한 밀교 신앙이 융합되어 있다고 할 수 있다. 이러한 것으로 보아 당시 밀교 의례 등이 서서히 체계화되었으며, 다양한 유형의 범자 진언다라니가 수행이나 공덕, 공양이나 시주, 장엄구 등에 활용되었음을 알 수 있다.

또한 중국은 시대별로 범자 진언다라니 관련 자료가 상당량 전해지고 있는데, 그중에서 당나라 때부터 청나라 때까지 꾸준하게 건립된 석경당(石經幢)이 있다. 경당은 각종 불전 앞에 보주를 장식하여 세운 기둥 형태의 공양물로 '적상휘군생제마중('籍喪麾群生制魔衆)'을 위하여 조성한 것으로 알려져 있다. 당

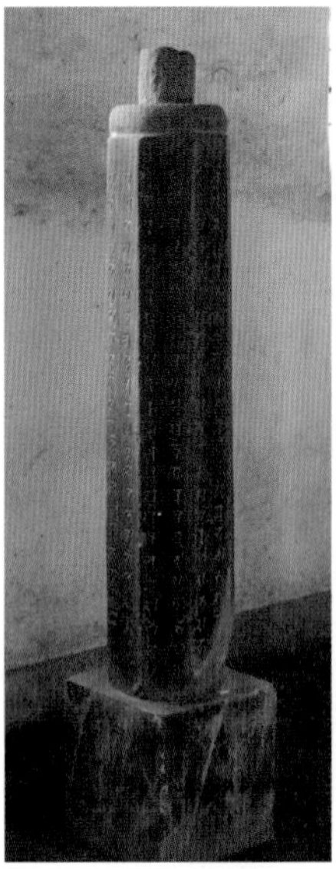

태화성지(太和城址) 출토 범자 기와　남조(南詔), 대리시박물관

석경당 탁본　당, 서안비림박물관[25]

석경당　당, 하남성 낙양 관림

대불정심주가 새겨진 벽돌　남조(南詔), 운남성박물관

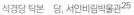

대리 숭성사(崇聖寺) 천심탑(千尋塔)과 범자 벽돌　남조(南詔), 운남성 숭성사천심탑박물관

25　児玉義隆,『梵字でみる密教』, 大法輪閣, 2002, p.10.

나라 초기인 7세기경부터 조성하기 시작하였는데, 범자가 새겨지는 면은 팔각기둥 형태로 만들었으며, 「불정존승다라니경」을 새겼다. 이러한 석경당은 일반적으로 사묘 앞에 불법을 선양하고자 세웠다. 서안 개원사에 8세기경 건립한 것으로 보이는 석경당이 서안의 비림박물관에 소장되어 있다. 이 석경당의 표면에 새겨진 범자는 중국 고풍의 범자체를 보여주고 있다. 또한 전탑을 만들 때 사용한 벽돌이나 건물의 지붕에 올린 기와에도 범자를 새겨 공양과 공덕의 의미를 더하였다. 이러한 유물들은 밀교가 성행했던 중국의 운남성과 사천성 일대에서 많이 확인되고 있다.

그리고 당나라 때 조성된 무덤 안의 석관 표면에 진언다라니를 새기거나, 관 안에 낱장으로 인쇄한 종이 다라니를 시신과 함께 매납하기도 했다.[26] 또한 당말~오대의 것으로 추정되는 여러 유형의 낱장 다라니가 무덤에서 상당량 출토되었다. 이러한 것으로 보아 범자 진언다라니가 밀교적인 의례와 함께 죽은 사람을 추복하고 극락왕생을 염원하기 위하여 활용되었음을 알 수 있다. 낱장 다라니는 필사한 것도 있지만 대부분은 인쇄한 것으로 당시 진언다라니 목판을 별도로 제작하여 다라니를 다량으로 인쇄 보급하였음을 알 수 있다. 이것은 진언다라니에 대한 신앙과 공덕이 성행하였고, 다양한 용도로 폭넓게 활용되었음을 시사 받을 수 있다. 또한 인쇄한 다라니들은 여러 유형의 진언다라니가 다양한 방식으로 새겨지거나 배열되었다. 어떤 다라니의 경우는 한가운데 주존불을 새기고, 그 주변에 사각형이나 원형으로 짧거나 길게 구성된 진언다라니를 배열하기도 했고, 또 다른 유형의 다라니는 별도로 외곽부를 마련하여 그 안에 진언다라니의 이름과 발원자 등을 새겨 공덕자와 조성 시기 등을 알 수 있도록 하기도 했다. 무덤 안에서 수습된 대부분의 다라니는 무량수불이나 관음보살을 본존불로 하고 있으며, 그 주변에 공양과 공덕을 쌓기

26 馮漢驥,「記唐印本陀羅尼經呪的發現」,『文物』 1957年 5期-4. / 霍巍,「唐宋墓葬出土陀罗尼经咒及其民间信仰」,『考古』 2011年 第5期-4.

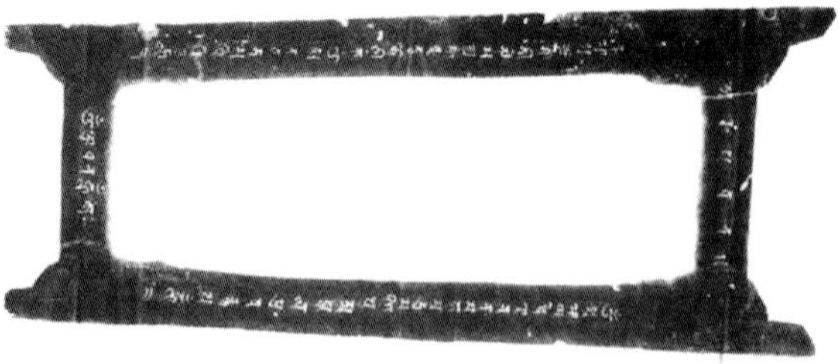

「무량수다라니」

석관에 새겨진 진언다라니 탁본　당말~오대, 섬서성 서안 출토[27]

위하여 다양한 방식으로 범자 진언다라니를 배열하였다. 이러한 것은 죽은 사람을 추모하고, 불교식 사후관에 의하여 망자의 극락왕생을 염원하고자 하는 의도가 있었던 것으로 보인다.[28]

대리국 지장사(地藏寺) 경당의 표면에는 다양한 조각상과 함께 빈공간에 범자 진언다라니를 가득 음각하였다. 당시 대장군이었던 고명생(高明生)의 극락왕생과 지옥에서 고통받지 않기를 염원하는 진언다라니를 새긴 것으로 알려져 있다. 특히, 이 경당은 전체적인 구조와 각종 불보살상의 배치가 금강계만다라를 경당의 조영 기법에 반영한 것으로 추정되고 있다. 이처럼 불교적인 사후관과 장례 문화가 널리 보급되고, 밀교의 범자 진언다라니 신앙이 성행하면서 당시 사람들은 범자 진언다라니의 영험함과 주력 등을 통하여 공덕을 쌓고, 그러한 것을 통하여 추복과 극락왕생을 염원하였던 것으로 보인다.

중국 북방 유목 민족이 건국한 요나라는 밀교가 성행하면서 범자 진언다라니가 수행이나 공덕을 쌓는 중요한 방편이 되었다. 그리고 불교적인 사후관에 의한 장례 문화가 일반화되면서 밀교의 범자 진언다라니가 다양한 의례와 절

27　王長启, 「西安出土的舍利棺椁」, 『文博』 2000年04期.

28　郭晓涛, 「凤翔 唐墓 出土 陀罗尼经」, 『凤翔唐墓出土陀罗尼经咒研究』 2.

다라니 당, 섬서성 서안 출토

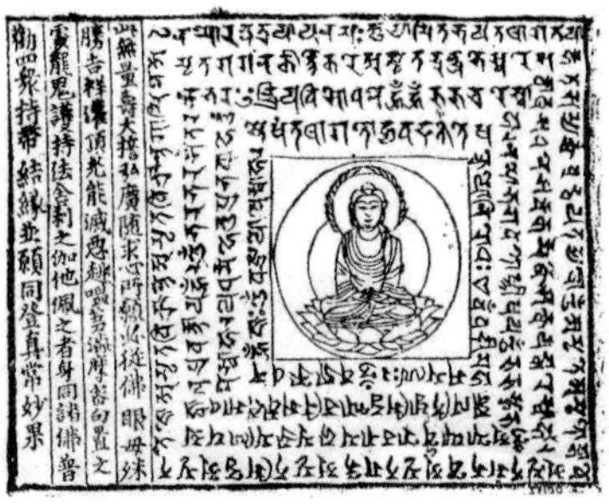

무량수다라니륜 당말~오대[29]

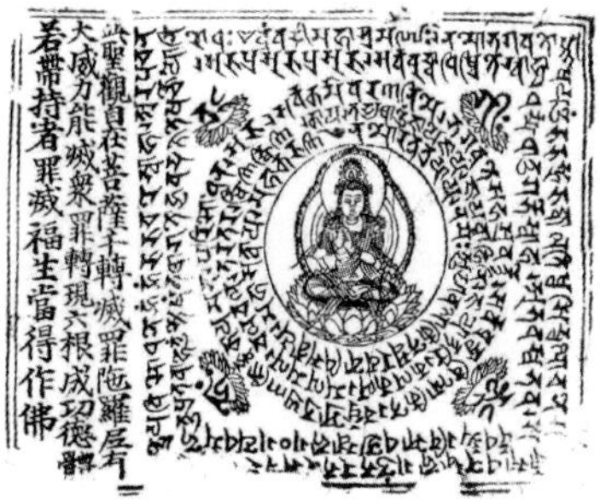

성관자재보살천전멸죄다라니 당말~오대[30]

중국 대리 지장사 석경당 대리국, 937~1096, 곤명시박물관

차 등에 활용되었다. 그래서 요나라는 석경당, 고분, 탑, 금속공예품 등 다양한 유형의 불교 미술품이나 조형물에 범자 진언다라니를 새기거나 장엄적인 문양으로 표현하였다.

29 다라니 외곽에 새겨진 명문은 다음과 같다. '此無量壽大誓弘广随求心所愿眼从佛眼母殊 胜吉祥灌顶光能灭恶趣嗢囗囗摩密句置之 处龙鬼护持法舍利之伽他佩之者身同诸佛 普劝四众持带结缘并愿同登真常妙果'

30 다라니 외곽에 새겨진 명문은 다음과 같다. '此聖觀自在菩薩千轉滅罪陀羅尼 有大威力能灭众罪转现六根成功德体 若带持者罪灭福生当得作佛'. 그리고 法身偈, 佛眼佛母大呪, 大隨求隨心呪, 五字文殊心呪 등을 배열하였다.

조각상과 범자

탁본

다보천불석당　요나라, 1084, 일본 구주국립박물관

석경당은 당나라 때부터 불도들이 공덕을 쌓고자 하여 사찰마다 많은 양이 조성되었는데, 일반적으로 석당의 표면에 범자나 한자로 진언다라니를 새기는 것이 관행적이었다. 이러한 전통이 후대까지 그대로 계승되어 요나라 때에도 사찰과 후원자에 따라서 여러 유형의 진언다라니를 새긴 석경당이 조성되었다. 그런데 석경당은 세장한 기둥 형태로 제작되어 오랜 세월과 전란 등으로 파손된 경우가 많다. 그나마 현재 일본 구주국립박물관에 소장된 1084년 건립된 다보천불석당(多寶千佛石幢)이 비교적 원형을 잘 유지하고 있다. 이 석경당은 1927년 개인이 기증한 요나라 석경당으로 규모가 상당히 크고, 요나라의 전형적인 석경당 양식을 보여주고 있다. 기단부와 당신부는 평면 8각형으로 구성하였으며, 옥개 위에 원형의 상륜부를 올렸는데, 각 부재의 표면에 불보살상, 비천상, 가릉빈가상 등 다양한 조각상을 표현하여 장엄스러운 외관을 보이고 있다. 기단부는 2단으로 1단의 각 면에는 가릉빈가상을 새기고, 상면에는 연화문을 화려하게 장식하였으며, 2단의 각 면에는 주악상을 새긴 안상을 표현하였다. 석당의 핵심부라 할 수 있는 당신부에는 작은 감실을 총 8단으로 구성하였으며, 감실 안에 서로 다른 모습의 부조상을 조각하였다. 그리

한자로 진언다라니를 새긴 석경당
요나라, 요상경박물관

범자로 진언다라니를 새긴 석경당
요나라, 조양박물관

경각다라니석당(警覺陀羅尼石幢)
요나라, 요중경박물관

고 당신부의 감실 사이마다 란차로 진언다라니를 새겼으며, 상부에 '대보광박루각선주비밀다라니경(大寶廣博樓閣善住秘密陀羅尼經)'이라는 다라니의 이름과 관용구 등을 새긴 것으로 확인되고 있다. 이 석경당은 당나라 때의 석경당 양식을 거의 그대로 계승하였으며, 공양이나 공덕을 쌓기 위하여 다양한 유형의 범자 진언다라니를 새긴 요나라 석경당의 특징을 보여주고 있다.

그리고 요나라 때에도 무덤 안의 관이나 묘지석 등에 범자 진언다라니를 새긴 경우가 상당수 확인되고 있다. 이는 범자 진언다라니에 대한 신앙이 장례 문화와 사후관에 많은 영향이 미치고 있었음을 알 수 있게 한다. 특히, 묘지석은 망자의 이름과 가계, 평생의 행적 등을 기록한 각석의 한 유형으로 중국에서는 동한 초기부터 제작하기 시작한 것으로 알려져 있는데, 초기에는 다양한 형태가 제작되다가 수당 시대에 들어와 사각 형태로 정형화되었다. 이러한 묘지석은 사서에 기록되지 않은 내용을 전해준다는 점에서 중요한데, 요나라의 관이나 묘지석에는 죽은 사람에 대한 추복과 극락왕생 등을 염원하기 위한 범자 진언다라니를 새긴 사례가 다수 확인되고 있어 주목된다. 이는 밀교를 많이 믿었던 요나라 사람들이 범자 진언다라니를 신비하고 영험한 것으로 인식하였으며, 그것에 특별한 의미를 부여하였음을 알 수 있게 한다. 한편 요나라와 밀접한 교류를 했던 고려의 여러 고분에서도 범자 진언다라니가 확인되고 있다. 이러한 것으로 보아 고려도 북방 불교의 영향으로 범자 진언다라니가 관에 새겨지는 등 여러 방면에 활용되었음을 짐작할 수 있다.

요나라의 고분에서 범자 진언다라니를 새긴 석관이 상당량 수습되었는데, 대부분 요나라 때 중경(中京)이 있었던 오늘날 조양(朝陽) 일대에서 출토되고 있다. 대표적으로 조양(朝陽) 사전신지(師專新地) 요대 2호묘에서 출토된 석관은 표면에 용과 꽃문양, 뚜껑에 연화문을 새기고, 한가운데에 음각한 〔oṃ〕을 중심으로 8자의 범자를 자륜식으로 배치하였다. 서자가 기교를 부린 독특한 범자체로 쓰여 있어 다소 판독이 어렵지만 범자 수와 배치법 등으로 보아 준제진언을 동그랗게 배열한 것으로 보인다. 이러한 준제진언 배치법은 조선 후기 간행된 『조상경』에 수록된 「준제구자천원지도」와 강한 친연성을 보여 주목된다. 그리고 조양시 쌍탑구 맹극향(孟克鄕) 서상대(西上臺)의 요대 무덤에서 출토된 석관은 바닥면을 제외하고, 나머지 모든 면에 범자 진언다라니를 가득 새겼다. 이 석관은 한가운데에 〔oṃ〕과 〔hūṃ〕 등을 배치하고, 그 주변에 여러 자로 구성된 진언다라니를 배열하였는데, 명확하게 어떤 진언다라니를 새겼는지는 알 수 없다. 어쨌든 공양과 공덕을 쌓아 망자의 극락왕생을 염원

뚜껑 상면

조양 사전신지(師專新地) 2호묘 출토 석관과 범자　요나라, 조양박물관

측면

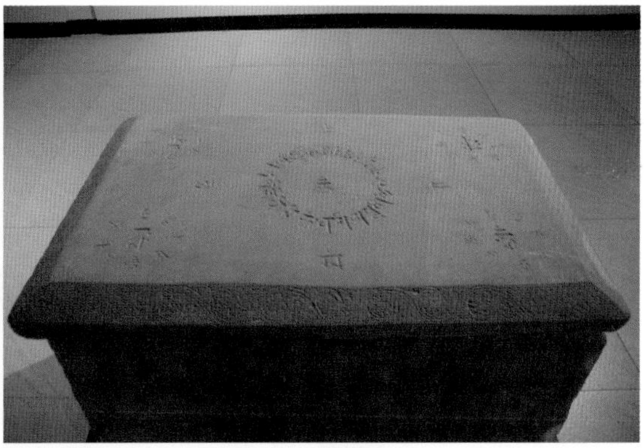

뚜껑 상면

조양 맹극향 서상대 출토 석관과 범자 진언다라니 요나라, 조양박물관

금칠 범자

조양 맹극향 서상대 출토 석경판과 범자 진언다라니 요나라, 조양박물관

하려는 의도가 있었던 것으로 보인다. 또한 같은 장소의 다른 무덤에서 총 14매의 석경판이 출토되었는데, 각각의 석경판에는 먼저 한자로 진언다라니의 이름을 새긴 다음 범자로 진언다라니를 새겼다. 현재 확인되고 있는 진언다

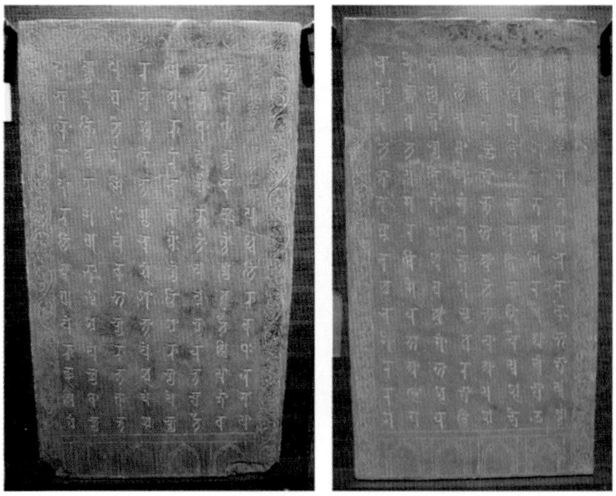

9호묘

15호묘

조양 서상대 출토 석경판과 범자 진언다라니　요나라, 요녕성박물관

대동시 서남교 출토 석관 뚜껑의 범자 진언다라니 탁본 요나라[31]

라니는 「일체여래심다라니(一切如來心陀羅尼)」, 「아촉멸경중죄주(阿閦滅輕重罪呪)」, 「삼매야밀언(三昧耶密言)」, 「수조불탑(修造佛塔)」, 「대비심다라니(大悲心陀羅尼)」 등이다. 이외에도 조양시 서상대의 요대 무덤에서 여러 점의 석경판이 출토되었는데, 「범본반야바라밀다심경(梵本般若波羅蜜多心經)」과 「불정존승다라니(佛頂尊勝陀羅尼)」 등이 범자로 음각되었다. 이들 석경판은 모두 고분에서 출토되었으며, 시신과 부장품 등을 매장하기 위한 석관이나 석곽을 마련하기 위하여 제작한 부재들로 보인다. 이처럼 각 부재들의 표면에 범자 진언다라니를 가득 새긴 것은 밀교적인 의례와 함께 진언다라니에 대한 신앙이 장례의식에 활용되었음을 알 수 있다. 우리나라 합천 초계 변씨 시조 변정실 무덤, 순창 농소 고분 등에서도 범자 진언다라니가 새겨진 목관재가 출토되어 요나라 밀교와의 관련성을 엿볼 수 있다.

또한 요나라 탑의 표면에도 종자를 비롯하여 여러 자로 구성한 범자 진언다라니를 배열하거나, 탑의 내부에 공양물로 봉안한 사리장엄구의 여러 품목에 진언다라니를 새기기도 했다. 이러한 것은 밀교의 진언다라니 신앙과 밀접

31　山西云崗古物所 清理組,「山西大同市西南郊唐遼金墓清理簡報」,『考古通信』6, 1958, p.194.

한 관련 속에서 의례가 시행되었음을 알 수 있다. 대표적으로 조양북탑(朝陽北塔)과 경주백탑(慶州白塔)은 사리장엄구를 비롯하여 범자 진언다라니를 새긴 여러 유형의 유물이 봉안되었다. 이 중에 조양북탑은 전형적인 요나라 탑으로 평면 4각형의 밀첨식 전탑이다. 이 전탑은 1984년부터 1992년까지 보수 공사가 실시되었는데, 1988년 보수 공사 도중 지궁(地宮) - 중궁(中宮) - 천궁(天宮)에서 석함, 사리탑, 보개, 은제 보리수, 금동보살상, 은제 접시, 동경 등 많은 유물이 출토되었다. 이러한 유물의 표면에 다양한 범자 진언다라니가 새겨졌는데, 그중에서 자씨보살진언(慈氏菩薩眞言), 대존진언(大尊眞言), 불설금강대최쇄다라니(佛說金剛大摧碎陀羅尼), 불정존승다라니 등이 별도의 청동판에 새겨지기도 했다. 당시 범자 진언다라니에 대한 신앙과 함께 공덕을 높이 쌓고자 했으며, 부처님의 사리에 대한 공양의 의미를 분명하게 표출하였던 것으로 보인다. 그리고 경주백탑은 순금판에 다라니를 새겨 공양과 공덕의 의미를 더하였다. 또한 요녕성 호로도시(葫蘆島市) 마석구탑(磨石溝塔)과 운거사(云居寺) 나한탑(羅漢塔) 등은 벽돌을 결구하여 세운 전탑인데, 탑을 구성하고 있는 벽돌 표면에 종자나 진언다라니를 새겼다. 마석구탑은 1층 탑신의 4면에 귀부를 받침대로 삼은 벽비를 마련하여 그 표면에 〔oṃ〕 - 〔hrīḥ〕 - 〔a〕 - 〔va〕의 종자를 1자씩 새겼다. 북경 운거사 나한탑은 기단부에 결구한 벽돌 표면에 〔oṃ raṃ〕의 정법계진언을 새겨 청정한 도량과 신성한 불탑의 의미를 강조하였다. 또한 조양 쌍탑사탑(雙塔寺塔)은 탑신 문비의 상부에 주서(朱書)로 범자 진언다라니를 새겼는데, 이 범자는 초건 당시보다는 후대에 신앙적인 목적으로 새롭게 새긴 것으로 사료된다.[32]

그리고 일본 조거룡장(鳥居龍藏) 기념박물관에는 중국 조양의 탑지에서 수습한 것으로 전하는 벽돌이 여러 점 소장되어 있는데, 전체적인 형태 등으로

32 이외에도 중국 遼寧省 興城市 白塔峪塔은 현재 興天市 中天寺 경내에 위치하고 있는 8각 13층 전탑으로 1092년 건립되었는데, 1층 탑신부 1면에 벽비를 마련하고 비신 상단부 이수부 한가운데에 〔oṃ〕을 새겼다.

은제 도금탑

자씨보살진언과 대존진언 청동판

불설금강대최쇄다라니 청동판 불정존승다라니 청동판 김연미 제공

조양북탑(요나라, 1041~1044)과 범자 관련 출토품[33]

보아 전탑 부재의 일부로 추정된다. 이 벽돌은 노출되는 면에 연화좌를 마련하여 그 위에 범자를 양각으로 새겼는데, 제작 기법으로 보아 범자가 새겨진 틀을 활용하여 찍어 냈음을 알 수 있다. 현재는 일부 벽돌만 전하고 있어 어떤 진언다라니를 의도했는지는 알 수 없지만, 종자를 표현하였거나, 아니면 여러 장의 벽돌이 서로 연결되어 여러 자로 구성된 범자 진언다라니가 구성되도록 새긴 것으로 보인다. 이처럼 요나라에서는 밀교와 진언다라니 신앙이 성행하면서 관뿐만 아니라 전탑 등 다양한 유물에 공양과 공덕을 쌓고, 사후 극락왕생 등을 염원하기 위하여 범자 진언다라니를 새겼음을 알 수 있다.

33 조양 북탑 출토 범자 진언다라니 관련 사진 자료는 이화여자대학교 미술사학과 김연미 교수가

경주백탑과 「금판다라니」 요나라, 1049, 파림우기(巴林右旗)박물관

[raṃ oṃ]

북경 운거사 나한탑과 정법계진언 벽돌 요나라

[raṃ oṃ]

천진 복산탑(福山塔)의 정법계진언 벽돌 요나라

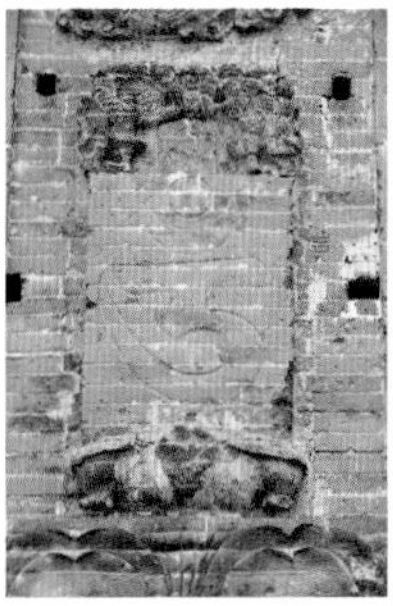

[oṃ]

[hrīḥ]

[a]

[va]

흥성 마석구탑(磨石溝塔)과 1층 탑신의 범자 요나라

조양 쌍탑사탑과 탑신의 주서 범자 요나라

〔vaṃ〕

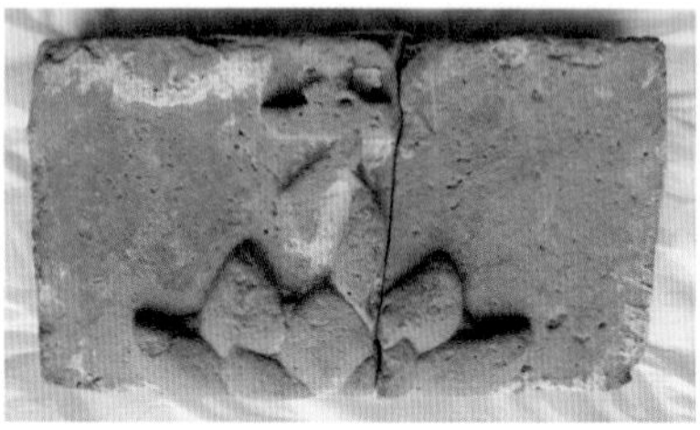

〔taṃ〕

일본 조거용장(鳥居龍蔵) 기념박물관 소장 범자 벽돌 요나라, 松波宏隆 제공

범자가 새겨진 청동 풍탁 요나라, 적봉시(赤峰市) 요중경(遼中京)박물관

중국 송나라 때에도 밀교 신앙이 성행하면서 범자 진언다라니에 대한 신앙도 계속되었다. 송나라 때의 불도들도 이전과 마찬가지로 공양과 공덕을 쌓고자 탑과 무덤 등에 낱장으로 인쇄한 여러 유형의 진언다라니를 봉안하였다. 그러한 사실을 보여주는 대표적인 사례로 소주(蘇州) 서광사탑(瑞光寺塔)에서 출토된 「대수구다라니(大隨求陀羅尼)」가 있다.[34] 이 다라니는 서광사탑 3층의 천궁에 있었던 진신사리 보당(寶幢) 내에 봉안되었던 것으로 1978년 수습되었다.[35] 다라니는 목판으로 인쇄하였는데, 한가운데의 석가여래상을 중심으로 그 주변에 진언다라니를 동심원처럼 배열하였으며, 사방에는 종자가 아닌 사

제공해 주었다. 자료 제공에 깊이 감사드린다.

34 黃陽興, 「略論唐宋時代的隨求信仰(上)」, 『普門學報』 34, 2006.

35 Eugene Wang, 「Ritual Practice Without A Practitioner? Early Eleventh Century Dhāraṇī in the Ruiguangsi Pagoda」, 『École française d'Extrême-Orient』, Paris, 2013.

천왕상을 그려 배치하였다. 그리고 다라니 아랫 부분에 불화의 화기처럼 사각형 구획을 마련하여 발원 시기 등을 알 수 있는 내용을 기록하였다. 이처럼 송나라 때에는 다라니가 전대에 비하여 화려하면서도 정연하게 제작되었으며, 지역과 장인에 따라 다양한 방식으로 다라니가 제작되었음을 알 수 있다.

그리고 낱장으로 인쇄한 여러 유형의 만다라형 범자 진언다라니가 무덤에서 상당량 출토되었다. 이러한 것은 당시 사람들이 불교적인 사후관과 진언다라니 신앙에 의하여 시신과 함께 무덤 안에 다라니를 봉안하였음을 알 수 있다. 돈황에서 출토된 「대수구다라니」는 무덤에서 출토된 것은 아니지만 죽은 자의 명복과 극락왕생을 빌기 위한 것임을 알 수 있다. 이 다라니의 한가운데 원형 안에는 결가부좌하고 보관을 쓰고 있으며, 좌우에 서로 다른 지물을[36] 쥐고 있는 팔을 각각 4개씩 총 8개의 팔을 가진 대수구보살을 배치하였다. 그리고 보살을 중심으로 원형 19개의 줄로 범자 진언다라니를 배열하였으며, 그 외곽에 일정한 너비의 공간을 마련하여 연화문을 장식하였다. 사방에도 연화문을 장식하고 그 위에 종자를 배치하였으며, 아래의 사각형 구획 안에 발원문을 새겼다.[37] 또한 발원문 외곽에 일정한 너비로 사각형 구획을 마련하였으며, 그 외곽에 보살상, 천왕상, 금강저 등을 배열하여 다라니 전체를 감싸도록 했다. 이처럼 상당히 정교하고 정연하게 다라니가 제작되었으며, 여러 진언다라니가 함께 새겨져 공양과 공덕의 의미를 더하였다. 이 다라니는 발원문에 의하여 당시 널리 신앙되었던 「대수구다라니」이며, 980년 6월 25일 이지순(李知順)의 시주로 왕문소(王文沼)가 판각했음을 알 수 있다.

---

36 현재 오른손에는 杵, 斧, 索, 劍, 왼손에는 寶, 輪, 戟, 夾을 쥐고 있다.

37 발원문은 '大随求陀羅尼 若有受持此神咒者所 在得胜若有能書寫带 在頭者若在臂者是人 能成一切善事最胜清 净常爲諸大龍王之所 拥護又爲諸佛菩薩之所 忆念此神咒能與众 生最胜安樂不爲夜叉 羅刹諸鬼神等爲諸恼 害亦不爲寒热等病之 所侵損厭蠱咒詛不能 爲害先竝之罪受持消 災持此咒者常得安乐 無諸疾病色相炽盛圓 满吉祥福德增長一切 咒法皆悉成就 若有人受持供养切 宜護淨太平興国五 年六月二十五日雕 華手記'라고 하였다. 그리고 우측에 '施主李知順', 좌측에 '王文沼雕板'이라고 기록하였다.

세부

낙양 고분 출토 「대수구다라니」 926년, 1978년 하남성 낙양 출토

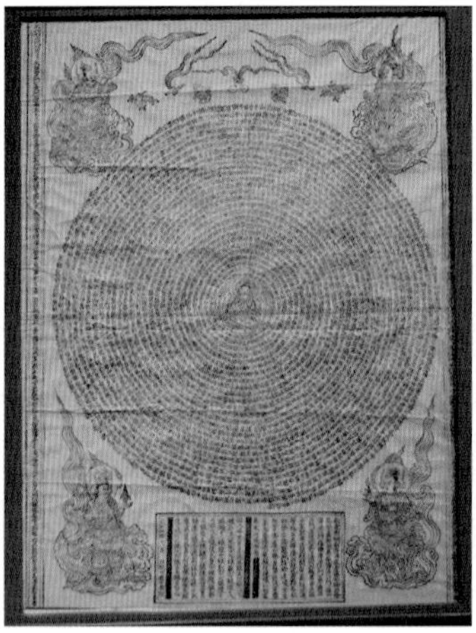

소주 서광사탑(瑞光寺塔) 전경과 「대수구다라니」 송나라, 소주(蘇州)박물관

이외에도 송나라의 무덤에서 목판으로 인쇄한 「대수구다라니륜만다라(大隨求陀羅尼輪曼荼羅)」가 상당량 출토되었다. 이 다라니는 한가운데에 부처가 연화좌를 마련하여 결가부좌하고 있는데, 왼쪽과 오른쪽에 지물을 쥐고 있는 총 8개의 팔이 달려있다. 그리고 진언다라니가 만다라형으로 배열되어 있으며, 외곽에 25자의 종자가 배치되었다. 또한 무덤에서 「천수천안관음보살만다라(千手千眼觀音菩薩曼茶羅)」가 출토되기도 했다. 그리고 전대처럼 범자 진언다

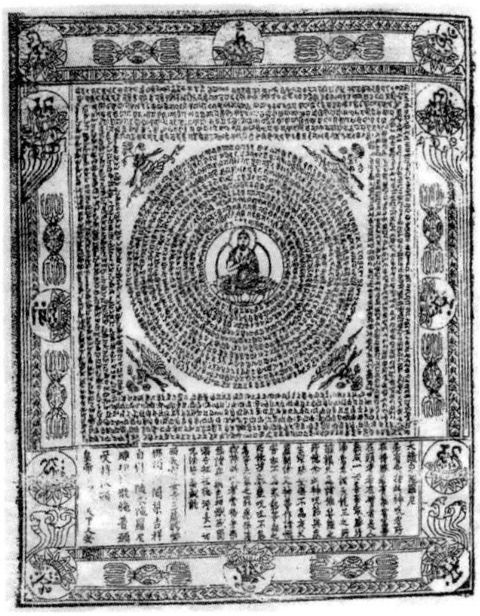

무덤 출토 「대수구다라니륜만다라」 오대말~송대[38]

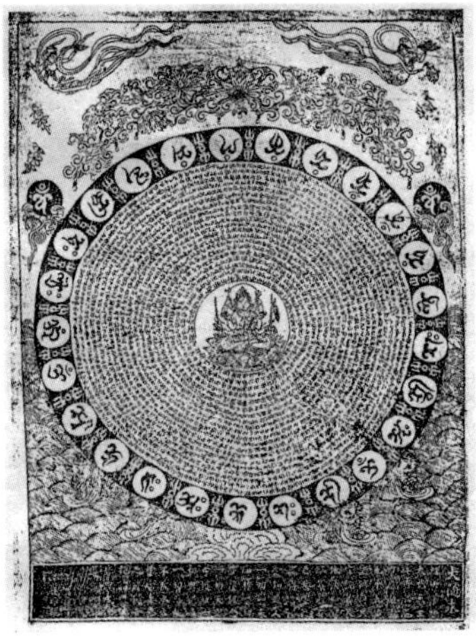

무덤 출토 「대수구다라니륜만다라」 송나라

돈황 출토 「대수구다라니」 980.06, 돈황 천불동[39]

낙양(洛陽) 관림(關林) 석경당 송나라

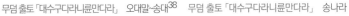

묘당(墓幢) 탁본 1195, 운남성(雲南省)박물관[40]

38 발원문은 '大随求陀羅尼/若有受持此神咒者所 在得胜若有能书写带 在头者若在臂者是人 能成一切善事最胜清 净常为诸天龙王之所 拥护只为诸佛菩萨之 所忆念此神咒能与众 最胜安乐不为夜叉 罗刹诸鬼神等作诸恼 害亦不为寒热等病之 所忧损厌蛊咒咀不能 为害先业之罪悉得消 灭持此咒者常得安乐 无诸疾病色相炽盛圆 满吉祥福德增长一切 咒法皆悉成就 西天宝安寺三藏赐紫 佛顶阿阇梨吉祥 自制大随求陀罗尼 雕印板散施普愿 受持伏愿 皇帝万□天下人安.'이라고 새겼다.

39 霍巍,「唐宋墓葬出土陀罗尼经咒及其民间信仰」,『考古』 2011年 第5期.

40 이 墓幢은 大理國의 趙興明이 죽은 어머니를 위하여 조성한 것이다. 1959년 大理市 喜洲鎮 弘圭山에서 출토되었다. 표면에 五字眞言을 비롯한 陀羅尼를 새겼다(陝西師範大學宗教硏究中心編,

돈황 출토 「능엄주만다라」 971

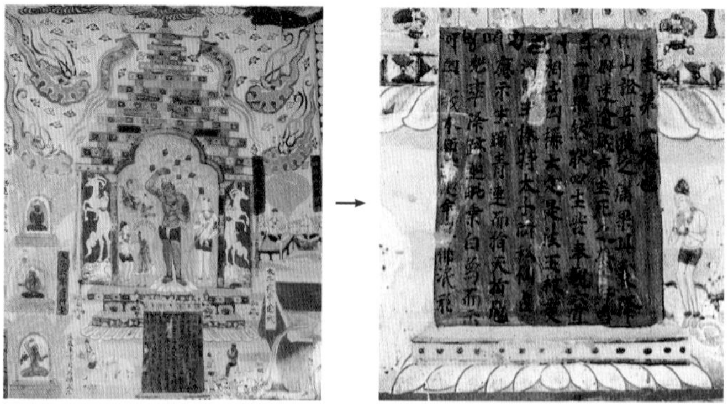

돈황 막고굴 제76굴 팔탑변경도 제1탑, 송나라[41]

라니가 새겨진 석경당이 조성되었으며, 특정한 범자나 진언다라니를 새긴 묘비가 세워지기도 했다. 그리고 돈황 막고굴 제76굴에는 팔탑변경도가 그려져 있는데, 각 탑의 아래 부분에 공덕과 함께 범자로 진언다라니를 새겼다. 이러한 것으로 보아 송나라 때에도 죽은 사람에 대한 추복과 극락왕생을 염원하기 위하여 범자 진언다라니가 폭넓게 활용되었음을 알 수 있다.

중국의 서하(西夏, 1032~1227)에서도 밀교가 성행하였기 때문에 다양한 유물에서 범자 진언다라니가 확인되고 있다. 범자가 새겨진 독특한 유물로 은제합이 있는데, 이 유물은 1976년 영하회족자치구(寧夏回族自治區) 은천시(銀川市) 영무(靈武)에서 출토되었다. 이 합은 표면에 아미타불 종자인 〔hrīḥ〕을 크게 란차로 새겼는데, 범자는 은제합을 장식함과 동시에 극락왕생에 대한 염원의 의미가 있었던 것으로 보인다. 또한 나무로 제작한 팔각당 탑이 1977년 감숙성(甘肅省) 무위시(武威市)에 있는 무덤에서 출토되었는데, 간략한 기단부위에 팔각의 탑신을 올렸다. 그리고 탑신의 각 면에 란차로 「일체여래주(一切如來呪)」 등 여러 진언다라니를 가득 새겼다. 이 탑은 특정한 인물의 유골이나

『大理白足佛教密宗碑銘圖錄』, 2013).

41 孫毅華·孫儒僩, 『解讀敦煌 中世紀建築畵』, 華東師範大學出版社, 2010.

⌀4.25cm

은제합　서하, 영하(寧夏)박물관

높이 75cm

목제탑　서하, 무위시(武威市) 박물관[42]

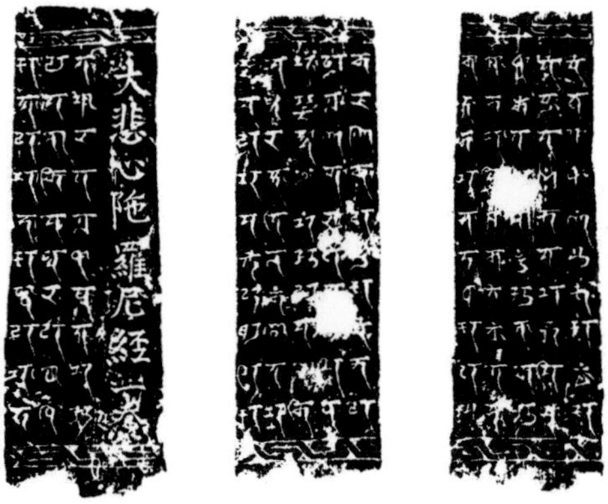

석경당　금나라, 조양(朝陽) 연합향(聯合鄉) 출토[43]

사리를 봉안했던 기물로 보이며, 주인공에 대한 추복과 함께 공양이나 공덕을 쌓아 극락왕생을 염원하고자 제작한 것으로 추정된다.

또한 금나라(1115~1234)도 밀교가 중심적인 신앙이었다. 특히, 금나라는 요나라와 밀교 신앙과 의례가 상당 부분 친연성을 보였던 것으로 파악되고 있어, 여러 유형의 조형물이나 미술품에 다양한 범자 진언다라니를 새겼다. 현재 금나라 때 조성한 석경당을 비롯하여 무덤의 여러 부재에 범자 진언다라니를 새기거나 다라니를 봉안한 사례가 전해지고 있다.

원나라는 대제국을 건설한 이후 통합을 위하여 불교계를 적극적으로 후원하였으며, 지배층에서 일반 백성들에 이르기까지 폭넓게 불교를 신앙하였다. 특히 원나라는 밀교 성격이 강한 라마불교가 성행하면서 신이하고 영험하게 인식된 진언다라니에 대한 신앙이 널리 보급되었다. 이러한 라마불교는 고려에도 영향을 주어 고려에서 행해지는 각종 불교 의례를 비롯하여 다양한 미술품에 범자 진언다라니가 새겨졌다. 그리고 원나라는 광활한 영토를 통치하다 보니 다양한 문자를 사용하였는데, 이에 따라 진언다라니도 여러 문자로 표현

42　映画「敦煌」委員会,『シルクロードの美と神秘 敦煌·西夏王国展』, 1988, p.112~117.
43　遼寧省朝陽縣文物管理所,「遼寧朝陽縣聯合鄉金墓」,『華夏考古』1996年 3期-3.

하였다. 일반적으로 그 지역에서 활용되는 문자로 진언다라니를 염송하거나 새겨 지역에 따라 차이가 있었지만, 진언다라니 신앙 관련하여서는 란차 - 티벳 - 몽골문자가 주로 활용되었다. 그래서 3개의 문자가 동시에 표기되는 경우가 많았다. 이처럼 원나라는 밀교의 진언다라니 신앙이 성행하면서 다양한 조형물이나 미술품에 범자로 진언다라니가 새겨졌는데, 여러 자로 구성된 진언다라니도 신앙하였지만, 종자로서 〔oṃ〕과 여섯 자로 구성된 육자진언을 높게 신앙하였다. 그래서인지 현존하는 원나라 불교 미술품에 종자와 육자진언이 압도적으로 많은 양상을 보인다.

원나라 상도(上都) 궁전지에서 육자진언이 새겨진 석경판이 여러 점 출토되었는데, 몽골문자와 란차를 활용하여 자륜식 등 다양한 방식으로 진언을 새겼다. 이곳은 조사 결과 지원 연간(1264~1294)이었던 쿠빌라이 시기에 처음 건설되었으며, 원나라 말기에 다시 중건한 것으로 확인되었다.[44] 따라서 이 유물들은 13~14세기대에 조성된 것으로 추정된다. 그리고 원대에 조성한 북경 영취선사(靈鷲禪寺)의 본전인 보광명전과 가람 외곽에 있는 원통전에도 진언다라니가 독특하게 새겨졌다. 보광명전은 건물의 문비와 창호의 문인방 표면에 란차를 활용하여 자륜식으로 진언다라니를 새겼으며, 원통전은 천장에 장식된 연화문의 표면에 1자씩 몽골문자로 진언다라니를 배치하였다. 이 중에 보광명전에 새겨진 범자 진언다라니는 자륜식 배치법의 전형을 보여주고 있다. 또한 중국 절강성 보타산(普陀山)에 있는 보제선사(普濟禪寺) 옆에는 보불탑(寶佛塔)으로도 불리는 다보탑이 세워져 있다.[45] 이 석탑의 전체 높이는 18m이며, 관련 기록에 의하여 원통(元統) 2년인 1335년 태자의 도움으로 건립되었다고 한다. 그래서 태자탑(太子塔)으로도 불리는데, 탑의 전체적인 양식이 보협인

44 국립문화재연구소, 『중국동북지역 고고조사 현황 -내몽고자치구편-』, 2013, pp.268~273. 이 유물들은 石刻 經板으로 中國 內蒙古 錫林郭勒盟 正藍旗 동쪽 약 20km 지점의 金蓮川 초원지대에 있는 元나라 上都 1號 宮殿址에서 출토되었다.

45 이 석탑은 보제선사의 앞쪽으로 조성된 연지 옆에 세워져 있는데, 현재는 불교박물관이 건립되어 있다.

원나라 상도(上都) 1호 궁전지 출토 육자진언명 각석　원나라[46]

탑과 친연성을 보이고 있으며, 탑신과 난간을 교대로 올려 탑신부를 구성하였다. 그리고 각 층 난간의 하부에 받침대가 있는데, 그 표면에 음각으로 육자진언을 크게 새겨 공양과 공덕의 의미를 반영하였다.

북경 묘응사(妙應寺) 백탑(白塔)은 원나라의 라마탑 양식을 대표하는데, 이 탑은 1978년 전면적인 수리 공사 시에 탑이 1271년 대대적으로 중수되었으며, 청대인 1753년에도 보수가 있었던 것으로 확인되었다. 탑의 상륜부는 원형의 보개를 청동으로 장식하였는데, 원형 보개에서 하부로 내려뜨린 번(幡) 장식의 표면에 '불(佛)'과 함께 범자를 투각 형식으로 교차하여 새겼다. 그리고 청대에 보수하면서 새롭게 넣은 봉안물의 막음장치 표면에도 삼밀진언을 주서로 좌우에 새겨 진언다라니에 대한 신앙을 엿볼 수 있다. 또한 원나라 때 건립된 대형탑의 받침대였던 북경 거용관(居庸關)의 운대에도 사천왕상과 함께 한자, 서하문자, 위구르문자, 파스파문자, 란차, 티벳 문자 등 6개의 문자가 배열되어 있다. 당시 광활한 영토를 건설하였으며, 그에 따라 여러 문자가 사용되었음을 시사해 주고 있다. 항주 영은사 비래봉 조상군에도 밀교 신앙에 따른 여러 진언다라니가 새겨져 있는데, 제14호감 우측으로 형성된 암벽에 육자진언이 란차로 새겨져 있다. 또한 원나라 때 조성한 불감으로 용홍동(龍泓洞)

46　국립문화재연구소, 『중국동북지역 고고조사 현황 -내몽고자치구편-』, 2013, pp.268~273. 이 유물들은 石刻 經板으로 中國 內蒙古 錫林郭勒盟 正藍旗 동쪽 약 20km 지점의 金蓮川 초원지대에 있는 元나라 上都 1號 宮殿址에서 출토되었다. 이곳 하층은 至元 初인 쿠빌라이 시기에 처음 건립되었으며, 상층은 원나라 말기에 중건된 것으로 확인되었다.

전경

창호 문인방의 진언다라니

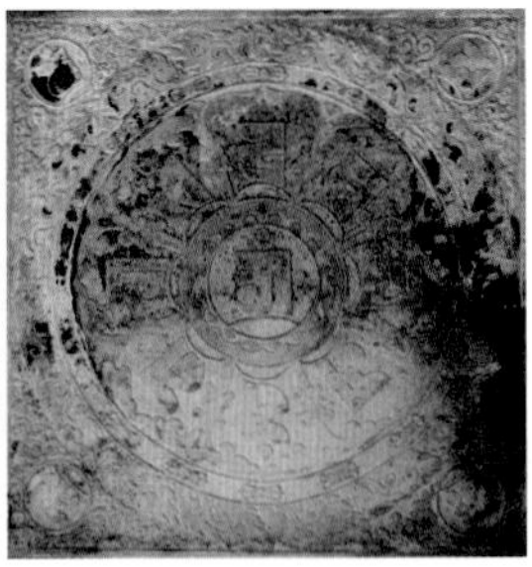
문비 문인방의 진언다라니

북경 영취선사(靈鷲禅寺) 보광명전 전경과 진언다라니　원나라

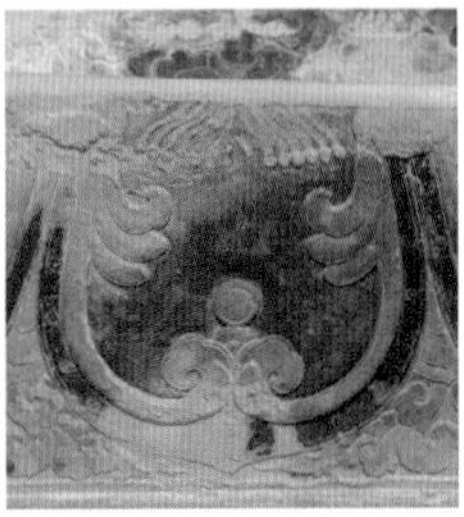
북경 영취선사 원통전과 연화문내 범자　원나라

북경 거용관 운대에 새겨진 란차　원나라, 1345

제14호감 우측 육자진언

제61호감, 존성불모(尊胜佛母)

항주 영은사 비래봉 조상군　원나라

높이 18m

1층 난간 육자진언

중국 보타산 다보탑　원나라, 1335

❶

❷

❸

❶ 북경 묘응사 백탑 상륜부와 범자　원나라

❷ 돈황 막고굴 육자진언명 석비 탁본　원나라, 1348.5

❸ 양관음호비(楊觀音護碑)　원나라, 내원시(來源市) 오화루지(五華樓址) 출토

범자 동종　원나라, 1346, 여순(旅順)박물관

육자지언 운판　원나라, 1271, 일본 거기궁(筥崎宮)[47]

❶

❷

❶ 동패(銅牌)　원나라, 적봉(赤峰)박물관

❷ 『대방광불화엄경』 권두　원나라, 일본 대마도 동천사(東泉寺)[48]

47　강화역사박물관, 『삼별초와 동아시아』, 2017, p.185.

48　九州國立博物館, 『版經東漸』, 2019, p.46.

범자 수막새　원나라, 유금와당박물관

범자 동경　원나라, 여순(旅順)박물관

앞뒤면

준제관음 범자 동경　원나라, 북경수도박물관

풍탁형 범자 동경　원나라, 운남성박물관

탑상 범자 동경　원나라, 북경수도박물관

범자 골호　원나라

범자 은제 그릇　원나라, 대동시(大同市)박물관

금제 화형 범자 장식　원나라, 요양(遼陽)박물관

동제 원형 범자 장식　원나라, 북경수도박물관

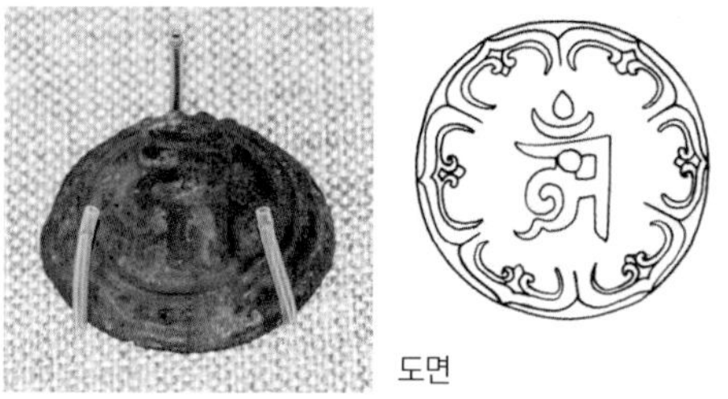

도면

동제 원형 범자 장식　원나라, 내몽고 오란찰포시(烏蘭察布市)박물관

조상군의 외벽, 제26호감과 제27호감 사이, 제61호감 등에는 존성불모(尊胜佛母)를 새겼으며, 제66호감에는 무량수불의 두광 좌우에 란차로 여러 유형의 진언다라니를 가득 새겼다. 이처럼 원나라는 진언다라니 신앙이 성행하면서 여러 석비에도 종자나 진언다라니를 새겼는데, 이 중에 돈황 막고굴의 육자진언비는 당시 사용한 다양한 문자를 활용하여 진언과 그 공덕을 함께 새긴 사례로 주목된다.

이외에도 원나라는 진언다라니 신앙이 성행하면서 동종, 기와, 운판, 동경, 토기, 각종 장식품 등에 종자나 육자진언, 준제진언다라니 등을 여러 문자로 새겨 공양이나 공덕을 쌓고, 극락왕생 등을 염원하였다.[49]

명나라(1368~1644)는 1368년 주원장이 건국한 나라로 전대에 이어 불교가 중심적인 종교로 자리 잡으면서 밀교의 진언다라니에 대한 신앙도 성행하였다. 이에 따라 명나라 때에도 원나라와 마찬가지로 다양한 불교 미술품에 진언다라니가 표현되었다. 그런데 이전에는 사례가 많지 않은 도자기에 문양과 장엄의 의미로 진언다라니가 많이 새겨졌다. 특히, 청화백자의 표면에 다양한 방식으로 범자 진언다라니가 새겨졌는데, 종교적인 측면과 함께 문양적인 측면이 동시에 고려되었던 것으로 보인다. 이처럼 범자 진언다라니는 명대에 들어와 신앙적인 측면과 함께 미술품을 장엄하고 화려하게 보이도록 하는 장식 문양의 한 요소로도 정착하였다. 그리고 명대에도 특정한 범자가 종자로 새겨지거나, 여러 자로 구성된 진언다라니가 동종 등에 자륜식으로 많이 배열되었다. 이외에도 동경이나 장식품 등 개인적인 소지품에 종자나 육자진언 등 비교적 짧게 구성한 범자 진언다라니를 실담이나 란차로 새긴 경우가 많은 양상을 보인다. 이것은 명대에 들어와 진언다라니에 대한 신앙이 현실 기복적인 성격으로 변화하면서 진언다라니가 일상화되었음을 짐작하게 한다.

한편 오늘날까지 백족(白族)들이 많이 살고 있는 운남성(云南省) 일대의 대리시(大理市)를 중심한 지역에서는 오래전부터 범자 진언다라니에 대한 신앙이 크게 성행하였다. 이 지역에 있었던 남조(南詔)는 불교를 높이 신봉했던 나라였는데, 아사리교(阿闍黎教)로 불린 밀교를 많이 신앙하였다. 이 지역은 당나라와 송나라 때에도 밀교가 크게 성행하면서 불교적인 사후관에 의한 상장례를 거행하였는데, 그러한 전통은 명나라 때까지 그대로 계승되었다. 이들 지역은 명대에 들어와 밀교 신앙과 의례에 따른 상장례가 널리 보급되면서

49 劉淑娟, 「元代梵字研究」, 『遼寧考古文集』, 遼寧省文物考古研究所編, 遼寧民族出版社, 2003.

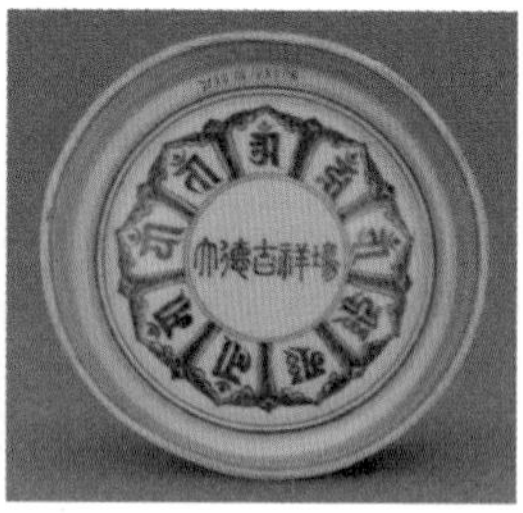

범자가 새겨진 각종 청화백자 선덕 연간, 1426~1435

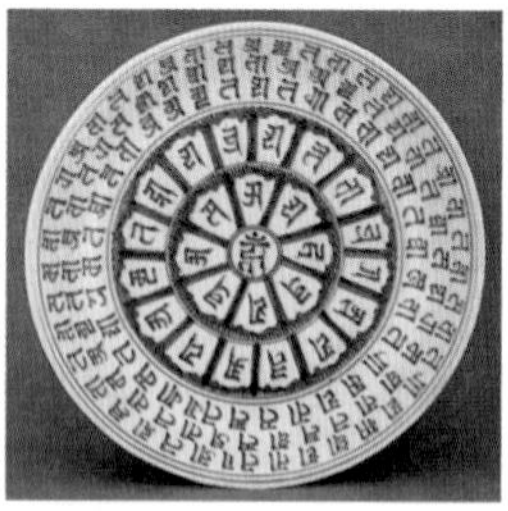

청화백자 범자 접시

청화백자 범자 삼족향로
성화 연간, 1465~1487[50]

청화백자 범자 연화문 접시
만력 연간, 1573~1620[51]

범자 청화백자[52]

범자 청화백자완

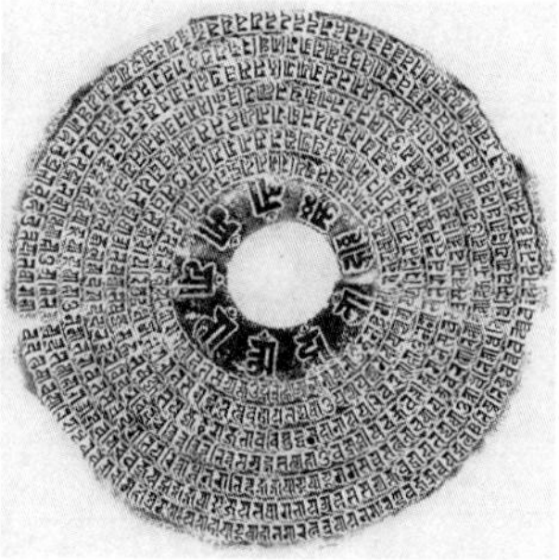

천판 외부 범자

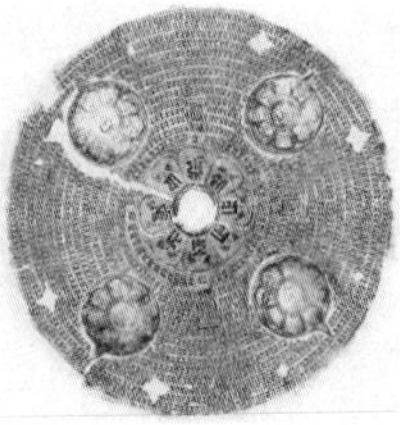

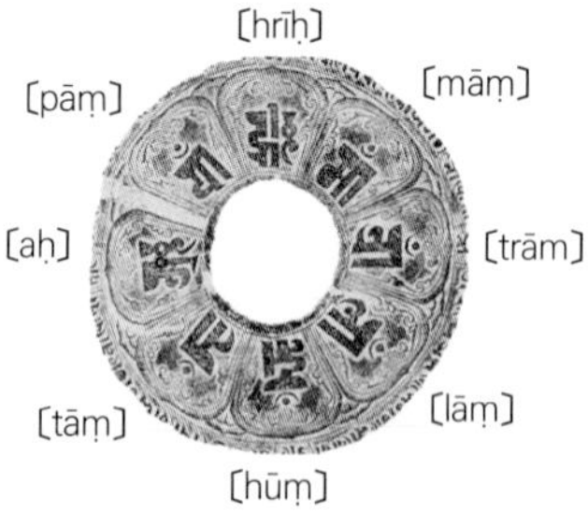

천판 내부 범자
영락대종(永樂大鍾) 명나라, 북경 대종사[53]

50 張浦生·霍華,『青花瓷鑑定』, 印刷工業出版社, 2012, p.40.
51 劉勇,『明清瓷器过手錄』, 天津大學出版社, 2008, pp.65~67.
52 藝術家工具書編委會,『明代陶瓷大全』, 藝術家出版社, 1983.에서 인용.
53 張保胜,『永樂大鍾梵字銘文考』, 北京大學出版社, 2006.

육자진언

오대산 불광사(佛光寺) 동종　명나라, 1430

성화13년명 동종　명나라, 1477.03, 북경 대종사박물관[54]

蘇州博物館 전시 상태

앞면　뒷면

불상 문양 금합　명나라, 1424[55]

앞면　뒷면

보석 장식 금합　명나라, 1474[56]

54　조성 시기를 알 수 있는 명문은 다음과 같다. '成化十三年丁酉三月吉日'

55　이 금합은 經文을 넣을 수 있는 사각형 盒으로 2009년 南京 江寧將軍山의 沐昂妾那氏墓에서 출토되었다. 앞면에 結跏趺坐한 如來坐像이 새겨져 있어 佛像紋 金盒이라고 한다. 뒷면에는 원형문 안의 가운데 〔hrīḥ〕를 중심으로 육자진언을 양각하였다.

56　이 금합은 經文을 넣을 수 있는 사각형 盒으로 2008년 南京 江寧將軍山의 沐斌夫人梅氏墓에서 출토되었다. 앞면에 여의두문을 새기고 그 안에 보석을 상감하였으며, 뒷면에는 원형문 안의 가운데 〔hrīḥ〕를 중심으로 육자진언을 양각하였다.

금제 〔oṃ〕 장식품 명나라, 상숙시(常熟市) 륙윤묘(陆潤墓) 출토[57]

금제 〔oṃ〕 비녀 명나라, 상주(常州)박물관

소조도금불상 명나라, 남경(南京) 출토[58]

범자 골호 명나라, 운남성(雲南省)박물관

❶

❷

❸

❹

명나라 범자 진언다라니 석비 탁본[59]

❶ 진공묘비(陳公墓碑) 1430, 대리시 명장촌(明莊村) 출토[60] ❷ 이삼유당비(李參幽堂碑) 1484, 이원현(洱源縣) 남품촌(南品村) 출토
❸ 대사진공수장비(大師陳公壽藏碑) 1495, 대리시 명장촌(明莊村) 출토[61] ❹ 동씨묘지비(董氏墓誌碑) 대리시박물관

---

57 常熟博物館 常熟興福寺 編, 『常熟博物館藏佛教文物集萃』, 2013.

58 이 불상은 塑造 鍍金 佛像으로 南京 復成橋에서 출토되었으며, 상부에 3자의 범자가 새겨져 있는데, 〔oṃ a huṃ〕 밀교에서 '身口意' 삼밀을 상징하는 종자이다.

59 비신 상부에 원형문을 마련하여 그 안에 1자씩 6자의 종자를 새겼다. 그리고 비신에 행적을 기록하였다.

60 현재 대리시 박물관에 소장되어 있으며, 비신 상부에 원형문을 마련하여 그 안에 1자씩 5자로 구성된 종자를 배치하였다.

61 중국 명대의 진언다라니를 새긴 碑 또는 誌 관련 자료는 2016년 8월 중국 呂建福 교수가 주도한

죽은 사람을 공양하고, 공덕을 쌓고, 망자의 극락왕생을 염원하기 위하여 석비, 석관, 묘지 등에 범자 진언다라니를 새겨 매납하는 풍습이 널리 성행하였다. 그래서 신도들은 시신을 화장한 후 장방형 묘광을 마련하여 그 안에 항아리를 안치하였는데, 항아리 표면뿐만 아니라 받침대와 그 주변에도 범자와 한자 등으로 추모와 공덕의 의미를 담은 묘지석을 함께 매납하였다. 묘지석은 일반적으로 상부 한가운데에 한자로 크게 '상(常)', '락(樂)', '아(我)', '정(淨)'을 새기고,[62] 그 아래에는 석가모니불 형상을 선각으로 배치하고, 그 좌우에 범자로 「불정존승다라니」를 배열하였다. 그리고 묘비나 묘지석 등에 태장계와 금강계 만다라를 상징하는 오불 종자(중방:ah:비로사나불, 남방:trah:보생불, 동방:hum:아촉불, 서방:hrih:아미타불, 북방:ah:아촉불)가 많이 새겨진 것으로 확인되고 있다.[63] 또한 하부에 어떤 의미인지는 불분명하지만, 동물상을 새기기도 하였다. 이러한 묘지석이 운남성의 대리시(大理市) 박물관을 비롯한 대리 지역 일대에 상당량이 전해지고 있어, 당시 신도들이 밀교적인 의례와 절차에 따라 상장례를 거행하였으며, 망자에 대한 추복과 공양의 의미로 범자 진언다라니가 일상화되어 있었음을 알 수 있다.

운남성 대리시박물관 범자 묘지석(명나라) 전경

'唐密与大理白密' 학술 발표 참석 시에 中國 大理学院民族文化研究所 연구원인 张锡禄 선생이 제공해 주었다. 지면을 빌어 깊이 감사드린다.

62 涅槃 本相으로 '無常', '無樂', '無我', '無淨'을 지칭하며, '非枯非榮 非假非空'의 경계를 의미한다.

63 田怀清, 「明故處士李公墓志銘與密宗阿吒力教考釋」, 『大理密教論文集』, 陝西師範大學宗教研究中心, 2016, pp.182~188.

대리시 박물관 소장 명나라 범자 묘지석 전경

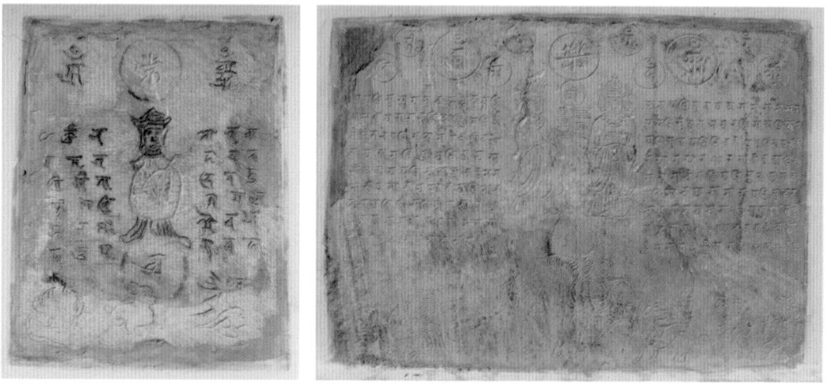

대리시 박물관 소장 명나라 범자 묘지석 전경

중국 청나라(1616~1912)는 만주족 누루하치(努爾哈赤)가 건국하였으며, 영토가 광활하여 여러 언어와 문자를 사용하였다. 청나라도 명나라에 이어 불교를 높이 신봉하였는데, 북방 유목 민족들처럼 밀교 신앙이 크게 성행하였다. 특히, 밀교 의례와 진언다라니에 대한 신앙이 일상화되면서 다양한 미술품이나 조형물에 범자 진언다라니가 새겨졌다. 그래서 청나라 사원은 밀교적인 요소가 많았는데, 이전과는 다르게 건축물의 부재 표면에도 여러 유형의 진언다라니를 새겨 법당을 장엄하였다. 청나라 때 건립된 대표적인 사원으로 요녕성 북표시(北票市) 혜령사(惠寧寺), 내몽골의 호화호특시(呼和浩特市) 자등사(慈燈寺), 북경 계태사(戒台寺) 등이 있는데, 이들 사원의 법당에는 다양한 진언다라니가 새겨졌다. 그리고 중국에서는 보기 드물게 청나라 때 들어와 법당의 지

| 표 팔길상의 명칭과 상징 의미

명 칭	문 양	의 미	청나라 『용장경(龍藏經)』
개(蓋) (寶蓋, 白蓋)	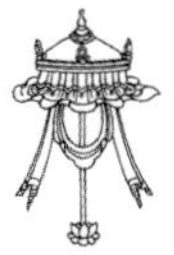	팔길상 중에서 첫 번째로 영예, 존숭, 지혜 등을 의미하며, 자비에 이르는 방편이다. 중생들에게 유혹과 공포를 물리치는 능력을 준다.	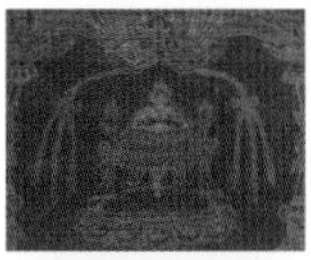
어(魚) (金魚, 雙魚)		고기가 물속에서 자유자재로 돌아다니는 것처럼 번식과 행복을 가져다주고, 자손 번창과 원만한 부부관계를 유지하게 해준다.	
병(甁) (寶甁)		부를 상징하며, 중생들이 원만한 관계를 유지하도록 해준다.	
화(花) (蓮花, 妙蓮)		연꽃은 오염된 곳에서도 청정하게 피어나듯이 순수하고 깨끗한 불성(佛性)을 상징한다.	
라(螺) (法螺, 白螺)		부처님의 법음(法音)이 천하에 두루 멀리까지 퍼져나가라는 것을 의미한다.	
결(結) (盘長)		무한한 부처의 지혜와 자비를 상징하며, 무병장수, 사랑, 화합을 의미한다.	
당(幢) (胜利幢)		전쟁에서 승리하듯이 모든 마귀를 항복시키고 열반에 이르며, 부와 권력을 얻게 해준다.	
륜(輪) (法輪)		부처님의 가르침을 영원토록 쉬지 않고 전파하여, 중생들을 구제하여 더 이상 윤회 없는 세상에 태어나도록 해준다.	

붕에 올리는 기와에도 종자 〔oṃ〕이나 〔hrīḥ〕 등을 새겨, 범자가 건물 외관에 노출되도록 했다. 현재 운남성 검천현(劍川縣)에 있는 흥교사(興教寺)의 관음루 지붕에 올린 수막새에는 막새면의 한가운데에 종자를 새기고, 외곽에는 팔길상(八吉祥)을 원형으로 배열하였다. 이러한 것은 범자 진언다라니가 상징적

인 문자로서 신앙과 예불의 대상일 뿐만 아니라 장식과 장엄을 위한 문양적인 요소로도 활용되었음을 시사한다.

한편 팔길상은 밀교와도 밀접한 관련이 있는 문양이자 상징으로 팔서상(八瑞相)이라고도 하는데, 불교 교리와 신앙을 상징적인 8가지 도상으로 표현한 것이다. 전하는 바에 의하면, 석가모니께서 보리수 아래에서 성불할 때, 제석천과 범천 등이 천상에서 내려와 경배하고 8가지 보배를 바쳤다고 한다. 이때부터 8가지 보배가 길상과 길조의 징표로서 석가모니 그 자체를 상징하기도 하고, 신구의(身口意) 삼밀이나 공덕을 의미하게 되었다. 특히, 고대 인도의 베다(Veda)교는 팔길상을 성스럽고 경건하게 인식하여, 이 문양을 새기거나 장식하는 전통이 형성되었다고 한다. 이후 밀교 신앙과 함께 팔길상이 여러 지역으로 전파되었는데, 지역이나 시대에 따라 배열하는 순서나 이름은 조금씩 달랐으나 기본적인 문양은 그대로 유지되었다. 이 문양은 밀교 의례나 신앙 활동과 밀접한 관련을 가지면서 전개되었다. 중국에서는 원·명·청나라 때 밀교 신앙과 함께 많이 활용되었으며, 한국에서도 고려와 조선시대의 복식 유물을 비롯한 여러 유물에서 확인되고 있다. 이처럼 팔길상은 원래 밀교에서 유래하여 밀교의 보급에 따라 여러 지역으로 전파되었으며, 일상에서도 상징적인 의미를 담고 있는 문양으로 자주 활용되었다.

용천요(龍泉窯) 인화잔반(印花殘盤)에 새겨진 팔길상　원나라

철가묘(鐵可墓) 동경에 새겨진 팔길상　원나라

성도(成都) 촉희왕(蜀僖王) 지궁 주실의 천정에 새겨진 팔길상　명나라

녹색경(綠色經)과 람색경(藍色經)의 염(簾)에 새겨진 팔길상　청나라, 대만 국립고궁박물원

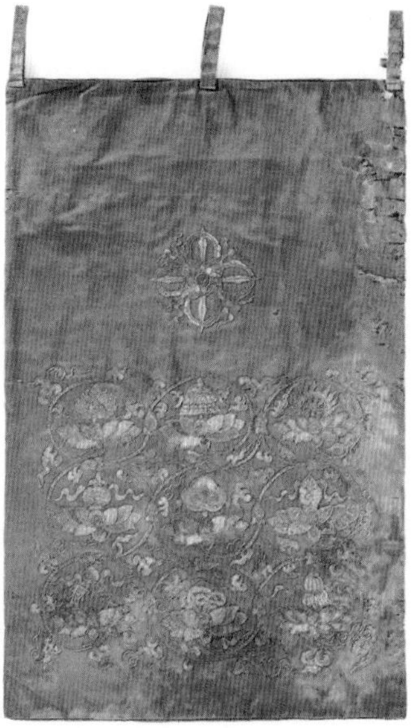

조복의 폐슬에 새겨진 팔길상　조선 후기, 경기도 박물관

그리고 청나라 때에는 불상과 탑의 표면에도 란자와 티벳 문자로 여러 유형의 진언디리니를 혼용하여 새겼다. 예를 들면 중국 호화호특시 자등사 금강보좌탑(金刚宝座塔)의 표면에는 티베트 문자와 란차로 육자진언을 가득 새겨 육자진언에 대한 신앙이 성행하였음을 엿볼 수 있다. 한편 요녕성 부신(阜新)의 해상산(海裳山) 보안사(普安寺) 주변에는 상당량의 마애 석각이 조성되어 있는데, 대부분 밀교 도상으로 청대의 도광 연간(1821~1850)에 개인의 구복적 차원에서 조각되기 시작하여 총 267구의 마애불이 조성되어 있다.[64] 이들 조각상 사이사이에 육자진언을 비롯한 다양한 진언다라니가 새겨져 있다. 또

64　李翎, 「阜新海裳山磨崖造像」, 『佛教与圖像論稿』, 文物出版社, 2011, pp.251~279.

건물 외부 인방

건물 내부 인방

요녕성 북표시(北票市) 혜령사(惠寧寺) 대웅보전 전경과 범자 진언다라니　청나라

호화호특시(呼和浩特市) 자등사(慈燈寺) 관음전　청나라

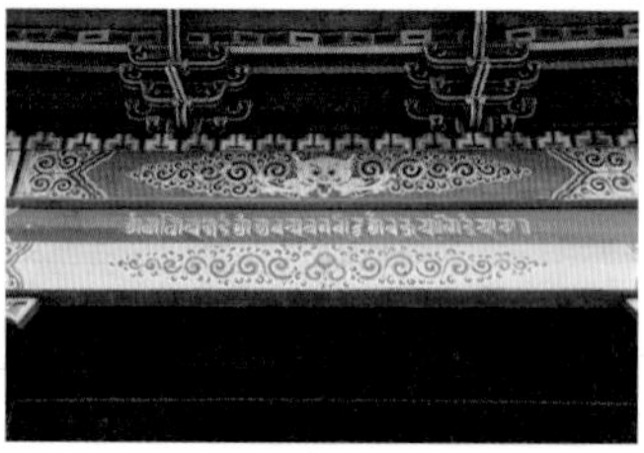

호화호특시 자등사 대일여래불전(大日如來佛殿)　청나라

북경 계태사(戒台寺) 계태전(戒台殿) 내부 천정 범자　청나라

한 오대산(五臺山) 탑원사(塔院寺) 백탑 주변에는 여러 석비가 건립되어 있는데, 청나라 때 건립된 불적영상지비(佛跡靈相之碑)와 나무아미타불비(南無阿彌陀佛碑, 1887)에는 랸차와 티벳 문자로 육자진언과 경전의 여러 문구를 새겼

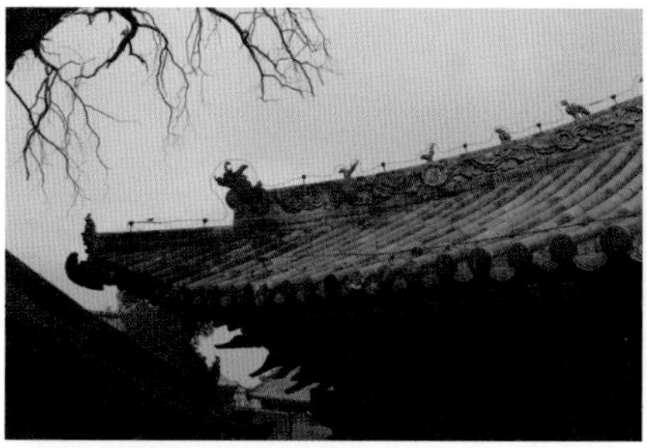

홍동현(洪洞縣) 광성사(廣胜寺) 비로전 범자 기와 청나라

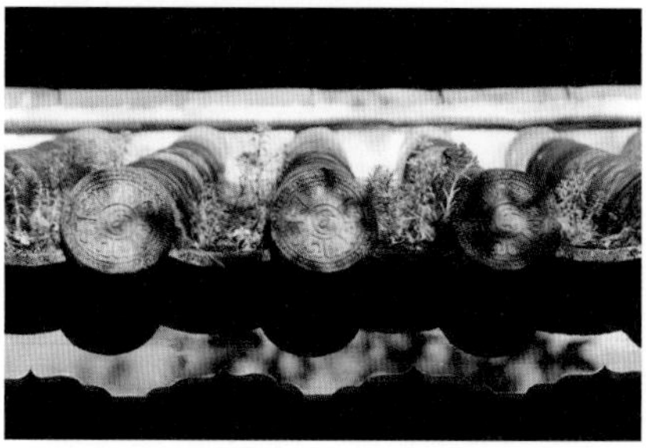

운남성 검천현(劍川縣) 흥교사(興教寺) 관음전 팔길상 기와 청나라

다. 운남성의 계족산(鷄足山) 금정사(金頂寺)에도 청나라 때 건립한 석비(1678)가 있는데, 비좌 앞면에 여러 유형의 범자 진언다라니를 새겼다. 그리고 청나라 때에도 명나라에 이어 다양한 형태로 제작한 청화백자의 표면에 육자진언을 비롯한 다양한 진언다라니를 새겼으며, 동종의 표면에도 공양이나 공덕을 쌓는 의미로 여러 자로 구성한 진언다라니를 가득 배열하기도 했다. 이외에도 밀교 의례 시에 중요하게 활용되는 금강저와 금강령의 표면에도 종자나 진언다라니를 새겼으며,[65] 독경의 의미가 있는 전통(轉筒)의 표면에도 육자진언을 배열하였다. 또한 향로, 금동 만다라, 금탑 등을 비롯한 여러 유형의 금속공예품과 골호 등의 표면에도 란차와 티벳 문자를 혼용하여 다양한 진언다라니를 새겼다. 예를 들면 요녕성박물관에 소장 전시된 금탑은 심양 백탑과 유사한

65 금강령의 연화문에는 八妃種子인 〔laṃ〕-〔vaṃ〕-〔maṃ〕-〔caṃ〕-〔paṃ〕-〔bhṛṃ〕-〔taṃ〕-〔maṃ〕이 새겨져 있다. 독음은 연구자마다 조금씩 다르다.

운남성 계족산(鷄足山) 금정사(金頂寺) 석비　청나라, 1678

요녕성 부신(阜新) 해당산(海棠山) 마애 석각과 범자　청나라

호화호특시 자등사(慈燈寺) 금강보좌탑　청나라, 1727

오대산 탑원사(塔院寺) 백탑 전경　청나라

오대산 탑원사 불적령상지비(佛跡靈相之碑) 청나라

오대산 탑원사 백탑 석비　청나라, 1887

청동 좌상　청나라, 절강성(浙江省)박물관

금강령　청나라, 하북성 장가구 원중도(元中都)박물관

전경통　청나라, 운남성(云南省)박물관

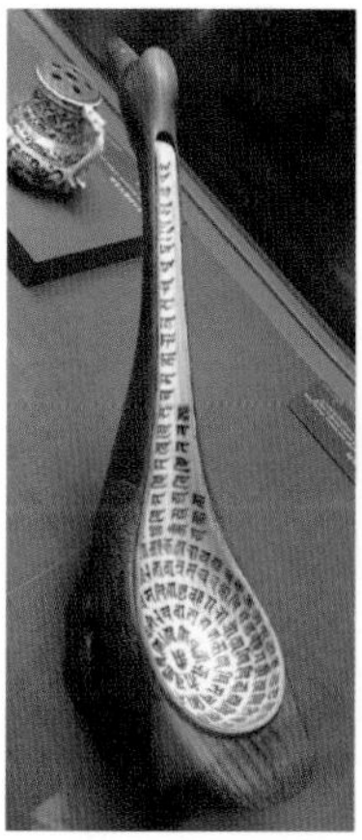

청화백자 국자　청나라, 대만 국립고궁박물원

청화백자 잔　청나라, 옹정 연간, 개인 소장

티벳문 동종　청나라, 1616, 1911 중수, 북경 대종사(大鍾寺)

금동 경통전통(藏經轉筒)　청나라, 남경박물원(南京博物院)

호화호특시(呼和浩特市) 자등사 석물　청나라

금동 공양만다라　청나라, 대만 고궁박물원[66]

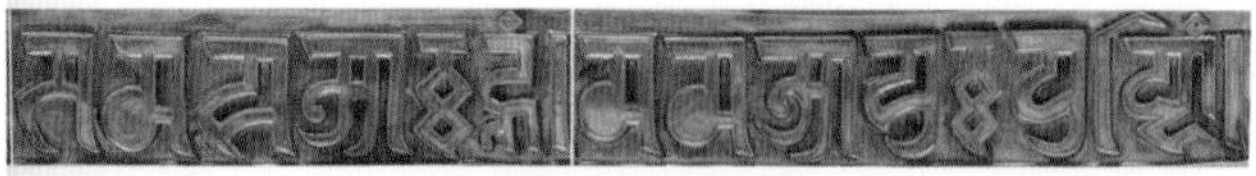

〔samaye āḥ hūṃ mama āyuḥ puṣṭiṃ〕

〔oṃ vajra bhūmi āḥ hūṃ〕

금탑과 은도금 화형문 항아리　청나라, 요녕성박물관

청동 향로　청나라, 통요시(通遼市)博物館

금니 금강경서　청나라

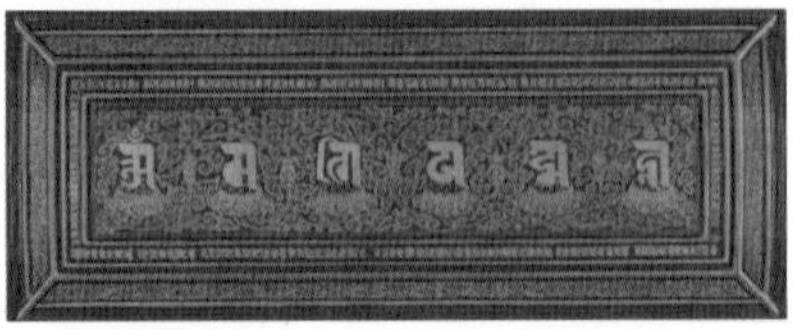

『니금사본장문용장경(泥金寫本藏文龍藏經)』　청나라, 1669, 대만 국립고궁박물원

40×30cm

목각인경판(木刻印經板)　청나라

라마탑 양식인데, 탑신 받침 부분과 상륜부의 보륜에 진언다라니를 가득 새겼다. 그리고 요녕성박물관의 청나라 건륭 연간에 제작한 은도금 화형문 항아리

66　國立古宮博物院, 『佛陀形影 -院藏亞洲佛教藝術之美』, 2015.

는 밀교의 관정 의식 때 사용하는 공예품인데, 원형 몸통의 표면에 크게 란차로 육자진언을 배치하였다. 청나라 때 조성한 『금강경서(金剛經書)』에도 금으로 범자 경문을 새겼으며, 목각 인경판(印經板)도 뒷면 한가운데에 3구의 관세음보살좌상을 조각하고 그 주위에 범자로 진언다라니를 새겼다.

한편 청나라 때에는 티벳을 비롯하여 티벳 불교의 영향을 받았던 지역에서는 쿠타크샤라(Kutaksara)로 불린 상징 문자가 성행하기도 했다. 이 문자는 명나라 유물에서도 확인되고 있어 그 유래가 오래되었음을 알 수 있다. 여러 자를 결합하여 만들었으며, 밀교의 부적과 유사하다. 특히, 이 문자는 밀교가 성행했던 부탄, 네팔, 몽골 지역 등을 비롯하여 청나라 때 건립한 사찰 관련 유적과 유물 등에서 많이 발견되고 있다. 이 문자는 원래 인도에서 성립한 시

동탑 서탑 남탑 북탑

심양(瀋陽) 백탑 청나라, 1645

심양 백탑(북탑) 석비

청나라, 몽골어와 서역 문자로 구성

호화호특시 자등사 산문 청나라

오탑산탑원사법당벽면

석경당 청나라, 내몽고 오란찰포시(烏蘭察布市)박물관

석경당 청나라, 호화호특시 내몽고(內蒙古)박물관

륜탄트라의 우주관과 상징적 원리를 도입하여 만들어진 것으로 추정되고 있다. 이중에서도 남추방덴(Rnam bcu dbang idan)이 가장 널리 알려져 있는데, 밀교적 교리와 신앙을 가장 잘 반영한 것으로 티벳어로 10종류의 힘을 의미하여 십상자재(十相自在)라고 한역한다.[67] 이 상징 문자는 티벳 사원의 벽면이나 경전의 표지 장식, 부적 등에 사용되었으며, 밀교의 전래와 함께 여러 지역으로 보급되었다. 오늘날 중국 심양에는 동서남북 사방에 라마탑 양식으로 1645년 준공한 백탑이 전하고 있는데, 각 탑의 탑신 정면에 감실을 마련하여 그 안에 상징 문자를 새겼다.[68] 이 문자는 도안처럼 보이는데, 원래는 란차로 구성한 육자진언을 합하여 한 글자처럼 만든 것이다.[69] 이외에도 심양 북탑이 있

---

67 命, 心, 資具, 業, 解, 受, 愿, 神, 智, 法 自在의 10가지 의미를 상징적으로 담고 있는 도안으로 신앙과 예불의 대상이 되었다.

68 중국 심양 호국 법륜사 석비는 심양 백탑을 조성하면서 건립한 석비로 백탑의 건립 내력과 조성 시기를 기록하였다. 이수 앞뒤면의 제액 부분에도 백탑에 새겨진 것과 같은 육자진언을 새겼다. 현재 심양 백탑의 북탑과 동탑의 석비가 잘 남아있다.

69 Manish Shakya, 「Six Syllable Mantra and Initiation in Nepal」, 『회당학보』 제15집, 회당학회,

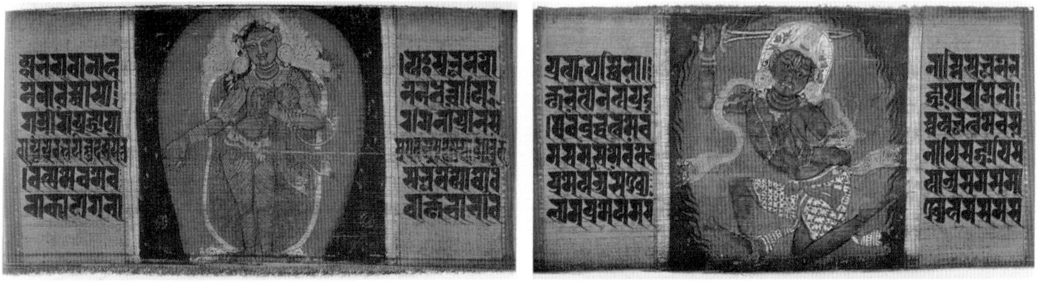

중앙아시아 지역 경전　10세기경, 대영박물관 소장[70]

앞면

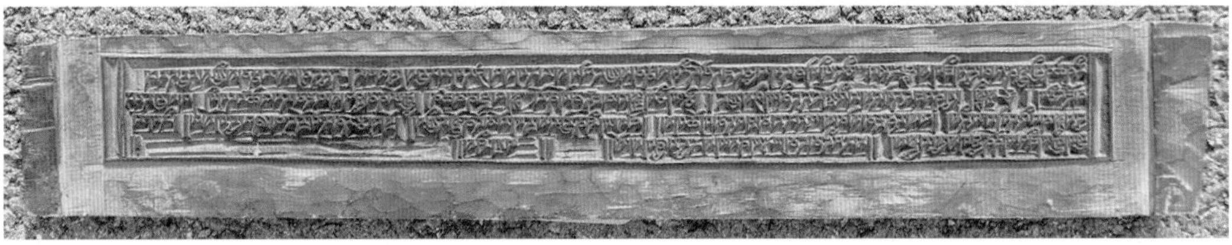

뒷면

티벳 대장경 목판　개인 소장

는 사원 입구의 석비, 내몽고 지역에 있는 호화호특시의 자등사 산문, 내몽고 박물관과 오란찰포시(烏蘭察布市)박물관 등이 소장하고 있는 석당의 표면에도 진언다라니와 함께 쿠타크샤라 문자가 새겨졌으며, 별도의 석조물이나 건물의 벽면에도 장엄과 공덕의 의미로 이 문자가 새겨졌다. 이처럼 청나라 때에는 밀교의 진언다라니 신앙이 유행하면서 재료와 유형에 상관없이 필사 또는 인쇄 등 다양한 방식을 활용하여 여러 유형의 범자 진언다라니가 개인의 신앙

2010, p.238.

70　吉川逸治 編,『大英博物館 I』世界の美術館 3, 講談社, 1966.

육자진언 석비　몽골, 18세기경

호부 다라니　티벳, 18~19세기, 면본 채색

금동 불감　티벳, 18세기

오방여래불관　티벳, 20세기[71]

과 수행에 따라 자유롭게 새겨졌음을 알 수 있다.

그리고 장전불교(藏傳佛敎) 지역으로 일컬어지는 중앙아시아를 비롯하여, 오늘날 티벳과 몽골 지역도 오래전부터 라마교를 중심 한 밀교 신앙이 널리 성행하였다. 특히, 이들 지역에서는 밀교 신앙이 중심을 이루면서 범자 진언 다라니가 영험하고 신비한 문자로서 염불과 기원의 대상을 넘어 신앙과 성불의 대상으로 인식되었다. 그래서 범자로 제작한 경전 그 자체가 신앙의 대상

71 통도사 성보박물관, 『하늘에 맞닿은 불교왕국 티벳』, 2001, pp.43~151. 범자는 〔vaṃ hūṃ trāḥ hrīḥ aḥ〕이다.

골호 12세기, 운남성[72]

마니차 네팔, 20세기, 정영호 교수 소장품

이 되기도 했으며, 다양한 유형의 범자 진언다라니가 종자이자 만다라로서 새겨졌다. 이처럼 진언다라니가 기본적으로 신앙의 대상이었지만 다양한 조형물이나 미술품 등에 장식이나 장엄의 의미로도 활용되었다.

오늘날까지 전하고 있는 장전불교 지역의 많은 유적과 유물을 통하여 진언다라니에 대한 신앙이 크게 성행하였음을 살필 수 있다. 그리고 티벳과 네팔 지역에서 여러 범자를 혼합하여 만든 쿠타크샤라로 불린 상징 문자도 확인되고 있어, 중앙아시아 지역에서는 밀교 성행하면서 다양한 불교 미술품에 공양이나 공덕을 쌓고, 장엄하기 위하여 여러 유형의 범자 진언다라니가 새겨졌음을 알 수 있다. 그런데 이들 장전불교 지역에서는 진언다라니에 실담보다는 란차와 티벳 문자가 많이 활용되었다.

2. 일본

일본은 동아시아에서 불교가 늦게 전래하였고, 밀교와 범자 진언다라니에

72 범자는 〔oṃ vishurad raksa vajrapaṃcara huṃ phaṭ〕

대한 신앙도 늦었지만, 전래 이후 가장 발전된 양상을 보였다. 한국과 중국 등은 초기 밀교와 범자 진언다라니 신앙을 보여주는 실물 자료가 대부분 소실되었는데, 일본은 다른 나라에 비하여 비교적 많이 남아있다. 특히, 일본 법륭사에 남아있는 패엽사본은 『반야심경』과 「불정존승다라니」를 필사한 것으로, 당시 일본 열도에 불교의 전래와 함께 범어 경전도 전해졌음을 알려주고 있다. 이 유물은 동아시아 범자의 초기 모습을 보여주는 대표적인 사례일 뿐만 아니라 실담자모의 초기 모습을 전하는 귀중한 자료로 평가받고 있다.[73]

일본 열도는 일찍부터 진언종의 성립과 함께 밀교 신앙과 의례가 널리 보급되었다. 일본 진언종의 개조인 공해(空海, 774~835)는 당나라로 유학하여 여러 승려로부터 밀교를 배운 다음 806년에 귀국하였는데, 지광(智廣)의 『실담자기(悉曇字記)』를 일본 땅에 전하였다. 이 책은 당나라 승려 지광이 남인도 출신 승려였던 반야보리(般若菩提)에게 배운 범자를 체계적으로 정리한 것이다. 공해는 이 책을 일본에 가지고 가서 실담문자의 연구에 활용하였으며, 직접 『범자실담자모병석의』(1권)과 『대실담장』(1권)을 지었다. 당시 공해가 지은 책은 실담문자 연구에 대한 최초의 저술로 평가받고 있다. 또한 그는 『즉신성불의』를 지어 밀교에서 가장 중시하는 신구의(身口意) 삼밀의 중요성과 즉신성불(卽身成佛) 등 밀교 신앙을 체계적으로 제시하였다.[74]

그리고 일본에서 밀교는 당나라에 유학하고 돌아온 최징(最澄, 767~822), 공해(空海, 774~835), 원행(圓行, 798~852), 상효(常曉, ?~866), 혜운(惠運, 798~869), 종예(宗叡, 809~886), 원인(圓仁, 794~864), 원진(圓珍, 814~891) 등 소위 '입당팔가(入唐八家)'를 중심으로 발전하였다.[75] 이 승려들에 의하여 밀교와 범자 진언

---

73 日本 法隆寺에 소장된 貝葉經은 寺傳에 의하면 推古天皇 16년(608)에 중국 수나라에 사신으로 갔던 小野妹子가 가지고 온 것이라고 한다. 이 貝葉經에 쓰인 범자는 자형이 북방계 굽타형에 기원을 두고 있는 6세기경의 書寫로 추정되고 있다(이태승·최성규, 『실담범자입문』, 정우서적, 2008, pp.35~38).

74 이태승·최성규, 『실담범자입문』, 정우서적, 2008, pp.41~47.

75 入唐八家는 崔澄(天台, 입당 시기 804~805), 空海(眞言, 입당 시기 804~806), 常曉(眞言, 입당

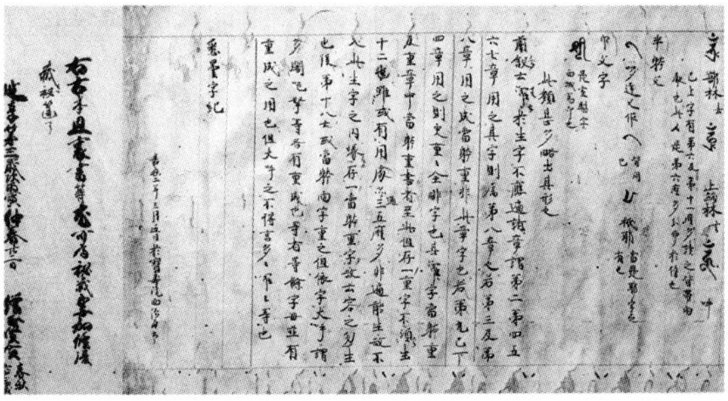
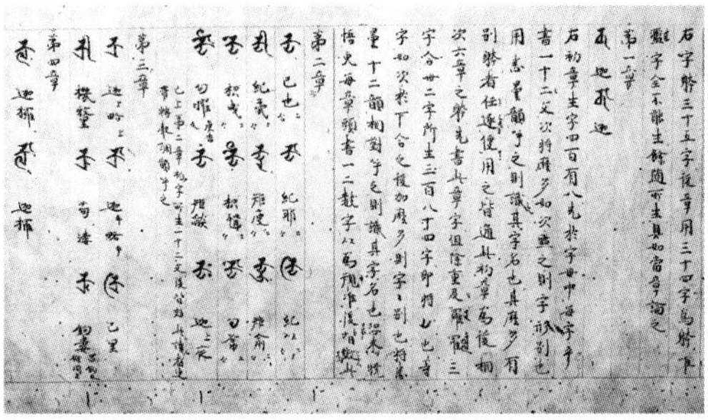

『실담자기(悉曇字記)』 1권 평안(平安), 1170.3[76]

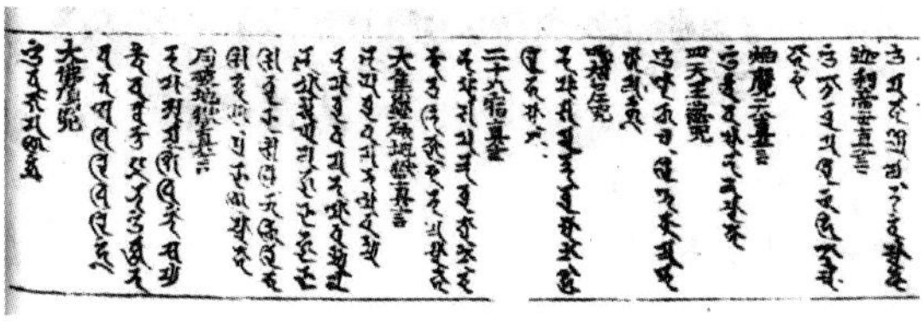
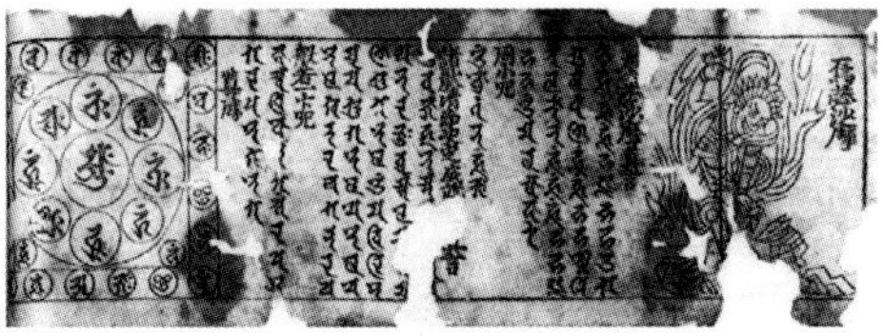

내량(奈良) 서대사(西大寺) 인출 범자 진언다라니 모음집 겸창(鎌倉), 1285[77]

다라니에 대한 신앙이나 실담학이 크게 성행하였다. 그래서 이들을 실담팔가라고도 부른다. 또한 비예산 오대원의 안연(安然, 841~915)이[78] 실담학의 집대성이라 할 수 있는 『실담장』(8권)을 저술한다.[79] 이후에도 일본은 천태종과 진언종을 중심으로 지광의 『실담자기』에 대한 다수의 주석서가 간행되면서 실담학 연구가 발전을 거듭하게 된다.[80] 이러한 발전은 오늘날까지 일본이 실담학과 범자 진언다라니 신앙 등의 중심이 되게 하였다.

시기 838~839), 圓行(眞言, 입당 시기 838~839), 圓仁(天台, 입당 시기 838~847), 圓珍(天台, 입당 시기 853~858), 惠運(眞言, 입당 시기 842~847), 宗叡(眞言, 입당 시기 862~865)를 일컫는다.

76 滋賀縣立琵琶湖文化館, 『神祕の文字』 -佛教美術に現われた梵字-, 2000, p.6.

77 南權熙, 「고려시대 간행의 수진본 小字 총지진언집 연구」, 『書誌學硏究』 제71집, 韓國書誌學會, 2017, p.335.

78 安然은 일본 천태종 승려로 近江(滋賀縣) 출신이었다. 그는 五大院大德, 五大院阿闍梨, 祕密大師, 阿覺大師 등으로 불렸다. 그는 圓仁(794~864)을 따라 출가하였다(강대현, 「悉曇字母와 관련된 眞言(修行)의 理論과 實際에 대한 考察」, 『禪文化硏究』 제16집, 韓國佛敎禪理硏究院, 2014, p.400).

79 이 책은 安然이 880년 왕명으로 저술하였다.

80 이태승·안주호, 『悉曇字記와 望月寺本 眞言集 硏究』, 글익는들, 2004, pp.46~49.

일본은 일찍부터 범자 그 자체와 진언다라니를 영험하고 신비한 것으로 인식하였으며, 이른 시기부터 진언종이 성립하면서 밀교가 성행하였다. 일본 열도에 밀교와 범자 진언다라니 신앙이 나라시대에 처음 전해졌지만, 그것의 본격적인 발전과 신앙에서의 활용은 평안(平安, 헤이안, 794~1185)과 겸창(鎌倉, 가마쿠라, 1192~1333)시대부터라고 할 수 있다. 오늘날 일본에 남아있는 범자 진언다라니 관련 유적과 유물들은 12세기대에 서서히 발전하는 양상을 보이는데, 이러한 모습은 한반도의 고려와 비슷한 양상을 보여 주목된다.

헤이안시대 들어와 건립된 석탑과 오륜탑, 석비, 기와 등 여러 유형의 조형물이나 미술품에 범자를 종자 또는 진언다라니 형태로 새겼다. 이 시기에 새겨진 범자는 금강계와 태장계 사불종자가 중심을 이루고 있으며, 오륜탑에는 발심, 수행, 보리, 열반 등을 상징하는 종자가 많이 새겨졌다. 현재 회외사지(檜隈寺址)의 석탑은 전형적인 일본식 석탑으로 헤이안시대에 건립한 것으로 1층 탑신석의 각 면마다 1자씩 음각으로 범자를 큼직하게 새겼다. 이 석탑은 이후 건립되는 석탑의 탑신에 범자 진언다라니를 새기는 선구적인 사례로 평가받고 있다. 그리고 웅본현(熊本縣)의 본광사(本光寺) 입탑파(笠塔婆)(1175)는 독특한 형태의 탑신과 옥개석을 마련하였는데, 탑신의 사방에 1자씩 종자를 새겼다. 구주(九州) 통야오지여래판비(筒野五智如來板碑)는 비의 정면을 3단으로 구획하였으며, 후면에 명문을 새겨,[81] 이 석비가 1182년 8월 건립되었음을 알 수 있다. 정면 상단에는 오지여래불(五智如來佛)을 의미하는 불좌상을 좌우로 배치하였고, 중단에는 팔엽범자만다라를 새겼는데, 한가운데의 〔āḥ〕를 중심하여 상단에서 시계방향으로 〔aṃ〕-〔bu〕-〔aḥ〕-〔yu〕-〔a〕-〔aṃ〕-〔ā〕-〔a〕를 자륜식으로 배열하였고, 외곽 사방에는 사천왕 종자를 배치하였다.[82] 하단에는 작은 감실을 마련하여 삼존상을 조각하였다. 또한 좌우에도 별도로 석비를 세워 범

---

81 후면에 새겨진 명문은 '勸進僧圓朝 奉立石體 五智如來像 彦山三所權現 八葉曼陀羅梵字 現世末代ㅁㅁ行者修理 養和二年歲次壬寅 八月初四日柱時正中'이다.

82 일본 밀교에서는 사천왕 종자를 〔dhṛ〕-〔vi〕-〔vi〕-〔vai〕로 배치하는 경우가 많다.

자 진언다라니를 새겼다. 이 일대가 밀교 승려들의 수행처였으며, 승려와 신도들이 대일여래를 신앙하면서 공양이나 공덕을 쌓고, 사후에 극락왕생하고자 다양하게 활동했음을 엿볼 수 있게 한다.

구주(九州) 통야오지여래판비(筒野五智如來板碑)의 종자 만다라
평안(平安), 1182.8

그리고 가마쿠라 시대에도 밀교 신앙이 중심을 이루면서 범자 진언다라니 신앙이 더욱 성행하였다. 그러면서 거의 모든 유형의 조형물이나 미술품에 범자 진언다라니가 새겨졌다. 또한 고려의 『범서총지집』과 같은 범자 진언다라니 모음집이 간행되면서 범자 진언다라니에 대한 신앙과 활용이 널리 보급되었던 것으로 보인다. 그래서 이 시대에는 석탑, 오륜탑, 보협인탑, 석등, 석비, 석불 등 다양한 석조물에 여러 방식으로 범자 진언다라니가 새겨졌다. 특히, 오륜탑과 보협인탑 등이 납골이나 장골용으로 많이 활용되었는데, 그 표면에 종자가 새겨졌다. 보협인탑은 『보협인다라니경(寶篋印陀羅尼經)』에 근거하고 있는데, 일찍이 중국에서 건립하기 시작하여 한국과 일본으로 전래하였다. 특히, 보협인탑은 일본에서 많이 건립되었는데, 그 중심인 탑신에 심다라니인법요(心陀羅尼印法要)가 있다고 인식하였으며, 가운데를 중심으로 사방에 아촉〔hūṃ〕-보생〔trāḥ〕-아미타〔hrīḥ〕-불공성취여래〔aḥ〕를 상징하는 종자를 새겼다. 이처럼 탑신에 새겨지는 종자들은 『보협인다라니』의 금강계 오불 종자로서 금강계만다라와도 연계되어 있다. 이것은 공덕을 쌓아 궁극적으로 극락왕생과 성불의 의미가 반영된 것이라 할 수 있다. 또한 나라 대야사(大野寺)는 암벽에 원형의 만다라를 조성하였다. 이 사찰은 홍법대사(弘法大師)로 불린 공해가 창건한 것으로 전하고 있으며, 가마쿠라시대에 조성한 지장보살상이 봉안되어 있다. 그런데 사찰 앞의 천변에 암벽이 있는데, 이곳에 나라 복흥사(興福寺)의 아연(雅緣) 대승정이 1207년 10월 발원하여, 중국 송나라의 석공을 초빙한 후, 1207년 10월 22일 지진제(地鎭祭)를 시행하고, 1208년 9월 22일 미륵불을 조성하기 시

작하였으며, 1209년 3월 7일에는 발원문을 미륵불에 봉안하였다고 한다.[83] 이러한 내력을 가진 마애 미륵불의 좌측 하단에 지름 2.2m로 원형의 존승만다라(尊勝曼荼羅)가 새겨져 있다. 이 만다라는 한가운데에 금강계 밀교의 주존인 대일여래를 상징하는 종자를 크게 새기고, 그 주변에 범자를 자륜식으로 배치하여 독특한 기법을 보여주고 있다.

또한 일본은 죽은 사람을 위하여 묘탑이나 석비를 건립하는 것이 유행하였는데, 대부분은 다섯 자를 새겼는데, 예외적으로 대일여래나 석가여래, 사천왕 등을 상징하는 종자를 한 자만 새겨 추모하고 극락왕생을 염원하기도 하였다. 이러한 사례로 무도시(霧島市)에서 출토된 판비(板碑)의 상부에 광목천〔vī〕-대일여래〔vaṃ〕-석가여래〔bhaḥ〕-부동명왕〔hāṃ〕을 상징하는 종자를 좌우로 배열하였다. 이처럼 가마쿠라시대에는 밀교 신앙이 널리 보급되면서 다양한 종자가 새겨졌다. 특히, 창야(倉野) 종자 마애불(1318.9)은 가마쿠라시대에 들어와 밀교가 성행하면서 죽은 자에 대한 공양과 추복을 기원하고자 조각상이 아닌 종자를 바위 면에 새겨, 다양한 밀교계 도상들을 표현한 사례이다. 그리고 녹아도현(鹿兒島縣)의 청수(淸水) 마애불상군에는 헤이안 시대부터 메이지 시대까지 약 200여 기의 조각상과 다양한 유형의 마애탑이 조성되어 있다. 이들은 대부분 승려와 재가신자를 위한 사후 기념물로 추모와 극락왕생을 염원하기 위하여 조성했음을 알 수 있는데, 암벽에 불상을 상징하는 종자를 새기거나, 보협인탑이나 오륜탑을 선각으로 새긴 후 그 표면에 범자를 새기기도 했다. 한국의 마애 부도와 같은 성격과 용도로 조성했음을 알 수 있다.

그리고 가마쿠라시대에는 밀교적인 의례에 활용하는 여러 법구와 장엄물의 표면에도 범자를 새겼다. 이 중에 금강령의 일종으로 5개의 날을 가졌다고 하여 오고령(五鈷鈴)으로 불리는 법구의 몸체에도 금강계나 태장계 오불을 상징하는 종자를 새겼다. 한국이나 중국의 금강령은 일반적으로 몸체의 상부

83 大山邦興 編輯, 『室生寺』, 日本寫眞印刷株式會社, 2001, pp.28~29.

에 작게 범자를 새겼는데, 일본 오고령은 몸체에서 잘 보이는 공간에 범자를 크게 새긴 점이 특징적이다. 금강령은 방울 소리 자체가 부처님의 자비와 설법을 상징하는데, 일본 오고령은 범자의 배치로 보아 대일여래를 특별히 강조하였음을 알 수 있다. 또한 부채나 꽃 모양으로 제작한 화만(華鬘)이나 깃발 형태로 제작한 번(幡)의 표면에도 여러 불보살을 상징하는 종자를 새겨 신앙적 의미를 강조하였다. 이외에도 불상의 광배, 막새기와의 표면, 사리 주자, 각종 장엄구나 공양물의 표면에도 범자를 새겨 넣었다. 그리고 불화의 표면에도 종자를 새겼는데, 특히, 12천도의 상부에는 그림의 중심에 그려진 불상을 상징하는 종자를 별도로 배치하였다. 이것은 종자가 문양적인 의미도 있지만, 불화에 등장하는 불상의 이름을 분명하게 알려주고, 예불의 대상으로 그 의미와 상징성을 강조하기 위한 수법이라 할 수 있다. 또한 경전을 담았던 경통의 뚜껑 표면에도 10자로 구성한 불정진언(佛頂眞言)을 작게 묵서하여 공양과 공덕, 불법 수호의 의미를 나타냈다.

대일여래 종자 [vaṃ]

한편 일본 오키나와에는 유구국(琉球國)의 국왕을 안장할 때 사용한 석관이 전해지고 있는데, 석관의 상부는 석종형 부도처럼 보주석을 올려 마무리하였다. 그런데 이 보주석의 표면에 범자가 아닌 한자로 육자진언을 새겼다. 이처럼 육자진언을 한자로 새긴 사례가 무로마치시대인 1424년 건립한 천엽현(千葉県) 압천시(鴨川市)의 청징사(清澄寺) 석당과 청징사로 올라가는 입구에 있는 보협인탑의 대좌 표면에서도 확인되고 있어 주목된다. 일본에서는 한국과 중국에서 가장 많이 신앙한 육자진언이 드물게 확인되고 있는데, 범자가 아닌 한자로 새긴 점은 독특하다고 할 수 있다.

일본은 현존하는 유적과 유물들로 보아 범자 신앙이 무로마치(室町, 1338~1573)와 에도시대(江戶, 1603~1867)에도 가마쿠라시대의 전통과 문화가 거의 그대로 계승되었다고 할 수 있다. 일본에서 밀교가 크게 성행했던 가마쿠라시대 이후에는 모든 유형의 조형물과 미술품에 시기와 지역을 초월하여 다양한 방

가마쿠라, 1192~1333년, 국립중앙박물관

가마쿠라, 일본 대판역사박물관

일본 '동대사대불전(東大寺大佛殿)'명 범자 수막새

가마쿠라, 일본 대판역사박물관

일본 대판성 하정(大阪城 下町) 유적 출토 범자 암막새

식으로 범자 진언다라니가 신앙과 장엄의 대상으로 새겨졌다. 이러한 일본 밀교의 경향과 범자 신앙은 오늘날까지 지속하고 있다고 할 수 있다.

그런데 일본의 범자 진언다라니는 한국이나 중국과 공통되는 점도 있지만 구분되는 몇 가지 특징들이 있다. 먼저 공통점으로 일본의 조형물이나 미술품 중에서 범자 진언다라니를 새긴 대부분의 유물은 한국이나 중국과 마찬가지로 부처님의 사리나 죽은 사람을 위하여 만든 조형물이 주류를 이루고 있다. 이처럼 범자 진언다라니를 새긴 것은 기본적으로 장식이나 장엄의 의미도 있었지만, 공양이나 공덕을 쌓고, 죽은 이에 대하여 추복하고 극락왕생을 염원하기 위한 것이었다고 할 수 있다. 예를 들면, 장영사(長榮寺) 향보 10년명 보현인탑은 탑신 표면에 금강계사방불 종자를 새겼다. 이 탑의 기단 내부에서 토기와 함께 수백 개의 작은 자갈돌 등이 출토되었는데, 자갈돌 표면에 광명진언, 불정존승다라니 등 다양한 범자 진언다라니를 새겨 공양과 공덕을 쌓고 죽은 이를 추모하였다.[84]

그리고 일본은 에도시대에 들어와 불교가 크게 성행하면서 실담학이 크게 발전하였다. 그러면서 밀교 신앙과 범자에 대한 이해와 연구가 깊어지고, 다

84 松永修輔, 「寝屋川市長榮寺出土の梵字礫石經」, 『歷史考古學』 第80號, 歷史考古學研究會, 2021, pp.1~16.

양한 범자체가 출현하였다. 또한 각 범자에 대한 상징성이 높아졌고, 대일여래를 상징하는 〔vaṃ〕을 비롯한 특정 범자의 경우 상징적인 의미가 강한 장엄적인 문양으로 도안화되기도 하였다. 이처럼 일본은 에도시대에 들어와 실담학이 활기를 띠면서 종자에 대한 신앙이 크게 부흥하였고, 그러한 전통이 오늘날까지 지속되고 있다. 그래서 일본은 동아시아에서 실담학이 단절되지 않고 가장 온전하게 계승되고 있어, 동아시아 범지의 역사와 문화를 이해하는데 중요한 자료를 제공해 주고 있다고 할 수 있다. 이처럼 일본은 실담학의 발전으로 헤이안시대 이후 다양한 미술품에 범자가 새겨졌으며, 그 자체가 하나의 신앙이 대상이 되기도 하였다.[85] 그런데 일본 범자 역사에서 가장 많이 신앙되고 활용한 것이 〔a〕-〔va〕-〔ra〕-〔ha〕-〔kha〕로 소위 오자 진언이자 종자이다. 이와 관련하여 『대일경』에는 수행자의 신체인 오체를 오자의 종자에 포치(布置)하여, 자신의 신체를 법계의 대일여래로 관상하고, 자신과 대일여래가 본질적으로 동일하다는 것을 인지하게 하도록 하는 수행법이 제시되어 있다. 바로 이것이 오자와 오대라는 관법의 대상과 수행자 자신의 신체인 오륜이 일치되어, 결국 자신이 부처와 동일시되어 성불에 이를 수 있다는 수행법이다. 여기서 오자(五字)는 〔a〕-〔va〕-〔ra〕-〔ha〕-〔kha〕, 오대(五大)는 지(地)-수(水)-화(火)-풍(風)-공(空), 오성(五性)은 금강(金剛)-대비

범자가 새겨진 자갈돌
침옥천시(寢屋川市) 장영사(長榮寺) 보협인탑

불정존승다라니석
18세기, 松永修輔 사진 제공

85 小林義孝, 「齋藤梵字學の位置 -齋藤彦松著『悉曇要軌』の到達點-」, 『財團法人 大阪府文化財セソター研究調査報告』第7集, 2010, p.117.

(大悲)-지혜(智慧)-자재력(自在力)-대공(大空), 오색(五色)은 금색-백색-적색-흑색-일체색을 상징한다.[86] 일본은 이러한 오자진언 신앙이 크게 성행하였다. 일본의 사찰에는 오륜탑을 비롯하여 다양한 석조물에 범자가 기본적인 요소처럼 새겨졌다. 그런데 한국이나 중국은 범자가 새겨진 석조물이 없는 것은 아니지만 양과 질에 있어 많지 않은 것이 사실이고, 오자 진언이 새겨진 경우는 거의 없다고 할 수 있다. 이러한 점이 한국과 일본, 범자와 석조미술의 차이점이기도 하다.

그리고 한국과 중국은 범자 신앙이 여러 자로 구성한 진언다라니를 중심으로 전개되었다면, 일본은 그것과 함께 종자를 중심으로 발전한 양상을 보여주고 있다. 물론 한국과 중국도 종자에 대한 신앙이 있었고, 그에 따라 다양한 종자가 새겨졌다. 그러나 그것보다는 여러 자로 구성한 진언다라니를 중심으로 신앙이 전개되었다고 할 수 있다. 반면 일본은 특정 범자를 종자화하여 상징성을 부여하였고, 종자 자체에 교의적 내용을 담아 신앙의 대상으로 인식하는 경향이 강하였다고 할 수 있다. 그래서인지 한국이나 중국은 종자가 새겨진 유적이나 유물이 일본에 비하여 상대적으로 적은 편이다. 다만 동아시아의 범자 진언다라니에 대한 신앙에서 〔oṃ〕에 대한 신앙과 상징성이 높았다는 점은 대부분의 불교 국가가 상통하고 있다. 그런데 일본은 밀교가 크게 성행하고 발전하면서 〔oṃ〕과 함께 〔a〕와 〔vaṃ〕에 대한 신앙과 상징성이 매우 높았다는 점이 특징적이다.

한편, 과문인지는 모르겠지만, 아직 봉분 형태의 일본 고분에서 범자가 새겨진 유물이 발견된 사례는 없는 것으로 확인되고 있다. 일본 불교가 고대로부터 밀교적 경향이 강하여 범자를 다양하게 활용하였음에도 불구하고, 무덤 안에 봉안된 범자 진언다라니 관련 유물은 없는 것으로 알려져 있다. 그 이유

86 전동혁, 「「眞言集」「秘密教」로 부터 본 李朝佛教」, 『중앙승가대학 논문집』 1, 중앙승가대학교, 1992, pp.26~27.

| 표 오자진언표

구분	정면 (發心)	향좌 (修行)	후면 (菩提)	향우 (涅槃)
kha	𑖏	𑖏𑖯	𑖏𑖽	𑖏𑖾
ha	𑖮	𑖮𑖯	𑖮𑖽	𑖮𑖾
ra	𑖨	𑖨𑖯	𑖨𑖽	𑖨𑖾
va	𑖪	𑖪𑖯	𑖪𑖽	𑖪𑖾
a	𑖀〔a〕	𑖁〔ā〕	𑖀𑖽〔aṃ〕	𑖀𑖾〔aḥ〕

를 구체적으로 알기는 어려운 상태이다. 다만 일본은 고대로부터 오늘날까지 불교가 성행하면서 불교식 사후관에 의하여 불교식으로 장례를 거행하고, 그 이후 관련 사찰에 보협인탑이나 오륜탑 등의 묘탑을 세우는 것이 일반적이었으며, 묘탑 표면에 사후 추복과 극락왕생을 염원하기 위하여 다양한 범자 진언다라니를 새겼다. 이처럼 일본은 죽은 사람을 위하여 봉분이 마련된 고분보다는 묘탑을 많이 건립하였으며, 밀교가 성행하면서 그 표면에 범자를 새겼기 때문에 고분 안에서 별도의 범자 진언다라니 관련 유물이 확인되지 않고 있는 것으로 보인다. 앞으로 이 부분은 지속적인 관심과 연구가 필요하다고 하겠다.

이처럼 일본은 나라시대 이후 오늘날까지 밀교 신앙과 실담학이 널리 보급되고 성행하면서 다양한 유형의 범자 진언다라니가 신앙과 예불의 대상으로 각종 미술품이나 조형물에 새겨졌다.

한편 아시아의 대표적인 불교문화권이었던 베트남의 닌빈 호아루에 있는 일주사(壹柱寺)에도 범자 진언다라니가 새겨진 조형물이 세워져 있다. 현재 일주사 경내의 외곽 지역에 승려의 사리탑이 여러 기 건립되어 있는데, 이 중에 기단부와 탑신부의 표면에 여러 유형의 범자 진언다라니가 새겨져 있다. 이 사리탑의 기단부에는 작은 감실을 마련하여 그 안에 란차체를 변형시킨 독특한 범자체로 삼밀진언〔oṃ a hūṃ〕을 새겼으며, 탑신에는 실담체를 변형시켜

오륜탑형 경통(經筒) 외용기(外容器) 평안(平安), 1146, 애지현(愛知県)도자미술관[87]

내량현(奈良縣) 당마사(當麻寺) 오륜탑 평안(平安) 후기

녹아도현(鹿兒島縣) 청수(淸水) 마애불상군의 선각 오륜탑 평안(平安) 후기, 松波宏隆 제공

내량현(奈良縣) 회외사지(檜隈寺址) 석탑 평안(平安)

87 이 容器의 표면에는 '久安二年'(1146)이라는 명문이 새겨져 있으며, 출토된 湖西窯은 浜名湖 서안의 湖西市 중심 지역에 소재하고 있으며, 동해안 지역에 남아있는 여러 古窯 중에 하나로 5~9세기, 12~13세기대에 활용한 것으로 밝혀졌다.

삼중(三重) 보리산경총(菩提山經塚) 출토 기와편 평안(平安), 1174[88]

복강현(福岡縣) 반총시(飯塚市) 통야오지여래판비(筒野五智如來板碑) 평안(平安), 1182.8

소형 오륜탑 겸창(鎌倉), 13세기, 주주(珠洲) 출토, 애지현(愛知縣) 도자미술관

내량현(奈良縣) 대야사(大野寺) 마애미륵불과 범자 원형 존승만다라

겸창(鎌倉), 1209

새긴 범자 진언다라니를 우주에 주련처럼 세로로 배치하였다. 아마도 입적한 승려를 위하여 공양하고, 극락왕생을 염원하였던 것으로 보인다.

88 かわら美術館,『伊藤圭介旧藏 瓦コレクション』, 2015, p.17.

무도시(霧島市) 택가묘비군(澤家墓碑群) 석탑　겸창(鎌倉), 1239

무도시(霧島市) 택씨관적(沢氏館跡) 금강계오불비(金剛界五佛碑)　겸창(鎌倉), 13세기

금강계 종자 만다라 성신회

〔hrīḥ〕
미타

〔trāḥ〕 보생　〔vaṃ〕 대일　〔aḥ〕 불공성취

〔hūṃ〕
아촉

❶

❷

❸

❶ 녹아도현(鹿兒島縣) 일목산(日木山) 보탑　겸창(鎌倉), 향좌:1242.3, 향우:1243.7, 松波宏隆 제공

❷ 녹아도현(鹿兒島縣) 사미도성(沙彌道性) 판비(板碑)　1339, 松波宏隆 제공

❸ 율기(栗崎) 대구보산사(大久保山寺) 유적 출토 장골기　13세기, 기옥현(埼玉懸) 본광조도전(本廣早稲田) 박물관, 松波宏隆 제공

비예산(比叡山) 연력사(延曆寺) 국보전(國寶殿) 앞 석등 겸창(鎌倉)

비예산(比叡山) 입구 석불 겸창(鎌倉)

목제보협인탑감장사리주자(木製寶篋印塔嵌裝舍利廚子) 겸창(鎌倉), 1226[89]

내량(奈良) 불퇴사(不退寺) 흑칠사리주자(黑漆舍利廚子) 겸창(鎌倉), 13~14세기

금동화염보주형사리용기(金銅火焰寶珠形 舍利容器) 겸창(鎌倉), 13세기, 동경국립박물관

❶

❷

❸

❶ 금동종자오고령(金銅種子五鈷鈴) 겸창(鎌倉), 12~14세기, 동경국립박물관

❷ 월륜(月輪) 겸창(鎌倉), 1243, 경도(京都) 대념사(大念寺)

❸ 목조채색전법륜통(木造彩色轉法輪筒)과 뚜껑 겸창(鎌倉), 높이 23.6cm

---

89 國立慶州博物館, 『日本의 佛教美術』, 2003, pp.135~143.

창야종자마애불(倉野種子磨崖佛)과 종자　겸창(鎌倉), 1318.9, 松波宏隆 제공

법관사(法觀寺) 오층목탑(八坂塔) 봉안 불상
실정(室町), 1440

천엽현(千葉縣) 압천시(鴨川市) 천광산(千光山) 청징사(淸澄寺) 입구 보협인탑 대좌 욕자진언　실정(室町)[90]

녹아도시(鹿兒島市) 내영사적(來迎寺跡) 묘탑군 오륜탑　실정(室町)

내량(奈良) 전향사(傳香寺) 오륜판화탑파(五輪板畵塔婆) 강호(江戶), 1608

산형현(山形縣) 입석사(立石寺) 원예양월신사(圓鑾洋月信士) 마애비 1642.11[91]

경도(京都) 인화사(仁和寺) 오층목탑

강호(江戶), 1644

내량(奈良) 실생사(室生寺) 오륜탑
江戶, 1768

내량(奈良) 실생사(室生寺) [vaṃ]자 연못(현대)

90 명문은 '麽抳鉢訥銘吽 右此塔婆爲 先考道善禪門 先妣性景禪尼 造立因緣一万僧 大願幽靈乖此 功力早出三界 自ㅁㅁ速到涅 槃覺岸者也 …佛生…'이다.

91 마애비 표면에 새겨진 명문의 일부 '寬永十九壬午年十一月十七日 圓譽洋月信士'

대주사 내 승탑 전경

무명 승탑

기단부 삼밀진언[oṃ aḥ hūṃ]

1층 탑신 범자 진언다라니

베트남 닌빈 호아루의 대주사(壹柱寺) 내 승탑 전경과 범자

인도 동판 삼존불과 육자진언 18~19세기, 인도뉴델리국립박물관

참고문헌

(가나다 순)

• 사료

『結水眞言集』(1636年 回龍寺 開刊本) / 『高麗史』 / 『高麗史節要』 / 『洛陽伽藍記』 / 『大東金石書』(李俁) / 『大正新修大藏經』 / 『東國李相國集』 / 『東國輿地勝覽』 / 『東史綱目』 / 『歷代高僧碑文』(李智冠 譯註) / 『武衛營各色軍器完破區別成冊』 / 『密教大藏』(高麗 忠肅王代, 서울 守國寺 腹藏物 奉安本) / 『梵書摠持集』(1150年 平壤 廣濟鋪 印出本) / 『梵書摠持集』(1156年 法水寺 印出本) / 『梵書摠持集』(1166年 李世陜 印出本) / 『梵書摠持集』(1218年 金山寺 惠謹大師 發願 印出本) / 『梵書摠持集』(1227年 崔氏 發願 印出本) / 『梵宇攷』 / 『梵摠持集』(1228年 鳳林寺 腹藏物 奉安本) / 『秘密教集』(1784年, 雙溪寺 修道庵 開刊本) / 『三國史記』 / 『三國遺事』 / 『聖觀自在求修六字禪定』(1560.05, 肅川府館北 開板本) / 『松京錄』 / 『陽村先生文集』 / 『與猶堂全書補遺』(丁若鏞) / 『輿地圖書』 / 『燃藜室記述』 / 『五大眞言』(高麗後期, 文殊寺 金銅阿彌陀佛(1346年) 腹藏物 奉安本) / 『五大眞言集』(1485年, 學祖 跋文 刊行本) / 『六字靈感大明王經』(龍城 白祥奎, 1864~1940년) / 『益齋亂藁』(李齊賢) / 『朝鮮金石總覽』(朝鮮總督府) / 『朝鮮王朝實錄』 / 『准堤経』(1724年 智異山 華嚴寺 開刊本) / 『重刊准提經』(1623年) / 『重刊眞言集』(1777年 萬淵寺 木版本) / 『重版 造像經』(1824年, 金剛山 楡岾寺 藏版本) / 『眞言集』(1569年 安心寺 木版本) / 『眞言集』(1658年 新興寺 木版本) / 『眞言集』(1688年 普賢寺 木版本) / 『眞言集』(1800年 望月寺 木版本) / 『通度寺誌』 / 『韓國金石全文』(許興植) / 『韓國佛教全書』 / 『海東高僧傳』 / 『擇里志』(李重煥)

• 도록과 보고서

강원고고문화연구원, 「영월 무릉도원면 무릉리(산139번지) 요선정 청석탑 복원정비사업 부지 내 유적 발굴조사 학술자문회의 자료」, 2017.

강원고고문화연구원, 『高城 乾鳳寺 Ⅱ』, 2012.

강원문화재연구소, 『陳田 發掘調查 報告書』, 2004.

강진청자자료 박물관, 『고려청자와 종교』, 2002.

강화역사박물관, 『삼별초와 동아시아』, 2017.

京畿道 博物館, 「龍仁壬辰山城址緊急發掘調査報告」, 『97京畿道博物館發掘調査概報』, 1998.
경기도 박물관, 『900년 전 이방인의 코리아 방문기 고려도경』, 2018.
경기도 박물관, 『연안김씨 묘 출토복식 -양평 출토 홍몽남 배위-』, 2005.
경기도박물관·기전문화재연구원, 『회암사 Ⅱ -7·8단지 발굴조사보고서』, 2003.
경기도박물관·경기문화재연구원, 『회암사 Ⅲ -5·6단지 발굴조사보고서』, 2009.
경기문화재단 경기문화재연구원, 『檜巖寺 Ⅳ』, 2013.
경기문화재연구원, 『용인 영덕동 유적 -용인 영덕 택지개발사업부지내 문화유적 시발굴조사보고서』, 2010.
경북대학교 박물관, 『華山 麟角寺』, 1993.
경상북도문화재연구원, 『대구 신서혁신도시내 新西 配水池遺蹟』, 2012.
고구려연구재단, 『남북공동유적조사보고서 평양일대 고구려유적』, 2005.
공주대학교 박물관, 『開泰寺址』, 2002.
공주대학교 박물관, 『九龍寺址』, 1995.
공주대학교 박물관, 『발굴 유적과 유물』, 2005.
공주대학교 박물관, 『舟尾寺址』, 1999.
국립경주박물관·나라국립박물관, 『일본의 불교미술』, 2003.
國立慶州博物館, 『日本의 佛敎美術』, 2003.
국립공주박물관, 『마곡사 근대불화를 만나다』, 2012, p.55.
국립광주박물관, 『南道名品展』, 2002.
국립나주문화재연구소, 『淳昌 雲林里 農所古墳』, 호남지역 발굴 수요조사 유적 기초학술조사 보고서 Ⅲ, 2016.
국립대구박물관, 『영남 문화의 첫관문, 김천』, 2005.
國立大邱博物館, 『우리 문화 속의 中國陶磁』, 2009.
국립대구박물관, 『조선 반가의 여인, 용인에 잠들다』, 2013.
국립대구박물관, 『팔공산 동화사』, 2009.
국립문화재연구소, 『개성 고려궁성 남북공동 발굴조사보고서 1』, 2012.
국립문화재연구소, 『개성 고려궁성』, 2009.
국립문화재연구소, 『경주 나원리 오층석탑 사리장엄』, 1998.
국립문화재연구소, 『경천사지십층석탑』, 2006.
국립문화재연구소, 『괘불』, 2004.

국립문화재연구소, 『洛山寺 發掘調查報告書』, 2008.
국립문화재연구소, 『북한문화재해설집 Ⅰ』, 1997.
국립문화재연구소, 『오구라 컬렉션 한국문화재』, 2005.
국립문화재연구소, 『우리나라 전통 무늬 4 -금속공예-』, 2011.
국립문화재연구소, 『중국동북지역 고고조사 현황 -내몽고자치구편-』, 2013.
국립민속박물관, 『한국의 종이문화』, 1995
국립부여문화재연구소, 『彌勒寺 遺蹟發掘調查報告書 Ⅱ』, 1996.
국립부여문화재연구소, 『瑞山 普願寺址 Ⅰ』, 2010.
국립부여문화재연구소, 『瑞山 普願寺址 Ⅱ』, 2012.
국립부여박물관, 『청동거울』, 2011.
국립안동대학교 박물관, 『정담부부의 무덤과 출토유물』, 2010.
국립익산박물관, 『국립익산박물관 도록』, 2020.
국립전주박물관, 『高麗末 朝鮮初의 美術』, 1996.
국립전주박물관, 『부안 -전북의 역사문물전 3』, 2001.
국립전주박물관, 『정읍 -전북의 역사문물전 Ⅵ』, 2006.
국립제주박물관, 『濟州의 歷史와 文化』, 2001.
국립중앙박물관, 『강진 사당리 도요지 발굴조사 보고서』, 북디자인, 2015.
국립중앙박물관, 『高麗 銅鏡 -거울에 담긴 고려 사람들의 삶』, 2010.
국립중앙박물관, 『高麗陶瓷銘文』, 1992.
국립중앙박물관, 『고려시대 향로』, 2013.
국립중앙박물관, 『국립중앙박물관 소장 불교조각 조사보고 2』, 2016.
國立中央博物館, 『國立中央博物館所藏 中國陶磁』, 2007.
국립중앙박물관, 『꽃을 든 부처』, 2006.
국립중앙박물관, 『대고려 그 찬한한 도전』, 2018.
국립중앙박물관, 『동양을 수집하다』, 2014.
국립중앙박물관, 『법당 밖으로 나온 큰 불화』, 2006.
국립중앙박물관, 『佛舍利莊嚴』, 1991.
국립중앙박물관, 『새보물 납시었네』, 2020.
국립중앙박물관, 『영혼의 여정 조선시대 불교회화와의 만남』, 2003.
국립중앙박물관, 『우리나라 금속 공예의 정화 입사 공예』, 1997.
국립중앙박물관, 『일본 비와호(琵琶湖) 지역의 불교미술』, 2011.

국립중앙박물관, 『井內功寄贈瓦甎圖錄』, 국립중앙박물관소장품도록 제7집, 1990.
국립중앙박물관, 『高麗 銅鏡』, 2010.
국립창원문화재연구소, 『山淸 智谷寺址』, 2003.
국립창원문화재연구소, 『雲興寺址 發掘調査 報告書』, 2003.
국립청주박물관, 『고려공예전』, 1999.
국립청주박물관, 『국립청주박물관 기증유물목록집』, 2012.
국립청주박물관, 『國立博物館 소장 韓國의 銅鏡』, 1992.
국립춘천박물관, 『강원도의 위대한 문화유산』, 2012.
국방문화재연구원, 『포천 선단동 유적』, 2015.
국외소재문화재재단, 『미국 미시간대학교 미술관 소장 한국문화재』, 2013.
국외소재문화재재단, 『캐나다 로열온타리오박물관 소장 한국문화재』, 2018.
기전문화재연구원, 『楊州 官衙址 2次 發掘調査 報告書』, 2002.
多寶城古美術展示館, 『다보성고미술전시관 도록』, 1998.
단국대학교 석주선기념박물관, 『皆蓋以瓦 高麗瓦塼』, 2012.
단국대학교 석주선기념박물관, 『錦山 彌勒寺 學術調査 報告書』, 2009.
대한불교 천태종 총무원, 『구인사 유물전시관 소장유물도록』, 2004.
대한불교조계종 민족공동체추진본부, 『북한의 전통사찰』 1~10, 양사재, 2011.
대한불교조계종 불교중앙박물관, 『삶, 그 후』 -2010년 지장보살 특별전-, 2010.
동국대학교 경주캠퍼스 박물관, 『동국대학교 경주캠퍼스 박물관 도록』, 2012.
동국대학교 박물관, 『동국대학교 건학100주년기념 소장품도록』, 2006.
동국대학교 박물관, 『동국대학교 國寶展』, 2006.
東國大學校 博物館, 『東國大學校 博物館 圖錄』, 1978.
東國大學校 博物館, 『千年을 이어온 功德 寫經과 陀羅尼』, 2011.
東國大學校 佛教文化研究所, 『韓國佛教撰述文獻總錄』, 東國大學校 出版部, 1976.
동국대학교 불교학술원 불교기록문화유산 아카이브 사업단, 『원각사의 불교문헌』, 2017.
동국대학교, 『동국대학교 소장 國寶·寶物 貴重本殿』, 1996.
동국대학교박물관·통도사·국립민속박물관, 『佛教儀式具』, 1995.
동서문물연구원, 『昌原 中洞遺蹟』, 2012.
東亞大學校 博物館, 『密陽古法里壁畵墓』, 2002.
동아대학교 박물관, 『陜川 靈巖寺址 Ⅰ』, 1985.
동아대학교 석당박물관, 『東亞의 국보 보물』, 2014.

동아세아문화재연구원, 「산청 왕산사지 문화유적 발굴(시굴)조사 2차 현장설명회 자료」, 2009.

동양대학교박물관, 『榮州毘盧寺』, 2010.

羅州丁氏顧菴公宗會, 『晋州 石岬山 墳山辨의 問題』, 2000.

목포대학교 박물관, 『道岬寺』, 2001.

문화공보부 문화재관리국, 『佛國寺 復元工事報告書』, 1976.

문화유산발굴조사단, 『桐裏山泰安寺 지표조사보고서』, 2001.

문화재관리국 문화재연구소, 『小川敬吉調査文化財資料』, 해외소재문화재조사서 제5책, 1994.

文化財管理局, 『重要發見埋藏文化財圖錄』(第Ⅰ輯-第Ⅱ輯), 三星文化印刷社, 1989.

문화재청 유형문화재과, 『2014 중요동산문화재 기록화사업 목조불』, 2015.

미륵사지유물전시관, 『밝은 빛 맑은 소리 풍탁』, 2011.

미륵사지유물전시관, 『전북의 옛절터 출토유물』, 2005.

민족문화유산연구원, 「강진 월남사지 진각국사비 주변 문화재 정밀발굴조사」, 2012.

민족문화유산연구원, 『월남사지 Ⅲ』 3차·4차 발굴조사 보고서, 2017.

백제문화재연구원, 『대전 서남부지구택지개발사업지구내 대전 상대동 유적(Ⅱ·Ⅲ)』, 2011.

百濟文化財硏究圓, 『聖住寺址 -7차 발굴조사 보고서-』, 2011.

梵魚寺聖寶博物館, 『梵魚寺聖寶博物館 名品 圖錄』, 2002.

복천박물관, 『神의 거울 銅鏡』, 2009.

부산박물관, 『장안사 Ⅰ』, 2017.

부산박물관, 『소장품도록』, 2005.

부여문화재연구소, 『獅子菴 發掘調査報告書』, 1994.

불교문화재연구소, 『국왕경응조무구정탑원기 정밀학술조사보고서』, 2013

불교문화재연구소, 『대승사 목각아미타여래설법상 및 관계문서』, 2011.

불교문화재연구소, 『불국사 삼층석탑 묵서지편』, 2009.

불교문화재연구소, 『불국사 석가탑 묵서지편의 기초적 검토』, 2008.

불교문화재연구소, 『安東 普光寺 木造觀音菩薩坐像』, 2009.

불교문화재연구소, 『안동 보광사 목조관음보살좌상』, 문화재청, 2009.

佛敎文化材硏究所, 『漣川 深源寺址 遺蹟』, 2011.

불교문화재연구소, 『麟角寺』 -군위인각사 2·3·4차 발굴조사 보고서 Ⅱ-, 2010.

불교문화재연구소, 『麟角寺』 -군위인각사 5차 발굴조사 보고서 Ⅱ-, 2011.

불교문화재연구소, 『장흥 천관사』, 2013.

불교문화재연구소, 『韓國의 寺址 현황조사 보고서』, 경상남도 2019 상, 2019.

불교문화재연구소, 『한국의 사찰문화재』, 2012~2019.

불교중앙박물관, 『되찾은 문화재』, 2012.

불교중앙박물관, 『불국사 석가탑 사리장엄구』, 2010.

불교중앙박물관, 『삶 그후』, 2010.

불교중앙박물관, 『僧 求道者의 길』, 2009.

불교중앙박물관, 『천년의 지혜 천년의 그릇』, 조계종출판사, 2011.

불국사 박물관, 『불국사박물관 개관전 도록』, 2018.

三星文化財團, 『湖巖美術館名品圖錄 Ⅱ』, 1996.

삼성미술관 Leeum, 『수호의 염원』, 호암미술관, 2015.

상명대학교 박물관, 『천년을 이어온 우리공예 이야기』, 2005.

서울문화유산연구원, 『道峯書院』, 2014.

서울역사박물관, 『북한산 三川寺址 발굴조사보고서』, 2011.

서울역사박물관, 『삼천사지 발굴에서 전시까지』, 2008.

서울역사박물관, 『은평 발굴 그 특별한 이야기』, 2009.

서울역사박물관, 『조선 여인의 삶과 문화』, 2002.

서울역사박물관, 『宗廟廣場發掘調査報告』, 2012.

서울역사박물관, 『진관사발굴조사보고서』, 2012.

서울특별시 시사편찬위원회, 『서울의 문화재 4』, 2011.

선암사성보박물관, 『선암사성보박물관 명품도록』, 2003.

성림문화재연구원, 『慶州 入室里 朝鮮時代 蓮池遺蹟』, 2012.

성보문화재보존연구원 편찬, 『直指寺』(末寺篇), 불지사, 1995.

성보문화재연구원, 『고성 옥천사 영산회 괘불도』, 문화재청, 2021.

성보문화재연구원, 『국보 제302호 청곡사 영산회괘불탱』, 문화재청, 2020.

성보문화재연구원, 『남장사영산회괘불탱』, 2018.

성보문화재연구원, 『다보사 괘불탱』, 2018.

성보문화재연구원, 『마곡사 석가모니불 괘불탱』, 문화재청, 2016.

성보문화재연구원, 『법주사 괘불탱』, 2016.

성보문화재연구원, 『보물 제1259호 법주사괘불탱』, 문화재청, 2020.

성보문화재연구원, 『보물 제1269호 개암사 영산회 괘불탱』, 2016.

성보문화재연구원, 『보물 제1270호 은해사괘불탱』, 문화재청, 2020.
성보문화재연구원, 『보물 제1445호 예천 용문사 영산회괘불탱』, 문화재청, 2020.
성보문화재연구원, 『통도사 괘불탱』, 문화재청, 2016.
성보문화재연구원, 『통도사 석가여래 괘불탱』, 문화재청, 2016.
성보문화재연구원, 『한국의 불화 18』, 1999.
성보문화재연구원, 『한국의 불화 명품선집』, 2007.
수덕사 근역성보관, 『지심귀명례』, 2004.
안성맞춤박물관, 『안성맞춤박물관 소장품 도록』, 2007.
엄기표 · 대한불교 진각종 한국밀교문화총람사업단, 『韓國의 六字眞言』, 해인행, 2018.
연세대학교 박물관, 『한국의 기와』 -특별기획전시 3-, 1983.
廉永夏, 『韓國의 鐘』, 서울대학교 출판부, 1994.
영남대학교 박물관, 『영남대학교 박물관 소장유물도록』, 2005.
영주시, 『判決事 金欽祖先生 合葬墓 發掘調査 報告書』, 1998.
蘂城同好會, 『中原文化遺蹟圖譜』, 1984.
蘂城同好會, 『忠州 中原地域出土 瓦當圖錄』, 1991.
예술의 전당, 『동양과 서양이 처음 만난 땅, 간다라 미술』, 1999.
溫陽民俗博物館, 『1302年 阿彌陀佛腹藏物의 調査硏究』, 온양민속박물관, 1991.
溫陽民俗博物館, 『金泰一 所藏 文化財 圖錄 -土器 · 陶瓷器篇-』, 1992.
용인대학교 박물관, 『高麗國風』, 2018.
용인대학교 박물관, 『佛法으로 피어난 금속공예 고려시대 佛具』, 2006.
용주사효행박물관, 『용주사효행박물관』, 2005.
울산대곡박물관, 『기와가 알려주는 울산 역사』, 2015.
울산대곡박물관, 『울산태화강과 만난 불교』, 2013.
울산발전연구원, 『경상좌병영성 건물지』, 2010.
원광대학교 마한 · 백제문화연구소, 『南原 實相寺 百丈庵 시굴 및 금당지주변 발굴조사보고서』, 2001.
원광대학교 마한 · 백제문화연구소, 『南原 實相寺 百丈庵』, 2005.
원광대학교 마한백제문화연구소, 『高敞邑城官衙建物址 發掘調査報告書』, 1991.
월정사 성보박물관, 『월정사 성보박물관 소장 지정문화재』, 2019.
月精寺 聖寶博物館, 『월정사성보박물관 도록』, 2002.
위덕대학교 회당학술정보원, 『韓國의 傳統陀羅尼』 東齋文庫 所藏資料 特別展, 2004.

유금와당박물관, 『한국와당 수집 100년 · 명품 100선』, 2008.
육군박물관, 『육군박물관 도록』, 2002.
육군박물관, 『육군박물관 소장 군사복식』, 2012.
이화여자대학교 박물관, 『모성』, 2012.
전북대학교 박물관, 『萬福寺 發掘調査報告書』, 1986.
전북대학교 박물관, 『전북의 옛 절터 출토유물』, 2005.
전북대학교 박물관, 『완주 둔산리 전주유씨 선산 분묘조사 조선시대 무덤과 껴묻거리』, 2000.
제주고고학연구소, 『濟州牧 官衙 瀛洲館 客舍址』, 2017.
제주대학교 박물관, 『水精寺址』, 2000.
조선유적유물도감편찬위원회, 『북한의 문화재와 문화유적 Ⅳ』, 서울대학교 출판부, 2000.
중앙문화재연구원, 『문백 전기 전자농공단지 조성부지내 鎭川 思陽里 遺蹟』, 2001.
중앙문화재연구원, 『오송생명과학단지 조성사업부지내 淸原 萬水里 墳墓遺蹟 -本文-』, 2007.
중앙문화재연구원, 『은평뉴타운 제2지구 C공구내 은평진관동 분묘군 Ⅰ-Ⅴ』, 2008.
중앙문화재연구원, 『청주 산남3지구 택지개발사업지구내 淸州 山南洞 墳墓遺蹟』, 2006.
中央文化材硏究院, 『淸州 山南洞 遺蹟』, 2006.
中央文化財硏究院, 『忠北 鎭川 陰城 革新都市開發 事業地區內 中部新都市 遺蹟』, 발굴조사 보고 제196책, 2013.
중원문화재연구원, 『淸原 雙淸里 遺蹟』, 2012.
中原文化財硏究院, 『淸原 主城里 · 倉里 遺蹟』, 2013.
중원문화재연구원, 『平澤 芝山洞 遺蹟』, 2006.
중원향토민속자료전시관, 『圖錄』, 1994.
直指寺 聖寶博物館, 『直指寺 聖寶博物館 圖錄』, 1997.
충남대학교 박물관, 『개태사 Ⅰ』, 1994.
충남대학교 박물관, 『聖住寺』, 1998.
충남역사문화원, 『扶餘 普光寺址 문화유적 지표조사 보고서』, 2005.
충주산업대학교 박물관, 『忠州 靑龍寺址 發掘調査報告書』, 1996.
충청대학 박물관, 『永同 寧國寺』, 2008.
충청대학 박물관, 『충주 金生寺址 발굴조사 보고서』, 2006.
충청대학 박물관, 『충주 숭선사지 5차 발굴조사 보고서』, 2011.

충청대학 박물관, 『충주 숭선사지 시굴 및 1-4차 발굴조사보고서』, 2006.
忠淸埋藏文化財硏究院, 『天安 斗井洞 遺蹟(C, D 地區)』, 2001.
忠淸文化財硏究院, 『舒川 楸洞里 遺蹟』, 2006.
忠淸北道文化財硏究院, 『燕岐 石川里 대박골 · 鳳起里 · 盤谷里遺蹟 -제5권-』, 2014.
통도사 성보박물관, 『榮州 浮石寺 掛佛幀畵』, 2013.
통도사 성보박물관, 『통도사성보박물관 명품도록』, 1999.
통도사 성보박물관, 『하늘에 맞닿은 불교왕국 티벳』, 2001.
통도사 성보박물관, 『혜각스님 기증 서화특별전』, 2009.
통도사성보박물관, 『佛舍利信仰과 그 莊嚴』, 2000.
통도사성보박물관, 『通度寺聖寶博物館 名品』, 2014.
한강문화재연구원, 『서울 진관동 유적 Ⅰ-Ⅳ』, 2010.
한강문화재연구원, 『서울 초안산 유적』, 2012.
한국국제교류재단, 『해외 소장 한국문화재 4 한국문화재』 일본 소장 ②, 1995.
한국국제교류재단, 『유럽박물관소장 한국문화재』, 대광정판사, 1989.
한국문화재보호재단, 『大口 新西洞 遺蹟 Ⅴ』, 2013.
한국문화재보호재단, 『大田 普門寺址 Ⅰ』, 2000.
한국문화재보호재단, 『문화재조사 연구단 발굴 10년』, 2005.
韓國文化財保護財團, 『尙州 靑里遺蹟 (Ⅴ)』, 1998.
한국문화재보호재단, 『청원 초막골 유적』, 2011.
한국불교미술박물관, 『예술과 실용의 만남 금속공예』, 2010.
한국신사문화연구원, 『報恩 上可里 遺蹟』, 2015.
한남대학교 중앙박물관, 『소장유물도록』, 2013.
한울문화재연구원, 『서울 세종로 구역 2지구 유적』, 2013.
한울문화재연구원, 『安養寺址』, 2013.
한울문화재연구원, 『종로 청진 1지구 유적』, 2011.
한울문화재연구원, 『鐘路淸進 12-16地區遺蹟 Ⅱ』(유물), 2013.
한울문화재연구원, 『鐘路淸進 12-16地區遺蹟 Ⅳ』(본문), 2013.
한울문화재연구원, 『鐘路淸進 2-3地區遺蹟 Ⅱ』, 2013.
함안박물관, 『새로 찾은 함안 군북의 문화유적과 유물』, 2015.
해인사 성보박물관, 『願堂, 해인사 원당암 아미타불 복장유물 특별전』, 2017.
해인사 성보박물관, 『해인사 비로자나불 복장유물 특별전』, 2008.

해인사 성보박물관, 『해인사성보박물관유물』, 2005.

해인사, 『해인사 대적광전 법보전 비로자나불 복장유물 조사보고서』, 문화재청, 2008.

호남문화재연구원, 『高敞 烟起寺址』, 2004.

湖巖美術館, 『大高麗國寶展』, 三星文化財團, 1995.

호암미술관, 『朝鮮前期國寶展』, 1996.

• **논저**

F.에저톤 외 지음/이태승 편역, 『불교혼성범어 입문』, 위덕대학교 출판부, 2000.

Manish Shakya, 「Six Syllable Mantra and Initiation in Nepal」, 『회당학보』 제15집, 회당학회, 2010.

강대현, 「『悉曇字記』에 나타난 12摩多와 그 음의 長短에 대하여」, 『불교학연구』 제37호, 불교학연구회, 2013.12.

강대현, 「『悉曇字記』의 제18장 孤合之文 연구」, 『불교학연구』 제45호, 불교학연구회, 2015.12.

강대현, 「悉曇字母와 관련된 眞言(修行)의 理論과 實際에 대한 考察」, 『禪文化硏究』 제16집, 韓國佛教禪理硏究院, 2014.

강선정, 조우현, 「조선 중기 서산대사와 벽암대사의 가사 유물에 대한 연구」, 『服飾』 제61권 제3호, 2011.

姜友邦, 「寶珠의 思想 -雁鴨池出土 寶珠를 中心으로-」, 『美術資料』, 제24호, 국립중앙박물관, 1979.

京畿道, 『畿內寺院誌』, 1988.

경원 편저, 『불복장의 비밀』, 민족사, 2018.

高裕燮, 『又玄 高裕燮 全集』 2, 悅話堂, 2007.

高翊晋, 『韓國密教思想硏究』, 民族社, 1986.

高正龍, 「기와에 새겨진 육자진언 문화」, 『한국밀교문화총람 논문발표회』, 대한불교 진각종, 2016.

高正龍, 「檀國大學校 石宙善紀念博物館 所藏의 高麗 梵字기와」, 『文化史學』 제38호, 한국문화사학회, 2012.

高正龍, 「浮石寺의 瓦塼과 修理工事의 製瓦場」, 『부산대학교 고고학과 창설20주년 기념논문집』, 부산대학교 고고학과, 2010.

고정룡, 「석주선기념박물관 소장의 고려 범자기와」, 『皆蓋以瓦 高麗瓦塼』, 단국대학교 석주선기념박물관, 2012.
高正龍,「양주 회암사 출토 범자기와의 고고학적 연구」,『청계 정인스님 정년퇴임 기념논총 佛智光照』, 정인스님 정년퇴임기념논총 간행위원회, 2017.
高正龍,「豊臣秀吉의 조선 침략에 있어 일본으로의 문화 전파」,『석헌정징원교수정년퇴임기념논총』, 2006.
郭東錫,「高麗 鏡像의 圖像的 考察」,『美術資料』44, 國立中央博物館, 1989.
곽동해,『범종』, 한길사, 2006.
具美來,『한국인의 상징세계』, 교보문고, 1992.
權寧澤,「印度密教成立에 관한 研究」, 동국대학교 석사학위논문, 1994.
권주영,「여말선초 梵字文柄鏡 연구」,『동아시아의 문물』, 중헌 심봉근선생 고희기념논선집, 2010.
권주영,「조선시대 倭鏡의 유입과 배경」,『美術史學研究』제283·284호, 한국미술사학회, 2014.
金武生,「六字眞言 信仰의 史的 展開와 그 特質」,『韓國密教思想研究』, 동국대학교 출판부, 1986.
金武生,「眞言修行의 目的에 대한 研究」, 동국대학교 석사학위논문, 1980.
金武生,「초기불교에 있어서 진언 수행의 수용과 전개」,『佛教學報』제38집, 불교문화연구원, 2001.
金玟基,『韓國의 符作』, 保林社, 1987.
금복현,『벌진』, 대원사, 2006.
金秀炫,「朝鮮中後期 觀音經典 刊行 研究」,『文化史學』第24號, 韓國文化史學會, 2005.
金永德,「密教의 韓國的 受容의 一例」,『密教學報』제3집, 밀교문화연구원, 2001.
金鎔坤,「世宗 世祖의 崇佛政策의 目的과 意味」,『朝鮮의 政治와 社會』, 최승희교수정년기념논문집간행위원회, 2002.
金容煥,「佛教의 眞言에 관한 연구」,『湖西文化研究』제10집, 충북대학교 호서문화연구소, 1992.
金容煥,「眞言陀羅尼 持誦原理에 관한 연구」,『宗教學研究』제9집, 서울대학교 종교학연구회, 1991.
金元龍,「晋州平居洞 紀年高麗古墳群」,『美術資料』제9호, 국립박물관, 1964
金恩英,「寶珠의 形式 展開와 象徵」,『불교미술사학』2집, 통도사성보박물관 불교미술사학회, 2004.

김경집, 「고려시대 麗·元 불교의 교섭」, 『회당학보』 제14집, 회당학회, 2009.
김길식, 「고려 개경 서부 건축군의 성격과 배치구조의 사상적 배경」, 『고고학』 제11권 제1호, 중부고고학회, 2012.
김무생 역, 『밀교의 역사와 문화』, 민족사, 1994.
김무생(경정), 「眞言의 成立과 韓國的 流通」, 『密教學報』 제7집, 밀교문화연구원, 2005.
金武生, 「六子眞言의 象徵意味」, 『密教學報』 창간호, 한국밀교학회, 1999.
김무생, 「六字眞言 信仰의 史的 展開와 그 特質」, 『韓國密教思想研究』, 동국대학교 출판부, 1986.
김무생, 「진언 다라니의 전개와 수행」, 『밀교세계』 창간호, 2006.
김무생, 「眞言의 理論과 實踐」, 『회당학보』 제4집, 회당학회, 1996.
김무생, 「초기불교에 있어서 진언 수행의 수용과 전개」, 『佛教學報』 제38집, 불교문화연구원, 2001.
김보민, 「고려시대 隨求陀羅尼 연구」, 명지대학교 대학원 석사논문, 2018.
김복순, 「신라 지식인들의 西域 인식」, 『慶州史學』 제38집, 경주사학회,
김성구·모리이쿠오, 『한일의 기와』, 테즈카야마대학출판회, 2009.
김성수, 「無垢淨光大陀羅尼經의 간행에 관한 연구」, 『書誌學研究』 제14집, 韓國書誌學會, 1997.
김성수, 「석가탑 無垢淨經의 陀羅尼에 관한」, 『書誌學研究』 제20집, 韓國書誌學會, 2000.
김수연, 「 高麗時代 密教史 研究」, 이화여자대학교 사학과 박사학위논문, 2012.
김수연, 「고려시대 간행 『梵書摠持集』을 통해 본 고려 밀교의 특징」, 『한국중세사연구』 제41호, 한국중세사학회, 2015.
김수연, 「閔泳珪本 『梵書摠持集』의 구조와 특징」, 『한국사상사학』 54, 한국사상사학회, 2016.
김연미·문상련, 「고려후기 불교 부인(符印)의 전개」, 『불교학보』 제96권, 동국대학교 불교문화연구원, 2021.
김연미·문상련, 「관음(觀音) 42수주(手呪) 및 『오대진언』의 성립과 전개」, 『불교미술사학』 제31권, 불교미술사학회, 2021.
김영덕, 「밀교란 무엇인가」, 『밀교세계』 5, 2009.
김영덕, 「佛頂尊勝陀羅尼經에 관한 연구」, 『韓國佛教學』 25권, 한국불교학회, 1999.
김영덕, 「三種悉地法에 관한 研究」, 『密教學報』 제10집, 밀교문화연구원, 2009.
金英美, 『新羅佛教思想史研究』, 民族社, 1994.

金英培, 「〈聖觀自在求修六字禪定〉에 대하여」, 『靑坡徐楠春敎授停年退任紀念 國語國文學論文集』, 慶雲出版社, 1990.
金映遂, 「通度寺之戒壇에 就하여」, 『一光』 第4號, 1933.
김영자, 『한국의 벽사 부적』, 대원사, 2008.
金煐泰, 「三國時代의 神呪信仰」, 『韓國密敎思想硏究』, 1986.
김용선, 「새 고려묘지명 7점」, 『史學硏究』 제100호, 韓國史學會, 2010.
김용선, 『譯註 高麗墓誌銘集成(上)』, 한림대학교 출판부, 2001.
김일우, 「고려후기 법화사의 중창과 그 위상」, 『한국사연구』 119, 한국사학회, 2002.
김치온, 「心印에 대한 一考察」, 『회당학보』 제8집, 회당학회, 2003.
김한상, 「경남지역 조선시대 분묘의 제양상 검토」, 『史學志』 제43권, 단국대학교 사학회, 2011.
김현길, 「송계리 대불정주비에 대하여」, 『향토사연구회보』 창간호, 1988.
남경란, 「『육자선정(六字大明王經)』의 일고찰」, 『배달말』 37호, 배달말학회, 2005.
南權熙, 「1302年 阿彌陀佛腹藏 印刷資料에 대한 書誌學的 分析」, 『1302年 阿彌陀佛腹藏物의 調査硏究』, 온양민속박물관, 1991.
남권희, 「高麗時代 『密敎大藏』 卷9의 書誌的 硏究」, 『書誌學硏究』 58, 한국서지학회, 2014.
南權熙, 「고려시대 간행의 수진본 小字 총지진언집 연구」, 『書誌學硏究』 제71집, 韓國書誌學會, 2017.
남권희, 「高麗時代 密敎大藏 卷9의 書誌的 硏究」, 『書誌學硏究』 58, 韓國書誌學會, 2014.
南權熙, 「高麗時代 陀羅尼와 曼荼羅類에 대한 書誌的 分析」, 『高麗의 佛腹藏과 染織』, 계몽사, 1999.
南權熙, 「奉化 淸凉寺 乾漆藥師如來坐像의 陀羅尼와 典籍 資料」, 『美術史硏究』 32호, 미술사연구회, 2017.
남권희, 「造像經 板本의 서지적 연구」, 『전통 불복장의식 및 점안의식』, 불교문화재연구소, 2014.
남권희, 「韓國 記錄文化에 나타난 眞言의 流通」, 『密敎學報』 제7집, 밀교문화연구원, 2005.
南權熙, 「한국의 陀羅尼 간행과 유통에 대한 서지적 연구」, 『大學院 硏究論集』 제8집, 중앙승가대학교, 2015.
南權熙, 『高麗時代 記錄文化 硏究』, 청주고인쇄박물관, 2002.
남희숙, 「朝鮮時代 陀羅尼經·眞言集의 간행과 그 역사적 의의」, 『회당학보』 제5집, 회당학회, 2000.

南希叔, 「朝鮮後期 佛書刊行 硏究」, 서울대학교 대학원 국사학과 박사학위논문, 2004.
대장경다라니연구회 편, 『고려대장경의 고전범어문법 연구』, 고려대장경 연구소, 2000.
대한불교조계종 교육원 불학연구소, 『眞言 · 陀羅尼 修行 入門』, 조계종출판사, 2007.
동양철학연구소 편, 『법화경전 가이드북 -평화와 공생의 메시지-』, 화광신문사, 2016.
李宣鎔, 「韓國 佛敎腹藏의 構成과 特性 硏究」, 동국대학교 대학원 미술사학과 박사논문, 2018.
리철 · 리기웅 · 김명철, 『문화유산 애호가들의 벗』, 조선문화보존사, 2005.
李弘植, 「慶州 佛國寺 釋迦塔 發見의 無垢淨光大陀羅尼經」, 『白山學報』 제4호, 백산학회, 1968.
마릴리아 알바베스 저 · 이명혜 역, 『고대 인도』, 생각의 나무, 2003.
명운(김치온), 「육자진언 신앙의 변천에 대하여」, 『회당학보』 제15집, 회당학회, 2010.
睦楨培, 「韓國 佛敎史的 脈絡에서 본 密敎의 機能」, 『韓國密敎思想硏究』, 동국대학교 출판부, 1986.
文明大, 「通度寺 石造金剛戒壇의 硏究」, 『通度寺 大雄殿 및 舍利塔 實測調査報告書』, 通度寺, 1997.
문명대, 『한국의 불화』, 열화당, 1993.
문현순, 「송광사 소장 고봉국사주자의 관음지장병립상과 삼신불에 대하여」, 『미술사의 정립과 확산』, 시사평론, 2006.
미즈노 슌페이(水野俊平), 「梵字의 한글 음사(音寫)에 대한 고찰」, 『國語學』 第62輯, 國語學會, 2011.
민승기, 『조선의 무기와 갑옷』, 가람기획, 2004.
박가영, 「조선시대의 갑주」, 서울대학교 대학원 의류학과 박사학위논문, 2003.
박광헌, 「高麗本 『密敎大藏』卷61의 書誌的 硏究」, 『書誌學硏究』 제58집, 韓國書誌學會, 2014.
朴炳采, 「眞言集密曇章攷」, 『一山金俊榮先生華甲紀念論叢』, 1979.
박상국, 「釋迦塔의 『無垢淨光大陀羅尼經』」, 『불국사 삼층석탑 묵서지편』, (재)불교문화재연구소, 2008.
박상국, 「파주 금릉리 慶州 鄭氏 墳墓에서 出土된 服飾에 찍힌 陀羅尼와 佛敎符籍」, 『韓國服飾』 16, 단국대학교 석주선기념박물관, 1998.
박성실, 「파주 금릉리 출토 경주 정씨 유물 소고」, 『韓國服飾』 16, 단국대학교 석주선기념박물관, 1998.

박성실·이명은, 「용인 영덕동 유적출토 무연고 여분묘 복식고찰」, 『용인 영덕동 유적 -용인 영덕 택지개발사업부지내 문화유적 시발굴조사보고서』, 경기문화재연구원, 2010.
박성진, 「개성 고려궁성 출토 막새에 대하여」, 『개성 고려 궁성』, 국립문화재연구소, 2009.
박용진, 「고려 시대 교장의 일본 교류와 유통」, 『불교학보』 제92집, 동국대학교 불교문화연구원, 2020.
박은경, 『조선 전기 불화 연구』, 시공사, 2008.
박정민, 「조선 전기 한양 출토 중국 청화백자의 소비상황 연구」, 『야외고고학』 제17호, 한국매장문화재협회, 2013.
박준석, 「밀교의 아자관에 대한 연구」, 『밀교학보』 14, 2013.
박진경, 「金系 高麗鏡의 제작과 유통」, 『美術史學研究』 제279·280호, 韓國美術史學會, 2013.
朴珍璟, 「瑞花雙鳥文八稜鏡의 연원과 전개」, 『韓國古代史探究』 10, 한국고대사탐구학회, 2012.
방병선, 「조선 전기 한양의 도자 -청화백자를 중심으로-」, 『강좌미술사』 19, 한국불교미술사학회, 2002.
白琪洙, 「美術史의 發展原理」, 『藝術論文集』 제18집, 대한민국예술원, 1979.
변동명, 「忠肅王의 密教大藏 金字寫經」, 『歷史學報』 184, 역사학회, 2004.
변순미, 「범어 漢譯에서 다라니 음역의 특수성」, 『印度哲學』 제22집, 인도철학회, 2007.
변순미, 「불정존승다라니경의 의미 해석」, 『印度哲學』 제18집, 인도철학회, 2005.
불교문화연구원, 『韓國密教思想研究』, 동국대학교 출판부, 1986.
사회과학원 고고학연구소, 「다라니석당 발굴 보고」, 『조선고고연구』 제4호, 1987.
서병패, 「安東 普光寺 木造觀音菩薩坐像 腹藏典籍 研究」, 『안동 보광사 목조관음보살좌상』, 문화재청, 2009.
徐閏吉, 「高麗密教信仰의 展開와 그 特性」, 『佛教學報』 제19집, 동국대학교, 1982.
徐閏吉, 「신라 현신성불의 밀교적 영향」, 『佛教學報』 제42집, 동국대학교, 2005.
서윤길, 『한국밀교사상사』, 운주사, 2006.
徐閏吉, 『韓國密教思想史研究』, 불광출판부, 1994.
서윤길, 『한국불교사상개관』, 동국대학교 불교문화연구원, 1997.
석도열, 『석도열 스님의 만다라 이야기』, 도서출판 맑은소리, 2000.
석지현, 『불교를 찾아서』, 일지사, 1988.
선상균(무외), 「佛教修行에 있어서 眞言의 역할」, 『密教學報』 제10집, 밀교문화연구원, 2009.
선상균, 「다라니의 의미와 체계화 과정」, 『밀교세계』 창간호, 위덕대학교, 2006.
宣相均, 「陀羅尼의 成立에 대한 研究」, 동국대학교 대학원 불교학과 석사학위 논문, 1988.

薛智恩,「湖西地域 高麗時代墳墓 出土 銅鏡 研究」, 동국대학교 대학원 미술사학과 석사학위논문, 2015.
성보문화재연구원,『해인사 금동비로자나불 복장유물의 연구』, 1997.
성윤길,「강진 월남사지 출토 금동풍탁에 대하여」,『문화재』 통권 75, 국립문화재연구소, 2017.
세종대왕기념사업회,『역주 진언권공 삼단시식문 언해』, 문양사, 2008.
蘇在龜,「圓覺寺址十層石塔의 研究」, 한국정신문화연구원 부속대학원 미술사학전공 석사학위논문, 1986.
손영문,「海印寺 法寶殿 및 大寂光殿 木造毘盧遮那佛像의 研究」,『美術史學研究』 270, 한국미술사학회, 2011.
손희진,「고려시대 불복장 팔엽삼십칠존만다라 연구」, 이화여자대학교 석사학위논문, 2021.
손희진,「고려시대 佛像의 腹藏 阿字圓相隨求陀羅尼 연구」,『불교미술사학』 제34권, 불교미술사학회, 2022.
송기호,「불교와 기타신앙」,『한국사』 10, 국사편찬위원회, 1996.
松長有慶 著/許一範 譯,『密教歷史』, 경서원, 1990.
松長有慶 지음/金龜山 옮김,『탄트라』, 동문선, 1995.
스가누마 아키라/이주수 옮김,『산스끄리뜨의 기초와 실천』, 민족사, 1990.
승창,「조선초기 명나라 청화백자의 유입과 수용 고찰」,『미술사학연구』 264, 한국미술사학회, 2009.
申大鉉,「洛山寺 空中舍利塔碑를 통해 본 空中舍利塔의 건립 문제 및 舍利莊嚴 고찰」,『文化史學』 제27호, 한국문화사학회, 2007.
申千湜,『晋州 平居洞 高麗 古墳群 研究』, 景仁文化社, 2002
沈奉謹 著,『密陽古法里 壁畵墓』, 세종출판사, 2003.
심연옥,「일본 세이간지 소장 金織千佛圖의 조성 경위 및 제직 특성 연구」,『한복문화』 제20권 제4호, 한복문화학회, 2017.
安京淑,「高麗 銅鏡 研究」, 한양대학교 대학원 박사학위논문, 2015.
안귀숙,「中國 淨甁 研究」, 홍익대학교 대학원 박사학위논문, 2000.
안병희,「『聖觀自在求修六字禪定』 解題」,『서지학보』 14, 한국서지학회, 1994.
安秉禧,「中世語의 한글 資料에 대한 綜合的인 考察」,『奎章閣』 제3집, 서울대학교 규장각 한국학연구원, 1979.

安秉禧,「中世語資料「六字神呪」에 대하여」,『李崇寧先生古稀紀念 國語國文學論叢』, 탑출판사, 1977.

안병희,「한글판 〈오대진언〉에 대하여」,『한글』 제195호, 한글학회, 1987.

安秉禧,『國語史 資料 硏究』, 문학과 지성사, 1992.

안성두,「범어 문자의 성립과 사유방식의 변용」,『인도철학』 제13집 제1호, 인도철학회, 2003.

안주호,「근대국어 시기의 진언표기 연구」,『한국언어문학』 59집, 한국언어문학회, 2006.

안주호,「망월사본 진언집을 중심으로 한 진언표기의 기초적 연구」,『국어교육』 109호, 한국어교육학회, 2002.

안주호,「無界本 〈眞言集〉 연구」,『언어학』 13권 1호, 대한언어학회, 2005.

안주호,「안심사본 〈진언집〉과 망월사본 〈진언집〉의 비교 연구」,『배달말』 31, 배달말학회, 2002.

안춘순·조한국,「파주 금릉리 출토 경주 정씨 유물의 섬유와 성분에 관한 분석」,『韓國服飾』 16, 단국대학교 석주선기념박물관, 1998.

엄기표,「고려시대 編年 石塔의 전개와 미술사적 의의」,『普照思想』 제49집, 普照思想硏究院, 2017.

嚴基杓,「高麗-朝鮮時代 梵字銘 기와의 제작과 미술사적 의의」,『역사와 담론』 제71집, 湖西史學會, 2014.

엄기표,「고려-조선시대 梵字眞言이 새겨진 石造物의 현황과 의미」,『역사민속학』 제36호, 한국역사민속학회, 2011.

嚴基杓,「高麗-朝鮮時代 分舍利 浮屠의 建立 記錄과 樣相 그리고 造成 背景」,『불교미술사학』 제20집, 불교미술사학회, 2015.

嚴基杓,「남원 勝蓮寺 마애 범자진언의 조성 시기와 의의」,『禪文化硏究』 제18집, 韓國佛教禪理硏究院, 2015.

嚴基杓,「寶珠形 唵(ॐ, om)字 圖像의 전개와 상징적 의미에 대한 試論」,『선문화연구』 제14집, 한국불교선리연구원, 2013.

엄기표,「부안 古阜李氏墓 출토 陀羅尼에 대한 고찰」,『韓國服飾』 第29號, 단국대학교 石宙善紀念博物館, 2011.

엄기표,「상원사 문수동자좌상과 문수보살좌상의 불복장물 연구」,『華嚴 연꽃가지를 들다』, 상원사문수전목조문수보살좌상 보물지정기념 2014 복장유물특별전 도록, 월정사성보박물관, 2014.

엄기표, 「양주 회암사지 출토 범자 진언명(眞言銘) 기와의 특징과 의의」, 『文化財』 제50권 제2호, 국립문화재연구소, 2017.
엄기표, 「朝鮮 世祖代의 佛教美術 研究」, 『한국학연구』 제26호, 인하대학교 한국학연구소, 2012.
嚴基杓·高正龍, 「襄陽 道寂寺址의 史蹟과 青石塔」, 『博物館誌』 제20호, 강원대학교 중앙박물관, 2013.
엄원식, 「김룡사 선풍속에 스며있는 문화유산」, 『운달산 김룡사』, 문경시, 2012.
엄혜용, 「범어의 음성학적 체계」, 『인도철학』 제13집 제1호, 인도철학회, 2003.
여숙자, 「고려 불교의 밀교적 요소」, 『이화여대 녹우회보』 21권, 1980.
廉永夏, 『韓國의 鐘』, 서울대학교 출판부, 1991.
옥나영, 「『不空羂索陀羅尼經』의 신라 전래와 그 의미」, 『사학연구』 11, 한국사학회, 2013.
옥나영, 「고려시대 大佛頂陀羅尼 신앙과 石幢 조성의 의미」, 『한국사상사학』 60, 한국사상사학회, 2018.
우진웅, 「『불정심다라니경』의 판본과 삽화에 관한 연구」, 『書誌學研究』 제60집, 韓國書誌學會, 2014.
禹秦雄, 「密教經典의 版畫本과 版畫의 挿入에 관한 연구」, 『書誌學研究』 제48집, 韓國書誌學會, 2011.
禹秦雄, 「朝鮮時代 密教經典의 刊行에 대한 연구」, 『書誌學研究』 제49집, 韓國書誌學會, 2011.
윤기엽, 「元干涉期 元皇室의 願堂이 된 高麗寺院」, 『大東文化研究』 46, 대동문화연구원, 2004.
윤기엽, 「元干涉期 元皇室의 布施를 통해 中興된 高麗寺院」, 『보조사상』 22집, 보조사상연구원, 2004.
윤선태, 「新羅 中代 成典寺院과 密教」, 『先史와 古代』 44집, 한국고대학회, 2015.
이가윤, 「경천사지 십층석탑의 양식과 성격」, 이화여자대학교 석사학위논문, 202.
李京垸, 「六字觀念에 관한 研究」, 위덕대학교 석사학위논문, 2005.
이광배, 「發願者 階層을 통해 본 朝鮮 前期 梵鐘의 樣式」, 『美術史學研究』 제262호, 한국미술사학회, 2009.
이기선, 「수도산 봉은사 사천왕상의 복장물」, 『회당학보』 제8집, 회당학회, 2003.
이난영, 『高麗鏡 研究』, 신유출판사, 2003.
李蘭暎, 『韓國古代의 金屬工藝』, 서울대학교 출판부, 2000.

李蘭暎, 『韓國의 銅鏡』, 한국정신문화연구원, 1983.
李能和, 『朝鮮佛教通史』, 新文館, 1918.
이범교, 『밀교와 한국의 문화유적』, 민족사, 2008.
李逢春, 『韓國觀音信仰研究』, 동국대학교 출판부, 1988.
이상규, 「고려-조선시대 범자문 와당의 형식과 제작특성 고찰」, 『선사와 고대』 38, 한국고대학회, 2013.
이선용, 「불복장의 현황과 구성」, 『韓國의 佛腹藏』, 수덕사근역성보관, 2004.
이선용, 「불화에 기록된 범자와 진언에 관한 고찰」, 『美術史學研究』 제278호, 한국미술사학회, 2013.
이선용, 「일본 교토 세이간지(誓願寺) 소장 金織千佛圖의 진언 연구」, 『불교미술사학』 제27집, 불교미술사학회, 2019.
이세호, 「新羅 中代 王權과 密教」, 『동국사학』 제49집, 동국역사문화연구소, 2010.
이송란, 「高麗時代 月精寺 八角九層石塔 舍利具의 銅鏡 埋納의 樣相」, 『博物館紀要』 25, 단국대학교 석주선기념박물관, 2010.
이수환, 「조선전기 국가의 사원정책과 사원의 유교적 기반으로의 전환」, 『大丘史學』 第79輯, 大丘史學會, 2005.
이승혜, 「農所古墳 陀羅尼棺과 고려시대 破地獄信仰」, 『한국학』 42, 한국학중앙연구원, 2019.
이승혜, 「중국 墓葬 다라니의 시각문화 -唐과 遼의 사례를 중심으로-」, 『불교학연구』 57, 불교학연구회, 2018.
이승혜, 「중국 불상의 聖物 봉안 : 쟁점과 과제」, 『전통 불복장의식 및 점안의식』, (재)불교문화재연구소, 2014.
李陽洙, 「韓半島 出土 銅鏡 研究의 現況」, 『신의 거울, 銅鏡』, 2009.
이영석, 『남북조불교사』, 혜안, 2010.
이영숙, 「浮石寺 掛佛의 고찰」, 『榮州 浮石寺 掛佛幀畵』, 통도사 성보박물관, 2013.
李王職 發行, 『李王家博物館 所藏品寫眞帖 下卷』, 朝鮮總督官房總務局印刷所, 大正7年.
이용윤, 「조선후기 佛畫의 腹藏 연구」, 『미술사학연구』 제289호, 한국미술사학회, 2016.
이용진, 「高麗時代 佛教香爐의 傳統性과 獨創性」, 『東岳美術史學』 제13호, 동악미술사학회, 2012.
이용진, 「고려시대 靑銅銀入絲香垸의 梵字 해석」, 『역사민속학』 제36호, 한국역사민속학회, 2011.

李溶振,「韓國 佛教香爐 硏究」, 동국대학교 대학원 미술사학과 박사학위논문, 2011.
李殷希,「석당」,『북한문화재해설집 Ⅰ』, 국립문화재연구소, 1997.
이재인 · 조병수,『韓國의 기와 文化』, 태학사, 1998.
李宗烈,「眞言修行에 대한 硏究」, 위덕대학교 석사학위논문, 2004.
이종철,「全州柳氏 進學齋公派 墳墓의 變遷과 特徵」,『東垣學術論文集』 제14집, 국립중앙박물관, 2013.
이주민,「일제강점기 강화 보문사 마애관음보살좌상 연구」,『문화재』 53, 국립문화재연구소, 2020.
이태승 · 최성규 공저,『실담범자입문』, 정우서적, 2008.
이태승,「『진언집』 梵字 한글음역 대응 한자음의 연원과 그 해석」,『인도철학』 28집, 인도철학회, 2010.
이태승,「중국에서의 실담학 형성에 대하여」,『밀교학보』 2, 위덕대학교 밀교문화연구원, 2000.
李泰昇,「智廣의『悉曇字記』硏究」,『密教學報』 제3집, 밀교문화연구원, 2001.
이태승 · 안주호,「망월사본 〈眞言集凡例〉에 대한 연구」,『한국어학』 제19집, 한국어학회, 2003.
이혜원,「동국대학교박물관 소장 〈海印寺觀音殿水月觀音圖〉 연구」,『佛教美術』 23, 동국대학교 박물관, 2012.
이호관,「高麗時代」,『중요발견매장문화재도록』 제1집, 문화재관리국, 1989.
임근동,「국내 실담문자를 통한 천수진언의 산스크리트 의미 해석」,『印度哲學』 제13집 1호, 인도철학회, 2003.
임근동,『신묘장구대다라니장구』, 솔바람, 2002.
임기영,「고려시대 밀교 문헌의 간행과 특징」,『서지학연구』 58, 한국서지학회, 2014.
임세권,「정담부부묘 목관 부착 판화류에 대하여」,『정담부부의 무덤과 출토유물』, 국립안동대학교 박물관, 2010.
임세권 · 이우태,『韓國金石文集成(33)』, 韓國國學振興院, 2005.
임태홍,「초기 동학교단의 부적과 주문 -그 기능과 상징적인 의미를 중심으로-」,『종교연구』 제42집, 한국종교학회, 2006.
장경희,『북한의 박물관』, 예맥, 2011.
張益,「密教觀法의 形成에 관한 硏究」,『密教學報』 제3집, 밀교문화연구원, 2001.
張益,「新羅 安弘의 初期 密教 受容과 舍利塔 信仰」,『密教學報』제10집, 밀교문화연구원,

2009.
장익, 「初期 大乘經典에서 陀羅尼 機能의 變化」, 『印度哲學』 제23집, 인도철학회, 2007.
張忠植, 「韓國 石造戒壇考」, 『佛教美術』 4, 東國大學校 博物館, 1979.
전동혁(종석), 「密教의 修行」, 『淨土學研究』 제11집, 한국정토학회, 2008.
전동혁, 「「眞言集」「秘密教」로 부터 본 李朝佛教」, 『중앙승가대학 논문집』 1, 중앙승가대학교, 1992.
전순환, 『불경으로 이해하는 산스크리트』, 한국문화사, 2005.
전익환, 「서울 진관동 유적 출토 동경의 표면처리 기법 연구」, 『서울 진관동 유적 V』, 2010.
全宗釋, 「高麗時代의 密教經典 傳來 및 雕造考」, 『佛教思想論叢』, 경해법인 신정오 박사 화갑기념 논총, 하산출판사, 1991.
전중배, 「唐代의 密教와 法門寺」, 『회당학보』 제8집, 회당학회, 2003.
정각, 「수덕사 소조여래좌상 腹藏 典籍類 고찰」, 『정토학연구』 30권, 한국정토학회, 2018.
정문석, 「조선시대 梵鐘을 통해 본 梵字」, 『역사민속학』 제36호, 한국역사민속학회, 2011.
정성준, 「요송시대 중국 밀교의 준제진언 수용 연구 -『顯密圓通成佛心要集』을 중심으로」, 『한국선학』 제32호, 한국선학회, 2012.
정수희, 「고려 煌丕昌天銘鏡의 도상과 불교적 해석」, 『美術史學研究』 第286號, 韓國美術史學會, 2015.
정승석, 「실담 범어의 음역과 원어」, 『印度哲學』 제25집, 인도철학회, 2000.
정양모, 「驪州 神勒寺 逸名浮屠內 發見 舍利盒」, 『考古美術』 9권 5호, 고고미술동인회, 1968.
정영호 외 3인, 『중국 遼塔』, 학연문화사, 2019.
鄭永鎬, 「洛山寺 空中舍利塔의 舍利莊嚴에 관하여」, 『文化史學』 제25호, 한국문화사학회, 2006.
鄭永鎬, 「南原 實相寺의 青銅銀入絲香爐」, 『考古美術』 第2卷 第6號, 考古美術同人會, 1961.
정영호, 「淨巖寺 水瑪瑙塔 발견 사리구에 대하여」, 『東洋學』 5, 단국대학교 동양학연구소, 1975.
정영호, 「淨巖寺 水瑪瑙塔의 조사」, 『考古美術』 3, 고고미술동인회, 1960.
鄭永鎬, 「正豊二年銘小鍾」, 『考古美術』 제2권 제11호, 考古美術同人會, 1961.
鄭永鎬, 「朝鮮前期 梵鐘考」, 『東洋學』 제1호, 단국대학교 동양학연구소, 1971.
정우택, 「조선전기 新圖像 선묘관음보살도」, 『동악미술사학』 제18호, 동악미술사학회, 2015.

정은우,「고려시대 불복장의 특징과 형성배경」,『美術史學研究』第286號, 韓國美術史學會, 2015.
정은우,「여말선초의 금동불감 연구 -순천 송광사 高峰國師 불감을 중심으로-」,『불교미술사학』제15집, 불교미술사학회, 2013.
정은우·신은제,『고려의 성물 복장물』, 경인문화사, 2017.
정의행,『생활속의 진언』, 이바지, 2002.
정제규,「堤川 松溪里 大佛頂呪梵字碑와 佛教史的 意味」,『博物館誌』12號, 충청대학 박물관, 2003.
정태혁,「韓國佛教의 密教的 性格에 대한 考察」,『佛教學報』18집, 동국대학교 불교문화연구소, 1981.
鄭泰爀,『正統密教』, 경서원, 1984.
종석(전동혁),「진언다라니 실담의 형성과 전개에 관한 연구」,『大學院 研究論集』제8집, 중앙승가대학교, 2015.
宗釋,『밀교학 개론』, 운주사, 2000.
주경미,「고려시대 향완의 기원」,『미술자료』68, 국립중앙박물관, 2002.
주영민,「高麗墳墓 출토 銅鏡 研究」,『嶺南考古學』56號, 영남고고학회, 2011.
周炅美,「8~10세기 동아시아 탑내 다라니 봉안의 변천」,『미술사와 시각문화』10, 2011.
周炅美,「淨瓶의 起源과 傳來에 대한 一考察 -印度 淨瓶을 중심으로-」,『中央아시아研究』제 10 호, 중앙아시아학회, 2005.
周炅美,「朝鮮前期 王室發願鐘의 研究」,『東洋學』제42집, 단국대학교 동양학연구소, 2007.
周炅美,「韓國 佛舍利莊嚴에 있어서 無垢淨光大陁羅尼經의 意義」,『불교미술사학』제2집, 불교미술사학회, 2004.
지정,「六字眞言과 眞覺密教의 三密修行에 對한 考察」,『회당학보』제15집, 회당학회, 2010.
지현미, 김현철, 김민경,「울산지역의 막새기와 연구」,『중앙고고연구』제7호, 중앙문화재연구원, 2010.
秦弘燮,「新羅北岳太白山遺蹟調査報告(四)」,『韓國文化研究院 論叢』제37집, 이화여자대학교, 1980.
진홍섭,『한국금속공예』, 일지사, 1980.
천혜봉,「고려 초기 간행의 寶篋印陀羅尼經」,『한국서지학연구』, 삼성출판사, 1999.
천혜봉,「高麗初期 刊行의 一切如來心秘密全身舍利寶篋印陀羅尼經」,『中央大學校 圖書館學報』제2집, 1973.

千惠鳳, 「成達生書 大佛頂首楞嚴經 初刊本」, 『大佛頂首楞嚴經』, 서울역사박물관, 2006.
崔夢龍, 「光州 十信寺址 梵字碑 및 石佛移轉始末」, 『考古美術』 138·139號, 韓國美術史學會, 1978.
최선일, 『17세기 彫刻僧과 佛像 研究』, 한국연구원, 2009.
최성렬, 「十信寺址 佛頂尊勝陀羅尼幢 校勘」, 『불교문화연구』 제10집, 남도불교문화연구회, 2003.
崔聖銀, 「高麗時代 護持佛 摩利支天像에 대한 考察」, 『佛教研究』 제29호, 한국불교연구원, 2008.
최영호, 「松隱 朴翊의 인적 연계망과 사상」, 『문물연구』 제26호, 동아시아문물연구학술재단, 2014.
최응천, 「17世紀 金鼓의 造形과 特徵 -朝鮮時代 金鼓로의 이행-」, 『佛教美術』 23, 동국대학교 박물관, 2012.
최응천, 「미륵사지 출토 수각향로의 조형과 편년」, 『東岳美術史學』 9, 동악미술사학회, 2008.
최응천, 「韓國 禁口形 金鼓의 造形과 展開」, 『東岳美術史學』 제13호, 동악미술사학회, 2012.
태경 역주, 『조상경』, 운주사, 2006.
하정숙, 「韓·日 銅鏡文化의 샤머니즘적 성격에 관한 연구」, 한양대학교 박사학위논문, 2010.
韓國佛教研究院, 『通度寺』, 韓國의 寺刹 4, 一志社, 1982.
한상길, 「조선시대 통도사의 사리신앙」, 『韓國佛教學』 第80輯, 한국불교학회, 2016.
한정섭, 「불교부적신앙소고」, 『한국불교학』 제2집, 한국불교학회, 1976.
한정호·김지현, 「통도사 금강계단의 변천과 浮彫像의 도상 고찰」, 『新羅文化』 第50輯, 동국대학교 신라문화연구소, 2017.
許一範, 「高麗·朝鮮時代의 梵字文化 研究」, 『회당학보』 제5집, 회당학회, 2000.
許一範, 「望月寺本『眞言集』研究」, 『伽山學報』 제2호, 가산불교문화연구원, 1993.
허일범, 「범자진언의 지역별 전개유형에 관한 연구」, 『大學院 研究論集』 제8집, 중앙승가대학교, 2015.
허일범, 「봉은사 사천왕상 복장 진언종자 연구」, 『회당학보』 제7집, 회당학회, 2002.
허일범, 「한·몽 불교문화의 流轉」, 『회당학보』 제14집, 회당학회, 2009.
허일범, 「한국의 진언다라니 신앙 연구」, 『회당학보』 제6집, 회당학회, 2001.
許一範, 「韓國眞言文化의 佛教史的 展開」, 『密教學報』 제7집, 밀교문화연구원, 2005.

허일범, 「회당 대종사의 진언관」, 『회당사상』, 우리문화사, 2007.
허일범, 『한국밀교의 상징세계』, 해인행, 2008.
허일범, 『한국의 진언문화』, 해인행, 2008.
許興植, 「14세기의 새로운 불복장 자료」, 『文化財』 제19호, 문화재관리국, 1986.
허흥식, 「高麗의 梁宅椿墓誌」, 『文化財』 17, 문화재관리국, 1984.
許興植, 「佛腹藏의 背景과 1302년 阿彌陀佛腹藏」, 『高麗의 佛腹藏과 染織』, 계몽사, 1999.
혜정, 「네팔의 밀교와 육자진언」, 『회당학보』 제15집, 회당학회, 2010.
혜정, 「육자진언 신앙의 유래」, 『회당학보』 제14집, 회당학회, 2009.
洪潤植, 「金山寺의 伽藍과 彌勒信仰」, 『馬韓·百濟文化』 第9輯, 馬韓·百濟文化研究所, 1986.
홍윤식, 「원각사지 10층석탑의 조각내용과 그 역사적 위치」, 『원각사지십층석탑 실측조사 보고서』, 문화재관리국, 1993.
洪潤植, 「韓國佛教儀禮의 密教信仰的 構造」, 『佛教學報』 제12집, 1975.
黃壽永, 「高麗梵鍾의 新例 其3」, 『考古美術』 제2권 제1호, 考古美術同人會, 1961.
黃壽永, 「高麗梵鍾의 新例」, 『考古美術』 제7권 제10호, 考古美術同人會, 1966.
黃壽永, 「法華寺藏 三角塔印에 대하여」, 『考古美術』3, 고고미술동인회, 1960.
黃貞淑, 「高麗 銅鏡의 研究 -編年試圖를 위한 基礎研究-」, 대구가톨릭대학교 대학원 조형예술학과 석사학위논문, 2000.
黃貞淑, 「高麗 中後期 思想을 통해 본 銅鏡 文樣의 象徵性 研究」, 대구가톨릭대학교 대학원 예술학과 박사학위논문, 2006.
황호균, 「정수사 불교 문화재의 조성 배경 연구」, 『天台山 淨水寺』, 대한불교 조계종 정수사, 2018.
黃洹根, 『韓國文樣史 -高麗銅鏡에 나타난 文樣을 중심으로-』, 열화당, 1996.

• **중국**

孔祥星, 『中國銅鏡圖典』, 中國 文物出版社, 1992.
郭磊, 「韓國現存李朝時代(1392~1910)刊印密教典籍考」, 『中期密教主流與曼荼羅研究』, 2019.
郭玉海, 『古宮藏鏡』, 中國 紫禁城出版社, 1996.
霍巍, 「唐宋墓葬出土陀罗尼经咒及其民间信仰」, 『考古』 2011年 第5期-4.
郭晓涛, 「凤翔 唐墓 出土 陀罗尼经」, 『凤翔唐墓出土陀罗尼经咒研究』 2.
呂建福, 『密教論考』, 宗教文化出版社, 2008.

呂建福,『中國密教史』, 中國社會科學出版社, 2011.
旅順博物館,『旅順博物館藏銅鏡』, 文物出版社, 1997.
路東之,『間陶之旅 -古陶文明博物館藏品撮影』, 紫禁城出版社, 2008.
遼寧省朝陽縣文物管理所,「遼寧朝陽縣聯合鄉金墓」,『華夏考古』 1996年 3期-3.
劉淑芬,『滅罪與度亡 佛頂尊胜陀羅尼經幢之研究』, 上海古籍出版社, 2008.
劉淑娟,「元代梵字研究」,『遼寧考古文集』, 遼寧省文物考古研究所編, 遼寧民族出版社, 2003.
劉勇,『明淸瓷器过手錄』, 天津大學出版社, 2008.
李捷主 編,『法門寺珍寶』, 三秦出版社, 2014.
佛教小百科/全佛 編輯部編,『佛教的眞言呪語』, 中國社會科學出版社, 2003.
常熟博物館 常熟興福寺 編,『常熟博物館藏佛教文物集萃』, 2013.
陝西省考古研究院 編,『法門寺考古發掘報告』 下, 文物出版社, 2007.
陝西省法門寺考古隊,「扶風法門寺塔唐代地宮發掘簡報」,『文物』, 1988.10.
安家瑤·馮孝堂,「西安灃西出土的唐印本梵文陀羅尼經咒」,『考古』 1998年 5期.
吳立民·韓金科,『法門寺地宮唐密曼荼羅之硏究』, 中國佛教文化出版有限公司, 1998.
吳英才·郭雋杰 主編,『中國的佛寺』, 中國 天津人民出版社, 1994.
王長启,「西安出土的舍利棺椁」,『文博』 2000年04期.
李翎,「『大隨求陀羅尼咒經』的流行与圖像」,『佛教与圖像論稿』, 文物出版社, 2011.
李翎,「阜新海裳山磨崖造像」,『佛教与圖像論稿』, 文物出版社, 2011.
張保胜,『永樂大鍾梵字銘文考』, 北京大學出版社, 2006
張錫祿,『大理白族佛教密宗』, 云南民族出版社, 1999.
張浦生·霍華,『青花瓷鑑定』, 中國 工業出版社, 2012.
田怀淸,「明故處士李公墓志銘與密宗阿吒力教考釋」,『大理密教論文集』, 陝西師範大學宗教研究中心, 2016.
折江省博物館 編,『折江省博物館典藏大系 東土佛光』, 2008.
程永建,「洛陽出土後唐雕印經咒」,『文物』 1992年 3期-3.
陳明華,「從朝鮮祈子形態試論熾盛光佛與白衣觀音的交會」,『玄奘佛學硏究』 第22期, 2014.
陳宝峰, 金奎榮 編著,『鞍山市博物館藏品集錦』, 遼寧人民出版社, 2003.
馮漢驥,「記唐印本陀羅尼經呪的發現」,『文物』 1957年 5期-4.
何林 編,『故宮收藏你应該知道的200件銅鏡』, 紫禁城出版社, 2007.
河北省文物研究所,『歷代銅鏡紋飾』, 河北美術出版社, 1996.
韓金科,「法門寺地宮唐密曼荼羅」,『周秦漢唐文明研究論集』, 上海博物館, 2008.

杭侃,「法門寺地宮佛教文物研究評述」,『周秦漢唐文明研究論集』, 上海博物館, 2008.

• 일본

かわら美術館,『伊藤圭介旧藏 瓦コレクション』, 2015.
岡崎讓治,「對馬·壹岐金工品」,『佛教藝術』 95号, 佛教藝術學會, 1974.
京都國立博物館 編集,『特別展覽會 神の美術』, 1944.
京都國立博物館,『祇園 八坂神社の名宝』, 2002.
京都國立博物館,『遼代多寶千佛石幢』, 1973.
京都國立博物館,『北野天満宮神宝展』, 日本寫眞印刷, 2001.
景山春樹,『比叡山寺』, 同明舍, 1979.
高正龍,「故小川敬吉氏蒐集資料の梵字瓦」,『東アジア瓦研究』 第3號, 東アジア瓦研究會, 2013.
高正龍,「韓國における滴水瓦の成立時期」,『朝鮮古代研究』 第1號, 朝鮮古代研究刊行會, 1999.
高正龍,「韓國江華島禪源寺跡の梵字瓦」,『東アヅア瓦研究』 第2号, 東アヅア瓦研究會, 2012.
高正龍,「韓國雲興寺出土梵字瓦の檢討」,『明日へつなぐ道 -高橋美久二先生追悼文集』, 京都考古刊行會發行, 2007.
高正龍,「軒瓦に現れた文字 -朝鮮時代銘文瓦の系譜-」,『古代文化』 第56卷, 京都, 平成16年11月(2004년).
高正龍·濵崎 範子,「埼玉縣立歷史と民俗の博物館所藏の韓國梵字資料」,『歷史考古學』 第71號, 歷史考古學研究會, 2015.
關忠夫,「寶珠の造形意匠」,『東京國立博物館紀要』 10號, 1975.
久保智康,「妙法院傳來'豊公遺宝'の柄鏡」,『学叢』 第22號, 京都國立博物館, 2000.
久保智康,「富田川河床遺蹟出土の卍文柄鏡について」,『古代文化研究』 第3號, 1995.
九州國立博物館,『版經東漸』, 2019.
宮坂宥勝,「梵字の成立と歷史」,『イソド古典論』 上, 筑摩書房, 1983.
吉川逸治 編,『大英博物館 Ⅰ』 世界の美術館 3, 講談社, 1966.
那須政隆,「眞言の研究」,『講座佛教』 2, 日本 京都 大東出版社, 1979.
奈良國立博物館,『奈良國立博物館開館百年紀念 日本佛教美術名寶展』, 1995.
奈良國立博物館,『法華經の美術』, 1979.

奈良國立博物館,『特別展 檀像』, 1991.

奈良文化財研究所 飛鳥資料館,『對馬の鏡』, 飛鳥資料館研究圖錄 第5册, 2004.

奈良文化財研究所 飛鳥資料館,『山宮神社藏鏡圖錄』, 飛鳥資料館研究圖錄 第3册, 2003.

奈良文化財研究所 飛鳥資料館,『新羅鐘 高麗鐘 拓本實測圖集成』, 2004.

內川隆志,「柄鏡の出現をめぐる諸問題」,『考古學資料館紀要』第13輯, 國學院大學 考古學資料館, 1997.

大曲美太郎,「全南光州より出土せし各種の土瓦に就て」,『考古學雜誌』第20卷 第6號, 日本考古學會, 1930.

大法輪編輯部 編,『眞言·梵字の基礎知識』, 大法輪閣, 1993.

大山邦興 編輯,『室生寺』, 日本寫眞印刷株式會社, 2001.

大正大學綜合佛教研究所 編,『靈通寺跡 -開城市所在-』-圖版編-, 大正大學出版會, 2005.

大阪歷史博物館,『大阪歷史博物館 館藏資料集 3 中國鐘·朝鮮鐘』, 2006.

大和文華館,『特別展 建國1100年 高麗 -金屬工藝の輝きと信仰-』, 2018.

德山暉純,『梵字手帖』, 木耳社, 1976.

島根県立,「意宇の神仏の宝もの出雲国の源流から」,『島根県立八雲立つ風土記の丘』, 2012.

東アジア梵字文化研究會,「韓國梵字資料調査(2013~2014年調査)(上)」,『歷史考古學』第74號, 2017.

東アヅア梵字研究會,「韓國梵字資料調査(2007~08年調査)」,『歷史考古學』第62號, 2010.

東アヅア梵字研究會,「韓國梵字資料調査(2009~2010年調査)」,『歷史考古學』第65·66合併號, 2012,

東アヅア梵字研究會,「韓國梵字資料調査(2011~2012年調査」,『歷史考古學』第69號, 歷史考古學研究會, 2014.

東アヅア梵字研究會,「韓國梵字資料調査(2013~2014年調査」(下),『歷史考古學』第80號, 歷史考古學研究會, 2021.

東京國立博物館 外,『比叡山と天台の美術』, 朝日新聞社, 1986.

東京國立博物館,『仁和寺と御室派のみほとけ』, 2018.

東京都美術館,『三藏法師の道』, 1999.

東京外國語大學アジア·アフリカ言語文化研究所,『圖說アジア文化入門』, 大日本印刷株式會社, 2005.

末松保和,「高麗演福寺鐘銘にっいて」,『東洋學報』第66卷 第1·2·3·4號, 財團法人 東洋文庫, 1985.

比叡山延暦寺 編輯,『比叡山國寶展 -比叡山の名宝』, 佐川印刷株式會社, 2002.
三木治子,「曳覆曼荼羅の眞言について」,『歷史考古學』第55號, 歷史考古學研究會, 2004.
三木治子,「瓦葺き式の石塔」,『歷史考古學』第60號, 歷史考古學研究會, 2009.
三木治子,「天台安樂律院靈空とその石塔」,『歷史考古學』第61號, 歷史考古學研究會, 2009.
三井記念美術館 編,『奈良 西大寺展』, 日本經濟新聞社, 2017.
尙樂寺美術館,『半田孝海蒐集 古瓦圖版目錄』, 1972.
西日本文化協會 編,『對馬の美術』, 秀巧社印刷株式會社, 1978.
西村强三,「太宰府天滿宮藏の中國·朝鮮鏡」,『九州歷史資料館 研究論集』1, (九州歷史資料館, 1986.
石田茂作,『日本佛塔の硏究』, 講談社, 1969.
小林義孝·三木治子,「佛教學と歷史考古學の狹間 -齋藤彦松氏の梵字研究とSaito Print-」,『調査研究報告』第3集, (財)大阪府文化財センタ一, 2002.
小林義孝,「'om'字信仰の差異 -東アジア梵字文化研究の視點から」,『列島の考古學Ⅱ』, 渡辺誠先生古稀紀念論文集刊行會, 2007.
小林義孝,「『Saito Print』を讀む」,『日引』第2号, 石造物研究會會誌, 2001.
小林義孝,「墓塔の成立過程」,『中世の系譜』, 考古學と中世史研究 1-, 日本 東京 高志書院, 2004.
小林義孝,「宝塔と五輪塔の關係」,『藤井直正氏古稀記念論文集』, 2002.
小林義孝,「五輪石塔の造立目的」,『帝京大學山梨文化財研究所研究報告』第10集, 2002.
小林義孝,「五輪塔の成因·形成·日本展開」,『立命館大學考古學論集』Ⅲ, 立命館大學考古學論集刊行會, 2003.
小林義孝,「齋藤梵字學の位置 -齋藤彦松著『悉曇要軌』の到達點-」,『財團法人 大阪府文化財セソタ一研究調査報告』第7集, 2010.
小林義孝,「中世石造宝塔の性格」,『立命館大學考古學論集』Ⅱ, 立命館大學考古學論集刊行會, 2001.
小林和美,「日本に渡來した菊花散梵字鏡」,『歷史考古學』第80號, 歷史考古學研究會, 2021.
小林和美,「日本に渡来した菊花散梵字鏡の検討 2」, 東アジア梵字文化研究会12月例会, 2020.
小笠原小枝 編,「金襴」,『日本の美術 9』, 至文堂, 1984.
小川 千惠 外,『高山寺』, 古寺巡禮 京都 32, 淡交社, 2009.
松島健 外,『當麻寺』-日本の古寺美術 11-, 保育社, 1988.

松永修輔,「寝屋川市長榮寺出土の梵字礫石經」,『歷史考古學』第80號, 歷史考古學研究會, 2021.
松波 宏隆,「梵鍾に收錄されている悉曇研究」,『大學院 研究論集』제8집, 중앙승가대학교, 2015.
松波 宏隆,「朝鮮時代の梵字を有する銅鍾·金鼓」,『歷史考古學』第71號, 歷史考古學研究會, 2015.
兒玉義隆,『梵字でみる密教』, 大法輪閣, 2002.
歷史考古學研究會 編,「六字眞言を刻んだ中世石塔」,『歷史考古學』第69號, 歷史考古學研究會, 2014.
映画「敦煌」委員会,『シルクロードの美と神秘 敦煌·西夏王国展』, 1988.
滋賀縣立琵琶湖文化館,『神祕の文字』-佛教美術に現われた梵字-, 2000.
長柄行光,「maniについて」,『東洋の思想と宗教』3號, 早稲田大學東洋哲學會.
財團法人 高麗美術館,『高麗美術館藏品圖錄』, 2003.
齋藤 彦松,「日本における(om)字信仰の研究」, 日本印度學佛教學會第23會學術研究大會レヅュメ,『Saito print No.38, 1972年.
齋藤 彦松,『悉曇要軌』, 攝河泉文庫, 2004.
齋藤 忠,『圖錄東洋佛教遺蹟』, 吉川弘文館, 1975.
全東赫,「梵書總持集から見た高麗密教の性格」,『大正大學綜合佛教研究所年報』1, 1989.
田村 信成,「梵字文軒瓦 -密教系瓦当文-」,『東アヅア瓦研究』第2号, 東アヅア瓦研究會, 2012.
井內 功,『朝鮮瓦塼圖譜 VI』高麗 朝鮮, 日本 京都 直陽社, 昭和53年(1978).
早乙女雅博,「中國 朝鮮 日本の瓦」,『關野貞アジア調査』, 東京大學綜合研究博物館, 2005.
種智院大學密教學會 編,『梵字大鑑』, 名著普及會, 1985.
中吉 功,『新羅 高麗の佛像』, 二玄社, 1971.
仲摩照久 編輯,『地理風俗』, 日本 新光社, 昭和 5年 9月.
中村元,『佛教語大辭典』, 東京堂書籍, 1975.
中村瑞隆·石村喜英·三友健容,『梵字事典』, 雄山閣, 1980.
植山 茂,「拓本集『六勝寺古瓦』」,『東アヅア瓦研究』第2号, 東アヅア瓦研究會, 2012.
天沼俊一,「朝鮮紀行 下 -海印寺 弘濟庵 梵字 幡-」,『東洋美術』第6號, 1929年 4月
泉屋博古館,『高麗佛畫 -香りたつ裝飾美』, 2016.
湯山明,「演福寺鐘銘の梵語銘文覺書」,『東洋學報』第66卷 第1·2·3·4號, 財團法人 東洋文

庫, 1985.
樋口隆康,『古鏡』, 東京 新潮社, 1979.
坂內龍雄,『眞言陀羅尼』, 日本 平河出版社, 1981.
海のシルクロードの出發點"福建"展開催實行委員會,『東アジアの海とシルクロードの拠点 福建 -沈沒船, 貿易都市, 陶磁器, 茶文化-』, 2008.
脇山佳奈,「嚴島の奉納鏡 -菊花散梵字鏡について-」,『藝備地方史研究』 第285號, 2013.
横田 明·三木 治子,「梵字の刻まれた「高麗」墳墓 -慶尙南道 晋州「平居洞古墳群」の再検討-」,『大阪文化財研究』 第33號, 財團法人 大阪府文化財セソタ, 2008.

• 기타

Manish Shakya,「Six Syllable Mantra and Initiation in Nepal」,『회당학보』 제15집, 회당학회, 2010.
Eugene Wang,「Ritual Practice Without A Practitioner? Early Eleventh Century Dhāraṇī in the Ruiguangsi Pagoda」,『École française d'Extrême-Orient』, Paris, 2013.
國立古宮博物院,『佛陀形影 -院藏亞洲佛教藝術之美』, 2015.
臺灣 國立古宮博物院,『皇帝的鏡子』, 2015.

한국의 범자 역사와 문화

초판 인쇄 | 2023년 11월 10일
초판 발행 | 2023년 11월 17일

지 은 이 엄기표
발 행 인 한정희
발 행 처 경인문화사
편 집 유지혜 김지선 한주연 이다빈 김윤진
마 케 팅 전병관 하재일 유인순
출판번호 406-1973-000003호
주 소 파주시 회동길 445-1 경인빌딩 B동 4층
전 화 031-955-9300 팩 스 031-955-9310
홈페이지 www.kyunginp.co.kr
이 메 일 kyungin@kyunginp.co.kr
ISBN 978-89-499-6760-8 03910
값 67,000원

이 도서는 한국출판문화산업진흥원의 '2023년 우수출판콘텐츠 제작 지원' 사업 선정작입니다.